D1698090

Auf der Suche nach der im Mittelalter in der Nordsee versunkenen Stadt Rungholt machen der Ethnologe Hans Peter Duerr und seine Studenten eine ungewöhnliche Entdeckung. Im nordfriesischen Watt zwischen den Inseln Pellworm und Nordstrand stoßen sie unterhalb einer bronzezeitlichen Moorschicht auf bemalte Keramikscherben, exotische Harzbrocken und andere Objekte, die nördlich der Alpen noch nie gefunden worden sind. Erst naturwissenschaftliche Untersuchungen und Altersbestimmungen an deutschen und englischen Forschungsinstituten lassen den ungeheuerlichen Verdacht zur Gewißheit werden: Die Keramik wurde um 1300 v. Chr. im südlichen Kreta gebrannt und muß um diese Zeit mit den anderen Funden auf minoischen Schiffen an die Nordseeküste gelangt sein.

Allem Anschein nach war also eine Expedition aus dem östlichen Mittelmeer tausend Jahre vor den ersten Griechen auf der Suche nach dem im Süden rar gewordenen Zinn und Bernstein weit über die Grenzen der damals bekannten Welt hinausgefahren. Ein Unternehmen wie dieses war für die Minoer gewiß eine Reise auf dem Okeanos ins jenseitige Elysion, deren Spuren noch in den Mythen und Legenden der späteren Griechen zu finden sind. Hans Peter Duerr zeigt in seiner Analyse der Sagen von Jasons Suche nach dem Goldenen Vlies und von den Irrfahrten des Odysseus und anderen Helden, daß diese Überlieferungen nicht nur auf Märchen und Phantasien, sondern auch auf Tatsachenberichte von Seefahrern der Bronzezeit zurückzuführen sind.

Hans Peter Duerr

DIE FAHRT
DER ARGONAUTEN

Insel Verlag

Bildnachweis: Jürgen Bauer: Abb. 10, 12, 15, 43, 126 · Uwe Dettmar: Abb. 13, 22, 25, 35, 36, 39, 40, 305, 306, 308; Tf. III, IV, V, VII, VIII, IX, X, XI, XII, XIII, XV, XVI, XXIII, XXIV · Alisa Duerr: Abb. 45 · Klaus Goldmann: Abb. 152; Tf. XVIII · Annette Primm-Duerr: Abb. 38 · Friderike Seithel: Tf. I · Monika Zucht (Der Spiegel): Abb. 47; Tf. XXV · Der Verlag hat sich bemüht, sämtliche Bildrechte und ihre Inhaber zu ermitteln. Sollte ihm dies nicht in allen Fällen gelungen sein, bittet er um Mitteilung.

Erste Auflage 2020
© Insel Verlag Berlin 2011
Satz: TypoForum GmbH, Seelbach
Printed in Germany
Umschlag: hißmann, heilmann, hamburg
ISBN 978-3-458-24264-2

Die Fahrt der Argonauten

»Verwegene! Lebend fuhrt ihr zum Haus des Hades,
Zweimal seid ihr gestorben, wenn andere nur einmal sterben!«

Kirke zu Odysseus und seinen Männern

INHALT

Dem Andenken von
HARALDS BIEZAIS
1909-1995

VORWORT

Im Herbst des Jahres 1993 schenkte mir der ehemalige Pächter der Hallig Südfall eine bemalte Keramikscherbe, die er im Rungholt-watt in der Nähe eines großen, von einem Wattläufer entdeckten Kalksteinankers gefunden hatte. Da dieses Fragment sich völlig von allen anderen mittelalterlichen Scherben unterschied, auf die Dethleffsen im Verlaufe von fast 30 Jahren Watterkundung gesto-ßen war, bat er mich, das Stück doch an der Universität Heidelberg oder anderswo von Fachleuten untersuchen zu lassen.

Da ich einen Ruf an die Universität Bremen angenommen hatte, war ich kurz zuvor mit meiner Familie in die Hansestadt an der Weser gezogen, von wo aus ich im Frühjahr 1994 gemeinsam mit meinen wissenschaftlichen Mitarbeiterinnen und Studenten nach Nordfriesland aufbrach und auf einem Zweimaster an die be-schriebene Stelle der Wattengegend fuhr, an der einst die sagenum-wobene Stadt Rungholt untergegangen war. Und tatsächlich legten wir dort weitere Scherben sowie exotische Harze und andere Ob-jekte frei, die, wie spätere Analysen ergaben, vorwiegend minoi-scher Herkunft waren.

Wenn heute jemand im Bereich der Elbmündung auf Bruch-stücke ägyptischer Alabastervasen oder Uschebtifiguren stoßen sollte, dann ist es mehr als wahrscheinlich, daß sie nicht von einem altägyptischen Nordlandfahrer, sondern von jener Greifswalder Galeasse stammen, die dort im Frühling 1822 auf dem Weg nach Hamburg mit zahlreichen Altertümern aus dem Niltal an Bord gesunken ist.

Eine vergleichbare Havarie eines mit minoischer Keramik bela-denen Schiffes hat es indessen auf der nordfriesischen Norderhever nie gegeben, und zudem bargen wir die Funde aus einer Sandschicht, die eine dicke Torfschicht jahrtausendelang versiegelt hatte.

Im folgenden erzähle ich die Geschichte unserer Entdeckung, aus der ich folgere, daß vor ungefähr 3300 Jahren minoische See-fahrer von der Südküste Zentralkretas aus auf der Suche nach dem im Süden knapp gewordenen Zinn und nach Bernstein, der offenbar die Sonne und das Leben symbolisierte, weit über die Grenzen der damals bekannten Welt vorgestoßen sein müssen. Und ich versuche, im Anschluß die Vermutung zu begründen, wonach eine Jenseitsfahrt wie diese zur Ausgestaltung jener uralten mediterranen Überlieferungen beigetragen hat, aus denen sich später die Argonautensage und die Odyssee entwickelt haben.

Danken möchte ich an dieser Stelle meiner Familie, d. h. meiner Frau und unseren Kindern, meiner Assistentin Ingelore Ebberfeld, meiner Mitarbeiterin Gerda Giese sowie meinen Studenten, archäologischen Begleitern und den anderen Fahrtteilnehmern, namentlich Friderike Seithel, Jan Oberg, Nicole Tiedemann, Heidi Kleiber, Annemarie Meister, Gert Woyzcekowski, Johannes Rühl, Gabriele Homann, Sascha Herms, Angelika Gögel, Ulrike Herzog, Sabine Kern, Michael und Claudia Poschmann, Karsten Hansen, Dina Faltings, Dieter Witteck, Shahnaz Nadjmabadi, Wolf Brüggemann, Monika Stör, Carola Feld, Alfred Hinrichsen, Danielle Bazzi, Hannelore Wegner, Eli Franco, Editha Platte, Michael Oppitz, Friedemann von Stockhausen, Fritz Kramer und vielen anderen, unseren Skippern John von Eitzen und Stefan Schremmer sowie für ihre wissenschaftlichen Ratschläge und Hilfe Stefan Hiller, Klaus Goldmann, Walter Burkert, Hector Catling, Hans Mommsen, Hartmut Matthäus, Gisela Schumacher-Matthäus, Christian Züchner, Clemens Eibner, Paul Yule, Hermann Zschweigert, Manfred Moosauer, Ingo Pini, Carl Heron, Peter Pieper, Achim Taubert, Jeremy Rutter, Vance Watrous, Jürgen Paul Schwindt, Clarissa Gräfin Spee und zahlreichen anderen, die in den Anmerkungen genannt sind.

Heidelberg, im Herbst 2009   Hans Peter Duerr

Der Morgen des 8. Juni 1994 kündigte einen trüben und regnerischen Tag an. Graue Wolken hingen über dem Hafen von Husum, und ein kalter Ostwind wehte von der Geest her, als ich mit meinen Mitarbeitern und Studenten der Universität Bremen, insgesamt 24 Personen, an Bord des Zweimasters ›Jonas‹ ging, der alsbald Kurs auf die Hallig Südfall nahm (Abb. 1). Zunächst fuhren wir auf dem Heverstrom in Richtung offene Nordsee und schließlich über das Dwarsloch an dem kleinen Eiland vorbei ins Rungholtwatt, wo wir an einer vorher genau bestimmten Stelle ankerten und nach ein paar Stunden trockenfielen.

Abb. 1: Die Jonas auf der Fahrt
ins Rungholtwatt, 1994.

Ein Jahr zuvor hatte mir der Pächter von Südfall, der erwähnte Nordstrander Bauer Ernst August Dethleffsen, auf einer Wattkarte eingezeichnet, an welcher Stelle er bei seinen ausgedehnten Wanderungen in den fünfziger bis siebziger Jahren nördlich der Hallig auf zahllose Kulturspuren gestoßen war: So fand er Überbleibsel von Häusern, Brunnen und einen Friedhof aus dem späten Mittel-

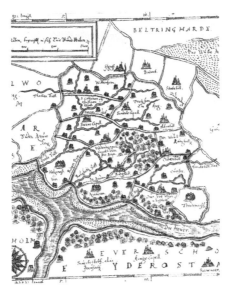

Abb. 2: Johannes Mejer,
»Die Charte Des Rungholts«, 1636.

alter, Skelette ertrunkener Rinder, Schafe, Pferde und Schweine,
vor Ort hergestellte und importierte Keramik wie Goldlüsterge-
fäße aus dem maurischen Spanien und Fragmente von Vorratsbe-
hältern aus dem Königreich Sizilien, aber auch Feuersteingeräte
und -waffen des ausgehenden Neolithikums und der frühen Nordischen Bronzezeit sowie das, was er für die Reste eines Wikingerschiffes hielt, nämlich Holzplanken, in denen ein langer Schiffs-
nagel aus Bronze steckte, bunt bemalte Keramikscherben und vor
allem einen gewaltigen Kalksteinanker. Den hatte ein ortsfremder
Wattläufer entdeckt, der Dethleffsen zu der Fundstelle im Bereich
des Spülsaums der Norderhever führte, doch war der Anker so
schwer und steckte so tief im Wattboden, daß die Männer ihn
selbst mit vereinten Kräften keinen Millimeter bewegen konnten.[1]
    Da der Halligpächter mir seinerzeit eine genaue Ortsangabe an-
hand eines Vermessungszeichens gegeben hatte, das in der Zwi-
schenkriegszeit an der Norderheverkante im Wattboden verankert
worden war, fiel es uns leicht, die Fundstelle aufzuspüren, nach-

dem wir die Metallmarkierung gefunden hatten. Denn schon aus einiger Entfernung war jene gut zu erkennen, da sich dort eine dunkelrotbraune Torfschicht als flacher Hügel deutlich vom umgebenden schwarzen Marschenboden und vom hellen Sandwatt abhob (Tf. I). Diese natürliche Erhebung war mit Kolonien von Herz- und Sandklaffmuscheln besetzt, und wie die in der ganzen Umgebung verstreuten Knochen und Schädel von Haustieren im Verein mit unzähligen Scherben spätmittelalterlicher Keramikgefäße deutlich machten, hatte sie einst einer Warft als Fundament gedient, also einem Wohnhügel, der offenbar zu dem Handelswik Rungholt gehörte, das im Jahre 1362 zwei aufeinanderfolgenden Sturmfluten zum Opfer gefallen war (Abb. 2). Als nämlich die friesischen Einwanderer das ehemalige Moor aus der jüngeren Bronze- und der Eisenzeit im hohen Mittelalter abtrugen, um an den fruchtbaren Boden der Alten Marsch zu gelangen, beließen sie die Torfschichten überall dort, wo sie Warften und Deiche bauten. So war unser Warftfundament anscheinend gegen Ende der siebziger Jahre durch die Strömung der Norderhever freigespült und teilweise abgetragen worden, um danach wieder vom Sand und Schlick bedeckt und am 28. Januar 1994 erneut von einer schweren Sturmflut im Küstenbereich der Deutschen Bucht aufgedeckt zu werden.

Inzwischen war es recht spät geworden. In den Prielen lief das Wasser wieder auf, und der stärker werdende Regen peitschte uns ins Gesicht. Außerdem hatte eine meiner Studentinnen etwa 400 m weiter südöstlich einen spektakulären Fund gemacht, weshalb wir die Suche nach Dethleffsens Anker auf den nächsten Tag verschoben und uns auf das Schiff zurückzogen, um dort zu begutachten, was wir in den vorangegangenen vier Stunden im Watt aufgelesen hatten (Abb. 3).

Bei unserem zweiten Wattgang am folgenden Tag stießen meine Studenten aufgrund eines Holzfäßchens, dessen oberer Rand aus dem Wattboden ragte, auf die Reste eines Wohnstallhauses mit einer Feuerstelle (Abb. 4 u. Tf. II), unter der ein Miniaturgefäß mit einem Schweinehauer, offenbar eine Votivgabe für eine heidnische Herdgöttin vom Freyja-Typus, niedergelegt worden war. Wie spätere naturwissenschaftliche Altersbestimmungen ergaben, war die-

Abb. 3: Am ersten Abend an Bord der Jonas.

ses Gebäude anscheinend im 7. Jahrhundert errichtet worden – ein ganz außergewöhnlicher Umstand, da die Rungholtgegend nach der einhelligen Meinung sämtlicher Archäologen und Historiker nicht vor dem 13. Jahrhundert besiedelt worden ist.

Zwar wußten wir das an jenem Tag noch nicht, doch war die Entdeckung des Hauses so aufregend, daß kaum noch jemand an Dethleffsens Warftfundament oder an seinen Kalksteinanker dachte, und so scharte sich der weitaus größere Teil unserer Gruppe um die neue Fundstelle und begann mit deren Freilegung.[2] Nichtsdestotrotz war ich mit ein paar Studentinnen an unseren ersten Fundort an der Norderhever zurückgegangen, wo wir zunächst so behutsam wie möglich den gesamten Torfhorizont mit unten zugespitzten Metall- und Holzstangen durchstachen, um herauszufinden, ob sich unterhalb des ehemaligen Niedermoores massive Gegenstände wie z. B. Keramikgefäße oder der Steinanker befanden. Und in der Tat stieß eine Studentin in einer Wassertiefe von etwa 30 cm durch eine 40 cm mächtige Sandschicht hindurch auf einen festen Widerstand, der von einem mindestens 1 × 1,2 m großen und harten Objekt herrührte. Ob es sich wirklich um den gesuchten Anker oder eher um einen besonders großen, vom Eisgang

Abb. 4: Freilegung der frühmittelalterlichen Hausreste
im Rungholtwatt.

Abb. 5: Die Fundstelle der altmediterranen Objekte
bei ablaufendem Wasser.

verdrifteten Fundamentstein der Rungholter Kollegiatkirche handelte, von denen wir in den kommenden Jahren etliche finden sollten, konnten wir allerdings nicht sagen. Denn an eine Grabung
unter Wasser war angesichts unserer völlig unzureichenden Aus-
rüstung nicht zu denken.

In der Zwischenzeit hatte ich mit zwei Studentinnen damit begonnen, am Ufer an einer Stelle, an der wir mit den Stangen ebenfalls auf Widerstand gestoßen waren, die obere dunkle Schicht aus
Auenwaldtorf, die ungefähr 30 cm stark und mit Resten von Ei-
chen-, Weiden- und Erlenstubben durchsetzt war, abzutragen. Dabei gelangten wir zu einer helleren, etwa 20 cm mächtigen Schilf-

torfschicht, die wir ebenfalls entfernten.[3] Unterhalb dieses zweiten komprimierten Moorhorizonts trafen wir schließlich auf eine feine tonige Sandschicht, auf und in der sich die Objekte befanden, die wir vorher zum Teil mit den Stangen ertastet hatten (Abb. 6).[4]

1 Wattkante zur Norderhever. 2 Skyphosfragment 3 Fragment eines Bernsteinartefakts 4 Rohbernsteine. 5 Kopalbrocken. 6 Weihrauchkugel. 7 Fragment einer kanaanitischen Transportamphore. 8 Fragment einer feinkeramischen ägäischen Bügelkanne (SM III B 1). 9 Fragment einer zentralkretischen Transportbügelkanne mit stilisiertem Oktopusdekor, SM III B 1. Die untere Sandschicht wurde bis zu einer Tiefe von 15 cm unterhalb der Schilftorfschicht untersucht. Auf der Oberfläche des Sandwatts lagen verstreut Keramikscherben sowie Schädel und Knochen von Groß- und Kleinvieh aus dem 13./14. Jahrhundert.

Abb. 6: Querschnitt durch die Fundstelle, Juni 1994.

Auf diese Weise legten wir bei den nächsten Wattgängen mehrere Fragmente einer Keramik frei, wie sie bislang nirgendwo außerhalb des mediterranen Kulturbereiches und schon gar nicht an der Nordseeküste aufgetaucht war. Doch paßten sie stilistisch und von der Machart her gut zu jenen Scherben, die Dethleffsen und der unbekannte Wattläufer fünfzehn Jahre vor uns an derselben Stelle aufgelesen hatten. Auch dem Halligpächter war eine vergleichbare Keramik noch nicht unter die Augen gekommen. Aber da er gerne wissen wollte, woher und aus welcher Epoche die Bruchstücke stammten, hatte er mir eines der Fragmente im Jahre 1993, als ich ihn gemeinsam mit meiner Wissenschaftlichen Mitarbeiterin Gerda Giese auf seinem Nordstrander Hof besuchte, mit der Bitte um eine Bestimmung überlassen.[5]

Bei dieser Scherbe handelte es sich um das Bruchstück eines sehr fein gearbeiteten geschlossenen Gefäßes aus ziegelrotem Material mit einer ungewöhnlich geringen Wandstärke und einem ursprünglichen Durchmesser von ca. 21 cm. Bemalt war es mit einer breiten geschwungenen Linie über einem horizontalen Band, beide in mattroter Farbe – vermutlich Teil einer laufenden Spirale, die vielleicht den Fangarm einer Schalenkrake oder das Blatt einer Papyruspflanze darstellte (Tf. III).

Deutlich erkennbar war dieser Dekor allerdings erst, nachdem

16

die Scherbe auf einen Rat des britischen Archäologen Hector Catling hin professionell gereinigt worden war, wobei vor allem die Verschmutzung durch die Reste der Haftschalen einer Rotalge (*Porphyra purpurea*) entfernt wurde.[6] Da diese niederen Organismen sich bevorzugt auf Steinen oder Felsen in der oberen Gezeitenzone des deutschen Wattenmeeres niederlassen,[7] war die Verunreinigung ein zuverlässiges Indiz dafür, daß das Keramikfragment tatsächlich aus dem Rungholtwatt stammte und vor seiner Auffindung wohl eine gewisse Zeit freigelegen hatte. Die letzten Zweifel daran wurden durch eine Röntgenfluoreszenzanalyse am Berliner Rathgenlabor beseitigt. Die von dem Museumsrestaurator aus den Ritzen und Vertiefungen der Scherbe herausgelösten Partikel – »viel Quarz, wenig Calzit und die Feldspate Albit und Microclin« – waren weitgehend identisch mit denen einer Vergleichsprobe aus dem südlichen nordfriesischen Watt.[8]

Zwar war mir damals sofort klar, daß diese und die anderen Scherben Dethleffsens weder aus dem spätmittelalterlichen Nordfriesland oder Dänemark noch aus dem Rheinland, Flandern, England oder der Saintonge stammten, sondern aus der Gegend des Mittelmeeres. Doch hätte ich ihre wahre Herkunft und vor allem das Zeitalter, dem sie angehörten, selbst in meinen kühnsten Träumen nicht für möglich gehalten.

Und mediterranen Ursprungs schienen auch die Keramikbruchstücke zu sein, die sich in der freigelegten Sandschicht befanden, und zwar zunächst das Fragment eines geschlossenen Gefäßes mit dunkelbraunem Streifendekor und einem ursprünglichen Durchmesser von etwa 18 cm sowie das eines wesentlich größeren, ebenfalls geschlossenen Gefäßes aus einem hellbraungelben Material mit dunklen Basaltinklusionen, dessen Textur an Haferschleim erinnerte und das mit einem breiten schwarzen Band bemalt war. Weiter fanden wir die Scherbe eines noch schwereren Gefäßes aus einem mit weißlicher Farbe überzogenen hellroten Material mit feinen Sandinklusionen und einer Wandstärke von 1,7 cm und zuletzt zwei monochrome, graubraune Scherben kleiner offener Gefäße, die wohl ursprünglich einen Durchmesser von 15-16 cm hatten und beide Ansätze von horizontalen Henkeln aufwiesen.

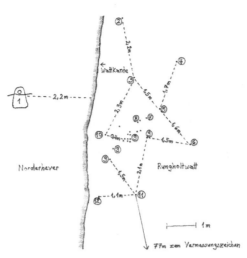

1 Mutmaßliche Lage des Kalksteinankers. 2 Panther-
kaurigehäuse. 3 Hornschneckengehäuse. 4 Skyphosfragment. 5 Fragment einer kanaanitischen Transportamphore. 6 Fragment einer feinkeramischen
ägäischen Bügelkanne. 7 Weihrauchkugel. 8 Kopalbrocken. 9 Rohbernsteine und Fragment eines Bernsteinartefakts. 10 Skyphosfragment. 11 Fragment
einer minoischen Transportbügelkanne. 12 Teil einer menschlichen Schädeldecke.

Abb. 7: Die Fundstelle von oben.

Zwischen diesen Keramikteilen, von denen wir noch viele ertaste-
ten, aber aus Zeitgründen nicht mehr freilegen konnten, lagen weitere Objekte verstreut, die sich in den grobkeramischen Gefäßen befunden haben mochten, welche wir bereits während der
Grabung für Transportcontainer hielten. Dabei handelte es sich
um dreizehn rote, gelbe und braune Rohbernsteine, um die Ab-
splitterung eines großen, dunkelorangeroten Bernsteinobjektes,
das nach Aussage des Pellwormer Gemmologen Hein Jordt ein
geschliffenes Artefakt gewesen sein mußte, die Gehäuse einer großen Kauri- und einer kleinen Hornschnecke , die eng beieinander-
liegenden Brocken eines dunkelroten, harten und anscheinend
subfossilen Harzes sowie um eine gelbliche, brüchige ›Harzträne‹,

deren Oberfläche sich augenblicklich in eine milchige weiße Masse verwandelte, als sie mit Meerwasser in Verbindung kam.

Wie bereits erwähnt, hatte ich die Funde des Wattläufers und des Halligpächters von der gleichen Stelle für Importe aus dem Mittelmeerraum gehalten. Und ähnliches galt meiner Ansicht nach für die soeben ausgegrabenen Objekte. Doch aus welcher Zeit mochten sie stammen und auf welchem Wege waren sie an die Nordseeküste gelangt? Hatten Wikinger sie aus dem Süden mitgebracht? Oder gehörten sie zum Warenangebot germanischer und provinzialrömischer Händler oder den Legionären, die auf den Triremen der Rheinflotte das damalige Wattenmeer erkundeten? Ich hatte nämlich davon gehört, ein paar Jahre vor unserer Exkursion seien im südlichen nordfriesischen Watt römische Messingmünzen gefunden worden, wobei wir damals noch nicht wußten, daß der Pellwormer Muschelfischer Heinz von Holdt ganz in der Nähe unserer Fundstelle die sieben Sesterzen vom Grund der Norderhever gesaugt haben soll.[9]

Nach der Überzeugung Dethleffsens stammten der Kalksteinanker wie auch der Bronzenagel, den er weiter im Süden ebenfalls an der Norderheverkante aus einer Schiffsplanke gezogen hatte, vom Wrack eines Wikingerschiffes. Aber zum einen verbanden die Nordmänner die Planken ihrer geklinkerten Wasserfahrzeuge nicht mit Nägeln aus Buntmetall, sondern mit Eisennieten, und zum anderen benutzten sie, wie z. B. auf dem ›Teppich von Bayeux‹ zu sehen ist (Abb. 8), keine mediterranen Steinanker, sondern Stockanker aus Holz und Eisen (*akkeri*).[10]

Da ich den Eindruck hatte, unsere Scherben gehörten zu Gefäßen, die im mediterranen Kulturbereich hergestellt worden waren, zeigte ich sie in Heidelberg mehreren Fachleuten, und zwar zunächst einem Prähistoriker, der seit Jahren die Grabungen in einer Ruinenstätte auf der Peloponnes leitete. Er meinte nach einer Autopsie, vor allem die grobkeramische ›Haferschleim‹-Scherbe stamme mit großer Sicherheit von einem Transportgefäß, das im 14. oder 13. Jahrhundert v. Chr. auf Kreta produziert worden sei, denn sein Team habe Fragmente ebensolcher Gefäße – minoische Transportbügelkannen mit zu Wellenlinien stilisierten Oktopustentakeln aus Zentralkreta – in den Hausresten der festlandgriechischen Stadt gefunden, die in der Spätbronzezeit Handelsverbindungen zu der Insel der Minoer unterhielt. Doch sei es völlig ausgeschlossen, daß man diese Keramik *in der Zeit um 1300 v. Chr.* auf irgendeine Weise an die Nordseeküste befördert habe, da die ägäischen Seefahrer der sogenannten Spätpalastzeit es »höchstens bis nach Sizilien« geschafft hätten. Aus diesem Grunde – und weil er von meiner Dauerfehde mit dem Archäologischen Landesamt Schleswig-Holsteins aufgrund unserer Rungholtforschung wußte – untersagte er mir, seinen Namen in der Öffentlichkeit mit meinen Funden oder mit unseren Aktivitäten in Verbindung zu bringen.

Abb. 8: Ausschnitt aus dem »Teppich von Bayeux«, um 1070.

Auch ein griechischer Archäologe, der Ausgrabungen im kretischen Gebirge leitete, sowie ein emeritierter deutscher Kollege, der jahrelang an der kretischen Nordküste gearbeitet hatte, bestätigten das Urteil des Prähistorikers, doch bat mich insbesondere der Grieche, niemandem zu sagen, daß er meine Funde untersucht habe, da ihm eine Assoziation meines Namens mit dem seinen in der Fachwelt nur Nachteile bringen könne.

»Mut ist *immer* originell«, schrieb einmal Ludwig Wittgenstein, und nachdem mir ein bekannter Heidelberger Ägyptologe geraten hatte, es doch einmal »mit den Engländern oder den Amerikanern« zu versuchen, da bei diesen die Unangepaßtheit höher im Kurs stehe als bei den Deutschen oder den Griechen und nicht jeder von ihnen mit den Kontinentaleuropäern verfilzt sei, sprach ich den britischen Prähistoriker Andrew Sherratt und seine Frau Susan, eine Kennerin des bronzezeitlichen östlichen Mittelmeeres, an, als ich sie auf der Straße traf. Ich erzählte den beiden von unseren Funden, und wir verabredeten, uns in Kürze einmal zum Essen zu treffen, bei dem sie sich gerne die Scherben ansehen wollten. Doch jedesmal, wenn ich in den folgenden Monaten den Sherratts begegnete, schauten sie in die Höhe oder auf den Boden, was vor allem in den engen Gängen der Bibliothek des Instituts für Ur- und Frühgeschichte zu Szenen führte, wie ich sie nur von den Mister-Bean-Filmen her kannte.[11]

Inzwischen hatte ich jegliche Lust verloren, unsere Fundstücke weiter wie saures Bier anzupreisen,[12] obwohl ich mit leeren Händen dastand, denn die Begutachtungen waren so gut wie wertlos, weil ich mich nicht auf sie berufen konnte. In dieser Lage kam mir der Archäologe Hartmut Matthäus zu Hilfe, indem er mir vorschlug, die Funde auf einem von ihm organisierten internationalen Archäologie-Kongreß den Spezialisten für die Bronzezeit des östlichen Mittelmeeres und des Vorderen Orients vorzulegen. Ich nahm diese Einladung sofort an und präsentierte ein paar Tage danach den gelehrten Damen und Herren in einem Hörsaal der Erlanger Universität die »minoische Keramik aus Nordfriesland«, auf die allerdings nicht wenige der Archäologen mit einem Gesichtsausdruck reagierten, als zeigte ich ihnen etwas sehr Unanständiges. Dieses Mal war auch Susan Sherratt mit von der Partie, die freilich ausgerechnet zu der ›Haferschleim‹-Scherbe, die noch jeder Spezialist, der sie gesehen hatte, für ein Fragment einer zentralkretischen Transportbügelkanne gehalten hatte, meinte, »it could be anything«, am ehesten punische oder iberische Ware. Die anderen, und unter ihnen vor allem Hans-Günter Buchholz, der Doyen und Nestor der Fachleute für das östliche Mittelmeer der Bronzezeit, neigten indessen zu der Auffassung, es handle sich durchweg um spätbronzezeitliche ägäische Keramik, wenn auch kaum einer glauben mochte, wir hätten sie im norddeutschen Watt gefunden. »Wenn das stimmen sollte«, konstatierte Buchholz abschließend besorgt, »dann feiert das totgeglaubte Atlantis des Pastors Spanuth am Ende seine Wiederauferstehung!«

In der Zwischenzeit hatte ich es noch einmal »mit den Engländern versucht«, und Richard Jones sowie vor allem Hector Catling, der »große alte Mann« der britischen Mittelmeer-Archäologie, hatten

Abb. 9: Bügelkanne aus Knossos, SM III B1.   *Abb. 11:* Zentralkretische Transportbügelkanne, SM III B.

mir dringend zu einer naturwissenschaftlichen Untersuchung der Scherben geraten, da angesichts des äußerst ungewöhnlichen Fundortes niemand bereit sein werde, sich dafür zu verbürgen, daß es sich tatsächlich um spätminoische Keramik handelte. Auf die Empfehlung der beiden Briten hin wandte ich mich an Hans Mommsen vom Helmholtz-Institut für Strahlen- und Kernphysik der Universität Bonn, der schon vor Jahren mit der von ihm entwickelten Neutronenaktivierungsanalyse[13] die genaue Herkunft der mykenischen Keramik bestimmt hatte, die in der Nähe der bronzezeitlichen Kupferminen der Sierra Morena in Andalusien gefunden worden war. Und tatsächlich stellte Mommsen durch einen Vergleich der Spuren- und Nebenelementmuster unserer Fragmente mit denen von Produkten ägäischer und levantinischer Töpfereien fest, wo die Mehrzahl der Gefäße hergestellt worden ist.

So stammt die dünnwandige Scherbe des geschlossenen Gefäßes mit der breiten Spirale über dem Band, die ich von Dethleffsen erhalten hatte (Tf. III), aus Zentralkreta, wo dieser Dekor ab dem 15., vor allem aber im 14. Jahrhundert v. Chr. auf Krügen, feinen Bügelkannen, Amphoren und anderer Keramik verbreitet war, namentlich in Knossos, Aghia Triada, Kommos, Phaistos und anderen minoischen Städten (Abb. 9).[14]

Abb. 10: Fragment einer zentralkretischen Transportbügelkanne,
SM III B.

Abb. 12: Fragment einer ägäischen
Bügelkanne, SM III B.

Aber auch die Scherbe mit der ›Haferschleim‹-Textur (Abb. 10 u.
Tf. IV) war, wie von fast allen Fachleuten vorausgesagt, ursprünglich Teil einer zentralkretischen Transportbügelkanne mit stilisierten Oktopusarmen (Abb. 11) – vermutlich eine Trademark für
die vor allem im Jahrhundert zwischen 1360 und 1260 v. Chr. auf
der westlichen Messará-Ebene gebrannten Gefäße,[15] wobei einige
Spezialisten der Auffassung sind, die in Knossos ausgegrabenen
Exemplare seien von dort importiert worden.[16] Die bis zu 65 cm
großen, 12 bis 14 Liter fassenden Gefäße wurden auf Linear B mit
dem – höchstwahrscheinlich minoischen – Wort *ka-ra-re-we* bezeichnet,[17] und sie dienten vornehmlich dem Transport von Olivenöl (*e-ra-wo*, gr. ἔλαιον), Wein (*wo-no*, gr. οἶνος) und Honigmet
(*me-tu-wo*, gr. μέδυ) auf Schiffen und an Land auf dem Rücken von
Eseln, wobei je eine Kanne über die linke und die rechte Seite
hing.[18] So gelangten sie – hauptsächlich von Kommos aus – nicht
nur nach Khania und aufs griechische Festland, sondern auch in
den Westen, nach Sizilien und Sardinien, sowie in den Osten, nach
Rhodos, Zypern, an die levantinische Küste und nach Ägypten, wo
man sie oder Imitate den Toten mit auf die Jenseitsreise gab.[19]

Das Bruchstück mit dem horizontalen braunen Band (Abb. 12 u.
Tf. V), das von einem wesentlich kleineren Gefäß stammte, ist
wohl das Fragment einer feinkeramischen Bügelkanne, die zur Aufbewahrung und zum Transport von kostbaren Duftölen und möglicherweise auch von in Wein oder Öl gelöstem Opium benutzt

wurde.[20] Die Untersuchung der Materialprobe durch Mommsen ergab eindeutig einen ägäischen Ursprung der Kanne, aber eine genauere Bestimmung des Herstellungsortes ist bislang nicht möglich. Vom Dekor und von der Farbe her könnte es sich um ein nordwestkretisches Produkt handeln, denn gleichartige Exemplare aus dem SM III B 1 wurden z. B. in der Nekropole Arméni südlich von Rethymnón gefunden, aber auch um eine der um dieselbe Zeit in Lakonien oder Messenien hergestellten feinen Bügelkannen (Tf. VI), die – wohl über Khania – nach Kommos exportiert worden sind.[21]

Abb. 13: Fragmente ägäischer Skyphoi, SM III B.

Lediglich nach Augenschein ist es häufig selbst für Spezialisten äußerst schwierig, wenn nicht unmöglich, zu entscheiden, ob ein Stück nun kretisch oder festlandgriechisch ist, und man hat den Verdacht geäußert, die Archäologen hätten nicht selten minoische Keramik, die etwa auf den Aiolischen Inseln, auf Zypern oder im Orient ausgegraben wurde, kurzerhand als »mykenisch« klassifiziert.[22]

Die monochromen Scherben mit den Resten waagrechter Henkel (Abb. 13 u. Tf. VII) hatte ich aufgrund des Urteils eines griechischen Kretologen zunächst für die Überbleibsel minoischer Dreifußkochtöpfe gehalten,[23] doch stellte sich nach der Begutachtung durch mehrere Keramikfachleute heraus, daß es sich um Teile von Skyphoi, also Näpfen, handelte, die in der englischsprachigen Literatur als »deep bowls« bezeichnet werden.[24]

Dieses einfache Tafelgeschirr, das auf der Messará zwar schon im SM II, also um 1400 v. Chr., hergestellt, in Kommos oder in Phaistos aber im SM III B 1, also etwa hundert Jahre später, am verbreitetsten war,[25] trat in anderen Gegenden Kretas, auf dem Festland, den Kykladen oder auf Euboia erst im 13. und im 12. Jahrhundert v. Chr. als Massenware auf.[26] Die dunkel- bis graubraunen σκύφοι (Abb. 14) galten in Kommos und in anderen Gegenden Kretas als gewöhnliche Haushaltsware. Sie waren deshalb kein Gegenstand des Fernhandels, und wenn man sie in bronzezeitlichen Schiffswracks gefunden hat, wie in dem im späten 13. Jahrhundert v. Chr.

Abb. 14: Mykenischer Skyphos, SH III B.

im Golf von Argolis gesunkenen Kap-Iria-Frachter, der offenbar auf dem Weg von Zypern über Kreta zum griechischen Festland war, dann haben sie gewiß zum Gebrauchsgeschirr der Besatzung gehört.[27]

Die einzige Stelle bei Homer, an der ein σκύφος erwähnt wird, ist die Szene, in welcher Odysseus bei dem Sauhirten Eumaios Wein trinkt,[28] und es wurde deshalb vermutet, man habe ihn bei Gelagen und den Vorläufern des späteren συμπόσιον an den horizontalen Henkeln vom einen zum anderen Teilnehmer weitergereicht, und die größeren Exemplare seien vielleicht wie Kratere als Weinmischgefäße benutzt worden.[29] Doch scheinen manche spätbronzezeitlichen Kontexte mit einfachen, unverzierten σκύφοι eher darauf hinzuweisen, daß sie an Land wie auf den Hochseeschiffen auch als Näpfe Verwendung fanden, aus denen man Suppen, Breie oder Eintopf löffelte.[30]

Schließlich erwies sich die hellrote Scherbe (Abb. 15 u. Tf. VIII)
des großen Transportgefäßes mit den feinen Inklusionen, wie von
einigen Archäologen vermutet, die solche Gefäße von ihren Ausgrabungen in Palästina her kannten, als Fragment einer kanaanitischen Transportamphore des sogenannten »Südlichen« oder »Tell-
Ašdod-Typs«, der zwischen der Gegend von Dor und der von Gaza
hergestellt wurde. Dieser unterscheidet sich durch sein meist blaß-
gelb bis rosa-weißlich überzogenes hellrotes bis rötlichbraunes
Material mit grauem Kernbereich von den mit einem grünlichen

Abb. 15: Fragment einer kanaanitischen Transportamphore,
Tell-Ašdod-Typ, um 1300 v. Chr.

Überzug versehenen Gefäßen der Nördlichen Gruppe (ugaritisch
kd [m]), die keinen grauen Kern besitzen.[31] Spektroskopische und
petrographische Analysen von 80 in Maa-Palaiokastro auf Zypern
gefundenen kanaanitischen Amphoren haben ergeben, daß 76 zum
»Ašdod-Typ« gehörten – die restlichen 4 zu einem auf Zypern hergestellten Typ –, und ein gleiches gilt für die meisten der ca. 60 in
Kommos ausgegrabenen Exemplare sowie für 149 der im Wrack
des Uluburun-Schiffes geborgenen Gefäße (Abb. 16), die offenbar
bis auf den Millimeter dieselbe Wandstärke aufweisen wie die uns-
rige aus dem Rungholtwatt, nämlich 1,7 cm.[32] Aber auch viele in
festlandgriechischen Orten wie Pylos, Menidi, Asine oder Mykene
und in Ägypten freigelegte Amphoren sowie die in der von Ramses II. zur Abwehr der Libyer in der Nähe von Marsa Matruh errichteten Feste aufgefundenen Stücke, die sicher wie die dortigen feinen Bügelkannen und die Transportbehälter von Kommos

aus an die Küste Nordafrikas gelangt sind, gehören zur »Ašdod-Gruppe«.[33]

Diese levantinischen Transportgefäße, die schon sehr früh auf Kreta und auf den Kykladen benutzt wurden,[34] enthielten als Handelsgut vor allem verschiedene Sorten von Öl und Wein,[35] Pistazienharz (*sntr*), Pigmente, Honig und Fayenceperlen,[36] aber auch Getreide, Oliven, Rosinen und andere Lebensmittel zur Verpflegung der Schiffsbesatzungen.[37] In den Zielhäfen, wie z. B. Kommos, wurde der Inhalt der Amphoren in andere Behälter umgefüllt oder auf andere Weise verpackt und ins Landesinnere, nach Aghia Triada oder Knossos verschickt, aber sicher auch mit kretischen sowie

Abb. 16: Kanaanitische Transportamphore
aus dem Uluburun-Wrack,
spätes 14. Jh. v. Chr.

wertvollen ausländischen Produkten, z. B. Myrrhe oder Weihrauch aus Punt, auf Schiffen der Handelsflotte der westlichen Messará in nördliche und westliche Richtung übers Meer versandt.[38] Und anscheinend sind nicht nur minoische Transportbügelkannen, sondern auch kanaanitische Amphoren auf ägäischen, zyprischen, syrischen und Schiffen der mittleren und südlichen Levante kreuz und quer übers Mittelmeer geschickt worden, wobei die Gefäße

27

immer wieder umgefüllt wurden. So zeigen kypro-minoische Zeichen auf an der levantinischen Küste gebrannten Transportamphoren aus Kommos, Aškelon oder Aphek östlich des Sees Genezareth, daß man die Gefäße offenbar zunächst mit Erzeugnissen des Nahen Ostens nach Zypern exportierte, dort beschriftete und mit neuem Inhalt nach Kreta verschifft bzw. in den Orient zurückgebracht hat.[39]

Inzwischen hatte der Archäochemiker Carl Heron von der Universität Bradford in Yorkshire die dunkelroten Harzbrocken und die hellgelbe ›Harzträne‹ (Tf. IX), die alle in der Nähe des Fragments der kanaanitischen Amphore lagen, analysiert und festgestellt, daß es sich bei den ersteren um Kopale aus der Familie der *Pinaceae*, also der Kieferngewächse, handelte.[40] Subfossile und rezente Kopale können von ganz verschiedener botanischer Herkunft sein, das Harz kann von Laub- und von Nadelbäumen stammen, wobei der wohl bekannteste der Sansibar- oder Madegassische Gummikopal ist, der – meist in großen Knollen von blaßgelber bis rötlichbrauner Farbe, klar und durchsichtig – auf Mauritius und Réunion im Indischen Ozean, vor allem aber semifossil in großen Lagern vor den Flußmündungen der südostafrikanischen Küste und im Hinterland von Mombasa sowie rezent im Norden Madagaskars vorkommt, wo es einstmals ausgedehnte Kopalwälder (*mandrofo*) gab.[41]

Der wahrscheinlich gemeinsam mit dem Bernstein *shrr* oder *s3hrt* genannte Kopal gehörte mit Sicherheit wie Weihrauch, Elektron (*dʒm*) und die exotischen Tiere zu den »Wundern« (*b3jt*) aus Punt, und verschiedentlich wurde der Verdacht geäußert, der mutmaßliche Bernstein im Grabe Tutanchamûns sei in Wirklichkeit Kopal, den man auf dem Landweg über den Sudan oder per Schiff über das Rote Meer nach Ägypten gebracht habe. Aber auch die in einem Obsidiangefäß in einem Grab des Mittleren Reiches in Lāhūn gefundenen Harzreste waren höchstwahrscheinlich Kopal und Weihrauch, und die Leiche der im Alter von etwa 28 Jahren aufgrund einer Verletzung verbluteten oberägyptischen Isis-Priesterin Achetirichetes (Abb. 17) war offenbar während der Mumifizierung mehrfach mit dem flüssigen Harz eines südostafrikanischen *Pinaceae*-Kopals übergossen worden, mit dem man überdies ihre Mumienbinden tränkte.[42] Auch in anderen Gegenden des Vorderen Orients, des östlichen Mittelmeeres, ja sogar im östlichen Mitteleuropa ist man auf Kopal gestoßen, der in der Bronzezeit dorthin gelangt sein muß.

Abb. 17: Rekonstruktion des Gesichts
der oberägyptischen Isis-Priesterin
Achetirichetes.

So entdeckte man in einem am Nordpalast von Ešnunna, dem heutigen Tell Asmar, gelegenen Grab aus dem 25. Jahrhundert v. Chr. einen 2 cm großen Anhänger aus diesem Harz, das wohl die ostafrikanische Küste entlang nach Südarabien und über Omān, Dilmun und den Tigris aufwärts in die mesopotamische Stadt verschifft worden war,[43] und in der Gegend von Ajka nördlich des Plattensees in der Provinz Veszprém stieß man in einem bronzezeitlichen Stratum auf einen verarbeiteten dunkelrotbraunen *Pinaceae*-Kopal, der offenbar damals als äußerst kostbar angesehen wurde. Schließlich fand man in einem Krug aus einem minoischen Gebäude auf der ostkretischen Insel Pseira Reste von Kopalharz, das ebenfalls von – wahrscheinlich südostafrikanischen – Kieferngewächsen stammt[44] und das über Ägypten und die levantinische Küste die minoische Insel erreicht haben muß.

Liegt es nahe anzunehmen, daß in diesem Falle Wein mit Kopal geharzt worden war, werden die Minoer für gewöhnlich kaum ein so wertvolles exotisches Importgut zu diesem Zweck benutzt haben, standen ihnen doch dafür ungleich gängigere Harze zur Verfügung. Ob aber afrikanischer Kopal im bronzezeitlichen Kreta eine apotropäische Bedeutung hatte wie offenbar in Mesopotamien oder später im Aṭlas, wo man der Braut vor ihrer Entjungferung eine Halskette aus Kopal und Bernstein umlegte,[45] oder ob man ihn der Gottheit opferte, wie die Maya es taten, die leuchtend türkisblau bemalte Kopalkugeln (*pom*, aztekisch *copalli*) in die Einsturzdolinen der Halbinsel Yukatán, etwa den hl. Cenote von Chichen Itzá, warfen, damit die Götter den Regen schickten,[46] ist unbekannt.

In einem offenen Gefäß aus mittelminoischer Zeit, das ebenfalls auf Pseira ausgegraben wurde, fand man die Rückstände von mit dem Harz der Aleppokiefer (*Pinus halepensis*) gewürztem Wein, also eines Baumes, der offenbar auch auf Kreta wuchs, und ein weiteres Gefäß von dem kleinen ostkretischen Eiland enthielt ursprünglich Wein, der wohl zuvor in einem mit dem Harz eines nicht näher bestimmbaren Nadelbaumes ausgestrichenen Container aufbewahrt oder transportiert worden war, während ein Wein aus Monastiraki am Südhang des Ida-Massivs wiederum Spuren des Harzes eines *Pinaceae*-Baumes aufwies.[47]

In einem aus Palästina importierten Krug im Grab von Djer, einem König der 1. Dynastie, in Abydos sowie in einem Calcitgefäß des Mittleren Reiches aus Kāhūn und einem weiteren mit der Kartusche der Hatschepsut befanden sich ebenfalls dunkelrotbraune Reste von *Pinaceae*-Harz, das offenbar in einer Wandmalerei im Grab des Rechmirê in Form von roten, ḫȝtt nt ʿš genannten Brocken wiedergegeben wird.[48] Schließlich enthielt auch ein Alabastervnäschen im Grab des Tutanchamûn, auf dem das Wort ʿš stand, Reste eines Koniferenharzes, vielleicht von der Aleppokiefer, dem Hauptbestandteil des Kapet-Duftstoffes, der vor allem in den Tempeln der 19. Dynastie verbrannt wurde.[49]

Anscheinend war ʿš die ägyptische Bezeichnung für das Holz der *Pinaceae* – ähnlich wie das sumerische EREN und das akkadische *erēnu* –, also von den Nadelbäumen, die vor allem im levantinischen Hochgebirge, »über den Wolken«, gefällt und mit Ochsen an die Küste gezogen wurden. Von dort verschiffte man sie nicht nur nach Ägypten, sondern auch nach Kreta, was aus einer Klage des Oberschatzmeisters Sennufer hervorzugehen scheint: »Wahrlich, man fährt nicht [länger] nach Byblos! / Was sollen wir tun / um das ꜥš für unsere Mumien zu bekommen, / mit dessen Produkten man die Reinen begräbt, / mit dessen *sft* man die Großen einbalsamiert? / Bis hin nach Kreta (*m-kftjw*) kommen sie nicht [mehr]!«[50]

In der Antike hieß es, Attis habe sich nach seinem Tod in eine Italienische Steinkiefer (*Pinus pinea*) verwandelt, denn der immergrüne Baum repräsentierte Konstanz und Ewigkeit, wie überhaupt das harzreiche und gegen Fäulnis, Insektenfraß und Pilzbefall äußerst resistente Holz der *Pinaceae* schon seit ältesten Zeiten ein Inbegriff der Dauerhaftigkeit war.[51] Bereits im vordynastischen Ägypten verwendete man vor allem das Holz der Libanonzeder (*Cedrus libani*), der Aleppokiefer und der im Taurus ab einer Höhe von etwa 1350 m wachsenden Kilikischen Tanne (*Abies cilicia*) zur Herstellung von Särgen[52] und ihr Harz und ihr Öl aufgrund der antibakteriellen und fungiziden Wirkung bei der Konservierung und Mumifizierung der Leichen.[53] Deshalb nahmen die Ägypter wie selbstverständlich an, daß auch die Minoer das von der Levante nach Kreta exportierte ꜥš und dessen Harz *sft* zum Bau der Särge ihrer »Reinen« und zur Mumifizierung der Leiber ihrer »Großen« benutzten.

Diese Annahme ist zwar unzutreffend, doch ist es wahrscheinlich, daß die Kreter das Harz (Linear B *tu-wo*, Pl. *tu-we-a*, gr. Θυμίημα)[54] nicht nur dem Wein beimischten, um ihn wohlschmeckender und haltbarer zu machen, sondern daß sie es auch zum Wohlgefallen der Götter verbrannten,[55] daß sie aus dem ꜥš die Planken ihrer Hochseeschiffe zimmerten[56] und überdies den Versuch unternahmen, ihrer Haut durch das Salben mit dem Öl Frische und Festigkeit zu verleihen. Ja, man könnte sogar die Frage aufwerfen, ob nicht die göttliche Ambrosia, mit der z. B. Thetis den »zarten Körper« des kleinen Achilles einrieb, damit dieser »unsterblich werde und das elende Alter seiner Haut nichts anhaben könne«,[57] eine dunkle Erinnerung an das Koniferen- oder irgendein anderes Öl mit ähnlicher Wirkung sein mochte.

Denn in der Bronzezeit waren im östlichen Mittelmeer und im Niltal nicht nur semifossile Kopale und die Harze und Öle rezenter *Pinaceae* verbreitet. Benutzt wurden darüber hinaus weitere Balsame und Räucherungsmittel, etwas das *gsfn*-Harz aus Punt, das bislang noch nicht identifiziert werden konnte, oder das Gummiharz Ladanum aus den Drüsenhaaren der Blätter verschiedener auf Kreta, Zypern, in Kleinasien und in Palästina wachsender Zistrosenarten, das ebenfalls zum Räuchern und Einbalsamieren verwendet wurde.[58]

Ein typisches kretisches Harz war der vom Amberbaum (*Liquidambar orientalis*), einem Zaubernußgewächs, stammende Storax, der später auch auf dem Festland wuchs, vor allem in der Gegend des boiotischen Haliartos, wo man die angeblich von dem minoischen Heros Rhadamanthys importierten στύρακες zeigte sowie dessen mutmaßliches Grab und in der Nähe, in Theben, das seiner Gattin Alkmene.[59]

Auch vom sogenannten Tragantgummi, dem erstarrten Saft des im östlichen Mittelmeergebiet und in Ägypten wachsenden Bocksdorn oder τραγάκανθα (*Astragalus tragacantha*) berichtet Theophrastos, es habe früher geheißen, die Pflanze komme nur auf Kreta vor, doch wachse sie heute auch in Achaia und anderen Gegenden bis zum Persischen Golf, wobei allerdings der kretische, wie Plinius ergänzte, immer noch als der beste gelte. Und so mag es sein, daß die in einer kanaanitischen Amphore aus Asine südöstlich von Tiryns aufgefundenen Tragantreste in der späten Bronzezeit von der Levante oder von Kreta in die Argolis gelangt waren.[60]

Das im minoisch-mykenischen, ägyptischen und nahöstlichen Kulturbereich des 14. und 13. Jahrhunderts v. Chr. vermutlich verbreitetsten Duftharz war indessen das in späterer griechischer Zeit als Chios-Terpentin bekannte Harz der Terpentinpistazie *Pistacia terebinthus* und *Pistacia atlantica* (Linear B *ti-mi-to*; gr. τερέβινθος), das durch Einschnitte an Stamm und Zweigen der mediterranen Bäumchen gewonnen (Abb. 18) und in Ägypten (gemeinsam mit anderen Gummiharzen) *sntr*, auf Linear B *ki-ta-no*,

Abb. 18: Pistacia Terebinthus, Kreut-
terbuch des Johannes Kentmann,
1563.

Abb. 19: Pistazienharz aus einer
kanaanitischen Amphore im Uluburun-Wrack, spätes 14. Jh. v. Chr.

akkad. *buṭnum*, hebr. *boṭna* und arab. *buṭm* genannt wurde.[61] Auf
einem Wandbild im Grab des Rechmirê ist zu sehen, wie minoische
›Gesandte‹ und levantinische Tributpflichtige dem Pharao versie-
gelte Gefäße mit *snṯr* bringen, das in Ägypten vielfache Verwendung fand: So war es Bestandteil einer Hautreinigungs- und -straf-
fungscreme, die von den Damen fortgeschrittenen Alters unter
anderem auf die Brüste aufgetragen wurde, damit diese nicht
erschlafften; man verwendete es bei der Herstellung von Duftölen,
wegen seiner keimtötenden Eigenschaften beim Einbalsamieren
der Leichen, als Schutzanstrich von Särgen, Uschebti-Figürchen,
Kanopenkästen, Stelen, Vasen und Wandmalereien in Gräbern, als
Räucherharz in den Heiligtümern und die Frauen führten, wie aus
dem *pEbers* hervorgeht, nach den Geburten *Pistacia*brocken ein,
damit der Uterus kontrahierte, oder sie stellten sich bei Unterleibs-
krankheiten mit gespreizten Beinen über das brennende Harz,
»damit der Rauch in ihre Vagina zieht«.[62]

Nicht nur in Ägypten entdeckte man in einer kanaanitischen
Amphore mit der Aufschrift *snṯr* die Reste von *Pistacia atlantica*,

sondern auch ca. 1 Tonne des gelblichen Harzes in Transportgefäßen dieser Art im Wrack des Schiffes von Uluburun (Abb. 19). Außerdem vermutet man, daß zumindest einige der in Kommos gefundenen und von der Levante und Zypern importierten Amphoren ursprünglich *kit-ta-no* enthielten, das auf Duftaltärchen verbrannt wurde, wie man sie in Aghia Triada ausgegraben hat, oder das man dem Wein hinzufügte, weil es ihn nicht nur würzt, sondern auch das Wachstum der Bakterien hemmt, die den Wein in Essig umwandeln. Und tatsächlich ist man in Apodúlu auf eine kleine Weinschale und eine Tasse aus dem MM II B (um 1700 v. Chr.) gestoßen, die Rückstände des Pistazienharzes enthielten,[63] und zumindest für die historische Zeit ist es sehr wahrscheinlich, daß man mit dem Wohlgeruch des verbrennenden τερέβινθος die Göttin Hera herbeilockte sowie jenen Apollon, der mit dem Beinamen Termintheus als Heilgott verehrt wurde.[64]

Meine Studentinnen waren an unserer Fundstelle auch auf einen runden Gummiharzbrocken von gelblicher Farbe gestoßen (Tf. IX), dessen Oberfläche sich in eine milchig-schmierige Masse verwandelte, als sie mit Wasser in Verbindung kam, wie es vom Bocksdornharz Tragant beschrieben wird, das zwar in Flüssigkeit anschwillt und weich wird, sich aber nicht völlig auflöst. Wie spätere Labor-Analysen erwiesen, handelte es sich bei dem Stück jedoch um eine ›Träne‹ des eingetrockneten Wundsaftes einer *Boswellia*-Art, also um Weihrauch, was wir bereits vermutet hatten, weil der Duft, der freigesetzt wurde, als wir gemeinsam mit dem Pellwormer Wattläufer Hellmuth Bahnsen einige Splitter des Brockens verbrannten, genau dem des in einem Husumer Esoterikladen erstandenen Weihrauchs entsprach. Offenbar hatten sich die ätherischen Öle des in einer wasserdichten Sandschicht gelagerten Harzes ebensowenig verflüchtigt wie die des »highly aromatic, yellow resin« aus einer Sandbank vor einem Korallenriff in der Nähe von Safaga im Roten Meer. Der einzige Unterschied: Unser Weihrauch war etwa 3300 Jahre alt, während jener von einem arabischen Schiff stammte, das um 1765 mit chinesischem Porzellan, Gewürzen, Kaffeebohnen und Duftharzen an Bord auf das Riff gelaufen und gesunken war.[65]

Abb. 20: Nubische »Gabenbringer« mit Weihrauchbrocken (ganz rechts), um 1400 v. Chr.

Offenbar besaßen die Ägypter keinen eindeutigen Ausdruck für Weihrauch aus Punt, denn das Wort *snṯr*, »Geruch« oder »etwas, das göttlich macht«, das den »Gottesduft« (*stj-nṯr*), den Schweiß oder die Ausdünstung der überirdischen Wesen bezeichnete, wurde auch für andere Gummiharze, wie das der Terpentinpistazien, verwendet. Ebenso konnte *ꜣntyw* anscheinend das eine Mal »Weihrauch«, das andere Mal »Myrrhe« bedeuten. Und da im gesamten orientalischen Bereich – sowie dort, wo man das Harz aus dem Orient bezog – für den Weihrauch Wörter benutzt wurden, in denen die semitische Wurzel *lbn*, »weiß sein«, enthalten ist (akkad. *labanātu*; hebr. *levōnah*; phöniz. *lbnt*; arab. *lubam*; gr. λίβανος; lat. *olibanum*), hat man gefolgert, daß die Ägypter, die ein solches Wort nicht kannten, das Harz des südlichen »Gotteslandes« nicht aus Südarabien, sondern entweder auf dem Landweg über den Sudan und Nubien (Abb. 20) oder auf dem Seeweg übers Rote Meer aus Somaliland importiert haben.[66] Bereits um die Mitte des 4. Jahrtausends scheint der Weihrauch über Zwischenhändler den Blauen Nil abwärts nach Ägypten gelangt zu sein, wobei es sich vermutlich um das Harz der auf den Bergen Abessiniens wachsenden *Boswellia papyrifera* handelte, das noch heute in den koptischen Kirchen verbrannt wird. So ist in den Pyramidentexten die Rede von Dedun, dem »oberägyptischen Jüngling, der aus Nubien gekommen ist«, der »dem König den Weihrauch gibt«, der auch »Duft des Dedun« oder »der schöne Wohlgeruch der Südländer« genannt wurde, und noch in einer Felsinschrift auf Tombos aus dem 20. Regierungsjahr Thutmosis III. wird dieser Duftstoff als eine der »Herrlichkeiten« aus dem »elenden Kusch« angeführt.[67]

Die Gummiharzbrocken galten als die erstarrten Tränen der Götter, vor allem des Sonnengottes Rê, aber auch von Horus, Tefnut oder Schu,[68] und sein Rauch als deren Körperausdünstung oder als Geruch ihres Schweißes: »Nachdem er [= Amûn] sich ihr [= Königin Aḥmose] genähert und sie beim Anblick seines erigierten Penis in höchstes Entzücken geraten war, drang die Liebe Amûns in ihren Körper ein. Der Palast wurde erfüllt vom Wohlgeruch des Gottes, dessen gesamte Ausdünstungen aus dem Lande Punt kamen. Seine Majestät der Gott tat alles mit ihr, was er wollte, und [Aḥmose] schenkte ihm jede denkbare Lust und küßte ihn.«[69]

Als göttlicher Geruch der Ewigkeit war er das genaue Gegenteil des Verwesungsgeruchs, eine Ausdünstung, die nicht nur regenerierte und revitalisierte, sondern auch denjenigen, der sie einatmete, froh und glücklich machte.[70] So bestätigen Mediziner die stimmungsaufhellende und leicht aphrodisierende Wirkung des Rauches, die man mit der von Qat und Cannabis verglichen hat und die eintritt, wenn man den Duft des brennenden Weihrauchs bei höherer Konzentration längere Zeit inhaliert.[71] Und da er zusätzlich das Wachstum der Bakterien hemmt, galt der Weihrauch als ein Mittel, mit dem man den Verstorbenen die »Lebensfeuchtigkeit« und Vitalität zurückgeben konnte, indem man bei der Mumifizierung das geschmolzene Harz in Vagina, After und Mund sowie nach Entnahme des Gehirns in Nase und Ohren goß oder im Grab Weihrauchbrocken in die Nähe der Mumie legte.[72]

Doch auch als profanes Duftmittel – von »schönen Frauen«, so ein Papyrus, »unter die Achseln gegeben« –, als Bestandteil der türkisfarbenen oder schwarzen Augensalbe, von der man Reste in Frauengräbern fand, sowie der Salbkegel, die von den Damen bei festlichen Veranstaltungen auf dem Kopf getragen wurden, bis sie

schmolzen, und schließlich wegen seiner an-
tibiotischen und desinfizierenden Eigenschaften als Heilmittel gegen Hautkrank-
heiten, Entzündungen, Geschwüre und bei
Wunden fand das Duftharz vielfache Verwendung.[73]

Das auf knossischen Täfelchen genannte
mu ist höchstwahrscheinlich Myrrhe (assyr.
murru), das sicher ebenfalls aus dem fernen
Süden über Ägypten direkt oder über den
Vorderen Orient nach Kreta gelangt ist, und
man hat vermutet, in den in Kommos gefundenen ägyptischen und kanaanitischen Amphoren seien neben anderen exotischen Rohstoffen und Produkten auch Weihrauch und
Myrrhe in die Ägäis importiert worden.
Bekannt ist das Fresko aus dem theräischen
Akrotiri, auf dem eine Frau Duftharz auf die
in einem kleinen Becken liegenden glühenden Kohlen legt (Abb. 21), und Evans fand
in einem spätminoischen Grab in Isópata
bei Knossos neben einem tönernen Räucher-
becken Gummiharzbrocken, »die beim Verbrennen nach 34 Jahrhunderten ihren charakteristischen Duft bewahrt hatten« und die sich bei einer Untersuchung angeblich als Weihrauch herausstellten.[74] Und schließlich
sollen an dem im oberbayerischen Bernstorf entdeckten Kronen-
diadem ägäischer Machart aus geläutertem, möglicherweise nubi-
schem Gold mit feinen Punz- und Stempelmustern Spuren von
Weihrauch gehaftet haben, der, falls dies zutrifft, ebenfalls über
Ägypten in den fernen Norden gelangt sein muß.[75]

Nachdem die Ägypter ihre Puntfahrten eingestellt hatten, scheint
ein halbes Jahrtausend lang kein Weihrauch mehr ins »Schwarze

Land« und schon gar nicht in die Ägäis befördert worden zu sein. Denn es gilt als sehr unwahrscheinlich, daß die arabischen Dromedare vor Beginn des 1. Jahrtausends v. Chr. zu Transport- und Reittieren domestiziert wurden,[76] und es ist so gut wie ausgeschlossen, daß man mit Eseln, die jeden Abend an einem bewohnten Ort rasten und Futter und Wasser aufnehmen mußten, das kostbare Harz zum Mittelmeer befördern konnte. Die Wasserlöcher an den Ausläufern der Wādīs, um die sich später die »Karawanenstädte« der »Weihrauchstraße« bildeten, die sich von Mā' rib zwischen Wüste und Gebirge entlangzog, lagen nämlich – ähnlich wie die der innerasiatischen »Seidenstraße« – meist eine Reisewoche auseinander, in der sämtliche Packesel verdurstet wären.[77]

So geht man heute davon aus, daß der Karawanenhandel, auf den sich bestimmte südarabische Stämme spezialisiert hatten, erst im 8. Jahrhundert v. Chr. aufblühte,[78] und dies ist genau die Zeit, in der die Phönizier bronzene, mit Lotosblüten verzierte Räuchergefäße und gewiß auch den dazu gehörigen Weihrauch bis nach »Tartessos« und, vielleicht geringfügig später, in die Ägäis und an die Küsten des Tyrrhenischen Meeres transportierten.[79]

Wenn also Plinius behauptet, »in den Zeiten Trojas« (*Iliacis temporibus*) habe man den Göttern noch keinen Weihrauch gespendet, sondern, um sie zu erfreuen, Zedernholz verbrannt, scheint das durchaus zuzutreffen, denn auch bei Homer findet man keinerlei direkten Hinweis auf das λιβανωτός. Zwar ist in der Odyssee die Rede vom »duftenden Altar im heiligen Haine« der Aphrodite von Paphos, die sich dort nach dem Bade mit dem »Öl der Unsterblichkeit« einreiben läßt, und in der Ilias salbt sich Hera vor dem Geschlechtsverkehr »mit süßem ambrosischen Öl« (τεθυωμένον), um verlockend zu riechen, doch wird Homer kaum gewußt haben, was für ein exotisches Harz auf Zypern für die Göttin verbrannt wurde, und das Duftöl der Hera wird eher ein Zedern- als ein Weihrauchöl gewesen sein.[80]

Dessenungeachtet ist die erste mediterrane Insel, auf die der Weihrauch von den Phöniziern exportiert wurde, mit Sicherheit Zypern. Und verbrannte man ihn an der levantinischen Küste vor allem der ʿAštart – wie König Salomo ihn der ʿAštoreth opferte –, lockten in Paphos auf Zypern die Gläubigen mit dem Duft des Harzes die wesensverwandte Göttin Aphrodite herbei.[81] Heißt es bei Pindar, daß die jungen Mädchen »die gelben Tränen des λιβανός« der Aphrodite opferten, was im Tempel der Göttin in Korinth die öffentlichen Huren taten, so erfreute man in sehr viel späterer Zeit mit dem Weihrauch das Herz der hl. Jungfrau, und noch heute stehen in der Nähe von Paphos die Ruinen einer Kirche, die einst »Unserer Herrin Aphroditissa« oder der »Venus Marina« geweiht war.[82]

Als die Polos auf ihrer Reise von Venedig nach China im Jahre 1272 Persien erreichten, erzählte man ihnen dort, einst hätten die hl. Drei Könige dem Neugeborenen Gold, Myrrhen und Weihrauch mitgebracht, » um in Erfahrung zu bringen, ob jener Prophet ein Gott, ein irdischer König oder ein Mensch sei«. Denn, so dachten sie, wenn er das Gold nimmt, so ist er ein König; nimmt er die Myrrhen, so ist er ein Mensch; nimmt er aber den Weihrauch, so ist er ein Gott.[83] Und wurde das Harz in jener und den darauffolgenden Zeiten in den muslimischen Ländern benutzt, um die *jinn* zu vertreiben, die vor allem die Männer impotent und die Frauen frigide und unfruchtbar machten,[84] manifestierte sich bei den Christen in seinem Rauch der hl. Geist, mit dem man Krankheit und jegliches Unheil fernhielt, da man glaubte, » daz die poesen gaist des weirachs rauch fliehent«.[85]

Ungefähr zwei Meter von den Bernsteinen entfernt fanden wir, ebenfalls in der Sandschicht, das Gehäuse einer kleinen Meeresschnecke (Abb. 22), die weder in der Nordsee noch im Atlantischen Ozean vorkommt, dafür aber an den Küsten Kretas verbreitet war und ist. Es handelt sich um ein Exemplar der Gemeinen Hornschnecke (*Cerithium vulgatum*), deren Apex drei Bohrlöcher aufweist, die ich zunächst für künstlich erzeugt hielt, die sich aber schließlich als das Werk einer fleischfressenden Molluske namens *Naticarius* herausstellte, die auch für die Durchbohrungen zahlreicher in den Schreinen von Knossos gefundener Muscheln und Schnecken, darunter viele *Cypracidae*, verantwortlich war.[1] Solche natürlichen Bohrlöcher wurden nicht selten ohne weitere Modifikationen als Aufhängelöcher benutzt, oder man wickelte – was in der Ägäis besonders häufig vorkam – eine Schnur um das Gehäuse und trug es so als Anhänger um den Hals.[2]

Cerithium-vulgatum-Gehäuse wurden im SM I B (um 1450 v. Chr.) auf der ostkretischen Insel Mochlos und etwas später in Prosymna auf der nordöstlichen Peloponnes sowie in Vrulia auf Rhodos als Anhänger, vermutlich als Amulette, getragen. Man findet sie nicht nur als Darstellungen auf Keramikgefäßen der Spätpalastzeit aus Knossos und Phylakopi, sondern auch in spätbronzezeitlichen Fundstätten wie Akrotiri auf Thera und auf dem Festland, z. B. in Kastanas oder im boiotischen Kalapodi, wo sie vom SH III B bis ins archaische Zeitalter einer Meeresgottheit in deren Heiligtum geweiht worden sind.[3]

Muscheln und Meeresschnecken opferten die Minoer anscheinend bevorzugt ihrer großen weiblichen Gottheit als einer Göttin der gesamten Fauna und Flora des Festlandes und besonders des Meeres. So hatte man den berühmten »Schlangengöttinnen« von Knossos aus dem SM I nicht nur Früchte und Plättchen mit den Darstellungen säugender Tiere geweiht, sondern auch Strandkiesel, Fayencefigurinen von Felsen, Fliegenden Fischen und anderen Meerestieren wie z. B. Schalenkraken sowie zahlreiche mit venezia-

Abb. 22: Panther- (links) und Hornschnecke, 14. Jh. v. Chr.

nisch- und karminroten, orangenen, braunen, grünen und schwarzen Linien bemalten *Glycymeris-* und andere Muscheln.[4] Auch deren unmittelbare Nachfolgerin, die spätpalastzeitliche »Göttin-mit-den-erhobenen-Händen«, wurde mit den gleichen marinen Votivgaben verehrt, so z. B. in einem Heiligtum des SM III C im ostkretischen Kephala Vasilikis unweit von Gurniá oder im Schrein des im SM III A 2 in Kommos erbauten und mit farbigen Wandfresken ausgestatteten »Großen Hauses X«, wo man der Göttin Kiesel und Muscheln verschiedener Art dargereicht hatte (Abb. 23). Unter diesen befand sich darüber hinaus ein Tritonshorn, auch Trompetenschnecke (*Charonia lampas*) genannt, eine räuberische Molluske, von der man in der Antike annahm, sie erneuere sich von selbst, weshalb sie ein Symbol der Regeneration und der Unsterblichkeit wurde.[5]

Wiederum zwei Meter von der Fundstelle der Hornschnecke entfernt stießen wir schließlich auf das halbkugelige braungepunktete Gehäuse einer wohl erst vor kurzem von der Norderhever freigespülten, gut sieben Zentimeter langen und viereinhalb Zentimeter breiten Pantherschnecke (*Lyncina pantherina*, früher *Cypraea vinosa*) (Abb. 22), die ausschließlich zwischen den Korallenriffen und Sandgründen des Rotes Meeres bis zum Bāb al Mandab vorkommt, wo sie allerdings seit der Öffnung der Meerenge am Ende

Abb. 23: Hausschrein in Kommos mit Muscheln und Kieseln,
um 1340 v. Chr.

der letzten Eiszeit zunehmend von der aus dem Indischen Ozean
stammenden *Cypraea tigris* verdrängt wird.[6]

Bereits im Jungpaläolithikum, vor allem jedoch ab dem 5. Jahrtausend, wurden die Pantherschnecken und ihre kleineren Verwandten auf dem Landweg ins Niltal exportiert und später von
den Flottenexpeditionen aus Punt nach Ägypten gebracht,[7] wo sie
als Gürtelglieder von jungen Mädchen und Prinzessinnen am Hofe
des Pharaos, vor allem aber von Prostituierten und Hathortänzerinnen um die Hüfte auf der nackten Haut getragen wurden, und
zwar so, daß der vordere Teil über den *mons veneris* hing. Dabei
sollten die Schneckengehäuse einerseits verhindern, daß Krankheiten und andere Übel durch die Vagina in den Körper eindrangen.
Andererseits galten die Kaurigürtel als hocherotisch, insbesondere
diejenigen mit Kauri-Imitationen, die schon in der 6. Dynastie aus
Fayence, später aus Quarz und Karneol und schließlich aus Elektron, Gold und Silber hergestellt und mit Granatsteinchen gefüllt
wurden, so daß sie bei der Bewegung des Körpers klirrten, was als
sexuell erregend empfunden wurde.[8]

Anscheinend erinnerte die Kaurischnecke wegen der schlitzar-
tigen Mündungsöffnung an der Bauchseite in allen Kulturen, in
denen sie bekannt war, an die weibliche Schamspalte, und so galt

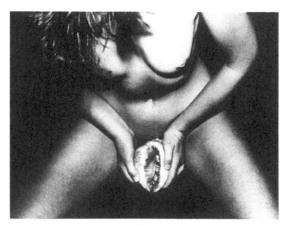

Abb. 24: Photo von Renate Bleck, um 1985.

sie in Ägypten als die Molluske der Hathor und als ein Symbol der Wiedergeburt.[9] Da der Anblick der Vulva jedoch einerseits stimulierte, andererseits die Schamlosigkeit ihrer Zurschaustellung abschreckte, hieß es an den afrikanischen Küsten des Roten Meeres und des Indischen Ozeans, die Panther- und die Tigerkauri weckten die Lüsternheit jedes Mannes, der sie sehe, wohingegen die nubischen und sudanesischen Mädchen sie auf Höhe der Vulva am Fransenrock trugen, damit keiner ihre Jungfräulichkeit antaste.[10]

Aber auch in Mesopotamien assoziierte man die *ajjartum, kapāṣum* und *laḫḫijanātum* – gewiß verschiedene Kaurischnecken aus dem Persischen Golf – mit den weiblichen Genitalien, wie ihre sumerischen und akkadischen Bezeichnungen PEŠ und *biṣṣuru,* »Mösen«, z. B. *biṣṣūr atāni,* »Eselinnenmöse«, zeigen.[11] So trägt bereits die sumerische Inanna einen »Gürtel aus Geburtssteinen« (akkad. *šibbu aban alādi ša gablīška*) um die Hüfte, der offenbar aus Kauris bestand, die ihre Geschlechtslust und Lebenskraft verkörperten,[12] aber auch die akkadische Ištar trug die Schnecke, die ihr so häufig geopfert wurde, nicht nur am Leib. Vielmehr schmückte der Pförtner der Ereškigal vor der Wiederbelebung der Göttin die Schwellen der Tore, durch die Ištar die Unterwelt verlassen und auf die Erde zurückkehren wird, mit den Meeresschnecken (*ajjartum*), die das Aussehen einer Vulva haben und mit denen oder mit deren Nachbildungen aus Lapislazuli auch im realen Leben den Kranken Gesundheit und Vitalität wiedergegeben wurde.[13]

Das griechische Wort für die Kaurischnecke, χοιρίνη, geht auf χοῖρος, »Vulva«, und dieses wiederum auf χοιρίον, »Ferkel«, zurück, weil anscheinend die epilierten rosafarbenen Schamlippen junger Mädchen und Frauen an dieses erinnerten, und entsprechend bezeichneten die Römer die äußeren weiblichen Genitalien mit *porcus* und – pars pro toto – ein Mädchen mit *porcella*, »weibliches Schweinchen«. Schließlich wurden um 1250 in Barcelona die aus dem Orient importierten Kaurischnecken erstmalig als *porcelanas* erwähnt, während etwas später Marco Polo die aus Kaolin, Feldspat und Quarz gebrannte Feinkeramik, die er im südchinesischen Tingiu sah, nach den auf ähnliche Weise glänzenden Porzellanschnecken *porcellana* nannte.[14]

Es nimmt nicht wunder, daß man die Vulvaschnecke nicht nur kreißenden Frauen in die Hand gab – wie z. B. in Japan, wo sie *koyasuigai*, »Leichte-Geburts-Muschel«, hieß –, sondern daß sie in den verschiedensten Gegenden der Erde als Grabbeigabe den Verstorbenen zur Wiedergeburt in dieser oder in jener Welt verhelfen sollte: so z. B. in Gräbern im bronzezeitlichen China und in den früheisenzeitlichen Eiskurganen von Pazyryk im Altai,[15] an und in den zur Aufbewahrung des Leichenbrands dienenden Gesichtsurnen des 6. Jahrhunderts v. Chr. in Pomerellen[16] ebenso wie in den senkrecht in die Tiefe führenden Opferschächten der oberfränkischen Dietersberghöhle und dem Felsenloch.[17]

Auch die Minoer scheinen die χοιρίναι der späteren Griechen zusammen mit anderen in den Spalten und Nischen der Korallenstöcke des Roten Meeres lebenden Muscheln und Schnecken sowie den Schalen der *Tridacna squamosa*, der Muschel der Ištar, ʿAštart und Tanith,[18] aus Ägypten importiert zu haben. Besaßen wohl schon die einheimischen Kauris in dem um 2200 v. Chr. durch eine Brandkatastrophe zerstörten Myrtos an der kretischen Südostküste eine kultische Bedeutung, so trug man diese wie ihre exotischen Verwandten im SM III im zentralkretischen Tylissos als Amulette am Leib. Auf Melos wurden sie der sogenannten »Herrin von Phylakopi«, einer Göttin mit knospenhaften Brüsten wie die zeitgenössische »Göttin-mit-den-erhobenen-Händen« auf Kreta, als Votive in ihrem Heiligtum dargeboten, und im SH III C gab man im attischen Perati die Meeresschnecken den verstorbenen Kindern mit ins Grab – vermutlich um deren Wiedergeburt zu fördern oder sie zumindest vor den Gefahren zu schützen, die ihnen auf dem Weg ins Jenseits drohten.[19]

Knapp vier Jahre nach der Freilegung der altmediterranen Fundstelle stieß eine meiner Studentinnen, Angelika Gögel, im Mündungsbereich des größten Priels der Gegend, den wir nach dem von uns entdeckten frühmittelalterlichen Wohnstallgebäude »Hauspriel« genannt hatten, auf einen merkwürdigen linsenförmigen Stein von 1,8 cm Durchmesser. Obwohl nach einem oberflächlichen Abspülen des graugrünen Steinchens Ritzlinien und eine Durchlochung sichtbar wurden, schenkte ihm niemand besondere Beachtung. Er wäre sicher mit anderen bedeutungslosen Fundstücken wieder über Bord gegangen, hätte ich nicht in Erwägung gezogen, daß es sich um einen jener natürlich durchlochten »Drudensteine« handeln mochte, die man sich bis ins vergangene Jahrhundert als Amulett um den Hals zu hängen pflegte.[20]

Heute läuft es mir kalt den Rücken hinunter, wenn ich mir vorstelle, daß wir das Steinchen beinahe ins Watt zurückgeworfen hätten. Denn nach einer professionellen Reinigung stellte sich heraus, daß der vermeintliche »Drudenstein« in Wahrheit ein minoisches Lentoidsiegel aus Serpentin war (Abb. 25 u. Tf. X), das wohl im SM II bis SM III A 1, also zwischen dem späteren 15. und der ersten Hälfte des 14. Jahrhunderts v. Chr. hergestellt worden war, und zwar vermutlich in der westlichen Messará oder in Knossos, woher die meisten Lentoide dieses Typs stammen. Auf der Schauseite ist unter einem geometrischen Muster – wohl der Chiffre für ein Bauwerk, vielleicht ein Palast oder ein Heiligtum[21] – ein Stier zu sehen. Sind die eigentümliche Stellung seiner Hinterläufe sowie die Wiedergabe der Rippen und der Nackenfalten charakteristisch für derartige zentralkretische Weichsteinsiegel der Spätbronzezeit,[22] so sind die Gravierungen auf der Rückseite äußerst ungewöhnlich.

Abb. 25: VS (rechts) und RS des minoischen Serpentin-Siegels (SM III A) aus dem Rungholtwatt.

Denn ist das Bild des Stieres auf der Schauseite konventioneller Art und von professioneller Hand mit dem Stichel in den Stein geschnitten, sieht man auf der anderen Seite eine höchst individuelle, aber unbeholfen ausgeführte Skizze, die sicherlich nicht von einem Fachmann ausgeführt worden ist.

Dargestellt sind offenbar die Umrisse eines Schiffs mit hochgezogenem Bug oder Heck sowie mit einem Segel oder Aufbau, von dem aus Stütztaue zum vorderen und hinteren Teil des Fahrzeugs führen, unter dem wiederum zwei Zeichen eingraviert sind, die allem Anschein nach der minoischen Linear-A-Schrift zugehören (Abb. 26).

Ein schematisch wiedergegebenes Schiff mit zwei Rudern, einem Mast und einem hochgezogenen Ende ist auch auf einem vermutlich im SM II gefertigten Amygdaloid aus weißem Kalkstein zu sehen. Ob es sich bei diesem Schiffsende um das Heck oder um den Bug handelt, ist in der Fachwelt ebenso umstritten wie im Falle der Graffiti aus Sitía und Katsidoni, der Darstellungen von Hochseeschiffen auf minoischen und mykenischen Keramikgefäßen des 14. bis 12. Jahrhunderts v. Chr. oder der Wiedergabe der Einbäume mit den »Fischtotem-Steven« in der Kykladenkultur.[23] Gleichermaßen ungeklärt ist die Frage, ob es sich bei dem rechteckigen Gebilde auf dem Schiffsrumpf um ein ohne den Mast dargestelltes Segel oder um eine Kajüte handelt, vergleichbar mit den Aufbauten der eigen-

46

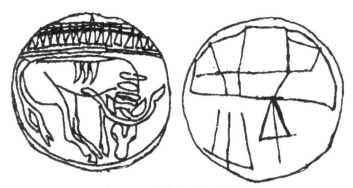

Abb. 26: VS (links) und RS des Siegels.

tümlichen Wasserfahrzeuge auf den sogenannten »talismanischen Siegeln« der Neupalastzeit, die ebenfalls durch Tauwerk mit dem nach oben gebogenen Vorschiff verbunden sind.[24]

Ungefähr vier Kilometer vom Ankerplatz Tell Nami entfernt wurde in der ausgehenden Bronzezeit an einem Ort namens Naḥal ha-Meʿarot ein Schiff in einen Felsen des Karmelgebirges graviert. Die Gesteinsformation stellte offenbar eine Landmarke für die ägäischen, zyprischen, syrischen und kanaanitischen Hochseeschiffe dar, die im Hafen anlegten, und der Graveur wird wohl ein Seemann gewesen sein, der mit dem Bild einer Meeresgottheit für die glücklich überstandene Fahrt dankte oder ihren Schutz für ein noch bevorstehendes Unternehmen erbat.[25] Entsprechend ist es nicht unwahrscheinlich, daß auch unser Siegel, das ursprünglich gewiß eine rein sphragistische Funktion hatte, von seinem Besitzer, einem Seemann oder Gesandten, zu einem Amulett umfunktioniert wurde, indem dieser das Fahrzeug eingravierte, mit dem er eine weite und gefährliche Fernfahrt zu unternehmen gedachte. Hierfür spricht auch, daß die Linien so wenig tief eingeschnitten wurden, daß man mit der Rückseite niemals hätte siegeln können. Und es ist überdies denkbar, daß dieser Mann – oder diese Frau – das Amulett nach der Ankunft am Zielort der Meeresgöttin als Dank für die erfolgreiche Reise geopfert hat.[26]

Denn die ägäischen Siegel der Spätbronzezeit, insbesondere die

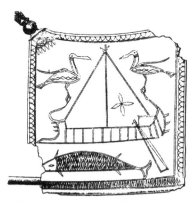

Abb. 27: Spätgeometrisches Schiff mit hochgezogenem
Heck und Stütztauen, 8. Jh. v. Chr.

aus weichem Gestein, waren im Gegensatz zu den kostbaren orientalischen Rollsiegeln, die aufgrund ihres Materialwertes bis nach
Kreta oder Ägypten exportiert wurden,[27] kein Handelsgut. Deshalb gelten sämtliche der nicht sehr zahlreichen Siegel aus dem
ägäischen Raum, die in Übersee gefunden wurden, nämlich an der
kleinasiatischen Westküste (Troja, Baklatepe, Tavşam Adası und
Limantepe), auf Zypern, in der Levante (Tell Abu Hawam), in der
Gegend von Tropea am kalabrischen Capo Vaticana und im Wrack
von Uluburun, als ein sicheres Indiz für die Anwesenheit ihrer
Besitzer am Fundort.[28] Und so hat man auch das blaue, wohl aus
Lapislazuli oder Glas gefertigte Siegel am Handgelenk des Stier-
springers auf dem Fresko des Palastes von Tell el-Dab'a (Abb. 29)
als Beweis dafür gesehen, daß der den Kultakt vollziehende Athlet
ein Minoer gewesen sein muß.[29]

Offenkundig trug man die ägäischen Siegel der Neu- und Spätpalastzeit entweder am – meist linken – Handgelenk, und zwar mit
der Gravurseite nach innen, oder aber, was wohl vorwiegend bei
den als Amulett verwendeten Exemplaren der Fall war, an einer
Lederschnur um den Hals.[30] Auf diese Weise befestigte man in der
Ägäis und auf Zypern anscheinend auch die importierten anatolischen, orientalischen und ägyptischen Siegel als Talismane, wobei
die Damen sie sowohl zwischen den Brüsten als auch von einer

Abb. 28: Späthelladisches Schiff mit Stütztauen und Wasservogel am Bug, Pyxis aus **Tragana**, SH III C.

Abb. 29: Fragment eines Stiersprungfreskos im Palast von Tell el-Dab'a.

über der Brust befestigten Gewandnadel herabhängen ließen, wie es auf einer mariotischen Muscheleinlegearbeit zu sehen ist. »Setze mich wie ein Siegel auf dein Herz«, heißt es entsprechend im Hohelied König Salomos, »und wie ein Siegel an deinen Arm. Denn die Liebe ist so stark wie der Tod«.[31]

Noch zu Beginn des vergangenen Jahrhunderts trugen die jungen verheirateten Frauen auf den kretischen Dörfern die aus geplünderten minoischen Gräbern stammenden Siegel im Busen auf der nackten Haut. Denn der Glaube war allgemein verbreitet, daß die γαλόπετραις genannten Steine – ähnlich wie die an der Nordsee- und Ostseeküste zwischen den Brüsten getragenen Bernsteine – die Stillfähigkeit steigerten oder den Milchfluß daran hinderten, zu versiegen. Deshalb waren sie sehr gesucht, und Arthur Evans berichtete davon, wie schwierig es war, solche Steine von den Bauern und Schafhirten selbst gegen hohe Summen zu erstehen.[32]

Wie im Vorderen Orient war auch auf Kreta in der Spätpalastzeit der Besitz eines Weichsteinsiegels Indikator einer gehobe-

49

nen sozialen Stellung, vor allem nachdem im Verlaufe des 13. Jahrhunderts kaum mehr Siegel aus harten Steinen und Siegelringe aus Gold hergestellt wurden, da der Import dieser Materialien aus der Levante und Ägypten stockte.[33] So benutzte bereits im SM I B ein hoher Beamter der Palastbürokratie von Aghia Triada ein schlecht gearbeitetes und – zumindest für unsere Augen – häßliches Siegel aus weichem Gestein, von dem zahlreiche Abdrücke erhalten sind, und auch die mutmaßlichen ägäischen Gesandten, die sich an Bord des wahrscheinlich zyprischen oder syrisch/levantinischen Uluburun-Schiffes befanden, besaßen solche Lentoide, die in dem Wrack gefunden wurden.[34]

So könnte es durchaus sein, daß auch das Siegel aus dem Rungholtwatt im Besitz eines minoischen Gesandten oder Schiffsführers, vielleicht aber auch einer mitgereisten Priesterin war, der die Aufgabe zufiel, der Großen Göttin unter ihrem Aspekt der Beschützerin der Seefahrer für ihr bislang erwiesenes Wohlwollen zu danken.

Daß es bei seiner mutmaßlichen Verwendung als Opfergabe schon hundert Jahre alt oder sogar noch älter war, wobei das Schiff wohl erst vor Antritt der Reise in den fernen Norden eingeschnitten wurde,[35] ist angesichts der Tatsache, daß man minoische Siegel oft über Generationen hinweg weitervererbte,[36] nicht ungewöhnlich. Und so war es auch üblich, solche Stücke bisweilen erst Jahrhunderte nach ihrer Entstehung den Göttern in ihren Heiligtümern zu weihen.

Im Höhenheiligtum des Hermes und der Aphrodite in Kato Syme hat man beispielsweise in der frühen Eisenzeit Lentoide aus dem SM II bis III A 1 geopfert, auf denen Agrímia und Stiermenschen dargestellt sind. Und im 6. Jahrhundert v. Chr. war im libyschen Toqra, wo man auch zeitgenössische kretische Keramik fand, einer kyrenischen Gottheit ein minoisches Siegel dargeboten worden – vielleicht von einem Kreter als Dank für die ungefährdete Fahrt über das Libysche Meer.[37]

Im SM III war der Serpentin (λεπριά), den man an der Südostküste Kretas, in der Gegend des Psilorítis im Ida-Massiv und vor allem im westlichen Asterúsia-Gebirge südlich von der Messará brach, das bevorzugte Material, aus dem die zentralkretischen

Steinschneider ihre Lentoide herstellten.[38] Es ist nicht auszuschließen, daß dieses Mineral, dem in vielen Gegenden Eurasiens magische Eigenschaften zugeschrieben wurden, auch im spätminoischen Kreta eine solche Bedeutung besaß.

Jedenfalls galt der Serpentin in der griechisch-römischen Welt
als apotropäisch, und noch in der ausgehenden Antike trug eine im
bayerischen Schwaben beerdigte vornehme Alemannin am Gürtel
einen Beutel, in dem sich unter anderem das Bruchstück einer
Intarsie aus ägäischem Serpentin befand, das sie mit Sicherheit von
einem römischen Händler erworben und das ihr anschließend als
Amulett gedient hatte.[39]

Äußerst ungewöhnlich an unserem Siegel sind jedoch die beiden
Linear-A-Ideogramme, die unterhalb der Schiffsdarstellung eingeschnitten sind, da zwar in älterer Zeit die minoischen Siegel häufig
mit Hieroglyphen, die späteren aber extrem selten mit Zeichen der
Linear-A-Schrift versehen wurden.[40] Auch ist weder klar, ob die
Zeichen, falls sie für die Silben eines Wortes stehen, rechts- oder
linksläufig gelesen werden müssen,[41] noch ob es sich um Kürzel,[42]
Symbole oder überhaupt um semantisch sinnvolle Zeichen handelt. So hat man beispielsweise in einem Grab des SH III C in Perati
zwischen Sunion und Marathon an der attischen Ostküste das Skelett eines jungen Mädchens mit einem aus Fayence- und Bergkristallperlen sowie einem Steatitsiegel bestehenden Brustschmuck
ausgegraben, dessen Zentralstück aus einem purpurroten Hämatit-
Lentoid mit einer Inschrift aus Linear A- oder B-, kyprominoischen
und hieroglyphen-luwischen Zeichen besteht, die vermutlich von
einem Schriftunkundigen kopiert und zu einer Art magischem Text
zusammengestellt worden waren. Und 700 Jahre später verzierte
ein boiotischer Vasenmaler eine schwarzfigurige Schale mit abge-
zeichneten Linear-B-Zeichen, die er mit Sicherheit nicht verstand,
denen er jedoch vermutlich ebenso eine übernatürliche Bedeutung
beimaß.[43]

Es ist allerdings sehr unwahrscheinlich, daß die Schriftzeichen
unseres Siegels von einem Analphabeten, der ihren Sinn nicht
kannte, eingeschnitten wurden. Denn im Gegensatz zum Linear B,
einer reinen Kanzleisprache, die wohl lediglich von den Schreibern

der Bürokratien in einigen wenigen Palästen, wie denen von Knossos, Khania, Mykene, Pylos oder Theben, beherrscht wurde, weshalb sie mit dem Untergang dieser Machtzentren spurlos verschwand,[44] war die Kenntnis des Linear A offensichtlich weit verbreitet. Schon lange hat man darauf aufmerksam gemacht, daß die Linear-A-Schrift zu Beginn des 2. Jahrtausends nach orientalischem Vorbild nicht entwickelt wurde, um auf Lehmtäfelchen Informationen über die Ressourcen der jeweiligen Paläste festzuhalten, wie es später bei Linear B der Fall war. Vielmehr geht aus der Form der Zeichen hervor, daß sie insbesondere dafür geeignet waren, mit Feder und Tinte auf Schriftträger aus Pergament, Dattelpalmblättern, Tierhäuten, Leder, Holz und Papyrus gebracht zu werden, wobei letzterer sicher aus Ägypten importiert wurde.[45] Zwar sind diese Materialien längst vergangen, doch hat man in den Palastarchiven zahlreiche Schnurplomben gefunden, d. h. kleine Lehmkügelchen mit Siegelabdrücken, durch die eine dünne Schnur lief, die einst um einen gerollten Schriftträger gewickelt war, der später verbrannte oder verrottete.[46]

Freilich wurden nicht nur diese Rollen und Tontäfelchen mit dem erstmalig im MM I in Phaistos gemeinsam mit den kretischen Hieroglyphen auftretenden Linear A beschriftet.[47] Vielmehr hat man Texte in dieser Schrift auch auf Goldringen, Silbernadeln, Buntmetallgefäßen, Doppeläxten aus Bronze und Edelmetall, Pithoi, Stein- und Keramikgefäßen, auf Libationstafeln, Lampen, mutmaßlichen Spielmarken, den Innenwänden von Tassen, auf Tonfigurinen, Webgewichten, Stuckfragmenten sowie an Palast- und Grabwänden gefunden,[48] was wiederum dafür spricht, daß zumindest Personen mit gehobener Stellung, zu denen sicher auch königliche Gesandte, Fernhändler, Schiffsoffiziere und Priesterinnen gehörten, Lineartexte lesen und schreiben konnten.

So hat man im Wrack des Schiffes von Uluburun (Abb. 30) und in den Palästen von Knossos und Pylos die Reste von wahrscheinlich ursprünglich mit Bienenwachs beschichteten Doppeltafeln aus Holz entdeckt, auf denen offenbar nicht nur mit Styli Waren des Fernhandels dokumentiert, sondern auch Briefe geschrieben wurden: Noch die Ilias berichtet von einem »gefalteten Täflein« mit

Abb. 30: Doppel-Schrifttafel aus dem Wrack von Uluburun,
spätes 14. Jh. v. Chr.

eingeritzten Zeichen, das der Held Bellerophon im Auftrag des
eifersüchtigen Königs Proitos von Tiryns über das Meer dem König von Lykien bringt, ohne zu wissen, daß darauf sein Todesurteil
steht.[49]

Wie können indessen die beiden Linear-A-Zeichen auf unserem
Siegel transkribiert werden und was bedeuten sie?[50]

Im Gegensatz zu den Linear-B-Zeichen haben die des Linear A
eine große Variationsbreite. Insbesondere gilt dies für das linke
Ideogramm, das meist als eine schematisierte Hand mit drei Fingern und einem abgespreizten Daumen gedeutet wird, der aber
auch fehlen kann.[51] Man hat es vor allem auf Schriftträgern von der
Messará-Ebene gefunden, auf Tontafeln und Päckchenplomben
aus Aghia Triada, und zwar auf den Tafeln nicht selten als Initial-
silbe, aber auch alleinstehend auf ebenfalls dort entdeckten Keftiubarren[52] und auf einem kleinen Täfelchen aus einem spätbronzezeitlichen Tholosgrab auf Ithaka, auf dem ein bemanntes Segelschiff und eine löwenartige Gestalt zu sehen sind, die sich auf einen

Faltstuhl zu knien scheint. Im Hintergrund des Ritzbildes erkennt man die Umrisse einer von Pflanzen bewachsenen felsigen Küste, an der zwei Personen stehen, von denen die eine den Arm hebt.[53]

In dem Ideogramm rechts, das ebenfalls variieren kann, hat man sowohl einen schematisierten triangulären Dolch mit Griff und Blutrinne oder Mittelrippe als auch das stilisierte Blatt einer Pflanze gesehen, und es kommt – alleinstehend – nicht nur auf Keftiubarren aus Aghia Triada, auf dem Randfragment eines Pithos von Thera sowie auf einem Steinblock des Palastes von Mallia vor,[54] sondern vor allem auf minoischen Siegeln des 14. und 13. Jahrhunderts. Dabei ist es typischerweise in Exemplare eingeschnitten, auf denen einerseits säugende Kühe und Löwinnen, andererseits aber

Abb. 31: Minotaurus; Lapis-Lacedaimonis-Lentoid
aus der Psychró-Höhle, SM III A1.

Minotauren, die Köpfe von Stieren, Agrímia und Widdern sowie Szenen zu sehen sind, in denen diese Tiere – von Pfeilen getroffen, mit dem Dolch geschächtet oder von Löwen oder Hunden überfallen – im Todeskampf liegen.[55]

Bedeuten folglich das Blatt das Leben – dargestellt durch die Muttertiere und ihre saugenden Jungen – und der Dolch den Tod, der die Bedingung des Lebens ist? Denn das Blatt könnte das Symbol der sich ewig regenerierenden Vegetation und der Dolch das Symbol der Tötung des Opfertieres sein, aus dessen vergossenem Blut das neue Leben entsteht – *das* Thema der minoischen Religion. Hierfür spricht im übrigen auch, daß das Zeichen nicht selten zwischen den Hörnern des Bukranions eingraviert ist, also gerade dort, wo sich ansonsten häufig die Darstellung der Doppelaxt befindet, die *das* Symbol für das Leben ist, das aus dem Tode kommt.[56]

Aufgrund zahlreicher Funde, die in den letzten Jahrzehnten gemacht wurden, z. B. den Inschriften nicht nur auf der bereits erwähnten Frauenfigurine aus Porós-Katsambás, sondern auch denen auf einem SM III A 2-Skyphos aus Knossos, auf einer in Kommos ausgegrabenen Keramikscherbe aus demselben Zeitraum und anderen,[57] haben die meisten Fachleute die Auffassung, in der Spätpalastzeit sei das Linear A durch Linear B ersetzt worden, längst aufgegeben.

Im Gegenteil – heute weiß man, daß im SM III A 2/B nicht nur im südlichen und nördlichen Zentralkreta, sondern auch in Khania und vor allem im östlichen Teil der Insel, namentlich in Palaikastro, außerhalb des Bereichs der Palastadministrationen die minoische Linearschrift weiterhin für Votivformeln auf Ton, Stein und Metall sowie vermutlich auch für mythisch-epische Texte auf Schriftrollen verwendet wurde.[58]

So stellen meines Erachtens die beiden Zeichen auf dem Amulettsiegel aus dem Rungholtwatt keine Symbole, sondern das Kürzel einer rituellen Formel dar, vergleichbar mit dem spätmittelalterlichen »Ave Maria Gratia«, das man ebenfalls auf Schmuckstücken, Brustspangen, Daubenschalen, Kirchenwänden oder Grabkreuzen finden kann.[59] Denn in gleicher Anordnung stehen die beiden Ideogramme als Initialzeichen nicht nur auf einem spätminoischen Siegelabdruck aus der Villa von Myrtos-Pyrgos an der südostkretischen Küste, sondern auch auf einer ebenfalls aus dem 15. Jahrhundert v. Chr. stammenden Silbernadel, die zu den Beigaben eines Tholosgrabes in Plátanos auf der Messará-Ebene gehörte.[60]

Was bedeutet die Inschrift? In der Gegend der minoischen Kulthöhle von Psychró im Lassithi-Hochland ist man auf eine kleine, vermutlich aus der Zeit um 300 v. Chr. stammende Steinplatte gestoßen, auf der in griechischen Buchstaben ΕΝΕΤΗ ΠΑΡΣΦΑΙ,

»Für Mutter Parsipha« [= Pasiphaë] und darunter in Linear-A-Schrift Ψ♄⋏ steht, was mit *i-ne-ti* transkribiert und mit »Für die Mutter[göttin]« übersetzt wird.[61] Wie aber ist eine minoische Inschrift in einer so späten Epoche, nämlich der des frühen Hellenismus, überhaupt möglich?

Nachdem zu Beginn des 11. Jahrhunderts v. Chr., also in submykenischer Zeit, gut hundert Jahre nach dem Untergang der großen festlandgriechischen Palastkultur, aus Epirus und anderen Gegenden des Balkans die Stämme der Dorer, Thessalier, Boiotier und Aitolier, meist transhumante Schaf- und Ziegenhirten, nach und nach in die griechische Halbinsel eingesickert waren, um sich mit den in ihrer Heimat gebliebenen Mykenern zu vermischen, verließen – vermutlich im darauffolgenden, also im 10. Jahrhundert – dorische Gruppen das Festland und ließen sich auf Kreta nieder.[62] Wenn also Homer die Insel beschreibt als »ein Land inmitten des weinroten Meeres, / Schön und ertragreich und wellenumflutet«, wo »grenzenlos viele« Menschen »in neunzig Städten« lebten, »Achäer / Finden sich dort und hochbeherzte Eteokreter, / Dorer mit fliegenden Haaren, Kydonen und hehre Pelasger«, die alle »eine andere Sprache« sprächen,[63] dann ist dies eine Schilderung der multikulturellen Verhältnisse auf Kreta während der »Dunklen Jahrhunderte«.

Freilich scheinen sich die Eteokreter (ἔτεος, »wahr, echt«), die Nachkommen der – wohl teilweise mit Mykenern vermischten – Minoer, die noch im 1. Jahrhundert v. Chr. von sich behaupteten, nicht eingewandert, sondern dem kretischen »Erdreich selbst entsprungen« zu sein,[64] in der frühen Eisenzeit weitgehend in den Osten der Insel zurückgezogen zu haben. Offenbar legten sie größten Wert auf ihre minoische Identität und grenzten sich vor allem von den Dorern ab. In Arkádes im südostkretischen Dikte-Massiv, einer Stadt, in die sich bereits gegen Ende der Bronzezeit Flüchtlinge aus den tiefer liegenden Gegenden und aus von den »Seevölkern« heimgesuchten Küstengebieten gerettet hatten, verehrten sie weit über die spätgeometrische Periode hinaus die »Göttin-mit-den-erhobenen-Händen«, die unmittelbare Nachfolgerin der großen minoischen Mutter. Noch weiter östlich, in Praisós, wo sich ein Tempel des Zeus Diktaios, des Paredros der Großen Göttin befand, scheinen die Einwohner ihre vorgriechische Sprache bis in römische Zeit bewahrt zu haben. In den Ruinen dieser Stadt hat man denn auch mehrere eteokretische Inschriften aus dem 6.-3. Jahrhundert v. Chr. in griechischer Sprache freigelegt.[65]

Es erscheint sehr plausibel, daß *i-ne*, »Mutter«, ein Name der minoischen Vegetationsgöttin war, die in der griechischen Ἰνώ

Abb. 32: Kopf der Ino, Giebelrelief des Heiligtums
von Pyrgi, 4. Jh. v. Chr.

(Abb. 32) weiterlebte, deren Fest, die Ἰνάχεια, – in historischer Zeit von den Dorern übernommen – auf Kreta gefeiert wurde. Bezeichnenderweise regenerierte die Ino ihren Sohn Melikertes, d. h. sie machte ihn unsterblich, indem sie den Kleinen in einem Kessel kochte, und sie »starb«, indem sie mit ihm »ins tiefe Meer« sprang, wie Apollodoros berichtet. Doch sie kehrte wieder, sie erschien »leuchtend« wie Ariadne, weshalb sie auch Λευκοθέα (idg. »leuchten, strahlen, sehen«) genannt wurde, die man als selbständige Göttin ebenfalls auf ganz Kreta verehrte.[66]

Namen wie Ine, Ino, Ina, Anna, Hanna usw. sind ursprünglich

Lallworte, mit denen kleine Kinder ihre Mütter sowie all jene Frauen nennen, die ihnen die Brust geben und sich um sie kümmern, weshalb man sie mit der Bedeutung »Mutter, Tante, ältere Schwester, Amme« usw. nicht nur in den anatolischen, orientalischen, sibirischen und austronesischen Sprachen, sondern beinahe auf der ganzen Welt findet.[67]

Folglich heißen auch zahlreiche göttliche Nährerinnen und Fruchtbarkeits- sowie verschwindende und wiederkehrende Vegetationsgöttinnen so: die hattisch-hethitische »Große Göttin«, die *an-na-aš* NIM.LÀL-*aš*, »Mutter Biene«, die sumerische Anni-urugal, die »große erhabene Mutter«, die illyrische πότνια Ana, die hl. Anna, Schutzheilige der Schwangeren und Gebärenden, oder Inna, die Regen- und Fruchtbarkeitsgöttin der westafrikanischen Haussa.[68]

So nimmt es nicht wunder, daß auch unsere kretische Ino (vgl. gr. ἀνώ, ἀννίς, »Säugamme, Pflegemutter«) nicht allein, wie ihre Schwester Semele, die Mutter-Geliebte jener Götter war, vor allem von Zeus, Poseidon und Dionysos, die als Nachfolger des Paredros der Großen Göttin gelten,[69] sondern in erster Linie κουροτρόφος des Dionysos, in dessen weiblichem Gefolge sie später auftaucht: »Ihr schwollen strotzend die Brüste«, nachdem Hermes ihr den Säugling übergeben hatte, »und es drängte die Milch hervor wie tauiger Sprudel«.[70]

Daß *i-ne*, wie es die Inschrift von Psychró nahelegt, ein Übername der Pasiphaë, der »Weithin-Scheinenden«, war – sicher die griechische Übersetzung eines minoischen Namens, der ihre Epiphanie, ihr »Weithin-Sichtbarwerden« zum Ausdruck brachte[71] –, macht es auch verständlich, daß auf dem Gelände des Heiligtums der Ino im lakonischen Thalamai, wo sie außerdem ein Orakel besaß, in welchem sie den Schlafenden erschien, zwei eherne Statuen standen, von denen die eine Helios, die andere aber Pasiphaë darstellte.[72]

Doch war Ino, die, wie die gewiß mit ihr identische kretische Δίκτυννα,[73] ins Meer sprang, um unsterblich zu werden, nicht nur die Göttin der zyklisch wiederkehrenden Vegetation. Vielmehr stellte sie – wie in späterer Zeit die hl. Jungfrau (Abb. 34) – eine

Abb. 33: Der Sprung in die Unterwelt, Fresko in einem Grab
in Poseidonia, um 480 v. Chr.

Schutzgöttin der Seeleute dar, und es wäre keine Überraschung,
wenn gerade ihr ein minoischer Seemann nach einer glücklichen
Fahrt weit über die Grenzen der damals bekannten Welt hinaus ein
Amulett mit ihrem Namen geopfert hätte.

Auch dem Odysseus half sie in höchster Not, als ihm auf einer
ähnlichen Jenseitsfahrt, von der Insel der Kalypso zum Land der
Phäaken, eine mächtige Woge das Floß zerschmetterte: »Ihn aber
sah des Kadmos Tochter mit reizenden Knöcheln, / Ino Leukothea;
einst war sie sterblich und redend gewesen, / Jetzt empfing sie göttliche Ehren im Wogen der Salzflut. / Mitleid spürte sie nun mit
Odysseus, der leidend umhertrieb.« Und sie riet ihm, zur Küste von
Scheria zu schwimmen und gab ihm, damit er nicht unterging,
einen »Schleier der Unsterblichkeit« mit der Auflage, diesen wieder abzustreifen, sobald er festen Boden unter den Füßen spüre,
und ihn, ohne ihm nachzusehen, »ins weinrote Meer« zu werfen,
denn »er darf nicht ans Festland«.[74]

Wie wir später erfahren sollten, hatte der Wattenstrom Norderhever, der den Fundplatz der minoischen Relikte das eine Mal

Abb. 34: Alejo Fernández, »Die Jungfrau der Seefahrer« (Dritter v. rechts Kolumbus), Kathedrale von Sevilla, um 1535.

abtrug und das andere Mal wieder mit Sand bedeckte, neben dem Siegel allem Anschein nach noch weitere Objekte mit sich fortgerissen und mit auflaufendem Wasser ebenfalls ins Bett des »Hauspriels« gespült.

So stießen die Föhringer Archäologin Dina Faltings und ich im inzwischen entstandenen Delta dieses Priels auf ein dreieckiges Tonplättchen, das mit schwarzer Farbe überzogen und anschließend poliert worden war (Abb. 35). Parallel zur Basis hatten seine Hersteller tiefe Linien eingeschnitten und mit einer weißen Kalkmasse ausgestrichen, die auch an den drei Schnittkanten aufgetragen, dort aber bereits weitgehend verschwunden war.

Zwar wies das Plättchen ein Mommsen »unbekanntes Elementarmuster« auf,[75] doch scheint es sich vom Stil und von der Machart her um ein aus einem Keramikgefäß geschnittenes Teil zu handeln, dessen Dekor – ursprünglich offenbar kykladischer Herkunft – noch in der Zeit der ersten minoischen Paläste in verschiedenen Gegenden Kretas, z. B. in Knossos und auf der Messará, verbreitet war.[76]

Man hat aus Keramikgefäßen geschnittene Dreiecke mit waagerechten Streifen im frühbronzezeitlichen Myrtos sowie fischblasenförmige Knochenplättchen mit auf gleiche Weise eingeschnitte-

Abb. 35: Minoische Spielmarke (?) aus dem Rungholtwatt.

nen Linien aus der Zeit um 1500 v. Chr. in Knossos gefunden. Diese und ähnliche Plättchen sind für Orakelsteine, die man auf den Boden warf, aber auch für Spielmarken gehalten worden, und schon auf einem frühminoischen Siegel ist ein Mann abgebildet, der gerade einen Stein auf ein Brett setzt. Entsprechend hat man in Knossos ein etwa 1 × 1,5 m großes Spielbrett ausgegraben,[77] und es ist wohl kaum abwegig zu vermuten, daß Schiffsbesatzungen gerade auf langen Seereisen die Mußestunden mit solchen Spielen zugebracht haben.

Daß das Gefäß, von dem das Plättchen stammte, zum Zeitpunkt der Fahrt in den fernen Norden 700 Jahre und vielleicht noch älter gewesen sein muß, mag auf den ersten Blick erstaunen. Vielleicht fand man es beim Ausräumen eines uralten Grabes oder beim Bau eines Hauses, und es erschien den Menschen des 14. Jahrhunderts v. Chr. so archaisch und interessant, daß sie seine Bruchstücke weiterverarbeiteten. Schließlich besaßen die Minoer der Spätbronzezeit einen ausgesprochenen Sinn für Antiquitäten, was z. B. dazu führte, daß man im SM II in Isópata einem Verstorbenen das Fragment einer damals bereits über 1000 Jahre alten Steinschale mit ins Grab gegeben hat.[78]

Schon einige Jahre zuvor war mein ebenfalls von der Insel Föhr stammender Mitarbeiter Karsten Hansen in der Nähe eines – wohl

Abb. 36: Lapislazulibrocken aus dem Rungholtwatt.

endneolithischen oder frühbronzezeitlichen – Flintabschlagplatzes, auf dem er unter anderem eine riesige Feuersteinknolle gefunden hatte, auf ein weiteres, aber wesentlich größeres Bruchstück gestoßen, das an einigen Stellen bläulich schimmerte. Nachdem wir einen Teil der weißlichgrauen äußeren Schicht abgeschlagen hatten, entpuppte sich der vermeintliche Feuerstein jedoch als ein mit einer dünnen Lage Muttergestein (Calcit) umgebener Lapislazulibrocken (Abb. 36 u. Tf. XI), der, wie eine spätere Untersuchung ergab, höchstwahrscheinlich im Hochgebirge von Badaḫšān zwischen Hindukusch und oberem Amu-Darja gebrochen worden war.

In der Bronzezeit hatte man sogar im Vorderen Orient nur ganz vage Vorstellungen davon, woher der hochgeschätzte Stein kam.

Stammte er nach ägyptischer Vorstellung vom »Gebirge des Blau-
en« (ḏw n ḫśbḏ), und heißt es in einem sumerischen Text des 3. Jahrtausends, daß »die garaš-Händler«, also offenbar ausländische
Kaufleute, den Blaustein »aus den östlichen Bergen brachten«, verlautet ein ursprünglich ḫurritischer Bericht aus Boǧazköy, für den
Bau eines Tempels sei »Lapislazuli vom Berg Takniyara herbeigebracht« worden.[79]

Fest steht, daß man die Steine als Rohlinge, von denen die Calcit-
Ummantelung nur sehr grob und unvollkommen mit Flintsägen
entfernt wurde, bereits ab dem 7. Jahrtausend auf Karawanen
nach Westen und Süden[80] und später auch nach Osten bis zum Gelben Meer transportiert hat.[81] So wurden unbearbeitete Lapislazulibrocken in Mesopotamien und in Syrien gefunden – allein aus dem
königlichen Palast von Ebla barg man Rohlinge aus der Zeit um
2300 v. Chr., die insgesamt 22 kg wogen – am Persischen Golf, in
der Levante, in einem Tempel im ägyptischen eṭ-Ṭôd und schließlich im boiotischen Theben, wohin sie vor 1220 v. Chr. von Babylon über Syrien und Zypern gelangt sein müssen.[82]

An keiner aus dem Orient stammenden Kostbarkeit waren die
Ägypter mehr interessiert als an Lapislazuli, der bisweilen auch als
diplomatisches Geschenk von Kreta und Zypern an den Hof des
Pharao geschickt wurde. Aber auch in Mesopotamien entdeckte
man ihn nur in Tempeln, Palästen sowie in den Gräbern hochste-
hender Persönlichkeiten (Abb. 37), und es ist bezeichnend, daß
Šimatum, die Tochter des Königs von Mari, in einem Brief dring-
lich um ein Rollsiegel aus Lapislazuli bat, damit man ihr endlich
mit der ihr gebührenden Hochachtung begegnete.[83]

Im Zweistromland war der Stein zunächst mit der Göttin Inanna
verbunden, die ihr Schamhaar »mein feuchtes Lapislazuligras«
nennt und die den Liebhaber sucht, der ihre šuba-Steine »pflügen«
will. Damit waren Lapislazuli-Gemmen in Form weiblicher Genitalien gemeint, »eine Vulva aus uqnû (sumer. ZA.GÌN) mit einem
Sternchen«, die Ištar zwischen den nackten Brüsten trug und die
man dieser Göttin der Liebe und ihren Nachfolgerinnen ʿAštart
und Aphrodite opferte, auch wenn die Votive aus Kostengründen
meist nur aus blauem Glas bestanden.

Abb. 37: Hohepriesterin Pù-abi-nin mit Lapislazuli-, Karneol- und
Goldschmuck, Königsfriedhof von Ur, 25. Jh. v. Chr.

Aber auch die Haare und die Augen bezaubernder Frauen werden
mit dem Stein verglichen. So zieht Keret im ugaritischen Mythos
nach Udm, um Ḫurrija zu gewinnen, die schön ist wie ʿAnāth und
ʿAṯtart und deren Augen dem Lapislazuli gleichen, während es in
einem ägyptischen Liebeslied über eine junge Frau heißt: »Mit
hohem Hals und strahlenden Brüsten, / Ihr Haar aus echtem Lapislazuli, / Ihre Arme übertreffen das Gold, / Ihre Finger sind wie
Lotoskelche.«[84]

Nach Kreta scheint der blaue Stein mit den goldenen Pyritinklusionen, die wie die Sterne am Himmel leuchten, bereits im MM I A, also seit Beginn der intensiven Handelsbeziehungen mit dem Nahen Osten, gelangt zu sein, wobei er bisweilen zuvor im Niltal verarbeitet worden war, wie ein Affenamulett der 12. Dynastie aus einem mittelminoischen Grab in Aghia Triada beweist.[85]

Doch erhielten die kretischen Herrscher vor allem in spätminoischer Zeit aus Lapislazuli gefertigte Objekte als diplomatische Geschenke aus den Schatzkammern der Pharaonen. So entdeckte man im sogenannten »Königsgrab« von Isópata bei Knossos neben zehn ägyptischen Alabastervasen eine Halskette und die Figürchen zweier hockender Äffchen aus ḫśbḏ, die vermutlich über Kommos auf die Insel gekommen waren, denn in der Hafenstadt fand man eine ägyptische Lapislazuliperle von gleicher Machart und Form aus derselben Zeit.[86]

Freilich waren die Minoer nicht nur Empfänger des kostbaren Steins. Vielmehr benutzten sie ihn ihrerseits als Geschenk für die Könige und Würdenträger der fremden Länder, die sie besuchten. So gehört zu den im Grabe des Wesirs Rechmirê abgebildeten Gaben der Minoer an den Pharao ein gelber Korb, der mit einem amorphen blauen Material gefüllt ist, das in der Beischrift ḫ, – sicher das Kürzel für ḫśbḏ – genannt wird, wobei offenbleiben muß, ob es sich bei diesem Material um echten oder um nachgemachten Lapislazuli, also um blaues Rohglas handelt, wie man es in Ugarit und im Wrack von Uluburun in Form diskusartiger Barren gefunden hat. Über diese »Gabenbringer« verlautet eine zeitgleiche ägyptische Quelle: »Sie bringen ihre Geschenke (*ỉnw*) auf ihrem Rükken, die aus allen Erzeugnissen des Gotteslandes bestehen: Silber, Gold, Lapislazuli, Türkis und alle kostbaren Steine, um schließlich für sich [vom Pharao] den Lebensodem zu erhalten.«[87]

Obgleich die Bearbeitung des spröden Materials extrem schwierig ist und im allgemeinen eine lange Erfahrung voraussetzt, scheinen die minoischen Handwerker, die vielleicht in levantinischen Hafenstädten in die Lehre gingen, die Technik rasch erlernt zu haben. Denn bald imitierten sie nicht nur orientalische Rollsiegel und ägyptische Perlen oder Anhänger in Form von Fröschen und langschwänzigen Affen, sondern stellten Schmuckstücke und Amulette im minoischen Stil her wie z. B. den Miniatur-Achtschild aus Knossos, gewiß ein Talisman, den Evans in einer MM-III-Schicht des dortigen Palastes fand.[88]

Allerdings darf man diese Spezialisten wohl nicht mit den *ku-wa-no-wo-ko-i* verwechseln, die z. B. im Heiligtum der *po-ti-ni-ja* in Pylos das *ku-wa-no* (protoindoeuropäisch *kwn̥Hos, sumer. KÙ.AN, hethit. *kuwannan*, gr. κύανος), nämlich aus dem Orient importiertes, mit Kobalt blau gefärbtes Rohglas zu Intarsien, Schmuckstücken und dergleichen verarbeiteten, das aber auch zur Verkleidung von vorspringenden Kanten Verwendung fand: »Allseits stiegen die Mauern empor«, heißt es über den Palast des Alkinoos in Scheria, »von der Schwelle bis hinten im Winkel / Waren mit Erz sie verkleidet und der Sims mit κύανος«.[89]

Man hat auch behauptet, daß nicht nur die Ägypter ihre Unterweltsbücher mit einem aus Lapislazulistaub hergestellten Farbstoff geschrieben hätten. Vielmehr seien auch die blauen Partien der Bemalung des Aghia-Triada-Sarkophages mit Lapislazulifarbe ausgeführt worden, während man ansonsten für die minoischen Fresken das aus dem Kupfererz Malachit, Natron und Quarz gewonnene Pigment Ägyptisch Blau benutzt habe, mit dem die vornehmen Damen am Nil die Lippen färbten und die Adern auf ihren Brüsten nachzogen, um blasser zu erscheinen.[90] Diesen Farbstoff scheint man spätestens in der 4. Dynastie hergestellt und bald nach Mesopotamien und um 2000 v. Chr. nach Kreta exportiert zu haben, wo er gemeinsam mit einem aus der in Zentralkreta verbreiteten Hornblende Riebeckit gewonnenen Pigment für Malereien verwendet wurde.[91]

In Ägypten wurde Min-Kamutef, der Gott der Regeneration von Mensch und Natur, »Herr des Lapislazuli-Phallus« genannt, und man hat vermutet, das Blau sei auch im minoischen Kreta die Farbe der Wiedergeburt und der Erneuerung der Vegetation gewesen, weshalb man die Fußböden des Tempelgrabes von Knossos und des Grabes H von Katsambás blau bemalt habe. Noch bis heute werden in Nordafrika die schützende »Hand der Fāṭima«, die »Friedenshand« von *al-batūl*, der »Jungfrau«, mit blauer Farbe dargestellt und die Augen gegen den bösen Blick blau umrandet, während man im muslimischen Zentralasien die Genitalien der Zuchtbullen mit Lapislazulifarbe bestreicht, um die Potenz der Tiere zu steigern und vor schädlichen Einflüssen zu bewahren.[92]

Als Folge einer Meeresregression zu Beginn des sogenannten Sub-
boreals bildeten sich um 2500 v. Chr. im Bereich des heutigen nordfriesischen Wattenmeeres ein breiter Marschengürtel sowie große
Niederungsmoore und Süßwassersümpfe, die durch einen dichten
Dünensaum von einer heute nicht mehr existierenden Wattenzone
abgegrenzt wurden, hinter der die offene Nordsee lag. Dieser
Strandwall, der sich aus den verwehten Sanden von der Dogger-
bank und anderen längst vergangenen Geestinseln, trockengefalle-
nen Watten und Riffen gebildet hatte, war nur an bestimmten Stellen, die recht weit auseinanderlagen, von den Deltamündungen
größerer Inlandpriele durchbrochen.

Zwar wurde der Meereseinfluß während der sogenannten »Löb-
benschwankung« zwischen ca. 1400 und 1150 v. Chr., als das Wetter sich verschlechterte und die Alpengletscher vorrückten, wieder
stärker, und die Nordsee durchbrach ab ca. 700 v. Chr. immer häufiger den Dünensaum. Doch scheinen sich dieser mit Strandhafer
und Gebüsch bewachsene Wall im wesentlichen bis in die Römische Kaiserzeit und Reste davon bis ins späte Mittelalter erhalten
zu haben, als sie den großen Sturmfluten zum Opfer fielen.[1]

Die Überbleibsel solcher mit Dünen besetzten Inseln sowie den
zerstückelten Strandwall meint wohl der römische Schriftsteller
Pomponius Mela, wenn er – vielleicht in Anlehnung an den Bericht
des älteren Drusus über dessen Expedition ins Wattenmeer im
Jahre 12 v. Chr. – schreibt: »Oberhalb (*supra*) der Albis dehnt sich
der riesige Codanusbusen (*ingens sinus magnus*) aus, der voll von
kleinen und großen Inseln ist. Dadurch hat das Meer, das in den
Schoß dieser Küsten aufgenommen wird (*quod gremio litorum
accipitur*), nirgends weite Ausdehnung und gleicht nirgendwo
einem [wirklichen] Meere, sondern, da seine Fluten an zahlreichen
Stellen eindringen und an mehreren Orten hinüberschlagen, wird
das Meer weithin zerteilt, so daß es den Eindruck von Flüssen
macht. Wo es an die Küsten brandet, und wo es durch die Gestade
der Inseln, die nicht weit vom Festland entfernt liegen und überall

fast gleichen Abstand von ihm haben, begrenzt wird, flutet es eingeengt und wie ein Meeresarm dahin.«²

Auf den Sandwällen an den Rändern der die Marschen und Moore durchziehenden Inlandpriele bildeten sich schon im Endneolithikum, also in der zweiten Hälfte des 3. Jahrtausends, als das Klima wärmer wurde, zunächst aus Weiden, dann aus Erlen und Silberpappeln bestehende Weichauen. Im Verlauf der Zeit

Abb. 38: Auenlandschaft, wie die Minoer sie um 1300 v. Chr. im Gebiet des heutigen Rungholtwatts angetroffen haben dürften.

wurde dort freilich durch zahlreiche Überschwemmungen so viel Sediment abgelagert, daß sich Hartauen mit Eichen, Ulmen, Ahorngewächsen, Eschen, Linden, Hainbuchen, Kiefern und Birken entwickelten. Solche hochgelegenen Prielränder eigneten sich ebenso wie die Marschenkuppen für eine Besiedlung sowie für den Anbau gewisser Kulturpflanzen und die Zucht von Haustieren wie Rinder, Pferde, Schweine und Schafe.³ So hat man immer wieder damit gerechnet, daß eines Tages auf den ehemaligen Prielufern, sofern sie noch heute im Watt erhalten sein sollten, Kulturspuren aus der mittleren Bronzezeit auftauchen könnten, nachdem dort verschiedentlich endneolithisch-frühbronzezeitliche Geräte und in einer Grube im Dünensand der Eiderstedter West-Ost-Nehrung zwei Steinbeile aus diesem Zeitraum in primärer Lage gefunden worden waren.[4]

Allem Anschein nach lag auch unsere Fundstelle vor 3300 Jahren auf einer Dünenkuppe oder auf dem hochgelegenen sandigen Uferwall eines Priels, d. h. einem relativ trockenen Ort, der im Gegensatz zum umliegenden Sietland wohl die Möglichkeit einer Besiedlung und landwirtschaftlichen Nutzung bot.[5]

Zwar stießen wir an der Fundstelle und in der näheren Umgebung dort, wo der Wattenstrom die den Sandboden bedeckende Torfschicht weggeschwemmt hatte, auf keinerlei Reste von Hauspfosten, Sodenwänden, Kochgruben oder ähnliche Gebäuderelikte. Doch entdeckte eine meiner Studentinnen in einer Entfernung von etwa 20 m in nördlicher Richtung auf die Mündung des Fuhlen Slots zu mehrere parallel aneinandergefügte nichtentrindete Birkenstämme, die jeweils gut 3 m lang und an den beiden Enden glatt durchschnitten waren. Bronzezeitliche Moorwege aus Bruchwaldhölzern, vor allem aus Erlen- und Birkenstämmen, hat man in verschiedenen Gegenden Mitteleuropas freigelegt, so z. B. in Ostfriesland oder einen am Federsee im oberschwäbischen Alpenvorland, der auf das Jahr 1505 v. Chr. datiert wurde.[6] Und auch unsere Birken waren, wie eine am Leibniz-Labor für Altersbestimmung und Isotopenforschung der Universität Kiel durchgeführte Untersuchung erwies, mit einer 94,4 %igen Wahrscheinlichkeit im 15. Jahrhundert v. Chr. cal gefällt worden.[7]

Daß die Stämme wirklich den Abschnitt eines Moorweges dargestellt haben, scheint indessen fraglich, zumal man weiß, daß Birkenäste und -stämme auch als Fundament von Häusern verwendet wurden, wie z. B. in einer spätneolithischen Moorsiedlung im »Tal des Verlorenen Baches«, das sich im bayerischen Altmoränengebiet zwischen Isar und Lech befindet. Ebenfalls vorstellbar ist, daß es sich um eine Holzplattform handelte, von der aus man Opfergaben im Moor versenkt hat, wie etwa bei Flag Fen in Cambridgeshire, wo in der Nähe eines solchen Holzpodestes zum Teil zerbrochene Schwerter, Rapiere, Lanzenspitzen, Ortbänder, Ahlen, Rasierklingen, Nadeln und Ringe ausgegraben worden sind.[8]

Offenbar besaßen in der Mittleren Nordischen Bronzezeit häufig mehrere Weiler und Einzelhöfe, die einem »Häuptling« oder »Schwertträger« unterstanden, einen gemeinsamen zentralen Opferplatz am Rande eines Moores,[9] doch scheint es sich bei unseren Birkenstämmen nicht um ein derartiges Podest gehandelt zu haben. Denn nahe bei der Holzkonstruktion fanden wir nicht nur zahlreiche Haustierknochen, sondern auch Scherben handgeformter Kera-

Abb. 39: Keramikfragment, Nordische Kultur, Periode II der Bronzezeit (15. Jh. v. Chr.).

Abb. 40: Austernschale, 15. Jh. v. Chr.

mikgefäße mit geglätteter und anschließend polierter Oberfläche (Abb. 39) sowie große Haufen von Austernschalen (Abb. 40) und Fruchtkapseln von Wassernüssen.

Zwar hat man beispielsweise in einem Moor bei Östra Vemmerlöv in Schonen Schädel- und Skelettreste von vier Menschen und verschiedenen Haustieren aus der Zeit um 1300 v. Chr. entdeckt, die als Opfergaben interpretiert wurden, und Keramikgefäße als Votive sind keineswegs ungewöhnlich.[10] Doch machen es die großen Mengen von Schalenklappen der Europäischen Auster (*Ostrea edulis*), die als *køkkenmøddinger,* d. h. als Küchenabfallhaufen der neolithischen Ertebøllekultur gefunden und die sehr viel später als Delikatesse ins kaiserzeitliche Rom exportiert wurden, wahrscheinlicher, daß wir auf eine in der Nähe eines bronzezeitlichen Hauses liegende Abfallgrube gestoßen waren.

Erhärtet wird diese Annahme durch die zahlreichen stacheligen Kapseln der Wassernuß (*Trapa natans*), auch Erdstachelnuß oder

Wasserkastanie genannt, weil ihr Geschmack an den von Eßkastanien oder Haselnüssen erinnert (Tf. XII). Um 1300 v. Chr. kam sie noch bis weit nach Skandinavien in flachen und stehenden oder langsam fließenden Gewässern mit schlammig-moorigen Böden vor und bildete im Herbst mit Kelchdornen versehene schwärzliche Früchte, die sich – reif geworden – von der Pflanze lösten und auf den Grund sanken, von wo sie meist vom Einbaum aus eingesammelt wurden.[11] Man aß die fett- und stärkereichen weißen Kerne, die sicher auch zu Brot verbacken wurden und die vermutlich insbesondere nach Ernteausfällen eine wichtige Winternahrung bildeten. Verkohlte Überreste der Kapseln fand man z. B. in der bronzezeitlichen Siedlung Forschner am Federsee, wo man sie wildwachsend bereits im Neolithikum aberntete, in der Bronzezeit aber offenbar kultivierte, denn große Mengen der Pflanze wurden in unmittelbarer Siedlungsnähe entdeckt.[12]

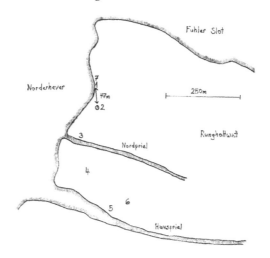

Abb. 41: Die wichtigsten bronzezeitlichen Fundstellen im westlichen Rungholtwatt.

Wie Jahre danach unser Fund eines endneolithischen Arbeits-
platzes im Bereich des »Hauspriel«-Deltas deutlich machte, scheinen sich in der Rungholtgegend bereits tausend Jahre vor der An-
lage der Müllgrube zumindest gelegentlich Menschen aufgehalten
zu haben. Denn anders ist wohl die mit Tausenden von Feuerstein-
abschlägen übersäte Stelle, an der auch eine – erstmalig in Nordfriesland gefundene – hellbraune Fischschwanzpfeilspitze (Tf. XII),
eine grüne Flintklinge und eine mehrere Pfund schwere unbeschä-
digte Flintknolle aus rotem, möglicherweise von Helgoland stammenden Gestein lagen, nicht zu erklären.[13] Vielleicht handelte es
sich um den Werkplatz einer Saisonniederlassung von Familienverbänden der Streitaxtkultur, die während des Sommers die vermoorten, mit Weidendickicht, Röhricht und vereinzelten Auen-
wäldern bedeckten Niederungen aufsuchten, um vorzugsweise an
den Wasserstellen Rotwild, Auerochsen, Elche, Wildschweine und
Wasservögel zu jagen, wobei sie die größeren Tiere an Ort und
Stelle ausschlachteten. Nachdem nämlich in der zweiten Hälfte des
3. Jahrtausends infolge der von einem milderen Klima begleiteten
Meeresregression weite Teile des heutigen nordfriesischen Wattenmeeres trockengefallen waren, wurden sie von Streitaxtgruppen
der hohen Geest durchstreift, während weiter südlich Verbände
der Schnurkeramiker die Binnendünen der großen Flüsse wie Rhein,
Main oder Elbe erschlossen.

Zwar spricht nichts gegen die Annahme, daß die Menschen, die
im 15. Jahrhundert v. Chr. an der späteren Norderheverkante ihren
Hausmüll entsorgten, die direkten Nachkommen jener Streitaxtleute waren, doch gibt es bislang keinerlei Anhaltspunkte für eine
Siedlungskontinuität vom Endneolithikum bis zur Mittleren Bronzezeit vor Ort. Fest steht, daß es in den Perioden II und III der
Nordischen Bronzezeit auf der Jütischen Halbinsel eine sehr dichte
Besiedlung gab und daß als Folge des Bevölkerungszuwachses
auch in marginalen Gegenden Weiler und Höfe angelegt wurden.[14]

Im gesamten Nordseeküstenbereich waren in dieser Zeit die
Siedlungs-, Haus- und Wirtschaftsformen sehr einheitlich. Dörfer
im eigentlichen Sinne waren noch unbekannt, und es gab nur
einzelne Gehöfte (Abb. 42) oder kleine Weiler von bis zu sieben

Abb. 42: Nachbau eines bronzezeitlichen Gehöfts bei Tanum, Bohuslän.

lehmverputzten Langhäusern mit Eichenpfosten und entrindeten Weidenruten als Flechtwerk an der wetterabgewandten und mit vorgeblendeten dicken, mit Pfosten und Stäben verstärkten Soden- wänden als Isolationsschicht an der Wetterseite. Jedes dieser gro- ßen Gebäude, die meist einige hundert Meter voneinander entfernt lagen und deren Zentrum ein großer Herd bildete, besaß eine Scheune oder einen Vorratsspeicher sowie eine Abfallgrube und wurde etwa eine Generation lang genutzt, bis es einem Neubau weichen mußte.[15]

Diese bronzezeitlichen Höfe unterschieden sich offenbar nicht wesentlich von dem 2000 Jahre danach erbauten spätvölkerwan- derungszeitlichen Wohnstallhaus, das meine Studenten am »Haus- priel« ausgruben und das vielleicht zu einem nordseegermanischen Dorf gehörte, das bereits den Namen »Rungholt« trug, bevor es sich zu einem friesischen Handelswik entwickelte.

Mit anderen Weilern und Gehöften in der Nähe bildeten solche bronzezeitlichen Häusergruppen wirtschaftlich autarke Siedlungs- kammern, in denen wohl mehr Viehzucht als Ackerbau betrie- ben wurde. Höchstwahrscheinlich unterstanden sie einem »Häupt- ling«, der in einem besonders stattlichen dreischiffigen Hallenhaus lebte und den man sowohl mit den »Schwertträgern« der etwas späteren Urnenfelderkultur als auch mit den mykenischen Adeligen der frühen Schachtgräberzeit oder mit den protogeometrischen βασιλῆες vom Typ eines Odysseus oder Menelaos vergleichen kann, die mehr Ähnlichkeit mit einem »Big Man« in Neuguinea als mit einem König hatten. Solche »Häuptlinge«, deren Machtposition im Prinzip stets zur Disposition stand, führten sicher die größeren Beutezüge an, und sie kontrollierten vor allem – wohl schon im Endneolithikum – den Fernhandel, der die Basis für ihren Einfluß und Reichtum bildete.[16]

Die Anfänge direkten Fernhandels reichen bis weit ins Jungpaläolithikum zurück, als z. B. die Magdalénien-Jäger von Gönnersdorf bis zu 280 km stromauf- und -abwärts paddelten, um in den Besitz des begehrten Feuersteins zu gelangen. Und der in der argivischen Franchthihöhle gefundene Obsidian von Melos beweist, daß bereits im 11. Jahrtausend v. Chr. 130 km lange Fahrten über die offene Ägäis unternommen wurden.[17]

Seit Ende der letzten Eiszeit gibt es einen regelmäßigen Handelsverkehr über die Pässe des Alpenhauptkammes, insbesondere über dessen niedrigste Senke: den 1370 m hohen Sattel des Brenners, den mesolithische Wildbeuter benutzten, um vor allem Trentiner und Veroneser Feuerstein in den Norden und andere Güter in entgegengesetzter Richtung ins Eisack-, Etsch- und Pustertal zu bringen.[18]

Im frühen Neolithikum scheint es durchgehende Expeditionen von Jütland über eine Distanz von 1100 km Luftlinie bis in die Mondseegegend im nördlichen Alpenvorland gegeben zu haben, wo man Kupferobjekte, wie z. B. Zierscheiben, eintauschte, die im Norden die Vorlagen für die sogenannten »Bernsteinsonnen« abgaben. Und im 5. Jahrtausend exportierte man aus dem heutigen Bayern wohl über die Moldau und die Elbe und anschließend die jütländische Westküste entlang durchlochte Äxte aus dunklem Amphibolit, einem besonders zähen Gestein, zu den Trägern der Ertebøllekultur. Schließlich ergab eine Strontium- und Oxygenium-Isotopenanalyse, daß der um 2300 v. Chr. ein paar Kilometer östlich von Stonehenge mit reichen Beigaben bestattete »Amesbury Archer« ein Mann aus der Gegend des Alpenvorlandes war, den es – wohl auf der Suche nach Metallen – in den Süden Englands verschlagen hatte.[19]

Bereits gegen Ende des 5. Jahrtausends importierte man offenbar auf der jütischen Halbinsel nicht nur dunkelgrüne Steinäxte und kupferne Zierscheiben, sondern auch – wahrscheinlich vom Balkan stammende – Beile aus gediegenem Kupfer. Sie waren den entsprechenden Geräten aus Flint und Festgestein keineswegs überlegen, weshalb man vermutet, daß sie keine praktische, sondern eine rituelle Bedeutung hatten und als Statussymbole dienten.[20]

Ab ca. 1700 v. Chr. scheint man im Bereich der Nordischen Kultur Zinnbronze gegossen zu haben, wobei die dazu nötigen Rohstoffe sicher importiert worden sind. Zwar ist es denkbar, daß auch die Kupfererzvorkommen in den Mittleren Buntsandsteinbänken auf Helgoland und die entsprechenden Lager in Norwegen und Schweden ausgebeutet wurden, doch ist dies nicht nachgewiesen.[21] Höchstwahrscheinlich stammten das Kupfer und vielleicht zum Teil das Zinn aus den Alpen bzw. aus dem Erzgebirge, von wo das Rohmetall zunächst über Mittelsmänner der Aunjetitzer und später der Hügelgräberkultur zur Nordseeküste gebracht wurde. Am Mitterberg bei Salzburg förderte man um 1700 v. Chr. Kupferkies, und es wurden jährlich wohl etwa 10 Tonnen Rohkupfer hergestellt, aber in welcher Form das Metall auf die jütische Halbinsel exportiert wurde, ob als Barren, Ringe oder Bronzeschrott, der dann eingeschmolzen und wiederverarbeitet wurde, ist nicht bekannt. Zwar hat man in den Überbleibseln eines 48 m langen Hallenhauses der Periode II im jütländischen Tyrrestrup einen Hort aus Bronzebarren und -schrott entdeckt, der dort sicher eingeschmolzen werden sollte, doch weiß niemand, wo diese Objekte zuvor in Form gegossen worden waren.[22]

Sicher ist jedenfalls, daß das Kupfer nicht als Erz, sondern in aufbereiteter Form gehandelt wurde, weshalb der Kupferkiesbrocken, den wir ebenfalls im Sand unter der bronze- bis eisenzeitlichen Torfschicht freilegten (Abb. 43), nicht als gewöhnliches Importgut in den Norden gelangt sein kann. Solche Bruchstücke aus Buntkupferkies oder Bornit (Cu_5FeS_4) hat man neben Brocken aus Anti-

Abb. 43: Buntkupferkiesbrocken aus dem Rungholtwatt,
13. Jh. v. Chr.

monfahlerz als Beigaben in den urnenfelderzeitlichen Gräbern von
vermutlich aus Oberbayern ins Nordtiroler Unterinntal eingewanderten Kupferschmieden gefunden. Und es ist durchaus möglich,
daß ein Besucher aus dem fernen Norden unser Exemplar einst
irgendwo in den Ostalpen gefunden und mit nach Hause genommen hat. Solche metallisch glänzenden Brocken liegen nämlich
nicht selten auf der Erdoberfläche herum und scheinen aufgrund
ihrer auffälligen, durch Oxydationsvorgänge verursachten Grün-,
Blau- und Purpur- bis Violettfärbung für Talismane und ähnliches
besonders geeignet gewesen zu sein.[23]

Wurde das zur Herstellung von Bronze benötigte Zinn vermutlich sowohl über Land und die Flüsse aus dem Erzgebirge als auch
über See aus Cornwall importiert, kam offenbar in den Perioden
I-III der Nordischen Bronzezeit auch das Gold in Form von Spiral-
ringen auf verschiedenen Wegen auf die Halbinsel: nämlich per
Schiff aus Irland, teils auf Flußfahrzeugen und Ochsenkarren aus
dem mittleren Donauraum und den Karpaten und vielleicht sogar
von noch weiter her, denn man hat im Norden ein platinhaltiges
Gold gefunden, das typisch für den östlichen Mittelmeerraum ist.[24]

All diese Importgüter gingen damals über die Elbmündung, die
man sich als ein riesiges Delta mit zahlreichen Armen vorstellen
muß, die von mit Galerie- und Bruchwäldern bedeckten Uferwäl-
len gesäumt wurden. Diese wiederum erhoben sich über einem

versumpften und vermoorten Sietland, das, gelegentlich unterbrochen von siedlungsfreundlichen Marschstreifen und -kuppen, von zahllosen kleineren Inlandprielen durchzogen war.[25]

Die Elbe, einst Fernziel des römischen Imperialismus, der sie zur Nordostgrenze des Reiches machen wollte, wird um das Jahr 98 n. Chr. von Tacitus als »ein ehemals berühmter und vielgenannter Strom« bezeichnet, den man freilich »jetzt nur noch vom Hörensagen« her kenne.[26] Und so bedeutet ihr Name höchstwahrscheinlich nicht »Weißwasser«, wie immer wieder behauptet wird;[27] vielmehr enthält er die idg. Wurzel *el-*, »fließen«, und heißt einfach »der Fluß« (an. *alfr* oder *elfr*, mnd. *elve*, schwed. *älf*).[28]

Der heutige »Fluß« am Nordrand des Urstromtales ist offenbar nur einer der Arme des nacheiszeitlichen Elbdeltas, aber man hat anscheinend immer noch nicht hinreichend erforscht, welche nördlichen Zuflüsse in der Bronzezeit zur heutigen Elbe geführt haben.[29] Allerdings wird schon seit langem vermutet, daß »die vormalige sogenannte Nordereider als einer der früher wasserreichen Mündungsarme der Elbe anzusehen sei, welche, wie die Alluvionen [= angeschwemmtes Land] und die zum Teil heute noch als Seen erhaltenen Altläufe in Dithmarschen zeigen, einen nördlich gerichteten Abfluß in Richtung auf die jetzige untere Eider gehabt habe«.[30] Die Eider wiederum war allem Anschein nach im 14. Jahrhundert v. Chr. und auch noch in späterer Zeit durch einen breiten Priel mit der Rungholtgegend verbunden, von wo dieser vermutlich quer durch die heutige Insel Pellworm verlief und schließlich irgendwo zwischen dem nördlichen Ende des aus dem Hevergeestkern entstandenen Strandhakens und dem ebenfalls längst verschwundenen Amrumer Südhaken in die Nordsee mündete.[31]

Wahrscheinlich haben auf diesem Flußweg Händler aus dem Binnenland die erwähnten Metalle, aber auch andere Güter, ins heutige Dithmarschen, in die Gegend der späteren nordfriesischen Inseln und weiter die jütländische Westküste entlang zum Limfjord und zur Küste von Schonen gebracht.[32] Fremdländische Objekte kamen aber auch als Mitgift und persönliche Ausstattung der jungen Mädchen aus weit entfernten Gebieten in den Norden, die dort – wohl meist in die höheren sozialen Schichten – einheirateten.

Bereits in der ersten Hälfte des 5. Jahrtausends scheinen südost-
bayerische Silexprospektoren aus den Hunderte von Kilometern
entfernten Feuersteinländern, in die sie meist in kleinen Gruppen
in Einbäumen reisten, ihre künftigen Ehefrauen mit nach Hause
gebracht zu haben. Und wie aus Grabfunden hervorgeht, verhielt
es sich im Norden vor allem in der Mittleren Bronzezeit ähnlich.

Damals wurden den jungen Mädchen die Hals-, Arm- und Bein-
ringe angeschmiedet, und dieser Schmuck blieb über ihren Tod
hinaus an ihrem Körper. So muß die etwa 17 Jahre alte junge Frau,

Abb. 44: »Prinzessin von Fallingbostel«, 16. Jh. v. Chr.

die in Flintbek im nördlichen Holstein in einer Tracht der frühen
Ilmenau-Kultur der Lüneburger Heide bestattet wurde, eine Hei-
ratsmigrantin gewesen sein, die wohl bald nach ihrer Hochzeit in
der Fremde gestorben war. Und nach Teilen ihrer Kleidungs- und
Schmuckausstattung, vor allem den Ösenhalsringen und den herzförmigen Kettenanhängern zu urteilen, stammte die im 16. Jahrhundert v. Chr. lebende sogenannte »Prinzessin von Fallingbostel«
(Abb. 44) aus der über 800 km Luftlinie entfernten ungarischen
Tiefebene.[33]

Eines Tages entdeckte meine Studentin Gabriele Homann an einer Stelle, die vom Südpriel, einer schon vor Jahren verschwun-

denen Abzweigung des Hauspriels, freigespült worden war, die Schäfte zweier offenbar vor der Niederlegung im Moor zerbrochener Radnadeln vom Lüneburger Typus. Diese Kleidungsaccessoires waren zwar ein Attribut der verheirateten Frauen, aber unsere Nadeln scheinen nie getragen, sondern eigens als Opfergabe hergestellt worden zu sein, da man bei dem einen Exemplar die Gußnähte nicht entfernt hatte.[34]

Als wir anschließend die nähere Umgebung der Fundstelle untersuchten, stießen wir auf einen getreppten Bronzeknopf mit Rük-

Abb. 45: Getreppter oberdeutscher Bronzeknopf aus dem Rungholtwatt, 13. Jh. v. Chr.

kenöse, der weder auf der jütischen Halbinsel noch in der Lüneburger Heide gebräuchlich war (Abb. 45). Hergestellt und getragen wurden Knöpfe dieser Art in Süddeutschland, und zwar in der Übergangszeit zwischen der Hügelgräber- und der Urnenfelderkultur, und so hat man ein fast gleiches, geringfügig kleineres Exemplar dieses Typs in einem Urnengrab bei Mengen im südschwäbischen Saulgau entdeckt.[35]

Frauenkleider und -accessoires wie Bronzeknöpfe und Schmuck scheinen im Norden vor allem in den Perioden II und III in den Mooren geopfert worden zu sein,[36] und es sieht ganz danach aus, daß in derselben Zeit, in der die minoischen Objekte unter die Erde der Rungholtgegend kamen, Frauen diese bronzenen Importe einer sicher weiblichen Gottheit im Moor dargeboten haben.

Wird man damals den süddeutschen Knopf und die Lüneburger Nadeln, die wohl zur Befestigung des Schultertuchs an der Kleidung dienten, über die Unterelbe und das nördlich von ihr liegende Prielnetz importiert haben, gelangten die minoischen Funde vermutlich über die Mündung des Priels zwischen der heutigen Insel Amrum und dem Japsand in unser Gebiet. Dieser Priel scheint auch noch über tausend Jahre später ein Haupteinfallstor ins südliche Nordfriesland geblieben zu sein, wie es unsere griechischen und römischen Funde von der Norderheverkante, die Sesterzen vom Grund des Wattenstroms bei der roten Tonne NH 18 Pellworm 1 und der Denar Kaiser Hadrians aus dem Pellwormer Ostersiel nahelegen.[37]

Daß unsere minoischen Funde und der Kalksteinanker auf dem Seeweg in den Norden gelangt sein müssen, versteht sich fast von selbst. Denn es ist undenkbar, daß man schwere Schiffscontainer wie Transportbügelkannen oder kanaanitische Amphoren mit einem Gewicht von bis zu 120 kg samt Inhalt auf Packtieren und in Einbäumen Tausende von Kilometern quer durch Europa geschafft hätte. Und ein gleiches gilt für extrem dünnwandiges Luxusgeschirr wie unser Spiralengefäß oder gar für einen Steinanker, der so schwer war, daß zwei Männer ihn nicht bewegen konnten.

Da in Aghia Triada oder in Phaistos im Gegensatz zu Kommos so gut wie keine Transportkeramik gefunden wurde, geht man davon aus, daß ihr Inhalt in der nahe liegenden Hafenstadt umgefüllt worden ist, und es ist bekannt, daß später auch die Griechen den in Schiffsamphoren angekommenen Wein oder das Öl in Schläuchen und Holzfässern ins Binnenland beförderten.[38] Dünnwandige Gefäße waren natürlich auch an Bord eines Hochseeschiffes bruchgefährdet, aber in noch höherem Maße auf Ochsenkarren oder Eselsrücken. Erstaunlicherweise bestand das gesamte Geschirr der Uluburun-Besatzung aus mykenischer Feinkeramik, und selbst auf den mittelalterlichen Koggen benutzte man neben Geschirr aus Holz, Zinn oder Bronze auch relativ zerbrechliches Steinzeug und Irdenware.

Was schließlich den Anker betrifft, so gehen die Schiffsarchäologen davon aus, daß das Mindestgewicht der kleinsten Anker eines mediterranen Fernfahrers der Spätbronzezeit ungefähr 130 kg betrug. Die größten Steinanker der relativ kleinen Schiffe von Uluburun (Abb. 46) und vom Kap Gelidonya wogen 210 bzw. 219 kg, die vor dem Eingang zur Cella des Ba'al-Tempels von Ugarit gefunde-

Abb. 46: Steinanker des Uluburun-Wracks
am Meeresgrund, 14. Jh. v. Chr.

nen eine halbe und zyprische und levantinische Exemplare sogar über eine Tonne.[39] Doch ganz abgesehen vom Gewicht: Was hätte die Minoer dazu motivieren können, einen Steinanker über Land bis ans Ende der Welt zu schleppen?

Hatte ich zu Beginn unserer Forschungen noch vermutet, daß die ostmediterranen Funde möglicherweise von einem Schiff stammten, das vor einem Unwetter von der Küste ins Binnenland geflüchtet war, wo es auf einem Priel vom Sturm erfaßt und zerschmettert wurde, gab ich später diesen Gedanken wieder auf. Denn in einem solchen Fall hätte das Schiff wohl unmittelbar hinter dem mit Dünen bedeckten Strandwall Schutz gesucht, anstatt 30 km weit ins unbekannte, teilweise versumpfte und vermoorte Landesinnere vorzustoßen. Die Frage ist zudem, ob ein Sturm so weit im Inland die Kraft gehabt hätte, ein stabiles Hochseefahrzeug in seine Bestandteile zu zerlegen.

Wie wir bereits gesehen haben, hatte man die etwa zur selben Zeit geopferten bronzenen Radnadeln vor ihrer Deponierung im Moor zerbrochen. Später fanden wir an der Kante des Wattenstromes Fuhler Slot drei römische Silbermünzen, die ebenfalls – wohl

Abb. 47: Untersuchung der vermutlich um 12 v. Chr. im Rungholtgebiet geopferten Silbermünzen an Bord der Jonas.

um das Jahr 12 v. Chr. – vor der Niederlegung durch nordseegermanische Anwohner beschädigt bzw. zerbrochen worden waren.[40]

Hatte man auch unsere minoische Keramik sowie das Bernsteinartefakt und die Kopalbrocken mit den auffälligen Bruchkanten rituell zerstört? Um die Zeit, in der diese Gegenstände in die Erde kamen, war das Zerschlagen von Tongefäßen und die Niederlegung der Fragmente am Grabe vor der Aufschüttung des Grabhügels in Nordfriesland wie in anderen Gegenden der Nordischen Kultur weithin üblich. Doch auch die Minoer zerschmetterten im SM III Keramik bei der Bestattung. So fand man bei Gräbern dieser Zeit in Archánes, Gurnés, Kamilari, Porós und Arméni zahlreiche Scherben, die auf feierliche Gelage während der Beerdigung und eine anschließende Zerstörung der Gefäße hinweisen, und im Grab eines hochrangigen Toten im Friedhof von Mochlos entdeckte man zwei rituell zerstörte Gefäße, nämlich einen konischen Rhyton und einen mit Oktopusdekor bemalten Krug.[41]

Dieser Sitte lag wohl die Vorstellung zugrunde, daß ein im Diesseits zerbrochenes Objekt im Jenseits heil war, da in der Welt der Toten alles umgekehrt ist. Deshalb standen die Eskimo-Skulpturen von Verstorbenen oder die Grabfiguren der Bellacoola an der Westküste Nordamerikas häufig auf dem Kopf, und noch im Jahre 1964 ließen viele Griechen ihre Nationalflagge verkehrt herum im Wind wehen, nachdem der Tod ihres Königs Paul bekannt geworden war.[42]

War also an unserer Fundstelle ein minoischer Fahrtteilnehmer bestattet worden, den in der Fremde der Tod ereilt hatte? Und hatten seine Landsleute ihm sein persönliches Siegelamulett mit auf die letzte Reise gegeben? Ist dies der Grund, warum wir keinerlei Schiffsreste entdecken konnten?

Nun stießen wir ganz in der Nähe tatsächlich auf ein großes Fragment einer menschlichen Schädeldecke (Tf. XIII), das eine viel hellere, rötlichbraune Farbe aufwies als die durch die Kleierde grau bis schwarz gefärbten mittelalterlichen Haustierschädel und -knochen, die allenthalben im Rungholtwatt umherlagen. War dies einerseits ein Indiz für eine langfristige Lagerung des Schädels in einer bronzezeitlichen, gleichermaßen rötlichbraun gefärbten Torfschicht, so ist es andererseits genausogut möglich, daß die Kalotte von einem 1362 ertrunkenen Rungholter stammte oder von einem Toten, den damals die Sturmflut aus seinem Grab in die Moorschicht eines Warftfundaments gespült hatte. Denn der Fund ließ sich nicht stratifizieren, da wir ihn auf der Wattoberfläche gemacht hatten.

Deshalb neige ich eher zu der Vermutung, daß die Keramikfragmente, der Weihrauch und die anderen Objekte Opfergaben gewesen sind, mit denen die Minoer der Großen Göttin für ihre erfolgreiche Fahrt über die Meere gedankt haben.

Sowohl in der mediterranen Bronzezeit als auch noch viel später opferten die Seeleute den Göttern vor Antritt der Reise, in Notlagen auf See und nach der Ankunft am Bestimmungsort. So scheinen die levantinischen Fernhändler auf dem berühmten Wandbild im Grab des Kenamûn (Abb. 48) im thebanischen Hafen Opfergaben in Form von Gefäßen und Duftharzen, vermutlich *Pistacia*, darzubringen. Und in hellenistischer Zeit berichtet Palemon von Ilion, man habe in Syrakus beim Auslaufen des Schiffes in dem Augenblick, als es die Statue der Athene passierte, σκύφοι in die

Abb. 48: Ankunft eines levantinischen Schiffes im Hafen von Theben, Wandbild im Grab des Kenamûn.

Fluten geworfen, in denen sich Weihrauch und andere Duftmittel sowie Blumen und Honig befanden. Und tatsächlich haben Taucher solche Näpfe aus gewöhnlicher Terrakotta mit horizontalen Henkeln aus dem Meer vor Syrakus geborgen.[43]

»Von thrakischen Winden getrieben« ließen die Argonauten an der Küste der Dolionen »ihren kleinen Ankerstein an einer Quelle zurück, nachdem sie ihn losgemacht hatten, und zwar an der Quelle von Artake«. Ihn stellten später die Ionier »als Weihestein, wie es Brauch war, im Tempel der Athene, der Schutzgöttin Jasons, auf«. Und der aus Bithynien gebürtige Arrian berichtet, man habe noch in römischer Zeit in einem Heiligtum der Rhea am linken Ufer des Phasis einen Eisenanker gezeigt, der angeblich von der Argo stammte. Doch könne man dort auch die Fragmente eines Steinankers sehen, die viel besser zu einem Schiff der Vorzeit paßten als ein eher zeitgenössischer Anker aus Metall.[44]

Die Griechen verwahrten im Heck ihrer Schiffe sogenannte »heilige Anker«, ἱερὰ ἄγκυρα, in denen sich der Schutzgott des Fahrzeugs manifestierte und die man nur bei akuter Lebensgefahr auswarf. Es könnte sein, daß der in Knossos gefundene SM II-Anker aus rotem Porphyr (Abb. 49) oder das SM I B-Ankerfragment von Makrygialos (Abb. 50) an der Küste Südostkretas minoische Vorläufer solcher Rettungsanker waren, die später an Land der

Gottheit dargebracht worden sind: Beide Objekte zeigen nämlich keinerlei Abnützungsspuren.[45]

Häufig wurden indessen neben den eigens als Votivgaben hergestellten Exemplaren ganz gewöhnliche, gebrauchte Steinanker auf dem festen Land den Göttern geweiht, z. B. in zahlreichen Heiligtümern an der levantinischen Küste oder im Totentempel des Neuserrê in Abusir. An entsprechenden heiligen Stellen in Kition auf

Abb. 49: Votivanker aus Knossos, spätes 15. Jh. v. Chr.

Abb. 50: Anker aus Makrygialos, 15. Jh. v. Chr.

Zypern entdeckte man 147 spätbronzezeitliche Anker, darunter je einen aus Byblos und aus Ugarit, während gut die Hälfte aller in dieser syrischen Handelsstadt und in ihrem Hafen Minet el-Beida gefundenen Steinanker aus dem Tempelbereich des Baʿal stammen. Baʿal war der Wetter- und Seefahrtsgott, und er schützte die Fernhändler, deren Fahrten übers Meer den Reichtum der Ugariter begründeten und die ihm gewiß aus Dankbarkeit die Anker ihrer Hochseeschiffe weihten.[46]

Die ostmediterranen Exemplare, die man bislang ausgegraben oder im Meer entdeckt hat, bestehen vornehmlich aus dicken Kalksteinplatten in Dreiecks- oder Trapezform mit abgerundeten Ecken und einem einzigen oberen Loch für das Tau zum Ankern auf felsigem Untergrund sowie zwei weiteren unteren Löchern für die Aufnahme der hölzernen »Zähne«, die sich in einen weichen Meeresboden bohren sollten.[47]

Von welchem Typus der im Rungholtwatt gefundene Anker war, läßt sich nicht sagen, weil er mit der unteren Seite zu tief im Boden steckte. Doch nach Dethleffsens Beschreibung und nach seiner

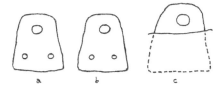

a/b Kalksteinanker aus Kommos. c Kalksteinanker im Rungholtwatt nach einer Zeichnung Dethleffsens vom Jahre 1932.

Abb. 51: Kalksteinanker vom Wrack von Uluburun, Gewicht 175,5 kg

Abb. 52: Ostmediterrane Anker, 14. Jh. v. Chr.

Zeichnung ähnelte er sehr den beiden Exemplaren, die in einem um 1340 v. Chr. in Kommos errichteten Gebäude verbaut worden waren (Abb. 52). Allerdings sind sich die Archäologen völlig uneinig, ob es sich dabei um Anker minoischer, zyprischer, syrischer oder kanaanitischer Provenienz handelt, obgleich sie große Ähnlichkeit mit drei – offenbar kretischen – Ankern besitzen. Diese wurden von Tauchern in der Stavros-Bucht der Akrotiri-Halbinsel nordöstlich von Khania in einer Tiefe von über 30 m entdeckt. Sie bestehen aus einem höchstwahrscheinlich lokalen Sandstein, und der eine, der geborgen wurde, wog ungefähr 130 kg.[48]

Gibt es Indizien für die Anwesenheit ostmediterraner bronzezeitlicher Schiffe außerhalb des Mittelmeeres? Man schätzt, daß etwa 10 % der rund 150 vor der bulgarischen Küste gefundenen Steinanker aus dieser Zeit von Schiffen herrühren, die durch die Dardanellen und den Bosporus ins Schwarze Meer gefahren waren, wobei es sich wohl in erster Linie um ägäische Fahrzeuge gehandelt hat.[49] Viel außergewöhnlicher jedoch ist die Tatsache, daß Taucher vor der Küste Cornwalls auf einen Steinanker ostmediterranen Typs gestoßen sind, wie er in der Spätbronzezeit üblich war,[50] was dem schon lange gehegten Verdacht Auftrieb gibt, daß mindestens tausend Jahre vor den massiliotischen Griechen minoische oder mykenische Seefahrer bis zur Küste des Zinnlandes und vielleicht sogar darüber hinaus vorgestoßen sein könnten.

Allerdings war man sich in dieser Frage recht uneinig, und die Gelehrten der verschiedenen Fraktionen gerieten sich bei ihr nachgerade in die Haare. »Es ist nicht auszuschließen«, meinte bereits vor über 40 Jahren ein Beobachter, der deswegen von vielen »Fachleuten« verlacht wurde, »daß die Kreter auch Fahrten zu den britischen Zinninseln, also bis ans Ende der damaligen Welt unternahmen«. Und noch heute gibt es eine ganze Reihe von Archäologen und Historikern, die nicht bereit sind, die Möglichkeit solcher Unternehmen von der Hand zu weisen.[51]

Wenn die Griechen zum Ausdruck bringen wollten, daß jemand mit einer Sache so vertraut war, daß er es nicht nötig hatte, dies eigens hervorzuheben, sagten sie »Der Kreter will das Meer nicht kennen« (ὁ κρὴς ἀγνοεῖ τὴν θάλατταν).[52] Schließlich hat man seit jeher die Odyssee und die Argonautiká im Gegensatz zur Ilias für im Ursprung nicht-mykenisch, nämlich für minoisch gehalten, und es ist gewiß kein Zufall, daß Herakles mit einer kretischen Schiffsbesatzung von Kreta aus in den fernen Westen aufbricht.[53] Dementsprechend sind auch die am oberen Guadalquivir gefundenen mykenischen Keramikscherben auf minoische (oder levantinische) Zinnprospektoren zurückgeführt worden, die im SM III die Säulen des Herakles durchfahren haben.[54]

Nichtsdestotrotz hält sich beharrlich die Überzeugung, aus irgendeinem Grunde hätten die Kreter der Spätbronzezeit nie das Mittelmeer verlassen. Zwar konzediert man gerne, es wäre für sie, »rein schiffahrtstechnisch betrachtet, ein leichtes gewesen«, weit über die Säulen des Herakles hinauszufahren, »doch, aus welchen Gründen auch immer, dürften sie gar nicht daran gedacht haben, über ihren bestehenden Handelsraum weiter hinaus zu dringen«. Und ein anderer Gelehrter kommentiert: »Had fate smiled upon them the Minoans may well have ventured out into the Atlantic Ocean. They had all the ingredients necessary to achieve great feats in the field of exploration. They had the expertise in shipbuilding, the wealth to support ambitious projects, and the curiosity to discover what lay beyond the horizon. But fate was not kind to the Minoans.«[55]

Wir werden im folgenden sehen, daß die Schicksalsgöttin den Minoern offenbar doch holder war als vielfach angenommen.

Sprechen vor allem das Siegelamulett und die schlichten Näpfe, die sämtlich kein Handelsgut oder gar diplomatische Geschenke waren, gegen die Annahme, unsere Funde könnten über eine Kette von Zwischenhändlern oder gewissermaßen von Dorf zu Dorf und von Stamm zu Stamm in den fernen Norden gelangt sein, so stellt sich die Frage, wo die minoische Expedition zu ihrer Fahrt über die Grenzen der bekannten Welt hinaus aufgebrochen sein mag.

Nach Mommsens Identifizierung der Herstellungsgegenden unserer Keramik aus dem Watt und nach dem Vergleich der Scherben

Abb. 53: Die Ausgrabungsstätte von Kommos.

mit den Gefäßen, die in den publizierten Grabungsberichten von sämtlichen minoischen Fundorten abgebildet und beschrieben sind, scheint nur *eine* Hafenstadt in Frage zu kommen: nämlich Kommos an der Südküste der Insel (Abb. 53), schon im frühen 2. Jahrtausend v. Chr. anscheinend Haupthafen von Phaistos, dem damaligen Zentrum des minoischen Fernhandels nach Thera, Ägina,

Zypern und in die Levante. Bereits in jener Zeit verband eine der am besten ausgebauten Straßen Kretas die Hafenstadt mit Knossos, und an ihrem Strand löschte man die Fracht der Schiffe aus dem Orient – neben verderblichen Waren ägyptisches Elfenbein, Halbedelsteine wie Lapislazuli und Karneol, Alabastervasen, Skarabäen und Affenamulette.[1]

Im Gegensatz zu den nahe liegenden Aghia Triada und Phaistos blieb Kommos um die Mitte des 15. Jahrhunderts v. Chr. unzerstört und weiterhin noch vor Amnisos der minoische Hauptfernhandelshafen, von dem aus die Hochseeschiffe in alle Himmelsrichtungen fuhren.[2] Sein Strand war damals durch eine etwa 130 m lange felsige Insel windgeschützt, von der heute nur noch ein etwa 300 m weit im Meer liegendes Riff übrig ist und die in der Odyssee als die Stelle erwähnt wird, an der einige der Schiffe des Menelaos scheitern: »Dort ist ein glatter Fels, der steil sich hebt aus der Salzflut, / Grad am Rande von Gortyn im dunstigen Meer, wo der Südwind / Mächtige Wogen nach links hindrängt ans gebirgige Ufer, / Phaistos zu, wo ein kleinerer Stein auch mächtige Wogen / Abhält. Dorthin drangen die Schiffe; die Leute entkamen / kaum der Vernichtung; die Schiffe zerschellte der Schwall an den Klippen. / Aber die übrigen fünf der Schiffe mit dunklem Buge / Brachten der Wind und das Wasser heran zum Strome Ägyptens.«[3]

Vor 3300 Jahren hatte die Landschaft, in der Kommos liegt, einen völlig anderen Charakter als heute. Weinberge wechselten sich ab mit Olivenhainen, Feldern, Weideland und großen Obstgärten mit Eichen-, Feigen-, Johannisbrot- und Mandelbäumen, man erntete reichlich Weizen, Gerste, Bohnen, Linsen und züchtete Schafe und Ziegen sowie – wohl in geringerem Umfang – Rinder und Schweine. Ein Hauptindustriezweig bestand in der Herstellung von Olivenöl, das in jenen großen Transportbügelkannen exportiert wurde, von denen wir ein Fragment im Rungholtwatt fanden, aber man goß auch in großem Stil Zinnbronze und betrieb Küsten- und Hochseefischerei.[4]

Um die Mitte des 14. Jahrhunderts v. Chr. wurde in Kommos das größte Gebäude der gesamten minoischen Spätpalastzeit errichtet. Stilistisch von den Mykenern beeinflußt umfaßte es gut 4500 m² und besaß einen über 44 m langen und fast 29 m breiten Innenhof. Doch scheint es kein Herrscherpalast oder Tempel, sondern eher der Sitz der Hafen- und Fernhandelsbehörde gewesen zu sein.[5] Denn das Machtzentrum der Messará, einer blühenden Kulturlandschaft, die über 40000 Hektar – mehr als zwei Drittel des besten bestellbaren Landes der ganzen Insel – umfaßte, war damals Aghia Triada, und Kommos war dessen Hafen, so wie es noch 150 Jahre zuvor der Hafen von Phaistos gewesen war.[6]

Allem Anschein nach war Aghia Triada um 1300 v. Chr., als das einst prächtige Phaistos nur noch eine unbedeutende Siedlung war,[7] die Hauptstadt eines prosperierenden, unabhängigen Königreiches und Sitz des *wa-na-ka*, gr. ἄναξ. Dieser Königstitel ist zwar auf Linear-B-, bisher aber noch nicht auf Linear-A-Täfelchen oder in anderen minoischen Inschriften nachweisbar. Doch geht er – wie βασιλεύς[8] – so gut wie sicher auf einen minoischen Begriff zurück, der bestimmt ebenso wie das vortocharische *nātăk* (entsprechend *nāśi*, »Dame«) »Herr« bedeutet.[9] Dabei ist es ungeklärt, ob die Wanaktes der im SM III A 2/B 1 herrschenden Dynastie, die höchstwahrscheinlich jeweils der Paredros der Großen Göttin (Wanassa) waren, Minoer oder minoisierte Mykener gewesen sind.[10]

Anscheinend waren die ersten Mykener im 15. Jahrhundert als Söldner nach Kreta gekommen, wo ihre adeligen Anführer – vor allem in Knossos und Aghia Triada – in die minoische Oberschicht einheirateten und sich in kürzester Zeit minoisierten. Auf friedliche Weise zur Herrschaft gelangt, kann man die großen Zerstörungen um 1450 v. Chr. wohl kaum einem die friedlichen Minoer überfallenden mykenischen Kriegeradel anlasten, wie es meist geschieht, sondern eher den Knossiern, die sich vermutlich zu den Herren ganz Kretas aufschwingen wollten.[11]

Mit der möglichen Ausnahme von Khania, das neben Aghia Triada das bedeutendste spätpalastzeitliche Machtzentrum auf Kreta gewesen zu sein scheint und mit dem Kommos intensive Handelsbeziehungen unterhielt,[12] lebten offenbar im SM III A 2/B 1 nirgendwo auf der Insel größere Gruppen von Mykenern.

Dessenungeachtet zeigt die Architektur von Aghia Triada und Kommos, wo sich nach dem Untergang des Palastes von Knossos eine rege Bautätigkeit entfaltete,[13] deutliche mykenische Einflüsse, und das Megaron des Palastes von Aghia Triada steht ohne Zweifel in festlandgriechischer Tradition.[14]

Eines der eindrucksvollsten Gebäude, die in Kommos ausgegraben wurden, liegt etwa 130 m vom Strand entfernt und 6 m über der damals tiefer liegenden Meeresoberfläche. Es besteht aus sechs nebeneinanderliegenden, bis zu 6 m breiten und 40 m langen Kammern (Abb. 54), auf deren Lehmboden man zahlreiche Scherben

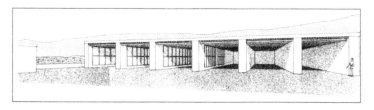

Abb. 54: Der Schiffsschuppen von Kommos, SM III A2/B1.

von Schiffstransportgefäßen fand. Offenbar handelte es sich um einen Schiffsschuppen, der durch eine heute nicht mehr vorhandene Gleitbahn aus glitschigen Baumstämmen mit dem Meer verbunden war, vergleichbar dem von Odysseus beschriebenen ἐπίστιόν in Scheria, auf dem die Phäaken ihre »doppelt geschweiften schwarzen Schiffe« zur Fernfahrt »herabzogen in die Tiefe der Salzflut«.[15]

So entdeckte man auch auf der Strecke des kürzesten Weges zum Strand zwei spätpalastzeitliche Kalksteinanker, die offenbar als Fundament für die Pfosten der Gleitbahn gedient hatten, auf der die Minoer im Herbst ihre Hochseeflotte mit Seilen in die Schutzräume zogen, um sie im Frühling wieder zu Wasser zu lassen.[16]

Aus der Größe der Kammern hat man geschlossen, daß die Hochseeschiffe von Kommos mindestens 35 m lang und 5,2 m breit waren, nachdem bereits vor der Entdeckung des Schuppens vermutet worden war, daß die Länge der großen minoischen Segler 30 m übertroffen hat.[17] Damit waren sie wesentlich größer als das größte der bekannten Kultschiffe von Thera und mehr als doppelt so groß wie die Frachter von Uluburun (Abb. 55) und vom Kap Gelidonya, die eine Gesamtlänge von ca. 24 bzw. 15 und 12 m hat-

Abb. 55: Rekonstruktion des Schiffes von Uluburun.

ten.[18] Aus den Maßen des im 4. Jahrhundert v. Chr. errichteten Schiffsschuppens von Piräus hat man errechnet, daß die schweren griechischen Triremen dieser Zeit, die voll beladen mit 200 Mann auf ein Gewicht von 45-55 Tonnen kamen, etwa 36 m lang und knapp 5 $^1\!/_2$ m breit waren.[19] Dies bedeutet, daß die berühmten Kampfschiffe der Griechen kaum größer, aber sicher wesentlich schwerer gewesen sind als die Handelsschiffe des Wanax von Aghia Triada, die tausend Jahre zuvor im Hafen von Kommos lagen.

Wie an den Obsidianfunden aus den frühen neolithischen Schichten von Knossos ablesbar ist, waren schon vor 9000 Jahren die Vorfahren der Minoer in der Lage, Paddelfahrten über das offene Meer bis zur Insel Melos zu unternehmen. Doch wurde die Nutzung der Windkraft zum Antrieb großer Schiffe auf Kreta erst sehr viel später durch die Levantiner inspiriert, von deren Küste bereits vor der Entstehung der ersten Paläste Kupfer, Zinn, Elfenbein, exotische Steine und Straußeneier auf die Insel kamen. Von ihnen übernahmen die Kreter die Segeltechnik, und die Gravierung eines entsprechenden Fahrzeuges auf einem prismenförmigen Siegel des FM III (22. Jahrhundert v. Chr.) gilt als die früheste minoische Darstellung eines Segelschiffs.[20]

Die Levantiner wiederum scheinen die Segeltechnik entweder aus dem südlichen Zweistromland übernommen zu haben, wo schon um 3400 v. Chr. in Eridu an einer Lagune des Persischen Golfes ein Segelschiff abgebildet wurde, oder sie imitierten zunächst, was wahrscheinlicher ist, die Plankenschiffe der ägyptischen Holzprospektoren, die freilich im Grunde für Küstenfahrten adaptierte Nilfahrzeuge blieben. Diese wurden durch Spannseile stabilisiert, was später noch bei den Griechen verbreitet war, wie aus einer Beschreibung des Baus der Argo hervorgeht: »Zuerst umgürteten sie auf Anweisung des Argos das Schiff straff mit gut in sich gedrehten Tauen und zurrten sie auf beiden Seiten fest, damit die Balken sich mit den Bolzen gut ineinanderfügten und der andrängenden Gewalt des Wassers standhielten.«[21]

Der Übergang vom Schilf- zum »genähten« Plankenboot aus Tamarisken-, Akazien-, Sykomoren- und gelegentlich bereits aus importiertem Zedernholz fand am Nil wohl um die Mitte des 4. Jahrtausends statt. Doch behielt das Holzplankenboot noch lange Zeit die Form eines Papyrusfloßes, wie an den Resten eines aus geschnürten Akazienholzplanken bestehenden Schiffsrumpfes aus der Zeit um 3100 v. Chr. erkennbar ist, die als die Überbleibsel des ältesten bisher entdeckten Plankenschiffes gelten.[22]

Auch diese modifizierten Holzplankenschiffe, die sehr groß sein konnten – ein unter Snofru gebautes war ca. 52 m lang – blieben nur bedingt hochseetauglich und eher geeignet für relativ ungefährliche Fahrten entlang der Küste Kanaans oder übers Rote Meer nach Punt.[23] Und so nimmt es nicht wunder, daß die Ägypter im Norden wohl nie über die Ägäis[24] und im Süden über das Kap Guardafui[25] hinausgelangt sind, während die Levantiner und die Minoer sehr bald Schiffe bauten, die nicht nur in der Lage waren, die αἶγες (= »Ziegen«, von ἀΐσσω, »springen«)[26] zu meistern, wie die Griechen die Wogen ihres unruhigen Meeres nannten, sondern über die Säulen des Herakles hinaus zu fahren.

Man hat sich die minoischen Hochseeschiffe häufig vorgestellt wie die Wasserfahrzeuge auf dem berühmten Fresko auf der Südwand des Westhauses im theräischen Akrotiri (Abb. 56), das bei dem Vulkanausbruch zwischen 1627 und 1600 v. Chr. zerstört worden ist. Dies ist freilich abwegig, denn bei den dargestellten Fahrzeugen handelt es sich nicht um die Exemplare eines Typs, mit dem man nach Zypern oder Sardinien fuhr. Vielmehr sind dort Zeremonialboote wiedergegeben, die für kultische Paraden im heute verschwundenen Hafen von Akrotiri auf Thera, einem der besten natürlichen Häfen der Ägäis, benutzt wurden.

Abb. 56: Festprozession der Zeremonialboote im Hafen von Akrotiri, Thera, 17. Jh. v. Chr.

Abb. 57: Großes Zeremonialboot von Akrotiri.

Darauf deuten nicht nur die Bemalung und die Tatsache hin, daß die Schiffe gepaddelt werden – eine im Übergang vom Mittel- zum Spätminoikum geradezu vorsintflutliche Antriebsweise. Vielmehr hätte das niedrige Freibord eine Fahrt bei stürmischer See in ein Himmelfahrtskommando verwandelt, und das extrem lange und fragile Bugspriet wäre wohl schon bei steifem Wind zerbrochen.[27]

Wie man bereits an den Schmetterlingen am Bug und dem Krokus auf den Schiffsrümpfen erkennen kann, ist auf dem Wandbild höchstwahrscheinlich die Wiederkehr des Vegetationsgottes dargestellt. Vermutlich wird der Gott durch den in der ἴκρια des Achterschiffes sitzenden Kultdiener, vielleicht durch den theräischen Wanax repräsentiert, den seine Paredra, die durch eine Priesterin verkörperte Große Göttin, zum heiligen Beischlaf erwartet.[28]

Abb. 58: Rekonstruktion des großen Zeremonialbootes.

Gleichzeitig markierte diese Festprozession (Abb. 56) die Wiederaufnahme der Schiffahrt und der Hochseefischerei nach dem Abflauen der winterlichen Stürme,[29] vergleichbar den späteren Ἡροσούρια, dem attischen Fest der Rückkehr des Frühlings und des gemäßigten Fahrtwindes. Sie ähnelte aber auch dem Einzug des übers Meer heimgekommenen Dionysos im Monat Plowistos (*po-ro-wi-to-jo*) oder den πλοιαφέσια, dem *navigium Isidis* am 3. März, das die Ausfahrt der Isis auf der Suche nach dem verschwundenen Osiris vergegenwärtigte.[30]

Im Gegensatz zu solchen Zeremonialbooten wird es sich bei den Schiffen, mit denen die minoische Expedition allem Anschein nach um 1300 v. Chr. das Mittelmeer verließ und bis in die Nordsee segelte, um stabile und äußerst widerstandsfähige Segelgaleeren gehandelt haben. Vielleicht waren sie vergleichbar mit den ca. 26 m langen *ḫbn.t,* auf denen die Gesandten der Hatschepsut in den fernen Süden fuhren, aber mit dem Unterschied, daß die minoischen Fernfahrer gewiß einen Kiel aus hartem Eichenholz besaßen, ohne den sie im rauhen Atlantik verloren gewesen wären. Ihre großen Segel waren vermutlich aus schwerer Leinwand (Flachs) gefertigt und mit breiten, aufgenähten Lederstreifen verstärkt, die in der Darstellung eines Schiffes auf einer Miniaturbügelkanne des

12. Jahrhunderts v. Chr. aus Asine in Form eines gitterartigen Musters wiedergegeben sind (Abb. 59).[31]

Man hat vermutet, daß zu jener Zeit bereits frühe Formen der τριακόντοροι das Mittelmeer befahren hätten, weil auf einem pylischen Täfelchen von einem Schiff mit 30 Ruderern die Rede ist, das nach Pleuron in Ätolien gefahren war.[32] Tatsächlich scheinen erst die Mykener im 13. Jahrhundert v. Chr. regelrechte Galeeren entwickelt zu haben, während die minoischen Segler zwar auch gerudert werden konnten, aber nicht über weite Strecken auf offener See, da den Ruderern nur die halbe Rumpflänge zur Verfügung stand.

Im Gegensatz zu den mykenischen Vorläufern der Dreiruderer besaßen sie gewiß ein Deck, obwohl die skizzenhaften Wiedergaben der Schiffe auf den Siegeln und Goldringen naturgemäß keine

Abb. 59: Mykenische Segelgaleere, Asine, SH III C.

Hinweise darauf geben. Außerdem gab es wohl eine der heutigen »Brücke« entsprechende, mit einer Herdstelle ausgestattete ἴκρια oder Schiffshütte, die auch auf Bildern von Schiffen aus Aghia Irini auf Kea zu sehen ist.[34]

Wenn man bedenkt, daß die Karavelle »Matthew«, mit der Giovanni Caboto im Auftrag Heinrich VII. 1497 nach Amerika fuhr, eine Gesamtlänge von ca. 24 m hatte,[35] während die Não Santa María, das Flaggschiff Kolumbus', nur vier Meter länger und die beiden Karavellen Pinta und Niña sogar noch wesentlich kleiner waren, dann müssen sich die Segler aus Kommos nicht verstekken. Denn wenn sie tatsächlich, wie man berechnet hat, 35 m und mehr maßen, übertrafen sie immerhin die größten mittelalterlichen *naves*, die zweimastigen Kauffahrer mit Lateinersegeln, die eine Länge von maximal 33 m aufweisen konnten.[36]

Nach Schätzungen erreichten die Schiffe bei starkem Rückenwind eine Geschwindigkeit von 12 Knoten. Auf diese Weise legten sie unter idealen Bedingungen in 10 Stunden eine Strecke von 220 km zurück, was natürlich in der Realität kaum jemals vorgekommen sein dürfte. Deshalb geht man davon aus, daß die spätbronzezeitlichen Segelgaleeren bei einer mittleren Windstärke von 5 auf der Beaufort-Skala am Tag etwa 80 km bewältigen konnten.[37]

Da man bis heute keine Rumpfteile eines minoischen Hochseeschiffes gefunden hat, bleibt die Antwort auf die Frage, wie die Planken aneinandergefügt waren, spekulativ. Während bei »genähten Schiffen« die Löcher für die Verbindungsschnüre auch mit

Abb. 60: Nachbau des Zeremonialbootes von Thera im Venezianischen Hafen von Khania.

Stein-, Muschel- oder Knochengeräten sowie mit Haifischzähnen gebohrt werden konnten, wie sie z. B. die Mikro- und die Polynesier verwendeten, die ab ca. 1500 v. Chr. mit ihren Hochseebooten den Pazifik erschlossen,[38] benötigte man zur Herstellung von Nut- und-Feder-Verbindungen Bohrer und sonstige Werkzeuge aus Metall.

Trotzdem wäre es ein Irrtum zu glauben, die »Näh«-Technik sei spätestens in der Bronzezeit zugunsten der Nut-und-Feder-Bauweise aufgegeben worden. Denn wenn auch ein »zusammengesteckter« und zusätzlich mit Holzpflöcken oder mit Metallnägeln und -stiften gesicherter Rumpf unter normalen Bedingungen stabiler war und nicht so oft saniert werden mußte, hatte er doch gegenüber einem »genähten« Schiffskörper gewisse Nachteile.

Abb. 61: Indische Schiffe mit Nut-und-Feder-Ligaturen,
Bharhut, 2. Jh. v. Chr.

An den Küsten des Indischen Ozeans erzählte man sich, daß beim Schiffsbau keine Eisennägel benutzt worden seien, weil die im Meer schwimmenden Magnetfelsen sie aus dem Rumpf gezogen hätten, und im Roten Meer soll es in der Nähe des Baḥr al-Ḳulzum sogar einen ganzen magnetischen Küstenstrich gegeben haben.[39] Der wahre Grund für die Beibehaltung der alten Technik bestand aber wohl zum einen darin, daß die »genähten« Schiffe flexibler waren und dadurch beispielsweise eine Kollision mit einem harten Korallenriff oder ein Auflaufen auf einem felsigen Untergrund besser überstehen konnten,[40] und sich zum anderen geschnürte Wasserfahrzeuge leichter auseinandernehmen und wieder zusammensetzen ließen als starr verzapfte oder genagelte. Dieses Wissen nutzten die Ägypter vermutlich schon um die Mitte des 4. Jahrtausends: In der Gegend von Koptos zerlegten sie ihre Schiffe, transportierten die Einzelteile durch die Ostwüste zur Küste des Roten Meeres, »vernähten« sie dort wieder und segelten anschließend nach Punt, um aus dem fernen Wunderland Kaurischnecken, Weihrauch, Gold und später sogar Giraffen und Elefanten mit nach Hause zu bringen.[41]

Allerdings heißt es bisweilen, daß ein »genähtes« Schiff wie das an der Küste Ostafrikas verbreitete *mtepe*, von dem schon Vasco da Gama im März 1498 einige Exemplare vor Moçambique sah, leicht »die Figur verlor« und sich verzog, wenn es mehrere Tage im Sturm auf der Seite lag oder zur Reparatur an Land gezogen wurde. Auch seien solche Schiffe nicht besonders wasserdicht gewesen und man habe sie jedes Jahr neu »vernähen« müssen, weil die Taue nachgegeben hätten oder brüchig geworden seien. Deshalb auch habe Agamemnon nach der langen, erfolglosen Belagerung Trojas geklagt: »Sind doch bereits neun Jahre des großen Zeus uns verstrichen, / Und schon modern die Balken der Schiffe, zermürbt sind die Taue (σπάρτα).«[42]

Abb. 62: »Genähtes« Schiff, Sachsenspiegel, um 1320.

Doch in den Berichten der arabischen Chinafahrer, die bis zu einem ³/₄ Jahr in eine Richtung unterwegs waren, ist von solchen Problemen keine Rede. Auch nach einer experimentellen Fahrt von 7 ¹/₂ Monaten, die in Masqaṭ an der Küste Omāns begann und nach Kanton führte, hatten sich weder die »genähten« Planken des mit dem Suaheliwort *dhau* bezeichneten Schiffes nennenswert verzogen, noch waren größere Lecks aufgetreten.[43]

Wie bereits erwähnt, hat man die bislang ältesten ägyptischen Schiffsplanken in der unterägyptischen Nekropole von Tarchan entdeckt. Sie stammen aus der Zeit um 3100 v.Chr., bestehen aus Akazienholz und waren sowohl durch aus Papyrusfasern hergestellte Taue miteinander »vernäht« als auch kraweelartig in der Nut-und-Feder-Technik verzapft.[44] Auch das berühmte »Sonnenschiff« des Cheops sowie die Puntfahrer der Hatschepsut waren

Abb. 63: Ligaturen des großen »Sonnenschiffs« des Cheops, 4. Dynastie.

teils geschnürt, teils verzapft (Abb. 63), und die Kombination beider Techniken war im Mittelmeer nicht nur in der Bronzezeit, sondern auch später so verbreitet,[45] daß sie vermutlich auch im Falle
der Kommos-Schiffe verwendet worden ist.[46]

Welche Route werden diese genommen haben, nachdem sie die
Bucht von Kommos verlassen hatten? An einem Frühlingstag vor
etwa 3300 Jahren, wahrscheinlich kurz nach der Eröffnung der
neuen Schiffahrtssaison, fuhren die Segler zunächst mit der günstigen Strömung, die von Kreta ins Adriatische Meer fließt, zur Insel
Kythera und von dort nach Pylos – zwei Orte, mit denen Kommos
in jener Zeit in engem Handelskontakt stand.[47] Von der mykenischen Stadt ging es die peloponnesische Westküste entlang am
Kalydonischen Golf, den Echinaden und an Leukas vorbei nach
Kerkyra und von dort nach Unteritalien.

Auf der Akropolis von Lipari hat man zwar kretische Keramik
aus dem 16. Jahrhundert v. Chr. gefunden, doch um 1300 waren
nicht die Aiolischen Inseln, sondern das sizilianische Thapsos nördlich von Syrakus der Haupthandelspartner der Minoer in diesem
Raum,[48] so daß im SM III B 1 ägäische Schiffe sicher eher die Ost-
und dann die Südküste Siziliens entlang nach Sardinien gefahren

sind als durch die Straße von Messina.⁴⁹ Von der Ìsola Marèttimo, die der sizilianischen Westküste vorgelagert ist, führte dann der Weg 250 km Luftlinie übers offene Mittelmeer zur Ìsola di Càvoli vor dem südostsardinischen Capo Carbonara.

Von Sardinien aus gab es zwei Möglichkeiten, den Atlantik zu erreichen. Die eine bestand darin, über die Balearen zur spanischen Küste und diese entlang nach Südwesten zu fahren, was bis in die Gegend des späteren Cartagena relativ unproblematisch war. Doch hier kam den Seefahrern eine starke Strömung entgegen, die ihnen bis zur Meerenge von Gibraltar alles abverlangte. Dort angekommen, mußten sie freilich ein noch viel größeres Hindernis überwinden. Am Grund der Meerenge fließt zwar eine Strömung mit sehr salzigem und schwerem Wasser in den Atlantischen Ozean, aber an der Oberfläche müssen die Schiffe eine Gegenströmung bewältigen, die mit einer Geschwindigkeit von 2 bis 4 Knoten vom Atlantik ins Mittelmeer fließt. Selbst wenn ein Ostwind blies, worauf man häufig monatelang warten mußte, konnten die »Säulen des Herakles« ohne einheimische Lotsen nicht passiert werden: Denn es gab nur einen ganz schmalen und allen Fremden unbekannten Korridor mit einer schwachen Ost-West-Strömung zwischen zwei von Westen kommenden mächtigen Gegenströmungen an der afrikanischen sowie an der gegenüberliegenden Küste.⁵⁰

Hatte man schließlich mit einigem Glück das Mittelmeer verlassen, den Golf von Cádiz passiert und die Südwestspitze der Algarve, das Cabo de São Vicente, umfahren, schlugen einem die Wogen der überaus starken Nord-Süd-Strömung entlang der Westküste der Iberischen Halbinsel entgegen. Diese Strömung ist so heftig, daß die großen drei- oder viermastigen englischen Klipper, die im 19. Jahrhundert den Sherry aus Andalusien holten, die Küste mieden und einen weiten Umweg über den Atlantik nahmen. Selbst die modernen Rennyachten verzichten darauf, dicht unter der portugiesischen Küste nach Norden zu segeln, zumal den Schiffern dort im Sommer noch zusätzlich ein steifer Nordwind ins Gesicht bläst.

Sollte es den Seefahrern indessen gelungen sein, auch diesen Gefahren zu trotzen und das Cabo de Finisterre und das Kantabrische Meer hinter sich zu lassen, mußten sie die vielleicht größte Bewährungsprobe meistern. Vor ihnen lag nun der bei auflandigem Sturm lebensgefährliche Golf von Biskaya, der keine Buchten besitzt, dafür aber mit einem sommerlichen Nordwind und einer starken Nord-Süd-Strömung versehen ist.[51] So abschreckend war eine Seefahrt entlang der südwestfranzösischen Atlantikküste, daß bereits die schweren römischen Weintransporter aus der Baetica, die nach Gallien und Britannien fuhren, den Weg über das Mittelmeer und die Flüsse vorzogen. Aber auch die mittelalterlichen Handels- und Pilgerschiffe aus dem Norden löschten ihre Fracht und entließen ihre Passagiere im allgemeinen lieber in La Rochelle oder vor dem Mündungstrichter der Gironde.

Offenbar hatte schon Pytheas von Massilia im 4. Jahrhundert v. Chr. in seinem nicht überlieferten Werk *Περὶ τοῦ Ὠκεάνου* mitgeteilt, wie schwierig es war, den beschriebenen Weg vom Mittelmeer in den Norden zu nehmen, denn der überskeptische Strabon berichtet, der berühmte Gelehrte Eratosthenes von Kyrene habe mitgeteilt, »die Keltiké sei leichter über den nördlichen Teil Iberiens«, also auf dem Land- und Flußweg, »als mit dem Schiff über den Okeanos zu erreichen, und was er sonst noch dem Pytheas infolge von dessen Aufschneiderei geglaubt und nachgeredet hat«.[52] Es ist also davon auszugehen, daß auch die Minoer tausend Jahre vor den Griechen von Sardinien aus nicht nach Westen auf die Meerenge von Gibraltar zu gefahren sind, sondern – an Korsika vorbei – Kurs auf die Îles d'Hyères und die provençalische Küste genommen haben. Von dort aus hielten sie sich westwärts, passierten das weitverzweigte Rhône-Delta und erreichten schließlich etwa auf der Höhe des heutigen Narbonne die Mündung der Aude, über die ein schon damals uralter Handelsweg zwischen dem Atlantik und dem Mittelmeer verlief.

Bereits im 6. Jahrtausend v. Chr., also im mittleren Neolithikum, wurden liparitischer und sardinischer Obsidian – zu jener Zeit das qualitätsvollste vulkanische Gesteinsglas, das es gab – zunächst übers Meer und dann über die Aude und die Garonne zur atlantischen Küste gehandelt. Denselben Weg nahmen auch die hochgeschätzten Güter Gagat, eine zu Schmuckzwecken polierte tiefschwarze Pechkohle, und Hämatit, der wegen seiner blutroten Farbe ebenfalls als Schmuckstein verwendet wurde.[53] Auch in der frühen Bronzezeit blieb diese Handels»straße«, die kürzeste Strecke zwischen Atlantik und Mittelmeer, von größter Bedeutung, und schon Arthur Evans und nach ihm viele andere Gelehrte haben vermutet, daß ab dem 20. Jahrhundert v. Chr. britisches Zinn und vom 17. Jahrhundert an nordischer Bernstein auf ihr zunächst ins zentrale Mittelmeer und schließlich aufs griechische Festland gelangt sein könnten.[54]

Inzwischen haben sich die Hinweise darauf verdichtet, daß im 14. und 13. Jahrhundert auch in die Gegenrichtung zahlreiche Handelsgüter, von denen sich vor allem Schmuckobjekte erhalten haben, zum Atlantik transportiert worden sind. Dafür sprechen nicht nur der in der Biguglia-Lagune im nordöstlichen Korsika gefundene Keftiubarren mit zwei eingeritzten Zeichen, sondern auch ein weiterer Barren, den man bei Sète zwischen dem Delta der Rhône und der Mündung der Aude aus dem Meer geborgen hat,[55] sowie vor allem Ohr- und Haarringe und Fayenceperlen ostmediterraner Provenienz.

Tordierte Ohrringe aus Gold, wie sie auf Zypern und in der Levante hergestellt wurden, fand man in der Gegend von Carcassonne an der Aude, in der Vendée und nördlich davon an der Mündung der Loire, in der Bretagne, im Süden Englands, wo einheimische Goldschmiede sie bald imitierten, und schließlich auf der Jütischen Halbinsel.[56] Bereits seit langem wird angenommen, daß nicht nur dieser Goldschmuck, sondern noch viel früher, nämlich seit Beginn des Exports von cornischem Zinn in den fernen Süden, vor allem die mit Kobalt blau gefärbten Perlen aus Glaspaste über die Aude und die Garonne in die Bretagne, auf die Insel Jersey, nach England und sogar bis nach Jütland transportiert worden sind, wo eine solche Importperle aus der Zeit um 1400 v. Chr. in einem Hügelgrab von Fjallerslev auf der Insel Mors im Limfjord gefunden wurde.[57]

Sechs blaue und vier grüne Fayenceperlen, die in jeder Hinsicht denen gleichen, die sich in einem Grab des 14. Jahrhunderts v. Chr. in Fuente Álamo, einem Fürstensitz auf einem Bergkegel in der

Nähe der Costa del Sol, befanden, entdeckte man im Grab eines etwa 15 Jahre alten Mädchens, das in derselben Zeit in der Grotte du Collier in der Montagne Noire nördlich der Aude bestattet worden war. Die Perlen waren Bestandteile ihres Halsschmuckes und ostmediterraner Herkunft, doch andere Beigaben machen deutlich, daß die Aude der Treffpunkt zweier Handelsrouten war: nämlich jener aus der Ägäis und der anderen aus dem fernen Norden. Neben den Schmuckstücken aus Glaspaste hatte man dem Mädchen näm-

Abb. 64: »Augen«-Bernsteinperle aus der Grotte du Collier, Lastours, 14. Jh. v. Chr.

lich noch eine mit »Augen« verzierte Bernsteinperle (Abb. 64) sowie einen komplexen Bernsteinschieber oder Collier-Abstandhalter mit auf die Jenseitsreise gegeben, wie sie in Wessex, aber auch im mykenischen Kulturbereich gefunden worden sind.[58]

Diese Handelsstraße, die zwischen Aude und Garonne etwa 80 km über Land und den 194 m hohen Seuil de Naurouze, eine mit lichten Eichen- und Buchenwäldern bewachsene Gegend, verlief, war natürlich nicht mit einer ausgebauten, von Rasthäusern und Streckenposten gesäumten Überlandstraße zu vergleichen, wie sie damals von Kommos nach Knossos führte. Aber sie blieb auch in den nachfolgenden Zeiten eine vielbefahrene, von den Römern via Aquitania genannte Route, auf der von Osten her die schweren Amphoren voller Wein und Öl zum Atlantik und von dort bis nach Hengistbury Head transportiert wurden. In die Gegenrichtung beförderte man Zinn, Schafswolle und andere Produkte des Nordens mit Lastkähnen auf der Garumna von Burdigala nach Tolosa und anschließend auf Ochsenkarren und Leichtern nach Narbo, wo man sie erneut auf Hochseeschiffe verlud.[59]

Um 1300 v. Chr. waren allem Anschein nach die Flüsse in West- und Mitteleuropa wesentlich wasserreicher als heute,[60] und es spricht nichts dagegen, daß unsere Minoer damals problemlos auf der Aude bis in die Gegend des heutigen Carcassonne gefahren sind, dort ihre Schiffe auseinandernahmen, die Teile auf Ochsenkarren verluden und über die leicht zu bewältigende Strecke, auf der Ludwig XIV. später den Canal du Midi bauen ließ, zur Garonne transportierten. Etwa dort, wo heute Toulouse liegt, setzten sie die Schiffe wieder zusammen und fuhren den Fluß bis zur Atlantikküste hinunter.

Bedenkt man, daß die Ägypter schon lange vorher in Koptos ihre Punt-Schiffe in Einzelteile zerlegten und diese dann über eine Strecke von 173 km, die bis auf eine Höhe von mehr als 800 m anstieg, durch das Wādī Hammamāt der Ostwüste zur Küste des Roten Meeres schleppen ließen,[61] dann war ein Unternehmen wie das der Minoer ohne weiteres realisierbar. Und es war auch sehr vernünftig, weil sich auf diese Weise die 3200 km lange Route über Gibraltar auf 350 km reduzierte.

Der zeitweilige Landtransport der Argo gehört offenbar zum ältesten Bestand der Argonautensage, und man hat vermutet, im ursprünglichen Märchen habe derjenige junge Mann die Königstochter zur Frau erhalten, dem es gelang, ein amphibisches Schiff zu bauen, also eines, mit dem man übers Land und übers Meer fahren kann.[62]

»12 Tage lang«, so läßt Pindar den Jason sagen, »trugen zuvor aus dem Okeanos wir / über öde Rücken der Erde / das Meeresgebälk, das auf meinen Rat wir an Land zogen«, und »12 Tage und Nächte« tragen bei Apollonios die Argonauten ihr Schiff auf den Schultern nach Westen auf eine weite Ebene, wo »Ladon, ein erdentsprossener Drache, wohl noch bis gestern die Äpfel aus purem Gold im Lande des Atlas bewacht hatte; ringsum waren Nymphen, die Hesperiden, unermüdlich mit lieblichem Gesang beschäftigt.«[63]

Etwas realistischer berichteten nach Diodoros »die alten und die späteren Historiker, zu denen auch Timaios zählt«, die Argonauten hätten »an einer bestimmten Stelle« von einem Fluß, auf dem sie fuhren, das Schiff zu einem anderen »gezogen«, auf dem sie »zum Okeanos« gerudert seien, wo die Helden zu den an der Küste lebenden »Kelten« gelangten, die seitdem die zu den Argonauten gehörenden Dioskuren verehrten. Schließlich ergänzte um 200 v. Chr. einer der »Späteren«, Skymnos von Chios, es sei überliefert, die Männer hätten die Argo »auf Dwarsbalken (ἐπὶ στρωτήρων) befördert«, vergleichbar den Gleitrollen (φάλαγγες), mit deren Hilfe Odysseus auf der Insel der Kalypso »mit Hebeln« (μοχλοῖσιν) das Floß, das ihn zu den Phäaken bringen sollte, »in die göttliche Salzflut« beförderte.[64]

In den Orphischen Argonautiká, die sich offenbar an einer sehr alten Vorlage orientieren, da in ihnen weder die geographischen Kenntnisse der Römer noch die Kelten oder die Germanen vorkommen, fahren die Argonauten auf einem Fluß zum Okeanos, auf diesem nach Osten zum Kronischen oder Toten Meer (Κρόνιον πόντον Νεκρήν τε θάλασσαν) und von dort weiter ostwärts.[65]

Nicht auszuschließen ist, daß es sich hier um die an eine Ostfahrt adaptierten Nachklänge einer spätbronzezeitlichen Schiffahrt auf der Garonne und der Gironde in den Atlantik und anschließend in die Nordsee handelt. Aber wie dem auch sein mag, so können wir davon ausgehen, daß die Minoer nach Verlassen des Mündungstrichters der Gironde die Okeanosküsten der Vendée und der Bretagne entlang wohl über Guernsey und den Kanal zur englischen und von dort unter der flandrisch-niederländischen Küste ins Bernsteinland gesegelt sind (Abb. 65), wobei sie einfach der Handelsroute folgen mußten, auf der schon im Neolithikum die »Tränen der Göttinnen« in den Westen verschifft worden waren.

Wahrscheinlich fuhren sie normalerweise nur tagsüber, da Nachtfahrten in unbekannten Gewässern viel zu gefährlich waren. Vor Einbruch der Dunkelheit werden sie deshalb auf den Strand zugehalten haben, wo sie die Segel und Masten einholten, die Schiffe wendeten und mit dem Heck voran auf Grund laufen ließen. Anschließend warf man vom Bug die Anker aus und errichtete, wenn die Umstände es erlaubten, an Land ein Nachtlager.[66]

Abb. 65: Mutmaßliche Route der Minoer von Kommos ins Bernsteinland.

Es heißt zwar immer wieder, die bronzezeitlichen Seeleute hätten am Abend ihre Schiffe an Land gezogen, doch ist dies nicht sehr wahrscheinlich. Denn es bedurfte einiger Mühe, ein 35 m langes Schiff mit Seilen und Rollen auf den Strand zu bringen, ohne daß der Rumpf sich verzog. Diese Gefahr drohte besonders bei »genähten« Schiffen, doch tausend Jahre später sicherten die Griechen in einem solchen Falle sogar die festgefügten Triremen mit speziellen Spanntauen (ὑπόζωματα).[67] Aus diesem Grunde unterwarfen die Minoer ihre Segler dieser Prozedur wohl nur bei schwerem Sturm sowie regelmäßig nach zwei bis drei Monaten Fahrt, wenn sie die Fahrzeuge generalüberholten. Dabei wurden diese von Muscheln und Seegras gereinigt, gekalfatert und mit Werg und Erdpech abgedichtet. Da ein solcher Prozeß nur bei völlig getrocknetem Rumpf möglich war, konnte er Wochen oder sogar noch länger dauern.[68]

Man wird allerdings derartige Landgänge nicht bedenkenlos unternommen haben, denn die Gefahr von Untiefen und Felsen, aber auch die von Überfällen und »Hafengebühren« oder anderen »Zöllen«, die von den Küstenbewohnern eingefordert wurden, bestand immer. Deshalb gingen die Minoer vermutlich erst einmal in sicherem Abstand von der Küste vor Anker und warteten, bis die Einheimischen auf ihren Booten zu den Schiffen kamen, um Handel zu treiben.[69]

Doch wie konnten unsere Minoer in Erfahrung bringen, auf welchem Wege man ins Bernsteinland gelangte? Woher wußten sie, wie der Handelsweg aus und in den fernen Norden genau verlief?

Anscheinend befanden sie sich in einer ähnlichen Situation wie jene »Kundschafter« der Hatschepsut, die – wohl um die zahlreichen Zwischenhändler auszuschalten – direkt in das südliche Wunderland Punt segeln sollten, nachdem in den Zeiten davor »die hierher [= nach Ägypten] gebrachten Wunder« (*bꜣꞽw ꞽnw im*) »von einem zum anderen« (*m wꜥ n wꜥ*) gereicht worden waren. Zwar hatte es offenbar bereits in der zweiten Hälfte des 3. Jahrtausends solche Direktfahrten über das Rote Meer in den Süden gegeben, doch scheinen diese um 1480 v. Chr. in Vergessenheit geraten zu sein, im Gegensatz zu den Karawanen, die mit Weihrauch, Gold, Elektron, Elfenbein, Ebenholz und Leopardenfellen beladen über Nubien nach Oberägypten kamen.[70]

Wenn nun auch die Kommandeure der ägyptischen Flottille keine näheren Angaben über die Lokalisation Punts besaßen, so werden sie auf alle Fälle gewußt haben, daß sie der Westküste des

Abb. 66: Goldring von Mykene, vermutlich aus geplündertem Schachtgrab, SH II.

Roten Meeres bis zur Großen Meerenge und vielleicht sogar noch eine Weile der Südküste des Golfs von Aden folgen mußten, um ans Ziel zu gelangen. Ähnlich mögen die Minoer knapp zwei Jahrhunderte später eine vage Vorstellung davon gehabt haben, daß sie die Nordwestküste des Großen Umgebenden Meeres entlangzufahren hatten. Denn es ist anzunehmen, daß die Kreter ebenso wie die orientalischen Seefahrervölker an einen die bewohnte Erde umgebenden Ringstrom oder ein Umgebendes Meer glaubten. Bekanntlich geht ὠκεανός auf ein vorgriechisches, vielleicht minoi-

sches Wort zurück,[71] und man hat vermutet, daß das wellenför-
mige Band, das sowohl auf griechischen Vasen neben der nächtlichen Fahrt des Helios mit seinen Pferden im Sonnenbecher als
auch tausend Jahre vorher auf dem minoischen Goldring aus einem mykenischen Grab über der Szene der Epiphanie und Adoration der Vegetationsgöttin dargestellt ist (Abb. 66), den Okeanos
bezeichnet.[72]

Nach mesopotamischer Vorstellung schwamm die Erdscheibe
wie ein Floß auf dem kosmischen Gewässer, das sich indessen nicht

Abb. 67: Weltkarte mit »Bitterfluß«,
vermutlich aus Sippar, 7. Jh. v. Chr.

nur um sie herum, sondern auch über und unter ihr erstreckte. Auf
der berühmten spätbabylonischen, wohl aus Sippar stammenden
Tafel mit der Darstellung der Welt, wahrscheinlich eine im 7. Jahrhundert v. Chr. entstandene Kopie einer Karte unbekannten Alters,
ist der vertraute Bereich von einem breiten ringförmigen Salzstrom,
dem *marratu,* umgeben (Abb. 67).[73] Im 3. und 2. Jahrtausend war
dieser Strom noch ein Meer (*tāmtu*), in dem sich die *nagû,* ferne
Inseln am Ende der Welt, befanden. Eine dieser *nagû* ist *ina pī
nārāti,* der Wohnort des Utnapištim, zu dem Gilgameš aus Uruk
reist, indem er das Weltmeer überquert:[74] »Und niemand, der in
den vergangenen Zeiten hierhergekommen ist«, sagt die Schenkin
dem König, »hat das *tāmtu* überquert. [Denn der einzige] Meer-
überschreiter ist [der Sonnengott] Šamaš, der Held.«[75]

Noch im 9. Jahrhundert berichtete Qudāma Ibn Ja'far vom »Grünen Meer« (*al-bahr al-achḍar*), das auch »das Umgebende« (*al-muḥīṭ*) und von den Griechen Ūqiyānūs genannt werde, auf dem sich »die Ewigen Inseln« (*al-chālidāt*) befinden, und die Chinesen waren sogar bis ins späte Mittelalter davon überzeugt, ihr Land bilde die Mitte eines Kontinents, das von einem Ringmeer umgeben sei.[76]

Apollonios von Rhodos erwähnt in seinen Argonautiká Karten, auf denen »der nördlichste Arm des Okeanos« wie auch »die äußersten Grenzen des Meeres und des Festlandes eingezeichnet« waren.[77] Es ist anzunehmen, daß die Minoer mitunter nicht nur einheimische Lotsen und Führer an Bord genommen haben, sondern auch Skizzen von Küstenlinien und dergleichen anfertigen ließen. So geht man heute nicht nur davon aus, daß die keltischen Fernhändler sich bei der Überquerung der Alpenpässe ortskundiger Führer bedienten;[78] vielmehr ist bekannt, daß Kolumbus bereits während seiner ersten Reise auf Guanahani sieben Eingeborene an Bord nahm, damit diese ihm den Weg nach Zipangu, d. h. nach Kuba, zeigten, so etwa einen älteren Mann, »da der Wilde in der Lage war, eine Karte der Küste zu zeichnen«. Auf seiner letzten Reise entführte er im Jahre 1502 vor der Küste von Honduras sogar einen im Einbaum reisenden Kaufmann der Maya sowie den Bootsführer, der ihm als Scout dienen mußte.[79]

Gegen Ende desselben Jahrhunderts zeichneten Indianer Kapitän Bartholomew Gosnold mit Kreide die Küstenlinie von Virginia auf, und ein Häuptling fertigte für die Überlebenden der vor Kap Hatteras in Stücke geschlagenen »Virginia Merchant« sogar »eine Art Seekarte« an, während Sir Walter Raleigh von seiner Reise nach Guayana auf der Suche nach El Dorado im Jahre 1595 berichtete: »I sought out al the aged men, & such as were greatest travelers, and by the one & the other I came to vnderstand the situations, the riuers, the kingdoms from the east sea to the borders of Peru, & from Orenoque southward as far as Amazones or Maragnon.«[80]

§ 5 · DAS IRDISCHE PARADIES UND
DIE INSELN DER SELIGEN

Wie der Gott Amûn der Königin Hatschepsut – wohl in Gestalt eines Priesters – mitteilte, waren die fernen Länder im Süden noch »von keinem [wirklich] erreicht worden außer von deinem Kundschafter«, der offenbar vor der großen Schiffsexpedition Punt erkundet und dessen Bewohner »freundlich gestimmt« hatte. Dies stellte der Gott, typisch ägyptisch, so dar, daß die Puntiter sich den Besuchern aus dem Norden selber als Geschenk dargeboten hätten: »Ich gebe dir ganz Punt bis hin zu den Ländern der Götter, das Gottesland, das [bisher noch] nie betreten worden ist, die Myrrhenterrasse, die die Menschen [= die Ägypter] nicht kennen.«[1]

Solche Erkundungsfahrten in der Tradition ihrer kanaanitischen Vorgänger haben mit großer Wahrscheinlichkeit auch die »merchant venturers« der Phönizier im späteren 12. Jahrhundert v. Chr. nach Abflauen des »Seevölkersturms« in den fernen Westen unternommen. Dies geschah lange vor der Etablierung eigentlicher Kolonien und entspricht der Nachricht Strabons, die Phönizier hätten bereits »kurz nach dem Trojanischen Krieg das Gebiet außerhalb der Säulen des Herakles betreten«, wobei man in der Antike den Untergang der Stadt des Priamos meist in das Jahr 1184 v. Chr. setzte.[2]

Auch unsere Minoer werden knapp 200 Jahre vor den ersten Phöniziern eine vergleichbare Pionierfahrt unternommen haben, und sie taten es gewiß im Auftrag des *wa-na-ka*, des Priesterkönigs[3] von Aghia Triada, das damals höchstwahrscheinlich den minoischen Namen *da-wo* trug.[4]

Was mögen sie empfunden haben, als sie auf die Menschen an den Küsten des fernen Westens und Nordens trafen?

Auch die mykenischen Siedlungen in der Argolis waren keine Städte, wie die Minoer sie von ihrer Insel oder vom Nahen Osten, von der Levante oder von Ägypten her kannten, sondern Dörfer mit strohbedeckten Flechtwand-Häusern außerhalb der Mauern einer Burg. Deshalb darf man davon ausgehen, daß sie die Mykener nicht anders gesehen haben als tausend Jahre später die Griechen die Bewohner der Barbariké, mit denen sie Handel trieben. Offenbar benutzten jene das Wort βάρβαρος ursprünglich spöttisch-herablassend (κατὰ τὸ λοιδορον) für ihnen primitiv erscheinende Menschen, deren Gequassel sie nicht verstanden, und erst viel später als eine allgemeine Bezeichnung für die Angehörigen nichtgriechischer Ethnien (ὡς ἔϑνικῷ κοινῷ ὀνόματι), also auch für einen in ihren Augen kulturell hochstehenden Fremden, etwa einen Perser oder einen Karthager.[5]

Die in Indien lebenden κυνοκέφαλοι, von denen am Ende des 5. Jahrhunderts v. Chr. Ktesias von Knidos, der Leibarzt des Artaxerxes, berichtete, sie seien zwar mit Tierfellen bekleidet und könnten die Sprache der Inder verstehen, selber aber nur bellen, weil sie Hundsköpfe hätten, gehen wahrscheinlich auf eine autochthone Bevölkerungsgruppe zurück: Etwa 800 Jahre vor dem Griechen waren nämlich diese dunkelhäutigen Menschen von den einwandernden Indoariern Kauravas, »Wolfsleute«, genannt worden, weil sie kein Sanskrit, ja überhaupt nicht richtig sprechen, sondern nur wie die Wölfe bellen konnten. Und noch die römischen Legionäre erzählten von den Teutonen und Ambronen, diese verfügten lediglich über eine »sonderbare, tierische Sprache«.[6]

Werden also die Minoer die Festlandgriechen der Schachtgräberzeit für weit unter ihnen stehende Barbaren angesehen haben, dann erst recht die Nordseeküstenbewohner, die gemeinsam mit ihrem Vieh in winzigen Weilern lebten, die aus zwei oder drei reetgedeckten Langhäusern aus Flechtwerk und Grassoden bestanden.

Allerdings ließ sich auch Kolumbus durch die Tatsache, daß er auf Guanahani nackte Wilde antraf, die »sogar die Scherben unserer Schüsseln und zerbrochenen Glastassen« eintauschten, nicht in der Vorstellung beirren, in unmittelbarer Nähe des sagenhaften Ophir zu sein, das man damals in Indien vermutete. Wie aus Kolumbus' Kompilation *Libro de las profecías* hervorgeht, die er gegen Ende seines Lebens anfertigte, wollte er die dortigen »Minen des Königs Salomo« ausbeuten, um mit dem Gold nicht nur einen Kreuzzug ins Heilige Land zu finanzieren, sondern nach dessen Befreiung ein glänzendes christliches Jerusalem zu errichten, in dem der spanische König Ferdinand als neuer David regieren sollte.

»Ich beachtete alles mit größter Aufmerksamkeit«, schrieb Kolumbus am 13. Oktober 1492 auf Guanahani (Abb. 68) in sein Bordbuch, »und trachtete, herauszubekommen, ob in dieser Gegend Gold vorkomme. Dabei bemerkte ich, daß einige von diesen Männern die Nase durchlöchert und durch die Öffnung ein Stück Gold

Abb. 68: Landung des Kolumbus auf Guanahani
(San Salvador oder Samana Cay).

geschoben hatten. Mit Hilfe der Zeichensprache erfuhr ich, daß man gegen Süden fahren müsse, um zu einem König zu gelangen, der große, goldene Gefäße und viele Goldstücke besaß«. Und in einem Schreiben an die Krone machte er auf seiner zweiten Reise die Mitteilung, das Königreich Ophir befände sich wohl auf der Insel Hispaniola, während er später Salomos Goldminen eher auf dem südamerikanischen Festland vermutete.[7]

Als diese Annahme sich indessen als nichtig erwies, suchte man die Küste Indiens und das Goldland Ophir noch weiter im Westen.

Alvaro de Mendaña erfuhr nämlich, daß bereits Jahrzehnte zuvor Balboa an der Pazifikküste von dem Inka Tupak Yupanqui gehört hatte, der mit einer Flotte von Flößen aus Balsaholz und Bambus über den Ozean in den fernen Westen gefahren und von dort mit »schwarzen Menschen, vielem Gold, einem Sessel aus Messing und den Kieferknochen eines Pferdes« zurückgekehrt sei.[8] In diesen fernen Goldinseln glaubte der Spanier das antike Ophir zu erkennen und stach im Jahre 1567 mit zwei Schiffen in See, um die Minen des Königs Salomo zu finden.[9]

Lange vorher, nämlich im Jahre 219 v. Chr., ließ der erste Herrscher der Ch'in-Dynastie, Kaiser Ch'in-she-huangti, einen Gesandten nach Osten »über das Meer segeln«, nachdem ihm seine »Magier« (*fang-shih*) eröffnet hatten, auf der fernen Insel P'eng-lai wachse das »Kraut der ewigen Jugend«.[10] Entsprechende Vorstellungen waren freilich auch im Europa des ausgehenden Mittelalters und der frühen Neuzeit noch lebendig. Nach einer alten Überlieferung weissagte Merlin dem König Arthur, einst werde ihn Agante, die »schönste aller Elfen« (*fairest alre aluen*) nach Avalon führen, um ihn dort von seinen Wunden zu heilen. Dieses Avalon entsprach jenem irischen Zaubergarten von Hibernia, aus dem die drei Söhne des Tuireann die Äpfel (air. *uball*) raubten, die jeden tödlich Verletzten wieder gesund machten.[11] Ursprünglich handelte es sich bei der walisischen *ynis Avallach*, der »insula pomorum« oder »Insel der Seligen«, auf die einen der Fährmann Barinthus übersetzte, um das keltische Elysium, wohin nach ihrem Tod zunächst nur die Helden gelangten. Doch später war es der ferne Ort, zu dem alle Verstorbenen entschwanden, und noch im vergangenen Jahrhundert gab es in der Bretagne alte Leute, die davon überzeugt waren, das »Totenschiff« (*Bag er Marù*) bringe die Seelen der Dahingeschiedenen von der Pointe du Raz auf die im Westen liegende Insel Tevennec oder zur »Insel der Untröstlichen« (*Inézen en dud dizolet*).[12]

Auf den internationalen Seekarten des 13. und 14. Jahrhunderts hatte man die »Apfelinsel«, die auch Hy-Breasail genannt wurde, westlich von Irland oder von Spanien eingezeichnet, und im 15. Jahrhundert verließen insgesamt sieben Expeditionen den Hafen von Bristol, um die verwunschene Insel zu finden. So suchte im Jahre 1481 ein walisisches Schiff neun Wochen lang erfolglos »the Island of Brasyle«, und im selben Jahr stachen zwei weitere Schiffe in See, »to serche and fynde a certain isle called the Isle of Brasil«. Zur Mannschaft von Kolumbus' Flaggschiff Santa María gehörte William Irez, ein Seemann aus Galway an der Westküste Irlands, wo der Glaube an die elysische »Insel der Verheißung« besonders lebendig war. Als knapp acht Jahre später Pedro Alvarez Cabral in der Gegend des späteren Porto Seguro an Land ging und dieses für die portugiesische Krone in Besitz nahm, nannte er es »Brasil«, weil er überzeugt war, die »Insel der Seligen« gefunden zu haben.[13]

Bereits im Jahre 1497 hatte der in englischen Diensten stehende Venezianer Giovanni Caboto nach seiner Rückkehr aus Nova Scotia und Neufundland in Bristol verkündet, er habe »Bresil«, d. h. die »Glückliche« oder die »Gesegnete«, entdeckt, die zum Reich des Großkhans gehöre. Im Gegensatz dazu hielten die Spanier die von Kolumbus entdeckten Antillen eher für die Hesperiden-Inseln der alten Griechen, und Kaiser Karl V. zeigte sich tief befriedigt über die Tatsache, daß der Genuese »Ländereien« wiedergefunden habe, »die bereits seit 3091 Jahren zum königlichen Erbe Spaniens gehören«.[14]

Wie der Name der Hesperiden, »Töchter des Abends«, besagt, lagen deren elysische Inseln ursprünglich im fernen Westen, doch Pherekydes und Apollodoros ließen Herakles zu den Hesperiden in den Norden reisen, worauf man sie mit den Hyperboräern assoziierte. Aus Vasenbildern geht hervor, daß die Episode von dieser Fahrt des Helden einst ein Bestandteil des Argonautenepos war, und auf einer rotfigurigen attischen Amphore des frühen 5. Jahrhunderts v. Chr. sind Okeanos und dessen Sohn Strymon, die Personifikation eines Flusses im fernen Norden, im Gespräch unter dem Hesperidenbaum zu sehen, um den sich der von Hera als Wächter eingesetzte Ladon ringelt (Abb. 69).[15]

Im Garten der Hesperiden »jenseits des ruhmvollen Ringstroms« sprudeln nicht nur die »ambrosischen Quellen«, vielmehr steht dort auch das »Ehebett« von Zeus und Hera, während deren Bei-

Abb. 69: Okeanos und Strymon unter dem Hesperidenbaum im hohen Norden; rf. attische Amphore, um 500 v. Chr.

schlaf die goldenen Äpfel als Inbegriff der stets wiederkehrenden Vegetation wachsen und reifen: Auf einem ebenfalls aus dem 5. Jahrhundert stammenden Relief bietet die ältere Hesperide Herakles vom Baume der Hera den goldenen Apfel der Unsterblichkeit an, während ihm die jüngere mit entblößten Brüsten den Apfel der Aphrodite offeriert.[16]

Die μῆλα, also runde Früchte, vor allem Äpfel, Quitten und Granatäpfel,[17] mit denen schön geformte und feste weibliche Brüste verglichen wurden,[18] entflammten die Geschlechtslust jeder Frau, die von ihnen kostete,[19] weshalb z. B. Kore, die »sehr Unwillige« (πόλλ' ἀεκαζομένη), dem Unterweltsgott sexuell verfallen war, nachdem sie einen der rubinroten Granatapfelkerne geschluckt hatte.[20]

In der Antike hieß es, der Granatapfel, der aus dem Blut des getöteten, aber immer wieder auflebenden Vegetationsgottes Dionysos entstanden war, erneuere sich aus sich selber.[21] Und der aufgeplatzte *malum granatum* (Linear B *ro-a*, gr. ῥοά), in dessen Fruchtfleisch die zahlreichen Kerne sichtbar werden (Abb. 71), aus denen die neuen Früchte entstehen,[22] galt als Abbild der geöffneten Va-

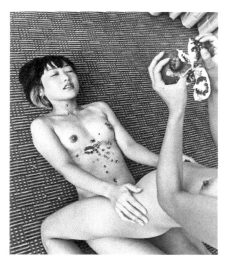

Abb. 70: Granatapfelkerne, Photo von Bettina Rheims.

Abb. 71: Tonskulptur eines wegen Überreife aufgeplatzten Granatapfels,
Rhodos, spätes 6. Jh. v. Chr.

gina und damit als Garant der ewigen Wiedergeburt und Regeneration.[23] Deshalb gab man im mittelbronzezeitlichen Jericho und
im Ägypten der 18. Dynastie den Toten Granatäpfel oder deren
Nachbildungen mit ins Grab, und aus diesem Grunde halten Hera,
Aphrodite, Demeter, Kore und andere Nachfolgerinnen der minoischen Vegetationsgöttin die Früchte in der Hand.[24] Auf einer
etruskischen Totenurne des 5. Jahrhunderts v. Chr. aus Chiusi ist
schließlich die einen Granatapfel haltende Unterweltsgöttin Phersipnai zu sehen. Bisweilen ist sie auch mit ihrem von dieser Frucht

gekrönten Szepter abgebildet, denn sie ist nicht nur die Herrin des Todes, sondern auch die des neuen Lebens, die mit der Milch ihrer Brüste den Verstorbenen laben und nähren wird.[25]

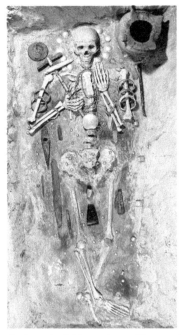

Abb. 72: Grab 43 der Nekropole von Varna, spätes 4. Jt.

Warum bestanden die Äpfel der Hesperiden aus Gold? Nachdem in einem mittelalterlichen Märchen eine Jungfrau in den goldenen Apfel gebissen hat, fällt sie hundert Klafter tief in die Erde, wo ein neunköpfiger Drache sie bis in alle Ewigkeit bewacht hätte, wenn sie nicht von einem Helden befreit worden wäre.[26] Gold war der Stoff der Ewigkeit, und deshalb umgab man all das, was für immer erhalten bleiben sollte, mit diesem Metall, das nicht verwitterte und stets seinen Glanz behielt. So hatte man über den Penis des hochrangigen Mannes, der im späten 4. Jahrtausend in Varna bestattet worden war, eine goldene Hülse gestülpt (Abb. 72), damit ihm auf ewig die Manneskraft erhalten blieb,[27] wie auch die Brüste und Genitalien der pompejanischen Aphrodite vergoldet sind. Aus einer Gold-Silber-Legierung mit einem Zusatz von Kupfer bestehen die Mumienmasken in den Anden, für deren Bewohner Gold der erstarrte »Schweiß der Sonne« war.[28] Und golden sind auch viele ägyptische Totenmasken wie die des Tutanchamûn, der dadurch dem unsterblichen Sonnengott angeglichen wurde, dessen Haut aus diesem Metall bestand.[29] Gleichermaßen sollten die goldenen Gesichtsmasken und Brustbleche die in den mykenischen Schachtgräbern Bestatteten vor Tod und Verwesung schützen, wobei man die Säuglinge vollkommen in Goldfolie einhüllte und nur die Augen und Münder unbedeckt ließ, damit die Kleinen weiterhin sehen und atmen konnten.[30]

»Wenn man Gold oder Jade in die neun Öffnungen des Leichnams steckt«, so verlautete der Alchemist Ko Hung, »wird er vor Verwesung geschützt sein«, und im 2. Jahrhundert ergänzte Wei Po-yang, daß ein Greis nach der Einnahme von Goldstaub wieder »wie ein Jüngling von Geschlechtslust erfüllt« werde; seine weißen Haare färbten sich schwarz und die ausgefallenen Zähne wüchsen nach. Auch die Alchemisten des Westens empfahlen das *aurum potabile* als Lebenselixir, und bei den Aschanti symbolisierte Gold das lebenserneuernde Feuer der Sonne, weshalb man den Priesterkönig (*obene*) zu einer Art Dorado machte, indem man ihn von Kopf bis Fuß mit Goldstaub einpuderte.[31]

Wollte man vermutlich mit den »Goldsonnen«, die im Norden in der Bronzezeit geopfert wurden, die in weite Ferne entschwundene Wintersonne stärken und zurückholen,[32] so brachte im Mythos der Held Herakles mit den goldenen Äpfeln die Fruchtbarkeit und den Wohlstand heim (Abb. 73), wobei die erwachende Natur auch durch die wiederkehrende männliche oder weibliche Vegetationsgottheit dargestellt werden konnte. So trägt auf einer rotfigurigen attischen Vase Herakles den einen Rhyton in den Händen haltenden Dionysos auf den Schultern, was der Überlieferung entspricht, nach der jener den segenbringenden Gott übers Meer in die Ägäis zurückbrachte. Sarkophagszenen, in denen der Held in der Unterwelt Alkestis umarmt oder ans Handgelenk faßt, um sie herauszuführen, beziehen sich gewiß auf einen verlorenen

Abb. 73: Atlas überreicht Herakles die Goldenen Äpfel, Metope des Zeus-Tempels von Olympia, um 470 v. Chr.

Mythos, in dem Herakles nach Überwältigung des Totengottes oder eines Wächters die Vegetationsgöttin aus dem Jenseits heimführt.[33]

Wie Pausanias überliefert, stand neben dem Kultbild der arkadischen Demeter das des idäischen Daktylen Herakles, und im Heiligtum der Demeter von Mykalessos in Boiotien verschloß er jeden Abend, wie es hieß, den Tempel und öffnete ihn am folgenden Morgen. Die vor der Statue der Göttin niedergelegten Herbstfrüchte blieben aber auf wunderbare Weise das ganze Jahr über frisch.[34]

Höchstwahrscheinlich handelte es sich bei diesem Daktylen um Herakles Μήλων, dem ursprünglich ein Widder, aber später ein Apfel geopfert wurde, in den man vier Stöckchen als Beine und zwei weitere als Hörner gesteckt hatte.[35]

Als μῆλα bezeichneten die Griechen sowohl runde Früchte, z. B. den »Goldapfel« (*Cydonia oblonga*), als auch Schafe und Ziegen, die meist gemeinsam gehalten wurden, so etwa von Polyphem, und die Insel Melos führte als Wappen einen Widderkopf und eine Quitte (Abb. 74).[36] Entsprechend wurde der Name der Vegetationsgöttin Demeter Μαλοφόρος als »Schafsbringerin«, aber auch als »Apfelbringerin« gedeutet, und der lemnische Philosoph Philostratos meinte, »das kolchische Vlies und die Äpfel der Hesperiden« seien »dasselbe« gewesen, nachdem bereits im 4. Jahrhundert v. Chr. von Palaiphatos erklärt worden war, die Töchter des Hesperos hätten in Wirklichkeit keine Äpel, sondern »goldene Schafe« (χρυσᾶ μῆλα) gehütet, die der göttliche Viehdieb geraubt habe.[37]

Zweifellos war der kretische Daktyle Herakles (Linear B *ra-ke-re-we*), dessen Name »Der-durch-Hera-Ruhm-erlangt« bedeutet, der Paredros der Göttin »Hera«, hinter der die minoische Vegetationsgöttin steht. Auf einem etruskischen Bronzespiegel ist der

Abb. 74: Widderkopf und Quitte, Statere von Melos, 5. Jh. v. Chr.

Koitus zwischen Hera und Herakles durch einen am Boden liegenden Penis mit Hoden und eine behaarte Vulva angedeutet (Abb. 75), und in Thespiai bestieg der Kraftprotz bekanntlich nacheinander alle fünfzig Töchter des Thestios, wobei nach einer Version sich allerdings eine einzige verweigerte.[38]

In historischer Zeit waren der idäische Herakles und die übrigen Daktylen sterbende und wiederauferstehende Naturgeister und sowohl die Söhne als auch die Sexualpartner von Göttinnen wie Hera, Hebe, Demeter und sicher auch Alkestis. Verbirgt sich hinter ersteren der minoische Vegetationsgott, so hinter letzteren die große kretische Göttin, und es hat den Anschein, als habe zumindest in *einer* Version der Paredros im Auftrag der weiblichen Gottheit oder unter ihrem Schutz die Fruchtbarkeit in Form von goldenen Äpfeln oder goldenen Schafen aus der jenseitigen Welt zurückgeholt.[39]

Es gibt Gründe für die Annahme, daß eine Fernfahrt wie die der Minoer weit über die Grenzen der damals im Mittelmeer bekannten Welt hinaus nicht nur als eine Jenseitsfahrt nach dem Vorbild derjenigen Heroen oder Götter gesehen wurde, denen die Aufgabe zufiel, die geschwundene Lebenskraft zu erneuern. Vielmehr darf man vermuten, daß die kühnen Seefahrer sich selber mit den mythischen Prototypen identifiziert haben und als solche gesehen wurden, die »in illo tempore« derartige Heldentaten vollbracht haben. Denn so wie die Priesterin der großen minoischen Gottheit diese Göttin *war*, wenn sie sich während des Rituals im Palast von

Abb. 75: Hera und Herakles vor dem Thron des Zeus,
etruskischer Bronzespiegel.

Knossos auf dem von Greifen flankierten Thron niederließ, so *waren* die Gesandten des Wanax von Aghia Triada wohl die mythischen Heroen, die durch ihre Fahrt ins Jenseits das Leben regenerierten.

Historiker haben gemutmaßt, daß ein Botschafter wie Don Ruy Gonzáles de Clavijo, der im Jahre 1403 vom König von Kastilien auf eine dreijährige Reise zum Großkhan Timur nach Samarkand geschickt wurde, bestenfalls eine 30%ige Chance hatte, jemals wieder heimzukehren. Und man hat vermutet, in der späten Bronzezeit sei immerhin jedes zwanzigste Schiff, das Handelsgüter über die Ägäis oder nach Zypern und in andere Gegenden im zentralen oder östlichen Mittelmeer transportierte, auf der Fahrt untergegangen. Als im Jahre 1247 der Franziskanermönch Giovanni dal Piano dei Carpini nach einer 18monatigen Reise als Gesandter des Papstes zu den Mongolen im Karakorum die Stadt Kiew erreichte, wurde er dort als ein Heimkehrer aus dem Totenreich begrüßt,[40] und man darf gewiß annehmen, daß erst recht die zweieinhalb Jahrtausende früher nach jahrelanger Fahrt aus dem Umgebenden Meer zurückgekehrten kretischen Seefahrer als »Verwegene« gesehen wurden, die zweimal starben, während alle anderen dieses Schicksal nur einmal traf.

Abb. 76: Hochseeboot der Elema, Golf von Papua, 1932.

Bei den Elema im Golf von Papua verkörperten die rituellen Spezialisten (*bevaia haera*) auf ihren Fernfahrten über das Meer den mythischen Helden Aori: Sie trugen die Kleidung, die dieser »long-ago-man« getragen haben soll, schwärzten wie er das Gesicht und durften gleich ihm nur schlafen, wenn das Boot (Abb. 76) vor Anker lag. Ihre Hauptaufgabe bestand darin, für günstige Winde zu sorgen – was auf den minoischen Schiffen vielleicht mitfahrende *a-ne-mo i-e-re-ja*, die »Priesterinnen des Windes«, besorgten – und gefährliche Stürme abzuwehren. Aber sie bannten auch übernatürliche Gefahren, indem sie Opfergaben wie Sago, Betel und Kokosnüsse ins Meer warfen, an Bord bestimmte Blätter, Wurzeln und

Zimt verbrannten, damit deren Rauch die Meeresungeheuer vertrieb, und die großen, rotglänzenden *hepa*-Samen ins Feuer legten, wo sie mit lautem Knall explodierten.

Allein die *bevaia haera* wußten die Geheimnamen der mythischen Orte, an denen sie vorüberfuhren, und die sie niemals preisgaben, und nur sie kannten die genaue Identität der Geister und Götter, die ihnen auf der Fahrt begegneten. Andere Fernfahrer verkörperten den »long-ago«-Helden Harai vom oberen Biaru, der in den fernen Westen ins Wunderland Orovu gereist war, wo eine schöne Frau namens Eau lebte, die er schwängerte und mit der er nach gefährlicher Fahrt in die Heimat zurückkehrte.[41]

Die Tanimbaresen östlich von Timor stellen nach der Fahrt zu ihren auf einer anderen Insel lebenden Allianzpartnern als Tanzformation jenes Schiff dar, auf dem ihre mythischen Vorfahren einst auf den Archipel gelangt waren, ja, sie *sind* in diesem Augenblick die Ahnen, deren »Atem« einer der Teilnehmer in einem Beutel mitgebracht hat. Vorne symbolisiert ein Tänzer den Bug und ein hinten stehender das Ruder. Bevor der Tanz beginnt, schlagen vier Trommler ihre Instrumente, was den Wind darstellt, der das Segel vor der Fahrt aufbläht, und an den Seiten des Schiffs tanzen vier Frauen mit ausgestreckten Armen – die Fregattvögel, die das Unternehmen begleiten.[42]

Gefährliche Meeresungeheuer und andere geisterhafte Wesen, vor denen sich die Elema fürchteten, sind mit Sicherheit nicht nur den mythischen und epischen Helden der Minoer begegnet. Vielmehr werden auch jene Seefahrer, die deren Fahrten wiederholten, auf Meerestiere und Naturphänomene getroffen sein, die sie der

Abb. 77: Päckchenplombe aus Knossos, um 1500 v. Chr.

Überlieferung entsprechend mit ihnen identifiziert haben. Und Szenen, wie z. B. die auf einer ledernen Päckchenplombe des SMI A aus Knossos, in der ein Mann auf einem Schiff von einem Monster bedroht wird (Abb. 77), oder die auf einem Krater aus Enkomi, in welcher ein walartiges Ungeheuer anscheinend einen Verstorbenen verfolgt, der von einem »Fährmann« auf einem Streitwagen übers Meer ins Jenseits gefahren wird, geben wohl solche Erlebnisse wieder.[43]

Abb. 78: Der hl. Brendan und der Walfisch,
Miniatur, 12. Jh.

»Laß sie weder hilflos in den Schlund der Charybdis geraten«, bittet Hera, die Schutzgöttin der Argonauten, »die sie durch ihren Sog mit sich reißen würde, noch laß sie an der finsteren Höhle der Skylla vorbeifahren«, denn beide bedeuteten den sicheren Tod, so wie ihn später die Männer des Odysseus erleiden mußten. Entsprechend zeigt die römische Marmorkopie einer griechischen Bronzeskulptur Skylla, die von der eifersüchtigen Kirke in ein Monster verwandelte Tochter des Nisos, »unterhalb deren Vulva (*pubis*) reißende Hunde den Leib bilden«. Sie hat das Steuerruder an Back-

Abb. 79: Skylla zerreißt die Männer des Odysseus, römische
Marmorkopie eines griechischen Originals.

bord des Schiffes herausgerissen, während die aus ihrem Unterleib
herauswachsenden Hunde wütend die Begleiter des Helden zerreißen (Abb. 79).[44]

Aber immer noch besser ist es, wenn die Skylla die Mannschaft
dezimiert, als daß die Charybdis das ganze Schiff verschlingt
(Abb. 80). »Dreimal täglich« schluckt diese nämlich, wie Odysseus
von Kirke erfährt »das schwarze Wasser« und »dreimal täglich
speit sie es wieder aus. / Dies ist ihr Schrecken! Und schluckt sie, so
sei du nicht dort!«

Abb. 80: Das Schiff wird vom Meer verschlungen,
Krater von Ischia, 8. Jh. v. Chr.

Zwar kann der Tidenhub an manchen Stellen im Golf von Korinth maximal 71 cm betragen, doch war den Seeleuten aus dem östlichen Mittelmeer ein dramatisches Ansteigen und Absinken des Meeresspiegels, wie es für die Nordsee typisch ist, unbekannt. Und so hat schon Strabon vermutet, Homers Rede vom »hin- und zurückströmenden Okeanos« sowie von der einsaugenden und ausspeienden Charybdis habe keinen Strudel, sondern die Gezeiten des Atlantiks gemeint: »Denn wenn es auch nicht dreimal, sondern zweimal geschieht – er hat entweder die Auskunft falsch verstanden, oder der Text ist fehlerhaft – seine Absicht ist klar.«[45]

Auch in viel späteren Zeiten wurden natürliche Phänomene, Landstriche, Menschen und Tiere, die den Seefahrern nicht vertraut waren, ihren mythischen Vorstellungen gemäß gesehen oder interpretiert. So erblickte Kolumbus am 9. Januar 1493 von Bord seines Schiffes aus in den Fluten des Karibischen Meeres »drei Seejungfrauen (*tres serenas*), die ziemlich weit aus dem Wasser kamen,

Abb. 81: Seejungfrauen aus dem *Aviarum* des Hugo de Folleto, 14. Jh.

aber sie waren nicht so schön, wie man sie malt«. Daß es gerade drei waren, geht sicher darauf zurück, daß Kolumbus die katalanischen Portolane benutzte, in deren rechter unteren Ecke jeweils drei *serenas* abgebildet waren.[46] Und so sah auch der in spanischen

Abb. 82: Der hl. Brendan begegnet einer Syrena,
Bibliotheca Palatina, 1460.

Diensten stehende deutsche Söldner Ulrich Schmidel um die Mitte
des 16. Jahrhunderts am Ufer des Río de la Plata Amazonen, die
jeweils nur eine Brust besaßen, weil er die gängige, aber falsche
Volksetymologie kannte, nach der ἈΑμαξόνες »die Brustlosen«
hieß.[47]

Schon in römischer Zeit berichteten die Seeleute, die am Strand
der Nikobaren vorübergefahren waren, die Bewohner der Inseln
hätten Schwänze wie Tiere, und Odorich von Pordenone, der um
1322 dort an Land gegangen sein mag, erzählte, die auf der Haupt-
insel Groß-Nikobar ansässigen Menschen besäßen »Hundsgesich-
ter«, weil nach mittelalterlicher Vorstellung irgendwo in Indien
die bereits erwähnten κυνοκέφαλοι leben sollten.[48] Ihre Existenz
wurde nicht bezweifelt, war doch bereits im frühen 13. Jahrhundert einer von ihnen nach Frankreich gebracht und dem König,
Ludwig dem Löwen, vorgeführt worden. Dieser Hundsgesichtige
besaß ein gewaltiges Gemächt, mit dem er angeblich Frauen und
Mädchen vaginal, aber auch Männer anal zu penetrieren beliebte,

und der Unglückliche, wer auch immer er gewesen sein mag, wurde nicht weniger bestaunt als jene Giraffe, die einer der Offiziere Zheng Hes im Jahre 1414 in Malindi besorgt hatte und die später dem Kaiser von China als *qilin* präsentiert wurde, ein übernatürliches Wesen, das immer dann erscheint, wenn im Reich der Mitte Harmonie herrscht.[49]

Als Kolumbus auf seiner ersten Reise von den Taíno erfuhr, daß diese große Angst vor den »Cariba« hatten und »vor Schreck fast die Sprache verloren«, als er sich anschickte, zu ihnen zu fahren, verstand er auf der Stelle »Caniba« und bemerkte 1493 in einem Brief, man habe ihm gesagt, westlich von Zipangu, also von Kuba, lebten Menschen mit Schwänzen, doch habe er sie mit eigenen Augen noch nicht gesehen. Nachdem er später an der Festlandküste eine unerfreuliche Begegnung mit den Karaiben hatte, bezeichnete er sie als Hundsgesichtige (*canibal*), und später erhielt Cortés den offiziellen Auftrag, auf seinen Erkundungsfahrten nach den Kynokephalen zu fahnden.[50]

Man kann annehmen, daß die minoische Expedition ins Umgebende Meer, den Okeanos, auf der einen Seite das aus heutiger Sicht realistische Ziel hatte, knapp gewordene oder heiß begehrte Ressourcen zu erschließen und zu sichern, auf der anderen Seite aber gleichzeitig eine Reise in eine Fabelwelt gewesen ist. Dieses Doppelgesicht haben sogar noch die vergleichbaren Fernfahrten der frühen Neuzeit, auf denen die verwegenen Seefahrer zum einen in die Ursprungsgegenden des Goldes und der Gewürze und zum anderen ins Wunderland gelangten oder gelangen wollten.

Anscheinend war im späten 15. Jahrhundert die Legende verbreitet, einst sei »die Königin von Saba über das Mittelmeer bis zum Ende Spaniens« gesegelt und von dort über den Atlantik zum Land von *sypanso*, das äußerst fruchtbar und voller Überfluß ist und dessen Größe die von Afrika und Europa übertrifft«. Der Name dieses *sypanso* oder Cipango, das erstmals von Marco Polo erwähnt wurde, soll auf das chinesische Jih-Pen-Kuo (*ri-ben-guo*), das »Land der aufgehenden Sonne«, ursprünglich Wo-Kuo, »Land der Zwerge« genannt, zurückgehen, und Kolumbus hatte die Absicht, über die Insel Antilia nach Zipangu und von dort schließlich nach Quinsai, die südliche Residenz des Großkhans, zu fahren, das auch als »zweites Indien« oder *India superior* bezeichnet wurde.[51]

Zunächst glaubte Kolumbus, die Bahamas seien die ebenfalls von Marco Polo erwähnten »7448 Inseln«. Auf Kuba las er aus den Zeichen der Indios heraus, er befände sich im Lande Cipango, was sein Erster Offizier allerdings nicht nachvollziehen konnte, doch wagte er es nicht, »diesem gewalttätigen Mann zu widersprechen«.[52]

Waren indessen Cipango oder Quinsai reale Länder mit vermuteten Bodenschätzen und anderen Gütern, so suchten Kolumbus und seine Zeitgenossen wie auch ihre Nachfolger noch bis ins späte 18. Jahrhundert, immerhin dem Höhepunkt der Aufklärung, nach Gegenden, die wir heute als imaginäre Orte bezeichnen würden.

Hatte im 6. Jahrhundert der alexandrinische Geograph Kosmas Indikopleustes, der wahrscheinlich persönlich in Indien gewesen war, vermutet, das Irdische Paradies, in dem die Rechtschaffenen auf ihren Wechsel ins Himmlische Paradies warteten, liege in einem Land jenseits des unüberquerbaren Okeanos, so lokalisierte hundert Jahre später ein anonymer Geograph aus Ravenna diesen Ort auf seiner *Mappa mundi* auf einer Insel gegenüber der Mündung des Ganges. Seit dieser Zeit blieb das Irdische Paradies, das häufig vom Himmlischen gar nicht unterschieden wurde, mit dem fernen Osten und mit Indien verknüpft. Auf der Herefordkarte aus dem 13. Jahrhundert fließen vom Baum der Erkenntnis des auf einer Insel des Okeanos liegenden kreisrunden Paradieses die Ströme Eufrates, Tigris, Phison und Gion, aber auf der etwas jüngeren Ebstorfer Weltkarte befindet sich das Paradies, von einer Mauer umgeben, auf einem hohen Berg des Festlandes.

Diese Mauer war nach dem englischen Orientreisenden John de Mandeville im 14. Jahrhundert mit Moos bedeckt und besaß ein Tor, das freilich aufgrund einer Feuerwand nicht passiert werden konnte: »Da das paradyß ist, da ist das erterich hoecher wan es in der welt ienen und ist an dem anfang der welt gen orient wert es. [...] Wann es also hoch da, so allu welt bedeckt was mit wasser by Noes zytt, do ruort das wasser das paradyß nit«.[53]

Auch der Genuese Kolumbus wußte, daß sein venezianischer Landsmann Giovanni Leardo und andere Kartographen das »paradixo terestro« in Südostasien angesiedelt hatten, und als er am 4. August 1498 zwischen der Mündung des Orinoko und Trinidad auf die rauschende Brandung des großen Flusses stieß, glaubte er, einen der Paradiesströme vor sich zu haben. Hatte doch Kardinal Pierre d'Ailly, dessen Ausführungen Kolumbus gut kannte, berichtet, die vier Flüsse, die das Paradies entwässerten, stürzten mit lautem Getöse vom Berg herab, nachdem schon im 14. Jahrhundert der Florentiner Giovanni dei Marignolli von den Ceylonesen erfahren hatte, man könne an gewissen Tagen das Rauschen der sich ins Meer ergießenden Ströme deutlich hören.[54]

Als Kolumbus schließlich die drei Gipfel der Gebirgskette auf der Insel Trinidad erblickte, war er der festen Überzeugung, dort oben befände sich »das Irdische Paradies« mit dem »Lebensbaum«, unter dem »eine Quelle« entspringe, »aus der die vier Hauptflüsse der Welt ihren Weg nehmen«. Und er erklärte der Königin in einem Brief, er sei sicher, »daß die Erde nicht, wie andere meinen, kugelförmig ist, sondern die Gestalt einer Birne« habe, die dort, wo der Stiel sitze, gewölbt sei, »ähnlich der Brustwarze einer Frau. Dieser Ort ist der höchste [auf der Erde] und reicht am nächsten an das Himmelsgewölbe heran« (Abb. 83).[55]

Nach einer alten orientalischen Überlieferung hatte Iskander dh'ul karnain, d. h. »Alexander mit den zwei [Widder]hörnern«, im fernen Osten die »Quelle der Unsterblichkeit« gesucht, und ein apokrypher russischer Text berichtet, drei Mönche seien jenseits der Säule, die Alexander einst am Ende der bekannten Welt errichtet habe, in ein Wunderland gelangt, in dem farbige Winde wehten und die »Quelle des ewigen Lebens« sprudelte.

Diese Quelle tauchte erneut in dem erstmalig im Jahre 1165 erwähnten Brief des Priesterkönigs Johannes an den byzantinischen Kaiser auf, einer Fälschung, die einen Sturm der Begeisterung für einen neuen Kreuzzug auslösen sollte. Darin hieß es, dieser geheimnisvolle Herrscher eines Reiches, »kaum eine Dreitagereise von dem Paradies entfernt, aus dem Adam vertrieben wurde«, habe das erste Mal vor 562 Jahren und seitdem sechsmal in der

Abb. 83: Domenico di Michelino, Dante vor den Mauern von Florenz,
im Hintergrund das Irdische Paradies, 1465.

Quelle gebadet, während Mandeville berichtete, er selber habe
zwar nur dreimal von ihrem Wasser genippt, fühle sich aber seither
so wohl wie noch nie.[56]

Im 15. Jahrhundert war dieser Brief im gesamten Mittelmeerbereich bekannt, und es nimmt nicht wunder, wenn auch die Spanier
die Quelle in der neuentdeckten Welt suchten. So hatte einer der
Teilnehmer an Kolumbus' zweiter Reise, der Konquistador Ponce
de León, auf Kuba und Hispaniola als Folge von Suggestivfragen
von den Eingeborenen erfahren, der »Brunnen der ewigen Jugend«, die »Quelle von Bimini«, liege weiter nördlich auf einer
Insel. Sie seien selber dorthin gefahren, und ein Indianer erzählte
den Fremden, sein uralter Vater habe in der Quelle gebadet und
sich hernach so mächtiger Erektionen erfreut, daß er gleich mehrere Frauen geschwängert hätte. Daraufhin irrte »der Hauptmann
Juan Ponce« mehr als ein halbes Jahr auf seinen Karavellen kreuz
und quer durch die Inselwelt der Bahamas, bis er schließlich im

März 1513 die vermeintliche Insel La Florida entdeckte, wo er seine erfolglose Suche fortsetzte.[57]

Wie aus einem Brief des Konquistadors Hernán Cortés an die spanische Krone hervorgeht, hielt dieser als realistisch geltende Eroberer von Mexiko die Halbinsel Baja California für die »Insel der Frauen«, und zwar der Amazonen, die von einer Königin Calafia regiert wurden, von deren Name anscheinend »Kalifornien« stammt. Und noch im Jahre 1791 suchte im Auftrag des in Lima residierenden spanischen Vizekönigs eine Expedition im Innern Südamerikas die »ciudad encantada de los Césares«, in der es keine Krankheiten, dafür aber Glückseligkeit und eine Unmenge von Gold, Perlen und Edelsteinen geben sollte.[58]

Abb. 84: »Ring des Nestor«, vermutlich aus einem Tholosgrab des SH I in Kakovatos.

Dem Irdischen Paradies und der Quelle der Unsterblichkeit des christlichen Abendlandes scheint in mancher Hinsicht das minoische Elysion entsprochen zu haben, das, wie aus bildlichen Darstellungen hervorgeht, eine Art Zaubergarten gewesen ist. Diese ferne Gegend war mit bunten Blumen, Krokus, Iris und Papyrusdickicht bewachsen, von einem von Palmen gesäumten Fluß durchzogen und bevölkert von blauen Affen, Greifen und anderen Fabeltieren – eine paradiesische Landschaft, deren Eingang offenbar, wie auf dem Ring des Nestor zu sehen ist, an der Basis des Baumes (Abb. 84) von einem drachenartigen Wesen bewacht wurde.[59]

Große Ähnlichkeit hat dieses Elysion mit dem ägyptischen Iaru-Gefilde, das sich auf einer Insel befand, die mit Dattel- und Doumpalmen, Sykomoren, mit roten Mohn- und blauen Kornblumen sowie gelbblühenden Mandragoren üppig bewachsen war. Diese jenseitige Landschaft ist an der Ostwand des Grabes von Sennedjem aus dem 13. Jahrhundert v. Chr. in Deir el-Medina abgebildet, auf welcher der Grabherr und seine Frau Iineferti inmitten einer verschwenderischen Vegetation das vorübergleitende Sonnenschiff mit den Göttern Rê und Osiris an Bord grüßen.[60]

Das Ἠλύσιον πεδίον, idg. *wl̥nutiyom pediyom*, »grasige Ebene, begrastes Feld«[61], der Griechen liegt nach der Odyssee an den πείρατα γαίης, am »Ende der Welt«, und zwar offenbar am diesseitigen Ufer des westlichen oder nordwestlichen Okeanos, denn es wird gesagt, Zephyros, der Westwind, lasse »allzeit seine hellen Winde dort wehen, die ihm Okeanos schickt zur Erfrischung der Menschen«.[62]

Im Grunde identisch mit dem Elysion sind die »Inseln der Seligen«, die μακάρων νῆσοι, wobei der einzige Unterschied darin besteht, daß μάκαρ, »selig«, auf ein vorgriechisches, vielleicht minoisches Wort zurückgeht. »Dort, auf den μακάρων νῆσοι, an strudelnden Tiefen des Okeanos«, lebt das »selig Heroengeschlecht, dem süß wie Honig die Früchte / Dreimal im Jahre gereift darbringt kornspendender Acker«. Es führt ein heiteres Leben ohne Mühseligkeit, Krankheit und Tod in ewigem Frühling, lediglich unterbrochen von kurzen, milden Wintern ohne Eis und Schnee.[63]

Nur wenige leben auf diesen Inseln oder in Elysion, den »Fluren der Wonne«, wie Anchises in der Unterwelt diesen Ort nennt, und sie sind keine Schatten wie die Verstorbenen im trübseligen Hades. Denn wenn Minos oder Rhadamanthys vor den Toren zum Jenseits mit goldenem Szepter Gericht halten und gleichzeitig Orion auf der Asphodeloswiese und im nahe liegenden Gebirge eine Treibjagd veranstaltet, dann sind das keine bleichen Gespenster, die sich vom Körper gelöst haben, sondern Menschen aus Fleisch und Blut.[64]

Während im Alten Reich nur der Pharao nach dem Tode ins westliche Binsengefilde gelangen konnte, erhielten in späterer Zeit auch all jene Zutritt, denen das Totengericht Güte und Gerechtigkeitssinn attestierte. Entsprechend entschied auch in der Ägäis in älterer Zeit nicht die moralische Verfassung eines Menschen darüber, ob er ins Jenseits entrückt wurde, sondern sein »Stand«, nämlich die Tatsache, ob er mit den Göttern verwandt oder verschwägert war oder nicht. Deshalb entrückt Zeus nicht alle Helden »ans Ende der Erde«, die vor Troja gefallen sind, sondern nur einige. Menelaos beispielsweise wird geweissagt, er werde einst »in Elysions ebene Gefilde« geschickt, weil er der Gatte einer Zeustochter – ursprünglich einer Vegetationsgöttin – war: »Den Göttern / Bist du ja Helenas Mann und Zeus ist dein Schwäher geworden!« Und auch der Europa-Bruder und Drachentöter Kadmos gelangt schließlich dorthin und wird unsterblich, weil er mit Harmonia ebenfalls eine Vegetationsgöttin geheiratet hat.[65]

Abb. 85: Goldring von Mochlos, Grab des SM I.

Offenbar konnte in der Spätbronzezeit im östlichen Mittelmeer die Vegetation in Form eines Gottes und in der einer Göttin periodisch ins Jenseits entschwinden und vom jeweiligen Partner zurückgeholt werden, wie auf bildlichen Darstellungen zu sehen ist. Brachten später Apollon die Fruchtbarkeit in Form eines Lorbeerzweiges von den fernen Hyperboräern nach Delphi sowie Hera dieselbe in Gestalt eines Lygoszweiges nach Samos oder Plataia, scheint die minoische Göttin auf dem verschollenen Goldring von Mochlos (Abb. 85) und einem Siegel aus dem südostkretischen Makrygialos, die beide aus dem 15. Jahrhundert v. Chr. stammen, den Vegetationsgott in Form eines die Fruchtbarkeit verkörpernden Silphions bzw. einer Dattelpalme heimzuholen.[66]

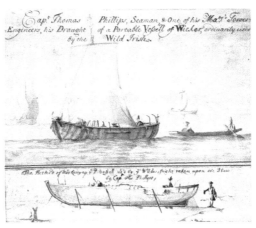

Abb. 86: »Genähtes« Currach der »Wild Irish« aus Rinderhäuten
mit Stierkopfsteven, englische Zeichnung, um 1670.

In vielen Seefahrergesellschaften verkörpert der Steven der Schiffe
und Boote gewissermaßen »die Seele« des Fahrzeuges, und so bedeutet die Tatsache, daß der Hecksteven des Mochlos-Schiffes die
Gestalt des Vorderteils eines Hippokampos besitzt, daß wohl
ursprünglich ein solches Seepferd die Göttin über das Meer gebracht hat.

In Ugarit sprach man in jener Zeit von einem Schiff wie von
einem lebenden Wesen, das »starb«, wenn es unterging, und auch
die Argo war ein beseeltes Fahrzeug, dem Athene göttliche Kraft
(θεῖον μένος) eingehaucht hatte. So drängt das unter Anleitung der
Göttin gebaute Schiff von selbst zum Aufbruch, »denn in ihm war
ein heiliges Stück Holz eingesetzt, das Athene aus der Dodonischen
Eiche mitten in den Kielbalken eingefügt hatte«, aus dem »plötzlich, in voller Fahrt« auf dem Eridanos die Stimme des Zeus
ertönt.[67]

Offenbar gab es in einer älteren Variante der Argonautensage
eine noch intimere Verbindung zwischen dem Schiff und einer Göttin, denn Kallimachos berichtet, die Argonauten hätten aus dem
Holz der Argo ein brettartiges Kultbild (ἄξοος σάνίς) ihrer Schutzgöttin Hera hergestellt. Brettförmig ist in der Tat die Darstellung

der von Löwen flankierten Hera mit erhobenen Händen auf einem thebanischen Reliefpithos des frühen 7. Jahrhunderts v. Chr., die, wie es scheint, von zwei Priesterinnen angekleidet wird. Und brettförmig war auch das Kultbild der Hera, das im 10. Jahrhundert v. Chr. vom Heraion von Samos zum Meer hinunter und anschließend wieder zurück ins Heiligtum getragen wurde, wodurch sicherlich das Verschwinden der Vegetationsgöttin über das Meer und deren Wiederkehr symbolisiert werden sollte.[68]

Allem Anschein nach war das ἱππόκαμπος bei den Minoern ein Inbegriff der Regeneration und der ewigen Wiederkunft und aus diesem Grunde natürlich bestens geeignet, ein Schiff zu beseelen, auf dem die Vegetationsgöttin ins Jenseits fuhr und aus diesem wieder zurückkehrte. Wahrscheinlich geht auch der Pferdekopf am Bug der phönizischen und karthagischen ἵπποι auf das Reittier der levantinischen Meeresgöttin zurück, das gleichermaßen das älteste etruskische Vehikel für die Jenseitsfahrt war. So ist auf einem etruskischen Siegel zu sehen, wie eine junge verstorbene Frau nackt auf einem Seepferd übers Meer zur Insel der Seligen reitet, und im Eingangsgiebel der Tomba dei Tori in Tarquinia aus dem 6. Jahrhundert v. Chr. ist es ein nackter Mann, der auf diese Weise zu der felsigen Insel gelangt. Wächst hier auf der Insel ein Lorbeerbäumchen, ist sie auf einem anderen Bild dieses Grabes mit Palmetten und Mohnkapseln, den Symbolen des Totenreiches, ausgestattet.[69]

Schon die kykladischen Darstellungen des 3. Jahrtausends eines durch die Wellen fahrenden Schiffes, unter dem sich eine von zwei belaubten Zweigen flankierte Vulva befindet, könnten die über das Meer heimkehrende Vegetationsgöttin symbolisieren, deren minoische Nachfolgerin sich zu einer Göttin des Meeres und der Hochseeschiffahrt entwickelte. In der Glyptik stellte man diese dar, wie sie auf einem Schuppenmuster – wohl der Chiffre für das Meer – liegt, und auf die Wände ihrer Schreine malte man Bilder von Seegras und fliegenden Fischen, während man die Böden mit von der Brandung abgeschliffenen Kieselsteinen sowie mit bemalten Muscheln bedeckte.[70]

Die 34-40 cm langen, aus Bleistreifen gefertigten Schiffsmodelle, die man offenbar gemeinsam mit den berühmten Frauenidolen in frühbronzezeitlichen Gräbern auf Naxos gefunden hat, entsprechen wohl den auf den »Kykladenpfannen« dargestellten Hochseebooten. Allem Anschein nach dienten sie ebenso der Vegetationsgöttin und nach ihrem Vorbild den Verstorbenen zur Überfahrt nach Elysion wie das aus einem protopalastzeitlichen Grab in der Gegend des Hodegetria-Klosters in den Asterúsia-Bergen stammende Modell eines Schiffes mit spitz zulaufendem Bug. In dessen Rumpf befinden sich Nachbildungen von Honigwaben (Abb. 87), die mit einiger Sicherheit auf die Biene verweisen, die im

Abb. 87: Schiffsmodell mit Honigwaben aus einem Grab
in den Asterúsia-Bergen, MM I A (21. Jh. v. Chr.)

Winter erstarrt und von der Frühlingssonne zu neuem Leben erweckt wird, weshalb das Tierchen in besonderer Weise die ewige Regeneration der Natur veranschaulichte.[71]

Auch in der Folgezeit blieb die Vegetationsgöttin die Beschützerin all jener Seefahrer, die in unbekannte Fernen aufbrachen. Als beispielsweise die Weiterfahrt der Argo durch einen schrecklichen, zwölf Tage und Nächte anhaltenden Sturm gefährdet war, vernahm einer der Argonauten, der Seher Mopsos, die weissagende Stimme eines Eisvogels, der »über das blonde Haupt« Jasons hinwegflog und den Helden riet, der großen idäischen Mutter, die über die Winde und die Wogen des Meeres gebietet, auf dem Berg ein Opfer zu bringen.[72]

Vergleichbare Göttinnen hatten auch in den anderen Kulturen im Umkreis des östlichen Mittelmeeres diese Funktion. Bereits im Alten Reich war Hathor (*Ḥwt-Ḥr*), »die Herrin von Byblos, [die] das Ruder der Schiffe führt«, nicht nur die Schutzgöttin derjenigen, die in die entlegenen Gegenden Serabit al-Ḥadim, Byblos und Punt aufbrachen, sondern auch die Göttin der »Wunder«, die man von dort bezog und zu denen Türkis, Lapislazuli, Amethyst und Gold gezählt wurden. Ihr »Atem« fuhr nicht nur in die Segel jener Fernfahrer, vielmehr fungierte sie als Lotsin und Steuerfrau der Barke des Rê, an dessen Bug sie stand. Dieses Schiff, das nach seiner Führerin auch »Barke der Hathor« genannt wurde, brachte nicht allein den Sonnengott, sondern ebenso den verstorbenen Pharao und später die »Gerechten« ins westliche Binsengefilde.[73]

In einem Sargtext des Mittleren Reiches wird diese Göttin der Liebe und ewigen Regeneration bezeichnenderweise mit der kanaanitischen ʿAšerah, der Gefährtin des Wettergottes, identifiziert, die in späterer Zeit Paredra des israelitischen Jahwe wurde, nachdem ein großer Teil der Wesenszüge Baʿals auf diesen übergegangen war. In ugaritischen Texten ist häufig die Rede von »den Nippeln auf den Brüsten der ʿAšerah«, und mit einer bemerkenswerten Oberweite ist sie auch im 9. Jahrhundert v. Chr. im hebräischen Kulturbereich abgebildet.[74]

In einem bekannten Mythos besänftigt Ištar den Meeresgott Chedammu, indem sie vor ihm ihre »verlockenden« Brüste und Schamlippen entblößt, worauf ihm »die Männlichkeit hervorspringt«, und so war auch ʿAšerah als ʿAṯiratu-yammi, »die das Meer beruhigt«, die Helferin und Schutzgöttin der levantinischen Seeleute. Manche byblitischen Schiffe besaßen offenbar einen Vordersteven in Form eines Löwen, des Reittieres der ʿAšerah, während andere am Heck eine Darstellung des Mondes, eines weiteren Symbols dieser Göttin, trugen, also des Himmelskörpers, der bei den Nachtfahrten das Meer erleuchtete.[75]

Der ʿAšerah entsprach eine zweite Paredra des Baʿal, nämlich ʿAštart, die gemeinsam mit diesem schon früh von syrischen und kanaanitischen Fernhändlern in fremde Länder verpflanzt wurde, z. B. nach Ägypten (Abb. 88), wo beide unter Amenophis II. in Perunefer, dem Hafen von Memphis, von den Levantinern als *ʿštrt* bzw. *bʿl* von *prw-nfr* verehrt wurden, wobei ʿAštart nicht nur die Göttin des Meeres und der Seefahrer, sondern auch die der Hafenhuren war. Die Phönizier brachten später ʿAštart nach Zypern und in den fernen Westen sowie darüber hinaus in den Norden. So gibt es im nördlichen Galizien ein Kap, das Punta da Muller Mariña, »Kap der Meerfrau« heißt, hinter der die Venus Marina und letztlich die phönizische ʿAštart steht, also die Schutzgöttin jener Pioniere, die sicher im 6. und 5. Jahrhundert von dort aus zur bretonischen und britischen Küste und vielleicht sogar noch weiter gefahren sind.[76]

Abb. 88: Reitende ʿAštart, Ostrakon, 18. Dynastie.

Im Heiligtum von Styllarka beim alten Hafen von Paphos an der zyprischen Südwestküste opferten einheimische wie fremde Seeleute der paphischen Aphrodite mit der Bitte um ihren Schutz auf einer bevorstehenden oder als Dank für eine glücklich verlaufene Fahrt. Diese Göttin, die »über die Sehnsüchte der Unsterblichen wie der Sterblichen herrscht«, war auf Zypern ein Amalgam von Wesenszügen der ʿAštart, der autochthonen Großen Göttin, sowie der indogermanischen Göttin der Morgenröte, während sie auf Kreta eine am Ende des 2. Jahrtausends erfolgte Mischung aus der Levantinerin und der minoischen Vegetationsgöttin war.

Als solche beschützte sie nicht nur unter den Namen Aphrodite Euploia (»Gutes Segeln«), Aphrodite Pontiké (»der Hochsee«) oder Aphrodite Nauarchis (»Herrin der Schiffe«) die griechischen Seeleute auf ihren Fahrten in den Westen oder an die Nordküste des Schwarzen Meeres. Vielmehr geleitete diese Göttin weiterhin als Ἀφροδίτη μελανίς die Toten ins Jenseits (Abb. 89), und sie war selber die periodisch nach Elysion entschwindende und von dort

Abb. 89: Hermes bringt Aphrodite auf seinem von Eroten gezogenen Wagen ins Jenseits, Relief aus Lokris, um 460 v. Chr.

Abb. 90: Epiphanie der aus dem Jenseits wiederkehrenden Aphrodite, Hydria, 5. Jh. v. Chr.

zurückkehrende Vegetationsgöttin (Abb. 90), die das Erdreich regeneriert: »Die Erde verlangt nach Regen, wenn der trockene Boden vor Dürre unfruchtbar ist und Feuchtigkeit braucht; den hehren Himmel andererseits verlangt es, wenn er mit Regen gefüllt ist, unter dem Zwang Aphrodites auf die Erde herniederzufallen; und wenn die beiden sich vereinigen, erzeugen sie und lassen alles wachsen, wovon das Menschengeschlecht lebt und gedeiht.«

Eine Terrakotta-Skulptur der Aphrodite, die man im 2. Jahrhundert in Smyrna einem jungen Mädchen mit ins Grab gegeben hatte, zeigt die Göttin im Augenblick ihrer Epiphanie, die auch auf einer rhodischen Pelike des 5. Jahrhunderts v. Chr. zu sehen ist: Hier läßt Hermes mit Hilfe seines Zauberstabes die durch die Blume in ihrer Rechten als Vegetationsgöttin gekennzeichnete Frau aus den Tiefen der Erde zurückkommen, freudig begrüßt von Hermes' Sohn Pan, der eine beachtliche Erektion vorweisen kann.[77]

Ursprünglich ist es nicht Kolchis am Ostrand des Schwarzen Meeres, sondern »die Stadt des Aietes (Αἰήταο πόλιν), wo die Strahlen des schnellen Helios in einer goldenen Kammer verwahrt liegen, an den Lippen des Okeanos (χρυσέῳ κεῖαται ἐν θαλάμῳ Ὠκεανοῦ παρα χεῖλεσ'), wohin der göttliche Jason ging«. An diesen »Lippen« lag offenbar die Mündung des Phasis, der in älterer Zeit noch nicht mit dem kolchischen Rion identifiziert wurde, sondern ab dem 7. Jahrhundert v. Chr. mit dem Tanaïs,[1] der später der Elbe gleichgesetzt wurde. Apollonios von Rhodos bezeichnet diese »Stadt« auch als das »Titanische Aia« (τιτηνίς αἶα), das »weit entfernt« von Kolchis am Ufer des Ringstromes liegt, wofür auch spricht, daß Hesiod die Aietes-Gattin Idyia »des Okeanos Tochter« nennt.[2]

Allem Anschein nach handelt es sich bei αῖα um ein Lallwort, mit dem in vielen, nicht miteinander verwandten europäischen und afroasiatischen Sprachen die Frau genannt wird, die den Säuglingen und Kleinkindern das Leben schenkt und erhält. So entsprechen dem idg. *au̯i-a*, »Mutter«, akkad. *aia*, Marāṭhī *āī* oder *āiyā* und Hindustānī *āyā*, »Säugamme« sowie im übertragenen Sinne »Erde«. Auf Kreta hieß offenbar die älteste Tochter, die sich um die Klein- und Krabbelkinder kümmerte, αῖα oder μαῖα, »Mütterchen« (zu μᾶ), und von αῖα im Sinne von Mutter Erde leitet sich auch der Name der makedonischen Stadt Αἰάνη ab.[3]

Die Stadt Sippar nahe dem linken Euphratufer war schon in altsumerischer Zeit Hauptkultort des Sonnengottes Šamaš und dessen Gattin Aia (*ᵈa-a*), der libidinösen Göttin der Morgenröte, die das akkadische Epitheton *kalla-tum*, »die Braut«, trug und auch *bēlet-ulṣa-zu unat*, »die mit Lüsternheit geschmückte Herrin«, genannt wurde. Und wie der Sonnengott während seiner nächtlichen Reise durch den Beischlaf mit Aia regeneriert wurde, erneuerten offenbar die Könige von Uruk und Larsa oder Hammurabi von Babylon als Verkörperungen des Šamaš im Schoße der die Aia/Ištar repräsentierenden Priesterin ihre Kraft und Herrschergewalt.[4]

Als der depressive ägyptische Sonnengott kraftlos auf dem Rükken lag, entblößte seine Tochter-Gattin Hathor vor ihm ihre Vulva, worauf Rê lachte und die Kraft in ihm hochstieg. Und als Pharao Snofru gleichermaßen schwermütig und schwächlich war, befahl er: »Laß mir 20 Frauen bringen, von schöner Gestalt und mit [wohlgeformten] Brüsten [...], und laß mir auch 20 Netze holen, und diese Netze laß den Frauen geben, nachdem sie ihre Kleider ausgezogen haben.«

Ein solches Netzkleid aus der 5. Dynastie hat sich erhalten. Es besteht aus glasierten Perlen mit Nippelkäppchen aus blauer Fayence, auf die Brustwarzen aus schwarzem Glas modelliert sind. Überdies setzt sich sein Saum aus 127 mit Steinchen gefüllten Schneckenhäusern zusammen, die beim Gehen erotisch klirrten. So gewandet und ansonsten nackt erfreuten die jungen Mädchen »mit festen Brüsten und Haarlocke« das kranke Herz des den Sonnengott inkarnierenden Königs, indem sie Hathor, »die Tochter des Rê, die Herrin der Locke und der Brüste« (*zȝt Rḫnwt ḥnsktjt bntjt*), darstellten. Dies taten besonders die Hathortänzerinnen, wenn sie beim Tanz zur Regenerierung der Fruchtbarkeit den Körper nach hinten und ein Bein so weit wie möglich nach oben warfen und dabei ihre Genitalien zur Schau stellten, wie es prototypisch die Göttin des Orgasmus vor Rê getan hatte. In einer Anrufung der sieben Hathoren heißt es: »Setzet ihre [= der Hathor] Leidenschaft in die Leiber der Frauen, wenn die Arme der Männer sie umschlingen. Sie [= die Frauen] sollen jauchzen bei ihrem [= der Göttin] Nahen und sie sollen lachen über das, was sie sagt.«[5]

Wie die Hathortänzerinnen beugt sich auch die bis auf einen sehr gewagten Minischnurrock nackte bronzezeitliche »Tänzerin« von Grevensvaenge zurück und bildet eine Brücke – vermutlich ebenfalls, um mit dieser erotischen Körperhaltung die Sonne zur Rückkehr zu bewegen.[6] Bekanntlich hatte sich ja auch die japanische Amaterasu Ōmikami, die »Große Göttin, die den Himmel erhellt«, im Winter in eine Höhle verkrochen, aus der sie das Lachen der Götter angesichts der Ama-no-Uzume-no-Mikoto hervorlockt, die vor ihnen die Brüste und die Vulva entblößt.[7]

Nach ägyptischer Vorstellung erneuerte der Sonnengott nachts

Abb. 91: Nut verschluckt und gebiert Rê,
Sarg der Tochter des Priesters Udjaersen,
26. Dynastie.

seine Kraft durch einen *regressus ad uterum*, indem er den Leib der
Hathor oder der Nut durchwanderte, um am nächsten Morgen
wiedergeboren zu werden (Abb. 91), und in den Pyramidentexten
schwimmt der verstorbene Pharao entsprechend zu einer Insel mit
dem Namen »Die zwischen den Schenkeln der Nut liegt«.[8] Nachdem der Sonnengott abends im fernen Westen angekommen war,
verließ er sein »Tagesschiff«, mit dem er über den Himmel gefahren
war, und ließ sich von Hathor oder Nut, die aus einem Papyrusdik-
kicht hervorkam, »umarmen«.[9] Daraufhin betrat er sein »Nacht-
schiff« (*mśkt.t*) und wurde von der Göttin zu seinem Palast im jenseitigen Binsengefilde geleitet.[10]

Die Vorstellung, daß der Sonnengott seine Jenseitsfahrt unterbricht, um sich bei seiner Frau in ihrem gemeinsamen Palast zu regenerieren, scheint auch im Vorderen Orient und im östlichen Mittelmeer verbreitet gewesen zu sein. So fährt der altbabylonische Šamaš in der Nacht zu seinem Palast, wo seine Gattin Aia ihn auf ihrem Bett (*erši ša Šamaš*) in der Schlafkammer (*bīt erši* oder *kummu*) erwartet, um ihn mit Speisen und kühlen Getränken zu bewirten und sein Herz zu erfreuen.[11]

Auch Helios (von idg. **su̯el-*, »brennen, schwelen«) begibt sich, wie Stesichoros von Himera im Ausgang des 7. Jahrhunderts v. Chr. es beschreibt, »zu seinem goldenen Becher (δέπας χρύσεον)[12] hin-

Abb. 92: Herakles fährt im goldenen Becher des Helios
über den Okeanos, um 480 v. Chr.

unter, um nach einer Weile zum äußersten Ende des Ringstromes (Ὠκεάνοῖο περάσας) in die einsamen Tiefen der Nacht zu seiner Mutter und geehelichten Frau (κουριδίαν τ'ἄλοχον) und seinen lieben Kindern zu gelangen«.[13]

Dort schlief der Sonnengott in der »Nachtkammer« (θάλαμος)[14] mit seiner Frau, die ihn dadurch verjüngte und regenerierte, so daß er die Kraft hatte, die Erdscheibe am kommenden Tag erneut mit seinen Strahlen zu befruchten.[15]

Abb. 93: Eos vergewaltigt Tithonos,
Kylix des Telephos-Malers, 5. Jh. v. Chr.

Im Gegensatz zur mesopotamischen ist eine ägäische *Göttin* Aia
zwar nicht mehr faßbar, aber das Relikt einer solchen Frau des
Sonnengottes ist Eos, die Göttin der Morgenröte, die junge Männer unsterblich macht, indem sie diese verführt oder vergewaltigt
(Abb. 93). Eos (ἔως, homer. ἠώς von *ἠανός, »glänzend«), die
Kuhäugige (βοῶπις) oder »Rosenfingrige« (ῥοδοδάκτυλος) genannt, weil die dem Sonnenaufgang vorausgehende Morgenröte
rosig bis purpurn glänzt, war eine »die Pflanzen nährende«
(ἀεξίφυτος) Vegetationsgöttin. Sie ergoß den morgendlichen Tau
über die Erde, auf daß die Wiesen lachten, die Rosen ihre Blütenblätter öffneten und alle Geschöpfe sich freuten.[16] Doch der Tau ist
auch das Sekret ihrer offensiven Lüsternheit: Von einem gewissen
Ariphrades, einem notorischen und bei manchen Frauen beliebten
Cunnilinctor, heißt es verächtlich, »er lecke den widerwärtigen
Tau in den Bordellen«, und in einem Satyrspiel teilt der Chor dem
betrunkenen Polyphem mit, er solle heimgehen, denn »in der tauigen Höhle« erwarte ihn schon eine sexuell erregte Nymphe.[17]

Noch unverblümter tritt diese Geilheit bei der ṛgvedischen Uṣás
zutage, der Geliebten des Sonnengottes Sūryā, dem »Lichtmäd-

148

chen«, die zum Neuen Jahr, von Indra aus ihrem steinernen Verlies Vala (»Umhüllung«) befreit, die Fülle auf die Erde zurückbringt,[18] die sich vor allem in ihren strotzenden Brüsten manifestiert: »Wie ein bruderloses [d. h. nicht kontrolliertes] Mädchen kommt sie den Männern entgegen; sie gleicht einer, die die Schaubühne besteigt, um Reichtum zu gewinnen. Schön gekleidet wie ein nach dem Manne lüsternes Weib, entblößt Uṣás ihre Brust wie eine Hure. [...] Wie eine mit der Nase saugende [= Elefantenkuh] hat sie ihre Vulva sehen lassen« und »lächelnd« (saṃsmáyamānā) und mit »bunten Farben« bemalt »wie ein Tanzmädchen« läßt sie von den geilen Männern ihre nackten Brüste betrachten »wie eine Rötliche [= Kuh] das volle Euter. Indem sie die ganze Welt erleuchtet, schließt Uṣás die Finsternis auf wie die Kühe die Hürde«.[19]

Der Uṣás am engsten verwandt ist im östlichen Mittelmeer die mit entblößten Brüsten wiederkehrende Vegetations- und Liebesgöttin Aphrodite, die auf den Frühling ankündigenden Tieren wie dem Kranich oder dem Schwan, aber auch auf dem als dauerbrünstig geltenden, mit gewaltigen Hoden ausgestatteten Ziegenbock angeritten kommt.[20] Aphrodite Urania (idg. *u̯er-s-, »regnen, ejakulieren, befruchten«)[21] bewirkte als *pluviorum pollicitatrix* das Abregnen der Wolken, so wie ihre Hierodulen die Männer zum Samenerguß brachten, und auch der Name der Aphrodite Κυθέρεια hat nichts, wie eine Volksetymologie es will, mit der Insel Kythera zu tun, sondern geht auf die idg. Wurzel *ghʷedh*, gr. *φοθ-, »Begiede, sexuelle Lust«, zurück.[22]

Lüstern und sexuell initiativ ist die Aphrodite wie Eos oder wie ʿAštart. Als Astronoë verfolgt sie den schönen Jüngling Ešmun, um ihn mit Gewalt zu nehmen und ihn durch ihre lebensspendende Körperwärme zu regenerieren, nachdem er auf der Flucht gestorben ist. Die Tatsache, daß auch sie von der Titanin abstammt, die jede Nacht den Sonnengott belebt, wird nirgendwo deutlicher als dort, wo sie den Phaëthon entführt, der ja niemand anderer ist als Helios selbst.[23]

Welchen nächtlichen Weg wird der Sonnengott nach Vorstellung der Ägäer genommen und wo wird er übernachtet haben? Wo also lag seine Schlafkammer und die »seiner lieben Frau«? Die Tahitia-

Abb. 94: Epiphanie des andinen, von einer Frau dargestellten
Sonnengottes beim Inti-Raymi-Fest.

ner glaubten, daß die Sonne abends im westlichen Meer versinke
und anschließend unter Wasser nach Osten zurückschwimme, und
die Bewohner von Bora Bora und Maupiti ganz im Westen der
Inselkette waren davon überzeugt, sie hörten das Zischen, wenn
die Sonne eintauche, so wie dies auch die Seemänner von Saint-
Malo im Nordosten der Bretagne noch im 19. Jahrhundert behaupteten.[24] Und nach lettischer Überlieferung »ertrank« die Sonnentochter Saules Meita, ein junges, soeben erblühtes Mädchen,
das nichts anderes als die Sonne selber ist, »im Meer; / Nur ihr
Kränzchen sah man noch«, worauf sie sich in ihren unterirdischen
Garten mit den goldenen Äpfeln begab.[25]

Doch wenn die Griechen sagten, die Sonne gehe »unter die
Erde« (εἰσ᾽ ὑπὸ γαῖαν), dann bedeutet das lediglich, daß sie am
Horizont nicht länger sichtbar war. In Wirklichkeit versank sie
nicht im Wasser, sondern fuhr im Halbkreis auf dem Okeanos vom
äußersten Westen in den äußersten Osten, wobei sie nach Anaximander durch das hohe Gebirge am Rande des Ringstromes verdeckt wurde, so daß man ihr Licht nicht sehen konnte. Und auch
die Letten kannten eine Variante, in der Saules Meita, das »Gold-

chen« (*zeltainīte*), am Abend im Westen »in ein goldenes Schifflein fällt«, das sie auf dem Meer zu ihrem Apfelgarten bringt.[26]

Durch die Wölbung der Erdscheibe konnten die Sonnenstrahlen auch nicht all diejenigen erreichen, die jenseits der »okeanischen Furt« (πόρος) an der gegenüberliegenden Küste lebten, z. B. die Viehherden des Unterweltsgottes Geryoneus im »dunklen Stall jenseits des Ringstroms«, die Ἑσπερίδες oder die Gorgonen »am Rande der Nacht«. Und Mopsos, »der wissende Seher« der Argonauten, erkennt sofort, daß sie sich in der Nähe des Unterweltsflusses Styx und des Landes der Kimmerier befinden, die noch nie das Tageslicht erblickt haben. Denn das Land, an dem die Argo vorbeifährt, neigt sich abwärts, es ist »finster, im Dunkeln gelegen, wo nie Sols feuriger Wagen hinkommt«, eine Gegend, die »selbst den Göttern noch fremd ist«.[27]

Wo dachte man sich des Helios Haus? Anscheinend gab es auf der einen Seite die Vorstellung, daß der Sonnengott nirgendwo rastete, sondern in seinem von Hephaistos gefertigten geflügelten Bett selig schlummernd »vom Land der Hesperiden zu dem der Aithiopen«, also vom Westen in den Osten zurückgebracht werde. Dem stand indessen die vielfach geäußerte Anschauung entgegen, es gebe durchaus einen solchen festen Ort, wenn auch unklar blieb, wo dieser sich befinden sollte.

So heißt es unspezifisch, die Töchter des Helios schifften sich »bei den Brauen des westlichen Okeanos« ein und führen in die Nacht hinein »zum Palast ihres Erzeugers«. »Im warmen Geriesel sanftfließenden Wassers« in einem »See am Okeanos« gönnt nach Aischylos der Gott sich selber »und den ermatteten Rossen« die verdiente Ruhepause, ohne daß der Tragiker erwähnt, an welcher Stelle des Ufers das geschieht. Und Alexandros von Aitolien überliefert, Helios reiche den müden Pferden ein regenerierendes Gras »als herzlich erfrischendes Nachtmahl«, ohne einen Hinweis darauf zu geben, wo diese von Kronos ausgesäten Pflanzen wuchsen.[28]

Allerdings scheinen viele es schon früh für sehr wahrscheinlich gehalten zu haben, daß der Sonnengott auf halbem Wege bei seiner Gattin eingekehrt sei und dort, am »äußersten Ende des Ringstroms«, wie Stesichoros sagt, seinen Palast hatte, und das muß, wenn er über den nördlichen Okeanos zurückkehrte,[29] im äußersten Norden der Erdscheibe geschehen sein.

Bereits vor langer Zeit hat man vermutet, Odysseus sei von der Insel der Kalypso im fernen Westen aus dem Weg der Sonne gefolgt, weil dies die einzige Möglichkeit war, jemals wieder nach Hause zu kommen. Und in der Tat fährt Odysseus, dem Rat der Okeanostochter folgend, auf dem Ringstrom nach Nordosten, sich stets zur Linken der Konstellation der Großen Bärin (ἄρκτος)

Abb. 95: William McGregor, Odysseus trifft am Strand von Scheria auf Nausikaa, um 1901.

haltend.[30] Schließlich in Scheria angelangt, wendet der Held sich an die Königin Arete, nachdem Nausikaa ihm geraten hat, am Thron ihres Vaters vorbei auf die Mutter zuzugehen: »Wenn sie dir gewogen, / Liebe dir sinnt im Gemüte, dann hast du jegliche Hoffnung, / Wiederzusehn deine Freunde, dein festgegründetes Wohnhaus / Wieder zu finden und endlich auch das Land deiner Heimat!«

So wie Helios seiner Gattin bedarf, um nach Osten zurückkehren zu können, braucht Odysseus die Hilfe der ihr entsprechenden Herrscherin Elysions an der nördlichen Okeanosküste.[31] Denn dieses »Land« (γαῖα) »weitab von handeltreibenden Männern«, in dem der Westwind »Winter wie Sommer« Äpfel, Birnen, Granatäpfel, süße Feigen, Weintrauben und Oliven reifen läßt, ist nichts anderes als die Ἠλύσιον πεδίον, wo die Phäaken im »Goldenen Zeitalter« leben wie einst die Menschen unter der Herrschaft des Kronos, wie die seligen Hyperboräer oder die Auserwählten auf den μακάρων νῆσοι. Und es ist auch nichts anderes als »die Stadt des Aietes«, der Ruhepunkt des Sonnengottes, in dessen Palast es

Abb. 96: John Waterhouse, »Die Sirene«, 1899.

Quellen gibt, aus denen Milch, Wein und Öl fließen. In Scheria herrscht der »unsterbliche« Alkinoos genau wie Rhadamanthys in Elysion und hält »als Zeichen seiner richterlichen Vollmacht das goldene Szepter«, ja, wie der Phäakenkönig dem angeschwemmten Fremdling erzählt, hatten die Phäaken einstmals den blonden Herrscher über Elysion in einem einzigen Tag zur Welt der Sterblichen und in einem weiteren Tag wieder zurückgefahren.[32]
Eine plötzlich eintretende Windstille ist stets ein Anzeichen dafür, daß ein übernatürliches Wesen sich nähert oder daß man auf

einen entsprechenden Ort gestoßen ist.[33] Wie Hesiod überliefert, verzauberten die Sirenen nicht nur die Seeleute, sondern auch die Winde, und als Odysseus und seine Männer sich der blumigen Insel dieser Nereiden nähern, hört der Wind auf zu wehen: »Gleich dann ruhten die Winde. Kein Hauch mehr bewegte die Wogen, / Meeresstille entstand; denn ein Gott ließ die Wellen entschlafen.« Nachdem Poseidon des Odysseus Floß zerschlagen hatte und der Held hilflos auf die Küste Scherias zutrieb, geschah ein gleiches: »Als aber Eos mit herrlichen Flechten das drittemal tagte, / Legte sich endlich der Wind und still wards über den Wellen. / Nichts mehr bewegte die Luft und Land war nahe.«[34]

Daß Scheria ein ›jenseitiger‹ Ort ist, wird vor allem aber daran deutlich, daß die phäakischen Seeleute, »die schmerzlosen Geleiter aller Menschen«, offenkundig die Fährmänner sind, die nicht nur den kretischen Vegetationsgott Rhadamanthys zu seiner jährlichen Epiphanie in die Welt der Sterblichen, aber auch von dort zurück an den Okeanos brachten. Vielmehr transportieren sie auch den Jenseitsreisenden Odysseus ins Diesseits heim, wobei dieser in den »nie unterbrochenen Schlummer des Todes« fällt, alles »vergessend, was er je erlitten«. Die schwarzen Schiffe der Phäaken (φαιός, »Dunkelmann«) sind, stets eingehüllt »in dunstige Nebel«, »schnell wie ein Gedanke« (ὠκεῖαι ὡς εἰ νόημα), und auch das Gefährt, auf dem der Held wie der schlafende Helios durch die Dunkelheit gebracht wird, steht ihnen nicht nach: »Vergeblich wäre der Habicht, / Dieser schnellste der Vögel, mit ihm um die Wette geflogen.«[35]

Der Name des Alkinoos bedeutet dementsprechend »der mit Kraft in die Heimat bringende«, so wie der Name des Jenseitsreisenden Nestor, der einst das geraubte »Sonnenvieh« durch [Tele-] Pylos, das »Tor der Sonne«, zurückführte, entweder »Heimbringer« oder »der [immer] wiederkehrende« bedeutet (vgl. νόστος, ursprünglich »Ausfahrt, Zug«, später »Rückfahrt, Heimkehr«, von idg. *nes-, eigentlich »nähren«, davon abgeleitet »zum Leben zurückkehren, etwas glücklich überstehen, glücklich angelangen«; as. *ginesan*, »gerettet werden«, nhd. *genesen*).[36] Der Name der Königstochter Ναυσικάα bedeutet »die an Schiffen unübertroffene«, und Alkinoos' Vater Nausithoos, der Sohn Poseidons, der einstmals die Phäaken selber ins glückselige Scheria übergesetzt hatte, war auch der Skipper eines anderen berühmten Jenseitsreisenden, nämlich Theseus, dessen Rudergänger und Befehlshaber des Vorderdecks (πρῳρεύς) der meist am Schiffsbug stehende Phaiax, »der Phäake«, war, ein attischer Schiffsheros, der im Hafen von Phaleron südlich von Athen kultisch verehrt wurde.[37]

Scheint also die Lokalisierung von Scheria, Aia oder Elysion, die bereits in der Antike miteinander identifiziert wurden,[38] irgendwo an der diesseitigen Küste des Okeanos uralt und sicher vorgriechisch zu sein, ist man dem auch in der späteren Antike häufig gefolgt. So meinte z. B. im 1. Jahrhundert v. Chr. der Astronom und Mathematiker Geminos, ein Schüler des Poseidonios von Rhodos, zum Rastplatz des Sonnengottes sei wohl schon Pytheas von Massilia gekommen, habe doch dieser in seiner Abhandlung über das Weltmeer geschrieben: »Es zeigten uns die Barbaren den Ort, wo Helios sich schlafen legt (ὅπου δ ἥλιος κοιμᾶται). Es traf sich nämlich, daß in diesen Gegenden die Nacht ganz kurz war, an manchen Orten zwei, an anderen drei Stunden.« Und er fügte hinzu, bereits Krates von Mallos habe die Auffassung vertreten, irgendwo dort oben müßten die homerischen Laistrygonen leben und noch weiter nördlich in ewiger Dämmerung die Kimmerier.[39]

Wenn Herodot und andere von einem Αἶα ἡ Κολχὶς im Osten sprachen, muß es noch im 5. Jahrhundert v. Chr. die Vorstellung von einem anderen, ursprünglicheren Aia gegeben haben, von dem gewiß die νῆσος Αἰαίη, die »aiaiische Insel« der Heliostochter Kirke, ein Überbleibsel ist. Dieses vom »endlosen Meer« (πόντος ἀπείριτος) umgebene Eiland wurde offenbar ausdrücklich mit Elysion identifiziert, denn Proklos, das Oberhaupt der athenischen Akademie, verlautete, sowohl Penelope wie auch ihr Sohn Telemachos seien nach ihrem Tod dorthin entrückt worden.[40] Auch Kirkes Insel hat man sich irgendwo im nördlichen oder nordwestlichen Okeanos gedacht, »weit entfernt vom kolchischen Aia«, nordöstlich vom Hades. Denn Odysseus braucht den kalten Nordwind, um von der Insel gegen die Strömung des Okeanos zum Eingang der Unterwelt, zum »Hain der Persephone«, zu gelangen, und den-

Abb. 97: John Waterhouse, »Kirke«, 1891.

selben Weg nehmen auch die orphischen Argonauten, um schließlich über »Tartessos« die Säulen des Herakles zu erreichen. Als Odysseus und seine Männer schließlich von jenem finsteren Ort am jenseitigen Ufer des Ringstromes zur Insel der Kirke zurückfahren, müssen sie lediglich rudern, um von der Küste wegzukommen. Doch nachdem dies geschafft ist, überlassen sie das Fahrzeug dem Strom,[41] wobei der Westwind sie über denselben Teilabschnitt des Okeanos treibt, den der Held auch auf seiner 18 Tage und Nächte während Fahrt von Ogygia ins Land der Phäaken hinter sich läßt.

Ist in diesen Fällen der elysische Ort am äußersten Rand der Ökumene *geographisch* fixiert, gibt es gleichzeitig die μακάρων νῆσοι oder das Ἠλύσιον πεδίον als das, was ich vor mehr als dreißig Jahren den »Traumort« genannt habe, der nicht an einer bestimmten Stelle des räumlichen Kontinuums auffindbar ist.[42]

So führt die Reise des Parmenides zur Göttin des Sonnenlandes,[43] zum »Tor der Wege von Tag und Nacht«, in dem »die Nacht und der Tag sich berühren, / tauschend den Gruß, einander begegnend auf eherner, großer / Schwelle. Da steigt die eine [= Sonne] abwärts, aufwärts der andre [= Mond]«, »und nie umschließt sie beide zugleich die Behausung«.[44]

Als Odysseus und seine Gefährten, mit Schimpf und Schande von der Insel Aiólia gewiesen, nach sechs Tagen und Nächten und »stetigem Segeln« nach Τηλέ-πυλος, dem »fernen Tor« zur Unterwelt, gelangen, kommen sie ebenfalls zu dem Ort, wo »die Pfade der Nacht und des Tages« einander »berühren«. »Hirten treiben dort ein und aus zu der nämlichen Stunde, / Einer ruft und der andere hört es. Ein Schlafloser fände / Doppelverdienst als Hirte bei blinkenden Schafen und Rindern.« Und auf Aiaia, der Insel der Sonnentochter, klagt er den Männern: »Freunde, wir wissen es nicht, wo Abend liegt und wo Morgen, / Nicht, wo die Sonne, die den Sterblichen leuchtet, sich unter die Erde / Senkt und nicht, wo sie aufsteigt.«[45]

Allem Anschein nach kann Odysseus sich nicht orientieren, weil er sich an einem Ort befindet, der *außerhalb* der Ökumene liegt, in der allein es einen Osten und einen Westen gibt. Wenn man will, kann man dies so ausdrücken, daß der Held dorthin gelangt ist, wo West und Ost *zusammenfallen*, weshalb Helios sagen kann, er habe sich an seinen grasenden Rindern erfreut, wenn er »aufstieg« und wenn er »vom Himmel zur Erde« sich »kehrte«. So können dieselben Aithiopen beim Ort des Sonnenaufgangs und bei dem des Sonnenuntergangs leben, und so ist der Stall, aus dem das Morgenlichtmädchen im Osten ihre Schafherde ins Freie läßt, derselbe wie derjenige, in welchen sie die Tiere am Abend führt.[46]

Auch der mesopotamische Sonnengott durchschreitet morgens und abends dasselbe Unterweltstor im Berge *māšu[m]*, dem »Zwillings-Berg« oder »Berg des Sonnenauf- und -untergangs«, auch *kurbad*, »weit entfernter Berg« genannt.[47] Diese von Apfelbäumen bewachsene Erhebung, auf der alle Quellen und Flüsse entspringen, reicht von der Unterwelt bis in den Himmel, und das Tor wird von einem Mann und einer Frau bewacht, die vom Gürtel abwärts einen Skorpionsleib besitzen und die den ersten Sterblichen, der sich dorthin vorwagt, mit den Worten ansprechen: »Nicht gab es, Gilgameš, Menschen, die es vermochten! / Des Berges Inneres hat niemand durchschritten, / Auf zwölf Doppelstunden finster sein Inneres! /

Dicht ist die Finsternis, kein Licht ist da! / Zum Sonnenaufgang lenkt sich der Weg, / Zum Sonnenuntergang gleichermaßen.«[48]

Und so werden Šamaš und bisweilen auch der ebenfalls verschwindende und heimkehrende levantinische Wettergott vor allem auf Siegeln wiedergegeben, wie sie auf dem als Doppelgipfel dargestellten *māšu* bzw. *tlm ģṣt arṣ*, »den zwei Gipfeln am Ende der Welt«, stehen.[49] Oder der Sonnengott taucht zwischen den beiden Gipfeln auf, die Feuersäge in der Hand, mit der er das erhitzte

Abb. 98: Epiphanie des Šamaš auf dem Doppelgipfel, Rollsiegel aus Serpentin, 23. Jh. v. Chr.

Sägemehl herstellt, das auf den Zunder fällt und diesen entzündet (Abb. 98).[50]

Doch ob nun die vorgriechische Sonnen- oder Vegetationsgottheit eine ›außer-‹ oder, was wohl wahrscheinlicher ist, eine ›innerweltliche‹ Fahrt unternommen hat, sicher ist, daß diese das Paradigma für eine glückliche Reise in unbekannte Fernen und beispielhaft für Regeneration und Wiederkunft gewesen ist.

»Günstig ist er [Helios]«, so Artemidor von Daldis, »auch für den, der nach Westen reisen will, denn er verkündet ihm die Heimkehr aus diesen Ländern«, und beim hethitischen Neujahrsfest *ḫaššmaš*, das vermutlich ḫattischen Ursprungs war, ahmte der König (*ḫaššu*, von *ḫaš*, »öffnen, gebären, zeugen«) den Weg der Sonne von ihrem Aufgang, der Geburt, über das Reifen bis zum Untergang, dem Sterben, nach.[51]

Daß die Minoer davon überzeugt waren, die Verstorbenen –

oder zumindest gewisse Bevorrechtete unter ihnen – seien in ein fernes Elysion überführt worden, ist, wie wir bereits gesehen haben, schon seit langem angenommen worden. Und als ein Volk von Seefahrern werden sie wie selbstverständlich davon ausgegangen sein, daß diese jenseitige Welt über das Meer zu erreichen war. So hat man das Schiff mit Mast und Haltetauen auf einer um 1300 v. Chr. im zentralkretischen Gâzi als Sarg verwendeten Larnax als ein Totenschiff interpretiert, und die Szene auf einer etwas älteren

Abb. 99: Überreichung der Totenbarke an den Verstorbenen, Sarkophag von Aghia Triada, 14. Jh. v. Chr.

Larnax aus einem Grab bei Rethymnón, in der anscheinend ein Paar einen aufgebahrten Verstorbenen betrauert, ist mit wellenförmigen Linien übermalt, die offenbar das Meer symbolisieren. Denn vor allem die Innenseiten solcher Larnakes, die typisch für die spätpalastzeitliche Messará, aber auch für andere Gegenden Kretas sind, besitzen sehr häufig einen Dekor von Meereswogen, Schiffen, Fischen, Delphinen, Meeresschildkröten, Kraken, Argonauten (Schalenkraken), Seegras, Seeanemonen, Muscheln und dergleichen. Auf einer Terrakotta-Larnax aus Tanagra ist sogar ein Ruderschiff zu sehen, das offenbar an einer Küste ankommt, die mit lauter Blumen, und zwar anscheinend vor allem mit die Totenwelt symbolisierenden Mohnblumen, bewachsen ist.[52]

Entsprechend hat man die berühmte Szene auf dem Sarkophag von Aghia Triada interpretiert, in dem vielleicht im frühen SM III A 2 ein dem πάρεδρος der großen minoischen Göttin angeglichener minoisierter mykenischer Wanax bestattet worden ist. In dieser Szene wird offenbar dem bereits ›gestorbenen‹ und deshalb starr und ohne Arme wie eine Mumie dargestellten Vegetationsgott unter anderem ein Schiff gebracht, das ihn vermutlich über das Meer nach Elysion bringen wird (Abb. 99).[53]

Dieser Vegetationsgott, der jährlich verschwindende und wiederkehrende ἐνιαυτὸς δαίμων, dessen ἄνοδος vermutlich bereits in mittelminoischer Zeit in der von der Messará aus sichtbaren Mavrospelaion, der Kamares-Höhle, gefeiert wurde, war höchstwahrscheinlich der Vorläufer des jugendlichen Gottes, der auf einem Stater des 4. Jahrhunderts v. Chr. mit einem Hahn auf dem Schoß auf der Stammkuppe einer Weide sitzt. Zeus Welchanos (Ϝελχάνος), dessen Name sich wohl von ἑλίκη, »Weidenbaum«, herleitet, besaß in der Nähe von Aghia Triada ein Heiligtum, das von Flüchtlingen aus Phaistos erbaut worden sein soll, nachdem die Stadt vom benachbarten Gortyn zerstört worden war. Dort stand noch vor etwas mehr als einem halben Jahrhundert ein Baum, von dem die Einheimischen sagten, er sei der heilige Baum der Europa, jener Frau, hinter der die minoische Göttin steht.[54]

Offenbar gab es ein pankretisches Frühlingsfest Ϝελχάνια, das nach Inschriften aus Knossos, Lyttos und Gortyn im Ἑλχάνιος, dem Monat des Wiedererwachens der Natur, gefeiert wurde und bei dem anscheinend das Ausschlagen eines heiligen Baumes die Epiphanie des Vegetationsgottes und Herrn des himmlischen Feuers und befruchtenden Regens[55] anzeigte. Dieser Feier der Rückkehr des Ϝελχάνος entspricht heute das Fest der Wiederauferstehung Jesu am Sonntag vor Frühlingsneumond, vor dem überall auf Kreta Großputz stattfindet, die Häuser weiß gestrichen und die männlichen Lämmer geschlachtet und mit frischen Blumen geschmückt werden.[56]

Auf einigen minoischen Goldringen scheint ein junger Mann einen Baum aus einem Schrein herauszureißen, während andere Personen neben ihm offenkundig trauern. Auf anderen schüttelt eine Frau, vermutlich eine Priesterin, einen Baum, worauf, nach dem üblichen Simultanprinzip dargestellt, eine Göttin erscheint, die von ihr angebetet wird (Abb. 100). Höchstwahrscheinlich sind hier das Verschwinden, das ›Sterben‹ der Vegetationsgottheit und

Abb. 100: Goldring von unbekanntem Ort auf Kreta,
vermutlich 15. Jh. v. Chr.

die Herbeiführung ihrer Epiphanie dargestellt,[57] wobei diese Gottheit weiblicher oder männlicher Natur sein kann. Dieser entsprachen in späterer Zeit die Kore und, vor allem in Lakonien, der »Schweller« (φλέως) und »Fruchtbringer« (κάρπιμος) Dionysos, der in Form eines Feigenbaumes verehrt wurde. Sowohl der sumerische Dumuzi als auch der ihm entsprechende babylonische Tammuz sowie der sie repräsentierende Priesterkönig waren die Personifikationen der Dattelpalme und anderer Bäume – »Sulgi, der König, der huldreiche, ist eine Dattelpalme, gepflanzt an einem Wassergraben«, heißt es auf einem babylonischen Täfelchen –, und in späterer Zeit wurde eine den Attis verkörpernde Pinie geschlagen und ins römische Heiligtum der Kybele geschafft.[58]

Eine andere Erscheinungsform des Vegetationsgottes war der jedes Jahr in der Sommerhitze dahinwelkende Frühlingsgott Ὑάκινθος, der sich nicht in der Hyazinthe, sondern in der ebenfalls zur Gattung der Liliengewächse gehörenden Szilla (*Urgurea marittima*), auch Blaustern oder Meerzwiebel genannt, manifestierte.[59]

In Pyrgos im nördlichen Zentralkreta feierten die Dorer die Hyakinthia, und in einem Höhenheiligtum in der Nähe der Stadt verehrten sie Apollon Hyakinthos, den Nachfolger des minoischen Vegetationsgottes. Während der Hyakinthia in Amyklai und in Taras trauerten die Frauen am ersten Tag über den von Apollon verursachten Tod des jungen Gottes, und am zweiten jubelten und tanzten sie ekstatisch angesichts seiner Wiederkunft.[60]

Wurde der Tod des Vegetationsgottes als das Fallen der Blätter eines Baumes, dessen Ausreißen, das Vertrocknen einer Blume oder als Fahrt in eine jenseitige Welt gedacht, so gab es auch die Vorstellung, daß Hyakinthos periodisch auf einem von Apollon ausgeliehenen Schwan über das Meer zu den Hyperboräern flog. Weit verbreitet war in der Ägäis entsprechend das Herbeirufen der Gottheit im Frühling oder nach der Sommerglut im Herbst.

Nach Kallimachos und anderen wurde Apollon mit ἰὴ ἰὴ κα-ρνεῖε, »Hië, hië, Karneios!« und mit ἰὴ ἰὴ παιῆον, »Hië, hië, Paieon!« gerufen, im Frühling auf seinem Schwanenwagen herbei-zukommen, und mit denselben Rufen feuerten die kerykischen Nymphen auf dem Parnassos den Gott im Kampf mit dem Dra-chen Delphyne an.[61]

Abb. 101: Der Argonaut Hylas und die Nymphen,
römisches Mosaik, um 350.

Alles deutet darauf hin, daß auf diese Weise *vor* Apollon nicht nur Hyakinthos nach dem Trauertag, sondern auf Chios auch der verschwundene Vegetationsgott Hylas herbeigerufen wurde, der später bezeichnenderweise zu einem der Argonauten und zum Ero-menos des Herakles wurde. Wie der aus dem Meer aufgetauchte Glaukos Jason und den übrigen Fernfahrern erklärte, war Hy-las verschwunden, weil eine liebestolle Nymphe den Jüngling in ihre Quelle hinabgezogen hatte, um ihn zu beschlafen (Tf. XIV u. Abb. 101), was bekanntlich jeden Sterblichen unsterblich macht.[62]

In der Nähe von Olympia fand man einen Kieselstein, der um die Mitte des 17. Jahrhunderts v. Chr. mit der Inschrift »Kharops, der Handwerker, [brachte] dem Paian (*pa-jo*) diese [Votivgabe dar]« versehen wurde. Da sich ganz in der Nähe auch die minoische Figurine einer Frau, wohl einer Göttin, befand, nimmt man an, auch der Kiesel könne aus Kreta importiert worden sein, wo auf einem in Knossos geborgenen Linear-B-Täfelchen *pa-ja-wo-ne*, »dem Paian«, geschrieben steht. Dieser Paian ist sicher identisch mit dem idäischen Daktylen Paionaios, der auf einen Paredros der großen minoischen Göttin zurückgeht, und auch mit dem Heilgott ΠαιάϜων, den der kretische Paian-Sänger Thaletas verehrte, der mit seiner Musik Seuchen vertrieb.[63]

Bei den Griechen galten Paiane als typisch kretisch, weshalb die Spartaner Thaletas aufs Festland holten, damit er die Stadt mit einem selbstkomponierten Paian von der Pest befreite.[64] Ursprünglich handelte es sich jedoch gewiß um jene Schreie und Rufe, die im minoischen Kreta von den Kultdienerinnen bei ihren ekstatischen Tänzen zum Herbeirufen der ersehnten Vegetationsgottheit ausgestoßen wurden, die auf einigen Goldringen dargestellt sind. Das Wort Παιάν geht auf einen vorgriechischen, vermutlich minoischen Ausdruck zurück, der sich vielleicht von proto-idg. *pawjā*, »schlagen«, ableiten läßt, womit möglicherweise das Schlagen oder Schütteln des heiligen Baumes zur Erweckung der Lebenskräfte gemeint war, vergleichbar mit den Stampftänzen zum Aufwecken der im Winter eingeschlafenen Natur.[65]

Im Jahre 1963 wurde ich in Tesuque, einem der Pueblos am Rio Grande, Zeuge eines Stampftanzes zu einem monotonen Trommelrhythmus, der den gesamten zentralen Dorfplatz erzittern ließ, und ähnliche Tänze zum Wecken der Naturkräfte gab es auch in Neuguinea oder bei den Mru in den Bergen von Chittagong. Gegen Ende des sengenden Sommers hielt man in verschiedenen Gegenden Griechenlands die Κρόνια ab, bei denen gesprungen, umhergewirbelt, gestampft, gerasselt und geschrien wurde, damit der gestorbene Vegetationsgott, der Paredros der Μήτηρ, auferstand:

»Und es stampften die schönbehelmten Reihen der einsam / Hausenden Korybanten im Tanz mit dem knossischen Schilde / In gemessenem Schritt. Und während das dröhnende Kalbsfell / Wirbelnd geschlagen ward von eifernden eisernen Schlegeln, / Tönte die Doppelflöte und sang den Tänzern zum Ansporn / Hauchend ihr Lied.«[66]

Zum »Kornaufwecken« ließen früher die Bauern in den Alpenländern die Peitschen knallen, und in Norddeutschland pflegten die Frauen nach dem Schließen der Backofenklappe hochzuspringen, damit das Brot wohl geriet. Das Lebenserneuerungsritual der Tungusen bestand aus einem Tanz, bei dem vorwiegend in die Luft gesprungen wurde,[67] und auch die Hochsprünge der Kureten sowie der Sprung der minoischen Jünglinge[68] über den Stier, diesen Inbegriff der Lebenskraft und Fruchtbarkeit, dienten gewiß der Regenerierung der Fauna und Flora.[69] Aber auch das Tauziehen der beiden Geschlechter während der laotischen, japanischen und ostindonesischen Erneuerungsriten, das die Bewegungen beim Geschlechtsverkehr darstellte, oder der Brauch der Thai, bei dem Jünglinge den jungen Mädchen einen Federball durch ein mit Papier verschlossenes Loch in einem aufgehängten Brett – der Vagina mit dem Jungfernhäutchen – zuwarfen, sollten die schöpferische Kraft der Natur steigern.[70]

In vielen Weltgegenden scheinen die Wettläufe zur Regenerierung der Vegetation am verbreitetsten gewesen zu sein. So eilten die Läufer der Hopi, die in ihren Händen Wolken- und Gewittersymbole trugen, in die Gegenden, die des Regens am dringendsten bedurften, und die der Tarahumara beschleunigten durch ihre Laufbewegungen den Lauf der zurückkehrenden Sonne. Bei den kultischen Wettrennen der nordperuanischen Chimú verfolgte zur Anregung des Wachstums der Feldfrüchte ein Mann eine junge Frau und koitierte sie, wenn er sie eingeholt hatte, und beim *makahiki*-Fest anläßlich der Rückkehr des Fruchtbarkeitsgottes Lono auf Hawai'i gab es entsprechende Wettläufe (*hei-hei kūkini*) zwischen Männern und Frauen mit hohen Wetteinlagen: So konnte beispielsweise eine Ehefrau dem Wettsieger sexuell zur Verfügung gestellt werden.[71]

Wie ein im Heiligtum von Kato Syme geopferter spätminoischer Goldring, auf dem ein jugendlicher Läufer dargestellt ist (Abb. 102), vermuten läßt, gab es derartige Veranstaltungen auch im bronzezeitlichen Kreta[72] und später im antiken Griechenland. So erwartete man einst, daß der Gewinner des Stadionlaufes von Olympia die Siegerin des Rennens zu Ehren der Hera heiratete,

Abb. 102: Läuferring von Kato Syme, vermutlich ursprünglich aus Knossos, SM III A1.

damit diese Verbindung eine gute Ernte und den Wohlstand des Volkes garantierte. Die Tatsache, daß die Priesterin der Demeter Chamyne (»von der Erde«), die im Stadion von Olympia einen Altar besaß, als einzige Frau den nackten Athleten zuschauen durfte, läßt durchscheinen, daß im Kult der vorgriechischen Vegetationsgöttin Demeter offenbar Tänze oder Wettläufe durchgeführt wurden, mit denen die Lebenskraft der Natur geweckt oder zurückgeholt werden sollte.[73]

Eine besondere Art des vor allem auf Kreta verbreiteten Tanzes zur Regenerierung des Lebens war der auch ὀροίτης, »Erreger«, genannte Waffentanz, durch den die Fruchtbarkeit und das Wachstum angeregt werden sollten und bei dem man zusätzlich mit den durch das Aneinanderschlagen der Metallwaffen erzeugten lauten Geräuschen den Schlummer der Erde unterbrechen und die Feinde der Fruchtbarkeit vertreiben wollte.[74] In einem orphischen Hymnus heißt es, die Erde erwache und blühe auf, wenn die Kureten beim Waffentanz auf den Boden stampfen, und als die Argonauten auf dem Berg der Großen Göttin diesen Tanz aufführen, bei dem sie rhythmisch die Schwerter auf die Schilde schlagen, regenerieren sie die Natur: Plötzlich »warfen die Bäume überreichliche Frucht ab, und die Erde ließ zu ihren Füßen von selbst Blumen auf liebliche Weise sprießen«. Der Frühling war zurückgekommen, »eine nicht versiegende Quelle« brach hervor, die rauhen Winterstürme waren eingeschlafen und die Wogen des Meeres glätteten sich für die Schiffahrt.[75]

In dem berühmten ›Hymnus von Palaikastro‹ wurde der Vegetationsgott – offenbar von seinen sterblichen Kultdienern, den Kureten – dazu aufgefordert, nach *di-ki-te*, d. h. wohl in seine ›Geburtshöhle‹ Psychró im Dikte-Massiv, zurückzukommen (Δίκταν ἐς ἐνιαυτὸν ἕρπε, »komm!«), um anschließend »die wolligen Herden« und »die Fruchtfelder« zu »bespringen«, wobei dieses Wort (θόρεὲς) durchaus im sexuellen Sinne zu verstehen ist.[76] Aus dem vokativischen κρόνειε geht hervor, daß der Kronide, der jugendliche μέγιστος κοῦρος, mit einem Paian herbeigerufen wurde. Dieser Zeus Δικταῖος (*di-ka-ta-jo di-we*) war gewiß eine griechische Weiterentwicklung des Paredros der großen minoischen Göttin,[77] dessen elfenbeinernes Konterfei in den Ruinen des minoischen Palaikastro ausgegraben wurde.[78]

Der indogermanische **déiṷo-* oder **deiĕu-* (**di̯éṷs phtḗr*, daher Ζεύς πατήρ und Iu-piter, sowie ved. *dyáuṣ pitā́*, pal. Tiyaz, luw. Tiwaz, hethit. Šiuš) war kein Sonnengott, der an den Küsten des Mittelmeeres, wo es Sonnenlicht genug gab, sein Wesen verändert hätte, wie es immer wieder heißt.[79] Höchstwahrscheinlich bedeutete der Name zwar »der Leuchtende«, doch war damit nicht so sehr der Spender des Sonnenlichts, sondern eher der Blitzeschleuderer (ἀστροπητής) und Wolkensammler (νεφεληγερετης), der Wetter- und Regengott gemeint, der die Erde befruchtete.[80] Diese Erdgöttin war die wohl mit der *di-wi-ja* eines Linear-B-Täfelchens aus Pylos identische Dione, die in Dodona als Διώνη Ναία durch den Regen (ναία), also das Sperma des Ζεύς Νάιος (von νάειν, »fließen, strömen«) zur μάτηρ gemacht wurde.[81]

Als die ersten Mykener sich in der Spätbronzezeit auf Kreta

ansiedelten, sahen sie offenbar eine so große Ähnlichkeit zwischen ihrem Erdbefruchter, der als Kuckuck den Frühling brachte, und dem minoischen Vegetationsgott und Sohn-Geliebten der großen Göttin, daß sie beide miteinander identifizierten und so eine neue Gottheit, Zeus Kretagenes, schufen. Und wenn diese Göttin in minoischer Zeit ihren Sohn in der Gebirgshöhle, dem »Schoß der heiligen Erde«, wie Hesiod sagte, großzog, so taten dies später die Nymphen als ihre Nachfolgerinnen. Nichts anderes geschah auch auf dem Festland, wo der blitzewerfende Zeus auf dem messenischen Ithome von den Bergnymphen Neda und Ithome gestillt wurde, also von göttlichen Wesen, die jener vorgriechischen Vegetationsgöttin folgten, die man einst alleine und später neben dem Neuankömmling auf dem Gipfel verehrte.[82]

Freilich übernahm Zeus Kretagenes von seinem minoischen Vorläufer dessen bedeutsamsten Wesenszug, der dem griechischen Gott fremd war und der den Hellenen stets ein σκάνδαλον blieb: das Verschwinden oder den »Tod« in der Sommerglut und die Rückkehr oder die »Neugeburt« mit den befruchtenden Regenfällen im Herbst.

Neben Zeus Kretagenes hat wohl kein griechischer Gott die Charakterzüge des minoischen Vegetationsgottes, der periodisch verschwand und wiederkam, so deutlich aufbewahrt wie Dionysos, dessen Name *di-wo-nu-so* erstmals und gemeinsam mit *di-we* (»dem Zeus«) auf einem Linear-B-Täfelchen des frühen 13. Jahrhunderts v. Chr. (SM III B 1) aus Khania auftaucht. Der Name *di-wo-nu-so* (*Διὸς νῦσος) bedeutet »Zeus-Säugling«, aber *nu-so* (Νῦσα) ist gleichzeitig der heilige Berg, in dessen Höhle Hermes den Winzling den Flußnymphen zum Stillen überreicht: »In die Arme nahmen sie Bakchos und ließen dann jede / Sprudeln in Kindermund den Milchsaft strotzender Brüste«. Offenbar war dieser Ort ein Übergangsbereich zur jenseitigen Welt, denn es ist sicher kein Zufall, daß die blumenübersäte Flur, auf der Kore überwältigt und in die Unterwelt verschleppt wird, Νύσιον πεδίον heißt.[1]

Mit einem ὕμνος κλητικός riefen die elischen Frauen Dionysos »mit dem Stierfuß« (τῷ βοέῳ ποδί θύων), wobei dieser βόειος ποὺς in Wahrheit der gewaltige Phallus des brünstigen Stieres ist, und der Gott wurde gerufen, damit er in der Nacht drei leere Kessel hinter versiegelten Türen mit Wein füllte. In Argos rief man den »Stiergeborenen« mit Trompeten aus dem Wasser, »nachdem man für den Torhüter [der Unterwelt] ein Lamm in die Tiefe geworfen hatte«. In Chaironeia suchten Frauen, die offensichtlich seine Ammen repräsentierten, den verschwundenen Gott und teilten nach ihrer Rückkehr dem Volke mit, er sei geflohen und halte sich bei den Musen verborgen, während in Delphi die Thyiaden den in einer aus Schilf geflochtenen Wiege im Winter- oder Todesschlaf schlummernden Säugling weckten.[2]

In Dionysos, den die elischen Frauen mit ἄξιε ταύρε herbeiriefen, und im tauromorphen Zagreus der orphischen Tradition lebte gewiß der minoische Stiergott weiter, der mit seinem mächtigen Glied die minoische Vorläuferin der Ariadne penetrierte, wobei dieser Phallus als *pars pro toto* den Gott repräsentieren konnte. Nachdem z. B. Fischer aus Methymna auf Lesbos eines Tages in ihrem Netz einen aus Ölbaumholz geschnitzten Klotz fanden, teilte ihnen auf Anfrage die Pythia mit, sie sollten in ihm von nun an »den Dionysos Phallēn (Διόνυσον Φαλλῆνα) verehren«.[3]

Und in der Tat kam Dionysos meist über das Meer zurück (Abb. 103), auf daß Milch und Honig aus Ackerschollen und Fel-

Abb. 103: Dionysos fährt übers Meer,
Schale des Exekias, um 530 v. Chr.

sen flössen »wie aus Brüsten« – nach ionischer Überlieferung auf einem von einer Wunderrebe überwucherten Schiff, nach der Tradition der thrakischen Bithynier auf einem Delphin, bekränzt mit immergrünem Efeu, dem Symbol der ewigen Erneuerung des Lebens.[4]

Wenn der minoische Vegetationsgott nach seiner Heimkehr die große minoische Göttin, seine Mutter und Geliebte, befruchtete, dann kam entsprechend Dionysos übers Meer nach Naxos zurück, um dort die schlafende Ariadne zu schwängern, was auf einem zyprischen Doppelrelief zu sehen ist: Auf der einen Seite befindet sich das Bildnis des Dionysos, während der Gott auf der anderen Ariadne bescgläft, deren Chiton hochgerutscht ist. Doch bisweilen ist Ariadne auch wach, wie auf einem römischen Wandbild, das sie auf den Klippen der Insel Dia sitzend zeigt, sehnsüchtig auf das Meer

Abb. 104: Satyrn stoßen auf schlafende Mänade, attische Oinochoe,
spätes 5. Jh. v. Chr.

hinausblickend und bereit, den heimkehrenden Gott zu empfangen.[5]

Nach Pindar war Βάκχος πάρεδρος τῆς Δημητρος, aber er
konnte auch der Geliebte vieler anderer Göttinnen sein, die sich
auf die vorgriechische Naturgöttin zurückverfolgen lassen, wie
Persephone, die argivische Hera und immer wieder Ariadne, die
nicht selten als eine der dem Säugling Dionysos die Brust gebenden
Thyiaden dargestellt wird.[6] Denn die Thyiaden oder Mänaden
(Abb. 104) sind ebenfalls nichts anderes als die Mutter-Geliebte
des Vegetationsgottes, die nicht nur Dionysos und andere kleine
Kinder, sondern auch Rehkitze und Wolfsjunge stillen, wahre
Mütter der Natur, die überall Quellen sprudeln lassen und von
deren von Efeu und Weinranken umwundenen Thyrsosstäben der
Honig tropft. Aber sie sind nicht allein Lebensgeberinnen, sondern
sie nehmen auch das Leben, indem sie den Gott sowie Menschen
und Tiere zerreißen und deren Gliedmaßen über das Land ver-
streuen, damit aus ihnen neues Leben wachsen kann.[7]

Bekannt ist, daß Dionysos über das Meer nach Athen kam und
am 12. Tag der Anthesterien, in der Nacht zwischen den Choën
und den Chytren, in dem Bukoleion genannten Gebäude – wohl
in Analogie zum Koitus mit Ariadne – mit der βασίλιννα, der Ehefrau des ἄρχων βασιλεύς von Athen, den Beischlaf vollzog. Und es

kann gut sein, daß die für Dionysos gebräuchlichen Epiklesen Χοιροφάλας oder Χοιρόθλιφ, »Ferkeldrücker«, sich auf diesen Geschlechtsverkehr bezogen, bei dem der den Gott verkörpernde Mann die Genitalien der Basilinna, ihr »Ferkel« (χοίρος), liebkoste.[8]

Mit keiner anderen Gottheit scheint freilich der minoische Vegetationsgott enger verwandt zu sein als mit dem levantinischen Regen- und Fruchtbarkeitsbringer Baʿal, ja, vieles spricht dafür, daß die Gestalt des Paredros der kretischen Göttin direkt von religiösen Konzeptionen aus der Levante beeinflußt war, mit der die Minoer ab dem späteren 3. Jahrtausend in engem Kontakt standen.

Wenn zu Beginn des Sommers der Schirokko, ein heißer, staubbeladener Wind aus der nordafrikanischen Wüste ins östliche Mittelmeer wehte und die Vegetation verdorrte, wurde Baʿal ein Opfer des Gottes Môt (*mt*, wahrscheinlich von *mwt*, »sterben«) und verschied »wie der Stier unter dem Opfermesser«. Offenbar stellte man sich das so vor, daß der Gott sich in das »Land von *Dbr*« und in die »Gefilde von *šḥlmmt*« begab, die »gut« (*nʿm*) und »wunderbar« (*ysm* [*sm*]) genannt werden, in ein Elysion oder, wie ein Gelehrter es ausdrückt, »a Shangri-La intended for V.I.P.«.[9]

Doch Baʿals Paredra ʿAnāth folgt ihm ins Jenseits, zerfetzt Môt, verfüttert dessen Leichenteile an die Vögel auf dem Feld und ermöglicht dadurch dem Gott die Heimkehr. Nachdem so die »Hitze des Môt« (*šḥr mt*) bezwungen ist, kommt Baʿal nach etwa fünfmonatiger Abwesenheit als »Wolkenfahrer« (*rkb ʿrpt*) mit dem ersten Herbstregen zurück. Die Regengüsse reinigen die Atmosphäre, so daß der göttliche Thron auf dem Berg Saphon, den er jetzt, zu Beginn des Neuen Jahres, wieder besteigt, sichtbar wird, und »die Himmel regnen Öl [und] durch die Wādīs strömt der Honig«. »Die Auen in der Wüste grünen, die Bäume bringen ihre Früchte und die Feigenbäume und Weinstöcke tragen wohl« (Joel 2.22). So war Baʿal der Gott, der das Leben insgesamt regenerierte, nicht nur das »der Lämmer und Schafe«, sondern auch der Menschen, weshalb sich an ihn der Mann wandte, dessen Frau unfruchtbar war, sowie alle, die von Krankheit und Ungemach gezeichnet waren: »Dann wird er [dich] heilen, / Der Hirte wird dir [Leben geben]!«[10]

Das Verb *bʿl* wird meist mit »beherrschen« übersetzt, doch geht es anscheinend auf einen semitischen Ausdruck zurück, der »[durch eine natürliche Quelle oder Regen] bewässern«, »besamen«, »von jemandem sexuell Besitz ergreifen« bedeutet.[11]

Baʿal war der große »Besamer«, und es steht außer Zweifel, daß es auch einen heiligen Beischlaf von Baʿal und seiner Paredra ʿAštart oder ʿAnāth (ʿnt) gegeben hat, auch wenn lediglich die ägyptische Übersetzung eines ugaritischen Epenfragments erhalten ist, in dem der Gott El beobachtete, wie Baʿal sich angesichts der nackt in einem Fluß badenden ʿAnāth dermaßen erregte, daß er auf ihren »Rücken stieg und sie besprang, wie ein Widder besprinkt, und sie fickte, wie ein Stier fickt.«[12]

Der befruchtende Regen folgte auf das Grollen des Donners, auf das Brüllen des Himmelsstiers (akkad. *šu-ur ša-ma-a-i*), der ab dem 16. Jahrhundert v. Chr. den Titel Baʿal erhielt, vorher aber mit dem lautmalerischen Namen Ḥadād (semit. **ḫdd*, »donnern«; *ḫaddatu*, »prasselnder Regen«) bezeichnet wurde. Dieser Herr des Überflusses, des Blitzes und des Regens, der mit seiner »heiligen Stimme« die Erde erzittern ließ und der »die Brustwarzen des Himmels öffnete«, wird als Had-du oder Ad-du auf sieben Linear-A-Täfelchen aus Aghia Triada sowie auf weiteren Täfelchen mit dieser Schrift aus Khania, Archánes, Tylissos und wohl auch aus Palaikastro erwähnt. Es ist nicht unwahrscheinlich, daß *ad-du* einer der aus der Levante übernommenen Titel oder Epiklesen des minoischen Vegetationsgottes gewesen ist, der ebenfalls mit dem Gewitter und dem Herbstregen nach Kreta zurückkkam.[13] Wurde Ḥaddu *ʾal ʾeyn*, der »Handhaber« einer Waffe, nämlich der Blitzaxt, genannt,[14] so spricht vieles dafür, daß auch die berühmte minoische Doppelaxt ursprünglich die befruchtende Blitzwaffe des kretischen πάρεδρος der Großen Göttin gewesen ist.

Man hat oft festgestellt, der verschwindende und wiederkehrende Vegetationsgott der Levantiner und der Minoer stelle lediglich eine Variante des sumerischen Dumuzi und des babylonischen Tammuz dar, allerdings mit dem Unterschied, daß der Gewittergott im südlichen Mesopotamien keine so große Rolle spielte, weil der Bewässerungsfeldbau die Menschen vom Regen weitgehend unabhängig machte. »Babylonien ist reich«, verlautet der babylonische Talmud, »denn es erntet ohne Regen« dank der künstlich hergestellten Kanäle, an denen die Siedlungen lagen.[16]

Allerdings war Dumuzi ursprünglich der Schafhirte, der zu Beginn der Sommerhitze im Juni, im Monat *du'ūzu* (hebr./aram. *tammūz*), wenn die Weiden verdorrten, in die Unterwelt entschwand, um wiederzukehren, sobald der »beglückende« Nordwind zu wehen begann. »O Bruder«, klagt seine Schwester, »das Grün, wohin ist es verschwunden? / Wer hat es weggenommen? / Die Pflanzen, wer hat sie von mir fortgenommen? / Meine Schwester«, antwortet

Abb. *105:* Der aufsprießende Dumuzi (links) und die thronende Inanna, sumerisches Rollsiegel.

Dumuzi (*dumu*, »Sohn«; *zi*, »Leben«), »das, was dir weggenommen wurde, werde ich dir wiederbringen «. Darauf Inanna: »Wen soll ich in die Arme schließen? Dich möchte ich umarmen, fürwahr, umarmen! / Dich, o mein Mann, möchte ich umarmen. / [...] Komm zurück, o Herr, laß es fluten, o Herr, laß es fluten! / O Herr, entzücke mein Herz!«

Und der »Beleber« Dumuzi kehrt mit dem Nordwind zurück und »besät ihre Wiese mit seinem lüsternen Sperma«, worauf alles keimt und wächst, das Getreide sprießt und die Schafe ihre Lämmer werfen (Abb. 105).[17]

Wahrscheinlich verschwanden in früher Zeit beide Gottheiten abwechselnd in die Unterwelt, nämlich Dumuzi im Frühsommer, der Zeit der absterbenden Vegetation, und seine Schwester Geštinanna oder die Liebesgöttin Inanna in der Zeit, in der die Tiere sich nicht paarten. So schreibt um 2300 v. Chr. Enheduanna, die Tochter Sargons des Großen und Hohepriesterin des großen Mondtempels von Ur, über eine Stadt, die von Inanna, »die, welche Geschlechtslust ist« (*ša-at me-li-si-im*), verlassen wurde: »Ihre Frau spricht mit ihrem Mann nicht länger von Liebe. Nachts schlafen sie nicht mehr miteinander. Sie breitet vor ihm nicht mehr ihre inneren Schätze aus.« Und entsprechend heißt es in einem babylonischen Text, auf der Erde sei jegliche Geschlechtslust erloschen, seitdem Ištar die Unterwelt aufgesucht habe.[18]

In der Sommerhitze, »wenn der Ölbaum, der Ertrag der Ernte und die Früchte der Bäume verbrennen«, wurde auch der im 7. Jahrhundert v. Chr. von den Phöniziern übernommene Ἄδωνις (von westsemit. *adn*, »Herr«), der Sohn und Geliebte der Aphrodite, von Ares getötet, worüber während der Adoniazusai die Griechinnen ebenso klagten wie die Frauen von Jerusalem über den Tod des Tammuz, was dem Propheten Hesekiel sehr mißfiel. Vor allem Prostituierte und außerehelich Geschwängerte feierten das Fest des göttlichen Jünglings, aber auch die ehrbaren Frauen Athens trugen die »Adonisgärten«, Tongefäße oder Körbe, in die man Getreidesamen gesät hatte, auf die Flachdächer ihrer Häuser, wo die Keimlinge unter der Sonnenglut rasch verwelkten.[19]

Erwirkte Aphrodite die periodische Wiederkunft ihres Geliebten, blieb einem verwandten Gott, nämlich Osiris, die Heimkehr verwehrt. Zwar konnte der ägyptische Vegetationsgott die Unterwelt nicht mehr verlassen, aber er war nicht wirklich »tot«, denn er regenerierte jede Nacht den Sonnengott auf dessen Fahrt durch die Dunkelheit, und Isis brachte die Mumie des Gottes zum Samenerguß, so daß sie schwanger wurde.[20] Bezeichnenderweise wuchs in Denderah aus seinem Grab ein Baum, und auf vielen Abbildungen ist zu sehen, wie aus seiner Mumie die Vegetation sprießt.

Die befruchtende jährliche Nilflut, die aus den Quellöchern hervorsprudelt, wird zwar gelegentlich als Muttermilch bezeichnet, die »aus den Brüsten [fließt], die alles ernähren«. Doch meist sah man sie als das Ejakulat des Osiris, das die Frauen schwängerte, die in dieser Zeit im Strom badeten, und im ptolemäischen Ägypten verglichen die Priester die Überflutung der Felder mit einem potenten Mann, der eine empfängnisbereite Frau besteigt.[21]

Wie auf Kreta oder in Mesopotamien konnte auch bei den Hethitern die Vegetationsgottheit weiblich sein, wie die von der ḫattischen Vorbevölkerung übernommene Inara, die verschwand und von einer Biene gesucht wurde. Freilich entwickelte sie sich zur Paredra und Helferin des Vegetationsgottes Tarḫunta, der von dem Python Illujankaš, der Verkörperung des Winters, besiegt und gefangengehalten wurde, bis Inara das Untier betrunken machte, so daß der Gott es töten und im Frühling zurückkehren konnte, worauf die Pflanzen wieder wuchsen und Mensch und Tier sich wie vorher fortpflanzten.[22]

Dem Tarḫunta entspricht sein Sohn Telipinu, der plötzlich nach der Ernte verschwindet, worauf das Chaos ausbricht und sogar die Atemluft sich verflüchtigt: »Da ergriff Qualm die Fenster, Rauch ergriff das Haus. Im Herd aber erstickten die Holzscheite, auf den Altären erstickten die Götter. Im Viehhof drinnen erstickten die Schafe, im Kuhstall erstickten die Rinder. Das Schaf verweigerte sich seinem Lamm, die Kuh verweigerte sich ihrem Kalb. Telipinu war weggegangen; Korn, Fruchtbarkeit, Wachstum, Gedeihen und Sättigung hatte er fortgetragen von Feld und Flur, hinein ins Moor. [...] Korn und Emmer aber reifen nicht mehr, Rinder, Schafe [und] Menschen koitieren nicht mehr miteinander. Und jene, die [bereits] geschwängert sind, gebären nicht. Die Berge sind vertrocknet, die Bäume sind abgestorben, aus [ihnen] kommt kein [neuer] Trieb hervor. Die Viehweiden sind verdorrt, die Quellen versiegt, und im Land bricht eine Hungersnot aus. Menschen und Götter kommen vor Hunger um.«[23]

Schließlich spürt eine Biene den sich im Schlaf regenerierenden Telipinu auf und sticht ihm in den Penis, worauf der Gott aufwacht und wütend »die dunkle Erde drunten« schlägt, d. h., er donnert und blitzt und befruchtet mit seinem Sperma, dem Regen, die ausgetrocknete Erde, so daß der Kreislauf des Lebens erneut beginnt: »Die Mutter betreute wieder ihr Kind, das Schaf wieder sein Lamm [und] das Rind wieder sein Kalb; auch Telipinu betreute wieder König und Königin und bedachte sie fortan mit Leben, Kraft und Zukunft.«[24]

Man hat sowohl die Abwesenheit des Telipinu als auch die des

levantinischen Ba'al nicht als ein Bild für das periodisch wiederkehrende Verdorren der Vegetation oder den Schlaf der Natur im
Winter, sondern als eine Erklärung für eine außergewöhnliche Not-
zeit, ein Desaster, gesehen, das dann und wann Land und Leute
getroffen hat.[25] Und in der Tat scheint es, wie wir später sehen werden, so zu sein, daß in der Spätbronzezeit im östlichen Mittelmeer
und namentlich auf Kreta eine Versorgungskrise kulminierte, die
darin bestand, daß mehr und mehr gewisse Früchte der großen
Vegetationsgöttin ausblieben, auf denen die Kultur der spätpalastzeitlichen Minoer basierte. In einer solch bedrohlichen Situation
lag wohl nichts näher, als eine Schiffsexpedition in jene unbekannten Fernen auszusenden, in denen man diese knapp gewordenen
Rohstoffe vermutete.

Daß die große Vegetationsgöttin eine Verkörperung der *natura
naturans* war, geht schon aus den frühsten Zeugnissen der neolithi-
schen Kultur hervor. So fand man in Çatal Hüyük die 2,8 cm große
Tonfigurine einer nackten Frau aus dem 7. Jahrtausend, in deren
Rücken ein wildes Saatkorn eingelassen war, während man in die
Schulter der Figurine einer sitzenden Frau aus der frühneolithi-
schen Siedlung Prodromos in Thessalien bei der Herstellung ein
Weizenkorn gepreßt hatte, so daß ein Eindruck blieb.[26] Aus der
Vagina der in Form einer ebenfalls frühneolithischen Knochen-
figurine dargestellten Frau aus der Riparo-Gaban-Höhle in der
Nähe von Trient wachsen eine Pflanze oder ein Baum, und auf gleiche Weise bringt auch eine Göttin der Harappa-Kultur mit gespreizten Beinen eine Pflanze auf die Welt, während neben ihr zwei
Tiger – vermutlich ihre *vāhanas* (»Fahrzeuge«) – einander gegenüberstehen.[27] Eine Pflanze wächst auch aus dem übergroßen Schamdreieck des schwarzen Tonfigürchens einer nackten Göttin mit
schweren Brüsten von der Māzändärān-va-Gorgān-Ebene südlich
des Kaspischen Meeres aus der Mitte des 3. Jahrtausends, und
gleichermaßen wächst aus dem Schoß der 'Aštart / 'Anāth /
'Ašerah auf spätbronzezeitlichen Goldanhängern aus Ugarit ein
Baum bis zum Nabel empor.

Nach dem Vorbild solcher Darstellungen der levantinischen
Vegetationsgöttinnen aus dem 17. und 16. Jahrhundert v. Chr. ist

Abb. 106: Die minoische Große Göttin als *natura naturans*,
Nadelkopf, Mykene, 16. Jh. v. Chr.

schließlich der goldene Kopf einer Silbernadel aus einem Schachtgrab in Mykene in Form der barbrüstigen minoischen Göttin hergestellt, aus der gebogene Lilien sprießen, aus denen wiederum
Papyruspflanzen wachsen (Abb. 106).[28] Die auf Kreta verbreitete
Lilie war die zuerst im Vorderen Orient kultivierte schneeweiße
und stark duftende Madonnenlinie (*Lilium candidum*), die dort
das Attribut der genannten Vegetationsgöttinnen war. Denn keine
Blume war so fruchtbar wie die Lilie, deren Wurzeln nicht selten
mehr als fünfzig Zwiebeln entsprossen, in denen bereits zu Beginn
des Winters die Blüten vorgebildet waren. Und so war sie im östlichen Mittelmeer nicht nur Sinnbild der weiblichen Genitalien
und der sexuellen Anziehungskraft der Frauen. Vielmehr war die
Frühlingsblume, die sich aus der Zwiebel regenerierte, wenn man
sie abschnitt, das Symbol der ewigen Wiederkunft des Lebens
(Abb. 107).[29] Aber auch die Papyrusstaude war im Niltal ein Symbol der Ewigkeit und Regeneration, weshalb man den Toten häufig
Amulette mit dem *w3d*-Zeichen mit ins Grab gab. Es ist durchaus
möglich, daß die Minoer diese Bedeutung der Sumpfpflanze von
den Ägyptern übernommen haben, denn die Papyrus-Landschaf-

ten auf den minoischen Wandbildern, in denen sich die Greife aufhalten, stellen mit großer Wahrscheinlichkeit das Elysion der bronzezeitlichen Kreter dar.[30]

Allerdings gehörten nicht nur Blumen, Bäume und Nutzpflanzen zu den Emanationen oder Manifestationen der großen Vegetationsgöttin, sondern auch alles sonstige, was aus dem Bauch der

Abb. 107: Lilie als Symbol der Epiphanie der
Vegetationsgöttin, Phaistos, MM II (18. Jh. v. Chr.).

Erde hervorging oder aus ihm herausgeholt wurde, wie z. B. kostbare Steine und vor allem metallhaltige Mineralien, namentlich Kupfer- oder Zinnerze.

Dabei galt das »Wühlen« in den Eingeweiden der Mutter Erde in einigen Gesellschaften bis in unsere Zeit hinein durchaus nicht als unproblematisch. So sahen die Mende in Sierra Leone die Erzförderung als ein Verbrechen an »der Erde, der Mutter der Mütter«, an, weshalb sie mit Opfern versöhnt werden mußte.

Bei den Dani in Neuguinea unternehmen noch heute gewisse erfahrene Männer von Zeit zu Zeit Expeditionen in fernab von ihren Dörfern liegende Gebirgsgegenden, wo sie mit Gesängen und Gebeten die »Mutter der Beile« um Verzeihung bitten, daß sie das Gestein mit Feuer und Wasser sprengen. Die Warli in Mahārāṣṭra verzichteten früher auf Pflüge und benutzten lediglich Grabstöcke, um die Haut der »dunklen Erdmutter« Ai, die sie als nackte Frau mit gespreizten Beinen darstellten, nicht allzu sehr aufzureißen, und ein Beobachter bemerkte über die nordamerikanischen Indianer: »Das scharfe Eisen, tief eingreifend und mächtige Schollen wendend, erweckte dem Indianer Grausen. Wie kann man nur die Brust seiner Mutter mit einem Messer aufschneiden, mit einer eisernen Pflugschar aufreißen – diesen Einwand bekamen die Weißen immer wieder zu hören.« Im ausgehenden Mittelalter erschien aber auch in Leipzig ein Buch des Humanisten Paul Schneevogel, in dem dieser die alten Götter die in Schneeberg im Erzgebirge Bergbau betreibenden Männer der »Mutterschändung« bezichtigen ließ, weil sie das Körperinnere der Mutter Erde durchwühlten. Doch der Gelehrte war ein Mann der neuen Zeit, und so gab er der dem Fortschritt zugewandten Fortuna das letzte Wort, die jene Anklage zurückwies.[31]

Daß auch in der Bronzezeit die entsprechende Gottheit für die Gewährung des Erzes entgolten oder daß sie für dessen Entnahme versöhnt wurde, erkennt man wohl an zahlreichen Opfergaben, die man ihr übereignete. So sind die Kupferbarren und anderes Rohmaterial aus der Kulthöhle von Arkalochóri als Votivgaben für die minoische Vegetationsgöttin und »Mutter der Metalle« angesehen worden, und auch den Zinnbarren, den man im Heiligtum der Großen Göttin auf der kretischen Insel Mochlos fand, hat man auf diese Weise interpretiert.[32] Im Heiligtum von Athienu nördlich von Larnaka sowie in dem von Myrtu-Pigadhes stieß man auf Kupferschlacken, die offenbar dort niedergelegt worden waren, um der Gottheit etwas von dem zurückzugeben, was man von ihr ›geraubt‹ hatte. Ebenso sind gewiß die bronzenen Miniaturbarren aus dem 12. Jahrhundert v. Chr., die zum Teil mit kypro-minoischen Votivinschriften versehen sind, zu verstehen, die auf derselben Insel gefunden wurden. Aber auch im Norden scheint man der Erdgottheit Kompensationen für das entnommene Erz angeboten zu haben. Jedenfalls interpretiert man so die Nadeln mit Bernsteinköpfen und die bronzenen Torques, Armringe, Äxte, Rapiere, Kessel und Lanzenspitzen, die in den mutmaßlichen Zinnminen in Cornwall und im westlichen Devon entdeckt wurden, sowie sieben glasartige Zinnschlackebrocken, die man zwischen 1800 und 1600 v. Chr. im cornischen Caerloggas zerbrochen und anschließend in einem Hügelgräberfeld geopfert hat.[33]

Anscheinend galten im Vorderen Orient die importierten Metalle und kostbaren Steine gemeinhin als Produkte der Großen Göttin, und bereits der sumerische »Bannfluch von Agade« aus dem späten 3. Jahrtausend verlautet: »Inanna übergab Kupfer, Zinn und Lapislazuliblöcke an die Speicher und verschloß sie in Silos, während Meluḫḫiter, Leute der Schwarzen Berge, ihre exotischen Waren brachten.« An anderer Stelle heißt es, Inanna sei die

Abb. 108: Die »Göttin auf dem Kupferbarren« von Enkomi,
um 1300 v.Chr.

Göttin der Priesterkönige von Aratta »hinter den sieben Bergen« und die Herrin des Lapislazuli, während später assyrische Quellen das Silber als »Erstlingsfrüchte der Ištar« bezeichneten.[34]

Die Göttin Hathor war nicht nur »Herrin des Türkises« (*mfkȝt*) und »Herrin des Lapislazuli« (*ḫsbḏ*), sondern auch die des Amethysts (*ḫsmn*) im Wādī el-Ḥoudi südöstlich des 1. Kataraktes sowie sämtlicher Stein-, Gold- und Silberminen der Ostwüste, des Sinai, Nubiens und der fernen »Gottesländer«, weshalb die Ägypter nach ihrer offiziellen Ideologie die auf den Schiffen mitgeführten Geschenke nicht den Häuptlingen von Punt, sondern der Hathor überreichten.[35] Ihre Türkisminen auf dem Sinai wurden später in einer protoalphabetischen Inschrift als *mu 'hab ba'alat*, »geliebt von Ba'alat«, der »Herrin« 'Aštart, bezeichnet, und diese 'Aštart-Hathor war bereits im bronzezeitlichen Byblos und im zyprischen Kition die Herrin der Kupferminen.[36]

Mit großer Wahrscheinlichkeit stellt die wohl um 1300 v. Chr. hergestellte und in einem Adyton im zyprischen Enkomi gefundene Bronzefigurine einer nackten, auf einem Kupferbarren stehenden

Abb. 109: Der »Gott auf dem Kupferbarren«
von Enkomi, um 1300 v. Chr.

Göttin mit Zöpfen und herrschaftlich in die Seiten gestemmten Armen, von denen nur noch die Hände erhalten sind (Abb. 108), die zyprische Vorläuferin dieser Göttin dar. Von den Griechen Wanassa, Herrin, genannt, verschmolz sie einerseits mit 'Aštart und wohl auch mit 'Anāth und entwickelte sich mit der Zeit zur paphischen Aphrodite. Und wie ihr großes pubisches Dreieck mit den Schamhaarstrichen zeigt, war sie offensichtlich die große Fruchtbarkeitsgöttin der Insel, die nicht nur die Vegetation, sondern auch das Kupfererz aus ihrem Schoß entließ.[37]

In einem anderen Adyton desselben Heiligtums befand sich die Figurine eines ebenfalls auf einem Keftiubarren stehenden Mannes mit einem Hörnerhelm sowie einem Speer und einem Schild in den Händen (Abb. 109). Es gibt kaum Zweifel, daß es sich um die Dar-

Abb. 110: Schmelzofen der Shona mit Brüsten, Vagina und Narbentatauierungen der Frauen.

stellung des Paredros der Wanassa handelt, um den ursprünglich wohl tauromorphen Wettergott, der mit dem Blitzspeer die Erdgöttin befruchtete, damit sie in ihrem Leib die Vegetation und das Kupfererz austrug.[38]

Hector Catling vermutet, daß die zyprische Erdmutter auch den Schmelzofen personifizierte, in dem das Rohkupfer hergestellt wurde, und tatsächlich ist dieser Ofen, den man in vielen Weltgegenden gynaikomorph, d. h. mit Brüsten, Nabel und Vulva darstellt, ein Leib, in dessen Gebärmutter der Fötus, d. h. die Luppe, ausgetragen wird, wobei der Schmelzer zuvor den Ofen geschwängert oder zumindest die Schwangerschaft gefördert hat (Abb. 110).[39] Empedokles spricht vom »schönbrüstigen Schmelzofen« (εὔστερνος χόανος), bei den angolanischen Chokwe und den rhodesischen Karanga ist er mit den Narbentatauierungen der Frauen und aufmodellierten Brüsten versehen, und noch im späten Mittelalter nannte man die Schmelzöfen für Emaille *matrix*, »Gebärmutter«.[40]

Wenn man bei den Phoka im südöstlichen Afrika den Schmelzofen zwar fertiggestellt, die Öffnungen für die Feuerung und die Lufteinlässe aber noch nicht angebracht hatte, der Ofen also noch nicht »penetriert« war, wurde er *mwali*, »heiratsfähige Jungfrau«, genannt. War er indessen das erste Mal mit Erz gefüllt worden, hieß er »unsere Frau«. In Nepal »schwängerte« der Schmelzer, der dabei splitternackt sein mußte, seine »Schmelzofenfrau«, und die Geräusche des Blasebalgs wurden mit dem heftigen Atem beim Koitus verglichen, während die Chokwe im Einpumpen der Luft das »Stoßen« des Mannes sahen, weshalb die Schmelzer der Ekonda am Leopold-See während des gesamten Schmelzprozesses das Becken so bewegten, wie wenn sie mit einer Frau koitierten.[41]

Im Grund übernahmen die Metallschmelzer die Tätigkeit des Wettergottes und Paredros der Vegetationsgöttin, der diese im Verlaufe des ἱερὸς γάμος mit seinem dem Gewitter folgenden »jungfrauliebenden Regen« oder »die Liebe stehlenden Saft«, wie Nonnos sagt, schwängert, so daß sie die Früchte der Erde, die Pflanzen und Metallerze, austrägt.

Ein Nachfahre dieses Gottes in griechischer Zeit war Hephaistos, dessen vorgriechischer Name auf einem Linear-B-Täfelchen aus Knossos *a-pa-i-ti-jo* lautet, der Paredros der Aphrodite, die ja ihrerseits eine Nachfolgerin der Vegetationsgöttin war. Hephaistos stellte die Personifizierung des befruchtenden Himmelsfeuers dar, das einst vom Olymp auf die Erde herniederfiel, dorthin, wo anschließend das Erdfeuer des lemnischen Vulkans Mosychlos emporloderte, durch dessen Wärme der Wein gedieh und die »Lemnische Erde« heilkräftig wurde. Dieser Gott des fruchtbringenden Feuers, das auch das Erz in Metall umwandelte, war ein Daktyle der Großen Göttin, und sein Beiname κυλλοποδίων bedeutet nicht eigentlich »der Klumpfüßige«, sondern »der erigierte Penis«.[42]

Phallische Zwerge und πάρεθροι der Vegetationsgöttin, d. h. Nachfolger des sich gewissermaßen aufspaltenden vorgriechischen Befruchters der Großen Göttin, waren die δάκτυλοι, deren Name schon in der Antike sowohl mit »Finger« als auch mit »Zehen« übersetzt wurde – in vielen Sprachen gängige Euphemismen für den Penis.[43] Die Daktylen sind die Gliedmaßen, die in Rhea, die Mutter Erde, gesteckt wurden, und bezeichnenderweise bleibt vom phrygischen Attis nur dessen kleiner Finger, der unsterbliche δάκτυλος am Leben, der von der Göttin gewaschen, gesalbt und in der Erde, sozusagen in ihr selber, vergraben wird, worauf aus ihr ein Veilchen wächst, das für die Vegetation insgesamt steht.[44]

Die Ἰδαῖοι Δάκτυλοι, die, wie Diodoros berichtet, nach einer verbreiteten Überlieferung »den Gebrauch des Feuers, die Eigenschaften von Kupfer und Silber sowie deren Bearbeitung entdeckt« hatten, lassen durch ihre Eigenschaften oder Namen noch in griechischer Zeit erkennen, daß sie die Nachfolger des minoischen Vegetationsgottes waren, der die Göttin befruchtete und die im Sommer verwelkte oder im Winter erstarrte Natur wieder »heil« machte. So hieß einer von ihnen Ἡρακλῆς, der offenbar in Antimacheia mit der von Kreta stammenden Demeter als Gottheit der Hochzeitsnacht verehrt wurde und von dessen Abkömmling Κάρδυς oder Καρδοπίων Aristophanes andeutet, er habe »die eigene Mutter« bestiegen.[45]

Ein anderer Daktyle hieß Τιτίας, dessen Name sich von idg. *tēu-, »anschwellen«, daher τιτός, lat. *titus*, »der erigierende [Penis]«, ableitet. Τίτυρος war der Paredros der westkretischen Diktynna, einer unmittelbaren Nachfolgerin der großen minoischen Göttin, und er führte so die den Daktylen entsprechenden τίτυροι an wie der Μέγιστος Κοῦρος die Kureten. Und Τιτυός war bei den Griechen ein Sohn der Erdgöttin, der versuchte, die Leto zu vergewaltigen – gewiß die verstümmelte euboiische Version der minoischen Überlieferung vom ἱερὸς γάμος der Großen Göttin und ihres πάρεδρος.[46] Allerdings kann τιτίς auch die bei sexueller Erregung anschwellenden Schamlippen bedeuten und τίτθη die gleichermaßen erektilen weiblichen Brustwarzen, von denen die »Titten«-Göttinnen ihren Namen haben: einerseits Θέτις, die Nereide, die Säugamme des Dionysos und Nährerin des ins Meer geschleuderten Hephaistos, andererseits Τηθύς, die im äußersten Westen lebende Gattin und Schwester des Okeanos, die das geflohene Göttermädchen Hera aufzieht und die jeden Abend den Sonnengott an die Brust drückt. »Schon erreicht Hyperions Wagen des westlichen Meeres / Ziele. Die straffen Zügel lockern bei sinkendem Tag sich, / Wie die uralte Tethys Hände und weit ihren Busen / Aufhält und beim Tauchen ins Meer die Sonne noch aufklingt.«[47]

Ein dritter Daktyle, Ἴδας, hieß auch Akesidas – von *Ἄκεσος,

»der Heilende« –, und Heilernamen trugen ebenfalls die übrigen »Finger-« oder »Zehlinge« wie Ἰάσιος, der in Erythrai, wo auch der idäische Herakles verehrt wurde, Paredros der Demeter war, sowie Παιωναῖος und Ἐπιμήδης.[48] »Heilte« der minoische Vegetationsgott die Natur mit seinem befruchtenden Penis, so heilten seine griechischen Nachfolger offenbar durch Auflegen der Hände und Füße. König Pyrrhos machte die Kranken mit dem großen Zeh seines rechten Fußes wieder gesund, und die germanischen Fürsten, die sich häufig auf den Fruchtbarkeitsgott Yngvi-Freyr zurückführten, verfügten über »Heilende Hände« (altisländ. *læknishenðr*), was man noch bis ins späte 18. Jahrhundert im Volke den deutschen, französischen, spanischen und englischen Königen nachsagte.[49]

Den kleinen phallischen Ἰδαῖοι Δάκτυλοι entsprachen die ebenfalls als Paredroi der idäischen Göttin geltenden Τελχῖνες auf Rhodos, das nach Strabon Telchinis genannt wurde, weil die Telchinen »aus Kreta erst nach Zypern und dann nach Rhodos gekommen« seien. Sie sollen »als erste Eisen und Bronze bearbeitet haben«, stellten den Dreizack Poseidons her, den Rhea ihnen als kleines Kind anvertraute, und beherrschten das Wetter, indem sie Blitze anzogen, damit es regnete und die Erde befruchtet wurde.[50]

Libidinöse Zwerge, die Erz in Metall umwandelten und die Fruchtbarkeit der Erde beförderten, gab es auch in vielen Gesellschaften außerhalb des östlichen Mttelmeeres. So galten die *bisimbi*-Zwerge der Kongo einerseits als Erfinder des Metallschmelzens und der Schmiedekunst, andererseits aber auch als Förderer der Fruchtbarkeit der Frauen und Felder. Hauptpriester des Simbi-Kultes war in einigen Gegenden der Schmelzer und Schmied, der sich gleichzeitig um die Kranken und Schwachen kümmerte, indem er mit dem Blasebalg Luft auf sie blies, um sie zu heilen.

Auch in Mittel- und Nordeuropa waren die Zwerge geile Bergmännlein mit gewaltigen Penissen, die z.B. ein auf ihren Geliebten wartendes Mädchen »in ainen holen perg« entführten und dort vergewaltigten, wie auch Dietrich von Bern und seine Recken die vom Zwergenkönig Laurin geraubte Jungfrau Similt aus dessen Rosengarten, der »rîch uon golde unt uon gesteine« war, befreiten.

In der im 17. Jahrhundert angefertigten Übertragung einer mittelalterlichen Handschrift heißt es über die Erzminen des Schwarzen Berges im Riesengebirge: »Diese stôllen muss weit sein ausgearbeitet, da man bei nacht umb des Weckirchen oder Bergmônlins willen auffahren muss, und umb der Geister willen, besonders Riebenzahls.« Der Name dieses Schätze hütenden Bergwerkgeistes und Erzherrn, »Riebezagel«, kennzeichnet ein unterirdisches Wesen, das mit seinem rauhen, ›ungehobelten‹ Penis (ahd. *hriob*, »rauh«; *zagal*, »Schwanz, Penis«; engl. *tail*) Ungebetene penetrierte, die in sein Reich eindrangen.[51]

In vielen Gegenden »schmiedeten« die Zwerge unter Tage die Pflanzen und befruchteten die Erde wie die Daktylen und Telchinen mit Wasseradern und regenschwangeren Wolken, so die Männlein im Zwergenloch des Wohldenberges südöstlich von Hildesheim, die unter der Erde Gold und Silber bearbeiteten und durch die dabei entstehende Hitze das Erdreich erwärmten, daß es fruchtbar wurde und reichlich Korn trug. Nord. *að smiða*, »schmieden«, war gleichbedeutend mit *að skapa*, »erschaffen«, weshalb Óðinn und die Skalden genauso Verse »schmiedeten« wie Vǫlunðr nach der Vergewaltigung der Königstochter Bǫðvildr ein Federhemd. Thorgeirs Herz war »von dem allerhöchsten Schmiede zu schärfster Kühnheit gehärtet«, der Gewitterriese Hræsvelgr war ein *veðrsmiðr*, der Schiffsbaumeister ein *skipsmiðr*, und von Helgi Ásbjarnarson erzählte man, er habe, als er sich unter den Frauen aufhielt, mit einer ein Kind »geschmiedet« (*smiðat*). Denn der Hammer des Schmiedes schwängerte die Frauen und die Erde ebenso wie die Blitzaxt des Wettergottes – bis zum Jahr 1969 stiftete der Dorfschmied von Gretna Green die Ehen Minderjähriger – und in der Wikingerzeit stellten die jütischen und dänischen Schmiede Thorshämmer her, die den Frauen als Fruchtbarkeitsamulette dienten.[52]

Es gibt deutliche Indizien dafür, daß bereits zu Beginn der Bronzezeit die Bearbeitung des Kupfers und die Herstellung von Legierungen kultische Tätigkeiten waren, die im Gegensatz zur Bearbeitung des Feuersteins ein esoterisches Wissen voraussetzten, und schon immer scheint der Übergang von göttlichen Schmieden und Zwergen zu menschlichen Metallhandwerkern fließend gewesen zu sein. So gab es Überlieferungen, nach denen Vǫlunðr ein »Elfen-prinz« (*vísí álfa*) und Wieland mit einer Valkyre verheiratet war, daß der junge Valent bei den Zwergen in die Lehre ging und von ihnen lernte, aus Eisenspänen und Vogelkot ein unübertroffenes Zauberschwert zu schmieden, das wie das Erbschwert Tyrfingr der Hervararsaga tötete, sobald sein Besitzer es gezückt hatte. Nach einer anderen Tradition hatte Wieland das Gold und das Silber, das er bearbeitete, von den im Erdinneren hausenden Zwergen erhalten, während es anderswo hieß, daß die Edelmetalle zunächst den Schwanenjungfrauen gehörten, mit denen Wieland und seine Brü-der fast neun Jahre lang zusammenlebten.[53]

Gleichzeitig waren die nordischen Schmiede *hamrammr*, d. h., sie konnten die Gestalt wechseln, so auch Vǫlunðr, der mit den von ihm hergestellten eisernen Flügeln davonflog wie Daidalos aus dem Labyrinth. Bei den Amhara ist noch heute der Glaube verbrei-tet, die »Verwandler« genannten Schmiede wandelten nicht nur das Rohmetall, sondern sich selber nachts in Hyänen um, und auch bei den äthiopischen Falaša hieß der Schmied *t'eib*, »Verwand-lungsfähiger«. Die Jakuten sagten, die Schmiede und die flugfähi-gen Schamanen stammten »aus dem gleichen Nest«, und wahr-scheinlich konnte ursprünglich Wielands Sohn Wittich wie eine Schlange aus seiner Haut schlüpfen gleich dem teilweise schlangen-gestaltigen Hephaistos-Sohn Erechtheus, wovon noch die Überlie-ferung zeugt, nach der Wieland dem Wittich einen Helm und einen Schild mit einer goldglänzenden Schlange schmiedete.[54]

Solche Schmiede vermochten offenbar nicht nur in anderer Ge-stalt durch die Lüfte zu fliegen und sich wie die Schlangen durch das Erdinnere zu bewegen, vielmehr kannten sie auch die Wege ins Jenseits, woher zumindest teilweise die Metalle stammten, so z. B. Daidalos, dem es gelang, dem Labyrinth, d. h. der Unterwelt, zu entrinnen. Gerade auf Kreta wurden allem Anschein nach in der Bronzezeit sämtliche Metalle aus fernen Ländern über das Meer importiert, oder sie fielen vom Himmel, wie der im Palast von Aghia Triada in einer Schicht des SM I gefundene Eisenmeteorit, aus dem Metallarbeiter kleine Stückchen herausgesägt hatten – vermutlich um daraus Amulette und ähnliches herzustellen.[55]

Das griechische Wort für Eisen, σίδηρος, stammt vermutlich von σίδος, »Stern«, und vieles deutet darauf hin, daß dieses extrem seltene ›Sternenmetall‹ im östlichen Mittelmeer während der Bronzezeit durchweg einen magischen und apotropäischen Charakter besaß. So fand man zwei Eisenperlen im Grab des Tutanchamûn sowie einige weitere auf der Brust einer im Tholosgrab A in Archánes südlich von Knossos bestatteten Frau, und auch der Priester, der um 1700 v. Chr. in Anemóspilia nordwestlich von Archánes verschüttet wurde, als er offenbar gerade ein Menschenopfer ausführen wollte, trug einen eisernen Siegelring am Finger der linken Hand.[56]

Doch auch das für die minoische Zivilisation ungleich bedeutsamere Kupfer mußte mit an Sicherheit grenzender Wahrscheinlichkeit aus fernen Ländern bezogen werden, denn es gibt keine Hinweise darauf, daß die ohnehin äußerst spärlichen kretischen Kupfervorkommen zu irgendeinem Zeitpunkt während der Bronzezeit ausgebeutet worden wären. Sämtliche geochemischen Untersuchungen von auf Kreta gefundenen Objekten aus Kupfer (auf Linear A vermutlich *ca-ko-i*, daher Linear B *ka-ke-u*) oder Bronze (auf Linear A vielleicht *pu-ko*), vor allem der Keftiubarren aus den Palästen, haben eine nichtkretische Herkunft des Materials ergeben.[57]

Zwar stammt die bisher älteste entdeckte Kupferschmelzstätte in Politikó-Phorades aus dem späten 18. Jahrhundert v. Chr., doch gibt es Hinweise darauf, daß in der ostkretischen Bucht von Mirabello bereits im fortgeschrittenen 4. Jahrtausend Kupfer verarbeitet wurde, das man wohl von der nordwestkykladischen Insel Kythnos importiert hatte. Ist es offenbar ungeklärt, woher die Messará um die Mitte des 3. Jahrtausends Kupfer bezog, gilt indessen als gesichert, daß die Minoer in der Zeit der Alten Paläste auf der Insel Kea den befestigten Hafen Aghia Irini anlegten, um von dort aus einen sicheren Zugang zu den Kupfer-, Silber- und Bleiminen von Lavrion in Attika zu haben, das bis ins SM III Hauptquelle des minoischen Kupfers blieb.[58]

Obgleich die minoischen Schiffe auf dem Weg zur levantinischen Küste in zyprischen Häfen anlegten, scheint Kreta vor dem SM II

Abb. 111: Die Kupferladung des Uluburun-Schiffes, spätes 14. Jh. v. Chr.

kein Kupfer von der »Kupferinsel« importiert zu haben, und auch die Zyprer selber belieferten zunächst den Vorderen Orient und Ägypten, bis schließlich ab dem 14. Jahrhundert v. Chr. der Handel mit dem Osten stockte und die Insel sich zunehmend dem Westen zuwandte. So stimmen die Bleiisotopendaten sämtlicher in Kommos sowie in Gurniá, auf Mochlos, in Mykene, Tiryns und auf Chios und Kea gefundenen Kupferbarrenfragmente mit denen des nordwestzyprischen Kupfers, insbesondere dem des nördlichen Troodosgebirges, überein, woher offenbar auch der größte Teil der 325 Talente, d. h. ca. 10 Tonnen, Kupfer herrühren, die aus dem Wrack von Uluburun geborgen worden sind (Abb. 111).[59]

Dagegen ist man in Kato Zakros und Tylissos sowie in Aghia Triada auf Keftiubarren aus dem 15. Jahrhundert v. Chr. gestoßen, deren Herkunft rätselhaft ist (Abb. 112), wobei man offenbar mit Sicherheit ausschließen kann, daß sie aus irgendeiner Gegend im Bereich des Mittelmeeres stammen.[60] Ob es sich allerdings um Kupfer aus Magan handelt, woher die Sumerer dieses Metall sowie Diorit bezogen, ist zweifelhaft, weil ab dem 19. Jahrhundert v. Chr. die Kupferproduktion in »Magan«, worunter man in Mesopotamien offenbar die Küste Omāns und die gegenüberliegende von Makrān verstand, zur Neige gegangen war.[61]

Abb. 112: Kupferbarren von Aghia Triada, Gewicht 27,6 kg,
SM I B (Mitte des 15. Jhs.).

Wenn man einmal von dem Silber aus Attika absieht, das die
Minoer vor allem zwischen dem MM II und dem SM II dort abbau-
ten und zum Teil in den Orient und nach Ägypten weiterhandelten,
scheint das bronzezeitliche Kreta seine Edelmetalle, namentlich
das Gold, ebenfalls aus weit entfernten Gegenden bezogen zu haben. In diese Zauberländer, die ihnen bestenfalls dem Namen nach
bekannt waren, fuhren die Minoer freilich nicht selber. Vielmehr
tauschten sie aller Wahrscheinlichkeit nach das exotische Gold im
Nahen Osten und vielleicht auch in Ägypten gegen das Silber aus
Lavrion und Produkte ihrer Insel wie Wein, Olivenöl und hochwertige Textilien.[62]

Wie aus dem Ersten Buch der Könige bekannt ist, soll – wohl um
die Mitte des 10. Jahrhunderts v. Chr. – die sagenumwobene Königin von Saba mit einer großen Karawane über eine Strecke von
mehr als 2400 km an den Hof Salomos in Jerusalem gezogen sein.
Die Kamele der Königin beförderten vor allem Gold, Edelsteine
und Gewürze (*b[e] śāmin*) – von Weihrauch ist keine Rede –,[63] und es
ist nicht unwahrscheinlich, daß die Legende eine Erinnerung an die
erste Landexpedition vom Süden Arabiens ans Mittelmeer beschreibt. Das Ziel waren vermutlich Verhandlungen über einen
regelmäßigen Austausch von Getreide, Wein, Öl und Kupfer aus
dem Wādī el-'Arabah zwischen Totem und Rotem Meer, das dort

seit dem 4. Jahrtausend abgebaut wurde, gegen Gold und andere Erzeugnisse des fernen Südens wie z. B. Zimt, für die das Reich der Sabäer nur eine Transitstation war.[64]

Indessen scheint der Sohn Davids und Bathsebas nicht nur ein passiver Rezipient sabäischer Waren gewesen zu sein, denn Flavius Josephus berichtet, König Irōmos von Tyros habe Salomo »eine ansehnliche Zahl von in der Seemannskunst erfahrenen Männern« zur Verfügung gestellt, die der König von Israel und Juda »ins Land Sōpheir« schickte, von wo sie mit 400 Talenten Gold zurückgekehrt seien. Offensichtlich orientiert diese Nachricht des jüdischen Geschichtsschreibers sich an dem biblischen Bericht vom phönizisch-hebräischen Joint Venture einer Fahrt isrealitisch-judäischer Fernhändler, Kaufleuten des Königs (*śoḥᵃ rē hammelek*) und tyrischer Seeleute der »Flotte des Hiram« (*ʿonī Ḥīrām*) von Ezeongeber »am Ufer des Schilfmeeres« nach Süden: »Und sie kamen gen Ophir und holten daselbst 420 Talente Gold und brachte's dem König Salomo.« Da zur Fracht der Schiffe nicht nur »Gold aus Ophir«, sondern auch »sehr viel *almuggīm*-Holz [Ebenholz?], Edelsteine« wie »köstlicher Onyx und Lapislazuli (*sappīr*)« sowie »Silber, Elfenbein, Affen und *tukkiyyīm*«[65] gehörten, was man mit »Pfauen«, aber auch mit »Hühnervogel« übersetzt hat, haben manche Historiker geglaubt, die Flotte sei bis nach Indien gefahren.[66]

Viel wahrscheinlicher ist es freilich, daß mit dem Namen »Ophir«, der noch jahrhundertelang gebräuchlich war,[67] eine Gegend in Südarabien, Eritrea oder an der Küste Somalilands bezeichnet wurde, wo in der frühen Eisenzeit Handelsrouten aus allen Himmelsrichtungen aufeinandertrafen.

So ist es durchaus möglich, daß indische Fernhändler Onyxe, Lapislazuli und die mysteriösen Vögel, afrikanische Seefahrer Ebenholz, Elfenbein, Rhinozeroshörner und Affen sowie Bewohner von Tigre oder der Gegend am oberen Blauen Nil Gold aus dem nordostafrikanischen Binnenland oder vielleicht sogar vom Sambesi an die Küste des Golfs von Aden brachten, wo die Gesandten des Königs Salomo die kostbaren Güter auf ihre Schiffe luden.[68]

Allem Anschein nach ist Ophir nichts anderes als jenes südliche

Wunderland, das die Ägypter seit der Regierungszeit des Sahurê Punt genannt haben, denn wenn es in einer Inschrift Königin Hatschepsuts heißt, »die Weihrauchterrassen Punts« befänden sich »am Ufer des Großen Grünen« (*ʿntyw nw Pwnt ḥr gswy wȝḏ-wr*), ist mit großer Sicherheit die Nordostküste Somalilands gemeint. In jener Zeit wuchs der Weihrauch nämlich lediglich in zwei Gegenden, in den Qara-Bergen von Dhofār in einer Höhe von 600 bis 800 Metern und an der Nordküste Somalilands östlich des heutigen Berbera, so daß nach der Tempelinschrift des 15. Jahrhunderts

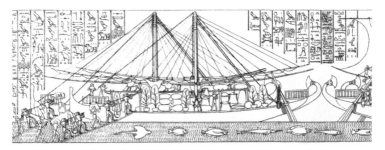

Abb. 113: Beladen der Schiffe der Hatschepsut mit Weihrauchbäumen vor der Küste von Punt im Jahre 1482 v. Chr.

v. Chr. nur letztere in Frage kommt.[69] Dafür spricht zudem die Tatsache, daß die Giraffen und Nashörner, die Flora und die negroiden Einwohner auf den ägyptischen Reliefs und Wandbildern viel besser nach Nordostafrika passen als ins südliche Arabien und daß mit *wȝḏ-wr* wohl eher der Indische Ozean gemeint war als das den Ägyptern vertraute Rote Meer.

Allerdings wird *Pwnt* gewiß mehr umfaßt haben als die somalische Weihrauchküste, denn sonst wären gewisse Aussagen kaum verständlich, wie z. B. die auf einer Tafel aus Dafnah im nordöstlichen Delta, die besagt, daß die Nilflut dann komme, wenn es auf »den Berg von Punt« regne, oder die Frage, die den Gesandten der Hatschepsut von den Puntitern gestellt wurde und die in ägyptischer Fassung lautete: »Wieso seid Ihr hierher gekommen, in dieses Land, das die Menschen [d. h. die Ägypter] nicht kennen? Seid Ihr auf den Wegen des Himmels herabgekommen [oder] seid Ihr auf

Wasser und Land gereist? Wie froh ist das Gottesland, das Ihr wie Rê betreten habt!«[70]

Billigt man dieser Frage einen authentischen Kern zu, dann läßt sich ihr wohl entnehmen, daß *diese* Puntiter im nordostafrikanischen Hinterland lebende Menschen waren,[71] die von einer aus dem Nordwesten kommenden ägyptischen Flotte nichts wußten, die aber sahen, daß die Fremden von Sonnenaufgang her kamen, da in ägyptischer *interpretatio* Rê ja morgens im Osten das *m'ndt*-Schiff bestieg, auf dem er dann nach Westen fuhr.

Wie später »Ophir« war anscheinend »Punt« im Mittleren und Neuen Reich ein Name, der sich nicht auf eine fest umrissene Gegend bezog, sondern all jene Länder im fernen Süden umfaßte, aus denen die Ägypter direkt oder indirekt exotische Produkte bezogen, die von Zimt (*tšps*) aus Südindien, der sicher über Südarabien verschifft wurde,[72] bis zu Kopal aus Ostafrika oder Gold und Elektron aus dem Lande Amu reichte, wo immer dieses sich auch befunden haben mag.[73]

Wie die auf Kreta und im Rungholtwatt gefundenen Kopalreste vermuten lassen, wurden solche Produkte offenbar von den Ägyptern als wertvolle diplomatische Geschenke ins benachbarte Ausland und zur Insel der Minoer weitergereicht, bis anscheinend im 13. Jahrhundert v. Chr. die Fahrten nach Punt eingestellt wurden.[74] Es ist nicht unwahrscheinlich, daß auf diese Weise ebenfalls afrikanisches Gold ins östliche Mittelmeer gelangt ist, auch wenn die Syrer, Zyprer oder Minoer noch weniger als die Ägypter gewußt haben mögen, wo genau dieses Metall aus dem Bauch der Erde ans Tageslicht gekommen war.

Im Verlauf des 19. und 18. Jahrhunderts v. Chr. endete im Mittleren Osten eine lange Zeit mit Niederschlägen. Es folgte eine Trockenperiode, in deren Folge die großen Bauernkulturen im Bereich des Indus, im südlichen Turkmenistan, Afghanistan und Iran zusammenbrachen. Der Sarasvatī, die Lebensader der Induskultur, trocknete aus, und die Bevölkerung emigrierte nach Osten, vor allem nach Gujarāt, aber auch die wichtigsten Siedlungen im iranischen Hochland wurden aufgegeben, nachdem an eine geregelte Landwirtschaft nicht mehr zu denken war.[1]

Schon etwas früher hatte man in Mesopotamien einen drastischen »Wetterwechsel« (*ud-šu-bala*) und das Aufkommen von Orkanen (*ud giga*) beklagt, in deren Folge Hungersnöte (*hušahhu*) und ein allgemeiner Bevölkerungsrückgang verzeichnet wurden sowie fremde Eroberer auftraten, denen die bedeutende Seehandelsstadt Ur und andere zivilisatorische Zentren zum Opfer fielen.[2]

Zwar entdeckte man in der Speisekammer eines gewissen Puzurum in der altbabylonischen Siedlung Terqa südlich des Zusammenflusses von Euphrat und Khâbūr einen Topf mit Gewürznelken, die noch im späten 18. Jahrhundert v. Chr. von den Molukken über die sich auflösende Harappa-Kultur in den Westen gelangt sein müssen, doch wurden in dieser Zeit sowohl der Schiffsfernverkehr als auch die Karawanentransporte über das entvölkerte iranische Hochland eingestellt.[3]

Da die Mesopotamier vermutlich bereits um 5000 v. Chr. nach Baḥrein und Qaṭar gefahren waren und der Handel mit Dilmun im 4. Jahrtausend blühte, wäre es sicher möglich gewesen, mit den Segelschiffen, die es in dieser frühen Zeit offenbar schon gab, im Sommer weiter zum Indusdelta und im Dezember oder Januar ins Zweistromland zurück zu fahren.[4] Doch alles deutet darauf hin, daß es – sehr viel später – die Seemänner und Kaufleute der Harappa-Kultur waren, die auf Plankenschiffen mit Rahsegeln, von

denen eines auf einem Keramikfragment aus Mohenjo Daro eingeritzt ist, in den fernen Westen gefahren sind. Bis heute hat man im
Bereich der Induskultur kein einziges mesopotamisches Rollsiegel
oder irgendein anderes Objekt gefunden, das ein Indiz für die Anwesenheit von Personen aus dem Zweistromland sein könnte, und
es gibt auch keine sumerischen oder babylonischen Texte, die dies
wahrscheinlich machen. Dagegen sind nicht nur in Lagaš, sondern
vor allem in Ur runde Siegel mit Schriftzeichen der Harappa-Kultur und den Darstellungen von indischen Tieren ans Tageslicht gekommen sowie ein Rollsiegel aus der Zeit um 2300 v.Chr., auf dem
dessen Besitzer als kleine Person auf dem Schoß eines Herrschers
wiedergegeben ist. Wie aus der akkado-sumerischen Inschrift hervorgeht, lautet der Name des ersteren SU-I-LI-SU/EME-BAL ME-
LUH-HA, »Su-ilisu, Dolmetscher aus Meluḫḫa«, während es sich
bei dem König, der mit zwei Besuchern, vermutlich Gesandten
oder Kaufleuten der Indus-Kultur, spricht, möglicherweise um Sargon den Großen handelt.[5]

Mit großer Wahrscheinlichkeit gab es in Städten wie Ur sogar
feste Niederlassungen harappischer Kaufleute, zu denen vielleicht
jener »Mann aus Meluḫḫa« gehörte, der in einem akkadischen
Text aus sargonischer Zeit erwähnt wird, weil er einem gewissen
Urur 10 Šekel Silber zahlen mußte, da er ihm einen Zahn aus-
geschlagen hatte, und der LÚ-SÚN-ZI-DA, »Mann der gerechten
Büffelkuh«, hieß – gewiß ein indischer Name, der ins Akkadische
übersetzt worden war.[6]

Von König Sargon heißt es, er habe »die Meluḫḫa-Schiffe, die
Magan-Schiffe und die Dilmun-Schiffe am Kai von Akkad anlegen
lassen«, doch ist andererseits überliefert, daß in der Ur-III-Zeit
Schiffsbaumeister mit sumerischen Namen in Lagaš für den Tempel des Stadtgottes Magan-Schiffe herstellten, wobei man vermutet hat, diese Fahrzeuge hätten keine Planken besessen, sondern
seien mit Häuten bespannt gewesen. Denn unter den Materialien, die zu ihrem Bau verwendet wurden, ist eine große Anzahl
von Rinderhäuten aufgelistet. Diese *eleppu meluḫḫītu* und *eleppu*
makanītu waren jedoch keine »Meluḫḫa-« und »Maganfahrer«,
sondern wohl eher Schiffstypen nach dem Vorbild jener Wasser-

Abb. 114: Segelschiff der Mohanas mit hochgezogenem Heck auf dem Indus.

fahrzeuge, die in der Harappa-Kultur und vor der Küste des damaligen Omān üblich gewesen sind.[7]

In einem Text aus dem späten 3. Jahrtausend wird berichtet, daß »die Meluḫḫiter,[8] die Leute des Schwarzen Landes, [der Inanna] die Waren der fremden Länder überbrachten,« nachdem sie vom Persischen Golf her kommend zunächst über einen Priel im Wattenmeer – den »Sumpf« eines sumerischen Textes, in dem das Schiff eines Dilmuniters steckengeblieben war – und dann durch eine Tiefwasserrinne in der kultivierten Marsch nach Ur gesegelt waren. Diese Importe umfaßten vor allem Zinn und Lapislazuli, aber auch Karneol (»rote Steine«), Chalzedon, Gold, Silber, Elfenbein, Ebenholz, Sissoholz, *gis-ab-ba* (»Meeresholz«, vielleicht Mangrove), Zuckerrohr, Gewürze, Pfauen und Hühnervögel, die gegen einheimische Produkte, namentlich Textilien aus feiner Wolle, Leder, Duftöle, Trockenfisch und Agrarprodukte wie Getreide und Zwiebeln getauscht wurden.[9]

Nicht der Indus, an dem lediglich 50 harappische Siedlungen lagen, war die Lebensader Meluḫḫas, sondern der von über 1000 Orten der »Indus-Kultur« gesäumte Sarasvatī oder Ghaggar. Nachdem dieser Strom jedoch nicht länger von den Gletschern des Himalaya mit Wasser versorgt wurde, brach nach und nach die gesamte Zivilisation zusammen, was zur Folge hatte, daß es keine meluḫḫitischen Eselskarawanen oder Hochseeschiffe mehr gab, die Zinn und Lapislazuli über das iranische Hochplateau oder den Indischen Ozean in die fernen Westländer brachten.[10]

Wie aus einem Text aus der Regierungszeit Rim-Sins von Larsa hervorgeht, transportierten zwar noch um 1790 v. Chr. Hochseeschiffe – vermutlich von Sutkan-dor, dem westlichsten Hafen an der Makrānküste aus – Halbedelsteine, *mesu*-Holz, Elfenbein und Kupfer aus Magan über Dilmun nach Mesopotamien,[11] doch scheinen bald danach weder Güter aus Meluḫḫa noch Kupfer aus dem heutigen Omān in den Westen gelangt zu sein.[12] So verlor auch Dilmun seine Bedeutung als Handelsdrehscheibe, und wenn diese Gegend überhaupt noch in mesopotamischen Quellen auftaucht, dann als Lieferant von Datteln, Gurken, Trauben und »süßem Wasser« (Dattelschnaps?) für die Götter und Könige des Zweistromlandes,[13] wobei letztere in kassitischer Zeit auch den dilmunitischen Tribut nicht mehr in Form von Kupfer und Zinn, sondern von solchen landwirtschaftlichen Produkten erhielten.[14]

Um die Mitte des 18. Jahrhunderts v. Chr. werden zwar noch Kupferlieferungen aus dem Osten erwähnt, aber bereits gemeinsam mit Importen aus einer völlig anderen, westlichen Quelle. So taucht um diese Zeit zyprisches Kupfer (*urudu alašu*) in Mari am mittleren Euphrat auf, und in einer altbabylonischen Liste, die im Jahre 1744 v. Chr. während der Regierungszeit Samsu' lilumas erstellt wurde, findet man den Eintrag » 12 Minen Kupfer, gewaschen [d. h. geläutert], von Alašum und Dilmun«. Schließlich veranschaulicht ein in Dur-Kurigalzu gefundener Kupferbarren aus kassitischer Zeit in der Keftiuform des östlichen Mittelmeeres, woher der Vordere Orient und Mesopotamien ab dem 17. Jahrhundert vornehmlich das Metall bezogen.[15]

Auch die Lapislazuli- und Karneollieferungen aus Meluḫḫa blieben aus, und man ersetzte diese Halbedelsteine vor allem bei der Verfertigung von Rollsiegeln entweder durch anatolischen Hämatit, der auch Blutstein genannt wurde, oder man griff auf alte Objekte aus jenen Materialien zurück, die recycelt und neu verarbeitet wurden.[16]

Von weitaus größerer Bedeutung war indessen das Ausbleiben des Zinns (sumer. *nagga* [AN.NA], akkad. *annākum*), denn ohne eine Zugabe dieses silberweiß glänzenden Schwermetalls war die Herstellung hochwertiger Werkzeuge wie z. B. der großen Zwei-mannsägen zum Bau von Schiffen und Palästen oder von wirk-samen Waffen nicht möglich – erst aufgrund der Verwendung von Zinnbronze verschwanden nach und nach die Pfeilspitzen und Dolchklingen aus Feuerstein und ähnlichen Materialien. Eine Zu-gabe von 8 bis 10 % Zinn machte die Bronze nicht nur leichter

Abb. 115: Zyprischer Gefäßständer mit Kupferbarrenträger (Mitte), vermutlich 13. Jh. v. Chr.

formbar und härter – gut gehärtete Zinnbronze ist in ihren Eigen-schaften einfachem Stahl vergleichbar –, sondern auch korrosions-beständiger, und im Gegensatz zum rotbraunen Kupfer und zur silbrig glänzenden Arsenbronze ähnelte sie – geglättet und gerei-nigt – farblich mehr dem Gold und schien deshalb geeigneter für die Herstellung von Kultobjekten und Votivgaben für die Götter.[17]

Alluvialer Kassiterit scheint bereits im 4. Jahrtausend aus den Flußbetten des Sarkar-Tals im westlichen Afghanistan gewaschen worden zu sein, und um dieselbe Zeit taucht im zentralafghani-schen Mundigak die erste Zinnbronze auf, die etwas später mit Eselskarawanen über das nördliche iranische Plateau, das Elburs-gebirge und die Südküste des Kaspischen Meeres entlang einerseits über die Pässe des Zagros nach Mesopotamien und andererseits durch die transkaukasische Kura-Arax-Niederung zum Schwarzen Meer und von dort entweder über Zentralanatolien oder die nordanatolische Küste entlang in die nördliche Ägäis exportiert wurde.[18]

Haben um die Mitte des 3. Jahrtausends offenbar die Chatti den Transport des Zinns, aber auch anderer fernöstlicher Güter wie Lapislazuli und Karneol, auf dem letzten Streckenabschnitt zum zentralanatolischen Plateau und in die Troas übernommen, waren es danach die Assyrer, die vor allem das Zinn, aber auch im südlichen Mesopotamien gewebte Textilien auf Eseln in ihre kleinasiatischen Handelskolonien brachten, um diese Güter dort meist gegen Silber und Kupfer zu tauschen.[19]

Allerdings scheint man Zinn- und Goldseifen nicht nur im Sarkar-Tal südlich von Herat und in der Gegend von Kandahar, sondern auch am unteren Kokša unweit der Lapislazuliminen im Gebirge von Sar-i Sang gewaschen zu haben. Dies war vielleicht das in einem altbabylonischen Text BAR-*gùn-gùn-nu*, »Chamäleonberge«, genannte »Hochland des Zinns«, wo die Meluḫḫiter ihren Außenposten Šortugai angelegt hatten, von dem aus das Zinn und das Gold zum Arabischen Meer und auf Hochseeschiffen über Dilmun in die fernen Westen geschafft wurden.[20]

Isotopenanalysen zufolge scheinen die Zinnbeigaben der frühen Bronzeobjekte von Polióchni auf Lemnos, das man als die älteste Stadt Europas bezeichnet hat, und demgegenüber Troja wohl ein unbedeutendes Provinznest war, denen der Bronze von Tell Abraq am Persischen Golf zu entsprechen, was allerdings lediglich bedeutet, daß das Zinn offenbar aus derselben Quelle stammt[21] und nicht, daß auch das nordägäische Zinn zunächst auf Schiffen aus Meluḫḫa nach Mesopotamien und dann weiter nach Westen exportiert worden ist.

Zwar gibt es Hinweise darauf, daß Zinn aus der Nordägäis bereits spätestens um die Mitte des 3. Jahrtausends – wohl auf kykladischen Schiffen – nach Kreta befördert wurde, doch scheinen die Kreter das Metall in größeren Mengen erst zu Beginn der mittelminoischen Zeit, also im 21. Jahrhundert, aus der Levante geholt zu haben. Offenbar ging die Initiative zu diesen Fernfahrten eher von den Minoern und weniger von den Syrern oder Kanaanitern aus, denn man hat orientalische Importe aus dieser Zeit, wie z. B. Elfenbein, Lapislazuli, Karneol oder Chalzedon zur Herstellung von Siegeln, sowie Fertigprodukte, etwa den syrischen Dolch aus einem Grab in Kumasa, lediglich auf Kreta und sonst nirgendwo in der Ägäis oder auf dem griechischen Festland gefunden.[22]

In dieser Zeit erfuhr nicht nur die kretische Metallindustrie einen starken orientalischen Einfluß, vielmehr machte die gesamte minoische Kultur das, was man als einen »Quantensprung« bezeichnet hat. So entstand nach nahöstlichem Vorbild eine Palastzivilisation mit Hieroglyphenschrift und Höhenheiligtümern, mit Handwerkern, die Fayence herstellten und die Filigran- und Repoussétechnik beherrschten,[23] sowie einer Flotte von Hochsee-

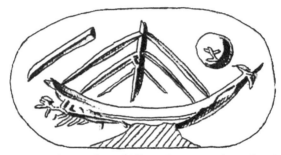

Abb. 116: Minoisches Hochseeschiff; von Evans erworbenes Steatitprisma, vermutlich aus geplündertem Grab, MM II A (um 1800 v. Chr.)

schiffen die – wahrscheinlich vor allem im Auftrag des Hofes von Phaistos – im umgekehrten Uhrzeigersinn das östliche Mittelmeer befuhr und in den Hafenstädten einheimische Keramik, Waffen, Textilien, Schuhwerk und landwirtschaftliche Produkte gegen Zinn, Halbedelsteine, Nilpferdhauer und etwas später auch gegen Straußeneierschalen, Duftharze, Skarabäen, Amethyst, Bergkristallblöcke und ägyptische Alabastervasen tauschte.[24]

Im Gegensatz zur Messará hat man im südöstlichen Kreta, also z. B. in Pyrgos oder in Kato Zakros, keinerlei orientalisch/ägyptische Objekte aus dieser frühen Zeit gefunden, weshalb man davon ausgeht, daß deren Importeure Gesandte des Palastes von Phaistos waren, die von ihrem Fernhandelshafen Kommos aus nach Ägypten und in die Levante gesegelt sind. Dafür spricht auch, daß der wohl älteste minoische Fund im Nahen Osten eine höchstwahrscheinlich in Phaistos im frühen 20. Jahrhundert hergestellte Tasse ist, die man in einer zeitgleichen Fundschicht in Sidon ausgegraben hat. Und auch die in Ägypten entdeckte Kamares-Ware, die dort bald von einheimischen Töpfern nachgeahmt wurde, stammt gewiß von der Messará.[25]

Das mit Abstand wichtigste exotische Gut, das die Fernhändler aus Kommos in mittelminoischer Zeit für den Wanax von Phaistos von der levantinischen Küste und dort namentlich aus Ugarit in die Messará verfrachtet haben, war das Zinn. Denn im Gegensatz zu den Arsenmineralien war Zinnerz in der frühen und mittleren mediterranen Bronzezeit nur an ganz wenigen Stellen anzutreffen, und für die Kreter gab es zum fernöstlichen Zinn, das über das Zweistromland und Mari in die Levante geliefert wurde, keine Alternative.[26] » 1 [+] Minen Zinn (*an-na-kum*) für den Kaphtoriten (*kap-ta-ra-i-im*)«, heißt es in einem mariotischen Text, und » 1/3 Minen dem Dragoman (*ta-ar-ga-ma-an-num*) des Oberkaufmanns (*u-ga-la*) der kaphtoritischen Kaufleute (*tam-ka-ru*) in Ugarit«, wobei es sich bei dem Kaphtoriten vermutlich um einen Fernhändler von der Messará und bei dem Dragoman um einen minoischen Dolmetscher handelte, der zwischen den Angehörigen des kretischen Handelspostens (*kārum*) in Ugarit und den amoritisch sprechenden Zinnhändlern aus Mari vermittelte.[27]

Doch bald danach erhielt der Fernhandel mit den Gütern des fernen Ostens nach dem Niedergang der Kultur Meluḫḫas einen weiteren empfindlichen Schlag, als nämlich die Truppen Hammurabis von Babylon im Jahre 1757 v. Chr. mit Mari die Hauptrelaisstation des Zinnhandels zerstörten, also die Stadt, wohin das Metall mit Eselskarawanen von Elam über Ešnunna transportiert und von wo es über Ebla zur Küste des Mittelmeeres weitergeleitet wurde.[28]

Es nimmt nicht wunder, daß die Minoer im Verlaufe dessen, was man das »Dunkle Zeitalter des Fernhandels« im Nahen und Mittleren Osten genannt hat,[29] nach anderen Bezugsquellen insbesondere des Zinns gesucht und Prospektoren vor allem in den fernen Norden und Westen ausgesandt haben. Ja, man hat sogar die Krise und den Niedergang der Kultur der »neuen Paläste« im 15. Jahrhundert v. Chr. (SM I B) auf die Rohstoffknappheit zurückgeführt, die möglicherweise zu Rivalitäten und kriegerischen Auseinandersetzungen zwischen den einzelnen kretischen Herrschaftsbereichen führte.[30]

Nachdem Metalle wie Zinn, Kupfer, Silber und Blei und vielleicht auch Lapislazuli schon sehr früh aus der nördlichen in die südliche Ägäis gelangt waren, liegt es nahe, daß minoische und theräische Prospektoren bereits im MM I A, also um 2000 v. Chr., nach Lemnos, in die Troas und über Samothrake zu den thrakischen und makedonischen Kupfervorkommen sowie zu denen am Südhang des zentralbulgarischen Sredna-Gora-Gebirges, die ab dem 5. Jahrtausend ausgebeutet wurden, vorgestoßen sind.[31]

Der Sage nach gründete der Kreter Thoas, Sohn des Dionysos und der Ariadne, während der Regierungszeit des Rhadamanthys auf Lemnos, der Insel mit dem letzten großen Hafen vor den Dardanellen, eine Kolonie, und Kadmos segelte auf der Suche nach der Europa über Samothrake zur gegenüberliegenden thrakischen Küste. Wahrscheinlich stehen hinter diesen Überlieferungen die ab dem MM II/III A intensiver gewordenen minoischen Fernfahrten nach Samothrake, Thasos und die thrakischen Flüsse hinauf zu den Erzlagerstätten und zu Handelsplätzen, wo die Kreter ihre Güter gegen Gold aus Transylvanien tauschen konnten.[32] So fand man auf Samothrake insgesamt sieben minoische Siegelabdrücke, darunter in Mikro Vuni ein rundes Tonplättchen aus dem 18. Jahrhundert mit dem Abdruck zweier Linear-A-Zeichen in Form eines stilisierten Kraken und einer Doppelaxt, sowie auf Lemnos und in Troja minoische Kamares-Ware aus dem 17. Jahrhundert. Und daß sie schließlich auch die ostthrakischen Flüsse Maritsa und Tundža hinauffuhren, veranschaulicht eine etwas jüngere Tonspule aus einem Heiligtum im ostbulgarischen Dráma-Kajrjaka: Auf dieser Spule, die wahrscheinlich Bestandteil einer Halskette war, sind fünf Zeichen eingedrückt, von denen die ersten drei der Linear-A-Schrift angehören. Vermutlich handelt es sich bei dieser Inschrift um die lokale Imitation eines minoischen Votivtextes, die der roten Hülse einen Amulettcharakter verlieh.[33]

Im Gegensatz zu den Minoern unternahm der mykenische Kriegeradel gegen Ende der mittelhelladischen Zeit, also in der zweiten Hälfte des 17. Jahrhunderts, Fernfahrten in den Westen. Er bildete die Oberschicht einer Bevölkerung, die aus einer Vermischung der wohl am Ende der frühhelladischen Zeit aus den weiten Ebenen nördlich des Schwarzen Meeres eingewanderten Stammesgruppen mit den vorgriechischen Einwohnern der Argolis hervorgegangen war. Diese Nachfahren jener Proto-Griechen, die sich vermutlich Danaoi nannten, entwickelten in der frühen Schachtgräberzeit eine Kultur, die man »brilliant but rather barbaric« genannt hat, »more closely akin to that of the *Iliad* or other European epics than to the Cretan and later Mycenaean ›Palace-society‹«,[34] und deren Blüte auf die Metalle, vor allem Zinn, Gold und Kupfer, sowie auf den Bernstein und andere kostbare Güter zurückgeführt wurde, die mykenische Seefahrer aus dem fernen Westen heimgebracht hatten.

Die älteste in Griechenland gefundene Bernsteinperle stammt aus dem Schachtgrab Omikron, das im späten 17. Jahrhundert angelegt wurde, und ab dieser Zeit weisen die in den Gräbern entdeckten Bronzen einen hohen Zinngehalt auf. Und nichts anderes als dieses – offenbar nordwesteuropäische – Zinn, der nordische Bernstein und das alpine Kupfer scheinen das griechische Festland und seine »barbarischen« Bewohner für die Minoer interessant gemacht zu haben.[35]

Schon zu Beginn der mittelminoischen Zeit hatten offenbar kretische Seefahrer von den Aiolischen Inseln Materialien wie Liparit oder Quarztrachyt nach Knossos gebracht, wo man aus dem vulkanischen Gestein Gefäße herstellte, und drei in Kumasa gefundene Silberdolche, die wohl aus Unteritalien stammen, scheinen mindestens genauso alt zu sein. Nachdem der Archipel nördlich von Sizilien Transitstation für Kupfer, Zinn und Bernstein geworden war, erschienen dort die Mykener und bald darauf die Minoer, wie kretische Keramik des SM I und Fayenceperlen der Akropolis von Lipari und aus Montagnola di Capo Graziano auf Filicudi demonstrieren, wobei die Perlen in der Folgezeit bis in die Ursprungsländer der Güter aus dem fernen Norden und Nordwesten weitergehandelt wurden.[36]

Offenbar gab es eine alte griechische Überlieferung, die später von den Römern übernommen wurde, nach der König Minos Zinn »ex Cassiteride insula« importiert habe, und im Tempelarchiv von Aššur entdeckte man ein Täfelchen aus dem 8. Jahrhundert v. Chr., auf dem ein neuassyrischer Kopist einen alten Text niedergeschrieben hatte, in dem es hieß, einst habe sich der Herrschaftsbereich Sargons des Großen »von A.NA.KÙ^{KI} [und] Kap-ta-ra^{KI}, Ländern jenseits des Oberen Meeres«, bis nach Dilmun und Magan »jenseits des Unteren Meeres« erstreckt.

Natürlich hat kein babylonischer König jemals über Kaptara, also über Kreta, und schon gar nicht über ein noch weiter westlich

Abb. 117: Zinn- und Kupferbarren im Uluburun-Wrack, spätes 14. Jh. v. Chr.

liegendes »Zinnland« (sumer. AN.NA, »Zinn«)[37] geherrscht, doch ist es nicht unwahrscheinlich, daß in spätminoischer Zeit nordwesteuropäisches Zinn nicht nur nach Kreta und Zypern, sondern sogar in den ebenfalls von den fernöstlichen Zinnlieferungen abgeschnittenen Vorderen und Mittleren Orient verfrachtet wurde (Abb. 117). So verlautet eine hethitische Urkunde, daß die *tamkārū*

(Fernhändler) des kilikischen Hafens Ura, der ab dem 15. Jahrhundert v. Chr. enge Beziehungen zu Zypern, Rhodos und Kreta unterhielt, Zinn nach Ugarit transportierten. An diesen Lieferungen war man offenbar auch in Mesopotamien höchst interessiert, denn in jener Zeit schrieb ein von den Assyrern gefangengehaltener Mann namens Ḫamis-Dagal aus der Gegend des nordsyrischen Emar in einem Brandbrief an seine Frau, sie solle ihn schnellstmöglich mit Zinn (AN.NA BABBAR) freikaufen. Und aus einer mittelassyrischen Quelle geht hervor, daß man einem Kaufmann namens Kidinnīja den Auftrag erteilte, sich nach Westen zu begeben, um dort Zinn einzuhandeln.[38]

So wie Anaku aller Wahrscheinlichkeit nach, von Mesopotamien aus gesehen, ein Zwischenhandelsort des Zinns westlich von Kreta, vielleicht die Insel Lipari, war,[39] von der die Babylonier oder Assyrer möglicherweise von ugaritischen Fernhändlern gehört hatten, die sich wiederum auf ihre zyprischen und minoischen Handelspartner beriefen, werden auch die geheimnisvollen κασσιτερίδες, wohin die Schiffe des Minos fuhren, ein solcher Hauptumschlagplatz für das Metall gewesen sein. Ob dieser Ort sich freilich ebenfalls im zentralen Mittelmeer, auf den Aiolischen Inseln oder in Monte Grande in der Gegend von Agrigent an der Südküste Siziliens befunden hat, wo man auf Keramik aus der späten mittelhelladischen Zeit gestoßen ist,[40] oder aber in der Nähe der bretonischen oder cornischen Zinnabbaugebiete, wie in späterer Zeit,[41] wird sich vielleicht nie klären lassen.

Denn das Wort κασσίτερος liefert keine Anhaltspunkte für eine Lokalisierung jener Kassiteriden, da es ebenso wie das latein. *cassiterum* anscheinend auf die in Knossos bezeugten Linear-B-Wörter *ka-te-ro* und *ka-so* sowie *ka-si-ko-no*, »Zinnverarbeiter«, zurückgeht. Diese Bezeichnungen leiten sich vermutlich von dem elamit. **qa-si-ti-ra* ab, in dem der Name des fernöstlichen Zinnlandes stecken mag, den man diesem im südwestlichen Iran des 3. Jahrtausends gegeben hat und aus dem sich wahrscheinlich auch das altind. *kastīram*, »Zinn«, entwickelt hat.[42]

Vielleicht bezieht sich die griechische Überlieferung von Minos und den Zinninseln tatsächlich auf spätminoische Fahrten ins westliche Mittelmeer und sogar darüber hinaus auf dem Okeanos nach Elysion – eine Reise, die auf einem minoischen Täfelchen dargestellt sein könnte, das man unlängst auf Ithaka fand, also dem Ausgangspunkt par excellence für Fahrten in mythische Fernen des Abendlandes: Darauf sieht man, wie ein von mehreren Personen gerudertes und mit einem Lateinersegel ausgestattetes Schiff sich anscheinend der Küste eines Landes nähert, auf dem sich Bäume, Menschen und eine Art Löwe befinden, wobei die gesamte Szene mit einem Linear-A-Zeichen kommentiert ist, das vermutlich einen Votivtext abkürzt.[43]

Daß minoische Schiffe schon im 17. Jahrhundert über Sardinien hinaus nach Westen vorgedrungen sind, könnte durch den Fund

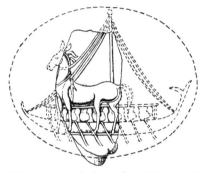

Abb. 118: Minoische Segelgaleere, deren Mast mit einem Pferd verbunden ist, knossische Schnurplombe, SM I (16. Jh. v. Chr.)

kleiner Votivdoppeläxte aus Bronze und einer 17 cm großen Schnabelkanne aus dem MM III A untermauert werden, die man angeblich in balearischen Gräbern gefunden hat.[44] Gesichert ist jedenfalls der Fund spätminoischer Keftiubarren aus Kupfer vor der Küste von Sète, nicht weit von der Mündung der Aude entfernt, und schon vor längerer Zeit hat man den Namen Massilias auf die kretischen Ortsnamen Μάταλα und Μάταλον in der Messará sowie den dortigen Flußnamen Μασσαλίας zurückgeführt, in denen die minoische Wurzel *matal-* oder *massal-* steckt. Dies hat man schließlich als Indiz dafür gewertet, daß bereits lange vor den Phokäern des 7. Jahrhunderts v. Chr. Seefahrer aus dem südlichen Zentralkreta zur Rhônemündung vorgestoßen seien. Vielleicht fuhren diese Kreter ja noch weiter zu einem Handelsplatz für Zinn, denn Stephanos von Byzanz referiert eine Überlieferung, nach der Kreter die Rhône hochgefahren sind und Βίεννος, das heutige Vienne an der Gèremündung, später Hauptort der keltischen Allobroger, gegründet haben sollen.[45]

Nachdem schon vor geraumer Zeit ostmediterrane Fayenceperlen in Fuente Álamo nahe den Kupferlagerstätten der Sierra Almagro im südöstlichen Spanien ans Licht gekommen waren, fand man in Llanete de los Moros bei Montoro in der Nähe der Kupferminen der Sierra Morena die blaubemalten Fragmente eines Trinkgeschirrs, offenbar eines Kraters und eines Gobelets, das zwischen

Abb. 119: Levantinisches Segelschiff, Fayence-Siegel aus dem Königspalast von Ugarit, 13. Jh. v. Chr.

1310 und 1260 v. Chr. in Berbati bei Mykene hergestellt worden war. Weitere ägäische Keramikscherben vom Cabo de Gata an der Cuesta del Negro östlich von Almería sowie minoische Pfeilspitzen und Messer derselben Zeit von anderen Fundstellen im südlichen Spanien[46] lassen den Schluß zu, daß um 1300 v. Chr. offenbar Schiffe aus dem östlichen Mittelmeer, und zwar eher minoische oder levantinische (Abb. 119) als mykenische,[47] bis zur spanischen Mittelmeerküste und im Falle der Keramik von Llanete de los Moros sogar durch die Meerenge von Gibraltar und auf dem Río Guadalquivir tief ins Innere Andalusiens vorgedrungen sind.

Allerdings werden diese Pioniere aus dem Morgenland bei solchen Fahrten kaum auf das begehrte Zinn gestoßen sein, denn es gibt keinerlei Indizien dafür, daß die in späterer Zeit so berühmten Zinnlagerstätten der iberischen Halbinsel vor dem 1. Jahrtausend v. Chr. ausgebeutet worden wären. Dafür spricht schließlich auch, daß nirgendwo anders im mediterranen Raum so lange Arsenbronze hergestellt wurde wie hier.[48]

Mit der möglichen Ausnahme der Vorkommen im westlichen Erzgebirge und im Fichtelgebirge scheinen die Lagerstätten in Cornwall und Devon für die Bewohner des östlichen Mittelmeerraumes nach dem Versiegen der fernöstlichen Importe die einzige alternative Zinnquelle gewesen zu sein. Und es gibt Anzeichen dafür, daß diese Quelle am nordwestlichen Okeanos nicht allzusehr sprudelte, schien sich doch auf Kreta im 15. und besonders im 14. Jahrhundert v. Chr. eine Zinn- und Kupferverknappung bemerkbar zu machen, was man unter anderem daran erkennt, daß die Bronzegefäße kleiner und die Waffen aus diesem Material leichter wurden und daß man offenbar im SM III B bei der Bestattung der Verstorbenen in alten Gräbern die Metallbeigaben entnahm, um das Material wiederzuverwerten.[49]

Dabei war nirgendwo sonst in der Ägäis die Bevölkerung dermaßen angewachsen wie im Kreta des späten 14. Jahrhunderts, wo es so viele Siedlungen gab wie in keiner früheren Epoche. Es war eine Zeit des inneren und äußeren Friedens und des Wohlstandes, in der Fernhandelsstädte wie Kommos, Khania oder Amnisos blühten und eine rege Bautätigkeit entfalteten.[50]

Allerdings traten um 1300 v. Chr. die ersten Vorboten einer Zeit des Niedergangs, der Versorgungsengpässe, der Hungerrevolten, kriegerischen Auseinandersetzungen und Überfälle von See her auf, die schließlich dazu führten, daß beispielsweise Kommos bald nach der Mitte des 13. Jahrhunderts weitgehend von seiner Bevölkerung verlassen und zu Beginn des 12. Jahrhunderts endgültig aufgegeben wurde, nachdem es seine Funktion als Fernhandelshafen schon längst eingebüßt hatte.[51]

Gab es nach dem verheerenden Ausbruch des Santorinivulkans bis ca. 1400 v. Chr. häufigere und länger anhaltende Regenperioden sowie kältere Winter, änderten sich um die Mitte des 14. Jahrhunderts die Wetterverhältnisse ein weiteres Mal. Die Sommer- und Wintertemperaturen stiegen stetig an, so daß es bald im Durchschnitt wärmer war als heute, wozu noch die durch die Bevölkerungsexplosion im SM III B 1 bedingte Übernutzung der Böden und das Abholzen der Wälder kam. In der Folgezeit erlebten die Menschen nicht nur im östlichen Mittelmeerraum, sondern in vielen Teilen der Welt ein extrem instabiles Klima mit von exzessiven Regenfällen unterbrochenen Dürreperioden, Sturmfluten und Erdbebenserien mit teilweise verhängnisvollen Folgen für Ackerbau und Viehzucht. So sorgten z. B. in der Ägäis heiße Wüstenwinde aus der Sahara für drastische Einbußen bei der Wein- und Olivenernte.[52]

Waren um 1300 v. Chr. auf Kreta die Folgen dieser Entwicklung in ihrer ganzen Tragweite noch nicht erkennbar, so trat die völlige Umorientierung des minoischen Fernhandels ins allgemeine Bewußtsein, denn von nun an fuhren die Hochseeschiffe von Kommos nicht mehr nach Zypern und zur levantinischen Küste, sondern in den fernen Westen, und was an orientalischen oder ägyptischen Gütern noch ins Land kam, ging gewiß auf zyprische oder syrische Fernfahrer zurück, die immer noch in Kommos anlegten. Ein solcher Kaufmann und Privatunternehmer (*tamkār ša šepī*) war offenbar in der ersten Hälfte des 13. Jahrhunderts Sinarānu, über den es in einer Urkunde des ugaritischen Königs Ammištamru IV. heißt, daß »sein Schiff [von Steuern] befreit ist, wenn es von Kreta [Kaptāru] kommt« und Olivenöl, Getreide und fermentierte Getränke löscht.[53] Dabei fuhren die syrischen Handelsschiffe – wie

Abb. 120: Levantinische Schiffe im Hafen von Theben, Rekonstruktion eines Grabwandbildes.

sicher auch das von Uluburun – von Ugarit über Zypern die süd-
anatolische Küste entlang zur Straße von Rhodos und vermutlich
an Karpathos und am Kap Sideros vorbei über Kato Zakros nach
Kommos sowie anschließend auf dem gleichen Weg zurück.[54]

Genau diese Route hatte bereits vorher der Bote der großen syrischen Vegetationsgöttin genommen, dem diese den Auftrag erteilt
hatte, das Taurus-Gebirge entlang und an den ostägäischen Inseln
Rhodos, Karpathos und Kasos vorbei höchstwahrscheinlich nach
Kommos zu segeln: »Und fahre tausend [Morgen im] Meer, / zehn-
tausend Morgen in den beiden Strömen. / Fahre vorbei an Bergen,
fahre vorbei an großen Bergen, fahre vorbei an den Inseln der Him-
melshöhe (*iht np šmm*). / Laß dahinfahren, o Fischer der ʿAṯirāt, /
komme an, o Qidš-und-Amrur! / Dann wende dich nach dem göttlichen *ḥkpt* in seiner Gesamtheit, / nach Kaptāru, seinem Thron-
sitz / nach *ḥkpt*, seinem Erbland!« Von Kreta sollte der Gesandte
einen Mann namens Kōṯar-wa-Ḥasīs (*kṯr-w-ḥss*) holen, den »klu-
gen Kitharaspieler«, den »Kunsthandwerker und Allwissenden«,
hinter dem vermutlich ein minoischer Baumeister und Gold-
schmied steht, dem vielleicht die Aufgabe zufiel, in Ugarit den Bau
des großen Baʿal-Tempels zu leiten.[55]

Auf einem syrischen Hämatitsiegel der frühen Spätbronzezeit
erscheinen langhaarige Männer mit Wespentaille und Lenden-
schurzen, die Kurzschwerter und Lanzen in den Händen halten,
vor einem Herrscher, der auf seinem von einem Greifen flankierten
Thron sitzt – vermutlich minoische Gesandte oder Fernhändler, die
den engen wirtschaftlichen und kulturellen Kontakt zwischen Kreta und der Levante vor dem SM III B bezeugen. So gibt es bezeichnenderweise im Minoischen zahlreiche orientalische Lehnwörter,
die sich häufig auf syrisch-kanaanitische Handelsgüter beziehen,
z. B. Sesam, Linear A *su-sa-me*, Linear B *sa-sa-me*, ägypt. *sm.sm.t* <
ugarit. *ššmn*; Kreuzkümmel, Linear A *ku-mi-na*, Linear B *ku-mi-
no* < ugarit. *kmn*, sumer. *ga-mun*; Zyperngras, Linear A *ku-pa*,
knoss. Linear B *ku-pa-ro*, hebr. *kōper*; oder Elfenbein, Linear B
e-re-pa, akkad. *alpu*, hebr. *ʾelef*.[56]

Im Zeitraum zwischen den Regierungszeiten Hatschepsuts und
Echnatons, also im 15. und in der 1. Hälfte des 14. Jahrhunderts,

lag auch der Höhepunkt der Handelsbeziehungen und des kulturellen Austauschs zwischen Ägypten und Kreta, ja, es hat den Anschein, daß unter Amenophis III. sogar eine ägyptische Gesandtschaft, zu der sicher auch Künstler und Handwerker gehörten, nach Zentralkreta gereist ist. Auf den erhaltenen Fragmenten eines aus Quarzit gefertigten Statuensockels im Innenhof des Totentempels dieses Pharaos in West-Theben hat man nämlich eine unvollständige Ortsnamensliste gefunden,[57] die darauf schließen läßt, daß wohl irgendwann im ersten Viertel des 14. Jahrhunderts eine Delegation aus dem Niltal nach *K₃f-tj,[58] und zwar zunächst in die Messará nach Phaistos (b₃-jj-š₃-t-jj = pa-i-to),[59] anschließend nach Knossos (kw-jn.jw-š₃-₃) und von dort vielleicht sogar zum griechischen Festland (Tj-n₃jj) hinübergefahren ist.[60]

Die Mitte der Welt war für die alten Ägypter das Niltal, und am Rande der Welt lagen die angrenzenden Länder wie das der Kanaaniter und »das elende Kusch«. Diese bekannte Welt war von einem okeanosartigen Meer (w₃ḏ-wr) umgeben, aus dem alle nicht-benachbarten Fremden kommen mußten wie »die Fürsten der K₃ft(j)w und der Inseln inmitten des Großen Grünen (jww ḥrj.w-ỉb n.w w₃ḏ-wr)«, wobei die Ägypter mit diesen Inseln offenbar die der Ägäis, namentlich die Kykladen meinten, da sie den Archipel ja vom mykenischen Festland und von Kreta gesondert erwähnten.[61]

An den Wänden der Gräber des während der Regierungszeit Königin Hatschepsuts lebenden Senmut und des Useramûn aus der Frühzeit der Regentschaft Thutmosis III. sind die minoischen Gesandten des SM I B, an denen des Mencheperrêseneb die Gesandten des SM II und an der Grabwand Wesir Rechmirês aus den letzten Regierungsjahren des großen Thutmosis die minoisch/ägäischen »Fürsten« dieser Zeitspanne zu sehen, die dem jeweiligen Pharao mit als Tributleistungen ausgegebenen diplomatischen Geschenken ihre Aufwartung machen. Allerdings wurden die »Gabenbringer« auf dem Wandbild des Wesirgrabes später übermalt, und zwar so, daß sie in der neuen Version keine Braguette oder Phallustasche, sondern einen Kilt tragen, was man so interpretiert hat, daß im SM III A 1 nicht länger die Minoer, sondern nunmehr die Mykener

Abb. 121: Die Minoer bringen dem Pharao ihre Geschenke
· (Keftiubarren und Metallgefäße), Grab des Rechmirê.

als die neuen Machthaber auf der Insel ihre Delegation an den Nil
geschickt hätten.

Solche Fransenschurze aus Fell oder Stoff waren indessen keine
spezifisch mykenischen Kleidungsstücke, sondern die Tracht der
erwachsenen minoischen Männer, wohingegen die schmalen Len-
denschurze mit dem Penisfutteral von Jugendlichen wie den Stierspringern getragen wurden. Und so waren diese auch eine Kultkleidung nach dem Vorbild der Unterleibsbedeckung des jungen Paredros der Göttin, der einer anderen Altersklasse angehörte als ein
verheirateter Mann. Deswegen ist es durchaus denkbar, daß die
ägyptischen Künstler sich bei der Darstellung der »Gabenbringer«
zunächst an den jungen Ruderern der kretischen Schiffe orientiert
haben und erst später an den minoischen Gesandten und Groß-
kaufleuten, die »mit gebeugtem Haupt«, wie die ägyptische Propa-
ganda es wollte, Körbe voll Lapislazulibrocken, Silberbarren und
-ringe sowie kostbare Amphoren, Rhyta und sogar Elefantenstoßzähne in die Schatzkammer des Pharao lieferten.[62]

Flossen im 15. und 14. Jahrhundert noch ägyptische Artefakte und Rohmaterialien wie Stein- und Glasgefäße nach Kreta, die zum Teil aufs griechische Festland weitergeschenkt wurden, wo man sie in den Schachtgräbern des SH I fand, Schmuckstücke, Skarabäen mit Königskartuschen, Halbedelsteine und Gold, das über Kusch und das Wādī Ḥamamāt an den Nil gelangt waren,[63] gingen die Importe aus Ägypten und dem Nahen Osten um 1300 v. Chr. stark zurück.[64] Allerdings verkehrten offenbar in der 1. Hälfte des 13. Jahrhunderts, und zwar zur Zeit Ramses des Großen, immer noch Schiffe zwischen Kommos und dem ägyptischen Hafen Marsa Matruh auf Bates' Island, wie minoische Keramik aus der Grenzfestung der Ägypter und ägyptische Container in Kommos sowie Skarabäen und Amulette der späten 18. und der frühen 19. Dynastie im nördlichen Zentralkreta dokumentieren.[65]

Aufgrund der ständigen Auseinandersetzungen zwischen den Ägyptern und den Hethitern im Nahen Osten sowie den Einfällen der Assyrer im frühen 13. Jahrhundert, bei denen die Städte Mitannis »erobert, verbrannt und vernichtet« wurden, wie es in einer assyrischen Quelle heißt,[66] war der Fernhandel, der sich unter der Herrschaft der Kassiten im südlichen Zweistromland wieder etwas erholt hatte, erneut zusammengebrochen. Offenbar stockte der Zufluß von Zinn und Halbedelsteinen ein weiteres Mal, und wie aus einem Brief des ugaritischen Botschafters am hethitischen Hof hervorgeht, scheint es in dieser Zeit so schwer gewesen zu sein, echten Lapislazuli aus dem Hindukusch zu beziehen, daß man ihn meist durch das ersetzte, was die Babylonier NA.ZA.GÌN *ba-aš-lu*, »Lapislazuli, der durch Kochen erzeugt wird«, nannten,[67] worunter sicher blaues Glas zu verstehen ist.

Zwar heißt es, zu den letzten Gütern, die im 13. Jahrhundert von den Minoern nach Ägypten exportiert wurden, hätten Jaspis, Bergkristall und Serpentin gehört, doch gelangten im Gegenzug immer weniger Achat, Sardonyx, Lapislazuli, Karneol, Gold oder Elfenbein nach Kreta. Da zudem die Ägäis arm an Halbedelsteinvorkommen ist und die Steine auf Kreta von geringer Qualität sind, wurde die Produktion von Siegeln aus harten Steinen, aber auch von goldenen Siegelringen, so gut wie eingestellt, und in manchen Städten, wie z. B. in Pylos, griffen die Verwaltungen auf Siegel aus längst vergangenen Zeiten zurück.[68]

Höchstwahrscheinlich hatte die erneute Umorientierung des kretischen Fernhandels von Osten nach Westen bereits im SM III A 1/2 begonnen, als vielleicht sogar kleinere Bevölkerungsgruppen nach Unteritalien, Sizilien und ins südliche Sardinien übersiedelten, wo sie Handelsstützpunkte einrichteten und unter anderem die sich schnell drehende Töpferscheibe einführten. Auf der anderen Seite ließen sich offenkundig Händler aus diesen Gegenden in Kommos sowie in Khania nieder, die ihre eigene Küchenkeramik herstellten und die z. B. im khaniotischen Friedhof von Odos Palama bestattet wurden.[69]

Wie bereits Jahrhunderte zuvor[70] war es bestimmt nicht das sardinische Kupfer, das jetzt die Minoer und etwas später die Zyprer zu ihren Fahrten nach Sardinien motivierte, sondern das dringend benötigte nordwesteuropäische Zinn.[71] Und wenn man vermutet, nuraghische Schiffe seien nicht nur nach Kommos, sondern vielleicht sogar bis nach Zypern gefahren,[72] dann ist es genausogut denkbar, daß sardische Seefahrer bereits im Ausgang des 14. Jahrhunderts v. Chr. in entgegengesetzte Richtung zu einer Zwischenhandelsstation für Zinn und Bernstein sowie vielleicht auch für irisches Gold segelten, die sich im Mündungsbereich der südwestfranzösischen Aude befunden haben mag.

§ 9 · ZINN UND BERNSTEIN AM UFER
DES OKEANOS

Sollten die sardischen Zinnzwischenhändler tatsächlich, wie von italienischen Archäologinnen vermutet, bis in den Atlantik und vielleicht sogar bis in den fernen Nordwesten Europas vorgedrungen sein, könnten die in der Nähe der Aude-Mündung im Meer gefundenen Keftiu-Kupferbarren auf sie, aber ebensogut auf ostmediterrane Seefahrer zurückgehen, scheinen doch solche auf Sardinien ausgegrabenen Barren entweder aus zyprischem oder aus iberischem Kupfer zu bestehen.[1] Doch wie dem auch sein mag, für die Minoer, die sich im Süden Sardiniens niedergelassen hatten, dürfte es ein leichtes gewesen sein, von den sardischen Seefahrern die genaue Route über das westliche Mittelmeer und die Flüsse in Richtung Okeanos zu erfahren.[2]

Kassiterit oder Zinnstein (SnO_2) ist das am weitesten verbreitete Zinnerz mit einem Zinngehalt von über 78 %, das als »Bergzinn« vor allem in Granitschichten vorkommt, in Cornwall dagegen häufig in weichen Schieferschichten. Wenn diese verwittern, und das geschieht sehr leicht, wird der Kassiterit meist in sogenannten Zinnseifen, d. h. in Sanden und Flußschottern abgesetzt, wo er sich aufgrund seines hohen spezifischen Gewichtes recht problemlos auswaschen läßt. Allerdings waren in Cornwall und Devon die entsprechenden Seifen im Laufe der Zeiten nicht selten von anderen Sedimenten überlagert worden, weshalb die Einheimischen das Erz im Untertagebau, d. h. mit Hilfe von Schächten, abgebaut haben, die z. B. im cornischen Carnon eine Tiefe von bis zu 12 m erreichten.[3] Aus den cornischen Geröllen und Sanden hat man auch immer wieder das dort zusammen mit dem Zinnerz anzutreffende »Waschgold« ausgesiebt, ja, man hat sogar vermutet, es seien sowohl in Devon und Cornwall als auch am Gold Mines River in der irischen Grafschaft Wicklow die frühbronzezeitlichen Goldwäscher gewesen, die als erste auf das Erz gestoßen sind.[4]

Nicht unwahrscheinlich ist es, daß im Verlauf der 2. Hälfte des 2. Jahrtausends Zinnprospektoren die erzführenden Flüsse aufwärts gezogen und schließlich die Primärlagerstätten im Fels – wenn auch in geringerem Umfang als die alluvialen Vorkommen – ausgebeutet haben. Zwar ist man bisher nicht auf unzweideutige Spuren eines solchen Abbaus in der Bronzezeit gestoßen, doch mag dies an den Zerstörungen durch den extensiven Zinnsteinbergbau im Mittelalter und an der Küstenerosion liegen. Es ist bekannt, daß man in der Eisenzeit Kassiterit aus dem Berg holte, und Poseidonios überlieferte, jener sei im 2. Jahrhundert v. Chr. »nicht an der Oberfläche gefunden« worden, »wie allgemein die Historiker behaupteten, sondern gegraben«, aber auch in diesem Falle hat man keine entsprechenden Minen entdeckt.[5]

Doch gleichgültig ob nun lediglich alluviales Zinnerz oder später auch »Bergzinn« abgebaut worden ist, fest scheint zu stehen, daß man bereits ab ca. 2200 v. Chr. Zinn nicht nur nach Schottland und Nordirland, sondern auch aufs europäische Festland exportiert hat, wo es wahrscheinlich vor allem gegen nordalpines Kupfer getauscht wurde.[6] Falls sich tatsächlich sardische Seefahrer die französische Atlantikküste entlang bis in den fernen Nordwesten vorge-

Abb. 122: Bronzefigur eines bewaffneten sardischen Seefahrers auf theriomorphem Schiff.

wagt haben, dann ist es sehr wahrscheinlich, daß sie neben mediterranen Fertigprodukten auch zyprische, iberische oder sardische Keftiubarren aus Kupfer an Bord hatten,[7] deren Form vermutlich im Norden nachgeahmt wurde,[8] wie der berühmte »Falmouth-Barren« es nahelegt. Dieser zu 99 % aus purem Zinn bestehende, in der Form an einen Keftiubarren erinnernde Klotz mit dem fast dreifachen Talentgewicht von gut 72 kg – genügend Metall, um über eine Tonne Bronze mit einem Zinngehalt von 10 % herzustellen, wurde bei St. Mawes in der cornischen Falmouth Bay vom Meeresgrund geborgen (Abb. 123). Er ähnelt sehr den minoischen

Abb. 123: Der Zinnbarren von Falmouth.

Barren des 14. oder – vielleicht noch mehr – zwei zyprischen mit kypro-minoischen Zeichen gestempelten Miniaturbarren des 13. Jahrhunderts v. Chr., die wohl in Enkomi gefunden wurden, und könnte deshalb ebenfalls in dieser Zeit für den Export ins Mittelmeer hergestellt worden sein.[9]

Schon vor langer Zeit hat man nicht nur vermutet, daß britisches Zinn ab dem 17. Jahrhundert v. Chr. ins östliche Mittelmeer geflossen ist und daß die kulturelle Blüte und die reich ausgestatteten Gräber der Fürsten der Aunjetitzer und der Wessex-Kultur auf deren Kontrolle der Zinnabbaugebiete und die der Schachtgräber-Mykener auf ihren Zinnfernhandel zurückführbar seien.[10] Vielmehr hat man überdies angenommen, daß schon bald wagemutige ägäische Pioniere mit ihren Schiffen zu den Ursprungsländern des hellen Metalls vorgestoßen sind,[11] wenn auch solche Mutmaßungen heute von vielen Fachleuten eher als altmodisch belächelt werden mögen.

Es hat indessen den Anschein, daß die Kassiteritlagerstätten in Cornwall und Devon nach dem Ausbleiben der Zinnlieferungen aus dem Orient nicht die einzigen Bezugsquellen der Mittelmeervölker gewesen sind. Zwar gibt es eine vielzitierte Aussage des englischen Benediktiners Matthew Paris, wonach das Zinn des Erzgebirges erst im Jahre 1241 von einem cornischen Erzschürfer entdeckt worden sei. Doch haben die zahlreichen Hortfunde von Bronzen mit einem hohen Zinngehalt aus der Zeit um 2000 v. Chr. im mittleren Saale-Unstrut-Gebiet immer wieder die Vermutung genährt, daß zumindest die Zinnseifenvorkommen dieser Berge unter der Kontrolle der Aunjetitzer Häuptlinge ausgebeutet wurden.[12] Dabei handelt es sich um die einzigen Zinnlagerstätten Mitteleuropas, nämlich die zinnsteinkörnchenführenden Gerölle der oberen Bachtäler des Erzgebirges, die sich vor allem im Graupener Delta und in der Gegend von Ehrenfriedersdorf und Geier abgelagert hatten, sowie die im Tiefland liegenden sekundären Kassiteritvorkommen im westböhmischen Krupka und die des Fichtelgebirges zwischen Weißenstadt und Wunsiedel. Zwar hinterläßt die Ausbeutung solcher Zinnseifenlagerstätten kaum Spuren, doch ist man auf dem westlichen Erzgebirgskamm in 900 m Höhe in unmittelbarer Nähe der Vorkommen auf spätbronzezeitliche Siedlungsreste und im Umland in Elbnähe auf Spuren der Verhüttung von Zinn- und Kupfererzen gestoßen.[13]

Die Vermutung, mitteleuropäisches Zinn sei schon in der mykenischen Schachtgräberzeit über den Brenner zur adriatischen Küste und von dort nach Griechenland verschifft worden, ist nicht neu, und Isotopenanalysen von Bronzewaffen aus diesen Gräbern scheinen zumindest nicht auszuschließen, daß ein Teil des bei der Herstellung der Legierung verwendeten Zinns aus dem Erz- oder Fichtelgebirge stammt.[14] Schließlich spricht nicht nur der hohe Zinngehalt der im östlichen Trient gefundenen Bronzeobjekte aus dem 14./13. Jahrhundert v. Chr. für einen solchen Handelsweg im SH III, sondern auch die Tatsache, daß immer mehr Indizien für eine »Bernsteinstraße« über den Paß ins Inntal aufgetaucht sind, die wahrscheinlich auch von mykenischen Zinnprospektoren beschritten worden ist.[15]

Offenbar haben die analysierten bronzenen Beigaben in den frühen Schachtgräbern von Mykene einen Zinngehalt zwischen 0,18 und 14,2 %, was wohl kaum auf eine beabsichtigte Zinn-Kupfer-Legierung, sondern eher darauf schließen läßt, daß das Ausgangsmaterial zum Teil Stannin oder Zinnkies (Cu_2FeSn_4) gewesen ist, ein metallisch glänzendes, olivgrünes bis stahlgraues Mineral, in dem Kupfer und Zinn gemischt vorkommen. Dieses Erz, das in den Gegenden von St. Just, St. Ives und der Mount's Bay im äußersten Westen Cornwalls,[16] aber auch im Vogtland und im Erzgebirge,[17] auf Helgoland und in Tadschikistan[18] anstand, war das Ausgangsmaterial für eine »natürliche Bronze«, ja, seine Verhüttung hat vielleicht überhaupt erst zur Entdeckung der Zinnbronze geführt.

Allerdings lagen in diesen Gebieten die Kupfer- und Zinnerzgänge ohnehin häufig so eng beieinander, daß die beiden Erze gewiß durch Zufall in denselben Schmelztiegel gerieten und den Schmieden aufgefallen sein wird, daß das Produkt zunächst besser floß und schließlich wesentlich härter war als gewöhnliches Kupfer, vor allem wenn es nicht mit Wasser abgeschreckt wurde und langsam abkühlen konnte.[19]

Bei einer Zinnzugabe von 5 bis 8 % wird Kupfer goldgelb, und einen solchen Zinngehalt soll meist der cornische Zinnkies gehabt haben,[20] was den Gedanken aufkommen läßt, daß jenes sagenhafte Erz Oreichalkos (ὀρείχαλκος), von dem Plato berichtet, man habe es zu seiner Zeit »nur noch dem Namen nach« gekannt, das Ausgangsmaterial jener natürlichen Zinnbronze gewesen sein könnte, die in der späten Bronzezeit neben reinerem Zinn aus dem fernen Nordwesten ins östliche Mittelmeer gelangt ist. Mit dem »wie Feuer glänzenden Bergkupfer« (ὄρος, »Gebirge«; χαλκός, Linear B ka-ko, »Kupfer«)[21], das in der Darstellung des großen Philosophen »an vielen Stellen« des mysteriösen Atlantis aus der Erde gegraben wurde, waren nicht nur die Mauer um die dortige Königsburg, sondern überdies »Wände, Säulen und Fußboden« des Poseidontempels überzogen, und das Metall war so kostbar, daß man es »unter den damals Lebenden mit Ausnahme des Goldes am höchsten« schätzte.[22]

Wie Plato weiter ausführte, wußten bereits die Alten nicht mehr genau, was denn dieses sagenumwobene ορείχαλκος für ein Erz oder Metall gewesen war, und so riet man auf irgendeine eher natürliche als künstliche Legierung von Kupfer[23], so z. B. mit dem auch Katzensilber genannten Mineral Zinnwaldit, das einen goldenen Glanz entfaltete,[24] oder auf ein natürliches Messing, also ein gemischtes Kupfer/Zink-Erz,[25] das ebenfalls wegen seiner goldähnlichen Farbe vor allem später von den Römern gepriesen wurde.[26]

Wie bereits angedeutet, erscheint mir die Annahme plausibler, ορείχαλκος könne das aus Zinnkies gewonnene Metall gewesen sein, zumal man aus ihm und auch aus Zinn schon frühzeitig dünne Folien, Stanniol genannt, hämmerte, die man für glänzende Metallüberzüge verwendete. Auf diese Weise verzinnte man bereits um 2000 v. Chr. in Südwestengland und Schottland Flachäxte, und bald überzog man allenthalben in Europa mit den aus Zinn oder Zinnkies hergestellten Folien vor allem Keramikgefäße,[27] die, wenn sie erhitzt wurden, wie Gold oder, um mit Plato zu sprechen, »wie Feuer« glänzten.[28]

Es könnte durchaus sein, daß die mit Zinnfolie überzogene unbemalte Feinkeramik des SH III B aus den Kammergräbern von Asine in der Argolis, die nach Aussage der Fachleute ursprünglich »wie Gold« geglänzt haben muß,[29] ihr Vorbild in minoischer[30] oder, was vielleicht sogar wahrscheinlicher ist, in importierter verzinnter Keramik aus dem fernen Norden und Nordwesten hatte.

Schon vor nahezu 150 Jahren hat der bedeutende Altphilologe Wilhelm Christ die Meinung vertreten, hinter Platos Atlantisbericht liege eine »ehemalige Kunde Britanniens, welche später wieder verloren ging«, und wo immer die Phantasie in der Folgezeit dieses Reich plazierte, blieb es mit dem ὀρείχαλκος verbunden.[31] Denn auch wenn dieser Bericht mit großer Sicherheit fiktiv ist,[32] wird der Begründer der athenischen Akademie sich bei dessen Abfassung aus dem reichen Schatz von Überlieferungen, Mythen und Reiseberichten bedient haben, der ihm zur Verfügung stand.

So könnten die eherne Mauer um die Insel des Aíolos, der Poseidontempel und der Königspalast von Scheria, aber auch der des Aietes und des Helios aus der Argonautensage Pate für die Königsburg und den Poseidontempel von Atlantis gestanden haben, und daß das Reich der Atlanter vor 9000 Jahren untergegangen sei, geht vielleicht wirklich auf jene ägyptische Formel zurück, nach der »9000« »sehr viele« bedeutet, etwa wenn es von Ptah heißt, er habe zu Beginn der Schöpfung 9000 Jahre lang regiert.[33]

Allerdings scheint auch die Versorgung des östlichen Mittelmeeres mit Zinn aus dem vermutlich damals schon mythisch überhöhten Nordwesten im Verlaufe des 13. Jahrhunderts v. Chr. kritisch

Abb. 124: Keftiubarren aus Zinn, Uluburun-Wrack.

geworden zu sein, was sich im darauffolgenden Jahrhundert noch verschärfte. So griff man in einigen Gegenden bei der Herstellung von Bronze sogar trotz der dabei entstehenden gesundheitsschädlichen Dämpfe auf die sulfidischen Arsenerze zurück, um aus ihnen ein das Zinn ersetzendes Legierungsmittel zu gewinnen. Und aus dem Text des pylischen Linear-B-Täfelchens In 829 vom Ende des 13. Jahrhunderts geht hervor, daß damals offenbar in Messenien und sicher auch in der gesamten Ägäis ein akuter Zinnmangel herrschte, der einer dringend notwendigen militärischen Aufrüstung entgegenstand. Denn er enthält die Aufforderung an die hierfür Verantwortlichen, »Bronze der Heiligtümer (*ka-ko-na-wi-jo*) für die Spitzen von Pfeilen und Lanzen« zur Verfügung zu stellen, wobei allerdings offenbleiben muß, ob es sich bei dieser »Tempelbronze« um bronzene Kultobjekte oder aber um Produkte der tempeleigenen Schmiedewerkstätten handelte, in denen z. B. die »Bronzeschmiede der Herrin« (*po-ti-ni-ja-we-jo ka-ke-we*) tätig waren.[34]

Auch in der eurasischen Steppe, im nordöstlichen Balkan und in den Karpaten verringerte sich die Bronzeherstellung drastisch, und in Mitteleuropa scheint das Zinn so knapp geworden zu sein, daß man dem Kupfer jetzt vermehrt Blei zulegierte und sogar wieder Lanzenspitzen aus Tierknochen herstellte. Schließlich ging man in dieser Zeit auch im kupferreichen Zypern zur Herstellung von Eisen über – die zyprischen Kupferminen bergen reiche Vorkommen von Eisenpyrit –; dies wäre ein unnötiger Vorgang gewesen, wenn man über Zinn in ausreichendem Maße verfügt hätte.[35]

Zinnbronze war nämlich dem frühen Eisen bei weitem überlegen, da die Patina sie vor Korrosion schützte. Zudem war das Eisen wesentlich weicher und ließ sich im Gegensatz zur Bronze nicht gießen: So war z. B. ein eisernes Schwert nicht so zäh wie ein bronzenes, und die Gefahr war viel größer, daß es beim Kampfe brach.[36]

Warum also stellte man trotzdem mehr und mehr Eisen und immer weniger Zinnbronze her? Zwischen ca. 1225 und 1175 v. Chr. scheint vor allem das östliche Mittelmeer von einer Erdbebenserie, einem »earthquake storm«, wie die Geologen sagen, heimgesucht worden zu sein, der zahlreiche mykenische, anatolische, zyprische und levantinische Städte und vor allem deren Befestigungsanlagen zum Opfer fielen, so daß die Überlebenden feindlichen Nachbarn sowie fremden Eroberern relativ schutzlos ausgeliefert waren.

Offenbar hatte es auf dem griechischen Festland schon um die Mitte des 13. Jahrhunderts Bedrohungen durch benachbarte Machtzentren gegeben, da viele bedeutende Siedlungen ihre Fortifikationen verstärkten und die Wasserversorgung sicherten. So bauten die Athener die Schutzmauern der Akropolis aus und richteten in deren Zitadelle ein Wasserresevoir ein, und ähnliches geschah in Mykene oder Tiryns, wobei in dieser Zeit die Gefahr wohl noch nicht so sehr von See her drohte, da z. B. die Hafenstadt Pylos unbefestigt blieb.[37] So wurde nach der Zerstörung des Palastes von Mykene durch ein gewaltiges Erdbeben lediglich dessen Zitadelle weiter bewohnt, und auch die Paläste von Tiryns oder Troja VIIa fielen nach einer erdbebenbedingten Brandkatastrophe in Schutt und Asche. Nach Ausweis der nicht nur geplünderten, sondern auch zerstörten Tholosgräber scheint dagegen Pylos nicht der bebenden Erde, sondern eher fremden Eroberern zum Opfer gefallen zu sein,[38] während die minoischen Küstenstädte offenbar präventiv von ihrer Bevölkerung aufgegeben wurden, die sich wohl großenteils in den Bergen vor den Angriffen von See her in Sicherheit brachte.[39]

Doch damit nicht genug, kam es seit dem ausgehenden 13. Jahrhundert im östlichen Mittelmeer und im Nahen Osten einschließlich Mesopotamiens zu einem erneuten Klimawandel mit steigenden Temperaturen und einer ausgesprochenen Dürreperiode, die fast 100 Jahre anhielt und die Versorgungskrise zuspitzte, die sich bereits Jahrzehnte zuvor bemerkbar gemacht hatte. Noch nie war die Ägäis so bevölkert gewesen wie im SH/SM III B, und aufgrund zahlreicher Mißernten konnten die Menschen nicht mehr hinreichend ernährt werden, was offenbar zu Hungerrevolten und Nachbarschaftskriegen führte, die wahrscheinlich im Verein mit den Überfällen der »Seevölker« den Zusammenbruch der Palastkultur beschleunigten. Schließlich erfolgte durch den Ausbruch der Hekla um 1159 v. Chr., bei dem riesige Mengen von Asche in die Stratosphäre geschleudert wurden, ein 18 Jahre während nuklearer Winter, in Folge dessen nicht nur auf den britischen Inseln die Bevölkerungszahl um die Hälfte zurückging und das Hochland gänzlich entvölkert wurde, sondern dessen Auswirkungen bis nach China spürbar waren.[40]

Im Verlauf des Untergangs der mykenischen Paläste flohen die meisten Adelsfamilien, die noch um die Mitte des 13. Jahrhunderts den gesamten Fernhandel kontrolliert hatten, vor allem auf die Kykladen, wo sie zahlreiche neue Siedlungen mit befestigten Zitadellen gründeten, aber auch nach Karien und Kreta, um dort kleine Fürstentümer zu errichten, die freilich bald von den »Seevölkern« vernichtet wurden.[41] Zwar wird sich in der Folgezeit das Leben der einfachen Landbevölkerung, der Bauern und Hirten, außerhalb der zerstörten mykenischen Burgen nicht wesentlich geändert haben, und es gab sicher auch Gegenden ohne tiefgreifende Umbrüche wie z. B. Boiotien, Euboia oder Thessalien.[42] Doch wurden von nun an die großen Handelsfernfahrten im Auftrag der Wanaktes durch die bescheideneren Unternehmen einzelner »merchant-adventurers« und kleinerer Gruppen aus der ägäischen Peripherie ersetzt, die wohl häufig eher Raubfahrten glichen als einem regulären Austausch mit festen Handelspartnern.[43]

Aufgrund dieses drastischen Rückgangs des Fernhandels im Verein mit den Auswanderungen und dem Wüstfallen zahlreicher Siedlungen flossen immer weniger Luxusgüter wie Gold, Elfenbein, kostbare Steine oder Gewürze und – was viel bedeutsamer war – Kupfer und vor allem Zinn in die Ägäis, was zumindest für die verbliebenen oder neuen Eliten einen vergleichsweise niedrigen Lebensstandard nach sich zog.[44]

Freilich blieben nicht allein die wichtigsten Rohstoffe aus. Vielmehr waren allem Anschein nach mit den Adelsfamilien auch die hochqualifizierten Metallhandwerker geflohen, so daß man in vielen Gegenden nicht mehr über die Fähigkeit zur Herstellung qualitativ hochwertiger Bronzegeräte und -waffen verfügte. Ein Eisenschwert ließ sich hingegen nicht nur mit wesentlich geringerem Aufwand herstellen als eine entsprechende Waffe aus Zinnbronze. Vielmehr war die Technik des Eisenschmiedens kein gehütetes Geheimnis mehr, und auf jedem größeren Hof der Eisenzeit gab es bald eine eigene Eisenschmiede.[45] Viel bedeutsamer aber ist, daß das Erz, insbesondere das leicht reduzierbare Brauneisenerz, namentlich das Rasenerz, etwa 500 mal häufiger vorkommt als die Kupfererze – im östlichen Mittelmeer ist es praktisch ubiquitär –, und es ist im allgemeinen auch leichter abzubauen, da es meist näher an der Erdoberfläche liegt. Deshalb war die Herstellung dieses Metalls nicht nur wesentlich einfacher, es war auch billiger – Eisen kostete $1/5$ bis $1/20$ dessen, was man für Bronze ausgeben mußte –, und es mußte nicht länger auf dem Wege des stark geschrumpften und stets von den Piratenschiffen der »Seevölker« bedrohten Fernhandels besorgt werden.[46]

Doch auch nach dem Abflauen des »Seevölkersturms« scheint das Zinn in den sogenannten »Dunklen Jahrhunderten« nur sehr zögerlich ins östliche Mittelmeer geflossen zu sein, wobei es offenbar die Phönizier waren, die an alte levantinische Traditionen anknüpften und das Metall vom Atlantik her holten, um es z. B. im frühen 9. Jahrhundert an den assyrischen König Assurnasirpal II. zu liefern. Um die Mitte des 10. Jahrhunderts war es offenbar in der Ägäis so gut wie nicht mehr vorhanden, aber auch danach blieb es so rar, daß die Bronze nur noch maximal 4 % Zinn enthielt. Auch die Tatsache, daß das Metall in der Odyssee überhaupt nicht erwähnt wird, hat man auf die anhaltende Bedeutungslosigkeit des griechischen Zinnfernhandels zurückgeführt, der erst im 8. Jahrhundert durch die Euboier und danach durch die Phokäer einen neuen Aufschwung nahm.[47]

Möglicherweise haben euboiische Seefahrer auf der Suche nach Zinn bereits im 9. Jahrhundert v. Chr. den Süden der iberischen Halbinsel erreicht, doch waren mit Sicherheit mehr als hundert Jahre vor ihnen die Phönizier und bestimmt auch Zyprer als Nachfolger syrisch/kanaanitischer Pioniere nach Taršiš (ugarit. *trt*, »Wein«; westsemit. *tršš*, »weinfarben«), ins äußerste Westmeer vorgedrungen, das von der untergehenden Sonne weinrot gefärbt wird. Und wenn der assyrische König Asarhaddon verkündete, »alle Könige, die mitten im Meer wohnen«, hätten sich ihm unterworfen, und zwar alle »bis nach Taršiši«, dann wußte auch er, daß die ihm tributpflichtigen Phönizier das immer noch begehrte und kostbare Metall in jener fernen Gegend holten, die bereits im 10. Jahrhundert regelmäßig (»in 3 Jahren einmal«) von der Flotte König Hirams I. von Tyros angelaufen wurde, jenes Tyros, von dem der Prophet Hesekiel (27.12) sagt: »Taršiš hat mit dir Handel getrieben und allerlei Waren, Silber, Eisen, Zinn und Blei auf deine Märkte gebracht.«[48]

Man vermutet, daß die phönizischen Seefahrer bereits im 9. Jahrhundert v. Chr. trotz äußerst widriger Wind- und Strömungsverhältnisse die lusitanische Küste entlang bis nach Galizien gefahren sind, und es ist sicher, daß sie auf jeden Fall im 7. Jahrhundert Santa Olaia in der Nähe der Mündung des Montego erreicht haben, was der Fund von phönizischer Keramik, vor allem von Transportamphoren, belegt. Vermutlich galt das Interesse der phönizischen Prospektoren den Zinnerzlagerstätten im Norden Portugals und in der Gegend von La Coruña, vielleicht aber auch einer Zwischenhandelsstation, wo sie Zinnbarren aus der Bretagne oder aus Cornwall eintauschen konnten.[49]

Zwar wird gelegentlich behauptet, auch der Karthager Himilko (*Ḥmlkt*) sei gegen Ende des 6. Jahrhunderts v. Chr. nicht über Galizien hinausgekommen, doch wenn die von Plinius überlieferte

Nachricht, Himilko sei »ad extera Europae noscenda missus«, stimmt, und wenn er wirklich monatelang unterwegs war, dann muß er bis in die nordwesteuropäischen Zinngebiete und vielleicht sogar darüber hinaus gelangt sein: Glaubte man doch in jener Zeit, wie aus Herodot hervorgeht, daß an den »äußersten Grenzen Europas« der Eridanos, also höchstwahrscheinlich die Elbe, in das nordwärts fließende Meer« münde und daß von dort der Bernstein komme.[50]

Wie Justinus berichtet, waren die Phokäer die ersten Griechen, die den Mut aufbrachten, »bis an die äußerste Küste des Okeanos vorzustoßen«, wobei es sich vielleicht eher um die Gegend handelte, in der die Garonne in den Atlantik mündet, als um »Tartessos«. Jedenfalls fand man entlang der Aude, Garonne und Gironde, also der alten, bereits in der Bronzezeit genutzten »Zinn- und Bernsteinstraße«, zahlreiche mediterrane Importe aus dem 6. Jahrhundert v. Chr., z. B. in Unteritalien hergestellte glasierte Parfümflakons, die indessen im darauffolgenden Jahrhundert wieder verschwunden waren.[51] Ab ca. 500 v. Chr. stockte nämlich plötzlich der Zinnhandel, die Bernsteinimporte in Etrurien und Latium blieben aus, und umgekehrt gelangten keine griechischen Produkte mehr an die obere Donau.[52] Was war geschehen?

Bedingt durch eine kritisch werdende Überbevölkerung im Verein mit einem Klimasturz und einem Wechsel zu zahlreicheren und länger anhaltenden Niederschlägen war die westliche Hallstattkultur zusammengebrochen, und zahlreiche keltische Stammesverbände in Böhmen, Bayern und der Champagne sahen sich gezwungen auszuwandern. Infolge dieser Völkerwanderung wurde nicht nur der über 200 Jahre während Handelsverkehr zwischen Mitteleuropa und dem Mittelmeer unterbrochen, sondern auch der zwischen den Metallagerstätten und dem Norden, was dazu führte, daß dort die Bronze weitgehend durch Stein, Knochen und Horn ersetzt werden mußte. So war z. B. in einer Siedlung der ausgehenden Bronze- und frühen Eisenzeit auf Rügen eine Rückkehr aus der Metall- in die Steinzeit zu verzeichnen, wie an den zahlreichen Flintgeräten ersichtlich ist, die dort aufgrund der eklatanten Kupfer- und Zinnverknappung eine Renaissance erlebten.[53]

Bereits im 5., aber in noch stärkerem Maße im frühen 4. Jahrhundert v. Chr. waren keltische Clans aus dem Nordosten auch über die Aude und die Garonne und teilweise bis in Gegenden jenseits der Pyrenäen vorgedrungen, so daß immer mehr Siedlungen der Gegend aufgegeben wurden und wüst fielen. Um 400 v. Chr. wurde das phokäische Massilia offenbar von Ligurern, die von den Griechen zu den Kelten gerechnet wurden, belagert, aber nach einer Brandschatzung, die von den Massilioten bezahlt wurde, scheinen sie weitergezogen zu sein. Doch da das Aude-Garonne-Gebiet von keltischen Tektosagen und Aquitaniern sowie die Rhône-Loire-Gegend durch Averner, Biturigen und Senonen blockert wurde, war der gesamte Zinnhandel über Land kollabiert.[54]

Wie bereits tausend Jahre zuvor war also das Mittelmeer von den Erzlagerstätten des Nordwestens und vom Bernsteinland im

Abb. 125: Hochbordiges griechisches/etruskisches Handelsschiff; Fresko in einem Grab bei Tarquinia, um 460 v. Chr.

Norden abgeschnitten. Und wie anscheinend damals die Minoer den erfolgreichen Versuch unternahmen, in direkten Kontakt mit diesen geheimnisumwitterten Gegenden am Umgebenden Meer zu treten, rüsteten auch die Massilioten zwischen 380 und 360 v. Chr. eine Expedition in den nördlichen Okeanos aus. Ziel dieser wagemutigen Fahrt auf Handelsschiffen (Abb. 125) war es, »die gesamte

Abb. 126: Mittelbronzezeitlicher Bernsteinfund aus dem Rungholtwatt.

Küste Europas von Gades bis zum Tanaïs (τήν παρωκεανῖτιν τῆς Εὐρώπης ἀπὸ Γαδείρων ἕως Τανάιδος)« zu durchmessen, um die von den Karthagern beherrschten Seerouten zu den Zinn- und Bernsteinländern auszukundschaften und damit die eiserne Klammer der Kelten um das Mittelmeer zu umgehen.[55]

Das Unternehmen, das von dem berühmtesten Teilnehmer, dem Geographen Pytheas, in seinem verlorenen Werk Περὶ τοῦ Ὠκεανοῦ festgehalten wurde, scheint indessen nicht so einzigartig gewesen zu sein wie die gleiche Expedition ein Jahrtausend früher. Fuhren doch zur selben Zeit die Karthager mindestens bis nach Nordost-Irland, wie es die Schädeldecke und der Kiefer eines nordwestafrikanischen Magots oder Berberaffen (*Macaca sylvanus*) vom Ringwall Emain Macha in der nordirischen Grafschaft Armagh belegt. Auch hat man vermutet, daß um die Mitte des 4. Jahrhunderts v. Chr. tarentinische Zinnprospektoren auf demselben Wege wie die Massilioten nach Cornwall segelten, wobei sie Münzen mit sich führten, die ab ca. 340 v. Chr. von den um das heutige Amiens in der Picardie lebenden Ambianern kopiert wurden. Schließlich haben meine Mitarbeiter und ich schon vor Jahren im Rungholtwatt Indizien dafür gefunden, daß im 3. Jahrhundert v. Chr. eine – vielleicht tarentinische oder karthagische – Expedition sogar bis zur Bernsteinküste vorgedrungen ist.[56]

Wie bereits erwähnt, hatten wir zwar nicht im Kontext dieser

Abb. 127: Bernsteincollier aus einem Kammergrab in Mykene,
SH II (15. Jh. v. Chr.).

hellenistischen Objekte, doch unter den minoisch-kanaanitischen
Scherben aus der Zeit um 1300 v. Chr. mehrere Bernsteine gefunden (Tf. XV u. Abb. 126), darunter auch das Fragment eines Bern-
steinartefaktes, vielleicht einer Figurine oder einer großen geschlif-
fenen Perle, die nach einer Untersuchung des Gemmologen und
Bernsteinexperten Hein Jordt offenbar – wie die Kopalbrocken –
zerschlagen worden war. Knapp ein Drittel der Rohbernsteine
besaß noch eine Verwitterungsrinde, was wohl bedeutet, daß die
Harzbrocken noch nicht lange angeschwemmt sein konnten, als
man sie einst am Strand aufgelesen hatte, da ihre Rinde ansonsten
von der Brandung abgerieben worden wäre.

Aufgrund der Luftsauerstoffeinwirkung hält sich Bernstein in
lockerem Sand nicht so gut wie in Wasser, das ihn konserviert.
Schon nach kurzer Zeit bildet sich auf seiner Oberfläche ein Riß-
muster, die sogenannte Craquelure, die beispielsweise auf den
Bernsteinperlen aus den mykenischen Schachtgräbern, die von tiefen Rissen überzogen sind, extrem ausgeprägt ist (Abb. 127).[57] Da
indessen weder unsere abgeschliffenen Bernsteine noch das Arte-
faktfragment eine Krakelbildung aufweisen, bedeutet dies sicherlich, daß sie über einen Zeitraum von ca. 3300 Jahren durch die
Torf- und Schlammschichten sowie den verfestigten Sand – ähnlich
wie in der sogenannten Blauen Erde – luftdicht abgeschlossen wa-

ren. Dies spricht für ein ungestörtes Stratum über den altmediterranen Funden und dagegen, daß diese zu einem späteren Zeitpunkt ins Rungholtwatt gelangt sein könnten.

Der mittelniederdeutsche Name *bernstēn* für das fossile Harz der ausgestorbenen Kiefer *Pinus succinifera* aus dem Alttertiär, also dem Zeitraum vor etwa 50-45 Millionen Jahren, das vom Sturm aus den Seegras- und Tangwiesen am Meeresgrund hochgewirbelt und an die Strände gespült wird, bedeutet bekanntlich »Brennstein«. Freilich könnte es sein, daß der Bernstein diesen Namen nicht deshalb trägt, weil er brennbar ist, sondern weil er wie die Strahlen der Sonne leuchtet (idg. **bhren-*, »brennen, leuchten«). So gehen auch german. **glása-* (bei Tacitus latinisiert *glēsum*, bei Plinius *glaesum*; ags. *glær*; got. **glesa-*; lett. *glīsis*) auf idg. **ĝhel-*, »glänzen, schimmern, leuchten« und ἤλεκτρον auf idg. *u̯lek* (skr. *ulkắ*), »Feuer, Feuerbrand«, zurück.[58]

Viele Indizien deuten darauf hin, daß der Bernstein im Norden bereits während des Neolithikums ein Symbol der Sonne und damit des Lebens und der Fruchtbarkeit gewesen ist und daß man ihn geopfert hat, um die Wintersonne zur Rückkehr zu bewegen. So hat man vor allem in den Megalithgräbern der jüngeren Trichterbecherkultur, z. B. in dem Hügelgrab Strumphoog bei Wenningstedt auf Sylt, Bernsteinperlen oder -anhänger in Form von Doppeläxten gefunden, Miniaturausgaben der großen Doppeläxte aus Stein, die man für Symbole der fruchtbarkeitsgewährenden Potenz der Häuptlinge gehalten hat.[59]

Höchstwahrscheinlich waren diese bernsteinenen Äxte Kennzeichen des Sonnen- und Fruchtbarkeitsgottes, der mit seiner Blitzaxt die Erdgöttin penetrierte und befruchtete, und entsprechend hat man die Speichenverzierungen auf einigen der Sylter Perlen als Blitze oder Sonnenstrahlen interpretiert. Jener neolithische und bronzezeitliche Gott mit der Axt war gewiß der frühe Vorläufer des Thor, dessen Blitzwaffe, den »Thorshammer«, die Wikingerfrauen sich später als Garanten ihrer Reproduktionsfähigkeit um den Hals hängten.[60]

In der isländischen Kormákrsaga schenkt ein Mann seiner für ihn unerreichbaren Geliebten Steingerðr, die auch mit den Namen der Fruchtbarkeitsgöttin, nämlich als Gefn oder Freyja, angeredet wird, ein *sorvi* genanntes Halsband aus Bernsteinperlen. Und nach einer anderen Überlieferung entstand einst der Bernstein aus den Tränen der Menglǫð oder »Halsbandfrohen«, wie Freyja auch genannt wurde, aus Tränen, die sie vergoß, als sie voller Sehnsucht in einem von Fjölsviðr (»Vielwisser«) bewachten und von einer Waberlohe umgebenen Schloß auf ihre Befreiung durch den Geliebten Svipðagr wartete. Noch bis in die Neuzeit weinte ihre Nachfahrin, die Frau Holle, auf einem Felsen in der Nähe von Fulda bittere Tränen über ihren verschwundenen Mann, dessen Rückkehr sie erhoffte.[61]

Brennusteinn war offenbar eine Umschreibung (*kenning*) für eine Frau, »weil in alten Zeiten zur Kleidung der Frauen das gehörte, was man ›die [Bern]steinkette‹ nannte, die sie am Halse trugen«, wie Snorri erklärte, und nirgendwo wird die Bedeutung des Harzes deutlicher als beim Brustschmuck Brísingamen der Freyja: Das funkelnde Halsband (*brísingr*, »Feuer«; *brisa*, »aufflammen, leuchten«; *men*, »Halsband«; vgl. Menglǫð) wurde von Loki geraubt und auf der Felseninsel Singasteinn im fernen Westen versteckt, bis Heimðallr den Trickster niederrang und den Bernsteinschmuck – das im Winter entwichene Sonnenlicht – im Frühling zurückbrachte.[62]

Nach lettischer Überlieferung fährt die Sonne jeden Abend mit ihrem Gespann aus goldgelben Pferden zu ihrem Himmelsberg aus Bernstein »mitten im Meer« oder – wie Kirkes Aiaia – sowohl im äußersten Westen als auch im äußersten Osten, wo sie übernachtet, bevor sie wieder aufgeht. In den altrussischen Zaubersprüchen (*zagovórui*) reist sie gegen Abend zur fernen Insel Bujan. Dort steht eine gewaltige Eiche, von der das Bernsteinharz tropft und zu dem leicht entflammbaren »Sonnenstein« Alatir gerinnt, auf dem die »göttliche Jungfrau Zoryä« sitzt, bewacht vom Drachen Garafena und wie Menglǫð auf den Mann wartend, der sie heimführt.[63]

Die Sonnenstrahlen regenerieren aber nicht nur das Leben im allgemeinen, sondern auch die Sehfähigkeit im besonderen, die bezeichnenderweise »das Augenlicht« heißt, ja, sie *sind* das Augenlicht, und Helios, der »allsehende« Paian, heilt den geblendeten Orion, indem er seine Strahlen auf dessen tote Augen fallen läßt. Im Fär-Öischen heißt »die Sonne scheint« *sólin sœr*, »die Sonne sieht«, und der Name des durch die aufreißenden Wolken scheinenden Gestirns ist *sóleyya*, »Sonnenauge«.[64] Die wie auch immer kondensierten Strahlen oder sonstigen Ausflüsse des Sonnenauges (ὄμμα) scheinen schon im Neolithikum und in der Bronzezeit aus dem sonnenhaften Bernstein bestanden zu haben, der

Abb. 128: Rohbernsteine auf den Augen des Toten, Neolithikum, nördliches Flevoland.

deswegen die Fähigkeit zu strahlen, und das heißt, zu sehen, verlieh: So hatte man den Verstorbenen, die um 4100 v. Chr. auf der höherliegenden Uferbank eines breiten Baches in Swifterband im nördlichen Flevoland bestattet worden waren, – wohl von der Nordseeküste importierte – Rohbernsteine auf die Augen gelegt (Abb. 128), und ein gleiches tat man im darauffolgenden Jahrtausend an der lettischen »Goldküste«, wo die Angehörigen der als Jäger und Fischer lebenden Kammgrübchenkeramiker die Gesichter ihrer Toten mit Lehm bestrichen und anschließend zentral gelochte Bernsteinscheiben über die Augenhöhlen legten.

Ganz offensichtlich wollte man in diesen Gegenden, aber auch am Norddufer des ostlettischen Burtnieki- und östlich des Ladoga-Sees in Karelien die Verstorbenen regenerieren, indem man ihnen mit Hilfe des Bernsteins das Sonnen- und damit das Augenlicht wiedergab.[65] Diesen Sinn hatte wahrscheinlich auch der Bernstein in Form eines Auges, den man in der Bronzezeit dem bereits erwähnten Mädchen in sein Grab in der Grotte du Collier mitgegeben hatte (Abb. 64), und noch im vergangenen Jahrhundert legte man im ostpreußischen Ermland Leuten, die am Grauen Star litten, heiß gemachte Bernsteine auf die Augenlider und sagte: »Wenn dat Oog nich kloa sehne wöll, mott et möt dem Börnsteen afgeschiat ware.«[66]

Der Bernstein als Emanation des Sonnenauges, als geronnenes Licht, das den Gegenstand gleichsam ergriff, indem es ihn erhellte, heilte nicht nur die Blindheit, sondern beförderte das Wachstum und die Fruchtbarkeit im allgemeinen, weshalb er zu allen Zeiten und in den verschiedensten Kulturen mit den Frauen, den Gebärerinnen und Lebensgeberinnen,[67] sowie mit den Kindern, die sich noch entwickeln mußten, verbunden war.[68] So hatte man eine im Süden der Münsinger Alb bestattete bronzezeitliche Frau von Kopf bis Fuß mit hunderten von Bernsteinperlen bedeckt, und in einem am Gürtel des Schnurrocks befestigten Ledertäschchen einer um 1300 v. Chr. in Lyngby-Tårbæk auf Sjælland beerdigten jungen Frau – vermutlich einer Priesterin – fand man neben den Skelettresten verschiedener kleinerer Tiere das Fragment eines Bernsteins, höchstwahrscheinlich ein Amulett oder Zaubergerät.[69]

Für den im 5. Jahrhundert v. Chr. lebenden athenischen Politiker Nikias bestanden die Bernsteine aus »Sonnenstrahlen, die im Meer erstarrt und an den Strand geschwemmt« worden waren, wohingegen Apollonios von Rhodos sie aus den Tränen der Sonnentöchter entstehen ließ: »Und ringsum jammern des Helios Töchter, im Innern hochragender Pappeln vom Winde umweht, in wimmernder Klage; helleuchtende Tropfen aus Bernstein fließen herab von den Wangen der Trauernden nieder zu Boden und trocknen im Sand durch die Strahlen der Sonne. Doch wenn die Wasser der dunklen Lagune im brausenden Hauche heftiger Winde sich heben und über die Ufer dahingehn, werden sie alle hinabgetrieben in Eridanos' Fluten von der wogenden Strömung.« »Anders«, so die Argonautiká weiter, »erzählen die Kelten die Sage: Es seien die Tränen Phoibos Apollons, des Sohnes der Leto, die in den Wirbeln dahingetragen würden; diese habe er einst tausendfach vergossen, als er zum hl. Volke der Hyperboräer gekommen sei.[70]

Die Keltiké war für die Griechen der gesamte Norden Europas bis zum Eridanos, dem Grenzstrom zu Asien, zum Land der Skythen. Und vielleicht trifft ja die seit langem gehegte Vermutung zu, nach der die sicher ältere Vorstellung, Ἡλέκτωρ selber, »der Strahlende«, habe die Bernsteintränen vergossen, auf den nordischen Glauben zurückgeht, diese seien aus den Augen des verschwindenden und wiederkehrenden Vegetations- und Sonnengottes geflossen. Dieses Bild aber hätten bereits die bronzezeitlichen Vorgänger der Griechen im Zuge ihrer Handelskontakte mit der Nordischen Kultur in ihre eigene Vorstellungswelt übertragen.[71]

Ob es tatsächlich solche direkten Berührungen zwischen Minoern und Mykenern auf der einen und Nordländern auf der anderen Seite gegeben hat, wird durchaus kontrovers diskutiert, wobei diese Diskussion bisweilen mit einer Emotionalität geführt wird, die für Außenstehende kaum nachvollziehbar ist. Während es noch für Schliemann außer Frage stand, daß die mykenischen Adeligen den Bernstein von den levantinischen Seefahrern eingetauscht hatten, vermuten heute zwei namhafte britische Archäologen, das fossile Harz sei in der Schachtgräberzeit, also ab dem späten 17. Jahrhundert v. Chr., auf mykenischen oder britischen Schiffen *direkt* auf die Peloponnes befördert worden. Zwischen dem 14. und dem 12. Jahrhundert seien dagegen solche Fernfahrten vom Atlantik ins östliche Mittelmeer möglicherweise durch »direct trading-missions to and from the source of amber« ersetzt worden, die wohl die kontinentalen Fluß- und Landwege benutzt hätten.[72]

Demgegenüber verlautet ein deutscher Archäologe, der frühe Bernsteinhandel sei zwar von »Spezialisten« »bis zu einem gewissen Grade zielgerichtet« durchgeführt worden, doch was er damit sagen will, bleibt im dunkeln, da er sowohl Fahrten von Norden nach Süden als auch in umgekehrter Richtung für unmöglich hält, billigt er den ägäischen Seefahrern doch lediglich zu, es »bestenfalls« bis nach Sizilien geschafft zu haben. Eine griechische Archäologin konzediert zwar ebenfalls, der Transport des Bernsteins von Nordeuropa ins östliche Mittelmeer sei fraglos »in hohem Maße zielgerichtet« gewesen, doch stehe außerhalb jeder Diskussion, daß ein spätbronzezeitlicher Ägäer jemals ins Bernsteinland gelangt sei.[73]

Schon die Benutzung der schwammigen Formulierungen »in hohem Maße zielgerichtet« oder »bis zu einem gewissen Grade zielgerichtet« bei gleichzeitiger Leugnung direkter Kontakte zwischen ›Nordleuten‹ und Ägäern, Sarden oder Zyprern läßt vermuten, daß die Verfasser sich nicht ganz im klaren darüber waren, was sie eigentlich sagen wollten. Denn wenn der Fernhandel wie auch immer »zielgerichtet« war, dann müssen zumindest die Briten von den Abnehmern im fernen Südosten gewußt haben – aber von wem? Und wenn der zitierte deutsche Archäologe zudem meint, daß den Ägäern auch eine dem Bernstein »im Wessex-Bereich zugeschriebene nicht-profane Bedeutung übermittelt« worden sein dürfte, etwa in der Form von Mythen, dann stellt sich die Frage: Wie? Durch Begleitschreiben eines schriftlosen Volkes, die wie der Bernstein durch tausend Hände gingen, bevor sie in Griechenland ankamen?

Zwar gab es bereits im 4. Jahrtausend einen Handelsweg, der von der Nordseeküste über die Elbe, die Moldau, den Inn und den Brennerpaß zur teilweise schiffbaren Etsch führte, die wiederum durch kleinere Wasserläufe mit dem Po und damit dem Mittelmeer verbunden war. Und es steht ferner außer Frage, daß schon während der Ertebøllekultur Bernstein von der Westküste Jütlands aus bis ins nördliche Alpenvorland exportiert und gegen Kupfer getauscht worden ist.[74] Nichtsdestotrotz sprechen sämtliche Indizien dagegen, daß der Bernstein aus den frühen mykenischen Schachtgräbern über einen der – damals zweifellos seit langer Zeit begangenen – Alpenpässe ins Mittelmeer gelangt sein könnte.[75]

Denn zum einen hat man weder in den Handelsorten entlang des Brennerweges noch im Etschtal Bernsteinfunde aus dieser frühen Zeit gemacht, und zum anderen ist es bezeichnend, daß der früheste Bernstein auf der Apennin-Halbinsel bereits im 17. Jahrhundert v. Chr. im Süden auftaucht, im Norden Italiens jedoch in nennens-

wertem Umfang erst ein halbes Jahrtausend später.[76] Schon zur
Zeit der neolithischen Trichterbecherkultur scheint dagegen Bernstein von der nordfriesisichen und der westjütländischen Küste bis
an die iberische Atlantikküste exportiert worden zu sein, und offenkundig war es ebenfalls das Gestade der Nordsee – und nicht
das Baltikum[77] – von dem aus das Harz ab dem 18. Jahrhundert
v. Chr. zielgerichtet auf die britischen Inseln gelangte. Denn den
Bernsteinfunden der Frühbronzezeit in den Gebieten der englischen und irischen Erzlagerstätten entsprechen die Bronzefunde an
der Westküste der kimbrischen Halbinsel, die bedeutender sind als
in anderen Gegenden der Nordischen Kultur und die es wahrscheinlich machen, daß der Bernstein das attraktivste Handelsgut
war, das die Bewohner der Nordseeküste anzubieten hatten.[78]

Von den britischen Inseln wurde der Bernstein anscheinend gemeinsam mit cornischem Zinn die französische Atlantikküste entlang zur Gironde und auf der Garonne und der Aude ins Mittelmeer und schließlich über Sardinien und die Aiolischen Inseln nach
Griechenland verfrachtet. Dieser erste große Schub des Sonnen-
steins, der offenbar auch deshalb so kostbar war, weil er im Gegensatz zum sizilianischen Simetit nicht einfach aus irgendeinem
Nachbarland, sondern vom Ufer des unendlich weit entfernten
Okeanos stammte, scheint etwa zwischen 1620 und 1580 v. Chr.
stattgefunden zu haben. Ein zweiter Hauptschub erreichte das griechische Festland offenbar um 1500, wobei der Bernstein – wie es
ein mandelförmiges Siegel mit der Darstellung eines Stieres aus
einem Kammergrab des 15. Jahrhunderts in Kalkani nahelegt –
wohl unbearbeitet oder als Halbfabrikat (Tf. XVI) in den Süden
transportiert worden ist.[79]

Alles deutet darauf hin, daß die Minoer an den »barbarischen«
Mykenern so lange völlig desinteressiert waren, bis diese im späten
17. Jahrhundert damit begannen, cornisches Zinn, alpines Kupfer
und nordischen Bernstein aus dem zentralen Mittelmeer zu impor-
tieren. Zwar könnte der Schein trügen, weil man auf Kreta bisher
kaum ungestörte bronzezeitliche Gräber gefunden hat, doch deutet alles darauf hin, daß es *vor* dem SM III und der Einwanderung
von Festlandgriechen auf der Insel sehr wenig Bernstein gegeben

hat, obgleich man davon ausgehen muß, daß die Minoer dieses exotische Gut mindestens ebensosehr begehrt haben wie die Mykener. Feste Substanzen, durch die man hindurchsehen konnte, waren in der Bronzezeit äußerst selten, und es ist auch denkbar, daß der Bernstein, der, wie andere Duftharze, nicht verrottet und der Inklusen für immer bewahrt, ein Symbol der Ewigkeit gewesen ist, mahnt doch noch Martial angesichts des Harzes vom Okeanos: »Bilde dir nichts auf deine königliche Gruft ein, Kleopatra, / Wenn schon eine Viper in edlerem Grabe ruht!«[80]

Höchstwahrscheinlich ist der weitaus meiste Bernstein in der ersten Hälfte des 14. Jahrhunderts nach Kreta gelangt, wobei ganz sicher die Mykener ihre Hände im Spiel hatten, war doch immer noch das südliche griechische Festland Relaisstation des Fernhandels mit dem nordischen Harz. Doch bereits im späten SM III A 2 scheint der Import enorm zurückgegangen zu sein, wenn auch aus dieser Zeit der vielleicht spektakulärste Bernsteinfund der Insel stammt. So lagen auf der Brust einer sozial hochstehenden jungen Dame, vielleicht eine Prinzessin oder Hohepriesterin, mit einem Golddiadem und einem Jaspislentoid auf dem Haar, die im Tholosgrab D auf dem Friedhof von Phurni-Archánes bestattet worden war, drei kostbare Halsketten aus Gold, sowie Fayence-, Sardonyx- und Bernsteinperlen, und überdies hatte man ihr zwölf unbearbeitete Bernsteine mit auf die Reise nach Elysion gegeben.[81]

Schließlich scheint im ausgehenden 14. Jahrhundert v. Chr. der Import von Bernstein so gut wie völlig gestockt zu haben. Denn sieht man von ein paar Rohbernsteinen in einem Grab dieser Zeit im nordostkretischen Milatos und einigen Perlen in einem Grab von Khania, die vielleicht sogar Erbstücke waren, ab, wurden ansonsten auf der Insel, etwa in der Messará, überhaupt keine Bernsteinfunde gemacht, obgleich es enge Beziehungen zwischen Kommos und dem mykenischen Festland gab.[82]

Es ist verständlich, daß man von einem »großen ungestillten Bedarf« nach dem Sonnenstein im spätpalastzeitlichen Kreta gesprochen hat,[83] dessen Erlangung eines der Motive für die Fahrt einer Flotte des Wanax von Aghia Triada in die sagenumwobenen Länder am fernen Okeanos gewesen sein dürfte.

Die reichen Bernsteinfunde des 13. und 12. Jahrhunderts v. Chr., etwa die aus den Kammergräbern von Kephallenia, erlauben die Schlußfolgerung, daß es noch im späten SH III B 2 einen dritten großen Schub im Bernsteinhandel zwischen dem Land am nördlichen Okeanos und dem Nordwesten und Westen Griechenlands gegeben hat, der sich jetzt der berühmten ›Bernsteinstraße‹ von der Nordsee über Elbe, Moldau, Inn, den Brenner, Oberitalien und das Adriatische Meer bediente. Dafür spricht, daß Perlen vom sogenannten »Tiryns-Typus«, der vor allem im 12. Jahrhundert verbreitet war, auf beiden Seiten der Adria und auf den Ionischen Inseln entdeckt wurden, von wo man sie einerseits über Unteritalien zu den Aiolischen Inseln und nach Sardinien, hauptsächlich aber zur Westküste des griechischen Festlandes verfrachtete, wobei kleinere Mengen bis zum Dodekanes, nach Kreta, wo man sie in der Dikte-Höhle opferte, nach Rhodos und sogar in die Levante gelangten.[1]

Allerdings hat es gewiß zwischen den drei großen Handelswellen immer wieder vereinzelte Bernsteintransporte über das Meer und später über die Alpen gegeben. Und so sprechen auch Indizien dafür, daß um die Mitte des 14. Jahrhunderts zunächst Rohbernsteine über den Brenner ins südwestliche Griechenland und auf demselben Wege in bearbeiteter Form ins nördliche Alpenvorland zurücktransportiert worden sind, was zumindest in späterer Zeit üblich war, als man z. B. im 8. Jahrhundert v. Chr. in Italien nordischen Bernstein zu Anhängern und ähnlichem verarbeitete, die man anschließend ins südliche Skandinavien exportierte.[2]

So hat man im oberbayerischen Bernstorf zwei Plättchen und mutmaßliche Siegel aus Bernstein gefunden, die möglicherweise bei einer Belagerung der Siedlung bald nach 1360 v. Chr. in Lehmhülsen gesteckt und verborgen worden waren, damit sie den Angreifern nicht in die Hände fielen. Obwohl vergleichbare Objekte in der Ägäis bisher nicht gefunden worden sind,[3] handelt es sich offenbar um Importe aus dieser Gegend, falls man nicht annehmen will, ein Mykener oder Minoer habe sie in der Siedlung angefertigt.[4]

Vielleicht besaßen sie für die Priester des Ortes eine kultische Bedeutung, denn auf eines der Stücke sind Linear-B-Zeichen graviert (Abb. 129), die im Abdruck transkribiert *ti-nwa-pa* lauten, ein Wort, das an ein anderes erinnert, welches einst auf ein in Pylos

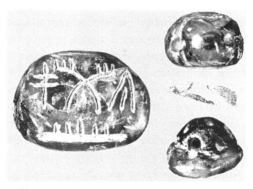

Abb. 129: Bernsteinstempel mit Linear-B-Zeichen, Bernstorf, 14. Jh. v. Chr.

gefundenes Täfelchen geritzt worden ist. Dieses Wort lautet *ti-nwa-si-ja*, »Thinwasijerinnen«, d. h. Frauen von **ti-nwa-to* oder **Thinwons*, dem auf Linear A **Ti-nu* entspricht. Vermutlich handelt es sich dabei um irgendeinen Ort in der Peripherie des mykenischen Herrschafts- oder Einflußbereiches (vgl. ϑις, »Küste«), woher offenbar auch ein Mann namens *te-po-se-u* stammte, der als *ko-re-te*, ursprünglich ein Heerführer bei der Landnahme, später eine Art Gouverneur einer Mark oder eines Grenzlandes, eventuell auch eines Handelskontors, bezeichnet wurde.[5]

Berühmt sind die erstmalig in Tiryns gefundenen und deshalb »Tiryns-Räder» oder »-körbe« genannten Golddrahtartefakte des 12. Jahrhunderts, auf deren »Speichen« nordische Bernsteinperlen gefädelt sind. Diese seltsamen Geflechte, die bis nach Sardinien verbreitet waren und die eine große Ähnlichkeit mit den ebenfalls goldenen »Achterwickeln« der Lausitzer Urnenfelderkultur im nordöstlichen Böhmen aufweisen, durch das anscheinend ab ca.

1300 v. Chr. von der Oder her kommend eine weitere »Bernsteinstraße« verlief, hat man für eine Imitation jener Strohkörbe gehalten, in die verpackt der Bernstein damals vielleicht in den Süden
kam.[6]

So berichtet Herodot, die Delier erzählten, »in Weizenstroh ein-
gewickelte Opfergaben (ἐνδεδεμένα ἐν καλάμῃ) kämen aus dem
Lande der Hyperboräer zu den Skythen; von den Skythen nähmen
dann die nächsten Nachbarn dieselben in Empfang, und so bringe
man sie, von einem Volk stets zum anderen, in die fernsten Westen
bis zum Adriatischen Meere«, von wo aus sie über Dodona, Euboia und Tenos schließlich auf Delos angelangten. Und ähnlich
verlautet Kallimachos, die ersten Überbringer »der Geschenke von
den blonden Arimaspoi«, offenbar einem Nachbarvolk der Hyperboräer, die »von fernher« im Süden zunächst bei »den Pelasgern
von Dodona« ankämen, seien »Upis, Loxo und die glückliche He-
kaierge« gewesen, die aber auf Delos geblieben und nicht wieder in
den fernen Norden heimgekehrt seien.[7]

Immer wieder hat man vermutet, die ἱερά, die auf diese Weise in
die Ägäis transportiert wurden, seien in Weizenstroh verpackte
Bernsteine gewesen,[8] die wiederum nicht erst in historischer, sondern bereits in der Spätbronzezeit – ähnlich wie die rötlichgelben
Harze bei den Ägyptern – als verfestigter Ausfluß des Sonnengottes
oder seiner Töcher und damit als ein Garant der Fruchtbarkeit,
Regeneration und Heilung angesehen wurden.[9]

Wie Herodot weiter berichtet, gab es auf der Insel Delos, die
bereits in der Spätbronzezeit ein Kultort war,[10] die Überlieferung,
nach der ursprünglich, also vor der Einrichtung jener Handels-
kette über Land, »die hyperboräischen Jungfrauen« Arge und
Opis, »gemeinsam mit den Göttern selbst« (ἅμα αὐτοῖσι θεοῖσι),
vermutlich Leto und Eileithyia, in die Ägäis gekommen waren.[11]
Diese Jungfrauen mit den vorgriechischen Namen waren zwar wie
die Eileithyia in griechischer Zeit Geburtsgöttinnen und mit dieser
sowie mit Leto identisch, doch ihre Namen sind wiederum nichts
anderes als Titel der großen ägäischen Vegetationsgöttin. So war
der Name der »Goldgelockten«, wie Leto im *Hymnus auf Apollon*
genannt wird, wohl ursprünglich ein Lallwort für »Mutter« und

bedeutete später »Frau« (Λητώ; vgl. auch Λατώ und Λήδα; lyk. *lada*, »Frau, Braut«; russ. *lada*, »Ehefrau«). Und lange vor Hera scheint in der Tat sie, die vor allem in Phaistos von den Frauen um Fruchtbarkeit gebeten wurde, Gefährtin des Zeus und letzten Endes Paredra seines minoischen Vorgängers gewesen zu sein.[12]

Aber auch Eileithyia (*e-re-u-ti-ja*), vielleicht identisch mit der »Herrin des Labyrinths« (*da-pu-ri-to-jo po-ti-ni-ja*), die möglicherweise in der Eileithyiagrotte bei Amnisos nahe am Meer und 9 km nordöstlich von Knossos verehrt wurde, war eine Göttin der wachsenden Vegetation wie des Reifens der Kinder im Mutterschoß. Sie war »die Kommende« (von ἐλεύσομα), »werde kommen, erscheinen«; vgl. Διόνυσος Ἐλεύθερεύς), aber ursprünglich bestimmt nicht diejenige, die als Hebamme zur Geburt eilt, sondern die nach ihrer Abwesenheit wieder »erscheinende« Göttin, die Paredra des Zeus Kretagenes, die als Demeter Ἐλευθώ in Ἐλευσίς ihre Epiphanie hatte, jenem heiligen Ort gegenüber der Insel Salamis, dessen Höhlen ihren Kultgrotten auf Kreta entsprachen.[13] So referiert Kallimachos, es sei Demeter gewesen, die aus der Ferne, wo die Hyperboräer lebten, die »heiligen Ährengarben«, d. h. die Fruchtbarkeit der Felder, in die Ägäis [zurück]gebracht habe, und nach einem alten, Olen zugeschriebenen Hymnus hieß die Frau, die aus dem Hyperboräerland kam, Ἀχαιία – nach einer Überlieferung ein frühes Epitheton der Demeter.[14]

Ekstasepriesterin und Dienerin einer »Göttin aus dem Hyperboräerland« war die ursprünglich von Jason aus Aia am Okeanos nach Griechenland geholte Medeia, eine Tochter der Sonne wie die nach Herodot auf Delos gestorbenen hyperboräischen Zwillingsmädchen Hyperoché und Laodike, die Überbringerinnen des Kornsegens. Die beiden waren ebenfalls Sonnenjungfrauen und Fruchtbarkeitsgöttinnen, Διόσκοραι, denen die Διόσκοροι Hyperochos und Laodikos entsprechen, die zwar später die in Griechenland eingefallenen Kelten in die Flucht schlugen, aber eigentlich Helden waren, denen die Aufgabe zufiel, nach der Winterstarre das Sonnenlicht und die Fruchtbarkeit vom Ende der Welt heimzuholen.[15]

Dort, wo die Sonne untergeht – denn nichts anderes ist mit dem Sturz Phaëthons in den Eridanos gemeint[16] – liegt das Ursprungsland des Bernsteins, und dort hüten die Heliaden Lampetie und Phaëthusa, aus deren Augen das Harz fließt, bevor es erstarrt, die Rinder- und Schafherden ihres Vaters, so wie die Hesperiden im »Garten der Götter« (Θεῶν κῆπος) die goldenen Äpfel der Unsterblichkeit bewachen: »Dann aber wirst du zur Insel Thrinakia kommen«, erklärt die Sonnentochter Kirke dem Odysseus, »dort weiden / Zahlreiche Kühe des Helios neben kräftigem Kleinvieh, / Sieben Herden von Kühen und herrliche Scharen von Schafen, / Fünfzig in jeder. Sie werden nie trächtig und müssen nicht sterben. / Nymphen mit herrlichen Flechten sind göttliche Hirtinnen.« Denn stellen die 350 Rinder und Schafe des Helios den Sonnenenergiehaushalt für das ganze Jahr dar,[17] so konzentriert sich im Bernstein wie in den Goldenen Äpfeln gleichermaßen die Kraft zur Regenerierung von Mensch, Tier und Vegetation.

Wo aber befand sich das geheimnisumwitterte Land des Sonnenharzes, auf das man, wie Pausanias anläßlich einer Bernsteinfigurine des Kaisers Augustus in Olympia ausführt, »als Naturerzeugnis in den Sanden des Eridanosflusses« stößt, das »aber sehr selten« sei »und auch sonst aus vielen Gründen für den Menschen kostbar«?[18]

Nach Apollodoros befanden sich die Äpfel der Hesperiden ἐπὶ τοῦ Ἄτλαντος ἐν Ὑπερβορέοις und Herakles kam in die Gegend der Ὑπερβορέους πρὸς Ἄτλαντα, was auf den fernen Westen schließen läßt, doch werden die Hyperboräer meist im äußersten Norden angesiedelt, etwa dort, wo offenbar der Sonnengott bei seiner Frau und seinen Kindern rastet, nachdem er die Hälfte seiner nächtlichen Fahrt zurückgelegt hat.[19]

Zwar teilt Diodoros mit, Hekataios und andere »alte Mythographen« hätten berichtet, »daß gegenüber dem Land der Kelten im Okeanos eine Insel« namens Elixoia liege, auf der die Ὑπερβόρεοι lebten, doch war anscheinend die Meinung des Aristeas von Prokonnesos verbreiteter, sie seien jenseits der Rhipaien, einem Gebirge im Norden, bis zum Okeanos ansässig, und zwar vor allem im Mündungsbereich eines Flusses, der nach Hesiod »tiefe Wirbel« und eine »starke Strömung« besitzt.[20] Ihr Name geht vermutlich auf Περφερέες (φερ-, idg. *bher-, »tragen«) zurück und bezeichnete wohl ursprünglich diejenigen, die wie die Phäaken Fährleute zwischen dem Diesseits und dem Jenseits waren, sei es, daß sie die Verstorbenen nach Elysion oder den magischen Sonnenstein von dort in die Ägäis brachten.[21]

Jedenfalls galten die Hyperboräer in historischer Zeit wie die Bewohner von Scheria, mit denen sie letztlich identisch sind, als eine Art Selige, nach Kallimachos »ein langlebiges Volk«, von dem

Abb. 130: Kroisos auf dem Scheiterhaufen vor seiner Entrückung; mysonische Bauchamphore, um 500 v. Chr.

jeder einzelne, wie Simonides, Pindar und andere berichteten, tausend Jahre alt wurde und zu denen der Gott Apollon Auserwählte wie den lydischen König Kroisos entrückte (Abb. 130).[22] In dem Reiseroman Περὶ Ὑπερβορέων, als dessen Verfasser Hekataios von Abdera gilt, der darin gewiß zahlreiche Überlieferungen verarbeitet hat, war das Hyperboräerland der Geburtsort der Leto und ihres Sohnes Apollon, dessen Tempel »mit vielen Weihegaben ausgestattet und von kreisrunder Form sei«. »Sprache hätten die Hyperboräer eine eigene, stünden aber den Griechen sehr nahe, vor allem den Athenern und den Deliern, eine Freundschaft, die schon auf die ältesten Zeiten zurückgehe. Auch erzählen sie, daß einige Griechen zu den Hyperboräern gelangt sind und dort wertvolle Votivgaben zurückgelassen haben, die sie mit griechischer Aufschrift versahen. Und ebenso soll einst von den Hyperboräern Abaris nach Griechenland gekommen sein, um mit den Deliern die Freundschaft und die Blutsbrüderschaft zu erneuern.«[23]

Dieser Gott Apollon scheint eine Verschmelzung jenes göttlichen Führers, der die Krieger der Dorer und anderer Stammesverbände vom Balkan zur Landnahme in den Süden führte, mit einem vorgriechischen Widdergott Κάρνος oder Καρνεῖος, dem »Gehörnten«, gewesen zu sein, aus dem sich wohl ebenfalls der Gott Hermes entwickelte.[24]

Karneios, den die Dorer vorfanden, war offenbar ein sterbender Vegetationsgott, der jährlich wiedergeboren wurde, und auf Zypern, wo er Paredros der Aphrodite war, könnte er von den Phöniziern im 9. Jahrhundert v. Chr. den Namen *'ab ʿeli̯ōn, »der

Abb. 131: Apollon fliegt auf seinem Dreifuß zu den Hyperboräern; Hydria, um 480 v. Chr.

Höchste Vater« übernommen haben, eine Epiklese des Baʿal, der ja seinerseits nichts anderes als der verschwindende und wiederkehrende Fruchtbarkeitsgott gewesen ist.[25]

So wie die Dorer die Rückkehr des Zeus Kretagenes besonders nach Ablauf von acht Jahren oder, wie sie sagten, jedes neunte Jahr, mit Waffentänzen in der Wildnis feierten, begrüßte man auch die Wiederkunft des Apollon während des Frühlingsfestes der Daphnephoria mit Reigen und Erstlingsopfern, nachdem der Gott entweder »ein großes Jahr« bei dem Unterweltsgott Admetos, dem »Unbezwingbaren«, oder den Winter bei den Hyperboräern verbracht hatte.[26] Oder er begab sich mit den Singschwänen, die Sommerhitze fliehend, zum Okeanos, genau zu dem Zeitpunkt, zu dem die Schwäne die Ägäis verließen, um nach Norden zu fliegen,[27] und an dem auch der junge Hyakinthos verblühte, d. h. von Apollon auf seinem Schwanenwagen mit ins Jenseits genommen wurde.

Die Wiederkunft der Vegetation im Frühling und im Herbst verknüpfte man offenbar bereits in grauer Vorzeit mit der Ankunft der großen Zugvögel aus dem Norden und dem Süden. Und wie die auf einem Pfeiler des Heiligtums auf dem Göbekli Tepe aus dem 10. Jahrtausend v. Chr. dargestellten Kraniche mit menschlichen Beinen oder die Kranichflügel von Çatal Hüyük, die wohl Teil eines Tanzkostüms waren, erahnen lassen, scheint man schon im frühneolithischen Anatolien die Rückkehr der Fruchtbarkeit aus dem Jenseits mit Kranichtänzen gefeiert zu haben. »Nimm dir's zu Herzen«, so Hesiod, »wenn du des Kranichs Stimme gehört hast, / der von der Höhe herab aus den Wolken sein jährliches Lied singt. / Denn er bringt dir zum Pflügen das Zeichen und weist dir des Winters / Regenzeit.«[28]

Im Bergischen Land gab es noch im 19. Jahrhundert einen Kinderreim, in dem gefragt wurde: »Krune, krâne [Kranich], swikle swâne [weißer Schwan], / wanêr söffe na Engelland fâre [wann sollen wir ins Engel-Land fahren]? Engelland is geslôten / de siôtel [Schlüssel] is tobrôken / Wo van söl fine weder maken [wovon sollen wir ihn neu machen]?« Worauf die Antwort lautet: »Van Stênen, van Bênen [aus Steinen, aus Knochen] / Krâpe dörch [krieche durch] allêne.«

Offenbar handelt es sich hier um den Nachhall kultischer Veranstaltungen, die in Schweden angeblich noch bis ins 16. Jahrhundert stattfanden und bei denen Svanesångs-leken (got. *laiks*, an. *leikr*, ags. *lác*, »Tanz«, mhd. *leichen*, »tanzen«) den Lauf der zurückkehrenden Sonne befördern sollten.

Wird im Kinderreim zum Ausdruck gebracht, daß man nur als Toter (mit dem »Knochenschlüssel«) durch das Schwanentor (lat.

solis et cygni porta, schwed. »Svaneport«) dorthin gelangen kann, wo die Sonne nachts verweilt,[29] haben die Argonauten der griechischen Überlieferung diese Fahrt zum nördlichen Gestade des Okeanos nach dem Vorbild der Götter als Lebende unternommen.

Als Apollon Delphinios, der vor allem in Knossos – gewiß als

Abb. 132: Der »Sonnengott von Dupljaja« auf seinem
Schwanenwagen, 12. Jh. v. Chr.

Nachfolger des Paredros der Großen Göttin – verehrt wurde, leitete der hyperboräische Gott die Schiffe über das Meer. Apollonios von Rhodos vergleicht den zur Fahrt in den Norden aufbrechenden Jason nicht nur mit Apollon, vielmehr beschwört der Anführer der Argonauten den Gott, der das Unternehmen veranlaßt hatte, die Argo unversehrt ans Ziel und wieder zurück zu bringen. Schließlich erscheint den Jenseitsfahrern »der Sohn der Leto«, der, wie im Grunde sie selber, »auf dem Weg / von Lykien zum fernen, grenzenlosen Land der Hyperboräer (ἀπείρονα δῆμον Ὑπερβορέων)« war, leibhaftig: »Goldene Locken wallten ihm wie Trauben zu beiden Seiten der / Wangen.«[30]

War es in historischer Zeit der hyperboräische Apollon, der mit den Zugvögeln das Mittelmeer in nördliche Richtung verließ, scheint es in der minoischen Epoche auch die Vorstellung gegeben zu haben, die große Göttin der sich periodisch erneuernden Natur sei mit der Hilfe dieser ins Jenseits führenden Geleiter verschwunden und wiedergekehrt. Jedenfalls steht die Göttin mit nacktem Oberkörper nicht nur – so auf einer tönernen Schnurplombe des SM I aus Knossos – auf den Wellen, vielmehr wird sie gelegentlich als ein großer Vogel mit mächtigen Schwingen dargestellt, und auf einem Lentoidsiegel des 14. Jahrhunderts v. Chr. aus grünem Jaspis

Abb. 133: Die minoische Göttin fliegt mit ihren Kranichen übers Meer, Jaspislentoid unbekannter Herkunft auf Kreta, SM III A.

hält sie mit beiden Händen zwei fliegende Kraniche oder Schwäne fest, die sie offensichtlich auf diese Weise über das Meer transportieren (Abb. 133).[31]

Daß die Sonne von der Nilgans (*Alopochen aegypticus*), dem »großen Schnatterer«, ins Jenseits und von dort wieder zurückgebracht wird, war eine uralte ägyptische Vorstellung, die im Neuen Reich durch den Glauben ersetzt wurde, der Sonnengott Rê benutze für diesen Zweck ein Papyrusboot mit dem Kopf und der Brust eines Entenvogels an Bug und Heck. Die Ente, die im Winter ins Niltal zurückkehrt, war dort das Symbol der mütterlichen Regeneration und Wiedergeburt, weshalb bezeichnenderweise an Bord jenes berühmten als Entenvogelboot gestalteten Salblöffels aus der Zeit Amenophis III. eine nackte Hathor sitzt, die auf der Laute spielt.[32]

Diese Anschauung, nach der die Sonne nachts auf Wasser- und Zugvögelschiffen über ein die Erdscheibe umgebendes Meer oder einen Strom von Westen nach Osten geschafft wurde, scheint im Verlauf des 15. und 14. Jahrhunderts v. Chr. zunächst ins östliche Mittelmeer und von dort etwas später in die mitteleuropäische Urnenfelderkultur und darüber hinaus bis nach Nordeuropa gewandert zu sein.[33]

Wie aus der Darstellung auf einer Gürtelplatte des 10. Jahrhunderts v. Chr., die man am Fuße des Steilufers der Netze im östlichen Brandenburg gefunden hat, hervorgeht, dachte man sich auch in der mitteleuropäischen Bronzezeit die Sonne als einen persönlichen Gott, der auf einer Vogelbarke die Wärme und die Fruchtbarkeit zurückbrachte. Es könnte durchaus sein, daß diese Wiederkunft nicht nur im östlichen und zentralen Mittelmeer, sondern auch weiter nördlich mit einem ἱερὸς γάμος gefeiert wurde. Kopuliert nämlich auf der Rückseite eines hallstattzeitlichen Bronzespiegels aus der Gegend von Modena ein Paar in »Missionarsstellung« auf einem Schiff mit zwei gegenständigen Wasservogelsteven miteinander, wird ein solches Schiff, das die Sonne an Bord hat, auf einer urnenfelderzeitlichen Marmorstele im südwestbulgarischen Razlog von einem Mann begrüßt, der offenkundig sexuell erregt ist. Im Ingermanland hieß es, der Vegetationsgott Sämpsä komme zurück, um seine Stiefmutter »inmitten eines Kornhaufens« zu »besteigen«, und Mikael Agricola beschrieb im Jahre 1551: »Wenn die Frühjahrsbestellung vor sich ging, [...] berauschten sich Mädchen und Frau. Dann tat man dort viel Schändliches; man hörte es und sah es auch. Als die Frau des [Vegetationsgottes] Rauni-Ukko geil wurde, wurde auch Ukko geil. In der Folge gab es günstiges Wetter und eine gute Jahresernte.«

Gleiches geschah wohl bereits in der Bronzezeit bei der Rückkehr des Sonnengottes auf seinem Schiff. So ist auf dem vermutlich aus dem 12. Jahrhundert v. Chr. stammenden Granitstein von Engelstrup auf Sjælland eine langhaarige Frau zu sehen, zwischen deren gespreizte Beine man eine Schälchengrube gebohrt hatte. Ihre Arme sind ausgebreitet, und ein ihr gegenüberstehender Mann, neben dem ein Kreis, vermutlich die Sonne, dargestellt ist, greift offenbar nach ihrem Handgelenk, um sie »in Besitz zu nehmen«.[34]

Schiffsmodelle aus Gräbern des SH III in Mykene, Theben und

im boiotischen Tanagra, auf denen Personen zu sehen sind und die zum Teil mit Wasservogelsteven am Bug dargestellt wurden, machen es wahrscheinlich, daß die Mykener im 14. Jahrhundert v. Chr. die minoische Vorstellung von der Jenseitsfahrt der Verstorbenen übernommen hatten. Es ist anzunehmen, daß bereits damals die Toten an den Ort fuhren, wohin auch die Vegetationsgottheit periodisch entschwand.

»Der an Wirbeln reiche Eridanos« (Ἠριδανός βαθυδίνης) ist nach Hesiod ein Sohn der Tethys und des Okeanos, was bedeutet, daß der Strom in das Umgebende Gewässer mündet, welches die Grenze der Welt darstellt, denn Hera sagt zu Aphrodite: »Ich gehe nun hin zu den Grenzen der fruchtbaren Erde, / Will nach dem Ursprung der Götter, Okeanos und Tethys / Schauen, die mich in ihrem Palast erzogen und hüteten, beide«. Offenkundig gab es eine Überlieferung, nach der die Arme des Eridanos in ein Haff führten, denn von Phaëthon heißt es in den Argonautiká des Apollonios, er sei »in die Lagune der Mündungen« (λίμνης ἐς προχοάσ πολυβενθέος) gestürzt, deren Wasser bei steigender Flut die erstarrten »helleuchtenden Tropfen aus Bernstein« (ἠλέκτρου λιβάδας βλεφάρων) den Eridanos aufwärts schwemmten.[35]

Bei den Römern war der Eridanos später der Fluß, den man mit Hilfe eines Fährmanns überqueren mußte, um nach Elysium zu gelangen,[36] und noch im frühen 14. Jahrhundert schrieb der Gelehrte an-Nuwayrī bezüglich des Bernsteins: »Der Saft dieses Baumes [*ğawz rūmī*, ›byzantinischer Nußbaum‹] hat eine gelbe Farbe und fließt in den Strom Marandānūs, in dem er erstarrt.«[37]

Wenn Herodot mitteilt, die Barbaren selber hätten den Strom, der in den nördlichen Okeanos fließt, Eridanos genannt, so mag das wohl zutreffen. Sein Name enthält nämlich wie der des Rheins, der fränkischen Rednitz oder der pommerschen Flüsse Reda und Radunia – die idg. Wurzel *er-, »sich in Bewegung setzen, erregen, bewegt sein«, die auch enthalten ist in idg. *erei-, »rinnen«; gr. ἐρωέω, »fließe, ströme, eile«; mhd. *rāsen*, »toben«; ags. *rāsęttan*, »wüten«; nhd. »rasen« und »rennen«; frz. *raz*, »reißende Strömung«; as. *rithe*, fries. *riede*, nd. *rîde*, »Priel«; lat. *rīvus*, »Bach«; altind. *rīti*, ae. *rīð*, »Strom«. Sie steckt aber auch in lat. *orior*, »sich erheben, aufgehen, aufsteigen«, daher »Orient«, d. h. »[Land der] aufgehenden [Sonne]«; und im gr. ἐρι-, einem verstärkenden Ausdruck im Sinne von »sehr«, »hoch«, »höchst«; daher z. B. das Epitheton ἐριούνης des Hermes, das »der schnell Laufende«, eigentlich »der sehr Laufende« bedeutet.[38]

Zum anderen läßt sich δανός auf idg. *dānu, »Wasser, Fluß«, von idg. *dhen-, »fließen«, zurückführen,[39], wovon sich auch die Namen der Donau, des Don, des Dnjestr (Dan-aster) und des Dnjepr (Dan-aper),[40] aber auch die der Danaer (Δαναϝοί), des Danaos und der Danaïden, der indoiranischen Dānavas, der irischen Göttin Danu (walis. Dôn) sowie der Tuatha dé Danann, der Urbevölkerung Irlands vor der keltischen Einwanderung, ableiten.[41]

Ἠριδανός bedeutet also soviel wie »Fluß mit heftiger Strömung«, wobei es offenbleiben muß, ob das Gewässer seinen Namen von den »Barbaren« oder von kühnen Seefahrern aus der Ägäis erhalten hat. Aber welcher Strom war damit gemeint?

Obgleich seine alte Identität als ein Fluß, der im fernen Norden in den Okeanos mündet, im Argonauten-Epos des Apollonios von Rhodos noch durchschimmert, hat der alexandrinische Gelehrte ihn mit dem oberitalienischen Po gleichgesetzt, was vielleicht auf die Zeit der etruskischen Bernsteinschneider zurückgeht, die ihr Rohmaterial über den Brenner und die Poebene erhielten. Doch schon Strabon konstatierte, »Bernsteininseln vor dem Padus« habe es nie gegeben, und der Satiriker Lukian erzählt von seiner Fahrt auf dem größten italienischen Fluß: »Ich sah mich überall fleißig um, aber da waren weder Pappeln noch Bernstein zu sehen; ja, die Anwohner kannten nicht einmal den Namen des armen Phaëthon, und als ich meine Schiffsleute endlich fragte, wie weit wir es noch bis zu den Bernstein weinenden Pappeln hätten, lachten sie mir ins Gesicht und baten mich, deutlicher zu sagen, was ich damit wollte.«[42]

»Rasch bestiegen sie ihr Schiff«, berichtet Apollonios von den Argonauten, »und ruderten unablässig« über das Meer, »bis sie zur heiligen Bernsteininsel (ἱερὴν Ἠλεκτρίδα) gelangten (Abb. 134), der letzten dieser Inselgruppe, nahe [der Mündung] des Eridanos«, in die sie einfuhren, um auf dem Strom weiterzufahren, bis sie

Abb. 134: Die hl. Bernsteininsel, Reden-Chronik, 16. Jh.

durch einen fürchterlichen Sturm »in reißendem Wirbel wieder zurück zur felsigen Bernsteininsel getrieben wurden«.

Nach einer Stelle in den *Mirabilia*, deren Quelle vielleicht Timaios ist, sollen diese Elektriden vom »Fluß Eridanos angeschwemmt« worden sein, was am besten auf die inzwischen längst vergangenen Geest- und die Marscheninseln zutrifft, die zum Teil aus den von der Elbe herangetragenen Sinkstoffen entstanden waren und die in einem ebenfalls abgetragenen Wattenmeer westlich der heutigen nordfriesischen Außensände gelegen haben müssen. Und in der Tat ist der Eridanos seit jeher von zahlreichen Gelehrten mit dem Elbstrom identifiziert worden, der in der Bronze- und Eisenzeit über ein verzweigtes Delta verfügte, vor dem sich zahlreiche Marschen- und Geestinseln befanden, deren letzten Reste offenbar jene Fluten zerstörten, denen im 14. Jahrhundert auch das Handelswik Rungholt zum Opfer fiel.[43]

Im 4. Jahrhundert v. Chr. hatte der Massiliote Pytheas anscheinend von seiner Vaterstadt den Auftrag erhalten, die Seewege, auf denen das Zinn und der Bernstein ins Mittelmeer gelangten, bis zum Tanaïs zu erkunden, der die Κελτική von der Σκυθική, also Europa von Asien, trennte. Dieser Tanaïs wird kein anderer Fluß als die Elbe und damit der Eridanos gewesen sein, der in den *Dionysiaká* des Nonnos noch als »keltischer Strom« bezeichnet wird.

Von der Küste des Marschenlandes (*aestuarium oceani Metuo-*
nidis nomine) der Deutschen Bucht, so berichtete Pytheas in der
Paraphrase Plinius' des Älteren, »sei die Insel Abalus eine Tagreise
zu Schiff entfernt; dort werde der Bernstein im Frühjahr durch die
Fluten angeschwemmt, und er sei eine Ausscheidung des Erstarrten Meeres (*concreti maris*)«. Wie der römische Historiker weiter
referiert, habe Xenophon von Lampsakos diese Bernsteininsel Bal-
cia, Pytheas aber Βασίλεια, »die Königliche« genannt.[44]

Βασίλεια war bei Homer die Bezeichnung für Königinnen oder
Prinzessinnen wie Penelope, Arete oder Nausikaa, wohingegen der
Dichter eine Göttin eher ἄνασσα nannte. »Basileia« oder »Βασίλη«
waren jedoch zur Zeit des Pytheas ohne nähere Bestimmung durch

Abb. 135: Der Totengott Echeloos entführt Basile in die Unterwelt, attisches
Weihrelief, um 410 v. Chr.

einen Eigennamen so gut wie immer Titel der Göttin der Unterwelt
(Abb. 135). Heißt Persephone in den orphischen Hymnen ὑποχ-
θονίων βασίλεια, »Königin der Unterirdischen«, so wird sie auf
Goldblättchen aus der griechischen Kolonie Thurii im Golf von
Tarent ebenfalls als χθονίων βασίλεια angeredet, und das Hera-
Heiligtum auf Thera, heute eine dem hl. Nikolaus geweihte Ka-

pelle, enthält eine Nische der Θεᾶ Βασίλεια, hinter der sich mit Sicherheit die Unterweltsgöttin verbirgt.[45]

In seiner Diskussion der Historizität von Platos Atlantis erwähnt der athenische Neuplatoniker Proklos, ein gewisser Marcellus habe in seiner Αἰθιοπικα ἱστορία mitgeteilt, im »Äußeren Meer« gebe es unter anderem sieben Inseln, »die der Persephone heilig« seien, was sowohl an die »heilige Bernsteininsel« der Argonauten als auch an Βασίλεια, sowie an die ebenfalls von Plinius genannte »Bohneninsel« Fabaria und an die »Bernsteininsel« Glaesaria erinnert.

In der Antike war die Saubohne (*Vicia faba*) mit dem Tod und der Unterwelt verbunden, man glaubte, daß die Seelen der Verstorbenen in dieser uralten Kulturpflanze lebten, und auf dem Balkan hieß es noch im 19. Jahrhundert, ein Mitglied der Familie müsse sterben, wenn man von Saubohnen träume.[46] Schließlich steht hinter der Insel Glaesaria möglicherweise das Bernsteingefilde Glæsisvellir, wo der Totengott Guðmundr mit seinen liebreizenden Töchtern herrscht, jenes westliche Gefilde der Seligen, aus dem der Sturm den Bernstein an die Küste spülte, der vielleicht aus den Tränen des nordischen Gottes entstanden war, den die Griechen mit Apollon identifizierten.

Auf der Insel Baḥrein im Persischen Golf, die schon frühzeitig mit Dilmun, dem Ort des Sonnenaufgangs, identifiziert wurde, wo Utnapištim und seine Frau, die einzigen unsterblichen Menschen, lebten, hat man den größten Friedhof des Vorderen Orients mit über 300000 Bestattungen aus dem 3. und frühen 2. Jahrtausend v. Chr. entdeckt. Der Fund dieser Hügelgräber hat den Gedanken aufkommen lassen, Baḥrein könne die Toteninsel der Mesopotamier, das Tor in die jenseitige Welt, zur Insel der Seligen, gewesen sein. War Basileia ebenfalls ein solcher Bestattungsort, eine Durchgangsstätte für die Verstorbenen auf ihrem Weg ins Jenseits? Oder war die Insel dieser mythische Ort selber, der Herrschaftsbereich eines Totengottes oder einer Totengöttin, vergleichbar der späteren Menglǫð, die mit ihren neun Jungfrauen auf dem von einer Waberlohe umgebenen Lyfjaberg, dem »Berg der Heilmittel«, lebte? Und entspricht diese der Jungfrau, die auf der im fernen Westen liegenden Insel Alatyr (»die Brennende«) auf einem Stein sitzt, unter dem eine Heilquelle entspringt, an der sie die klaffenden Wunden der im Kampf Verletzten näht?[47]

Nach der Schlacht von Camlann holt bekanntlich Morgana mit ihren acht Schwestern den tödlich verwundeten Arthur nach Avalon, um ihn dort zu heilen, auf die »Apfelinsel«, die dem Apfelgarten der Frau Holle oder dem »Pommerland« = »Pommel-« = »Apfelland« in *Maikäfer flieg* entspricht. Und nichts anderes ist das jenseitige Reich, in das die germanischen Valkyren die im Kampf gefallenen Krieger holten, um sie dort zum Leben zu erwekken und gesund zu pflegen, wie die »Wunden-Valkyre« es tut, die in der Gíslasaga den Dichter auf einem grauen Pferd zu sich nach Hause bringt, wo sie erst einmal mit ihm schläft.[48]

Höchstwahrscheinlich stellen die Bronzefigurinen nackter oder lediglich mit einem Miniröckchen bekleideter Frauen, die nicht selten einen Halsring und Ohrringe tragen, die bronzezeitlichen Vorläuferinnen dieser libidinösen Göttinnen der Unterwelt dar. So halten oder drücken die aus dem västergötländischen Timmele und aus St. Olof in Schonen, sowie die aus Fangel bei Odense beide Brüste nach vorne, was auch bei der aus dem Værebro-Fluß bei Viksø auf Sjælland gefischten Figurine der Fall ist, die zudem noch ausgeprägte Schamlippen besitzt. Nur die rechte Brust hält dagegen die mit einem kurzen Schnurrock bekleidete kniende Frau aus Fårdal (Abb. 136), weil sie mit der anderen Hand wahrscheinlich die gezäumte Schlange an einer Leine führte, deren Figurine gemeinsam mit Frauenschmuck neben dem Frauenfigürchen gefunden wurde. Beide Objekte sind an den Unterseiten mit Laschen versehen, die offenbar ursprünglich auf einer Unterlage befestigt waren, vielleicht auf einem Schiffsmodell, das jenes Fahrzeug repräsentierte, mit dem die Göttin der Liebe und der Fruchtbarkeit im Frühling den über das Westmeer entschwundenen Vegetations- und Sonnengott zurückholte.[49]

Anscheinend waren die nicht in der Taille, sondern auf der Hüfte getragenen Röckchen, die den Bauch frei ließen, ein Kleidungsstück der unverheirateten jungen Mädchen und Frauen, und im Falle des etwa 17 Jahre alten Mädchens von Egtved (Tf. XVII), das

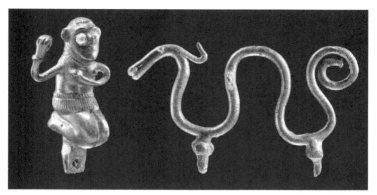

Abb. 136: Die »Frau von Fårdal« mit Unterweltsschlange, 9. Jh. v. Chr.

man, in eine Kuhhaut gehüllt, in einem Baumsarg bestattet hatte, war dieser Minirock so kurz, daß eine amerikanische Prähistorikerin ihn als unanständig (»indecent«) und schändlich (»infamous«) bezeichnete, da er die Augen der Männer auf den Genitalbereich der Trägerin gelenkt habe.[50] Deshalb hat man vermutet, es könnte sich bei dem Egtved-Mädchen und den durch die Figurinen dargestellten Frauen um Kultdienerinnen der Liebes- und Unterweltsgöttin gehandelt haben, worauf wohl auch die Schlange der Frau von Fårdal hinweist.

Naht der Winter, ziehen sich bekanntlich die kälteempfindlichen Schlangen in tiefe Schlupfhöhlen zurück, wo sie im Zustand der Erstarrung verharren, bis sie im Frühling aus ihrem Winterschlaf erwachen und mit der Sonne und der Fruchtbarkeit an die Erdoberfläche zurückkommen.[51]

Eine solche periodisch in ihren »heiligen Hain« (*castum nemus*) auf einer »Insel im Okeanos«, also wohl in der Nordsee, wiederkehrende Göttin war die von Tacitus so genannte Nerthus, deren Name höchstwahrscheinlich Njǫrð oder Njærd lautete. Am letzten Tag des Frühlingsfestes der Kybele wurde das Kultbild dieser Göttin auf einem Ochsenkarren zum Fluß gefahren, wo der Archigallus, ihr Kultdiener, es wusch, was sicher, wie das Abwaschen des Schmutzes vom Kultbild der Hera von Samos die Revirginisierung der Göttin und den Beginn der Neuen Zeit bedeutete. Auf gleiche

Weise fuhr man das Kultbild der Nerthus auf ihrem »von Kühen gezogenen Wagen« im Land umher, wo »es denn fröhliche Tage und Feste an allen Stätten« gab, »welche die Göttin ihres Besuches und Aufenthaltes« würdigte, bis das Kultbild schließlich von ihren Dienern »in einem verborgenen See gewaschen« wurde.[52]

Alte Steinlabyrinthe, aus deren Mitte im Frühling die dort gefangengehaltene Vegetationsgöttin befreit wurde, hat man in Skandinavien häufig in der Umgebung von Ortschaften gefunden, die nach der Göttin Njǫrð oder Njærd genannt worden sind.[53] Doch wie im Bereich des östlichen Mittelmeeres gab es auch im Nor-

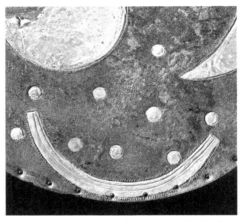

Abb. 137: Schiff des Sonnengottes auf der »Himmelsscheibe von Nebra«, um 1600 v. Chr.

den die Vorstellung vom verschwindenden und wiederkehrenden männlichen Vegetationsgott, von Óðr, Balðr oder Freyr, hinter denen gewiß der bronzezeitliche Sonnengott steht, der im Spätherbst auf seinem Schiff (Abb. 137) nach Westen fuhr, um im Frühling von dort wiederzukehren. So wurde der Gott mit dem Tabunamen Balðr, »Herr«, auf seinem Schiff Hringhǫrni, mit dem »Kreis am Steven«, also dem Sonnenschiff, am Strand verbrannt, und im Mittwinter, wenn die Sonne am weitesten entfernt war und am schwächsten leuchtete, opferten die Schweden Freyr, dem »Herrn«, einen Eber, um ihn für die Rückreise zu stärken.[54]

Daß die griechischen Nordlandreisenden wie Pytheas die Paredra dieses Vegetationsgottes Basileia genannt haben, wird vielleicht verständlich, wenn man von Diodoros erfährt, der Mythograph Dionysios von Skytobrachion habe einst folgendes berichtet: Am westlichen Okeanos lebten in einer üppigen und fruchtbaren Gegend die ebenso frommen wie kulturell hochstehenden Ἀτλάντιοι, die offenbar mit den Ὑπερβόρεοι identisch sind. Die prominenteste Atlantierin war die Titanin Basileia, die Tochter des Uranos und der Gaia, deren Sohn Helios im Eridanos ertrank, worauf Basileia sich aufmachte, ihn zu suchen, so wie die orientalischen Göttinnen

Abb. 138: Kalksteinfigur der Kybele und
ihrer Korybanten, 6. Jh. v. Chr.

den verschwundenen Vegetationsgott suchten. Deshalb wurde Basileia nach einer anderen Überlieferung auch »die Große Mutter« genannt und mit der Kybele (Abb. 138) identifiziert, jener Großen Göttin Kleinasiens, die vermutlich um 1000 v. Chr. aus einer Verschmelzung der phrygischen Matar Kubileya (wohl »Bergmutter«, gr. μήτηρ ὀρεία) mit der ursprünglich nordsyrischen Kubaba (Abb. 139) entstanden war und die als Κυβήλη, die Verkörperung der *natura naturans*, ihren verstorbenen Geliebten Attis, die *natura naturata*, zu neuem Leben erweckte.[55]

Abb. 139: Die Brüste präsentierende Kubaba mit
pubischem Dreieck aus Silber, Kaneš.

War die paläophrygische Matar Kubileya eine chthonische Le-
bensspenderin, die in den Felsnischen und Grotten der Berge verehrt
wurde, wo anscheinend der phrygische König als Repräsentant
ihres Sohnes und Geliebten den ἱερὸς γάμος mit ihrer Inkarnierung
vollzog, worauf diese seinen Nachfolger, den nächsten Herrscher
(τύραννος, luw. *tarwanis*), austrug,[56] so verweist auch der Name
der Nerthus auf die Unterwelt. Sowohl dieser als auch der Name
des Νηρεύς, der Herakles den Weg in die Unterwelt weist, enthalten die idg. Wurzel **nēr-*, »unten«, auf die auch tochar. *ñor*, armen.
nerk'in, »unter«; lit. *nérti*, »eintauchen«; russ. *norá*, »Loch, Höhle«; sanskr. *náraka*, »Unterwelt«; umbr. *nertru*, »finster«; lat. *si-ni-
ster*, »links, unheilvoll«; gr. νειός, »tief liegendes [Land]«; νέρτερος,
»unter [der Erde], Tod«; ἔνεροι, »die Unterirdischen«, sowie ae.
nifl, »unten«; aisl. Niflheimr, »Unterwelt«; germ. **nibla-*, »unten«
und mhd. Nibelunc, »der Unterirdische«, zurückgehen.[57]

Schließlich scheint auch die an der südlichen Nordseeküste ver-

258

ehrte Nehallenia, deren Name möglicherweise »die im Salzwasser« (*ni-salen-yā) bedeutet, eine vergleichbare Göttin gewesen zu sein, die periodisch das Leben erneuerte, indem sie die in ein jenseitiges Elysion verschwundene Fruchtbarkeit heimholte. Auf einer römerzeitlichen Darstellung setzt sie den linken Fuß auf ein Schiff und greift mit der Hand nach den Früchten, die sich in einem Körbchen in ihrem linken Arm befinden. Und so hat man vermutet, Domburg auf der seeländischen Insel Walcheren, wo dieses Bild gefunden wurde, könnte einer der Orte gewesen sein, von dem aus die Unterweltsgöttin, deren Name bereits aus römischen Inschriften vom Niederrhein bekannt war, auch die Toten über das Meer ins Jenseits geleitete.[58]

Heißt es in einem Runengedicht der Wikingerzeit über Yngvi-
Freyr, er sei »ostwärts über die Wellen gefahren«, um später auf
seinem Schiff Skiðblaðnir den Frieden und den Erntesegen über
das Westmeer zurückzubringen, so wird man in der Bronzezeit auf
gleiche Weise im Frühling auf die Wiederkehr des Sonnen- und
Vegetationsgottes[1] (Abb. 140) aus dem im fernen Westen liegenden
Totenreich[2] gewartet haben, damit dieser den ἱερὸς γάμος mit der
Erdgöttin vollzog.

Falls unsere minoischen Expeditionsteilnehmer den Winter irgendwo an einer nordwesteuropäischen Küste verbracht haben,

Abb. 140: Bronzezeitlicher Vegetationsgott (?)
der Nordischen Kultur und sein Schiff,
Felsbild in Bohuslän.

was wahrscheinlich ist, da sie wohl kaum das Risiko eingegangen
sind, in der Zeit der Stürme und des hohen Seegangs die südliche
Nordseeküste entlangzufahren, werden sie ungefähr zu dem Zeitpunkt im heutigen Nordfriesland angekommen sein, als man dort
auf die Wiederkunft des Sonnengottes, des wärmenden Lichtes
und der Wohlstand verleihenden Fruchtbarkeit gewartet hat. Ist
folglich die Vermutung abwegig, daß die minoischen Seefahrer von
den nordischen Bauern und Viehzüchtern, die höchstwahrschein-

lich eine Sprache sprachen, die von den Linguisten als »paläogermanisch« bezeichnet wird,[3] für heimkehrende Götter gehalten
wurden?

Im Jahre 1777 erklärte auf Mangaia ein Krieger der am Strand
versammelten Menschenmenge, die voller Erwartung auf die sich
langsam der Südsee-Insel nähernden Schiffe Kapitän Cooks starrte: »Das sind sicher Besucher aus dem Jenseits!«, und ein Häuptling präzisierte: »Es ist der große Gott Motoro selbst,« der aus dem
»Strahlenden Land Vatea« gekommen ist. Ende November des
darauf folgenden Jahres kam vor der Küste von Maui der festlich
geschmückte Herrscher von Hawai'i, der sich gerade auf der Insel
aufhielt, auf einem Doppelkanu an Bord der *Discovery* und forderte den wachhabenden Offizier auf, ihn zum »Arrono or chief«
zu führen. Schließlich liefen am 16. Januar 1779 die *Discovery* und
die *Resolution* in die Bucht von Kealakekua auf Hawai'i ein,
worauf Cook und einige seiner Männer am nächsten Tag erstmalig
an Land gingen: »And as they passed through the throng«, so
berichtete später ein junger Marineoffizier, »the chief cried out
in their language that the great Orono was coming, at which they
all bowed and covered their faces with their hands until he was
passed«. Mehrere Priester des Gottes Lono liefen vor Cook her
und riefen überall, wohin sie kamen, mit lauter Stimme: »Orono,
Orono!«, worauf sich sämtliche Leute voller Ehrfurcht in den
Staub warfen.[4]

Was die Briten nicht wußten, war die Tatsache, daß ihre Ankunft
auf Hawai'i während der Wintersonnenwende, also der Zeit, in
der die Sonne zurückkehrte, das größte und bedeutendste Fest der
Hawai'ianer, das *makahiki*, stattfand, mit dem man die Rückkehr
des Vegetationsgottes Lono aus dem westlichen Jenseits (*kahiki*),
der Heimstatt der Götter, feierte. Dieser Lono, dessen Kommen
durch die schwarzen Gewitterwolken der beginnenden Regensaison angekündigt wurde, die das neue Jahr markierte, war der Gott
der durch die natürlichen Regenfälle wachsenden Gemüse, vor
allem der Süßkartoffeln und Flaschenkürbisse, und wie der germanische Freyr war er nicht nur der Bringer der Fruchtbarkeit, der die
Erdgöttin schwängerte, sondern auch der Walter des Friedens:

Während seiner Anwesenheit war es verboten, Krieg zu führen und Menschenopfer darzubringen.[5]

Stand am Anfang der Schöpfung der ἱερὸς νάμος von Lono und der Erdgöttin, so eröffnete und begründete dieser Beischlaf auch das Neue Jahr, wobei es am Strand zu einer sexuellen Orgie mit wahllosem Geschlechtsverkehr und obszönen Gesängen (*kūamu-amu*) kam, die so blasphemisch waren, daß sämtliche Priester das Weite suchten. Junge Frauen mit nacktem Oberkörper führten währenddessen laszive *hula*-Tänze – auf Tahiti *one-one* genannt – auf, wobei sie die Hüften wie beim Koitus rotieren ließen und ihre

Abb. 141: Teilnehmerin am Tapitifest, Rapa Nui.

Miniröckchen aus Bast lüfteten, so daß die Zuschauer ihre Genitalien sehen konnten. War der Tanz schließlich beendet, durften sie keinem der anwesenden Männer den Beischlaf verweigern.[6]

Zu Beginn des *makahiki*-Festes wurde als Ausdruck der Landnahme Lonos die Standarte des Gottes, ein etwa 3 m langer Stab mit einer Querstange, von der weiße Tapatücher und Vogelfedern herabhingen, im Uhrzeigersinn um die Inseln des Archipels getragen. Nachdem die beiden Schiffe Cooks, deren Maste mit den gerefften Segeln an Lonos Standarte erinnerten, zunächst auf dieselbe Weise um die Insel Hawai'i gefahren waren, bevor sie in der Bucht ankerten, meinten einige Priester und Häuptlinge, Lono sei wohl auf seinem schwimmenden Heiligtum (*heiau*) über das Meer zurückgekehrt. Allerdings war man sich darin nicht vollkommen sicher, so daß ein Priester vorschlug, man solle die Fremdlinge auf die Probe stellen: Denn wenn sie angesichts der aufreizenden und verführerischen *hula*-Tänzerinnen »deren Kürbis nicht öffneten« und ihre Penisse schlaff blieben, dann seien sie ganz gewiß Götter.[7]

Zunächst überwog anscheinend der Eindruck, Cook sei tatsäch-

Abb. 142: Juan Ravenet, Tonganerinnen begrüßen vom Strand aus die Papalangis, 1793.

lich der Gott Lono, weshalb sich alle vor ihm mit dem Gesicht nach unten auf den Boden warfen, denn es war *tapu*, einem Gott in die Augen zu sehen.[8] Und auch der Umstand, daß viele Seemänner offenbar so mancher Hawai'ianerin unverzüglich »den Kürbis öffneten«, scheint den Glauben, daß die Fremden zum Gefolge eines Gottes gehörten, nicht erschüttert zu haben.

Was schließlich Zweifel an ihrem Gottsein aufkommen ließ, war nicht deren offenkundige Sinneslust, sondern das, was die Frauen berichteten, nachdem sie sich mit den Briten vergnügt hatten. So

erzählte eine gewisse Lelemahoalani von Kaua'i, »die auf dem
Schiff gewesen war«, »daß sie stöhnen« und wehklagen, wenn die
Frauen ihnen während des Beischlafs die Fingernägel in den Leib
stießen, eine Wehleidigkeit, die anscheinend als wenig göttlich
empfunden wurde.[9] Schließlich erzählte man sich Jahre nach dem
Tode Cooks auf Hawai'i, der Mann, der als erster auf ihn einstach,
habe dies getan, um herauszufinden, ob der Fremde sterblich war,
und nachdem einer der Häuptlinge Cook mit einem Lavabrocken

Abb. 143: John Clevely, »Der Tod Kapitän Cooks«, um 1780.

niedergeschlagen hatte, habe dieser, wie ein Augenzeuge berichtete, »vor Schmerz gestöhnt«, und als sein Blut floß, riefen einige: »Das ist nicht Lono!« »Da wußte der Häuptling, daß er ein
Mensch war und kein Gott.«[10]

Es ist zwar inzwischen vor allem unter jüngeren Ethnologen und
Historikern nachgerade modisch geworden und gilt als »politisch
korrekt«, zu bestreiten, daß die europäischen Entdeckungsreisen-
den von den Einheimischen für Götter oder andere übernatürliche
Wesen gehalten wurden, doch wird dies durch zahllose Beispiele
aus allen Teilen der Welt bestätigt. So hielten die Guanchen auf El
Hierro die ersten spanischen Seefahrer für ihren heimkehrenden
Gott Eraoranzan und sein Gefolge, und als Francis Drake im Jahre

1579 an der kalifornischen Küste an Land ging, zerschnitten sich die dort lebenden Miwok rituell die Gesichter und breiteten Opfergaben vor den Briten aus, obwohl diese versuchten, sie davon abzuhalten. Schließlich schildert eine alte Überlieferung der Delaware die Reaktion ihrer Vorfahren auf das erste europäische Schiff, das in der Mündung des Hudson River auftauchte, höchstwahrscheinlich das des englischen Seefahrers Henry Hudson, der im Jahre 1609 im Auftrag der niederländischen Vereinigten Ostindischen Kompanie auf der Suche nach der Nordwestpassage war. Nachdem einige Fischer auf ihren Booten das seltsame Etwas gesichtet hatten, »some believed it to be an uncommonly large fish or animal, while others were of opinion it must be a very big house floating on the sea«. Inzwischen waren immer mehr Indianer an den Strand geeilt, und die Mehrheit »concluded it to be a remarkably large house in which the Mannitto himself was present, and that he probably was coming to visit them«. So bereitete man ihm einen würdigen Empfang, und als das »bunte Haus« nähergekommen war, erkannten die Leute, daß es auf ihm von lebenden Wesen wimmelte, die sie zunächst für Jagdwild, dann aber für Personen hielten, von denen einer, ganz in Rot gekleidet, mit Sicherheit der Gott Mannitto selber war, der schließlich ein Kanu bestieg und mit einem kleinen Gefolge auf den Strand der Manhattan-Insel (Manahachtánienk) zuhielt.[11]

Im Jahre 1786 sahen die Tlingit in den beiden Schiffen von La Pérouse riesige schwarze Vögel mit weißen Flügeln, und als die Segel gerefft wurden, dachten sie, die Vögel falteten ihre Flügel. Der Schöpfergott Yehlh nahm oft die Gestalt eines Raben an, weshalb niemand daran zweifelte, er sei auf die Erde zurückgekehrt, und nachdem die Franzosen ein Beiboot bestiegen hatten, gingen die Tlingit davon aus, daß der Große Rabe kleine schwarze Krähen als Kundschafter zu ihnen schickte.[12]

Als der Forschungsreisende Oscar Baumann auf seiner Suche nach den Nilquellen im Jahre 1892 zunächst in unbekannte Gebiete jenseits des Leläläma-Gebirges und von dort in das hügelige »Fabelland« Missosi-ja-Mwesi vordrang, das noch nie von einem Weißen betreten worden war, wurde er von der dortigen Bevölkerung mit einer unvorstellbaren Begeisterung empfangen. Die Krie-

Abb. 144: Dem Mwesi Oscar Baumann zujubelnde Jungfrauen
der Warundi, 1892.

ger rissen die Blätter von den Bäumen und streuten sie vor ihm auf
den Weg, knieten vor ihm nieder oder klatschten in die Hände,
Tausende von Frauen und halbnackten jungen Mädchen folgten
singend, lachend und jubelnd seiner Karawane (Abb. 144) und riefen: »Mwesi!«, »Großer König!« oder »Wir sind deine Sklaven!«
Tagelang dauerte das Freudenfest an, die Einheimischen brachten
Unmengen von Vieh, Bananen, Hülsenfrüchte und Krüge voller
pombe (Sorghumbier) herbei und selbst Baumanns Esel wurden
Geschenke überreicht, während man den Urin des Tieres auffing
und als Reliquie aufbewahrte: »Ungeheure Volksmassen kamen
von allen Seiten angezogen und wälzten sich gleich einem Strom
hinter uns her. Andere Schaaren zogen voraus, gleich einem Heu-
schreckenschwarm über alles im Lande herfallend. Sie rissen Vor-
räthe und Hausgeräth aus den Hütten, die Felder waren in wenigen
Minuten kahl, ganze Heerden wurden mitgetrieben und von meinem rasenden Gefolge oft buchstäblich in Stücke gerissen. [...] Die
tollste Raserei entwickelte sich in unmittelbarer Nähe meiner Person. Männer, Weiber und Kinder drängten mit fürchterlichem Ge-
schrei und fanatisch verzerrten Zügen auf mich ein; denn den Mwesi
gesehen oder gar berührt zu haben, galt als das höchste Glück.«

Einst waren nämlich die Warundi von einer Dynastie regiert worden, deren Ahnherr vom Mond (*mwesi*, »der Leuchtende«) stammte, und Mwesi war auch der Titel eines jeden Herrschers. Vor langer Zeit war der letzte Mwesi, der Makisavo (»Bleichgesicht«) hieß, auf den Mond verschwunden, und man erwartete sehnsüchtig seine Rückkehr aus der Himmelsrichtung, aus der Baumann nach Urundi kam, weshalb jeder meinte, er müsse der Erlöser sein, der das Volk vom Joch der Watussi befreie.[13]

Als der aztekische Steuereintreiber Pínotl sich im Jahre 1518 an der Golfküste aufhielt, sah er eines Tages, nicht weit vom Strand entfernt, vier »Wasserhäuser« voller hellhäutiger und bärtiger Fremdlinge, deren Anführer – es handelte sich um Juan de Grijalva – Geschenke mit ihm austauschte. Augenblicklich eilte Pínotl nach Tenochtitlán, um Motecuçoma mitzuteilen, »hölzerne Türme mit Flügeln« seien an der Küste angekommen. Auf die bange Frage des Königs, ob es sich bei den Fremden um Boten Quetzalcóatls handeln könne, habe der Beamte dies bejaht und ausgerufen: »Er ist erschienen! Er ist zurückgekehrt! Er wird hierherkommen, zum Ort seines Thrones und Baldachins, denn das ist es, was er versprach, als er wegfuhr!«

Quetzalcóatl, »Die-mit-grünen-Quetzalfedern-bedeckte-Schlange«, der auch mit dem Gott Eécatl (»Neun Wind«) identifiziert wurde, war der Gott des »Lebenshauches« und als solcher ein Fruchtbarkeitsgott, weil sein Wind den Weg für die regenbringenden Gewitterwolken frei machte. Einstmals war er durch den toltekischen Priesterkönig verkörpert worden, der in Tollan residierte und übernatürliche Fähigkeiten besaß, wie z. B. die, sich in eine Schlange, einen Jaguar oder einen Adler verwandeln zu können, um in einer dieser Gestalten die Unterwelt und den Himmel zu besuchen. Schließlich sei er eines Tages in ein im Osten liegendes Jenseits namens Tlillan Tlapallan (»Land der schwarzen und der roten Farbe«) verschwunden, doch habe er zuvor seinem Volk verkündet, er werde dereinst, nämlich im Jahre »1 Rohr« (*ce acatl*), heimkehren.[14]

Der Zufall wollte es, daß das Jahr »1 Rohr« des mexikanischen Kalenders dem christlichen Jahr 1519 entsprach, in dem die Expedition des Hernándo Cortés in der Bucht von Veracruz an Land ging, und bereits der erste Eindruck, den der Konquistador bei den Gesandten hinterließ, die Motecuçoma an die Küste geschickt hatte, schien den Verdacht zu bestätigen, daß der göttliche Priesterkönig wirklich zurückgekommen war. Als Fruchtbarkeitsgott besaß Quetzalcóatl nämlich einen ebenso gewaltigen wie prachtvollen Penis, aus dem das Blut getropft war, das den Menschen das Leben gab,

Abb. 145: Cortés trifft auf Motecuçoma,
Stich vom Jahre 1599.

und als die Azteken die abstehende und prall ausgestopfe Braguette des Spaniers sahen, waren sie sich darüber einig, darin müsse sich ein männliches Glied von enormer Größe verbergen.

Nachdem Cortés schließlich in Tenochtitlán Einzug gehalten hatte, ließ Motecuçoma bezeichnenderweise das Prachtgewand des toltekischen Priesterkönigs als Geschenk für den Spanier aus seiner Schatzkammer holen und hieß diesen mit den Worten willkommen: »Ich habe deinen Thron für dich eine kleine Weile gehütet [...] und jetzt ist es wahr geworden, du bist heimgekehrt, mit Mühsal und Anstrengung hast du es geschafft. Sei nun angelangt in deiner angestammten Heimat! Ruhe dich aus und besuche deinen Palast!«[15]

Sechs Jahre später erhielt auch Huayna Cápac, der vorletzte Inka, von seiner Küstenwache die Nachricht, im Golf von Guayaquil kreuzten »große schwimmende Häuser« voller »bärtiger Ungeheuer« – vermutlich die Schiffe des Diego de Almagro, der dort bei einem Scharmützel ein Auge verlor und sich darauf wieder nach Panama zurückzog. Und da dem Inka geweissagt worden war, mit seinem Nachfolger gehe die Inkaherrschaft zu Ende, und weil er dies mit dem Auftauchen der Fremden in Zusammenhang brachte, wies er eine Gesandtschaft an, die Bärtigen aufzusuchen. Doch bevor die Botschafter sich auf den Weg machen konnten, verstarb der Inka.

Nachdem nach weiteren sechs Jahren Francisco Pizarro an der Südküste des Golfes bei Tumbes an Land gegangen war, erfuhr Huayna Cápacs Sohn Atahualpa von seinen Kundschaftern, daß die *suncasapa runa*, »die Vollbärtigen«, deren Gesichter vollkommen mit Wolle bedeckt seien, zurückgekommen waren. Sie ritten auf »ungewöhnlich großen Llamas mit silbernen Schuhen«, die Gold und Silber fräßen, besäßen extrem lange Penisse, die nach hinten hingen (ihre Degen) und feuerten *illapas* (»Blitz und Donner«) ab wie der Himmel. Als Atahualpa die Kundschafter fragte, wer denn die Fremden seien, erwiderten sie, das lasse sich nicht mit Sicherheit sagen, aber die Mehrzahl der Beobachter sei davon überzeugt, daß die *huaminca hayhuaypanti*, die engelgleichen Krieger des Viracocha, zurückgekommen waren. Niemand wisse jedoch, ob sie die Inkaherrschaft beenden, ihr neuen Odem einhauchen oder gar das »Ende der Welt« (*pacha puchucay*) herbeiführen würden. Daraufhin sagte Atahualpa, er sei sehr glücklich, daß die *viracochuna* gerade zu seiner Zeit heimgekehrt seien, und beauftragte Boten, dies »dem großen Viracocha, dem *capito*«, also Pizarro, mitzuteilen. Gleichzeitig schickte er einen Läufer zu seinen beiden Heerführern in Cuzco mit der Nachricht, viele Viracochas seien gemäß der Vorhersage der Alten, einst komme Con Tiki Viracocha über das Meer zurück, aus den Fluten aufgetaucht.[16]

Viracocha, der Gewitter- und Fruchtbarkeitsgott, der als hellhäutiger Greis mit einem Vollbart geschildert wurde, war in *ñaupapacha*, »den alten Zeiten«, mit seinen gleichermaßen göttlichen Helfern, den Viracochas, zur ekuadorianischen Küste gewandert, wo er entweder auf seinem »wie Schaum« ausgebreiteten Mantel oder auf dem Rücken eines amphibischen Kriechtiers in den Weiten des Pazifiks (*mamacocha*, »Frau Meer«) entschwand, nachdem er versprochen hatte, eines schönen Tages heimzukehren.[17]

Allerdings hatte Atahualpa nach einer Weile von einem Spion erfahren, immer mehr Einheimische hegten Zweifel, ob der *capito* wirklich Viracocha war, denn die Fremden täten Dinge, die für Götter völlig untypisch seien: Sie äßen und tränken, zögen sich an und aus, flickten ihre Kleidung und unterhielten sich mit den Frauen. Außerdem täten sie *nicht*, was Götter normalerweise tun. So vollbrächten sie keinerlei Wunder, ließen weder Sierras entstehen noch ebneten sie bereits vorhandene ein, ließen keine Quellen sprudeln, sondern tränken aus Wasserbehältern, und, schlimmer noch, sie seien lüstern nach jungen Frauen und gierig auf Silber und Gold: Wahrscheinlich handle es sich um üble Räuber, die so schnell wie möglich beseitigt werden müßten.

Solche Zweifel scheinen häufig sehr bald nach ersten Kontakten aufgekommen zu sein, und Pedrarias de Avila teilte mit, die Indianer in Nikaragua hätten im Jahre 1516 gesagt, sie griffen die Spanier an, sobald sie die Gewißheit hätten, daß sie sterblich und »nicht etwas vom Himmel Gefallenes« seien. Als die Besatzung eines britischen Schiffes sich im Sommer 1622 nach einem Gefecht mit zwei holländischen Ostindienfahrern vor der südostafrikanischen Küste an Land gerettet hatte, trafen die Männer am Lourenço-Marques-Fluß auf Eingeborene. Da diese noch nie einen Weißen gesehen hatten, so daß »they thought we were creatures born in the sea, they asked us by signs to show our navels, which 2 sailors immediately did. They then asked us to breathe in and out, and when they saw us to do this they nodded their heads, as if to say, ›They are human beings like us‹.«[18]

Im Wahgi-Tal in Neuguinea waren zwar die meisten Einheimischen davon überzeugt, daß es sich bei den Fremden, die im Jahre

1933 zu ihnen gekommen waren, um ihre aus dem Totenreich zurückgekehrten Ahnen handelte. Doch als sie sahen, daß die Weißen bei Verletzungen bluteten, waren sie völlig verwirrt, da ihre Vorfahren ja kein zweites Mal sterben konnten. Im bis dahin von der westlichen Zivilisation unberührten Kamu-Tal im westlichen Teil der Insel weigerten sich indessen die Kapauku, dem Ethnologen zu glauben, daß er ein Sterblicher war, da er eine weiße Haut besaß: Auch die Langusten seien im jugendlichen Alter weiß, würden dann aber allmählich dunkler, bis sie ihren Panzer abwürfen und sich dadurch verjüngten, und so gehe es ewig weiter. Als seine Haut durch die Sonneneinwirkung braunrot wurde, fühlten die Eingeborenen sich bestätigt und kündigten ihm an, bald werde er sie abwerfen, was insofern eintrat, als sie sich nach einem Sonnenbrand zu schälen begann.[19]

Es waren vor allem die Spanier, die sich im 16. Jahrhundert häufig selber als Unsterbliche ausgaben, um auf diese Weise besser ihre Ziele zu erreichen. So ließ schon Kolumbus im Verlaufe seiner Reisen zunehmend durch seine Dolmetscher verkünden, er sei ein Gott auf der Suche nach Gold, und bevor er nach Spanien zurückfuhr, ermahnte er die in Übersee verbleibenden Männer, sich auch – vor allem gegenüber den eingeborenen Frauen – wie die Götter zu benehmen. Als Francisco de Orellana im Jahre 1540 den Amazonas bis zu dessen Mündung hinunterfuhr, bezeichnete er sich ebenso als »Sohn der Sonne«, wie es im selben Jahr Hernando de Alarçon gegenüber den Yuma am unteren Colorado tat, worauf diese ihn allerdings fragten, wie das denn sein könne, stehe die Sonne doch hoch am Himmel. Worauf Alarçon entgegnete, er sei nicht die Sonne selber, sondern lediglich deren Sohn; sie habe ihn am Morgen in dem Land, in welchem sie aufgehe, geboren. Dies zerstreute die Zweifel der alten Männer, und sie »nahmen Mais und andere Körner in den Mund« und bespuckten die Spanier damit so, wie sie es taten, wenn sie die Sonne verehrten und ihr opferten.[20]

Wie ein Inka-Chronist verlautet, gaben sich sehr bald auch Pizarro und seine Leute als »Söhne Viracochas« aus, die »in seinem Auftrag« gekommen waren, und Hernándo de Soto ließ 1539 in Florida und später weiter im Norden jedesmal dann, wenn er Träger, Scouts oder Proviant benötigte, durch Dolmetscher proklamieren, »er sei ein Sohn der Sonne und käme von dort, wo sie wohne«. Offenbar kannte er den »Brief des Presbyters Johannes«, in dem dieser dem byzantinischen Kaiser mitgeteilt hatte, er besitze einen Spiegel, der ihm Allwissenheit verleihe, denn de Soto ließ die Indianer davor warnen, irgend etwas vor ihm zu verheimlichen. Das Gesicht, das erscheine, wenn er ihnen seinen Zauberspiegel vorhalte, »sage ihm nämlich alles, was sie dachten oder planten«. Auch ließ er überall verkünden, er und seine Leute seien Unsterbliche, und nachdem der Konquistador im Mai 1543 am Mississipi überraschend gestorben war, bestatteten seine Männer ihn auf der Stelle heimlich in dem Strom und erzählten den Einheimischen, der »Sohn der Sonne« sei keineswegs tot, »sondern in den Himmel gegangen, wie er es zuvor schon oft getan habe.«[21]

Nach einem Schiffbruch der Florida-Expedition des Pánfilo de Narváez vor der texanischen Küste im Jahre 1528 waren die Überlebenden, darunter Cabeza de Vaca und Estébancito, ein hochgewachsener »negro alárabe, natural de Azamor«, einem Hafenort südwestlich von Casablanca, wo er offenbar als Sklave lebte, von den in jener Gegend lebenden Wildbeutern für Besucher aus einer anderen Welt gehalten worden. Als »mächtige Heiler« und »Totenerwecker« wanderten sie von Gruppe zu Gruppe, und als die beiden Jahre danach zu den Apache gelangten, wurden Cabeza und Estébancito sogar als göttliche »Sonnenmänner« verehrt, obgleich Schwarze ansonsten unter den Indianern kein besonders hohes Ansehen genossen.[22]

Bereits im Jahre 1527 hatte ein Indianer den Konquistadoren in Mexiko von sieben großen, im Norden liegenden Städten voller unermeßlicher Reichtümer berichtet, in denen die Spanier jene legendären »Sieben Städte« erkannten, von denen der Florentiner Kosmograph Toscanelli 1474 an den Beichtvater des portugiesischen Königs geschrieben hatte, ihre Tempel und Paläste trügen Dächer aus reinem Gold, während die übrigen Gebäude voll von Diamanten, Perlen und Edelmetall seien. Nachdem der Konquistador Nuño de Guzmán den erfolglosen Versuch unternommen hatte, die Städte zu finden, bestätigten die Apache gegenüber Cabeza de Vaca und Estébancito deren Existenz, so daß der spanische Vizekönig den Franziskaner Marcos de Niza mit einer neuen Expedition beauftragte. Marcos machte sich alsbald in nördliche Richtung auf, wobei er Estébancito vorausschickte, der schließlich auch als erster die nächstliegende der »Sieben Städte« namens Cibola erreichte, in Wirklichkeit ein Zuñi-Pueblo namens Hawikuh.[23]

Estébancito, »der Sonnenmann«, hatte sich auf phantastische Weise zu einer Art Papageno herausgeputzt: Vor allem an den Armen und Knöcheln hatte er Federn und Schellen befestigt, auf dem Kopf trug er eine Federkrone, und um seinen Hals hingen Ketten aus Glöckchen, Korallen und Türkisperlen. In Texas war ihm eine Rassel geschenkt worden, die er als »Schamane« bei seinen Séancen benutzte, und diese Rassel schickte er auf seinem Marsch nach Hawikuh durch einen Boten in jede Siedlung, bevor er diese selber betrat. Durch seine Aufmachung, sein Auftreten und die Prätention, ein göttliches Wesen zu sein, scheint Estébancito die Indianer, durch deren Territorien er kam, dermaßen beeindruckt zu haben, daß sie ihm sogar junge Mädchen, vermutlich Kriegsgefangene, schenkten, die fortan sein Gefolge und seinen Harem bildeten.[24]

Auch von den Bewohnern des Pueblos Hawikuh erwartete der »Sohn der Sonne« ein entsprechendes unterwürfiges Verhalten, doch wurden alle seine Erwartungen enttäuscht. Wahrscheinlich war die Nachricht von der Eroberung Mexikos durch die Spanier, die inzwischen längst nicht mehr für Götter oder deren Abgesandte gehalten wurden, nach Norden gedrungen, und unter den Zuñis kursierte die Prophezeiung, aus dem Süden kämen Fremde, um ihre Dörfer zu überfallen. Hinzu kamen das anmaßende Auftreten Estébancitos und seine lächerliche Aufmachung sowie die Tatsache, daß er ein Lügner zu sein schien, da der schwarze Mann erzählte, er komme aus einem Land, in dem die Menschen weiß seien. Nachdem jedenfalls seine Rassel in Hawikuh angekommen war, warf der Dorfvorsteher diese wütend auf den Boden und rief, er könne sich schon denken, »was für eine Art von Leuten da käme«, und als Estébancito schließlich selber eingetroffen war und nicht nur Türkise forderte, sondern junge Mädchen belästigte, deren nackter Oberkörper ihn offenbar sexuell stimulierte,[25] wurde er augenblicklich getötet.[26]

Schätzten die Zuñis den schwarzen Abenteurer nicht als ein göttliches Wesen, sondern als einen unzivilisierten Wilden ein, der seinen Trieben, insbesondere seinem Geschlechtstrieb freien Lauf ließ, erschienen auch die ersten Portugiesen den Chinesen als seltsame und hochgewachsene, ungesittete »Dämonen vom Meer« (*yang-gui*), ausgestattet mit Katzenaugen, Adlerschnabelnasen, lockigem Haar und »russischen Schnurrbärten«, nicht würdig genug, um dem Reich der Mitte auch nur Tribut zu leisten. Erst der Niederländer Petter de Goyer durfte im Jahre 1657 mit China Handel treiben, nachdem er sich als »Vasall« bezeichnet hatte, aber auch diese Europäer galten durchweg als minderwertige »rothaarige Dämonen« (*hong-mao-gui*), behaart, mit furchteinflößenden Gesichtern und wie Raubtiere stinkend.[27]

Als im Jahre 1505 die ersten portugiesischen Karavellen vor der Küste von Ceylon vor Anker gegangen waren, machten zwar die Schiffskanonen, die »lauter als der Donner« brüllten, auf die Singhalesen großen Eindruck, doch schienen die Besatzungen aus unsteten Dämonen zu bestehen, abstoßend und ohne Würde, aber gleichzeitig furchteinflößend, da sie, wie es hieß, Steine aßen und Blut tranken, womit die Einheimischen offenbar den Arrak meinten, den die Seeleute in großen Mengen konsumierten.[28]

Auch nachdem im Jahre 1543 drei mit Arkebusen bewaffnete Portugiesen auf dem Wrack der Dschunke eines chinesischen Korsaren auf die Insel Tanegashima vor der Küste von Kyūshū gelangt waren, zeigten die Japaner das größte Interesse an den Hakenbüchsen, da sie sehr schnell begriffen, welches Potential ihnen innewohnte. Allerdings fragte man sich, ob diese seltsamen Geschöpfe, die augenblicklich als »kami« bezeichnet wurden, was so viel wie »geheimnisvoll, rätselhaft, ungewöhnlich« bedeutet, Geister in menschlicher Verkleidung sein könnten, denn daß es sich nicht um Chinesen handelte, stand außer Frage.[29]

So schilderte ein Augenzeuge im *Kirishitan monogatari* die Ankunft des baskischen Jesuiten Francisco de Yasu y Xavier, der später heiliggesprochen wurde, im Hafen von Kagoshima auf Kyūshū

Abb. 146: Ankunft einer portugiesischen Nau,
japanischer Stockschirm, um 1598.

im Jahre 1549: »Von dieser Dschunke kam eine Kreatur, die man
nicht benennen könnte, die auf den ersten Blick zwar menschliche
Züge zu haben schien, die aber gleichzeitig wie ein langnasiger
Kobold oder wie der Riesendämon Mikoshi Nyudo aussah, von
der Art, die sich als buddhistische Laienpriester verkleiden, um die
Menschen zu narren. Nach näherer Befragung stellte sich heraus,
daß es sich um ein Wesen handelte, das Bateren [*padre*] genannt
wurde. Die Länge seiner Nase erregte als erstes Aufsehen. Sie glich
einer Muschelschale (ohne aber die gleiche warzige Oberfläche zu
haben), die durch ihre Saugkraft am Gesicht haftet. Seine Augen
waren innen gelb und groß wie eine Brille. Der Kopf war klein. An
Händen und Füßen hatte es lange Klauen. Es war über 7 Fuß groß
und gänzlich schwarz; nur die Nase war rot. Seine Zähne waren
länger als die eines Pferdes. Die Haare hatten eine mausgraue
Farbe, und oben befand sich eine ausrasierte Stelle von der Form
einer umgestülpten Weinschale. Was es sagte, war nicht verständlich, und die Stimme klang wie der Schrei einer Eule. Alle rannten
herbei, es zu sehen, und rotteten sich wie verrückt zusammen. Man
hielt dieses Wahngebilde für schrecklicher als das furchtbarste
Ungeheuer.«[30]

Zwar gab es bereits vor der ›Japanisierung‹ der Ryūkyū-Inseln
im Ostchinesischen Meer ab dem 7. Jahrhundert große sprachliche
und kulturelle Ähnlichkeiten zwischen der Bevölkerung des Archi-

pels und den mit ihnen verwandten Bewohnern Kyūshūs. Aber trotzdem wurden erstere von den Japanern lange Zeit als menschenfressende *kuei-kuai* bezeichnet, was mit »fremdartige Geister« oder »seltsame Dämonen« übersetzt wird, bis man sie schließlich als Menschen anerkannte. Und ähnlich wandelte sich noch im 16. Jahrhundert das japanische Bild von den Europäern, die schließlich nicht mehr als furchteinflößende übernatürliche Wesen, sondern als »südliche Barbaren« (*nan-banjin*), d. h. als »rohe und ungesittete« Halbwilde, also immerhin als Menschen, gesehen wurden, die freilich »ihre Gefühle ohne jegliche Selbstbeherrschung« zeigten und ihre Geschlechtslust mit Hilfe ihrer monströsen Genitalien wie die Tiere auslebten. So zeigt ein Holzschnitt des 18. Jahrhunderts, wie ein Holländer mit seinem gewaltigen Penis eine Geisha penetriert, während diese jammert: »Er ist so lang und dick – ich hoffe, es wird nicht zu eng!«[31]

Wenn die Europäer vollständig bekleidet und zudem rasiert und nicht allzu athletisch gebaut waren, blieb den Einheimischen ihr Geschlecht häufig ein Rätsel, und sie versuchten auf die eine oder andere Weise, das Geheimnis zu lüften. So machten auf Tanoa im Vanuatu-Archipel die einheimischen Männer immer wieder Anstalten, den jungen Matrosen, der Georg Forsters Botanisiertrommel trug, ins Gebüsch zu ziehen, weil sie ihn für eine Frau hielten, und sie ließen erst davon ab, als man sie mit den nackten Tatsachen vom Gegenteil überzeugte. Und als die Mannschaft im August 1773 auf Tahiti an Land ging, zogen die Eingeborenen, wie Forster berichtet, manchen Männern »zuweilen die Kleider von der Brust«, wohl um zu prüfen, ob sich darunter Frauenbrüste verbargen. Als sich schließlich im Jahre 1802 auf Maria Island vor der Küste von Van Diemen's Land einige Aborigines aufgrund »seines hübschen Gesichtes« an einem Mitglied der Expedition Nicholas Baudins, einem Zimmermann, zu schaffen machten, befahl ein Offizier dem jungen Mann, sich nackt auszuziehen. Als dieser unbekleidet vor der Menge stand, bekam er plötzlich eine Erektion, was die Eingeborenen mit Gelächter und lauten Rufen »der Überraschung und des Entzückens« quittierten, wobei einige der Männer von dieser Demonstration der Manneskraft sehr beeindruckt waren und mit Bedauern auf ihre eigenen, schlaff herabhängenden Penisse zeigten.[32]

Doch auch die Frauen haben sich vielerorts nicht gescheut, das Geschlecht der Fremden auf zum Teil recht handgreifliche Weise zu überprüfen. So zog eine Frau der erwähnten Aborigines den französischen Unterleutnant Heirisson hinter einen Baum, um dort seine Genitalien zu betasten, und ein gleiches taten die Tasmanierinnen mit einigen Mitgliedern der Expedition vom Jahre 1772 unter der Leitung von Marion du Fresne. Bereits Juan de la Cosa, der Erste Offizier von Kolumbus' Flaggschiff auf dessen zweiter Reise, berichtete, die Frauen der Taino hätten sich »gewisse indiskrete Berührungen« gegenüber den Spaniern erlaubt, doch sie seien wohl enttäuscht gewesen, daß »die Himmelsbewohner« sich in dieser Hinsicht nicht »von denen dieser Erde« unterschieden. Im Asaro-Tal im Hochland von Neuguinea hielt man im Jahre 1933 die herunterhängenden Gürtelenden der Weißen für deren Penisse, und die Männer verboten den Frauen und jungen Mädchen, dorthin zu schauen. Diese taten es trotzdem und waren über die »Riesenpenisse« entsetzt, zumal sie befürchteten, von den fremden »Geistern« mit diesen langen Genitalien vergewaltigt zu werden. Erst als die Weißen im Fluß badeten, stellten die Frauen erleichtert fest, daß die Penisse der »Geister« auch nicht größer waren als die ihrer Männer.[33]

Hielten diese Frauen die Unbekannten immerhin für Männer, blieb es den Gamaraigal im Jahre 1788 völlig rätselhaft, ob die aus dem Meer an den Strand des späteren Sydney gekommenen »Totengeister« nun männlichen oder weiblichen Geschlechts waren, und um in dieser Frage Klarheit zu schaffen, folgten auf den Salomonen die einheimischen Frauen im Jahre 1568 jedem Spanier, wenn dieser beiseite trat, um zu urinieren; nachdem die Fremden es abgelehnt hatten, mit den ihnen angebotenen Frauen zu schlafen, herrschte schließlich die Meinung vor, sie müßten weiblichen Geschlechts sein.[34]

Bisweilen scheinen den Einheimischen schlichtweg die Kategorien gefehlt zu haben, in die sie die fremdartigen Ankömmlinge einordnen konnten, und sie waren deshalb verwirrt und voller Furcht.

Als in den fünfziger Jahren des vergangenen Jahrhunderts die ersten Weißen zu den Kobon ins nördliche Hochland von Neuguinea kamen, verstanden diese die Welt nicht mehr. Die Geister, die ihnen vertraut waren, konnte man nämlich nur nachts und in ganz entlegenen Gegenden des Urwalds antreffen, aber diese Wesen waren bei vollem Tageslicht erschienen und betraten auch noch ihre Hütten, was ein normaler Geist nie getan hätte![35]

In solchen Fällen wurde manchmal versucht, das Unbegreifliche zu vertreiben, sei es dadurch, daß man in die Tritontrompeten blies, wie es die Maorikrieger auf ihren Booten taten, nachdem

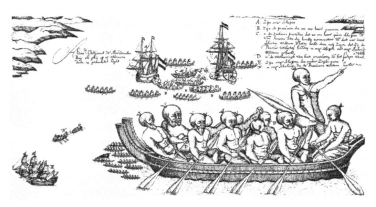

Abb. 147: Kriegskanus der Maori versuchen 1642 die Heemskerck und die Zeehaen Abel Tasmans zu vertreiben.

Abel Tasman 1642 in der »Goldenen Bucht« (*taitapu*) vor Anker gegangen war (Abb. 147), oder indem die Frauen zum äußersten Mittel griffen, das ihnen zur Verfügung stand: Als die Wiru im Hochland von Neuguinea die ersten Flugzeuge erblickten, zeigten die Frauen ihre Genitalien und riefen üble Obszönitäten gen Himmel, und auch die Frauen der Yawalpiti im Gebiet des Río Xingú rissen sich das die Schamspalte verschließende *ulúri* herunter, als im Jahre 1931 ein Riesenvogel mit seltsamen Wesen im Bauch angeflogen kann – eine Schamlosigkeit, die nicht zu steigern war.[36]

Als 1936 zum ersten Mal Weiße das Territorium der Kamula betraten, gerieten Männer und Frauen in Todesangst und flohen panisch in die Sümpfe und den Urwald. Sie nannten die unbekannten Wesen *aiyaluma*, was man mit »tabu« übersetzt hat und womit sie zum Ausdruck bringen wollten, daß die Fremden ihre Fassungskraft überstiegen.

Vor allem das *mysterium tremendum* und das *mysterium fascinans* machen das aus, was in unserer Tradition »das Heilige« genannt wird, und mit »heilig« hat man auch die Worte *manitu* und *wakan* übersetzt, mit denen gewisse nordamerikanische Indianerstämme all das bezeichneten, was sie nicht begreifen und klassifizieren konnten. So nannten im 17. Jahrhundert die Ojibwä die ersten Europäer, die sie zu Gesicht bekamen, *manitu*, und im Jahre 1643 verlautete ein englischer Pfarrer, der die Kolonie Rhode Island gründete, über die Narragansett: »There is a generall Custome amongst them at the apprehension of any Excellency in Men, Women, Birds, Beasts, Fish & c. to cry out *Manittóo* [...] and therefore when they talke amongst themselves of the *English* ships, and great buildings, of the plowing of their Fields, and especially of Bookes and Letters, they will thus end thus: *Manittôwock*, They are Gods.« 1633 berichtete ein Niederländer, die Delaware bezeichneten als *manetto* »alles, was wunderbar ist und die menschliche Fassungskraft zu übersteigen scheint«, und nach Aussage eines Missionars nannten die Ojibwä noch im Jahre 1851 europäisches Tuch *manitowegin*, »Manitu-Fell«, und Glasperlen *manitominens*, »Manitu-Beeren«.[37]

Um 1659 kategorisierten die Lakota die ersten Franzosen, die bei ihnen auftauchten, als *wakan*: Sie zogen sie aus, parfümierten die Fremden mit wohlriechenden Kräutern, kleideten sie anschließend in Gewänder aus Büffel- und weißem Biberfell und opferten ihnen Tabak. Im 19. Jahrhundert wurden auch die Daguerreotypien so bezeichnet, und ein alter Indianer erklärte, die ersten Pferde seien für die Vorfahren *šunka wakan*, »geheimnisvolle Hunde«, und der Alkohol *mni wakan*, »geheimnisvolles Wasser«, gewesen: »*Wakan* war alles, was schwer zu verstehen war. Wenn jemand etwas tat, das keiner verstand, war es *wakan*.«[38]

Während des Rituals der »Neulebenshütte« der Südlichen Cheyenne in Watonga, Oklahoma, im Frühsommer 1981 erklärte mir der »Hüter der heiligen Pfeile«, ein alter Mann, seine Vorfahren hätten die ersten Weißen, die ihnen zu Gesicht kamen, *ue'hó*, genannt, eine Bezeichnung, die für alles verwendet worden sei, was undurchschaubar und mysteriös war, weshalb auch der Trickster der Mythologie sowie Spinnen diesen Namen trugen, weil es niemanden gab, der mit Sicherheit das Verhalten dieser als hinterlistig geltenden Tiere voraussagen konnte.[39]

In der Mehrzahl der bekannten Fälle scheint es den Einheimischen jedoch durchaus gelungen zu sein, die Fremden auf irgendeine plausible Weise in ihrer mythischen Welt zu verorten, wenn dies auch nicht selten kontrovers diskutiert worden ist. So erinnerte sich beispielsweise der Maori Te Taniwha an die Ankunft der Segelschiffe Cooks: »Wir wohnten in Whitianga und ein Seefahrzeug kam dorthin; und als unsere alten Männer das Schiff sahen, sagten sie, es sei ein *atua*, und die Leute an Bord seien *tupua*, seltsame Wesen oder Kobolde.« Und als die Briten mit ihren Beibooten an Land ruderten, »sagten die alten Leute: ›Ja, so ist es, diese Wesen sind Kobolde, denn ihre Augen befinden sich an der Rückseite ihrer Köpfe, sie rudern mit dem Rücken zum Strand, wohin sie gehen!‹ Als die Kobolde schließlich an Land kamen, beobachteten wir [d.h. Kinder und Frauen] sie [zunächst], aber dann rannten wir weg und in den Wald, und nur die Krieger blieben stehen.«

Noch an die hundert Jahre nach ihrem Aufenthalt im Kongo hielt man dort die beiden Forscher Pogge und Wissmann für Kasongo und Kabasu Babu, zwei Urzeitheroen, und die beiden deutschen Missionare, die im Jahre 1928 zu den Yupno im Nordosten Neuguineas stießen, galten als die einzigen Überlebenden einer lange zurückliegenden Sintflut, die sich nach der Katastrophe in den Himmel geflüchtet hatten. Die Chibcha sahen im Anführer der ersten Spanier, die in ihr Land kamen, den mythischen Wundertäter Zuhé, der 2000 Jahre lang in der Cordillera de los Andes umhergewandert und dann verschwunden war, und auch die Tukúna erkannten zunächst in dem deutschen Ethnologen Curt Unkel, der sich später Nimuendajú nannte, ihren heimgekehrten Kulturheros Dyoí. Doch nachdem er lange bei ihnen gelebt hatte und schließlich im Jahre 1945 in einem ihrer Dörfer gestorben war, wurde er zum Gehilfen des Heroen degradiert, weil inzwischen alle eingesehen hatten, daß er doch nicht über so viele göttliche Qualitäten verfügte wie ursprünglich angenommen. Wenn die Ilahita-Arapesch unter sich sind, nennen sie die Weißen zwar noch heute »Geister« (*dowank*), aber in vielen Gegenden Neuguineas glaubte man bald nach dem ersten Kontakt nicht mehr, daß sie tatsächlich übernatürlicher Herkunft waren. Als die Eingeborenen freilich über Radio die Stimmen der im Jenseits lebenden Wesen hörten, billigte man den Fremden zu, wenigstens mit den Geistern in unmittelbarem Kontakt zu stehen.[40]

Vor allem die Beobachtung, daß die unbekannten Wesen anscheinend ihre Haut abstreifen und wieder in sie hineinkriechen konnten, verstärkte den Eindruck, es müsse sich um Geister handeln. Aus diesem Grunde wurden sie von den Muyu im südlichen Neuguinea, von den Mikaru im östlichen Hochland und von den Busch-Kaliai für Schlangengeister gehalten, die unsterblich waren, weil sie sich durch Häutung immer wieder verjüngen konnten. Als der Missionar Chalmers, der später von den Eingeborenen geschlachtet und verspeist wurde, im Jahre 1877 auf die kleine Insel Suau vor der Ostküste von Neuguinea kam und abends seine Stiefel auszog, liefen die Anwesenden voller Entsetzen weg, weil sie glaubten, er ziehe die Haut vom Körper ab, während die Kupfer-Eskimo meinten, die Europäer hätten überhaupt keine Haut auf dem Gesicht, weshalb auch die Yoruba dachten, jemand habe sie geschält, worauf sie die bleichen Fremden nach der weißen Innenseite der Orangenschalen *oyinbo* nannten.[41]

Im Wahgi-Tal wunderte man sich über die »Löcher« in der »Haut« der Fremden, in die sie Gegenstände steckten und wieder herausholten, und die Melpa glaubten, die Hosentaschen seien ihr After, in dem sie die wertvollen Küstenmuscheln und Meeresschnecken wie z. B. Kauris verbargen. Dagegen dachten die Bewohner des melanesischen Siassi-Archipels, die unbekannten Geister hätten überhaupt keinen After und keine Genitalien, und sie fragten sich, wie diese Wesen denn die verdaute Nahrung wieder ausscheiden könnten.[42]

Daß die Minoer vor 3300 Jahren von den Bewohnern der Nordseeküste ebenfalls für göttliche Wesen aus dem Jenseits oder für deren
Abgesandte gehalten wurden, läßt sich natürlich nicht beweisen.
Aber eine solche Vermutung ist naheliegend, wenn man die doku-
mentierten »First-contact«-Situationen zwischen den Angehörigen von Kulturen betrachtet, die ähnlich weit voneinander entfernt
waren wie die der kretischen Spätpalastzeit und des damaligen
südlichen Skandinaviens.

Geht man davon aus, daß die aus Tierhäuten oder Rindenbast
gefertigten Boote der Nordischen Kultur um 1300 v. Chr., die
gepaddelt wurden und noch nicht über Segel verfügten,[1] analog

Abb. 148: Hjortspringboot mit paddelnden Kriegern, um 350 v. Chr.

den steinernen Schiffsetzungen bis zu 10 m lang gewesen sind,[2]
dann wird ein über dreimal so langes Holzplankenschiff wie die
spätminoische Segelgaleere aus Kommos bei den Nordseebewoh-
nern mindestens einen ebenso großen Eindruck hinterlassen haben
wie Cooks *Resolution* und *Discovery* bei den Polynesiern des
18. Jahrhunderts. So hat man bemerkt, daß z. B. die vernichtende
Niederlage der Brukterer gegen die Römer in dem von Strabon
erwähnten Gefecht auf der Ems gewiß die Folge einer unbeabsich-
tigten Konfrontation zwischen den Germanen und der römischen
classis gewesen ist, da jene es nie gewagt hätten, mit ihren paddel-
betriebenen Kriegsbooten (Abb. 148) eine in ihren Augen gewaltige mediterrane Trireme anzugreifen.[3]

Ähnlich beeindruckt scheinen die Murngin und andere Aborigines an der Küste von Arnhemland von den großen Praus der
Makassaren und Bugis von Sulawesi sowie von denen der Fischer von Sumbawa gewesen zu sein, die spätestens seit der Mitte

des 17. Jahrhunderts mit dem Nordwestmonsun in anderthalb-
wöchiger Fahrt über das Timor- und das Arafura-Meer nach
Australien segelten. Dort handelten sie Perlen, Schildpatt und
Sandelholz ein, doch in erster Linie ernteten sie in den seichten
Küstengewässern Seegurken ab, die, Trepang oder *bêche-de-mer*
genannt, von in Makassar ansässigen chinesischen Kaufleuten
nach China exportiert wurden, wo man sie geschmort oder gebra-
ten als Zutat von Suppen, vor allem aber als Aphrodisiakum
schätzte.[4]

Während die indonesischen Seefahrer die australischen Ureinwohner offenbar als Orang Utans, als wilde »Waldmenschen«,
betrachteten, hielten diese die Fremden allem Anschein nach für
Besucher aus dem Jenseits, und entsprechend gestalteten sie die
»letzte Reise« ihrer Verstorbenen nach dem Vorbild der Heimfahrt
der Indonesier über das Westmeer. Vor der Bestattung hoben sie
zunächst die Leiche mehrfach hoch, womit sie das Aufstellen des
Schiffsmastes imitierten, und ahmten anschließend den Gesang der
Fremden nach, mit dem diese die Götter um eine sichere Rückfahrt
baten. Dann stellten sie in einem Tanz das Einholen der Brassen
und des Ankers dar, ließen den Ruf ertönen, der zu hören war,
wenn man den Mast fixiert hatte, und errichteten dabei auf dem
Grab eine diesen repräsentierende Stange.[5]

Als im Jahre 1930 eine Gruppe von Goldprospektoren das Go-
rokatal im östlichen Hochland von Neuguinea durchwanderte,
waren die Einheimischen zwar anfangs schockiert und voller Angst
(Abb. 149), doch nachdem es sich herumgesprochen hatte, daß jene
offenkundig ihre aus dem Totenreich zurückgekehrten Ahnen
waren, bewegte sie das so sehr, daß sie unkontrolliert zu weinen
begannen: »Wir gaben ihnen ein Schwein, und einer unserer Männer entwendete ihnen ein Messer. Wir umringten sie, um sie besser
sehen zu können; wir deuteten auf sie, und wir sagten ›Aah, der da,
das muß der Soundso sein‹, und wir nannten einen unserer Verstorbenen! ›Das muß er sein!‹ Und wir zeigten auf einen anderen und
sagten, daß er der und der Tote war.« Viele Frauen erkannten vor
allem in den eingeborenen Trägern von der Küste ihre Verstorbenen,
und wenn eine Witwe jung und hübsch war, gaben die Män-

Abb. 149: Vom Anblick der ersten Weißen erschütterter
Hochlandbewohner von Neuguinea, 1930.

ner es auf der Stelle zu, ihr toter Mann zu sein, um anschließend
mit der Frau schlafen zu können.[6]

Drei Jahre danach hielten die ebenfalls in dieser Region lebenden Siane die Fremden unter anderem deshalb für ihre aus dem
Totenreich Makana heimgekehrten Vorfahren, weil einer von ihnen »Danny« genannt wurde, was man als eine Kurzfassung der
Begrüßungsformel *dene mone*!, »Das ist dein Penis!« – eine Lob-
preisung der Männlichkeit des Gastes – auffaßte. Und im Jahre
1951 glaubte man im östlichen Hochland, das Ethnologenehepaar
Berndt habe in Anabaga, dem »Land der Lebenden Toten«, sowohl
seine Sprache als auch die übrigen kulturellen Selbstverständlich-
keiten vergessen und müsse nun, nach der Rückkehr, beides müh-
sam wieder lernen. Schließlich begrüßten die Yanyular an der Südwestküste der nordaustralischen Cape-York-Halbinsel die ersten
europäischen Seefahrer mit Klageliedern als ihre aus dem Jenseits
»in der Mitte des Meeres« zurückgekommenen Altvorderen, sprachen jeden einzelnen mit dem Namen des entsprechenden Verstor-

benen an und kredenzten ihnen die besten Leckerbissen wie das Fleisch von Dugongs und Meeresschildkröten. Und noch im Jahre 1961 wurde eine im Hochland von Neuguinea tätige Ethnologin von einer alten Frau der Gumini als deren verstorbene jüngere Tochter erkannt und fortan mit ihrem Namen, Drikori, angeredet.[7]

Aufgrund ihrer weißen Hautfarbe hielt man die Europäer häufig für die Geister der Toten, die in der Unterwelt ausgeblichen waren, weshalb die Yir-Yoront im Mündungsgebiet des nordaustralischen Mitchell River sie dem Leichen-Clan zuordneten.[8] Weil sie sich an Wasserleichen erinnert fühlten, nannten die Lakota die Weißen *mniwaśicun*, »Wassergeister«, während die Pomo an der Küste Nordkaliforniens im Jahre 1811 die ersten, von aleütischen Jägern begleiteten russischen Händler als »Unterwasserleute« bezeichneten, nachdem sie gesehen hatten, wie die Schiffe der Fremden offenkundig am Horizont aus der Tiefe »aufgetaucht« waren.[9]

Allerdings wurde die Hautfarbe der fremden Geister oder Götter in vielen Fällen nicht als weiß, sondern als rot beschrieben, was offenbar sowohl an der roten Kleidung der Seeleute als auch an deren von der Tropensonne geröteten Gesichtern liegen konnte. Auf Banks Island in der Torres Strait und auf Ambrym im Archipel der Neuen Hebriden dachte man aufgrund der roten Hemden der Matrosen, die unbekannten Wesen seien entweder aus dem Land des Sonnenaufgangs oder dem des Sonnenuntergangs gekommen, »denn rot ist die Farbe der Sonne, wenn sie in den Himmel steigt und wenn sie versinkt«. Und auch im östlichen Hochland von Neuguinea glaubte man, »die roten Wesen«, die der »Muttervogel-des-Himmels« ausgespien hatte, nachdem er gelandet war, müßten aufgrund ihrer Gesichtsfarbe von der Sonne gekommen sein, zumal sie wie dieses Gestirn Donner und Blitz erzeugen konnten. Andere neigten jedoch zur Auffassung, es handle sich um Fruchtbarkeitsgeister aus dem Totenreich Anabaga, und die Frauen verschlossen ihre Genitalien fest mit Baumrindenbast, weil es hieß, die Geister schickten Schlangen aus, die den Frauen mit Vorliebe in die Vagina kröchen.[10]

Schon Kolumbus notierte am 14. Oktober 1492 in seinem Logbuch, daß einige der Taino, als er sich im Beiboot seines Flaggschif-

Abb. 150: Erster Landgang des Kolumbus auf Guanahani
am 12. 10. 1492, Stich aus dem 16. Jh.

fes vor der Küste von Guanahani befand, »ins Wasser stürzten und
uns schwimmend entgegenkamen und uns, so viel wir verstanden,
fragten, ob wir geradewegs vom Himmel kämen (Abb. 150). Ein
Alter stieg zu mir ins Boot, während andere mit lauter Stimme die
ganze Einwohnerschaft, Männer und Frauen, mit den Worten herbeiriefen: ›Seht euch doch die Männer an, die vom Himmel herabgestiegen sind, und bringt ihnen etwas zu essen und zu trinken!‹«[11]
  Die Polynesier waren der Auffassung, der Himmel liege wie die
Hälfte einer Kokosnuß über der Erdscheibe, und die Weißen müßten am Horizont, wo die »Schale« die »Scheibe« berührte, »durch-
gebrochen« sein, weshalb man sie *papāla(n)gi*, »Himmelsdurch-
brecher« (protopolynes. **langi*, »Himmel«) nannte. Für die Hawai'ianer lag im fernen Westen, 40 Segeltage und -nächte von
ihrem Archipel entfernt, wo jeden Abend die Sonne im Meer versank, das Land Kuaihelani, das den Himmel stützte, und auf den
Marquesas lebte einst ein junges Mädchen, das außerkörperlich in
dieses Wunderland mit »hohen Bäumen und sehr schönen Men-

schen«, die süße Melodien sangen, gereist war. Nach der Rückkehr in ihren Körper machte sich eine marquesanische Expedition in dieses paradiesische Totenreich auf, doch »der Ocean allein weiß, was aus ihnen geworden ist«.[12]

Die Mendi im südlichen Hochland von Neuguinea hielten den Himmel für einen riesigen See, an dessen Ufer die Weißen wohnten, die von dort nicht nur den Gewitterregen auf die Erde schickten, sondern auch die Fortpflanzung der Tiere und die Schwangerschaft der Frauen veranlaßten. Nachdem in den Jahren 1913 und 1936 zwei britische Expeditionen das zentrale Hochland besucht hatten, folgte jeweils eine Gruppe von Damal den Fremden in einigem Abstand auf deren Rückweg zur Küste. Höchstwahrscheinlich glaubten sie, die Totengeister kehrten ins Land des Überflusses und des ewigen Glücks heim, doch die meisten der Eingeborenen verhungerten auf dem entbehrungsreichen Marsch durch die Wildnis.

Auch die Tupí sahen im Jahre 1508 in den schiffbrüchigen Portugiesen, die das Meer an ihre Küste gespült hatte, Boten aus dem »Land ohne Übel«, das ihre Schamanen »jenseits der Großen Wasser« lokalisiert hatten, und nachdem kurze Zeit danach die ersten portugiesischen Sklavenschiffe vor Anker gegangen waren, brachten die Indianer bereitwillig und ohne den geringsten Argwohn ihre Töchter und Söhne an Bord, damit diese ins verheißene Land fahren konnten.[13]

Als um die Mitte des 18. Jahrhunderts der erste Osterinsulaner, der mit den Europäern die Insel verlassen hatte, nach zweijähriger Abwesenheit zurückkehrte, hielten seine Landsleute ihn für seinen aus dem Jenseits wiedergekommenen »Schatten« und versuchten, ihn mit Steinwürfen zu vertreiben. Seine Frau aber schwamm zu dem Beiboot, in dem er sich befand, kletterte hinein und umarmte und liebkoste ihn, bis die Menge am Strand davon überzeugt war, daß er aus Fleisch und Blut bestand.[14] Und nachdem im Jahre 1950 die ersten Hochländer, die als Fremdarbeiter an die Küste gegangen waren, heimkehrten, jammerten und wehklagten die Frauen so, als ob die jungen Männer von den Toten auferstanden wären. Daraufhin zogen sich diese für drei Monate ins Männerhaus zurück und rührten keine Frau an, bis sie schließlich auf der Lichtung vor dem Gebäude in Gegenwart der vor Verwunderung und Entzücken schreienden Menge die Schachteln öffneten, die sie aus dem Totenland mitgebracht hatten, um die Hälfte des Inhalts an die Umstehenden zu verteilen. So erinnerte sich auch ein Simbu, der ein paar Monate an der Küste zugebracht hatte: »Alle waren mit Lehm eingeschmiert und weinten. Sie glaubten, daß wir von den Toten zurückgekehrt waren, und wir mußten ihnen sagen, daß sie mit der Totenklage aufhören sollten. Wir waren normale Menschen, die sich bei anderen Menschen aufgehalten hatten. Die weißen Männer waren nicht tot, sondern real!«[15]

Nicht allein ihr fremdartiges Aussehen und die seltsame Kleidung, sondern auch ihre außergewöhnlichen Verhaltensweisen und Besitztümer ließen die Unbekannten als Besucher aus einer anderen Welt erscheinen. So gab es unter der Oberfläche der Chatham-Insel östlich von Neuseeland mächtige Torfformationen, die sich nicht selten entzündeten und dann schwelten und Rauch entwickelten, und als die Insulaner im Jahre 1791 die ersten Briten sahen, die Pfeife rauchten, hielten sie die Fremden für Götter des Feuers. Ähnlich erging es im Jahre 1919 dem lutheranischen Missionar Leonhard Flierl, als er mit Streichhölzern nicht nur seine Pfeife, sondern zudem ein Sturmlicht und das Lagerfeuer entzündete. Das abendliche Laternenlicht in den Zelten der Leahy-Expedition wurde als Mondlicht interpretiert, das die fremden Geister eingefangen und sich verfügbar gemacht hatten, und die Fähigkeit der Europäer, zu lesen und zu schreiben, beeindruckte die Huronen über alle Maßen, denn sie erschien ihnen als eine Art Telepathie, die nur die allermächtigsten Schamanen beherrschten.

Bereits im Jahre 1532 war Atahualpa von den Küstenbewohnern mitgeteilt worden, die an Land gegangenen Viracochas »sprächen ganz allein in eine Art Tücher«, also in Bücher, und andere bestätigten, sie unterhielten sich Tag und Nacht mit ihren »Malereien« (*quilca*). Als der Inka schließlich mit den Viracochas zusammentraf, bat er um die Bibel, die ein spanischer Priester in den Händen hielt, um zu sehen, wie die bemalten Tücher auf ihn reagierten. Er blätterte in der Schrift, hielt sie ans Ohr und warf sie schließlich mit den Worten »Wieso spricht es nicht mit mir?« auf die Erde.[16]

Da die fremden Geistwesen häufig als »kraftbeladen« angesehen wurden, versuchten die Einheimischen, auf irgendeine Weise an dieser »Kraft« teilzuhaben. So berichtete der Seefahrer und Kolonisator Jacques Cartier aus Saint-Malo, die jungen Frauen des Dorfes Hochelaga am St.-Lorenz-Strom hätten im Jahre 1535 ihre Säuglinge herbeigebracht, damit die Franzosen sie berührten, und um 1836 verrieben die Klamath im südlichen Oregon die Reste von Mehl, das sie an einer Lagerstelle der Weißen gefunden hatten, auf ihren Gesichtern.

Die Ndembu im ehemaligen Nord-Rhodesien sammelten Haare und abgeschnittene Fingernägel der Weißen, die ihren Jägern den Jagderfolg sichern sollten, und die Siane im östlichen Hochland von Neuguinea bewahrten buchstäblich alles, was die Expedition des Jahres 1933 hinterlassen hatte, als Reliquien auf, z. B. leere Büchsen, Papierschnipsel, Exkremente, benutztes Toilettenpapier, ausgespuckten Schleim, aber auch Haare von den Beinen der Weißen oder vom Fell ihrer Hunde, die man den fremden Wesen bei einer günstigen Gelegenheit ausgezupft hatte. «Manchmal folgten uns Tausende von gellend schreienden, laut brüllenden und singenden Leuten, die uns Fetzen von Kartoffelblättern hinhielten, damit wir diese berührten, worauf sie jedes einzelne Stückchen sorgfältig in Bananenblätter verpackten und in ihren Tragenetzen verstauten.«[17]

Bereits lange vor der Ankunft der ersten Weißen herrschte bei den nordamerikanischen Waldland-Indianern die Überzeugung, die Gehäuse gewisser Meeresmuscheln und -schnecken, Bergkristalle und andere das Licht reflektierende Materialien, die auf dem Handelsweg zu ihnen gelangt waren, stammten aus der Geisterwelt, und als sie solche Objekte von den Weißen erhielten, war dies ein zusätzlicher Beweis dafür, daß diese Geister sein mußten. So erinnerten die europäischen Glasperlen die Ojibwä an die importierten Quarze und Kristalle, die sie schon von jeher bei der Wahrsagung und bei der Heilung von Kranken benutzt hatten, weshalb sie »Manitu-Beeren« genannt wurden, und ähnlich mag es sich mit der blaugrünen Fayenceperle ostmediterraner Machart aus dem Hügelgrab des 14. Jahrhunderts v. Chr. von Fallerslev und anderen bronzezeitlichen Importen im Norden verhalten haben.

Der oberbayerische Kaufmann Balthasar Sprenger berichtet, »die Moohren« an der westafrikanischen Küste hätten im Jahre 1505 Gold und andere kostbare Güter gegen »seltzam, aventurige ding« getauscht, wie z. B. »blawe Cristallein« und »der geleichen manigerlei was yn seltzam ist«, aber auch umgekehrt gelangte ein aztekischer Spiegel aus Obsidian, der ursprünglich zum Beutegut Cortés' gehört hatte, an den Hof der englischen Königin Elisabeth, deren Hofastrologe John Dee mit seiner Hilfe Reisen in die Vergangenheit und in die Zukunft unternahm.[18]

Im 17. Jahrhundert schütteten die Ojibwä den Alkohol, den sie von den ersten Weißen erhalten hatten, als Opfergabe für die Regengeister in einen See, oder sie gaben die fremdartigen Kaurischnecken, die sie als kultische Paraphernalien ersten Ranges benutzten, ihren Toten mit ins Grab, denn in ihren Augen lag deren Ursprung in der anderen Welt, und so konnten sie ihren Besitzer auch dorthin führen. Schon in der frühen Bronzezeit waren Muscheln und Schnecken aus dem Mittelmeer in die Gegenden nördlich der Alpen exportiert worden, wo man den Verstorbenen diese exotischen Gehäuse, aber auch fossile Mollusken, Kalkschwämme und Tintenfische mit auf die letzte Reise gab.[19]

Nichts bewies den Indianern freilich mehr, daß die Fremden aus dem Jenseits kamen, als deren glänzende Metallobjekte, weshalb sie in vielen Stammesverbänden »die Eisenleute« genannt wurden, und die Makiritare im Gebiet des Alto Orinoco glaubten, die Weißen seien Boten aus der »Eisenstadt«, dem indianischen Äquivalent von Eldorado, einem wundersamen Ort, den sie später mit dem 1764 gegründeten Angostura, dem heutigen Ciudad Bolívar, identifizierten.[20]

Natürlich kannten die Nordleute bei der Ankunft der Minoer um 1300 v. Chr. bereits die glänzende Zinnbronze, und gelegentlich waren auch Metallobjekte ostmediterraner Provenienz gewissermaßen als Vorboten jener Besucher aus einer anderen Welt nicht nur nach Britannien, sondern auch in den Bereich der Nordischen

Kultur gelangt. Tatsächlich stellte man im Hochland von Neuguinea beim ersten Kontakt mit den fremden Geistern einen Zusammenhang zwischen diesen und den schon vorher bei ihnen aufge-
tauchten Gegenständen aus Metall her, und es könnte durchaus
sein, daß es sich damals an der Westküste Jütlands ebenso verhielt.
Als 1935 die ersten Weißen ins südliche Hochland kamen, wurden
sie von den Etoro und Onabasulu für Geister gehalten, die ihren
»Kindern«, nämlich den Stahläxten und Buschmessern, gefolgt

Abb. 151: Parakaña-Indianerin mit einer Stahlaxt vom
»Land der Unsterblichen«, 1971.

waren, die bereits viele Jahre zuvor auf der »Straße der Toten« den
Weg von der Küste ins Gebirge gefunden hatten. Daraufhin sammelten die Eingeborenen hastig sämtliche metallenen »Kinder«
ein, um sie ihren »Eltern« zurückzugeben, damit diese unheim-
lichen Wesen das Land wieder verließen. Und als die Daribi in
der Gegend des Tebora-Sees das erste Flugzeug sahen, schrien sie
voller Entsetzen: »Ah, da kommen die Besitzer all der Äxte und
Buschmesser!« und versteckten sich im Urwald.[21]

So ist beispielsweise das in einem Grab der späten Periode II der Nordischen Bronzezeit in Ørskovhedehus im südöstlichen Jütland entdeckte Griffzungenschwert mit den typisch minoischen Nietlöchern, das bis in die Details zwei Schwertern des 14. Jahrhunderts v. Chr. aus einem Kriegergrab in Aghios Ioannis östlich von Knossos und aus dem Kammergrab 78 von Mykene entspricht, entweder aus der Ägäis importiert oder aber von einem nordischen Waffenschmied nach dem Vorbild eines minoischen Rapiers hergestellt

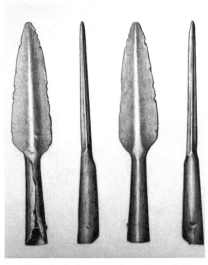

Abb. 152: Minoische Lanzenspitze mit geschlitzter Tülle
vom Südstrand von Föhr, 14. Jh. v. Chr.

worden. Für ersteres spricht vielleicht, daß man an gleicher Stelle typisch spätminoische Buckelbeschläge und eine Pfeilspitze gefunden hat, weshalb sogar die Vermutung laut geworden ist, in diesem Grab sei ein minoischer Gesandter bestattet worden.[22]

Schließlich entspricht die durch einen Herbststurm des Jahres 1982 an den Südstrand von Föhr geschwemmte bronzene Lanzenspitze (Abb. 152) mit geschlitzter Tülle, in der noch die Reste eines Weichholzschaftes steckten, und deren »griesförmige grüne Patina« (Tf. XVIII) vermuten ließ, daß sie ursprünglich in einem Grab deponiert worden war, den Spitzen der schweren minoisch-myke-nischen Stoßlanzen, wie man sie im 15. und 14. Jahrhundert v. Chr. auf Kreta und auf dem griechischen Festland verwendete.[23]

Solche Schlitztüllen, die anscheinend ursprünglich zur Ausrü-stung der levantinischen Streitwagenkrieger gehörten, waren ela-stischer und daher weniger bruchgefährdet als die konventionellen Röhrentüllen, und man fixierte sie auf dem Schaft der Lanze mit Hilfe eines Ringes (πόρκης) und Stiften, die durch die Tüllenlöcher gesteckt wurden: »Hielt er den Speer«, verlautet die Ilias über Hek-tor, »11 Ellen an Länge, und vorne am Schaft / Blinkte die eherne Spitze, umlegt mit goldenem Ringe«. Freilich dienten solche Lan-zen nicht nur als Waffe, sondern auch, wie aus einem in Khania gefundenen Abdruck ersichtlich, gleich einem Szepter als Herr-

Abb. 153: Die ägäische Bronzetasse von Dohnsen
(SM II), Lüneburger Heide.

schaftszeichen, und auf Zypern wurden sie noch bis ins 11. Jahr-hundert v. Chr. in den Heiligtümern der Gottheit geweiht.[24]

Doch auch andere Metallobjekte der ägäischen Spätbronze-zeit sind damals entweder auf direktem Wege oder im Verlaufe eines Geschenketausches in zahlreichen Etappen in den fernen Norden gelangt, etwa die im seltenen Wachsausschmelzverfahren hergestellte Bronzetasse von Dohnsen in der Lüneburger Heide (Abb. 153) oder die aus dem Baumsarg eines Hügelgrabes bei Ramsdorf zwischen Schleswig und Rendsburg, mehrere Goldbe-cher, die in Cornwall und in Mitteleuropa gefunden wurden, so-wie minoische Doppeläxte, von denen man allerdings nur die im Norden angefertigten Nachbildungen ausgegraben hat.[25]

Die in einem Schachthügel des uppländischen Ingentiswaldes entdeckte Bronzefigurine einer nackten Frau mit einem Haarband oder -diadem wird ebenso als ein Import aus dem spätbronzezeitlichen Syrien angesehen wie die knapp 15 cm große ebenfalls aus Bronze gefertigte Figurine des »Werfenden Gottes«, die im damals ostpreußischen Schernen unter einem Stein gefunden worden ist.[26]

Die häufig vergoldeten oder versilberten Statuetten wurden zumeist zusammen mit Objekten aus dem 14. und 13. Jahrhundert v. Chr. in Handelsmetropolen wie Ugarit oder an der Küste Kanaans gefunden, aber auch in den Westen gebracht, wo sie wohl einerseits als Geschenke für lokale Herrscher, andererseits aber gewiß auch als Opfergaben an die Meeresgottheit dienten, der man auf diese Weise für eine erfolgreiche Überfahrt dankte. In späterer Zeit besaßen viele karthagische Schiffe eine Bugfigur in Gestalt eines »Werfenden Gottes«, nämlich des Melqart von Tyros, der als ein in der Sommerhitze sterbender und im Herbst auferstehender Vegetationsgott zugleich der Gott des Meeres und des Fernhandels war.[27] Und ebenso scheinen die Bronzefigurinen den bronzezeitlichen Vegetationsgott dargestellt zu haben (Abb. 109), der als der Regen- und Gewittergott Ba'al das Leben und die Fruchtbarkeit über das Meer zurückbrachte und als Rešep (*rš̌p*) schützte, weshalb dieser eher mit einem Schild und jener mit einem Blitzspeer in der Hand dargestellt wird.[28]

Auf Zypern verschmolz Rešep-Ba'al anscheinend mit einem wesensverwandten einheimischen Stiergott zu jener Vegetationsgottheit, deren Konterfei wohl der berühmte »Gehörnte Gott von Enkomi« ist,[29] während man auf Kreta, wo die levantinischen Figurinen sowohl in spätminoischer als auch in der Eisenzeit in Kulthöhlen geopfert wurden, in dem »Werfenden Gott« wohl den einheimischen Zeus Kretagenes wiedererkannt hat.[30]

Da in Ugarit die meisten Figurinen im Viertel der Schmiede und Metallhandwerker entdeckt worden sind, liegt der Gedanke nahe, daß der »Werfende Gott« auch der Beschützer des Bronzegusses und vor allem des Fernhandels mit diesem Metall gewesen ist, und daß levantinische und ägäische Kupfer- und Zinnprospektoren ihn bereits in der Spätbronzezeit nicht nur nach Sizilien, Sardinien und

Abb. 154: Die Grabkammer von Kivik, um 1300 v. Chr.

Andalusien, sondern bis in die Länder des nördlichen Okeanos als Opfergabe oder Gastgeschenk mitgenommen haben.[31]

Ist es also durchaus möglich, daß die vorderorientalischen Ba'al/Rešep-Figurinen auf ägäischen Schiffen in den Norden gelangt sind, so gilt ein gleiches für jene Faltstühle, die offenbar ursprünglich als Prestigegeschenke der ägyptischen Pharaonen an die minoischen Wanaktes nach Kreta und von dort nach Norddeutschland und Südskandinavien weitergereicht wurden, wo man sie – wie es z. B. der um 1389 v. Chr. aus Eschenholz hergestellte und mit Otterfell bespannte Stuhl aus Guldhøj in Südjütland veranschaulicht – sogleich imitierte.[32] In Ägypten wurden die *ìsbt* genannten Stühle allem Anschein nach ausschließlich vom König und von hohen Würdenträgern benutzt, und wie aus bildlichen Darstellungen hervorgeht, die man in Knossos, Mykene, Pylos, Theben und Tiryns gefunden hat, thronten auch im minoisch-mykenischen Kulturbereich meist prominente Frauen, vermutlich die Göttin verkörpernde Priesterinnen, auf diesen Sitzen, die im Norden gewiß den Häuptlingen überreicht wurden, die den Fernhandel kontrollierten.[33]

Bei Kivik in der Hanöbucht im südöstlichen Schonen errichteten die Bewohner einer nahe liegenden Siedlung um 1300 v. Chr. einen mindestens 32 m hohen Grabhügel von ca. 75 m Durchmesser, der eine aus neun illustrierten Steinplatten bestehende Grabkammer (Abb. 154) beherbergte, in der ein Schwertträger und Sippenoberhaupt bestattet worden war, der zu Lebzeiten vermutlich auch priesterliche Funktionen ausgeübt hatte.[34]

Auf einer dieser Platten ist ein Streitwagenfahrer, vielleicht der Verstorbene auf der Fahrt ins Totenreich, zu sehen, und da es solche zweirädrigen, von Pferden gezogene Wagen in der Nordischen Kultur der Bronzezeit nicht gab, nimmt man an, daß entweder ägäische Speichenradwagen in den Norden exportiert oder dort von bildlichen Darstellungen aus dem östlichen Mittelmeer, etwa

Abb. 155: Die Schmalseiten des Sarkophags von Aghia Triada, 14. Jh. v. Chr.

auf Keramikgefäßen, kopiert worden waren. In der Tat hat man etwa um dieselbe Zeit im südjütländischen Tobøl einer dort bestatteten Frau ein bronzenes Speichenrad über den Unterleib gelegt, das wohl den Wagen vertrat, der sie ins Jenseits bringen sollte.[35]

Solche Pferdewagen scheinen zu Beginn des 2. Jahrtausends im Vorderen Orient erfunden und später in der Ägäis nachgebaut worden zu sein, wo man die Vorstellung einer postmortalen Wagenfahrt (Abb. 299) mit der herkömmlichen minoischen Konzeption einer Schiffsreise des Toten nach Elysion kombiniert hat. So fährt der Verstorbene auf minoischen Larnakes, wie z. B. dem aus Ierapetra, auf einem bootsförmigen Wagen mit einem Rosselenker und einer weiteren Person, vielleicht einem Seelengeleiter, über das Meer, das durch einen Oktopus unter dem Fahrzeug angezeigt wird, und auch die periodisch erscheinenden Vegetationsgöttinnen

Abb. 156: Die zurückkehrende Vegetationsgöttin,
Pithosurne aus Knossos, 9. Jh. v. Chr.

benutzten offenbar ab dem 14. Jahrhundert v. Chr. gelegentlich
von Pferden gezogene Wagen anstelle von Booten oder Schiffen.
Auf den Schmalseiten des Sarkophages von Aghia Triada fahren
Frauen mit Federhüten, bei denen es sich um Göttinnen handeln
muß, da zwei der Zugtiere Greifen sind, auf Streitwagen (Abb.
155), und noch die Vegetationsgöttin auf der Pithosurne des 9. Jahrhunderts v. Chr. aus einem Grab der Nordnekropole von Knossos,
die den Leichenbrand enthielt, steht auf einem Wagen und hält
Wasservögel in den Händen, die ihr Kommen und Gehen versinn-
bildlichen (Abb. 156).[36]

Um in weit entfernten überseeischen Gegenden einen Gastgeber
und Protektor zu haben, der nach Möglichkeit auch die Ressourcen und den Fernhandel kontrollierte, hat man in allen Gesellschaften, in denen solche Fernreisen unternommen wurden, einen
geradezu rituellen Prestigegütertausch betrieben, der die sozialen
Bindungen stets aufs neue festigte. So unterhielten bekanntlich die
Trobriand-Insulaner in Melanesien sogenannte *kula*-Partnerschaf-
ten, die durch den Austausch von Geschenken, namentlich von

Abb. 157: Frau der Abelam mit Spondylus- und
Kaurischmuck, Nordost-Neuguinea.

Halsketten und Armreifen aus den roten Spondylus-Muscheln,
bestand, wobei der Beschenkte diese Güter nie länger als ein bis
zwei Jahre behalten durfte. Wie die Wanderpokale im Fußball
machten die Geschenke die Runde, und wer sie zu lange behielt,
geriet als »geizig« oder »hartherzig« ebenso in Verruf wie derjenige, welcher sofort eine Gegengabe verlangte oder feilschte. Denn
so etwas tat man nur beim Tauschhandel (*gimwali*), und von einem, der die Gepflogenheiten auf diese Weise mißachtete, sagte
man geringschätzig: »Er betreibt das *kula*, als handle es sich um
gimwali.« So unterscheidet auch der Phäake Euryalos denjenigen,
der Gastgeschenke (κειμήλια) bringt und am Ende seines Aufenthalts solche erhält, von einem Fernhändler, und er verdächtigt
Odysseus, nur ein raffgieriger Krämer zu sein, einer von jenen,
die um des Profits willen »auf Schiffen mit zahlreichen Rudern«
an den Strand kommen, um dort zu schachern und übers Ohr zu
hauen.[37]

Gleichermaßen tauschte der Pharao als Staatsgeschenke ver-
brämte wertvolle Handelswaren mit seinen »Brüdern«, den Groß-

königen der Babylonier, Assyrer, Mitanniter und Hethiter und wohl auch mit den Wanaktes von Kreta und den Herrschern von Zypern sowie mit seinen »Söhnen«, den Kleinkönigen von minderer Bedeutung. Bei diesen Transaktionen achtete jeder der Beteiligten darauf, daß die »Geschenke« und »Gegengeschenke« einander im Wert entsprachen, und so heißt es in einem empörten Brief eines Fürsten aus dem westsyrischen Qatna an den ältesten Sohn des Königs von Assyrien, er habe ihm nach Wunsch zwei hochwertige Pferde geschickt, aber dafür nur eine lächerlich geringe Menge an Zinn erhalten: »Wenn irgendeiner von dieser Sache erfährt – was wird er dann sagen? Er wird unfähig sein, uns auf die gleiche Stufe zu stellen. Und doch ist dein Haus das meinige! Welcher Mangel muß in deinem Haus herrschen, wenn ein Bruder die Wünsche seines Bruders nicht erfüllen kann? Hättest du mir überhaupt kein Zinn geschickt, dann hätte mein Herz nicht weniger Grund gehabt, verärgert zu sein. Du bist kein [wirklicher] Großkönig! Warum hast du so etwas getan?«[38]

Doch man bat nicht nur um Zinn, schöne Pferde, Edelmetall oder Lapislazuli, sondern auch um Gewerbetreibende, Beschwörungspriester, Bildhauer und andere Handwerker, »sei es ein Seher, ein Arzt für die Übel, ein Meister im Zimmern, / Sei es ein göttlicher Sänger, daß singend er Freuden errege. / Das sind Sterbliche, die man sich ruft auf der endlosen Erde«, wie der Sauhirt Eumaios dem Penelope-Freier Antinoos erklärt. Entsprechend schickte der Pharao Ärzte und Zauberpriester ins Land der Hethiter, nach Mesopotamien, Zypern und wohl auch nach Kreta. Und Ḫattušili III. erbat sich einen Steinmetzen aus Babylon und einen Heiler, der in Ḫattuša eine Einheimische heiratete, aber das Recht behielt, jederzeit an den Euphrat zurückzukehren.[39]

Ein weiteres Mittel, Allianzen zu schaffen und tragfähige langfristige Handelsbeziehungen zu sichern, auch wenn diese nicht als solche deklariert wurden, war die Herstellung eines Verwandtschaftsverhältnisses durch Eheschließungen zwischen sozial hochstehenden Mitgliedern der jeweiligen Gesellschaften. So gibt es Indizien für die Heirat zwischen Angehörigen der bronzezeitlichen Lüneburger Kultur und Stammesgruppen in Holstein und Südostengland, und man hat auch vermutet, die Überlieferungen von Arge, Opis und den anderen hyperboräischen Jungfrauen könnten Erinnerungen an Nordländerinnen widerspiegeln, die in der ausgehenden Bronzezeit als Heiratspartnerinnen in die Ägäis gekommen waren.

Seit langem hält man es für möglich, daß minoische Prinzessinnen mit ägyptischen Pharaonen verheiratet wurden, und daß es am Hofe der Hyksos in Tell el-Dab'a oder einem entsprechenden Hof eines Regenten der frühen 18. Dynastie eine blaublütige junge Dame aus Kreta gegeben hat.[40] Knapp 200 Jahre später versuchte Amenophis III. als Reaktion auf die Machtzunahme der Hethiter diese durch die Heirat mit fremden Prinzessinnen von Süden und Südosten her abzuschotten, eine Strategie, die seine Nachfolger bis zur Schlacht von Qadeš beibehielten. So vermählte er sich in seinem 10. Regierungsjahr mit Giluḫepa, der Tochter des Mitannikönigs Šutarna II., die »mit 317 Frauen« in Theben einzog, und später mit der 14 Jahre alten Mitanniterin Taduḫepa, zu deren Gefolge 404 adelige Damen, Zofen und Dienerinnen gehörten, sowie mit zwei Prinzessinnen aus Syrien, einer aus Arzawa im südöstlichen Kleinasien und mindestens zweien aus Babylonien. Doch als der babylonische König Kadašman Enlil I. nun seinerseits den Pharao um eine ägyptische Prinzessin bat, schlug Amenophis ihm diese Bitte brüsk und voller Hochmut ab, worauf der Kassite zurücksteckte und seinem »Bruder« schrieb, es gebe in Ägypten doch sicher irgendwelche »geschlechtsreifen Töchter oder schöne Frauen. Schicke mir irgendeine schöne Frau, wie wenn es deine Tochter wäre«, denn am Euphrat könne man ja eine gewöhnliche Ägypterin ohnehin nicht von einer fremdländischen Prinzessin unterscheiden.[41]

Vor allem aufgrund der ungewöhnlich hellen Hautfarbe ihrer berühmten Büste hat man immer wieder vermutet, Nofretête (»Die Schöne ist gekommen«), die Gemahlin Echnatons, könne eine Prinzessin gewesen sein,[42] die als Kind gemeinsam mit ihrer Schwester Mutnedjmet als künftige Ehefrau des Pharaos aus dem Norden nach Ägypten geschickt worden war.[43] Dies wäre nichts Ungewöhnliches gewesen, denn im Grab des Haushofmeisters Merirê sind Fürsten des Nordens dargestellt, die ehrfürchtig vor dem Pharao auf die Knie gehen, während vor ihnen fünf nackte Mädchen schreiten, offenbar ihre Töchter, die dem Ägypter als künftige Gattinnen zugeführt werden, und im Grab des Mencheperrêseneb in Theben reicht »der Große von Tunip« Echnaton ein auf seiner Hand sitzendes und ebenfalls nacktes kleines Mädchen mit einem Zopf am Hinterkopf.[44]

Dafür, daß Nofretête eine Minoerin gewesen sein könnte, spricht nicht nur die Hautfarbe ihrer Büste, die dem Teint der berühmten

Abb. 158: Fries vom Baldachin des Throns Amenophis III., Grab des Anen, 14. Jh. v. Chr. (ganz rechts Keftiu-Fürst).

»Schlangengöttin« von Knossos oder dem des gefesselten Keftiu-Fürsten im Grab des Anen (Abb. 158) gleicht, sondern mehr noch die hohe blaue Krone, die sie etwa seit dem Jahre 1349 getragen hat. Eine derartige Krone war in Ägypten unbekannt, und die Ägyptologen haben sie nur verlegenheitshalber als Symbol der »Göttlichkeit« der Königsgattin gedeutet. Aber auf Tonplomben des 15. Jahrhunderts v. Chr. (SM IB) aus Aghia Triada sind Priesterinnen bei einer Kultprozession mit zur Stirn erhobenen Linken zu sehen, die lange Volantröcke, die Brüste freilassende Bolero-Jäckchen und ›Nofretête-Kronen‹ tragen (Abb. 159), die offenbar auf dem Festland die »Dunklen Jahrhunderte« überdauert haben. Denn solche Kronen oder Hauben tragen auch die in Form von Terrakottafigurinen dargestellten boiotischen Göttinnen mit ent-

Abb. 159: Frauen bei einer Kultprozession, Schnurplombe
aus Aghia Triada, SMIB (15. Jh. v. Chr.)

blößten Brüsten, die der archaischen Epoche entstammen und die
man schon immer als in minoischer Tradition stehend angesehen
hat.[45]

Natürlich wissen wir nicht und wir werden es wohl auch nie
erfahren, ob den Minoern an den Gestaden des nördlichen Okeanos junge Mädchen zur Eheschließung angeboten wurden wie dem
Odysseus die schöne Nausikaa durch ihren Vater Alkinoos. Es ist
aber immerhin denkbar, daß schon damals die eine oder die andere »hyperboräische Jungfrau« auf einem kretischen Schiff in die
Ägäis gelangt ist.

Auch an Sklavinnen war man in jener Zeit im östlichen Mittelmeer und im Nahen Osten sehr interessiert, weshalb z. B. Adiḫepa
von Jerusalem Echnaton »20 Mädchen« als »Geschenk« überließ,
nachdem Amenophis III. von Tušratta mitannitische Sklavinnen
erhalten und einen Gesandten ins kanaanitische Gezer geschickt
hatte, um dort für 1600 Šekel Gold »40 große (*šāqītu*) und außer-
gewöhnlich schöne (*damiqtu danniš*) Schankmädchen« für seinen
Palast zu erstehen. Aber auch umgekehrt erhielt der Hethiterkönig
Ḫattušili III. von Ramses II. nubische Sklavinnen und Sklaven, und
Niqmadu II. von Ugarit erbat sich von Echnaton »Palastdiener aus
dem Lande Kusch«.[46]

In der ersten Hälfte des 14. Jahrhunderts hatte offenbar auch der
Wanax von Knossos schwarzafrikanische Sklaven vom Pharao –

vermutlich ebenfalls von Amenophis III. – erhalten, die er anscheinend als Krieger oder Leibgardisten verwendete. Und während auf einem Täfelchen der Zeit um 1200 aus Pylos (*pu-ro*) von 26 »erbeuteten Frauen« (*ra-wi-ja-ja*) die Rede ist, werden in Knossos gewisse Textilarbeiterinnen mit dem Wort *do-e-ra* bezeichnet, aus dem sich der griechische Ausdruck für Sklave, δοῦλος, entwickelte.[47]

Freilich werden die Minoer sich im fernen Norden weit mehr für den magischen »Sonnenstein« als für Sklaven interessiert haben, da sie diese ja auch problemlos im Bereich des Mittelmeeres entführen oder erwerben konnten, wobei der Bernstein offenbar in Rohform oder als Halbfabrikate (Tf. XVI) erstanden wurde, wenn man einmal von den sogenannten Schiebern, die für den Abstand der Collierschnüre sorgten, auf denen die Bernsteine aufgereiht waren, sowie einigen anderen in Gold gefaßten Schmuckstücken, die in England hergestellt wurden, absieht.[48]

Und in der Tat scheinen Bernsteinhorte wie der im Gewicht von 33 kg aus Saeby in der jütländischen Vendsyssel oder der aus dem südwestjütländischen Andrup, wo in einem Hügelgrab auch ein komplexer Bernsteinschieber entdeckt wurde, auf einen erneuten Aufschwung des Bernsteinhandels an der östlichen Nordseeküste ab dem 14. Jahrhundert v. Chr. hinzuweisen. Aber auch zahlreiche Funde aus Gräbern dieser Zeit, etwa die doppelkonischen und scheibenförmigen Bernsteinperlen, die man den Toten in der Nähe einer Siedlung aus Pfostenhäusern mit Sodenwänden an der Südseite des Limfjordes mitgegeben hat, oder der Opferfund einer Halskette aus orangeroten und gelben Bernsteinen, blauen Fayence- und silbergrauen Zinnperlen mit bronzenem Verschluß aus einem Moor bei Exloërmond, demonstrieren eine neue Wertschätzung des fossilen Harzes in oder in der Nähe seines Ursprungsgebietes.[49]

Welche Produkte des Nordens könnten außer dem Bernstein für die Seefahrer aus dem fernen Süden sonst noch attraktiv gewesen sein? Die starke Zunahme der Großviehzucht in der mittleren nordischen Bronzezeit – im jütländischen Bjerre beispielsweise dominierten die Rinder mit 86 % des geschlachteten Viehs – macht eine Intensivierung des Fernhandels mit Rinderhäuten sehr wahrscheinlich,[50] doch waren solche Exportgüter eher für die Wildbeuter im mittleren und nördlichen Skandinavien begehrenswert, die sie gewiß gegen die Felle von Jagdtieren, z. B. Fischotterfelle, eingetauscht haben. Für die Angehörigen der mediterranen Palastkulturen waren solche Naturprodukte sicher noch uninteressanter als die Produkte der nord- und mitteleuropäischen Schmiedekunst, die angesichts der zum Teil sehr hohen Qualität dieser Objekte überraschenderweise sehr selten im östlichen Mittelmeer gefunden worden sind.[51]

Zwar scheint nach den bildlichen Darstellungen unter den Minoern dunkles Haar überwogen zu haben, wobei das Tragen der langen schwarzen Locken vielleicht das Vorrecht der erwachsenen adeligen Männer war, während das gemeine Volk die Haare kurz trug wie die Landarbeiter auf der sogenannten Schnittervase. Doch die Tatsache, daß man für die Haare der die Gottheiten darstellenden Elfenbeinfigurinen vergoldeten Bronzedraht benutzt hat, weist möglicherweise darauf hin, daß die Goldfarbe wie bei der Goldmarie des Märchens blond bedeutete. War also die blonde Haarfarbe im minoischen Kreta ein Ideal und das Prärogativ der Götter? Sollte dies der Fall gewesen sein, dann war vielleicht auch das blonde Haar der »Hyperboräerinnen« für die kretischen Damen ebenso kostbar und begehrenswert wie später für die Römerinnen, die sich Perücken aus dem blonden Haar erbeuteter Germaninnen fertigen ließen: »Nun wird Germanien dir leihen die Haare einer Gefangenen«, tadelt Ovid die römische Dame, »und ein bezwungenes Volk schützt dich mit seinem Geschenk. / Oftmals wirst du erröten, wenn einer dein Haar bewundert, / und denken: ›Gekauft ist das Zeug, das ihm an mir so gefällt!‹« Wie Iuvenal berichtet, verbarg Messalina ihre schwarzen Locken unter einer blonden Perücke, wenn sie im Lupanar vor den Männern ihre Brüste mit den vergoldeten Nippeln entblößte, und Martial beschreibt, wie er einer gewissen Lesbia »Haar vom Volke des Nordens« zum Geschenk macht.[52]

In zahlreichen Gesellschaften galt blondes Haar vor allem bei Frauen als attraktiv, weil es offenbar Jugendlichkeit symbolisiert, haben doch häufig kleine Kinder hellere Haare als ihre Eltern. Zudem sind das Haupt- und das Körperhaar, etwa das Schamhaar, bei Blondinen feiner und flaumiger als bei Dunkelhaarigen, und in Untersuchungen soll sogar nachgewiesen worden sein, daß blonde Frauen mehr weibliche Hormone besitzen als die mit anderen Haarfarben.[53]

Im alten Ägypten kamen zwar dunkel- und rotblonde Haare gelegentlich auch *in natura* vor – die Eltern der Teje besaßen z.B. naturblondes Haar –,[54] doch die Frauen mit dunklerer Haarfarbe färbten es entweder mit einer Paste, die das gelbrote Pigment der Hennablätter (*Lawsonia alba* und *inermis*) enthält,[55] oder sie trugen blonde Perücken wie bereits Königin Hetepheres II. in der 4. Dynastie, deren Bestandteile zumindest in späterer Zeit aus den »Gottesländern« im Norden importiert wurden. So thront z.B. Nofretête auf Reliefs zwischen blonden und dunkelhaarigen weiblichen Gefangenen, die den äußersten Norden und Süden des ägyptischen Herrschaftsbereiches symbolisieren.[56]

Blond waren später vor allem jene griechischen Götter und Halbgötter, die in einer Beziehung zum Sonnengott und seiner Behausung

Abb. 160: Terrakottafigur des blonden Sonnengottes Apollon, Heiligtum in Lo Scasato, um 300 v. Chr.

am nördlichen Okeanos sowie zum Gefilde der Seligen hatten, z. B. Medeia, deren »goldblondes Haar« in den Epen gerühmt wird, Jason und einige andere Argonauten, die Augeías-Tochter Agamede (ξανθὴν Ἀγαμήδην), Apollon, Rhadamanthys, Achilles, Menelaos, aber auch Ariadne (ξανθὴν Ἀριάδνην) und die »schönhaarige« (ἠΰκομος) Demeter, wobei letztere allerdings wohl als Göttin des reifen Korns »blondgelockt« war.[57] Mit ξάνθος, das gemeinhin mit »blond« übersetzt wird, bezeichnete man indessen sämtliche Farbschattierungen von Goldblond bis zum hellen Kastanienbraun, und wie aus Euripides hervorgeht, benutzten die Griechinnen im 5. Jahrhundert v. Chr. und sicher schon lange davor verschiedene Blondierungsmittel (ξανθίσματα), um die Farbe zu erzielen, die – so die Volkslieder der frühen Türkenzeit – »wie die Sonne« glänzt.[58]

Wie die Ägypterinnen und die Griechinnen werden wohl auch die Minoerinnen und die minoisierten Mykenerinnen Zentralkretas das Haar, das nach Alkman im 7. Jahrhundert v. Chr. »wie lauteres Gold« leuchtet, geliebt haben, und es ist gewiß keine wilde Spekulation, wenn man annimmt, daß die minoischen Seefahrer es gemeinsam mit dem golden glänzenden »Sonnenstein« aus dem »Land der Sonne« mit nach Hause brachten.

Heißt es in den geheimen Instruktionen der britischen Admiralität für Kapitän Cook, er solle in der fernen Südsee »observe the Genius, Temper, Disposition and Number of the Natives or Inhabitants, if there be any, & endeavour by all, proper means to cultivate a Friendship and Alliance with them, making them Presents of such Trinquets as they may value, inviting them to Trafick, & shewing them every kind of Civility and Regard«,[59] so werden auch die Kreter eine große Bandbreite von Tauschgütern an Bord genommen haben, die vom billigsten Klunker bis zu kostbaren Prestigegeschenken gereicht haben mögen. Dies gilt auch für den wahrscheinlichen Fall, daß die Reise ins Bernsteinland als eine Jenseitsfahrt konzipiert war, weiß man doch, daß in der Bronzezeit auch den Verstorbenen bisweilen Gastgeschenke mit auf die letzte Reise gegeben wurden. So geht z. B. aus einem Text aus Ur hervor, daß man dort König Ur-Nammu, einem Regenten der 3. Dynastie,

Juwelen und andere wertvolle Beigaben mit ins Grab legte, z. B. ein Rollsiegel und Pflanzen aus Lapislazuli, einen Karneol und ein goldenes Szepter, damit er nach seiner Schiffsreise ins Jenseits den dortigen Göttinnen und Göttern ein angemessenes Gastgeschenk überreichen konnte.

Welche Art von Gütern werden also die Gesandten des Wanax von Aghia Triada vor 3300 Jahren auf ihren Schiffen verstaut haben, vor allem in Anbetracht der Tatsache, daß sie mit großer Sicherheit nicht so genau wußten, wer oder was sie in der Ferne erwartete?

Bereits in mittelminoischer Zeit, aber vor allem im SM III A exportierten die Minoer zunächst über die Levante, dann aber immer häufiger direkt Hölzer, Möbel, Metallgefäße und -waffen, Oliven, parfümierte Öle, Gewürze, Wein, Heilkräuter, Agrímiahörner für Kompositbögen, feine Woll- und Seidenstoffe, Feinkeramik, Steinvasen und Silber an den Nil, wobei die von den Kretern als *mi-sa-ra-jo* oder *a-ku-pi-to-jo* bezeichneten Ägypter wohl das bei ihnen sehr seltene Silber und den auf Kreta gefertigten Silberschmuck am höchsten geschätzt haben. Offenbar war letzterer kein gewöhnliches Handelsgut, sondern eher ein diplomatisches Geschenk der Wanaktes an den ägyptischen Hof, wie die höchstwahrscheinlich aus Silber bestehenden zweischaligen Muschelohrringe minoischer Provenienz, die Königin Nefertiri, die Gemahlin Ramses II., auf einem Wandbild trägt.[60]

Kostbare Wollstoffe mit leuchtenden Farben, die vermutlich *kese-nu-wi-ja* genannt wurden, gehörten offenbar ebenfalls zu den im Orient und in Ägypten gefragtesten minoischen Exportgütern, vor allem jene, die mit Purpur, dem einzigen farbechten Färbemittel der Antike, getränkt worden waren. Den in der Bronzezeit extrem teuren Purpur (Linear B *po-pu-re*, gr. πορφύρα) gewann man ab dem 18. oder 17. Jahrhundert v. Chr. zunächst wohl in Mallia und Palaikastro sowie später vor allem auf Kythera, Kea und Lemnos aus der Flüssigkeit der Hypobranchialdrüsen der Stachelschnecken.[61] Purpurn gefärbte feine Textilien gehörten gewiß ebenso zur Fracht der Expeditionsschiffe wie diaphane Seidenstoffe, mit denen anscheinend bisweilen minoische Priesterinnen

Abb. 161: Detail eines Freskos in Akrotiri, Thera,
17. Jh. v. Chr.

den Oberkörper bedeckten, damit ihre Brüste auf noch erotischere
Weise zur Geltung kamen (Abb. 161).

Lange Zeit wurde die in einem thebanischen Grab der 21. Dynastie gefundene Seide als die älteste jemals entdeckte angesehen, bis
schließlich im theräischen Akrotiri der durch Kalkbildung konser-
vierte Kokon des Seidenspinners *Pachypasa otus* mit einem Teil der
Puppe aus der Zeit unmittelbar vor der großen Eruption im späten
17. Jahrhundert v. Chr. ans Tageslicht kam. Die wilde Seidenspin-
nerraupe, die sich vorwiegend von Zypressen-, Wacholder- und
Eichenblättern ernährte, war in diesem Falle gut 600 Jahre älter als
das Gespinst vom Nil und entweder von der Insel selbst oder von
Amorgós oder Kos importiert, deren transparente Seidengewänder noch im klassischen Griechenland berühmt waren und vor allem von Hetären getragen wurden. Daß mediterrane Seide tatsächlich in den fernen Norden gelangte, beweist die Entdeckung der
sogenannten »Dame von Thürkow«, die gegen Ende des 13. Jahrhunderts v. Chr. in einem Baumsarg bestattet worden war. Sie trug
einen mediterranen Seidenschleier, der durch ein mit einer Bernsteinperle verziertes Stirnband fixiert und nach ihrem Tod bis zum

Ansatz der Brüste über Gesicht und Oberkörper herabgezogen worden war.[62]

In jener Zeit gab es enge Kontakte zwischen dem Süden der jütischen Halbinsel und der Mecklenburger Seenplatte, die nun offenbar die Mittlerrolle im Handel zwischen Zentraleuropa und Skandinavien übernahm. Und während im späteren 13. Jahrhundert v. Chr. in Nordfriesland und Holstein kaum mehr Gräber angelegt wurden, die man reich ausstattete, ist im Nordosten ein deutlicher kultureller Aufschwung zu verzeichnen.[63]

Neben Speise-, Kosmetik- und Duftölen werden die Minoer mit Sicherheit auch Wein und alkoholische Mischgetränke für den Eigenbedarf und als Geschenke an Bord gehabt haben, und zumindest die aromatischen Salböle und die berauschenden Getränke dürften den Männern und Frauen des Nordens sehr willkommen gewesen sein. Legte man doch damals im Vergleich zu den Zeiten davor im Bereich der Nordischen Kultur zum einen großen Wert auf ein gepflegtes Äußeres, was die zahlreichen Funde von Rasiermessern,[64] Kämmen, Pinzetten sowie bronzenen »beauty boxes« der Frauen mit roten Schminkstiften, Fingerringen und parfümierten Salben beweisen.[65]

Zum anderen gibt es zahlreiche Hinweise darauf, daß die bronzezeitlichen Nordleute, wie später auch die Kelten und die Germanen, alkoholische Getränke hoch geschätzt haben. So fand man in dem Birkenspangefäß zu Füßen des Mädchens von Egtved einen dicken braunen Bodensatz aus vertrockneten Preisel- oder Moosbeeren, Porst (*Myrica gale*), Weizen und Honig, also den Überresten eines fermentierten Rauschtrankes, der vermutlich einen Alkoholgehalt von über 13 % besaß und als »eine Art Mittelding zwischen Obstwein, Met und Bier« beschrieben wird. Ein ähnliches Getränk sowie ein flaches Bernsteinscheibchen befanden sich auch in einem gut sechs Liter fassenden Keramiktopf, den man im 14. Jahrhundert v. Chr. auf der Insel Mors im jütländischen Limfjord mit in ein Grab gegeben hatte, und es scheint, daß man im Norden bereits im Endneolithikum die Toten mit solchen Rauschtränken versorgte. Jedenfalls entdeckte man im Grab einer um 2300 v. Chr. verstorbenen jungen Frau in Strathallan die Reste einer Art Met, der mit dem als wundenheilend geltenden Rosengewächs Mädesüß oder Wiesenkönigin (*Filipendula ulmaria*) gewürzt war.[66]

Auch die Kreter tranken im SM III ein alkoholisches Mischgetränk, das aus Retsina, Gerstenbier und Honigmet bestand, sowie einen mit Lorbeer, Lavendel und Salbei gewürzten Wein, der ebenfalls in Kylikes serviert wurde,[67] und man darf annehmen, daß diese Getränke den Bewohnern der Nordseeküste vor 3300 Jahren ebenso mundeten wie die süßen Südweine später den Wikingern oder wie der schwere Malvasier und der Muskateller aus Candia im Mittelalter den Nordeuropäern, die mit diesen Importweinen ihre herberen einheimischen Weine aufbesserten.[68]

Gehörte zu den Geschenken der Minoer, die sie fremden Herrschern machten, auch Opium oder Wein, dem man den getrockneten Milchsaft des Schlafmohns beigemischt hatte? Bekanntlich mischt die Zeustochter Helena, hinter der ja die vorgriechische Vegetationsgöttin steht, in deren Schoß ein Sterblicher das ewige Leben in Elysion erlangt, dem blonden Menelaos ein φάρμακον in den Wein, »ein bezauberndes Mittel, / Gut gegen Trauer und galliges Wesen: Für sämtliche Übel / Schuf es Vergessen. War es im Mischkrug: wer es dann schlürfte, / Dem läuft an dem Tag keine Träne die Wange herunter, / Selbst wenn ihm Vater und Mutter beide verstürben«.[69]

In Gâzi unweit der zentralkretischen Nordküste hat man die Figurine einer spätminoischen Vorläuferin der Helena, nämlich der »Göttin-mit-den-erhobenen-Händen« mit nacktem Oberkörper, knospenhaften Brüsten und einem Stirnreif mit den angeritzten Fruchtkapseln von *Papaver somniferum* ausgegraben (Tf. XIX u. Abb. 162), und im selben Heiligtum entdeckte man auch kleine Räucheröfchen, auf denen offenbar Opium verbrannt wurde, so daß der vergessenmachende Rauch eingeatmet werden konnte.

In einem Grab des SM III auf der ostkretischen Insel Mochlos wurden Rhyta in Form von Mohnkapseln mit aufgemalten Oktopoden und Opiumritzungen sowie in der Dikte-Höhle aus Karneol gefertigte Anhänger derselben Zeit in Form dieser Fruchtkapseln gefunden, und in Rhyta aus Mykene ließen sich Rückstände von

Abb. 162: Die »Opiumgöttin« von Gâzi, SM III B2.

Olivenöl und Opium feststellen, wobei allerdings unklar ist, ob die
Gefäße Opiumöl oder das Öl und später den Mohnsaft enthalten
hatten.

Bereits seit geraumer Zeit wird vermutet, daß im SM III A/B, also
im 14. und 13. Jahrhundert, auf Kreta Opium hergestellt und vielleicht auch exportiert worden ist,[70] nachdem allem Anschein nach
schon die Sumerer um 3400 v. Chr. den Schlafmohn kultiviert hatten, den sie »die Pflanze des Vergnügens« nannten, da die Männer
offenbar das Opium gegen Erektionsschwäche und *ejaculatio
praecox* einnahmen.[71]

Wahrscheinlich haben die Minoer die Kultivierung von *Papaver
somniferum* und die Opiumgewinnung aus Zypern übernommen,
wo man in den Heiligtümern von Enkomi und Kition ähnliche
Räuchergefäße wie die aus dem kretischen Gâzi und im Allerheiligsten des Tempels der Großen Göttin von Kition, in dem später
ʿAštart und Aphrodite verehrt wurden, zudem eine Elfenbeinpfeife
gefunden hat, die allgemein für eine Opiumpfeife gehalten wird.
Zyprische Fernhändler exportierten den getrockneten Milchsaft

311

Abb. 163: Aphrodite Kallipygos mit mohnkapselförmigem Kopf,
Smyrna, 2. Jh. v. Chr.

offenbar in die Levante und nach Ägypten, und zwar in kleinen
bauchigen Henkelfläschchen mit Standring, die gewiß Mohnkapseln nachahmen. Die arabischen Arbeiter Petries in Tell el-Ḥesi
nannten die Gefäße einst *bilbil*, weil sie beim Ausgießen einer Flüssigkeit ein Geräusch machten, das wie bil...bil...bil klang, und in
der Tat scheint man in einigen am Nil gefundenen Exemplaren aus
der Regierungszeit Thutmosis III. Opiumrückstände nachgewiesen zu haben.[72]

Da die Fruchtkapsel des Schlafmohns zahlreiche Samen enthält,
war die Pflanze bei den Griechen ein Symbol der Fruchtbarkeit
und als solches ein Attribut der Göttinnen Demeter und Hera sowie ein Hochzeitsgeschenk für die zukünftige Mutter und im 8. und
7. Jahrhundert v. Chr. eine Opfergabe im Heraion von Samos.[73] Auf
der anderen Seite war natürlich bekannt, daß Opos, der Milchsaft
des Schlafmohns, ab einer bestimmten Menge »tötet«, wie Dioskurides sagt, weshalb unheilbar Kranke im alten Rom ihn benutzten, um einen schnellen und schmerzlosen Tod herbeizuführen. So
waren in der Antike sehr häufig auch die Unterweltsgötter oder die
Geleiter ins Jenseits mit der Mohnkapsel verbunden, und auf etruskischen Grabbildern ist durch sie nicht selten die Insel der Seligen
gekennzeichnet.[74]

Wie ein Historiker einmal bemerkt hat, zeigt die Entdeckungsgeschichte, daß auch die kühnsten Seefahrer sich im allgemeinen nur
nach und nach in unbekannte Regionen vorgetastet haben, wobei
sie stets auf vermeintliche oder tatsächliche Indizien zurückgreifen
konnten, die dafür sprachen, daß sie jenseits des Horizontes ein
konkretes Ziel erwartete. So berichtet Antonio de Herrera in seiner
Historia general, Kolumbus habe nach seiner Übersiedlung um das
Jahr 1480 auf die Insel Porto Santo im Madeira-Archipel von portugiesischen Seeleuten gehört, am Strand der Azoreninsel Flores
seien die Leichen von zwei ungewöhnlichen Männern »mit breiten
Gesichtern« angeschwemmt worden, und außerdem habe man im
offenen Meer westlich der Inselgruppe Boote »voller fremdartiger
Menschen« gesehen. Kolumbus selber notierte am Rand einer
Seite seines Privatexemplars der *Descriptio Asiae* seines Lands-
mannes Enea Silvio Piccolomini, wo dieser die Frage behandelt, ob
man von Indien aus in östlicher Richtung Europa erreichen könne,
er habe im Jahre 1477 in der westirischen Bucht von Galway einen
toten Mann und eine tote Frau auf einem seltsamen »Holzscheit«
gesehen, die dort an Land gespült worden waren. Diese Toten hätten so fremdartig ausgesehen, daß alle Einheimischen der Meinung
gewesen seien, der Sturm habe sie gewiß von Cathay – also von der
Küste Chinas – nach Osten getrieben.[1]

Außerdem kursierte noch zu Lebzeiten des Genuesen das Gerücht, auf Porto Santo habe ihm ein portugiesischer Navigator auf
dem Sterbebett anvertraut, ein Landsmann, der auf der Rückfahrt
von Guinea wegen der vor der Küste lauernden spanischen Kaper-
schiffe einen Umweg fuhr, sei weit auf den Atlantik verschlagen
worden. Dort sei die Karavelle in einen Hurrikan geraten, der sie
zwang, noch weiter nach Westen abzudrehen und mit gerefften
Segeln vor dem Wind zu laufen, bis sie schließlich zu einer Insel mit
braunhäutigen, friedlichen Menschen gelangte, die Gold gegen
wertlosen Plunder getauscht hätten.[2]

Ähnlich scheint es im Frühling 1500 Pedro Alvares Cabral

Abb. 164: Römische Amphoren aus einem Wrack des 3.Jhs. in der Guanabarabucht bei Rio de Janeiro.

ergangen zu sein, der – allerdings von Norden kommend – um das Kap der Guten Hoffnung nach Indien segeln wollte, doch statt dessen vom Nordwest-Passat auf dem nördlichen Äquatorialstrom zur brasilianischen Küste abgetrieben wurde, was lange zuvor auch phönizischen oder römischen Schiffen widerfahren sein mochte. Jedenfalls berichtete schon im 16. Jahrhundert Leonardo Torriani, in Westindien seien römische Münzen »con l'effigie di quel gran Cesare« ausgegraben worden, und in der Guanabara-Bucht in der Nähe von Rio de Janeiro entdeckte im Jahre 1976 ein brasilianischer Taucher zwei römische Amphoren und sieben Jahre später der amerikanische Unterwasserarchäologe Robert Marx mehr als 200 weitere, die Fachleute als Transportcontainer des 3. Jahrhunderts n. Chr. aus Lixus an der mauretanischen Atlantikküste identifizierten (Abb. 164).[7]

Daß solche unfreiwilligen Fernfahrten zu allen Zeiten stattgefunden haben, ist nicht zu bestreiten. So wurden im Jahre 2006 fünf mexikanische Fischer mit ihrem Boot von San Blas an der Küste des Bundesstaates Nayarit in 284 Tagen nach Mikronesien getrieben, wobei drei der Männer überlebten, und im 7. Jahrhundert

v. Chr. soll der Samier Kolaios auf der Fahrt nach Ägypten in einen schweren und lang anhaltenden Sturm geraten sein, so daß ihm nichts anderes übrig blieb als in entgegengesetzte Richtung über das gesamte zentrale und westliche Mittelmeer hinweg und durch die Säulen des Herakles nach Tartessos zu fahren.

Aufgrund heftiger Westwinde sind japanische Dschunken mit gebrochenen Masten und Rudern auf dem Nordpazifikstrom nicht selten mehr als ein Jahr lang über das Meer nach Nordamerika getrieben worden, wo die Überlebenden von den Nordwestküsten-Indianern versklavt wurden, und man hat errechnet, daß in den hundert Jahren zwischen 1775 und 1875 im Durchschnitt alle fünf Jahre ein Schiff aus Ostasien an der Küste Alaskas oder Britisch Columbias gestrandet und ausgeplündert worden ist.[4]

Auf einem ganz anderen Blatt steht indessen die Frage, ob solche transozeanischen Fahrten bereits auf bronzezeitlichen Schiffen und mit voller Absicht durchgeführt worden sind. So hat man aus der Tatsache, daß in der Haut, den Haaren und Knochen sowie im Gewebe der Mumie des um 1213 v. Chr. gestorbenen Ramses II. die Reste von pulverisierten Tabakblättern (*Nicotiana tabacum*) und in anderen Mumien zudem Rückstände von Coca (*Erythroxylon coca*) und Haschisch (*Cannabis sativa*) gefunden wurden, den Schluß gezogen, ägyptische Schiffe seien bereits in der Spätbronzezeit nach Amerika und wieder zurück gesegelt, während eine Ethnohistorikerin sogar die Meinung vertritt, hinter den Argonautiká und der Odyssee stünden transatlantische und transpazifische Fernfahrten, die levantinische Seeleute im Auftrag ägyptischer Pharaonen unternommen hätten.[5]

Freilich waren z. B. die Punt- oder Byblosfahrer aus der Zeit Königin Hatschepsuts modifizierte Nilschiffe, mit denen man einigermaßen unproblematische Fahrten entlang der Küsten des Roten Meeres und der südlichen Levante mit milden Winden und vorhersehbaren Strömungsverhältnissen unternehmen konnte. Doch bereits ein stürmisches Meer wie die Ägäis hätte einem ägyptischen Schiff leicht das »Kreuz gebrochen«, und auch der kühnste kanaanitische Seefahrer wäre kaum aufs Geratewohl auf den offenen Atlantik hinausgefahren. Und was schließlich die Kokain- und

Nikotinalkaloide in den Mumien betrifft, ist die Erklärung, nach der diese Substanzen auf »Tabakwasser«, d. h. auf Insektizide in Form von Nikotinderivaten, mit denen man im 19. Jahrhundert die toten Pharaonen vor Schädlingsbefall schützte, zurückzuführen sind, naheliegender als die, man habe solche Ingredienzen beim Räuchern der Mumie oder beim Einbalsamieren benutzt.[6]

Daß man in der Spätbronze- und in der frühen Eisenzeit nicht auf gut Glück ins offene Meer hinausgefahren ist, bedeutet indessen nicht, man habe, wie in späterer Zeit die Griechen und Römer, an natürliche Grenzen geglaubt, von denen aus eine Weiterfahrt nicht mehr möglich gewesen wäre. So scheinen die »Säulen des Melqart« für die phönizischen Seefahrer noch anikonische Darstellungen des Vegetationsgottes, steinerne Triumphzeichen, gewesen zu sein, die zwar an fernen Orten wie auf Thasos, in Gadeira oder Lixus errichtet wurden, doch sie galten keineswegs als das Nonplusultra jeglicher Schiffahrt.[7]

»An den Grenzen des atlasgetragenen Himmels«, wo sich die Insel »der singenden Hesperiden« befindet, auf der Zeus und Hera den ἱερὸς γάμος vollziehen, ist für Euripides freilich kein Weiterkommen mehr, und Pindar warnt: »Noch weiter (οὐκέτι πρόσω) aufs Meer hinaus / aufs Unbefahrbare, vorzudringen, noch über Herakles' Säulen hinaus, ist nicht leicht; / Die setzte der göttliche Heroe als der entferntesten Meeresfahrt / Ruhmeszeugen.«[8]

Nachdem der Berber Ṭāriq Ibn Ziyād im Jahre 711 von Marokko nach Spanien übergesetzt war, übernahmen auch die Araber die antiken Überlieferungen, und Abū Ḥasan al-Masʿūdi erklärte seinen Landsleuten, einst habe König Hirquil [Hercules] dort, wo das Mittelmeer und »das Meer der Dunkelheit, das Grüne Meer, das Umgebende« einander berührten, einen Leuchtturm aus Stein und Erz errichtet, auf dem eine menschliche Statue mit den Händen ein Zeichen gebe, als wolle sie sagen: »Hinter mir geht es nicht weiter!« Dennoch hätten Seefahrer aus Córdoba dies gewagt und seien heil wiedergekehrt, weshalb andere sagten, der Turm stehe »nicht an der Meerenge, sondern auf einer der Inseln des Umgebenden [Meeres].«[9]

Diese Eilande wurden im Spätmittelalter mit den Azoren identi-

Abb. 165: Cabo de Não, Isola S. Brandano & Insulae Fortunatae,
Navigatio novi orbis Indiae Occidentalis, 1621.

fiziert, und entsprechend berichteten die frühen portugiesischen
Seefahrer von der Steinfigur eines Reiters auf der Insel Corvo, der
mit der Rechten nach Sonnenuntergang hin zeige, um zum Ausdruck zu bringen, daß man weiter nach Westen nicht segeln könne – in Wirklichkeit handelt es sich um eine natürliche Felsforma-
tion aus Lavagestein.

Schon lange vorher aber hieß es, daß selbst Herkules »nicht weiter vorstoßen konnte« als bis zum Kap Noûn an der nordwestafrikanischen Atlantikküste, das die Araber so nannten, weil es die
Form des entsprechenden arabischen Schriftzeichens besaß. Dort
habe der Held »eine Säule mit griechischer Inschrift« errichtet, die
besagte, daß keiner, der weiterfahre, jemals zurückkehren werde,
da das Meer dort nur einen Klafter tief und die Strömung unüber-
windbar seien. Den Namen dieses Kaps verstanden die Portugiesen
später als *não*, »nichts«, und verbreiteten das Gerücht, jedes Schiff
werde vom »Nichts« angesaugt und verschluckt, wenn es versuche, das Cabo de Não zu umfahren (Abb. 165).[10] Doch als dies im
Jahre 1416 gelungen war, übertrug man einfach alles Schreckliche,
was jemals über das Kap gesagt worden war, auf das nächste, nämlich das Cabo Bojador, jenseits dessen angeblich kein Land mehr

vorhanden war und jedes Schiff mit unwiderstehlicher Kraft in den kochenden Kessel des Äquators gezogen wurde. Anderen Aussagen nach war das Meer dort »so seicht, daß es eine [portugiesische] Légua [gut 5 km] vom Land entfernt kaum einen Faden (*braça*) tief« sei, doch habe der Gezeitenstrom wie die Charybdis eine solche Macht, daß ein jedes Wasserfahrzeug scheitern müsse. Und wieder andere erzählten, jenseits dieses »Kaps der Tränen« nahe dem Wendekreis des Krebses gebe es zwar Land, aber nur Sandstürme und keinerlei Wasser und Leben, so daß Gil Eannes, der Schildknappe Heinrich des Seefahrers, der geschworen hatte, das Kap zu umrunden oder zu sterben, im Jahre 1434 von der Küste auf der anderen Seite eine Blume mit nach Hause brachte, um zu beweisen, daß das Leben dort weitergehe.[11]

Es ist anzunehmen, daß auch in der Bronzezeit die ägäischen und kanaanitischen Pioniere die unbekannten Welten nicht auf Anhieb erschlossen haben, sondern wie ihre karthagischen und griechischen Nachfolger oder die portugiesischen Seefahrer des späten Mittelalters gleichsam von Kap zu Kap immer weiter in fremde Regionen vorgestoßen sind. So werden auch unserer kretischen Expedition an die Bernsteinküste mykenische und vielleicht auch sardische Prospektoren, Gesandte und Abenteurer vorangegangen sein, die den nördlichen Okeanos befahren haben und vermutlich um Finistère herum bis nach Britannien gelangt sind.[12]

Daß dabei die Erlangung all jener Güter eine Rolle spielte, die schon seit gut drei Jahrhunderten vom fernen Norden vor allem aufs griechische Festland geflossen waren, dürfte außer Frage stehen. So erzählte man einst auf den Marquesas-Inseln von den Fernfahrten der Vorfahren, die den Horizont »durchbrachen«, um Papageienfedern und duftende Blüten von ungeahnter Schönheit und Pracht für den Saum der Lendentücher von Häuptlingen und hochrangigen Frauen herbeizuschaffen, obgleich die Alten sie warnten: »Ihr müßt weit, weit übers Meer fahren, bis ihr Land findet, und bald habt ihr nichts mehr zu essen und zu trinken!« Und: »Siebenmal 20 Männer segeln los, aber nur zweimal 20 erreichen die ferne Insel!« Schließlich geht aus dem nordischen *Konungs-skuggsja* (»Königsspiegel«) hervor, daß die Wikinger aus drei

Gründen das Wagnis auf sich nahmen, nach Grönland zu fahren, nämlich um Berühmtheit zu erlangen, um ihren Wissensdurst und ihre Neugierde zu befriedigen sowie um Reichtümer einzuhandeln. Und in der Tat seien sie mit Schiffen voller Walroßelfenbein, Nar-

Abb. 166: Ein nordisches Hochseeboot verläßt die vertraute Welt (?), Felsbild in Boglösa, Uppland, Bronzezeit.

walhörnern, Fellen von Eisbären, Polarfüchsen, Wieseln, Seehunden sowie mit weißen Falken in die Heimat zurückgekehrt.[13]

Doch Ruhm, gar Unsterblichkeit in den Augen der nachfolgenden Generationen, erlangten indessen nur die, welche Unerhörtes erfahren, großes Leid und Desaster überstanden und Märchenhaftes gesehen hatten, wie Tacitus es beschrieb: »Wer von weit herkam, wußte wunderbare Dinge zu erzählen von furchtbaren Wirbelstürmen, unbekannten Vögeln und Meeresungeheuern, von Mischwesen aus Mensch und Tier, die sie gesehen oder in der Angst zu sehen geglaubt hatten.«[14]

So beobachtete z. B. der Franziskaner Marcos de Niza von einer 330 m hohen Mesa namens Dowa Yallane, dem heiligen Berg der Zuñis, das nahe liegende Pueblo Hawikuh, ein schlichtes Dörfchen aus Lehmbauten. Aber da er davon ausging, Cíbola, eine der sagenumwobenen »Sieben Städte«, vor sich zu haben, glaubte er ein Eldorado zu sehen, vor dem, wie er dem spanischen Vizekönig in Tenochtitlán berichtete, das Königreich der Inkas verblasse. So ›sah‹ er palastartige Steinhäuser, deren überdachte Vorhallen mit Juwelen und Türkisen gedeckt und voller Gold und Silber waren, in denen in Seidengewänder gehüllte Menschen wohnten, die Elefanten und Kamele unterhielten, Geschirr und Küchengerät aus Edelmetall benutzten und in edelsteingeschmückten Tempeln beteten. Diese Stadt, versicherte er später Mendoza, sei größer als die Hauptstadt Motecuçomas und doch die kleinste und unbedeutendste der »siete Ciudades«.[15]

Neben der Goldenen Stadt war das »Schlammeer« außerhalb der Säulen des Herakles ein weiterer bekannter Topos, der schon bei den karthagischen Pionieren der Seefahrt auftaucht, aber vermutlich viel älter ist und auf die Berichte ägäischer und levantinischer Fernfahrer der Bronzezeit zurückgehen könnte. So scheint Himilko berichtet zu haben, die Schiffe verfingen sich im fernen Norden auf dem »trägen« Meer, das wie erstarrt schien (»sic segnis humor aequoris pigri stupet«), im Tang wie in einer Hecke, obgleich das Meer so seicht gewesen sei, daß es kaum den Grund bedeckte (»hic nihilominus non in profundum terga demitti maris parvoque aquarum vix supertexi solum«). Auch in den pseudoaristotelischen Schriften ist die Überlieferung aufbewahrt, nach der die Phönizier einst von Gadeira her segelnd in eine einsame Meeresgegend verschlagen worden seien, die »voll von Binsen und Algen« war, »die bei Ebbe nicht unter Wasser stehen, bei Flut aber unterspült werden«, eine Beschreibung, die natürlich an das Wattenmeer denken läßt.

»Des Schlammes wegen«, heißt es an anderer Stelle über das Meer »außerhalb der Säulen«, ist es dort »seicht« und »windstill«, so daß es, wie Platon ergänzt, »unbefahrbar und unerforschbar« ist, »weil der sich in geringer Tiefe befindliche Schlamm, den«, wie er glaubt, »die untergehende Insel [Atlantis] zurückließ«, die Schiffe festhält. Dies widerfährt auch den Argonauten, die vom Sturm in das von Apollonios an anderer Stelle lokalisierte Sumpfmeer abgetrieben werden, »von wo es für Schiffe keine Heimkehr mehr gibt, [...]. Denn überall war es sumpfig und überall war ein undurchdringliches Dickicht von Algen, auf denen der Schaum des Meeres träge schwamm. [...] Die Flut – denn dieses Gewässer weicht oft vom Festland zurück und strömt dann heftig anbrandend wieder an die Küste – trieb sie dort unversehens weit auf den Strand, und von dem Kiel blieb nur noch ein kleiner Teil im Wasser.« Die Argonauten sprangen von Bord, doch »Verzweiflung ergriff sie, als sie die diesige Luft und den im Dunst / verschwimmenden Horizont des gewaltigen Landes sahen, das sich / weithin endlos erstreckte«. Zudem bezweifelte der Steuermann Ankaias, daß es ihnen gelänge, die Argo jemals wieder flottzumachen, »denn soweit ich mich / auch umschaue, ich sehe überall nur seichtes Wasser, und nutzlos / bespülen kräuselnde Wellen den grauen Sand. Schon längst hätte / dieses göttliche Schiff fern vom Land jämmerlich zerschmettert / werden können, doch hat es die Flut aus dem Meer an Land / getragen. Jetzt aber ist sie ins Meer zurückgeflossen, und es / sammelt sich nur seichtes Salzwasser, soviel sich über der Erde / halten kann. Deshalb sage ich, daß jegliche Hoffnung auf eine / Heimkehr zu Schiff vergebens ist«.[16]

In nachhesiodischer Zeit wurde dieses Meer, das nach Plutarch durch die »Anschwemmungen« der Ströme eines hinter ihm liegenden »großen Landes« so »schwer und erdhaltig« geworden war, daß man es nur ganz langsam durchrudern konnte, Κρονία ϑάλασσα genannt. Dort lagen das Land der Hyperboräer, weshalb es auch ὠκεανὸς Ὑπερβόρειος genannt wurde, sowie die Inseln der Seligen, deren Bewohner so lebten wie einstmals das »goldene Geschlecht« im Zeitalter des Kronos: »Und sie lebten wie Götter und hatten das Herz ohne Kummer, / ohne Plagen und Jammer. Sogar das klägliche Alter / nahte nicht.« Der Acker versorgte die Menschen, ohne daß sie ihn bestellen mußten, »mit Gütern in Fülle« waren sie versehen, »reich an Herden und Vieh, befreundet den seligen Göttern (φίλοι μακάρεσσι ϑεοῖσιν)«.

Zwar waren diese Menschen am Anfang der Zeit bei Hesiod noch Sterbliche, auch wenn der Tod sie erst in hohem Alter und sanft und unbemerkt im Schlaf holte, und es ist auch unschwer erkennbar, daß die Seligen auf den Inseln des Kronos im zähflüssigen Meer niemand anderes sind als die Hyperboräer oder die Phäaken der Odyssee. Doch verschmolz das ferne Königreich des Titanen Kronos immer wieder mit dem Gefilde der Unsterblichen, dem Aufenthaltsort der Helden nach ihrem Tod. So überquert nach orphisch-pythagoräischer Lehre der Verstorbene auf seiner Reise nach Westen zunächst die Wiesen der Persephone, durchschreitet dann die Säle des Hades und gelangt schließlich ins Reich des Kronos, während die Argonauten in den Orphischen Ἀργοναυτικά nach Durchquerung der Täler und Schluchten der Rhipaien während der 10. Morgendämmerung einen Fluß erreichen, der sie zum Okeanos bringt, »den die sterblichen Hyperboräer Kronios oder Totes Meer nennen«. Von dort trägt die Argo sie schließlich zum Acheron und den Pforten des Hades, ins Land der Träume und an das Gestade von Aiaia, der Insel der Kirke.

Meist ist das Κρονία θάλασσα jenseits der »Säulen des Kronos«, das auch »Totes Meer«, *mare concretum* und *mare pigrum* genannt wird, wie Plinius erklärt, der »nördliche Okeanos« an der »skythischen Küste« und gewiß identisch mit dem »Erstarrten Meer« (πεπηγυῖα θάλασσα), von dem Pytheas berichtete.[17]

Nach der Eroberung der Iberischen Halbinsel sollen sich zehn arabische »Abenteurer« (*al-mugharrirūn*) von Lissabon aus in nördliche Richtung aufgemacht haben, um wie einst der Karthager Himilko das Ende des Meeres zu erkunden, doch wie dieser gerieten sie angeblich nach elf Tagen in das zähflüssige Meer, das im späten 9. Jahrhundert Ibn Khurdādhbih »das Meer der Slaven« nannte. In diesem Ozean, so der Gelehrte, lagen sowohl »die Inseln der Glückseligen« (*jazā' ir al-saʿāda*) als auch die Insel Tulya [Thule], doch aufgrund seiner Dichte könne man es »mit keinerlei Schiff überqueren«.

Bereits vor dem Araber hatten irische Mönche ihrem Landsmann, dem Geographen Dicuil, vom *mare concretum* und von »Thile« sowie anderen kleineren Inseln berichtet, die sie besucht hatten, wobei einige von diesen »voll von unzähligen Schafen und Vögeln« gewesen seien, wie Dicuil in seinem Buch *De Mensura Orbis Terrae* mitteilt.[18] Der Name dieses vor allem von Pytheas her bekannten nordischen Θούλη wird auf das vorgriechische *thulā* (idg. *tel-*, »flach«, davon δάλασσα) zurückgeführt und bedeutet, wie der Name des phäakischen Scheria, einfach »Erde, Erdboden« – ein gängiger Ausdruck für das Jenseits. So hieß das mesopotamische Totenreich nicht nur »Land ohne Wiederkehr«, sondern »Erde« oder »große Erde« (*ki-gal*) und Ereškigal, seine Herrscherin, die Unterweltsgöttin, war die »Herrin der großen Erde«.[19]

»Einen weiten Weg [auf dem] Pfade des Sonnengottes (*harrān* ᵈ*šamši*)« durch das Tor im »Berg« (sumer. *kur*) »des Sonnenuntergangs« (sumer. *nu-gi*), »der [ihm] bestimmt war«, geht Gilgameš »ins Land ohne Wiederkehr« (akkad. *erṣet lā tāri*), und sowohl Ištar und Tammuz wie auch die Verstorbenen durchqueren zunächst die westliche Steppe, bis sie an den dem Okeanos entsprechenden Unterweltsfluß Ḫubur, auch »der Breite« (*pal-ka-ti*) genannt, gelangen, über den sie der Fährmann Ḫummuṭ-tabal zum Ufer der »großen Erde« rudert, wo die von sieben Mauern umge-

Abb. 167: Die verstorbene »Sängerin des Amûn« setzt im »Schönen Westen« zum Binsengefilde über, 21. Dynastie.

bene »große Stadt« (*urugal*) liegt, in deren Zentrum Ereškigal in ihrem Lapislazuli-Palast residiert.[20]

Auch in Ägypten fuhr der Verstorbene zunächst in den »Schönen Westen« (Abb. 167), wo die Göttinnen Hathor oder Amentet ihn »in ihre Arme nehmen« und ihm »ihr Tor« im Westgebirge aufschließen, womit ihr Schoß gemeint sein kann, aber auch der Zugang zum jenseitigen Gewässer, auf dem die Toten dann nach Osten fahren.[21] Ziel dieser Schiffsreise ist die Insel der Seligen, das »Binsengefilde«, die Geburtsstätte des Sonnengottes, wo die Sykomore, der Lebensbaum der nährenden Göttin, steht, an deren Brüsten der Tote sich labt.[22] Nach einigen Texten scheint dieses »Gefilde des Lebens« sich wie die Heimstatt des Helios im Norden zu befinden,[23] was bedeuten würde, daß bereits die Ägypter sich die Reise des Rê und der Verstorbenen als eine Schiffahrt vom fernen Westen in nordöstliche Richtung vorgestellt haben, da ja das Urgewässer Nûn sich wie der Okeanos kreisförmig um die bewohnte Welt erstreckte.

Fuhren die Verstorbenen der ethnischen Gruppen, die im Binnenland lebten, häufig auf Booten die Flüsse hinunter,[24] so folgten

Abb. 168: Der Verstorbene auf Jenseitsfahrt,
Knochengravur aus Grab 116 der Pyramide von Tikál.

die Toten bei Küstenvölkern meist dem Lauf der Sonne über das Meer. Im Grab des Mayaherrschers Ah Käkäw tief im Inneren einer Pyramide von Tikál fand man einen Knochen, auf dem dargestellt ist, wie der verstorbene König mit seinen Begleitern Affe, Papagei, Hund und Leguan sowie zwei Paddelgöttern, nämlich dem Sonnengott Kinich Ahau und dem Jaguargott der Unterwelt, auf einem großen Einbaum nach Westen fährt, wo Sonne, Mond und Venus untergehen und wo sich Xibalba, der Eingang zum Jenseits, befindet, in dem die Vorfahren (*tu-mam*) bereits auf ihn warten. Auf einer folgenden Ritzzeichnung ist zu sehen, wie das Fahrzeug ins Wasser eintaucht, um durch das submarine Tor die andere Welt zu erreichen (Abb. 168).[25]

Auch nach Auffassung der Aloresen im östlichen Indonesien ging der Verstorbene zum Strand hinunter, wo er neben einem bestimmten Tamarindenbaum ein kleines Boot (*rompa*) fand, mit

dem er zu dem draußen vor Anker liegenden Totenschiff, einer großen Prau (*benerik*), paddelte, die ihn anschließend ins Jenseits
brachte, das auf einer fernen Insel am Ort des Sonnenuntergangs
liegt. Auf Sawu zwischen Sumba und Timor fertigte man dagegen
nach den Totenfeierlichkeiten eine kleine Prau aus den Blättern der
Lontarpalme an, in die man drei Figürchen setzte, die den Verstorbenen, den Steuermann und den Seemann darstellten, der den
Anker bediente.[26]

Im Clan der zu den Toba-Batak auf Sumatra gehörenden Sem-
biring waren solche Boote gut 2 m lang, aus Holz gebaut, schwarz
und rot bemalt, und ihr Bug und ihr Heck liefen in den Kopf bzw.
den Schwanz des heiligen Nashornvogels aus, der wohl ursprünglich wie in der Südsee der Fregattvogel der Seelengeleiter war. In
diese Boote legte man die Gebeine oder den Leichenbrand und eine
den Toten repräsentierende Figur, seine Kleidung, seinen Schmuck
und seine Waffen und ließ sie beim »Fest des Totenschiffs«, von
einem unsichtbaren Fährmann gesteuert, den Fluß hinab aufs
Meer hinausfahren.[27]

Auf den Nikobaren hatte man offenbar die frühen europäischen
Segelschiffe für Fahrzeuge der Totengeister aus dem Jenseits gehalten, worauf man später etwa 1 m lange Imitationen herstellte, die
»Geisterschiffe« (*hen-mai*) genannt wurden. Auf diese Schiffchen
brachten die Schamanen (*menlûana*) die Krankheitsgeister oder
die Geister bösartiger Vorfahren und anderer gefährlicher Übel-
täter, nachdem sie diese zuvor gespeert oder niedergerungen hatten, gaben ihnen für drei Tage Verpflegung mit und ließen sie dann
bei günstigem Wind aufs Meer hinaustreiben. Offenbar hoffte
man, diese Unholde so für immer loszuwerden, sei es, daß sie irgendwann verhungerten oder verdursteten oder daß sie es schließlich ins Totenreich schafften.[28]

Verbreiteter als die Toten leibhaftig oder symbolisch in Form
eines Effigiums mit Hilfe des Ostwinds aufs Meer hinaustreiben zu
lassen, war es wohl, ihnen entweder Schiffsmodelle und wirkliche
Wasserfahrzeuge mit ins Grab zu geben oder sie in Schiffen, Booten
oder bootsförmigen Särgen beizusetzen. So stattete man am Nil ab
der vordynastischen Badari-Zeit die Verstorbenen häufig mit Mo-

Abb. 169: Uterusförmiges Terrakottaboot mit Verstorbenem in fötaler Lage; Negade I, 1. Hälfte d. 4. Jts.

dellen von Schilfbooten (Abb. 169) und ab dem Negade II mit kleinen Kajütenschiffen aus Holzplanken aus, die in der 1. und 2. Dynastie durch richtige »genähte« Flußschiffe mit einer Länge von bis zu 22 m und in der 4. Dynastie bei Cheops durch ein 43,4 m langes »Sonnenschiff« für die Jenseitsreise ersetzt wurden.[29]

In mehreren indogermanischen Sprachen bedeutet das Wort für beerdigen »mit dem Boot schicken« oder »mit dem Boot fahren«, z. B. got. *ga-nawistrōn* (idg. **nāu-s*, »Boot, Schiff«; altind. *nága*, »Einbaum«; ahd. *nahho*, altnord. *nǫkkvi*, ags. *naca*, »Boot, Nachen«; altisl. *nár*, lett. *nāve*, »Leiche«), und in zahlreichen Gesellschaften in so gut wie allen Gegenden der Welt hat man die Verstorbenen in Einbäumen, Kanus, Praus oder in bootsähnlichen Särgen beerdigt.[30]

Schon seit mindestens 200 Jahren haben viele Gelehrte vermutet, ursprünglich seien auch die Argonauten dem Lauf der Sonne und den Verstorbenen nach Westen gefolgt und anschließend auf dem nördlichen Okeanos im Halbkreis in die Ägäis zurückgekehrt. So meinte der berühmte Altertumsforscher Karl Otfried Müller, die Argo habe gewiß die Insel der Kirke auf der *Hin*fahrt angesteuert – ein Motiv, das später in die Odyssee eingegangen ist –, um anschließend, wie der Philologe Carl Robert ergänzte, über »den nördlichen Teil des Okeanos« und den Eridanos ins Mittelmeer zu gelangen. Eine solche Route, die noch bei Mimnermos und in den *Naupaktien* anklingt,[31] nahmen bis ins 19. Jahrhundert nach dem

Abb. 170: James Gurney, Die Argonauten passieren die Symplegaden,
spätes 20. Jh.

Glauben der Bewohner der ionischen Inseln Zakynthos und Kephallenia sowie der Westküste Kleinasiens die Schiffe mit den Seelen der Toten,[32] und sie führte im fernen Westen zunächst zum Jenseitstor, das für gewöhnliche Sterbliche nicht passierbar war.

Bei Apollonios von Rhodos warnt der Seher Phineus die Argonauten vor den beiden κυανέαι, »den Dunklen (oder den Blauen)
Felsen in einer Meerenge«, zwischen denen sie hindurchfahren
müssen, um (in der ursprünglichen Version) in den Okeanos zu
gelangen: »Keiner, so / sage ich, kann unversehrt durch diese Felsen fahren. Denn sie sind / nicht fest im Meeresgrund verwurzelt,
sondern stoßen häufig / miteinander zusammen; darüber erhebt
sich dann schäumend eine / gewaltige Menge von Meerwasser, und
ringsum dröhnt laut das / felsige Ufer.«

Diese »zwei unsteten Felsen«, die »im Meere irren und schwei-
fen«, hießen auch »die Symplegaden« (Abb. 170) und, »von der
Natur benannt, die ambrosischen«, weil durch sie hindurch, wie
Athenaios nach Moiro ausführt, die den kleinen Zeus Kretagenes
betreuenden Tauben die Götterspeise »Ambrosia von den Strömen
des Okeanos« brachten,[33] und sie sind im Grunde dasselbe wie die
Plankten, sich ziellos im Meer bewegende Felsen, in Flammen und
Rauch gehüllt und von starker Brandung umtost, die der Argo auf
der Rückfahrt fast zum Verhängnis werden.

Hinter solchen »Klatschfelsen« namens *hnitbjǫrg* hütet auch

Gunnlǫð den Rauschtrank *hnitbjargarlǫgr*. Drei Nächte lang schläft Óðinn mit ihr, worauf sie ihn drei Züge vom Met (*miǫðr*) nehmen läßt. Schließlich macht der Gott sich mit dem gesamten Zaubermet in Gestalt eines Adlers davon und entkommt durch die Felsen hindurch dem ihn verfolgenden Riesen Suttungr, Gunnlǫðs Vater. Im R̥gVeda schießt der Wächter des Soma einen Pfeil auf den in einen Raubvogel verwandelten Indra, der den Rauschtrank stehlen will, und kappt ihm eine seiner Schwanzfedern, was auf der polynesischen Insel Mangaia auch dem Trickstergott Maui widerfährt, dem die Klatschfelsen sogar den ganzen Schwanz abschlagen, und in der ossetischen Legende wird wiederum eine der Tauben, die sich an die lebenserneuernden Äpfel machen, durch einen Pfeil des Baumwächters verletzt.[34]

Angesichts solcher Gefahren rät Phineus den Helden, der Argo eine Taube vorausfliegen zu lassen, galt dieser Vogel doch als eine der Manifestationen der jedes Jahr ins Jenseits verschwindenden und aus ihm wiederkehrenden Vergetationsgöttin. So erklärte man im nordwestsizilischen Aphrodite-Heiligtum auf dem Berg Eryx, wo offenbar vorher die Phönizier die Tanith (*tnt*) verehrt hatten,[35] das jährliche Verschwinden der dort lebenden Tauben mit dem periodischen Weggang der Göttin nach Elysion, und auch das Hauptschiff der bronzezeitlichen Frühlingszeremonie auf Thera war über den gesamten Rumpf hinweg mit Felsentauben bemalt.[36]

Abb. 171: Vogel als Landsucher (?) auf minoischem Schiff, Sardonyxlentoid unbekannter Herkunft, SH/SM.

In der Tat lassen die Argonauten ihrem Schiff eine Taube vor-anfliegen, die es nur knapp schafft, zwischen den zusammenklat-schenden Felsen hindurchzukommen – allein die »äußersten En-den der Schwanzfedern« werden gekappt. Und genauso ergeht es anschließend der Argo mit tatkräftiger Hilfe Athenes, die mit der Linken den einen der Felsen einen Moment lang zurückhält, wäh-rend sie mit der Rechten das Schiff durch den offenen Spalt stößt, wobei freilich trotzdem »das äußerste Ende des Aufbaus am Heck« zerschmettert wird.[37]

Offenkundig waren Jason und seine Gefährten die ersten Leben-den, die das Jenseitstor passierten, denn es wird ausdrücklich ge-sagt, sie seien die ersten und wohl – wie wir sehen werden – auch die letzten gewesen, die »sehenden Auges« durch die Symplegaden fuhren, war dies doch vorher und nachher nur den Verstorbenen möglich, die mit ihren toten Augen nichts mehr sehen konnten.[38]

Und daß die Symplegaden der *westliche* Zugang zum Okeanos und damit zum Jenseits waren, geht aus der Odyssee hervor, in der Kirke dem Odysseus rät, die Plankten zu meiden und statt dessen an der Skylla vorbeizufahren, denn dann blieben seine Verluste überschaubar, während die Wanderfelsen im Meer ihn und sein gesamtes Schiff vernichteten: »Nie noch kam ein bemanntes Schiff hier durch und es kommen / Viele; doch gibt es nur Bretter von Schif-fen und Leichen von Männern; / Wogen tragen sie fort und Stürme vernichtenden Feuers. / *Einem* meerestüchtigen Schiff nur gelang die Vorbeifahrt, / Jener Argo, von der sie noch alle singen und sagen.«

Es ist anzunehmen, daß ursprünglich auch die Argonauten – von Kirke beraten – für die Heimfahrt die östliche Route genommen haben, zumal ihnen der Rückweg über die Symplegaden verwehrt war, obgleich die Sonnentochter in den späteren Varianten der Argonautiká nicht mehr in dieser Rolle auftritt. So heißt es bei Apollonios, es existiere »ja wirklich noch eine andere Route, wel-che die Priester der Unsterblichen, die dem ägyptischen Theben entstammen, angegeben haben«, einen Weg, der über einen »sehr breiten und tiefen Fluß, den nördlichsten Arm des Okeanos« führe und der auf »von den Vätern ererbten Landkarten« in Aia aufge-zeichnet sei.

Während die Argo hier an den Bernsteininseln vorbei in diesen Fluß, den Eridanos, einfährt und so letztlich ins Mittelmeer gelangt, scheinen die Helden noch bei Pindar in der ersten Hälfte des 5. Jahrhunderts v. Chr. über des »Okeanos' Fluten«, also dem Wege des Sonnengottes folgend, den fernen Osten erreicht zu haben. Und die gleiche Fahrt unternahm nach der Odyssee offenbar auch Menelaos, der Paredros der Helena, eine Reise, die dort als »Weltfahrt« bezeichnet wird und die ihn wohl von den Eremboi im äußersten Westen ('Ερεμβοι < 'ereb, »Untergang«; akkad. *ereb šamši*, »Sonnenuntergang«) bis zu den Aithiopen im äußersten Osten segeln ließ, so daß er nicht vor dem »achten Jahre« die Heimat wiedersah.[39]

Freilich spricht gegen die Annahme, die Argonauten seien, wie später Odysseus, zunächst zum Ort des Sonnenuntergangs und erst dann, der Route Helios' folgend, über den Okeanos dorthin gefahren, wo die Sonne aufgeht, die klassische Vorstellung, die Helden hätten von vornherein den fernen Osten, namentlich Kolchis an der Ostküste des Pontos Euxeinos angesteuert. So meint eine der Autoritäten der Argonautenforschung, »daß man sich Aia von Anfang an innerhalb der Grenzen des Schwarzen Meeres vorstellte«, und eine andere Kapazität hält es für wahrscheinlich, bereits in der Frühbronzezeit seien lemnische Gold- und Zinnprospektoren zur kolchischen Küste vorgestoßen, was den Anlaß zur Bildung der Argonautensage gegeben habe.[40]

Nun gibt es zwar im Bosporus und in den Dardanellen eine starke Strömung in Richtung Mittelmeer, die stellenweise fünf Knoten stark sein kann, und zudem bläst meist ein steifer Nordostwind, so daß noch im 19. Jahrhundert viele Hunderte von Segelschiffen monatelang vor der Insel Tenedos lagen und auf eine kurzfristige Änderung der Windverhältnisse warteten, die ihnen die Fahrt ins Schwarze Meer ermöglichte. Doch existieren eine Reihe von Indizien dafür, daß spätestens im 16. Jahrhundert v. Chr. ägäische, wohl vorwiegend minoische, Schiffe vor allem an der Küste von Lemnos, vielleicht aber auch in der Beşikbucht bei Troja, vor Anker gingen, bis irgendwann ein Südwest- oder Südostwind aufkam,[41] der ihnen die Passage zum Pontos erlaubte.

So hat man an der Westküste des Schwarzen Meeres zahlreiche Steinanker des mediterranen Typs gefunden, von denen schätzungsweise 10 % nicht lokalen Usprungs sind und vermutlich von ägäischen Schiffen stammen, sowie im Landesinnern unweit der bulgarischen Küste und am Meeresgrund bei Sozopol südöstlich des Eingangs zur Bucht von Burgos mehrere Keftiubarren, die im Aussehen und im Gewicht denen von Aghia Triada aus dem 16. Jahrhundert gleichen und mit kypro-minoischen oder Linear-A-Zeichen versehen sind.[42]

Nach einer legendären Überlieferung gab es westlich des thrakischen Flusses Axiós eine altkretische Kolonie, und vom Namen dieses Gewässers sollen die der drei samothrakischen Kabiren Axieros, Axiokersos und Axiokersa abgeleitet sein, die nach Mnaseas von Petara der Demeter, dem Hades und der Persephone entsprechen. Und tatsächlich hat man in den Linear-A-Inschriften von Aghia Triada und auf Linear-B-Täfelchen aus Knossos mehrere thrakische Eigennamen entziffert, z. B. das Toponym *tu-ni-ja*, das sich vom Namen des thrakischen Stammes der Thynoi herleitet, die auf einen bronzezeitlichen Kontakt zwischen Zentralkreta und Thrakien hindeuten.[43] Ja, man ist sogar am Kaliakra-Kap an der nordostbulgarischen Schwarzmeerküste auf einen Linear-A-Abdruck gestoßen, der es wahrscheinlich macht, daß minoische Seefahrer auf der Suche nach transylvanischem Gold bis zum Donaudelta vorgestoßen und den großen Fluß aufwärts gefahren sein könnten.[44]

Zwar gibt es keine Anhaltspunkte für ägäische Fahrten ins Schwarze Meer in der ausgehenden Bronze- und frühen Eisenzeit, doch macht es der Fund chiotischer Keramik aus dem 9. oder 8. Jahrhundert v. Chr. in Bagachina, etwa 10 km von der Donaumündung entfernt, wahrscheinlich, daß in homerischer Zeit Seefahrer von der Insel Chios auf der Suche nach transylvanischem Erz und Edelmetall erneut die Westküste entlanggefahren sind. Schließlich scheinen die Milesier im Jahre 657 v. Chr. mit Histria an dieser Küste die erste griechische Schwarzmeerkolonie gegründet zu haben, obgleich die älteste dort gefundene ägäische Keramik einige Jahrzehnte jünger ist.[45]

Die frühsten milesischen Fahrten zur Erkundung der pontischen Ostküste scheinen hingegen erst im ausgehenden 7. Jahrhundert stattgefunden zu haben, und aus dieser Zeit stammt auch die älteste an der kolchischen Küste ausgegrabene griechische Keramik, nämlich vereinzelte Amphorenscherben von Chios.[46] Um die Mitte des 6. Jahrhunderts gründete Milet, das damals noch die größte und bedeutendste Handelsmetropole Griechenlands war, in Kolchis das erste Emporion, und genau in diese Zeit fällt die erste historisch faßbare Gleichsetzung des okeanischen Aia mit der Landschaft im Osten des Schwarzen Meeres in den *Korinthiaká* des Eumelos und im darauffolgenden Jahrhundert in einem Scholion zu Pindars *Olympier*, in dem es heißt, Aietes sei zur »kolchischen Erde« (Κολχίδα γαῖαν) gegangen.[47]

Man hat immer wieder vermutet, die rationalen milesischen Fernhändler hätten das Goldene Vlies als eine Metapher für die Importe von Edelmetall angesehen und deshalb Aia mit dem goldreichen Kolchis identifiziert. Doch entgegen einer verbreiteten Meinung gab es in der Gegend des östlichen Pontos und in dessen Hinterland keine reichen Goldvorkommen, und in Griechenland herrschte im 7. oder 6. Jahrhundert v. Chr. auch kein Mangel an Edelmetall, so daß man heute davon ausgeht, die Kaufleute und Prospektoren aus Milet seien viel eher an kolchischem Bauholz, Eisenerz, Pech, Hanf, Harz, Honig, Flachsgeweben und an Sklaven interessiert gewesen als an dem dort geförderten Gold und Silber.[48]

Offenbar war es unter den griechischen Seefahrern in nachhomerischer Zeit geradezu Mode, die sagenhaften Orte, die nach der Überlieferung außerhalb der Welt am oder im Okeanos lagen, mit Gegenden innerhalb des Mittelmeeres und des Pontos zu identifizieren, die sie auf ihren Erkundungs- und Handelsfahrten kennengelernt hatten. Genauso verhielten sich gewiß schon die minoischen Fernfahrer der Spätbronzezeit und nicht anders die modernen Gelehrten, die in Kerkyra das Scheria der Phäaken, in Malta die Insel der Kalypso, in der Ìsola Ùstica die Insel der Kirke, in der Straße von Messina Skylla und Charybdis, in Stromboli die Insel des Aíolos oder eben in der Küste Georgiens die Heimstätte des Sonnengottes sehen wollen, und zwar ungeachtet der Tatsache, daß z. B. Ogygia so »weit entfernt von allen Menschen« liegt, daß selbst Hermes den Ort nicht kennt,[49] und daß Scheria und Aia ganz offenkundig nicht in einer Weltgegend lokalisiert waren, die unter normalen Umständen mit einem Schiff erreicht werden konnte.[50]

Dies führte die antiken Schriftsteller natürlich in ein Dilemma, aus dem sie sich häufig dadurch zu befreien suchten, daß sie die realen Orte mehr oder weniger gewaltsam an die mythische Geographie anpaßten oder Flüsse und Verbindungswege erfanden, von denen sie nicht wissen konnten, ob ihnen in der Wirklichkeit überhaupt etwas entsprach.

So spricht z. B. Apollonios von Rhodos vom »kolchischen Aia (Αἶα δὲ Κολχὶς) am äußersten Ende des Pontos, ja, am Ende der Welt (πόντου καὶ γαίης ἐπικέκλιται ἐσχατιῇσιν)«, obgleich er sich natürlich als ein geographisch hochgebildeter hellenistischer Gelehrter darüber im klaren war, daß die Welt an der Ostküste des Schwarzen Meeres nicht endete. Und da jedermann wußte, daß die Argonauten einstmals den Okeanos entlanggefahren waren, konnte man dieses alte und zentrale Element der Sage nicht einfach unterschlagen, weshalb bereits der ptolemäische Admiral Timosthenes von Rhodos die Helden im περίπλους seines *Περὶ λιμένων* über die Donau und die großen Alpenvorlandseen und andere Autoren über den Φᾶσις ποταμός oder den Tanaïs in den nördlichen Okeanos gelangen ließen.[51]

Wie konnte indessen eine Fahrt, die ursprünglich in Richtung Sonnenuntergang verlief, plötzlich in eine Reise nach Nordosten umgewandelt werden? Wie wir gesehen haben, beschritt Gilgameš auf seiner Fahrt ins Jenseits »einen weiten Weg, den Pfad des Šamaš«, und auch für die Helden der Ägäis gab es keine Alternative zum Weg des Sonnengottes, der zunächst nach Westen und dann im Halbkreis auf dem Okeanos nach Osten führte.[52]

Aus irgendeinem für uns heute nicht mehr nachvollziehbaren Grund scheint bei den späteren griechischen Bearbeitern des Argonautenthemas die erste Hälfte der Sonnenfahrt verblaßt zu sein, während sie in die Odyssee aufgenommen wurde und dort erhalten blieb.[53] Dabei ist es natürlich müßig, die einzelnen Orte in den jeweiligen Episoden periplusartig aneinanderzureihen und nach der Anzahl der Tage, die das Schiff der Helden von einem Ort zum anderen unterwegs war, eine reale Reiseroute zu rekonstruieren, wie es immer wieder geschieht.

»Es hieße den Charakter der alten epischen Dichtkunst verkennen«, mahnte schon vor 150 Jahren der in München lehrende Philologe Wilhelm Christ, »wollte man hier wie bei einem prosaischen Werke über Ortsentfernungen genaue Uebereinstimmung mit den thatsächlichen geographischen Verhältnissen fordern«, was schon Eratosthenes so formulierte, »man könne erst dann herausfinden, wo Odysseus umhergeirrt sei, wenn man den Lederarbeiter gefunden habe, der den Sack der Winde genäht hat«.

Wenn nämlich Odysseus vom Sturm »9 volle Tage über das fischreiche Meer« getrieben wird, um zu den Lotophagen zu gelangen, oder wenn er den Phääken erzählt, »sechsmal« sei »es Tag und Nacht« geworden, bis seine Männer und er »nach stetigem Segeln« Telepylos erreicht hätten, dann handelt es sich bei diesen Zeitangaben um feststehende Formeln, mit denen der Dichter zum Ausdruck bringen will, daß der Held in unermeßliche Fernen verschlagen wird, die jenseits dessen liegen, was den Menschen bekannt ist.[54]

Wichtiger aber ist es, zu erkennen, daß es sich bei den Argonautiká und der Odyssee um epische Parataxen handelt, denen kein durchgehender Handlungsstrang zugrunde liegt. Vielmehr bestehen sie aus einer nur äußerlich miteinander verknüpften Aufeinanderfolge separater Episoden, die im Grunde immer wieder dasselbe erzählen, nämlich die Jenseitsfahrt der »zweimal Sterbenden« (διϑανέες), wie die schöne Kirke Odysseus und seine Männer nennt. So schreibt Friedrich Schiller am 21. April 1797 aus Jena an Goethe: »Es wird mir aus allem, was Sie sagen, immer klarer, daß die Selbständigkeit seiner Teile einen Hauptcharakter des epischen Gedichts ausmacht. [...] Darum eilen wir nicht ungeduldig zu einem Ziele, sondern verweilen uns mit Liebe bei jedem Schritte.«[55]

Entsprechend repräsentieren Kirke, Kalypso, Medeia oder die Nymphe, die den Argonauten Hylas in die Tiefe zieht (Tf. XIV u. Abb. 101), ebenso das Jenseits oder die Unterwelt wie Polyphem (Abb. 172), die Insel des Helios, die Lotophagen oder die Sirenen,

Abb. 172: Die Blendung des Polyphem, Kraterfragment von Argos,
7. Jh. v. Chr.

wobei die Odyssee auch eine unverschlüsselte Fahrt zum Eingang
der Unterwelt enthält. Kirke rät nämlich dem Helden, den Okeanos zu »durchfahren« (δι' Ὠκεανοῖο περήσῃς), um zum »Hain der
Persephone« zu gelangen, was er auch tut, wobei es allerdings
nicht zu einer wirklichen κατάβασις kommt. Odysseus verharrt
nämlich vor dem Eingang, ohne das »Haus des Hades« zu betreten, und lockt den Schatten des Teiresias durch das Opfer eines
Widders und eines Mutterschafes herbei.[56]

Nachdem Odysseus und seine Männer vor der Wut der Kiko-
nen, deren Besitztümer sie geraubt und deren Frauen und Töchter sie vergewaltigt hatten, geflohen waren, gelangten sie schließlich an die Küste der Lotophagen, die ihnen ihre Speise anboten:
»Doch wer von diesen die honigsüßen Früchte des Lotos / Kostete
(ἀλλά σφι δόσαν λωτοῖο πάσασθαι), wollte nicht Kunde mehr
bringen, er wollte / Nicht mehr nach Haus, nein dort, bei den Loto-
phagischen Männern (ἀνδράσι Λωτοφάγοισι), / Wollten sie bleiben und Lotos zupfend die Heimkehr vergessen. / Weinend holte
ich sie mit Gewalt zurück zu den Schiffen«.

Daß der Lotos eine Jenseitspflanze, eine »Blüte des Todes«,
gewesen ist, erkennt man nicht nur an seiner Verbindung mit den

Abb. 173: Stier riecht an der regenerierenden Lotosblüte,
Weinkanne aus einem Grab in Arnadi, Zypern, 7. Jh. v. Chr.

Sirenen auf deren ältesten Darstellungen aus geometrischer Zeit,
sondern auch daran, daß er das Symbol des sterbenden und wiederauferstehenden Melqart, des Paredros der ʿAštart, gewesen ist.
Im Mittelalter war bei uns die Weiße See- oder Wasserrose eine
Todesblume, und im Schwarzwald wurde sie auch noch später
»Mummel«, d. h. Muhme oder Mutter genannt, nach der ein See
im Nordschwarzwald Mummelsee heißt, aus dem bezeichnenderweise die Nixen die Seelen der kleinen Kinder holten, um sie den
gebärenden Frauen zu bringen.[57]

Wahrscheinlich identifizierten die alten Ägypter die sich abends
schließenden und beim ersten Sonnenlicht wieder öffnenden Blütenblätter des blauen Lotos (*Nymphaea caerula*) mit den Lippen
der Nut oder der Hathor, die sich schlossen, nachdem die Göttin
am Abend den Sonnengott verschluckt hatte, sowie mit ihren
Schamlippen, die sich öffneten, wenn sie ihm am Morgen erneut
das Leben schenkte, und deshalb krümmt sich auch bisweilen der
Hecksteven der Sonnenbarke, auf der Hathor den Rê über das
Himmelsgewässer fährt, zu einer großen Lotosblüte.[58] Zumindest
in der ägyptischen Spätzeit hat man das Wort für »Lotos«, *sššn*,

Abb. 174: Musizierende Sirene, Grabstele, 4. Jh. v. Chr.

mit dem für »vergessen«, *ś:šm*, assoziiert, und in der Tat scheint die unsere Teiche und Weiher schmückende Seerose (*Nymphaea alba*) schmerzstillende und schlaffördernde Apomorphin-Alkaloide zu enthalten, während in der Blüte und im Rhizom von *Nymphaea caerula* die Alkaloide Nymphaein, Nuciferin, Nupharidin und α-Nupharidin nachgewiesen wurden, die halluzinogene Wirkungen nach sich ziehen, bei zu hoher Dosis aber tödlich sein können.[59]

Vergessen die an der Küste der Lotophagen an Land gegangenen Helden ihre Heimat, so widerfährt ein Gleiches all denen, die im fernen Westen auf die blumige Wiese der Sirenen gelangen, die – wie Kalypso oder die Hesperiden – einen jeden mit ihrem Gesang berücken und an sich fesseln. So passieren die Argonauten »die schöne Blumeninsel, wo die helltönenden Sirenen, die Töchter des Acheloos, mit ihren süßen Zaubergesängen jeden betören und verderben, der dort seine Haltetaue auswirft«, indem sie ihm »die süße Heimkehr nehmen«. Und ähnlich verlautet die Odyssee über die auf einer »blumigen Wiese« singenden Frauen: »Wer diesen Sirenen / Unberaten sich nähert und dem lauscht, was sie ihm singen, / Der kehrt nie wieder nach Hause. Sein Weib, seine unmündigen Kinder / Begegnen ihm nimmer in herzlicher Lust.«[60]

Das Wort Σειρῆνε ist vorgriechisch, vielleicht minoisch, und die blumige Wiese, auf der sie sitzen, ist nichts anderes als Elysion, der Ort der Seligen, wo die Gebieterinnen des Jenseits den verstorbenen Helden »für die Liebe« empfangen und ihn damit für immer an sich binden (Abb. 175). In einem athenischen Grab aus frühhelleni-

Abb. 175: Sirene koitiert einen Mann,
alexandrinisches Marmorrelief, 1. Jh.

stischer Zeit fand man die Terrakottafigurine einer nackten, geflügelten Sirene in verführerischer Haltung – mit der Linken faßt sie an ihr Haar und mit der Rechten an eine ihrer Brüste –, und auf einer rotfigurigen Amphore greift eine andere mit entblößten Brüsten nach einem nackten Eros, der einen Hasen, das Tier der Aphrodite, hascht.[61]

Ihre Nachfahrinnen sind die Nereiden und Nymphen, die den einsamen Wanderer oder Hirten zum Beischlaf verführen oder ihn vergewaltigen, um ihn stumm oder geistesgestört – »elwe-tritsch«, d. h. »vom Elf getreten«, wie es früher in der Kurpfalz hieß – zurückzulassen. Und noch heute berichten kretische Fischer, sie hätten um die Mittagszeit – die Stunde der Geister – aus den Nereidengrotten wie der von Amnisos oder auf dem Meer den bezaubernden Gesang dieser Wesen gehört.[62]

338

Warum aber haben die mythischen Helden eine solche Fahrt zum
Ort des Sonnenuntergangs überhaupt unternommen? – eine Fahrt,
die sie von dort auf dem Okeanos im Halbkreis um den nördlichen
Teil der Erdscheibe führte, eine Reise also, die in der realen Geographie zumindest zu zwei Dritteln einer Fahrt an der Atlantik- und
Nordseeküste entlang bis zu den Gestaden der Kimbrischen Halbinsel entspricht. Was war ihr Motiv, auf den Spuren des Sonnengottes die Welt der Lebenden zu verlassen, um bis dorthin vorzudringen, wo seine Heimstatt war, wo sich Elysion befand und
wohin sich noch kein Sterblicher vorgewagt hatte?

Wenn Odysseus seinen Männern den Befehl erteilt, »die schön-
wollige Schafherde« des Kyklopen Polyphem, die dieser in seiner
Höhle bewacht hat, auf das Schiff zu treiben, um sie heimzuschaf-
fen, dann tut er nichts anderes als sein Onkel Hermes, »der Lichtbringer«, der die Rinder des Unterweltsgottes Admetos aus dessen
Grotte raubt, wo sie von Apollon gehütet werden.[1] Κύκλωφ hat
man von idg. *pku-klōps, »Viehdieb«, abgeleitet und als *κυκλό-
κλωφ, als »Räuber des Sonnenrades (ἡλίου κύκλος)«, interpretiert,[2] und dieser Unhold ist kein anderer als Admetos, der »Unbezwingbare«, oder als Geryoneus, der auf der fernen Okeanos-Insel
Erytheia (Ἐρυϑεία) die »purpurnen Rinder« (φοινικαῖ βοῦς) des
Sonnengottes, die das Licht und die Fruchtbarkeit verkörpern,
zurückhält, bis Herakles im δέπας des Helios über den Okeanos
fährt, das Vieh hineintreibt und in den Osten zurückbringt.[3]

Schließlich sind auch die in den Ställen des Augeías stehenden
Tiere das Sonnenvieh (vgl. *αὔξω, »[Sonnen]licht«; αὐγή, »Glanz«;
αὐγάξω, »strahle, sehe«) wie die auf Thrinakia weidenden »7 Herden von Kühen und herrlichen Scharen von Schafen«, die »nicht
sterben müssen« und von den Sonnenmädchen Phaëtusa und Lam-
petia, den Töchtern der Neaira (Νέαιρα), gehütet werden, deren
Name, den bezeichnenderweise auch die Gattin des Aietes trägt,
»Wiederkehr [des Lichts]« zu bedeuten scheint.[4] Auch der ḫattisch-
hethitische Sonnengott Šiuš (zu *diēus) besaß eine Schafherde, und

auf der babylonischen Weltkarte befindet sich jenseits des »Bitter-
flusses« Nār Marrātum eine Insel, auf der »mit Hörnern ausgestattetes Vieh« lebt – vermutlich die aus »den Schwarzköpfigen
[= Schafen] der Unterwelt« bestehende Herde des Sonnengottes
Šamaš, des Hirten »des Oben und Unten«.[5]

Aus der Tatsache, daß, folgt man der Überlieferung Apollodoros', Herakles »von Agamede, der Tochter des Augeías« einen
Sohn hatte (Abb. 176), läßt sich wohl folgern, daß auch er alterna-

Abb. 176: Herakles entjungfert Agamede, die Tochter des Augeías,
Silberphiale, Rogozen, 4. Jh. v. Chr.

tiv zum Sonnenvieh und zu den Goldenen Äpfeln die Sonnentochter heimholte und mit ihr den ἱερὸς γάμος vollzog. Entsprechend
befreite der Wettergott Indra einerseits die roten Sonnenkühe
(*uśrās* oder *uśriyās*), die das schlangen- oder drachengestaltige
Monster Vṛtra in der Höhle gefangenhielt,[6] und andererseits die
beiden von Vṛtra entführten Schwestern, die im R̥gVeda »die zwei
Frauenbrüste« genannt werden, wobei in der altindischen Literatur die Regenwolken immer wieder mit den vollen Brüsten
schwangerer Frauen verglichen werden. Aber auch Odysseus flieht
nach einer nichthomerischen Überlieferung mit der Tochter des

Polyphem und bringt sie heim wie Jason die Sonnentochter Medeia.[7]

Und wie Indra mit dem Regen den heißen, empfängnisbereiten Schoß der Erde kühlt und befruchtet, der durch die Göttinnen Sītā, »Ackerfurche«, oder Lakṣmī personifiziert wird, so entfacht er die Lust der müde gewordenen Männer, auf daß sie die Mädchen und Frauen besteigen und schwängern: »Er ließ die Jungfrauen anschwellen wie frische Quellen, die hochschießen und glucksen,

Abb. 177: Aphrodite ermuntert Hermes zum Beischlaf,
rf. Schale, 6. Jh. v. Chr.

junge Mädchen, die die Wahrheit kennen; [er ejakulierte in] die sittsamen jungen Frauen, die schwach wurden. Er tränkte die verdorrten Steppen und Ebenen; er setzte die unfruchtbaren Hausfrauen instand, [mit ihren Brüsten wieder] Milch zu geben.[8]

Befreit und schwängert Indra Sītā, so koitiert Hermes nicht nur die schöne Kuhgöttin Io, nachdem er ihren Entführer und Wächter Argos, den Vieläugigen, eingeschläfert hat,[9] sondern auch die in die Unterwelt verschleppte Persephone[10] und die Vegetationsgöttin Aphrodite, die er im Frühling aus dem Jenseits holte: Auf einem rotfigurigen Glockenkrater ist der das Kerykeion haltende Hermes zu sehen, der mit der Rechten auf die auf einem Schwan herbeifliegende Göttin zeigt, die ihn auf einer attischen Schale aus dem 6. Jahrhundert v. Chr. mit eindeutiger Gestik zum Beischlaf auffordert (Abb. 177).[11]

Wahrscheinlich gelangte Aphrodite im 10. Jahrhundert v. Chr. von Paphos nach Kreta, wo sie mit der großen minoischen Vegetationsgöttin verschmolz und zur Paredra des Hermes Dendrites wurde, der seinerseits ein Nachfolger des minoischen Paredros der Göttin war. Am südlichen Hang des Dikte befindet sich oberhalb des Dorfes Kato Syme in 1200 m Höhe ein vom MM III B bis ins 3. Jahrhundert n. Chr. ununterbrochen benutztes Heiligtum, von dem aus man weit über das Libysche Meer blicken kann. Dort fand man nicht nur ein daidalisches Tontäfelchen mit der Darstellung der sich entblößenden Aphrodite, sondern auch ein im 7. Jahrhundert v. Chr. hergestelltes getriebenes Bronzeplättchen, auf dem Hermes Kedritas (»von der Zeder«) mit Flügelschuhen, langen Locken und aus dem Kopf wachsenden Zweigen im Geäst seines Baumes zu sehen ist.[12]

Im spätbronzezeitlichen Pylos war Hermes als *e-ma-a a-re-ja*, dessen Name *Έρμάhας nach einer Etymologie die Wurzel *er-, »aufrichten, in die Höhe bringen« (vgl. ἔρνος, »Schößling«; lat. *orior*, »sich erheben«) enthalten soll, mit den Göttinnen *pe-re-*82, *di-u-ja* und *i-pe-me-de-ja* assoziiert, wobei Iphimedeia der ältere Name der Iphigenie ist.[13] Ιφιμέδεια, wohl »die mit Macht [oder Kraft] Regenerierende«, ist mit Sicherheit eine der Nachfolgerinnen der großen vorgriechischen Vegetationsgöttin, die in der späteren Überlieferung von Artemis entrafft und unsterblich wird. Als in den Kyprien der Priester das Opfermesser »in die blühende«, vom Hochzeitsgewand entblößte »Brust« der Jungfrau stoßen will, trifft er den Hals einer Hindin, die unvermittelt anstelle der Iphigenie auf dem Opferaltar steht, denn »Artemis hatte das junge Mädchen / Unsichtbar entführt zu ihrem taurischen Tempel, / Wo hinter ewigem Meer die Inseln der Seligen liegen; / Dort im Dienste der Göttin gewann sie unsterbliches Leben«. »Und herrliche Ambrosia, so erläutert Hesiod, »tropfte sie [Artemis] übers Haupt [der Iphimede] herab, [auf daß] ihre Haut stets frisch wäre, / Und machte sie frei von Tod [und Alter] all die Tage«. Nach einer anderen Tradition, die sich wohl enger an das vorgriechische Vorbild hält, in dem gewiß der minoische Vorläufer des Hermes die Iphimedeia oder Iphianassa periodisch aus Elysion zurückholte, sind

es ihre »Brüder« Orestes und Pylades, die sie aus dem Jenseitsland
Tauris befreien.[14]

Antoninus Liberalis hat die Überlieferung aufbewahrt, nach
welcher Iphigenie auf der zum elysischen Tauris gehörigen »Leuchtenden Insel« (νήσῳ Λευκή von idg. *leuk-, »leuchten«),[15] wo die
Seligen sich Kränze und Girlanden aus goldenen Blüten winden,
von deren Herrscher Achilles beschlafen und ursprünglich mit
Sicherheit auch dorthin entführt wurde, was in anderen Varianten
der Geschichte Helena, Medeia, Polyxene, Diomede oder Penthe-
sileia widerfährt. »Wenn dein / Sohn«, so sagt Hera der Nereide
Thetis bezüglich des kleinen Ἀχιλλεύς, den diese dem Sterblichen
Peleus geboren hatte, »den jetzt noch in den Gefilden des Ken-
tauren Cheiron / Najaden aufziehen und der noch nach deiner
Milch verlangt, / [einst] zu den Elysischen Feldern kommt, dann
ist es ihm / bestimmt, der Gatte Medeias zu sein, der Tochter des
Aietes.«[16]

Eine andere Nachfolgerin der periodisch verschwindenden und
wiederkehrenden vorgriechischen Vegetationsgöttin, mit der Achil-

Abb. 179: Theseus raubt Helena, Amphore des Euthymides,
spätes 6. Jh. v. Chr.

les nach Ptolemaios Hephaistion auf der μακάρων νῆσος den Beischlaf vollzieht, nachdem er sie offenbar dorthin entführt hat, ist
Helena, deren auf einem spartanischen Aryballos des 7. Jahrhunderts verzeichneter Name Ϝελένᾱ, sonst meist Ἑλένη, wohl entweder auf die idg. Wurzel *su̯el- (altind. *svárati*) zurückgeht und
Swelenā, »die Leuchtende« (sanskr. *svaranā*, »leuchtend«) bedeutet, oder aber die idg. Wurzel *wel-*, »winden«, enthält und
soviel wie ἑλένη, »Schößling, Zweig«, heißen könnte.[17] Paßt die
erste Etymologie zur Göttin Helena als Sonnentochter – als Paris
sie erblickte, war »alles an ihr Licht; sie strahlte wirklich, als rah-
me / Rings ein Feuer sie ein; des Haares goldene Fülle / Flutete um
die Stirn, als wäre es die blendende Sonne«[18] – so die zweite zur
Vegetationsgöttin Ἑλένα Δενδρῖτις, die als Nachfolgerin einer
bronzezeitlichen Baumgöttin im 8. Jahrhundert v. Chr. gemeinsam
mit ihrem Paredros Menelaos auf einem Hügel bei Sparta als Platane verehrt wurde: »Wenn am Himmel der Glanz des mutterbe-
fruchtenden Mondes / In gerundeter Pracht sich mit den Kräften
der Erde / Wunderlich eint und schwellt das Blut der keimenden
Früchte, / Dann durchwandelte sie [Helena] die lenzerwachenden

Gärten / Wie ein segnender Traum; es rauschten die Säfte der Wurzeln / Tief in dämmriger Haft, / Und aus den Blättern und Blüten / Strömte unsäglicher Duft zu heißer, banger Betörung.«[19]

Nach verschiedenen griechischen Überlieferungen wird Helena entweder vom Totengott Aphidnos (»der Schonungslose«), dessen Name mit dem des Hades verwandt ist, oder von Theseus geraubt, der die beim Fest der Artemis Reigen tanzende, »zu herausragender Schönheit herangewachsene« Jungfrau in die Unterwelt Aphidnai verschleppt (Abb. 179), wo er sie »seinem Freunde Aphidnos übergab«. Schließlich ist es Paris, der das junge Mädchen nach Troja entführt, dessen Charakter als Reich der Toten

Abb. 180: Tanzende (links) und Labyrinth, Staetitanhänger, Paros, 8. Jh. v. Chr.

durch die Historisierung in der Ilias und seine Identifikation mit dem anatolisch-luwischen Taruisa nicht mehr erkennbar war.[20] Allerdings hat sich der Name mit der ursprünglichen Bedeutung noch in den sogenannten Trojaburgen des Nordens gehalten, die auch schwedisch *jungfrudanser* und finnisch *nunnantarha* genannt wurden, weil dort im Frühling der »Jungferntanz« (idg. *truia*, »Quirltanz«, < idg. **ter-*; asäch. *thrāian*; nhd. »drehen«) stattfand: Dabei lief jeweils ein junger Mann zum Zentrum der Steinspirale, um dort ein junges Mädchen zu umarmen und hinauszutragen. Trat er beim Laufen auf die Steinbegrenzung, schied er aus, und der Nächste lief los.[21]

In diesen Tänzen oder Läufen durch die Windungen des Spirallabyrinths – an einer Wand in der Marienkirche von Sibbo im finnischen Nyland befindet sich das spätmittelalterliche Fresko eines Labyrinthes, in dessen Mitte ein Mädchen mit offenen Armen auf seinen Befreier wartet – spiegelt sich ebenso die Erlösung der Vegetationsgöttin aus ihrem Wintergefängnis wider wie in der Erweckung Dornröschens, Schneewittchens oder Brynhillðrs durch die Prinzen bzw. Siegfried aus ihrem Zauberschlaf in den verwunschenen Schlössern oder im Berg der sieben Zwerge.[22] Jenen Märchen- und Sagenhelden entsprechen wiederum die Befreier Helenas, nämlich das Brüderpaar Menelaos und Agamemnon, die ebenfalls mit der heimgeführten Göttin den ἱερὸς γάμος vollziehen, der den

Abb. 181: Helena entblößt vor dem heranstürmenden Menelaos ihre rechte Brust, Lekythos, 5. Jh. v. Chr.

Sterblichen zwar einen Platz in Elysion sichert, sich aus der Feder des Euripides indessen nicht allzu heilig ausnimmt, wenn er den Chor der Satyrn Odysseus fragen läßt: »Sobald das schöne Weibchen euer war, / Habt ihr es alle nacheinander durchgefickt? Denn Freude macht der Wechsel vieler Männer ihr!«[23]

Hinter diesen achäischen Königen und den übrigen »Freiern der Helena«, wie Thukydides sie, eine peloponnesische Überlieferung zitierend, nennt, waren die in Argos »Anaktes«, Könige, genannten Dioskuren, die dort in der Nähe eines von Helena nach ihrer Rückkehr gestifteten »Heiligtums der Eileithyia« verehrt worden sind, wie Pausanias berichtet.[24] Die Διὸς κοῦροι, »Jünglinge des Zeus«, nach dem vorgriechischen Wettergott Tyndaros (von τυδ, »einschlagen«), einem Vorläufer des Zeus, auch Τυνδαρίδοι genannt, konnten wie die Kabiren zu dritt sein, doch stellte man sie sich meist als Zwillinge vor, deren Namen Κάστωρ und Πολυδευκής auf Verben zurückgehen, die »leuchten« oder »scheinen« bedeuten.[25]

In der griechischen Tradition rauben sie die Λευκιππίδες, die Töchter des Sonnengottes Λεύκιππος, also dem, »der [die] weiße[n] Pferde lenkt«, von denen eines φοίβη, »das Strahlende« heißt, doch haben sie ursprünglich die Sonnentöchter ebenso heimgeführt und beschlafen wie die entführte Helena, der sie nach dem Geographen Stephanos von Byzanz zunächst noch bis zur Insel Lesbos folgen können, ehe sie die Heroine und Paris aus den Augen verlieren. Auf einem etruskischen Spiegel ist zu sehen, wie die bis auf die Chlamys nackte Helena sich nach ihrer Rettung vor den beiden Dioskuren wollüstig zur Schau stellt, und auf einer Terrakotta aus el-Faiyūm flankieren die unbekleideten Zwillinge einen Baumstamm, der offenbar die Helena Dendritis symbolisiert.[26]

In zahlreichen europäischen Märchen reisen junge Helden in das Land der Sonne, um von dort eine wunderschöne Jungfrau, oft gemeinsam mit einem Schatz, nach Hause zu bringen, und auch die Heimholung der Helena durch die Dioskuren geht auf die nicht nur im indoeuropäischen Bereich, sondern auch in anderen Weltgegenden gewiß schon im Neolithikum verbreitete Vorstellung zurück, die im Winter verschwundene oder geraubte Fruchtbarkeit und das Sonnenlicht müßten aus ihrem fernen Gefängnis zurückgeholt werden. Dies tat z. B. bei den südkalifornischen Chumash der Medizinmann während der Wintersonnenwende, indem er einen mit radialen roten Strichen – den Sonnenstrahlen – bemalten perforierten runden Stein, durch den ein Zweig wie eine Spindel durch den Spinnwirtel gesteckt war, drehte, was die Rückreise der Sonne aus dem Totenland symbolisierte, die zudem mimisch durch bestimmte Tänze zum Ausdruck gebracht wurde. Und in verschiedenen Gegenden Mitteleuropas »starb« in dieser Zeit nicht allein die Sonne, sondern auch das Herdfeuer, das gelöscht und anschließend von »Zwillingen königlicher Abstammung« oder zumindest von zwei Brüdern erneuert (»zurückgeholt«) wurde, indem diese einen Stab in der Nabe eines Wagenrades quirlten. Entsprechend entzündeten die vedischen Aśvinau, »die mit Pferden Ausgestatteten« (sanskr. *aśvas*; gr. ἵππος, lat. *equus*; kelt. *epo-*; ae. *eoh*; lit. *esmi*, »Pferd«) mit goldenen Feuerreibhölzern (*manthāna*), die einen Phallus und eine Vagina repräsentierten, das neue Sonnenfeuer und schufen damit neues Leben, weshalb sie auch Nãsatyã (< *nes*; got. *nasjan*, »retten, wiederbringen«; vgl. νόστος und Νέστωρ genannt wurden.[27]

Σωτῆρες, »Heilmacher«, hießen auch die Διὸς κοῦροι, weil sie wie die Aśvinau nicht nur im Frühling die Vegetation sprießen und die Blumen blühen ließen, sondern auch die Frauen der Impotenten schwängerten, die alten Jungfern verkuppelten und dafür sorgten, daß die Milch der sterilen Kühe floß. Schließlich waren sie auch »Heiler« in dem Sinne, daß sie die Greise verjüngten und den Erblindeten das Augenlicht zurückgaben, weshalb noch heute im Mezzogiorno die heiligen Märtyrer Kosmas und Damian als Ärzte angerufen werden, die einst übers Meer gekommen sind.[28]

Weiteste Verbreitung fand indessen der Glaube, die *diu̯ós népōth* oder *divó nápātā* holten die Tochter des Sonnengottes heim und vertrieben damit die Dunkelheit wie die Aśvinau, wenn diese die *duhitã sũryasya*, die »Sonnentochter« Sūryā, auf ihren Pferdewagen oder das mit hundert Rudern ausgestattete »beseelte, wasserdichte Schiff, das durch die Luft fliegt«, steigen lassen, von dem in einem Hymnus des R̥gVeda die Rede ist. Und die lettischen Gottessöhne (*dieva dēli*, lit. *diẽvo sūnẽlei*) sind zur Himmelswiese gereist, wo sie von einem Versteck in einem Mohnblumenfeld aus beobachten, wie die *sáulès meitas* sich nackt ausziehen und im Wasser plantschen und spielen, worauf sie, von Wollust übermannt, hervorstürzen und den »Sonnentöchtern« die Jungfernkränze wegnehmen, wie es dezent heißt.[29]

Übermittelt Strabon die Nachricht der »alten Historiker«, das »Küstenland am [nordwestlichen] Okeanos«, also die damals sogenannte Keltikế, besitze »nicht wenige Bezeichnungen, die von den Argonauten und Dioskuren herstammen«, so glaubt man die beiden Lichtbringer in zahlreichen bronzezeitlichen Darstellungen des Nordens wiederzuerkennen. Auf ein bronzenes Rasiermesser aus dem östlichen Jütland hat man beispielsweise zwei Männer mit Strahlenkränzen um den Kopf in einem Boot sitzend eingraviert (Abb. 182), und auf einem anderen Messer sind die beiden bewaffnet und tragen Hörnerhelme, während außerhalb des Bootes eine langhaarige Frau – ähnlich wie offenbar die ihre Brust haltende Frau von Fårdal – eine Schlange an der Leine führt. Auf Felsbildern in Östergötland und in Bohuslän scheinen sie schließlich als zwei

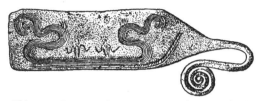

Abb. 182: Bronzerasiermesser aus Voel, Ost-Jütland.

Sonnen auf einem Schiff oder als Zwillinge mit mächtigen Erektionen dargestellt zu sein, von denen der eine auf dem Kopf steht.[30]

Nach Tacitus verehrten die ostgermanischen Naharvalen in einem »uralten heiligen Hain« zwei göttliche »Brüder als Jünglinge«, die den römischen Castor und Pollux entsprachen und Alces (»Elche«) genannt wurden, und man hat vermutet, daß Yngvi-Freyr und Ullr solche nordischen Dioskuren waren, die im Frühling das Licht und die Fruchtbarkeit ins Land brachten. Waren sie wohl ursprünglich »Elche«, so in späterer Zeit »Pferde«, und auf dem gotländischen Bildstein Sanda IV befinden sich dioskurische Pferdeprotome über dem Fährschiff ins Jenseits. Aber auch den Führern in unbekannte, neue Lebensräume gab man solche Pferdenamen – z. B. den legendären Anführern der Angelsachsen, die im frühen 5. Jahrhundert nach dem Abzug der für den Kampf gegen Alarich benötigten römischen Legionen das heutige Kent besiedelten, die Hengist (= Hengst) und Horsa (= Stute) genannt wurden. Noch im 19. Jahrhundert hießen so die apotropäischen Pferdefiguren am Giebel der Häuser in der Nähe des holsteinischen Rendsburg.[31]

Auch die Διὸς κοῦροι scheinen zunächst auf weißen Pferden ins Jenseits geritten zu sein, doch nach der Wanderung der Proto-Griechen an die Gestade der Ägäis wurden die Tiere mehr und mehr durch Schiffe ersetzt, und die Gebrüder wandelten sich zu den Geleitern und Schutzherren all jener Seefahrer, die sich in unbekannte Fernen vorwagten. »Am Abend landeten / sie«, so heißt es von den Argonauten, »auf Geheiß des Orpheus auf der Insel der Atlastochter Elektra [= Samothrake], / um durch feierliche Initiationsriten die geheimnisvollen Satzungen [des Dioskurenkultes] / zu erfahren und so sicherer über das schaumvolle Meer zu fahren«, und in sämtlichen überlieferten Teilnehmerlisten der Fahrt

Abb. 183: Ariadne mit Fadenspule und Theseus,
Reliefpinax, Tarent, frühes 7. Jh. v. Chr.

nach Aia werden die Dioskuren selbst als Argonauten genannt. Bei schwerem Sturm riefen »die Schiffer / In Gebeten die Söhne des mächtigen Vaters zu Hilfe«, stiegen »zur Spitze des Heckes hinauf mit makellos weißen / Widdern« und opferten diese, damit die Zwillinge erschienen und die aufgewühlte See beruhigten.[32] Doch die Epiphanie der Dioskuren zeigte sich auch in den beiden leuchtenden Flämmchen an den Masten oder auf dem Wasser in gewitterschwüler Nacht vor dem Aufkommen eines Unwetters, »ein gutes Zeichen« für eine Fahrt über das Meer, wie Paris der Helena an Bord des Schiffes auf dem Weg nach Troja erklärt.[33]

Als Patrone der Seefahrer entwickelten die Dioskuren sich im Verlauf der Antike gleich dem Hermes zu den Geleitern der Verstorbenen in die Unterwelt, wobei nicht selten der eine auf römischen Sarkophagen als Greis mit Bart den Abschied vom Leben und der andere als blühender Jüngling die Wiedergeburt und das neue Leben symbolisierte.[34]

Ein anderer Name der Vegetationsgöttin, die von dem Unterweltsgott Theseus aus Kreta entführt wurde, war Ariadne (Abb. 183), auch Ἀριάγνη oder Ἀριδήλα genannt, eine Bezeichnung, die einerseits von den westsemitischen Begriffen *'ar*, »Licht«, und *'adn*, »Herr«, abgeleitet wird und damit »Licht [ihres] Herrn«,

Abb. 184: Dionysos koitiert Ariadne, zyprisches Doppelrelief, 4. Jh. v. Chr.

d. h. ihres Paredros, bedeuten würde, die man andererseits aber nach einer griechischen Volksetymologie mit ἀρι-άγνη, »die überaus Heilige«, übersetzt hat.[35] Von Kreta aus soll Theseus die Schöne nach Δία gebracht haben, womit freilich nicht die der kretischen Nordküste vorgelagerte kleine Insel, sondern Naxos gemeint war, wo es später noch ein Ritual gab, das den Tod und die Wiedergeburt der Ariadne zum Thema hatte.[36]

Dort wurde die Jungfrau – wie Dornröschen oder Schneewittchen – von Dionysos aus ihrem Todesschlaf erweckt und beschlafen (Abb. 184), was sie unsterblich machte[37] und die Natur wiederaufblühen ließ. Als Jason und die übrigen Argonauten Lemnos verlassen, schenkt Hypsipyle dem Helden zum Abschied ein purpurnes Kultgewand, das »die Chariten eigenhändig auf der Insel Dia für Dionysos gewebt« hatten. An ihm haftete »ein göttlicher

Duft, seitdem sich der Herrscher vom Berge Nysa darauf gelagert hatte, trunken von Wein und Nektar, die schönen Brüste des kretischen Mädchens umfassend, das einst Theseus, nachdem sie ihm aus Knossos gefolgt war, auf Dia zurückgelassen hatte«.[38]

Eine verschwindende und wiederkehrende Mutter-Geliebte des »gehörnten und stiergestaltigen« Dionysos war auch die von Nonnos als »schöngehörnt« bezeichnete Semele (Σεμέλη, thrak. »Erde«; lett. Zemes Māte; lit. Žemyna, russ. Zeml'ja, »Erdmutter«), die Personifikation der vom Blitz und dem anschließenden Regen

Abb. 185: Terrakottafigurine der Damatares, Korinth, 7.Jh. v.Chr.

geschwängerten Erde, die nach dem ἱερὸς γάμος erblüht: »Und es lachte die ganze Erde, es sprossen von selber / Blätter, ein Rebengarten umgrünte Semeles Lager, / Aus den Mauern entsprossen die Blumen der tauigen Wiese.«[39]

Doch am berühmtesten ist die vom Gott der Unterwelt geraubte Vegetationsgöttin unter dem griechischen Namen Κόρη (ΚόρFα; Linear B *ko-wa*; vgl. κόρος, »Sproß, Trieb, Schößling«) geworden, die auch den Beinamen Αὐξησία, »die es wachsen läßt« (von αὐξάνω, »mehren, wachsen lassen«), trug. Ursprünglich existierte lediglich die verschwindende und wiederkehrende Vegetationsgöt-

Abb. 186: Hades raubt Kore, Pinax, Lokris, um 470 v. Chr.

tin Demeter, was noch in der argivischen Überlieferung nachklang, in der Kore vom Totengott geraubt wurde, ohne daß es eine trauernde und nach ihr suchende Mutter gab.[40] Später aber spaltete die Göttin sich in zwei Personen auf, nämlich in die blühende Jungfrau (*ko-wa*) und in die »alte Frau« (*ka-ra-wi-ja*). Ein rhodischer Text spricht von den beiden Δαματέρες und einem Δαμάτριος – vielleicht dem Paredros der Demeter und Vater der Kore –, und auf Rhodos hat man in Gräbern des 7. Jahrhunderts v. Chr. die Terrakottafigürchen einer Doppelgöttin gefunden, die über zwei Köpfe und zwei Paar Brüste, aber nur über einen Rumpf und ein Paar Arme verfügt.[41]

Demeter und Kore wurden auch häufig Πότνιαι, »Herrinnen«, genannt, und auf einem pylischen Linear-B-Täfelchen ist im Zusammenhang eines »Festes der Wehklage« (*to-no-e-ke-te-ri-jo*) von einem »König« (*wa-na-ka-te*) und den »zwei Königinnen« (im Dual *wa-na-so-i*) die Rede: Höchstwahrscheinlich handelt es sich um die beiden Aspekte der Vegetationsgöttin, die auf einem anderen Täfelchen *ma-na-sa* genannt wird, was wohl Μᾶ ἄνασσα entspricht, denn ein gängiger Name der Demeter in klassischer Zeit war ἄνασσα, d. h. »Königin«.[42]

Nach Bakchylides fand der Raub der Kore (Abb. 186) auf Kreta statt, als sie, die nach dem *Hymnus auf Demeter* eine »liebliche Blüte« mit einem »Blütenkelchantlitz« ist, auf einer Wiese »Krokus pflückte und Veilchen, / Hyazinthen und Rosen, Iris und auch die Narzissen«. Auf einem rotfigurigen Skyphos aus dem 5. Jahrhundert v. Chr. ist zu sehen, wie der Streitwagen, auf dem Hades die Kore entführt, in der Erde versinkt, während drei bestürzte Frauen, von denen sicher eine die Demeter ist, das Paar verfolgen, und auf einem athenischen Relief aus derselben Zeit heißt der Räuber der Basile genannten Blütentochter Echelos oder Echelaos (= Agesilaos).[43]

Nach einer orphischen Überlieferung geht Demeter in die Unterwelt, um ihre Tochter zurückzugewinnen – eine andere Tradition schreibt dies Hekate zu –, während Kallimachos die Göttin in den fernen Western wandern läßt: »Bis zum Sonnenuntergang« führen sie die Füße, »bis zu den Aithiopen und dorthin, wo die goldenen Äpfel wachsen« – »dreimal«, so der Dichter aus Kyrene, »überquertest du den silbrig wirbelnden Acheloos!« Dorthin, zur Insel der Demeter, auf die man, von Osten her kommend, noch vor der im nordwestlichen Okeanos liegenden Kirke-Insel Aiaia (Linear B *a-wa-ja*) trifft,[44] verschlägt es auch die Argonauten, die berichten: »Niemand […] hätte gewußt, wo wir waren, wenn nicht Lynkeus« mit seinen scharfen Augen von weitem »eine mit Pinien bewachsene Insel und den weitläufigen Palast der Königin Demeter, von einer dichten Wolke verhüllt, gesehen hätte«, nämlich den Ort, an dem sich offenbar das Tor zur Unterwelt befand, durch das der Totengott ihre Tochter verschleppt hatte.[45]

Doch weil Kore in der Unterwelt mit ihrem Entführer geschlafen oder – etwas verblümter ausgedrückt –, in den Granatapfel gebissen hat, darf sie lediglich mit dem Herbstregen und der anschließenden kurzen Blütenperiode und dem Getreidewachstum zur Erdoberfläche zurück. So fällt auch Schneewittchen in den Todesschlaf, nachdem sie vom Apfel gekostet hat, und als in der mittelalterlichen Ballade des schottischen Sängers Thomas of Erceldoune der hungrige Held in dem paradiesischen Land jenseits eines Gewässers, in das ihn die Fee geführt hat, nach einem Apfel greift, hält ihn jene davor zurück, weil er sonst nie mehr zurückgehen könnte.[46] Wer schließlich in Mesopotamien mit der Unterweltsgöttin Ereškigal geschlafen hatte, blieb ihr verfallen und konnte ihren Herrschaftsbereich nicht mehr verlassen. Als beispielsweise Nergal, der spätere Herr der sengenden Mittagshitze, die Unterwelt betritt, stellt Ereškigal vor ihm ihre nackten Reize zur Schau, nachdem sie sich

Abb. 187: Kore/Persephone, Heiligtum der Parthenos, Neapolis, 7. Jh. v. Chr.

gewaschen und parfümiert hat, worauf die beiden sieben Tage und Nächte lang »das zwischen Mann und Frau« tun, was ihm die Rückkehr unmöglich macht.[47]

»Vergnügt« sich in der altnordischen Heimskringla die Totengöttin Hel mit der Leiche (*hrør*) König Dyggvis und zieht die Meeresgöttin Rán die mit ihrem magischen Netz gefangenen Seeleute zum Rán-beðr, zum »Bett der Rán«, hinunter, um sie dort zu vergewaltigen,[48] heißt es auf dem Goldblättchen aus einem Grab des 4. Jahrhunderts v. Chr. im nordkalabrischen Thurii: »Ich sank ein in den Schoß der Königin der Unterwelt (χθονίς βασιλείας)«. Eine Inschrift in Pantikapaion verlautet, das verstorbene Mädchen sei nunmehr, obwohl sterbliche Männer es begehrten, von Hades entjungfert worden und teile fortan das Bett mit Persephone, und Kassandra ruft vor der Schändung durch den Lokrer Aias aus:

355

»Schnell hinweg, damit ich mit Hades, dem Bräutigam vereint werde!« Schließlich zweifelt Agamemnon, ob er die tote Iphigenie noch eine Jungfrau nennen könne, da sie ja soeben von Hades defloriert worden sei.[49]

Auf einem Spiegel, den man im 6. Jahrhundert v. Chr. einer Etruskerin mit ins Grab gegeben hat, ist zu sehen, wie die Verstorbene im Jenseits vor einem nackten jungen Mann das Kleid öffnet und dieser ihr an die Brust faßt, während auf einem anderen ein Mann die Genitalien der entkleideten Toten stimuliert und ein zweiter, behaarter Geselle mit erigiertem Glied auf sie zueilt. Auf einem Sargdeckel aus Vulci liegt die nackte Verstorbene, »die Frau des Arnth Tetnie«, mit ihrem jenseitigen Liebhaber im Bett, und auf anderen Sarkophagen sind orgiastische Koitus- und Oralsexszenen dargestellt.[50]

Noch im 19. Jahrhundert flehten in manchen Gegenden Griechenlands die Eltern ihre verstorbene Tochter in rituellen Klagegesängen an, wieder zurückzukommen, doch diese antwortete durch eine der anwesenden Frauen, das sei unmöglich, da sie jetzt mit dem Totengott verheiratet sei. In Oberägypten tätowiert man noch heute ein verstorbenes geschlechtsreifes Mädchen wie eine Braut im Gesicht, färbt ihre Handflächen und Fußsohlen mit schützender Henna und epiliert ihr Schamhaar, da sie in Kürze im Paradies eine *ḫūrīya* sein wird, die den Verstorbenen zum Geschlechtsverkehr zur Verfügung steht, weshalb die Kopten sie ʿ*arūsat as-samā*, Himmelsbraut, nennen.[51]

Doch auch in den verschiedensten Landstrichen Europas stattete man bis weit ins vorvergangene Jahrhundert ledige Personen und bisweilen auch verheiratete Frauen für das aus, was die Sorben *posledni kwas*, »die letzte Hochzeit«, nannten, nämlich das Mädchen oder die junge Frau mit einem Brautkleid und den jungen Mann mit einem Hochzeitsstrauß. Im Baltikum schmückte man beim Begräbnis junger Leute das Haus mit Hochzeitskränzen und sang statt der Klage- durchaus erotische Hochzeitslieder, während es beim Leichenschmaus lustig und ausgelassen zuging, und auch hierzulande wurde dem unverheiratet gestorbenen Mädchen für die Hochzeit mit Jesus Christus eine aufwendig gestaltete Brautkrone aus Stoff auf den Kopf gesetzt, an der mit Draht bunte Glasperlen und Blumen befestigt waren.[52]

Auf einem minoischen Goldring aus Khania sowie zahlreichen späteren griechischen Darstellungen ist zu sehen, wie ein Mann eine Frau am Handgelenk auf ein abfahrtbereites Schiff führt, wobei eine über der minoischen Galeere schwebende Frau im Volantrock mit ausgestrecktem Arm – offenbar die Herrschaftsgeste der Vegetationsgöttin – den sakralen Charakter der Szene deutlich macht. Der Griff ans Handgelenk einer Frau (χεῖρα ἐπὶ κάρπῳ) war meist eine Geste der Inbesitznahme und Heimführung der Braut – Heiraten heißt idg. *wedh-, »[heim]führen«; engl. *to wed*; lat. *uxorem ducere*; indo-iran. *vadhū*, »die Geführte« – vergleichbar dem Griff des Mannes an ihre Brust.[53] Schon bei den Ägyptern symbolisierte das Ergreifen des Handgelenkes einer Frau durch einen Mann, daß dieser das Recht hatte, ihren Körper »zu besitzen«, und auf einer akkadischen Kalksteingravur faßt Ištar den auf einem Faltstuhl sitzenden König Naram-Sin ums linke Handgelenk, was bedeutet, daß sie mit ihm den ἱερὸς γάμος vollzieht.[54]

Wer führt aber wen über das Meer ins Brautgemach? Ist es der Totengott, der die Vegetationsgöttin raubt, oder ihr Befreier, der sie heimholt? Geht aus einigen literarischen Quellen hervor, daß Athene den Herakles am Handgelenk auf den Olymp, Aphrodite den Aeneas zum Lager sowie Hypsipyle und Medeia den Jason zum Brautbett und schließlich Dionysos die Semele und Herakles die Alkestis auf diese Weise aus der Unterwelt führen, sind auch einige bildliche Dokumente in dieser Hinsicht eindeutig. So hält z. B. Eos auf einer Kylix des Telephos-Malers den Tithonos am Handgelenk fest, während sie ihn vergewaltigt (Abb. 93), faßt Hermes auf einem Relief Eurydike so an, nachdem Orpheus sich nach ihr umgesehen hat, und es ist auch wahrscheinlich, daß es sich bei dem Paar der um 700 v. Chr. entstandenen Holzskulptur aus dem Heraion von Samos um das Vorspiel zum γάμος von Zeus und Hera handelt (Abb. 188).[55]

Wie verhält es sich jedoch mit den vielen anderen Szenen, in denen eine Frau am Handgelenk auf ein Schiff geführt wird, etwa der auf der bekannten attischen oder boiotischen Lutrophoros aus

Abb. 188: Hieros Gamos von Zeus und der entfesselten Hera,
Samos, um 700 v. Chr.

der Mitte des 8. Jahrhunderts v. Chr., in der die Frau einen Kranz in
der Rechten hält (Abb. 189)? Zwar wurden auf den das Wasser für
das Brautbad enthaltenden Lutrophoren häufig Totenklagen für
verstorbene Jungfrauen dargestellt, doch könnte der Liebes- oder
Hochzeitskranz eher ein Indiz dafür sein, daß hier das junge Mädchen ihrem Befreier und Retter folgt.

Denn dieser Kranz symbolisierte das neue Leben und die Fruchtbarkeit, nicht ein künftiges Dasein in der dunklen Unterwelt. Als
Minos vom Tod seines Sohnes Androgeos erfuhr, warf er auf der
Stelle seinen Kranz weg, denn dieser war das Zeichen für Leben
und die regenerierende Kraft der Natur. Am ersten Tag der Hyakinthia, an dem der Tod des Vegetationsgottes betrauert wurde,
blieben sämtliche Teilnehmer unbekränzt, doch an den beiden folgenden Tagen, an denen man seine Wiederkunft feierte, stimmte
man den Paian an, und ein jeder setzte sich einen Kranz auf den
Kopf. Auf einem thebanischen Skyphos reicht Medeia, vom Pfeil
des Eros getroffen, Jason einen Kranz der Liebe und der Fruchtbarkeit, wie auch die griechischen Frauen ihren Verehrern als Zeichen
der Einwilligung oder auf einer attischen Hydria die nymphomane

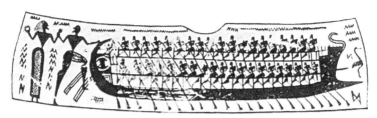

Abb. 189: Lutrophoros aus Theben, um 730 v. Chr.

Eos einem nackten Jüngling als Symbol ihrer Begierde ein Gewinde aus Blumen oder Laub übergaben. So halten auch Ariadne, Helena und die anderen Sonnen- und Vegetationsmädchen einen Kranz in den Händen, um ihr Einverständnis kundzutun und zum Ausdruck zu bringen, daß sie nicht gegen ihren Willen entführt oder vergewaltigt wurden.[56]

In dieselbe Richtung weist auch der Kranich vor dem Bug der Galeere, da dieser Zugvogel nicht nur ein Symbol des ἱερὸς γάμος und der Fruchtbarkeit war, sondern auch ein Führer und Geleiter auf dem Wege nach Elysion, der im Herbst von Norden kommend Kreta überflog. So ist es gewiß kein Zufall, wenn auf einem Lentoidsiegel des SM III A aus grünem Jaspis die minoische Vegetationsgöttin, sich an zwei Kranichen festhaltend, über das Meer zu gleiten scheint (Abb. 133), während auf einer Hydria des 6. Jahrhunderts v. Chr. ein Kranich und ein Delphin dem Zeusstier mit der Europa auf dem Rücken den Weg übers Meer weisen (Abb. 221).[57]

Auch die Delphine neben dem minoischen Schiff auf dem Goldring von Khania scheinen die gleiche Bedeutung zu haben wie der Kranich. Denn auch sie führten nicht nur Theseus zum Palast des Poseidon und der Amphitrite auf dem Grunde des Meeres, vielmehr waren sie die mütterlichen Tiere par excellence – δελφύς bedeutet »Uterus« – und symbolisierten die Wiedergeburt, weshalb auch die Vegetationsgöttin auf einem Siegel aus Knossos einen Delphin an ihre Brust hält und auf einem Siegelabdruck aus Pylos von zweien dieser Meerestiere flankiert wird.[58]

Der Szene auf der Lutrophoros entspricht weitgehend die auf einem bronzenen Kesselständer dargestellte aus der Zeushöhle auf

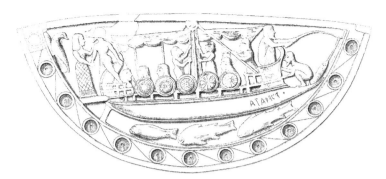

Abb. 190: Elfenbeinplättchen aus dem Heiligtum der Artemis Orthia in Sparta, 7. Jh. v. Chr.

Abb. 191: Paris entführt Helena, Schildbandrelief, Olympia, 7. Jh. v. Chr.

dem Ida, der ebenfalls aus dem 8. Jahrhundert v. Chr. stammt. Hier ist das Paar bereits an Bord gegangen und steht im Heck des Schiffes, wobei die Frau wohl ursprünglich ebenfalls einen Liebeskranz in der Hand gehalten hat. Auch auf dem etwas jüngeren Elfenbeinplättchen aus dem Heiligtum der Artemis Orthia in Sparta wird die Frau ganz offensichtlich mit ihrem Einverständnis ›entführt‹, da sie liebevoll die Hand auf die Schulter ihres Partners legt (Abb. 190), und ein Gleiches gilt für die Szene auf einem Schildband des späten 7. Jahrhunderts v. Chr. (Abb. 191), in der eine Frau mit der Linken, über der ein Liebeskranz hängt, einem gewappneten Mann ans Handgelenk faßt. Man hat diese Szene als die der Entführung der

Helena interpretiert, doch wäre es in diesem Falle unverständlich, warum die Frau sich dem Mann mit sexueller Absicht nähert und nicht umgekehrt, einmal abgesehen davon, daß Paris ein leichtgekleideter Bogenschütze und kein schwergepanzerter Hoplit gewesen ist.[59]

Auf einem Bronzerelief aus dem frühen 6. Jahrhundert v. Chr. eilt eine splitternackte Frau mit stattlichen Brüsten auf einen Mann zu und faßt ihn unters Kinn, und dasselbe tut auf einem etwas älteren Plattenfragment aus Gortyn ein Mann bei einer Frau, deren nackter Oberkörper und kunstvolle Frisur mit den Korkenzieherlocken durchaus minoisch anmuten. Man hat in der Reliefszene

Abb. 192: »Sacra-Conversazione-Ring« [Unterweisung des Wanax durch die Göttin (?)], Goldring aus Mykene, SH III A1.

die Vergewaltigung und Schwängerung der Amazonenkönigin Antiope durch Theseus sehen wollen, doch dürfte sich auch der ahnungsloseste griechische Kunsthandwerker die Schändung einer Frau anders vorgestellt haben als auf diesem Bild.[60]

Auf einem Goldring aus einem Kammergrab des frühen 14. Jahrhunderts v. Chr. in der Unterstadt von Mykene sieht man eine sitzende Frau in lebhafter Unterhaltung mit einem Stabträger (Abb. 192), vielleicht dem Wanax, dessen untergeordnete Stellung offenbar durch seine geringere Größe zum Ausdruck gebracht wird. Obgleich er ihr Handgelenk zu ergreifen scheint, gewinnt man nicht den Eindruck, daß hier ein Mann eine Frau, vermutlich

Abb. 193: Hieros Gamos, Pithosrelief, Arkádes, um 700 v. Chr.

die Große Göttin des minoischen Kreta, »in Besitz nimmt«, zumal diese ihm eine Hand mit erhobenem Zeigefinger entgegenstreckt, als wolle sie ihn in etwas unterweisen. Auch im Falle der Terrakottafigurine eines Paares aus der Höhle von Patsos im westlichen Zentralkreta, die etwa derselben Zeit entstammt, ist es bezeichnenderweise die Frau mit entblößten Brüsten und langem Rock, die ihre Rechte um ihren Partner gelegt hat, wohingegen auf einem 700 Jahre jüngeren Pithosrelief aus Arkádes (Abb. 193) der Mann mit der einen Hand seine Partnerin umfaßt und ihr mit der anderen besitzergreifend an die Vulva greift.[61]

Trotzdem sind noch in späterer griechischer Zeit die Spuren der sexuell initiativen Göttin der Minoer nicht ganz verwischt. Was z. B. Kirke nachts in ihrer Höhle mit Odysseus anstellt, grenzt an sexuelle Nötigung, und er gibt ihrem Drängen erst nach, als sie schwört, ihn nicht, gleich seinen Männern, als Schwein (ἔρχαται ὥστε ὑες) im Stall einzuschließen (Abb. 194), wenn er nackt und schutzlos mit ihr auf dem Lager liege. Auch den durch den Anblick der nackten Skylla erregten Glaukos fordert Kirke auf, mit ihr zu

Abb. 194: Von Kirke in ein Schwein verwandelter Gefährte des Odysseus,
Tonaltärchen, Sizilien, 6. Jh. v. Chr.

schlafen, und Demeter paart sich ganz ungriechisch mit Iasion auf
dem Acker, weil »*ihre* Lust sie drängte«. Schließlich haben die libidinöse Kreterin Demeter und die »unnatürliche Lust« der Pasiphaë
gewiß dazu beigetragen, daß in Griechenland und später auch bei
den Kirchenvätern die Kreterinnen nicht nur als besonders lasziv,
sondern, fast noch schlimmer, als emanzipiert galten, fand doch
Plutarch es bemerkenswert, wenn auf Kreta die Frauen an öffentlichen Veranstaltungen teilnehmen durften.[62] Entsprechend haben
noch der große Archäologe Carl Schuchhardt im Jahre der natio-
nalsozialistischen Machtergreifung und etwas später sein ebenso
bedeutender Kollege Schachermeyr die Kulturseele »des weich-
lichen, weibischen Kreta« vom »kraftvollen männlichen Geist«
der Mykener unterschieden, »eines stolzen Volkes, das siegen und
herrschen« wollte.[63]

Ist in den griechischen Quellen von der sexuellen Lust der Frau
normalerweise selten die Rede und läuft der Beischlaf der Helden
und Götter mit ihren Partnerinnen für gewöhnlich auf eine Vergewaltigung hinaus (Abb. 195), sprechen die orientalischen Texte

meist eine ganz andere Sprache. So bewundert Inanna die Schönheit des Penisses und der Hoden sowie die kraftvolle Erektion ihres Geliebten Dumuzi, den sie »Mein-die-Frucht (*inbū*)-Erhebender« nennt, mit den Worten: »Deine Frucht wächst zu verschwenderischer Größe!« und »Deine Fülle ist süß, deine ›Lieblinge‹ sind wunderschön, blühend sind deine Genitalien!«, worauf sie alsbald

Abb. 195: Aias vergewaltigt die unter dem Palladion Schutz suchende Kassandra, Hydria des »Kleophadesmalers«, um 480 v. Chr.

zum »Lachen«, d. h. zum Orgasmus kommt: »Ich lache glücklich über den Erguß des Hirten!« Und Ištar sagt zu ihrem Partner, sie sei gierig darauf, seine »Manneskraft zu essen« (*kiššūtu akālu*), öffnet mit den Fingern ihre Schamlippen (*lipiššatu*) und fordert ihn auf, mit ihren Brüsten »zu spielen« und ihre Klitoris (*ḫanduttu*) zu reizen: »Komm in mich, ich habe [meine] Schenkel gespreizt!« Schließlich ist auch die vorderasiatische ʿAnāth gleich ihren mesopotamischen Schwestern beim Nahen des Vegetationsgottes von Geschlechtslust erfüllt: »Baʿal kommt [ihr] entgegen, [mit] steifem [Glied]; der göttliche Ḥadad, [mit] erigiertem Penis. Jungfrau ʿAnāths Mund von unten war feucht, der Mund von unten der huldvollsten von Baʿals Schwestern.«[64]

Entsprechend entbrennt die Göttin in Liebe zu Gilgameš oder zum künftigen König, und *sie* ist es, die ihren »Geliebten« (*narā-*

mum, sumer. *ki-âga*) erwählt: »Als ich noch ein Gärtner war«, verlautet im späten 24. Jahrhundert v. Chr. Sargon von Akkad, »verliebte sich Ištar in mich, / Und so regierte ich (…) jahrelang als König.« »O Enlil-bani«, heißt es in einem sumerischen Text, »Inanna ist aus [ihrem Heiligtum in] Eanna gekommen und hat dein Herz erfreut. Auf ihrem heiligen Bett hat sie sich dir auf majestätische Weise genähert.« »Du hast mich mit dem Blick deiner Augen auserwählt«, sagt sehr viel später Aššurnāsirpal I. zur Ištar, »da du wolltest, daß ich herrsche«, und noch im 7. Jahrhundert v. Chr. bezeichnet sich Aššurhaddon als »der von Ištar von Niniveh, der großen Königin, Auserkorene, Objekt des Verlangens der Göttinnen, den Ištar zu Arbela mit strahlenden Augen ausgesucht hat.«

Denn der König ist lediglich der passive Rezipient »of the blessings of her womb and breasts, and of just a touch of her immortality«, wie Saul Noah Kramer es einmal bezüglich des ἱερὸς γάμος von Inanna und ihrem Geliebten ausgedrückt hat.[65]

Bis in unsere Zeit lebte in Indien die sexuell aktive und lebenverleihende vorarische Große Göttin vor allem in Kālī weiter, die für gewöhnlich bis auf einen Umhang aus Tigerfell nackt und mit baumelnden Hängebrüsten dargestellt wird. Während z. B. die Göttin Lakṣmī und andere von ihren Partnern, etwa von Viṣṇu, bekleidet und auf konventionelle Weise penetriert werden, hockt Kālī beim Koitus *auf* ihrem Gefährten Śiva, was im 18. Jahrhundert die Angehörigen der höheren Kasten schockierte, von den niedrigstehenden bengalischen Frauen aber begeistert besungen wurde und heute noch von den indischen Feministinnen gefeiert wird. In einem tantrischen Ritual besteigt eine nackte, *śakti* (»Kraft«) genannte junge Frau als Inkarnation Kālīs einen ebenfalls unbekleideten Priester, der selber nicht ejakulieren darf, und läßt ihn ihren weiblichen Samen (*raja*), d. h. ihr Vaginalsekret, schlucken, wodurch er sich die Energie der Göttin einverleibt.[66]

Welchem Zweck diente der ἱερὸς γάμος des mythischen Helden mit der Sonnen- oder Vegetationsgöttin, die er aus ihrem tiefwinterlichen bzw. hochsommerlichen Verlies in einer jenseitigen Welt befreite und heimführte?

Es ist unschwer erkennbar, daß der Beischlaf zwischen den beiden auf der einen Seite den Wachstumsprozeß alles Lebens, der unter der Sommerglut oder in der winterlichen Kälte ins Stocken geraten war, wieder in Gang setzen sollte. Und auf der anderen erhielten der Held oder der künftige Herrscher durch die Säfte der göttlichen Frau, die als Personifizierung der *natura naturans* unsterblich ist, all die Kraft und Energie, die er als Manifestation der *natura naturata* immer wieder aufs neue benötigte. Denn »von Anfang an vorhanden«, so Bachofen, »gegeben, unwandelbar ist nur das Weib; geworden, und darum stetem Untergang verfallen, der Mann.«

Weckt der Held durch den Geschlechtsakt die niemals wirklich tote, sondern immer nur periodisch schlummernde Lebens- und Regenerierungskraft der Frau, so beteiligte sich in zahllosen bäuerlichen Gesellschaften die Bevölkerung daran, das Wachstum von Flora und Fauna anzuregen. Beim Haloa-Fest der Demeter und des Dionysos führten die Frauen obszöne Reden und verteilten Kuchen in Form von Phallen und Vulven oder steckten sie in den Ackerboden, um das Wachstum der Feldfrüchte zu fördern. Zu diesem Zwecke ermunterten die Priesterinnen der Demeter anscheinend auch die Teilnehmerinnen zum Ehebruch und zu anderen sexuellen Handlungen – auf einer unteritalischen Schale stimuliert beispielsweise eine Frau mit den Zehen die Genitalien eines nackten jungen Mädchens.[1] In Japan kopulierten die Bauernpaare beim Aussäen auf den Feldern, um die Seidenraupen zum Spinnen zu animieren, und beim *yamagami-matsuri*-Fest stießen sie einen hölzernen Phallus in eine Vagina aus Stroh, in die man anschließend das milchige Reisbier *doburoku* als Sperma spritzte. In einigen Gegenden Indiens tanzten nachts junge nackte Frauen auf den

Äckern, machten laszive Gesten und sangen unanständige Lieder, damit der Regengott sexuell erregt wurde und ejakulierte. Die gleiche Funktion kam den Koitusszenen an den Außenwänden der indischen Tempel zu, die Indra, den »Herrn des Regens«, zum Samenerguß reizen sollten.[2]

Auch wenn der Geschlechtsverkehr mit Prostituierten normalerweise nicht zu einer Schwangerschaft führte – um dies zu vermeiden, ließen die babylonischen Huren sich gerne, wie ein Text es ausdrückt, »in den Hintern ficken« –, galt er trotzdem weithin als fruchtbarkeitsfördernd, übertrugen sich doch die Geilheit und die fließenden Körpersäfte positiv auf das Wachstum in der Natur. Deshalb war im Spätmittelalter die Begegnung mit einer öffentlichen Hure glückverheißend. Aus dem gleichen Grund führte man in den Reichsstädten Hurenwettläufe durch und schickte die Insassinnen der Frauenhäuser einziehenden Herrschern und ihrem Gefolge entgegen. Im Zweistromland standen die Prostituierten unter dem Schutz der Inanna-Ištar, die das Epitheton »die der sexuellen Erregung« trug, und in einem Hymnus sagt die Göttin, deren Tempel in Girsu »heilige Schenke« (*éš-dam-kù*) hieß: »Wenn ich mich an die Wand lehne, ist es 1 Šekel; wenn ich mich [zum Analverkehr] vornüberbeuge, sind es 1 ½ Šekel.« Doch ist sie so libidinös, daß sie nach einem Text aus Nippur selbst dann unbefriedigt bliebe, wenn sämtliche jungen Männer einer Stadt mit ihr »in den Schatten einer Mauer« gingen.[3]

Öffentlicher Geschlechtsverkehr als menschlicher Beitrag zum Gedeihen der Feldfrüchte und der übrigen Produkte und Geschöpfe der Natur fand meist zu Beginn der Regenperiode statt, so offenbar während der Rückkehr des Vegetationsgottes Baʿal im Herbst oder beim Fest der »Neulebenshütte« der ansonsten prüden Cheyenne im Frühling, in dessen Verlauf noch im Jahre 1903 zahlreiche Paare einander beischliefen und sich lauthals über die Freuden des Sexuallebens ausließen (Abb. 196).[4]

Prototypisch für diesen die Natur befruchtenden Beischlaf war in Griechenland der ἱερὸς γάμος zwischen Zeus und der βοῶπις πότνια, der »kuhäugigen Herrin Hera«, also zwischen Gottheiten, hinter denen sich unschwer die minoische Göttin und ihr stierge-

Abb. 196: Vollzug des Geschlechtsakts beim »Sonnentanz« der Cheyenne in Oklahoma, 1903.

staltiger πάρεδρος erkennen lassen. Und während der Gott die Göttin auf dem Gipfel des Ida penetrierte, »erblühte« unter ihnen »die heilige Erde von sprießenden Gräsern, / Tauigem Lotos (λωτός), Hyazinthen und saftigem Krokus, / Dicht und üppig und weich, die über den Boden sie hoben. / Beide lagerten dort und deckten sich zu mit den schönen / Goldenen Wolken; es fielen herab die Tropfen des Taues«.[5]

Auf dem erwähnten Holzrelief des 7. Jahrhunderts v. Chr. von Samos faßt Zeus der Hera an die Brust, während diese das Gelenk seiner rechten Hand ergreift (Abb. 188) – eine recht dezente Darstellung des γάμος, wenn man sie mit der auf einem 300 Jahre jüngeren etruskischen Bronzespiegel vergleicht: Hier sitzt Zeus auf einem Thron, aus dem ein erigierter Penis und ein Hodensack herausragen, und greift nach Hera, neben der sich eine weibliche Herme mit der Darstellung einer behaarten Vulva befindet (Abb. 75).

Wie Diodoros berichtet, gab es auf Kreta die Überlieferung, »die Vermählung des Zeus und der Hera« habe »an einem Ort in der Nähe des Flusses Theren« stattgefunden, der sich »im Lande der Knossier« befindet, und das Beilager der beiden werde von den Knossiern immer noch »nachgeahmt«. Dessen ungeachtet erzählte man weiter südlich, in der Messará, der ἱερὸς γάμος habe sich zwi-

Abb. 197: Annibale Carracci, Hieros Gamos von Zeus und Hera,
Palazzo Farnese, um 1600.

schen Zeus und Europa ereignet, und zwar unter einer Platane in
Gortyn, die *Platanus orientalis sempervivus* genannt wird, weil sie
im Gegensatz zu den übrigen Arten ihrer Gattung niemals das
Laub abwirft.[6]

Auf einem Papyrus hat man ein Textfragment des Kallimachos
von Naxos gefunden, in dem ein Brauch geschildert wird, den auch
der Grammatiker Polydeukes aus Naukratis erwähnt, und nach
dem jede Braut (τᾱλις) die Nacht vor der Hochzeit mit einem Jüngling und der Bräutigam mit einem jungen Mädchen verbracht
habe. Der Text endet mit dem Satz: »Ja, man sagt, daß Hera ... –
schweig, du Herz, schamloser als ein Hund, du bist dabei, etwas zu
sagen, das aufzudecken frevelhaft wäre!«, woraus man geschlossen hat, die Göttin, die hinter der Hera steht, habe einst den Beischlaf mit einem jugendlichen Gott vollzogen, was den Griechen
später als in hohem Maße frivol und unanständig erschien.

Vielleicht ist dieser Akt auf einem geschlämmten Keramikplätt-
chen aus dem Palastbezirk von Monastiraki im zentralkretischen
Amari-Tal zu sehen. Obwohl das Plättchen recht mitgenommen
ist, scheint doch der Koitus zwischen einer vollbrüstigen Frau und
einem jungen Mann – offenbar der minoischen Großen Göttin und

ihrem jugendlichen πάρεδρος – erkennbar zu sein, der wohl, wie in der Levante, im Herbst stattfand, wenn der erste Regen fiel und der Krokus aufblühte. Der Krokus, wachsend durch die vom Hochzeitsbett der Hera und des Zeus tropfenden Sekrete, ist nicht unser Frühlingskrokus (*Crocus vernus*), sondern der Ende Oktober/Anfang November in den Bergen blühende blau-violette wilde *Crocus cartwrightiensis*, der auch auf den minoischen Wandbildern dargestellt und auf Kreta spätestens im 15. Jahrhundert domestiziert worden ist.[7]

Im ἱερὸς γάμος zeugte sich der πάρεδρος, die Verkörperung der *natura naturata*, selber, so wie der ägyptische Sonnengott es tat, der »Stier seiner Mutter, der sich in der Kuh erfreut, der Gatte, der sie mit seinem steifen Glied schwängert«.[8] Die Große Göttin, die Verkörperung der *natura naturans*, war also Mutter und Geliebte des Vegetationsgottes in einem, sie schenkte ihm das Leben, um später von ihm erneut befruchtet zu werden. So spricht Elektra in ihrem Gebet an Hermes davon, daß die Erde, »die aller Dinge Mutter ist, / Von dem, den sie genährt, aufs neue den Keim empfängt«, und Friedrich von Logau dichtete: »Jeder Frühling ist ein Kuß, / Den der Himmel gibt der Erde, / Daß sie jetzo seine Braut, / Später seine Mutter werde.«[9]

Im 11. Jahrhundert v. Chr. wurden in Assyrien im ganzen Lande Figurinen der nackten Liebesgöttin »für das Lachen« (*ina muḫḫi ṣiāḫi*) verteilt, und eine ähnliche Funktion, nämlich die Menschen zum Beischlaf und das Land zum Blühen anzuregen, hatten gewiß die altsyrischen Darstellungen der ihre Vulva entblößenden, die Schamlippen auseinanderziehenden oder nach dem Mann greifenden Frauen auf Rollsiegeln und Terrakottaplättchen,[10] die verstorbenen Frauen zwischen die Brüste gehängten Gewandnadeln mit Vulvadreiecken, auf denen erigierte Penisse und Hoden abgebildet waren,[11] und vermutlich schon die neolithischen Figurinen nackter Frauen mit üppigem Schamhaar.

Offenbar hat auch die verbreitete Geste des Entgegenhaltens oder Nachvornedrückens der Brüste eine erotische Bedeutung, da häufig gleichzeitig die weiblichen Genitalien akzentuiert werden. Bereits die erst kürzlich entdeckte über 35 000 Jahre alte »Venus

Abb. 198: Terrakottarelief aus Susa, um 1500 v. Chr.

Abb. 199: »Venus vom Hohlen Fels«, Aurignacien.

vom Hohlen Fels« im Achtal besitzt einerseits eine Vulva von enormer Größe und hält andererseits ihre üppigen Brüste (Abb. 199), aber auch für den Töpfer, der im 5. Jahrtausend in Tell Ḥalaf an einem Nebenfluß des Euphrat einem Krug die Gestalt einer ihre Brüste haltenden Frau mit riesigem Genitalbereich gegeben hat, standen eindeutig die sexuellen Funktionen des weiblichen Körpers im Vordergrund.[12]

Ein Gleiches gilt vielleicht für das im frühen 4. Jahrtausend in einer Ufersiedlung des Zürichsees entstandene Keramikgefäß mit weiblichen Brüsten oder für die etwa ebenso alten lebensgroßen, mit weißen Tupfen aus Kalkfarbe bedeckten Brüste, die Angehörige der sogenannten älteren Pfyner Kultur aus Lehm auf den Außenwänden ihrer später abgebrannten Häuser in den Pfahlbaudörfern Ludwigshafen und Sipplingen am Bodensee geformt haben (Abb. 200). Zwar ist die Meinung verbreitet, der Anblick eines unbekleideten weiblichen Oberkörpers sei im Jungneolithikum nichts Außergewöhnliches gewesen, doch bedeutet dies, falls es

Abb. 200: Auf die Wand eines Hauses in der Pfahlbausiedlung Ludwigshafen am Bodensee modellierte Brüste, um 3850 v. Chr.

Abb. 201: Terrakottafigurine vom Tell Kaškašuk, 6. Jt.

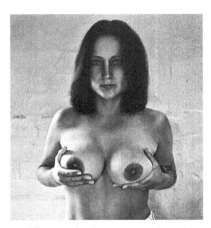

Abb. 202: Ihre Brüste präsentierende Frau, Gemälde von Peter Handel, 1986.

zutreffen sollte, nicht, daß die nackten Brüste einer geschlechtsreifen Frau keine erotische Bedeutung gehabt haben könnten.[13]

Um Enkidu zu erregen, damit er mit mit ihr schläft, entblößt die Hure Siduri vor ihm ihre Brüste und Genitalien, und in einem sumerischen, der Inanna gewidmeten Liebeslied singt die junge Frau: »Unsere kleinen Äpfel (*hašḫur tur-tur-me*) sind [das Ziel] deiner Begierde!«[14]

Abb. 203: Terrakottafigurine aus Mehrgarh, Belutschistan, um 3000 v. Chr.

»Überfluß an Brüsten und Schoß« (*brkt šdym wrḥm*) war ein Epitheton der kanaanitischen ʿAštart und ʿAnāth, die ihre Brüste nicht deshalb nach vorne halten, um zu stillen, sondern um die Männer zu stimulieren, und ʿAnāth macht auf diese Weise den Vegetationsgott Baʿal so geil, daß er »sie 8 und 80 mal« hintereinander »bespringt«.[15] Auf der Insel Zypern war das Halten der Brüste in kypro-archaischer Zeit das Kennzeichen der Aphrodite, die auch in den griechischen Texten stets von den Sterblichen an ihren prachtvollen Rundungen erkannt wird.[16] »Trunken von Wein und Nektar« spielt auch Dionysos mit den »schönen Brüsten« der Ariadne, und ein gleiches tut Zeus bei der Hera, in deren Heraion auf Samos im 8. und 7. Jahrhundert v. Chr. mehrere Figurinen ihre Brüste präsentierender levantinischer Göttinnen geopfert wurden.[17]

Nach Aussage der Terrakottafigurinen des ausgehenden 4. Jahrtausends aus Mehrgarh in Belutschistan scheinen die voluminösen Brüste der Göttin ihr wichtigstes Merkmal gewesen zu sein (Abb. 203), und auch später sind die mit dem »vollen Euter« einer Kuh verglichenen strotzenden Brüste (*vákṣāṃsi*) der vedischen Uṣás, die diese »lächelnd« vor dem Mann »entblößt«, ein Inbegriff der Erotik und der Fruchtbarkeit. »Sie schnürt sich die Taille«, verlautet ein avestischer Hymnus auf Anāhitā, »die Feuchte«, »die aller Männer Sperma vollkommen macht«, »damit [ihre] Brüste schön gestaltet und anziehend sind«,[18] während man in Ägypten zu diesem Zweck die Brüste aussparende Netzkleider benutzte.[19]

Auf Kreta hat man bereits um 6000 v. Chr. Terrakottafigurinen von Frauen hergestellt, die mit den Händen die Brüste halten, und

Abb. 204: Ihre Brüste präsentierende Frau, Gipfelheiligtum von Vrysinas, MM II (um 1800 v. Chr.).

Abb. 205: Ihre Brüste präsentierende Frau, Psychró-Höhle, vermutlich SM III B (um 1300 v. Chr.).

es könnte sein, daß sie die Vorläuferinnen jener frühminoischen und frühkykladischen sich an die Brüste fassenden Frauen in Form von Keramikgefäßen und schließlich der auf Thera gefundenen Schnabelkannen in Form einer stilisierten Frau waren, wobei die letzteren aufgrund der Ohrringe, der dunkel bemalten Brustwarzen und der aufgemalten Schwalben sowie Herbst- oder Frühlingsblumen als Konterfei der Vegetationsgöttin gelten.[20] Figurinen und andere Darstellungen von Frauen, die ihre unbedeckten Brüste halten oder sich an eine Brust fassen, sind auf Kreta bereits in mittelminoischer Zeit (Abb. 204) und später auch auf dem griechischen Festland hergestellt worden, so z. B. das Siegelbild der minoischen

Göttin, die sich auf diese Weise dem jungen Vegetationsgott zum ἱερὸς γάμος anzubieten scheint.[21]

Hat die Geste in diesem Fall ganz gewiß eine erotische Bedeutung, so scheint sie sich im Lauf der Zeit sowohl im Nahen Osten und auf Kreta (Abb. 205) als auch in Indien und Afrika zu einer Adorations- und Unterwerfungsgeste entwickelt zu haben. Entblößen noch heute manche Frauen in Südindien vor der Gottheit im Heiligtum für einen Augenblick die Brüste, taten dies bei den Mossi in den Becken der westafrikanischen Volta-Flüsse die Frauen vor dem Häuptling, und auf einem mesopotamischen Bronzetäfelchen kniet eine nackte Frau vor der auf einem Löwen stehenden Göttin Ištar und hält dabei eine ihrer Brüste. Auf einem Achatsiegel des 14. Jahrhunderts v. Chr. aus Knossos faßt eine Frau sich vor einem Altar mit »Kulthörnern« und einer heiligen Dattelpalme mit der Rechten im Adorationsgestus an die Stirn und mit der Linken an eine Brust, während andere Frauen – wahrscheinlich Priesterinnen – in ähnlichen Situationen unter ihre Brüste fassen und diese stützen und hochdrücken.[22]

Höchstwahrscheinlich spiegelt auch die seit dem späten 3. Jahrtausend bis zum Ende der Bronzezeit auf Kreta verbreitete Kulttracht der Priesterinnen die Grundintention der minoischen Erd- und Vegetationsgöttin wider, ihren Paredros zum Koitus und zur Schwängerung und damit die gesamte Natur zum Wachstum zu stimulieren. Denn während allem Anschein nach die minoischen Frauen im Alltag einen die Brüste bedeckenden χιτών trugen, ist das boleroartige Oberteil der Kultkleidung unter den frei getragenen Brüsten so geschnitten, daß es diese wie ein Push-up-BH nach oben und von den Seiten aneinanderdrückt und dadurch besonders zur Geltung bringt. Zudem betonen die Wespentaille sowie der plissierte, von der mesopotamischen Liebesgöttin übernommene Volantrock das breite Becken,[23] so daß die Behauptung einiger unschuldiger Archäologinnen, nichts weise auf eine sexuelle Bedeutung dieser Kleidung und der unbedeckten Brüste hin,[24] einigermaßen weltfremd erscheint.

Nicht selten werden die Göttin oder die Priesterinnen in einer wiegenden Haltung und mit zurückgezogenen Schultern darge-

Abb. 206: Die Brüste betonende Korsage,
Photo von Karin Székessy, 1985.

stellt, so daß die ohnehin meist üppigen Brüste noch mehr hervor-
treten, und auf dem wohl aus einem SM I B/II-Grab südlich des
Palastes von Knossos stammenden »Ring des Minos« (Abb. 207),
der inzwischen als authentisch gilt, hält die Göttin auf dem Boot
das Steuerruder vermutlich deshalb auf so unnatürliche Weise *hinter* ihrem Rücken, damit ihre Brüste nicht verdeckt werden.[25]

Auf den Fayencemodellen der minoischen Kulttracht, die Evans
im Palast von Knossos ausgegraben hat, ist die aufsprießende
Vegetation in Form von Blumen aufgemalt, und es könnte sein, daß
das periodische Wiedererscheinen der Vegetationsgöttin durch
eine jährliche Neueinkleidung der Hohepriesterin symbolisiert worden ist. Jedenfalls bedeuteten im Orient die völlige Entkleidung
und das Ablegen ihres Lapislazulischmuckes sowie das erneute
Ankleiden der Inanna-Ištar ihren Gang in die Unterwelt sowie ihre
Rückkehr, und vielleicht ist eine entsprechende Zeremonie auf
einem Jaspis-Lentoid aus Khania abgebildet, auf dem zwei junge
Mädchen eine Priesterin an- oder auszukleiden scheinen (Abb.
208).[26] Mit der etwas modifizierten minoischen Kultkleidung
übernahmen die Mykener auf dem Festland möglicherweise auch

376

dieses Ritual, denn noch in historischer Zeit hieß es von den elischen Frauen, sie hätten der Göttin Hera alle fünf Jahre ein neues Gewand gewebt.[26]

Sind die minoische Göttin und die sie repräsentierenden Priesterinnen aufgrund ihrer Funktionen auch hocherotisch und sexuell

Abb. 207: »Ring des Minos«, vermutlich aus dem Tempelgrab von Knossos, SM I (16./15. Jh. v. Chr.).

Abb. 208: Rotes Jaspislentoid aus Khania (Rekonstruktion), SM I B/II (2. Hälfte d. 15. Jhs. v. Chr.).

aufreizend gekleidet, werden Frauen und selbst kleine Mädchen so gut wie nie völlig nackt dargestellt. Alle weiblichen Personen, die nackt zu sein *scheinen*, wie etwa jene, die niedergesunken einen Baityl umarmen, tragen offenbar dünne knöchellange Gewänder, und ein entblößter weiblicher Unterleib ist lediglich als primitive

Kritzelei auf einem mittelminoischen Krug aus Mallia zu sehen, dem Graffito einer nackten Frau mit einem riesigen Schamdreieck, die ihre Hände zu den Brüsten führt.[28]

Wie aus Rollsiegeln der assyrischen Handelskolonie Kültepe ersichtlich, scheint es dort um 2000 v. Chr. Priesterinnen gegeben zu haben, die den Kult mit völlig nacktem Oberkörper verrichteten. Doch bestand die traditionelle mesopotamische Kultkleidung, wie man es z. B. an den sogenannten »Beterfiguren« vom Tempel der Ištar sehen kann, aus den langen gewickelten Zotten- oder Schuppengewändern aus mehreren Volants, die sich aus einer Schafsfellbekleidung entwickelt hatten und die bei den Männern den ganzen Oberkörper und bei den Frauen die rechte Schulter und die rechte Brust frei ließen (Abb. 37).[29]

Zwar teilt Gilgameš dem Enkidu mit, die Göttin der Unterwelt trage ihre beiden Brüste entblößt, doch scheint das »Falbelgewand«, das nur eine Brust bedeckte, die Standardkleidung der mesopotamischen Göttinnen und der sie vertretenden Priesterinnen gewesen zu sein. »Ich bin eine Hure in Uruk«, sagt Inanna von sich in einem Hymnus, »ich habe üppige Brüste in Daduni«, und nachdem sie gewaschen, geölt und geschmückt den König zum ἱερὸς γάμος auf ihrem Bett in ihrem Tempel erwartet, spricht sie: »Jetzt haben sich unsere Brustwarzen (ga-ba-me) aufgerichtet! Jetzt ist das Schamhaar auf unserer Vulva gewachsen!«[30]

Es wird vor allem von feministischen Assyriologinnen behauptet, Inanna-Ištar sei keine Vegetations- und Fruchtbarkeitsgöttin, sondern die »Herrin der Geschlechtslust« gewesen, wobei man z. B. auf das Gebet einer sexuell frustrierten Frau aus Sultantepe verweist, in dem Ištar beschrieben wird als »Göttin der Göttinnen, Ištar der Männer, / Die du den erfahrenen Frauen die Röte der Erregung gibst, / Und die du den vernachlässigten Frauen dennoch sexuelle Lust verschaffst«. Doch diese Libido ist keine um ihrer selbst willen, sondern die sexuelle Erregung und Aggressivität als »élan vital«, als Lebensenergie, die der gesamten Natur den Fortbestand ermöglicht.[31] So wird sie die »Befruchterin« und »die Fruchtspenderin« genannt, die »Königin, die [alle] lebenden Wesen [und] Menschen vermehrt«, »die lebensgebende Göttin«, zu der ein liebeshungriger Assyrer betet: »Laß den Wind wehen, laß die Obstbäume sich wiegen! / Laß die Wolken sich sammeln und Regentropfen fallen! / Laß mein Sperma sich ergießen wie das strömende Flußwasser! / Laß meinen Penis [so steif wie] eine Harfensaite werden, / Laß ihn nicht aus ihr [= der Frau] herausflutschen!« Und nachdem in dem akkadischen Epos »Ištars Unterweltsfahrt« die Göttin verschwunden ist, verflüchtigen sich jegliche Lust und Empfängnis, bis Asušunamir ebenfalls hinabsteigt und die Unterweltsgöttin so lange koitiert, bis diese sich entspannt und schließlich gutgelaunt die Ištar freigibt: »Seit Ištar ins Land ohne Wiederkehr hinabgestiegen ist, / Bespringt der Stier die Kuh nicht mehr, / Besamt der Esel die Eselin nicht mehr, / Schwängert der Mann das Mädchen nicht mehr auf der Straße, / Der Mann schläft in seiner Kammer, / Das Mädchen schläft alleine.«[32]

»Um den Lebenshauch aller Länder zu bewahren«, schlief zu Beginn des Neuen Jahres der den Vegetationsgott repräsentierende mesopotamische König mit der die Inanna-Ištar vertretenden Hohepriesterin, die sumerisch NIN.Dingir (»Herrin Göttin«) und akkadisch *ēntu* genannt wurde.[33] So heißt es, König Iddin-Dagan von Isin sei als Verkörperung des Dumuzi zu der Inanna gegangen, um auf dem Bett »ihre heiligen Lenden« zu liebkosen, und als ein anderes Mal die Göttin fragt, wer bereit sei, ihre »feuchte Wiese« zu pflügen, wird ihr geantwortet: »Oh edle Herrin, der König wird sie dir pflügen!« Noch etwas unverblümter spricht schließlich um die Mitte des 21. Jahrhunderts Inanna davon, daß König Šulgi von Ur zunächst in ihrem Schamhaar (»Haar meiner Lenden«) gespielt, dann ihre »reine Vulva« gerieben und zuletzt in ihren »süßen Schoß« eingedrungen sei.[34]

Durch die dabei entstehende Lust und die auf den Boden fließenden Säfte wird der Prozeß des Lebens wieder in Gang gesetzt, und vom Liebeslager erhebt sich die Zeder, wachsen die Pflanzen empor, schießt das Getreide um das Paar »herum in die Höhe, blühen die Gärten verschwenderisch« und das »Lagerhaus« füllt sich mit »Rahm und Käse, Bier und Öl«.[35]

Auch der König der südlich des Tanganjikasees ansässigen Bemba nahm durch den Koitus mit der »Frau des Landes«, die als

»Hüterin des Feuers« bis dahin wie eine Vestalin keusch gelebt hatte, sowie durch das Bohren des neuen Feuers »die Kälte des Todes« vom Land und machte es »heiß« und »gut« (*ilewamya icalo*). Und der Pharao tat dies, indem er sich vom »Gottesweib des Amûn« (*ḥmt-ntr nt-lmn*) masturbieren ließ, die deshalb den Namen *drt-ntr*, »Gotteshand«, trug. So heißt es in einer Tempelinschrift in Deir-el-Baḥari über den ἱερὸς γάμος von Aḥmose, der Mutter der Hatschepsut, in der sich die Göttin Hathor inkarnierte, und Amûn, die Königin sei vom erigierten Glied des Gottes dermaßen entzückt gewesen, daß sie sich widerstandslos penetrieren ließ.[36]

In Ugarit scheint der König beim herbstlichen Neujahrsfest als Verkörperung des aus der Unterwelt zurückkehrenden Vegetationsgottes Baʿal und im Verlaufe des 2. Jahrtausends v. Chr. des Gottes El zwei junge Frauen, *attm* (Dual von *att*), koitiert zu haben, die wohl den babylonischen *nadītu*-Priesterinnen entsprachen und in denen sich höchstwahrscheinlich die Göttinnen ʿAnâth und ʿAšerah inkarnierten. In einem ugaritischen Text verschlägt es den beiden angesichts der gewaltigen Erektion des El so sehr die Sprache, daß sie nur noch »Mann-oh-Mann!« stammeln können, worauf der Gott sie nacheinander besteigt, während Baʿal sich im Papyrus Chester Beatty VII beim Anblick der sich waschenden ʿAnâth dermaßen erregt, daß er sie augenblicklich a tergo penetriert: »Und er fickt (ʿmq) [sie so] wie ein Widder fickt, und er stößt sie so wie ein Stier stößt.«[37]

Bereits in den letzten Jahrhunderten des 3. Jahrtausends kam es zu engen Kontakten zwischen Kreta und der Levante, die sich im Verlaufe der ersten Hälfte des darauffolgenden Jahrtausends noch intensivierten. Mit Sicherheit beschränkten sich diese Beziehungen für die Minoer nicht auf den Import levantinischer Fayenceperlen und anderer orientalischer Exotika, wie man sie in den frühminoischen Gräbern von Mochlos gefunden hat.[38] Vielmehr gibt es deutliche Hinweise darauf, daß das Weltbild und der Kultus auf Kreta in jener Zeit in hohem Maße von der nahöstlichen Religion beeinflußt worden sind.[39]

Sehr wahrscheinlich ist spätestens im FM III der seit dem Neoli-

thikum auf Kreta verbreitete Kult der vom stiergestaltigen Wettergott befruchteten Erdgöttin nach dem Vorbild der orientalischen
Konzeption der ›sterbenden‹, aber anschließend aus dem Jenseits
zurückgeholten Vegetationsgottheit modifiziert worden. Und es ist
durchaus denkbar, daß die orientalisch gekleidete Frau auf einem

Abb. 209: Siegel aus Knossos, MM IA
(um 2000 v. Chr.).

frühen Elfenbeinsiegel aus Knossos, die einen mit einem Schwert
bewaffneten nackten Mann an den Händen faßt (Abb. 209), die
der Ištar/ʿAštart/ʿAnāth nachempfundene Große Göttin der Minoer bei der Heiligen Hochzeit darstellt.[40]

Offenbar vollzogen der minoische Wanax als Repräsentant des
auf Bergen wie dem Juchtas oder dem Ida verehrten stiergestaltigen Zeus Kretagenes und die Hohepriesterin, in der sich die Große
Göttin inkarnierte, im Herbst den ἱερὸς γάμος, damit die Natur nach der Sommerhitze und der Trockenheit wieder aufblühen
konnte. Und so wie der Vegetationsgott als Verkörperung der
»sterblichen« *natura naturata* durch die geschlechtliche Vereinigung mit der keinem Wandel unterworfenen *natura naturans* immer wieder auflebte, erneuerte anscheinend der minoische König

durch den Beischlaf mit der Priesterin der Göttin jedes Jahr seine Vitalität und Kraft, die seine Herrschaft verbürgten. Wenn noch Menelaos, Bellerophon, Teukros, Pelops und viele andere dadurch König werden, daß sie die Tochter eines Königs heiraten, obwohl dieser oftmals Söhne besitzt, dann klingt hier noch nach, daß die Königstochter als Hohepriesterin der Göttin deren Vertreterin war, die dem Helden durch den Koitus die Herrschaft verlieh. Nicht so sehr durch flüchtige sexuelle Abenteuer, wie sie etwa Odysseus auf den Inseln der Kalypso und der Kirke erlebte, sondern eher duch eine permanente Verbindung wie die zwischen Menelaos und Helena oder zwischen Jason und Medeia wird der Sterbliche unsterblich und »den Göttern gleich«.[41]

»Weil sie ihn so sehr liebte«, wählte schon die sumerische Inanna Eannatum »für ihren heiligen Schoß aus« und machte damit ihren Geliebten zum König von Lagaš und Kiš,[42] und in Irland war es die Erdgöttin Medb oder Meadb – in Wales Rhianonn –, die einen Mann zum König machte, indem sie ihm »den Genuß ihrer Schenkel« gewährte. Wenn eine Keltin oder eine Germanin einem Mann den Kelch reichte, kam dies einer Einwilligung zum Beischlaf gleich, und so offerierte Medb, »die Berauschende«, dem künftigen König zunächst ein rotes Getränk (*dergfhlaith*) und anschließend ihren Leib zum *ban-fheith* (»Koitus«, wörtlich »Frauenfikken«), wodurch er die Herrschaft (*flaith*) erhielt.[43] So wird z.B. der Königssohn Cormac Mac Airt nach dem Tod seines Vaters erst nach der geschlechtlichen Vereinigung (*foaid*) mit der Göttin König, wobei allerdings offenbleibt, ob er in der Lage war, sie zu befriedigen, brauchte sie doch, um zum Orgasmus zu kommen, dreißig einander ablösende Männer oder den mit einem gewaltigen Glied ausgestatteten Riesen Fergus, der seinerseits erst ejakulierte, nachdem er nacheinander sieben Frauen penetriert hatte.[44]

Im alten Ägypten stammten zwar die Knochen des im »Backofen der Mutter« heranreifenden Kindes vom Vater, doch die Haut und das Fleisch bildeten sich aus der Muttermilch, die auch das Gefühl und den Verstand übertrug. Vor allem die Göttinnen Hathor und Mut stillten den künftigen Pharao bei der Thronbesteigung und übermittelten ihm mit ihrer göttlichen Milch die Herrschaft über die beiden Länder – »Ich bin deine Amme«, spricht die Göttin in einer Tempelinschrift zu Ramses II., »ich habe dich gestillt und du erscheinst mit der Krone!« Aber auch nach dem Tode schenken namentlich Hathor und die Mutter Nut dem Pharao oder anderen Verstorbenen, die es bis ins jenseitige Binsengefilde geschafft ha-

Abb. 210: Kartonagemaske einer ägyptischen
weiblichen Mumie, 1. Jh. n. Chr.

ben, das ewige Leben, indem sie ihnen die Brust geben: »Ich lasse dich saugen von meiner Milch, damit du lebst und am Leben bleibst, von meinen Brüsten, in denen Freude und Gesundheit sind.«[45] In hellenistisch-römischer Zeit wurden die verstorbenen Frauen und Mädchen schließlich häufig der Liebes- und Muttergöttin Hathor angeglichen, indem man die Porträts der sogenannten Kartonagemasken mit entblößten plastischen Brüsten ausstattete (Abb. 210).[46]

Zum sumerischen König Gudea von Lagaš spricht die Göttin

gegen Ende des 3. Jahrtausends: »Deine Göttin Ninsuna, die Mutter, die das Sperma hervorbringt, die das Sperma liebt, sie ist die gute Kuh (*áb-zi-dè*), die Frau, die dich geboren hat«, und Ištar von Arbela, »die gute Säugamme« (*mušēniqtu dēqtu*), sagt später zu dem künftigen König Aššurbanipal: »Ich trage dich auf meiner Hüfte wie eine Säugamme, ich lege dich zwischen meine Brüste [wie] einen Granatapfel!« Und tatsächlich wurden die Sprößlinge aus königlichem Geblüt im Tempel der Ištar von deren Priesterinnen gestillt, damit durch ihre Milch die Göttlichkeit in die Kinder floß: »Ihre vier Brustwarzen werden dir [d. h. dem assyrischen Kronprinzen] in den Mund gesteckt; aus zweien davon saugst du und mit den anderen spritzt du dir Milch über das Gesicht!«[47]

Im levantinischen Keret-Epos wird dem gleichnamigen König bei der Hochzeitsfeier verkündet, seine Frau schenke ihm sieben Kinder, von denen Yeṣibu, der älteste Sohn und Thronfolger, »die Milch der Aṯrt saugen« und »sich an den Brüsten der Jungfrau (*ṯd btlt*) laben« werde, weshalb man ihn »den Säugling der [Göttinnen]« ʿAšerah und ʿAnāth nenne. Auf einem elfenbeinernen Bettpaneel aus dem königlichen Palast von Ugarit stillt neben der Darstellung des ἱερὸς γάμος eine Göttin zwei Königssöhne, und in Ašdod fand man Terrakottafiguren eines frauengestaltigen Thrones mit aufmodellierten Brüsten, was wohl bedeutet, daß der König der Philister im 12. Jahrhundert v. Chr. gewissermaßen auf dem Schoß seiner göttlichen Säugamme thronte.[48]

Eratosthenes hat eine alte Überlieferung bewahrt, nach der die von Zeus außerehelich gezeugten Kinder nur dann Olympier und damit unsterblich werden konnten, wenn sie zuvor von Hera gesäugt worden waren. Und »die Milch der Hera, der gepriesene Tau« ihrer »rettenden Brüste«, regeneriert nicht nur Dionysos, sondern vergöttlicht die Heroen, wie auf einem etruskischen Spiegel aus Volterra zu sehen ist, auf dem die Göttin Uni dem erwachsenen Hercle die Brust gibt, was man als ein Äquivalent zum ἱερὸς γάμος mit Hebe, also im Grunde mit Hera selbst, gesehen hat.[49]

Partizipierte der König durch den Genuß ihrer Schenkel oder ihrer Milch an der Göttlichkeit und damit der Unsterblichkeit der Inanna-Ištar und ihrer westsemitischen und ostmediterranen

Schwestern, so wird die Verkörperung der Inanna in dem Augenblick, in welchem sie für den König die Beine spreizt, mit den Worten angesprochen: »Gib ihm eine gute und ruhmreiche Herrschaft, / Gib ihm den Thron des Königtums auf einer dauerhaften Grundlage, / Gib ihm das Szepter, mit dem er das Volk führt, den

Abb. 211: Epiphanie der Göttin auf dem Berg,
Schnurplombe aus Knossos, SM I.

Amts- und Hirtenstab, / Gib ihm eine bleibende Krone!« Entsprechend wird Ištar in altakkadischen Texten »die, die allen Königen das Szepter, den Thron, die Regierungsjahre überreicht«, genannt, und auf einem Wandbild im Palast von Mari ist zu sehen, wie die Ištar Zimri-Lim, dem letzten König der Euphrat-Metropole, in Herrscherinnenpose den einen Fuß auf ihrem Löwen, die Insignien der Macht übergibt. Dabei handelt es sich vor allem um das »Szepter des Lebens«, das Inanna einst »dem Hirten« und später »der Schar der Könige« von Sumer reichte, den wohl ursprünglich aus Schilfrohr bestehenden, an der Spitze volutenförmig eingerollten Hirtenstab, mit dem der König als Hirte die Herde lenkte und schützte.[50]

Am Rande des Hauptheiligtums im Palast von Knossos hat man einen Siegelringabdruck aus dem SM I gefunden, der offenbar die Epiphanie der Großen Göttin und die Investitur des minoischen Wanax zeigt, der die Linke in Adorationspose zur Stirn erhoben hat: Auf dem Gipfel eines heiligen Berges steht, von zwei Löwen flankiert, die mit einer üppigen Oberweite ausgestattete Göttin im Volantrock, die Rechte in herrischer Manier in die Seite gestemmt und den königlichen Stab oder das Szepter in der ausgestreckten Linken (Abb. 211).[51]

385

Abb. 212: Der Wanax als Verkörperung des Vegetationsgottes (?), Siegelabdruck aus Khania, SM I.

Vermutlich erhielten die minoischen Wanaktes den Herrschaftsstab aus der Hand der Göttin, so wie in späterer Zeit »dem rossespornenden Pelops« und den ihm nachfolgenden βασιλῆες, etwa Agamemnon, durch Zeus' »Boten, den Argoswürger Hermes«, das von Hephaistos geschmiedete σκῆπτρον übergeben wurde.[52] Wahrscheinlich handelte es sich um einen vergoldeten Holzstab mit goldenen Blättern, »den wundersamen Stab des Überflusses und des Wohlstandes, den goldenen dreiblättrigen (τριπέτηλος) Zweig, der dem Tod nicht unterworfen ist«,[53] sondern wie der goldene Zweig des Aeneas sogar das Tor zur Unterwelt öffnete.[54] Und es könnte sein, daß auf dem in Khania gefundenen spätminoischen Siegelabdruck der dort residierende Wanax zu sehen ist, der als Zeichen seiner Herrschaft den von der Göttin empfangenen Stab hält (Abb. 212).

Offenbar saß die Hohepriesterin des Palastes von Knossos, in der sich die Göttin inkarnierte, auf dem von zwei Greifen flankierten Alabasterthron, dessen Rückenlehne aus Felsgestein besteht, wobei sich links und rechts jeweils eine Dattelpalme befindet (Abb. 213). Wie die Greifen zu Seiten des Thrones in den Megara von Pylos und Tiryns sowie möglicherweise im königlichen Palast von Avaris (Abb. 214) waren die anscheinend in der mit Papyrus

Abb. 213: Thron der Hohepriesterin im Palast von Knossos.

Abb. 214: Thron im Palast von Avaris (Tell el-Dab'a), 15. Jh. v. Chr.

und Schilf bewachsenen Flußlandschaft des minoischen Elysion lebenden Fabeltiere mit Löwenleib und Raubvogelkopf in diesem Falle die Beschützer der Göttin,[55] während die immergrüne und sich selbst nach erheblichen Verletzungen oder Verbrennungen regenerierende kretische Dattelpalme (*Phoenix theophrasti*) als Inbegriff der Dauer geradezu als Verkörperung der *natura naturans* und damit der Großen Göttin galt.[56]

Betrat nun die Priesterin den Thronsaal und nahm auf ihrem Herrschersitz Platz, so entsprach dies der göttlichen Epiphanie auf

Abb. 215: Der vom Palast von Knossos aus gesehene Juchtas.

dem Gipel des sechs Kilometer entfernten heiligen Berges Juchtas,[57] den man vom Zentralhof des Palastes aus sehen konnte, auf dem sich ungefähr 5500 Menschen, also ein Viertel der knossischen Bevölkerung, versammeln konnten (Abb. 215).[58] In einem Grab aus der Zeit um 1300 v. Chr. in der ugaritischen Hafenstadt Mīnet el Bēidā fand man den Deckel einer Schminkpyxis, die entweder auf Kreta oder in Ugarit von einem minoischen Kunsthandwerker hergestellt worden ist oder aber die syrische Imitation eines minoischen Vorbildes darstellt. Das Elfenbeinrelief auf dem Dekkel zeigt die auf einem Berggipfel stehende und von zwei Agrímia flankierte Göttin im Volantrock und mit nacktem Oberkörper, die zwei Ähren als Symbol der Fruchtbarkeit in den Händen hält (Abb. 216).[59]

In dieser Darstellung verschmelzen die auf einer Bergspitze stehende oder sitzende, eine Dattelrispe in den Händen haltende Ištar mit der ʿAštart-des-Feldes (*ʿttrt šd*), deren Attribut das Mutterschaf war,[60] und die auf dem Berg erscheinende Große Göttin der Minoer, deren Symbol, der Lebensbaum, auf einem amphoroiden

Abb. 216: Elfenbeinrelief aus Minet el Bēidā,
um 1300 v. Chr.

Krater der Zeit um 1300 v. Chr. aus einem Kammergrab im Osten der Messará ebenfalls von zwei Agrímia flankiert wird.[61]

Die Vermutung liegt nahe, daß der Paredros der minoischen Göttin gleich dem von der levantinischen Küste ein Wettergott war, der sie im Herbst mit seinen Regengüssen befruchtete, und es könnte sein, daß er auf dem Abdruck eines Siegelringes des SM I B aus Palaikastro zu sehen ist, auf dem eine männliche Person, die in der Linken offenbar einen Donnerkeil hält, nach dem Horn eines Agrímis zu fassen scheint.

Das langhornige kretische Agrími (*Capra aegagrus cretensis*), eine Unterart der Bezoarziege, auch *kri-kri* (Linear B *a-ki-ri-ja*; gr. ἄγρια) genannt, ist der verwilderte Nachkomme jener Hausziege, die von den Vorfahren der Minoer im Neolithikum aus Anatolien nach Kreta mitgebracht worden war. Im heißen Sommer steigen die Böcke zu den Berggipfeln hinauf, um mit dem Herbstregen wieder in die Täler zurückzukommen, wo sie sich mit den Weibchen paaren.[62] Es lag also nahe, in den Agrímiböcken eine Erscheinungsform des minoischen Wettergottes zu sehen, der nach seiner Abwesenheit in den Sommermonaten in die bewohnten Gegenden heimkehrte und dort mit der Göttin den die Natur befruchtenden Geschlechtsakt vollzog, mit jener Göttin, die einerseits seine Geliebte, andererseits aber auch seine Mutter war, die ihn mit dem Nektar und der Ambrosia aus ihren Füllhörnern großzog.

So sind auf mehreren in Kato Zakros gefundenen Siegeln Agrímiweibchen mit den vollen Brüsten einer Frau eingraviert, und auf einer Schnurplombe aus Pylos wird die mit nacktem Oberkörper dargestellte »Göttin-mit-den-erhobenen-Händen« von zwei Agrímia flankiert. Andere Bilder zeigen das Tier als eine Erscheinungsform der Lebenskraft, indem dreiblättrige Pflanzen aus ihm hervorwachsen, und auf einem Steatitsiegel ist wahrscheinlich sogar der ἱερὸς γάμος angedeutet: Auf der einen Seite bespringt ein Agrímibock ein Weibchen, während auf der anderen eine Frau im langen Gewand einem sitzenden und offenbar nackten Mann an die Genitalien zu fassen scheint.[63]

War der Agrímibock eine Manifestationsform des Wettergottes und Paredros der Großen Göttin, so eine andere und vielleicht durch orientalischen Einfluß bedeutendere der Stier. Wie die Köpfe von Stieren und Widdern an den Innenwänden der Häuser von Çatal Hüyük, wie die Wandmalereien von Stieren und anderen Tieren mit erigierten Penissen und wie die Steinphalli sowie die Darstellungen von sexuell erregten männlichen Tieren auf dem südostanatolischen Göbekli Tepe zeigen, scheinen vor allem der Auerochse und der Widder im kleinasiatisch-syrischen Regenfeldbaugebiet bereits im frühsten Neolithikum die Befruchter der Erdgöttin gewesen zu sein.[64]

Die aus dem 7. oder 6. Jahrtausend stammenden Steinskulpturen eines auf einem Auerochsen oder Widder reitenden bärtigen Mannes, die wesentlich ältere Steinfigur eines sexuell erregten Mannes vom Göbekli Tepe oder die lebensgroße Kalksteinstele eines nackten Mannes aus dem ebenfalls im Südosten Anatoliens liegenden

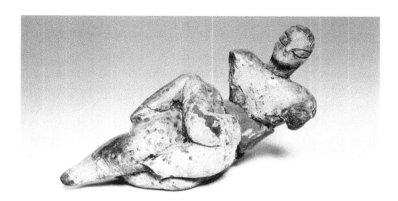

Abb. 217: Hieros Gamos von Erdgöttin und Wettergott (?), Tonfigur
aus Hacilar, um 5600 v. Chr.

Şanliurfa, der mit beiden Händen sein erigiertes Glied präsentiert,
machen es wahrscheinlich, daß man sich diesen Wetter- und Regengott auch durchaus als menschlich vorgestellt hat. Dies ist nicht
verwunderlich, da auch die von ihm geschwängerte Erdgöttin eine
menschliche Gestalt hatte, ja, es könnte sein, daß sie die Urform
der sterbenden und wiederauferstehenden Vegetationsgöttin viel
späterer Zeiten gewesen ist. So hat man in Çatal Hüyük die Tonfigurine einer nackten Frau gefunden, die auf der Vorderseite die
Hände auf ihre rot bemalten, üppigen Brüste gelegt hat, während
die Rückseite mit den stark hervortretenden Schulter- und Bek-
kenknochen, den Rippen und der Wirbelsäule den Anblick eines
Skelettes oder zumindest einer extrem anorektischen Frau bieten,
die in der Sonnenglut des Sommers verdorrt oder in der Winter-
kälte erfroren und verhungert ist, um danach vom Regengott zu
neuem Leben erweckt zu werden.[65]

Offenbar erinnerten die heftigen Regengüsse im Herbst an die
beeindruckende Ejakulation des Auerochsenbullen, und die Kraft
und Potenz des die Kuh bespringenden und stoßenden Tieres
lösten eine solche Bewunderung aus, daß eine Frau sich in einem
babylonischen Beschwörungstext nichts sehnlicher wünscht, als
daß ihr Geliebter »eine Erektion (*tibā*) wie ein Wildstier« bekom-
me und sie wie dieser »fünfzig Mal hintereinander ficke« – vermut-

lich eher eine Männerphantasie. Schließlich ließen der Gewitter-donner, das unheilvolle Grollen und die Stöße aus den Tiefen der Erde an das Stampfen und Brüllen des Stiergottes denken, so noch den großen englischen Archäologen Arthur Evans, als er im Jahre 1926 auf Kreta ein Erdbeben erlebte: »A dull sound rose from the ground like the muffled roar of an angry bull.«

Während im heutigen Südindien der Regen eher als Muttermilch gesehen wird, vergleicht das Ṛg Veda ihn mit dem Sperma, und das Wort *vṛṣabhá*, »Stier«, geht auf *vṛṣ-*, »regnen, ausgießen, besamen« und *vṛṣṭi*, »Regen«, und diese Begriffe letztendlich auf idg. **u̯er's-*, »fließen, befeuchten, ejakulieren«, zurück.[66] Ähnlich lassen sich »Bulle« von idg. **bhel-*, »schwellen, aufblasen, strotzen« (vgl. φαλ-λός, »steifes Glied«; φλιδάω »schwelle durch Feuchtigkeit an«; air. *ball*, »Penis«; lett. *blīdu*, »dick werden«; ags. *bealluc*, an. *bǫllr*, »Hoden«; ahd. *blāen*, engl. *to blow*, »blasen«) und ταῦρος (Linear B *ta-u-ro* von idg. **tau-* oder **tū-*, »anschwellen, erigieren« (vgl. aind. *sthūrá-*, »dick«; mnd. *stūr*, »steif«) ableiten.[67]

Das ägyptische Wort für »Stier« wurde mit zwei Zeichen ge-schrieben, nämlich zwei ausgestreckten Armen (*kꜣ*) für Lebens-odem und Sperma sowie einem Phallus (*mt*), und bereits in vordy-nastischer Zeit rühmt sich der Fruchtbarkeitsgott Min, »der Stier, der auf den Frauen ist«, seiner erigierten »Schönheit«. Das *wꜣs*-Szepter des Pharao, des »Starken« oder »Siegreichen Stiers«, war höchstwahrscheinlich ein stilisierter Stierphallus, und wenn ein Gott mit ihm die Nase eines Verstorbenen berührte, übermittelte er ihm das Sperma des mächtigen Tieres und damit dessen Lebens-kraft. So wird auch das Wiederaufleben der toten Männer im Jen-seits durch das Steifwerden ihrer Penisse angezeigt, und Osiris wird als Leichnam mit erigiertem Glied dargestellt, aus dessen Leib das Getreide sprießt.[68]

Um die Ankunft der befruchtenden Nilflut zu beschleunigen, trieben die Ägypter den heiligen Apisstier (*ḥpj*, »eilen«) über die Felder, und noch heute ist in Spanien die Vorstellung verbreitet, daß ein Mann durch das Essen von Stierhoden besonders potent werde.[69]

Da entsprechende Linear-A-Texte nicht vorhanden sind oder noch
nicht übersetzt werden können, gibt es zwar keinen direkten Beweis für einen minoischen Wettergott in Stiergestalt, der einen
ἱερὸς γάμος mit der Großen Göttin vollzog, doch ist es unwahrscheinlich, daß das bronzezeitliche Kreta sich in dieser Hinsicht
von den übrigen Gegenden des östlichen Mittelmeeres und des
Vorderen Orients unterschieden haben sollte, zumal es zahlreiche
Indizien für die Existenz eines solchen Stiergottes gibt. Darüber
hinaus spricht einiges dafür, daß dieser verschwindende und wiederkehrende Befruchter im Verlaufe der engen Beziehungen zwischen Kreta und der Levante wie seine Paredra von den orientalischen Vegetationsgottheiten beeinflußt wurde, hat man doch
sogar auf Linear-A-Täfelchen aus Aghia Triada, Archánes, Tylissos
und Khania den Namen *a-du* oder *ha-du* entdeckt und als den des
Gewittergottes Ḥadād gelesen, während ein weiterer Name auf
einem mittelminoischen Altarstein aus Mallia mit *pa-lu* transkribiert und als »Baʿal« gedeutet worden ist.[1]

Die Weihung *di-ka-ta-jo di-we*, »dem diktaiischen Zeus«, auf
einem knossischen Linear-B-Täfelchen richtet sich an einen mykenischen Gott, hinter dem aufgrund seines minoischen Epithetons
ein einheimischer Gott gestanden haben muß, der in den Augen der
frühen griechischen Einwanderer so viele wesentliche Eigenschaften mit ihrem Gewittergott gemein hatte, daß sie beide miteinander identifizieren konnten. Die wichtigste Aufgabe, die dieser
minoische Gott erfüllen mußte, bestand offenbar in der Schwängerung der Erd- und Vegetationsgöttin nach seiner sommerlichen
Abwesenheit, und es ist deshalb kaum überraschend, wenn dieser
mythische Nukleus bei den späteren Griechen in allerlei Verklei-
dungen und Maskierungen wieder auftaucht.

So verfolgt der lüsterne Zeus die Jungfrau mit dem minoischen
Namen Diktynna, die ins Meer springt, um der Vergewaltigung zu
entgehen – eine griechische Sex-and-Crime-Version des ἱερὸς

γάμος von Gott und Göttin, deren Name Δίκτυννα soviel wie »die vom Berge« bedeutet haben muß. Der Berg Δίκτη, in einer Linear-A-Inschrift aus dem Höhenheiligtum Petsophas *ja-di-ki-te* (Linear B *di-ka-ta*) genannt, war kein spezifischer Berg wie z. B. der Juchtas, sondern der heilige Berg im allgemeinen, auf dessen Gipfel die Göttin erschien (Dikte > idg. **deik-*, »zeigen, erscheinen«; hethit. *tek-*; ahd. *zeigōn*; lat. *dicere*, »sagen«; gr. δακτυλος, lat. *digitus*, »Zeiger« = »Finger«).[2]

Der westkretischen Diktynna entspricht weiter im Osten der Insel Βριτόμαρτις oder Βριτόμαρπις, ebenfalls Trägerin eines vorgriechischen Namens, den die Dorer als »Süße Jungfrau« übersetzten, weil βριτύ in ihrem Dialekt »süß« (vgl. βλιττειν, »Honig aus dem Bienenstock entnehmen«) bedeutet. Der wahre Sinn des Wortes, das *brito-* zugrunde liegt, ist indessen unbekannt, aber *-martis* könnte tatsächlich »Frau« bedeuten, denn aram. *mārt-* ist die Femininform von *mār-*, »Mann« (akkad. *mārtu*, »Mädchen, Tochter«; sanskr. *máryaḥ*, »junger Mann«; lit. *martì*, pruzz. *martin*, »junge Frau, Braut«), und *mārtu* wurde sehr häufig als Bezeichnung für Ištar verwendet, von der die Große Göttin der Minoer stark geprägt worden ist.[3]

Die Dorer auf Kreta identifizierten sie jedenfalls mit Artemis, die in frühester Zeit ja keine Jägerin, sondern eine Hüterin der Tiere und eine Säugamme des Vegetationsgottes war. Ein Intaglio des 5. Jahrhunderts v. Chr. aus rotem Karneol, das in Limenas Chersónissos (χερρόνησοσ) westlich von Mallia, dem Hafen von Lyttos und Ort des Hauptheiligtums der Artemis Britomartis, gefunden wurde, zeigt die Jungfrau in minoischer Tradition mit entblößten Brüsten, aber einen Bogen und einen Lorbeerzweig in den Händen (Abb. 218).[4]

An der Nordküste Kretas war der Meeres- und Seefahrergott Apollon Delphinios, »der Behüter der Schiffe«, wie ihn Apollonios von Rhodos, und »der Beschützer der Häfen«, wie Kallimachos ihn nannten, der Paredros der Britomartis, jener Gott, dem Jason zum Dank, daß er den Argonauten den Weg übers Meer gewiesen hatte, am Strand einen Altar errichtete. Doch scheint der Partner der Göttin in der ausgehenden Bronzezeit und vielleicht sogar schon früher den ebenfalls auf das semitische *mār-* zurückführbaren Namen Marna oder Marnas getragen zu haben, der soviel wie »Unser Herr« bedeutete, und offenbar brachten minoische Bevölkerungsgruppen, die während der Seevölkerwirren gemeinsam mit den Philistern Kreta verließen und sich mit ihnen im südlichen Palästina ansiedelten, diesen Gott nach Gaza. So erklärt Stephanos

Abb. 218: Artemis-Britomartis, Karneol-Intaglio, Chersónissos, 5. Jh. v. Chr.

von Byzanz, Gaza sei »auch deshalb Minoa« (Μινῴα) genannt worden, weil Minos, als er dort mit seinen Brüdern Aiakos und Rhadamanthys ankam, diese [Stadt] nach sich selbst benannt« habe. »Sie brachten auch das [Heiligtum] des Kretischen Zeus (Κρηταίου Διὸς) mit, den sie in heutiger Zeit auch Marnas (Μαρναν) nennen, [was] die Übersetzung von Κρηταγενής ist. Mithin werden die Jungfrauen (παρθένους) von den Kretern μαρναν genannt.«

Nach Marcus Diaconus wurde Marnas von den Bewohnern Gazas als »Herr des Regens« (ὄμβρων) verehrt, und Porphyrios, ein spätantiker Bischof der Stadt, berichtet, man habe Marnas »oder Zeus« für eine schreckliche Trockenperiode verantwortlich gemacht. Schließlich sind noch auf den unter Kaiser Hadrian in Gaza geschlagenen Münzen die Statue eines jungen Mannes und eine schlanke Göttin in einem kurzen Kleid dargestellt, bei denen

es sich mit großer Sicherheit um Britomartis und Marnas als Nach-
folgepaar der bronzezeitlichen Großen Göttin Kretas und ihres
Paredros handelt.[5]

Weit bekannter als Diktynna oder Britomartis ist freilich eine
andere Erscheinungsform der minoischen Göttin geworden, nämlich Europa, deren levantinische Herkunft noch deutlicher zu
erkennen ist als die der übrigen Varianten. Lukian berichtet, in
Sidon hätten ihm ein Priester der in einem »uralten Tempel« verehrten Astarte sowie andere Phönizier versichert, dort bete man
»Europa, die Schwester des Kadmos«, an, die auch »auf dem Stier

Abb. 219: Europa und der Stier, Glockenkrater aus Tarquinia,
um 500 v. Chr.

sitzend« die Münzen der Stadt ziere. Und zu Beginn des 3. Jahrhunderts v. Chr. überliefert Lykophron von Chalkis, dem als
königlichem Bibliothekar in Alexandria sämtliche alten Quellen
zur Verfügung standen, die Kureten hätten »die sareptische Fär-
se«, also die kuhgestaltige Europa, aus dem südlich von Sidon gelegenen Sarepta übers Meer in den »diktäischen Palast« entführt,
»damit sie die Braut des Asteros, des Wanax von Kreta, werde.«

Man hat die Silbe ωπ- in dem vorgriechischen Namen Εὐρώπα
als »Auge« und diesen mit »die Weitäugige« übersetzt – ein passender Name für eine Kuh, deren schöne Augen in vielen Kulturen

gepriesen wurden, doch steht diese Etymologie auf unsicheren Füßen. Weniger angezweifelt wird indessen, daß hinter der Entführung der Europa durch den stiergestaltigen Zeus (Abb. 219) oder die Kureten aus Phönizien nach Kreta die Identifikation der autochthonen minoischen Göttin mit der levantinischen Kuhgöttin gegen Ende des 3. Jahrtausends steht.[6]

Offenbar war Europa, die auch Ἑλλωτίς oder Ἑλλωπίς genannt wurde, besonders mit der westlichen Messará verbunden,[7] und nach Plinius befand sich »zu Gortyn auf der Insel Kreta neben einer Quelle eine Platane, [...] die nie ihre Blätter verliert«. Die Bewoh-

Abb. 220: Stater aus Gortyn, spätes 4.Jhr. v.Chr., VS: Zeus begattet Europa auf der Platane als Adler, RS: Stier.

ner der Gegend hätten erzählt, »daß Iupiter unter ihr mit der Europa geschlafen habe (*cum Europa concubisse*)«, was Nonnos dahingehend erläutert, der mit Europa dort angelangte Stier habe sich in Zeus zurückverwandelt, ihr Brustband gelöst, mit ihren Brüsten gespielt, sie auf die Lippen geküßt und schließlich »die herbe Frucht der Eroten der Kypris« geerntet.

Natürlich ist dies eine der vielen Geschichten, hinter denen sich der ἱερὸς γάμος der minoischen Göttin mit dem Wettergott verbirgt – weshalb noch in historischer Zeit direkt neben dem Heiligtum der Demeter Εὐρώπης in Lebadeia die Kultstatue des Regengottes Zeus Hyetios (Ζεὺς Ὑέτιος) stand –, doch hatten auch die

397

Boiotier aus dem Paredros schon längst einen Frauenräuber gemacht. Denn wie Pausanias berichtet, gab es unweit von Theben »einen Teumessos genannten Ort, wo es hieß, daß Europa dort von Zeus« in einer die Unterwelt repräsentierenden Grotte »versteckt worden war«.[8]

Zeus Kretagenes äquivalent war der Stiergott Poseidon, dessen in Pylos bezeugter Name *po-si-da-i-jo* (= Ποσειδάων) vermutlich »Herr« (= Gatte)« (πόσις < *πότις) »der Mutter des Ida« (Δᾱμάτηρ) bedeutet. Bereits am Vorabend des Ersten Weltkrieges hat der französische Altertumsforscher Dussaud die Göttin Ἰδαία als die Vorgängerin der Demeter ausgemacht, die auf dem Berg erschien und vom Himmelsgott mit seinem Regensperma geschwängert wurde. Wie der Dikte war der Ida offenbar der heilige Berg schlechthin, und nach ihm wurde nicht nur die Göttin, sondern auch ganz Kreta benannt. So unterscheidet Diodoros den olympischen vom kretischen Zeus, dessen Machtbereich sich auf die Insel beschränkt habe, wo er »zehn Söhne, die sogenannten Kureten« zeugte: »Er soll auch die Insel nach seiner Gattin [Demeter] Idaia benannt haben und nach seinem Tode auf der Insel begraben« und »Zen (= Leben) genannt« worden sein, »denn man glaubte, er sei die Quelle alles gesegneten Lebens für die Menschen«.[9]

Im Namen der Ἰδαια oder Ἰδαίη steckt die idg. Wurzel *$\underline{u}$eid-, »sehen, erscheinen« (sanskr. *vidati*; lat. *videre*; ἰδέα, ion. ἰδέη [von *Ϝιδέσᾱ], »Erscheinung«; εἶδος, »Aussehen, Gestalt«; aind. *vid-*, »wissend«, *vēdas*, »Wissen, heilige Schrift«; gall. *druides*, »die Allwissenden«; ahd. *wīs*, afries. *wēt*, »wissen«), d.h., ihr Name bedeutet ähnlich wie der der Diktynna »die, die [auf dem Berg] erscheint« oder auf ihm »gesehen wird«. In der Berghöhle füttern die Nymphen Ἴδη und ihre Schwester Adrasteia, die Töchter des Melissaios, den kleinen Zeus mit Honig – so wie die »Bienenjungfrauen« auch Hermes oder Apollon in den Bergen großziehen. Und wird die Ἰδαία νύμφη später von dem geschlechtsreifen Zeus Ἰδαῖος geschwängert, worauf sie den Kureten das Leben schenkt, heiratet entsprechend die Nymphe Idaia den kretischen Wanax Asterion – gewiß eine mythische Umschreibung des ἱερὸς γάμος des minoischen Königs und der Hohepriesterin der Berggöttin.[10]

Daß Poseidon (vokativisch *po-se-* bzw. *Πότει Δᾱς) eine spätere Erscheinungsform des uralten ostmediterranen Wettergottes war, erkennt man nicht nur an seinem Attribut, dem Dreizack, der sich schon in mitannitischer und mittelassyrischer Zeit aus dem befruchtenden Blitzbündel des altorientalischen Vegetationsgottes entwickelt hatte und den auch der Grieche auf den Felsen schleudert, worauf eine fruchtbare Quelle hervorbricht.[11] In Arkadien, Athen und auf Rhodos war sein Epitheton φυτάλμιος, »der die Pflanzen wachsen läßt«, und daß er von einem »sterbenden« Vegetationsgott abstammt, geht noch aus der Odyssee hervor, in der es heißt, er habe »sein Land« verlassen, um zu den Aithiopen, also an den Rand der Welt, zu gehen.

Auf Aigina sollten die obszönen Handlungen und die allgemeine sexuelle Ausgelassenheit während der Poseidonia im Winter den Gott so erregen, daß er das fruchtbringende Wasser ejakulierte, und in zahlreichen Überlieferungen besteigt er die Erdgöttin in ihren verschiedenen Varianten. So hieß Poseidon als Paredros der Gaia Γαιήοχος, »Erd-Halter«, also »der, welcher die Erdgöttin umarmt«, und in Olympia besprang er als Ποσειδῶν Ἵππιος die Ἥρα Ἱππία. »Auf blühender Wiese im Frühling« penetrierte »der Dunkelgelockte« die jenseits des westlichen Okeanos lebende Medusa, eine der drei Gorgonen und – nach Hesiod – die einzige, die sterblich war.[12]

Viele Göttinnen und sterbliche Frauen, hinter denen göttliche Wesen stehen, besprang Poseidon in der Gestalt von Tieren, die als besonders potent und wollüstig galten. So fand man im Heiligtum der Artemis Orthia in Sparta, einer Vegetationsgöttin, die Kurotrophos und Paredra des Poseidon war, zahlreiche Bleiplättchen aus dem 6. Jahrhundert v. Chr., auf denen der Gott mit Dreizack und Widder dargestellt ist, und im Poseidonheiligtum von Tegea entdeckte man eine archaische Widderfigurine aus Bronze mit einer Weihinschrift für Poseidon Elater. Aus dem Text eines Linear-B-Täfelchens aus Pylos geht hervor, daß dem Gott dort vier Widder und ein Widdervlies als Votivgabe übereignet worden waren, und die wunderschöne (*formosissima*) Vegetationsgöttin Theophane verschleppte er auf eine ferne Insel, wo er sie in ein Mutterschaf und sich in einen Widder verwandelte. Nachdem er sie ausgiebig besprungen hatte, brachte Theophane jenen goldenen Widder zur Welt, der Phrixos nach Kolchis brachte und dessen Vlies die Argonauten später wieder heimholten.[13]

Auf der Flucht vor dem lüsternen Poseidon verwandelte sich Demeter in eine Stute, worauf jener sie in der Gestalt eines Hengstes überwältigte und ihren Körper »genoß«, was die Geschändete so erzürnte, daß sie sich in die 30 Stadien vom arkadischen Phigalia entfernte Höhle des Elaion zurückzog. Daraufhin traten eine Dürre und eine anschließende Hungersnot ein, die erst endete, als der Hermessohn Pan die Göttin in der Grotte entdeckte. Später

Abb. 221: Poseidon oder Zeus entführt Europa,
Hydria aus Caere, 6. Jh. v. Chr.

errichtete man dort auf einem Felsen ein Kultbild der grollenden Demeter Μελαίνης mit einem Pferdekopf.

Ursprünglicher ist freilich die Stiergestalt des Gottes, und als Stier entführte und koitierte Poseidon nach einem Scholion auch die Europa (Abb. 221) – eine griechische Version des ἱερὸς γάμος –, wie auch die Geschichte von der Vergewaltigung der Demeter Erinys durch den Phytalmios, hinter der mit Sicherheit die Heilige Hochzeit von den auf knossischen Täfelchen erwähnten E-ri-nu und Po-se-da-o steht.[14]

Unter den Schwellen der Eingänge zur sogenannten Villa von Miru Hani östlich von Knossos und in einem Brunnen des Palastes von Kato Zakros an der kretischen Ostküste fand man konische Näpfe mit Bimsstein, die man dort kurz vor der Erdbebenkatastrophe um 1450 v. Chr., bei der beide Gebäudekomplexe zerstört wurden, deponiert hatte. Höchstwahrscheinlich handelt es sich dabei um Opfergaben für den stiergestaltigen Gewittergott, der offenbar durch sein zorniges Aufstampfen und die Stöße mit seinen Hörnern die verheerenden Erdbewegungen auslösen konnte. Vermutlich war es derselbe Gott, dem man zur Besänftigung Menschenopfer darbrachte – so etwa den jungen Mann, der im 17. Jahrhundert v. Chr. in Anemóspilia, den »Höhlen des Windes«, mit einer Lanzenspitze getötet wurde –, und an den man sich später als den Minotaurus erinnerte. Auch sein Nachfolger Poseidon erschütterte die Erde, wühlte das Meer auf und erzeugte die Seebeben, die einen Tsunami hervorrufen konnten, aber »der Stier« Poseidon Enosichthon, »der Erderschütterer (γαιάϜοχος)«, errettete gelegentlich auch Menschen aus Seenot, weshalb Odysseus »dem Dunkelgelockten« am Strand von Pylos als Dank für die glückliche Überfahrt neun schwarze Stiere opfert.[15]

Bereits die sumerische Göttin Inanna wurde eine Leitkuh, »die vorangeht«, *ù-sún-zi-an-na*, die »vortreffliche Himmelskuh«, »die große Wildkuh (*sún-gal*), die das Leben gibt«, und in einem Hymnus der Sargontochter Enḫeduanna »die brünstige Wildkuh« genannt, Bezeichnungen, die auf die entsprechenden babylonischen Göttinnen übergingen. Ištar wird in einem Zauberspruch zur Erleichterung der Geburt als »Kuh von Sin« angerufen, die von einem »unruhigen jungen Stier« besprungen wird, und auf einem altbabylonischen Täfelchen sagt Šulgi: »Der König bin ich, den die Kuh geboren hat [...]; ich bin das Kalb einer weißen Kuh, mit fettem Nacken in der Hürde großgezogen!« In einem ugaritischen Fragment schaut die Göttin ʿAnāth dabei zu, wie Baʿal eine Kuh besteigt, und wünscht »sich in eine Kuh zu verwandeln«, damit der Gott sie auf die gleiche Weise penetrieren könne: »Baʿal entblößte und packte ihren Bauch [= hier synonym mit ›Vulva‹]. / ʿAnāth zog sich nackt aus und packte seine Hoden. / Baʿal verwandelte sich in einen Stier. / Die Jungfrau ʿAnāth war [eine Kuh].«[16]

Über Ugarit und andere levantinische Hafenstädte der Mittleren Bronzezeit ist die orientalische Vorstellung der vom stiergestaltigen Gewitter- und Regengott besprungenen Kuhgöttin, mit deren strotzendem Euter es keine Frauenbrust aufnehmen konnte, mit großer Sicherheit nach Kreta gewandert, wo sie vielleicht mit dem bereits vorhandenen Glauben an eine Schafs- oder Agrímigöttin,

die periodisch von einem Widder oder einem Wildschafbock geschwängert wurde, verschmolz. So wird in der griechischen Sage
Pasiphaë, die Frau des Königs von Knossos, auf ihre eigene Veranlassung hin von einem von Poseidon oder von Zeus geschickten
Stier geschwängert, was die Rationalisten unter den späten Kommentatoren allerdings nicht so recht glauben wollten. Keine Frau
»würde es ertragen«, meinte im 4. Jahrhundert v. Chr. Palaiphatos,
»von einem Stier bestiegen zu werden«, da ihre Vagina dazu viel zu
eng sei.[17]

Freilich ist leicht zu durchschauen, daß hinter der Königin Pasiphaë die Große Göttin der Minoer und ihre Hohepriesterin und

Abb. 222: Stater aus Knossos, 5. Jh. v. Chr., VS: Minotaurus,
RS: Stilisiertes Labyrinth mit Rosetten.

hinter dem Stier der stiergestaltige Gewittergott und dessen Repräsentant, der minoische Wanax, stehen. Und es liegt weiterhin auf
der Hand, daß der Minotaurus, dem Pasiphaë das Leben schenkt,
niemand anderes ist als dieser Paredros der Göttin, der sich in ihr
gewissermaßen selber zeugte, um immer wieder periodisch zu verschwinden, was die Griechen in dessen Tötung durch die Hand des
Theseus umwandelten. Vielleicht gab es auf Kreta selber noch in
historischer Zeit ein Verständnis für das minoische Gedankengut,
denn auf den frühen knossischen Münzen ist der Μινώταυρος auf
der Vorderseite wiedergegeben (Abb. 222), wo sich stets die Abbilder der Götter befinden, und er ist nie, wie z. B. in Athen und an
anderen Festlandstätten, als der Unterlegene des Theseus dargestellt.[18]

In einer alten Volkserzählung aus der Estremadura gelüstet es eine Prinzessin gleich der Pasiphaë nach einem Stier, worauf sie in die Attrappe einer Kuh schlüpft und sich so von einem brünstigen Stier schwängern läßt, doch ist dieses Motiv nicht nur im mediterranen und nahöstlichen Kulturbereich, sondern auch in Nordwesteuropa, bei den nordamerikanischen Plains- und Prärie-Indianern sowie in Südasien verbreitet. Auf einem weißen Steatitsiegel aus Chanhu-Daro am unteren Indus steht ein Stier mit ausgefahrenem Penis über einer am Boden liegenden Frau, die ihm die Arme entgegenstreckt und die Beine zu spreizen scheint. Man hat in dieser Szene den rituellen Beischlaf zwischen dem den Stiergott repräsentierenden Priesterkönig und der Stellvertreterin der Erdgöttin gesehen, der später von den eingewanderten Indoariern übernommen wurde. Bespringt im altindischen Mythos der Sonnengott Sūryā als brünstiger weißer Hengst die in Gestalt einer Stute (*aśvā*) grasende Saraṇyū und zeugt die beiden Aśvinau, so vollzog beim Regenerierungsritual *aśvamedha* zum Jahresbeginn im Frühling die Hauptfrau des Königs, die bezeichnenderweise *mahiṣī*, »Büffelkuh«, genannt wurde, mit dem Penis eines zuvor geopferten Schimmels – wohl symbolisch – den Geschlechtsverkehr, während sie gleichzeitig mit den anwesenden Frauen und Priestern eine schlüpfrige Unterhaltung pflegte.[19] Offensichtlich war der sterbende Hengst die Inkarnation des periodisch »sterbenden« Vegetationsgottes Varuṇa, während die *mahiṣī* die zu Beginn des Neuen Jahres von ihrem Paredros geschwängerte Erdgöttin vertrat.[20]

Befruchtete der sterbende vedische Hengst als Nachfolger des vorindogermanischen Büffels die Göttin und damit die gesamte Flora und Fauna, so scheint auch auf Kreta dem jahreszeitlichen Verschwinden des stiergestaltigen πάρεδρος der Großen Göttin kultisch die Opferung eines ihn repräsentierenden Stieres entsprochen zu haben, aus dessen in die Erde verschüttetem Blut und Sperma das neue Leben entstand. Eine solche Tötung des die elementare Lebenskraft verkörpernden Stieres ist auf dem Sarkophag von Aghia Triada dargestellt, auf dem man sieht, wie sein regenerierendes Blut in einen halb in die Erde versenkten Rhyton fließt (Abb. 223).[21]

Abb. 223: Stieropfer, Sarkophag von Aghia Triada, SM III A2.

Daß auch in historischer Zeit dieser Grundgedanke vom Tod als der Bedingung des Lebens weiterexistierte, geht nicht nur aus der Bemerkung Hesiods hervor, das Menschengeschlecht sei aus dem Blut des Zeus entsprungen. Auch der dionysische σπαράγμος, das Zerreißen des tierischen oder menschlichen Opfers durch die Mänaden wie das des stiergestaltigen Dionysos Zagreus selber durch die Titanen, stellt eine Besamung und Fruchtbarmachung der Natur dar. Auf Tenedos opferte ein Priester dem Dionysos ταυροφάγος, dem »Stierfresser«, ein Kälbchen, indem er es wohl zunächst mit einer Doppelaxt betäubte und dann mit einem Dolch schächtete, so daß das Blut in die Erde sickerte. Doch schlachtete man mit dem Kälbchen im Grunde den Adressaten des Rituals, denn das Opfer ist, wie der Ethnologe Adolf Ellegard Jensen es formulierte, »in Wahrheit die Gottheit selber«.[22]

Vieles deutet darauf hin, daß die beim Stieropfer benutzte Doppelaxt bereits im frühen ostmediterranen Neolithikum[23] die befruchtende Blitzwaffe des stiergestaltigen Wettergottes gewesen ist[24] und sich im Laufe der Zeiten besonders auf Kreta zu *dem* Symbol der Fruchtbarkeit und Regeneration entwickelt hat. Deshalb wachsen aus einer Doppelaxt zwischen den Hörnern eines Stieres auf Keramikgefäßen des SM I von der ostkretischen Insel Pseira Lilien, und in Kato Zakros fand man bronzene Doppeläxte, die mit vegetabilen Mustern verziert sind und deren Stiele ebenfalls in beblätterte Lilien, die Pflanzen der ewigen Wiederkehr, auslaufen.[25]

Blumen oder andere Pflanzen können auf den spätminoischen Siegel- oder Keramikdarstellungen auch unmittelbar aus den Bukranien oder dem Stierrücken wachsen, so wie später aus dem Rückenmark des von Mithra erdolchten Stieres die Kornähren, aus seinem verschütteten Blut der Weinstock, aus seinem Leib die Heilkräuter und übrigen Pflanzen und aus seinem Schweiß und

Abb. 224: Silberrhyton aus einem
Schachtgrab in Mykene, SH I A.

dem im Todeskampf auf die Erde ejakulierten Sperma die Nutztiere entstehen.[26]

Auf einem silbernen Rhyton in Form eines Stierkopfes aus dem Schachtgrab IV von Mykene befindet sich auf der Stirn eine Goldrosette (Abb. 224), und auch einer der minoischen »Gabenbringer« auf dem Wandbild im Grab des zur Zeit der Hatschepsut lebenden Senmut trägt ein Gefäß mit Stierköpfen, zwischen deren Hörnern Rosetten dargestellt sind. Auf Siegelabdrücken des SM I vom Gipfelheiligtum auf dem Juchtas wechseln sich die Rosetten auf der Stirn der Stiere mit Doppeläxten ab, doch können die Rosetten auch durch Papyruspflanzen ersetzt werden, was wohl bedeutet, daß alle drei Symbole dieselbe Bedeutung haben, nämlich für Wiedergeburt, Wachsen, Gedeihen und Fruchtbarkeit stehen.[27]

Wahrscheinlich übernahmen die Minoer die Rosette aus dem Vorderen Orient, wo sie das Symbol des stiergestaltigen Wetter- und Fruchtbarkeitsgottes Baʻal-Ḥadād und bereits im 4. Jahrtausend in Sumer das Zeichen der Inanna (Abb. 225) war.[28] Auf dem Relief einer Kalksteinschale aus Uruk, die dieser Zeit entstammt, zeichnet je eine »Sternblume« (akkad. *ajjaru*) über schreitenden

Abb. 225: Widder der Inanna frißt von den Rosettenblüten des Lebensbaumes, »Großer Todesschacht« von Ur, 25. Jh. v. Chr.

Widdern die Tiere als den Besitz der Göttin aus, und auf Rollsiegeln fressen die Zackelschafe von den rosettenartigen Blüten des Lebensbaumes, dessen Zweige ein bärtiger Mann im Netzrock, höchstwahrscheinlich der den Dumuzi verkörpernde Priesterkönig, hält, der Namen wie ᵈInana-kur-dug, »Würdenträger-En-der-süßen-Inanna-von-Kur« trug.[29]

Sproß aus dem von dem sterbenden Stier verspritzten Blut und Sperma die Vegetation, so warf man bei den wohl letztlich auf minoische Rituale zurückgehenden Thesmophorien lebende Ferkel in Felsspalten (μέγαρα), aus deren verrottenden Körpern anschließend das Korn wuchs. Dem entspricht, daß sich am dritten

Tag dieses Festes zu Ehren der Demeter deren Tochter Kore in Kalligeneia, »die Schöngeborene«, verwandelte, aus deren Leib die Kornähren keimten, wie auch andernorts dem rituellen Widdertöten das periodische Entschwinden der Kore in die Unterwelt entsprach, aus der sie wieder zurückkehrte.[30]

Als König Athamas oder sein Sohn Phrixos wegen einer anhaltenden Dürre und Hungersnot geopfert werden sollen, werden sie von einem goldenen Widder ins Jenseits, nach Aia, gebracht, wo Phrixos die Tochter des Königs, eine »Sonnenjungfrau«, heiratet, und Iphigenie wird bekanntlich auf dem Opferplatz nach Tauris entrückt (Abb. 178).[31] Aber auch in anderen Kulturen war der Tod des Opfers gleichbedeutend mit dessen Reise in die andere Welt. So opferten die Mamadysh-Udmurten Gänse und Enten, damit diese als ihre Botschafter zu den Göttern ins Jenseits flogen, und die Maya stießen in Dürreperioden »reine« Jungfrauen und junge Männer mit dem Auftrag, die Götter (*chak*) um Regen zu bitten, in die Cenotes, wo sie ertranken.[32]

Verwandelte sich die griechische »Kornjungfrau« in das Getreide, so entstanden auf der Insel Ceram die verschiedenen Knollenfrüchte aus den Leichenteilen des »knospenden« Mädchens Hainuwele und in den Dörfern um den Vulkan Ili Mandiri im äußersten Osten der Insel Flores die Reishalme aus dem Leib der getöteten Jungfrau Tonu Wudjo, deren Tod und Wiederkehr sich jedes Jahr wiederholen, wenn aus dem Samen in der Erde neues Leben sprießt. So glaubt man noch heute in vielen Gegenden Indonesiens, die Lebenskraft oder die »Seele« (auf Java *sukma*) der Menschen sei die gleiche wie die der Nutzpflanzen und daß die Zuckerpalme, aus der man den Palmwein gewinnt, aus der Vagina des getöteten Mädchens und die Kokospalmen, der Bambus und der Reis aus ihren übrigen Körperteilen wachsen, so wie auf Bali das Blut des sterbenden »Reismädchens« Dewi Śrī in die Erde fließt und sie fruchtbar macht.[33]

Die Nage auf Zentral-Flores sagen, das die Erde regenerierende Blut des geopferten Büffels sei eine Kompensation für das, was der Mensch von ihr genommen habe, doch man ließ es auch in das Fundament neu errichteter Häuser fließen, um diese fest und dauerhaft zu machen, oder man schüttete das Blut bei einer langen Trockenheit in die versiegende Quelle. Im Mittelalter reizten und verletzten in Spanien der Bräutigam und seine Altersgenossen einen Stier und tränkten ihre Kleidung mit dem potenz- und fruchtbarkeitsfördernden Lebenssaft, und in den im 13. Jahrhundert niedergeschriebenen *Cantigas de Santa María* wird erzählt, wie der Bräutigam vor der Hochzeit dem Stier die von der Braut gefertigten Banderillas in den Nacken stößt, um mit dem dabei vergossenen Blut das Bettuch zu bespritzen, auf dem er in der Nacht seine künftige Frau entjungfern wird.[34]

In Südarabien tötete man einst auf rituellen Jagden dem Gott 'Attar heilige Tiere wie Stiere, Wildziegen, Steinböcke und Gazellen, damit aus deren Blut neues Leben entstehen konnte, und in dieser Tradition scheint das bis in unsere Zeit durchgeführte Stieropfer der Munebbih, eines Teilstammes der Ḥawlān b. Quḍā 'a im Jemen und in Ǧāzān zu stehen, nach dem man als Gegengabe für das verschüttete Blut den befruchtenden Regen erwartete.[35]

Der schwarze Stier, den die zu den südöstlichen Bantu zählenden Swazi jedes Jahr zur Wintersonnenwende während ihres großen Regenerierungsrituals opferten, repräsentierte den die Fruchtbarkeit des Landes und den Regen garantierenden Priesterkönig, der ehedem getötet worden war. Doch die Katla-Nuba, die auf Druck der britischen Kolonialherren hin ebenfalls das Königsopfer durch ein Tieropfer ersetzt hatten, meinten, daß seitdem weniger Regen fiele und die Mißernten und Hungersnöte häufiger aufträten.

Noch im Jahre 1943 wurde offenbar Fafiti, König der Schilluk am Weißen Nil, nach einer lang anhaltenden Hungersnot erdrosselt, doch scheint es bei diesem Volk auch üblich gewesen zu sein, den König zu töten, wenn er seine Frau nicht mehr zum Orgasmus bringen konnte. Wenn die Königin der Lovedu schlecht gelaunt war, frustriert oder traurig, blieb der Regen aus und das Land verdorrte, und wenn der König der zwischen dem Sambesi und dem Njassasee lebenden Bemba bei guter Stimmung war, wenn er kein Zahnweh oder unangenehme Träume hatte, verlieh er dem ganzen Land »Leben« (*bumi*), d. h. Regen, Milch und Nachkommen.[36]

In den verschiedensten Gegenden der Welt repräsentierte anscheinend der Herrscher die Gottheit, in der sich die »sterbende« und wiederkehrende Vegetation und Lebenskraft des Landes manifestierte. So verdorrt im *Perceval* nach der Verwundung des Gralskönigs (*roi meshaigné*) Amfortas das Land und wird zur *terre gaste*, und in der Tat setzten die Iren ihren König Bres ab, weil er zu schwach war, um eine verheerende Trockenheit zu beenden. Zahlreiche Indizien machen es wahrscheinlich, daß die kraftlos gewordenen irischen Herrscher beim winterlichen Samfuin-Fest getötet wurden, und aus der Ynglingasaga geht hervor, daß die vorchristlichen Schweden infolge einer dreimaligen Hungersnot »nach guter Ernte begierig (*árg jǫrn*)« ihren König Dómalði schlachteten (*sóa*) und sein Blut auf den Opferaltar spritzten. Die schwedischen Könige Alrik und Erik wurden »Freys afspringr«, andere »Týs Ǫttungr«, »Nachkomme des Gottes« genannt, und als Abkömmlinge des Fruchtbarkeitsgottes Yngvi-Freyr verbürgte das in Uppsala herrschende Königsgeschlecht der Ynglingar, von dem jeder einzelne König den Titel »Yngvi« trug, Wohlstand und Glück. Deshalb wollte nach dem Tode König Halfdans von Norwegen, der stets für eine gute Ernte gesorgt hatte, jede Landesgegend seine Leiche in ihrem Territorium vergraben, was schließlich dazu führte, daß man sie zerstückelte und anschließend verteilte.

Diese nordgermanischen Herrscher besaßen nicht nur übernatürliche Fähigkeiten, wie etwa diejenigen, die Sprache der Vögel zu verstehen oder die stürmische See zu beruhigen. Vielmehr konnten noch ihre spätmittelalterlichen und frühneuzeitlichen Nachfolger durch Handauflegen heilen – »in der Hand Friderici II.«, so wird überliefert, habe »eine sonderbare Lebenskraft gestecket« –, und auf dem Reichstag von Västerås im Jahre 1527 klagte Gustav Wasa über die Bauern von Dalarna: »Haben sie keinen Regen, so geben sie mir die Schuld; haben sie keinen Sonnenschein, so machen sie es ebenso; haben sie ein hartes Jahr, Hunger und Pestilenz oder was es sonst noch gibt, muß ich die Schuld tragen, wie wenn sie nicht wüßten, daß ich ein Mensch bin und kein Gott!«[37]

In den Albanerbergen gab es einst eine Waldlichtung (*nemus*) mit einem kleinen See und dem heiligen Hain von Aricia, in dem Pilger aus ganz Latium Diana Nemorensis, eine Vegetationsgöttin und Herrin der Tiere, verehrten. In diesem Hain lebte bei einem heiligen Baum ein »König von Nemi« (*Rex Nemorensis*) genannter und durch James George Frazer unsterblich gewordener Kultdiener, der in historischer Zeit von einem entlaufenen Sklaven repräsentiert wurde, der stets auf seinen Mörder wartete. Wer nämlich diesen Mann mit dem aus einem Ast des Baumes geschnitzten Speer tötete, durfte dessen *regnum* antreten. Es hieß, der erste »König von Nemi« sei der italische Gott Virbius gewesen, der nach der Überlieferung identisch war mit dem sterbenden und wiederkehrenden Vegetationsgott Hippolytos, Paredros jener *Regina Nemorum*, die in dem heiligen Baum lebte und aus der sich die Göttinnen Diana, Mater Matuta und Iuno Inferna entwickelten. Man darf annehmen, daß der Vegetationsgott Virbius einst von einem italischen Priesterkönig verkörpert wurde, der nach Ablauf einer gewissen Zeit oder bei den ersten Anzeichen von Schwäche und Krankheit in einem Kampf um Leben und Tod seine Vitalität unter Beweis stellen mußte.[38]

Auch hinter dem sagenhaften Ödipus, der seinen Vater Laïos erschlägt und seine Mutter Iokaste heiratet, steht sicher der junge Priesterkönig, der seinen alt und schwach gewordenen Vorgänger im Kampf besiegt und mit dessen Frau, der Hohepriesterin der Großen Erdgöttin, den ἱερὸς γάμος vollzieht, wobei die Tötung des dem Land Verderben bringenden Ungeheuers, der Sphinx (φίξ), einer Frau, deren Leib unterhalb der Brüste in den einer geflügelten Löwin übergeht und die mit Vorliebe junge Männer vergewaltigt (Abb. 226), vielleicht eine griechische Zutat ist. Bezeichnenderweise leitet sich Οἰδίπους – auf einem pylischen Täfelchen *o-du-pa-ro* = *Οἰδυφαλλος* – von den idg. Wurzeln *oid-*, »schwellen«, und *pod.*, »Fuß«, ab, wobei πους ein Euphemismus für das männliche Glied ist, so daß der Name des Ödipus, der wie Iasion die Erdgöttin »pflügt«, soviel wie »steif werdender Penis« bedeutet.[39]

Bei den Ewe östlich des Volta tötete man den Priesterkönig, in dem sich der über den Regen und die Fruchtbarkeit gebietende Schmiedegott Nyigbiè manifestierte, spätestens nach Ablauf von sieben Jahren, weil man davon ausging, daß dann seine Kraft verbraucht war, und nach dieser Zeit schlug auch meist die Stunde des

kudjur der Katla-Nuba, des Priesterkönigs der Kanakura südwestlich der Mandaraberge, des Königs der Chip auf dem nigeriani-
schen Plateau oder der Mundang im Tschad. Nach einer Regierungszeit von sieben Jahren ließen dagegen die Jukun am Benuë,
einem großen Nebenfluß des Niger, während eines Festes namens
ando ku ihren König, den sie »Unser Korn, unsere Bohnen, unsere
Erdnüsse« nannten, mit einem kräftigen Sklaven kämpfen, der seinen potentiellen Nachfolger repräsentierte. Gelang es ihm, seinen

Abb. 226: Die Sphinx vergewaltigt einen Jüngling, Schale des »C-Malers«,
Syrakus, um 590 v. Chr.

Gegner zu töten, durfte er weitere sieben Jahre über sein Volk herrschen. Versagte er aber, wurde er, falls er den Kampf überlebte, von
seinen Ratgebern erdrosselt, wobei man erwartete, daß er mit seinem Tod einverstanden war.[40]

Nach seiner Heimkehr erzählt Odysseus der Penelope, König
Minos von Knossos habe »jedes neunte Jahr (ἐννέωρος)« den »Rat«
von »Zeus, dem Gewaltigen«, also sicher des Zeus Kretagenes
oder Fελχάνος, eingeholt, wobei »jedes neunte Jahr« die Vollen-
dung eines 8-Jahre-Zyklus oder Oktaëteris bedeutet, nach dem
Sonne, Mond und Erde wieder die gleiche Konstellation einnehmen. Und wie Plutarch berichtet, suchten die spartanischen Epho-
ren, also die fünf höchsten Beamten Lakedaimons, im Abstand von
neun Jahren (δι᾿ ἐτῶν ἐννέα) in einer mondlosen Nacht den Himmel nach einer Sternschnuppe ab, die man als Indiz für die Kraft-
losigkeit des Königs ansah, der daraufhin abgesetzt wurde, falls
das Orakel in Delphi oder das in Olympia ihn nicht rehabilitier-
ten.[41]

Jedes neunte Jahr soll nach der Ynglingasaga König Aun in Uppsala einen Sohn, also seinen jeweiligen Nachfolger, geopfert haben, um sich eine weitere Regentschaftsperiode zu gewährleisten, und als Sühne dafür, daß Kadmos den Drachen umgebracht und sich damit befleckt hat, muß er ein »Großes Jahr«, also acht Jahre, für Ares arbeiten, denn danach fängt gewissermaßen alles von neuem an, und der Mörder ist so rein wie vor der Tat.

Schon Frazer war davon überzeugt, hinter der Tatsache, daß Minos sich jedes neunte Jahr »von Knossos zur Grotte und zum Heiligtum des Zeus« aufgemacht habe, um dort von seinem Vater das göttliche Gesetz der kretischen Städte erneuern zu lassen, stehe der ἱερὸς γάμος zwischen dem minoischen Wanax und der Vertreterin der Großen Göttin, wofür auch die Nachricht spricht, daß Minos neun Monate hinter der Diktynna her war, um sie zu beschlafen.[42] Und es ist durchaus denkbar, daß man die Vitalität der Priesterkönige von Knossos und der anderen kretischen Reiche wie die der Schilluk-Könige daran maß, ob sie eine dauerhafte Erektion zustande brachten und die Hohepriesterin sexuell befriedigen konnten.

Höchstwahrscheinlich verhielt es sich zur minoischen Zeit auf Kreta nicht wesentlich anders als im Nahen Osten, etwa in Ugarit, wo der Priesterkönig offenbar die Verkörperung von Vegetations- und Wettergöttern wie ʿAṭṭar und Baʿal war und wo die gesamte Vegetation verdorrte, als König Keret krank und schwach darniederlag: »Erschöpft war das Brot in ihren Kornspeichern, / Erschöpft war der Wein in ihren Schläuchen, / Erschöpft war das Öl in ihren Vorratsgefäßen.«

In der späteren griechischen und italischen Überlieferung sind es häufig Könige wie der die Eurydike verfolgende Apollonsprößling Aristaios, der dem Gewittergott gleichende Salmoneus, Sohn des Aíolos, oder Amulius, der Herrscher von Alba Longa, die das Wetter und den Regen beherrschen und damit die Fruchtbarkeit des Landes und das Wohlergehen ihres Volkes garantieren: Ist ein König gut und gottesfürchtig, so Odysseus, »dann beschert die schwarze Erde des Landes / Weizen und Gerste in Fülle; da biegen sich die Bäume vor Früchten, / Kraftvolle Schafe (μῆλα) werfen ihre Lämmer, das Meer ist voll von Fischen«.[43]

»Hätte ich die Kraft wie einst«, sagt der greise König Pelias in den Argonautica des Valerius Flaccus, dann würde er die Fahrt zur Wiedererlangung der Manifestation der Fruchtbarkeit selbst unternehmen, doch inzwischen fehlt ihm »die einstige Glut«, weshalb es νέοι, »junge Männer« sind, wie Apollonios die Argonauten

Abb. 227: Jason vor Pelias und seinen Töchtern, Wandbild in Pompeji.

nennt – nach den Orphischen Argonautiká »junge Könige und Halbgötter« –, die sich der Aufgabe stellen: »Solch allzwingend süßes Verlangen«, heißt es bei Pindar, »hat Hera entfacht in den Göttersöhnen / Nach dem Schiff Argo, daß nicht einer zurück / Bleibe bei der Mutter, gefahrloses Leben nährend, sondern – zahlt er's gleich mit dem Tod – / Schönsten Heiltrank finde im Ruhm seiner Taten mit Gefährten gleichen Alters«.[44]

Löst also Jason den alt und schwach gewordenen Pelias in der Regentschaft ab, weil dieser nicht mehr in der Lage ist, die Tat, die für das Wohlergehen des Landes nötig ist, zu vollbringen, scheint auch der minoische Wanax durch einen Nachfolger ersetzt worden zu sein, wenn er die Fruchtbarkeit der Insel nicht mehr garantieren konnte. Die Könige von Paphos auf Zypern nannten sich ὁ ἱερεύς τᾶς Fανα│σσας, wobei der *i-je-re-u* oder ἱερεύς (von ἱερός, ved. *iṣirá*, »stark, hitzig«) entweder der war, »welcher τα ἱερά verrichtet«, oder der, »welcher am ἱερόν dient«, nämlich dem der Wanassa, der Großen Göttin Zyperns. Dementsprechend war der kretische Wanax gewiß der Paredros der minoischen Göttin, und es könnte sein, daß hinter dem Tod des Minotaurus der rituelle Mord an dem impotent gewordenen König steht, in dem sich der stiergestaltige Fruchtbarkeitsgott inkarnierte, ein Königsmord, der später durch ein Stieropfer ersetzt wurde.[45] Auch der ägyptische Pharao repräsentierte eine Gottheit – »Ich bin dein Sohn!« sagt er in den Pyramidentexten zu Rê –, und wenn er sich auf den Thron setzte, regenerierte er das Land wie sein Vater, der Sonnengott, es jeden Morgen tat, wenn er im Osten aufstieg, um die todbringende Dunkelheit zu vertreiben. Gleichzeitig vertrat er »den Stier seiner Mutter« (*k꜕mwt.f*), den Gott Min, über den es heißt: »Heil dir, der du deine Mutter beschläfst! Wie geheimnisvoll ist das, was du ihr in der Dunkelheit getan hast!« So wurde beim Fest des Min ein weißer, den Gottkönig verkörpernder Stier geopfert, und ebenso trauerte man im ganzen Niltal über den Tod des Apisstieres, der gleichermaßen den Pharao vertrat und der mit seinem Sperma die Felder »überschwemmte«. Doch war die Trauer nur kurz, da die Priester ihn bald auf den Weideplätzen der Rinderherden als neugeborenes schwarzes Kälbchen mit einer weißen Rosette auf der Stirn wiederfanden.[46]

Aus einem Gebet der hochschwangeren Königin Puduḫepa, das auf einem Täfelchen des 13. Jahrhunderts v. Chr. aus Ḫattuša verzeichnet ist, geht hervor, daß sie sich als Personifikation der kuhgestaltigen Sonnengöttin und ihren Gemahl als Verkörperung des stiergestaltigen Wettergottes Tarḫunta ansah (Abb. 228), den die Hethiter aus dem alten luwischen Regen- und Fruchtbarkeitsgott Tarḫunta entwickelt hatten, der das Epitheton *piḫaššašši*, »der vom Blitz«, trug. Nicht anders scheint der kretische Minos die Inkarnation des Stiergottes gewesen zu sein und man hat jenem wohl dieselbe Kindheit im Gebirge zugeschrieben wie dem Gott, denn der »Sohn des Zeus«, den dieser nach Hesiod den Nymphen des

Abb. 228: Der hethitische König entschleiert als Tarḫunta seine Gattin zum Hieros Gamos, Keramikfragment aus Bitik, 16. Jh. v. Chr.

Ida an die Brust gelegt hat, wird kein anderer als Minos gewesen sein.[47]

Wahrscheinlich war »Minos« kein individueller Eigenname, sondern gleich »Sarpedon« und »Rhadamanthys« ein Herrschertitel der Vertreter einer Dynastie, und zwar vermutlich jenes mykenischen Geschlechts, das im SM III A/B, also im 14. und 13. Jahrhundert v. Chr., in Knossos regierte. Und es ist überdies denkbar, daß die Überlieferung der Vertreibung von Sarpedon aus Mallia und von Rhadamanthys aus Phaistos auf eine Machtausweitung der wie auch immer minoisierten Mykener von Knossos nach Osten und nach Süden in die Messará zurückgeht. Denn die Griechen von Gela an der Südküste Siziliens und die Rhodier, die zu Beginn des 6. Jahrhunderts v. Chr. weiter westlich die Stadt Akragas gründeten, gaben bezeichnenderweise die exhumierten mutmaßlichen Gebeine des auf Sizilien gestorbenen Minos nicht den Eteokretern zurück, wie man es erwartet hätte, wenn er der König der autochthonen Bevölkerung Kretas gewesen wäre, sondern ihren eigenen auf Kreta ansässigen Stammesverwandten. Aber auch die Tatsache, daß die Stadt Polichne am Nordwesthang des Leuka-Gebirges und das ostkretische Praisós, die Hauptorte der eteokretischen Rückzugsgebiete, der Überlieferung nach nicht zum

415

Herrschaftsbereich des Königs Minos gehörten, spricht dafür, daß dieser ein Grieche und kein »Minoer« gewesen ist.[48]

Offenbar handelt es sich bei dem Namen Μίνως (Linear B *mi-nu-[wa] = Μινύᾱς) um einen vorgriechischen, von den Hellenen auf Kreta übernommenen Personennamen, der sich vielleicht von *mi-nu-* (hethit. *miyanu*), »wachsen/aufblühen lassen, grünen, gedeihen« ableiten läßt, in dem möglicherweise auch *men-* (homer. μένος, ved. *mánas-*, avest. *manah-*; vgl. *iṣiréna mánasā*, »mit kraftvollem Geist«), also »Kraft, Stärke, Begeisterung, Ekstase, göttliche Inspiration« (vgl. gr. μάντις) enthalten ist, eine Wurzel, die auch im Namen des knossischen Königs vor Troja, Idomeneus, und dem des Epimenides steckt, also von Männern, die wohl ihre Fähigkeiten von der Göttin auf dem Ida erhielten. Denn auch der Ekstatiker und »Götterliebling« Epimenides aus Phaistos verdankte offenbar seine mantischen Kräfte der Nymphe Blasté, seiner Mutter, deren Name soviel wie »die Fruchtbare; die, welche es wachsen läßt«, bedeutet und hinter der mit großer Sicherheit die minoische Berggöttin steht.[49]

In ägyptischen Texten wird erstmalig während der Regierungszeit Thutmosis III. um die Mitte des 15. Jahrhunderts das Fremdland Menus oder Minus (*mn-n-ws*) erwähnt, und in seinem Grab sind die Gesandtschaften von »Kaftu-Fremdland, Menus-Fremdland und allen Fremdländern in ihrer Gesamtheit« dargestellt, wobei die Menus-Leute sich in nichts von denen aus Kaftu unterscheiden. Auch auf dem Thronpodest Amenophis III. ist das »Fremdland Menus« gemeinsam mit Kaftu aufgeführt, und in einer Liste aus der Regierungszeit Sethos I., also etwa 1300 v. Chr., die unter Ramses dem Großen und Ramses III. kopiert wurde, tauchen die Namen der beiden Länder ebenfalls auf. Zur Zeit der Ersterwähnung von Menus scheinen sich die ersten Mykener im nördlichen Zentralkreta auf friedliche Weise angesiedelt und rasch minoisiert zu haben, und es ist durchaus denkbar, daß mit Menus das Königreich Knossos und mit Kaftu die Messará mit ihren bedeutendsten Siedlungen Aghia Triada, Kommos und Phaistos bezeichnet worden sind.[50]

Häufig werden die Vegetationsgötter oder ihre Stellvertreter, die sich periodisch ins Jenseits begeben, in späterer Zeit zu Richtern oder Königen der Unterwelt. So richten dort Gilgameš und Osiris, aber auch Balðrs Sohn Forseti in Glitnir, so herrscht Baʿal im Sommer in der Unterwelt über die Fruchtbarkeit spendenden Totengeister *rpum*, und so entscheidet Zeus das Schicksal der vor den Toren Trojas miteinander kämpfenden Hektor und Achilles, indem er die »zwei Lose des trauerbringenden Todes« in die »goldenen Schalen der Waage« wirft. Vom Eingang zur Unterwelt aus sieht Odysseus, wie König Minos den »vor den breiten Toren zum Hades« wartenden Verstorbenen »mit dem goldenen Szepter« Gericht hält.[51]

Aber auch ein anderer kretischer Wanax, der den Vegetationsgott repräsentierte, nämlich Rhadamanthys, den die Europa nach Sophokles »den unsterblichen ihrer Söhne« nannte und der nach einer Auskunft des Pausanias in Phaistos herrschte, soll schon zu Lebzeiten, wie Platon überliefert, auf der Insel »als ein guter Richter gepriesen« worden sein. Vermutlich geht der Name Ῥαδάμανθυς, aiol. Βραδάμανθυς, auf das vorgriechische (»pelasgische«) *wr̥dho-mn̥t-u-s, »gerechten Sinn habend« (idg. *u̯erdh-, »reden«) zurück, weshalb er auch in Elysion richtete, was wohl bedeutet, daß er darüber entschied, wer Zutritt zu den μακάρων νᾶσος erhielt und wer nicht.[52]

War bislang stets die Rede von *der* minoischen Vegetationsgöttin und ihrem Paredros, so liegt die Frage nahe, ob die Idaia, Demeter, Diktynna, Britomartis, Europa, Hellotis, Eileithyia, Ariadne oder Pasiphaë sich nun auf *eine* Große Göttin der Insel zurückführen lassen, oder ob es bereits bei den Minoern der Mittel- und Spätbronzezeit *mehrere* solcher Göttinnen gab. Vermutlich hätte in dieser Zeit ein Kreter auf die Frage, ob Diktynna und Britomartis zwei disparate Göttinnen seien, ähnlich geantwortet wie heute ein

Abb. 229: Die »Schlangengöttin« von Knossos, SM I A.

Bewohner von Naxos auf die Frage, ob hinter den 93 verschiedenen Panagías seiner Insel *eine* ›Göttin‹ stehe.

Sind die zahlreichen heiligen Jungfrauen, von denen jede ihr eigenes Epitheton besitzt, in den Augen der Gläubigen lediglich verschiedene Manifestationsformen der Mutter Jesu, so gehen wohl auch die Namen der angeführten griechischen Göttinnen auf Invokationsbezeichnungen der regionalen Varianten ein und derselben Großen Göttin zurück, die sich im Laufe der Zeit in Einzelpersonen aufgespalten hat.[1] Gleichermaßen bildeten sich im Zweistromland aus den unterschiedlichen Aspekten der Inanna-Ištar separate Göttinnen aus, aber auch die ʿAštart, ʿAnāth, ʿAšerah, Nana oder Ninḫursag sind aus *der* Vegetations- und Liebesgöttin, der Paredra des Wettergottes, entstanden, während anscheinend auf Zypern eine vergleichbare Aufspaltung der Göttin nicht stattgefunden hat.[2]

Die wohl berühmteste Darstellung der Großen Göttin der Minoer ist die in Knossos gefundene und aus dem 16. Jahrhundert v. Chr. stammende Fayencefigur einer Frau mit entblößten Brüsten und Volantrock, die durch die sie umgebenden Votivgaben als die Herrin von Flora und Fauna des Landes und des Meeres, also der gesamten Natur, ausgewiesen ist (Abb. 229).[3] In den beiden erhobenen Händen – eine Geste der Epiphanie (Abb. 230) – hält sie je eine sich windende Schlange, was sicher bedeutet, daß die Göttin

Abb. 230: Prozessionsfresko im Palast von Knossos, SM II.

wie diese Tiere mit dem Erwachen der Natur aus dem Jenseits, in das beide entschwunden waren, heimgekehrt ist.[4]

Wie die zum Teil sehr großen Terrakottafigurinen der »Göttin-mit-den-erhobenen-Händen« (Tf. XIX) des SM III B/C aus Gurniá, Knossos, Plinias, Kannia und anderen Orten, bei denen sich nicht selten Schlangen um Körper und Arme winden, beweisen, blieb diese Verkörperung der sich immer wieder erneuernden Natur auch in der Spätpalastzeit die zentrale Gottheit auf der ganzen Insel – so auch in Kommos, wo man eine ihrer Kultfiguren fand, aus deren Krone Schlangen gleiten.[5] Ihr Kult wurde in den ostkretischen Fluchtsiedlungen des späten 13. und des 12. Jahrhunderts wie Kavusi, Karphi oder Kephála Vasilikis im Isthmus von Ierapetra südöstlich von Gurniá weitergeführt, wo man in einem Schrein eine auf einem Thron sitzende Göttin dieses Typs entdeckte. Um

Abb. 231: Epiphaniegeste der minoischen Göttin.

1100 v. Chr. brachten auswandernde Kreter die »Göttin-mit-den-erhobenen-Händen« schließlich nach Zypern, wo sie mit der ihre Brüste haltenden »Wanassa« verschmolz, die ihrerseits aus einer Kombination der alten zyprischen Fruchtbarkeitsgöttin mit jener orientalischen Liebesgöttin entstanden war, deren Epiphaniegeste wohl im frühen MM von den Minoern übernommen worden ist. So erscheint die Inanna-Ištar ab dem ausgehenden 3. Jahrtausend splitternackt und mit erhobenen Händen, manchmal auf einem Löwen oder einer Wildziege stehend, auf einem Berggipfel, und gelegentlich ist auch ihr gesamter Unterleib von den Füßen aufwärts von Schlangen umwunden.[6]

Aber auch die mykenischen Ψ-Figurinen der »erscheinenden« Göttin (Abb. 232), deren Typus vor allem in Boiotien bis in die homerische Zeit weiterexistierte und die bis nach Zypern sowie in die Levante exportiert wurden, gehen offenkundig auf Imitationen der minoischen Statuetten zurück, und wie bei diesen blieben auch bei ihnen bisweilen die Brüste unbedeckt. Doch scheinen die Figurinen

Abb. 232: Epiphanie der Göttin, Figurine aus der Unterburg
von Tiryns, SH III C.

des griechischen Festlandes eine andere Funktion besessen zu
haben als die kretischen, denn man fand sie vor allem in Kindergräbern und seltener in Heiligtümern und Wohnhäusern, wo sie anscheinend die Herdstellen und Türschwellen beschützten.[7]

Nicht nur im minoischen Kreta und im Vorderen Orient, sondern auch in anderen Gegenden war die Schlange ein Symbol der
Fruchtbarkeit und der ewigen Regeneration. So hat das Reptil
(*nāga*) in Indien Zugang zum Jenseits und zu den feuchten Quellen
des Lebens, und beim Fest der Schlangengöttin Nāgayakṣi, einer
Form der Kālī in Kerala, um deren nackte Brüste sich Schlangen
winden und auf deren Kopfbedeckung sich zahlreiche Kobras aufrichten, herrscht eine sexuell aufgeladene Atmosphäre wie bei den
Thesmophorien der Demeter. So werden die Frauen aus den hohen
Kasten, wenn sie sich überhaupt dorthin trauen, nicht selten von
den kastenlosen Männern an den Brüsten und zwischen den Beinen begrabscht oder mit obszönen Aufforderungen wie »Komm,
lutsch mir den Schwanz!« bedacht. Etwas sittsamer ging es offen-

bar einst in Epirus zu, wo in einem heiligen Hain an einem bestimmten Tag die Priesterin nackt den Ort betrat, an dem die
von Python abstammenden Schlangen hausten: Schauten diese sie
freundlich an und akzeptierten sie ihr Futter, gab es ein fruchtbares
und glückliches Jahr. In Sparta fütterte man täglich die glückbrin-
genden, Διὸς κοῦροι genannten Hausschlangen, und noch heute
lassen auf Kephallenia die jungen Mädchen aus dem Dorf Marko-
pulo beim Fest der Panagía die »heiligen Schlangen«, die der Gemeinschaft Glück und Wohlstand bringen, über ihren Körper kriechen.[8]

Die sich in den Schwanz beißende Schlange (ὄφις οὐροβόρος)
war im östlichen Mittelmeer das Symbol der ewigen zyklischen
Regeneration und deshalb nicht nur das Attribut von Heilern wie

Abb. 233: Von Schlangen flankierte Medeia, sf. Lekythos, 6. Jh. v. Chr.

Asklepios oder Verjüngungsmagierinnen wie Medeia, die auf einem von Schlangen gezogenen Wagen durch die Lüfte fährt.[9] Vielmehr war die Schlange mit jenen Gottheiten verbunden, die entweder periodisch in die Unterwelt entschwanden oder die sich
aufmachten, solche Personen aus dem Jenseits zurückzuholen, z. B.
die ebenfalls in der Nachfolge der minoischen Göttin stehende

Hekate, κουροτρόφος und Paredra des Hermes und des Ζεὺς Κρηταγενής. Im Homerischen *Hymnus auf Demeter* sucht Hekate die Persephone mit der Fackel (δαλός) in der Unterwelt, nach anderen Überlieferungen geleitet sie jedes Jahr die Demetertochter ins Jenseits und von dort wieder zurück, oder sie wird selber mit der »sterbenden« und wiederkehrenden Vegetationsgöttin und Hadesgattin identifiziert.[10]

Am deutlichsten sind die Züge der minoischen Göttin indessen an der Demeter selbst erkennbar, die bekanntlich am Brunnen von Eleusis den Töchtern des Keleos erzählt, sie sei »ohne zu wollen über den breiten Rücken des Meeres von Kreta« gekommen, »Piraten führten gewaltsam mich Widerstrebende fort«. Bereits vor langer Zeit hat der Altertumsforscher Picard vermutet, die Minoer hätten einst ihren Kult auf das Festland, namentlich nach Boiotien, Arkadien und Thessalien gebracht, und in der Tat hat man in den beiden erstgenannten Landschaften eine Δημήτηρ Ἐρινύς verehrt, die offenbar auf die in einer knossischen Inschrift erwähnte *e-ri-nu* zurückgeht. Aus Groll über ihre Vergewaltigung durch den schwarzgelockten Poseidon zog Demeter Erinys sich in eine Höhle am arkadischen Elaion zurück, worauf die gesamte Vegetation verdorrte, bis die Göttin in der Zeit der herbstlichen Regenfälle wieder erschien.[11]

Die sizilianische Demeter wurde mit dem Namen Σιτώ angerufen, was soviel wie »Korn[mutter]« (σῖτος, »Getreide«) bedeutet, ein vorgriechisches Wort, das auch zur Bezeichnung der *si-to po-ti-ni-ja* (= σίτων ποτνια, »für die Herrin des Korns«) von Mykene und die thebanische *si-to* benutzt wurde, die höchstwahrscheinlich mit der im Heiligtum von Mykene abgebildeten Göttin identisch ist, die, vor einem Greifen stehend (Tf. XX), in den erhobenen Händen Getreideähren hält (Abb. 234)[12]: Offensichtlich ist die Vegetationsgöttin im Augenblick ihrer Epiphanie dargestellt, nachdem das Fabeltier sie aus dem Jenseits wieder in diese Welt befördert hat.

Bereits in altbabylonischer Zeit war der Greif als Donnervogel das Reittier der nackten Fruchtbarkeitsgöttin und ihres Paredros, des Wettergottes,[13] und in Ägypten entstieg »der Brennende« (*sfr*)

Abb. 234: Epiphanie der Korngöttin (Proto-Demeter), Mykene, SH III B.

morgens dem Schoß der Muttergöttin im Osten und flog wie die
Sonne über den Himmel nach Westen, wo die Göttin ihn wieder in
ihren Leib aufnahm. Doch »der Hüter von allem, was auf Erden
existiert«, zog auch den Wagen des Pharao und half den Verstorbenen auf der Jenseitsbarke im Kampf gegen die feindlichen Mächte
der Dunkelheit.[14]

Im minoischen Kreta flog offenbar – wie auf Siegeln, so dem
bekannten Lentoid aus dem sogenannten Tholosgrab der Klytem-
nestra oder auf einem Goldring des 15. Jahrhunderts v. Chr. aus
Archánes zu sehen ist – die Vegetationsgöttin auf einem Greifen
oder einem »minoischen Drachen« über das Meer nach Elysion
und wieder zurück (Abb. 235). Und wenn man bei uns im Mittelalter glaubte, die importierten Straußeneier seien von Greifen oder
Drachen gelegt worden (*ova griffiorum*), und wenn im Orient, vor
allem in Nordindien, die Meinung verbreitet war, es handle sich
um die Eier des mythischen Vogels *shāh-murgh* oder *ruch*, dem
»Vogel Rock« Sindbads, dann darf man ähnliches für die aus
Nubien stammenden Straußeneier vermuten, die bereits am Ende
der frühminoischen Zeit nach Palaikastro und später unter anderem nach Kommos gelangten.[15]

424

In historischer Zeit benutzte auch Apollon das Fabeltier als Transportmittel, wenn er im Frühjahr von den Hyperboräern nach Griechenland heimkehrte, und im östlichen und zentralen Mittelmeer, in Phönizien, der Ägäis, Karthago und Rom flogen die Verstorbenen auf Greifen zu den Inseln der Seligen – selbst die tote Beatrice erscheint in der »Göttlichen Komödie« auf einem von Greifen gezogenen Wagen aus der Unterwelt.[16]

Abb. 235: Die Göttin reitet auf dem »minoischen Drachen« übers Meer, Achat-Lentoid, Unterstadt von Mykene, SH I.

Nachdem man erkannt hat, daß die früher beliebte Übersetzung von Δāμᾱτηρ als »Erdmutter« (in Analogie zum Namen der γῆ oder γαῖα = *ma ka* [μᾱ Γᾶ] = μήτερ γῆ) nicht richtig sein kann, da ein Wort *δᾱ, »Erde«, im Griechischen nie existierte,[17] ist der Name der Demeter überzeugender auf *i-da-ma-te*, »Mutter des Ida«, wohl ursprünglich Idamartis (vgl. Βριτόμαρτις), »Jungfrau des Ida«, zurückgeführt worden, also auf die Bezeichnung für die große Vegetationsgöttin, die jährlich nach ihrer Abwesenheit während der Sommerhitze auf dem Gipfel des heiligen Berges erschien.

Zwar hat man den Namen *[i]-da-ma-te* auf Linear-B-Täfelchen bislang noch nicht gefunden, aber als Linear-A-Inschrift auf zwei kleinen goldenen und silbernen Votivdoppeläxten aus der Zeit um 1600 v. Chr. in der Höhle von Arkalochóri im westlichen Dikte-Gebirge und ebenfalls in Linear-A-Schrift im Gipfelheiligtum des Aghios Georgios auf Kythera.[18] Und entsprechend zu *-ma-te* (idg.

māter) ist wohl der Linear-A-Name *i-da-pi-te-ri* (idg. *pätēr*), »Vater des Ida«, zu verstehen, eine Bezeichnung für den Wettergott und Paredros der Demeter, der vielleicht auch *a-ta* (vgl. hethit. *atti*) genannt wurde, ein Wort, das man als *a-ti* im Dativ in einem weiteren Linear-A-Text entdeckt hat. *Pi-te* und *a-ta* waren also anscheinend Namen, unter denen man den Zeus Kretagenes angerufen hat, der auch in historischer Zeit neben Poseidon immer wieder als

Abb. 236: Detail eines Deckengemäldes im Castello Sant Angelo, Rom, um 1540.

der – meist stiergestaltige – Beischläfer der Göttin, seiner Mutter und Geliebten, genannt wird: »Iupiter«, so verlautet noch im frühen 4. Jahrhundert der aus Nordafrika stammende Schriftsteller Arnobius, »in taurum versus concubitum matris suae Cereris appetivit«, und Clemens v. Alexandrien empört sich über die »unaussprechbaren Obszönitäten« im Kult der Demeter sowie über den Lustmolch Zeus, der nicht allein die Göttin geschwängert, sondern sich auch seine herangewachsene Tochter Κόρη vorgenommen habe. Auch Psellos berichtet von einem γάμος des Zeus mit der Δηώ sowie mit deren Tochter Περσεφάττη, und ähnliches wird auf Rhodos stattgefunden haben, wo Ζεὺς Δαμάτριος mit den beiden Δαμάτερες, nämlich Demeter und Kore, verbunden war. Schließlich klingt die für den Demeterkult typische rituelle Aischrologie noch in den Argonautiká des Apollonios nach, wo nämlich die jungen Mädchen sich über die auf einer Sporadeninsel an Land gegan-

genen Helden lustig machen, worauf die Argonauten die Jungfrauen – offenbar mit schlüpfrigen Anspielungen – aufziehen.[19]

Am bekanntesten ist freilich Demeters Liebhaber unter dem Namen Iasion geworden, mit dem zu schlafen die Göttin »sich sehn-
te«, als sie ihn zum ersten Mal sah, wie er am Fuße des Ida auf die
Jagd ging. So vereinigen sich die beiden »auf einem dreimal gepflügten Feld« (νειῷ ἔνι τριπόλῳ), was bedeutet, daß der γάμος im
Herbst stattfand, denn zunächst wurde der Acker im Frühling,
dann nach der Ernte im Sommer und schließlich ein drittes Mal im
Monat Pyanepsion für die Aussaat der Feldfrüchte umgeworfen.

Daß eine Frau die Initiative zum Geschlechtsverkehr ergreift –
offenbar eine minoische Reminiszenz –, war für die Griechen, in
deren Mythologie normalerweise die Männer die lustlosen Frauen
gegen deren Willen »nahmen«, so fremdartig, daß damals ein ver-
ständnisloser Scholiast und in unserer Zeit sogar eine griechische
Altphilologin nicht anders als von der Vergewaltigung eines Sterblichen durch eine Göttin sprechen können, die das Wachstum des
Getreides und ursprünglich der gesamten Vegetation bewirkte.[20]

Wie die Stampftänze und die Wettläufe auf und über die Felder
die schlummernde Natur wecken sollten, vollzog man auch den
Geschlechtsverkehr bei der Aussaat, um die Wachstumskräfte der
Erde zu animieren. In Ostpreußen sagte man von der Binderin der
letzten Garbe bei der Kornernte, »sie bulle«, d. h., sie sei geil auf
einen Mann wie eine brünstige Kuh, und in der Gegend des mecklenburgischen Güstrow bildeten noch zu Beginn des 19. Jahrhunderts die Erntehelferinnen einen Kreis um ein Paar, worauf eine der
Frauen dem Mann den Penis aus der Hose zog und ihn so lange
masturbierte, bis sein Sperma in die Ackerfurche spritzte.[21]

Ebenso war Iasion (Ἰασίων, Ἰάσιος oder Ἰήσων), dessen Name
auf ἰάομαι, »heilen, beleben, erregen« zurückgeht, derjenige, der
die Erdgöttin sexuell erregte und schwängerte, also die kretische
Demeter, die von den klassischen Griechen diejenige genannt
wurde, »die sich auf der Erde dem Geschlechtsverkehr hingibt«.[22]
Doch gleichzeitig scheint Iasion ein Name oder ein Titel des minoisierten mykenischen Priesterkönigs gewesen zu sein, der diesen
»Erreger« der Großen Göttin repräsentierte, was aus einem Scho-

lion hervorgeht, in dem es heißt, Iasion sei der Sohn des Minos und einer Bergnymphe namens Phronia gewesen. Diese Überlieferung kannte offenbar auch Hesiod, der berichtet, Iasion sei nach seiner Geburt den Nymphen des Ida übergeben worden, die ihn stillten und aufzogen und ihn in einem gewissen Alter anscheinend in den Palast des Minos schickten, weshalb man ihn gelegentlich als Sprößling des Minos bezeichnet habe.[23]

Wie wir bereits gesehen haben, wurde durch den ἱερὸς γάμος nicht nur die Göttin befruchtet, sondern auch der Paredros regeneriert – er erlangte gewissermaßen Unsterblichkeit, und ein gleiches widerfuhr auch dem Priesterkönig durch den Koitus mit der die Göttin repräsentierenden Hohepriesterin. Noch Diodoros berichtet, sowohl die Eleusinischen als auch die Samothrakischen Mysterien stammten aus Kreta, wo sie freilich in aller Öffentlichkeit stattgefunden hätten, und in einem »Ständchen für Amaryllis« heißt es: »Und Iasion, liebreizendes Mädchen, preise ich glücklich, / Der so vieles erlangte, was Uneingeweihte niemals erfahren werden!« Zwar hat uns seitdem tatsächlich niemand in das Geheimnis der Mysterien eingeweiht, doch scheinen die Mysten in Eleusis und auf Samothrake, in dessen Heiligtum man zahlreiche tönerne Vulven und Phallen ausgegraben hat, erfahren zu haben, daß der sterbliche Iasion durch den Beischlaf mit Demeter oder mit Kybele, der phrygischen Demeter, unsterblich wurde.[24]

Spaltete sich später die Erdgöttin in die Mutter Demeter und die Tochter Kore auf, geschah ein gleiches mit dem Paredros, der sich in den Vater Iasion und den Sohn Τριπτόλεμος, den »Dreimalpflüger«,[25] oder in Πλούτων (nachmalig Πλοῦτος), den »Spender«, teilte. Daß die beiden indessen lediglich den jugendlichen Aspekt des Iasion verkörperten, war auch in historischer Zeit deutlich erkennbar. So hieß es, Demeter sei einerseits die *nutrix* des Triptolemos und des Plutos gewesen, andererseits aber auch deren Geliebte.[26]

»Starb« Demeters πάρεδρος jedes Jahr, um wiedergeboren zu werden, erlangte er also durch seinen periodischen »Tod« Unsterblichkeit, so scheinen die griechischen Priester, Mythographen und gelehrten Kommentatoren dieses Verschwinden des Vegetationsgottes ebensowenig verstanden zu haben wie den Tod des Zeus Kretagenes. Zeus erschlägt nämlich nach Hesiod den Eëtion (= Iasion) mit dem Blitz, weil dieser sich an der Demeter vergriffen hatte, was auch auf Samothrake als Grund für den Tod des Kabiren Iasion angeführt wurde, und der lemnische Philosoph Flavius Philostratos hebt mahnend den Finger und verweist auf das Übel, das jedem Sterblichen widerfährt, der mit einer Göttin das Lager teilt.[27]

Dabei war auch im antiken Griechenland der Glaube weit verbreitet, eine vom Blitz getroffene Stelle sei heilig und unbetretbar (ἄβατος), dem Ζεὺς καταιβάτης geweiht: So hieß es, Zeus habe Asklepios mit dem Blitz erschlagen, um ihn unsterblich zu machen, und in der Grabinschrift eines vom himmlischen Feuer getöteten Mädchens bittet diese ihre Mutter, nicht länger zu weinen, da Zeus sie, ihren »Leib verbrennend, unsterblich und unalternd für alle Tage gemacht« habe.[28] Noch im 19. Jahrhundert berichtete ein Reisender von den Osseten, diese freuten sich sehr und führten Tänze auf, wenn einer der Ihrigen vom Blitz erschlagen worden sei, »denn sie meinen, der hl. Elias habe ihn zu sich genommen«, und bei den sudanesischen Nuern wurde ein Blitzopfer von Gott in den Himmel und bei den Azteken nach Tlálocan, ins paradiesische Reich des Regengottes, entrückt. Bezeichnenderweise haben vom Blitz getroffene Personen danach häufig berichtet, sie seien während ihrer Ohnmacht gleichsam in eine andere Gegend versetzt worden.[29]

Die Überlieferung, nach der Iasion, der Sohn des Minos und der künftige Wanax von Knossos, in einer Höhle des Ida unter der Obhut der dortigen Nymphen aufwuchs, hat eine Parallele in der Geschichte seines Namensvetters Jason, der nach Pindar bis zum Alter von 20 Jahren in der Gebirgshöhle des Kentauren Cheiron von dessen Töchtern, den Phillyriden, großgezogen wurde. Χείρων, »das göttliche Geschöpf«, der Heiler, »der sich«, wie sein Name besagt, bei dieser Tätigkeit »seiner Hände bedient«, verlieh nicht nur dem »sterbenden« Vegetationsgott Hippolytos die Unsterblichkeit, vielmehr lehrte er den Seher Melampus zu heilen, impotenten Männern die Zeugungskraft wiederzugeben und den

Regen herbeizuholen, und nach dem Willen des Zeus erzog er in seiner Höhle am magnesischen Pelion auch Peleus, Achilles, den Heiler Ἀσκαλαπιός und Medeíos, den Sohn des Jason und der Medeia. Zwar war er in historischer Zeit als Lehrmeister der Heroen mit Thessalien verbunden, doch machen es archäologische Indizien wahrscheinlich, daß Cheiron ursprünglich der Erzieher des spätminoischen Vegetationsgottes und des ihn verkörpernden Priesterkönigs im kretischen Gebirge gewesen ist.[30]

Wie aus einer Ode Pindars hervorgeht, sagt Jason dem Pelias, daß Cheiron ihn Ἰάσων »zu nennen pflegte«, ein Wort, das auf das Verb ἰάϜομαι, »wiederbeleben, aufwärmen, erheitern, erwärmen, erfrischen, heilen« (sanskr. *iṣ-*, »animieren, in Bewegung versetzen«; *iṣira-*, »erfrischend, aktivierend, wirksam«; *iṣṇāti*, »es spritzt heraus«; kymr. *iach*, »gesund«; an. *eisa*, »anstoßen«; lat. *īra*, »Erregtheit«; gr. ἱερός, »stark, kräftig, gesund«, später »heil, heilig«; hethit. *iiu-* und tochar. *ya-*, »heilen«) und letztlich auf idg. **eis-* oder **īs-*, »auffrischen, regenerieren, zum Leben erwecken, heil machen« zurückgeht.[31] Jason ist also der »Befruchter, Wiederhersteller, Beleber« – ein durchaus passender Name für einen Vegetationsgott oder dessen menschliche Inkarnation, die beide die Natur regenerieren. Und in der Tat hat man auf einem Pithos des SMIA, also etwa aus der Mitte des 16. Jahrhunderts v. Chr., in Phaistos die Linear-A-Inschrift *si-ma i-ja-te* gefunden, was mit »Simas, der Befruchter« oder »der Wiederbeleber« übersetzt werden kann, und ein paar Jahrhunderte später tauchen die Bezeichnungen *ja-sa-no* und *ja-sa-ro* (= Ἰασάνωρ) auf knossischen und um 1200 v. Chr. *i-ja-te* (vgl. ἰατρός, homer. ἰητήρ, »Heiler«) auf einem pylischen Linear-B-Täfelchen auf, die sich auf einen Mann beziehen, der den Namen *me-no* trägt.[32]

Offenbar war »Jason« zunächst der Titel eines Gottes und seines Repräsentanten, die ihr Land periodisch erneuerten und in diesem Sinne »heil machten«. Noch Hesiod nennt Jason »den Hirten der Völker«, er ist der ἥρως ἰατβός, der seine Heimat nach einer Leidenszeit »heilt«, und auf einem korinthischen Kolonettenkrater aus der Zeit um 600 v. Chr. von der Halbinsel Chalkidiké ist der unbekleidete ΕΙΑΣΟΝ abgebildet, der, wie es ihn Cheiron gelehrt

Abb. 237: Jason heilt mit Hilfe der Idaia die Blindheit des Phineus,
korinthischer Kolonettenkrater von Chalkidiké,
spätes 7. Jh. v. Chr.

hat, seine Hände auf die Augen des Sehers Phineus legt, um dessen
Blindheit zu heilen (Abb. 237) – offenbar eine Episode, die in den
heute noch vorhandenen Versionen der Argonautensage nicht mehr
enthalten ist.[33]

Im gesamten Vorderen Orient waren insbesondere die »sterbenden« und wieder ins Leben zurückkehrenden Vegetationsgottheiten, die das vertrocknete Land »heil« machten, auch »Heiler« in
dem Sinne, daß sie den Kranken und Schwachen zur Genesung ver-
halfen. So war bei den Sumerern der periodisch verschwindende
Gott Damu von Isin ein Heilgott und ebenso der Sonnengott Utu,
weil er mit seinen Strahlen das Leben vor der Dunkelheit und dem
Tod bewahrte, und den Paredros der Großen Göttin rief man mit
den Worten an: »Dumuzi, Liebhaber der Inanna, der sich der
Kranken erbarmt, / Gerade auf dich hat der Kranke [gewartet]!«
Im Alten Testament bedeutet *rp'* »heilen«, vor allem die Wieder-
herstellung der Gebärfähigkeit der Frau und der sexuellen Potenz

431

des Mannes (1. Mose 20.17), und in Ugarit kam der Vegetationsgott Ba'al, der »Heiler« (*rp'ù*), mit seinen vogelgestaltigen Gehilfen, den »Heilern« (*rp'm*) oder »Heroen« (*ǵzrm*), »jenen, die her-
überkommen« ('*brm*) über das Meer, das die Toten von den Lebenden trennt, zum herbstlichen Neujahrsfest an die syrische Küste,
um das Land wieder erblühen zu lassen.[34]

Das dem ugaritischen *rp'ù* entsprechende Epitheton *rf'n*, »Heiler«, trug auch der südarabische Fruchtbarkeitsbringer 'Attar, ein
verschwindender Regen- und Gewittergott wie der phönizische
Ešmun-Melqart, der nach der Trockenheit des Sommers und nach
dem Winterschlaf im Frühling nach Sidon und Tyros heimkehrte,
der Paredros der 'Aštart, den man »Heiler« nannte, weil er die
Menschen aus tödlicher Krankheit in ein neues Leben führte.[35]
Auch die kleinasiatischen Vegetationsgöttinnen wie Ḫannaḫanna,
Išḫara, Šawuška oder Kamrušepa wurden als Heilerinnen bezeichnet – »Auf dein Geheiß«, wird auf einem assyrischen Täfelchen
Ištar angerufen, »ergeht es der Menschheit wohl, / Wird der Kranke geheilt, [...] / Sieht der Blinde das Licht; / Wird gesund, der nicht
gesund war« – und die Mitannikönige Šuttarna II. und Tušratta
schickten dem kranken Pharao Amenophis III. die Statue der »Ištar
von Niniveh« zur Genesung an den Nil.[36] Der Unterweltsgängerin
Ištar entsprechend waren auch in Griechenland vor allem jene Götter und Heroen »Heiler«, die Fahrten ins Jenseits unternahmen und
von dort wieder zurückkehrten, z. B. Herakles, Hermes, die Dioskuren und die Kabiren. Aber auch Helios wurde nach Timotheos
Παιάν genannt, vermutlich nicht nur, weil er jeden Tag erneut der
Natur das Leben gab, sondern weil er auch – wie die Dioskuren und
die indischen Aśvinau – den Blinden das Augenlicht schenkte.[37]

War Jason ursprünglich der ins Jenseits reisende und von dort
zurückkehrende »Heilmacher«, so war er gleichzeitig Paredros
der Großen Göttin, wobei in den Argonautiká, wie wir sie kennen,
anscheinend zwei Überlieferungen miteinander verschmolzen sind:
nämlich die eine, nach der Jason die ins Jenseits entschwundene
Vegetationsgöttin zum Heil des Landes heimholt, und die andere,
in der die Göttin die Fahrt des »Sterblichen« leitet und überwacht,
bis sie ihn schließlich »unsterblich« macht.

Daß Medeia eine wiederkehrende Vegetationsgöttin war, wird etwa dort deutlich, wo das Volk von Iolkos über die durch die Gassen schreitende Frau sagt, sie sei gewiß eine Göttin, die »von den Hyperboräern« nach Griechenland gekommen ist, um »der ganzen Stadt und dem König das Heil zu bringen«. Vor ihrem Gang zu König Pelias verwandelt sie sich – so wie Hera vor dem Treffen mit Jason oder Aphrodite vor der Begegnung mit Phaon[38] – mit Hilfe von Zaubersalben in eine alte Frau, aber alsdann badet sie im Palast und erscheint so strahlend und frisch, daß ein jeder denkt, sie habe sich verjüngt. Nach Hesiod und Alkman war sie eine Unsterbliche, die wie Kirke, Kalypso, Demeter oder Aphrodite mit einem sterblichen Mann das Lager teilte, und in Korinth die Paredra des Zeus, den es noch in der späteren Überlieferung nach ihr gelüstete. In dieser Stadt war sie schließlich die Priesterin der Hera Ἀκραία oder Βουναία, deren Kult sie begründete, doch daß sie eigentlich die Göttin selber war, geht aus einer Inschrift in der sogenannten Kypseloslade aus dem 6. Jahrhundert v. Chr. in Olympia hervor, die noch Pausanias sah. Im Elfenbeinrelief dieser Lade saß Medeia, flankiert von Aphrodite und Jason, auf einem Thron, und die Inschrift lautete Μήδειαν Ἰάσων γαμέει κελεται δ᾽ Ἀφροδίτα, »Jason heiratet Medeia nach Art der Aphrodite«.[39]

Medeia wird also keineswegs von Jason »auf griechische Art« überwältigt und zum Beischlaf genötigt, vielmehr übernimmt sie – wie die vorgriechische Demeter gegenüber Iasion – die Initiative und macht den Sterblichen, d. h. Jason, durch den ἱερὸς γάμος unsterblich. Dieser Akt findet je nach Überlieferung an verschiedenen Orten statt, etwa »in der Grotte« auf einer Insel im Donaudelta, »in der einst Hister die keuchende Peuce«, eine Flußnymphe »nötigte (presserat)«, meist aber in Aia oder – was auf dasselbe hinausläuft – »in einer heiligen Grotte« in Scheria, in der »einst Makris gewohnt hatte«, die Tochter des Bienenzüchters Aristaios, d. h. die Säugamme des Zeus Kretagenes.[40] Dort spreizt Medeia auf dem Goldenen Vlies liegend für Jason die Schenkel, und die Nymphen der »Blütengöttin« Hera Antheia bringen bunte Blumen, während die Argonauten als Kureten mit ihren erzenen Waffen das Brautlager umtanzen. Wenn, wie Eumelos mitteilt, Jason aufgrund

des γάμος mit Medeia König wurde, dann entspricht dies der Überlieferung, nach der ein anderer »Heilheroe«, nämlich Achilles, erst
durch den Geschlechtsverkehr mit Medeia nach seiner Ankunft in
Elysion, wie Ibykos und Simonides berichteten, unsterblich wurde. Denn es ist stets die Große Göttin, die den Sterblichen auf ewig
regeneriert und ihm die Königswürde verleiht.[41]

Doch Medeia verjüngt den alt und schwach gewordenen Vegetationsgott oder dessen irdische Repräsentanten nicht nur in ihrem
Schoß, sondern auch indem sie die Sterblichen in ihrem Kessel
kocht. Noch heute betrachtet man in zahllosen traditionellen Gesellschaften den Kochtopf als einen »Umwandler« und als eine Art

Abb. 238: Gynaikomorphes Keramikgefäß, Ufersiedlung
des Zürichsees, um 3900 v. Chr.

Gebärmutter, etwa bei den Desana am Río Vaupés, wo die Frauen
die Töpfe bei der Herstellung mit einer Klitoris und mit Schamlippen ausstatten sowie mit wuchernder Vegetation bemalen, während sie um ihre eigene Taille ein schwarzes Band malen, das die
Öffnung eines Kochtopfes darstellt. Bei den rhodesischen Karanga
besitzen die Töpfe Verzierungen, die den Narbentatauierungen am
Unterleib der Frauen entsprechen, und eine um den Bauch des Gefäßes laufende Linie symbolisiert ihren Lendengürtel. Wiederum
andere Gefäße werden als Uterus und die engste Stelle des Halses
als Muttermund bezeichnet, und die Fur im Bergland von Marra
im Sudan nennen den Kochtopf »Mutter« (*eja*) und verzieren ihn

mit Brustwarzen. Während des »Neun-Nächte-Festes« (*Navarā-tra*) der indischen Göttin Durgā wird ein ihre Gebärmutter reprä-sentierender »Topf des Überflusses« (*pūrṇakalasa*) aus Ton gefer-tigt und mit Getreidesamen gefüllt, und noch heute werden in Kerala auf den Dörfern die Kochtöpfe mit zum Teil üppigen Frau-enbrüsten versehen. Auch im neolithischen Ališar Hüyük sind vie-le Totenurnen mit Brüsten ausgestattet, was in Südindien seit fast 4000 Jahren üblich ist, wo man hofft, daß die Verstorbenen aus diesen Keramikbäuchen wiedergeboren werden. Die Lunda im Quellgebiet des Sambesi sagen wiederum, während der Schwan-gerschaft werde das Blut des Mannes im Bauch der Frau »ge-kocht«, und die Indianer im kolumbianischen Tiefland nennen eine Hochschwangere *wári soro*, »dicker Topf«.[42]

Medeia ist die hyperboräische φαρμακεύτρια, die ihre Zauber-kräuter von des »Eridanos' Ufern« holt, und wenn sie von dort heimkehrt, werfen die Schlangen »die gealterte Haut sich verjün-gend vom Leibe«. Sie gebietet über die »Säfte, durch welche das Alter, erneuert, / Wieder zur Blüte sich kehrt und die Kräfte der Jugend sich sammeln«. Als sie einen vertrockneten Zweig in den brodelnden Kessel taucht, »beginnt der dürre Ast beim Rühren im heißen Kessel erst zu grünen, nach einer Weile bekleidet er sich mit Laub, und plötzlich ist er mit schweren Oliven beladen. Und wo nur beim Kochen Schaum aus dem ehernen Kessel flog oder heiße Tropfen auf die Erde fallen, wird der Boden frühlingsfrisch, und Blumen und weicher Rasen sprießen hervor (*vernat humus, flores-que et mollia pabula surgunt*)«.

Wie sie die Vegetation, die Bäume, Sträucher und Blumen erblü-hen läßt, regeneriert sie deren Personifikation, den Vegetations-gott, »dessen Leib«, wie Lykophron sagt, »im Zauberkessel sich erneuert (καὶ λέβητι δαιτρευθεὶς δέμας)«. »Nach Pherekydes und Simonides«, verlautet ein Scholion zu Euripides' *Medeia*, »ver-jüngte Medeia den Jason, indem sie ihn kochte«, nachdem sie ihn vorher, wie andere ergänzen, »zerstückelt« hatte. Auf einer Buc-chero-Olpe des 7. Jahrhunderts v. Chr. aus einem etruskischen Hügelgrab bei Cerveteri steht die durch die Beischrift METAIA gekennzeichnete Medeia in langem Gewand, einen Stab in der erhobenen Hand, vor einem Kessel, aus dem ein nackter Mann steigt, während auf einer um 500 v. Chr. entstandenen rotfigurigen Hydria Jason als Greis mit weißem Haar und Stoppelbart neben dem Kessel steht, aus dem gerade ein verjüngter Widder, die Inkarnation der Regeneration, springt (Abb. 239). Schließlich ist auf einem Spiegel der gleichen Zeit aus Talamone südlich von Grosseto

Abb. 239: Medeia verjüngt den Widder, rf. Hydria, um 500 v. Chr.

Medeia zu sehen, die dem Helden ein Verjüngungsmittel reicht. Neben Jason befinden sich Athene und als Personifikation der Fruchtbarkeit und Vitalität die Nymphe Rescial mit frischem Laub auf dem Haar, die aufreizend ihre Brüste und Genitalien entblößt und eine Taube, das Symbol der Geschlechtslust, am Flügel hält, während eine zweite auf Jason zufliegt.[43]

Der Ino war nach Nonnos von Hermes prophezeit worden, sie und ihr Sohn und Paredros Melikertes würden »unsterblich«, worauf sie ihren Sprößling in einen »Kessel mit siedendem Wasser« (εἰς πεπυρωμένον λέβητα), warf und anschließend, wie Apollodoros berichtet, mit ihm »in das tiefe Meer« sprang. In einem Pindar-Scholion heißt es, nach Bakchylides habe die Erdgöttin Rhea den Tantalos-Sohn Pelops in einem glühendheißen Kessel regeneriert, und Hesiod überliefert, die Meeresgöttin Thetis habe ihre Kinder ebenfalls in einen Kessel mit kochendem Wasser geworfen.[44] Nach einer anderen Version legt sie ihren Sohn Achilles, um ihn unsterblich zu machen, ins Feuer und salbt ihn mit Ambrosia, was bekanntlich auch Demeter mit Keleos' Sohn Demophon tut, um »ihm so das vergängliche Fleisch« zu nehmen.[45] Anscheinend lag dieser Gedanke auch der Sitte der Brandbestattung zugrunde, und noch heute gibt es vom südamerikanischen Regenwald bis zur Insel Bali die Vorstellung, durch das Verbrennen der Leiche werde das Sterbliche von der Seele abgestreift und diese könne dann wegfliegen.[46]

Auch die Regenerierung durch das Kochen im Kessel war nicht nur den Griechen bekannt. So wurde bei den mongolischen Burjaten südöstlich vom Baikalsee der künftige Schamane entweder durch einen Blitzschlag des Gottes Süle-Khan zerstückelt oder in einem Kessel gekocht, um hernach wieder zusammengesetzt zu werden, und die keltische Überlieferung berichtet vom Kessel des Dagda oder des Bran mac Febail, in dem die erschlagenen Krieger eine Nacht lang gekocht werden, bis sie auferstehen, ohne allerdings jemals wieder sprechen zu können.[47]

Medeias Rolle als Vegetationsgöttin wird schließlich auch dort deutlich, wo sie ihre Kinder beim Versuch, diese durch Eingraben im Boden des Heiligtums der Hera unsterblich zu machen, tötet, was man kultisch darstellte, indem man periodisch sieben vornehme Jünglinge und sieben junge Mädchen in schwarzen Gewändern und mit geschorenem Haar in Analogie zur Vegetation im Tempel rituell »sterben« ließ, denn nach einem Scholion des Parmeniskos besaß Medeia 14 Kinder. Vermutlich entsprach das Vergraben ihrer Kinder dem Opfer des jungen Mannes oder der Jungfrau, aus deren in der Erde verscharrten Leibern im Neuen Jahr die Nutzpflanzen wuchsen, und man darf annehmen, daß hiermit auch die Nachricht eines Pindar-Scholiasten in Zusammenhang steht, nach dem Medeia einst die Stadt Korinth von einer Hungersnot befreite, indem sie das Korn wieder wachsen ließ.[48]

Es fällt auf, daß offenbar sämtliche Göttinnen, in deren Namen die idg. Wurzel *mēd- enthalten ist, um die Heilwirkung von Kräu-

Abb. 240: Eugène Delacroix, »Medeia tötet ihre Kinder«, 1862.

tern und Drogen wissen. Außerdem sind sie in der Lage, auf die
eine oder andere Weise Unsterblichkeit zu verleihen. So läßt sich
der Name der Medeia (Linear B *me-de-ja*), die auch – wie die Frau
des kretischen Königs Idomeneus – Μήδη genannt wird, auf das
Verb μέδομαι zurückführen, das soviel wie »sich um etwas kümmern, überlegen, nachdenken, sorgen, wissen«, bedeutet (altir. *mi-
duir*, »beurteilen, einschätzen«; altind. *mēdhā*, »Weisheit, Einsicht,
Verstand«; lat. *medēri*, »heilen«; ahd. *mezzōn*, »ermessen«; gr.
μεδέων, »Walter, Herrscher«). Ihm liegt idg. **mēd-* zugrunde, das
meist mit »denken an, achten auf, ermessen« übersetzt wird, eine
Wurzel, die auch im Namen des Μῖδας enthalten ist, der ursprünglich ein »sterblicher« Vegetationsgott wie Attis oder Zeus Kretagenes und der Sohn-Gatte der Kybele war.[49]

Medeia ist die Tochter der Thetys- und Okeanostochter Idyia,
der »Wissenden«, deren Kenntnisse auf sie selber übergingen, nach
anderen Überlieferungen die der Hekate, der Entdeckerin der Wirkungen von ἀκόνιτον, und die Schwester der Zaubertrankherstel-
lerin Kirke, die dem Odysseus auf gleiche Weise rät und hilft wie

Medeia dem Jason. Auch die übrigen homerischen *mēd*-Göttinnen sind Frauen, die mit ihren Mischgetränken die Helden revitalisieren, etwa die blonde Agamede (Αγαμήδη), Tochter des Sonnengottes Augeías, »die so viel heilende Kräuter (φάρμακα) kannte, wie auf Erden wachsen« oder »Hekamede (Ἑκαμήδη) mit den schönen Flechten, ein Weib von Ansehn gleich einer Göttin«, die Nestor einen Mischtrank aus pramnischem Wein mit Ziegenkäse und Mehl bereitet, den κυκειῶν, den Kirke für die Männer des Odysseus mischt und der auch zauberische Ingredienzen enthält. Eine weitere Heilerin und ehemalige Vegetationsgöttin ist die Heroine Iphimedeia (Linear B *i-pe-me-de-ja*), die Paredra Poseidons, deren Name »die sich um das Auspressen/Aussaugen (*ῑπ*, »saugen, pressen«) kümmert« bedeutet, aber auch die Mutter Jasons, die nach einem Hesiod-Scholion Polymede hieß.[50]

Der kräuterkundigen Agamede entsprach im boiotischen Lebadeia der Heiler und Regenbringer Agamedes, dem man dort während einer bedrohlichen Trockenheit gemeinsam mit seinem Zwillingsbruder Trophonios ein Orakel eingerichtet hatte, in das stets zahlreiche Menschen strömten, die sich Heilung von allen möglichen Leiden erwarteten. Ursprünglich war Agamedes sicher als Paredros der Agamede ein den fruchtbaren Regen bringender Wettergott, den wohl auch Medeia zur Befruchtung herbeisehnte wie Demeter den Iasion. Am Fuße eines Hügels im korinthischen Titane, auf dem sich ein Heiligtum der Athene befand, stand ein »Altar der Winde«, an dem ein Priester die Wetterzauberlieder der Medeia sang, die vielleicht ihrem Gesang ähnelten, den Ovid wiedergibt: »Oh ihr Lüfte und Winde, ihr Berge und Ströme und Seen, / All ihr Götter der Wälder, ihr Götter der Nacht, seid zugegen! / Eure Hilfe, sie ließ, wenn ich wollte, die Ströme zu ihren / Quellen sich kehren zum Staunen der Ufer, die stürmischen Meere / Hemmt mein Spruch und die stillen erregt er; die Wolken vertreib ich / Andere zieh ich empor; ich verjage, ich rufe die Winde; / Meine bezaubernden Lieder durchbrechen die Schlünde der Schlangen.«[51]

Wie Kalypso und Kirke, wie die Sirenen und die Lotophagen macht Medeia also den Sterblichen unsterblich, wobei an die Stelle

des Kochkessels, des Begrabens in der Muttererde und den Zauber-
kräutern auch der Bauch eines Ungeheuers treten kann, in dem der
Held verschwindet wie Odysseus in der Höhle des Polyphem, Theseus im Labyrinth oder Herakles in der Unterwelt.

Auf einer rotfigurigen, wohl im frühen 5. Jahrhundert v. Chr.
angefertigten Kylix aus Cerveteri ist Jason zu sehen, wie er von
dem Drachen ausgespieen wird (Abb. 241), nachdem er offenbar

Abb. 241: Der Drache speit Jason aus, Duris zugeschriebene
Trinkschale aus Caere, frühes 5. Jh. v. Chr.

zuvor in dessen Bauch durch die ebenfalls anwesende Göttin
Athene verjüngt worden war. Im Hintergrund hängt das Goldene
Vlies am Apfelbaum der Hesperiden, das Jason, wie der hellenistische Tragiker Lykophron von Chalkis mitteilt, nach seiner Verjüngung vom Baum heruntergenommen hat. Die Geschichte vom
Verschlungenwerden des Helden durch den Drachen und seiner
anschließenden Wiedergeburt scheint in der verlorenen *Hypsipyle*
des Euripides geschildert worden zu sein, und es gab offenbar auch
eine Überlieferung, nach der Jason von dem Argonauten Herakles
aus dem Inneren des Untiers befreit wurde.

Derartige Erzählungen vom Tod und von der Wiedergeburt im
und aus dem Bauch eines Fabeltieres sind auf der ganzen Welt verbreitet. So wandert der Held eines angolanischen Märchens in die

Unterwelt und fordert die Tochter des dortigen Herrschers zur Frau. Damit dieser einwilligt, muß der Jenseitsgänger zuvor einige Mutproben bestehen, wobei die letzte und gefährlichste darin besteht, sich vom Großen Krokodilfisch verschlingen zu lassen, um ihn von innen zu töten. In einer mittelalterlichen Legende sucht der Norweger Eirek von der Stadt Byzanz aus das *Paradisus extra Gangem*, das er schließlich auch findet. Doch der einzige Zugang, eine Steinbrücke, wird von einem riesigen Drachen versperrt, worauf er durch dessen Maul und Eingeweide in das Irdische Paradies gelangt. Und schließlich wurde die Regeneration im Leib des Ungeheuers auch rituell dargestellt, etwa bei den Walbiri am nordaustralischen Lander River, bei denen die mythische Schlange Warombi die jugendlichen Initianden verschluckte und wieder ausspie, oder am Sepik, wo ein Krokodil diese Rolle übernahm, dessen Körper von erwachsenen Tänzern gebildet wurde.[52]

Dem den Drachen tötenden Jason entspricht in einem anderen Sagenkreis Κάδμος, ein weiterer Paredros der Großen Göttin, als

Abb. 242: Aietes vor der Argo, im Hintergrund tötet Jason den Drachen, französische Miniatur, Spätmittelalter.

Kurete ein »Waffentänzer«, weshalb sein Name volksetymologisch mit »Helm« oder »Schild« übersetzt wurde. Doch scheint das vorgriechische Wort eher »Hervorragendes« im Sinne von »erigiertes Glied« bedeutet zu haben, und nach Pausanias wurde in Theben erzählt, einst sei ein Holzblock, vermutlich ein roh behauener Phallos, »vom Himmel in das Gemach der Semele« gefallen, den man »mit Erz geschmückt und Dionysos Kadmeios genannt« habe. Kadmos, im Diminutiv Kadmilos oder Κασμῖλος, war der ithyphallische Gott der Mysterien von Samothrake, der offenbar ursprünglich die von einem Drachen entführte und der Europa, Semele, Ariadne oder Helena entsprechende Vegetationsgöttin Harmonia suchte und befreite, wobei er ihren Entführer tötete.

In der von Nonnos aufbewahrten Überlieferung betört Kadmos den Typhon mit einer »lieblichen Weise« auf der Hirtenschalmei und lockt ihn so aus seiner Höhle, worauf Zeus den Ahnungslosen tötet. Alsbald »sprangen die Knospen auf, / Und der tönende Frühlingsherold der Menschen, die ständig / Zwitschernde Schwalbe, die eben erschienen, störte den frühen / Morgenschlaf, und frei von ihrer duft'gen Umhüllung / Lachte die Blume, durch des Lenzes lebenerfüllten / Tau gebadet«. Meist aber ist es Kadmos selber, der wie Indra oder die anderen Wettergötter mit seiner steinernen Doppelaxt das die Quelle bewachende Ungeheuer erschlägt, nachdem dieses »sein bitteres Maul weit öffnete und der schauerlich wilden Kehle blutiges Tor klaffend weit auseinander fuhr.« Schließlich vollzieht Kadmos mit der Arestochter Harmonia unter dem Gesang der »hesperischen Nymphen« in der mit den goldenen Äpfeln der Hera geschmückten Brautkammer den ἱερὸς γάμος, wie es auch Jason, Perseus oder Hermes mit Medeia, Andromeda und Io tun, nachdem sie das jeweilige Untier zur Strecke gebracht haben (Abb. 243).[53]

Wie Jason wird auch der thrakische Heros von einem Ungeheuer gefressen und wiedergeboren, und er besiegt es, wie auf einer Applike aus dem nordbulgarischen Letnica zu sehen ist, indem er ihm einen Spiegel vorhält, woraufhin er ebenfalls die befreite Vegetationsgöttin schwängert. Auf einem weiteren aus vergoldetem Silber bestehenden Zierplättchen desselben Schatzes aus dem frü-

Abb. 243: Jacques Blanchard zugeschrieben, Perseus tötet den Drachen und befreit Andromeda, um 1630.

hen 4. Jahrhundert v. Chr., das gleichermaßen Teil eines Pferdege-schirrs ist, koitiert die amazonenhafte Göttin mit Kurzhaarfrisur und kleinen Brüsten den Heros, indem sie auf seinem Schoß sitzt, ihn also »reitet« wie sonst nur ein Mann eine Frau. Eine zweite Frau hält unterdessen einen Palmwedel über die beiden (Abb. 244), vermutlich um den Beischlaf als einen ἱερὸς γάμος zu kennzeich-nen, durch den der Held Herrscher über das Land wird. Auf diesen vergöttlichten Heros, den Herodot »Hermes« nannte, führten sich die thrakischen Könige zurück, und in ihnen inkarnierte der Gott sich offenbar jedes Mal, wenn ein Mann durch den Beischlaf mit der die Göttin repräsentierenden Priesterin die Herrschaft erhielt oder diese erneuerte, was auf einem Goldring aus Malkata Mogila bei Šipka etwas dezenter als in Letnica symbolisch durch die Über-reichung eines Fingerringes dargestellt ist.[54]

Vor allem im südostbulgarischen Seuthopolis identifizierte man in klassischer Zeit den thrakischen Heros mit den samothraki-schen Theoi Megaloi oder Kabiren (von lykisch *kbi*, »zwei«), den Söhnen und Gatten der Großen Göttin, die wiederum mit den griechischen göttlichen Zwillingen, den Dioskuren, in eins gesetzt wurden, jenen Brüdern, die bekanntlich die Sonnenmädchen und damit das Licht und das Leben zurückholten. Auf Lemnos waren die Kabiren, die jedes Jahr die Natur regenerierten, die Söhne und Liebhaber der Nymphe Kabeiro, und Kabeiraia war ein Epitheton der Demeter, deren Paredroi auf Samothrake der phallische Hermes (Ἑρμέας) Kasmilos und Zeus gewesen sind. Doch wurde auf Lemnos die Große Göttin, deren Sohn-Geliebter Kabeiros war,

Abb. 244: Hieros Gamos des Heros und der Göttin, Letnica, frühes 4. Jh. v. Chr.

sozusagen der Kabire par excellence, auch mit der Hera identifiziert, die im Grunde niemand anderes als Medeia ist, die Jason die Unsterblichkeit verleiht.[55]

Wie ein Pindar-Scholion zu berichten weiß, war die Göttin Hera (ähnlich wie Demeter in Iasion) bis zur Raserei in Jason verliebt, und auch die Orphischen Argonautiká verlauten, daß Hera »vor allen anderen Sterblichen den Helden [Jason] ganz schrecklich liebte«. Wie wir bereits gehört haben, war sie es, die in den Halbgöttern das süße Verlangen nach der Fahrt mit der Argo entflammte, und »aus Liebe zu Jason« rettet nach Aussage der Odyssee Hera das Schiff vor der tödlichen Gefahr durch die Plankten und führt es ans Ziel.[56]

Der blinde Seher Phineus nennt Hera die Gottheit, der die Fahrt der Argonauten am allermeisten »am Herzen liegt«, und die Tatsache, daß noch in historischer Zeit Hera und nach ihr Athene »ohne Wissen der anderen unsterblichen Götter und selbst des Zeus«, der blaß und farblos bleibt, über den Fortgang der Fahrt beraten, macht deutlich, daß hinter der »Pelasgischen Hera«, wie noch Apollonios sie nennt, und der Schiffsbauerin Athene[57] die große vorgriechische Göttin steht, die ihren Paredros unsterblich macht.

Abb. 245: Benvenuto Cellini, Studie zu »Hera« (»Iuno«), um 1543.

Da freilich Hera in historischer Zeit eine verheiratete Frau ist und Athene eine Jungfrau, kann es an keiner Stelle des Epos zu einem Beischlaf der beiden mit dem Führer der Argonauten kommen.[58]

Der Name Ἥρα (Linear B *e-ra*) ist einerseits als Femininum von vorgriech. ἥρως, »Herr, Mann« (vorluw. *has(a)r*; luw. *asra*, »Frau«) gedeutet worden, andererseits hat man ihn von protoidg. *yeE-r-*, »Lebenskraft, Vitalität«, sowie von idg. *u̯et-*, »Jahr«, abgeleitet, was bedeuten könnte, daß sie entweder, dem ἐνιαυτὸς δαίμων entsprechend, die jährlich verschwindende und wiederkehrende Vegetationsgöttin war (vgl. ὥρα = Hōrā, german. *jēra*, ags.

gēar, slaw. *jaro*, »Frühling«) oder aber der »Jährling«, das einjäh-
rige, später das geschlechtsreife Tier (altind. *vatsá-*, »Kalb«; got.
wiþrus, »Lamm«; ahd. *widar*, »Widder«; engl. *yearling*; an. *veðr*),
wie man auch den Namen der Iuno auf lat. *iūnix*, »junge Kuh«
(alpenroman. **iūnīcia*, »erstmals trächtige Kuh«) zurückgeführt
hat.[59]

Was es nicht einfach macht, sich für eine dieser Etymologien zu
entscheiden, ist die Tatsache, daß man Wesenszüge der Göttin finden kann, die für jede von ihnen sprechen. So paßt zum ersten
Übersetzungsvorschlag, daß die historische Hera keineswegs ein
braves Hausmütterchen ist, sondern eine eifersüchtige und gegenüber Zeus aufmüpfige, ja rebellische Frau, weshalb sie gelegentlich
bestraft wird, was vermutlich ihre Entmachtung durch die in die
Ägäis einwandernden Griechen widerspiegelt. Doch zeigt sich ihre
ehemalige Autonomie nicht nur darin, daß Zeus häufig als πόσις
Ἥρης gekennzeichnet wird, d. h. als »Gatte der Hera«, sondern
auch in der Tatsache, daß die alten Kultbilder ihn neben der thronenden Hera stehend zeigen, was der untergeordneten Stellung des
ebenfalls vor der sitzenden Göttin stehenden Paredros auf dem
minoischen Elektronring (Abb. 192) entspricht.[60]

Auf Hera als Manifestation der elementaren Lebenskraft, die
periodisch versiegt, aber wieder aufsteigt, verweist vor allem die
Überlieferung, nach der Hera sich einerseits an »die Grenzen der
fruchtbaren Erde«, ans Ufer des Okeanos, flüchtet, sich andererseits aber – wie die grollende Demeter – zeitweise in die Höhle des
Kitairon in Plataia zurückzieht oder – wie Kore – von Zeus dorthin
verschleppt und penetriert wird, worauf sich ihre Amme, die Nymphe Makris, auf die Suche nach ihr begibt. Dieser jährlichen Wiederkehr entsprechen ihr einmal im Jahr stattfindendes Bad in der
Kanathos-Quelle bei Nauplia in der Nähe von Tiryns (Abb. 246),
mit dem sie höchstwahrscheinlich ihre verlorene Jungfräulichkeit
wiederherstellte, sowie das Waschen ihrer hölzernen, als Braut verkleideten Holzstatue im samischen Imbrasos-Fluß, wohin diese offenbar ebenfalls einmal im Jahr vom Heraion getragen wurde. Anscheinend stellte das Kultbild die gefesselte Hera dar, wobei das
Gefesseltsein der Erstarrung und dem »Tod« entspricht, die Dorn-

Abb. 246: Bad der Hera (?), unteritalische Skulptur, um 460 v. Chr.

röschen oder Schneewittchen erleiden, bis sie schließlich vom Prinzen erlöst werden. Und entsprechend löst offenbar der jugendliche Vegetationsgott die Fesseln der Hera, was vermutlich auf dem berühmten Holzrelief vom Heraion der Insel Samos zu sehen ist, das den Hera-Paredros Zeus zu zeigen scheint, der die Göttin an die Brust faßt und ihre Fesseln löst, um mit ihr den ἱερὸς γάμος zu vollziehen (Abb. 188).[61]

Daß Hera eine in Form von Blumen, Früchten und Bäumen verehrte Vegetationsgöttin war, die in der Nachfolge der minoischen Mutter der Natur stand, geht nicht nur aus den knossischen Münzen hervor, auf denen der Kopf der Hera und ein Labyrinth abgebildet sind. In der Argolis wurden die Kornähren der eng mit der Demeter verwandten Göttin »Blumen der Hera« genannt, und dort sowie in Elis ist sie auf Münzen mit Lilien bekränzt, die aus der Unsterblichkeit verleihenden Milch entstanden sein sollen, die von ihren Brüsten auf die Erde getropft war. In Argos befand sich der Tempel der Ἥρα Ἀνθεία, der »Blumigen« oder »Blühenden«, und am Ufer des dortigen Flüßchens Asterion zeigte man die Blumen, die sich während ihres Beischlafes mit Zeus geöffnet hatten. Die Priesterinnen des 15 Stadien von Mykene entfernten Heraions erklärten, die drei Töchter des Asterion, deren Namen auch Epitheta der Hera waren, nämlich Εὔβοια, »der guten Stiere«, Πρόσυμνα, »der Unterwelt«, und Ἀκραία, »des Meeres«, hätten die kleine Hera gestillt, und dort stand auch die Statue der Göttin, die ein Szepter (vgl. Abb. 247) und einen Granatapfel hielt, über den etwas zu sagen Pausanias sich nicht traute, da mit ihm ein Mysterium verbunden war.[62]

Die thrakischen Bithynier im nordwestlichen Kleinasien nannten den Fruchtmonat Ἥραιος und den »sterbenden« Vegetations-

Abb. 247: Hera mit Szepter, attische Schale, um 470 v. Chr.

gott Attis Ἡρό-δοτος, »Sohn der Hera«, während ein orphischer Hymnus verlautet: »Du schickst den Sterblichen die sanften Brisen, die die Seele nähren, / und, O Mutter des Regens, du nährst die Winde und gibst allen Leben. / Ohne dich gibt es weder Leben noch Wachstum!«[63]

Schließlich scheint für eine Übersetzung von Ἥρα als »geschlechtsreife Kuh« die Tatsache zu sprechen, daß die Göttin häufig als »kuhäugige Herrin Hera« (βοῶπις πότνια) bezeichnet wird. So hat sie, »die schönste aller unsterblichen Göttinnen«, »Augen so dunkel und groß wie die einer Kuh«, und bezaubernde Frauen wie Klymene oder Phylomedusa werden als βοῶπις charakterisiert oder mit Worten besungen wie »Augen hast du wie Hera, Melite,

Hände wie Pallas und Brüste, wie Kypris sie hat!« Der Verdacht, daß in diesem Falle βοῶπις mehr sein könnte als der metaphorische Ausdruck für die schönen Augen einer Frau, wird vielleicht dadurch erhärtet, daß Hera vor allem in Boiotien und auf der Peloponnes als Kuhgöttin mit Poseidon verbunden und in Elis als Hera Hippia gleich der Schwarzen Demeter von Phigalia, die als Stute von dem »Schwarzgelockten« vergewaltigt wurde, die Paredra des Poseidon Hippios gewesen ist.[64]

Daß die griechische Hera auf die minoische Kuhgöttin zurückgehen könnte, die als Pasiphaë, Europa oder Demeter allerdings faßbarer ist, hat man verschiedentlich vermutet – etwa daß die in Nauplia verehrte Hera Parthenos ursprünglich von den Minoern an den Argolischen Golf gebracht worden sei, zumal es eine örtliche Überlieferung gab, nach der Hera und Zeus einst aus Kreta dorthin gekommen waren. Von der Argolis wurde jedenfalls der Herakult nach Samos verpflanzt, wo die Göttin ihr Heraion an einer Stelle erhielt, an der in der späten Bronzezeit das Heiligtum einer vorgriechischen Vegetationsgottheit stand, mit der die gräkisierte Minoerin offenbar verschmolz. Noch die frühsten Terrakottafigurinen der »ältesten Göttin« (πρέσβα Θεά), wie Hera genannt wurde, zeigen sie in der Haltung der minoischen »Göttin-mit-den-erhobenen-Händen«, doch scheint dieser Typus das geometrische Zeitalter nicht überdauert zu haben.[65]

Nun gibt es indessen eine vierte Etymologie, nach der »Hera« und »Heros« (*ἥρωϝος) auf ἡρωΐς, dor. ἥρῡς, »Beschützerin«, bzw. »Beschützter« zurückgehen (vgl. avest. *haurvaiti*, »bewacht«; altind. *vāra-*, »Schutz«; kymr. *gwawr*, »Held«), und entsprechend nimmt man an, Hera sei nicht nur die Schutzgöttin der nachbronzezeitlichen ἥρωες, sondern bereits die der minoischen Wanaktes und der mykenischen Herren von Mykene, Tiryns und Argos gewesen.

Wahrscheinlich wurden in minoischer Zeit der »Tod« des Vegetationsgottes und seine »Wiederauferstehung« nicht nur als eine Jenseitsfahrt verstanden, vielmehr ist es denkbar, daß die Wanaktes eine solche Reise über die Grenzen der bekannten Welt hinaus realiter unternommen haben, ein Wagnis, das im heroischen Zeitalter großen Ruhm (μέγα κῦδος) einbrachte, in der Bronzezeit jedoch in erster Linie das Leben des Landes und die Herrschaft des Königs erneuerte. Stehen die Aristonauten der Eisenzeit unter dem Schutz der »pelasgischen Hera«, so macht schon dieser Name deutlich, daß hinter ihr eine vorgriechische Göttin steht, mit deren Inkarnation der Wanax nach erfolgreicher Fahrt den ἱερὸς γάμος

Abb. 248: »Goldring von Tiryns«, vermutlich aus geplündertem Grab, 14. Jh. v. Chr.

vollzog, was vielleicht auf dem aus dem ersten Drittel des 14. Jahrhunderts v. Chr. stammenden »Goldring von Tiryns« zu sehen ist, der zeigt, wie ein auf seinem Schiff ankommender Mann in einem Gebäude – wohl einem Heiligtum – von der Göttin oder der sie repräsentierenden Hohepriesterin, die nach ihm greift, empfangen wird (Abb. 248). Noch in den *Korinthiaká* des Eumelos aus der Zeit der Odyssee scheint es keinen Konflikt zwischen Pelias und Jason und somit auch kein Himmelfahrtskommando für die Argonauten gegeben zu haben – und deshalb auch keine Rache der Helden, wofür zudem die Tatsache spricht, daß die Argonauten an den Leichenspielen für Pelias teilnehmen. »Schon umgibt mich das Altenteil des Lebens«, sagt der greisenhafte König bereits vor der Abfahrt zu Jason, »dir aber wogt eben die Jugendblüte« und damit die Kraft, das Vlies zu holen und die Herrschaft zu erringen.[66]

War schon die Große Göttin der Minoer eine Herrin des Meeres, die gewiß ihrem Paredros den sicheren Weg durch die Fluten wies, scheint auch Jason in den verschiedenen Überlieferungen ein ganz besonderes Liebesverhältnis zu den Meeresgöttinnen unterhalten zu haben. Wie Plutarch festhält, gab es offenbar eine Überlieferung, nach welcher Medeia der Aphrodite einen Tempel weihte, damit diese Jason daran hinderte, seine sexuelle Beziehung mit Thetis aufrechtzuerhalten, und Ptolemaios Khennos berichtet in seiner *Καινὴ Ἱστορία*, Medeia und ihre Rivalin Thetis hätten in Thessalien einen Schönheitswettbewerb ausgetragen, den der kretische König Idomeneus zugunsten der Meeresgöttin entschieden habe. Doch auch die den Jason heiß und innig liebende Hera, die den Argonauten beispielsweise durch »ein glückverheißendes Zeichen«, nämlich einen Kometen, »die Richtung« wies, »in die sie fahren sollten«, war in historischer Zeit eine Schutzgöttin der Seeleute, insbesondere der frühen euboiischen Westfahrer, die ihr Anker und Schiffsmodelle als Votivgaben weihten und der auch der Samier Kolaios für seine glückliche Fahrt nach Tartessos mit einem Opfer seinen Dank erwies. Votivschiffchen aus dem 7. Jahrhundert v. Chr. fand man in großer Anzahl im Heraion auf Samos oder im Heiligtum der argivischen Hera Epilimenia an der Mündung des Silaris, eines Flusses in der Nähe des lukanischen Paestum, wo heute noch jeden August solche Schiffchen zu Ehren der Madonna della Melagrana in einer feierlichen Prozession durch die Straßen getragen werden.[67]

Eine Schutzgöttin der minoischen und mykenischen Wanaktes scheint aber auch die vorgriechische Vorläuferin der Athene gewesen zu sein, der Konstrukteurin der Argo, die offenbar noch in der Odyssee erahnen läßt, daß sie in der Spätbronzezeit als Paredra des erdgeborenen Erechtheus die Burgherrin von Athen gewesen ist. Denn nachdem sie im Epos »das liebliche Scheria« verlassen hat, begibt sie sich über Marathon ins »feste Haus des Erechtheus« in Athen, also gewiß in dessen Tempel, der nach der Ilias auf der Akropolis stand. Athene war eine typische Königmacherin und Helferin nicht nur des Jason, sondern auch die anderer Drachentöter und Jenseitsreisender wie Kadmos, Herakles oder Perseus.

Auf einem vermutlich im SM II hergestellten minoischen Karneollentoid unbekannter Herkunft ist eine im Profil dargestellte Bogenschützin mit üppiger entblößter Brust und über die Schulter gehängtem Köcher zu sehen (Abb. 249), in der man ebenso die spätere Athene zu erkennen geglaubt hat wie in der ein Schwert haltenden barbrüstigen Göttin auf einem Achatsiegel aus Knossos, auf deren linke Schulter eine Schlange ihren Kopf gelegt hat, sowie in der Göttin mit Eberzahnhelm auf einem Freskofragment der Zeit um 1300 v. Chr. aus dem Kultzentrum von Mykene oder in der bogenschießenden Frau auf einem Tempora-Wandbild des 13. Jahrhunderts im Palast von Pylos. Auch die sogenannte »Achtschildgöttin«, die hinter einem Doppelschild – offenbar ein über einen Rahmen gespanntes gegerbtes Rinderfell zur Abwehr von Projekti-

Abb. 249: Karneollentoid von einem unbekannten Ort auf Kreta, SM II.

len – steht, könnte eine solche Ur-Athene sein, die vielleicht in vorgriechischer Zeit unter anderem den Namen Ἑλλωτίς trug.[68]

Auf einem Täfelchen aus Knossos ist eine *a-ta-na po-ti-ni-ja* (= Ἀθήνη Πότνια) genannt, wobei das zweite Wort »die die Macht hat« bedeutet, während das erste ein Ortsname im Genitiv ist, der wie die ebenfalls vorgriechischen Toponyme Mykene, Messene, Kyrene etc. als Bezeichnung für verschiedene Siedlungen Verwendung fand. Diese »Herrin von Athana« wurde in Elis Μήτηρ, sonst aber meist παρδένος (»junge Frau«, wörtl. »die Brüste hervorhabend«) genannt, ein Wort, mit dem man – wie mit dem mittelalterlichen *juncfrouwe* – keine *virgo intacta*, sondern eine geschlechtsreife unverheiratete Frau bezeichnete.[69] Die Göttin der Akropolis übte im attischen Athen nicht nur heilende, sondern auch mütterliche und geburtshelferische Tätigkeiten aus, und in anderen Gegenden blieb ihr ehemaliger Charakter als Natur- und Fruchtbarkeitsgöttin sowie als Paredra des sie periodisch schwängernden Vegetationsgottes sogar noch deutlicher erhalten. So fand man im Heiligtum der Athene Alea in Tegea auf der Peloponnes nicht allein zahlreiche dort geopferte Anhänger in Form von Granatäpfeln, sondern auch die wohl aus Zypern stammende und im SC III B

Abb. 250: Athene als Schutzgöttin der Argonauten,
rf. attischer Krater, um 440 v. Chr.

(12. Jahrhundert v. Chr.) angefertigte Bronzefigurine einer nackten, ihre Brüste nach vorne drückenden Frau. Überdies geht der Beiname der Athene Tithrone (Τιτρωνή) auf die idg. Wurzel *$d^h e\dot{r}h$-, »bespringen, besamen« zurück (vgl. ion. θορός), »Sperma«; θορίσκεσθαι, »Sperma in sich aufnehmen«; θορνύομαι, »bespringen«; mittelirisch *dar-*, »ein Mädchen besteigen«; altind. *dhā́rā*, »Ejakulat«; kymr. *-derig*, »brünstig, geil«) und bedeutet soviel wie »die besamt werdende [Athene]«.

In der Argonautensage war die Göttin gewiß ursprünglich die Paredra des hinter Jason stehenden Vegetationsgottes (Abb. 250), die diesem im Epos den Weg wies wie Hera und in geringerem Maße Apollon, sowie in der Odyssee und im Gilgameš-Epos Kalypso, Kirke und Nausikaa bzw. Siduri und Ištar. Bevor sie in östlicher Richtung das Kap Sideros umschiffen, errichten deshalb die Argonauten an der kretischen Südküste, vielleicht in der Gegend von Kommos, »einen Altar der minoischen Athene« (ἱρὸν Ἀθηναίης Μινωίδος), die möglicherweise so genannt wurde, weil Zeus ihr an der Quelle des kretischen Flusses Triton, d. h. des Amnisos, wo noch im 1. Jahrhundert v. Chr. ein ihr geweihtes Heiligtum stand, das Leben schenkte, weshalb wohl noch Nonnos vom »entbindenden Kindbettwasser« des Amnisos sprach.[70]

Im alten Irland erzählte man, einst habe der Sohn des Königs auf der Jagd im Wald eine häßliche alte Vettel getroffen, die ihn zum Beischlaf verführte, worauf sie sich in eine wunderschöne junge Frau verwandelte, die zu ihm sagte: »Ich bin die Herrschaft über dieses Land, die ich dir verleihe!« Es ist offensichtlich, daß der Königssohn den Vegetationsgott repräsentiert, der die im Winter erstarrte Natur durch den ἱερὸς γάμος zu neuem Leben erweckt und dadurch seine Herrschaft erneuert.

In einer Variante dieser Geschichte holt der Held die Verkörperung der Natur zurück, wobei beide ein Gewässer überqueren müssen, welches das Diesseits vom Jenseits trennt. So trägt auch in dem mittelhochdeutschen Volksepos *Wolfdietrich* der gleichnamige Held ein nacktes zottiges Weib mit langen Hängebrüsten über ein Furt, worauf die Alte sich ebenfalls in eine blühende Jungfrau verwandelt, und der Fährmann Phaon setzt eine Greisin über, die in Wirklichkeit die Göttin Aphrodite ist, die ihn zum Dank unsterblich macht.[1]

Auch als Jason mit langen Haaren und in ein Pantherfell gekleidet aus der Wildnis heimkehrt, erscheint ihm am Ufer des winterlich angeschwollenen Anauros Hera, in eine alte Frau verwandelt, die er auf den Schultern über den reißenden Fluß trägt, wobei er eine Sandale im Schlamm verliert. Nur *eine* Sandale zu tragen war offenbar ein Symbol dafür, daß man sich in einem »Zwischenzustand« befand, also zwischen Tod und Leben, Jenseits und Diesseits, Jugend und Reife, Wildnis und Zivilisation. Die den Luperci vergleichbaren Krieger des Caeculus, die gemeinsam mit ihrem Anführer, dem künftigen König, fernab in der Wildnis initiiert wurden, trugen eine Wolfskappe, doch was den Späteren am merkwürdigsten erschien, war die Tatsache, daß »ihr linker Fuß« nackt war, während »den anderen ein rohlederner Stiefel« bedeckte (»vestigia nuda sinistri instituere pedis, crudus tegit altera pero«). War Jason in der Wildnis von den Töchtern des Kentauren Cheiron großgezogen worden, wuchs Caeculus, der Sohn der vom Blitz des Volcanus geschwängerten Schwester der Digitii, unter der Obhut dieser den Δάκτυλοι entsprechenden Fruchtbarkeitsdämonen auf und gründete später die Stadt Praeneste östlich von Rom.[2]

Auf dem römischen Sarkophag von Torre Nuova im nordwestlichen Sardinien ist der auf einem Löwenfell sitzende und verhüllte Hercules zu sehen, der als Zeichen dafür, daß er gerade initiiert wird, nur eine Sandale trägt. Nur einen Schuh trägt auf einer Silberphiale des Schatzes von Rogozen in Westbulgarien auch die Augeíastochter Agamede, die von Herakles berührt wurde (Abb. 176) und deshalb nicht mehr Jungfrau, aber auch noch nicht Frau ist.[3]

In der Mehrzahl der Fälle jedoch sind die Einschuhigen solche Personen, die die Schwelle zum Jenseits überschreiten, wie z. B. die Karthagerin Dido, die sich aufgrund ihrer unglücklichen Liebe zu Aeneas, »den einen Fuß entblößt (*unum exuta pedem vinclis*), im Gewand ohne Gürtel, / Todesbereit« auf den Scheiterhaufen begibt, oder die in Form einer Skulptur dargestellte zu Boden gesunkene Griechin mit halbentblößter Brust aus dem 5. Jahrhundert v. Chr., die anscheinend dem Tode geweiht ist und deshalb nur am rechten Fuß eine Sandale trägt.[4]

Einen Flügelschuh scheint Hermes dem Perseus, hinter dem sich der Vegetations- und Sonnengott verbirgt (vgl. vorgriech. *πέρσα, »Feuer, Licht«),[5] für dessen Jenseitsreise gegeben zu haben, und die Bewohner des oberägyptischen Chemmis erzählten Herodot, »Perseus erscheine ihnen oft im Lande, häufig auch drinnen im Heiligtum […] und wenn der sich sehen lasse, gehe es ganz Ägypten gut«. Überdies sei dort »ein Schuh, den er getragen, von Zeit zu Zeit zu finden, zwei Ellen lang«. Aber auch außerhalb des mediterranen Kulturkreises war der eine Schuh offenbar ein Symbol für die Reise ins Jenseits, denn wie ein aus Indien heimgekehrter chinesischer Mönch berichtete, war er bei einer Wanderschaft im Pamir drei Jahre nach dem Tod Bodhidharmas diesem begegnet, wobei ihm auffiel, daß der Begründer des Zen nur eine Sandale am Fuß trug, während er die andere in der Hand hielt. Als Begründung gab er an, er sei auf dem Weg ins Westliche Paradies. Und als man später in Indien das Grab Bodhidharmas öffnete, habe man darin tatsächlich nur eine Sandale gefunden.[6]

Wie Diodoros übermittelt, war Jason durch die Fahrt des Perseus, des Urgroßvaters eines der Argonauten, nämlich Herakles, zu seinem eigenen Unternehmen angeregt worden, was wiederum als ein Indiz dafür gelten kann, daß man ursprünglich der Überzeugung war, die Argo sei dem Lauf der Sonne gefolgt. Auf der Insel Lemnos gab es nach Philostratos einen Kult, in dem neun Tage lang sämtliche Feuer gelöscht blieben und ein Schiff nach Delos geschickt wurde, mit dem Auftrag, Feuer zu holen, mittels dessen »ein neues Leben beginnt«. Während dieser Zeitspanne hörte das normale Leben auf – kein Essen wurde gekocht, kein Brot gebacken, kein Metall geschmiedet, und keine Frau schlief mit einem Mann.

Offenkundig entsprechen den lemnischen Seefahrern, die das Feuer des Neuen Lebens heimholten und an die Haushalte, die Schmiede und die Töpfer verteilten, die Argonauten, deren Lemnos-Fahrt, wie schon Wilamowitz-Moellendorff erkannt hat, eine eigenständige Überlieferung und innerhalb des Epos eine Interpolation darstellt. Noch in den *Pythischen Oden* Pindars und bei Myrsilos von Lesbos gelangen die Argonauten erst bei der Rückfahrt auf die Insel, die anscheinend ursprünglich ihr Ausgangspunkt war,[7] und sie dürfen an Land gehen, nachdem sie den sexuell ausgehungerten Frauen unter Eid zugesichert haben, jede von ihnen zu befriedigen. Als Jason und seine Männer durch die Gassen der Stadt schreiten, sind die Frauen wie bezaubert und blicken mit »süßem Verlangen« auf die Helden, die nicht lange zögern und auf den Betten und Äckern »die fetten Gefilde von Lemnos pflügen«. Sämtliche Krüge auf der Insel sind voll des süßen Weines, und auch Jason »opfert« als Höhepunkt der tagelangen Orgie »der Kypris«, d. h. er schwängert die Königin Hypsipyle, deren Name (Ὑψιπύλη) »hohes Tor« bedeutet, was vielleicht als »Jenseitspforte« zu verstehen ist. Jedenfalls steht hinter ihr die der Medeia entsprechende Vegetationsgöttin und Tochter des Jenseitsherrschers Thoas, mit der Jason nach der Rückkehr den ἱερὸς γάμος vollzieht und dabei den auch Homer bekannten Euneos zeugt. Anschließend reicht Hypsipyle ihm den Purpurmantel des Königs von Lemnos, auf dem einst Dionysos »der minoischen Jungfrau schöne Brüste betastet« hatte, und macht dadurch den Argonauten zum neuen Herrscher.[8]

Das Neue Leben, das die Jenseitsfahrer mit nach Hause bringen, kann sich in verschiedener Weise manifestieren, in der verschwundenen Göttin, im Feuer, im das Sonnenlicht repräsentierenden Bernstein, aber auch in Früchten, Pflanzen und Kräutern. Nach einer irischen Überlieferung konnte nur derjenige König werden, der einen Apfel vom Wunderbaum im fernen Westen holte, und

Abb. 251: James Barry, Hieros Gamos von Hera und Zeus, um 1776.

durch die Frucht des Paradiesbaumes wollten sich auch Adam und Eva verjüngen, d. h. unsterblich machen, weshalb das Gewächs »Baum des Lebens« heißt. In einer finnischen Legende sucht die hl. Jungfrau voller Verzweiflung das verschwundene Jesuskind und fragt jeden, der ihr begegnet, ob er »die selige Frucht« oder »den goldenen Apfel« gesehen habe. Schließlich findet sie den kleinen Buben »vor dem Tor des Schöpfers« in Ingermanland, »goldene Blumen in der Hand«.

Der Jenseitsfahrer Herakles (Ἡρακλῆς, »der durch Hera berühmte«) raubt bekanntlich die goldenen, Unsterblichkeit verleihenden Äpfel auf den entweder im extremen Westen oder im hohen Norden »bei den Hyperboräern« liegenden Inseln der Hesperiden (< ἕσπερος, »Abend«; lat. *uesper*; ir. *fescor*; isld. *vestr*; deutsch »Westen«), auf denen auch Zeus neben einer Quelle, aus der Ambrosia fließt, die Hera beschlafen hat (Abb. 251).[9] Hera selber hatte die Samen für den Apfelbaum von der Mutter Erde (γῆ oder γαῖα) als Hochzeitsgeschenk erhalten, und nach lokrischer Überlieferung brachte Herakles anschließend die erbeuteten Äpfel in einen »Göttergarten« auf dem Œta zum ἱερὸς γάμος mit Hebe, der jugendlichen Erscheinungsform der Hera. Doch ursprünglich gehörten die Goldenen Äpfel der Unsterblichkeit offenbar der Gro-

Abb. 252: Goldring von Mochlos,
Grabfund, SM I (gestohlen).

ßen Göttin des kretischen Ida, was noch in dem von Pausanias mitgeteilten Brauch nachklingt, der darin bestand, daß man im boiotischen Heiligtum der Mykalessischen Demeter vor deren Kultbild sämtliche Herbstfrüchte legte, die sich das ganze Jahre über frisch erhielten. Jeden Abend kam hierher der idäische Daktyle Herakles und verschloß den Tempel, um ihn danach – vermutlich am nächsten Morgen – wieder zu öffnen.[10]

Auf dem neupalastzeitlichen Goldring von Mochlos kehrt allem Anschein nach die minoische Große Göttin aus dem Jenseits nach Kreta zurück – denn sie lenkt ihr Boot auf ein Gebäude an der Küste, vermutlich auf ihr Heiligtum, hin (Abb. 252) – und bringt als Verkörperung des Neuen Lebens ein Exemplar des Silphion (*Ferula asafoetida*) mit, eines Doldenblütlers und Verwandten des Riesenfenchels, der auf trockenen Sandböden bis zu 5 m hoch wächst. Wird in diesem Falle die Vegetation erneuert, scheint auf einem anderen Goldring ihr Absterben dadurch dargestellt zu sein, daß ein junger Mann eine Silphionstaude mit ihren doldenförmigen Blütenständen zu sich herunterzieht und wohl ausreißt, wäh-

Abb. 253: Minoischer Goldring aus einem Kammergrab in Mykene,
15. Jh. v. Chr.

rend neben ihm eine Priesterin trauert und eine andere tanzt, was
sicher – nach dem Simultanprinzip – den »Tod« und die »Wiedergeburt« symbolisiert (Abb. 253). Wie auf dem Goldring von Isópata
zu sehen ist, wurde das Wiedererscheinen der Vegetationsgöttin
offenbar durch orgiastische Tänze der minoischen Priesterinnen
bewirkt (Abb. 254), aus denen sich wohl später die Paiane entwik-
kelten, mit denen man Götter wie Apollon rief oder Erdbeben
bannte und Seuchen vertrieb.[11]

In historischer Zeit war das σίλφιον mit der theräischen Nymphe Kyrene, einer Göttin der Fruchtbarkeit und Regeneration, verbunden, die mit großer Sicherheit eine direkte Nachfolgerin jener
minoischen Göttin ist, die auf dem bekannten Goldring von Mykene unter einer Silphionstaude mit 14 Blütenständen sitzt (Abb.
66). Die offenbar im Frühling erscheinende Göttin – denn das Silphion blüht nur in dieser Jahreszeit – ist gewiß die heimgekehrte
Vegetationsgöttin, aus deren Kopf eine Lilie wächst. Mit der Linken hält sie ihre rechte Brust, und mit der Rechten scheint sie den
zur Begrüßung auf sie zukommenden Priesterinnen einen Strauß
von Seerosenkapseln (*Nymphaea caerulea* oder *lotus*) als Symbol
der ewigen Wiederkehr zu reichen. Im Hintergrund schwebt eine
Achtschild-Gottheit mit Szepter, und ein Strom – vermutlich der
Okeanos, an dem »sich die Wege von Tag und Nacht begegnen« –

460

Abb. 254: Tanzende Priesterin, Wandbild in Aghia Triada,
15. Jh. v. Chr.

führt wohl dem Betrachter vor Augen, wo die Göttin sich während ihrer Abwesenheit aufgehalten hat.[12]

Blüht der weiße Lotos (*Nymphaea lotus*) nachts, öffnet *Nymphaea caerulea* ihre blauen Blütenblätter morgens und schließt sie vor Mittag, und nachts ziehen die Blüten sich ins Wasser zurück, aus dem sie am nächsten Morgen wieder auftauchen. Deshalb verwundert es nicht, daß diese Seerose, die wie die strahlende Sonne jeden Tag aus dem Wasser kommt, um wieder in ihm unterzugehen, als ein Symbol der ewigen Erneuerung gesehen wurde, zumal sich aus der keilförmigen Samenkapsel der sterbenden Pflanze zahllose Samen lösen, aus denen neues Leben entsteht. So glaubten die Ägypter, der Sonnengott werde jeden Morgen aus einer Lotosblüte geboren, und wie an der im Eingangsbereich des Grabes Tutanchamûns gefundenen Holzskulptur des Königs ersichtlich

Abb. 255: Tutanchamûn wächst morgens als Sonnengott
aus dem Lotos, um 1323 v. Chr.

ist, wurde auch der Pharao nach seinem Tode wie die Sonne aus
dem blauen Lotos regeneriert (Abb. 255).[13]

Der Duft der *Nymphaea caerulea*, der dem der Hyazinthe
ähneln soll, galt im alten Ägypten und im östlichen Mittelmeer
(Abb. 173) als *der* Lebensspender, und auf einem Kalksteinrelief
der 19. Dynastie regeneriert eine nackte Göttin, vermutlich Hathor, den mit einem erigierten Glied ausgestatteten Gott Min,
indem sie ihn an einer Lotosblüte riechen läßt. In Laborunters-
uchungen will man nachgewiesen haben, daß dieser Duft bei Männern Wirkungen hervorruft, die denen des Medikaments Viagra
entsprechen, was erklären würde, warum die Ägypter einst ein ver-
führerisches Parfum aus Lotosextrakt herstellten. Auf bildlichen
Darstellungen, in denen ein Koitus angedeutet wird, tragen die
weiblichen Partner häufig Lotosblumen im Haar, und in der por-

nographischen Vasenmalerei sowie auf Wandfriesen der Griechen werden die entsprechenden Szenen nicht selten mit diesem Symbol der Aphrodite gekennzeichnet.[14]

Zwar war der Lotos einerseits ein Sinnbild der Reinheit, weil Wasser und Schlamm nicht an ihm haften bleiben, doch stand er

Abb. 256: Gemahlin des Nacht mit Lotosblüte im Haar, um 1400 v. Chr.

andererseits für die Geschlechtslust und die Reproduktion, weshalb z.B. die mit üppigen Brüsten ausgestattete indische Göttin Śrī (»Gedeihen, Wohlstand, Glück«), die statt eines Kopfes eine Lotosblüte besitzt, mit gespreizten Beinen dasitzt oder die levantinische ʿAštart – ähnlich wie die minoische Seerosengöttin – mit beiden Händen ihre nackten Brüste oder alternativ eine Lotosblüte vor den Busen hält.[15] Im ṚgVeda wird die Progenetrix (*viśvajanī*) und Lotosgöttin Aditi Uttānapāda als Kuh mit strotzendem Euter beschrieben, und im Gangestal hat man Figurinen gefunden, die sie als Frau darstellen, die ihre Brüste nach oben drückt. Aber auch im alten Ägypten regenerierte der Lotos ebenso wie die Muttermilch, weshalb bei den bildlichen Wiedergaben von Königinnen und geschlechtsreifen Prinzessinnen, etwa bei der Kalksteinstatue von Meritamûn, der Gattin Ramses des Großen, oder beim anthropomorphen Sarg der Iset, der Warzenhof der Brüste oft als Blüte des blauen Lotos gestaltet ist.[16]

Auch der nach den Regenfällen auf Kreta erblühende *Crocus cartwrightiensis*, aus dem der Safran gewonnen wurde, war eine der Manifestationen des neuen Lebens, dessen Bote er schon beim sumerischen Frühlingsfest AN. TAḪ. ŠUM (akkad. *andaḫšu*) gewesen ist. Krokusse wachsen auf den Fayencenachbildungen der Kultkleider der minoischen Priesterinnen aus dem 15. Jahrhundert v. Chr., die Evans in Knossos ausgegraben hat, und Krokusblüten haben sich die jungen Frauen auf den Fresken im theräischen Akrotiri auf die Wangen gemalt. Safranfarbene Gewänder (κροκόπεπλοι) tragen die griechischen Nachfolgerinnen der minoischen Vegetationsgöttin wie Helena, Medeia, Iphigenie, Demeter oder Eos, deren Haare ebenfalls als safranfarben beschrieben werden, was wohl »blond« bedeutet,[17] und wie Nonnos berichtet, erhielten die Mädchen, wenn sie in die Pubertät kamen, Kleider in dieser Farbe. Der Krokus war nämlich die Pflanze des zur Frau erblühenden Mädchens, weshalb sowohl die Kleider der jungen Arktoi von Brauron als auch der Brautschleier der Griechinnen mit seinen getrockneten Blütennarben gefärbt waren. Von der Antike bis in die frühe Neuzeit galt der Safran als menstruationsfördernd und entkrampfend, aber auch als aphrodisierend, da er dort zum ersten Mal wuchs, wo während der Entjungferung der Hera durch Zeus etwas vom Sperma und vom Vaginalsekret auf die Erde getropft war.[18]

Freilich ließ die aus dem Krokus gewonnene Droge nicht nur die jungen Mädchen, sondern die gesamte Natur erblühen, weshalb sie im östlichen Mittelmeer und im Orient bis nach Indien das Attribut der das Leben erneuernden Göttin war. »*Kuṅkuma* ist göttlich«, heißt es über den Krokus in einem Gebet an die indische Vegetationsgöttin, »es erfüllt alle Sehnsüchte und entzückt die jungen Mädchen. Oh Göttin, du wirst mit *kuṅkuma* verehrt! Deshalb biete ich dir *kuṅkuma* dar! Heil dir, Göttin Durgā, Mutter der Welt!«[19] Wie auf den Thera-Fresken aus dem 17. Jahrhundert v. Chr. zu sehen ist, sammelten auch in der Ägäis die Frauen und Mädchen in den Bergen den Krokus, um ihn der Großen Göttin darzubieten, wobei man sich offenbar der aus Ägypten importierten, aber ursprünglich aus Kusch und Punt stammenden Grünen Meerkatze (*Cercopithecus aethiops*) bediente, die der minoischen Konvention entsprechend auf den Wandbildern blau dargestellt ist. Diese Affenart, von der die Reste eines Exemplars, dem beim Vulkanausbruch des Jahres 1613 ± 13 v. Chr. der Schädel durch einen Felsbrocken zerschmettert worden war, in Monolithos an der Ostküste Theras gefunden wurden,[20] scheint man bereits im Niltal für die Dattelernte abgerichtet zu haben.[21]

In Ägypten wurden die Grünen Meerkatzen offenbar für heilig gehalten und mumifiziert, wie es vor allem Funde aus Saqqara zeigen, und es scheint, daß man sie mit Sexualität und Regeneration assoziierte. So zeigt eine thebanische Fayencefigurine eine Meerkatze, die eine auf dem Rücken liegende Frau koitiert, und in einer erotischen Szene auf einem Ostrakon der 19. Dynastie krault eine splitternackte Frau einen Affen unterm Kinn. Wie vermutlich die Minoer erhielten auch die assyrischen Könige die Tiere von den Ägyptern als Geschenke sowie von den levantinischen Städten als Tribute, und nachdem die Orientalen sie zum Attribut der Ištar machten, ist es nicht unwahrscheinlich, daß sie auch in der Ägäis ihre ursprüngliche Bedeutung behielten und mit der entsprechenden Vegetationsgöttin verbunden wurden. Affenfigürchen gehören auf Kreta zu den frühesten Importen aus Ägypten, und es spricht einiges dafür, daß sie auch auf der Insel wie im Niltal als Liebes- und Fruchtbarkeitsamulette Verwendung fanden.[22]

Sind nicht selten die im Herbst oder im Frühling blühenden Pflanzen Symbole der Unsterblichkeit, so ist es bisweilen auch ein unspezifischer Trank oder ein Kraut des ewigen Lebens, die der Held auf seiner Jenseitsreise zu erlangen sucht. So fährt Gilgameš auf den Spuren des Sonnengottes über das »Gewässer des Todes« (*mē mūti*), das einen Teil des die bewohnte Erde umgebenden Meeres (*tāmtu*) bildet, und gelangt auf diese Weise zu Utnapištim (»Er hat das Leben gefunden«), der ihm zeigt, wo das Kraut des ewigen Lebens wächst, dessen Name *šību iṣṣaḫir amēlu* (»der Alte [ist] ein Jüngling«) oder *šammu niqitti* (»Gewächs der Unruhe [d. h. der Jugend]«) lautet. »Damit mir wiederkehre die Jugend«, will Gilgameš das Kraut mit nach Hause nehmen, um dort immer wieder von ihm zu essen, doch als er sich auf der Heimreise in einem Brunnen wäscht, kommt eine durch den Duft der dornigen Pflanze angelockte Schlange herangekrochen, frißt sie und wirft »die Haut ab«. In einer anderen Geschichte fliegt Etana auf einem Adler in den Himmel, um dort von Ištar das »Gewächs des Gebärens« (*šammu ša alāṭi*) zu erhalten, das ihm die Nachkommenschaft und damit die Unsterblichkeit sichern soll. Und nach den Hávamál fliegt Óðinn in seinem Adlerhemd (*arnar-hamr*) zu Gunnlǫð, der »weißarmigen« Tochter des Riesen Suttungr und beglückt sie mit einem drei Nächte dauernden Beischlaf, wobei er in den Verschnaufpausen jedesmal einen Kessel voller Zaubermet, den sie hütet, bis zur Neige austrinkt. Mit dem, was übrigbleibt und die Gabe des Dichtens verleiht, fliegt er schließlich zurück zu den Asen und in die Menschenwelt.[23]

Der Glaube, daß die Schlangen sich im Winter tief unter der Erde vom Saft der Pflanzen ernähren, der es diesen ermöglicht, jeden Frühling aufs neue zu wachsen, und daß sie deshalb über das Kraut der ewigen Jugend verfügen, war in Europa weit verbreitet. So hieß es früher bei den böhmischen Bauern, eine Schlange, der ein Mäher den Schwanz abgeschnitten habe, krieche auf der Stelle in die Erde, um von dem Wunderkraut zu fressen, das sie wieder heil mache, und auch Glaukos, der Sohn des Minos und der Pasiphaë, wurde mit Hilfe dieses Krautes, das eine Schlange brachte, wieder zum Leben erweckt und zum Seher, nachdem er in einem Pithos voller Honig erstickt war.

Hinter λαῦκος, »dem Leuchtenden« (Linear B *ka-ra-u-ko*, von idg. **gel-*, »hell glänzend«; ahd. *kleini*, »glänzend, fein«) stehen wiederum der verschwindende und wiederkehrende Vegetationsgott der Minoer und sein königlicher Repräsentant, der nach einer anderen Überlieferung der Sohn des Anthedon (ἀνθήδων, »Weißdorn«) war, also des Strauches, der nie stirbt, sondern immer wieder ausschlägt. Nach Alexandros von Aitolien aß Glaukos von der Götterspeise, nämlich der »immergrünen Pflanze«, die auf den Inseln der Seligen (εν μακάρων νῆσοισι) wächst, worauf er unsterblich wurde, und Possis von Magnesia berichtete laut Athenaios in seinen Ἀμαξονίς, »nach dem Willen des Zeus sei er in die Tiefe des Meeres getaucht« und zum unsterblichen Meeresgott geworden, den allein Jason sehen konnte, und entsprechend bildete man ihn auf den Münzen der ostkretischen Stadt Itanos mit einem Fischschwanz und einem Dreizack ab. Nach Ovid war es bezeichnenderweise Medeia, die jenes Kraut der Unsterblichkeit zu pflücken pflegte, und Alexandros teilt mit, die Rosse des Helios schöpften während dessen nächtlicher Rast durch den Verzehr des Krautes die Kraft für eine Weiterfahrt am nächsten Morgen. Possis verdanken wir überdies die Nachricht, »daß Glaukos der Erbauer der Argo gewesen sei und sie gesteuert habe«, was wiederum als ein Hinweis auf den minoischen Ursprung der Argonautensage gelten kann. Dazu paßt auch, daß Glaukos sich nach dem Epiker Euanthes wie Dionysos auf der Insel Dia mit Ariadne »vereinigte«, wofür ihn der Weingott laut Theolytos von Methymna »mit einer Rebgerte« gefesselt habe, was ja, wie wir gesehen haben, eine Umschreibung für die periodische Abwesenheit der Vegetationsgottheit ist.[24]

Allerdings war das klassische Symbol der Regeneration der Natur und der Unsterblichkeit, auf das die Argonauten aus waren, nicht das Kraut des ewigen Lebens, sondern das Goldene Vlies (χρυσεῖν κῶας, homer. κώεα, Linear B *ko-wo*, oder gr. ποκή, Linear B *po-ka*) des Widders, den einst Nephele, hinter der eine Vegetationsgöttin steht,[25] von Hermes erhalten hatte. Nachdem Nephele verschwunden war, erfolgte durch die lang anhaltende Trockenheit eine Hungersnot, weshalb ihr Sohn Phrixos geopfert werden sollte, damit der Regen zurückkehrte. Wahrscheinlich liegt diesem Opfer die Jenseitsreise des Sohn-Geliebten der Göttin zugrunde, die dieser unternahm, um seine Mutter-Gemahlin heimzuholen und das Land wieder fruchtbar zu machen. Und wie Iphigenie, statt den Opfertod zu erleiden, ins Jenseits entrückt wird, trägt der goldene Widder Phrixos ins Land der Sonne am Okeanos

Abb. 257: Phrixos reitet auf dem Goldenen Widder übers Meer,
Terrakottarelief, 6. Jh. v. Chr.

(Abb. 257), wo nach den *Naupaktiká* die Sonnentochter Medeia
fortan sein Vlies im Palast ihres Vaters hütet.[26]

Anscheinend erhalten die Argonauten zumindest in einigen Versionen der Sage den Auftrag, sowohl das Vlies als auch Phrixos
heimzuholen, der offenbar, wie Pindar mitteilt, König Pelias in
einer Vision erschienen war: »Denn Phrixos bittet [uns], nachdem
er durch die Hallen des Aietes gewandert ist, / Seine Seele zurückzubringen (κομίξαι), / Sowie das dichtwollige Fell des Widders.«
Zweifellos ist das Goldene Vlies, das »strahlt wie der Blitz des Zeus«
gleich dem Bernstein die Manifestation des leben- und fruchtbar-
keitbringenden Sonnenlichtes, das periodisch verschwindet und
wieder heimgeholt werden muß, denn wie das Orakel von Delphi
prophezeit hatte, würde Iolkos nur dann blühen, wenn das Vlies
wieder im Lande sei. Das Fell läßt nicht nur die Säfte in den Pflanzen hochsteigen, sondern entfacht auch die Geschlechtslust der
Frauen, weshalb Aphrodite die schöne Psyche in der Mittagszeit
auf die Schafsweide schickt, damit diese ihr einen Schoß voll goldener Wolle bringt, die in den Zweigen hängengeblieben ist. Im alten
Rom setzte sich das Brautpaar in der Hochzeitsnacht auf das Vlies
eines frisch geschlachteten Widders, und der Bräutigam löste vor

468

der Entjungferung den Gürtel aus Schafswolle, den die Braut zu diesem Anlaß angelegt hatte. Auf Geheiß der Hera bringen die Nymphen frische Blumen in die Höhle der »Biene« Makris und bereiten ein Hochzeitslager für Medeia und Jason auf dem Goldenen Vlies, das alle mit einem »Glanz wie von Feuer« umstrahlt: »Ein solches Funkeln ging von den goldenen Zotteln des Vlieses aus«, und »es entflammte in ihren Augen ein süßes Begehren, doch hielt die Schamhaftigkeit eine jede« der jungfräulichen Nymphen »zurück«.[27]

Indem Jason aber mit den Strahlen der Sonne die Geschlechtslust und die Fruchtbarkeit zurückholt, wird er als Garant des blühenden Landes der neue Priesterkönig, und so war der Widder als Symbol der »siegreichen Sonne« und der Erneuerung des Lebenszyklus bei vielen Völkern das Signum der Königsherrschaft. Dem Aietes war nach einer Mitteilung des Hyginus geweissagt worden, seine Herrschaft dauere nur so lange, wie das Fell des goldenen Widders in seinem Heiligtum hinge, und auch bei den Thrakern und später bei den Slawen verbürgten der mit dem Baum

Abb. 258: Der thrakische Heros reitet auf dem Sonnenwidder aus dem Jenseits zurück, Letnica, um 400 v. Chr.

des Lebens verbundene Sonnenwidder oder der »Widder mit den goldenen Hörnern« dem König die Herrschaft über das Land (Abb. 258).[28]

Ist die Sonne golden, wenn sie am Tag über den Himmel zieht, so ist sie safrangelb bis purpurrot, wenn sie auf- und untergeht, und deshalb nimmt es nicht wunder, wenn das Vlies des Sonnenwidders bald die eine und bald die andere Farbe hat. »Das Vlies«, verlautet ein Scholion zu Euripides' *Medeia*, »das nach einigen Gewährsleuten vollständig aus Gold war, bestand nach anderen aus Purpur«, und »Simonides sagt in seinem *Hymnus auf Poseidon*, daß es mit Meerespurpur (θαλάττῃ πορφυρῶν) gefärbt war«, was auch ein Scholion des Akusilaos von Argos zu den Argonautiká des Apollonios bestätigt. Wie »golden« bedeutete auch die waschechte Purpurfarbe »ewig« und sowohl für den mykenischen ἄναξ wie später für den etruskischen Fürsten Wohlstand, Glück und sich immer wieder erneuernde Herrschaft.

In der »letzten der Zeiten«, dem »Goldenen Zeitalter«, in dem die Natur alles so reichlich hervorbringt, daß kein Ackerbau mehr nötig sein wird, »braucht sich die Wolle«, so Vergil, »nicht mehr lügnerisch färben zu lassen«, »sondern der Widder trägt auf der Wiese bereits in verschiedenen / Farben das Fell, tiefrot bald vor Purpur, bald leuchtend wie Krokus. / Scharlach bekleidet aus eigenem Antrieb die weidenden Lämmer«. Im »Purpurgewand« sitzt nach Ovid der Sonnengott in seinem Palast am Okeanos auf dem Thron, und purpurrot sind im R̥gVeda seine geflügelten Rosse. Purpurfarben war der Vegetationsgott bei seiner Wiederkehr aus dem Jenseits wie, laut Pindar, »der purpurblühende Frühling, voll Kraft«. Und in Purpur gekleidet fuhr schließlich der Triumphator, dessen Gesicht mit rotem Blei (*minium*) gefärbt war, nach gewonnener Schlacht auf seinem Streitwagen durch die Straßen von Rom, dem Iupiter gleich, aber doch nicht ganz. Denn neben ihm stand auf dem Wagen ein Sklave und flüsterte ihm »Respice post te, hominem te esse memento!« ins Ohr, was dem γνῶθι εαυτόν, »Erkenne dich selbst! [daß du sterblich bist]«, am Eingang des Apollontempels zu Delphi entspricht. Zinnoberrot bemalt als Ausdruck der strotzenden aggressiven Macht hatte man auch das unter dem Streitwagen des Triumphators angebrachte hölzerne erigierte Glied, und über und über mit Purpurfarbe bedeckt waren das Gesicht des etruskischen Königs und die Maske des Dionysos Ἀκρατοφόρος in Phigalia, die beide die Wachstumskraft der Natur verkörperten.[29]

Schon Homer kennt den Purpur als die Farbe der Könige – so sitzt Arete im Palast von Scheria am Herd und spinnt purpurne Fäden – und noch in der Spätantike war der Besitz eines Purpurstoffes durch eine Privatperson ein *crimen maiestatis*. Unter lauter weißen Locken hatte Nisos, der König von Megara, »auf dem Kopf ein purpurnes Haar (*crinem purpureum*)«, das ihm Unsterblichkeit verlieh, doch Aphrodite entfachte in seiner Tochter Skylla eine leidenschaftliche Liebe zu dem Kreter Minos, der die Stadt belagerte, so daß sie es ihrem Vater ausriß. Aber auch außerhalb der Mythologie galt die Farbe als unverwüstlich, und Plutarch berichtet, die Soldaten Alexanders des Großen hätten nach der Einnahme von Susa 5000 Talente Purpur aus Hermione gefunden, der dort schon 190 Jahre lagerte und trotzdem »seine frische und blühende Farbe bewahrt« habe.[30]

Kehrte der purpurne oder goldene Widder, also die Sonne, zurück, brachte er den fruchtbaren Regen, und entsprechend galt in Griechenland und in zahlreichen anderen Weltgegenden der Sonnengott als der befruchtende Gewittergott. »Bringst den fruchtbaren Regen«, so Nonnos über Helios, »und auf die gebärende Erde / Sprengst du den dunstigen Tau der feuchten Tropfen am Morgen. / Ährenfrüchte läßt durch deine Scheibe du wachsen, / Und das nährende Korn begießt du in zeugender Furche.« Auch nach altnordischer Vorstellung kam der befruchtende und regenbringende Blitz von der Sonne, und bei den Bosso und den Kredj in Dār Fertit südlich des Baḥr al-Arab reiste der Sonnen- und Gewittergott jedes Jahr in der Trockenzeit auf einem Widder zur Göttin der Unterwelt, um die von ihr gefangengehaltenen Jagdtiere zu befreien. Vor jedem Gewitter in der Regenzeit, erklärte der Dogon Ogotemmēli dem Ethnographen Griaule, sehe man am Himmel einen goldenen Widder, der eine Kalebasse, die weibliche Sonne, zwischen seinen Hörnern trage (Abb. 259). Mit dem einen seiner

Abb. 259: Dogonfrau mit Kalebasse und kupferner
Widdergott-Halskette.

beiden Penisse befruchte er die Erde mit Wasser, und mit dem anderen penetriere und schwängere er die jungen Mädchen, die er in die
von Seerosen bedeckten Wasserlöcher locke.[31]

Noch bis ins vergangene Jahrhundert sagten die Schafhirten im
Gebirge bei Murzúq im Fezzán, die Sonne sei ein Widder, der aus
den schwarzen Wolken Blitze schleudere und den Regen fließen
lasse, und die Kabylen erzählten Frobenius, ein Widder habe einst
das Tageslicht erschaffen, indem er die Sonne aus einer Feuerstelle
aufsteigen ließ, und seitdem trage er täglich das Gestirn auf seinem
Kopf von Osten über den Himmel nach Westen. Einst habe es in
den Bergen ein Felsbild gegeben, auf dem ein Mensch vor einem
Widder stand und diesen »nach der rechten Zeit für Saat und
Ernte« befragte. Und tatsächlich hat man auf einem el-Ḥamra,
»der Rote«, genannten rötlich gefärbten Felsen unmittelbar neben
der Darstellung eines Sonnenwidders die einer weiblichen Person
gefunden, die ihre Hände hochhält und die Beine spreizt, während
in ihrer Vagina mit ausgeprägten Schamlippen ein Phallus zu stek-
ken scheint. Im Fezzán gibt es mehrere Felsbilder, auf denen ein

Mann mit erigiertem Glied und einer hörnerartigen Frisur vor dem Sonnenwidder steht, bei dem es sich möglicherweise um ein Kulttier handelt, denn er trägt ein Halscollier, und die »Sonne« auf seinem Kopf ist mit einem Kinnriemen fixiert. Vermutlich spielten diese Widder eine Rolle bei von den Aṭlas-Berbern bis in die Neuzeit durchgeführten Regen- und Fruchtbarkeitsritualen, in denen die Lebenskraft der Tier- und Pflanzenwelt unter anderem durch die Ausübung von Geschlechtsverkehr angeregt werden sollte. Im 11. Jahrhundert berichtete jedenfalls der Historiker el-Bekri, ein Berberstamm im Hohen Aṭlas verehre auf dem Gipfel eines hohen Berges einen Widder, und es hieß, bei den Dogon und benachbarten Ethnien im Nigerbogen seien im Frühling Widder geopfert worden, auf deren Köpfen runde, mit Lederbanderolen geschmückte Kalebassen befestigt waren.[32]

Bei den auf den Felswänden dargestellten Widdern handelt es sich auf alle Fälle um domestizierte Exemplare von *Ovis longipes*, was an der »römischen Nase«, den relativ kurzen Hörnern und dem langen Schwanz erkennbar ist, also um jene Schafe, die direkt von den muffloniformen orientalischen Wildschafen abstammen, die möglicherweise über Kleinasien und Kreta nach Nordafrika und einst mit ins Niltal einwandernden kanaanitischen Hirten nach Ägypten kamen.[33]

Auch unter den vorderasiatischen Feldbauern war die Vorstellung verbreitet, die Sonne bringe den befruchtenden Regen, und in den indischen *Liṅga Purāṇa* ist es ebenfalls der – häufig auf einem Widder reitende – Sonnengott (Abb. 260), der mit seinem Ejakulat die Erde schwängert. Wuni, der Sonnengott der Dagomba am Volta, besitzt einen Widder, der durch sein Umherrennen Tornados, durch das Peitschen mit seinem Schwanz den Blitz und durch Aufstampfen den Donner erzeugt, während aus den herabfallenden Schwanzhaaren der Regen entsteht. Bei den südnigerianischen Yoruba zeigt die Sonne dem Wettergott Šangó den Weg dorthin, wo sich am Abend der Himmel und die Erde berühren, und führt ihn von dort in die Unterwelt, wo sein Bruder Olokun in einem Palast wohnt. Schließlich geleitet sie ihn im Osten wieder auf die Erde, von wo aus er im Gewittersturm auf einem Widder über den

Abb. 260: Der indische Sonnengott reitet auf seinem Widder,
Rāja-Rāni-Tempel, Bhuvaneśvar,
12. Jh.

Abb. 261: Mädchen mit steinerner
Doppelaxt als Kopfputz präsentiert Šangó ihre Brüste, Kultstab
der Yoruba.

Himmel reitet und seine befruchtende Doppelaxt (Abb. 261) auf
die Felder schleudert. Manchmal wird er selber mit dem Kopf eines
Widders dargestellt, der auch das Herrschaftssymbol des Königs
der Yoruba war, und die Holzplastiken des Šangó tragen die Doppelaxt als Kopfschmuck.[34]

Zahlreiche westafrikanische Ethnien, die ursprünglich aus dem
Norden kamen, z. B. die zur Akan-Guang-Gruppe zählenden Stämme, wurden höchstwahrscheinlich über die Berber indirekt von
den Phöniziern beeinflußt, und so hat man auch gelegentlich
sowohl den westsudanesischen Widderkult als auch den widdergestaltigen oder aber den einen Sonnenwidder als Reittier benutzen-
den Wettergott wie Šangó auf den vorderasiatischen Vegetationsgott zurückgeführt, der nicht nur in Gestalt eines Stieres, sondern
auch als Widder aufgetreten ist. Bereits um die Mitte des 7. Jahrtausends v. Chr. wurde in Çatal Hüyük die Alabasterfigurine eines
bärtigen Mannes auf einem Tier hergestellt, das von der Größe her

Abb. 262: »Göttin von Gilat«, 4. Jt. v. Chr.

ein Widder sein könnte, und in altbabylonischer und altassyrischer
Zeit hält der Widdergott Ea, Zwillingsbruder Ḥadāds und Herr
des unterirdischen Frischwasserozeans, der die Welt mit dem le-
benbringenden Wasser versorgt, ein Szepter mit einem Widderkopf in der Hand. Gleiches gilt für den sumerischen Fruchtbarkeitsgott, der seinen »Penis reibt und ejakuliert« und damit »den
Tigris mit [stets] fließendem Wasser füllt«, und für den levantinischen Baʿal, der sich als Widder mit den Schafsgöttinnen ʿAštart
oder ʿAnāth paart, in die er »tief eindringt, wie ein Widder« es tut.[35]
   In einem Schrein des frühen 4. Jahrtausends, der in Gilat im
Norden der Negev-Wüste freigelegt wurde, fand man die Terrakottafigurine einer nackten jungen Frau mit tatauiertem Körper
und einem Gefäß auf dem Kopf (Abb. 262) sowie die aus dem
gleichen Material gefertigte Figurine eines Widders, der drei Gefäße auf dem Rücken trägt (Abb. 263). Solche Keramikgefäße entwickelten sich aus Ziegenlederschläuchen, und in beiden transportierte und bewahrte man Flüssigkeiten wie Wasser, Wein oder
Milch, aber auch feuchte Substanzen wie Butter und Käse auf.
Auch die hebräischen Wörter für »Schlauch«, *nēbbel* und *nōd*,

Abb. 263: Widderfigurine aus Gilat, 4. Jt. v. Chr.

bedeuten »Regenwolke«, und da in dieser Zeit im Vorderen Orient Widder nicht als Lasttiere verwendet worden sind, geht man davon aus, daß es sich bei den beiden Skulpturen um die Darstellungen der Fruchtbarkeits- und Erdgöttin sowie des Regenwidders, ihres Paredros', handelt, deren Kult damals offenbar hochbedeutsam war, da die Gegend ab ca. 4000 v. Chr. zunehmend austrocknete.[36] Dieser vom Widder befruchteten chalkolithischen Göttin entsprechen die ebenfalls mit einem Schafsbock verbundene Fruchtbarkeitsgöttin des 3. Jahrtausends von Şemsiyetepe am oberen Euphrat, aber auch Ištar und die sumerische Inanna, die in der Uruk-III-Zeit eine Tempelherde von Schafen besaß und die von ihrem in die Unterwelt entschwundenen Paredros Dumuzi als dem Mann sprach, »der ihre Schafe bewachte«. Auf einer in Hasanlu gefundenen Goldschale des späten 2. Jahrtausends, neben der das Skelett eines Mannes lag, der offenbar versucht hatte, das kostbare Objekt aus dem brennenden Palast zu retten, bevor dieser über ihm zusammenbrach, steht die Ištar-Šawuška auf zwei Widdern und öffnet den Mantel, um ihre von üppigem Schamhaar umgebenen Genitalien zur Schau zu stellen (Abb. 264).[37]

Über die levantinische ʿAštart und ihren Paredros Baʿal-Ḥammōn, die häufig als Schaf und Widder oder als Menschen mit den ent-

476

Abb. 264: Die auf zwei Widdern stehende Ištar-Šawuška entblößt sich
vor dem Wettergott, Hasanlu, 11. Jh. v. Chr.

Abb. 265: Aphrodite reitet auf ihrem Widder ins Jenseits,
Klappspiegel, Praeneste, 4. Jh. v. Chr.

sprechenden Hörnern dargestellt wurden (Abb. 290),[38] erhielt
auch Aphrodite zunächst auf Zypern ihre Schafs- und Wildziegen-
gestalt, und auf einem Widder oder Ziegenbock reitet sie als Vegetationsgöttin periodisch über das Meer (Abb. 265), weshalb sie
häufig von den Seeleuten gebeten wurde, sie auf ihren Fernfahrten in fremde Länder zu geleiten. So hatte das Orakel von Delphi,

477

wie Plutarch berichtet, dem Theseus aufgetragen, Aphrodite zur Schirmherrin seines Unternehmens zu wählen, auf daß sie ihn auf der Jenseitsfahrt begleite und bewahre. Daraufhin opferte der Held der Göttin vor der Abfahrt am Strand eine weibliche Ziege, die sich aber sogleich in einen aktiven und beherzten Ziegenbock (τράγος) verwandelte, nach dem die Aphrodite fortan ἐπιτραγία genannt wurde.[39]

Auf bildlichen Darstellungen werden der Ziegenbock oder der Widder, auf denen die Aphrodite ins Jenseits und wieder zurück

Abb. 266: Hermes betritt den Nachen des Charon, wg. Lekythos, Eretria, 5. Jh. v. Chr.

reitet, häufig von Hermes geleitet, der auch andere Jenseitsgänger wie Phrixos, Herakles und Perseus sowie die Verstorbenen anführt, mit denen er nach Timotheos den Nachen des Charon besteigt. Mit dem goldenen Stab in der Hand führt Hermes die Kette der von Odysseus getöteten Freier »vorbei an Okeanos' Strömung, am Leukadischen Felsen (Λευκάδα πέτρην), / Vorüber am Tor des Helios (Ἡελίοιο πύλας), am Land der Träume (δῆμον Ὀνείρων)«, bis sie schließlich »ihr Ziel«, die Asphodeloswiese (ἀσφοδελὸν λειμῶνα), erreichen. Und da an der Fahrt der Argonauten keine

Götter, sondern lediglich Heroen und Halbgötter teilnehmen, befinden sich statt Hermes dessen listenreiche Söhne Erytos, Echion und Aithalides an Bord. Letzterer vermag, wie sein Vater, ins Jenseits zu reisen, ohne die Erinnerung daran zu verlieren, und er ist es, der auf Lemnos als erster an Land geht, um der Hypsipyle die Ankunft der Argonauten zu verkünden, und der mit »dem Stab des Hermes« Jason von dem verborgenen Liegeplatz der Argo in einem sumpfigen Gewässer zum Palast des Aietes führt.[40]

Hermes war es, der dem Phrixos den goldenen Widder bereit-

Abb. 267: Der Widderträger Hermes vor Hades und Persephone, Pinax-Fragment, Lokris, um 470 v. Chr.

stellte, der ihn nach Aia trug, und auf zahllosen attischen Vasenbildern lagert Hermes selber auf einem Widder oder reitet auf ihm, offenbar ins Jenseits, das er wohl ursprünglich in der Gestalt dieses Tieres aufsuchte. Als Widder machte Hermes sich nämlich an die Persephone heran, deren ἱερὸς γάμος wohl Gegenstand der samothrakischen Mysterien war, und nach einer alten eleusinischen Legende soll er auch die Okeanostochter Daeira, eine andere Erscheinungsform der Unterweltsgöttin, geschwängert haben. Schließlich sind auf einem Pinax-Fragment der Zeit um 470 v. Chr.

Abb. 268: Odysseus unter dem Widder des Polyphem;
sf. attischer Kolonettenkrater, spätes 6. Jh. v. Chr.

die im Totenreich thronenden Hades und Persephone und vor diesen der vordere Teil eines Widders zu sehen, dessen Vorderläufe
von einer Hand gehalten werden, die mit Sicherheit Hermes gehörte (Abb. 267). Ἑρμείας ἐριούνιος heißt außerdem »Hermes der
Widderdieb«, weil er die Schafe des Apollon »stahl«, so wie Indra
die gefangengehaltenen Kühe, ursprünglich die verschwundenen
Manifestationen der Fruchtbarkeit, heimholte.[41]

Während Hermes nach und nach seine Widdernatur verlor und
zum menschlichen »Hüter der Schafe« wurde, behielt sein Sohn
Pan αἰγιβάτης, »der die Schafe bespringt«, die theriomorphen
Züge bei, aber in vorgeschichtlicher Zeit wird Hermes selber ein
Widder gewesen sein, der aus dem Jenseits die Sonne und die
Fruchtbarkeit heimgeholt und die Schafsgöttin bestiegen hat. In
der Nähe der Stadt Las am Lakonischen Golf stieß man auf eine
Herme der archaischen Epoche aus bläulichem Marmor mit einem
Widderkopf, und im Tempel der Aphrodite und des Hermes stand
neben den Kultstatuen der beiden Gottheiten ein Altar mit einem
Relief, auf dem stellvertretend ein Satyr eine Hindin penetrierte.[42]

Führte der »Leithammel« die Schafe aus der Felsengrotte, in

480

der sie die Zeit der Mittagshitze oder die Nacht verbracht hatten, gelangt auch Odysseus aus der Höhle des Polyphem, indem er sich an das Vlies des Widders klammert (Abb. 268 u. 269). Πολύφημος, der »Ruhmreiche«, war auch ein Epitheton des Hades, und nach Euripides bezeichnete der Held den Polyphem als »gottverhaßten Koch der Unterwelt«. Die Unterwelt steht mithin hinter der Höhle des Kyklopen, und da jeder, der in den Hades eingeht, zum namenlosen Toten wird, heißt Odysseus dort Οὖτις, »Niemand«. Ursprünglich lebten die Kyklopen freilich nicht im

Abb. 269: Odysseus flieht unter dem Widder aus der Höhle des Polyphem, Bronzeornament, Apollonheiligtum in Delphi, 6. Jh. v. Chr.

düsteren Hades, sondern in Elysion, dem vorgriechischen Land der Seligen, was noch dort durchschimmert, wo es über den Wohnort der Gaia-Söhne, die dem Zeus die Donnerkeile schmieden, heißt: »Keiner rührt eine Hand zum Pflanzen und Pflügen; sie stellen / Alles anheim den unsterblichen Göttern. Es wächst ja auch alles / Ganz ohne Saat und Pflug, der Weizen, die Gerste, die Reben. / Die aber spenden den Wein aus riesigen Trauben; das Wachstum / Fördert dann Zeus mit dem nötigen Regen.« Doch verwob Homer diese vorgriechische Überlieferung mit dem weitverbreiteten Volksmärchen von dem in einer Höhle hausenden Ungeheuer (Abb. 172).

Im Grunde ist freilich Odysseus selber der »Leithammel«, über den König Priamos sagt, er durchstreife »wie ein Widder die Scharen der Männer; / Denn wahrhaftig, er gleicht einem Schafsbock mit wallendem Vliese, / Welcher das Herdengewühl der schimmernden Schafe durchwandelt«. Und wie Herakles die Herde des Geryoneus entführt und mit Hebe, der jugendlichen Hera, den ἱερὸς γάμος vollzieht, holt Odysseus die Schafherde aus dem Jenseits zurück und feiert als heimkehrender Vegetationsgott mit Penelope, die weithin als Gattin des Hermes und Mutter des Pan galt und eine Göttin wie Hellotis-Europa gewesen zu sein scheint, die Heilige Hochzeit, durch die das Land wieder erblüht.[43]

Daß der Widder für Jenseitsreisende das Transportmittel par excellence war, geht aus den Märchen und Überlieferungen sowie den Bestattungsbräuchen vieler Völker hervor. In einem alten epirotischen Märchen läßt sich der junge Held in das Vlies eines goldenen Widders einnähen und gelangt so in die silberne Kammer eines unterirdischen Palastes, wo ein König seine Tochter gefangenhält, die der Held befreit und heiratet. Und in dem Märchen »Der Goldapfelbaum und die Höllenfahrt«, das auf der Kykladen-Insel Syros erzählt wurde, klammert sich der Held an das Vlies eines schwarzen Widders, der ihn in die Unterwelt trägt, wo er sowohl die dort mit den goldenen Äpfeln spielende »Jungfrau, so schön wie der Mond« als auch das Sonnenlicht aus der Gewalt des eine Quelle hütenden Drachen befreit und auf die Erde zurückbringt. Schließlich schlachtet in einem kabylischen Märchen der in der Höhle eines schafehütenden Ungeheuers eingesperrte Held einen schwarzen Widder, häutet ihn und gelangt in dem Balg nach draußen.[44]

Eine römische Quelle nennt eine »pellis aurea in qua Iuppiter in coelum ascendit«, und allem Anschein nach trägt der »tote« Vegetationsgott oder der ihn repräsentierende Verstorbene auf dem Sarkophag von Aghia Triada eine zeremonielle Kleidung aus Tierhaut – vermutlich der eines Schafes oder Widders. Entsprechend teilt im 20. Jahrhundert v. Chr. der Pharao dem nach Kanaan geflohenen Sinuhe brieflich mit: »Es soll nicht sein, daß du im Fremdland stirbst; nicht Asiaten sollen dich bestatten, nicht in ein Widderfell (*jnm nj zr*) sollst du gehüllt, keine Steinmarkierung soll für dich gemacht werden. Denn dies alles vergeht ja!«

In einem Hügelgrab aus hellenistischer Zeit in Pilaf Tepe fand man das Skelett eines mitbestatteten Widders, der vermutlich dem

Verstorbenen als Reittier ins Jenseits dienen sollte, und eine ähnliche Funktion hatten vielleicht symbolisch die etwas älteren Widderköpfchen aus Fayence in den Gräbern von Assos im Süden der Troas. Anhänger in Form von Widdern oder Widderhörnern gab man den Toten in der mittleren Bronzezeit von Süddeutschland bis ins Karpatenbecken ins Grab, während in homerischer Zeit in Boiotien zu diesem Zwecke Widderrhyta Verwendung fanden. Um ins »Land der Träume« zu gelangen, an dem Hermes bei seiner Reise ins Jenseits vorüberkam, legte sich der Besucher des zwölf Stadien vom boiotischen Oropos entfernten Orakels des Amphiareion zum Schlaf auf das Fell eines zuvor geopferten Widders, was auch Pythagoras in der Grotte auf dem kretischen Ida tat, jener Mann, der von seinen Jüngern für den »von den Hyperboräern gekommenen Apollon« gehalten wurde und von dem sie glaubten, er reise gelegentlich ins Jenseits.[45]

Auch in Mitteleuropa scheint man den Widder bis ins 19. Jahrhundert als einen periodisch verschwindenden Vegetationsdämon angesehen zu haben. So »starb« beispielsweise der widdergestaltige Korngeist, um im kommenden Jahr aus der Unterwelt heimzukehren, und diesen »Tod« vollzog man rituell, indem man etwa in Böhmen im Oktober einen lebenden Widder bis zum Hals eingrub und ihm dann mit der Sense den Kopf abschlug oder in der Oberpfalz, Oberschlesien und in weiter südöstlich liegenden Gegenden einen festlich herausgeputzten Schafsbock vom Kirchturm stürzte. In Irland glaubte man, der Widder kenne den Weg in den fernen Westen, und in der südwestirischen Grafschaft Ciarraighe hieß es, einst seien aus der Quelle, in der später der »Jenseitsfahrer« Brendan getauft wurde, drei purpurfarbene Widder gesprungen.

Im Pamir erwartete den gottgefälligen Verstorbenen an der Brücke zum Paradies ein Widder, der ihn hinüberführte, und im dortigen Barlang-Tal heißt es, einstmals sei »das heilige Schaf, erleuchtet von hellem Glanz«, segenbringend vom Berg herabgestiegen. Auch bei den Choresmiern südlich des Aral-Sees war der Widder der Führer in die andere Welt, weshalb man während des Hinaustragens der Leiche aus dem Haus ein solches Tier opferte, »damit sich zwei Seelen, zwei aus dem Leben scheidende, vereinten und sich gemeinsam dem Jenseits zuwandten«. In einem Kurgan des 4. Jahrhunderts v. Chr. in der Steppe östlich von Alma-Ata fand man die über und über mit Goldplättchen bedeckte Leiche eines Mannes, den die Ausgräber für einen Schamanen halten, der getötet wurde, damit er den im Kurgan bestatteten Stammesfürsten ins Jenseits geleiten konnte. Denn die Mütze des mutmaßlichen Schamanen, die den Weltenberg symbolisiert, ist an der Spitze mit einem Bergwidder verziert, der in vielen Gegenden Sibiriens und Zentralasiens als der Mittler zwischen Diesseits und Jenseits gilt.[46]

Einige Monate nach dem Tod eines Angehörigen der Magar im Himalaya wird ein Schaf aus dem Dorf getrieben, das die Seele des Verstorbenen, die rittlings auf ihm sitzt, ins Jenseits bringt. Dieses Tier – ein Widder im Falle eines Mannes und ein Mutterschaf im Falle einer Frau – wird von einem »Träger«-Schaf (*bhare*) begleitet, das mit der Wegzehrung für den Toten beladen ist, und beide sind mit bunten Farben bemalt und mit Schellenketten und Blumengirlanden behängt wie der Leithammel (*tomba*), der jedes Jahr im November die Schafsherde von den Sommerweiden im Hochgebirge für vier bis fünf Monate auf die tiefer liegenden Winterweiden im Süden geleitet. Die beiden Totenschafe führt der Weg auf den Jaljala-Paß, der die östliche Grenze des Magarlandes bildet und auf dem ein kleiner Tempel, *jusye bāne*, der Ort, »wohin das Geleitschaf der Toten geht«, steht, dessen Holztür den Eingang zum Jenseits darstellt. Von diesem Paß fließen kleine Flüsse in die andere Welt, die *birse pāni*, »Wasser des Vergessens«, heißen, und keine Menschenseele, die den durch das Heiligtum gekennzeichneten Punkt überschreitet, kann jemals zurück, weshalb der Schamane darauf achten muß, daß er die Seele eines Kranken auf dem Weg dorthin vorher abfängt.[47]

Die Transhumanz der Schafherden war ein natürliches Phänomen, dem später die Schafhirten mit ihren domestizierten Tieren folgten. So ließen sich im Pamir, im Himalaya und in den angrenzenden Landstrichen die rangniederen Widder und die weiblichen Schafe von den älteren und erfahrenen Leittieren mit den großen Hörnern und Hoden über die Pässe in die bewaldeten Hochgebirgsregionen hinaufführen, wo es im Sommer ein reichhaltigeres

Angebot an Futterpflanzen gab, und wenn der Winter nahte, folgten sie ihnen ins Tiefland. Der Oktober war die Paarungszeit des europäischen Wildschafes (*Ovis ammon musimon*), und in dieser Jahreszeit kamen auch die wilden Zypernmufflons, die sich den Sommer über im Hochgebirge dicht unterhalb der Schneegrenze aufgehalten hatten, in die Täler herab, trennten die brünstigen Schafe vom Rudel, schnüffelten gierig ihren Brunstgeruch, beleckten und besprangen sie schließlich immer wieder.

Auf der Peloponnes beginnt der Auftrieb der Schafe herkömmlicherweise am 23. April, dem Festtag des Aghios Georgios, und der Abtrieb am 26. Oktober, dem Tag des Aghios Demetrios, d.h. während des Frühaufgangs und Frühuntergangs der Pleiaden, wie schon Hesiod mitteilt, da die Schafe weder die große Hitze in der von Anfang Juni bis Ende August dauernden Haupttrockenzeit noch die Kälte des Winters vertragen. Etwas früher, nämlich an Mariä Verkündigung, dem 25. März, brechen die kretischen Schafhirten mit ihren Herden ins Gebirge auf, um Ende September bis Mitte Oktober wieder heimzukehren, aber in einigen Gegenden Kretas fuhr man die Tiere auch zur Winterweide auf kleinere vorgelagerte Inseln.[48]

Führte also der Leitwidder die Wildschafe im Herbst von der Hochweide, um im Tal die weiblichen Tiere zu bespringen, lag es nahe, mit ihm den Vegetationsgott zu identifizieren, der um dieselbe Zeit, wenn die herbstlichen Regenschauer das Land nach der sommerlichen Dürre erblühen ließen, aus dem Jenseits heimkehrte, um mit der Göttin der Natur den ἱερὸς γάμος zu vollziehen.

Bringt bei Apollonios Jason das Goldene Vlies zurück, das »einer Wolke« gleicht, »die morgens von den leuchtenden Strahlen der steigenden Sonne gerötet« wird, so ist es bei Valerius Flaccus zwar auch »den leuchtenden Wolken gleich«, aber explizit das Fell eines »nepheleischen Widders«, d.h. eines Tieres, das den befruchtenden Regen bringt. Auch die »dem Helios geweihten« Schaf- und Rinderherden des Augeías, der eigentlich selber der Sonnengott ist, sieht man abends »zu den Höfen und Hürden« heimkehren »wie regennasse Wolken, die am Himmel hinziehn, vorangetrieben von der Gewalt des Südwinds oder des thrakischen Nordwinds«.

Der Widder galt als *astrorum ductor*, als »Leithammel der Sterne«, und das Sternbild des Aries verkündete das Neue Jahr oder, wie Hyginus sagt, die Zeit, in der nach der Sommerhitze »alles neugeboren wird«. »Wenn die Sonne im Widder ist«, verlautet ein 1672 erschienenes *Planetenbüchlein*, das auf eine mittelalterliche Quelle zurückgeht, »so keimet das Erdreich / Wurtzeln und Bäume. Die Blätter grünen, / Brunnen und Wasser bewegen sich, / die Leute sind mehr fruchtbar, / die Zeit wächst das Blut, / die Vögel singen / auff gut Vertrauen der Arbeit deß Erdreichs künfftiger Zeit und Frucht deß Jahres.« Im Märchen »Tischlein deck dich« verbirgt sich die Wetterziege in einer Höhle, wo eine Biene sie schließlich entdeckt und durch einen Stich in den Kopf hinaustreibt, und auch Frau Holle, die es regnen läßt, kommt zu Beginn des Neuen Jahres mit ihren beiden Widdern aus dem Glasberg hervor, in dem sie vom Winterdämon gefangengehalten worden war.[49]

Trennten die Guanchen auf Tenerife und anderen Inseln des Kanaren-Archipels die Lämmer von ihren Müttern, damit diese durch ihr Blöken die Regenwolken herbeilockten, opferte man andernorts zu diesem Zwecke bevorzugt einen schwarzen Widder, so z. B. bei den Chamba im Süden des Benuë oder bei den südsudanesischen Atuot. Zog in manchen Gegenden Afrikas wiederum das

Abb. 270: Der Opferwidder des Lamproba-Rituals der transkaukasischen Swaneten, 1994.

Blöken des ängstlichen Opfertieres den Regenwidder an, denn für die Haussa war das ferne Donnergrollen das Echo des Blökens eines über die Gewitterwolken laufenden Widders, ließ man einst in der Nähe des anatolischen Nerik das Blut eines frisch geschlachteten Widders in das Innere einer Höhle laufen, damit der Wettergott den Regen schickte.[50]

Daß auch das Goldene Vlies der Argonauten das Fell des das Land befruchtenden Regenwidders war, erkennt man weiterhin daran, daß Phrixos den Widder an seinem Bestimmungsort dem Zeus Ἀκραῖος opferte, denn es heißt, dieser Akraios habe auf dem Gipfel des Pelion sein Vlies geschüttelt, worauf die gesamte Gegend fruchtbar geworden und aufgeblüht sei. Zu Beginn der Sommerhitze stiegen die vornehmsten Jünglinge der magnesischen Stadt Demetrias in frische zottige Widderfelle gehüllt zum Heiligtum des Zeus Akraios auf den Pelion, doch man sagte, ehedem seien sie zur Höhle des Cheiron hinaufgeklettert, in der Jason einst von dessen Töchtern großgezogen worden war. Ja, der Argonautenführer selber soll das heilige Fell (Διὸς κῴδιον) während der Hundstage auf dem Gipfel dieses höchsten Berges der Magnesischen Halbinsel erhalten und herabgetragen haben. Brachte so Jason das Vlies des Widders aus der Wildnis des Gebirges ins besiedelte Land, um diesem den Regen und damit Fruchtbarkeit und Wohlstand zu verleihen, dann tat er nichts anderes als Zeus selber, der als Ζεὺς αἰγίοχος die Aigis (αἰγίς, Linear B *a-ki*, »Ziegenfell«) schüttelt und damit das Gewitter und den Regen erzeugt: »Jetzt aber nahm der Kronide die schimmernde goldzottige / Aigis«, die aus dem Fell der den Vegetationsgott nährenden Säugamme Amaltheia, der Besitzerin des Füllhorns, hergestellt war, »und über den Ida hin lagert er hüllende Wolken, / Blitzte und donnerte mächtig und laut mit geschüttelter Aigis.«[51]

Vergil berichtet, die Arkader glaubten Zeus gesehen zu haben, wie er in der Ferne »die schwärzliche Aigis (*nigrantem aegida*)« schüttelte, um das Gewitter herbeizuholen, was auch die mongolischen Schamanen taten, und nach Plinius war es eine weitverbreitete Sitte, mit Hilfe von Schafsvliesen Wasseradern zu suchen, da die Wolle in deren Nähe feucht geworden sei. Zwar war die Aigis häufig mit Zeus verbunden, z. B. mit Zeus Melosios (»vom Vlies«, μηλωτή), einem uralten Widdergott, der als Regenbringer auf dem Gipfel des Dríos Óros auf Naxos verehrt wurde, oder mit Ζεὺς Μειλίχιος.[52] Und aufgrund dieser ursprünglichen Widdernatur wurde Zeus später auch mit dem widdergestaltigen phönizischen Vegetationsgott Baʿal-Ḥammōn identifiziert,[53] dessen Sohn zu sein schließlich Alexander der Große nach seinem Besuch des Tempels des ᾿Αμμων in der Oase Sīwah behauptete, weshalb man ihn postum auf Münzen mit Widderhörnern darstellte.[54] Doch scheint das dem Land die Fruchtbarkeit verleihende Vlies ursprünglich das Fell der theriomorphen Erscheinungsform der vorgriechischen Vegetationsgöttin gewesen zu sein, was nicht nur in der Überlieferung nachklingt, die αἰγίς sei das Fell der Amme des Zeus Kretagenes gewesen. Vielmehr scheint noch in historischer Zeit eine Priesterin der Athene, also einer Nachfolgerin der vorgriechischen Großen Göttin, in der Stadt Athen die Aigis geschüttelt zu haben, damit die frisch verheirateten Frauen schwanger wurden. Und wenn die jungfräuliche Zeustochter sich in der griechischen Überlieferung schamhaft die Aigis vor die Augen hält, um sich den Anblick des die Medusa besteigenden Poseidon zu ersparen, wird ihre Vorgängerin das Vlies über das Paar gehalten haben, damit der ἱερὸς γάμος zum gewünschten Erfolg führte.

Bezeichnenderweise stellte man Athene immer noch gelegentlich als die auf einem Widder über den Himmel reitende und mit einer Lanze ausgestattete Göttin der Regenwolken und des Blitzes dar, die das Land erblühen ließ und die im Nahen Osten mit Vegetationsgöttinnen wie ʿAštart, Allāt oder Atargatis identifiziert wurde. Doch hatte die Aigis sich bereits in homerischer Zeit zu einem Brustpanzer der Athene gewandelt (Abb. 250), den »selbst der Blitz des Zeus nicht zerstören konnte«, in »die beschwingte / Grausige Aigis, die zottige prangende, welche Hephaistos / Hatte geschmiedet als Gabe für Zeus, die Männer zu schrecken. / Diese trug in den Händen der Gott [Apollon] und führte die Völker«.[55]

Ist das Goldene Vlies gewissermaßen ein funktionales Äquivalent der Vegetationsgöttin und Sonnentochter Medeia, die beide Garanten der Fruchtbarkeit und des Wohlstandes des Landes sind, so gilt dies gleichermaßen für den hethitischen Bocksbeutel, der ebenso verschwindet und wiederkehrt wie die promiskuitive Fruchtbarkeits- und Liebesgöttin Inara oder der Vegetationsgott Telipinu. Offenbar war die (KUŠ) *kurša* der Hethiter (vgl. βύρσα, »Leder«; mlat. *bursa*, engl. *purse*, »Geldbeutel, Börse«) die Nachbildung des Hodensacks eines Widders aus dem Fell dieses Tieres und später anscheinend aus *kuwannas* (Linear B *ku-wa-no*; gr. κύανος), vermutlich irgendein nichtorganisches blaues Material. Die gewaltigen Hoden des Schafbockes, deren Größe seine Stellung in der Rangordnung bestimmen, waren schon immer Ausdruck strotzender Virilität und Lebenskraft, und so hängt auch der heimgekehrte Telipinu, nachdem eine Biene ihn durch einen Stich in den Penis revitalisiert hat, die *kurša* an eine junge Eibe oder Eiche: »Telipinu versorgt den König. Vor Telipinu steht ein *eyan*-Baum. An diesem hängt ein Beutel aus dem Vlies eines Widders. Und hineingelegt sind Schafsfett, dann Gerstenkörner, Rind und Schaf sowie lange Lebenszeit und Nachkommenschaft. Zudem ist die glänzende Botschaft eines Lammes [= günstige Schafsleberomina] hineingelegt.«[56]

Nach einer Überlieferung verschwindet Inara mit sämtlichen Tieren, die sie in der *kurša* verstaut hat, so daß die Jäger kein Wild mehr finden können, bis die Biene den Beutel findet und heimbringt, während nach einer anderen Ḫannaḫanna, die im Grunde die betagtere Erscheinungsform der Inara ist, die Biene auf die Suche nach dem wollenen Füllhorn ausschickt. »Die Biene machte sich auf und brachte es [= das Vlies] her« in den Hain der Ḫannaḫanna, wonach es wieder regnete und das Land erblühte. Nach einer dritten Überlieferung wird der Wettergott während des Winters von der Schlange Illuyankaš verschluckt, aber mit Hilfe der Inara ebenso befreit wie Jason durch die ihn liebende Medeia, und nach einer vierten bringt schließlich der Gott dem König die *kurša* als Unterpfand seiner Herrschaft zurück.[57]

Wie schon Jahrtausende zuvor bei der kleinasiatischen Urbevölkerung war der Widder auch bei den Hethitern der Inbegriff der Fortpflanzungskraft und des Wohlstandes. Deren Garanten, die Priesterkönige, die offenbar bei zeremoniellen Anlässen als Inkarnationen des Wettergottes eine Widdermaske trugen, besaßen ein Vlies des Tieres als Insigne ihres Königtums, ein Fell, das, mit goldenen Sonnenscheiben verziert, beim Neujahrsritual, dem schon lange vor der hethitischen Einwanderung in Kleinasien gefeierten »Fest der Erde«, im Land umhergetragen wurde. Und entsprechend stellte Ramses II. die Einnahme hethitisch beherrschter

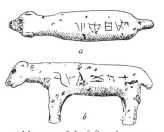

Abb. 271: Junge unter Widder, Siegelabdruck aus Knossos, vermutlich MM II B (2. Hälfte d. 18. Jh. v. Chr.)

Abb. 272: Schafsfigurine aus Terrakotta mit Linear-A-Inschrift, Amisos, SM I A.

Städte in Syrien auf Bildern so dar, daß er das Herrschaftsvlies des hethitischen Großkönigs mit Pfeilen durchlöcherte.[58]

Bereits Leo Frobenius war davon überzeugt, daß in den alten Kulturen des östlichen Mittelmeeres der Widder als Manifestation der Fruchtbarkeit dem Stier vorangegangen sei, und immer wieder hat man vermutet, die Vorfahren der Minoer hätten die Vorstellung eines Widdergottes im Neolithikum aus Anatolien nach Kreta mitgebracht.

Obwohl in Dokathismata auf Amorgós in einem frühkykladischen Grab ein goldener Widder als Bekrönung einer aus Silber und Bronze bestehenden Schmucknadel gefunden wurde, und obwohl man in den früh- bis mittelminoischen Höhenheiligtümern in großer Anzahl Figurinen von Widdern, Rindern, Phalli und Frauen, die ihre Brüste halten, entdeckte, die dort vielleicht von Hirten geopfert wurden, die ihre Schafherden auf die Sommerweiden trieben, scheinen Widder- oder Schafsdarstellungen, die auf eine mythische Bedeutung der Tiere schließen lassen, erst aus der fortgeschrittenen mittel- und vor allem spätminoischen Epoche bekannt geworden zu sein.

Abb. 273: Priesterin trägt einen Opferwidder, Vapheio, SH II.

Abb. 274: Von Löwen flankierter Widderschädel, Lapis-Lacedaimonis-Lentoid unbekannter Herkunft auf Kreta, SM II-III A1.

So sitzt beispielsweise auf einem wohl im 18. Jahrhundert v. Chr. entstandenen Siegelabdruck aus dem Palast von Knossos ein nackter Junge unter einem Schaf (Abb. 271), eine Szene, die man für eine Darstellung des jugendlichen Vegetationsgottes und seiner theriomorphen Kurotrophos gehalten hat, und auf einem vermutlich ebenfalls aus Zentralkreta stammenden MM-III-Diskoid aus Chalcedon befindet sich ein solches Tier unterhalb eines Gesimses und einer Täfelung – vermutlich das Ikon eines Heiligtums.[60]

Agrímia und Widder waren beliebte minoische Opfertiere, und es ist durchaus denkbar, daß sie oder entsprechende Figurinen einer widder- oder schafsgestaltigen Gottheit dargeboten wurden, etwa die außergewöhnliche 13 cm große minoische Schafsfigur aus Terrakotta, die man im milesischen Amisos an der Südküste des Schwarzen Meeres, dem heutigen Samsun, gefunden hat (Abb. 272), und die mit zwei Reihen von Linear-A-Zeichen auf dem Rücken sowie auf der linken Seite beschriftet ist.[61] Einen Opferwidder tragen auf Lentoidsiegeln des 15. Jahrhunderts v. Chr. aus Mallia und anderen kretischen Orten sowie auf einem Siegelabdruck aus Vapheio südlich von Sparta in minoische Kulttracht gekleidete Priesterinnen (Abb. 273), die aber auch, wie auf einem bekannten Wandbild in Tiryns, eine elfenbeinerne Pyxis mit Widderdarstellungen vor sich hertragen können (Tf. XXI).

Auf einem wohl im SM III A1 hergestellten Lentoid aus Lapis

Lacedaimonis wird ein en face dargestellter Widder- oder Schafs-schädel von zwei Löwen flankiert, die mit den Vorderbeinen auf einer Art Altar stehen (Abb. 274) – ein sicheres Indiz für die Göttlichkeit des Tieres auf Kreta im 14. Jahrhundert v. Chr., da ansonsten in der spätbronzezeitlichen Ägäis nur eine Gottheit oder die sie repräsentierende Säule auf diese Weise von zwei Raubtieren geschützt wird. Dafür spricht auch die Tatsache, daß der Widder auf anderen spätminoischen Siegeln nicht nur mit Säulen und Palmen, welche die Göttin symbolisieren, assoziiert ist, sondern auch mit anderen Symbolen der Fruchtbarkeit und ewigen Regeneration wie dem Swastika, der Blüte und dem Achtschild.[62]

§ 19 · WIDDERGÖTTER UND DER ARGONAUT ASTERION

Für die Tatsache, daß der Widder eine – und vermutlich die ursprüngliche – theriomorphe Erscheinungsform des befruchtenden minoischen Vegetationsgottes gewesen ist, spricht vielleicht auch, daß der Schafsbock auf einem Siegelabdruck des SM I B aus dem Palast von Kato Zakros mit seinen Genitalien wiedergegeben ist, was ansonsten in der Steinschneidekunst sowie in der Malerei der Minoer bei der Darstellung von Tieren oder Menschen äußerst selten vorkommt. Möglicherweise trug der Paredros der Großen Göttin als Widder bereits in minoischer Zeit den Namen *e-ma-a*, der auf den knossischen Linear-B-Täfelchen im Zusammenhang mit Schafherden genannt wird. *E-ma-a* oder Έρμᾱhᾱς ist als *᾽Ἑρ Μᾱς, »Kind der Ma« (vgl. Ἐρεχθεύς oder Erechthonios, »Sohn der Erde«, d. h. das aus dem auf die Gaia gespritzten Sperma entstandene Kind) gedeutet worden, und diese Mā ist keine andere als die große minoische Mutter der Natur, die in historischer Zeit Μαῖα (homer. Μαιάς) hieß und als deren Sohn Hermes in einer späten Inschrift im Inneren der zentralkretischen Grotte von Melidoni genannt wird, die offenbar vom SM II bis in geometrische Zeit eine Kulthöhle der Eileithyia und ihres Paredros Welchanos gewesen ist.[1]

Verweist diese Etymologie auf die Rolle des Hermes als Sohn-Geliebter der Großen Göttin, spielen zwei andere auf seine Funktion als ›Ejakulator‹ und Befruchter der Göttin und damit des Landes, sowie als Vegetationsgott an. So hat man Ἑρμῆς zurückgeführt auf idg. **ser-*, sanskr. *sárati*, »vergießen, ausspritzen«, und auf idg. **er-* (gr. ἐρ), »erregen, reizen« (ἔρνος), »junger Trieb«; ἔρραος, lat. *aries*, »Widder«; ἔριον, »Wolle«; an. *renna*, »emporschießen«, *rune*, »Zweig« [wörtl. »Emporgeschossenes«]), und tatsächlich waren ἐριούης und ἐριούνιος Epitheta des Gottes.

Dem jugendlichen kretischen Vegetationsgott entspricht der homerische Hermes, der in Gestalt eines »prinzlichen Jünglings, /Mannbar eben mit keimendem Bart, in blühender Jugend« er-

scheint, den der ihm begegnende König von Troja αἴσιος, »glückverheißend«, »heilbringend«, »ein gutes Omen«, nennt und der
nach Nonnos »der Lichtbringer« ist, der die dunkle Nacht ver-
treibt. Häufiger aber ist er der lüsterne Verfolger junger Frauen
und Mädchen, der als Erfinder des Feuerbohrens mit Hilfe eines
Lorbeerzweiges auf einer Unterlage aus Granatapfelbaumholz
galt, weil der Bohrstab im Bohrloch dem erigierten Glied in der
Vagina glich. Auf dem Gipfel des höchsten Berges von Arkadien,
dem Kyllene, wurde ein dem Daktylen Kyllenos äquivalenter Hermes verehrt, dessen acht Fuß hohes Standbild aus Wacholderholz
ihn offenbar in sexuell erregtem Zustand zeigte, und Herodot berichtet, die Griechen hätten den Hermes mit dem steifen Penis
»von den Pelasgern übernommen«, womit sie die vorgriechische
Bevölkerung meinten. Auf einem rotfigurigen Kolonettenkrater
des 5. Jahrhunderts v. Chr. bitten ein junges Mädchen und ein auf
seinen Stock gestützter Greis den ithyphallischen Hermes darum,
er möge sie penetrieren, aber warum der Gott gewissermaßen dauerbrünstig war, scheint auch den Griechen dieser Zeit erklärungs-
bedürftig gewesen zu sein. Denn Kallimachos fragt in einem iambi-
schen Vers: »Langbärtiger Hermes, warum [zeigt] dein Penis auf
deinen Bart und nicht auf deine Füße?«[2]

Hermes, der Widder und später der Hirte, der die Schafe auf die
Sommerweiden ins Gebirge führt wie die Reisenden und die Verstorbenen an ihre Bestimmungsorte, der als »Befruchter« den die
Erde schwängernden Regen bringt und deshalb häufig mit dem
Füllhorn abgebildet wurde, teilte also mit dem Schafsbock dessen
beeindruckende Paarungsbereitschaft. Die homerische Bezeichnung Ἐνόρχοι, die in der Ilias für die Widder verwendet wird, leitet
man von ὄρχεις, »Hoden«, ab, und *testitrahus*, »hodenschlep-
pend«, nannten die Römer den *aries*, dessen Name im Vulgärlatei-
nischen »Penis« bedeutet. In den Veden wird Indra häufig Me-
ṣāṇḍa (von *meša*, »Ausspritzer«) genannt, weil er so gewaltige
Hoden wie ein Widder besaß, und die Ägypter sprachen vom »ejakulierenden Widder, der in den Weibchen ist«.[3]

Die Ἕρμηνοι waren libidinöse Quellgeister, die mit Vorliebe
badende Frauen und Mädchen überfielen, ihnen an die Brüste und

Genitalien griffen und sie vergewaltigten wie es die gleichermaßen lüsternen Satyrn aus dem Gefolge des Dionysos taten, deren Name σάτυρος auf *σᾰρο-τυρος zurückgeht, was soviel wie »Mösenpakker« bedeutet (Abb. 275). Dieselbe Bedeutung hat τίτυρος, »Widder«, wörtl. »der die Möse packt« (*τιτκω, »Möse, Fotze«; idg. *turo, »packen, zufassen«; lit. *tvérti*; lett. *tveŕu*), und in der Tat

Abb. 275: Satyrn schleichen sich an badende Frauen heran (links), chalkidische Augenschale, spätes 6. Jh. v. Chr.

verfügt der Widder im Vergleich zu anderen Säugetieren nicht nur über so große und schwere »Bocksbeutel« (ἀρύβαλλος, lat. *testiculus arietinus*), daß man aus ihnen mittels Weiß- oder Alraungerbung Flüssigkeitsbehälter herstellte. Vielmehr kann ein Widder nacheinander bis zu 30 Schafe, aber auch rangniedere und Jungwidder, bespringen, wobei die ranghohen Tiere wie bei der Kopulation mit einem Weibchen ejakulieren. Auch bei den Bergschafen (*Ovis nivicola*) verhalten sich die Widder mit kleinen Hörnern wie brünstige Geißen und lassen sich von den stärkeren Böcken bereitwillig penetrieren, was es ihnen erlaubt, unverfolgt im Rudelverband bleiben zu können.[4]

Doch im allgemeinen machte der Widder den Impotenten potent und die Unfruchtbare fruchtbar, und seine Zeugungskraft übertrug sich ebenso auf Menschen und Tiere wie auf die gesamte Vegetation. So ließ sich in Mesopotamien ein Mann dann, »wenn er nicht zur Frau oder zur *ḫarimtu*«, d. h. zur Tempelhure, »gehen konnte«, weil sein Penis schlaff blieb, durch einen Faden aus

Schafswolle mit einem Widder verbinden, und dem ḫattischen König wurden in einer Zeremonie die abgeschnittenen Genitalien eines Widders »hingehalten«, damit dessen Potenz sich auf ihn übertrug. In der nordossetischen Schlucht von Dargavs legten einst die unfruchtbaren Frauen Widderfigürchen aus Terrakotta als Opfergaben vor die Steinskulptur des »heiligen Widders« Firi Źuar, um schwanger zu werden und kräftige Söhne zu gebären, während beim Frauenfest der Skira die Griechinnen zu diesem Zwecke die Vliese frisch geschlachteter Widder berührten.[6]

Wurden beim Criobolium der Kybele die *vires* von geopferten Schafsböcken dargebracht, so riß Zeus, wie Clemens von Alexandria berichtet, einem Widder die Hoden ab und warf sie »der Demeter mitten in den Schoß«, wobei er so tat, als seien es die eigenen, denn er habe sich, so hieß es, als Buße für die Vergewaltigung seiner Mutter selber kastriert.

Was der Kirchenschriftsteller wohl nicht ahnte, war die Tatsache, daß hinter dieser Episode ähnlich wie hinter der von Ovid geschilderten Entführung der blonden Bisaltistochter Theophane durch den in einen Widder verwandelten Neptun der Koitus zwischen dem widdergestaltigen Vegetationsgott und der sich in einem Schaf manifestierenden Erdgöttin steht. So entdeckte man im Heiligtum der Demeter in Lykosura auf der Peloponnes zahlreiche Figurinen einer Frau mit einem Schafskopf, und in Nisaia gab es eine Demeter Μαλοφόρος, die laut Pausanias der Sage nach ihren Beinamen, »Schafsträgerin«, von den allerersten Schafzüchtern im Lande erhalten hatte. Nicht weit vom Tempel der Demeter in Lykosura entfernt lag an der arkadisch-messenischen Grenze ein besonders altertümliches Hermaion, in dem ebenfalls Demeter und Herakles verehrt wurden, und Pausanias deutet entsprechend eine Heilige Hochzeit des Widdergottes Hermes und der Korngöttin an.[7]

Schwängerten die griechischen Έρμηνοι badende Frauen gegen deren Willen, taten das gleiche die italischen Faune, die in der Wildnis weibliche Wanderer überwältigten, was freilich Plinius für eine Frauenphantasie hielt. Und sind die Hermenoi Abkömmlinge des Hermes, lassen die Faune sich auf Faunus zurückführen, der als *inuus* (von *inire*, »[eine Frau] penetrieren«) verehrt wurde, weil er nachts als *incubus* die schlafenden Frauen schwängerte und tagsüber den Waldnymphen nachstellte. Eine Marmorstatue zeigt zwar den Faunus mit einem den Rücken bedeckenden und am Hals befestigten Bocksfell, das den Genitalbereich unbedeckt läßt, und er wurde auch gemeinsam mit der Ziegengöttin Iuno Caprotina oder

Abb. 276: Antefix der Iuno Sospita, Latium,
um 500 v. Chr.

Sospita (Abb. 276) verehrt. Doch scheint auch er wie Hermes ursprünglich ein Widdergott und Paredros der Iuno Lucina gewesen zu sein, mit der er den ἱερὸς γάμος vollzog, und in seinem Orakel in Tibur, dem heutigen Tivoli, schlief man auf dem noch blutigen Vlies eines Widders, worauf einem der Gott im Traum erschien und die Fragen beantwortete.[8]

Das Fest des Faunus fand an dem Tag statt, um den für gewöhnlich der Frühlingswind Favonius zu wehen begann, von dem es hieß, er befruchte die Stuten, doch geschah die Schwängerung der Frauen auf andere Weise. Wie Ovid berichtet, gab es zur Zeit von Romulus und Remus am Fuße des Esquilin einen Hain der Iuno Lucina, in dem eines Tages die bittflehenden Frauen und Männer die Stimme der Göttin vernahmen, die zu ihnen sprach: »›Die itali-

schen Mütter soll der heilige Bock bespringen!‹ (*inire*) / Rätselhaft
klang das: Erschreckt hat es die Menge und bestürzt. / Aber ein
Augur, [...] von den Etruskern verbannt, / Schlachtet sogleich einen Bock, schnitt sich Riemen danach, und die Mädchen / Boten,
wie er es befahl, ihm das Gesäß (*sua terga puellae*) zum Schlage«,
worauf sie alle schwanger wurden.

Dem entspricht, daß beim Fest der Lupercalien zunächst die
creppi, »Böcke«, genannten Kultdiener des Faunus jungen Männern jeweils die Stirn mit einem blutverschmierten Messer berührten und das Bocksblut anschließend abwischten, worauf die Luperci genannten Männer lachen mußten, als seien sie nach ihrer
Tötung wiedergeboren. Darauf liefen sie – ursprünglich nackt und
später in Schurzen aus dem Vlies geopferter Böcke – durch die
Gegend und schlugen jeder jüngeren Frau, der sie am Weg begegneten und die den Unterleib entblößen mußte, mit aus dem *amicu-
lum Iunonis*, »Mantel der Iuno« genannten Bocksfell hergestellten
Riemen auf die Genitalien oder den Hintern. »Junge Frau«, sagte
Ovid, »was zauderst du noch? Nicht durch Zauberkräuter wirst
du Mutter, auch nicht durch Gebet und magischen Spruch! Nimm
mit Geduld die Schläge einer rechten Hand, die Fruchtbarkeit verleiht!« In Niedersachsen wurden noch vor 100 Jahren die jungen
Mädchen an Fastnacht auf den Unterleib geschlagen, was »fuen«
(von »fudeln« = »auf die Fud [d. h. die Vulva] schlagen«) genannt
wurde, und in anderen Gegenden schlugen die jungen Männer
zum Jahresbeginn mit Kirschzweigen, die sie ins Wasser gestellt
hatten, damit sie zu blühen begannen, nicht nur die Obstbäume,
sondern auch die Mädchen und jüngeren Frauen auf den Genitalbereich, wobei die Burschen riefen: »Ich pfeffre eure junge Frau, /
Ich weiß, sie hat das Pfeffern gern, / Ich pfeffre sie aus dem Her-
zensgrund, / Gott halt die junge Frau gesund!«[9]

Obgleich Faunus in vielerlei Hinsicht dem Hermes entsprach,
wurde nicht er mit dem griechischen Widdergott identifiziert, sondern Merkur, der auf die italischen Fruchtbarkeitsgötter Mercurius Matutinus und Titus Tatius zurückgeht, in deren Namen
etrusk. *mut*-, »hineingehen« (*mūto*, gr. μυττός, »Vagina«, wörtl.
»das, in welches man hineingeht«), bzw. *titus*, »Penis« (von **tu-*,

»anschwellen«; vgl. *titillare*, »sexuell erregen«; **tŭtu-*, »ficken«) enthalten sind.[10]

Die charakteristischen Züge des etruskischen »Fickers« und Paredros der Vegetationsgöttin blieben auch beim römischen Merkur erhalten. Hieß es, der Terminus genannte heilige Stein auf dem kapitolinischen Hügel sei das anikonische Bild des Titus Tatius, und empörten sich die Kirchenväter Augustinus, Tertullian und Arnobius darüber, daß die römischen Bräute sich vor der Hochzeitsnacht auf den heiligen Phallus setzen mußten, der den Mutinus Titinus repräsentierte, um auf diese Weise – gewiß symbolisch – von der Gottheit defloriert zu werden, so berichtet Cicero, Mercurius befände sich im Zustand sexueller Erregung (*cuius obscenius excitata natura*), seitdem er die Unterweltsgöttin – wohl unbekleidet – gesehen hatte (*quod aspectu Proserpinae commotus sit*).

In den Ruinen eines römischen Vicus in der Nähe von Sulz am Neckar entdeckte man die steinerne Statue des Mercurius aus dem 2. Jahrhundert, der seine Paredra Rosmerta im Arm hält und sein Gewand so gerafft hat, daß er mit der Linken auf sein gewaltiges entblößtes Glied deuten kann. Der Name der Rosmerta, **[p]rosmerta*, bedeutet wahrscheinlich »die große Fürsorgerin«, und sie war die häufig mit dem Füllhorn dargestellte Göttin der Fruchtbarkeit und des Überflusses, mit der Mercurius den heiligen Koitus durchführte wie Hermes den mit Maia, Demeter oder Aphrodite.[11]

Auf einer in Chalon-sur-Saône ausgegrabenen Stele ist der gallorömische Mercurius, der nach Caesar der bedeutendste Gott der Gallier war, mit zwei erigierten Penissen und einer Widderkopfschlange ausgestattet, die offenbar schon in der ausgehenden Bronzezeit einerseits ein Symbol der Regeneration und Fruchtbarkeit und andererseits die Führerin ins Jenseits gewesen ist, aus dem der Vegetationsgott das neue Leben holte. Anscheinend geleitete die Schlange mit dem Widderkopf vor allem den westkeltischen Regenerations- und Fruchtbarkeitsgott Cernunnos (Abb. 277), dessen Name vermutlich »der Gehörnte« bedeutet und den die römischen Invasoren mit ihrem Merkur identifizierten, in die andere Welt, aber auch die oft mit Widderhörnern dargestellten Jenseitsgänger Teutates und Esus, den gallischen Prototyp des irischen

Abb. 277: Cernunnos mit Widderkopfschlange,
Gundestrup-Kessel, 2. Jh. v. Chr.

Cú Chulainn, der in das weit im Westen liegende Tír Tairngire, das
Land der Verheißung und der Glückseligen, reist, um mit der Frau
des dortigen Herrschers Manannán zu schlafen.[12]

Bereits der italische Mercurius war ein Geleiter der Toten gleich
dem etruskischen Charun, und im Circus trugen später die ver-
mummten Männer, die überprüften, ob die gefallenen Gladiato-
ren wirklich tot waren, und diese dann wegschleppten, die Maske
des Mercurius ψυχοπομπός. In Gallien scheint er durch seine Verschmelzung mit Teutates nachgerade zum Totengott geworden zu
sein, denn nach einem Scholion versöhnte man »Mercurius, in der
Sprache der Gallier Teutates genannt«, indem man einem Menschen so lange den Kopf unter Wasser drückte, bis er ertrank. In
zahlreichen gallischen Merkurheiligtümern fand man als Votivgaben niedergelegte Widderhörner und auf bildlichen Darstellungen
ist der keltische Merkur zu sehen, wie er auf einem Widder nach
links, also in die Richtung des Todes und der Unterwelt reitet.[13]

Brachte der keltisch-römische Gott auf dem Widder oder mit
Hilfe der den Weg ins und aus dem Jenseits öffnenden Widderkopfschlange die Fruchtbarkeit zurück, war es in Ägypten der Widdergott Khnum (*Ḥnmw*), der das Leben auf vielfältige Weise schuf

und immer wieder erneuerte. »Er hat die Menschen geschaffen (*qd*), die Götter geboren (*ms nṯrw*)«, heißt es in einem der Hymnen von Esna über den Gott, »die Wild- und Herdentiere geformt, die Vögel, die Fische und alles Gewürm erschaffen, die Stiere und Kühe erzeugt; er läßt die Fische wimmeln im Wasser des Nûn, aus den beiden Quellöchern, um zu gegebener Zeit die Menschen und die Götter zu ernähren. Er hat die Pflanzen auf den Feldern entstehen lassen, die Ufer mit Blumen geschmückt und die Bäume mit Früchten versehen.« Beim »Fest des Einsetzens der Töpferscheibe« priesen die Frauen Khnum im Tempel von Esna als denjenigen, »der den Schwangeren Luft gibt, um sie von ihrer Last zu befreien, der das Kind in ihnen schützt und wohlbehält«, und sie flehten vor dem Bild des an der Töpferscheibe arbeitenden Gottes, er solle ihnen seinen Lebenshauch zukommen lassen, damit sie schwanger würden. So war Khnum auch derjenige, »welcher die Schamlippen öffnet«, der die Geschlechtslust (*nḏmj.t*) der Frauen schuf, bei beiden Geschlechtern das Sperma und die Ejakulation erzeugte sowie dem Impotenten die Manneskraft zurückgab.[14]

Der Widdergott Khnum, dessen Name sich wohl vom ägyptischen Wort für »Brunnen« herleitet, brachte aber auch dem Schwarzen Land Fruchtbarkeit, indem er »verursacht, daß Osiris jedes Jahr wiederbelebt wird« und daß »die Nilflut aus ihren Quellöchern hervorschießt« und das Land überschwemmt. So war er der Paredros der Fruchtbarkeitsgöttin Anukis, die den großen Strom »an- und abschwellen« und »das Getreide grünen läßt«. Und als es im Alten Reich einmal eine lang anhaltende Dürre gab, da die Nilflut, wie aus einer Inschrift eines Granitfelsens auf der Insel Sehêl bei Assuan hervorgeht, sieben Jahre hintereinander zu schwach ausfiel, machte man für die folgende Hungersnot Pharao Djoser verantwortlich. Denn dieser habe, so hieß es, den Quellhüter Khnum vernachlässigt, worauf der König auf den Rat Imhoteps dem Widdergott zwölf Wegstrecken zu Seiten des Nils mit all ihren Einkünften und Zöllen schenkte, damit er das segenbringende Wasser wieder fließen ließ. Im Jahre 410 v. Chr. brannten die Priester des Khnum wahrscheinlich deshalb den Tempel der jüdischen Kolonie von Elephantine nieder, nachdem sie ihn geplündert hatten, weil die Juden dort am Passahfest Widder opferten, was die Ägypter befürchten ließ, der darüber empörte Khnum könnte die Nilflut zurückhalten.[15]

Khnum, einer der ältesten Götter Ägyptens, ließ nicht nur das Wasser des Lebens aus der Unterwelt fließen, sondern er galt auch als Erbauer der Barke, mit der die Verstorbenen ins Jenseits zum »Binsengefilde« fuhren und die den Namen »Gebilde des Khnum« trug. In den Hymnen von Esna war er daher auch ein Schutzgott der Fernfahrer, die sich auf den Meeren nach Punt, Syrien, Zypern und vereinzelt sogar nach Kreta vorwagten, der »gute Steuermann« und »gute Wächter, der die sicheren Wege öffnet, der das Schiff auf dem Großen Grünen ($w\jȝ\underline{d}$ wr) steuert und die wohl bewahrt, die nord- oder südwärts segeln; ruft ihn jemand an, damit sein Schiff nicht kentert, dann kommt er zu ihm als sanfte Brise, so daß er [sicher] in den Hafen heimkehrt.«

Bisweilen wurde Khnum mit dem widdergestaltigen Tatenen, dem Gott der Tiefe und des Urgesteins, identifiziert, der den Sonnengott auf seiner nächtlichen Unterweltsfahrt regeneriert, aber noch häufiger verschmolz er mit dem Widdergott Amûn, der nachgerade »der Khnum» genannt wurde, »der die Menschen erschafft, der die Götter gebiert, der jeden ernährt ($s^c n\underline{h}$) und sich um jeden kümmert«.[16] Wurde Khnum jedoch als Zackelschaf (*Ovis aries palaeoaegypticus*) mit waagrecht vom Kopf abstehenden Korkenzieherhörnern dargestellt, ein domestiziertes Tier, das einem geringen Selektionsdruck ausgesetzt war und wohl zu Beginn des 4. Jahrtausends aus dem Vorderen Orient ins Niltal eingeführt worden war,[17] ist der Amûn-Widder zwar ebenfalls ein domestiziertes Wollschaf,[18] aber eines mit Spiralhörnern, wie es z. B. im neolithischen und bronzezeitlichen Kreta verbreitet war und das wohl mit den in der 12. Dynastie einwandernden Kanaanitern ins Niltal kam.[19]

Amûn, der als Widder oder als Mann dargestellt wurde, der mit der Linken sein erigiertes Glied umfaßt, wie wenn er masturbiere – »Er fickte seine Hand [wörtlich »Griff«, $h\jȝ.f$ $\jȝmm.f$], da es [noch] keine Vulva gab« – war der Vegetationsgott, und zwar einerseits der, »welcher im Himmel donnert«, andererseits wie Khnum der Öffner der »Quellöcher« des Nils, der dessen Fluten »aus seiner

Höhle strömen« ließ. Wenn die Nilflut beim »Herausgehen der Sothis«, d. h. dem Aufgang des Sirius um die Mitte des Monats Juli, also bei Beginn des Neuen Jahres, Assuan erreichte, brachte der Pharao dem Amûn, dessen Name wohl mit dem hamitischen *amān*, »Wasser«, verwandt ist, ein Gefäß aus Edelmetall mit dem ersten Überschwemmungswasser dar. Damit war er sowohl der Regenbringer – »Dein Speichel liegt auf den Bergen, / Du, der mit Wasser umkleidet die Blätter der Bäume auf allen Wüstenbergen« –, als auch »der Korngott, der die beiden Länder überflutet, / Ohne den nichts lebt in Ägypten«.[20]

Bisweilen wurde Amûn auch von der Königin masturbiert, damit er sein lebensspendendes Sperma ausspritzte, weshalb sie den Namen »Gotteshand« trug, was freilich in der weitgehend dezenten ägyptischen Kunst nicht dargestellt wurde. Statt dessen gab man die Königin wieder, wie sie dem Amûn opfert, etwa die Gattin Pharao Taharqas, die in Form einer im heiligen See von Karnak gefundenen Skulptur aus schwarzem Granit der Sphinx des Amûn eine Vase mit einem Widderkopf darbringt.[21]

Der Widdergott, der Amûn, Khnum, Herischkef (*ḥrj š-f*) oder »Widder von Mendes« heißen konnte, beschlief die Königin auch, um den künftigen Pharao zu zeugen, der deshalb von göttlicher Abkunft war. So wurden z. B. Aḥmose, die Mutter der Hatschepsut, oder die Mütter von Ramses dem Großen und Ramses III. vom »Widder von Mendes« besprungen, vor dem sich noch in der Spätzeit die Frauen entblößten, um schwanger zu werden, und von dem es weiterhin hieß, er besteige diese bisweilen: »Es begab sich aber zu meiner Zeit in diesem Gau [von Mendes]«, so berichtet Herodot von seiner Ägyptenreise, »folgendes Wunder: Ein Bock koitierte mit einer Frau öffentlich, und es kam dies so zu aller Menschen Kenntnis«. Und aus einem Gebet an ihn geht hervor, daß um seinetwillen, der auch in der Spätzeit Inbegriff der ständigen Erneuerung und Schöpfung blieb, »der Nil aus seiner Quelle in Elephantine fließt, das Feld sich mit [seinem] Gewande schmückt, die Herden sich zur rechten Zeit mehren, damit ihre Opfer auf Erden da sind, Rê aufgeht und Atum untergeht«.[22]

Vor allem in Nubien wurden in dieser Zeit die Könige entweder

Abb. 278: Hieros Gamos der Königin Amanitore
und des Widdergottes Amûn, Amûn-Tempel von Naga,
Sudan, um 100 v. Chr.

mit Widderhörnern dargestellt – so z. B. der napatanische König
Anlamani im 7. Jahrhundert v. Chr. in Form einer lebensgroßen
Granitstatue – oder als Schützling ihres Vaters, des Großen Widders, wie König Taharqa in Soba (Abb. 279) kurz vor der Vereinigung des Blauen mit dem Weißen Nil.[23]

Folgten die Wildschafe bedingungslos ihrem Leittier ins Gebirge
und wieder zurück in die Ebenen, so brachten später die Hirten
dem domestizierten, mit einem Glöckchen ausgestatteten Leitwidder (gr. ἡγεμὼν τῶν προβάτων, lat. *dux ovum*) bei, sich auf ein
Kommando hin an die Spitze der Herde zu stellen und sie anzufüh-
ren. Schon die Sumerer haben deshalb bestimmte Götter und ihnen
nach die Könige als Leitwidder oder Schafhirten angesehen, die ihr
Volk, die Herde, zu den Weideplätzen führten. »Der Gott eines
Menschen«, verlautet ein sumerischer Text, »ist ein Hirte, der eine
gute Weide für ihn findet. Auf daß er ihn führe wie die Schafe zu
dem Gras, das sie fressen können«, und der König mit der Hörnerkrone ist »der Leitwidder aller Länder« oder der Schafhirte, dem
»die Hirtin« Inanna »den Hirtenstab« verleiht.[24]

504

Abb. 279: Der Große Widder beschützt König Taharqa, 25. Dynastie.

Viele westafrikanische Könige wurden noch zu Beginn des vorigen Jahrhunderts ständig von einem Widder begleitet, der die Regeneration und das Wohlergehen des Volkes symbolisierte. Bei den Mande im westlichen Sudan durfte der König nur auf einem Widdervlies sitzen, und von einem Bosso erfuhr Frobenius, man fände dort, wo der königliche Widder die Erde aufscharre, einen vom Himmel herabgeschleuderten Donnerkeil, »der, auf das Saatkorn gelegt, reiche Ernte für das nächste Jahr gewährleiste«. Eine Bronzefigurine aus Sorso in der Serra Niedda stellt einen sardischen Häuptling (»King shepherd«) dar, der offenbar von einem Widder geführt wird, und als nach der Schlacht dem siegreichen Feldherrn Cipus plötzlich Hörner wachsen, deutet der etruskische Haruspex dies so, daß Cipus dereinst König werde. Dagegen sagte man dem etruskischen König Tarquinius, nachdem er geträumt hatte, daß ein Widder mit schönem Vlies ihn schwer verletzte und er sah, wie die Sonne am Himmel ihren Lauf veränderte, er werde bald durch einen Volksaufstand die Herrschaft verlieren.

Nach Vergil wird dereinst das Vlies »der Widder auf der Wiese« bald purpurn, bald safrangelb sein, was Macrobius mit den Worten erläutert: »Denn es ist in den Büchern der Etrusker überliefert, daß wenn ein Widder mit einer ungewöhnlichen Farbe (*insolito colore*) auftritt, dies ein Omen ist für den allgemeinen Wohlstand des Herrschers (*portendi imperatori omnium rerum felicitatem*).« So stehe in einer solchen alten etruskischen Schrift: »Ein Schaf oder ein Widder mit purpurfarbener oder goldener Zeichnung hat für den Führer eines Stammes oder Volkes (*principi ordinis et generis*) die Vorbedeutung höchsten Wohlstandes und Glücks [und] das Volk erfreut sich anhaltenden Glanzes und günstigen Schicksals.«[25]

Auch nach Artemidor von Daldis hat »der Widder (κριὸς) als Sinnbild des Herrn, der Regierenden und des Herrschers zu gelten; denn die Alten sagten für herrschen κρείειν, und der Widder führt die Herde an. Gut ist es zu träumen, auf einem Widder sicher und über ebenes Gelände zu reiten [...]; denn das Tier ist schnellfüßig und gilt als Reittier des Hermes (καὶ Ἑρμοῦ νενόμισται ὄχημα εἶαι)«.

Hermes hatte nicht nur Nephele, der Frau des Königs Athamas von Orchomenos, den die Herrschaft verleihenden und die Fruchtbarkeit des Landes verbürgenden goldenen Widder geschickt, sondern auch dafür gesorgt, daß in König »Atreus' Herden / Das Wunderlamm mit dem Goldenen Vlies / Geboren ward«, das Unterpfand seines Königtums. Doch Thyestes stahl mit der Hilfe von Atreus' Gattin dieses Lamm mit dem goldenen Fell (*aurea coma*), was der König nach Seneca mit den Worten beklagte: »Mein Weib hat er verführt, mein Königreich hat er gestohlen, die alte Garantie unserer Herrschaft (*specimen antiquum imperi*) / Hat er erlangt, durch List unser Haus vernichtet. / In Pelops' erhabenen Pferchen gibt es eine vornehme (*nobile*) Herde, / Und einen geheimnisvollen Widder (*arcanus aries*), den Führer der üppigen Herde (*ductor opulenti gregis*). / Sein ganzer Leib ist mit einem Fell aus / Gesponnenem Gold bedeckt, und von seinem Rücken erhalten die soeben gekrönten Könige aus dem Hause des Tantalos ihre mit Gold umwundenen Szepter (*aurata reges sceptra Tantalici*); / Dessen Besitzer herrscht (*possessor huius regat*), ihm folgt das Glück / Des ganzen Hauses.«

Die griechischen Wörter κρείων, »Herrscher«, und κρῑός, »Widder, Leithammel«, scheinen nicht auf κεραός, »gehörnt«, sondern auf die idg. Wurzel *k'riH-, »hervorragen, sich hervortun, sich auszeichnen, vortrefflich sein« (vgl. altind. śrī-, »Herrlichkeit, Schönheit, Reichtum«) zurückzugehen, ähnlich wie sich lat. *aries* wohl von gr. ἄριστος, »der Beste, der Erste, der Anführer«, aber ursprünglich der Leitwidder im Sinne von »[Samen]spritzer« (ἀρήν, kret. Ϝαρήν < idg. ***u̯ren*-, »besspritzen«; vgl. sanskr. *úraṇas*, »Widder«; ags. *wræne*, altsächs. *wrēnisc*, »lüstern, geil«) ableiten läßt.[26]

Folgen die trojanischen Krieger ihrem Führer in die Schlacht mit den Achäern »wie dem Leitwidder die Lämmer / Von der Weide zur Tränke«, und gleicht der König von Ithaka »einem Widder mit wallendem Vliese«, hält König Eurystheus, der den Herakles aus-

Abb. 280: König Eurystheus beauftragt Herakles mit der Fahrt ins Jenseits, 6. Jh. v. Chr.

schickt, das Szepter mit dem Widderkopf (Abb. 280), das Symbol seiner Herrschaft, und regiert Agamemnon als »Schafhirte seines Volkes« (ποιμένι λαῶν).[27]

Vielleicht verglich man Helden wie Odysseus oder Hektor nicht allein deshalb mit einem Widder, weil sie ihre Männer anführten, sondern auch aus dem Grund, daß sie ihre Gegner so mutig und ungestüm angingen wie dieses Tier. Wie der römische Grammatiker Servius berichtet, wurden die Widder dann, wenn der Hirte vor ihren Augen ein weibliches Schaf koitierte, so erregt und wild, daß sie den Mann häufig attackierten, denn während der Ziegenbock es toleriert, daß seine Geißen von anderen Böcken besprungen werden, weshalb der italienische *cornuto* oder der iberische *cornudo* Ziegen*hörner auf dem Kopf tragen, nimmt der Widder mit einem Nebenbuhler sofort den Kampf auf. In den Gegenden um das Kaspische Meer und in Turkestan seilte man die Widder nicht selten an, weil sie die Menschen angriffen, und auch aus anderen Gegenden wird berichtet, die wilden Mufflonböcke stiegen in der Brunftzeit vom Gebirge auf die Almweiden herab, um sich dort auf die domestizierten Leitwidder und die Hirten zu stürzen. »Gesenkten Kopfes«, so beschreibt im 19. Jahrhundert ein Reisender den Kampf zweier wilder Schafsböcke in Usbekistan, »stürzen die Widder aufeinander, der Krach, welchen ihr Zusammenstoß hervorbringt, gleicht dem Fallen eines schweren Hammers auf einen Amboß; man begreift nicht, daß ihr Schädel unter der Wucht des schrecklichen Stoßes, dem sofort ein zweiter folgt, nicht zertrümmert wird.«[28]

Im alten Iran war der Widder die Manifestation der die Erdgöttin befruchtenden Vegetationsgötter Ātar und Vrθragna, die dem r̥gvedischen Apām Napāt (iran. *nafta* < idg. *nebh-*, »feucht, flüssig«), dem »Sohn des Wassers«, sowie Indra entsprechen, den regenbringenden Blitzgöttern, die mit dem Donnerkeil *vájra* das Land zum Blühen brachten, aber auch den Sieg im Kampf, weshalb der sassanidische König Shāpūr in der Schlacht von Amida gegen die Römer – vermutlich als Verkörperung Vrθragnas – eine goldene Widderkrone trug. Ātar, der sterbende und wiederauferstehende Wetter- und Vegetationsgott, war der Paredros der Aši, einer Erscheinungsform der Fruchtbarkeits- und Kriegsgöttin Anāhitā, deren Widderkrone, aus welcher Dreiblätter, Mohnkapseln und Granatapfelblüten sprossen, von den sassanidischen Königinnen getragen wurde (Abb. 281).[29]

Schon lange vor der Dynastie der Sassaniden symbolisierte der Widder die Herrschaft des iranischen Königs, und nach dem *Kārnāmag ī Ardašīr ī Pābagān* erschien auch später dem künftigen König Ardašīr I. ein geflügelter Widder (*varrak*) von außerordentlicher Größe und Schönheit und von purpurner Farbe, in dem sich das xᵛarənah inkarnierte, das jeder Herrscher benötigte, um siegreich zu sein und dem Land Fruchtbarkeit und Wohlstand zu verbürgen.[30] Manifestierten sich im goldenen Widder der Argonauten das Sonnenlicht und der die Fruchtbarkeit bringende Regen sowie die Lebenskraft des Königs, die sich auf das Land übertrug, so ist auch der iranische Widder der Träger des *x^var̄ənah*, dessen Name meist mit »strahlender Glanz« (*x^var̄*, »Sonne«) übersetzt und auf idg. **shu̯él-nos*, »Sonnenglanz, Strahlung«; urindo-iranisch **suanu̯ánt-*, »Sonnenlicht besitzend« (sanskr. *svar-*, »leuchten«; idg. **huar-*, »brennen«) zurückgeführt wird, von dem man auch osset. *farn* und sogd. *prn*, »Glück, Gedeihen, Blüte«, ableitet.[31]

Das *x^var̄ənah* ist die elementare zeugende Kraft der Sonne, die in Form von Blitzen in das Erdreich schlägt und das neue Leben

Abb. 281: Sassanidische Königin mit Widderkrone, 4. Jh.

erzeugt, eine Energie, die ebenso im befruchtenden Regen enthalten ist wie im Sperma der Männer, durch das die Frauen schwanger werden. »Vrθragna läßt *x^var̄ənah* über die Gehöfte regnen für Rinderreichtum, so wie die regenschwangeren Wolken die hohen Berge beschütten«, so daß es überall keimt und wächst. Ist *x^var̄ənah* die lebengebende Potenz von Ātar und Vrθragna, so auch die des diese Götter repräsentierenden Priesterkönigs, den es wie ein Glorienschein umgibt, so daß noch in islamischer Zeit jeder gewöhnliche Sterbliche vor dem iranischen König mit den Händen die Augen bedecken und sagen mußte: *mīsuzam*, »ich brenne«. Bei den Skythen und anderen altiranischen Völkern konnte nur derjenige König sein, der den »strahlenden Glanz« besaß, der wiederum nicht nur mit der Sonne, sondern auch mit dem »königlichen« Sonnenmetall Gold verbunden war. Und Herodot berichtet, unter den

Stammvätern der Skythen seien die Embleme der Königsherr-schaft, nämlich »ein Pflug, ein Joch, ein Beil und eine Schale« aus »brennendem Gold (καιόμενον χρυσόν)« vom Himmel gefallen. Schließlich erzählt Cicero, Kyros habe im Traum dreimal nach der Sonne gegriffen, die sich drehte und dann davonglitt. Daraufhin

Abb. 282: Agni auf seinem Widder, 17. Jh.

hätten seine Magier ihm erklärt, er werde dreimal zehn Jahre Kö-nig sein, und so sei es dann auch gekommen.

Erhielt bereits der sumerische König den wie eine Flamme leuch-tenden Nimbus oder Glorienschein (*me-lám*), in dem sich der »élan vital« (*ḫi-li*) manifestierte, aus den Händen der Inanna, so der König der Iraner das die τύχη βασιλέως verkörpernde *x^varǝnah* von der wie die Sonne strahlenden Anāhitā, die auf einem achäme-nidischen Siegel nackt auf einem Löwen steht und auf den sie anbe-tenden König blickt.[32]

Waren im Iran Ātar und Vrϑragna, die Paredroi der Anāhitā in ihren verschiedenen Erscheinungsformen, die Sonnenwidder, die das Leben und die Fruchtbarkeit periodisch zurückholten, hieß der entsprechende Vegetationsgott in Indien Indra, der *meša* (»Wid-der«, wörtl. »Ausspritzer« [von Sperma]) genannt wurde, oder Agni, der entweder auf einem Widder (Abb. 282) ritt oder dessen Wagen von zwei weißen Widdern gezogen wurde. Gleich dem Her-mes war er nicht allein Psychopompos und »Bote« (*dūta*) zwischen

Jenseits und Diesseits, sondern auch »Führer« (*netā*) der strömenden Gewässer, der diese ebenso befreite und heimführte wie den Blitz, der die Wolke regnen ließ. Und in einem Hymnus auf Agni ist die Rede davon, daß er – wie Indra – die von der Schlange Vr̥tra »entführten Morgenröten» (*uṣasa ulhah*), drei liebliche Jungfrauen, nach Überwältigung des Ungeheuers wieder zurückbrachte.[33]

War Agni der Gott des himmlischen Feuers, dem die den Regen und die Fruchtbarkeit bringenden Blitze entstammten, holte im Norden der Widdergott Heimðallr das »Feuerhalsband« *brísingamen* (altis. u. norweg. *brísa*, »glänzen, leuchten, auflodern«) der Freyja zurück, das der *brísings girðiþjófr*, »Feuerhalsbanddieb« genannte Loki auf der im fernen Westen liegenden Meeresklippe Brisingasteinn (vielleicht ursprünglich **signasteinn*, »Zauberfelsen«) verborgen hatte. Hinter diesem Halsband, das vier Zwerge der Freyja dafür geschmiedet hatten, daß sie sich von ihnen vier Nächte lang koitieren ließ, steht wohl der das verschwundene Sonnenlicht symbolisierende Bernstein, den die aus dem Westen kommenden Frühjahrsstürme an den Strand spülten.[34] Offenbar repräsentierte das leuchtende Schmuckstück den periodisch verschwindenden Vegetations- und Sonnengott, etwa Óðr, von dem es heißt, daß er »fort zog und auf fernen Wegen«, worauf Freyja Tränen »aus rotem Gold« über den Verlust weinte, oder Balðr, über dessen »Tod« die Frigg bittere Tränen vergoß. Schließlich wird in den nur bruchstückhaft erhaltenen Skáldskaparmál geschildert, wie Thor der Frau des Helden Ǫrvanðil (ae. *éar-endel*, »Morgendämmerung«; ahd. Ôrentil), der Erdgöttin namens Gróa, verspricht, ihren Gemahl aus Riesenheim zu befreien, das jenseits des breiten Stromes Elivágar liegt, wo die Reiffriesen ihn gefangenhalten. Nach gelungener Flucht kehrt Ǫrvanðil heim und vollzieht mit Gróa, wie es sich für einen Frühlings- und Fruchtbarkeitsbringer gehört, den ἱερὸς γάμος.[35]

Im östlichen Mittelmeer und in Ägypten scheint man schon sehr früh den Widder als das die Fruchtbarkeit und das neue Leben aus dem Jenseits zurückbringende Tier mit dem Schiff als Transportmittel der Vegetationsgottheit über das Meer verschmolzen zu haben, so daß die Interpretation der Jenseitsreise des Phrixos auf

Abb. 283: Tongefäß in Form eines Widderbootes, Kaneš, 20. Jh. v. Chr.

dem Widder als Fahrt mit einem Schiff, »das einen Widderkopf am Bug hatte«, wie Strabon es formulierte, nicht gänzlich falsch gewesen sein mag. So wurden bereits im 3. Jahrtausend in der Ägäis – wohl als Libationsgefäße benutzte – Schnabeltassen aus Gold sowie aus mit einem metallisch glänzenden Überzug versehenen Ton in Form eines Schiffes mit dem zum Teil stark stilisierten Kopf eines Widders als Vordersteven hergestellt. Solche Gefäße hat man vor allem auf den Kykladen und in frühminoischen Schichten von Knossos gefunden, aber man benutzte sie offenbar auch im frühbronzezeitlichen Thessalien, und Schliemann grub einige Fragmente der sogenannten »Sauceboats« in Tiryns aus.

Gefäße in Form von Terrakottaschiffen aus dem 20. oder 19. Jahrhundert v. Chr., deren Bugsteven in einen Widderkopf auslaufen, entdeckte man auch in der assyrischen Handelskolonie Kaneš (Kültepe) in Anatolien (Abb. 283), und eines dieser Schiffe trägt einen Schrein, in dem mit über der Brust verschränkten Armen eine Frau – offenbar eine Göttin oder eine sie repräsentierende Priesterin – thront.[36]

Fuhren die ägäischen und anatolischen Vegetationsgottheiten auf solchen Widderbarken periodisch ins Jenseits und wieder zurück? Und liegen hier und in der Jenseitsfahrt des thrakischen Heros auf der Suche nach dem verschwundenen Licht und der Fruchtbarkeit die Wurzeln der Überlieferung von der Fahrt der Argo?

Abb. 284: Isis und Nephthys flankieren Rê in seiner Nachtgestalt,
Grab der Nefertari, 13. Jh. v. Chr.

Einerseits führt der Leitwidder den thrakischen Heros in die
andere Welt (Abb. 258), aber andererseits scheint der sich im Priesterkönig der Thraker inkarnierende Gott, der in griechischer
interpretatio Hermes genannt wurde, auch über das Meer ins Jenseits gelangt zu sein. Jedenfalls stammen die thrakischen Widderbarken, die die Sonne befördern, aus der späten Bronzezeit, und es
ist nicht unwahrscheinlich, daß mit ihrer Hilfe der Heros die »sieg-
reiche Sonne«, symbolisiert durch den Widder mit dem Goldenen
Vlies und den goldenen Hörnern, im Frühling nach Thrakien zurückbrachte.[37]

»Der Segelwind trägt« den ägyptischen Sonnengott »zur Fahrt
nach Westen« und von dort »zu den Geheimnissen der Unterwelt«.
Als er das erste Tor zum Jenseits durchschreitet, verwandelt sich Rê
nach dem *Amduat* in einen Widder (Abb. 284), weshalb auch die
untergehende Abendsonne als ein Mann oder eine Mumie mit einem Widderkopf dargestellt wurde. »Du bist ein schwarzer Widder«, heißt es im Totenbuch, »geboren von einem hellen Schaf,
gesäugt von vier Schafen« und als solcher steht Rê auf der »Nacht-

barke« (*msktt*), die, nicht selten selber am Bug und Heck mit Widderköpfen ausgestattet (Abb. 285), in der vierten Stunde der Nacht »auf geheimen Wegen« übers Wasser getreidelt und über die Sandbänke gezogen wird. Schließlich wird die schwarze Nachtsonne am nächsten Morgen immer noch in Widdergestalt aus einer Lotosblüte geboren, was z. B. auf dem aus Gold und Lapislazuli bestehenden Brustschmuck der Mumie der Mutter von Osorkon III.

Abb. 285: Widderkopfsteven einer ägyptischen Prozessionsbarke, 25. Dynastie.

oder auf einem Wandbild im Grab der Königin Kama in Leontopolis dargestellt ist, die sich eine Wiedergeburt nach dem Vorbild des Amûn-Rê erhofften.[38]

Unter den Jenseitsreisenden und Unterweltsfahrern, die zur Besatzung der Argo gehören, ragt schon in den ältesten erhaltenen Texten der Argonautiká und auf den frühsten bildlichen Darstellungen der »namensberühmte« Orpheus auf, wie ihn im 6. Jahrhundert v. Chr. der Dichter Ibykos nennt, z. B. auf der Metope eines gewissen Monopteros aus Delphi, wo neben dem Kopf eines Mannes an Deck der Argo der Name ΟΡΦΑΣ steht. Ja, in einigen Versionen der Sage scheint Jason sogar ganz hinter Orpheus zurückzutreten, der wie jener als der allererste Heiler der Krankheiten bezeichnet wurde und den ein Mann oder eine Frau auf einem als Amulett getragenen gefalteten Bleitäfelchen des 4. Jahrhunderts v. Chr. aus Falassarna im äußersten Westen Kretas um Hilfe gegen die Krankheitsdämonen anrief.[39]

Der Name ὀρφεύς geht vermutlich auf idg. *wrp-a(s)*, »der Gedichte webt«, zurück und bezeichnet somit einen Rhapsoden, aber keinen gewöhnlichen fahrenden Sänger, der epische Dichtungen mit Kitharabegleitung vortrug, sondern einen, der die gesamte Natur dazu brachte, die Augen aufzuschlagen: »Man sagt aber«, so heißt es in den Argonautiká des Apollonios, Orpheus »habe die harten Felsen in den Bergen und die / Strömungen der Flüsse mit dem Klang seiner Lieder bezaubert; / wildwachsende Eichen grünen noch heute als Zeichen jenes / Gesangs an der thrakischen Küste bei Zoné: Nebeneinander stehen / sie dort dichtgedrängt in Reihen; jener hat sie mit seiner Leier bezaubert« und ans Meer »hinabgeführt«.

Es ist unschwer zu erkennen, daß hinter dem Sänger und »Heilmacher«, den, wie Pausanias berichtet, Zeus mit dem Blitzstrahl tötete gleich dem Iasion, ihn also in Wirklichkeit nach Elysion entrückte, der Vegetationsgott steht, der die schlafende Natur aufweckt. Noch deutlicher wird dies vielleicht dort, wo Orpheus in den ältesten Überlieferungen Charon und den Kerberos bezaubert und so in die Unterwelt gelangt, um die dorthin entschwundene Vegetationsgöttin zurückzuholen, während er in den späteren Versionen, etwa bei Euripides, »Demeters Kind samt dem Gemahl« durch seine Musik dazu bewegt, die Gefangene freizulassen.

Εὐρυδίκη, in deren Namen wie in dem der minoischen Δίκτυννα die Wurzel δικ (idg. *deik-*), »erscheinen, zeigen«, enthalten ist, war nach Ovid eine Dryade, die wie Kore mit ihren Gespielinnen auf der Blumenwiese tanzte, als der Totengott sie entführte, ja, sie *ist* die Kore, die bezeichnenderweise den Beinamen Eurydike trug. Zur Zeit des Pausanias, also im 2. Jahrhundert v. Chr., hieß es zwar, die φυχὴ der Eurydike sei Orpheus aus der Unterwelt gefolgt, aber er habe sich nach ihr umgeschaut und sie dadurch für immer verloren. Doch der tragische Ausgang der Heimführung stammt frühestens aus der Zeit Platons, wahrscheinlich sogar erst aus dem späten Hellenismus, während in den älteren Versionen Orpheus

Eurydike wieder auf die Erde bringt wie Dionysos die Semele oder Menelaos die Helena.[40]

Nach Ephoros von Kyme hatte Orpheus seine Fähigkeiten von den Daktylen des Ida erworben, und Jane Harrison hat bereits vor mehr als hundert Jahren vermutet, der Sänger und Jenseitsreisende sei minoischen Ursprungs gewesen. Auf einer sehr viel später in Kalami Khania ausgegrabenen Pyxis aus dem SM III B ist eine Szene

Abb. 286: Pyxis aus Khania, SM III B1 (um 1300 v. Chr.)

abgebildet (Abb. 286), die man als die Herbeirufung der Vögel durch den spielenden Orpheus gedeutet hat, wie auch eine Szene auf einem etwa 500 Jahre jüngeren amphoroiden Krater, dessen Ikonographie deutlich minoische Einflüsse verrät und in der ein Leierspieler von Tieren umgeben ist.

In der Überlieferung, nach der Orpheus sogar die Felsen (πέτρη) und die Bäume (δρῦς) bezauberte und bewegte, hat man entsprechend einen fernen Nachhall jener rituellen Handlungen der Minoer gesehen,[41] die vorwiegend auf Goldringen dargestellt sind und die in griechischer Zeit ἀνακαλεῖν, das »Heraufrufen« der chthonischen Götter, genannt wurden. So ist man im zentralen Innenhof des Palastes von Mallia auf einen βαίτυλος[42] gestoßen und in Gurniá sogar auf mehrere, in die wie in einen Felsen 4 km östlich von Phaistos Näpfchen gebohrt worden waren. Vielleicht

Abb. 287: Minoischer Goldring aus einem Kammergrab in Mykene, SM I.

wurden in Mallia und in Gurniá Zeremonien durchgeführt, in denen Priester und Priesterinnen die verschwundene Vegetationsgöttin zur Rückkehr aufforderten, indem sie sich über die heiligen Steine legten oder die heiligen Bäume schüttelten (Abb. 287).[43] Auf einem Goldring aus Knossos liegt ein Mann über einen solchen Baityl und begrüßt einen herbeifliegenden Vogel – wahrscheinlich die theriomorphe Form der Göttin –, und auf einem Goldring aus Phaistos lehnt sich eine nackte Frau über einen heiligen Stein und rüttelt daneben – nach dem Simultanprinzip – an einem Baum, während von links eine Taube in die Szene fliegt. Auf einem khaniotischen Goldring des SM I scheinen eine tanzende sowie eine sich auf einen Baityl stützende Frau in einer durch ein Auge und einen Mund angedeuteten Vision die Epiphanie des jugendlichen Vegetationsgottes wahrzunehmen, der einen Bogen und einen Dolch in den Händen hält (Abb. 288). Und auf einer Päckchenplombe aus Aghia Triada ist eine über den Baityl gelehnte Priesterin zu sehen, die auf zwei einander zugewandte Schmetterlinge schaut (Abb. 291).

Wie wiederum Pausanias berichtet, waren einst »neben dem Heiligtum« der Demeter Ἐλευσινία im arkadischen Pheneos zwei in der Form zueinanderpassende Baityle (Πέτρωμα) übereinandergelegt, und jedes Jahr entnahm man bei den sogenannten Größeren

Riten (μείξων τελετή) einer auf dem oberen Stein liegenden Kugel die Maske der Demeter Κιδαρία, die ein Priester aufsetzte, der daraufhin auf die Erde schlug, um »die Unsterblichen« aufzuwecken. In Megara wiederholten die Frauen der Umgebung über einem Baityl namens Ἀνακληδρίς die Rufe, mit denen einst an dieser Stelle Demeter ihre in die Unterwelt verschleppte Tochter zur Rückkehr bewegen wollte. Aus den Steinen, die Deukalion und seine Frau

Abb. 288: Die Epiphanie des minoischen Vegetationsgottes, Goldring aus Khania, SM I.

nach der Sintflut hinter sich warfen, entstand ein neues Menschengeschlecht, und aus dem Baityl, der am Ostfuß des athenischen Nymphenhügels steht und auf dem die jungen Frauen, die auf Nachwuchs hofften, mit nacktem Unterleib hinunterrutschten, kamen die Kinderseelen.[44]

Auf das minoische Kreta als eines der Ursprungsländer der Argonautensage könnte vielleicht auch die Tatsache verweisen, daß anscheinend in den alten Fassungen auch Frauen zur Besatzung der Argo gehört haben. Zwar lehnt bei Apollonios Jason die Teilnahme der wie er selber in der Wildnis aufgewachsenen und von einer Bärin gesäugten Iasos-Tochter Atalante ab, weil er einen »häßlichen Streit um ihre Gunst« unter den männlichen Argonauten befürchtet. Doch hat Diodoros die – offenbar sehr alte – Überlieferung aufbewahrt, nach der Atalante sich dem Zug anschloß und bei den Kämpfen in Kolchis verwundet wurde, worauf Medeia sie »durch gewisse Kräuter und Wurzeln« heilte.

Kretischer Herkunft ist zweifellos der Argonaut Deukalion, Vater des Idomeneus sowie Sohn des Minos und der Pasiphaë, des-

sen Name Δευκαλίων (Linear B *de-u-ka-ri-jo*) = Δεύ-καλος, »Zeus-
knäblein«, erkennen läßt, daß hinter ihm der minoische Vegetationsgott Zeus Kretagenes steht.[45] Aber auch Talos, der zwar kein
Argonaut ist, aber eine schicksalhafte Begegnung mit Jason und
seinen Männern hat, scheint ursprünglich eine der Erscheinungsformen des »sterbenden« und wiederkehrenden Paredros der großen minoischen Göttin gewesen zu sein. Die Etymologie des Namens Ταλῶς ist zwar ungeklärt – die Übersetzung mit »Sonne«
beruht auf einer griechischen Volksetymologie –, aber er scheint
mit dem der Τελχῖνες verwandt zu sein, die den Daktylen entsprechen und mit den Erzen aus dem Bauch der Erde und der Metallbearbeitung verbunden waren. Nach Hesychios gab es einen »Zeus
Talaios in Kreta« (Ζεὺς Ταλαῖος ἐ Κρήτῃ), und Apollodoros nennt
zwei Überlieferungen, nach denen Talos »der letzte vom ehernen
Geschlecht« und »ein Mann aus Erz« bzw. »ein Stier« gewesen sei.
Auf seine Verbindung mit der Erzschmelze deutet zudem die Nachricht hin, er habe die Fähigkeit besessen, seinen Körper bis zur Rot-
glut zu erhitzen, und auf seine »Sterblichkeit« verweist die Tatsache, daß er – wie ein anderer und berühmterer Held und Jenseitsgänger – eine Achillesferse besaß, die ihm in den Argonautiká zum
Verhängnis wird.[46]

Vom Namen her am leichtesten als Kreter erkennbar sind freilich die beiden Argonauten Ἀστέριος und Ἀστερίων, obgleich
sie in den meisten erhalten gebliebenen Versionen der Argonautensage in festlandgriechischen Landschaften wie Thessalien oder
verschiedenen Gegenden auf der Peloponnes beheimatet sind.
Obgleich Hyginus die Herkunft Asterions – dessen Name wohl ursprünglich »Sohn des Asterios« bedeutete – nicht mehr genau an-
zugeben weiß, nennt er ihn nach Jason als erstes Besatzungsmit-
glied der Argo, und sowohl Asterios als auch Asterion, die gewiß
in ältester Zeit eine Person waren, gehören von Anfang an zum
Grundstock der Helden, die sich nach Aia am Okeanos aufgemacht haben. Wie Pausanias berichtet, befand sich im Heraion von
Olympia ein alter Schrein aus Zedernholz mit Intarsien aus Gold
und Elfenbein sowie Schnitzwerk, die den Argonauten Asterion
darstellten, der auch auf einem schwarzfigurigen λέβης von der

athenischen Akropolis zu sehen ist, die beide aus dem frühen 6. Jahrhundert v. Chr. stammen.[47]

Es gibt zahlreiche Indizien dafür, daß die Argonauten Asterios und Asterion auf jenen Ἀστέριος Δικταῖος zurückgehen, den »Herrscher des korybantischen Ida«, den Europa heiratete, nachdem der stiergestalte Zeus sie auf Kreta geschwängert hatte. Doch haben bereits Bachofen und der berühmte Orientalist William Robertson Smith erkannt, daß der Kreter Asterion mit dem Vegetationsgott Zeus Kretagenes und dem diesen repräsentierenden minoischen Wanax identisch ist. So berichtet auch Apollodoros einerseits, Minos, Sarpedon und Rhadamanthys seien die Sprößlinge des Zeusstieres gewesen, aber auf der anderen Seite, Europa habe den kretischen König Asterios geehelicht und »die Söhne, die er von ihr hatte«, erzogen. Da aber hinter den kretischen »Königinnen« die Große Göttin steht, deren Paredros ihr Gatte und Sohn in einem ist, überrascht es nicht, wenn der Minotaurus, dem Pasiphaë das Leben schenkt, ebenfalls den Namen Asterion trägt.[48]

In der Nähe einer kleinen Kapelle der Παναγία in den südlich der Messará liegenden Asterúsia-Bergen befindet sich auf einer nicht allzuweit vom Meer entfernten Felsterrasse (πατέλα) in 970 m Höhe das Heiligtum Μετξολατὶ τοῦ Κόφινα, in dem seit dem MM III unter anderem Adoranten- und Stierfigurinen sowie Schiffsmodelle aus Terrakotta geopfert wurden und wo man anscheinend in griechischer Zeit den Ζεὺς Ἀστέριος verehrte, dessen Kult vor allem auf der Messará-Ebene verbreitet war. Daß Zeus Asterios ursprünglich ein »sterbender« und wiederkehrender Vegetationsgott sowie der Paredros der Großen Göttin der Minoer war, erkennt man überdies an den Spuren, die in den Überlieferungen der Griechen erhalten geblieben sind.

So heißt es, die Aigis der Athene habe aus dem Vlies bestanden, das sie dem widdergestalten Erdgeborenen Ἀστήρ abzog, ihrem Sohn, als dieser sie vergewaltigen wollte, und in einem griechischen Märchen wächst aus den Knochen des getöteten Asterinos, der in ein Lamm verwandelt worden war, ein Baum mit goldenen Äpfeln. Auf einem orphischen Goldblättchen nennt sich der ins

Jenseits reisende Verstorbene ᾽Αστέριος sowie »Sohn der Erde und des Himmels« (Γαίης τε βλάστημα καὶ Οὐρανοῦ ἀστερόεντος) – ansonsten ein Epitheton des Kronos –, und es gibt sogar Überlieferungen, nach denen die Jenseitsfahrt der Argonauten auf kretische Initiative zurückging oder von ᾽Αστερίων selber unternommen wurde. So berichtet Lykophron von Chalkis, der Bibliothekar in Alexandria war, kurz nach 300 v. Chr., die Kureten des Ida, die für den γάμος von »Asteros und Europa« verantwortlich waren, hätten anschließend »die atraktischen Wölfe«, d. h. Männer aus der thessalischen Stadt Atrax, ausgeschickt (καὶ δευτέρους ἔπεμφαν ῎Ατρακας λύκους), »damit diese für ihren Anführer mit der einen Sandale das Vlies stehlen sollten«. Und schließlich teilt Nonnos in seinem ebenfalls in Alexandria geschriebenen Werk mit, Asterios, der Sohn des Minos und der Enkel Asterions, der aber im Grunde mit seinem Großvater identisch ist, sei mit seinen Männern nach Kolchis gesegelt.[49]

»Da packte den wilden [Asterios]«, so erzählt Nonnos nach unbekannten, vielleicht von der westlichen Messará stammenden Überlieferungen, »ein unnatürlich Begehren / Nach fremdem Land. Nicht wollte er weiter erblicken / Am idaiischen Fels der Heimat helmschimmernde Grotte, / Sondern ergab sich lieber landflüchtigem Leben. / So wurde dieser Knossier statt ein Kreter ein Einwohner Skythiens, / Ließ den greisen Minos und Androgeneia; der Kluge / Zog fort zu barbarischen Stämmen der fremdenmordenden Kolcher, / Nannte Asterier sie und belegte mit kretischen Namen / Die von Natur mit anderer Satzung versehenen Kolcher. / Meidend die pflegende Furt des Heimatstromes Amnisos, / Trank er mit schamhaftem Munde das fremde Wasser des Phasis«.[50]

Hat man all die Orte im östlichen und zentralen Mittelmeer, die nach dem Personennamen Μίνως Μινῷα heißen, für kretische Gründungen gehalten, und scheint das in ägyptischen Texten der 18. Dynastie Menus oder Minus (*mn-n-ws*) genannte »Fremdland« Kreta oder ein Teil davon gewesen zu sein, so war offenbar zur Zeit des spätantiken Lexikographen Hesychios ᾽Αστερία oder ᾽Αστερίη, »Insel des Asterios«, eine alte, mythologische Bezeichnung für Kreta, nach der wohl auch Inseln und Orte ihren Namen erhielten, wo kretische Kolonisten sich ansiedelten oder die Händlern und Prospektoren aus Kreta als Emporion oder Versorgungsstation dienten.⁵¹

Was bedeutet und woher stammt indessen der Name »Asterios«? Schon im 19. Jahrhundert hat der schottische Semitist William Robertson Smith vermutet, der kretische Zeus Asterios gehe auf den levantinischen Vegetationsgott ʿAštar / ʿAṭṭar, den Paredros

Abb. 289: Epiphanie ʿAštars auf dem Berggipfel vor der ihr Kleid öffnenden ʿAštart, syrisches Rollsiegel, 18. Jh. v. Chr.

der Göttin ʿAštart (Abb. 289), zurück, die in Sidon mit der Europa identifiziert wurde. Und in späterer Zeit haben mehrere Gelehrte angemerkt, daß die Maler, die auf den Vasenbildern den Leib des Minotaurus Asterion mit Sternen bedeckten, von einer griechischen Volksetymologie ausgegangen sind, in der man den Namen von ἀστήρ abgeleitet hat. Denn nirgendwo im östlichen Mittelmeer oder im Orient sei der Stier jemals mit dem Stern als Himmelskörper verbunden gewesen.⁵²

Der stiergestaltige ʿAṭṭar war im Vorderen Orient ein uralter Regen- und Fruchtbarkeitsgott, ein Vorläufer des Baʿal, der später seine Funktionen übernahm, der »Herr der Erstlinge« (sowohl der Feldfrüchte als auch der Herdentiere), der in Ugarit ʿrẓ, »der Schreckliche« oder »der Mächtige«, genannt wurde, weil er mit dem Gewittersturm auch Angst und Schrecken verbreitete, weshalb man ihm in einer ḫurritisch-ugaritischen Bilingue ein Schaf opfert, um, wie es dort heißt, »den Zorn des ʿAṭṭar zu kühlen«.⁵³

So geht der Name ʿAṭtars (ʿṯtr) auf die semitische Wurzel ʿṯr, »bewässern, befruchten, reichlich wachsen, blühen lassen«, zurück (vgl. ʿaṯtari, »bewässertes Landstück«; ʿaṯūr, »Graben zur Bewässerung [von Dattelpalmen]«) und bezeichnet somit denjenigen, »der beregnet, besamt, schwängert«, und zwar auf natürliche Weise durch den Regen oder durch Flußläufe und Gräben ohne Wasserräder.[54] Entsprechend heißt es z. B. im Süden Arabiens: »Und es tränkte ʿAṭtar Sabāʾ im Herbst und im Frühling« (wsqī ʿṯtr sbʾ chrf wdṯ), was bedeutet, daß der Gott, der auch Taʿlab, »Regenspender«, genannt wurde und ein Herr der Tiere, insbesondere der Antilopen, Gazellen, Wildziegen und Steinböcke war, zweimal im Jahr das befruchtende Wādīwasser über das Land laufen ließ. Als ʿAṭtar Šāriqān waren seine Symbole Weinranken und -amphoren, aber ʿAṭtar Mutībnaṭyān, »der die Feuchtigkeit liebt«, war zwar ein Himmelsstier, wurde aber auch von einer Antilope, dem Tier des Gewitterregens, repräsentiert, dessen Hörner man in Form eines Blitzbündels darstellte, innerhalb dessen sich sein Donnerkeil befindet.[55]

Anscheinend war ʿAṭtar nicht nur im nordwestsemitischen Bereich ein periodisch verschwindender und mit den Regenfällen zurückkommender Vegetationsgott, sondern auch im Süden, wo er, der »Befeuchter« (mnḏḫ), den Beinamen *nwbn w-nbʿn*, »der von Zeit zu Zeit wiederkehrt«, trug. Doch war offenbar auch die Anschauung verbreitet, ʿAṭtar hole ähnlich wie Jason, Hermes oder Indra die Fruchtbarkeit zurück. So befreit in einem sabäischen Mythos ʿAṭtar, der Gott des Regens und des Morgentaues, die Tochter des Sonnengottes, die das Frühlingslicht und das Wachstum verkörpert und die von einem Ungeheuer im Gebirge gefangengehalten wird, einem Monstrum, das jedes Jahr von der Bevölkerung eine Jungfrau fordert.[56]

Wie aus einer Inschrift auf einem Stein aus al-Sawdāʾ hervorgeht, wurde dem König von Saba als Inkarnation des ʿAṭtar regelmäßig eine junge Frau, vermutlich eine Priesterin, in der sich die Göttin Hawbas manifestierte, zum ἱερὸς γάμος zugeführt. Diese wohl jedes Jahr unter den Kultdienerinnen ausgewählte Frau repräsentierte die Paredra des Regengottes, die mit der Sonnentochter des Mythos und vermutlich auch mit der »Mutter des ʿṯtr« identisch war, und man stellte sie durch ein Vulvasymbol in Gestalt des Schriftzeichens für *f* dar, das stets mit dem Gott verbunden ist. Eine Vulva war auch das Symbol der entsprechenden aramäischen Erdgöttin Hubis (*ḥbs*), der Inkarnation der im Sommer ausgedörrten, heißen Landschaft, deren Name sich von *ybs*, »trocken sein«, ableitet und die nach dem Sperma des »ʿAṯṯar der Himmelsgefilde« lechzte. Die beiden Gottheiten gehen letztlich auf das vorsargonische mariotische Götterpaar ᵈAŠ.DAR und ᵈAŠ.DAR-*ra-at* zurück, die später in der Levante ʿ*štr* / ʿ*ṯtr* bzw. ʿ*štrt* / ʿ*ṯtrt* genannt wurden und offenbar in früher mittelminoischer Zeit mit entsprechenden Vegetationsgottheiten auf Kreta sowie in Ägypten verschmolzen, wo ʿAṯṯar, der dem Rešep gleichgesetzt worden war, gemeinsam mit dem ithyphallischen Min die nackt auf einem Löwen stehende ʿAštart flankierte. Dieser ʿ*ṯtr-ršp* trug ein Stirnband mit einem Antilopenkopf, der im Niltal weniger den Regen als die nächtliche Erfrischung und Regeneration des Lebens und der Natur symbolisierte.[57]

§ 20 · VON ʿAŠTART ZU ASASARA: TRANSFORMATIONEN DER GROSSEN GÖTTIN

Seltsamerweise leitet sich der Name der großen akkadischen Liebes- und Fruchtbarkeitsgöttin Ištar nicht von dem der in der zweiten Hälfte des 3. Jahrtausends in Mari ᵈAŠ.DAR-*ra-at* genannten Göttin, sondern von dem Namen des ᵈAŠ-DAR, ihres Besamers, ab,[1] was einige Interpreten zur Behauptung verleitet hat, Ištar sei im Grunde eine männliche oder zumindest eine androgyne Gottheit gewesen. Freilich war Ištar nie ein Mann oder ein Zwitterwesen, sondern »viril« im übertragenen Sinne, weil sie in hohem Maße Eigenschaften wie Mut, Kampfeslust, sexuelle Initiative und Genußfähigkeit (*hi-li*) besaß, die ansonsten nur Männern zugeschrieben wurden. Und wenn sie einen Bart trug, dann handelte es sich um ein Herrschaftssymbol wie beim Königsbart der Hatschepsut. »Ich bin in Uruk die mit den üppigen Brüsten«, sagt sie in einem Hymnus, und »in Babylon trage ich einen Bart!«[2]

Wie die Geštinanna (*ama geštin*, »Mutter Rebstock«), die wohl in alter Zeit die Ištar als junges Mädchen darstellte, war auch Inanna/Ištar ursprünglich keine Himmelsgöttin, sondern die Verkörperung der Fortpflanzungs- und Regenerationskraft der Erde, weshalb alle drei auch »Mutter« (*ama*) genannt wurden. In einem Hymnus ist Inanna »die heilige Königin der Vegetation«, die diese »wiederaufblühen läßt« – »Für meinen Herrn Dumuzi / Schüttete ich Pflanzen aus meinem Schoß / [...], schüttete ich Korn aus meinem Schoß« –, aber auch die »Mutter der zuverlässigen Brüste«, »die da öffnet den verschlossenen Leib aller Frauen« und »allen Menschen das Leben schenkt und sie gebiert«.[3]

Zwar hat man verschiedentlich die Namen der Ištar, der ʿAštart und des ʿAštar sowie den des Kreters Asterios von protoidg. *stḗr-, »strahlen« (davon hethit. ḫašter, gr. ἀστήρ, »Stern«), oder umgekehrt idg. *əstḗr von den Namen der semitischen ʿ-tr-Gottheiten abgeleitet und diese als Personifikationen der Sterne am Himmel, insbesondere des Morgensterns, gedeutet.[4] Doch ist die Ähnlichkeit zwischen den akkadischen und den indogermanischen Wörtern rein zufällig, und einen Begriff für »Stern« (akkad. *kakabu*) oder »Morgenstern« (akkad. *šēru*), der mit **əstér* Ähnlichkeit hätte, gibt es in den nordwest- oder nordostsemitischen Sprachen nicht. Überdies war ʿAštar – allen gegenteiligen Behauptungen zum Trotz – weder im nordarabisch/levantinischen noch im südarabischen Bereich mit der Venus oder anderen Sternen assoziiert, und ein gleiches gilt auch für Ištar, die offenbar sehr spät und aufgrund von Spekulationen der Priesterschaft mit dem Morgenstern verbunden wurde, da dieser die Fruchtbarkeit und den Wohlstand ankündigte. Wenn die Venus wieder sichtbar wird, so heißt es in einem altbabylonischen Omen, werden »die Quellen sich auftun« und der Gewittergott »sendet seinen Regen«; Ea »verursacht seine Überschwemmungen«, so daß die Könige »sich gegenseitig Botschaften der Versöhnung senden«.[5]

Entsprechend ist auch die nordwestsemitische ʿAštart keine Sterngöttin, sondern die vom Gewitter- und Regengott, dem verschwindenden und wiederkehrenden ʿAštar/ʿAṭṭar »Bewässerte, Besamte, Befruchtete«, wie die – häufig mit ihr verschmelzende – Jungfrau ʿAnāth (*btlt ʿnt*) »die Gepflügte« (ugarit. *ʿnt*, »[Acker]furche«, übertragen »Schamspalte, Schoß«), d. h. ebenfalls »die Besamte« ist, die auch *rḥm*, wörtl. »Gebärmutter«, genannt wurde, deren üppige Brüste den Namen *mšnq [t.ilm]*, »die beiden säugenden Ammen der Götter«, trugen.[6]

ʿAṭṭart (*ʿṭtrt*), die Paredra des ʿAṭṭar und später des Baʿal, war im phönizischen Tyros und in den tyrischen Kolonien als ʿAštart (*ʿštrt*) die Partnerin des Vegetationsgottes Melqart, der durch den ἱερὸς γάμος mit ihr zu Beginn des levantinischen Frühlings wiederauferstand, und in Sidon als »ʿAštart-am-Fenster« (*ʿštrt ḥr*) die des »Heilers« Ešmun, der wie alle anderen »Besamer« der Göttin ein »sterbender« und wiederkehrender Regen- und Fruchtbarkeitsbringer war.[7] Die Hebräer nannten ʿAštart ʿAštarôth, und in einem im 1. Buch Mose erwähnten Heiligtum namens ʿAštarôth Quarnaim, »ʿAštart der zwei Hörner«, wurde offenbar eine ʿAštart als Schafsgöttin verehrt, wie sie als nackte Frau mit Schafshörnern auf einem mittelbronzezeitlichen Model aus Nahariyah oder einem Skarabäus vom Tell es-Sultan (Abb. 290) dargestellt ist.

»[Der Herr] wird dich lieben und segnen«, verlautet das 5. Buch Mose, »und mehren und wird die Frucht deines Leibes segnen und die Frucht deines Landes, dein Getreide, Most und Öl, die Jungen deiner Kühe und die Jungen deiner Schafe (*štrt s'nk*, wörtl. »die Geworfenen«)«.[8]

Schon seit langem hat man vermutet, daß in früher mittelminoischer Zeit nicht nur orientalische Luxusgüter, sondern auch kos-

Abb. 290: Die Schafsgöttin ʿAštart, Skarabäus
aus Jericho, 17. Jh. v. Chr.

mologische und mythische Vorstellungen aus dem Nahen Osten nach Kreta gelangt sind, wo sie mit entsprechenden einheimischen Anschauungen ein Amalgam gebildet haben. Zu diesen Importen hat sicher auch der Mythos vom verschwundenen Vegetationsgott gehört, der zu Beginn des Neuen Jahres im Herbst von der Göttin des ʿAštar-Ištar-Typs aus dem Jenseits zurückgeholt wird, worauf als Folge des ἱερὸς γάμος die Natur erwacht. So verwundert es nicht, daß die Frau, die auf dem bei Knossos gefundenen Elfenbeinsiegel aus dem MM I nach dem Handgelenk eines nackten Mannes greift (Abb. 209), dasselbe Gewand trägt wie Ištar auf altbabylonischen und sogar noch auf neuassyrischen Rollsiegeln. Vielleicht handelt es sich um die dezente Darstellung des γάμος des Vegetationsgottes und seiner Paredra, die z. B. auf dem Unterteil einer tönernen Göttinnenfigurine aus dem ersten Drittel des 14. Jahrhunderts v. Chr. aus Porós-Katsambás, dem Haupthafen von Knossos, vokativisch mit *ja-sa-sa-ra-me* oder *a-sa-sa-ra-me*,

»Oh Asasara!« oder »Meiner Herrin!« (im Sinne von »Madonna«) angesprochen wird.[9]

In der Fachwelt hält man die Göttin Asasara meist für die minoisierte ʿAštart oder ʿAšerah, von deren üppigen Brüsten auf Täfelchen aus Ugarit die Rede ist,[10] wo sie auch mit der bereits in den Ur-III-Texten erwähnten Vegetations- und Liebesgöttin Iš-ḫa-a-ra oder Áš-ḫa-a-ra, der Paredra mehrerer Gewittergötter, identifiziert wurde.[11] Die von Babyloniern und Syrern in Kleinasien übernommene Ištar-Išḫara ist von den Luwiern und Hethitern Išḫaššara (išḫa-, »Herr«; armen. išxan, »Herrscher«; iran. xšān-, »Großkönig«, und Femininsuffix -šara) genannt worden, wobei man in den anatolischen Sprachen und offenbar auch im Minoischen das besitzanzeigende Fürwort »mein/meine« (-mi/-me) als enklitische Partikel an das Substantiv anhängte.[12]

Auch die Tiere und Pflanzen, mit denen die minoische Göttin auf den bildlichen Darstellungen verbunden ist, machen zum großen Teil die orientalischen Einflüsse deutlich, unter denen sich ihre Gestalt entwickelt hat. So ist sie auf Siegeln oft mit der Dattelpalme assoziiert, jenem Baum, der auch auf dem Sarkophag von Aghia Triada erscheint und den Leto auf Delos umarmt, als sie der Artemis das Leben schenkt. Im Nahen Osten war die Dattelpalme stets ein Baum der Göttinnen, und schon die sumerische Inanna, die »Herrin der feuchten Vulva«, deren Name wahrscheinlich ursprünglich *nin.annak*, »Mutter Dattelrispe«, lautete, bezeichnet sich selber als die, »welche die Datteln in ihren Rispen übervoll werden läßt«. Erst durch die Befruchtung der weiblichen Dattelpalmen in den Hainen durch den Menschen entstanden die üppigen Rispen, denn werden die Bäume durch Windbestäubung befruchtet, bringen sie keine eßbaren Früchte hervor.

Wie es die auf der berühmten Warka-Vase aus Uruk dargestellten üppigen Wasserpflanzen sowie die Widder und Mutterschafe veranschaulichen, war Inanna nicht nur die Göttin der Flora und Fauna, die in Gestalt der Nanaya den sumerischen Bauern anspricht: »Grabe keinen anderen Bewässerungskanal! Ich werde dein Kanal sein! / Pflüge kein anderes Feld! Ich werde dein Feld sein! / Suche kein anderes Beet! Ich werde dein feuchtes Beet sein!«

Vielmehr stimulierte der ἱερὸς γάμος des Gottes mit ihr und der des Herrschers mit ihrer Priesterin vor allem das Gedeihen der Dattelpalme, und zwar nicht nur das ihrer Früchte, aus denen Honig, Mehl und Süßstoff gewonnen wurden, sondern auch das des Stammes, den man als Bau- und Brennholz verwertete, das Wachsen der Blattwedel, aus denen man Fasern zur Herstellung von Seilen fertigte und die man für Flechtwaren, Hausdächer oder als Viehfutter verwendete, das Gedeihen der jungen Sprößlinge, die als Gemüse dienten und schließlich auch das des Saftes, aus dem der Palmwein gegoren wurde.[13]

Die hochelastische *Phoenix dactylifera* ist so bruchfest, daß sie so gut wie nie vom Sturm entwurzelt oder geknickt wird, und für die Blätter, die jedes Jahr verwelken, werden ebenso viele neue gebildet. Da sie zudem über 300 Jahre alt wird und aufgrund ihrer langen Wurzeln in ausgesprochenen Trockengebieten wächst, und weil ein in die Erde gesteckter Dattelkern alsbald keimt, war sie ein Symbol der sich ewig regenerierenden *natura naturans*. »Du bist die Mutter, o Ištar von Babylon / Du bist die Mutter, o Dattelpalme, o Karneol!«, heißt es in einem mesopotamischen Liebesgedicht, und als Symbol des heiligen Beischlafs gehören männliche und weibliche Blütenrispen und Datteln aus Gold zum Diadem der Pú-abi von Ur (Abb. 37). Auch auf nordsyrischen Rollsiegeln des frühen 2. Jahrtausends wird ʿAštart als Dattelpalme dargestellt, und auf einem spätbronzezeitlichen Goldanhänger aus Ugarit in Form einer nackten ʿAnāth oder ʿAštart mit runden Brüsten wächst eine stilisierte Palme aus ihrem Schamhaar. Tamar, »Dattelpalme«, war ein beliebter hebräischer Frauenname, und im *Šīr ha-šīrīm*, dem »Lied der Lieder« des Alten Testamentes, heißt es: »Dein Wuchs gleicht dem der Palme und deine Brüste sind wie Dattelfrüchte.« Noch heute sagt man im Maghreb, der »Baum des Lebens« im Garten Eden sei eine Dattelpalme gewesen.

Waren in Mesopotamien die zwischen die weiblichen Blütenrispen gehängten männlichen Rispen das Symbol des Geschlechtsverkehrs, wurden später in der griechischen Vasenmalerei häufig pornographische und Vergewaltigungsszenen durch die Darstellung von Dattelpalmen gekennzeichnet. Auf einer attischen Pyxis des 5. Jahrhunderts v. Chr. beispielsweise verfolgt der lüsterne Hermes eine fliehende Frau durch einen Palmenhain. Auf einer chalkidischen Amphore des frühen 6. Jahrhunderts lauert ein sexuell erregter Silen hinter einer Dattelpalme einer arglos vorbeigehenden Nymphe auf. Aber auch in Ägypten wurden die Nut und vor allem die Liebesgöttin Hathor, die in Memphis und an anderen Orten »Herrin der Dattelpalmen« (*bnrt*) genannt wurde, als ein solcher Baum mit Brüsten und Armen dargestellt. Diese Göttinnen personifizieren den Lebensbaum im jenseitigen Binsengefilde, und sie erfrischen und nähren nicht nur den Verstorbenen mit der Milch aus ihren Brüsten, sondern ermöglichen ihm mit diesem Lebenstrank ein ewiges Dasein.[14]

Auf Münzen, die im 5. und 4. Jahrhundert v. Chr. in Priansos östlich der Messará-Ebene geprägt worden sind, ist eine Göttin zu sehen, die unter einer Dattelpalme thronend den Kopf einer Schlange liebkost – ein weiteres Symbol der ewigen Regeneration. Höchstwahrscheinlich ist diese Göttin die bereits von den Minoern verehrte Demeter und die Schlange die theriomorphe Erscheinungsform ihres verschwindenden und wiederkehrenden Paredros, der in historischer Zeit Zeus Kretagenes oder Meilichios genannt wurde und vor dem Eingang der Höhle von Psychró auf der Lassithi-Hochebene im Relief auf einem Marmorblock dargestellt war.[15]

Hat man in den Zwiebelblumen, dem Lotos, der Dattelpalme sowie den Schlangen, Widdern, Agrímia, Bienen und anderen Tieren und Pflanzen aus verschiedenen Gründen Symbole des ewigen Lebens im Sinne des ständigen Werdens und Vergehens gesehen, so galt dies insbesondere für gewisse Insekten, Weich- und Spinnentiere, die als Attribute der Großen Göttin vom Ištar-/ʿAštart-Typus galten. Ein solches Symbol der Wiedergeburt war z. B. der Heilige Pillendreher (*Scarabaeus sacer*) aus der Gattung der Kotkäfer, da aus den Brutpillen, die er rollte und eingrub, nach 15 bis 18 Wochen ein neuer Käfer schlüpfte, weshalb die Ägypter glaubten, das Tier regeneriere sich aus sich selbst. Die Metamorphose des Schmetterlings von der Larve zur ›leblosen‹ Puppe und zum fertigen Insekt veranschaulichte offenbar die Transformation vom

Abb. 291: Päckchenplombe aus Aghia Triada,
SM I B (15. Jh. v. Chr).

Lebenden zum Toten und wieder zum Lebenden, weshalb dieser
Prozeß noch den Kirchenvätern Ambrosius und Basilius als Symbol für die Lösung des Menschen aus der Todesstarre diente. Auf
einem Siegelabdruck des 15. Jahrhunderts v. Chr. aus Kato Zakros
besitzt dementsprechend die Große Göttin mit den vollen Brüsten
Schmetterlingsflügel, und auf dem »Ring des Nestor« aus dem
etwa aus der gleichen Zeit stammenden Hügelgrab von Kakovatos
in Messenien sitzen anscheinend die Göttin und ihr Paredros unter
zwei Schmetterlingen und zwei Puppen.

Auch der Tintenfisch (Linear B *po-ru-po-de-que*) wurde vermutlich ursprünglich zu einem Inbegriff der Erneuerung, weil seine abgetrennten Arme regenerieren können, aber es hat den Anschein, daß er auch den Seeweg ins minoische Elysion symbolisierte, weshalb man ihn auf den Larnakes abbildete (Abb. 292)
oder den Toten seine bildliche Wiedergabe als Wegbegleiter mit auf
die letzte Reise gab. So hat man die in den Schachtgräbern von
Mykene gefundenen Oktopoden aus Goldfolie für Importe aus
Kreta gehalten, die höchstwahrscheinlich ursprünglich auf die
Totenkleidung genäht worden waren.[16]

Offenbar hat man zwischen dem 14. und dem 12. Jahrhundert
v. Chr. im östlichen Mittelmeer der Großen Göttin als Herrin des
Meeres und des Weges in die andere Welt Stachelaustern oder
Klappmuscheln (*Spondylus gaederopis*) in ihren Heiligtümern geopfert, und auf Kreta, vor allem in Knossos,. sowie auf Ägina wur-

Abb. 292: Larnax aus Arméni, SM III B (um 1300 v. Chr.)

den aus dem Gehäuse der Tiere Figurinen der Göttin oder der sie
verehrenden Priesterinnen hergestellt. In Ägypten verwendete man
besonders in der 12. Dynastie Stachelaustern aus dem Roten Meer
als Amulette, und einen talismanischen Charakter werden auch die
*Spondylus*gehäuse besessen haben, die im gesamten SM III in Phylakopi auf Melos und in verschiedenen Gegenden Kretas – vielleicht von Priesterinnen – am Leib getragen wurden.[17]

Neolithische Figurinen nackter Frauen der Vinča-Kultur und
aus dem makedonischen Pelagonien sowie aus serbischen Siedlungen dieser Epoche tragen große Stachelaustern über der Vulva, und
auch im Karpatenbecken hat man die Genitalien der Verstorbenen
mit ihren Schalen bedeckt, so daß es scheint, als habe man den
Toten im Jenseits ihre Fortpflanzungsfähigkeit und sexuelle Energie bewahren wollen.[18]

An der Kante des Wattenstromes Fuhle Slot stießen zwei meiner
Mitarbeiterinnen im Frühling 2006 unter anderem auf eine Stachelauster, und da wir zwölf Jahre zuvor gut 3 km weiter westlich bei
den minoischen Keramikfragmenten ein Schneckengehäuse aus
dem Roten Meer und eines aus der Ägäis ausgegraben bzw. gefunden hatten, hielten wir zunächst auch diesen Fund für einen bron-

zezeitlichen Import aus Kreta, den die Flut nach Osten verfrachtet hatte, als unsere Fundstelle offenbar von der Norderhever abgetragen worden war. Allerdings stellte sich bald heraus, daß es sich nicht um das Gehäuse einer ostmediterranen *Spondylus gaederopis*, sondern um das der wegen ihrer intensiven Rotfärbung in vielen pazifischen Randkulturen begehrten *Spondylus princeps* (Abb. 308) handelte, die anscheinend, was die Beifunde, vor allem ein chinesisches Porzellanfragment, ein Tonpfeifenkopf und Keramikscherben nahelegen, im frühen 17. Jahrhundert in die Siedlung gelangt sein muß, die vor der verheerenden Burchardiflut im Oktober 1634 oder einer früheren Sturmflut an dieser Stelle gelegen hatte.

Diese blutrote pazifische Klappmuschel, in der Sprache der Quechua *mullu* genannt, opferte man im Inka-Reich, aber auch in Mesoamerika, den Göttern, damit diese den Regen sandten,[19] und die Peruaner schickten Expeditionen auf Balsa-Flößen mit Stechrudern 2400 Seemeilen weit zur mexikanischen Westküste, an der einheimische Taucher die Tiere, wie auf einem Wandbild in Teotihuacán zu sehen ist, in einer Tiefe von ca. 20 m mit Obsidianmessern von den Felsen lösten und an die Wasseroberfläche brachten.[20]

Könnte es sein, daß die Stachelauster wie in Amerika oder auf dem Balkan auch im minoischen Kreta ein Symbol der Lebens- und Fortpflanzungskraft gewesen ist, so ist diese Verbindung im Falle des Skorpions, der nicht selten auf minoischen Siegeln – so auf einem von Schliemann in Troja gefundenen aus dem MM I – offenkundiger. Skorpionweibchen sind bis zu 13 Monate, also sehr lange, trächtig und gebären dann 20 bis 25 Junge, die sie bis zu ihrer ersten Häutung auf dem Rücken tragen, wo sie auf osmotische Weise ernährt werden. Aber die Mutter behütet den Nachwuchs, selbst wenn es der anderer Weibchen ist, auch noch längere Zeit danach und verteidigt ihn bis zum Tod, weshalb die Skorpiongöttin vor allem in Ägypten zur Amme und Beschützerin der Götter, der Verstorbenen (Abb. 293) und insbesondere der Neugeborenen wurde. Auf einem Wandbild in der Pyramide Pepi I. reicht die Skorpiongöttin Selqet dem toten Pharao, den sie zuvor ausgetragen hatte, die Brust, um ihn mit ihrer Milch unsterblich zu machen,

Abb. 293: Die Skorpiongöttin Selqet beschützt den verstorbenen
Tutanchamûn, um 1323 v. Chr.

und auf der Schmalseite eines Sarges aus der 19. Dynastie ist sie in
einem Trägerkleid und entblößter Brust dargestellt, wie sie gemeinsam mit der Neith den Kopf des Verstorbenen schützt.[21]

Vor der Begattung ergreift das Skorpionmännchen mit seinen
Scheren die Greifarme seiner Partnerin und führt sie in einer Art
Hochzeitstanz oft über eine Stunde lang umher, bis er sie schließlich über sein ejakuliertes klebriges Sperma zieht, und die Beobachtung dieser Zeremonie mag der Anlaß dafür gewesen sein, daß man
sowohl im Vorderen Orient als auch im Niltal die Tiere mit dem
ἱερὸς γάμος und der Göttin der Liebe und der Regeneration assoziiert hat. Da die Skorpione sich zudem bis zur Geschlechtsreife mehrfach häuten und abgetrennte Extremitäten, wie der Schwanz, vor

allem bei jüngeren Tieren wieder nachwachsen, hat man sie sicher so häufig auf den Larnakes des SM III dargestellt, in denen die Toten beigesetzt wurden. Schließlich befindet sich auf einem kassitischen Kudurru der Spätbronzezeit aus schwarzem Kalkstein ein Skorpion über den erhobenen Händen der Heilgöttin Gula, die damit dieselbe Haltung einnimmt wie die in Form von Goldapplikationen wiedergegebene elamitische Skorpionfrau mit üppigen Brüsten aus dem 3. Jahrtausend.

Auf einer Keramikschale des späteren 7. Jahrtausends aus dem mesopotamischen Samarra sind Frauen mit fliegenden Haaren abgebildet, die von Skorpionen umgeben sind – vielleicht neolithische Vorläuferinnen jener Skorpiongöttinnen der Liebe und der Niederkunft, die in der Bronzezeit Inanna, Ištar, Hathor und in Elam »die Ašḫara mit den 7 Kindern« genannt wurden. So fand man im Tempel der Ištar in Aššur zahlreiche Skorpionsfigürchen aus Stein, Fritte, Ton und Blei, und noch heute werden die Tiere als Embleme der Fruchtbarkeit und Mutterliebe auf maghrebinischen Frauenkleidern dargestellt, wie dort auch ʿAqrab, »Skorpion«, ein verbreiteter Frauenname ist. In Südasien gilt der männliche Skorpion als Symbol der Geschlechtslust und sein Stachel als erigierter Penis, dessen Stich einen Zustand erzeugt, der mit dem »kleinen Tod« des Orgasmus verglichen wird, weshalb auf den Oberschenkeln der Skulpturen der himmlischen Nymphen des mittelalterlichen Tempels von Khajurāhō in Madhya Pradēsh Skorpione sitzen.[22]

Sah man im Hochzeitstanz der Skorpione den Vollzug des ἱερὸς γάμος, so auch im rituellen Schaukeln, mit dem die rhythmischen Bewegungen beim Geschlechtsverkehr dargestellt wurden. Im Tempel der Ninḫursag in Mari fand man die Figurine einer Frau aus der Mitte des 3. Jahrtausends, die auf einer doppelten Schnur geschaukelt wurde und der die Tonfigurine einer Göttin oder Priesterin des SM I A aus Aghia Triada entspricht, die auf einer Schaukel sitzt, auf deren beiden Pfosten sich bezeichnenderweise zwei Tauben, die Vögel der Liebe, niedergelassen haben (Abb. 294). Bis in unsere Zeit schaukelten auf Kreta, Karpathos, Rhodos und Samos die jungen Mädchen an Ostern oder am St. Georgstag und sangen dabei Liebeslieder, um die Felder fruchtbar zu machen.

Das Schaukeln der Jungfrauen am Chytrentag der Anthesterien wurde in der attischen Vasenmalerei so dargestellt, daß Satyrn oder Eroten die Mädchen in Analogie zum »Stoßen« beim Koitus in Schwung versetzen. Auf der einen Seite eines rotfigurigen Skyphos schaukelt ein solcher Vegetationsdämon aus dem Gefolge des

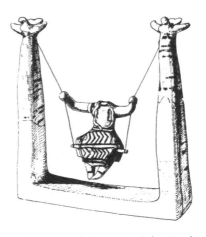

Abb. 294: Schaukelnde Priesterin, Aghia Triada, SM I A.

Dionysos ein junges Mädchen (Abb. 295) – was durch phallisch geformte Lotosblüten erläutert wird –, während auf der anderen Seite des Gefäßes die Gattin des athenischen Archonten zur Heiligen Hochzeit mit Dionysos geführt wird. Auch während der Aiorien, des Festes der Frühlingsgöttin Erigone, schaukelten die geschlechtsreifen Mädchen auf einem von den Ästen eines Baumes herabhängenden Brett, wobei man sich auf den Mythos berief, nach dem Dionysos, als er die Bewohner Ikarías den Weinbau lehrte, bei Ikaríos einkehrte und die Gelegenheit nutzte, dessen Tochter Erigone zu entjungfern.

In den Veden stimuliert das Schaukeln die Schöpfung, und der König schaukelte jedes Jahr im Frühling, um das Land zu befruchten. In Madurai und in anderen Gegenden Südindiens tat man dies während des Hochzeitsfestes und zu Beginn der Regenzeit, und es

536

hieß, es fiele um so mehr Regen aus den Wolken und es strahle um so leuchtender die befruchtende Sonne, je höher man schaukle. Auf Bildern ist zu sehen, wie ein Mann mit erigiertem Glied und eine Frau mit weit geöffneten Schenkeln aufeinanderzuschaukeln oder wie ein auf einer Schaukel sitzendes junges Mädchen so von

Abb. 295: Satyr stößt ein schaukelndes Mädchen an,
Skyphos aus Chiusi, um 450 v. Chr.

einem Baum herabgelassen wird, daß es mit der Vulva auf dem aufgerichteten Penis eines unter ihr sitzenden Mannes landet. Schließlich war in ganz Polynesien die Geschichte verbreitet, in der ein Mann eine Frau aus der Unterwelt ins Leben zurückholt, indem er sich mit ihr auf einer Schaukel zur Oberwelt hochschwingt, und auf Hawai'i gab es ein Ritual, in dem sich ein junges Mädchen so auf einen schaukelnden jungen Mann setzte, daß es aussah, als führten die beiden den Geschlechtsakt durch.[23]

Waren all die bislang erwähnten Pflanzen, Tiere und die Schaukel Attribute der minoischen Göttin, weil sie auf die eine oder andere Weise mit Sexualität, Regeneration und Fruchtbarkeit verbunden waren, scheint dies nicht für den Löwen zu gelten, der offenbar primär aufgrund seiner Stärke und Gefährlichkeit ein mit dem Jenseits assoziierter Beschützer der Göttin war, auf dem sie wohl – wie auf dem Greifen – nach ihrer periodischen Abwesenheit zurückzukehren pflegte. Zumindest läßt dies die Tatsache vermuten, daß die Minoer ihre Göttin bildlich im Damensitz auf einem Löwen reitend dargestellt haben, wobei sie als Epiphaniegestus beide Hände erhebt.

Zwar hat man in Tiryns Löwenknochen aus dem 16. und 13. Jahrhundert v. Chr. ausgegraben, doch nimmt man an, daß die Tiere, von denen sie stammen, Gastgeschenke ausländischer Fürsten gewesen sind, da die Peloponnes ebenso wie Kreta für freilebende Löwenpopulationen wohl zu klein gewesen wäre und zudem die Schaf- und Ziegenhirten solche Raubtiere schon frühzeitig aus dem Weg geräumt hätten. Allerdings scheint es noch im Endneolithikum und in der frühen Bronzezeit sogar auf dem Balkan, im Karpatenbecken, nördlich des Schwarzen Meeres und mit Bestimmtheit in Kleinasien und im Nahen Osten Löwenrudel gegeben zu haben, weshalb z. B. die Bewohner von Çatal Hüyük, die ihre Göttin mit Großkatzen assoziierten, diese gewiß aus eigener Anschauung kannten, was eine Leopardenklaue neben dem rechten Unterarm des Skeletts einer dort bestatteten Frau nahelegt.[24]

Daß die Minoer hingegen freilebende Löwen nicht aus eigener Anschauung kannten, geht vermutlich auch aus der Tatsache hervor, daß die Siegelschneider statt säugender Löwinnen männliche Tiere mit Zitzen versahen, da sie offenbar lediglich orientalische Vorlagen zur Verfügung hatten, auf denen männliche Löwen dargestellt waren. Zudem säugen die Löwen auf diesen Siegeln ihre Jungen wie die Kühe oder sie nehmen dabei die Haltung einer Großkatze ein, die gerade ein Beutetier überfällt.

Im Nahen Osten war der Löwe nicht nur das Attribut der Ištar und der ʿAštart, die auf Abbildungen häufig auf einem Löwen oder Leoparden stehen oder von diesen Tieren flankiert werden. Vielmehr scheint sich die Göttin auch in der Großkatze manifestiert zu haben, was z. B. ein Terrakotta-Kopf der ʿAštart aus den Ruinen eines Wohnhauses im Wādī el-ʿArab südöstlich des Sees Genezareth veranschaulicht: Betrachtet man den Kopf von vorn, sieht man das Gesicht einer Frau mit ägyptischer Hathorfrisur. Sieht man ihn aber von der Seite, so erkennt man das Profil eines Löwen. Vielleicht ist diese Plastik von den Darstellungen der Löwengöttin Sachmet von Memphis, der Schutzgöttin des Pharao, beeinflußt.

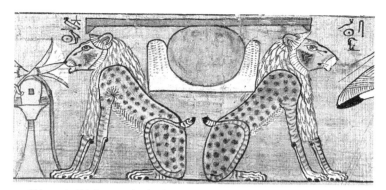

Abb. 296: Die Löwen der beiden Horizonte bewachen die auf- und untergehende Sonne, Papyrus des kgl. Schreibers Hunefer, um 1290 v. Chr.

Der »Löwe des Westens« bewachte das Tor, durch das der Sonnengott abends die Unterwelt betrat, und der »Löwe des Ostens«
stand am entgegengesetzten Horizont (Abb. 296), und es könnte
sein, daß die Minoer den Löwen als Reittier der Göttin und – wie
wohl auf dem »Ring des Nestor« zu sehen ist (Abb. 84) – als Hüter
Elysions von den Ägyptern übernommen haben.[25]

Dieser »Göttin mit dem Löwen« scheint in der Harappa-Kultur
die auf einem Siegel aus Mohenjo Daro abgebildete Göttin zu ent-
sprechen, die vor einer Akazie (*babyl*) steht und nach einem Tiger
greift. Sie besitzt die Hufe und Ohren sowie den Schwanz einer
Kuh, die Klauen einer Großkatze und die Hörner eines Zebus
(Abb. 297), die vielleicht – wie in Mesopotamien üblich – ihre
Göttlichkeit indizieren. Da heute der Tiger in Indien häufig das
Symbol einer destruktiven Kraft ist – so besitzt z. B. die in den
Dschungeln im südwestindischen Karṇāṭaka lebende nackte kālī-
artige Göttin eine *vagina dentata* in Form eines Tigerkopfes, dem
Sinnbild für den unersättlichen und kastrierenden Schoß dieser
tödlichen Frau –, haben indische Gelehrte, um ihre Interpretation
der Szene als »Kampf des Helden gegen den mörderischen Tiger«
aufrechtzuerhalten, auf Darstellungen des Siegels einfach die Brüste der Frau wegretuschiert.[26]

Freilich ist der Tiger in der Ikonographie der Harappa-Kultur
nie ein Killer, der von einem Helden getötet wird, sondern das

Abb. 297: Die »Tigergöttin« auf einem Siegel aus Mohenjo Daro,
um 2700 v. Chr.

Attribut oder die Manifestation der großen Vegetationsgöttin, die
man häufig mit einem Tigerleib und mit einem langen, geflochtenen Zopf dargestellt hat, während aus ihrem Kopf zwischen den
Hörnern ein Zweig mit herzförmigen Pipalblättern wächst. Der
aśvattha oder Pipal (*Ficus religiosa*) und der Banyan (*Ficus benga-
lensis*) waren schon in den Veden Verkörperungen der Lebenser-
gie, durch deren Umarmung sterile Frauen schwanger wurden,
und auf Bildern und Reliefs ist zu sehen, wie die bis auf einen Gürtel nackten, verführerischen und mit üppigen Brüsten ausgestatteten Dryaden den Pipal berühren und ein Bein um ihn schlingen – in
der indischen Ikonographie ein altes Symbol für den Geschlechtsverkehr.[27]

Auf einem um 2700 v. Chr. hergestellten Siegel aus Mohenjo
Daro hockt eine nackte Frau mit einem Haarknoten auf dem Ast
einer Akazie (*Acacia arabica*) und deutet mit der Rechten auf einen
Tiger, der sich nach ihr umsieht, während eine ähnliche mit Hörnern und einem Zopf versehene Frau in einem Pipal sitzt und wieder eine andere in der Art einer Herrin der Tiere mit beiden Hän-

den je einen Tiger hält. In Mohenjo Daro hat man die 3900 Jahre alte Terrakottamaske eines Feliden, wahrscheinlich eines Tigers, gefunden, zwischen dessen Ohren sich oben zwei Löcher befinden, in die vermutlich Hörner gesteckt wurden, so daß die mutmaßliche Trägerin, vielleicht die Priesterin der Tigergöttin, diese in ihrer theriomorphen Gestalt darstellen konnte.[28]

Als im späten 13. Jahrhundert v. Chr. die Indo-Arier von Norden her ins Indus-Tal einwanderten, scheinen sie sich mit den dort verbliebenen Nachkommen der Harappa-Kultur vermischt zu haben, so daß man annehmen kann, daß z. B. in das im 10. Jahrhundert v. Chr. beendete R̥gVeda und mehr noch in die davon unabhängigen Volkstraditionen Elemente der harappischen Überlieferungen eingeflossen sind. So stellen im Rāmāyāna der Tiger und der Löwe Attribute der Vegetationsgöttin Sītā dar, die im Dschungel in einer Höhle lebt und deren Schatten die beiden Großkatzen folgen, als sie von einem Dämon nach Laṅkā entführt wird. Bei den Stämmen am nordwestindischen Narmadā trugen vor allem die Frauen und Mädchen glückbringende Amulette mit dem Bildnis einer Vegetationsgöttin, die mit einer Segensgeste auf einem Tiger reitet und aus deren Körper Ranken und Blätter sprießen. Bānkeśvarī, die »Herrin des Waldes« im südlichen Orissa, reitet nackt auf einem Tiger oder Löwen, was im Norden Indiens auch die in einem Baum lebende »Waldmutter« und Tierherrin Banaspat-Mā zu tun pflegte, während Mahālakṣmī, auch Ardrā, »die Feuchte«, genannt, als *vāhana* einen Löwen bevorzugte.[29]

All diese Göttinnen der indischen Stammesgruppen wurden meist mit Durgā identifiziert, der Herrin der ewigen Regeneration, die alle Lebewesen schuf und ernährt, auch Śeraṇwālī, »Löwenreiterin«, genannt, die man nackt oder mit entblößtem Oberkörper auf einem Tiger oder Löwen sitzend darstellte, aber auch als Durgā-Lakṣmī auf einer Lotosblüte stehend und die vollen Brüste mit einem schmalen Band fixiert. Deshalb hat man in der Mā Durgā die Nachfolgerin der harappischen Tiger- und Vegetationsgöttin gesehen, zumal sie noch heute als die Schutzgöttin der vorarischen Urbevölkerung gilt,[30] die ihre Eigenschaften als Gebärerin der Flora und der Fauna bewahrt hat.

Entsprechend wird Vana-Durgā, »die Durgā des Waldes«, an abgelegenen Stellen des Dschungels von Orissa insbesondere von Schwangeren in einem Geisterbaum (*piśācadruma*) mit Milch- und Zuckeropfern verehrt, und im Augenblick der Epiphanie oder des »Erwachens« der Vegetationsgöttin Durgā Śakambharī in einem »Holzapfelbaum« (*bilva*) ergriff sie Besitz von ihren in Trance fallenden Verehrerinnen, die auf ihren Köpfen Töpfe mit frisch eingepflanzten Weizen- und Gerstehalmen trugen. Und beim noch heute stattfindenden Fest der Durgā Pūjā in Bengalen werden neun Pflanzen so zusammengebunden, daß sie die Silhouette der wiederkehrenden Göttin bilden.[31]

Es ist nicht unwahrscheinlich, daß hinter dem Argonauten Asterios der gleichnamige verschwindende und wiederkehrende Vegetationsgott sowie dessen menschlicher Repräsentant, der kretische
Priesterkönig, standen und daß diese auf den orientalischen Vegetationsgott ʿAštar und den Herrscher, in dem er sich inkarnierte,
zurückgehen, und es gibt noch weitere Indizien dafür, daß die
Argonautensage in wesentlichen Teilen minoischen Ursprungs ist.

Pindar bezeichnete die Argonauten als »Minyer«, und auch
Apollonios nannte sie so, »da die meisten und besten« und nicht
zuletzt Jason selbst »sich rühmten, von den Töchtern des Minyas
abzustammen«. Und schließlich teilt der Dichter Lykophron aus
Chalkis mit, die Argonauten seien »Minyer« oder »Pelasger« gewesen, die ihre Fahrt auf die Initiative der Kureten des Ida hin
unternommen hätten. Der Ausgangspunkt des Unternehmens wird
in Apollonios' Argonautiká wiederholt »das pelasgische Land«
genannt, wobei die Griechen offenbar all das, was vor ihrer Zeit
lag und »barbarisch« war, als »pelasgisch« bezeichneten. Wahrscheinlich gaben die aus den gebirgigen Gegenden des Nordens
einwandernden Griechen zunächst der Urbevölkerung des thessalischen Tieflandes den Namen *Πελαγο-κοί, »Flachlandbewoh-
ner« (idg. *plh, »platt«; lat. *planus*; gr. πλάξ, »ebene Fläche«;
πέλαγος, »Meeresoberfläche«; ahd. *flah*, lit. *plākanas*, »flach«),
also jenen Menschen, die – wie wohl auch die Minoer – eine zwar
proto-indogermanische, aber für die Griechen »barbarische«, d. h.
unverständliche, Sprache besaßen. Dann aber wurden auch die
anderen Bevölkerungsgruppen in der Ägäis so genannt, und man
hat vermutet, daß auch die zeitweise auf Kreta lebenden Philister
ihren Namen von dem auch als Pelastoi bezeichneten Pelasgern
erhalten haben.[1]

Aber auch die Minyer (Μινύαι, vorgr. *me-nu-a) wurden von
den Griechen als ein Ethnos der Vorzeit angesehen, und zwar als
legendäre Seefahrer, die in Richtung untergehende Sonne in unbekannte Gegenden vorgestoßen waren und dabei die Aiolischen

Inseln als Zwischenstation für ihre Fernfahrten besiedelt hatten. Pausanias erwähnt neben der Odyssee und den Nostoi ein weiteres Epos namens Μινυάς, das offenbar eine Jenseitsfahrt zum Gegenstand hatte, die gewiß von Minyas, dem Heros ἐπώνυμος der Minyer, durchgeführt wurde, dessen Name Μινύας man immer wieder mit dem ebenfalls vorgriechischen Namen des kretischen Zeussohnes Minos (Μίνως) zusammengebracht oder sogar mit ihm identifiziert hat.

Nach Apollonios bezeichnete Jason sich als »Enkel des Kretheus«, was freilich auch Asterios war, der, wie Diodoros berichtet, der Ehe zwischen der »Tochter des Kretheus« und des »mit Aiolern und Pelasgern« nach Kreta gekommenen Thessaliers Tektamos entstammte, der nach seiner Ankunft »König der Insel« geworden sei. Vermutlich steht hinter dieser Überlieferung die friedliche Einwanderung mykenischer Gruppen am Ende des SM I B, also etwa um 1420 v. Chr., deren Anführer zur Herstellung einer Allianz wohl die Tochter des Wanax von Knossos heiratete. Nichts deutet darauf hin, daß die Brandkatastrophe, die sich um diese Zeit in Knossos ereignete, auf eine mykenische Eroberung zurückzuführen ist. Vielmehr scheint es, daß die eingewanderten Festlandgriechen, deren Anzahl wohl bescheiden war, bald integriert und dermaßen minoisiert waren, daß sie sich in ihrem Selbstverständnis kaum mehr von der einheimischen Bevölkerung unterschieden.[2]

Daß die Minyer ursprünglich Minoer waren, die sich in verschiedenen Gegenden Griechenlands, vor allem in Boiotien, Thessalien, auf Lemnos und im südwestlichen Kleinasien niederließen und dort Handelsstützpunkte gründeten, ist schon vor langer Zeit vermutet worden. Und man hat ebenfalls angenommen, daß die Namen des Minyers Kretheus in Iolkos oder des Kreters Thoas, des Sohnes der Ariadne und des Dionysos, der auf Lemnos eine Kolonie gründete, dort Myrina, Kretheus' Tochter, heiratete und mit ihr Hypsipyle zeugte, mit der Jason den ἱερὸς γάμος vollzog, sich auf solche minoischen Siedler beziehen.

Wie laut Strabon Ephoros von Kyme und ähnlich auch Apollodoros berichteten, brachte der »Bruder« des Minos, Sarpedon, »aus dem kretischen Milatos oder Miletos (ἐκ Μιλήτου τῆς Κρητικῆς)

Siedler« an die karische Küste, und zwar nicht ganz freiwillig, was wohl auf Konflikte zwischen dem für Knossos stehenden Minos und dem Wanax von Mallia schließen läßt, denn dieses wird wahrscheinlich das kretische Μίλητος gewesen sein.[3] Dort ließen sich die Auswanderer unter den Einheimischen nieder und gründeten die Stadt, die sie ebenfalls Miletos nannten. Wieder andere Gewährsmänner verlauten, Sarpedon habe die Milyer oder Minyer (Μινύαι) nach Kleinasien geführt,[4] und Herodot berichtet, der ursprüngliche Name der Lykier habe Τερμίλαι gelautet, »da sie aus Kreta stammten«: Von dort seien sie von Minos unter ihrem Führer Sarpedon »in das Land Milyas in Asien« vertrieben worden, wo sie sich offenbar mit den dort ansässigen Karern vermischten. »Ihre Bräuche sind teils kretischer, teils karischer Herkunft« und eigentümlich sei ihre Sitte, »die sich sonst nirgends auf der Welt findet: Sie nennen sich nach ihren Müttern, nicht nach den Vätern.« Und in der Tat hat es sich bestätigt, daß in den griechischen Inschriften in Lykien, die aus der Zeit des Herodot stammen, bei den Männern stets nur der Name der Mutter angegeben ist.[5]

Minoische Händler und Prospektoren scheinen bereits um die Mitte des 3. Jahrtausends zur kleinasiatischen Küste hinübergefahren zu sein, und als auf Kreta die ersten Paläste errichtet wurden und die Minoer über hochseetaugliche Segelschiffe verfügten, intensivierten sich diese Kontakte. Vor allem war man sicher daran interessiert, aus den assyrischen Handelskolonien Kültepe-Kaneš und Boğazköy-Hattuša Zinn, Kupfer und Edelmetalle zu beziehen, und aus der Spätphase dieser Zeit stammt wohl das Wrack des Schiffes von Şeitan Deresi im Golf von Bodrum-Gökova in der Nähe von Milet, das mit sechs großen Pithoi und mit minoischen Amphoren beladen war.[6]

Allerdings machen es die Freilegung minoischer Fresken mit den Darstellungen von Greifen und Papyruspflanzen, von zahlreichen Kultparaphernalien, die Benutzung der Linear-A-Schrift sowie die Tatsache, daß ca. 95 % der gesamten Keramik des SMIA von Milet minoisch ist, wahrscheinlich, daß die minoische Handelskolonie, von der die griechischen Texte künden, erst um 1600 v. Chr. gegründet wurde.[7] Nach Pausanias erklärten die Milesier seiner Zeit, vor der kretischen Einwanderung habe Milet Ἀνακτορία geheißen, und zwar nach dem König Ἄναξ, dessen Sohn und Nachfolger Ἀστέριος, ein »Enkel der Gaia«, gewesen sei, der auf einer Milet vorgelagerten »Insel des Asterios« begraben liege. Schließlich sei aber die Stadt in Milet umgetauft worden, nachdem dort der Sohn des Apollon, »Miletos, mit einem Aufgebot von Kretern« an Land gegangen war. Vielleicht ist dieser Asterios der gleichnamige »Minyer« und Argonaut, auf den einer der Stränge der Sage zurückreicht, und hinter »Miletos«, der von Nonnos als »Sohn« des Asterios bezeichnet wird,[8] stehen möglicherweise minoische Kolonisten, die im frühen 14. Jahrhundert v. Chr. gemeinsam mit Mykenern von der Peloponnes Milet besiedelten, das offenbar ein Vasall eines Landes in Aḫḫiyawa[9] war und von den Hethitern, die es schließlich zerstörten, Millawanda genannt wurde.[10]

Auffällig ist, daß anscheinend sämtliche Anführer minoischer oder kretomykenischer Gruppen, die über das Meer in fremde Weltgegenden zogen, gleichzeitig als verschwindende Vegetationsgötter verehrt wurden, was sich wohl nur so erklären läßt, daß es sich um Wanaktes handelte, in denen sich jeweils der »sterbende«, d.h. ins Jenseits reisende und von dort wiederkehrende Paredros der Großen Göttin inkarnierte. Dies gilt, wie wir gesehen haben, für die Wanaktes Tektamos, Minos und Asterios, aber ebenso für Sarpedon, dessen »Tod« in Lykien jedes Jahr beklagt wurde (Abb. 298). Im lykischen Xanthos befand sich in griechischer Zeit ein Sarpedoneion an der Stelle, wo einst ein luwischer Herrscher bestattet worden war, und in einem Scholion zu den Argonautiká des Apollonios heißt es, laut Stesichoros sei der Kreter auf eine im Okeanos liegende Insel namens Sarpedonia entrückt worden (Ἀτλαντικῷ πελάγει Σαρπαδονίαν), die nichts anderes als eine der Inseln der Seligen ist.

Der bekannteste Jenseitsfahrer unter den kretischen Wanaktes scheint indessen der blonde Rhadamanthys von Phaistos gewesen zu sein, der in der Odyssee am »Ende der Welt, in Elysions ebnem Gefilde«, weilt, den aber die Phäaken, die Jenseitsschiffer, von Scheria, das nichts anderes als Elysion ist, so wie später Odysseus, ins Diesseits zurückfahren. Auf der anderen Seite heißt es, Minos habe Rhadamanthys, den er wegen seines gerechten Sinnes beneidete, loswerden wollen und ihn deshalb, wie Diodoros berichtet, »in die entlegensten Gegenden seines Reiches« geschickt. Nach Strabon sei er gemeinsam mit Sarpedon nach Lykien, nach Diodoros auf die Inseln vor der karischen und ionischen Küste und schließlich laut Apollodoros nach »Okaleai in Boiotien« gelangt,

Abb. 298: Europa beweint den Tod des Sarpedon, »Maler der Trauernden«, um 530 v. Chr.

wo »der Sohn des Zeus« die Witwe Amphitryons und Geliebte seines Vaters, Alkmene, heiratete, hinter der wiederum die Große Göttin steht. Im boiotischen Haliartos zeigte man die von Rhadamanthys aus der Messará mitgebrachten Styraxbäume, aus denen der Balsam Storax gewonnen wurde, aber auch des Kreters Grab und das der Alkmene. Freilich lag er nicht wirklich dort, da er, nach Elysion entrückt, dort »gemeinsam mit Minos« Recht spricht, was wohl heißt, daß die beiden entscheiden, wer Zutritt zu dem Gefilde der Seligen erhält und wer nicht. Vielleicht ist diese Szene auf dem bekannten amphoroiden Krater aus einem Grab des mittleren 14. Jahrhunderts v. Chr. in Enkomi dargestellt, auf dem der Verstorbene mit einem Seelenbegleiter nach einer Fahrt über das durch einen Oktopoden gekennzeichnete Meer auf der anderen Seite des Gefäßes im durch Blumen charakterisierten Elysion vor dem Richter mit der Waage erscheint (Abb. 299).[11]

Auf minoische Handels- und Prospektierungsfahrten in die nördliche Ägäis geht sicher auch die Nachricht zurück, Rhadamanthys habe seinem Feldherrn, dem Ariadne-Sohn Thoas, hinter dem sich gleichermaßen ein »sterbender« Vegetationsgott verbirgt, die Insel Lemnos verliehen, deren gleichnamiger Hauptort in der Ilias »die Stadt des göttlichen Thoas« genannt wird. Nach Diodoros stam-

Abb. 299: Rhadamanthys oder Minos als Totenrichter (?), mykenischer Amphorenkrater aus einem Grab in Enkomi, 14.Jh. v.Chr.

men auch die Mysterien der nordöstlich von Lemnos liegenden Insel Samothrake sowie die von Thrakien aus Knossos, wo »seit alten Zeiten diese Einweihungsriten ganz offen an alle weiterverbreitet« werden, denn »was bei anderen insgeheim weitergegeben wird, das verbergen die Kreter vor niemandem«. In einem höhlenartigen Felsheiligtum der »Großen Götter« auf Samothrake, das einem Kuppelgrab ähnelt, entdeckte man einen Schrein des aus Kreta stammenden Iasion-Eëtion, der diese Mysterien importiert haben soll, und im Heiligtum von Hephaistia auf Lemnos stand die Terrakottafigurine einer Göttin mit erhobenen Händen im spätminoischen Stil, die Kabeiro darstellte, die Mutter-Gattin der den Argonauten entsprechenden lemnischen Κάβειροι.[12]

548

In den Überbleibseln eines um 1200 v. Chr. während des »Seevöl-
kersturmes« zerstörten Hauses an der Innenseite der Stadtmauer
von Enkomi auf Zypern stieß man auf einen – wohl von mykenischen Immigranten errichteten und wahrscheinlich zeremoniell
genutzten – Herd, für dessen Fundament Keramikscherben des
SH III B2/C1 sowie das Bruchstück einer Terrakottatafel verwendet
worden waren.[13] Bevor man die Tafel brannte, hatte man mit Stili
einen längeren kypro-minoischen Text eingeritzt, von dem nur ein
Teil erhalten ist, da die Tafel ursprünglich etwa viermal so groß
gewesen sein muß wie das erhaltene Fragment. Die kypro-minoische Schrift, die sich wohl im 16. Jahrhundert v. Chr. aus dem kretischen Linear A entwickelt hat, blieb auf Zypern bis ins 11. Jahrhundert v. Chr. in Gebrauch und in Paphos wahrscheinlich noch
sehr viel länger, so daß es auf der Insel im Gegensatz zu Griechenland offenbar nie einen schriftlosen Hiatus gab.[14]

Schon seit langem hat man vermutet, daß die auf solch dicken
Tafeln niedergeschriebenen längeren Texte literarischer und my-
thographischer Natur sind und daß sich auch die Ägäer, die im 13.
und 12. Jahrhundert die Insel besiedelten, einheimischer Schreiber bedienten, die sämtliche Ausführungen ihrer Auftraggeber in
kypro-minoischer Schrift niederschrieben. Ein Übersetzungsvorschlag, der davon ausgeht, daß der Text auf der Enkomi-Tafel in
arkadozyprischem Griechisch abgefaßt ist, bleibt zwar höchst
umstritten, doch könnte es sein, daß zumindest die in dem Textfragment vorkommenden Eigennamen zutreffend transkribiert
worden sind. Wenn diese tatsächlich *je-so*, »Jason«, *me-da-ja*,
»Medeia«, *ji-da-ja*, »Idaia«, *go-no*, »Knossos«, und *a-go-so*,
»Argo«, lauten,[15] dann wäre es wahrscheinlich, daß es sich um das
Bruchstück einer im 13. Jahrhundert v. Chr. niedergeschriebenen
Version der Argonautensage handelt. Auf einem Krater aus der ersten Hälfte des 6. Jahrhunderts v. Chr. steht neben dem auf einem
Thron sitzenden Phineus, dessen Blindheit gerade von Jason ge-
heilt wird, eine Frau namens FIΔAIA (Abb. 237), hinter der sich
bekanntlich die Große Göttin der Minoer und Mutter-Gattin des
Zeus Asterios verbirgt. Unternahm also in einer der bronzezeitlichen Versionen der Argonautensage ein Jason von Knossos unter

der Obhut der Göttin Idaia auf dem Schiff Argo eine Fahrt, die ihn ins Jenseits und wieder zurück führte?[16]

Vielleicht fanden sich die Spuren einer solchen minoischen Überlieferung noch in dem verlorenen Hexameter-Epos Ἀργοῦς ναυπηγία τε καὶ Ἰάσονος εἰς Κόλχους ἀπόπλους ἔπη ἑξάκισχίλια πεντακόσια des Epimenides aus Knossos oder Phaistos, das in der zweiten Hälfte des 7. Jahrhunderts v. Chr. verfaßt wurde. Das 6500 Verse umfassende Gedicht hatte offenbar den Bau und die Abfahrt der Argo zum Thema, und man hat es schon seit langer Zeit für wahrscheinlich gehalten, daß sein Verfasser auf alte minoische Überlieferungen zurückgreifen konnte. Epimenides, der auch ein ebenfalls verlorenes Epos *Minos und Rhadamanthys* schrieb und der für viele Spätere, wie z.B. Diodoros, eine der wichtigsten Quellen zur kretischen Mythologie darstellte, wurde als »neuer Kuret« bezeichnet und galt als »Sohn einer Nymphe« namens Βλάστη oder Βλάστας, was man auf levantinisch *bā'ălăth* (akkad. *bēlit*), »Herrin«, den Namen der Vegetationsgöttin 'Aštart/ 'Ašerah, zurückgeführt hat.

Jedenfalls sah man ihn in der Nachfolge des Zeus Kretagenes, des Paredros der Großen Göttin, als einen »göttlichen Menschen« (ἀνὴρ θεῖος), der außer dem Liliengewächs Szilla, Malven und Asphodelos, mit denen ihn die Nymphen in der Wildnis großgezogen hatten, nichts aß und der auch nicht defäkierte. Als er, wie der Historiker Theopompos berichtet, einst auf den Bergen die Schafe hütete, kam er vom Wege ab und schlief »57 Jahre lang in einer Höhle«, während seine ψυχή zu den Göttern flog, und nach einer anderen Überlieferung kehrte er »nach 207 Jahren« Aufenthalt im Jenseits wieder ins »Land der Lebenden« zurück. Schließlich soll er von sich gesagt haben, er sei in Wirklichkeit Aiakos, Sohn des Zeus und der Flußnymphe Aigina, der wie Rhadamanthys aufgrund seines Gerechtigkeitssinnes Richter im Jenseits und ein »Freund der Götter« war.[17]

Uralte kretische Überlieferungen sind wohl auch in die Argonautiká des Apollonios von Rhodos eingeflossen, der höchstwahrscheinlich aus Alexandria stammte, wo er, wie aus einem Papyrustext hervorgeht, als Vorgänger des Eratosthenes von Kyrene jahrzehntelang Leiter der dortigen königlichen Bibliothek war, womit ihm so gut wie das gesamte Wissen seiner Zeit zur Verfügung stand.[18] Damals gab es zudem sehr enge Beziehungen zwischen dem ptolemäischen Ägypten und Kreta, und die alexandrinischen Gelehrten zeigten großes Interesse an kretischen Mythen und Traditionen, während umgekehrt zahlreiche Gelehrte von der Mittelmeerinsel zum Studium der Bücher nach Alexandria kamen.[19]

Nicht nur die Argonautensage, sondern auch die Odyssee scheint im wesentlichen auf minoische Überlieferungen zurückzugehen, und bereits vor längerer Zeit haben zahlreiche Altphilologen in dem schlauen, Lügengeschichten erzählenden Helden (»Alle Kreter sind Lügner«) einen Minoer und in der Odyssee einen ursprünglich »kretischen Stoff« gesehen: »Es kann kein Zufall sein«, meint ein bekannter Homer-Kommentator, »daß sich Odysseus in den Lügenreden immer wieder als Kreter einführt. Denn kretisch ist die Welt, deren Leben sich hauptsächlich auf dem Meere abspielt, und kretisch ist auch die Lust am Reisemärchen aus fernen, überseeischen Ländern«. Außerhalb des ionischen Sprachbereichs trug Odysseus den vorgriechischen Namen Ὀλυσσεύς (boiot. Ὀλυσσείδας, lat. Ulixes), und in der Odyssee gibt er sich als Bruder des Trojafahrers Idomeneus, Sohn des Deukalion und Enkel des Minos aus, während er nach Sophokles zur Penelope sagt: »Ein Kreter bin ich, altehrwürdigen Geschlechts«.

Als gerissene und mit allen Wassern gewaschene Schlitzohren werden sowohl Odysseus wie sein Großvater mütterlicherseits, Autolykos, den man als »professional trickster« bezeichnet hat, und sein Urgroßvater Hermes dargestellt, und sowohl dieser als auch sein Urenkel werden πολύτροπος genannt.[20]

Philologen haben behauptet, in der Kunstsprache der Odyssee ließen sich Einflüsse des euboiischen Dialektes nachweisen, und es ist durchaus denkbar, daß das Epos in frühprotogeometischer Zeit von Kreta auf die parallel der boiotischen Ostküste liegende Insel gelangt ist, was auch erklären würde, warum Rhadamanthys in der Odyssee von den Phäaken ausgerechnet nach Euboia gefahren wird. Und da die Pionierfahrten in den fernen Westen, die in der Folgezeit nicht mehr von Kreta, sondern von Euboia ausgingen, über die Ionischen Inseln verliefen, lag es nahe, wie schon Erwin Rohde sagte, die Heimat des sterbenden und wiederkehrenden Vegetationsgottes Odysseus auf »eine ferne Insel im Westmeer« zu verlegen.

Diese Verbindung des Helden mit Ithaka setzte sich offenbar bald durch, so daß euboiische und wohl auch andere Seefahrer, die ab dem späten 9. Jahrhundert v. Chr. ins zentrale Mittelmeer vorstießen, aus der Polis-Höhle auf der Insel, in der man schon im 11. Jahrhundert den Göttern Kylikes geopfert hatte, einen Kultort für den Okeanosfahrer Odysseus machten. Heißt es im Epos, der Heimkehrer habe in der Naiadengrotte am »Hafen des Phorkys, des Alten vom Meere« die 13 Dreifüße und 13 Becken »von Gold und von unzerstörbarem Erz«, die er von den phäakischen βασιλῆες als Abschiedsgeschenk erhalten hatte, versteckt, fand man in der Polis-Höhle tatsächlich 13 Bronzedreifüße des 9. und 8. Jahrhunderts sowie Weihegaben aus späterer Zeit, die dort dem Odysseus geopfert worden waren.[21]

Minoische Seefahrergeschichten und mythische Überlieferungen können freilich auch auf anderem Weg nach Griechenland gelangt sein und die Zeiten überdauert haben. So hat man oft darauf hingewiesen, daß auf Zypern minoische Traditionen weitergeführt wurden, als sie sich auf Kreta selber längst aufgelöst hatten, und zwar Anschauungen und rituelle Gebräuche, die von minoischen Auswanderern bereits gegen Ende des 13. Jahrhunderts v. Chr. auf die Insel gebracht worden waren.[22] Nachdem die Minoer offenbar um diese Zeit in ihrer neuen Heimat die befestigte Stadt Pyla-Kokkinokremos gegründet hatten, in deren Ruinen man auf große kretische Pithoi, Kalksteinwannen, Doppeläxte und »Horns of Consecration« gestoßen ist, trafen im darauf folgenden Jahrhundert immer wieder kretische Flüchtlinge gemeinsam mit Auswanderern aus anderen Gegenden auf Zypern ein. Einen neuen und letzten Höhepunkt erreichte die Emigrationswelle schließlich um das Jahr 1100 v. Chr., d. h. am Ende des SM III C, als Bevölkerungsgruppen aus dem Osten Kretas und von der Messará sich vor allem in Enkomi und Kition ansiedelten. Diese Migranten brachten die Terrakottafigurinen der »Göttin-mit-den-erhobenen-Händen«

mit sowie die Kentaurenskulpturen, die von Aghia Triada her bekannt sind, legten rechteckige Kammergräber mit langen Dromoi an, blieben aber auch in Kontakt mit ihrer alten Heimat, z. B. mit Karphi im Hochland von Lassithi. Diese Verbindung wurde zwar nach der Einwanderung der Dorer auf Kreta etwas schwächer, nahm ab der 2. Hälfte des 10. Jahrhundert aber wieder zu.[23]

Wahrscheinlich waren es diese mykenisch/minoischen Flüchtlinge, die in der Eisenzeit die Fahrten in die am wenigsten zerstörten Gegenden Griechenlands, vor allem nach Euboia, Boiotien und Attika, aufnahmen, wo sich die frühen epischen Überlieferungen herausgebildet haben sollen. Und vieles deutet darauf hin, daß eine Reihe von Auswanderern wieder in ihre Heimat zurückkehrte, nicht nur nach Kreta, sondern auch nach Lefkandi auf dem »schiffsberühmten Euboia«, wie der *Hymnus auf Apollon* die Insel nennt, wo es zwar möglicherweise in submykenischer Zeit eine kurze Siedlungsunterbrechung gab, das aber aufgrund seines ausgedehnten Fernhandels mit Kreta, Zypern und der levantinischen Küste im späten 11. Jahrhundert v. Chr. neben Athen die reichste Stadt Griechenlands gewesen ist.[24]

Nichtsdestotrotz konnte Lefkandi mit dem Reichtum und Lebensstandard der zyprischen Metropolen, die ein »Dunkles Zeitalter«, wie die Ägäis es erlebte, kaum kannten, nicht konkurrieren, weshalb das Hauptaugenmerk der kyprominoisch/mykenischen Fernfahrer weniger auf Euboia oder Attika denn auf jenen fernen Gegenden im Westen lag, aus denen man wichtige Rohstoffe beziehen konnte, zumal spätestens nach dem Fall von Ugarit das fernöstliche Zinn nicht länger ins Mittelmeer floß. Die Funde von Fragmenten großer Pithoi und anderer zyprischer Keramik in Kommos und Thapsos sowie in der Nuraghe Antigori machen es allerdings wahrscheinlich, daß zyprische Schiffe bereits um 1300 v. Chr., also hundert Jahre vor dem ersten großen ägäischen Einwanderungsschub auf ihrer Insel, entlang der Südküste von Kreta und Sizilien zu den Zinnzwischenhandelsstationen auf Sardinien gefahren sind. Wie zyprische Miniaturkeftiubarren des 12. Jahrhunderts v. Chr. aus Makarska südöstlich von Split und der Gegend von Kloštar Ivanić in der pannonischen Tiefebene es nahelegen, sind zyprische Prospektoren und Händler im SC II A/B auch die dalmatinische Küste entlang und im SC III A nach Etrurien und wohl über die Balearen durch die Straße von Gibraltar hindurch zu den Minen am Rio Tinto gesegelt, bis ab dem 11. Jahrhundert ihre Unternehmen bruchlos von den Phöniziern weitergeführt wurden.[25]

Denn die Tatsache, daß der größte Teil der phönizischen Keramik des 11. Jahrhunderts v. Chr. in Palaipaphos-Skales an der Westküste Zyperns, die der Levante abgewandt ist, ausgegraben wurde, legt die Vermutung nahe, dieser Teil der Insel habe schon sehr früh als Sprungbrett für phönizische Fahrten in den fernen Westen gedient, und in der Tat scheint das sogenannte Nora-Fragment aus dieser Zeit zu beweisen, daß die Phönizier im 11. Jahrhundert Sardinien erreicht und höchstwahrscheinlich bereits in den Atlantik hinausgefahren sind.

Dabei werden sie nicht zwangsläufig auf kypro-ägäische Berichte über Fahrten ins Land der untergehenden Sonne zurückgegriffen haben, wie vermutet worden ist.[26] Denn die levantinischen Rollsiegel der 1. Hälfte des 14. Jahrhunderts v. Chr. aus einem Grab an der Costa del Sol, die Skarabäen mit der Kartusche Amenophis III. aus der Sierra de Gibaldin und von Lixus an der marokkanischen Atlantikküste sowie die Figurine des levantinischen Wettergottes aus der Gegend von Cádiz gelten als Indizien für bronzezeitliche Fahrten syrisch-kanaanitischer Schiffe ins westliche Mittelmeer. Vielleicht stammen auch die mykenischen Scherben aus der Sierra Morena oder die von der Cuesta del Negro aus der Ladung nahöstlicher Schiffe, die durch die Straße von Gibraltar und dann den Guadalquivir aufwärts zu den ertragreichen Kupferminen vorgestoßen sind. Dabei führte wohl eine Route über Kommos, Sardinien und die Balearen und eine andere, wie der spätbronzezeitliche levantinische Steinanker vor el-Ḥanaïs an der libyschen Küste und eventuell die ägäische Bügelkanne aus der Zeit um 1300 v. Chr. aus der Gegend von Karthago es andeuten könnten, entlang der gesamten nordafrikanischen Küste.

»Über Ortygia hinaus, wo die Sonne sich wendet«, so erfährt Odysseus von dem göttlichen Sauhirten Eumaios, liegt eine ferne

Insel namens Συρίη, die wie das Land der Hyperboräer beschrieben wird. Denn dort gibt es so viele »Rinder und Schafe und Wein und Weizen in Fülle«, daß die Bewohner nie hungerten oder dahinsiechten; am Lebensende komme der Tod sanft und wie im Schlaf. Als allererste seien Φοίνικες mit ihren schwarzen Schiffen dorthin gelangt und von dort hätten sie jene Diademe aus Gold und Bernstein mitgebracht, mit denen sie an den Stränden die jungen Frauen betörten und auf ihre Schiffe lockten, um sie dort zu vergewaltigen und zu entführen.[27]

In Tyros erzählten die Priester des Melqart-Tempels Herodot, ihr Heiligtum sei vor 2300 Jahren errichtet worden, was auch dem entspricht, was die Archäologen sagen. Und da Tyros nie zerstört und wie Sidon, Byblos, Sarepta und Arvad auch nie von den »Seevölkern« erobert und geplündert wurde, ist es nicht unwahrscheinlich, daß es in der Tempelbibliothek noch schriftliche Unterlagen aus der Bronzezeit gab, die Jahrhunderte später den Phöniziern den Weg ins »Umgebende Meer« wiesen und in denen beschrieben war, was sie dort erwartete.[28]

Zwar wurden die internationalen Beziehungen der meisten kulturellen Zentren der Ägäis ab der Mitte des 13. Jahrhunderts v. Chr. destabilisiert und nach den schweren Erdbeben, denen gegen Ende dieses Jahrhunderts Mykene, Tiryns oder Midea zum Opfer fielen, was zum Niedergang der Palastkulturen und zu Massenauswanderungen führte,[29] zeitweise unterbrochen, doch ist auch auf dem griechischen Festland eine gewisse kulturelle Kontinuität unübersehbar. So wurde z. B. Mykene nie völlig zerstört und aufgegeben, selbst dann nicht, als die Zitadelle nach Abwanderung des Wanax unbewohnt war und zerfiel, und im wiederaufgebauten Tiryns, das auch in submykenischer und protogeometrischer Zeit eine nicht unbedeutende Siedlung gewesen zu sein scheint, herrschten im 12. Jahrhundert weiterhin eine Adelsschicht und möglicherweise ein Wanax mit einem relativ bescheidenen Herrschaftsbereich und einem Fernhandel über das Meer. In Attika gibt es keinerlei Hinweise auf Zerstörungen und Großbrände am Ende des SH III B, dagegen zahlreiche Indizien für eine gleichbleibende Bevölkerung sowie eine gewisse kulturelle und handwerkliche Kontinuität zwischen der ausgehenden Bronze- und der frühen Eisenzeit. Viele Bewohner von Pylos und anderen mykenischen Orten scheinen um 1200 v. Chr. ihre Heimat fluchtartig verlassen und zur Ostküste von Attika gesegelt zu sein, wo sie sich vor allem in Brauron und Perati ansiedelten und von dort aus Handel mit Euboia und anderen Inseln der Ägäis, mit Kreta, Zypern, Anatolien, der Levante und sogar mit Ägypten betrieben, wenn auch in geringerem Umfang als früher.

Auch in der Umgebung von Milet scheinen viele Siedler mykenischer Herkunft weiterhin gelebt zu haben, und in Lefkandi auf Euboia beherrschten offenbar Kleinkönige den Fernhandel mit Attika und den Inseln des östlichen Mittelmeeres, von denen sich um die Mitte des 10. Jahrhunderts einer mit seiner Frau in einem prunkvollen Grab mit exotischen Beigaben bestatten ließ. Über diesem Grab warf man einen Erdhügel auf und errichtete auf ihm ein etwa 400 m² großes Langhaus, in dem vermutlich der aus etwa einem Dutzend Kernfamilien bestehende Clan wohnte, dem der Verstorbene einst vorgestanden hatte.[30]

In Mykene ist man in Fundschichten des mittleren 13. Jahrhunderts v. Chr. auf Langschwerter gestoßen, die breiter und robuster sind als die damals in der Ägäis üblichen Stoßschwerter und die diesen im Kampf überlegen waren, weil man mit ihnen auch hauen konnte, weshalb in der Folge die Körperpanzer verstärkt und Schilde aus Metall hergestellt wurden. Die sogenannten Naue-II-Schwerter sind eine Weiterentwicklung der wohl ursprünglich im 16. Jahrhundert im Ostalpengebiet entstandenen Griffzungenschwerter, die sich bald in alle Himmelsrichtungen verbreiteten und häufig imitiert wurden. So scheint dieser Waffentyp bereits in der 2. Hälfte des 14. Jahrhunderts mit »barbarischen« Einwanderern über den Brenner nach Italien gelangt zu sein, und wohl schon in dieser frühen Zeit haben mykenische Fürsten aus diesen Gruppen Reisläufer angeworben, von denen vielleicht einer, der als Begleitschutz fungierte, mit dem Uluburun-Schiff gegen Ende des Jahrhunderts den Tod gefunden hat, was das im Wrack gefundene Naue-II-Schwert nahelegt.[31]

Offenbar hatten sich aufgrund der Berichte solcher den myke-

Abb. 300: Hörnerhelmkrieger mit Rundschilden, Krater aus der Burg
von Mykene, frühes 12. Jh. v. Chr.

nischen Fürsten als Söldner dienenden Krieger größere Gruppierungen von Urnenfelderleuten über das Adriatische Meer nach
Süden aufgemacht, was dort im späteren 13. Jahrhundert als ernste
Bedrohung empfunden wurde, denn die Pylier schickten damals
eine Kriegsflotte nach Norden mit dem Auftrag, die potentiellen
Angreifer in der Meerenge zwischen den Ionischen Inseln und dem
Festland aufzuhalten. Allem Anschein nach bestanden diese Gruppen, denen schließlich Pylos und viele andere Städte zum Opfer fielen, nicht nur aus mit den Naue-II-Schwertern,[32] Hörnerhelmen
und Rundschilden ausgestatteten Kriegern (Abb. 300),[33] sondern
aus regelrechten Familienverbänden, deren Mitglieder ihre relativ
schwere und an ein kälteres Klima angepaßte Kleidung an der
Schulter mit sogenannten Violinbogenfibeln schlossen und die jene
grobe, bei niederer Temperatur gebrannte und daher qualitativ
minderwertige »handgemachte Barbarenkeramik« herstellten, die
um 1200 v. Chr. auf der Peloponnes und bald darauf auch auf
Euboia, Naxos, Kos, Kreta und Zypern auftauchte. Auch das in
einem SH III C1-Grab auf der Insel Kephallenia entdeckte hauch-
dünne Goldblechfragment aus dem Bereich der donauländischen
Urnenfelderkultur war sicher ein Erbstück im Besitz einer Familie,

deren Vorfahren die Reise über die Ostalpen in den lockenden Süden unternommen hatten.[34]

Bereits hundert Jahre bevor die Kelten in Griechenland einfielen, gab es dort keltische Söldner, und ähnlich scheint es sich in der Spätbronzezeit auf der Peloponnes, in der Levante und in Ägypten verhalten zu haben, wo sich zunächst fremdländische Krieger mit ihren Familien als Reisläufer verdingten, die später große Kontingente von Landsleuten nach sich zogen, die wandalen- oder wikingerartig die Mittelmeerküsten überfielen und die Siedlungen plünderten und zerstörten.[35]

Dabei könnten sich bereits die Urnenfelderabkömmlinge im späten 13. Jahrhundert für ihre Überfälle auf Pylos und andere mykenische Küstenorte jenes neuen Schiffstyps bedient haben, den sie vielleicht von den Anrainern des Adriatischen Meeres übernommen hatten: Er war für schnelle Überraschungsattacken auf Hafensiedlungen und Handelsschiffe geeignet und ist möglicherweise mit jener Art von Wasserfahrzeugen identisch, die etwas später von den Ägyptern im Kampf mit der Kriegsflotte Ramses III. in Medinet Ḥabu dargestellt wurde (Abb. 301).

Die zu jener Zeit im östlichen Mittelmeer verkehrenden Handelsschiffe – in homerischer Zeit φορτις (von φερ-, »tragen, befördern«) genannt – wurden zwar im allgemeinen nicht bildlich dargestellt, aber sie konnten sehr groß sein, viel größer als das Schiff von Uluburun (Tf. XXII), das ungefähr 16 m lang war und dessen Rumpf aus 25 cm breiten und 5 cm dicken Planken aus Zedern- und Schwarzkiefernholz bestand. So geht aus der Menge des Getreides, das ein ugaritisches Handelsschiff im späten 13. Jahrhundert zur kilikischen Hafenstadt Ura transportierte, hervor, daß es ein knapp doppelt so großes Fassungsvermögen wie die Santa María, das Flaggschiff des Kolumbus, besaß. Und es ist klar, daß ein solch schweres Schiff, das man nur bei völliger Windstille sowie beim Verlassen eines Hafens und beim Einlaufen ruderte, zur leichten Beute der schnellen und wendigen Segelgaleeren wurde, deren Nachfahren jene leicht manövrierbaren Wasserfahrzeuge der tyrrhenischen Seeräuber waren, die später die Römer zu ihren Liburnen mit Kampfdeck und Rammsporn weiterentwickelten.[36]

Wer waren diese »Seevölker«? Lassen sie sich sämtlich auf die
Nachkommen der mitteleuropäischen Urnenfelderleute zurückführen? Es ist zwar sehr wahrscheinlich, daß über die Alpen
gewanderte Gruppen, die der Urnenfelderkultur angehörten, am
»Seevölkersturm« maßgeblich beteiligt waren. Doch ist es gewiß
realistischer, sich diese Wanderbewegung wie die der Kimbern,
Teutonen und Ambronen vorzustellen, die über tausend Jahre später auf ihrem Zug nach Süden wie eine Lawine zahlreiche keltische
Stämme und Familienverbände mit sich rissen, die sich den Verlok-
kungen der Landnahme und des Beutemachens nicht entziehen
konnten oder die durch das Bevölkerungswachstum zur Emigra-
tion genötigt waren.

So ist es wahrscheinlich, daß sich den Urnenfelderleuten zunächst in Italien und auf dem Balkan ansässige Gruppen anschlossen oder von ihnen in Bewegung versetzt wurden, vielleicht auch
dorische Stämme und aus der Argolis fliehende Mykener, die sich
zum Teil – wohl über Naxos – nach Kreta und von dort nach
Zypern wandten, aber auch als Seeräuber von ihren Schlupfwin-
keln aus Küstenregionen und Kauffahrer überfielen.[37]

Woher die Philister kamen, die zum zweiten »Seevölkersturm«
gehörten, der von Ramses III. abgewehrt wurde, und die man in
Ägypten *pwl3s3tj* nannte, ist unbekannt. Aber es könnte sich um
ein Ethnos aus einer Küstenregion des Adriatischen Meeres handeln, dem sich festlandgriechische Gruppen anschlossen, mit
denen die Philister einige Zeit gemeinsam auf Kreta verbrachten,
bevor sie über Zypern die Küste der südlichen Levante erreichten.
Wie Amos, der älteste der alttestamentlichen Propheten, berichtet,
verkündet Jahwe, er habe »die Philister aus Kaphthor« herausge-
führt, und im 5. Buch Mose heißt es: »Und die Kaphthoriter zogen
aus Kaphthor und vertilgten die Avviter, die in Dörfern wohnten
bis gen Gaza, und wohnten an ihrer Statt daselbst.« Offenbar waren die Philister in Kanaan mit Mykenern und Minoern vermischt
oder hatten sich während ihres Aufenthalts auf Kreta dermaßen
ägäisiert, daß z. B. ihre meist polychrome und im Gegensatz zur
kanaanitischen sehr fein gearbeitete Keramik, die sie um die Mitte
des 12. Jahrhunderts in Asdod herstellten, in hohem Maße der

ägäischen Keramik des SH/SM III C gleicht. Der Name der Philister-
göttin *pt[n]yh* ist als »Potnia« gelesen worden, d. h., als der Name,
der auf den Linear-B-Täfelchen das Epitheton mehrerer ägäischer
Göttinnen ist, und den Philistern wird auch ein großes Kalkstein-
gefäß des frühen 12. Jahrhunderts aus dem palästinensischen Tell
Lachiš zugeschrieben, das die Linear-A-Inschrift *ri-da-nu*, vermutlich eine Bezeichnung für den ehemaligen Inhalt des Gefäßes,
trägt.[38]

Auf dem Seeschlachtrelief am Großen Tempel von Medinet Ḥabu
und auf einem anthropoiden Sarkophagdeckel aus Beth Shan tragen die Krieger der Philister bzw. der Verstorbene Federkronen,

Abb. 301: Philister mit Federkronen kämpfen gegen die Marinekrieger
Ramses III., Relief in Medinet Ḥabu, 1. Hälfte d. 12. Jh. v. Chr.

wie sie auch auf Vasenfragmenten des SH III C aus Tiryns und von
Kos und sogar schon auf dem rätselhaften Diskos von Phaistos zu
sehen sind.[39] Doch lassen sich daraus kaum Rückschlüsse auf die
ursprüngliche Herkunft der Philister ziehen, da auch die Krieger
der *lwkw* (wahrscheinlich Lykier), der *dꜣjnjwnꜣ* (wahrscheinlich
Kilikier) und der *t̠ꜣkrꜣ* (Tjekker oder Takkari) mit einem solchen
Kopfputz ausgestattet sind.[40]

Wie zahlreiche ägäische und ostmediterrane Siedlungen scheint
auch Troja VIIa um das Jahr 1190 von aus dem Westen kommenden Völkerschaften zerstört worden zu sein. Wie sich freilich an

der auch in den Ruinen dieses Fürstensitzes gefundenen »handgemachten Barbarenkeramik« erkennen läßt, können die Eroberer
Trojas keine mykenischen Griechen gewesen sein, vielmehr handelte es sich offenbar um Angehörige der »Seevölker«, die zuvor
irgendwo auf dem westlichen Balkan gesiedelt hatten. Wenn es in
der griechischen Überlieferung heißt, Troja sei auf gleiche Weise
vernichtet worden wie drei Generationen später Mykene, dann
müßte die Stadt des Priamos Troja VI gewesen sein, das indessen
ebenfalls nicht den Mykenern, sondern um 1300 v. Chr. einem Erdbeben zum Opfer fiel. Dies entspricht der alten Erzählung, nach
der Poseidon, der vom trojanischen König betrogene Erdbeben-

Abb. 302: Geschichtenerzähler der Kalahari-Buschleute.

gott, aus Rache die Mauern der Stadt niederriß – wobei unschwer
erkennbar ist, daß das hölzerne Pferd (ἵππος δουράτειος) der Sage
den Pferdegott Poseidon symbolisiert.

Vielleicht gab es bereits in der Spätbronzezeit ein altes Epos
von der Belagerung und Eroberung einer Stadt durch eine Helden-
schar, das mit dem Mythos von der Befreiung der Sonnengöttin
aus der Unterwelt und später mit den Berichten von mykenischen
Attacken des SH III A auf kleinasiatische Küstenstädte, von der
Erdbebenkatastrophe um 1300 sowie von der Eroberung Trojas
durch »Seevölker« und von Angriffen aiolischer Griechen auf die

Stadt im 11. Jahrhundert schließlich zu jenem Amalgam verbunden wurde, das als die homerische Ilias Weltruhm erlangte.[41]

Uralte mythische Erzählungen und Gedichte wurden gewiß schon im minoischen Kreta mit den Berichten von Seefahrern, die aus fernen Gegenden jenseits des Horizontes und der bekannten Welt heimkehrten, verschmolzen und von Rhapsoden und Rhapsodinnen mit Begleitung der Leier (φόρμιγξ oder κίθαρις) vorgetragen, wobei allerdings nicht bekannt ist, was für ein Versmaß auf Kreta benutzt wurde. Doch Darstellungen von achtsaitigen Leiern oder Kitharas, die denen ähneln, die später von den homerischen ϑεῖος 'αοιδοι, den »göttlichen Sängern«, benutzt wurden, gibt es bereits in mittelminoischer Zeit, und aus der spätminoischen Epoche stammen Terrakottaplastiken und Gravierungen sowie Sarg- und Vasenmalereien von weiblichen und männlichen Lyraspielern und ihren Instrumenten aus Aghia Triada, Knossos, Palaikastro und dem südlich von Praisós auf dem ostkretischen Handras-Plateau liegenden Farmakokéfalo.

Auf der bereits im Zusammenhang mit Orpheus erwähnten Pyxis des frühen SM III B aus einem Kammergrab bei Kalami östlich von Khania ist ein Mann in langer Robe und mit offenem Mund – also wohl sprechend oder singend – dargestellt, der in der Linken eine Kornähre und in der Rechten eine siebensaitige Lyra hält. Von oben fliegen zwei Vögel auf ihn zu, die der Archäologe Stefan Hiller für den Ausdruck der »geflügelten« Inspirationen hält, die der Barde von der Gottheit empfängt, während zwei »Horns of Consecration« mit einer Doppelaxt wohl die »Göttlichkeit« des Gesangs betonen (Abb. 286). Eine elfenbeinerne Lyra hat man in einem Tholosgrab im attischen Menidi gefunden, und es ist durchaus vorstellbar, daß dieses Instrument dem Verstorbenen den Weg ins Jenseits öffnen sollte, wie im Falle des Apollon Kitharodos und des Argonauten Orpheus, der seine Leier von dem periodisch zu den Hyperboräern reisenden Gott erhalten hatte.[42]

Vor dem Ende des SM I B, d. h. um 1420 v. Chr., als die ersten Mykener nach Kreta kamen, scheint es auf der Insel eine weitgehend homogene Bevölkerung gegeben zu haben, deren Vorfahren im späten 8. Jahrtausend mit ihren Rindern, Schafen, Ziegen,

Schweinen und Hunden sowie ihrem Saatgut die südwestanatolische Heimat verlassen und über Rhodos und Karpathos die Insel Kasos erreicht hatten, von wo aus sie zur 50 km entfernten und schon von Karpathos aus sichtbaren Küste Kretas gelangt waren. Diese Einwanderer, die auf dem Kefála-Hügel, wo sich später der Palast von Knossos erhob, eine Siedlung aus Lehmhäusern errichteten und Einkorn, Gerste, Erbsen und Linsen anbauten sowie Mandeln und Feigen kultivierten,[43] besaßen wohl, wie die Bewohner von Çatal Hüyük und anderer anatolischer Dörfer des akeramischen Neolithikums, eine proto-indogermanische Sprache, die sich vermutlich einerseits über den Balkan und die Donau hinauf mit den Linienbandkeramikern bis nach Mitteleuropa verbreitete.[44] Aber andererseits entwickelten sich aus ihr Sprachen wie das Luwische und das Minoische,[45] in dem gewiß schon in früher Zeit in rudimentärer Form Mythen formuliert wurden, die Fernfahrten über das Meer zum Gegenstand hatten. Zwar weiß man nicht, wie die Wasserfahrzeuge aussahen, mit denen die Vorfahren der Minoer dieses Meer überquerten, aber sie müssen immerhin so groß und stabil und hochseetauglich gewesen sein, daß man mit ihnen Rinder von Kleinasien nach Kreta befördern und Obsidian für Klingen und Pfeilspitzen von der fast 170 km Luftlinie entfernten Insel Melos nach Hause bringen konnte.

Man hat vermutet, daß die Festlandgriechen bereits in der Schachtgräberzeit, in der sie selber Fernfahrten ins zentrale Mittelmeer unternahmen, alte Geschichten von Schiffsreisen in jenseitige Gefilde von den Minoern übernommen und mit eigenen Überlieferungen verschmolzen haben. Wie Plinius berichtet, wurde zu seiner Zeit allgemein anerkannt (*probantur fuisse*), daß die großen epischen Gedichte aus den Zeiten »vor dem Trojanischen Krieg« stammten, und man kann annehmen, daß sie schon im 15. und 14. Jahrhundert v. Chr. von wandernden Rhapsoden (Linear B *ru-ra-ta-e*) in Form von daktylischen Hexametern vorgetragen wurden, und zwar vornehmlich in den Burgen der mykenischen Wanaktes, wie es das Fresko des auf einem Felsen sitzenden Lyraspielers mit der vor ihm fliegenden Taube im Thronsaal des Palastes von Pylos veranschaulicht (Abb. 303).

Abb. 303: Lyraspieler und Taube, Fresko im Palast von Pylos, SH III B.

Auch im 13. und 12. Jahrhundert wurden »the memories of past glories retained« und weiterhin von den Lyraspielern vorgetragen, wie es die Darstellung eines λυραστής auf einem Skyphosfragment aus einem Grab des SH III C in Nauplia südlich von Tiryns zeigt, wenn auch in der Folgezeit der »Dunklen Jahrhunderte« die an den Höfen wie dem des Basileus von Lefkandi sowie auf Jahrmärkten und Hochzeiten auftretenden ἀοιδοί nicht mehr die sieben- oder achtsaitige Kithara, sondern die dreisaitige Phorminx benutzten.

Freilich wird so mancher ἀοιδός dem mykenisch/minoischen Adel, der es vorzog, nach dem Zusammenbruch der Palastwirtschaft vor den »Seevölkern« zu fliehen, gefolgt sein, so daß weiterhin vor allem auf Zypern die verschiedenen Versionen der Argonautiká, der Odyssee, der Ilias und anderer heute verschollener Epen bewahrt und bei Festen und Gelagen vorgesungen werden konnten.[46] Doch flohen nicht alle Angehörigen der spätbronzezeitlichen Elite über das Meer. Manche wurden erschlagen, einige blieben in ihrer Heimat, während andere in von den Wirren der Zeit unberührte Gegenden des griechischen Festlandes zogen, wo sie für die Erhaltung oraler Überlieferungen sorgten.

In noch weit stärkerem Maße gilt dies für Kreta, wo zwar die Spätpalastzeit nur bis zur Mitte des 13. Jahrhunderts dauerte, als wohl auch die Paläste von Knossos und Khania zerstört wurden, während dieses Schicksal die Paläste auf dem Festland erst rund 50 Jahre später ereilte. Doch gab es nirgendwo im ägäischen Raum eine größere kulturelle Kontinuität über das SM III C und die subminoische und geometrische Periode hinweg als hier, auch wenn im letzten Drittel des 13. und im ersten Viertel des 12. Jahrhunderts zahlreiche Siedlungen vor allem an der Südküste der Insel infolge der ständigen Bedrohung durch Angreifer aufgegeben wurden, die offenbar ihre Schlupfwinkel auf den Kykladen, namentlich auf Paros und Naxos, hatten. Sanken auf dem Festland am Ende der Bronzezeit die meisten einst blühenden Städte zu unbedeutenden Weilern herab, behielt vor allem Knossos seinen städtischen Charakter mit Fernhandelsbeziehungen zu Zypern und Tyros, aber auch zum zentralen Mittelmeer, und es ist wahrscheinlich, daß auch hier in subminoischer und protogeometrischer Zeit die alten Seefahrererzählungen und -gesänge von Generation zu Generation weitergegeben wurden.[47]

Für die Annahme, die homerischen Epen hätten bronzezeitliche Elemente aufbewahrt, spricht zum einen die Tatsache, daß in ihnen Objekte beschrieben werden, die es zur Zeit Homers, also wohl in der 1. Hälfte des 8. Jahrhunderts, nicht mehr gab, die aber typisch für die Bronzezeit sind. So scheint Odysseus eine Zeitreise aus dem Mittelgeometrikum in die Spätbronzezeit zu unternehmen, wenn er in Scheria den Palast des Alkinoos betritt, dessen Sims mit einem Fries aus κύανος verkleidet ist, was in der Epoche Homers ganz und gar nicht mehr der Fall war. Und wenn Penelope »die glänzenden Obergemächer« verläßt und »die hohe Treppe« hinuntersteigt, dann tut sie das bestimmt nicht im ebenerdigen und bauernhausartigen Domizil eines Basileus des 9. oder 8. Jahrhunderts.

Daß Berichte aus ganz verschiedenen Epochen miteinander kombiniert worden sind, erkennt man daran, daß einerseits das Eisen – der Eisenzeit entsprechend – als gängiges Metall erwähnt wird, aber andererseits wieder den Wert besitzt, der ihm in der Bronzezeit beigemessen wurde. So raubt Achilles einen eisernen Diskos und bringt ihn »mit anderen Schätzen« Trojas auf sein Schiff, »weißgrau schimmerndes Eisen« gehört auch zu den »Kostbarkeiten«, die Odysseus gesammelt hat, und »festgeschmiedetes Eisen« wird dem Menelaos für den Fall angeboten, daß er ein Leben verschont. Auch Dolon offeriert Eisen für sein Leben, und der Pelide verspricht wiederum »schöngegürtete Weiber und grauglänzendes Eisen« als Preis für den Sieg.[48]

Weder in den »Dunklen Jahrhunderten« noch im homerischen Zeitalter fuhren die Krieger auf einem Streitwagen in die Schlacht, und sie benutzten auch keine Beinschienen, lange Stoßlanzen oder mit Bronze überzogene Rundschilde, die anscheinend im späten 13. Jahrhundert durch Abkömmlinge der Urnenfelderkultur ins östliche Mittelmeer gelangt waren. Vom zyprischen König Kinyres erhält Agamemnon als Gastgeschenk einen ehernen Brustpanzer mit »zehn Streifen aus bläulichem (κυάνοιο) Glase, / Zwölf aus lauterem Gold und zwanzig von glänzendem Zinne; / Bläulicher Drachen (κυάνεοι δὲδράκοντες) drei erhoben sich gegen den Hals zu / Beiderseits, wie Regenbogen«, also einen Harnisch, wie es ihn im Zeitalter Homers nicht mehr gab. Und ein gleiches gilt für Nestors Mischbecher (δέπας, Linear B *di-pa*), den minoisch/mykenischen Eberhauerhelm und jenen großen Körperschild, der von bronzezeitlichen Darstellungen her bekannt ist, aber so, wie er in der Ilias beschrieben wird, für eine Verwendung im Kampf viel zu schwer gewesen wäre: »Aias nahte und trug den Schild einem Turme vergleichbar, / Ehern und siebenhäutig, den Tychios kunstfertig hergestellt, / Hochberühmt in des Leders Bereitung, aus Hylé gebürtig; / Dieser schuf ihm den schimmernden Schild aus den Häuten von sieben / Feisten Stieren und schmiedete drüber die achte von Erze.«[49]

Nun berichtet Pausanias, im Heraion von Samos befinde sich »als Weihgeschenk der Schild, den Menelaos einst dem [sterbenden] Euphorbos in Ilion abgenommen hatte«, wobei man freilich ebensowenig über das Alter dieses Schildes weiß wie über das der »Lyra des Paris«, die man Alexander dem Großen zeigte, als er im Jahre 334 v. Chr. durch die Ruinen von Troja schritt. Allerdings fand man auf Kreta einen bronzezeitlichen Eberhauerhelm in einem subminoischen Stratum, und es ist durchaus denkbar, daß solche Helme als Erbstücke bis in jene Periode weitergereicht wurden, in der man das »Heroenzeitalter« verehrte und spätminoische

Larnakes als Särge wiederverwendete oder sie imitierte. Denn sowohl auf Kreta als auch auf dem Festland, in Theben, Eleusis oder auf Paros räumte man bisweilen Gräber aus minoisch/mykenischer Zeit aus und gab die dort gefundene Keramik den eigenen Verstorbenen mit ins Grab oder ahmte sie nach – so ein korinthischer Töpfer, der im frühen 6. Jahrhundert v. Chr. die Imitation einer spätbronzezeitlichen Bügelkanne herstellte. Und um das Jahr 466 ließ Kimon, der Sohn des Miltiades, zur Rechtfertigung der athenischen Ansprüche auf Skyros dort nach den Gebeinen des Theseus fahnden, die man schließlich zusammen mit einer Lanze und einem Bronzeschwert in einem alten Grabhügel fand und nach Athen überführte.[50]

Indessen lassen sich auf diese Weise nicht sämtliche bronzezeitlichen Elemente, etwa die hohe Wertschätzung des Eisens, das zu jener Zeit in Mesopotamien »Himmelskupfer« genannt wurde, erklären, und auch ein mit Rinderfell bespannter Holzrahmen, der einem Krieger vom Boden bis zum Kinn gereicht hätte, wäre im Verlaufe eines halben Jahrtausends in der Erde Kretas oder des griechischen Festlandes verrottet. Zudem spricht für eine mündliche Übermittlung bronzezeitlicher Texte über die »Dunklen Jahrhunderte«, daß auf Linear-B-Täfelchen des thebanischen Palastarchivs aus dem späten 13. Jahrhundert die Orte Eleón, Peteón und Hylé genannt werden, die nach ihrer damaligen Zerstörung – wohl durch die »Seevölker« – jahrhundertelang und auch noch über das homerische Zeitalter hinaus verlassen und unbesiedelt dalagen, wobei die früheste Erwähnung Eleóns ins 6. Jahrhundert fällt. Nun heißt es aber im höchstwahrscheinlich interpolierten voriliadischen homerischen »Schiffskatalog« von Peneleos und Leïtos, den Führern der boiotischen Truppen nach Troja, sie hätten Ἐλεῶν besessen sowie »die Städte Peteón und Hylé« (Ὕλην καὶ Πετεῶνα), aber auch Eutresis (Εὔτρησίο, Linear B *e-u-te-re-u*), das ebenfalls erst wieder im 6. Jahrhundert besiedelt wurde. Und an einer anderer Stelle der Ilias heißt es, einst habe Autolykos jenen Eberhauerhelm, den er bei der Erstürmung der Feste Eleón erbeutet hatte, dem Kreter Meriones geschenkt, der ihn schließlich an Odysseus weitergab.[51]

Man mag einwenden, es sei illusorisch zu glauben, Überlieferungen hätten über einen derart langen Zeitraum tradiert werden können, ohne daß sie sich vollkommen veränderten, zumal man annehmen müsse, daß die Barden, die von den Fahrten der Argonauten oder des Odysseus kündeten, ihre Gesänge jeweils dem Zeitgeschmack anpaßten und immer neue Episoden integrierten.

Nun bleibt unbestritten, daß von der langen Reihe der Rhapsoden, an deren Ende Homer und andere standen, deren Namen wir nicht kennen, die einzelnen Ereignisse in den Epen immer wieder neu miteinander kombiniert wurden oder daß z. B. aufgrund der Erlebnisse der Seefahrer von Lefkandi, die ab der Mitte des 11. Jahrhunderts die Fernfahrten wiederaufnahmen, alte Begebenheiten modifiziert oder Emphasen anders gesetzt worden sind. Doch bedeutet dies nicht notwendigerweise, daß infolge ständiger Improvisationen nach einigen Generationen sämtliche bronzezeitlichen Elemente eliminiert waren.

So hat mir der Ethnologe Michael Oppitz erzählt, die Schamanen der Magar im Himalaya hätten während seiner Anwesenheit bei ihren Séancen neue Elemente, die mit seinem Besuch zusammenhingen, in ihre Gesänge aufgenommen, aber in den folgenden Jahren als akzidentiell wieder beseitigt. Und entsprechend scheint auch die Essenz der mündlich weitergegebenen albanischen Heldenlieder, die von den Taten Skanderbegs handelten, der 1444 die Osmanen am Schwarzen Drin schlug, nach einem halben Jahrtausend erhalten geblieben zu sein. Ähnlich verhält es sich offenbar mit den germanischen Heldenliedern des 4. Jahrhunderts, die von fahrenden Sängern ins Mittelalter getragen wurden, und mit den Überlieferungen historischer Ereignisse in Polynesien und Afrika.[52]

Offenbar ist die Meinung verbreitet, die epischen Überlieferungen der Ägäer seien erst im 8. Jahrhundert v. Chr. auf ägyptischen, von den Phöniziern erstandenen Papyri schriftlich fixiert worden. Doch wenn das Alphabet tatsächlich, wie einige Gelehrte vermuten, bereits in subminoisch/subhelladischer Zeit, also im 11. Jahrhundert, von den Griechen, namentlich den Nachkommen der nach Ionien emigrierten Mykener, aus der Levante übernommen worden ist, könnte es durchaus sein, daß die Argonautiká und die homerischen Epen bereits 300 Jahre früher aufgezeichnet wurden.[53] Dessenungeachtet bleibt es freilich wahrscheinlich, daß die Berichte spätpalastzeitlicher minoischer Seefahrer von ihren Abenteuern auf dem Okeanos noch in der Bronzezeit in die alten Mythen von der Jenseitsfahrt der Vegetationsgottheit eingeflossen sind. Und gleichermaßen liegt die Vermutung nahe, daß solche Erzählungen im 13. und 12. Jahrhundert auf Kreta und Zypern in epischer Form in Linear-A- bzw. kypro-minoischer Schrift fixiert die »Dunkeln Jahrhunderte« überdauert und schließlich den Grundstock der Argonautiká und der Odyssee gebildet haben.[54]

NACHWORT:
BEMERKUNGEN ZUR ZWISCHENZEITLICH
ERSCHIENENEN KRITIK

Als der Wissenschaftstheoretiker Paul Feyerabend vor 30 Jahren über eines meiner Bücher schrieb, zahlreiche »akademische Nagetiere« hätten »es zum Anlaß« genommen, »auf ihre Bäume und in ihre Höhlen zu flüchten«, um mich »von diesen sicheren Verstekken aus mit ihren Denkabfällen zu bombardieren«, auf daß »der Inzest des Stumpfsinns weiterhin die Szene beherrsche«,[1] ahnte er wohl kaum, daß die schon damals recht trübe Quelle der Kritik wenige Jahrzehnte später völlig verschmutzen könnte.

Denn die über eineinhalb Jahrzehnte währende Auseinandersetzung mit den Resultaten meiner Forschungen im Rungholtwatt hat deutlich gezeigt, daß die Ende der siebziger Jahre noch rudimentär vorhandene Diskussionskultur mittlerweile unter der Ägide der herrschenden akademischen Seilschaften fast völlig durch Leisetreterei sowie durch »politisch korrektes« Duckmäuser- und Denunziantentum ersetzt worden ist.

So äußern sich die Vertreter des wissenschaftlichen Establishments mittlerweile immer seltener offen, vielmehr tun sie dies anonym oder sie delegieren ihre diskreditierenden Verlautbarungen an willfährige Assistenten, Doktoranden oder Hofberichterstatter der Medien. Ein bekannter, an einer südwestdeutschen Universität lehrender Archäologe warnte beispielsweise amerikanische Fachkollegen auf informellem Wege vor meinen »phantastic ideas about close connections of societies in the North Sea region with the East Mediterranean«, die ich »at a very remote place«, nämlich dem Suhrkamp/Insel Verlag, »a publishing house specialized on poetry and novels«, in Form eines Buches veröffentlicht hätte, das »certainly not a serious publication« sei.[2]

Nachdem die *Spiegel*-Redakteurin Karin Andresen den Lesern mitgeteilt hatte, ich behauptete »entgegen allen Expertenmeinungen«, es habe in der Bronzezeit einen Kontakt zwischen Kreta und dem Norden gegeben, was meinen »Ruf bei der Zunft der Archäologen wohl endgültig ruiniert« haben dürfte, fragte ich sie, wer denn diese »Experten« seien. Darauf antwortete sie mir treuherzig, das könne sie mir nicht sagen, aber so hätten es ihr die Vertreter des Archäologischen Landesamtes von Schleswig-Holstein gesagt. Und als der von diesem Amt präparierte NDR-Redakteur Jürgen Deppe in einem Fernsehbeitrag die Farbtafeln unserer Wattfunde zeigte, überblätterte er sämtliche Tafeln mit den Photos der mediterranen Funde und ließ scheinheilig den Sprecher sagen, der NDR hätte »sehr gerne die strittigen Fundstücke gezeigt«, doch hielte ich die entsprechenden Abbildungen verborgen![3]

Um sich erst gar nicht mit unseren Funden und vor allem mit den Implikationen dieser Entdeckung auseinandersetzen zu müssen, hatten vor allem die schleswig-holsteinischen Landesarchäologen von Anfang an behauptet, die angeblichen Wattfunde müßten untergeschoben sein, da es um 1300 v. Chr. einen direkten Handel über große Entfernungen hinweg überhaupt nicht gegeben habe. »I have the suspicion«, so der eingangs zitierte archäologische Heckenschütze, »that the objects were recently brought from Greece and planted by someone in the tideland«, und ein »Mitarbeiter« des Landesamtes, hinter dem sich nach Auskunft der *Spiegel*-Redaktion der Landesarchäologe Claus von Carnap-Bornheim verbirgt, argwöhnte gegenüber dem Magazin: »Vielleicht haben ja seine eigenen Leute die Scherben ins Gelände geworfen, um ihn zu verulken.« Dem fügte sein Stellvertreter Hans Joachim Kühn – getreu seiner Devise »Audacter calumniare, semper aliquid haeret« – hinzu, auch er sei in der Lage, »aus dem Urlaub zwei Taschen voller Scherben mitzunehmen und ins Watt zu streuen«, und bezeichnete mich als »Trickser«, was in diesem Zusammenhang ein etwas milderer Ausdruck für einen Betrüger ist.[4]

Nachdem freilich meine ehemaligen Mitarbeiter und Studenten gegenüber der Wissenschaftsredaktion des *Spiegel* und den Wissenschaftsredakteuren der ARD meine Beschreibung der Fundumstände bestätigt hatten, konnte die Behauptung, ich sei ein Gauner, nicht länger aufrechterhalten werden. Deshalb modifizierten die Landesarchäologen ihre Argumentation und bezeichneten meine Mitarbeiter als Lügner, während ich eine Beförderung vom Halun-

ken zum Trottel erfuhr, der arglos seinen Studenten und Assisten-
tinnen auf den Leim gegangen war. Als schließlich der stellvertretende Landesarchäologe Kühn in der Presse erklärte, er gehe »jede
Wette ein«, daß die angeblichen Zeugen »noch nie im Watt gewesen« seien,[5] teilte ich der Presse und dem Landesamt mit, ich
nähme die Wette an und setze den Einsatz auf 50 000 Euro fest, da
Kühn ja bereit sei, *jede* Wette einzugehen. Die Landeszeitung solle
ein neutrales Schiedsgericht aus Wissenschaftlern und Pressever-
tretern zusammenstellen, dem dann die Aufgabe zufiele, anhand
von Filmmaterial, Photos und ähnlichem zu entscheiden, ob die
Zeugen sich zu Forschungsarbeiten im Rungholtwatt aufgehalten
hatten oder nicht.

Ich habe anschließend von diesem Amt kein Sterbenswörtchen
mehr gehört, da die Erklärung des Landesarchäologen natürlich
nicht Ausdruck der Überzeugung war, meine Mitarbeiter seien
Schwindler. Vielmehr handelte es sich nur um einen weiteren Versuch, unsere Forschungen im Watt und die Schlußfolgerungen, die
wir aus den Ergebnissen gezogen hatten, in Mißkredit zu bringen.

Meine Überzeugung, ein Betrug durch meine Studenten und
Mitarbeiter sei auszuschließen, beruhte indessen nicht nur auf dem
Vertrauen, das ich ihnen stets entgegengebracht habe. Denn wie
sollte ein solcher Betrug geschehen sein? Zum einen waren wir auf
die mediterranen Objekte aus der Bronzezeit zum größten Teil
nicht einfach »im Gelände« gestoßen, wie der Landesarchäologe
es dem *Spiegel* suggerierte, sondern unterhalb eines ungestörten
Stratums aus Auenwaldtorf und eines weiteren aus hellerem Schilf-
torf, die unsere Fundstelle gewissermaßen versiegelt hatten. Zum
anderen wußten die Teilnehmer der ersten Rungholt-Exkursion im
Frühjahr 1994 überhaupt nicht, wo im Watt wir graben würden,
besaß doch nur ich eine Beschreibung der Stelle, an welcher 15 Jahre vor uns der Halligpächter Dethleffsen den vergeblichen Versuch
unternommen hatte, den – gewiß ostmediterranen – von einem
Wattläufer aufgespürten Kalksteinanker zu bergen.

Wollte man aber trotzdem, wider alle Vernunft, annehmen,
meine Mitarbeiter hätten die Funde in den Jahren davor, als sie von
einer geplanten Exkursion ins nordfriesische Wattenmeer noch gar

nichts wußten, an der Norderheverkante vergraben, dann müßte ihr Unternehmen im Logbuch eines der Plattbodenschiffe aufgezeichnet sein, mit denen allein die abgelegene und zu Fuß unerreichbare Gegend zugänglich ist. Die Logbücher der beiden Zweimaster sind für jedermann einsehbar.

Schließlich gibt es für ein solches Täuschungsmanöver auch kein Motiv. Denn das Ziel unserer Forschung im Watt bestand darin, die Überbleibsel des im späten Mittelalter versunkenen Handelsortes Rungholt zu finden, die ich entgegen der Meinung sämtlicher »Experten« im Watt *nördlich* von Südfall vermutete.[6] Niemand von uns dachte auch nur im Traum daran, beweisen zu wollen, daß 2700 Jahre vor dem Untergang Rungholts minoische Argonauten an die damalige Nordseeküste gefahren waren, um den kostbaren »Sonnenstein« nach Kreta zu holen. Gänzlich undenkbar ist, daß die Studentin, die 1998 das minoische Siegel fand, dieses untergeschoben haben könnte. Sie studierte zwar an der Universität Bremen, war aber gerade erst zum Rungholt-Team gestoßen und mir völlig unbekannt, und ich konnte sie gerade noch davon abhalten, das Objekt über Bord zu werfen, war es doch so verschmutzt, daß es zunächst als Artefakt gar nicht erkennbar war. Und wie hätte sie überhaupt in den Besitz eines minoischen Serpentinsiegels kommen können? Solche seltenen und wertvollen Gegenstände liegen in den kretischen Ausgrabungsstätten nicht einfach herum, und sie hätte schon ein unentdecktes minoisches Grab plündern müssen, um an das Objekt zu kommen: Die Zeit, in der man – wie Evans vor 120 Jahren – in einem Laden auf der Athener Plaka ein minoisches oder mykenisches Siegel erwerben konnte, ist nämlich längst vorbei.[7]

Doch gibt es noch viele weitere Beispiele, aus denen sich ersehen läßt, daß in der Diskussion um unsere Funde der gesunde Menschenverstand durch Pseudoobjektivität, die bisweilen an Realsatire grenzt, verdrängt worden ist. So bestand ein zwar bekannter, aber etwas überangepaßter Wissenschaftsjournalist des Südwestfunks in einem Interview, das er auf Kreta mit mir führte, darauf, nur diejenigen von unseren Funden dürften als Beweisstücke anerkannt werden, die ein vereidigter Notar im Augenblick der Entdeckung in einem von ihm anschließend versiegelten Behälter deponiert habe. Und der stellvertretende Chefredakteur der Zeitschrift *Abenteuer Archäologie* stellte fest, man könne meinen Mitarbeitern und mir »allenfalls *glauben*«, daß der von einem Museumskonservator aus den Ritzen einer ägäischen Scherbe gelöste Sand und Schlick sowie der einer Vergleichsprobe, die beide am Rathgen-Labor analysiert wurden, aus dem Rungholtwatt stammten. Denn das Fundstück habe »keinen wissenschaftlichen Wert«, »solange sich niemand findet, der noch einmal ins Watt fährt«, um eine weitere Probe zu holen.[8] Auf den Gedanken, das überschaubare Risiko eines Ausflugs ins Rungholtwatt einzugehen, um solch eine Sedimentprobe zu besorgen, scheint dieser »archäologische Abenteurer« nicht gekommen zu sein.[9]

Einen empfindlichen Mangel an Common sense dokumentieren auch jene Kritiker, die sich einer *argumentatio ex silentio* bedienen, nach der wir unsere Funde allein schon deshalb nicht gemacht haben können, weil sie vor uns noch niemand gemacht habe, oder der Landesarchäologe v. Carnap-Bornheim, der einwendet, daß eine solche Entdeckung ja »wie ein Sechser im Lotto« wäre. Dagegen versucht ein Heidelberger Archäologe unsere Funde mit dem Argument herunterzuspielen, »die Aussagekraft« der mediterranen Objekte sei »deshalb begrenzt«, weil es sich »um Einzelfunde« handle – was darauf hinausliefe, daß auch die Bedeutung der Himmelsscheibe von Nebra oder diejenige Ötzis gering sei, weil man keine weiteren Scheiben oder Männer im Eis entdeckt habe.

Völlig unplausibel ist auch sein Einwand, die minoischen Funde hätten »bestenfalls über Zwischenhändler« in den Norden gelangen können, da »eine Reise in die Nordsee ein ungeheures Wagnis gewesen« wäre.[10] Einmal abgesehen davon, daß es bekanntlich tollkühne Seefahrten ebenso gegeben hat wie »Sechser im Lotto«, ist ein Transport unseres Fundgutes über eine Kette von »Zwischenhändlern« vor allem aus zwei Gründen auszuschließen. Zum einen waren minoische Weichsteinsiegel aufgrund ihres geringen Materialwertes im Gegensatz zu orientalischen Rollsiegeln aus kostbaren Hartsteinen kein Handelsgut, und da sie ein persönliches Eigentum darstellten, gilt ihr Fund als ein Indiz für die ein-

574

stige Anwesenheit ihres Besitzers am Fundort. Und zum anderen ist es kaum denkbar, daß ein extrem dünnwandiges Gefäß wie das, von dem unser Spiralfragment stammt, über Tausende von Seemeilen von Hand zu Hand und von Schiff zu Schiff und Stamm zu Stamm gereicht worden wäre. Die schlichten monochromen Skyphoi stellen schließlich überhaupt keine Handelsware dar, zumal unsere Gefäße, wie man an den Brandspuren erkennen kann, keineswegs ungebraucht waren: Offenbar hatten ihre Benutzer sie ans Feuer gestellt, um den Inhalt – Brei, Suppe oder Eintopf – aufzuwärmen.

Auch spricht die Vermutung, das Spiralgefäß sei möglicherweise bereits im SM II oder III A 1 hergestellt worden, nicht dagegen, daß es an die hundert Jahre später auf einem minoischen Schiff transportiert worden ist. In Tell Deir 'Alla, dem antiken Gilead im Jordantal, fand man in einer Fundschicht des 12. Jahrhunderts v. Chr. einen damals bereits 200 Jahre alten Henkelkrug aus dem SH III A 2 und in Maa-Palaikastro ein Tongefäß derselben Zeit in einer 150 Jahre jüngeren Schicht. In einem Grab des 11. Jahrhunderts v. Chr. in Kaloriziki auf Zypern stießen die Ausgräber auf einen Krater des 16. Jahrhunderts, und in Tiryns fand man in einem Stratum des SH III B 2 ein minoisches Keramikgefäß mit einer Linear-A-Inschrift, das jahrhundertelang in Gebrauch gewesen sein muß.[11]

Auf den ganzen Unsinn, den mir der stellvertretende Landesarchäologe Kühn unterstellt hat, möchte ich hier nicht mehr eingehen, da ich dies ausführlich an anderer Stelle getan habe,[12] sondern mich auf seine jüngsten Äußerungen beschränken. Nachdem Kühn in einem »Gespräch« mit Thomas Steensen, dem Direktor des Nordfriesischen Instituts, der gar nicht erst den Versuch unternahm, Objektivität und Fairness auch nur zu heucheln, behauptet hatte, das »Fundgut sei von mir zeitlich und kulturell falsch zugeordnet« worden, forderte ich Kühn auf, dieses Urteil zu belegen und genau zu sagen, *welches* »Fundgut« ich *wo* falsch bestimmt habe. Erstaunlicherweise war in seiner Antwort in der nächsten Nummer der Zeitschrift vom Vorwurf einer »falschen Zuordnung« plötzlich nicht mehr die Rede. Statt dessen konstatiert Kühn, die Frage lasse »sich nicht beantworten«, da bislang kein »schleswig-holsteinischer Archäologe« die in meinem *Rungholt*-Buch beschriebenen und abgebildeten Funde »zu Gesicht bekommen« habe.[13]

Aber warum sollten ausgerechnet Archäologen aus diesem Bundesland unsere mediterranen Funde untersuchen? Nachdem meine Studenten im Rungholtwatt römische Terra-sigillata-Scherben gefunden hatten, schickte ich dem Landesarchäologen v. Carnap-Bornheim, angeblich ein Spezialist für römische Funde im Barbaricum, ein kleines Fragment mit der Bitte um Bestimmung. Nachdem ich keine Antwort erhielt, schrieb ich ihm erneut und fragte ihn, ob er eine größere Scherbe benötige. Auch auf diesen Brief erfolgte keine Reaktion des Landesarchäologen, doch schließlich erhielt ich ein Schreiben seines Stellvertreters Kühn mit der Mitteilung, in Schleswig-Holstein könne niemand das von uns im Watt gefundene römische Luxusgeschirr mit dem rotbraunen Glanzüberzug identifizieren.[14] Wenn es aber in diesem Bundesland nicht einmal jemanden gibt, der dorthin exportierte römische Keramik begutachten kann, wer um Himmels willen sollte dann dort in der Lage sein, 1400 Jahre ältere minoische oder levantinische Scherben zu bestimmen?

Kühn beklagt, ich hätte die Vertreter des Landesamtes nie zu unserer Fundstelle an der Norderheverkante geführt, aber zum einen hatten die Landesarchäologen großspurig vor der Presse erklärt, alle diese Stellen seien dem Amt längst bekannt und kartiert, und zum anderen teilte Kühn selber mir in einem Telephongespräch am 20. Juni 1994 kühl mit, das Landesamt habe weder ein Interesse an einer Kooperation mit mir noch an einem Treffen, und zwar zu keinem Zeitpunkt. Und nachdem sich im darauffolgenden Frühjahr der Pulverdampf der Auseinandersetzung zunächst ein wenig verzogen hatte, war die Fundstelle verschwunden, weshalb der von dem Vogelwart Brauer in diese Wattengegend geführte Kühn sie im März 1995 auch nicht mehr finden konnte und sich statt dessen offenbar mit einer in der Nähe liegenden mittelalterlichen Abfallgrube zufriedengeben mußte.[15]

Geologen haben immer wieder darauf hingewiesen, daß die an den Rändern von Wattenströmen oder Prielen aufgedeckten Kulturspuren *unverzüglich* dokumentiert und Fundstücke geborgen

I. Die Fundstelle der altmediterranen Objekte im Frühling 2000.

II. Grabung im Rungholtwatt, Frühling 1994.

III. Fragment eines zentralkretischen Keramikgefäßes, SM II-III A1.

'V. Fragment einer zentralkretischen Transportbügelkanne, SM III B.

V. Fragment einer ägäischen Bügelkanne, SH/SM III B.

VI. Bügelkanne aus einem Grab in Arméni, SM III B.

VII. Fragmente ägäischer Skyphoi, SH/SM III B.

VIII. Fragment einer kanaanitischen Transportamphore,
Tell-Ašdod-Typ, um 1300 v. Chr.

IX. Weihrauch- und Kopalbrocken, 14. Jh. v. Chr.

X. VS (links) & RS des minoischen Serpentinsiegels
aus dem Rungholtwatt, 14. Jh. v. Chr.

XI. Lapislazulibrocken aus dem Rungholtwatt,
vermutlich 14. Jh. v. Chr.

XII. Fischschwanzprojektilspitze, Wassernuß und Birkenrinde,
Endneolithikum / Frühbronzezeit bzw. Mittelbronzezeit,
15. Jh. v. Chr.

XIII. Fragment einer menschlichen Schädeldecke
von der Norderheverkante.

XIV. John Waterhouse: »Hylas und die Nymphen«, 1896.

XV. Um 1300 v. Chr. im Rungholtgebiet geopferte Bernsteine.

XVI. Bernsteinperlen (Halbfabrikate), Rungholtwatt;
Zeitstellung unsicher (Bronze- bis Eisenzeit).

XVII. Die Kleidung des »Mädchens von Egtved«, 1370 v. Chr.

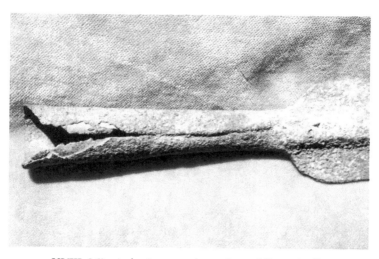

XVIII. Minoische Lanzenspitze mit geschlitzter Tülle
vom Südstrand von Föhr, SM III A.

XIX. Die »Opiumgöttin« von
Gâzi, SM III B.

XX. Die Korngöttin und ihr Greif; Mykene, SH III B,
um 1300 v. Chr.

XXI. Mykenische Priesterin opfert
eine Elfenbeinpyxis
mit Widderrelief; Tiryns,
13. Jh. v. Chr.

XXII. Nachbau des Uluburun-Schiffs auf hoher See.

XXIII. Grünglasierte Bodenfliese; Rungholtwatt, Spätmittelalter.

XXIV. Niedersächsische Importkeramik, um 1600.

XXV. Die Teilnehmer der 7. Rungholtexkursion (2000).

werden sollten, da, wie ein Wattenarchäologe sagt, »selbst fest ein-
gerammte Orientierungsmarken von einem zum nächsten Arbeits-
einsatz ausgespült und weggerissen sein« können.[16] Um so mehr ist
dies der Fall von einer Grabungssaison zur anderen, und so waren
wir nicht allzu überrascht, daß nach einem Jahr von unserer Fundstelle und dem darüberliegenden Warftfundament, aber auch von
einem sich noch 1994 in der Nähe befindenden reißenden Priel,
keine Spur mehr zu finden war, wobei ich 1995 nicht sagen konnte,
ob die Stelle von dem Wattenstrom ausgeräumt oder von den Win-
terstürmen mit Sediment bedeckt worden war.[17]

Der griechische Archäologe Jannis Sakellarakis hat die Ge-
wohnheit vieler seiner Fachkollegen, ohne weitere Erörterung alle Funde auszuschließen, die »nicht bei einer offiziellen Grabung
gefunden wurden«, scharf kritisiert und diese Strategie als eine
aus Verzagtheit und akademischer Kleinkariertheit geborene »Vo-
gelstraußpolitik« bezeichnet. Sein Kollege Konrad Spindler hat angesichts der Tatsache, daß z.B. die ägäische Bronzetasse von Dohnsen in der Lüneburger Heide »unter nicht gänzlich idealen Bedingungen zum Vorschein gekommen« ist, konstatiert: »Würde man
freilich derart strenge Maßstäbe an alle halbwegs wichtigen Bo-
denfunde legen, stünde die Vorgeschichtswissenschaft relativ rasch
mit ziemlich leeren Händen da.«

Vor allem aber wenn solche Funde gewissen »Fachleuten« nicht
ins Konzept passen oder wenn sie Thesen widersprechen, in deren
Beleg sie viel Arbeit investiert haben, werden sie gerne ohne jegliche Recherche mit dem Totschlagargument »unklare Fundumstände« in das Schattenreich der Nichtexistenz befördert. Dabei
spielt auch eine Rolle, daß die Spezialisten der Archäologie, so wie
Wissenschaftler anderer Disziplinen auch, fachfremde Forscher als
illegitime Eindringlinge betrachten. »Wenn Sie recht hätten«, sagte
mir unverblümt die Leiterin der archäologischen Abteilung des
Kurpfälzischen Museums in Heidelberg, »dann würde ja jeder fragen: ›Wozu brauchen wir die Archäologen eigentlich noch?‹« Und
eine andere Altertumsforscherin, die zweimal an unseren Rung-
holtfahrten teilgenommen hatte, war zwar so großzügig, mir zuzu-
billigen, Funde machen zu dürfen. Doch besaß ich ihrer Meinung

nach nicht das Recht, diese Funde auch zu deuten, denn dieses Privileg komme nur denen zu, die in einem archäologischen Fach eine Prüfung bestanden hätten. Schließlich meinte ein zwar bekannter, aber von den Musen ungeküßter Archäologe, ich sollte mich auf eine reine Beschreibung und Vermessung der Fundstücke beschränken, statt erklären zu wollen, auf welch abenteuerlichen Wegen die Objekte vor 3300 Jahren in die Nordsee gelangt sein könnten.

Daß die für Archäologen und Historiker zuständige Muse diesem Mann bislang die kalte Schulter gezeigt hat, ist natürlich verständlich. Denn Klio verlangt, wie Nigel Spivey es einmal formuliert hat, »more than a catalogue of relics. She demands stories, heroes, spilt blood, and enchantments«.[18]

Einen anderen Typus von Kritiker stellt der Historiker Albert Panten dar, der zwar nicht zur Spezies der Erbsenzähler gehört, dafür aber von einem seiner nordfriesischen Kollegen als ein Mann charakterisiert wird, der nicht nur alles, sondern alles auch besser als alle anderen weiß. War Panten im Zusammenhang der Kontroversen um meine Wattenforschungen in der Öffentlichkeit bislang lediglich als informeller Mitarbeiter und Informationszuträger des Landesarchäologen Reichstein bei dessen Versuchen, meine Arbeit in Mißkredit zu bringen, aufgefallen (oder genauer gesagt: nicht aufgefallen), hat sich dies nach der Veröffentlichung der Ergebnisse dieser Forschungen schlagartig geändert.

Hatte Panten bereits im Juni 2006 in einem gutbesuchten Vortrag am Nordfriesischen Institut einen ersten Anlauf genommen, um meine Mitarbeiter und mich mit dem Argument, im Watt ausgegrabene Silbermünzen sähen »ganz anders« aus als die in meinem *Rungholt*-Buch abgebildeten, quasi als Betrüger hinzustellen,[19] setzte er anschließend seine Diffamierungen in dem an diesem Institut herausgegebenen Jahrbuch fort.

So verlautet er, ich behauptete lügnerischerweise, »bei Süderoog gefundene römische Münzen« seien bei Südfall »aufgefischt« worden, d. h. ich hätte mir »den Ort passend zurechtgerückt«, obgleich er ganz genau weiß, daß der Finder der sieben Sesterzen, Karsten Hansen, mir am 24. August 2002 auf Föhr mitgeteilt hatte, der Muschelfischer Heinz von Holdt habe sie nach eigener Angabe bei der roten Tonne »NH 18 Pellworm 1«, also nördlich von Südfall, vom Grund der Norderhever gesaugt (Abb. 304).[20]

»Dieser Methode«, so Panten, folgte ich »bis in mykenische Zeiten«, womit er offenbar sagen will, daß ich auch den Fundort der minoischen Keramik verfälscht hätte – wiederum eine erstaunliche

Abb. 304: Das Rungholtwatt im späten 20. Jh.

Unterstellung, wenn man bedenkt, daß er nicht den geringsten Anhaltspunkt präsentiert, der auch nur den Verdacht eines solchen Betrugs rechtfertigen könnte.

Daß Panten in einem Rundumschlag feststellt, daß das, was ich betreibe, »keine Wissenschaft« sei, ist dagegen nicht schlimm, zumal Panten, wie mir einer seiner Historikerkollegen schreibt, in Nordfriesland offenbar als notorischer Hackenbeißer gilt, der es liebt, »andere als Fälscher und Phantasten« zu verleumden. Außerdem ist das Prädikat »unwissenschaftlich«, wie Paul Feyerabend einmal gezeigt hat, eine gehaltlose ideologische Parteiparole, die vornehmlich all jene im Munde führen, die sich eine Argumentation ersparen wollen.[21]

Genauso unbedeutend ist Pantens Behauptung, die mutmaßliche Route der Minoer über Sardinien, die Aude und die Garonne, an der französischen Atlantikküste entlang durch den Kanal in die Nordsee stelle »den Höhepunkt der Unwahrscheinlichkeit« dar. Denn viele Leute finden vieles unwahrscheinlich, und zwar einfach nur so, und daß auch Panten einem solchen Gefühl Ausdruck verleiht, gehört zu seinem Recht auf freie Meinungsäußerung.

Zwar nicht besonders nett, aber harmlos ist auch sein Versuch, meine »Unwissenschaftlichkeit« dadurch zu unterstreichen, daß er mich als okkultistischen Deppen hinstellt, der eine Wünschelrute für ein magisches Instrument hält, während er, der Mann der Wissenschaft, weiß, daß es »die Muskeln des Rutengängers selber« sind, durch welche die Gabel bewegt wird.[22]

Spielt Panten sich hier zum Antiobskurantisten auf, so an anderer Stelle zum Altphilologen, Mediävisten und Keramikfachmann, wobei ihm seine langjährige Tätigkeit als Oberstudienrat an einem Provinzgymnasium ein Trugbild von eigener Größe und Fähigkeit vorgegaukelt haben mag, das er von der Wirklichkeit nicht mehr unterscheiden kann.

Nachdem der Ausdruck »[Datum et actum] in placito nostr[o] communi« am Ende einer Urkunde vom Jahre 1361, mit der die Edomsharde den Hamburger Kaufleuten freies Geleit zusichert, von Generationen von Rungholtforschern mit »auf dem Thingplatz« oder »im Rathaus unserer Gemeinde« übersetzt worden war, hatte ich darauf hingewiesen, daß diese Übersetzung falsch ist und »nach dem Willen unserer Gemeinde« lauten muß. Panten bezeichnet diese Korrektur aus der hohlen Hand als einen meiner vielen »Mißgriffe«, doch auf meine Anfrage hin haben mehrere Altphilologen und Fachleute für die mittellateinische Kanzleisprache die Richtigkeit meiner Übersetzung bestätigt.[23]

Panten behauptet weiterhin, meine Identifikation von Muḥammad al-Idrīsīs »Stadt al-Sīla« mit Rungholt scheitere bereits daran, daß al-Sīla nach dem Bericht des Arabers »am Ufer des Meeres« lag, während Rungholt sich nicht unmittelbar an der Küste befand, sondern durch einen Priel mit dem Meer verbunden war. Im Jahre 973 beschreibt indessen der Reisende Ibrāhīm Ibn Yaʻqūb aus dem Emirat Córdoba das noch viel weiter als Rungholt von der Küste entfernte Šlešwiq an der Schlei als »eine sehr große Stadt am äußersten Rand des umringenden Meeres«.[24]

Da sowohl Kühn als auch Panten stets betont haben, im Rungholtwatt sei noch nie Keramik gefunden worden, deren Entstehungsdatum vor dem 13. Jahrhundert liege, irritiert beide die Tatsache, daß wir dort auf wesentlich ältere, vorwikingerzeitliche und hochmittelalterliche Gefäßfragmente gestoßen sind. Deshalb versucht Panten, diese Funde damit wegzuerklären, daß er die Thermolumineszenzanalyse, mit deren Hilfe das Alter einer unserer Scherben am Berliner Rathgen-Forschungslabor bestimmt worden war, als »sehr fehleranfällig« und deshalb als völlig unzuverlässig bezeichnet. Dabei unterschlägt Panten jedoch mit voller Absicht die Tatsache, daß ich das betreffende Keramiktöpfchen, das offenbar zu einem Unterherdopfer gehörte, nicht *aufgrund* dieser Analyse datiert habe, sondern daß die Thermolumineszenzanalyse lediglich das Urteil der Fachleute *bestätigt* hat, die aufgrund der Form, des Materials usw. das Gefäß als ein Exemplar der älterwikingerzeitlichen weichen gesteinsgrusgemagerten Grauware bestimmt hatten, die zwischen ca. 550 und 800 an der Nordseeküste hergestellt wurde. Ebenso eindeutig sind die von uns sehr häufig im Rungholtwatt gefundenen rauhwandigen, dunkelgrauen bis schwarzen »Kugeltöpfe« (Abb. 305) als gesteinsgrusgemagerte Irdenware erkennbar, wie sie zwischen dem 9. und 12. Jahrhundert in vielen Gegenden Norddeutschlands verbreitet war.[25]

Daß Kühn und Panten je nachdem, was im Augenblick für die eigene Argumentation opportun erscheint, einmal dies und dann wieder genau das Gegenteil behaupten, d. h., daß sie nach rein taktischen Gesichtspunkten operieren, läßt sich mit zahlreichen Beispielen belegen. Nachdem etwa Kühn in dem erwähnten ARD-Film erklärt hatte, in der Bronzezeit sei unsere Gegend sicher nicht besiedelt gewesen, sondern nur gelegentlich von ein paar »Auerochsenjägern« besucht worden, erklärte er ein Jahr danach in den *Husumer Nachrichten*: »Die zunehmende Menge der Funde aus dem

Abb. 305: Scherben der hochmittelalterlichen Harten Grauware, Rungholtwatt.

Gebiet des südlichen nordfriesischen Wattenmeeres deutet auf eine flächendeckende Besiedlung in dieser Zeit [um 1500 v. Chr.] hin.«

Aber auch seine Aussage gegenüber dem Wissenschaftsredakteur des SWR, die Gegend müsse für minoische Seefahrer völlig uninteressant gewesen sein, weil Bernstein in ihr gar nicht vorkomme, kann man im Falle des auf der Hallig Hooge aufgewachsenen Kühn nicht mit Ignoranz, sondern nur mit bewußter Irreführung erklären. Jedermann weiß, daß der Bernstein (*rēf*) besonders häufig auf den Außensänden, im Watt zwischen Süderoog und Pellworm, auf Amrum, vor Utersum auf Föhr, auf der Sandbank bei Westerhever, aber auch im Rungholtwatt angetrieben wird.[26]

Handelt es sich bei dieser Behauptung wohl um eine gezielte Desinformation, läßt sich das ständige Lavieren bei Panten vielleicht eher darauf zurückführen, daß er bisweilen selber nicht so recht weiß, was er eigentlich meint. So schrieb er mir beispielsweise auf meine Vermutung hin, Rungholt habe nicht westlich und südlich von Südfall gelegen, wie Andreas Busch behauptet hatte, sondern nördlich der Hallig: »Die Lage Rungholts *nördlich* Südfall liegt ja auf der Hand, wenn man die These akzeptiert, daß ›Südfall‹

Überrest von Niedam etc. darstellt. Unabhängig von J[ohannes] Mejer 1636 gibt J[ohann] Wittemak 1640 auf seiner Karte ja die Lage Rungholts eben dort.«

Nachdem er diese Mitteilung kurze Zeit später dahingehend ergänzt hatte, Buschs Lokalisierung von Rungholt sei »gar nicht schlüssig«, verlautete er anschließend in einem Artikel, der wohl demonstrieren sollte, wer hier der Obmann in Sachen Rungholt ist, trockenen Auges: Der Ort Rungholt »wird mit einiger Wahrscheinlichkeit [...] am alten Heverlauf gelegen haben, also in etwa dort, wo Andreas Busch es vermutete.«[27]

Daß Rungholt ungleich älter war, als es sämtliche Forscher seit Andreas Busch angenommen haben, folgt zweifelsfrei aus der großen Menge von Keramikscherben aus der Zeit zwischen dem 7. und dem 12. Jahrhundert, die wir im Laufe der insgesamt 19 Wattexkursionen in 15 Jahren im Watt gefunden haben. Daß aber eine direkte Nachfolgesiedlung, die vermutlich unmittelbar nach den beiden verheerenden Sturmfluten des Jahres 1362 von Überlebenden der Katastrophe errichtet und wohl »Lütke Rungholt«, Klein-Rungholt, genannt wurde, östlich vom ursprünglichen Ort errichtet worden war, hatte ich zwar angenommen, nachdem wir dort die Reste eines Deiches entdeckt hatten, aber nicht gewußt. Bereits im Frühjahr 1994 waren wir auf die zerstreuten Reste eines ehemaligen Steingebäudes gestoßen, die wir für die Überbleibsel der Kirche von Rungholt hielten, aber nicht aufgrund einer mutwilligen Aufwertung von »Backsteinen« zu »Wandsteinen einer Kirche«, wie Kühn unterstellt, sondern wegen der Tatsache, daß sich unter den Ziegelsteinen auch rheinische Tuffsteine, bleiglasierte Formsteine, glasierte Bodenfliesen (Tf. XXIII), Sargreste aus Buntsandstein, 4 mm dickes Kirchenfensterglas (Abb. 306), Reste dicker mehrlagiger Blattgoldbeschichtung einer Steinfigur und der Eisenkern einer Abtskrümme sowie eine Ave-Maria-Schnalle befanden.[28]

Da Altersbestimmungen ergeben hatten, daß die jünger aussehenden Backsteine tatsächlich über 200 Jahre später als die anderen, nämlich im Jahre 1480 ± 30, gebrannt worden waren, nahm ich an, daß die wohl auf einer hohen Warft stehende Kirche von Rungholt 1362 zwar beschädigt, aber später ausgebessert wurde

Abb. 306: Spätmittelalterliches Kirchenfensterglas, Rungholtwatt.

und den Bewohnern der Nachfolgesiedlung als Außendeichskirche
diente, die man zum Gottesdienst bei Niedrigwasser über einen
Wattenweg besuchte. Freilich hatte ich damit gerechnet, daß diese
Nachfolgesiedlung im ausgehenden Mittelalter oder zu Beginn der
frühen Neuzeit bei einer der vielen Sturmfluten untergegangen
war, doch vor wenigen Jahren stießen meine Mitarbeiter und ich
an der Wattkante zum Fuhlen Slot in Richtung Nordstrand in einer
stark zugeschlickten und von zahlreichen Prielen durchfurchten
Gegend, in der sich vor etwa 350 Jahren der »Anwachs Rungholt«
gebildet hatte, auf die Überbleibsel einer Siedlung, die offenbar erst
im späten 16. oder im frühen 17. Jahrhundert das Schicksal Rungholts teilen mußte (Abb. 307).[29]

So fanden wir neben Ziegelsteinen, in die gelegentlich vor dem
Brand Hausmarken eingeritzt worden waren, mehrfarbig bemaltes bleiglasiertes Irdengeschirr (Tf. XXIV), sogenannte Weser- und
Werraware aus der zweiten Hälfte des 16. Jahrhunderts, die man
damals vorwiegend über Bremen und Amsterdam nach Nordfriesland exportiert hat, sowie ein Stachelausterngehäuse (*Spondylus
princeps*), den Kopf einer wohl aus England oder den Niederlanden importierten Tonpfeife,[30] Fragmente von Ofenkacheln und
schließlich das Bruchstück einer blau auf weiß bemalten chinesischen Porzellanschale (Abb. 308), die ursprünglich einen Durchmesser von ca. 15 cm besaß und nach ihrem Ausfuhrhafen »Batavia-

Abb. 307: Peter Sax, »Abriß der Insel Nordstrandt mit allen dabeiliegenden Halligen nach J. Johan Berentz sein Exemplar gemachet«, 1637.

Abb. 308: Chinesisches Porzellanfragment, Tonpfeifenkopf, Amerikanische Stachelauster, Ofenfliesenfragmente, um 1600.

ware« oder wegen ihrer braunen Außenglasur »Kapuzinerware« genannt wurde, weil die Farbe an die der Ordenstracht und der ausgesparte Boden an die Tonsur der Mönche erinnerte.[31]

Da selbst Porzellan*fragmente* bis zum Beginn des 18. Jahrhunderts als so kostbar galten, daß reiche Adlige sie als Verzierungen in ihre Möbel einlegen ließen[32] und gewiß auch die leuchtend rote Muschel von der mexikanischen Pazifikküste in dieser frühen Zeit ein wertvolles Kuriosum war,[33] ist die Annahme berechtigt, daß sogar noch die Bewohner dieser späten Nachfolgesiedlung Rungholts sich einen gewissen Luxus leisten konnten, auch wenn wir nicht mit Sicherheit wissen, welchen Namen der Ort trug.[34]

Resümierend stelle ich fest, daß eine ernsthafte und produktive Kritik an den Ergebnissen unserer Forschungen im Rungholtwatt in den vergangenen 17 Jahren nicht stattgefunden hat. Auf die Frage, warum dies nicht der Fall gewesen ist, möchte ich mit einem Wort Albert Pantens antworten, der mir in einem Brief vom 1. Oktober 1994 bezüglich dessen, was er »die üblichen landesamtlichen Schikanen« nannte, schrieb, er »habe Grund zur Annahme, daß manche sich eben nicht die Butter vom Brot nehmen lassen wollen«. Wie wahr!

ANMERKUNGEN

1 Ernst August Dethleffsen: Mündliche Mitteilung vom 8. Juli 1992.

2 Cf. H. P. Duerr, 2005, S. 139 ff.

3 Nach L. C. Peters (1932, S. 286) war die Torfschicht unter dem sogenannten ›Niedamdeich‹ südlich von Südfall ca. 60 cm mächtig; nach A. Bantelmann (Ms., S. 78) betrug die Stärke der Schilftorfhorizonte im südlichen nordfriesischen Wattenmeer zwischen 30 und 40 cm.

4 Lange vor unserer Unternehmung fand Albert Bantelmann auf einer Sandbank unter einem Torfhorizont vor der Westspitze der Hallig Gröde, einer Erhebung, die wohl ursprünglich Teil des Uferwalls der Soholmer Au gewesen war, 40 Flintabschläge und einen Schaber in primärer Lage. Cf. A. Bantelmann, 1949, S. 77; W. Haarnagel, 1950, S. 40; E. Werth, 1955, S. 144; O. Harck, 1980, S. 45, 60. Wie mir Dietrich Hoffmann in einem Brief vom 31. Januar 2003 mitteilte, sind diese Objekte nicht genau datierbar, aber sie werden gewiß zwischen dem Endneolithikum und der Mittleren Nordischen Bronzezeit hergestellt worden sein. Einen ähnlichen Flintabschlagplatz mit einer extrem seltenen seitengekerbten Pfeilspitze (Tf. XII) entdeckten auch wir später im Rungholtwatt. Cf. H. P. Duerr, a. a. O., S. 398 ff.

5 Als ich im Sommer 2003 Dethleffsens Witwe auf Nordstrand besuchte, waren die anderen Scherben sowie weitere wichtige Fundstücke aus der Bronzezeit nicht mehr auffindbar. Wie Dethleffsen mir 1992 eingestand, hatte er diese Objekte dem Vertreter des Archäologischen Landesamtes bei dessen Besuch nicht gezeigt, weil er ihm mißtraute. Ob sie nach Dethleffsens Tod in der Restmülltonne oder als Kinderspielzeug im Sandkasten verschwanden, vermag ich nicht zu sagen.

6 Die Bestimmung erfolgte 2004 durch den Biologen Jens Dübel (damals Universität Kiel).

7 Cf. K. Janke/B. P. Kremer, 2003, S. 143.

8 Sabine Schwerdtfeger/Stefan Simon (Rathgen-Forschungslabor Berlin): Schriftliche Mitteilung vom 6. Oktober 2006. Die professionelle Reinigung der Scherbe war von Karl Fricke-Pälzer, dem Restaurator der Archäologischen Abteilung des Kurpfälzischen Museums in Heidelberg, durchgeführt worden.

9 Cf. H. P. Duerr, a. a. O., S. 248 ff.

10 Cf. J. W. van Nouhuys, 1951, S. 46; F. Moll, 1951, S. 313 u. Pl. VII; J. Bill, 1997, S. 195; D. Ellmers, 1998, S. 78; J. Jesch, 2001, S. 169.

11 Sherratt war in dieser Zeit durch die Vermittlung des Prähistorikers Josef Maran Gastprofessor an der Universität Heidelberg und einer der Betreuer der Magisterarbeit meiner ältesten Tochter.

12 Ich hatte mich brieflich an weitere deutsche und griechische sowie an dänische, schwedische, polnische, tschechische, italienische und türkische Fachleute gewandt, erhielt aber keine einzige Antwort.

13 Cf. H. Mommsen, 2005, S. 40 f.

14 Cf. D. Levi, 1964, S. 11 u. Fig. 50b; M. R. Popham, 1970, Pl. 3e; A. J. Evans, 1906, Pl. C; A. Furumark, 1939, S. 80 f.; L. V. Watrous, 1992, S. 127, Fig. 14 ff. u. Nr. 1863; P. A. Mountjoy, 2008, Cl. Pl. 2, M40; S. 31. Der Dekor war auch im Westen (cf. B. P. Hallager, 1986, S. 176) und im Osten Kretas (O. Pelon, 1970, S. 92 u. Pl. XX. 1 f.; C. Paschalidis, 2009, S. 30 f., 87 ff.; M. Tsipopoulou, 1997, S. 225), auf dem griechischen Festland (P. A. Mountjoy, 1993, Nr. 126 u. 131; E. Vermeule/J. Travlos, 1966, Pl. 22; F. Matz, 1956, Tf. 110b), auf Rhodos (A. Kanta, 1980, Nr. 100.2; H. T. Bossert, 1921, Tf. 194; E. Karantzali, 2001, S. 47, 155, 169, 212) sowie unter dem Exportgut ins östliche Mittelmeer verbreitet. Cf. V. Hankey, 1979, S. 146 u. Pl. XVII. 1.

15 Cf. H. W. Haskell, 2005, S. 209, 214; P. Day, 1997, S. 209. Die dunklen Doleritinklusionen sowie die zu Wellenbändern stilisierten Oktopusarme sind typisch für die im SM III B 1 auf der Messará hergestellten Transportbügelkannen. Cf. L. V. Watrous, 1992, S. 143 u. Pl. 41. 1626; M. C. Shaw/L. F. Nixon, 1996, S. 88 f.; L. Joyner, 2005, S. 313; B. P. Hallager, 2000, S. 163 f.; A. Kanta, 2005, S. 227 f. Es erscheint sehr zweifelhaft, ob die Gefäße im ausgehenden 13. und im frühen 12. Jahrhundert v. Chr. noch im südlichen Kreta produziert wurden. Deshalb stammen wohl die in SH III C-Schichten in Tiryns und in Kontexten aus dieser Zeit auf Rhodos und Zypern gefundenen Exemplare (cf. P. Stockhammer, 2006, S. 143, bzw. A. Kanta, 2005, S. 228 f.; P. Day, 2005, S. 43 f., 438; P. A. Mountjoy, 1998, S. 63) nicht von der Messará. Cf. A. L. D'Agata, 2005, S. 12.

16 Cf. Haskell, a. a. O., S. 238 f.; Day, a. a. O. Nach A. van de Moortel (2003, S. 9 f., 272, 435) läßt sich die Feinkeramik von Knossos ebenfalls weder chemisch und petrographisch noch von der Form und vom Dekor her von der entsprechenden Keramik aus Aghia Triada, Phaistos und Kommos unterscheiden, so daß es gut möglich ist, daß dieselben Töpfereien alle vier Orte belieferten.

17 Cf. H. W. Haskell, 1981, S. 6; G. Neumann, 1961, S. 174 f.; R. A. Brown, 1985, S. 68; D. Anderson, 1995, S. 313.

18 Cf. W. R. Gallagher, 1988, S. 104 f. Wenn Olivenöl von Kreta, z. B. von Kommos, nach Osten in Gegenden exportiert wurde, die selber Olivenöl produzierten, bedeutet das wohl, daß es von besonderer Qualität war.

19 Cf. H. W. Haskell, 2005, S. 211; ders., 1999, S. 341; Joyner, a. a. O., S. 309; P. Day, 1999, S. 68 f.; Y. Vichos, 1999, S. 79; P. Day/L. Joyner, 2005, S. 312 f.; B. J. Kemp/R. S. Merrillees, 1980, S. 246 f.; D. A. Aston, 2004, S. 207; N. Ayers, 2008, S. 28. Fast alle der im Uluburun-Wrack gefundenen Transportbügelkannen wurden in der westlichen Messará hergestellt. Cf. Haskell, a. a. O., S. 211, 213; C. Pulak, 2005, S. 297; C. Bachhuber, 2006, S. 347.

20 Cf. H. W. Haskell, 1984, S. 100; Kanta, a. a. O., S. 232; R. Arnott, 1999, S. 268. Ägäische Duftöle galten durchaus als königliche Geschenke. Cf. J. M. Kelder, 2009, S. 349; D. Charpin, 2009, S. 288 f. Im 5. Jahrhundert v. Chr. sprach Hippokrates von einem Wein, in dem der getrocknete Milchsaft aus den Fruchtkapseln des Schlafmohns aufgelöst worden war. Cf. W. Emboden, 1979, S. 28.

21 Cf. L. V. Watrous, 1992, S. 181; J. B. Rutter, 2005, S. 43; J. E. Tomlinson et al., 2010, S. 216.

22 Cf. H. W. Catling, 1991, S. 9 f.; bzw. A. Leonard, 1994, S. 193; u. E. H. Cline, 1999, S. 124.

23 Cf. H. P. Duerr, a. a. O., S. 316 f. Ich habe dieses Urteil später korrigiert. Cf. ders., 2008, S. 10.

24 Allerdings zeigten die Materialproben ein bisher unbekanntes Muster, so daß Mommsen den Herstellungsort nicht genau bestimmen konnte.

25 Cf. L. V. Watrous, 1992, S. 140 ff. *et passim*; M. C. Shaw/L. F. Nixon, 1996, S. 87, u. Pl. 2. 135; A. L. D'Agata, 2003, S. 26; E. Borgna, 2003, S. 176 ff. Monochrome Skyphoi wurden im SM III B auch von der im späten 13. Jahrhundert v. Chr. zerstörten Festlandsiedlung Dimini nach Kommos verhandelt. Cf. V. Adrimi-Sismani, 2006, S. 109 f.; Watrous, a. a. O., S. 181.

26 Cf. A. Vlachopoulos, 2003, S. 225; ders., 2008, S. 480; F. Schachermeyr, 1983, S. 244, 247; E. Hallager/B. P. Hallager, 2003, Pl. 91a, 100e, 126e; H. Döhl, 1973, S. 184 f.; C. Podzuweit, 2007, S. 42 f., 54 ff.; E. V. Schofield, 2003, Fig. 1.6; dies., 2007, S. 303; E. French, 2003, S. 176; F. Dakoronia, 2003, S. 122.

27 Cf. R. Hägg, 1984, S. 38; J. W. Shaw, 1998, S. 15; bzw. Y. Lolos, 1998, S. 34; ders., 1999, S. 46, u. Fig. 7; Y. Lolos/C. Pennas/G. Vichos, 1995, S. 61; C. Agouridis, 1999, S. 33.

28 Odyssee XIV. 112.

29 Cf. E. Borgna, 2004, S. 178, 183; bzw. dies., 2003, S. 418. Als Grabbeigaben verschwanden solche Gefäße mit dem Untergang der Palastkultur. Cf. A. L. D'Agata, 2008, S. 214.

30 Cf. G. Bruns, 1970, Q 13, 35.

31 Cf. Watrous, a. a. O., S. 159 ff. Die Neutronenaktivierungsanalyse Mommsens ergab, daß das Material der Scherbe identisch ist mit dem von entsprechenden in Gaza, Ašdod, Aškelon und Ekron hergestellten Gefäßen.

32 Cf. P. Åström, 1991, S. 150; A. B. Knapp, 1991, S. 30; A. Leonard, 1996, S. 248 f.; Bachhuber, a. a. O., S. 347; bzw. G. F. Bass, 1986, S. 279; u. Watrous, a. a. O. Viele Amphoren des Uluburun-Wracks stammen allerdings aus dem Norden, vermutlich aus Ugarit. Cf. C. Pulak, 1995, S. 48; ders., 2005, S. 581.

33 Cf. Åström, a. a. O., S. 151; L. M. V. Smith et al., 2004, S. 63 f.; S. Thomas, 2003, S. 525, 528. Offenbar fuhren noch im SM III B 1 die Schiffe von Kommos aus direkt nach Nordafrika.

34 Bruchstücke aus weiß überzogenem rötlichen Material, die auf der Insel Pseira vor der kretischen Nordostküste freigelegt wurden, stammen aus dem SM I B, auf Thera entdeckte Fragmente sogar aus dem SM I A. Cf. C. Lambrou-Phillipson, 1990, S. 5 f.

35 Cf. J. Bourriau, 2004, S. 89. In Ägypten gefundene kanaanitische Amphoren trugen die Aufschriften »*nḥḥ*-Öl« und »*bȝq*-Öl«. Cf. M. Serpico, 1999, S. 271. Möglicherweise handelt es sich bei ersterem um kretisches Sesam-Öl, das auf Linear A mit dem semitischen Lehnwort *sa-sa-me* (Linear B *sa-sa-ma*) bezeichnet wurde. Cf. A. Uchitel, 2003, S. 144; M. Serpico, 2004, S. 104 f. Dagegen vermutet J. B. Rutter (2006, S. 861), dieses Öl sei im SM III A 2 vom

nördlichen Syrien und dem Libanon nach Kommos ausgeführt worden. Eine kanaanitische Amphore des SH III B aus dem Lagerraum eines Nebengebäudes des Südhauses der Burg von Mykene enthielt Spuren von geharztem Wein (cf. E. French, 2002, S. 107), und Wein wurde in der 18. und 19. Dynastie in diesen Containern auch von der Levante nach Ägypten exportiert, wo man sie unter anderem den Verstorbenen mit ins Grab gab. Cf. D. A. Aston, 2004, S. 206 f.

36 In Amarna ausgegrabene Exemplare mit der Aufschrift *sntr* enthielten Reste von Pistazienharz, wahrscheinlich von *Pistacia atlantica* (cf. Serpico, a. a. O., S. 107 f.), und auch auf Wandbildern in Gräbern der 18. Dynastie werden kanaanitische Amphoren mit den Wörtern »Honig«, »Honigwein«, »Olivenöl« und »*sntr*« kommentiert. Cf. V. R. Grace, 1961, S. 8. Die meisten dieser aus dem Uluburun-Wrack geborgenen Gefäße enthielten *Pistacia atlantica* im Gewicht von insgesamt 1 t (cf. Pulak, a. a. O., S. 48 f.), und in den entsprechenden Gefäßen, die man an der Karmelküste in der Gegend von Dor freilegte, fand man neben Resten von Öl auch Rückstände dieses Harzes. Außer den Amphoren befand sich dort auch ägäische Keramik, darunter »Haferschleim«-Transportbügelkannen des Zeitraumes SM III A 2/B 1, die höchstwahrscheinlich aus Kommos stammen (cf. M. Artzy, 2006, S. 52, 60), wohin bis um ca. 1300 v. Chr. gewiß auch Pistazienharz exportiert wurde. Cf. Rutter, a. a. O., S. 861. Eine kanaanitische Amphore aus Buhen trägt die Aufschrift »Tempel des Horus, des Herrn von Buhen« und enthielt sicher ein Duftharz, das man im Heiligtum verbrannte. Mehrere in Ägypten ausgegrabene Gefäße trugen die Aufschrift *sntr*. Cf. M. Serpico, 1999, S. 271.

37 Cf. H.-G. Buchholz, 1988, S. 226.

38 Während in Kommos die Scherben zahlreicher Amphoren aus dem Nahen Osten gefunden wurden, die bis um ca. 1300 v. Chr. auf – wohl vorwiegend levantinischen und zyprischen – Schiffen zur Küste der Messará gelangten (cf. Rutter, a. a. O.), entdeckte man in Aghia Triada oder in Phaistos bis zum heutigen Tage kein einziges solches Fragment. Cf. E. H. Cline, 1999, S. 120; Rutter, a. a. O., S. 653. In Kommos wurden sie auch an Land als Vorratsbehälter weiterverwendet. Cf. E. H. Cline, 1994, S. 96. In den kanaanitischen Amphoren aus der erwähnten nordafrikanischen Festung Ramses II. befanden sich Geflügelknochen – mit Sicherheit kein Import aus Übersee. Cf. Thomas, a. a. O., S. 524. In Ägypten und in Nubien benutzte man die Gefäße offenbar zur Lagerung von Weihrauch und Myrrhe aus dem Süden (cf. Serpico, a. a. O.), und solche Harze von Punt gehörten auch zum Inhalt der Amphoren an Bord des Uluburun-Schiffes. Cf. A. Kanta, 2003, S. 28. Wie in späteren Zeiten, z. B. im 7. Jahrhundert v. Chr., nach Gallien segelnde etruskische Kauffahrer Amphoren aus zahlreichen Gegenden des Mittelmeeres geladen hatten (cf. B. Bouloumié, 1987, S. 29), gehörte Keramik verschiedenster Herkunft auch zur Fracht und Ausstattung der bronzezeitlichen Handelsschiffe.

39 Cf. V. Karageorghis, 1999, S. 18 f.; F. M. Cross/L. E. Stager, 2006, S. 141; A. Yasur-Landau, 2004, S. 341 f.; R. Palmer, 1994, S. 184 f.

40 Carl Heron: Schriftliche Mitteilung vom 25. Mai 2007.

41 Cf. J. C. T. Uphof, 1968, S. 523; H. Irion, 1955, S. 750 ff.; H.-D. Jakubke/R.

Karcher, 1999, S. 197; C. W. Beck/H. E. Hartnett, 1993, S. 39; K. Andrée, 1951, S. 4; J. Hevers, 1996, S. 74 f.; N. Ganzelewski, 1996, S. 479. Auf der Suche nach Kopal segelten die Araber und Swahilis ab dem 9. Jahrhundert nach Madagaskar, und in der frühen Neuzeit verkauften sie ihn an die Portugiesen. Die zwischen der Küste und dem Kilimandscharo lebenden Nyika brachten die bis zu 30 cm großen Knollen des Harzes nach Mombasa, einem der Hauptumschlagplätze, oder nach Norden zu den Galla und Borana, deren Frauen sich nackt über ein Loch im Fußboden hockten und sich von dem darin brennenden Kopal einräuchern ließen, damit ihr natürlicher Körpergeruch verschwand. Cf. P. Verin, 1986, S. 4, 210, 398; J. Lamphear, 1970, S. 77, 89; E. Haberland, 1963, S. 56. Begannen bei den südarabischen Frauen die Preßwehen und stellten sich Komplikationen ein, ließ man den Rauch einer Mischung von Kopal und anderen Duftharzen in ihre Vagina ziehen, und wenn die Frauen später die Wöchnerin besuchten, sagten sie beim Betreten des Gemaches: »Der Name Gottes sei über dir sowie Myrrhe, Weihrauch, Kopal (*fāri'a*) und Wacholderharz!« Daraufhin legten sie eine Mischung aus diesen Harzen in ein Räuchergefäß. Cf. W. W. Müller, 1978, Sp. 750.

42 Cf. S. Aufrère, 1991, S. 592; J. Zarins, 1997, S. 256; N. Reeves, 1990, S. 152; M. Serpico, 2000, S. 453; A. Lucas/J. R. Harris, 1962, S. 88 f. Auch das durch die Nase entfernte Gehirn der Priesterin war durch eine Kopalknolle ersetzt worden. Cf. M. Klys et al., 2001, S. 99 f.; M. Kaczmarek, 2001, S. 76 f.; K. Babraj/H. Szymańska, 2000, S. 22. In der vorkolumbischen peruanischen Chankay-Kultur wurde ebenfalls Kopal bei der Mumifizierung verwendet. Cf. W. Rosendahl et al., 2007, S. 346. Im antiken *Periplus des Erythräischen Meeres* wird der Hafenort Malao – wahrscheinlich das heutige Berbera an der somalischen Nordküste – als Ausfuhrhafen für Weihrauch, Myrrhe, Gewürze und »Indischen Kopal« (*kankamon*) nach Arabien genannt. Cf. C. Meyer/J. M. Todd/C. W. Beck, 1991, S. 297.

43 Cf. Meyer et al., a. a. O., S. 289, 296; C. W. Beck, 1991, S. 297; P. R. S. Moorey, 1994, S. 79. Man hatte den Kopal zunächst für Bernstein gehalten, obwohl bereits im frühen 11. Jahrhundert der usbekische Enzyklopädist al-Bīrūnī aus Choresm beschrieben hat, wie man durch Erhitzen afrikanischen Kopal von nordischem Bernstein unterscheiden könne. Cf. R. Budrys, 2001, S. 266.

44 T. Horváth, 1999, S. 277; bzw. H. Martlew, 2004, S. 137.

45 Cf. A. Leurquin, 2003, S. 12. Bei den Maya vertrieb der Rauch des brennenden Kopal die bösen Geister. Cf. K. Helfrich, 1973, S. 105 f. Vielleicht wurden deshalb Hernández de Córdova und seine Männer mit Kopal eingeräuchert, als sie im Jahre 1517 an der Westküste von Yukatán an Land gingen, zumal die dortigen Maya ihnen mit Zeichen klarmachten, daß sie auf der Stelle wieder verschwinden sollten. Cf. B. Díaz del Castillo, 1982, S. 26.

46 Die mit blauer Opferfarbe (*ch'oh*) bemalten, in Kugel- oder Tafelform gepreßten Klumpen aus dem Harz des Kopalbaumes (*Protinum copal*), das zuvor häufig mit dem Saft des Kautschukbaumes vermischt wurde, fand man in großer Zahl am Grund der Cenotes. Die Maya glaubten auch, der Rauch des verbrennenden Kopals bilde die dunklen, regenschwangeren Wolken, mit denen die *chaaks* – bei den Lakandonen der Regengott Mensäbäk – die Erde

befruchten. Cf. D. de Landa, 1941, S. 75; F. Anders, 1963, S. 57 f.; N. Hammond, 1981, S. 77 f.; R. J. Sharer, 1994, S. 478 f., 540 f.; V. Perera/R. D. Bruce, 1982, S. 271. Semifossiler Kopal aus Chiapas wurde in vorkolumbischer Zeit von den Maya darüber hinaus zu Schmuck verarbeitet (cf. A. Brockmann, 2000, S. 564), und vor allem olmekische Händler brachten das Material aus der Gegend der südmexikanischen Pazifikküste über das Hochland bis zur Küste des Golfes von Mexiko. Cf. F. Feuchtwanger, 1988, S. 276. Die Jäger der guatemaltekischen Kekchi und Chorti versöhnten vor der Jagd und dem Fischfang den ›Herrn der Tiere‹ mit einem Kopalopfer. Cf. J. Haekel, 1959, S. 61. Mit Kopallack überzogen die italienischen Maler des 16. und 17. Jahrhunderts gelegentlich ihre Gemälde, so z. B. Orazio Gentileschi um 1622 das Bild »Lot und seine Töchter«. Cf. M. Leonard et al., 2001, S. 9 f.

47 Cf. Martlew, a. a. O., S. 139, 144 f.; B. Otto, 1997, S. 16; P. Warren, 2003, S. 279; C. W. Beck et al., 2008, S. 55.

48 Cf. M. Serpico/R. White, 1998, S. 1041; dies., 2000, S. 463.

49 Cf. Lucas/Harris, a. a. O., S. 320; M. Perraud, 2008, S. 34. *Pinaceae*-Harz befand sich auch in einem Kanopenkrug im Grab des Djehutinacht aus dem Mittleren Reich in Beršeh. In der griechischen und römischen Antike scheint man zum Ausstreichen der Weinamphoren und als aromatisierende Zugabe beim Gärungsprozeß des Weines vor allem das Harz der bis zu 15 m hohen Aleppokiefer verwendet zu haben. Cf. C. Hanten et al., 2005, S. 215.

50 Cf. W. Helck, 1965, S. 265, 298; P. Koemoth, 1994, S. 130; R. J. Leprohon, 2004, S. 171; P. R. S. Mooreey, 1994, S. 350; R. Germer, 2008, S. 233; bzw. H. Kees, 1933, S. 117; u. G. Fecht, 1972, S. 18. A. Nibbi (2002, S. 63) u. R. Germer (1986, Sp. 1358) halten das bereits auf einem Täfelchen des Ḥr-ꜥhꜥ erwähnte und unter Snofru aus Byblos importierte *mrw* für die Bezeichnung von Zedernholz. Das in der Klage erwähnte *sft* ist *Pinaceae*-Harz oder -Öl, ähnlich den bei Schwellungen, Menstruationsbeschwerden und Gebärmuttererkrankungen verwendeten ḫpꜣ *n* ꜥš und *ḏ*ꜥš. Cf. R. Germer, 1979, S. 13 f. Zur Erleichterung der Geburt benutzten die Ägypter mit ꜥš-Öl getränkte Vaginalzäpfchen. Cf. L. Manniche, 1989, S. 64; J. F. Nunn, 1996, S. 195. Bei dem »Gebirge des *erēnu*-Holzes« der Akkader handelt es sich wohl um den Libanon, den Anti-Libanon, das Hermōn- und das Amanos-Gebirge im anatolisch-syrischen Grenzgebiet (cf. Moorey, a. a. O.). Von dort bezog man das Harz, dessen Rauch den Sonnengott Šamaš herbeilockte und das nach der großen Flut Utnapištim verbrannte, worauf die Götter sich »wie die Fliegen« versammelten, um den Geruch »gierig« einzusaugen. Im 20. Jahrhundert v. Chr. heißt es, man habe für den Beischlaf von Iddin-Dagan (»Dumuzi«) und der Göttin zunächst »das Bett-Stroh mit Koniferenharz« geräuchert und gereinigt, worauf Inanna ihren Leib wusch und »den Boden mit Koniferenöl« besprengte. Cf. V. Hurowitz, 1993, S. 263 f.; J. N. Postgate, 1992, S. 120; 265; M. Jursa, 2007, S. 227; S. de Martino, 2007, S. 230; A. Zgoll, 2006, S. 325; A. Moortgat, 1944, S. 36. Als historisches Vorbild der Reise von Gilgameš und Enkidu in das »Land hinter den sieben Bergen« hat man gelegentlich eine mesopotamische Zedernholzexpedition in den Fernen Westen vermutet. Cf. J. Hansman, 1976, S. 24.

51 Cf. M. E. Kislev, 1988, S. 77; M. Saiko, 2005, S. 38. Plinius (XIII. 86) überliefert, man habe im Sarg eines römischen Königs namens Numa über ein halbes
Jahrtausend nach dessen Bestattung Schriftrollen gefunden, die vollständig
erhalten waren, weil man sie seinerzeit mit Zedernöl getränkt (*cedratos
fuisse*) hatte, und in der Tat hat eine Untersuchung des *pEbers* erwiesen, daß
bereits die alten Ägypter ihre Papyri mit dem durch Kochen des Zapfenharzes
gewonnenen Öl vor dem Verfall geschützt haben. Cf. B. Koura, 1999, S. 288.
Im Mittelalter galt Zedernholz (ahd. *unfulet*) als *imputribilis, immarcessibi-
lis, incorruptibilis*, und bis in unsere Zeit wurden aus ihm Kleiderschränke
und -bügel hergestellt. Cf. H. Reinitzer, 1976, S. 3; J. Drostel, 2006, S. 73.

52 Cf. R. Gale et al., 2000, S. 349; bzw. H. Louis, 1939, S. 48, 97 f.; H. M.
Schiechtl et al., 1965, S. 15. Der aus dem Blut des Geb entstandene ʿŠ war der
Baum des Jenseitsgottes Osiris, und wer in einem Sarg aus seinem Holz
bestattet war, glich sich ihm an. Cf. A. Gasse, 2001, S. 232 f.; Koemoth,
a. a. O., S. 128 f. Die Sarkophage des Ramesnacht und Ramses II. bestehen aus
dem Holz von *Cedrus libani*, und die Leibeshöhle des letzteren war mit Säge-
spänen aus libanesischem Koniferenholz gefüllt. Cf. M. V. Asensi-Amorós,
2007, S. 83; D. Normand, 1985, S. 327 f.; R. Germer, 1991, S. 106. Bereits um
4000 v. Chr. trugen die Ägypter das Harz der Aleppokiefer auf die Leinenbin-
den der Verstorbenen auf (cf. T. Pommerening, 2007, S. 87), und spätestens in
der 4. Dynastie entsandten sie offenbar Holzfällertrupps in den Libanon,
denn in einem ausgetrockneten Flußbett südlich von Byblos fand man eine
ägyptische Arbeitsaxt aus der Zeit des Cheops, die wohl dem Teilnehmer
einer solchen Expedition gehört hatte. Cf. H. Klengel, 1979, S. 66, 70; G.
Warnemünde, 2008, S. 17.

53 F. Rühli/T. Böni (2007, S. 37) meinen zwar, die Ägypter hätten die Eingeweide
aus dem Leib der Verstorbenen entfernt, indem sie Zedernöl einführten, das
die Innereien auflöste, doch ist weder dieses noch Wacholderöl (cf. A. Lucas,
1931, S. 21; S. Ikram/A. Dodson, 1998, 106) dazu geeignet. Cf. S. D'Auria,
1988, S. 16; Z. Iskander, 1980, S. 13. Häufig sind der After und die Vagina der
Mumien durch das Einführen von Klistierspritzen, mit denen man *Pinaceae*-
Öl injizierte, stark ausgeweitet, doch tat man dies, um die Leiche zu deodorie-
ren und zu konservieren. Cf. Iskander, a. a. O.; T. Dzierzykrai-Rogalski,
1986, S. 101. Bevor man die Mumien von Frauen gelb und die von Männern
rot anmalte, bestrich man sie von Kopf bis Fuß mit geschmolzenem *Pinaceae*-
Harz, um die Poren zu schließen und die Mumie damit abzudichten (cf.
J. Hamilton-Paterson/C. Andrews, 1978, S. 51; W. K. Taconis, 2005, S. 36 f.;
M. J. Raven, 1993, S. 13; A. Szu et al., 2007, S. 9), und nicht selten wird noch
heute bei der Autopsie einer Mumie der Wohlgeruch freigesetzt, wenn die
Säge die betreffende Harzschicht durchdringt. Cf. A. Cockburn et al., 1980,
S. 54. In späterer Zeit blieb das Wissen um die Eigenschaften des Harzes nicht
nur in Ägypten, sondern auch außerhalb erhalten. So sprach Dioskurides
(I. 77) von der »ausdörrenden Wirkung« des Zedernharzes, das »Leichen
konserviert«, »weshalb es von manchen ›Leben des Todes‹ genannt« werde.
Diodoros (I. 91.6) berichtet, die Ägypter salbten nach Eintritt des Todes
»den ganzen Leib 30 Tage hindurch sorgfältig mit Zedernöl«, und Plinius

(XXIV.17 f.) kommentiert: »Leichen hält es lange Zeit hindurch unversehrt, lebende Körper zerstört es, ein seltsamer Widerspruch, da es den Lebenden das Leben nimmt und den Toten gleichsam das Leben verleiht«. Im Mittelalter war die Zeder das Symbol für die Unversehrtheit Marias. Cf. J. Szabó, 1981, S. 59 f.

54 Dies war der mykenische Ausdruck für Duft- und Räucherharze. Cf. A. L. D'Agata, 1997, S. 85.

55 Als Odysseus die Grotte der Kalypso betritt, »brannte auf dem Herd ein großes Feuer, und weithin über die Insel/wallte der liebliche Duft von brennendem Holze der Zeder (κέδρου), gut spaltbarer,/und Thyon (θύου)« (Odyssee V. 59 f.). Schon im Altertum wußte man nicht mehr, was dieses θύον, aus dem auch das Standbild des Hermes auf dem Gipfel des arkadischen Kyllene geschnitzt war (Pausanias VIII. 17.2), gewesen ist. Cf. F. Pfister, 1914, Sp. 269. J. Murr (1890, S. 128) hielt κέδρος für das Holz des Zypressenwacholders. Der Begriff ist von κέω, »brennen«, abgeleitet. Cf. J. Billerbeck, 1824, S. 234.

56 Die Ägypter verwendeten das nahöstliche *Pinaceae*-Holz wegen seiner Dauerhaftigkeit und Widerstandsfähigkeit nicht nur zum Schiffsbau, sondern auch weil es im Gegensatz zum einheimischen Tamarisken- oder Sykomorenholz leichter bearbeitbar war und eine glatte Oberfläche besaß, die man besser bemalen oder mit einem Relief versehen konnte. Cf. W. V. Davies, 1995, S. 148. Es blieb über die Zeiten das bevorzugte Schiffbauholz: Noch im Jahre 1065 v. Chr. scheint Wenamûn, der Priester des Amûn-Tempels von Karnak, allein deshalb in die Levante gereist zu sein, um Zedernholz aus den Bergen des Libanon für den Bau der großen Prozessionsbarke des Opet-Festes zu besorgen (cf. B. U. Schipper, 2005, S. 165 f.). Auch in späterer Zeit benutzten Syrer und Phönizier für die Herstellung ihrer Schiffe, wie Theophrastos (III. 26; IV. 5.5; V. 7.1) ausführt, dieses Holz sowie das der Aleppokiefer und der Kilikischen Tanne. Plinius (XIII. 53) pries die »ewige Beständigkeit« ihres Holzes, »weshalb man für gewöhnlich sogar Götterbilder aus ihm anfertigte«, etwa das der Artemis Kedreatis in der Nähe von Orchomenos (Pausanias VIII. 13.2) oder ein ganzes Heiligtum wie angeblich den Tempel König Salomos. Cf. H. O. Lenz, 1859, S. 382.

57 Apollonios v. Rhodos IV. 869 ff. Plinius (XXIV. 18) berichtet, manche Männer rieben vor dem Koitus den Penis mit Zedernharz ein, aber er läßt sich nicht darüber aus, ob sie dies taten, um die Erektionen zu verlängern oder aus einem anderen Grund. Nach Dioskurides (I. 77) benutzte man jedenfalls Zedernharz (κεδρία) als Spermatizid. Cf. M. Aufmesser, 2000, S. 263.

58 Cf. R. Germer, 1979, S. 186; Lucas/Harris, a. a. O., S. 94 f. Noch im 19. Jahrhundert kauten die Ägypterinnen das Ladanum gegen schlechten Mundgeruch, und heute ist es Bestandteil verschiedener Parfüms.

59 Cf. L. Malten, 1914, Sp. 32 f.; J. Wiesner, 1960, S. 235.

60 Cf. Theophrastos IX. 1.3 u. XV. 8; Plinius XIII. 115; M. Serpico, 2004, S. 101; H. Marzell, 1943, Sp. 501; bzw. Y. G. Lolos, 1995, S. 80. In der Antike wurde Tragant vor allem von Frauen aufgetragen, die damit eine glänzende Haut erzielen wollten. Cf. J. C. T. Uphof, 1968, S. 57.

61 Cf. N. Baum, 1999, S. 428 f.; M. Stol, 1979, S. 1 ff. Die koptische Bezeichnung ist *sonte* (a. a. O., S. 20). Das Bäumchen wuchs auf Kreta, den Kykladen, im nordwestlichen Griechenland, in Kleinasien, auf Zypern (vor allem in der Gegend von Paphos), in der Levante, an der nordafrikanischen Küste und anscheinend auch in einigen Wādīs der Ostwüste zwischen Nil und Rotem Meer. Cf. O. Rackham/J. Moody, 1996, S. 70; O. Negbi/M. Negbi, 1993, S. 323; C. Priebe, 2002, S. 54. Das *snṯr*, das Thutmosis III. als Beute aus Syrien mitbrachte und das in 100 *mn.t*-Amphoren und in Form von Kugeln in Körben vor allem in die ägyptischen Tempel geliefert wurde, war höchstwahrscheinlich Pistazienharz. Cf. S. Wachsmann, 1987, S. 51; N. de G. Davies, 1943, S. 28; M. Artzy, 1995, S. 31; D. B. Redford, 2003, S. 52, 64; G. F. Bass, 1997, S. 164; M. J. Raven, 1990, S. 16.

62 Cf. Serpico. a.a.O., S. 110 f.; K. S. Kolla/D. Schwarzmann-Schafhauser, 2000, S. 133; V. Karageorghis, 1995, S. 66; C. Jacq, 2000, S. 174; C. W. Haldane, 1990, S. 57; Nunn, a.a.O., S. 143, 195. Die Ägypterinnen kauten das Harz gegen üblen Mundgeruch und räucherten ihre Genitalien ein, damit sie besser rochen.

63 Cf. Serpico, a.a.O., S. 107 f.; G. Bass, 1989, S. 97; A. L. D'Agata, 1997, S. 87, 95; C. W. Beck, 1999, S. 149. Pistazienharz wurde – ähnlich wie Pech – in einem zähflüssigen Zustand transportiert (cf. O. Negbi/M. Negbi, 1993, S. 323), weshalb an dem Harz an Bord der Uluburun Schnecken kleben geblieben waren, aufgrund deren man eine Gegend nordwestlich des Toten Meeres als Herkunftsgebiet wahrscheinlich machen konnte. Cf. Pulak, a.a.O., S. 74, 76. Im nördlichen Zagrosgebirge wurde der Wein anscheinend bereits im 6. Jahrtausend mit Pistazienharz versetzt (cf. P. E. McGovern et al., 1997, S. 5), und Funde aus Gräbern der vordynastischen Zeit und aus dem des Djer in Abydos aus der 1. Dynastie legen die Vermutung nahe, daß die Ägypter schon im 4. Jahrtausend das levantinische Harz beim Mumifizieren verwendeten. Cf. J. C. Payne, 1993, S. 254; J. Jones, 2002, S. 6.

64 Cf. D. Kučan, 1995, S. 27 f.; bzw. A. Carnoy, 1957, S. 196.

65 Cf. C. Ward, 2001, S. 376; dies., 2006, S. 189. Bei dieser Gelegenheit verbrannten wir auch ein Fragment eines unserer *Pinaceae*-Kopale sowie das Bruchstück eine Kopals von gleicher Natur und Farbe, den ein Fischer südlich von Süderoog im Watt gefunden hatte. Beide verbrannten mit schwarzer Rauchbildung und verströmten einen Geruch, den man nicht unbedingt als angenehm bezeichnen würde. Gelegentlich sind auch an anderen Stellen der Nordseeküste große Brocken semifossilen und rezenten Kopals entdeckt worden, z. B. im Hanskalbsander Elbwatt, und man hat gerätselt, wie sie wohl dorthin gelangt sein mochten. Cf. M. Ganzelewski, 1996, S. 479; K. Rudat, 1985, S. 21 f.

66 Cf. J. Retsö, 1991, S. 191; P. Pamminger, 1996, S. 441; T. DuQuesne, 2005, S. 9; Raven, a.a.O., S. 16; A. M. Sayed, 1989, S. 158; C. Cozzolino, 1993, S. 391; K. J. Seyfried, 1984, S. 108 f. Das *kmj.t n.t snṯr* ist wohl ein mit Weihrauch aromatisiertes Salböl. Cf. Germer, a.a.O., S. 76. Zu *lbn* cf. W. W. Müller, 1974, S. 59; G. Banti/R. Contini, 1997, S. 172, 185. In Dhofār wurden auch andere Duftharze *libān* oder *lubān* genannt. Cf. M. Morris, 1997,

S. 233. Ob das sumerische ŠIM.GIG und das ŠIM.HI.A wirklich Weihrauch waren, der schon in der ersten Hälfte des 3. Jahrtausends über den Omān nach Mesopotamien kam, bleibt fraglich. ŠIM bedeutet wahrscheinlich »Räucherharz«, und ŠIM.GIG wird in einem neuassyrischen Text mit akkad. *kanaktum* gleichgesetzt, das wohl dem arab. *qunnuq*, einer Bezeichnung des Weihrauchs, entspricht. Das Wort *ga-na-ga-tum* taucht erstmalig um die Mitte des 3. Jahrtausends in Ebla auf, und von ihm leiten sich hethit./ḫurrit. *ganaki* und *ganakiṯḫi* ab. In Siedlungen im östlichen Omān, die Handelsbeziehungen mit der Indus-Kultur unterhielten, fand man in Gefäßen aus dem 23. oder 22. Jahrhundert v. Chr. Reste von Weihrauch. So ist es zumindest denkbar, daß von hier aus das Harz über den Persischen Golf als ŠIM.DILMUN ins Zwei-stromland gelangte. Cf. J. Zarins, 1997, S. 260 f.; V. Haas/D. Bawanypeck, 2003, S. 304; D. T. Potts, 2007, S. 135; C. Schmidt, 2005, S. 68; A. Schmidt, 1927, S. 39; bzw. S. Cleuziou/M. Tosi, 1997, S. 59 ff. Auf Täfelchen aus Lagaš wird jedenfalls ŠIM.DILMUN erwähnt, das übers Meer in Beuteln in die Stadt am unteren Tigris kam. Cf. Zarins, a.a.O., S. 261.

67 Cf. R. W. Bulliet, 1975, S. 65; I. Hofmann, 1967, S. 124; A. Erman, 1923, S. 594; F. N. Hepper, 1990, S. 23 f.; S. Morenz, 1960, S. 246; E. Otto, 1975, Sp. 1003; T. Säve-Söderbergh, 1941, S. 207, 218. Entsprechend heißt es, der Weihrauch komme aus einem Land I'm südlich von Wādī Ḥalfā (a.a.O., S. 17, 21 f.), und er wurde häufig mit anderen Rohstoffen und tropischen Tie-ren, die es in Nubien gar nicht gab, als »nubischer Tribut« bezeichnet. Cf. J. Leclant, 1996, S. 126. Anscheinend erreichten diese Lieferungen Ägypten nur sehr unregelmäßig, und sie wurden wohl meist durch den Import des wesent-lich billigeren und leichter beziehbaren Pistazienharzes und der Myrrhe (*Commiphora opobalsamum*) ersetzt. Cf. Baum, a.a.O., S. 428 f.; Serpico, a.a.O., S. 272. Auf dem Seeweg bezogen die Ägypter den Weihrauch von *Boswellia carteri*, *bhau-dajiana* oder *frereana* wohl spätestens ab der 11. Dynastie. Cf. F. Deblauwe, 1991, S. 135; F. N. Hepper, 1969, S. 69 f. Hatsche-psut ließ schließlich ꜣntyw-Bäume ins Niltal bringen, aber sie scheinen dort eingegangen zu sein.

68 S. Schoske et al., 1990, S. 49; J.-C. Goyon, 1984, Sp. 84; G. Ebers, 1897, S. 151. Der »Herr der Sonnenaufgänge« erhielt Weihrauch auch »als Nah-rung«, um sich für seinen Gang über den Himmel »zu stärken«.

69 Ich folge hier teilweise der Übersetzung bei E. Bresciani, 2002, S. 143 f. Eine etwas andere Übersetzung findet man in H. P. Duerr, 1984, S. 116.

70 Cf. H. Wilde, 2006, S. 106; L. V. Žabkar, 1992, S. 240.

71 Cf. E. Matouschek, 2002, S. 55; H. Wolter, 2007, S. 72; A. Dierichs, 2006, S. 45; Priebe, a.a.O., S. 45. Noch bis in unsere Zeit sollen die Wahrsager der Fellachen durch das Einatmen von Weihrauch in Trance geraten sein. Cf. H. A. Winkler, 1936, S. 48, 64; ders., 1937, S. 236. In Äthiopien erfreute man mit dem Rauch die Engel, die das Tor zum Paradies bewachten, und machte sie geneigt, es zu öffnen. Cf. K. Volker-Saad, 2007, S. 133. Auch Jahwe freute sich, wenn er den Duft einatmen konnte, und segnete die Opfernden zum Dank. Cf. F. Blome, 1934, S. 289 f.; B. Porten, 1968, S. 114.

72 Cf. A. M. Blackman, 1913, S. 73 f.; S. D'Auria, 1988, S. 16; S. Ikram/A. Dod-

son, 1998, S. 106. »Fleisch dieses X«, heißt es auf manchen Särgen, »verfaule nicht, verwese nicht, dein Geruch werde nicht schlecht!« Cf. G. Rudnitzky, 1956, S. 49. Clemens von Rom überliefert eine orientalische Tradition, nach der sich der Vogel Phoenix, wenn er sein Ende nahen spürte, ein Nest aus Weihrauch und anderen Duftharzen baute, das ihn durch den ausströmenden Geruch regenerierte. Cf. W. W. Müller, 1978, Sp. 775; C. Lalouette, 1999, S. 233. Im Grab des Tutanchamûn fand Howard Carter einen Kosmetikkasten aus Edelhölzern und Elfenbein, der neben einem kleinen ḳoḥl-Gefäß und Farbreibepaletten vier bräunlich-gelbe, spröde und semitransparente Harzkugeln enthielt, die alle einen Durchmesser von 2,2 cm aufwiesen und – angezündet – mit einer rauchigen Flamme verbrannten, wobei sie einen Wohlgeruch freisetzten. Das Harz wurde als Weihrauch bezeichnet, doch ist es heute offenbar nicht mehr nachprüfbar, ob diese Identifikation zutrifft. Cf. H. Carter, 1934, S. 204 f.; N. Reeves, 1990, S. 196; R. Germer, 1989, S. 79. Wirklicher Weihrauch waren anscheinend drei Harzbrocken im Grab des Pharaos Mentuhotep Nebhepetrê und die im Grab des Arztes Paulos im oberägyptischen Achmîm aus sehr viel späterer Zeit. Cf. D. Arnold, 1981, S. 57 ff.; R. Forrer, 1908, S. 898.

73 Cf. Wilde, a. a. O., S. 96; H.-W. Fischer-Elfert, 2005, S. 208; F. W. v. Bissing, 1949, S. 153; W. Westendorf, 1999. S. 516 f.; T. Bardinet, 1995, S. 270 ff.; L. Manniche, 1999, S. 85, 96; J. H. Taylor, 1995, S. 92; B. Schmitz, 2006, S. 140; B. Goede, 2006, S. 49 f. Die ägyptischen Damen scheinen vor dem Koitus die Vagina mit Weihrauch geräuchert zu haben. Cf. M. A. Abdalla, 2009, S. 15. Auch in der heutigen Medizin wird er bei Entzündungen und Borreliose verwendet (cf. U. Fischer/B. Siegmund, 2003, S. 110 f.), während die Fellachen noch in unserer Zeit den Toten Wattebäuschchen, die mit maḥlab, einer Duftessenz aus Weihrauch, Sandelöl und Gewürznelken, getränkt sind, in After und Vagina stopfen, damit die aufgebahrten Leichen nicht unangenehm riechen. Cf. N. el-Shohoumi, 2004, S. 141, 145 f. A. Wilkinson (1998, S. 85) meint, im Gegensatz zu Myrrhe sei Weihrauch ausschließlich verbrannt worden, was nicht zutrifft, denn auch dieser war Bestandteil von Balsamen und Salben. Cf. N. Baum, 1994, S. 26; M. Chermette, 2003, S. 31.

74 Cf. H. Landenius-Enegren, 2000, S. 33; A. Sarpaki, 2001, S. 220; Y. Duhoux, 2003, S. 160; C. G. Doumas, 1987, Tf. 53; bzw. G. Karo, 1913, S. 259; S. Eitrem, 1915; S. 199.

75 Cf. M. Moosauer, 2006, S. 65; ders., 2006a. S. 10; ders., 2007, S. 23. Kontakte zwischen Ägypten und Punt sind auch für die Regierungszeit Echnatons belegt (cf. S. Martinssen, 2003, S. 266), und es könnte durchaus sein, daß der Weihrauch aus dem Rungholtwatt in dieser Zeit nach Kreta exportiert worden ist.

76 Cf. Deblauwe, a. a. O., S. 134; L. Singer-Avitz, 1999, S. 4 f.; M. Liverani, 1997, S. 561. Möglicherweise hat man in Südarabien die ersten Versuche mit *Camelus dromedarius* als Packtier bereits in der Spätbronzezeit unternommen (cf. R. Fattovich, 1997, S. 277 f.), doch wird seine Verwendung als Handelskarawanentier in dieser Zeit ausgeschlossen. Auch hat man vermutet, daß die ersten domestizierten Dromedare für den Krieg und nicht für den Waren-

transport benutzt wurden. Cf. B. Doe, 1970, S. 49. Ein Text des mittleren 8. Jahrhunderts v. Chr. aus dem Königreich Suhu am mittleren Euphrat berichtet, dessen Krieger hätten eine aus 200 Dromedaren bestehende Karawane ausgeplündert, die von Saba über Teima in den Norden gezogen war (cf. M. Liverani, 1992, S. 111), und aus dieser Zeit stammen die ersten syrischen und assyrischen Darstellungen von Reit- und Transportdromedaren. Cf. Retsö, a. a. O., S. 205 f.; M. Jasmin, 2005, S, 51 f. Im Negev hat man in spätbronzezeitlichen Kontexten die Reste verendeter Dromedare gefunden (cf. C. Grigson, 1995, S. 259), aber ob es sich um Packtiere handelte, ist ebenso unsicher wie die Annahme frühdynastischer Weihrauchtransporte auf Kamelrücken aus dem Sudan nach Ägypten. Cf. M. Ripinsky, 1985, S. 141. Im Gegensatz zum südarabischen Dromedar scheint das turkmenische Trampeltier (*Camelus bactrianus*) wesentlich früher domestiziert worden zu sein, und bereits auf einem syrischen Rollsiegel des 18. Jahrhunderts v. Chr. sind zwei auf diesem Tier reitende Personen abgebildet. Cf. E. E. Kuzmina, 2008, S. 66 f.; M. Artzy, 1995, S. 31; H. Parzinger, 2006, S. 838; I. Köhler, 1981, S. 92, 120.

77 Cf. M. Liverani, 2003, S. 135 f.; W. W. Müller, 1987, S. 50.

78 Cf. C. J. Robin, 1997, S. 52. In dieser Zeit entstand das Buch Jesaja, in dem es heißt »Denn die Anzahl der Kamele wird dich bedecken, die jungen Kamele aus Midian und Epha. Sie werden alle aus Saba kommen, Gold und Weihrauch bringen und des Herrn Lob verkündigen« (Jesaja 60.6).

79 Cf. J. M. Blázquez-Martínez/M. P. García-Gelabert Perez, 1990, S. 122; H. Matthäus, 1999, S. 10. Myrrhe fand man in einem etruskischen Grab des 7. Jahrhunderts v. Chr. (cf. J. M. Turfa, 1986, S. 67; A. J. Pfiffig, 1975, S. 100), und in dieser Zeit wird auch das Weihrauchharz (λιβανωτός) erstmals in Griechenland erwähnt, nämlich in einem Text der Sappho. Cf. J. Retsö, 1997, S. 473.

80 Plinius XIII.2; bzw. Odyssee VIII. 363 ff. u. Ilias XIV. 172. Terrakottabüsten der Fruchtbarkeitsgöttinnen Hera und Demeter mit entblößten Brüsten, aus deren Köpfen Lilien wachsen, wurden anscheinend um 400 v. Chr. auf Lipari und in anderen Gegenden als Geräte zum Verbrennen von Weihrauch benutzt. Cf. J. D. Baumbach, 2004, S. 118.

81 Cf. J. P. Brown, 1965, S. 214; E. D. Vassiliou, 2002, S. 73; W. W. Müller, 1979, S. 86; Retsö, a. a. O., S. 475 f. Im 2. Jahrhundert n. Chr. berichtet der Syrer Lukian, man atme im Tempel der Κομβάβα von Hierapolis »diesen ambrosischen Wohlgeruch, der von der Luft des glücklichen Arabiens gerühmt wird; er duftet einem schon von ferne unbeschreiblich angenehm entgegen und verläßt einen auch nicht, wenn man wieder weggeht, sondern setzt sich in die Kleider« (*De Syria Dea* 30). In dieser Zeit wurde der Weihrauch zusammen mit indischen Gewürzen und anderen exotischen Produkten auf römischen Schiffen mit meist griechischer Besatzung vom Bāb al Mandab nach Berenike und von dort über Koptos nach Alexandria gebracht, nachdem schon in hellenistischer Zeit – offenbar in Māʾrib ansässige – nabatäische Fernhändler Weihrauch, Myrrhe und Gewürze in die Mittelmeerländer brachten, wo die aus dem nordwestlichen Arabien stammenden Unternehmer vor allem auf

Kos, in Piräus und in Puteoli Handelsniederlassungen eingerichtet hatten. Arabische Zwischenhändler transportierten aber auch somalischen Weihrauch, der angeblich einen strengeren Geruch entwickelte als der arabische, in den fernen Norden, wo das Harz in römischer Zeit von den Weihrauchhändlern (*thurarii*) für Opferhandlungen und Begräbnisse verkauft wurde. Jene besaßen wie ihre griechischen Kollegen, die λιβανωτοπῶλαι, auf den Märkten eigene Stände. Aus dem Osten fuhren indische Fernkaufleute auf ihren Schiffen nach Moša Limēn in Dhofār, um indische und hinterindische Gewürze wie Pfeffer und Nelken sowie wohl auch chinesische Seide gegen Weihrauch zu tauschen, der ebenfalls – zunächst auf Flößen und anschließend mit Karawanen – ins Römische Reich gebracht wurde. Cf. N. Groom, 1998, S. 54; C. Schneider/R.A. Stucky, 1993, S. 15; K. Schmitt-Korte, 1976, S. 12; A. Händel, 1985, S. 33 f.; L. Casson, 1989, S. 192. Nach Plinius (XIII.115) erzielte im 1. Jahrhundert der beste Weihrauch (λιβάνος καλλίότος) auf dem Markt einen Preis von über 100 Denaren das Pfund.

82 Cf. E. Simon, 1959, S. 24 f.; dies., 1998, S. 132 f., Vassiliou, a.a.O., S. 73 ff. In Südarabien durften die Weihrauchbäume nur von den männlichen Mitgliedern ganz bestimmter Familien angezapft werden, und der *mogar* genannte weiße Saft galt als die Lebensessenz göttlicher Wesen, die durch das Verbrennen von Storax versöhnt wurden. Herodot (III.107) kolportierte dagegen die Nachricht, die Bäume würden von kleinen bunten und geflügelten Schlangen bewacht, die man mit Hilfe von Räucherungen vertreibe. Die »Griechischen Magischen Papyri« verlauten, das Harz werde im Morgengrauen dem Helios geopfert, und römische Autoren berichten, auch in Südarabien habe man mit Räucheropfern (*mṯ ʿyt*) den Sonnengott verehrt, der in einem griechischen Mythos Leukothoë, die verstorbene Tochter des »Königs des Gewürzlandes«, die er geliebt hatte, mit Nektar bedeckte, worauf sie sich in einen λιβάνός verwandelte. Und jedesmal, wenn das Harz verbrannt wurde, vereinigte sich der Rauch mit dem Gott in Liebe. Cf. W. W. Tam, 1930, S. 228; V. A. Amoros, 2003, S. 3; L. R. LiDonnici, 2001, S. 76 f.; J. Ryckmans, 1993, S. 371; bzw. M. E. Kenna, 2005, S. 66.

83 M. Polo, 1983, S. 54 f.

84 Cf. M. Chebel, 1997, S. 452 f.; E.-D. Hecht, 1977, S. 178 f.; S. Posey, 1994, S. 34.

85 Cf. A. Kakovkin, 1997, S. 72; H. Marzell, 1938, Sp. 284. Um Unheil abzuwenden, verbrannten schon die Römer Weihrauch vor den Haustüren (cf. U. Heimberg, 1981, S. 7), und in der Merowingerzeit gab man das Harz Frauen und Kindern mit ins Grab oder diese trugen es in Kapseln als Amulette bei sich. Cf. K. Banghard, 2002, S. 272; W. H. Schoch, 2002, S. 285 f.; S. Brather, 2008, S. 156; J. Drauschke, 2008, S. 384; B. Dübner-Manthey, 1990, S. 83. Im Mittelmeerraum verbrannte man es schließlich im 14. Jahrhundert zur Abwehr des Schwarzen Todes. Cf. P. Freedman, 2008, S. 64.

1 Cf. M. Panagiotaki, 1990, S. 154 f. Vom Menschen hergestellte Durchbohrungen haben im allgemeinen einen wesentlich größeren Durchmesser als die
Löcher unseres Exemplares. Bei einem *Cerithium-vulgatum*-Anhänger aus
einem zyprischen Grab des 3. Jahrtausends v. Chr., der allerdings mit der Spitze
nach unten getragen wurde, betrug er knapp 5 mm. Cf. J. Ridout-Sharpe,
2006, S. 144.

2 Cf. L. Karali, 1999, S. 27 f., 41.

3 Cf. D. S. Reese, 2004, S. 120; Karali, a. a. O., S. 59; M. Oulié, 1928, S. 124 ff.; J.
Fischer, 2007, S. 134 f.; bzw. M. Stanzel, 1991, S. 145. Als Schmuck war die
Schnecke bereits im levantinischen und ligurischen Aurignacien beliebt, und
die Frauen der mittelneolithischen Hinkelsteinkultur, die in der ersten Hälfte
des 5. Jahrtausends im Gräberfeld von Trebur in Südhessen begraben wurden,
trugen Halsketten, Gürtel und Kleiderbesatz aus *Cerithium-vulgatum*-Gehäu-
sen, die auch im festlandgriechischen Neolithikum als Anhänger dienten. Cf.
Y. Taborin, 2003, S. 118 f.; J. Lüning, 2002, S. 119; A. Tsuneki, 1989, S. 5. Vom
Mittelmeer wurden die Hornschnecken in den Orient exportiert, z. B. in die
assyrische Stadt Nimrud am oberen Tigris und nach Nuzi in der Nähe des heutigen Kirkūk, wo man in den Bohrlöchern einiger Exemplare noch die Reste
von Kupferdraht fand. Auf weitere Exemplare stieß man im Zitadellenheilig-
tum der im ausgehenden 9. Jahrhundert v. Chr. niedergebrannten und vermutlich von Ḫurritern bewohnten Siedlung Hasanlu am Urmia-See im nordwest-
iranischen Hochland, wohin sie wohl assyrische Händler gebracht hatten. Cf.
P. R. S. Moorey, 1999, S. 131; bzw. D. S. Reese, 1989, S. 82; R. H. Dyson/M. M.
Voigt, 1989, S. 83. Auch auf Kreta opferte man sie den Göttern, z. B. im MM II
im Höhenheiligtum von Prinias.

4 Cf. A. Evans, 1921, S. 519 f.; G. Gesell, 1983, S. 95; M. A. V. Gill, 1985, S. 77 f.

5 Cf. T. Eliopoulos, 2004, S. 87; D. Ruscillo, 2006, S. 804, Pl. 4. 49 f.; R. Laffineur, 1986, S. 88; F. Vandenabeele, 1991, S. 248; R. J. Cromarty, 2008, S. 98.
Auch die Fußböden der Hausschreine sind häufig mit Meeresdekor bemalt.
Cf. L. V. Watrous, 1991, S. 295. Aus den Fragmenten der Fresken im »Großen
Haus X« in Kommos, in dem man auch die Bruchstücke ausländischer Import-
keramik und ein Steatitsiegel mit der Darstellung eines fliegenden Vogels mit
einem Volantrock ausgrub, war ersichtlich, daß die Malereien einst Land-
schaften mit dunkelockerfarbenem Erdboden, polychromen Felsen und wei-
ßen Lilien wiedergaben. Cf. J. W. Shaw/M. C. Shaw, 1993, S. 150 ff. In einem
Raum in der Nähe des Hausschreins in Kommos sowie in einem Tholosgrab in
Phurni-Archánes entdeckte man jeweils ein ganzes Muschelkollier. Cf. E. M.
Konstantinidi, 2001, S. 192. Unbearbeitete Meeresmuscheln – als Votivgaben
niedergelegt – befanden sich ebenfalls im spätbronzezeitlichen Heiligtum von
Phylakopi auf Melos (cf. C. Renfrew, 1985, S. 326 f., 387), während die in
einem Keramikgefäß auf Thera gefundenen Schneckenhäuser wohl eher die
Reste einer aus Kreta importierten Delikatesse darstellen, die nur dort vorkam.
Cf. S. Marinatos, 1969, S. 52; C. G. Doumas, 1983, S. 118. Auch in späterer
Zeit wurden Muscheln insbesondere Göttinnen geopfert: so z. B. eine unge-

wöhnlich große Purpurschnecke (*Trunculariopsis trunculus*) im 7. Jahrhundert v. Chr. der Hera in ihrem samischen Heiligtum. Cf. J. Boessneck/A. v. d. Driesch, 1988, S. 40.

6 Cf. H. Schuhmacher/J. Hinterkircher, 1996, S. 172; M. Mastaller, 1987, S. 200. Noch heute wird sie im südlichen Roten Meer bei Neu- und Vollmond, besonders bei starkem Wind, im Flachwasserbereich gesammelt und anschließend exportiert.

7 Cf. J. Phillips, 2003, S. 435; W. M. F. Petrie, 1897, S. 31; ders., 1914, S. 27 u. Pl. 107a; C. A. R. Andrews, 1981, Nr. 159; P. Rigault, 1999, S. 257; Priebe, a. a. O., S. 78; K. Kromer, 1978, S. 27. Anscheinend wurden auch in Europa im Jungpaläolithikum Kaurischnecken als Amulette benutzt. So fand man eine durchbohrte *Cypraea subannulus* in der Nähe der Kulthöhle von Mas d'Azil. Cf. G. Wilke, 1936, S. 293, Abb. 78. In Attika trug man schon im 5. Jahrtausend Kauris als Anhänger, die vermutlich Amulettcharakter hatten. Cf. L. Karali, 1996, S. 337. Zwischen den Brüsten der neolithischen Figurine einer unbekleideten Frau aus dem nordöstlichen Japan hängt eine lange Schnur herab, an der – über der Vulva – eine große Kaurischnecke befestigt ist. Cf. K. Singer, 1940, S. 51.

8 Cf. C. A. R. Andrews, 1994, S. 42; E. Staehelin, 1982, S. 51; S. Aufrère, 1991, S. 594 f.; K. Lembke/B. Schmitz, 2006, Nr. 148; D. M. Doxey, 1997, S. 197; B. Andelković/M. Panić-Štorh, 2002, S. 47; N. Scott, 1973, Fig. 38; G. Brunton, 1948, S. 84; M. Stoof, 1995, S. 162; K. Bosse-Griffiths, 2001, S. 102. Ab dem 21. Jahrhundert v. Chr. wurden vor allem junge, nackte Sklavinnen und die sogenannten »Beischläferinnen« mit Kaurihüftgürteln dargestellt, doch fand man diese auch in den Gräbern königlicher Prinzessinnen des Mittleren Reiches. Cf. R. E. Freed, 2002, S. 102. Das in einer Mastaba aus dieser Epoche in el-Lišt bestattete junge Mädchen trug einen Gürtel aus goldenen Kauriimitationen und Lapislazuli-Perlen um die Hüfte, aber man fand im selben Grab auch einen Gürtel mit echten Kauris aus dem Roten Meer. Im Grab der Sit-Ḥatḥor-Yunet, einer Tante Amenemhets III., in el-Lāhūn entdeckte man einen Gürtel aus goldenen Imitationen von *Cypraea pantherina*, die jeweils vier bis acht Kügelchen aus einer Silber-Kupfer-Legierung enthielten, und in dem in Abydos in einen Felsen gehauenen Schachtgrab einer Dame der 21. Dynastie ein Halsband aus natürlichen Kauris und *Columbella-rustica*-Muscheln vom Mittelmeer. Cf. W. C. Hayes, 1953, S. 232 ff.; G. E. Markoe, 1996, S. 147. Während dieser Zeit trugen die nubischen Frauen klirrenden Kaurischmuck an den Fesseln (cf. W. K. Simpson, 1962, S. 40), und im Neuen Reich benutzten Königinnen wie Hatschepsut oder Teje »Kauroide« genannte Stempelsiegelamulette mit ihren Kartuschen. Cf. M. Stoof, 2001, S. 456.

9 Cf. Aufrère, a. a. O., S. 73; G. Pinch, 1993, S. 284 f.

10 Cf. F. A. Schilder, 1926, S. 318; B. Musche, 1992, S. 13; L. Keimer, 1948, S. 21 f. Wenn sich bei den Mädchen der Tiv am Benuë die Brüste entwickelten, banden sie sich ein Schneckenhaus um den Hals, um sich vor Vergewaltigungen zu schützen. Cf. R. East, 1939, S. 309. Andererseits nähten, wie mir Bernhard Streck in einem Brief vom 10. November 1983 mitteilte, die Frauen der Topotha im Nordwesten Kenyas Kauris auf ihren Schamschurz, um schwanger zu

werden. Cf. auch J. Ktalav/O. Borowski, 2010, S. 133. Kaurischnecken waren auch das Symbol der wollüstigen afrobrasilianischen Wassergöttin Iemanjá und ihrer westafrikanischen Vorfahrinnen. Cf. H. P. Duerr, 1984, S. 223. In den arabischen Ländern trugen viele Frauen Kauris gegen die *jinn* um den Hals, oder man nähte sie an das Zaumzeug der Kamele und anderer Reit- und Lasttiere, während in einigen Gegenden Indiens die im Ohrläppchen getragene Kauri knackte, wenn einen der Böse Blick traf. Cf. R. Kriss/H. Kriss-Heinrich, 1962, S. 34; bzw. S. Seligmann, 1910, S. 267.

11 Cf. W. Heimpel, 1987, S. 56; A.L. Oppenheim, 1963, S. 409; W. Röllig, 1997, S. 450 f.; D. Homès-Fredericq, 1986, S. 117; S. Ratnagar, 1981, S. 148; C.M. Edens/P.L. Kohl, 1993, S. 19. Auch *ajjartu*, die altbabylonische Bezeichnung für eine große Kaurischnecke aus Dilmun, die der Göttin Ningal von Ur geopfert wurde, vermutlich *Cypraea tigris* aus dem Persischen Golf, deren Gehäuse man häufig an Orten wie Susa, in mesopotamischen, aber auch in Städten der Harappa-Kultur gefunden hat, bedeutet »Vulva«. Cf. R. Pientka, 2002, S. 510; bzw. M. Tosi/R. Biscione, 1981, Abb. 17; Ratnagar, a.a.O., S. 147. Zu den anderen *Cypraeae* im Persischen Golf und Arabischen Meer cf. D. Sahrhage, 1999, S. 88.

12 Diesen Kaurischnecken der Inanna entsprechen sicher die »Steine der Empfängnis« (sum. NA.PEŠ, akkad. *aban erē*), die eine Schwangerschaft herbeiführen sollten, und wohl ebenfalls die »Steine der Geburt« (*aban alādi*) für die Erleichterung der Niederkunft. Cf. W. R. Sladek, 1974, S. 84 f.

13 Cf. J. M. Aynard, 1966, S. 32; R. H. Dyson/M. M. Voigt, 1989, S. 83; bzw. S. M. Maul, 1992, S. 161, 165. Die Kaurischnecke der Ištar wurde auch das Symbol der wesensverwandten levantinischen ʿAštart, der kyprogriechischen Aphrodite und schließlich der römischen Venus. Cf. D. Michaelides, 1995, S. 214; K. Banghard, 2000, S. 344; D. Sahrhage, 2002, S. 33. So trägt die nackt in einer Muschel liegende Venus auf dem Wandbild des 79 n. Chr. verschütteten »Hauses der Venus Marina« in Pompeji eine Kauri an einem Band um den Hals. Cf. F. S. Bernstein, 1997, S. 207.

14 Cf. H. Hommel, 1970, S. 76, 82; J. Carswell, 2000, S. 18. Dionysos χοιροφάλας ist der Gott, der eine Frau durch Frottieren ihrer Vulva sexuell befriedigt. Cf. R. M. Schneider, 2005, S. 42 f.

15 Cf. Singer, a.a.O.; Y.-T. Li, 2003, S. 17 f.; J. Davis-Kimball, 2001, S. 249.

16 Man geht davon aus, daß die Schnecken vom Indischen Ozean und Roten Meer über Etrurien, Westeuropa und das Elbmündungsgebiet nach Pomerellen gelangt sind, da sie im Inland nicht vorkommen. Cf. H. Schaal, 1931, S. 23 f.; H. van den Boom, 1981, S. 276 ff.; R. Hennig, 1935, S. 170; K. Andrée, 1951, S. 92 f.; T. Malinowski, 1984, S. 25. *Cypraea pantherina*-Exemplare wurden auch in spätbronzezeitlichen Gräbern anderer Gegenden des Nordischen Kulturkreises gefunden(cf. G. Trotzig, 1988, S. 290), und reichen Hallstatt-Kelten sowie deren Zeitgenossen in Italien hat man sie ebenfalls mit auf die letzte Reise gegeben. So lag auf der Brust einer im 6. Jahrhundert v. Chr. im elsäßischen Nordhausen bestatteten jungen Dame ein Kollier aus Bernsteinperlen und Korallestäbchen, in deren Mitte sich eine große Pantherschnecke befand. Cf. S. Plouin, 1996, S. 78 f.; L. Pauli, 1980, S. 228; H.-E. Joachim,

2002, S. 305; G. Bellucci, 1907, S. 38 ff.; S. Seidel/F. Russo, 2004, S. 117; J.-P. Mohen, 1988, S. 226. Die weiteste Verbreitung fand die *Cypraea pantherina* indessen in der Merowingerzeit, als man sie gemeinsam mit dunkelrotem Granat oder Almandin aus Indien sowie Amethyst, Elfenbein, Weihrauch und »koptischem« Buntmetallgeschirr aus Ägypten in den Norden handelte, wo sie von England und Friesland bis nach Gotland und von Mittelitalien bis ins südliche Schweden als Schutzamulett zum Gürtelgehänge der Frauen gehörte und so gut wie ausschließlich Frauen vor der Menopause und Kindern mit ins Grab gegeben wurde. Cf. A. Lennartz, 2001, S. 275 f.; dies., 2004, S. 167 ff.; A. Mehling, 1998, S. 114; K. Banghard, 2001, S. 15, 18 f.; M. Knaut, 1990, S. 19; U. Koch, 2007, S. 367 f., 373; J. M. Bos, 1995, S. 100; C. Pause, 1996, S. 47. Die Schnecken, die als so wertvoll galten, daß man selbst kleine Bruchstücke von ihnen aufbewahrte (cf. K. Tancke, 1991, S. 94), wurden noch in der Wikingerzeit – wohl zusammen mit arabischen *dirhems* – über die russischen Flüsse in die Ostseeländer transportiert, wo man sie auch in den hochmittelalterlichen Fundschichten von Handelsorten wie Wolin findet. Cf. Trotzig, a. a. O., S. 292; A. Dolatowska, 2001, S. 110.

17 Cf. W. Kimmig, 1993, S. 172; K. Kunter, 1996, S. 29 f.

18 Cf. P. Warren, 2000, S. 25 f.; L. Karali, 1999, S. 48. Im Heiligtum der Demeter und der Persephone aus dem 7. Jahrhundert v. Chr. in Kyrene entdeckte man eine *Tridacna*-Schale mit dem geschnitzten Gesicht der Ištar. Solche Gehäuse, auf deren Gelenkstück meist die Züge eines weiblichen göttlichen Wesens mit mandelförmigen Augen eingraviert war, wurden damals von der südphönizischen Küste in den Orient und übers Mittelmeer nach Westen exportiert. Cf. D. White, 1975, S. 13; S. Erbelding, 2004, S. 338; H. L. Lorimer, 1950, S. 71.

19 Cf. N. J. Shackleton, 1972, S. 324 ff.; Renfrew, a. a. O., S. 387; J. F. Cherry / C. Renfrew, 1985, S. 328; E. French, 1985, S. 214 f.; S. Iakovidis, 1969, Tf. 26 γ u. 104 ε; ders., 1987, S. 468; Karali, a. a. O., S. 34, 37. Amulettcharakter hatten vielleicht auch die ägäischen Perlen in Form stilisierter Kauris. Cf. H. Hughes-Brock, 1999, S. 288.

20 Cf. S. Brather, 2004, S. 387. In Neuguinea legte man sie in Taschen, die um den Hals getragen wurden. Cf. C. Schuster/E. Carpenter, 1986, S. 635. In der Urnenfelderkultur gehörten Drudensteine zu den Grabbeigaben. Cf. I. Buckel, 2008, S. 110.

21 Cf. E. Thomas, 2003, S. 215; bzw. A. Evans, 1921, S. 564 f. Solche geometrischen Ornamente findet man häufig über Bukranien, aber auch über Tieren wie z. B. einem schreitenden Widder auf einem Achatdiskoid vom Lassithi. Cf. A. Onassoglou, 1985, S. 122 f.; V. E. G. Kenna, 1972, Nr. 136.

22 Cf. J. B. Wohlfeil, 1997, S. 61. Gleichartige Stierdarstellungen befinden sich auf einem Onyx-Lentoid, das in einem Grab einer Nekropole in der Nähe von Phaistos neben dem Kopf eines reich bestatteten Toten aus dem 14. Jahrhundert lag, auf einem Lentoid des SM II aus geflecktem Achat von einem unbekannten Fundort sowie auf anderen Weichsteinlentoiden, die meist im SM III A 1 hergestellt worden sind. Cf. H. Biesantz, 1954, Tf. 6.35; N. Platon/I. Pini, 1984, Nr. 101; dies., 1985, Nr. 199; V. E. G. Kenna, 1966, Nr. 148; J. G. Younger, 1967, Nr. 248; ders., 1985, Fig. 2.16; ders., 1988, S. 58; J. K. Sakella-

rakis/V. E. G. Kenna, 1969, Nr. 267. Höchstwahrscheinlich benutzten die minoischen Steinschneider bei ihrer Arbeit Vergrößerungsgläser, und entsprechende Linsen aus Bergkristall hat man auch in einem Grab bei Knossos gefunden. Cf. R. F. Willetts, 1977, S. 88.

23 Cf. I. Pini, 1988, Nr. 311; M. Wedde, 1990, S. 10; ders., 2000, Nr. 679; F. Dakoronia, 2006, S. 25; O. Höckmann, 2006, S. 82; C. Renfrew, 1979, S. 46; C. Broodbank, 2000, S. 99.

24 Cf. Onassoglou, a. a. O., S. 29 f.; Thomas, a. a. O., S. 214.

25 Cf. M. Arzy, 2003, S. 236 f., 244. Auch die bekannten, in die Wand des Abris von Laja Alta bei Cádiz gravierten Schiffe mit hohem Bug sind für solche Votive von Seeleuten gehalten worden. Cf. M. López-Bertran et al., 2008, S. 348. Allerdings ist ihre Zeitstellung ungewiß. Sie reicht vom Spätneolithikum bis in die frühe Eisenzeit, wobei allerdings die meisten Fachleute der späten Bronzezeit den Vorzug geben. Cf. A. Coffyn, 1985, S. 134; H. Müller-Karpe, 1982, S. 13; M. Almagro-Gorbea, 2001, S. 254; O. Höckmann, 1996, S. 37; J. C. Henderson, 2007, S. 51; V. M. Guerrero Ayuso, 2009, S. 178.

26 Cf. C. Pulak, 2008, S. 378. Im SM II-III wurden viele Siegel der Gottheit in der Idäischen und der Psychró-Höhle sowie im Höhenheiligtum auf dem Juchtas geopfert (cf. O. Krzyszkowska, 2005, S. 216). Man hat vermutet, die gegen Ende des 13. Jahrhunderts hergestellten und in Gräbern und Kultstätten gefundenen werkstattfrischen Weichsteinsiegel sowie die aus levantinischem Rohglas gepreßten Exemplare seien gar nicht mehr sphragistisch genutzt, sondern eigens als Votiv- oder Beigaben für Bestattungen produziert worden. Cf. I. Pini, 1997, S. 10; ders., 1999, S. 335. Auch die aus Ägypten importierten Skarabäen gab man den Verstorbenen, und zwar ausschließlich Frauen und Kindern, als Schutzamulette mit ins Grab. So trug eine Tote der Nekropole Knossos-Sellopulo einen Skarabäus mit der Kartusche Amenophis III. und eine Bernsteinperle an einer Kette um den Hals. Cf. E. Papaefthymiou, 2000, S. 284 f.; M. Effinger, 1996, S. 85.

27 Cf. C. Lambrou-Phillipson, 1990, S. 79; W. Helck, 1979, S. 125; I. Pini, 2005, S. 777 f.

28 Der nördlichste Fundort eines ägäischen Siegels – ein so gut wie werkstattfrisches, vermutlich im SM III A 1 hergestelltes Weichsteinlentoid mit dem Bild eines Agrímis – liegt in der Nähe des Olymps in Thessalien. Das in Tell Abu Hawam gefundene Siegel ist ein im späteren 14. Jahrhundert v. Chr. in der Argolis gepreßtes Glaslentoid. Ein Paar in Gräbern der Nekropole von Beşik-tepe entdeckte Siegel gelten als Hinweise darauf, daß es sich bei den Bestatteten um Ägäer handelt. Cf. L. Vagnetti, 2003, S. 54; J. Aruz, 2008, S. 307; F. Bertemes/K. Hornung-Bertemes, 2009, S. 175; I. Pini, 1996, S. 1097; ders., 2005, S. 782; Krzyszkowska, a. a. O., S. 305; B. Eder, 2007, S. 39 f.; J. Aruz, 1988, S. 301 f. Die Gravierung des aus dem Uluburun-Wrack geborgenen Lentoids aus geflecktem schwarzen Stein ist nicht mehr erkennbar. Cf. S. Gülçur, 1995, S. 456.

29 Cf. M. C. Shaw, 1995, Pl. 1. Bertemes/Hornung-Bertemes (a. a. O., S, 187) vermuten, daß das Bergkristall-Siegel von Tavşam Adasi mit der Darstellung eines Schiffes einem minoischen Kolonisten gehörte.

30 Sowohl der – offenbar hochrangige – Mann, der im 15. Jahrhundert v. Chr. in dem Tholosgrab im südlakonischen Vapheio beigesetzt worden ist, als auch die göttliche Gestalt in langem Gewand, die auf einem Jaspislentoid aus demselben Grab einen Greifen an der Leine hält, tragen ein Lentoidsiegel am Handgelenk. Auch bei den durch ihre Federhüte als bedeutungsvolle Personen ausgezeichneten Frauen auf bildlichen Darstellungen, vermutlich Priesterinnen oder Hofdamen, ist dies der Fall. Cf. P. Rehak, 1994, Fig. 1; J.G. Younger, 1981, S. 38; ders., 1977, S. 147, 158; ders., 1992, S. 272 f.; ders., 1995, Pl. LIVa; J. Hazzidakis, 1921, S. 42 f.; A. Dickers, 2001, S. 76.

31 Cf. E. H. Cline/M. J. Cline, 1991, S. 48; K. Galling, 1973, S. 167; A. Nunn, 2006, S. 33 f.; O. Loretz, 1993, S. 237 f.; Hoheslied 8.6. In den Rollsiegeln, die im Orient den Verstorbenen am Handgelenk, am Hals oder auf der Brust mit ins Grab gegeben wurden, hat man »eine Rückversicherung für eine Wiederkehr« aus dem Jenseits vermutet. Daß auch noch in neuassyrischer Zeit solche Siegel häufig einen Amulettcharakter besaßen, ist deshalb wahrscheinlich, weil die Keilschriftlegende oft positiv in den Stein geschnitten worden ist. Cf. B. Salje, 1995, S. 609; dies., 1997, S. 136; M. Novák/A. Oettel, 1998, S. 334; R. M. Boehmer, 1997, S. 23; D. Collon, 1987, S. 119.

32 Etwa 90 Prozent aller bekannten ägäischen Siegel stammen aus Gräbern. Cf. I. Pini, 1996, S. 1092. Im Frühling 1894 redeten Evans und seine Begleiter einen ganzen Abend auf einen Schäfer und dessen Frau ein, um diese zu bewegen, das Siegel, das sie im Busen trug, zu verkaufen, »but in vain, nor were my efforts in the morning crowned with more success. The woman only pointed to a small bairn & declared that if she parted with the stone it would die for want of nourishment: This form of fetichism is very deeprooted here – even among the more well to do peasants. The answer generally is ›I would not sell it for ten pounds' lire (i. e. for any sum)‹« (A. Brown/K. Bennett, 2001, S. 167 f.) Dem γαλόπετρασ und dem den Milchfluß anregenden Bernstein (cf. J. Barfod, 2005, S. 76) entsprach in Südfrankreich der Chalcedon, *garde-lait* genannt, den die jungen Frauen auf der Brust trugen, damit sich beim Stillen die Brustdrüsen nicht entzündeten. Cf. G. Wilke, 1936, S. 301. Im späteren Alten und frühen Mittleren Reich scheinen auch die Ägypterinnen Siegelamulette der Hathor getragen zu haben, die den Milchfluß anregen sollten. Cf. M. Stoof, 2004, S. 46 f.

33 Cf. I. Pini, 1997, S. 10; T. G. Palaima, 1987, S. 256. Der Fund eines noch nicht fertig gearbeiteten schwarzen Steatitsiegels aus der Zeit des Besiedlungsendes von Kommos zeigt, daß Weichsteinsiegel bis ins fortgeschrittene 13. Jahrhundert hergestellt wurden. Cf. J. W. Shaw, 2006 a, Pl. 4. 19.

34 Cf. J. Weingarten, 1991, S. 310 u. Pl. 11a; B. Eder, 2007 a, S. 93 f.; Biesantz, a. a. O., S. 4; Dickers, a. a. O., S. 115 f.; A. Karytinos, 1998, S. 85; D. Collon, 2001, S. 17. Gebrauchte Serpentin- oder Steatitsiegel gab man hochrangigen Verstorbenen, deren persönliches Eigentum sie gewiß waren, vor allem ab dem SM III A 1 mit ins Grab. Cf. J. G. Younger, 1975, S. 184.

35 Die dünnen Linien oder Kratzer auf der Rückseite unseres Siegels gelten als charakteristisch für nicht-professionelle Arbeiten. Cf. E. Porada, 1977, S. 8. Daß zusätzliche Motive in ältere Siegel geschnitten wurden, kam bisweilen

vor. Cf. I. Pini, 2000, S. 41. So wurde z. B. das Bild einer Göttin oder Priesterin mit Volantrock und nacktem Oberkörper gegen Ende der Bronzezeit in ein grünes Serpentinsiegel des SM III A 2 aus Fortetsa nordwestlich von Knossos graviert. Cf. V. E. G. Kenna/J. A. Sakellarakis, 1969, Nr. 283. In hellenistisch/ römischer Zeit schnitt man auf die Rückseite eines wohl aus dem SM II stammenden Lentoids aus Bandachat mit der Darstellung einer Melkszene eine liegende Kuh ein, die von einem Pfeil getroffen wird, während ein Karneol-Diskoid aus dem MM II B auf der Rückseite mit einer Sphinx versehen wurde. Cf. M. A. V. Gill, 1988, Nr. 318; V. E. G. Kenna, 1973, S. 129.

36 Im Knossos der Spätpalastzeit, aber auch in den SH III B-Palästen von Mykene, Pylos oder Theben benutzte man Siegel, die bis zu 300 Jahre alt waren, doch bereits in früheren Zeiten scheinen die Siegel von Generation zu Generation weitergegeben worden zu sein. So fand man z. B. in Gräbern des MM II in Archánes-Phurni Exemplare aus der Vorpalastzeit. Minoische Siegel wurden anscheinend auch über das »Dunkle Zeitalter« hinweg weitervererbt oder zumindest erneut verwendet. In einem knossischen Grab des frühen 8. Jahrhunderts entdeckte man ein in granuliertes Gold gefaßtes minoisches Siegel aus Amethyst. In der gleichen Zeit bestattete man kleine Kinder in Larnakes aus dem 14. Jahrhundert v. Chr. Cf. I. Pini, 1992, S. 202; ders., 1996, S. 1096 f.; E. Hallager, 2005, S. 261; Karytinos, a. a. O., S. 84; B. Eder, 2007b, S. 84; J. Boardman, 2002, S. 96 ff.; J. N. Coldstream, 2000, S. 271 ff.; H. Matthäus, 2004, S. 303. In den protogeometrischen Gräbern von Lefkandi befanden sich 400 Jahre alte mykenische Siegel (cf. J. G. Younger, 1980, S. 225), und die griechischen Siegel, die ab dem homerischen Zeitalter hergestellt wurden, gehen offenkundig auf bronzezeitliche Erbstücke und Funde zurück. Cf. J. Boardman, 1987, S. 295. Auch in Alalach, Ugarit und anderen Orten des Nahen Ostens wurden Siegel über viele Jahrhunderte hinweg vererbt, und mit zunehmendem Alter der Stücke wuchs proportional das Prestige der betreffenden Familie. Cf. E. Auerbach, 1992, S. 19 f. Doch auch exportierte Stücke, vor allem solche aus hartem Gestein, wurden häufig sehr lange aufbewahrt. So geriet ein Rollsiegel aus Lapislazuli mit einer Inschrift des im 13. Jahrhundert regierenden kassitischen Königs Šagarakti-Šuriaš als Beutestück in den Besitz des Assyrers Tukulti-Ninurta I.; im Jahrhundert darauf gelangte es wieder nach Babylon und 600 Jahre später erneut in den Besitz eines assyrischen Königs, nämlich Sennacheribs, der es neu beschriften ließ. Im Grab Pharao Šešonk II. entdeckte man ein bei seinem Tod bereits über 1500 Jahre altes, ebenfalls aus Lapislazuli bestehendes mesopotamisches Rollsiegel mit der Darstellung Gilgameš, und in einigen Schutzkapseln aus Ton, die beim Niederbrennen des großen karthagischen Papyrusarchivs durch die Römer im Jahre 146 v. Chr. zu Terrakotten gehärtet worden waren, fand man ägyptische Königssiegel aus der Hyksos-Zeit. Cf. A. K. Thomason, 2005, S. 155 f.; H. Stierlin/C. Ziegler, 1987, S. 187; bzw. F. Rakob, 1995, S. 15.

37 Cf. Krzyszkowska, a. a. O., S. 216; bzw. J. Boardman, 1968, S. 43 f. In der Spätbronzezeit war auf dem arkadischen Lykaion, einem der Geburtsberge des Zeus, ein kretisches Bergkristall-Lentoid aus dem SM II zusammen mit zerbrochenen Kylikes und anderer Keramik niedergelegt worden. Cf. D. G.

Romano/M.E. Voyatzis, 2010, S. 13. Auch im eisenzeitlichen Demeterheilig-
tum auf dem Gypsadeshügel, im argivischen und samischen Heraion, im deli-
schen Artemision, in den Heiligtümern der Artemis von Brauron, Munychia
und der Orthia in Sparta sowie im Poseidontempel von Sunion hat man Siegel
aus so gut wie allen minoischen Epochen geopfert. Cf. Dickers, a.a.O.,
S. 73 f.; J.D. Baumbach, 2004, S. 25 f. In einer Votivgrube des 13. Jahrhunderts v. Chr. in Kition auf Zypern fand man ein in der Mitte durchgeschnitte-
nes und damit als Siegel unbrauchbar gemachtes älteres Stück, in das man vor
der Darbietung an die Gottheit kypro-minoische Zeichen eingraviert hatte,
und zwar so, daß man die Inschrift auf dem Votiv und nicht auf dem Abdruck
lesen konnte. Cf. J.S. Smith, 2002, S. 5 f. Noch im Mittelalter ließ ein seld-
schukischer Sultan ein assyrisches Rollsiegel, das er gewiß als Amulett benutzte, mit seinem Namen versehen. Cf. Boehmer, a.a.O., S. 25, 30 ff.

38 Cf. P. Faure, 1980, S. 165; P. Warren, 1969, S. 139 f.; O. Rackham/J. Moody,
1996, S. 15 f.; M.J. Becker, 1976, S. 364 f.; N. Platon/I. Pini, 1985, S. LIX;
R.D.G. Evely, 1993, S. 166; V.E.G. Kenna, 1960, S. 66. Auch in Nordgriechenland brach man Serpentin. Cf. E. Stamatatou, 2004, S. 57. Bereits die
frühesten minoischen Siegel wurden aus ihm sowie importiertem Elfenbein
gefertigt (cf. S. Hood, 1978, S. 209 f.), und fast die Hälfte aller bekannten
minoischen Steinvasen besteht ebenfalls aus dem Mineral.

39 Cf. W. Czysz, 2008, S. 39. Im Karakorum und in benachbarten Gebirgsregio-
nen gilt der Serpentin als Antidotum und Abwehrmittel gegen jegliche Übel.
Deshalb werden auch Gebetsketten und Amulette, z.B. der iranische *zahr-
mohrah*-Talisman, der vor dem Stich giftiger Tiere schützt, aus dem Gestein
hergestellt. Serpentin war sicher auch das von den arabischen Autoren des
Mittelalters erwähnte und auf Zypern gebrochene *talq*, das einen vor bös-
artigen Tumoren und Hämorrhoiden bewahrte. Cf. J.W. Frembgen, 1990,
S. 153 ff.; bzw. A.T. Reyes, 2005, S. 212.

40 Cf. L.R. Palmer/J. Boardman, 1963, S. 74 f., 95, 105; J.G. Younger, 1988,
S. 288; ders., 1993, S. 58, 118; Y. Duhoux, 1998, S. 25. Man vermutet gene-
rell, daß die Linear-A-Zeichen auf den wenigen beschrifteten Siegeln, die man
bisher gefunden hat, später angebracht wurden, als man die betreffenden
Exemplare zu Amuletten oder Opfergaben umwandelte. Cf. V.E.G. Kenna,
1962, S. 5 f., 10 f.; ders., 1963, S. 4 f. u. Fig. 2 d-f. In Phaistos entdeckte man
den Abdruck eines Siegels des MM II B mit einer Protolinear-A-Inschrift. Cf.
P. Yule, 1981, S. 171 u. Pl. 30.56.4.

41 Cf. J. Raison/M. Pope, 1977, S. 48 f., 52, 60 f., 137. Die aus acht Linear-A-
Zeichen bestehende Inschrift auf dem Rock der Frauenfigurine aus Poros, die
dem SM III A 2 angehört, ist von rechts nach links gelesen worden (cf. G.A.
Owens, 1996, S. 193), aber andere Inschriften sind offenbar rechtsläufig.

42 Auf Transportgefäßen des SM III B wurden die Linear-B-Ausdrücke *wa-na-
ka-te* oder *wa-na-ko-te-ro* durch die Silbe *wa* abgekürzt, und auch andere ein-
zelstehende Zeichen hält man für Abkürzungen längerer Wörter. Cf. V. La
Rosa, 1992, S. 619; J. Weilhartner, 2007, S. 340; G. Walberg, 1996, S. 1336 f.

43 Cf. S. Iakovidis, 1964, S. 149 f.; ders., 1980, S. 86 f.; H. Erlenmeyer, 1966,
S. 119; Lambrou-Phillipson, a.a.O., S. 265; E.H. Cline, 1991, S. 139; bzw.
H. Biesantz, 1958, S. 59 f.

44 Obwohl man in der Nähe von Olympia einen Kiesel mit einer Inschrift aus der Zeit um 1650 v. Chr. gefunden hat, die als Proto-Linear B bezeichnet wird, geht man im allgemeinen davon aus, daß das Linear B im SM II von minoischen Schreibern auf Kreta entwickelt wurde, um die aus dem Dialekt der mykenischen Einwanderer hervorgegangene Beamtensprache schriftlich auszudrücken. Im Gegensatz zu Linear A war B wesentlich standardisierter, unterschied sich von Ort zu Ort kaum und änderte sich im Verlaufe der Zeit nur unwesentlich. Ähnlich wie ein halbes Jahrtausend zuvor die Schrift der Harappa-Kultur verschwand die Linear B-Schrift mit dem Zusammenbruch der Palastkultur um 1200 v. Chr., und aus dem SH/SM III C sind lediglich ein paar Keramikgefäße mit kurzen Inschriften bekannt. Cf. S. Marinatos, 1956, S. 15 f.; ders., 1958, S. 229; J. T. Hooker, 1979, S. 37; ders., 1988, S. 171 f.; T. G. Palaima, 1981, S. 80; C. W. Shelmerdine, 1992, S. 570, 585; F. R. Adrados, 2001, S. 44 f.; A. Horváth, 1997, S. 84 f.; K. Lewartowski, 1989, S. 168; J. M. Kenoyer, 2007, S. 14; J. Driessen, 1999, S. 94.

45 Cf. A. Bartoněk, 1992, S. 11; ders., 2003, S. 37; W. C. Brice, 1987, S. 313; T. G. Palaima, 1987a, S. 507; Hooker, a. a. O., S. 34 f.; K. Sbonias, 1995, S. 123; R. Palmer, 1995, S. 144 f. Gewiß gab es auch in Städten wie Ugarit neben den Tontafeln andere Schriftträger wie Tierhäute, Baumrinde, Papyrus oder Pergament. Cf. M. Dietrich, 2007, S. 59. »Es nennen seit alter Zeit«, so Herodot (V. 58), »die Ionier die Bücher ›Felle‹, weil sie meistens aus Mangel an Byblos [=Papyrus] Felle von Schafen und Ziegen dazu gebrauchten; ja, noch zu meiner Zeit schrieben viele Barbaren auf Felle.« Unter diesen »Fellen« sind sicher gegerbte Häute zu verstehen, auf denen wohl auch die homerischen Verse geschrieben wurden. Cf. P. Högemann, 2003, S. 22. Daß Papyrus auf Kreta wuchs, ist nicht nachweisbar. Der im Mittelalter auf Sizilien und noch im 18. Jahrhundert in den Sümpfen Kalabriens vorkommende Papyrus geht auf die Araber zurück, die ihn im späten 9. Jahrhundert mitgebracht hatten. Cf. F. Woenig, 1886, S. 126 f., 129.

46 Ähnliche Plomben wurden auch von den Ägyptern zum Versiegeln von Papyrusrollen benutzt. Cf. I. Schoep, 1997, S. 407 f.

47 Cf. M. Pope, 1964, S. 3; J. Chadwick, 1987, S. 45. Man vermutet, daß die Inschriften auf den sogenannten »hieroglyphischen Siegeln« des MM immer wiederkehrende Votivformeln sind. Cf. W. Ekschmitt, 1969, S. 14.

48 Cf. L. Godart/J.-P. Olivier, 1982, *passim*; H. Tomas, 2003, S. 131 f.; I. Schoep/ J. Driessen, 2003, S. 78. Linear-A-Inschriften hat man inzwischen auf Thera, Melos, Kea, Kythera, Samothrake sowie in Milet und Lakonien gefunden. Cf. Tomas, a. a. O., S. 129. Viele dieser Inschriften scheinen Votivtexte zu sein – so z. B. der aus 19 Zeichen bestehende spiralförmige Text auf einem Goldring, der aus einem spätminoischen Grab in Mavro Spelió bei Knossos geborgen wurde. Cf. N. Platon/I. Pini, 1984, Nr. 38; E. M. Konstantinidi, 2001, S. 242.

49 Cf. Ilias VI. 169 f.; R. Payton, 1991, S. 99 ff.; I. M. Shear, 1998, S. 187 f.; C. Pulak, 2005, S. 92; F. J. Tritsch, 1968, S. 1229 f. Das Scharnier des Diptychons von Uluburun besteht aus Elfenbein. Auf solchen Tafeln (akkad. *lē'u*), die ebenfalls mit Wachs (*iškuru*) beschichtet waren, notierten die hethitischen Priester Ritualtexte. Aber man benutzte sie im Nahen Osten auch für Briefe

und zur Dokumentation von eingehenden Geschenken. Cf. D. Symington, 1991, S. 113 f., 116 ff.

50 Für ihre Hilfe bei der Identifikation des Siegels und der Deutung der Inschrift danke ich insbesondere Ingo Pini und Paul Yule bzw. Stefan Hiller, Walter Burkert und Louis Godart.

51 Cf. C. R. Floyd, 1995, S. 46; L. Godart/J.-P. Olivier, 1985, S. XXXIII; L. C. Meijer, 1982, S. 38; P. Faure, 1980a, S. 126; ders., 1992, S. 90 u. Pl. IV; M. Pope/J. Raison, 1977, S. 18; T. Palaima, 2003, S. 193; E. Peruzzi, 1960, S. 41.

52 Cf. J. Weingarten, 1987, S. 10, 21; L. Godart/J.-P. Olivier, 1979, Wa 1006 ff., 1150 ff.; J. L. Myres, 1951, Fig. 1 f., B. G. Nuño, 1951, Fig. 1; G. Pugliese-Carratelli, 1963, S. 77, 82 ff. *et passim*; O. Masson, 1957, Fig. 6 f., 14; E. Hallager, 1989, Fig. 10 f.; J. D. Muhly, 1979, Pl. IV. 3 f.; H.-G. Buchholz, 1958, S. 98. Die Kupferbarren aus Aghia Triada stammen aus dem 15. Jh. (SMIB).

53 Cf. L. Kontorli-Papadopoulou et al., 2005, S. 183 ff.

54 Cf. A. Michailidou, 2001, Pl. I; E. Patria, 1988, S. 20; L. Godart, 2002, S. 86; M. Doria, 1965, Tav. III. Man findet es auch als kypro-minoisches Zeichen auf Keramikgefäßen. Cf. O. Masson, 1968, Pl. I. 2b.

55 Cf. M. A. V. Gill, 1966, S. 15 f.; M. A. V. Gill et al., 2002, Nr. 208, 366, 503, 529; A. Sakellariou, 1964, Nr. 73, 106, 137; N. Platon/I. Pini, 1984, Nr. 67, 338; I. Pini, 2004, Nr. 19; ders., 1988, Nr. 251, 336; V. E. G. Kenna, 1972, Nr. 237. Ferner ist das Ideogramm auch mit den Darstellungen von Mischwesen aus Mensch und Stier oder Agrími, von Stierspringern und einem Stier, der einen Mann zu Boden stößt, verbunden.

56 Cf. V. E. G. Kenna, 1964, S. 55; N. Marinatos, 1986, S. 61 ff.; M. P. Nilsson, 1950, S. 171; J. Sakellarakis, 1992, S. 100; B. C. Dietrich, 1994, S. 62; L. Morgan, 1995, S. 147.

57 Cf. J. Raison, 1961, S. 412 ff.; J. Bennet, 1994, S. 159.

58 Cf. E. Hallager, 1973, S. 26 f.; L. R. Palmer, 1973, S. 60 f.; J. Bennet, 1987, S. 87 f.; H. Haarman, 1997, S. 113 f.

59 Cf. H. P. Duerr, 2005, S. 82 ff.

60 Cf. W. Müller/I. Pini, 1999, Nr. 234; S. Alexiou/W. C. Brice, 1976, S. 21; E. Hallager, 1996, Fig. 40 f.

61 Cf. R. A. Brown, 1978, S. 45; ders., 1985, S. 235; Y. Duhoux, 1982, S. 110, 105 f.; L. Godart/J.-P. Olivier, 1985, S. XXXIII; L. C. Meijer, 1982, S. 38; M. Finkelberg, 2003, S. 96 f.

62 Cf. J. Vanschoonwinkel, 1991, S. 517 f.; E. Alram-Stern/B. Eder, 2004, S. 17 f.; Lewartowski, a.a.O., S. 182; Matthäus, a.a.O., S. 295, H. A. Bankoff/F. A. Winter, 1984, S. 28 f.; B. Eder, 2005, S. 281. In dieser Zeit verbreitete sich auf Kreta die Sitte der Brandbestattung, die vielleicht auf die eingewanderten Dorer zurückgeht. Cf. V. Parker, 1995, S. 134. Nach einer anderen Vermutung waren die kretischen Dorer die Nachkommen der einfachen Landleute, die ab dem 15. Jahrhundert mit ihren »mykenischen« Herren auf die Insel gekommen waren. Cf. C. Thomas, 1978, S. 24 f.; C. Renfrew, 1996, S. 13 f.

63 Odyssee XIX. 172 ff.

64 Diodoros V. 64. 1.

65 Cf. A. Kanta/A. Karetsou, 1998, S. 166; M. Tsipopoulou, 2005, S. 329 f., Y.

Duhoux, 1980, S. 173; ders., 1982, S. 18 ff.; R. F. Willetts, 1986, S. 186. Das Eteokretische war mit Sicherheit eine Weiterentwicklung des Minoischen. Cf. A. Bartoněk, 1986, S. 707. Nach im frühen 20. Jahrhundert durchgeführten anthropologischen Untersuchungen war der mediterrane Menschentyp mit relativ dunkler Pigmentierung, grazilem Habitus und leptodolichomorphen Proportionen des Kopfes im Osten Kretas wesentlich häufiger als in anderen Gegenden der Insel. Cf. A. Vonderach, 2008, S. 250.

66 Cf. L. R. Farnell, 1921, S. 38 f.; H. J. Rose, 1955, S. 150 f.; Finkelberg, a. a. O., S. 98 f.; F. Bader, 1984, S. 114; P. Faure, 1972, S. 424; M. B. Sakellariou, 2009, S. 105; J. Wackernagel, 1925, S. 44; M. P. Nilsson, 1906, S. 432; Apollodoros I. 84 = 9.2, bzw. III. 28 = 4.3. In Theben wehklagte man über ihren Tod. Auch der Name der kretischen Ariadne bedeutet nach einer Interpretation »die Leuchtende«.

67 »Mutter« heißt hethitisch *anna-, anni-,* palaisch *annas,* lydisch *ēna,* luwisch *anni,* lykisch *χñna,* sumerisch *anni,* türkisch *ana* und *anne,* ungarisch *any* (später *anya*), uigurisch *ana,* wotjakisch *enne,* tungusisch *ani,* altitalisch *annā,* in vielen südostasiatischen, indonesischen, melanesischen und polynesischen Sprachen *ino, ine, ina,* im Haussa, der westafrikanischen Verkehrssprache, *inna.* Vgl. auch malaiisch-indonesisch *inang,* »Amme«, ahd. *ane* und *anâ,* »Großmutter« bzw. »ältere Frau«, armen. *hane* und wogul. *āṅi,* »Großmutter, Tante«. Cf. I. Herms, 1987, S. 79; D. T. Tryon, 1995, S. 122, 125, 152 ff., 157 f.; E.-D. Krause, 2000, S. 110; O. Karow/I. Hilgers-Hesse, 1978, S. 134; G. Kahlo; 1950, S. 64; M. Krebernik, 1997, S. 504; S. Jampel, 1928, S. 1423; J. Puhvel, 1984, S. 55 ff.; K. Steuerwald, 1988, S. 53, 59; K. Röhrborn, 1979, S. 129; E. Karg-Gasterstädt/T. Frings, 1952, Sp. 410; O. Schade, 1969, S. 14; H. Pedersen, 1945, S. 26; J. Pokorny, 1949, S. 36; L. Benkö, 1993, S. 39; B. Munkácsi, 1986, S. 41; D. R. Fokos-Fuchs, 1959, S. 39; F. Muller, 1926, S. 31.

68 Cf. G. Frantz-Szabó, 1997, S. 517; Krebernik, a. a. O.; A. Walde, 1938, S. 50; R. Kohlheim/V. Kohlheim, 2007, S. 192. Die ḫattisch-hethitische Erd- und Vegetationsgöttin heißt für gewöhnlich Ḫannaḫanna – eine reduplizierte Form von »Großmutter«.

69 Auf Rhodos galt Ino oder Halia als Paredra des Poseidon und Schwester der kretischen Telchinen (cf. S. Eitrem, 1925, Sp. 2296), und auf Kreta war sie offenbar identisch mit der Nymphe Himalia, die von Zeus bestiegen wurde. Cf. E. M. Craik, 1979, S. 178; L. Malten, 1912, Sp. 2232.

70 Nonnos IX. 57 f. Cf. Eitrem, a. a. O., Sp. 2302; Rose, a. a. O., S. 149.

71 Cf. E. Nikolidaki, 2003, S. 163.

72 Pausanias III. 26.1.

73 Cf. U. v. Wilamowitz-Moellendorf, 1931, S. 102; A. Lesky, 1947, S. 142 f.

74 Odyssee V. 313 ff.

75 Hans Mommsen: Schriftliche Mitteilung vom 22. Oktober 2007.

76 Cf. A. Evans, 1921, S. 166 u. Fig. 118b; IV, S. 90 f.; D. Finnen, 1921, S. 84 f., 136; R. Higgins, 1967, S. 38; P. Demargne, 1965, S. 66; F. Matz, 1951, S. 997 f.; L. Vagnetti, 1973, S. 102 ff.; L. Godart/Y. Tzedakis, 1992, S. XXXVII; E. Reisinger, 1912, S. 1 f.; R. Rambach, 2000, Tf. 110.8; C. Renfrew,

1965, S. 136 u. Pl. 55.2; V. Milojčić, 1961, Tf. 18; E. Fiandra/E. Mangani, 2009, Fig. 28 u. 100. Weiß inkrustierte Dreiecke findet man auch auf den glänzendschwarzen Krügen des späten 17. Jahrhunderts v. Chr. aus Tell el-Dabʾa im östlichen Nildelta, dessen Kultur stark minoisch beeinflußt war. Cf. E. Reiser-Hasbauer, 1979, S. 78; I. Hein, 1994, S. 229 ff.

77 Cf. P. Warren, 1972, S. 217 f., 239 f., 254 u. Pl. 79 E; A. Evans, III, S. 405, 409; L. Deroy, 1952, S. 54 f.; bzw. G. Karo, 1959, S. 65 f. u. Abb. 16.

78 Cf. G. J. van Wijngaarden, 2005, S. 406 f.; bzw. L. R. Palmer, 1981, S. 108 f.

79 Cf. Aufrère, a. a. O., S. 464; Moorey, a. a. O., S. 87; B. U. Schipper, 2005, S. 117.

80 Cf. M. Casanova, 1995, S. 17. Im südlichen Mesopotamien scheint der Lapis-lazuli im frühen 6. Jahrtausend, aber im Norden des Landes erst um 4000 v. Chr. und in der ägyptischen Negade-II-Kultur im folgenden Jahrtausend aufzutauchen. Lapislazuliperlen fand man zusammen mit Artefakten aus Arsenbronze und Fayence in einem Höhlenversteck des 4. Jahrtausends in Palästina, das einem Fernhändler zugeschrieben wird, der wohl von Syrien nach Ägypten unterwegs war. Cf. H. P. Francfort, 1984, S. 303; S. C. Brown, 1991, S. 5 f.; F. Pinnock, 1986, S. 222; G. Weisgerber, 2004, S. 67; B. Helwig, 2004, S. 160; S. Mark, 1997, S. 38 f. Die Eselskarawanen transportierten in vordynastischer Zeit auch Karneol ins Niltal. Cf. T. Harrison, 1993, S. 85. Im frühen 2. Jahrtausend wurde der Lapislazuli gemeinsam mit Zinn und Textilien von Aššur ins anatolische Kaneš befördert. Cf. C. Michel, 2001, S. 350 f. Erst im 3. Jahrtausend gelangte der Stein offenbar über Šortugai, den Außenposten der Harappa-Kultur, in den Süden, wo man ihn allerdings wohl nicht besonders schätzte, sondern nach Mesopotamien verschiffte. Cf. V. I. Sarianidi, 1971, S. 15; Weisgerber, a. a. O., S. 65.

81 Auch der chinesische Lapislazuli (*ching-ching*) wurde aus Badaḫšān importiert, da die China näher gelegenen Vorkommen im Pamir und am Baïkalsee in der Antike noch nicht ausgebeutet wurden. Bis ins frühe Mittelalter transportierte man ihn auf der Seidenstraße sowohl nach Osten als auch nach Westen. Cf. P. Bernard, 1978, S. 50; R. W. Kory/D. Steiniger, 2001, S. 275.

82 Cf. Moorey, a. a. O., S. 88; P. Matthiae, 1985, S. 169 f.; ders., 1998, S. 253; F. Pinnock, 1988, S. 108; ders., 1995, S. 150. Die Rohlinge in Theben bildeten nämlich einen Hort mit auf Zypern hergestellten oder neu geschnittenen Rollsiegeln und solchen kassitischer Herkunft, darunter eines mit dem Namen König Burna-Buriaš II., der um die Mitte des 14. Jahrhunderts mit Echnaton korrespondierte. Cf. E. Porada, 1982, S. 68; E. H. Cline, 1994, S. 25 f. Man hat auch vermutet, daß der Schatz ein Geschenk der Assyrer an die Thebaner gewesen sein könnte, mit dem jene die Mykener als Bundesgenossen gegen die Hethiter gewinnen wollten. Offenbar verfügten die Assyrer im 15. Jahrhundert über einige Reserven an Lapislazuli, denn es heißt, Aššur hätte im 24., 33. und 40. Regierungsjahr Thutmosis III. »Blöcke« des Steines als »Tribut« an den Nil geschickt. Cf. W. Mayer, 1987, S. 115, 119. Tatsächlich spricht einiges dafür, daß der thebanische Lapislazuli aus Aššur stammte, denn es ist überliefert, 1 Mine Rohlinge und Siegel aus dem Stein hätten zur Beute gehört, die Tukulti-Ninurta um das Jahr 1225 machte, als er Babylon plünderte. Cf. D. Collon, 1994, S. 296.

83 Cf. C. C. Lamberg-Karlovsky, 1996, S. 89; M. Casanova, 2000, S, 177 f.; A. Degraeve, 1992, S. 5. So erhielt Thutmosis III. von Zypern als sogenannten »Tribut« mehrere Kilogramm *ḫsbd*, und zwar »echten« (*mȝꜥ*) und »guten« (*nfr*), wobei letzterer wohl aus blauer Fayence bestand: Diesen nannte man »Lapislazuli vom [Glas]ofen« (*tḥnt*) im Gegensatz zu »Lapislazuli vom Berg«. In seinem 42. Regierungsjahr brachte Thutmosis III. aus dem Norden einen Brocken Lapislazuli als Kriegsbeute heim, der 33 *kedet*, also etwa 300 g wog und der aus einem Land stammte, dessen Name verlorengegangen ist. Da von dort aber auch »Stierköpfe«, d. h. vermutlich minoische Rhyta, und Kupfer in die Levante gelangt waren, wird es sich um Zypern handeln. In Anatolien war Lapislazuli in der Rohform 3 mal und in Siegelform 11 mal so teuer wie Silber, und die assyrischen Kaufleute tauschten ihn ausschließlich gegen Edelmetall. Cf. D. O. Edzard, 1960, S. 52 f.; Michel, a. a. O., S. 351; S. Wachsmann, 1987, S. 54 f.; M. H. Feldman, 2006, S. 117.

84 Cf. J. Assante, 2002, S. 41; B. Alster, 1993, S. 19; J. G. Westenholz, 1992, S. 386; W. Farber, 1977, S. 158, 189; E. Zwierlein-Diehl, 1992, S. 392; C. E. Barrett, 2007, S. 25 f.; A. R. Gansell, 2007, S. 38; M. H. Pope/W. Röllig, 1965, S. 293; C. H. Gordon, 1967, S. 105; A. Verbovsek, 2006, S. 30. Auf einem großen Wandbild des 18. Jahrhunderts v. Chr. im Palast von Mari ist dargestellt, wie Ištar Zimrî-Lîm zum König macht, indem sie ihm als Herrschaftsinsignien einen Stab und einen Ring überreicht. »An dem Tag, an dem Dumuzi [aus der Unterwelt] heraufkommt«, heißt es in einem akkadischen Text, »kommen auch der Lapislazuli-Stab und der Ring aus Karneol herauf.« Cf. L. M. Muntingh, 1984, S. 8 f.; P. Talon, 1988, S. 23. Auch andere rituelle Gegenstände scheint man aus Lapislazuli hergestellt zu haben. So fand man z. B. im Grab der Königin Pù-abi-nin (»Frau Pùabi«) von Ur aus der Zeit um 2500 eine – sicher im Kultus verwendete – Schnabeltasse aus dem blauen Stein. Cf. L. Horne, 1998, S. 5; J. M. Eisenberg, 1999, S. 18. Der babylonische Himmelsgott Marduk herrschte von seinem Lapislazuligemach aus, und auch der Thron Jahwes bestand in späterer Zeit aus diesem Material. Cf. V. Haas, 1994, S. 126; M. Bruns, 2006, S. 161. Türkisfarbene »Lapislazulikräuter« läßt Inanna auf das Lager streuen, auf dem sie mit dem König schlafen wird. Cf. Y. Sefati, 1998, S. 101.

85 Cf. P. Yule, 1987, S. 173; J. D. S. Pendlebury, 1930, S. 9. Aus der Zeit um 2000 v. Chr. stammt auch ein in Archánes gefundenes Rollsiegel aus diesem Stein. Cf. J. Sakellarakis, 1996, S. 93. Es ist anzunehmen, daß der in den Schachtgräbern gefundene Lapislazuli über die Minoer aufs Festland gekommen ist. Cf. G. Graziadio, 1991, S. 424.

86 Cf. Pendlebury, a. a. O., S. 25; B. J. Kemp/R. S. Merrillees, 1980, S. 283; M. K. Dabney, 1996, S. 263; E. Banou, 2003, S. 557.

87 Cf. N. de G. Davies, 1943, S. 21; J. Vercoutter, 1954, S. 164, 174; ders., 1956, S. 65; W. Helck, 1969, S. 46; Pulak, a. a. O., S. 576; L. P. Brock, 2000, S. 133 f.; V. Matoïan / A. Bouquillon, 2003, S. 340 f. Auch ein dreiseitiges Lapislazuli-Prisma, offenbar ein im SM I B gefertigtes Amulett, das in einem Grab in Enkomi auf Zypern gefunden wurde, gilt als minoischer Import. Cf. I. Pini, 1984, S. 126; ders., 1992a, S. 208 f. Auf Kreta hergestellt und im MM III B –

SM I A nach Ägina exportiert wurden vier Fingerringe mit Lapislazulisteinen, davon einer in Form einer goldeingefaßten Doppelaxt. Cf. R. Higgins, 1979, S. 36 f.

88 Cf. M. Tosi, 1976, S. 42; A. Evans, 1906, S. 152 f.

89 Odyssee VII. 86 f.; G. Nightingale, 2004, S. 177; S. Hiller, 2004, S. 396; E. Cook, 2004, S. 53; R. Halleux, 1969, S. 66; K. P. Foster, 1987, S. 287 f.; C. Boëlle, 1993, S. 292; P. D. Griffith, 2005, S. 330; F. Schachermeyr, 1962, S. 35; I. R. Danka/K. T. Witczak, 1997, S. 366 f. Perlen aus diesem Material, die man zusammen mit Objekten aus Karneol, Chalzedon und Elfenbein in Gräbern auf der ostkretischen Insel Mochlos gefunden hat, gehören zu den frühesten Importen aus dem Nahen Osten, wo die Zentren der Glasherstellung im nördlichen Mesopotamien, in Syrien und in Palästina lagen. Von dort siedelten Glasarbeiter ins Niltal über, wo man das Rohglas »flüssiger Stein« nannte. Cf. E. Peltenburg, 1995, S. 39 f.; T. Taniichi, 1992, S. 141 f.; T. Schneider, 2003, S. 159; B. Schlick-Nolte, 2005, S. 355. Im Verlaufe der 11. Dynastie hat man als Imitation hintereinander aufgefädelter flacher Perlen die sogenannten segmentierten Perlen entwickelt und sogleich nach Kreta exportiert, wo man sie nachahmte und aufs griechische Festland verschiffte. Sie waren – wie z. B. Grabfunde aus Phaistos zeigen – vor allem im SM III beliebt. Cf. B. Detournay, 1980, Fig. 187; K. P. Foster, 1980, S. 114; A. Evans, 1921, S. 491 f. Äffchentalismane aus blauem Glas wurden in der 18. Dynastie bis auf die Peloponnes weitergereicht, wie z. B. ein auf der Akropolis von Mykene gefundenes Äffchen mit der Kartusche Amenophis II. beweist. Cf. Fimmen, a. a. O., S. 175.

90 Cf. E. Stamatatou, 2004, S. 50; S. A. Immerwahr, 1990, S. 16; M. Cameron, 1999, S. 51; A. Theroux, 1998, S. 27. Aus ḫsbd m³ stellte man in Ägypten auch einen Lidschatten sowie ein Pulver gegen Augenkrankheiten her. Cf. L. Troy, 1994, S. 354; H. v. Deines/H. Grapow, 1959, S. 404. Reste einer Lapislazulipaste wies man auf einer im 5. Jahrtausend hergestellten Schminkpalette aus Alabaster im nördlichen Zentral-Iran nach. Cf. E. Bleibtreu, 2000, S. 80 f. Als Farbpigment wurde der von den Griechen σάπφειρος und von den Römern *sappirus* genannte Lapislazuli (cf. A. Krug, 1995, S. 34; E. Zwierlein-Diehl, 1992 a, S. 48) in einem frühmittelalterlichen byzantinischen Evangelienbuch, aber auch für Malereien des 6. und 7. Jahrhunderts in den afghanischen Höhlentempeln bei Bamiyan und Kizil verwendet. Cf. R. W. Kory/D. Steiniger, 2001, S. 274. Im Quattrocento war die Lapislazulifarbe teurer als Gold, und die italienischen Maler benutzten sie nur für die letzten, dünnen Übermalungen – woher unser Begriff »lasieren« stammt. So übermalte beispielsweise Leonardo da Vinci bei seiner »Madonna in der Felsengrotte« die graue Grundschicht zunächst mit Azuritblau und bedeckte diese schließlich, wie mit seinem Auftraggeber vertraglich vereinbart, mit einer hauchdünnen Utramarin-Lasur. Cf. M. Bruns, 2006, S. 155.

91 Cf. R. E. Jones, 1999, S. 145; T. D. Lehmann, 2002, S. 616.

92 Cf. Aufrère, a. a. O., S. 474; M. Panagiotaki, 2000, S. 159 f.; Theroux, a. a. O.; H. P. Duerr, 2005, S. 192 f., 328 f. Im 13. Jahrhundert berichtet Yusuf al-Tifaši, man habe den Kindern Lapislazuli-Amulette vor allem gegen ihre Ängste um den Hals gehängt. Cf. Reyes, a. a. O., S. 212.

1 Cf. W. Haarnagel, 1951, S. 79, 82 f.; ders., 1950, S. 41, 47 f.; C. Schott, 1950, S. 9; ders., 1956, S. 24; R. Hofrichter/K. Herzer-Schmidt, 2000, S. 93; A. Billamboz, 1997, S. 52 f.; H. Küster, 1996, S. 96; H. T. Waterbolk, 1976, S. 211 f. Die heutigen Außensände bestehen aus dem Material der einst westlich von ihnen liegenden Nehrungen, die ab der mittleren Nordischen Bronzezeit dem Meer kontinuierlich den Zugang zum Gebiet des heutigen südlichen nordfriesischen Wattenmeeres versperrten, so daß die Gegend vor allem ab ca. 1000 v. Chr. großflächig vermooren und versumpfen konnte. Cf. Dietrich Hoffmann: Brief vom 23. Januar 2003; H. J. Kühn, 2009, S. 68.

2 Pomponius Mela III. 31. »Hier wohnen die Kimbern und Teutonen und jenseits von ihnen die äußersten Stämme Germaniens (*ultra ultimi Germaniae*), die Hermionen.« (a. a. O., 32). Diese »kleinen und großen Inseln« waren vermutlich die »Sachseninseln« des Ptolemaios. Cf. L. C. Peters, 1929, S. 91 Auch Pytheas' Βασίλεια, »die Königliche«, und die »schwingenden Inseln im skythischen Meere« (Valerius Flaccus: *Argonautica* 59) werden solche Geestinseln und Strandwallreste gewesen sein.

3 Im westlichen Holland sind die mit Dünen besetzten Küstenwälle bereits ab ca. 4400 v. Chr. und in Westfriesland ab ca. 2600 v. Chr. besiedelt worden. Das Siedlungsniveau lag bei ersteren etwa 1,5 m über MTHW. Cf. K. van Gijssel/B. van der Valk, 2005. Von diesen Wällen berichtet noch Bischof Prudentius von Troyes anläßlich der Sturmflut vom 2. Weihnachtstag 838. Auf die Reste endneolithisch/bronzezeitlicher Wälder ist man an verschiedenen Stellen des nordfriesischen Wattenmeeres gestoßen. Ob sich die Nachricht von der »Höltzung oder Wald«, die es einst »im Nordstrande umb Rungholt« gegeben habe, auf solche Auenwälder oder um mittelalterliche »holte« bezieht, ist ungewiß. Cf. A. Heimreich, 1666, S. 23; J. F. Camerer, 1758, S. 152.

4 Cf. W. Haarnagel, 1951, S. 83; H. Hinz, 1954, S. 35; J. Spanuth, 1955, S. 93; bzw. A. Bantelmann, 1953, S. 64; H. Hingst, 1954, S. 73. Die Eiderstedter Nehrung ist der südöstliche Teil des gewaltigen Strandhakens des westlich von Norder- und Süderoogsand gelegenen und längst von der Nordsee abgetragenen Hevergeestkerns. Cf. J. Kohlus, 1998, S. 18 f.

5 Flugsanddünen bildeten sich auch in den Heidelandschaften der hohen Geest. Die aus etwa einem Dutzend Häusern bestehende eisenzeitliche Siedlung Borremose im Himmerland hatte man auf einer kleinen Sandinsel inmitten eines großen Moores errichtet. Cf. F. Schmeißer, 1929, S. 6; bzw. J. Martens/A. Reinecke, 1991, S. 184 f. Bronzezeitliche Siedlungen auf von feuchten Niederungen und Mooren umgebenen inselartigen Kuppen wurden häufig in der Eisenzeit wieder aufgegeben. Cf. A. Renno et al., 2007, S. 27; P. de Vries, 2007, S. 52.

6 Cf. M. Fansa, 2003, S. 28; bzw. M. Heumüller/H. Schlichtherle, 1999, S. 49.

7 Genauer gesagt zwischen 1520 und 1426 v. Chr. cal: P. M. Grootes: Schriftliche Mitteilung vom 6. Juni 2007.

8 Cf. G. Schönfeld, 2005, S. 27; bzw. A. F. Harding, 2000, S. 331.

9 Cf. H. Thrane, 1999, S. 128; H. Vandkilde, 2004, S. 78.

10 Cf. K.-H. Willroth, 1985, S. 208. Als Eingänge ins Jenseits waren Moore, aber auch Flüsse, Quellen und Seen bevorzugte Opferplätze (cf. W. Torbrügge, 1960, S. 37, 46 f.; F. Geschwendt, 1972, S. 51, 68), und noch im Jahre 1614 warf man zwei vergoldete Becher in die bedrohlich angeschwollene Karstquelle des Blautopfes bei Blaubeuren in der Schwäbischen Alb, um die erzürnten Nixen zu versöhnen. Cf. K. Weinhold, 1898, S. 58. In der Bronzezeit sind anscheinend viele bronzene Votivgaben eigens für Opferungen hergestellt worden: So fand man zahlreiche Schilde, die zu schwer für den Kampf, und Helme, die zur Abwehr von Hieben ungeeignet gewesen wären. Nicht wenige Beile, Streitäxte, Sicheln oder Lanzenspitzen besitzen noch ihre Gußnähte. Cf. J. E. Levy, 1982, S. 13, 83; R. Osgood et al., 2000, S. 28.

11 So fand man die Wassernuß in neolithischen und bronzezeitlichen Torfschichten in Schonen, Småland, Schleswig und Nordfriesland. Cf. G. Buschan, 1895, S. 164; M. Hopf, 1982, S. 33, 88 u. Tf. 62.31; G. Lang, 1994, S. 208; M. Rösch, 2006, S. 294. Die Samen enthalten ca. 50 % Stärke und 10 % Proteine, und im 17. Jahrhundert heißt es, daß die armen Leute sie gekocht und gedörrt aßen und ein Brot aus ihnen buken. Noch heute ist die Pflanze in Ost- und Südost-Asien Grundnahrungsmittel. Cf. A. Maurizio, 1916, S. 14; S. Karg, 1996, S. 58; dies., 2006, S. 129 f.; H. Haenchen/H. Saure, 1975, S. 167 f.; C. Brickell/W. Barthlott, 2004, S. 1045; B. E. von Wyk, 2005, 185; K. Hornig, 2007, S. 47; E. Keefer, 1996, S. 95. Im antiken Griechenland benutzte man sie, wie es scheint, sogar als Talisman, denn Pseudo-Aristoteles (*Mirabilia* 160) referiert: »Im Skamandros«, einem Fluß bei Troja, »soll eine Pflanze, Sistron genannt, wachsen, die der Kichererbse ähnelt. Sie enthält Kerne, die man schütteln kann, woher sie auch ihren Namen bekommen hat. Diejenigen, die sie bei sich tragen, können weder von einem Geist noch von irgendeiner Erscheinung erschreckt werden.«

12 Cf. K. Bertsch, 1931, S. 117; U. Maier, 1990, S. 67; J. Hoops, 1905, S. 335.

13 Cf. H. P. Duerr, 2005, S. 409 ff.

14 Cf. A. Jockenhövel, 1994, S. 19; J. E. Levy, 1982, S. 12.

15 Cf. F. Audouze/O. Büchsenschütz, 1992, S. 190; K. E. Behre, 1991, S. 26 f.; P. Schmid, 1991, S. 30; K.-H. Willroth, 2000, S. 60; ders., 2001, S. 118; E. Lomborg, 1976, S. 415; J.-H. Bech, 1997, S. 12; O. H. Harsema, 1997, S. 92; H. Vandkilde, 2004, S. 77.

16 Cf. M. Artursson/F. Nicolis, 2007, S. 341; K. Goldmann, 1981, S. 66 f.; J. Lund, 2005, S. 311; T. Earle, 2002, S. 298; L. Sperber, 2005, S. 11 f.; H. Thrane, 1995, S. 154; K. Raaflaub, 2003, S. 319 f.

17 Cf. D. Ellmers, 2006, S. 302; bzw. J. F. Cherry, 1987, S. 18; M. Patton, 1996, S. 143. Obsidian von Lipari wurde von den frühen Seefahrern sogar 200 km weit übers Meer transportiert. Cf. J. E. Robb/R. H. Farr, 2005, S. 37. Um 7000 v. Chr. bezogen die akeramischen Siedler in Knossos Obsidian von der Insel Melos, die knapp 170 km Luftlinie von der kretischen Nordküste entfernt ist. Cf. J. Guilaine, 2007, S. 171.

18 Cf. D. Schäfer, 1999, S. 23; R. Lunz, 2005, S. 204, 207 ff.; A. Tillmann, 1993, S. 455 f. Im 5. Jahrtausend wurden Triton- und andere mediterrane Muscheln und Meeresschnecken über Pässe wie den Großen St. Bernhard in die Gegen-

den nördlich der Alpen transportiert. Aufgrund des Abschmelzens von Eisfeldern stößt man inzwischen immer häufiger in der Umgebung ehemaliger Paßübergänge auf Indizien für einen neolithischen Handel, z.B. am Schnidejoch im Berner Oberland, einem Verbindungsweg zwischen Oberitalien und dem schweizerischen Mittelland. Cf. R. Wyss, 1990, S. 131 ff.; R. Krause, 2008, S. 18 f.; P. J. Suter, 2006, S. 56 f. Zu Beginn der Bronzezeit benutzte man wahrscheinlich bereits Saumtiere für den Warentransport über die Alpenpässe. Cf. ders., 2007, S.69.

19 Cf. L. Klassen, 2001, S.276 f.; S. Hartz, 2007, S.51; bzw. S. Needham, 2008, S.322; A. Fitzpatrick, 2009, S.177.

20 Cf. Hartz, a.a.O., S.52; K. Randsborg, 1978, S.318.

21 Es handelt sich um die Kupfervorkommen am zentralnorwegischen Femundsee, in der Gegend von Trondheim, am südschwedischen Vättern-See, am Siljan-See im mittelschwedischen Kopparbergs län sowie im nordschwedischen Västerbottens län. Cf. P. F. Stary, 1995, S.96. Auf Helgoland kommen ein oxidisches Kupfererz sowie gediegenes und damit kalt verarbeitbares Kupfer vor. Eine C14-Analyse der Holzkohlestückchen in den auf dem Meeresgrund südlich von Helgoland gefundenen, bis zu 50 cm großen Schwarzkupferscheiben mit einem Rohkupfergehalt von ca. 92 % hat ergeben, daß das Erz im Mittelalter, und zwar zwischen 1140 und 1340, verhüttet worden ist. Allerdings weiß man nicht, ob das Erz von der Insel stammt. Cf. H. Willkomm, 1978, S.27; B. Hänsel, 1978, S.28 f.; K. Goldmann, 1981a, S.140 f.; U. Zimmermann, 1993, S.48 f.

22 Cf. H. Genz, 2004, S. 196 f.; J. Gechter-Jones, 2007, S.62; H. Vandkilde, 1998, S.132; A. F. Harding, 1999, S.38 f.; J. E. Levy, 1982, S.11; T. Earle, 2002, S.316; R. D. Penhallurick, 1986, S.64 f. Ab ca. 1500 v.Chr. wurde nicht nur die Keramik auf der jütischen Halbinsel aus feinerem Ton und dünnwandiger hergestellt. Vielmehr ging die Anzahl der in den Häusern verwendeten Flintgeräte zugunsten der aus Bronze zurück. Cf. N. A. Boas, 1997, S.28.

23 Cf. L. Sperber, 2004, S.305; A. Kasseroler, 1959, S.227; C. Eibner, 1993, S.84.

24 Cf. A. Hartmann, 1970, S.32 f.; ders., 1982, S.24; B. Hardmeyer, 1976, S.56 f.; M. Pahlow, 2006, S.79.

25 Im Verlaufe der endneolithischen Meeresregression verwandelten sich die küstennahen Watten in die »alte Marsch«, und die größeren Flüsse wie Elbe, Weser, Ems oder Rhein bildeten große Deltas. Noch bis in die römische Zeit erstreckte sich zwischen den heutigen Provinzen Seeland und Westfriesland eine riesige Deltalandschaft mit den drei Hauptmündungsarmen des Rheins sowie den Unterläufen von Maas und Schelde, zwischen denen Moore und Sümpfe lagen, die vom Meer durch den von Flandern bis Texel reichenden Wall der »Oude Duinen« abgeriegelt wurde. Auch hier entstanden die höher liegenden Uferwälle (»stroomruggronden«) und ein Netz von kleineren Inlandprielen, den »veenstroompjes«. Cf. D. Detlefsen, 1905, S.56; C. Schott, 1958, S.24; Haarnagel, a.a.O., S.83; E. Czaya, 1981, S.193 f.; H. C. Konen, 2001, S.25 ff., 42, 116; D. König, 1976, S.197.

26 Tacitus: *Germania* 41. Cf. K. Christ, 1999, S.39.

27 So z. B. von S. Gutenbrunner, 1936, S. 459; oder D. Berger, 1999, S. 97.

28 Cf. W. P. Schmid, 1983, S. 104, 109; ders., 1989, S. 100 f.; E. Eichler, 1981, S. 47; G. Rasch, 2005, S. 161. Dieselbe Bedeutung haben die Namen der süd-westdeutschen Alb-Flüsse und der französischen Aube. Cf. Berger, a. a. O.

29 Cf. I. Johannsen, 1992, S. 103 f.; bzw. A. Bantelmann/D. Hoffmann/B. Menke, 1984, S. 37.

30 K. Andrée, 1942, S. 176. Cf. auch H. Schütte, 1929, S. 52 ff.; J. R. Koop, 1923, S. 281 f.; R. Hennig, 1944, S. 181 f.

31 Cf. E. Werth, 1955, S. 193. Vermutlich entwickelte sich dieser bronzezeitliche Priel im Laufe der Zeiten zu dem als Hardengrenze dienenden Heverfluß, der wohl zur Zeit der friesischen Landnahme noch Ee genannt wurde, nach der die Edomsharde ihren Namen erhielt. Auf Pellworm sind vielleicht heute noch Reste dieses Flusses erhalten, nämlich in jenem Priel, der im Westen Waldhusener Deep und im Osten, wo er durch das Siel im Alten Hafen von Tammensiel in die Norderhever mündet, Bekstrom (nd. *bek*, »Bach«) genannt wird. Nach dem Chronisten Heimreich soll »am Tage Luciae [am 16. Oktober 1483] eine grosse Wähle oder Tieff in Walthusum eingerissen« sein, »so hernach gantz Pilworm hat durchschnitten«, worauf im folgenden Jahr ein gewisser Tamme Mamsen am östlichen Ende des »Tieffs« ein Siel gebaut habe. Allerdings könnten auch die Inlandprielreste, die noch heute im Watt des einstigen Norderniekoogs zu sehen sind (cf. H. Bahnsen / R. Bahnsen, 2005, S. 24), Überbleibsel der Ee sein. Cf. A. Heimreich, 1666, S. 206; C. Jensen, 1914, S. 84; K. Hansen, 1938, S. 96; C. Woebcken, 1932, S. 280; A. Busch, 1936, S. 11 f., 48; H.-J. Borchard, 2002, S. 71.

32 Cf. K. Kersten, 1951, S. 137 ff.; K. Kersten/P. La Baume, 1958, S. 47; E. Lomborg, 1959, S. 146; S. Hansen, 1995, S. 75; J.-H. Bech, 1997, S. 12 f.; M. Pahlow, 2006, S. 87; K. Verlaeckt, 1998, S. 267 f.

33 Cf. K. Riedhammer, 2005, S. 72 ff.; bzw. F. Laux, 2000, S. 91 f.; B. Zich, 1992, S. 54; M. Daum, 2000, S. 233. Ebenfalls aus der Lüneburger Heide stammte offenbar die im 13. Jahrhundert v. Chr. in der Nähe von Ramsgate in Kent beerdigte Frau, während die in einem reich ausgestatteten Grab der mittleren Bronzezeit bei Emmen in Drenthe zur ewigen Ruhe gebettete »Dame von Weerdinge« höchstwahrscheinlich aus der gut 450 km Luftlinie entfernten Gegend zwischen Rhön und Vogelsberg ins platte Land übergesiedelt war. Cf. C. M. Piggott, 1949, S. 119; G. Eogan, 1995, S. 131; bzw. E. Drenth/E. Lohof, 2005, S. 452.

34 Cf. H. P. Duerr, 2005, S. 351 f.

35 Cf. S. Schiek, 1962, S. 132; B. Grimmer-Dehn, 1991, S. 50; F. Holste, 1937, S. 12, 16.

36 Cf. F. Laux, 2000a, S. 134.

37 Cf. Duerr, a. a. O., S. 248 ff., 277 f.; M. K. Adam, 2005, S. 2 f.

38 Cf. J. W. Shaw, 2002, S. 108; A. Lippert, 2004, S. 60; V. Salač, 1998, S. 588.

39 Cf. E. H. Cline, 1995, S. 286; T. Förster, 2005, S. 86 f.; bzw. G. F. Bass et al., 2006, S. 138; H. Frost, 1982, S. 289; dies., 1986, S. 357; dies., 2001, S. 65; S. Wachsmann, 1986, S. 398. Im Uluburun-Wrack fand man insgesamt 24 Anker, die kanaanitischen Ursprungs zu sein scheinen. Vielleicht war der Heimathafen des Schiffes Tell Abu Hawam. Cf. C. Pulak, 2008, S. 299.

40 Cf. Duerr, a.a.O., S. 250 ff. Cf. auch P. Walton, 2008, S. 37 f.

41 Cf. L. D. Nebelsick, 1997, S. 37 f.; A. Bantelmann, 2003, S. 36; C. Sommer-feld, 2004, S. 92; F. Pryor, 2001, S. 48; bzw. J. S. Soles, 1999, S. 789; E. Borgna, 2004a, S. 143 f.; C. Aamont, 2006, S. 157 f. Ein bronzezeitlicher Opferfund in der Nähe von Sigmaringen bestand unter anderem aus »bewußt zerschla-genen Gefäßen« und einer von der Nordseeküste stammenden Wellhorn-schnecke. Cf. S. Hansen, 2008, S. 309. Auch in den folgenden Jahrhunderten hatte dieser Brauch Bestand. So legte man auf der oberfränkischen Ehrenbürg eine Grube frei, in die man in der späten Hallstattzeit zerschlagene Keramik und anschließend eine – wohl rituell – getötete Frau mit »qualitätsvollem Bronzeschmuck« geworfen hatte. Cf. B.-U. Abels, 2005, S. 45 f.

42 Cf. W. E. Mühlmann, 1961, S. 614; E. Carpenter, 1973, S. 147; Schuster/Car-penter, a.a.O., 1988, S. 505, 515. Im Kongo zerbrach man Keramik, d. h., man ließ sie »sterben«, weil sie nur so ins Reich der Geister gelangen konnte. Cf. I. Beilke-Voigt, 2007, S. 290.

43 Cf. N. de G. Davies, 1963, Pl. XV; M. López-Bertran et al., 2008, S. 347; bzw. G. Kapitän, 1985, S. 147 f. Es wird berichtet, athenische Seeleute hätten den Dioskuren für eine glückliche Überfahrt nach Lesbos eine bronzene Lanzen-spitze geopfert. Andere weihten ihnen und den Nereiden Schiffsmodelle. Cf. A. Göttlicher, 2006, S. 123; A. Büttner, 1964, S. 67 f.; J. M. Barringer, 1991, S. 661. Noch im 16. und 17. Jahrhundert warfen portugiesische und spanische Seefahrer bei heftigem Sturm Gaben an die hl. Jungfrau oder den hl. Nikolaus über Bord. Cf. B. Borowka-Clausberg, 1999, S. 71 f. Viele Schiffe dieser Zeit besaßen eine kleine Marienkapelle, die vorne in den Steven eingebaut war. Auch heute noch gilt Maria als Retterin aus Seenot, so die Virgen del Carmen (Abb. 34) oder die Schwarze Madonna von Einsiedeln. Cf. A. Freitag, 1954, S. 233; B. Schmelz, 1997, S. 98; A. Duerr, 2010, S. 68.

44 Apollonios von Rhodos I. 953 ff.; bzw. Arrian: *Periplus des Pontos Euxinos* IX. 2. Um 600 v. Chr. weihte eine Schiffsbesatzung im Hafen von Tarquinia einen Anker dem Apollon. Cf. B. Schweizer, 2007, S. 307.

45 Cf. H. Frost, 1982a, S. 163 f.; D. Haldane, 1990, S. 21; D. E. McCaslin, 1980, S. 33; C. Davaras, 1980, S. 69 f.; H. P. Duerr, a.a.O., Abb. 175.

46 Cf. Frost, a.a.O., S. 164 f.; dies., 1969, S. 426 f.; dies., 1995, S. 167; H. Nier, 2004, S. 72; M. I. Bakr/A. Nibbi, 1998, S. 93 f.; I. Cornelius/H. Nier, 2004, S. 72; M. Yon, 1990, S. 336 f. Steinanker fand man auch in Gräbern des Alten Reiches in Saqqara und Abydos. Cf. S. Wachsmann, 1986, S. 398 f.; H. Frost, 1994, S. 106.

47 Cf. Y. Vichos, 1996, S. 17; H. Pennas et al., 2000, S. 32; O. Höckmann, 2006, S. 16. Vergleichbare Steinanker benutzten ägäische Fischer bis zum Beginn des vergangenen Jahrhunderts. Noch vor wenigen Jahrhunderten waren auf den nordfriesischen Inseln sogenannte Ankersteine, unbearbeitete und ledig-lich einmal durchlochte Findlinge, verbreitet. Cf. H. Hingst, 1978, S. 387 f. Solche Granitsteine haben freilich keine Ähnlichkeit mit den Sand- und Kalk-steinankern vom östlichen Mittelmeer.

48 Cf. J. W. Shaw, 2003, S. 413; ders., 2006, S. 95; A. B. Knapp/J. F. Cherry, 1994, S. 139; D. Ruscillo et al., 2006, S. 745; V. Karageorghis, 1998, S. 31; ders.,

1999, S. 21; bzw. E. Hadjidaki, 2004, S. 53 f. Nach der Zeichnung ähnelt der Rungholt-Anker auch zwei weiteren – höchstwahrscheinlich minoischen – Exemplaren, nämlich einem aus Mallia und dem Votivanker von Makrygialos (cf. H. van Effenterre, 1980, S. 77; bzw. Davaras, a.a.O., S. 48), sowie einem Steinanker, der vor der Küste von Tell Megiddo gefunden wurde. Cf. H. Frost, 1985, S. 105.

49 Cf. K. Porožanov, 2004, S. 270; O. Höckmann, 2003, S. 143. Vermutlich stammen die meisten dieser Anker aus vom Meer überfluteten bronzezeitlichen Häfen. Inzwischen hat man mehrere solcher Siedlungen in 6 bis 10 m Tiefe entdeckt. Cf. M. Özdoğan, 2003, S. 116; H. Todorova, 1995, S. 56.

50 Cf. H. Frost, 1969, S. 428; C. F.-A. Schaeffer, 1978, S. 380.

51 Cf. K. Bartholomäus, 1977, S. 56; bzw. A. F. Harding, 1990, S. 139; E. H. Cline, 1994, S. 79 f.; K. Aartun, 2005, S. 28.

52 Strabon X. 4. 17. Cf. O. Eißfeldt, 1947, S. 211; R. Armstrong, 2006, S. 5.

53 Cf. A. Lesky, 1966, S. 425; bzw. Diodoros IV. 17. 3; J. Schoo, 1939, S. 8 f.

54 Cf. F. Lo Schiavo, 1995, S. 47. A. Kanta (2003, S. 27) und A. Vianello (2008, S. 20) meinen, die Erinnerung an solche Westfahrten sei bei den Griechen nie verlorengegangen. Natürlich fuhren die Minoer noch früher nach Osten und Südosten. So spricht vieles dafür, daß die im Papyrus BM 10056 erwähnten »Keftiu-Schiffe« minoische Fernfahrer waren, die bereits in der Hyksos-Zeit nach Perunefer segelten, das vermutlich mit dem im östlichen Delta liegenden Avaris identisch ist. Cf. M. Bietak, 2005, S. 17.

55 R. F. Ertl, 2003, S. 80; bzw. W. F. McNeil, 2005, S. 118. A. Sherratt (1994, S. 33) behauptet, für derartige Fernfahrten gebe es keinerlei Anhaltspunkte. Dies ist offenbar in Fachkreisen die landläufige Meinung. Cf. z.B. H. Thrane, 1990, S. 176.

Anmerkungen zu § 4

1 Cf. J. Phillips, 1991, S. 322 ff.; P. P. Betancourt, 1984, S. 92; ders., 1990, S. 191 f.; J. W. Shaw, 1987, S. 109; C. G. Starr, 1955, S. 284; T. Dothan et al., 2000, S. 14. Der russische Archäologe W. I. Awdijew (1961, S. 41) hatte lange vor Beginn der Ausgrabungen in Kommos vermutet, die frühesten direkten Handelskontakte zwischen den Minoern und der Levante sowie Ägypten seien von Kommos ausgegangen, nachdem bereits im Jahre 1924 in Pitsidia ansässige Schafhirten Evans darauf aufmerksam gemacht hatten, daß am Strand »eine verborgene Stadt« liege, die der klarsichtige Engländer sogleich für »den großen minoischen Hafen am Libyschen Meer« hielt, über den einst ägyptische Güter nach Kreta geflossen waren. Cf. A. Evans, 1928, S. 88 ff.; M. C. Shaw, 1981, S. 5 f.; J. W. Shaw, 1990, S. 12.

2 Cf. J. W. Shaw, 2006a, S. 74 f.; C. Gillis, 1995, S. 70. In Kommos legten im SM III auch levantinische und zyprische Fernfahrer an, um Wasser und Proviant an Bord zu nehmen und eventuell ihre Fahrzeuge zu überholen. Cf. Knapp/Cherry, a.a.O., S. 141.

3 Odyssee III. 293 ff.

4 Cf. J. W. Shaw, 1996, S. 380 f.; M. H. Wiener, 1990, S. 148; Knapp/Cherry,

a.a.O., S.141. Von den 75 in Kommos ausgegrabenen Transportbügelkannen waren 65 lokale Produkte. Cf. L.V. Watrous, 1992, S.181.

5 Cf. J.W. Shaw/M.C. Shaw, 1993, S.186f.; J.W. Shaw, 1996, S.394; A.L. D'Agata, 2005a, S.111f.

6 Cf. L.V. Watrous et al., 1993, 194, 223; J. Driessen, 2001, S.57; V. La Rosa, 1985, S.53. Man hat die Frage aufgeworfen, ob Kommos im SM III A 2/B 1 ein Emporion von Knossos gewesen sein könnte (so C. Bachhuber, 2006, S.359). Dem steht entgegen, daß Knossos nach der Zerstörung seines Palastes um 1370 v.Chr. stark an Bedeutung verlor. Vieles deutet darauf hin, daß es seine politische Hegemonie einbüßte und Aghia Triada, Khania sowie vielleicht auch Mallia, Gurniá, Palaikastro und Kato Zakros sich zu unabhängigen Herrschaftszentren entwickelten. Cf. L. Preston, 2004, S.331, 335; dies., 2008, S.316f.; K. Nowicki, 1998, S.218; J.W. Shaw, 2006, S.874; L.V. Watrous, 2004, S.417; C.W. Shelmerdine, 2005, S.134; P.P. Betancourt, 2008, S.219f.; dagegen V. La Rosa, 2010, S.505. A.L. D'Agata (2005a, S.111) meint, Aghia Triada habe sich möglicherweise schon vor dem Fall von Knossos von jeglicher Oberherrschaft befreit, und I. Schoep (1994, S.24) ist der Auffassung, auf der Insel habe es bereits im 16. und 15. Jahrhundert v.Chr. lauter selbständige Königreiche gegeben. Blieb Knossos nach K. Nowicki (2000, S.261) auch im SM III A 2/B ein bedeutender administrativer Ort, hält T. Whitelaw (2000, S.225) es für eine in diesem Zeitraum (um 1300 v.Chr.) eher marginale Siedlung, die hinter Khania oder Aghia Triada zurücktrat.

7 Der im SM I B niedergebrannte Palast von Phaistos wurde anschließend nicht wiederaufgebaut, obgleich die Stadt im SM II und im SM III A 1 immer noch relativ dicht besiedelt blieb, was sich im SM III A 2/B 1 indessen drastisch änderte. Allerdings gab es bis ins geometrische Zeitalter keine Siedlungsunterbrechung und gegen Ende des 13. Jahrhunderts einen plötzlichen Bevölkerungszuwachs, der vermutlich auf den Zuzug von Flüchtlingen aus Aghia Triada und Kommos zurückzuführen ist, die beide aufgegeben worden waren, sowie auf größere Gruppen aus Lakonien, Messenien und der Argolis, die ebenfalls ihre Heimat verlassen mußten. Damals wurde auch Gortys auf einem Hügel zu einer gut zu verteidigenden Siedlung ausgebaut und blieb – wie Knossos und Tylissos – bis ins homerische Zeitalter und darüber hinaus besiedelt. Cf. E. Borgna, 1997, S.273f.; dies., 2003, S.414f.; D'Agata, a.a.O., S.125; V. La Rosa, 1985a, S.52f.; ders., 1997, S.266; W. Müller, 1997, S.299; K. Nowicky, 2000, S.186f.; A. Kanta, 1980, S.101; F. Schachermeyr, 1979, S.319; V.R. d'A. Desborough, 1964, S.182; J.W. Shaw/M.C. Shaw, 1997, S.432.

8 Der minoische Titel *qa-si-re-u* (gr. βασιλεύς) scheint auf vorgriech. *bhas-*, »leuchten«, zurückzugehen und entspricht dem phrygischen *bhaşlēn*, »König«. Wahrscheinlich wurde er in der Schachtgräberzeit auf dem Festland von den Mykenern übernommen. Zwar ist die genaue Funktion der *qa-si-re-we* unbekannt, doch wird es sich um lokale Autoritäten, vielleicht um Ortsvorsteher oder Provinzadelige, gehandelt haben. Dies ist wohl auch der Grund dafür, warum die βασιλῆες den Untergang der mykenischen Palastkultur überdauerten und in der Eisenzeit Führer der einzelnen Phylen und schließlich Kleinkönige à la Odysseus oder einfach Angehörige der Elite waren. Cf. A. Carnoy,

1957, S. 32; P. Wathelet, 1979, S. 25; H. Lejdegård, 1997, S. 378; I. M. Shear, 2004, S. 49 f., 84; I. Hajnal, 1998, S. 27; T. G. Palaima, 2006, S. 68 f.; A. M. Ainian, 2006, S. 182 f.; S. Deger-Jalkotzy, 2006, S. 174 f.; W. Schier, 1998, S. 507 f.; K. A. Raaflaub, 1997, S. 634; F. Gschnitzer, 1965, S. 111; P. Carlier, 1995, S. 364; O. Panagl, 2007, S. 13.

9 Cf. W. Winter, 1970, S. 53 f.; ders., 1987, S. 312; R. A. Sucharski, 1995, S. 7; C. Renfrew, 1998, S. 250 f.; J. Bennet, 1997, S. 521. Wie homer. ἄναξ kann ebenfalls Linear B *wa-na-ka* einen Gott, aber auch einen König und manchmal sogar nur einen Großgrundbesitzer meinen, denn in der Odyssee (IV. 87 ff.) berichtet Menelaos, im fruchtbaren Libyen mangele es weder dem Herrn (ἄναξ) noch dem Hirten »an Fleisch, süßer Milch und Käse«. Cf. J. T. Hooker, 1979a, S. 260.

10 Cf. R. Laffineur, 1994, S. 134; M. P. Nilsson, 1960, S. 486 f.; L. R. Palmer, 1961, S. 232 f.; A. L. D'Agata, 2005a, S. 122 f.; A. Kanta, 2003, S. 31. Nach D'Agata (a. a. O.) stützt das Fundgut des Messará *nicht* die These, »that a ›Mycenaean‹ group was in power in this region in LM III A2 -B«. Freilich werden die Angehörigen einer solchen, auf mykenische Einwanderer zurückgehenden Dynastie sich kaum von einem Herrscher rein minoischer Herkunft unterschieden haben. Vermutlich sprachen sie ebenso wie z. B. die Oberschichtsangehörigen in Palaikastro minoisch, schrieben auf Linear A (cf. J. Bennet, 1987, S. 87) und wurden mit den Figurinen der minoischen Paredra, Muscheln, lokaler Keramik und ihren Siegeln in dem berühmten Grab von Aghia Triada bestattet. Cf. V. La Rosa, 2000, S. 91.

11 Cf. A. Peatfield, 2008, S. 92; W.-D. Niemeier, 1984, S. 212; J. Driessen/A. Farnoux, 1994, S. 64; L. Godart/Y. Tzedakis, 2003, S. 74 f. Da von den großen Pälasten allein der von Knossos unzerstört blieb, hat man sogar angenommen, die minoischen Knossier hätten am Ende des SM I B ganz Kreta erobert und Mykener seien nicht früher als im SM III A 2 eingewandert. Cf. P. Rehak, 1996, S. 37 f. So wie die im Spätneolithikum auf die dänischen Inseln und Jütland eingewanderten Streitaxtleute mit den einheimischen Angehörigen der Trichterbecherkultur ein Amalgam, nämlich die bronzezeitlichen Vorfahren der Germanen, bildeten (cf. W. Bernhard, 1986, S. 265), wurden die Mykener auf Kreta von den Minoern bald aufgesogen. R. Hägg (1997, S. 167 f.) ist der Meinung, daß der geringe Einfluß der Mykener auf die minoische Religion, Weltanschauung und Lebensweise es nicht einmal rechtfertige, von einem »minoisch-mykenischen Synkretismus« um 1300 v. Chr. zu sprechen.

12 Cf. M. Popham, 1988, S. 225; Hägg, a. a. O.; J. Rutter, 2004, S. 80 f. Nach der Zerstörung des Palastes von Knossos um 1370 übertraf Khania die Stadt sehr bald an Bedeutung. Anscheinend emigrierten die Schreiber der knossischen Palastbürokratie und andere Funktionäre in den Westen und bildeten dort für den Palast des khaniotischen Wanax neue Schreiber aus, was die große Ähnlichkeit der Schreibstile an beiden Orten nahelegt. Cf. L. Godart/Y. Tzedakis, 1995, S. 31 f.

13 Cf. P. Rehak/J. G. Younger, 2001, S. 443; Kanta, a. a. O., S. 30. Diese gilt als eines der Indizien dafür, daß die westliche Messará ein selbständiges Königreich war, das Knossos weit überflügelte. Cf. J. B. Rutter, 1999, S. 140; H. W.

Haskell, 1997, S. 193; M. Popham, 1994, S. 90. Lediglich L. V. Watrous/H. Blitzer (1997, S. 513, 516) und La Rosa (a. a. O.) halten den Wanax von Aghia Triada für einen knossischen Vizekönig.

14 Cf. Kanta, a. a. O.; D'Agata, a. a. O., S. 111; N. Cucuzza, 1997, S. 84.

15 J. W. Shaw/M. C. Shaw, 2010, S. 548; Odyssee VI. 265 u. VIII. 51.

16 Cf. A. Van de Moortel et al., 2006, S. 851 f.; J. W. Shaw, 2006a, S. 38, 124; J. Rutter, 1999, S. 141. Die Meeresoberfläche lag um 1300 v. Chr. bis zu 4 m tiefer als heute. Cf. M. D. Higgins/R. Higgins, 1996, S. 206. Da die Kammern nicht verschließbar waren, muß in ihnen etwas gelagert worden sein, das man nicht wegtragen konnte. Daß es sich um Pithoi handelte, ist unwahrscheinlich, da auch nicht die kleinste Pithosscherbe gefunden wurde.

17 Cf. O. Höckmann, 2006, S. 407 f.; bzw. Z. Krzak, 1972, S. 158.

18 Für das große Thera-Schiff wurden eine Länge der Wasserlinie von ca. 16,2 m, ein Tiefgang von ca. 1 m und eine Segelfläche von 61,5 m² errechnet. Cf. T. Gillmer, 1985, S. 132 f.; ders., 1995, S. 178; C. Lambrou-Phillipson, 1996, S. 353. Zur Größe der Uluburun- und Kap-Gelidonya-Schiffe cf. C. Pulak, 2005a, S. 295; G. F. Bass, 1999, S. 23. Ein nach den hier zitierten Berechnungen hergestellter Nachbau des großen Schiffes vom therischen Fresko ist im Nautischen Museum des Venezianischen Hafens von Khania zu sehen.

19 Cf. L. Casson, 1994, S. 63; D. Blackman, 1987, S. 43 f.; D. Blackman/M. C. Lentini, 2003, S: 407 f.; J. F. Coates, 1985, S. 83; F.-K. Kienitz, 1976, S. 78. Da die minoischen Schiffe gewiß leichter waren als die griechischen Dreiruderer, wurden sie sicher häufiger an Land gezogen, wie es auf einem der Fresken des Westhauses von Akrotiri dargestellt ist. Cf. S. Marinatos, 1974, Pl. 9. Voll beladene Handelsschiffe mit einer Fracht von mindestens 20 t, so die mobile Gemischtwarenhandlung von Uluburun, wurden allerdings bestimmt entladen, bevor man sie an Land rollte, da ansonsten der Rumpf beschädigt worden oder gar auseinandergebrochen wäre. Cf. H. S. Georgiou, 1993, S. 360.

20 Cf. C. Renfrew, 1964, S. 111 f.; bzw. E. Linder, 1981, S. 41; M. H. Wiener, 1991, S. 333; O. L. Filgueiras, 1987, S. 147 f.; C. Marangou, 1987, S. 260; C. Agouridis, 2000, S. 105; M. Wedde, 2000, S. 80; J. F. Cherry, 1985, S. 21; E. Peltenburg, 1995, S. 41; D. L. Conlin, 1999, S. 139. Man hat vermutet, daß die Kykladenbewohner in der Frühbronzezeit bis nach Sizilien und an die dalmatinische Küste gefahren sind. Cf. E. Borgna/P. C. Guida, 2009, S. 99. Wenn dies der Fall gewesen sein sollte, dann benutzten sie dafür die auf den vor allem auf Syros gefundenen »Bratpfannen« des 3. Jahrtausends dargestellten Einbäume mit durch Planken erhöhtem Freibord, die vielleicht bis zu 20 m lang waren und eine Besatzung von bis zu 25 Mann aufnehmen konnten. Die vor der Küste der kleinen, der Argolis vorgelagerten Insel Dokós gefundenen Wrackreste aus dem FH II stammen vermutlich von einem solchen Boot. Cf. F. Meijer, 1986, S. 2; C. Broodbank, 2000, S. 99; G. Papathanassopoulos et al., 1990, S. 18.

21 Apollonios v. Rhodos I. 367 ff.; bzw. Wedde, a. a. O., S. 117 f.; P. B. Adamson, 1992, S. 176. Wahrscheinlich fuhren bereits im frühen 4. Jahrtausend kiellose ägyptische Flußschiffe aus Schilf die levantinische Küste entlang. Große, für die Hochseefahrt einigermaßen adaptierte Holzplankenschiffe aus dem

Süden sahen die Levantiner wohl erst in der frühdynastischen Zeit. Aus diesen Fahrzeugen entwickelten sich im Verlaufe des 3. Jahrtausends die »Byblos (ḵbn) fahrer«, die knapp eine Woche für die Fahrt von der Nilarmmündung zu der Hafenstadt benötigten, von der die Ägypter vor allem Zedernstämme und Kupfer holten. Cf. L. Marfoe, 1987, S. 26 f.

22 Cf. C. Ward, 2006a, S. 119 f.; A. Grimm/S. Schoske, 2000, S. 26. Aus derselben Zeit stammen die Darstellungen von Segelschiffen der Negade-III-Kultur. Cf. S. McGrail, 2001, S. 19, 112; D. Fabre, 2005, S. 114.

23 Cf. G. Geyer, 1970, S. 374; D. Fabre, 2005, S. 89. Die ägyptischen *mnš*-Schiffe waren wohl Kopien levantinischer Segelschiffe, die nicht gerudert werden konnten und die einen Schutzzaun zur Sicherung der Ladung gegen Brecher besaßen. Die frühesten Modelle von Schiffen mit Kiel, der vermutlich ebenfalls von den Minoern oder Levantinern übernommen wurde, fand man im Grab Amenophis II. Cf. Fabre, a. a. O., S. 94; L. Bradbury, 1996, S. 50 f.

24 Wie *ḵbn.t*, »Byblosschiffe«, ursprünglich die Bezeichnung für die Wasserfahrzeuge war, die nach Byblos fuhren, später aber die für einen bestimmten Schiffstyp, nämlich eine schnelle Segelgaleere, waren gewiß auch die unter Thutmosis III. und Amenophis II. erwähnten *kftj.w*-Schiffe anfangs Fahrzeuge, mit denen die Ägypter gelegentlich nach Kreta fuhren wie die Phönizier mit den »Taršiš-Schiffen« in den fernen Westen und später die Engländer und Niederländer mit den »Ostindienfahrern« nach Indien, China und zu den Molukken. Allerdings scheinen die *kftj.w*-Schiffe von Beginn an Kopien jener Fahrzeuge gewesen zu sein, die Thutmosis III. als Beute von seinem 9. Asienfeldzug mit nach Hause gebracht hatte und die vermutlich von minoischen Schiffsbaumeistern in Perunefer, dem Hafen von Memphis, gebaut wurden. »Byblosschiffe« mit jeweils 15 Ruderern an den Seiten benutzte Hatschepsut für ihre Expeditionen nach Punt, wobei sie wohl auf der Hinfahrt segelten, auf der Rückfahrt jedoch auf Grund des Nordwindes gerudert werden mußten. Wie die 12 cm dicke Schiffsplanke des Mittleren Reiches aus Zedernholz, die man im Wādī Gawāsis am Roten Meer fand, erkennen läßt, besaßen die Punt-Schiffe zumindest teilweise Nut- und Feder-Ligaturen. Cf. C. Booth, 2005, S. 54; M. Bietak, 2004, S. 80; P. W. Haider, 1988, S. 22; ders., 1990, S. 21; J. Osing, 1992, S. 28; R. Patai, 1998, S. 40; T. Säve-Söderbergh, 1946, S. 48 ff.; E. Marcus, 2002, S. 244; W. S. Smith, 1965, S. 8. Im allgemeinen werden die Ägypter über die Levante und Zypern nach Kreta gefahren sein. Wenn aber der Südwind wehte, waren auch Direktfahrten von Marsa Matruh nach Kommos möglich. Cf. J. W. Shaw, 1998, S. 16.

25 Man hat behauptet, die Ägypter seien zu den Goldfeldern am Sambesi gefahren und hätten von dort nicht nur das Edelmetall, sondern auch den mit Goldquarz verwachsenen Antimonit mit nach Hause gebracht, wo der Grauspießglanz zur Herstellung der vor Augenkrankheiten schützenden *koḥl*-Augensalbe verwendet worden sei. Als Belege für diese These werden eine angeblich dort gefundene ägyptische Tonfigurine mit der Kartusche Thutmosis III., eine Specksteingußform für Metallbarren sowie Kupferbarren angeführt, die eine gewisse Ähnlichkeit mit den mediterranen Keftiubarren aufweisen. Cf. H. Quiring, 1947, S. 161 f.; ders., 1948, S. 86, 93 f.; R. Hennig,

1944, S. 33; C. Priebe, 2002, S. 73 f.; G. Berg/F. Friedensburg, 1941, S. 32. Allerdings scheinen die Goldminen südlich des Sambesi frühestens ab dem 5. Jahrhundert n. Chr. und die Kupfervorkommen der Gegend sogar erst nach dem 10. Jahrhundert ausgebeutet worden zu sein. Außerdem soll nach chemischen Analysen der Antimonit, mit dem in Amarna ausgegrabenes gelbes Glas gefärbt worden war und das in einer Augenschminke der 12. Dynastie aus Abydos, Lāhūn, Kāhūn und Qau gefunden wurde, aus den Kilembe-Minen in Uganda stammen. Doch selbst wenn der Nachweis gelänge, daß die Metalle und das Antimonerz in Südostafrika gefördert und die Figurine wirklich dort gefunden wurden, reichte dies als ein Beweis für die Anwesenheit von Ägyptern am Sambesi kaum aus. Cf. B. Davidson, 1965, S. 244; L. M. Swan, 2007, S. 999, 1005; J. E. Dayton, 2003, S. 169.

26 Cf. C. Doumas, 1997, S. 81.

27 Cf. L. M. Brown, 1978, S. 632, 641; D. L. Conlin, 1999, S. 142; C. Doumas, 1991, S. 26; T. C. Gillmer, 1985a, S. 408; M. Wedde, 2003, S. 292; K. Thier, 2005, S. 283.

28 Cf. G. Säflund, 1981, S. 198 ff.; L. R. Palmer, 1961, S. 125.

29 Cf. L. Morgan, 1981, S. 166; C. Davaras, 2004, S. 14. Im Spätherbst und im Winter brachte der Nordwind die Schiffahrt in der Ägäis zum Erliegen, bis sie im März oder im April wiederaufgenommen wurde. Dies war später auch die Zeit, in der die Schwammtaucher die Ägäis in Richtung Nordafrika verließen. Aufgrund der starken mittsommerlichen Nordwestwinde und des von Afrika her wehenden Südwindes blieb der Schiffsverkehr auch von Mitte Juni bis Anfang September eingeschränkt. Im Jahre 1160 hatte man im pisanischen *Constitutum Usus* den St.-Andreastag als Beginn und die Kalenden des März als das Ende der Ruhezeit festgelegt, und noch bis ins ausgehende 18. Jahrhundert durften die levantinischen Segelschiffe nur zwischen dem St.-Georgstag (5. Mai) und dem St. Dmitritag (26. Oktober) die ostmediterrane Küste verlassen. Cf. A. Raban, 1991, S. 130; F. Braudel, 1990, S. 354 f.; S. Marinatos, 1966, S. 274; R. L. N. Barber, 1987, S. 175; S. Chryssoulaki, 1988, S. 145; C. Sauvage, 2008, S. 210. Auf einem knossischen Täfelchen wird eine *a-ne-mo i-je-re-ja* (= ἱερεια), eine »Priesterin der Winde«, erwähnt, die eine gewiße Quantität von Olivenöl erhalten hatte. Cf. Palmer, a. a. O., S. 236; C. Boulotis, 1985, S. 60; C. Aamont, 2004, S. 49. Vielleicht spielte sie beim Fest der Wiedereröffnung der Schiffahrt eine Rolle. Eventuell rief diese Priesterin auch zu Beginn des Herbstes den Wind herbei, der die Regenwolken brachte. Auf Mallorca rief man einst den zum Worfeln benötigten Wind vom Atlantik mithilfe der *xiurell*, einer weißen Tonpfeife mit den Darstellungen einer Sirene und eines Minotaurus. Cf. R. v. Ranke-Graves, 1981, S. 181 f.

30 Cf. M. P. Nilsson, 1908, S. 401 f.; R. Merkelbach, 1963, S. 41; Apuleius: *Metamorphosen* XI. 5.

31 Cf. I. Tzachili, 1999, S. 860; A. W. Persson, 1938, S. 300 f.; H. Bieß, 1963, S. 97; R. Partridge, 1996, S. 60. In diesem Bild hat man, wie in einem ähnlichen Graffito eines SM II-III-Schiffes in Mallia, die Wiedergabe eines »Rundschiffes«, d. h. eines Kauffahrers, gesehen. Cf. A. Van de Moortel, 1994, S. 395 f. Das Asine-Schiff ist wohl von links nach rechts fahrend dargestellt,

da der lang vorspringende Teil sicher das Ruder darstellen soll. Cf. S. Wachsmann, 1998, S. 140.

32 Cf. S. Marinatos, 1956, S. 18.

33 Cf. M. Wedde, 1999, S. 50 f.; ders., 2005, S. 30. Die mykenischen Galeeren waren für Handelsfahrten ungeeignet, da sie praktisch keinerlei Ladekapazität besaßen. Heute geht man davon aus, daß der weitaus größte Teil der mykenischen Exportkeramik und andere festlandgriechische Handelsgüter nicht auf mykenischen, sondern auf zyprischen, levantinischen und minoischen Fernfahrern in den Nahen Osten, aber auch nach Westen gebracht worden sind. Cf. M. C. Astour, 1973, S. 25; J. Muhly, 1996, S. 52 f.; R. de Vaux, 1969, S. 493 f.; R. B. Koehl, 2005, S. 420; P. Militello, 2005, S. 594; S. W. Manning/L. Hulin, 2005, S. 284. Bezeichnenderweise taucht in keiner einzigen der zahlreichen ugaritischen Handelsurkunden ein mykenischer Name auf, und im Gegensatz zu Kreta, Zypern und der Levante wurde auf oder unmittelbar vor dem griechischen Festland nicht ein einziger bronzezeitlicher mediterraner Steinanker entdeckt. Cf. J. G. Macqueen, 1986, S. 162; bzw. E. French, 2002, S. 121. Kypro-minoische Zeichen auf der mykenischen Exportkeramik und die Tatsache, daß in diesen Kontexten auf ein mykenisches Gefäß drei zyprische kommen, sprechen ebenfalls gegen mykenische Fernkaufleute. Die zwischen ca. 1350 und 1330 v. Chr. nach Amarna exportierte Keramik stammt ausschließlich aus dem Ort Mykene (cf. C. Podzuweit, 1994, S. 468 f.), aber es waren wohl keine Mykener, die sie dorthin transportiert haben. Cf. A. Kanta, 2003, S. 29; R. Jung, 2002, S. 276; J. L. Crowley, 1989, S. 255; H. Whittaker, 1992, S. 32 f.; G. J. van Wijngaarden, 2002, S. 276. Auf ähnliche Weise brachten später die Phönizier geometrische Keramik, attisches Tafelgeschirr, zyprische Keramik, Olivenöl und Wein in Amphoren nach HaGadir und Mogador, wo sie ab dem 8. Jahrhundert v. Chr. ein Handelskontor unterhielten. Cf. B. J. Shefton, 1982, S. 342 f.; E. Sanmartí-Grego, 1995, S. 72 f.; M. Blech, 2001, S. 309 f.

34 Cf. M. Wedde, 2000, S. 116; A. I. Tzamtzis, 1985, S. 279 f.; J. L. Davis, 1992, S. 710.

35 Cf. J. M. Bumstead, 2003, S. 45.

36 Cf. L. V. Mott, 2003, S. 200. Die in der Weser gefundene sogenannte »Bremer Kogge« war gut 23 m lang, aber mit 7,6 m wesentlich breiter als die Schiffe von Kommos. Cf. S. Fliedner, 1989, S. 10.

37 Cf. S. Chryssoulaki, 2005, S. 79; I. Berg, 2007, S. 395; bzw. C. Lambrou-Phillipson, 1991, S. 12.

38 Cf. D. Lewis, 1978, S. 49. Die Planken der hochseegängigen Auslegerboote der Mikronesier und Polynesier wurden mit Kokosfaserschnüren »aneinandergenäht«. Anschließend kalfaterte man die Ritzen mit Pandanusblattstreifen und dem Harz des Brotfruchtbaumes. Cf. B. Schmidt, 1998, S. 127. An den Küsten des Indischen Ozeans dichtete man die Fugen zwischen den Planken mit einem Gemisch aus in Kalk eingelegten Kokosfasern und Haifischtran, der den Schiffsbohrwurm fernhielt, ab, aber auch mit einer Mixtur aus Pech, Harz und Waltran. Die Schnüre aus Kokos- und Dattelpalmfasern (ğamal) sind gemeint, wenn es im Koran heißt: »Bis ein Kamel (ğamal) durch

ein Nadelöhr geht.« Cf. P. Elbs-May, 1984, S. 18; U. Haarmann/B. Zantana, 1998, S. 134.

39 Cf. R. Mookerji, 1999, S. 21. Die Magnetfelsen tauchen bereits in den Sanskrit-Texten auf. Cf. G. F. Hourani, 1963, S. 95. Als die Polos im Jahre 1271 in der persischen Hafenstadt Hormūz voller Mißtrauen die ersten »genähten« Indienfahrer begutachteten, sagte man ihnen, das Holz der Planken sei so hart, daß man keinen Nagel hineinschlagen könne, da dieser »wie irdene Ware« zerspränge. Cf. M. Polo, 1983, S. 67 f.; F. Übleis, 1978, S. 298.

40 Cf. F. Friedrichsen, 1928, S. 31 f.; D. Schlingloff, 1982, S. 57; E. J. Kläy, 1985, S. 189 f. Bereits im 14. Jahrhundert betont Ibn Baṭṭūṭa die Flexibilität der spantenlosen Boote auf den Malediven, deren Planken mit Kokosbast vernäht waren. Cf. D. A. Agius, 1999, S. 182 f.

41 Cf. C. Ward, 2006, S. 124 f.; S. Vinson, 1990, S. 15 f.; Duerr, a. a. O., S. 369 ff.; P. Lipke, 1985, S. 34; S. Mark, 2009, S. 137; C. Ward/C. Zazzaro, 2010, S. 40 f.

42 Ilias II. 134 f.; Friedrichsen, a. a. O., S. 32; A. H. J. Prins, 1982, S. 85 f.; H. P. Ray, 2003, S. 60. Schon Jordanus, der im Jahre 1237 vor der syrischen Küste ertrank, berichtete, die Bewohner der Malabarküste hätten die Schiffsplanken »mit einem Zwirn aus einer Art Gras« aneinandergenäht, doch seien die Fahrzeuge nicht sonderlich wasserdicht gewesen. Cf. B. Arunachalam, 2001, S. 384.

43 Cf. S. Mark, 2005, S. 54 f.; bzw. T. Severin, 1985, S. 285. Auch die »genähten« Schiffe der Axumiten scheinen im 5. und 6. Jahrhundert problemlos von der Küste des heutigen Eritrea bis nach Ceylon gefahren zu sein. Cf. Y. M. Kobishchanov, 1965, S. 139 f.

44 Cf. Grimm/Schoske, a. a. O., S. 26; Vinson, a. a. O., S. 14.

45 Cf. P. Pomey, 1985, S. 43; A. Raban, 1998, S. 45; O. Höckmann, 2005, S. 314; Fabre, a. a. O., S. 105; L. Bradbury, 1996, S. 49. Das Uluburun-Schiff ist offenbar nach der Nut-und-Feder-Technik hergestellt worden, während man das Kap-Gelidonya- und das Kap-Iria-Schiff aufgrund kleiner Bohrlöcher in Plankenfragmenten als »genähte« Schiffe bezeichnet hat. Allerdings sind so wenige Plankenreste gefunden worden, daß auch bei diesen Schiffen eine Kombination beider Techniken denkbar ist. Ein Nebeneinander beider Verbindungsarten wiesen ein etwa 8 m langes Boot aus dem 7. Jahrhundert v. Chr. auf, das man in der Brandungszone im Golf von Mazzarón westlich von Cartagena fand, sowie ein etwas jüngerer Frachter von Cala de Sant Vincenç auf Ibiza, dessen Planken zusätzlich mit Sicherungsstiften fixiert waren. Eine Kombination beider Ligaturen fand man auch bei einem etwa 20 m langen, im 6. Jahrhundert v. Chr. vor der kleinasiatischen Küste gesunkenen Frachtschiff und bei dem aus dem späten 5. Jahrhundert v. Chr. stammenden Wrack im Meer bei dem Kibbuz Ma'agan Michael. Cf. R. Bockius, 2007, S. 29; E. Greene, 2006, S. 63; R. A. Gould, 2000, S. 133; P. Johnstone, 1980, S. 75. Auch die Walfangboote (*pledang*) auf der Insel Lomblem im Solor-Alor-Archipel waren auf diese Weise gebaut, und selbst die »genähten« Schiffe an den Küsten Ostafrikas, des Omān und an der Koromandel- und Keralaküste waren zusätzlich mit Dübeln aus Mangrovenholz gesichert. Cf.

E. Vatter, 1932, S. 202; Kläy, a.a.O., S. 190; Friedrichsen, a.a.O., S. 31; S.A. Kingsley, 2003, S. 21. Wie man an dem um 350 v. Chr. in einem Moor auf Alsen – wohl als Kriegsbeute – geopferten 18 m langen und 2 m breiten sowie mit einem schnabelförmigen Steven versehenen Hjortspringboot (Abb. 148) sehen kann, waren auch die frühen nordischen Plankenboote gleich ihren aus Häuten oder Rindenbast gefertigten Vorläufern »genäht«. Auf Island hieß deshalb das Klinkern *sudh* (von *sýja*, »nähen«). In den karelischen Lappmarken stellte man genähte Plankenboote bis weit in die Neuzeit her. Cf. A. Nordén, 1939, S. 390; bzw. F. Hufnagel, 1940, S. 221.

46 Die Reste des nahe der Küste von Pseira gefundenen minoischen Wracks aus dem MM II B (cf. E. Bonn-Muller, 2010, S. 46) lassen keine Schlüsse auf seine Bauweise zu. Sicher ist indessen, daß die Minoer die Nut-und-Feder-Technik kannten und auch in der Architektur anwendeten. Cf. S. Wachsmann, 2000, S. 807. Die Ägypter benutzten die Technik ebenfalls, und zwar bereits in vordynastischer Zeit bei der Herstellung von Möbeln. In Griechenland verbreitete sie sich im Schiffbau immer mehr, weil die starr verzapften Schiffe sich für den Transport schwerer Wein- und Ölamphoren besser eigneten. Cf. Mark, a.a.O., S. 184. Die im südlichen Mesopotamien üblichen Schilfrohrboote waren mit Sicherheit und die später im Persischen Golf verwendeten Plankenschiffe – wie die Arche Utnapištims – mit großer Wahrscheinlichkeit »genähte« Fahrzeuge. Bereits die frühen südmesopotamischen Hochseeschiffe scheinen Dattelpalmfaserligaturen (*si-sar*) besessen zu haben. Cf. M. Widell, 2009, S. 159. Erst im späten 7. Jahrhundert sollen die ummajadischen Kalifen von Damaskus zur Bekämpfung der Piraten im Persischen Golf und im Arabischen Meer starr verzapfte und genagelte Schiffe eingesetzt haben. Cf. D. T. Potts, 1995, S. 567 f.; R. K. Pedersen, 2004, S. 234 f.; bzw. S. Arenson, 1996, S. 21.

47 In Kommos fand man die Reste großer Pithoi aus der Zeit um 1300 v. Chr., die von Kythera stammen. Cf. J. Rutter, 2005, S. 36.

48 Cf. R. H. Tykot, 1994, S. 71.

49 Cf. F. Avilia, 1996, S. 1363; G. Voza, 2008, S. 37. Um 1300 v. Chr. gab es offenbar an den Küsten Kalabriens, Apuliens und Siziliens dauerhafte ägäische Niederlassungen mit Handwerkern und Töpfern, die das begehrte mykenisch-minoische Geschirr produzierten. Der wichtigste Handelsort an der sizilianischen Südküste war Cannatello in der Nähe von Agrigent, wo man die gleiche sardinische graue Impastokeramik aus dem SM III B 1 gefunden hat wie in Kommos. Cf. F. Lo Schiavo, 2003, S. 153; A. M. Lucena Martin, 2008, S. 149.

50 Cf. W. Bascom, 1978, S. 41; A. T. Hodge, 1998, S. 30 f.; J. Morton, 2001, S. 87 f.

51 Cf. K. Bartholomäus, 1982, S. 198; F. Braudel, 1990, S. 321.

52 Strabon III. 2. 11.

53 Cf. A. Beeching/É. Thirault, 2003, S. 506; R. H. Tykot, 2004, S. 33; B. Tripković, 2004, S. 182; bzw. P. Phillips, 1982, S. 43.

54 Cf. A. Evans, 1928, S. 180; S. Hiller, 1984, S. 18; M. Cultraro, 2007, S. 387; J. Roussot-Larroque, 1987, S. 51; K. Rassmann, 2003, S. 31; J. Gómez de Soto/J.-P. Pautreau, 1998, S. 135; S. Needham/C. Giardino, 2008, S. 68 f.

55 Cf. F. Lo Schiavo, 2005, S. 407 f.

56 Cf. H. Maryon, 1938, S. 209; C. Hawkes, 1961, S. 466 ff.; J. Briard, 1990,
S. 135 f.; ders., 1996, S. 74; G. Eogan, 1990, S. 157 f.; C. Burgess, 1991, S. 27. S.
Gerloff (2003, S. 196) ist der Auffassung, z. B. die in Tell el-'Ajjul bei Gaza
oder die gemeinsam mit ägäischen SH III A 2-Scherben in einem Tempel
in Amman gefundenen tordierten goldenen Ohr- und Haarringe seien im
14. Jahrhundert v. Chr. über die Garonne und die Aude in den Nahen Osten
gelangt.

57 Cf. C. J. Becker, 1954, S. 241 f. Außer Frage steht, daß offenbar die meisten
britischen Exemplare Imitationen der – letztlich ostmediterranen – Perlen
sind. Vermutlich war die Technik der Herstellung von Glaspaste, die aus dem
Nahen Osten stammte, mit Zinnprospektoren und Händlern aus Mitteleuropa nach Südwestengland und Cornwall gekommen. Das Kobalterz Speis
oder Skutterudit kommt in der Gegend von Geyer und Ehrenfriedersdorf vor,
wo man vielleicht bereits in der Bronzezeit Zinn- und Kupfererz abgebaut
hat. Aufgrund ihres standardisierten Typs, der gleichen Größe und des gleichen Gewichts hat man die in der Ägäis verbreiteten Perlen, die auch auf die
Iberische Halbinsel exportiert wurden, gelegentlich für eine Art prämonetäre
Währung gehalten. Während im östlichen Mittelmeer die Glaspaste auch für
Intarsien, Schmuck, Gefäße und Figurinen verwendet wurde, hat man sie im
fernen Norden, Westen und Nordwesten ausschließlich zur Herstellung von
Perlen benutzt. Cf. J. Briard, 1987, S. 86; P. Cintas, 1966, S. 24; A. Sheridan,
2003, S. 20; J. E. Dayton, 1982, S. 169 ff.; G. Nightingale, 2005, S. 56; K. P.
Foster, 1979, S. 171.

58 R.-P. Charles/J. Guilaine, 1963, S. 162; J.-L. Roudil, 1972, S. 121; J. Gascó,
1994, S. 63 f.; J. Guilaine, 1972, S. 185. In der Gegend von Carcassonne fand
man auch eine Lanzenspitze aus dem südwestlichen England (a. a. O., S. 208).

59 Cf. Gascó, a. a. O., S. 100; A. Evans, 1928, S. 91. Am Unterlauf der Garonne
hat man ab der zweiten Hälfte des 3. Jahrhunderts v. Chr. auch Gold gewaschen und anschließend bearbeitet und exportiert. Cf. A. Beineix, 2003, S. 32.

60 Cf. V. Salač, 1998, S. 589 f.; G. Wieland, 200, S. 94.

61 Cf. Duerr, a. a. O., S. 582 f. Schwertransporte auf Ochsenkarren waren im
minoischen Kreta durchaus üblich. Wie die ca. 250 kg schweren Kalksteinanker, die man am Eingang zum Wādī Gawāsis fand und die im 20. Jahrhundert v. Chr. von einer Expedition Sesostris I. zurückgelassen worden waren
(cf. A. M. Sayed, 2005, S. 208), beweisen, scheint man auch die heimkehrenden Schiffe zerlegt und durch die Wüste zum Nil transportiert zu haben.
Solche Landtransporte waren alles andere als ungefährlich, wie der Punt-
Gesandte Pepis II. im 23. Jahrhundert v. Chr. erfahren mußte, der in dem
Augenblick, als er an der Küste sein Schiff verschnüren ließ, gemeinsam mit
seinen Leuten von den »Sandbewohnern« niedergemetzelt wurde. Cf. Fabre,
a. a. O., S. 82 f. Man hat vermutet, daß auch die Ophir-Schiffe König Salomos,
die dieser in Tyros bauen ließ, in Einzelteilen nach Ezion-Geber am Khalīgel-
'Aqaba transportiert und dort von den phönizischen Besatzungen zusammen-
gebaut worden sind. Cf. Y. Ikeda, 1991, S. 116 f. Sehr viel später ließ auch
Reynauld de Chastillon zur Bekämpfung Saladins an der Mittelmeerküste

Schiffe bauen, die er im Jahre 1182 auf dem Rücken von Kamelen in Einzelteilen zum Roten Meer brachte. Cf. S. Arenson, 1996, S. 22.

62 Cf. O. Jessen, 1986, Sp. 744; F. Wehrli, 1972, S. 59; bzw. G. Anderson, 2000, S. 78 f.

63 Pindar: *Pythische Ode* IV. 26 ff.; Apollonios v. Rhodos IV. 1638 ff.

64 Diodoros IV. 56. 3 ff.; Odyssee V. 261; E. D. Phillips, 1966, S. 180; F. Vian, 2005, S. 78. Auf Holzrollen beförderten auch die Wikinger ihre Schiffe von Fluß zu Fluß, und auf ähnliche Weise brachte man die zum Teil über 15 m langen Einbäume vom Oberlauf der Oder zum Bešva, von dem aus die Morava und die Donau erreicht werden konnten. Cf. A. Lägreid, 1988, S. 14; bzw. W. Filipowiak, 1995, S. 492.

65 Cf. Phillips, a. a. O., S. 181 ff.

66 Cf. Mark, a. a. O., S. 158 f.; Johnstone, a. a. O., S. 82.

67 Cf. J. F. Coates/J. T. Shaw, 1993, S. 87 f.

68 Cf. C. M. Harrison, 1999, S. 169. Schiffe, deren Planken »verschnürt« waren, mußten wahrscheinlich jeden Winter neu »vernäht« werden.

69 Cf. A. Altman, 1988, S. 236. Als Vorsichtsmaßnahme werden die Minoer ohnehin nicht allzu nahe an der Küste entlanggesegelt sein. Noch heute wird den Schiffern in den griechischen Seehandbüchern geraten, sich wegen der gefährlichen Fallwinde mindestens 10 km von der kretischen Südküste entfernt zu halten. Cf. Bascom, a. a. O., S. 46.

70 Cf. A. M. Sayed, 2005, S. 204; ders., 1989, S. 158. In den Pyramidentexten wird der Weihrauch entsprechend »Duft des Dedun, des Jünglings, der aus Nubien kommt«, genannt. Cf. S. Schoske et al., 1990, S. 46. Wenn es im 13. Regierungsjahr des Sahurê in der 5. Dynastie heißt, Weihrauch und Elektron seien aus Punt nach Ägypten gelangt (cf. J. H. Breasted, 1906, I, § 161), dann kamen diese Güter sicher auf dem Landweg. Eine solche Expedition nach Kusch und Punt wird in einer Inschrift des Chui (6. Dynastie) auf einem Felsen gegenüber Assuan erwähnt (§ 361). Cf. R. Fattovich/K. Bard, 2006, S. 8 f.; D. B. Redford, 2004, S. 21, 39. Zwar wurde bereits um 5000 v. Chr. Obsidian von Ostafrika und Arabien über das Rote Meer nach Ägypten und über das Arabische Meer in den Persischen Golf exportiert, doch geschah dies gewiß über zahlreiche Zwischenhändler. Cf. J. Zarins, 1989, S. 368; D. Michaux-Colombot, 2001, S. 336.

71 Cf. A. Lesky, 1947, S. 65 f.; C. Anghelina, 2009, S. 143. Eventuell läßt sich ὠκεανός auf protoidg. Θκμᾱ-, ēkṃ, »Gewässer«, zurückführen, doch ist diese Etymologie sehr umstritten.

72 Cf. J. Dörig/O. Gigon, 1961, Tf. 23 f.; R. Böhme, 1953, S. 133; H. P. Duerr, 1984, S. 186.

73 Wie der griechische Okeanos scheint das *marratu*, dessen Name oft mit »Bittermeer« oder »Salzsee« übersetzt wird (*marāru*, »bitter, salzig«), kein eigentliches Meer (*tāmtu*) gewesen zu sein. Denn das akkadische Lehnwort aus dem Aramäischen wird mit dem für Flüsse und Kanäle gebräuchlichen *íd*-Determinativ geschrieben. Cf. W. Horowitz, 1988, S. 156; ders., 1998, S. 304.

74 Cf. W. G. Lambert, 2000, S. 77; C. Delano-Smith, 1996, S. 209. In einer

Inschrift des im 9. Jahrhundert v. Chr. regierenden Salmanassar III. wird der Persische Golf *marratu* genannt, und in einer etwas jüngeren heißt es, Sargon II. herrsche vom »Oberen Salzwasserstrom« (*marrati elīti*) bis zum »Unteren« (*marrati šaplīti*). In dem einen lagen Dilmun und Magan, im anderen die *nagū* Kaptara [= Kreta] und die rätselhafte »Zinninsel« Anaku. Cf. Horowitz, a. a. O., S. 25 f., 105 f.

75 Gilgamesch-Epos X. 22 f. Geschwind wie die Phäaken den Odysseus fährt Uršanabi Gilgameš über das *tāmtu* (»Ein Weg von einem Monat und 15 Tagen war am dritten Tage zurückgelegt«) zu dem vergöttlichten Sintflutüberlebenden Utnapištim (»Er hat das Leben gefunden«), der dem König von Uruk das »Kraut des ewigen Lebens« zeigt. Cf. a. a. O., X. 3. 49 f.

76 Cf. M. Arcas Campoy, 2008, S. 14; bzw. K.-S. Chang, 1970, S. 30.

77 Apollonios v. Rhodos IV. 272 ff.

78 Cf. K. W. Zeller, 2002, S. 192.

79 Cf. A. O. Victor, 1963, S. 95 f.; L. de Vorsey, 1978, S. 71; I. Clendinnen, 1987, S. 3 f.; M. Zeuske, 2006, S. 155.

80 Cf. E. Schmitt, 2008, 7, S. 355; Victor, a. a. O., S. 71; bzw. W. Ralegh, 1596, S. 28.

Anmerkungen zu § 5

1 K. Sethe, IV, 1984, S. 344 ff.

2 Strabon I. 48. Die angeblichen Gründungen von Lixus und Gadeira im späten 12. Jahrhundert v. Chr. waren in Wirklichkeit wohl eher die Aufnahme von Handelsbeziehungen. Cf. W. Culican, 1960, S. 53; H. G. Niemeyer, 2002, S. 179 f.; K. Momrak, 2005, S. 177; E. Lipiński, 1993, S. 322 f.

3 Cf. Hajnal, a. a. O., S. 63 f. Offenbar war bei den Mykenern der Wanax ein Priesterkönig, während der Lawagetas der Oberbefehlshaber der Streitkräfte gewesen zu sein scheint. Ob es eine solche Zweiteilung auch bei den Minoern gab, ist nicht bekannt. Bei Homer gibt es im Gegensatz zu den βασιλῆες immer nur *einen* ἄναξ – ein Ausdruck, der später noch als ein Epitheton der Götter gebraucht wurde. Cf. T. G. Palaima, 1995, S. 123, 130.

4 Cf. L. R. Palmer, 1979, S. 54; A. L. Wilson, 1977, S. 123; T. G. Palaima, 1990, S. 98. Aus knossischen Täfelchen geht hervor, daß *da-wo* in der Nähe von Phaistos lag und 770 Tonnen Weizen nach Knossos lieferte, was etwa der Hälfte des überschüssigen Getreides der Messará entsprach. Es war auch ein Ort mit bedeutenden Schafherden und an dem *po-ni-ki-jo* (Purpur), *ki-ta-no* (Terebinthe) und *ku-pa-ro* (Zyperngras, *Cyperus rotundus*) für die Parfümherstellung produziert wurden. Cf. J. Killen, 1977, S. 41; L. Godart/Y. Tzedakis, 1992, S. 239 ff.; J. K. McArthur, 1981, S. 192; dies., 1993, S. 254 f.; F. Aura Jorro/F. R. Adrados, 1985, S. 160; R. J. Firth, 1995, S. 47 f.

5 Cf. J. Kelder/S. Kelder, 2009, S. 14; bzw. O. T. Dickinson, 1984, S. 117; bzw. E. Almagor, 2005, S. 45; D. Metzler, 2004, S. 34 ff.; H. L. C. Tristram, 2005, S. 211 f.; G. Dobesch, 1995, S. 7 f.

6 Plutarch: *Leben des Marius* 16; bzw. A. Rossi-Reder, 2002, S. 56; R. Shafer, 1964, S. 500 ff. Häufig wurden die Fremden auch »die Stummen« genannt,

z. B. Njemzy, weil sie nicht »richtig« sprechen konnten. Cf. R. Kleinpaul, 1910, S. 120.

7 C. Kolumbus, 1981, S. 51, bzw. 50. Cf. D. M. Traboulay, 1998, S. 148; C. Delaney, 2006, S. 270; F. Fernández Armesto, 1992, S. 115 f.; A. Galvão, 1601, S. 8; A. Kohler, 2006, S. 15. Auf Hispaniola war Kolumbus auf tiefe Schächte gestoßen, die seiner Meinung nach Salomo gegraben hatte, um Gold zu fördern. Cf. C. Bucher, 2006, S. 176.

8 Cf. E. Schmitt, 2, 1984, S. 543 f.; T. Heyerdahl, 1966, S. 61 ff.; K. R. Howe, 1984, S. 74; C. R. Edwards, 1972, S. 852. Der Inka hatte im 15. Jahrhundert an der Küste zwei Kaufleute getroffen, die von den angeblich über dem Meer liegenden Inseln Auachumbe und Niñachumbe nach Peru gereist waren. Cf. W. Andritzky, 1989, S. 250. Nach einer marquesanischen Legende waren Angehörige des auf Hiva Oa lebenden Stammes der Naïki mit dem gewaltigsten Doppelboot, das jemals auf dem Archipel gebaut worden war, über das Meer nach Osten gefahren, bis sie an die Küste eines riesigen Landes kamen, das sie Te Fití nannten. Cf. P. Bosch-Gimpera, 1971, S. 205.

9 Die Bezeichnung »Insulae Salomonis« für den Archipel, den Mendaña auf dieser Fahrt entdeckte, taucht erstmalig auf einer 1598 in Antwerpen erschienenen Karte auf. Cf. H. Plischke, 1961, S. 521.

10 Cf. R. v. Heine-Geldern, 1966, S. 293; M. Kleihauer, 1984, S. 76. Im späten 2. Jahrhundert v. Chr. schickte der Han-Kaiser Wu eine zweite Expedition zu den Inseln der Unsterblichen (*hsien*) aus. Welche Fahrzeuge auf diesen Fernfahrten benutzt wurden, ist nicht bekannt. Hochseegängige Dschunken stellten die Chinesen jedenfalls erst ab dem 12. Jahrhundert her.

11 Cf. A. Lupack, 2005, S. 30; N. L. Goodrich, 1986, S. 293 f.; E. O. G. Turville-Petre, 1964, S. 186; J. McKillop, 1998, S. 19. In einer anderen Variante weissagt Morgan le Fay Olger dem Dänen bei dessen Geburt, sie werde ihn dereinst mit nach Avilion nehmen, wo er auf ewig bei ihr bleibe. Als der erwachsene Olger bei einem Schiffbruch den Tod vor Augen hat, hört er eine Frauenstimme, die zu ihm spricht: »Olger, ich warte auf dich! Fürchte dich nicht vor den Wogen – komm!« Darauf wirft ihn die See auf einen Felsen, von dem ein steiler Pfad zu einem Zaubergarten führt, dessen Blumen nie verblühen. Es ist der Garten des Vale von Avilion, dessen Herrin Morgana ihn mit den Worten begrüßt: »Willkommen in Avilion, lieber Ritter! Eine quälend lange Zeit habe ich mich nach dir gesehnt und auf dein Kommen gewartet! Jetzt bist du mein, oh Herr, meine Liebe!« Daraufhin setzt sie ihm die Krone des Vergessens aufs Haupt, und er bleibt auf ewig bei ihr im »unveränderlichen Vale«. Cf. G. Cox/E. Jones, 1871, S. 361 f. Die Normannen brachten die Legende nach Sizilien und Unteritalien, wo man Avalon zunächst ins östliche Mittelmeer und schließlich in den Indischen Ozean verlegte. Dort ist es eine paradiesische Insel mit einem von tausend liebreizenden Feen bewohnten Garten, in dem der Held Baudouin die Heimat vergißt. Cf. W. Fauth, 1978, S. 434.

12 Cf. C. Clemen, 1931, S. 333; J. Markale, 1978, S. 35.

13 Cf. T. J. Westropp, 1912, S. 230, 240 f., 248, 255; A. N. Ryan, 1996, S. 246, 251. Kurz bevor Kolumbus am 3. August 1492 den Hafen des kleinen Ortes

Palos an der Mündung des Río Tinto verließ, hatte ihm dort ein alter Lotse
erzählt, er habe vor etwa 40 Jahren zwischen den Azoren und Irland Land-
vögel gesichtet, und das Meer sei so beschaffen gewesen, als ob sich ganz in
der Nähe Land befände. Aufgrund der aufkommenden Herbststürme hätten
sie jedoch umkehren müssen. Cf. W. D. Phillips/C. R. Phillips, 1996, S. 154.
Noch vor hundert Jahren traf der Dichter William Butler Yeats irische
Fischer, die ihm versicherten, sie seien auf die »Schöne Insel« Hy-Breasail im
Westmeer verschlagen worden. Cf. J. Mackillop, 1998, S. 237.

14 Cf. L.-A. Vigneras, 1976, S. 8; bzw. P. Vidal-Naquet, 1993, S. 77 ff. Im Jahre
1572 verlautete Pedro Sarmiento de Gamboa, die »Neue Welt« sei der stehen-
gebliebene Rest des versunkenen Atlantis und gehöre deshalb mit Fug und
Göttlichem Recht zu Spanien. Bereits Caboto identifizierte »Bresil« mit der
»Ilha das Sete Cidades«, auf die nach einer portugiesischen Überlieferung der
westgotische Erzbischof von Oporto nach der Schlacht am Guadalete im
Jahre 714 gemeinsam mit sechs Bischöfen und zahlreichen Männern und
Frauen vor den siegreichen Arabern geflohen war. Diese Insel hatten die Portugiesen wiederum mit der sagenumwobenen Insel Antilia identifiziert, die
sie schon im 14. Jahrhundert auf den katalanischen Portolanen sahen und
von der es später hieß, auf ihr lebe der 1578 in Marokko gefallene König
Sebastian, der eines schönen Tages wiederkehre, was vielen Schwindlern die
Gelegenheit bot, sich als den Zurückgekommenen auszugeben. Las Casas
berichtet, er habe in den Notizbüchern Kolumbus' einen Eintrag gefunden,
aus dem hervorging, im Jahre 1414 sei ein portugiesisches Schiff vom Sturm
nach Antilia verschlagen worden, wo man eine christliche Bevölkerung vor-
gefunden sowie am Strand Goldkörner entdeckt habe. Tatsache ist, daß im
Jahre 1486 Fernão Dulmo aus Funchal im Auftrag Johanns des Vollkomme-
nen nach Westen aufbrach, um »eine große Insel, mehrere Inseln oder die
Küste eines Festlandes aufzufinden, die wie er vermutet, die Insel der 7 Städte
oder Antilia ist«. Noch im vergangenen Jahrhundert soll es auf La Palma und
Tenerife Einheimische gegeben haben, die behaupteten, man könne an klaren
Tagen die Insel am Horizont sehen. Im 16. Jahrhundert erzählten die Korsa-
ren, Antilia sei eine »Isola incantata«, die man niemand betreten könne, was frei-
lich der Seeräuber Zavallos bestritt. Er berichtete, er habe die paradiesische
Insel voller handzahmer Vögel durchstreift, doch eiligst die Flucht ergriffen,
als er am Strand auf riesige Fußspuren gestoßen sei. Cf. S. E. Morison, 1971,
S. 99; ders. 1973, S. 16; O. Peschel, 1858, S. 129; L. Torriani, 1940, S. 219 f.;
J. Zemmrich, 1891, S. 230; A. Kohler, 2006, S. 79, 151; J. E. Kelley, 1979,
S. 27 ff.; T. Molter, 2000, S. 205; M. Marschik, 1986, S. 354.

15 Cf. O. Jessen, 1896, Sp. 752; bzw. C. Weiß, 1997, S. 104 f. Die Frau auf der
linken Seite ist eine Okeanide. Offenbar gab es auch eine Lokalisierung des
Hesperidengartens in der Unterwelt, denn nach Hesiod (*Theogonie* 333 ff.)
hütet die Schlange Phorkys »im Dunkel der Erde [...] in gewaltigen Ringen
die goldenen Äpfel«. Daß Herakles' Reise zu den Hesperiden auf eine minoische Jenseitsfahrt zurückgeht, hat schon J. G. Griffiths (1947, S. 125) vermutet.

16 Hesiod, a. a. O., 215 f.; Euripides: *Hippolytos* 732 ff.; bzw. H. Meyer, 1980,

S. 135 f. Die germanische Iðunn, deren Name entweder die »Erneuernde, Verjüngende« oder die »sehr Geliebte« bedeutet und die in der nordischen Überlieferung von Loki die »geilste aller Frauen« (*allra kvenna vergjarnasta*) genannt wird, war wohl mit Fruchtbarkeits- und Liebesgöttinnen à la Freyja oder Nerthus identisch. In einem Holzkästchen verwahrte sie die goldenen »Äpfel, in welche die Götter beißen müssen, wenn sie altern; dann werden sie wieder jung«. Aber nachdem der Riese Thjazi sie samt ihren Äpfeln entführt hat, werden die Asen »grauhaarig und alt«. Cf. Snorri Sturluson: Jüngere Edda 26; ders.: Skáldskaparmál 3; dazu R. Boyer, 1992, S. 627; J. Jochens, 1996, S. 59.

17 Die Quitte, ahd. *qitina*, fränk. *quidena*, volkslat. *codonea*, lat. *malum cydoneum*, gr. μῆλον κυδώνιον, hat ihren Namen nicht von der kretischen Stadt Kydonia (Khania), wie häufig behauptet wird, sondern von der Stadt Κυτώνιον in Lydien. Cf. J. B. Hofmann, 1949, S. 164; bzw. A. Nehring, 1924, S. 11; F. Sölmsen, 1912, S. 241 f.; F. Kluge, 1960, S. 575. Auch Aprikosen, Pfirsiche und Zitronen wurden μῆλα genannt. Cf. V. Pirenne-Delforge, 1994, S. 411. L. Frey-Asche (1997, S. 65) meint, sowohl die Äpfel der Hesperiden als auch der des Paris seien Quitten gewesen, aber es kann sich bei ihnen genausogut um Äpfel oder Granatäpfel gehandelt haben. Als zu Beginn des 14. Jahrhunderts erstmals Orangen von Palermo nach Pisa verschifft worden waren, hielt man sie dort für die goldenen Äpfel aus dem Garten der Hesperiden. Cf. M. Heilmeyer, 2005, S. 22. Auch die Eva des Genter Altars hält eine Orange in der Hand.

18 In Ägypten, wo die ursprünglich aus Persien und Mesopotamien stammenden Granatäpfel über Syrien eingeführt worden waren, verglich man in den Liebesliedern der 18. Dynastie die – möglichst kleinen – Brüste schöner Frauen mit den »Liebesäpfeln«. Cf. L. Keimer, 1924, S. 48; O. Kaelin, 2004, S. 91; M. Gander, 2008, S. 12; W. Brunsch, 2003, S. 45. Bereits im 3. Jahrtausend v. Chr. wurde die Frucht auf Zypern heimisch und gelangte von dort im SM nach Kreta und schließlich auf die Peloponnes. Cf. D. Kučan, 1995, S. 21 f. Im Heiligtum von Larnaka-Salines auf Zypern fand man die Figurine einer thronenden Demeter oder Persephone, die einen Granatapfel so vor ihren Oberkörper hält, daß es aussieht, als halte sie ihre Brust, und ähnlich verhält es sich bei Terrakottafigürchen der Demeter vom griechischen Festland. Cf. F. Vandenabeele, 2001, S. 93; V. Bitrakova-Grozdanova, 2005, S. 40. Als Menelaos »die Äpfel der Helena erblickte,/Die nackten, warf er sein Schwert weg«, heißt es bei Aristophanes (*Lysistrata* 154 f.), und nach Leonidas von Taras war eine Bezeichnung des Brustbandes der Frauen μηλοῦχος. Cf. A. R. Littlewood, 1967, S. 157. Cf. auch D. E. Gerber, 1978, S. 204; R. Caldwell, 1989, S. 160 f. Ein Ausdruck für weibliche Brüste war κυδώνια. Cf. F. Skoda, 1988, S. 184.

19 In sumerischen und akkadischen Texten wird gesagt, daß ein Mann eine Frau, die ihren Blick auf seinen Genitalbereich richtet, an einem Apfel oder Granatapfel saugen lassen und die Göttin Inanna anrufen soll, die ihre Vagina als »meinen Granatapfelgarten mit verschwenderisch saftigen Früchten« preist. Dann wird diese Frau bedingungslos die Beine spreizen. Cf. M. A. Fal-

kenstein, 1954, S. 62; E. Rehm, 1992, S. 293; Å. W. Sjöberg, 1988, S. 171; N. Serwint, 2002, S. 345; M. J. Geller, 2002, S. 131; S. M. Paul, 2002, S. 491. Auch nach dem Babylonischen Talmud machen Apfel- und Granatapfelsaft selbst die widerspenstigste Frau willig, und im salomonischen Liebeslied heißt es: »Unter dem Apfelbaum erregte ich dich« (Hoheslied 8.5). Wenn im Zweistromland Männer und Frauen einander »runde Früchte« (ḫašḫur) anboten, galt dies als Aufforderung zum Geschlechtsverkehr. Cf. W. G. Lambert, 1987, S. 27. Im Hathorkult trank man den aus Granatapfelsaft gewonnenen und als aphrodisierend geltenden sdh-Wein (cf. H. Lundt, 2006, S. 95), und auch in Griechenland hieß es, die Äpfel der Aphrodite ließen jede Frau lüstern werden, weshalb man der – meist unwissenden – Braut vor der Defloration eine Quitte oder einen Apfel zu essen gab. Cf. W. Erdmann, 1934, S. 259; S. Döpp, 1995, S. 343 f.; C. A. Faraone, 1990, S. 230 f. In einer sächsischen Sage wirft ein Wassermann einem jungen Mädchen einen Apfel in den Schoß, damit sie freiwillig zu ihm in den See kommt und ihm dort zu Willen ist. Aus diesem Grund scheinen auch die griechischen Prostituierten potentiellen Kunden Äpfel zugeworfen zu haben: »Nie wirst du vors Haus einer Tänzerin ziehen und vom/Hürchen mit Äpfeln beworfen«. Cf. J. B. Friedreich, 1859, S. 208; bzw. Aristophanes: *Die Wolken* 996. Doch galt das Zuwerfen eines Apfels auch als Heiratsantrag, und zwar in einigen Gegenden Griechenlands bis ins 19. Jahrhundert. Cf. C. Wachsmuth, 1864, S. 83; L. Deubner, 1978, S. 242. »Von einem Apfel getroffen werden« war der griechische Euphemismus für »sich sexuell erregen«. Cf. C. A. Faraone, 1999, S. 71.

20 Cf. *Hymnus auf Demeter* II. 371 ff.; 411 ff.; C. Penglase, 1994, S. 158; E. G. Lazongas, 2005, S. 101.

21 Cf. B. Musche, 1992, S. 57.

22 Die Nymphe Nana, Tochter des Flußgottes Sangarios, wurde dadurch mit Attis schwanger, daß sie einen Granatapfel in ihren Busen steckte, und im balkanischen Märchen widerfährt der kinderlosen Königin dasselbe, nachdem sie einen Apfel gegessen hat. Griechische Ärzte empfahlen den Genuß von Granatapfelsaft als empfängnisförderndes Mittel. Noch im vorletzten Jahrhundert warf man in einigen Gegenden Griechenlands vor der Braut einen Granatapfel auf den Boden, so daß er zerplatzte. Von der Zahl der herausfallenden Kerne schloß man auf die ihrer künftigen Kinder. Cf. Lazongas, a. a. O., S. 102, 104; K. Horálek, 1965, S. 20; G. Wilke, 1936, S. 123.

23 Cf. A. Dierichs, 1997, S. 129; A.-M. Vérilhac/C. Vial, 1998, S. 340. Die Assoziation des Granatapfels mit den weiblichen Genitalien blieb bis heute erhalten. So hält auf einem türkischen Aquarell des 16. Jahrhunderts eine verführerisch blickende nackte Frau eine solche Frucht neben ihre Vulva. Cf. F. Çağman, 1993, S. 286. In der italienischen Frührenaissance hält häufig die hl. Jungfrau einen aufgeplatzten Granatapfel in der Hand, doch war er in der Hoch- und Spätrenaissance meist das Symbol der Kurtisane. Cf. H. Geddes, 2007, S. 211; A.-M. Lecoq, 2000, S. 100.

24 Cf. S. A. Immerwahr, 1989, S. 402 f. Reste von Quitten fand man in den Heiligtümern der Hera, der Aphrodite und der Persephone (cf. Frey-Asche, a. a. O., S. 65) und große Mengen unverkohlter Granatapfelsamen im Her-

aion auf Samos. Cf. Kučan, a.a.O., S.20. Dort hatte man im 7. Jahrhundert v. Chr. auch Granatäpfel und Mohnkapseln aus Elfenbein, Ton und Bronze als Votivgaben niedergelegt. Cf. V. Giannouli, 2003, S.481. Auf Sizilien heißt die Nachfolgerin der Hera »Madonna del granato«. Cf. P. Sauzeau, 2007, S.312 f. Auf einem spätantiken Grabrelief aus dem mittelägyptischen Beni Hasan hält die Verstorbene in der Linken einen Granatapfel als Symbol ihrer Wiederauferstehung im Jenseits. Cf. M. Seidel, 1993, S.109. Cf. auch D. Michaelides, 1998, S.34.

25 Cf. J.R. Jannot, 2000, S.89; O.W. v. Vacano, 1962, S.1532. Auf einem etruskischen Spiegel hält Aphrodite ein Granatapfelszepter. In Tell Nami südlich von Haifa hatte man im 13. Jahrhundert v. Chr. einem Toten zwei solche Herrschaftsstäbe bei der Bestattung auf die Brust gelegt. Aus Elfenbein gefertigte Szepter mit Granatapfelköpfen aus der Spätbronzezeit fand man auch in Gräbern im zyprischen Kition und in einem Heiligtum im kanaanitischen Lachiš. Cf. N. Avigat, 1990, S.162 ff. Die rotglasierten Granatapfelväschen des MM III aus Phaistos waren vermutlich Importe aus dem Nahen Osten. Über ihre Funktion auf Kreta ist nichts bekannt. Cf. Immerwahr, a.a.O., S.403.

26 Cf. Cox/Jones, a.a.O., S.12. Um die im Apollonheiligtum von Eretria gefundenen Granatäpfel winden sich Schlangen – die Symbole der Unterwelt. Cf. K. Schefold, 1973, S.43 f.

27 Die 5,1 cm große Goldblechhülse in Grab 43 besitzt am oberen Rand drei Löcher für die Schnüre, mit denen sie fixiert war. Dem Mann in mittlerem Alter hatte man reichlichen Gold- und Spondylusschmuck sowie Kupfer- und Steinäxte mit ins Grab gegeben. Cf. I. Ivanov/M. Avramova, 2000, S.49; I. Ivanov, 1988, Abb. 29; J. Chapman, 1991, S.166 f. Die Goldbleche auf den Genitalien der weiblichen Mumien im Fayyûm sollten wohl entsprechend den Frauen die Gebärfähigkeit erhalten. Cf. K. Parlasca, 2007, S.56.

28 Cf. A. de Franciscis, 1973, S.123; bzw. H. Lechtman, 1988, S.372 f.; G. Eckert, 1948, S.20 f.; K. O'Day, 2000, S.63; H. Schindler, 2001, S.76. Silber entstand aus den »Tränen des Mondes«. Da der Inka sich als Abkömmling der männlichen Sonne und des weiblichen Mondes betrachtete, stand ihm sämtliches geförderte Edelmetall zu. Cf. E.F. Mayer, 1992, S.310 f.

29 Cf. J. de Savignac, 1954, S.349; S.M.E. Fick, 2001, S.61. Die bei einem Schiffbruch verlorengegangene Mumie König Djosers aus der 3. Dynastie soll völlig vergoldet gewesen sein. Später steckte man häufig die Finger der mumifizierten Leichname in Goldhülsen, damit sie nicht zerfielen, eine Sitte, die schließlich von den Königinnen und Königen der napatischen Dynastie in Nubien übernommen wurde. Cf. dies., 1989, S.84 f.; C.A. Hope, 1989, S.84; M.H. van Voss, 1982, S.18; K.-H. Priese, 1996, S.235. Bereits in vordynastischer Zeit scheinen die Ägypter eine Legierung aus Gold, Silber und Kupfer hergestellt zu haben, die von den Griechen später ἤλεκτρον genannt wurde. Rohgold hat stets einen gewissen Silbergehalt. Übersteigt er 20-25 Prozent, spricht man von Elektron. Dieses »Blaßgold« kommt auch als eine natürliche Legierung vor, aber im allgemeinen wird es nicht als Seifengold aus Fluß-schottern und -sänden gewaschen, sondern als »Berggold« aus Quarzgängen

gebrochen. »Macht nur Gewinn«, heißt es im 5. Jahrhundert v. Chr. bei Sophokles (*Antigone* 1037 f.), »erhandelt ἤλεκτρον von Sardes her, sofern ihr
Lust verspürt, und Gold aus Indien ('Ινδικὸν χρυσον)«. Cf. L. Deroy/R. Halleux, 1974, S. 42 f.; P. T. Graddock, 1995, S. 111; J. D. Muhly, 1980, S. 28;
H.-G. Bachmann, 2006, S. 24.

30 Cf. A. Schnaufer, 1970, S. 12. Nach mykenischem Vorbild ließen sich auch die
illyrischen Fürsten bis ins 6. Jahrhundert v. Chr. mit Goldmasken bestatten.
Cf. F. Altheim, 1951, S. 94. Die schwedische Königin Christina wurde noch
im Jahre 1689 mit einer Gesichtsmaske aus Edelmetall ins Grab gelegt. Cf.
I. Mittermeier, 2002, S. 20.

31 Cf. M. Eliade, 1980, S. 120 f.; D. Suhr, 2006, S. 78; bzw. P. Akoi, 1959, S. 145.

32 Cf. M. Axboe, 2003, S. 59. So z. B. die wahrscheinlich aus der südlicheren
Urnenfelderkultur importierten, mit Kreisaugen versehenen Goldschalen, die
man in der Nähe von Westerholt im Harlinger Land gefunden hat. Cf. W.
Schwarz, 1999, S. 66 f.

33 Cf. H. Usener, 1899, S. 187 f.; M. Kempchen, 1995, S. 52 f.; J. H. Croon, 1952,
S. 69.

34 Cf. Pausanias, VIII. 31. 2 f.; bzw. IX. 19. 5. Granatäpfel konnten tatsächlich
mehr als ein Jahr frisch gehalten werden. Cf. C. W. Haldane, 1990, S. 59.

35 Cf. M. Nilsson, 1906, S. 448.

36 Cf. Odyssee IX. 167; bzw. H. Baumann, 2000, S. 50. Das Wort μῆλα bedeutete bei Homer fast ausschließlich Schafe und Ziegen, später auch Großvieh
wie Rinder und Pferde. Cf. W. Richter, 1968, H53; M. Schmitt, 1979, S. 174.
Μαλλός, »Vlies«, wird von der idg. Wurzel *mal-, »Schaf, Wolle« abgeleitet;
vgl. armen. *mal*, »Widder«. Cf. J. A. C. Greppin, 1979, S. 174. Artemidor
v. Daldis (*Onirokritikon* IV. 22) verlautet, man nenne »den kydonischen Apfel«, also die Quitte, »kretisches Schaf« (πρόβατον Κρητικὸν μῆλον κυδώνιον).

37 Philostratos: *Die Bilder* 366 k; bzw. Palaiphatos 8; V. Velkov, 1980, S. 120 f.

38 Pausanias IX. 27. 7 f. Cf. G. Kaibel, 1901, S. 506; G. Thomson, 1960, S. 235 f.;
M. Hörig, 1979, S. 70; C. Jourdain-Annequin, 1982, S. 257; G. Neumann,
1995, S. 320.

39 Cf. G. Nagy, 2005, S. 84 f. Hebe, mit der Herakles auf Kos geschlafen haben
soll, war gewiß eine jugendliche Erscheinungsform der Hera. Cf. C. Tzavel-
las-Bonnet, 1985, S. 236 f.; P. E. Slater, 1968, S. 344. Nach Pausanias
(V. 7. 6 f.) soll Herakles den Kult der Daktylen »aus dem Land der Hyperbo-
räer«, also aus dem fernen Norden, nach Kreta gebracht haben. Wie andere
Fruchtbarkeitsbringer und Befreier von Frauen aus der Unterwelt galt auch
Herakles – z. B. im sizilischen Messene – als Heiler und Retter aus Seenot. Cf.
Aelius Aristides: *Herakles* XL. 12. Cf. auch B. Schweitzer, 1922, S. 227.

40 Cf. M. L. Ruiz-Gálvez Priego, 1999, S. 46; bzw. A. Bresson, 2003, S. 151;
M. W. Helms, 1988, S. 241.

41 Cf. F. E. Williams, 1932, S. 154 ff.; ders., 1977, S. 66, 69; M. W. Helms, 1992,
S. 150. Auch in einigen Gegenden Polynesiens identifizierten sich die Fernfah-
rer auf ihren bis zu 30 m langen Booten mit den mythischen Ahnen. Cf. C.
Richards, 2008, S. 217.

42 Cf. S. McKinnon, 1988, S. 163 f.

43 Cf. Gill et al., a. a. O., Nr. 234; J. Bennet, 1997, S. 528; bzw. J. K. Papadopoulos/D. Ruscillo, 2002, S. 221.

44 Apollonios v. Rhodos IV. 825 ff.; Vergil: *Bucolica* VI. 75; Ovid: *Metamorphosen* XIV. 1 ff.; ders.: *Liebeskunst* I. 331 f.; Odyssee XII. 80 ff.; 109 f.

45 Odyssee XII. 104 ff.; bzw. Strabon I. 1. 7. Cf. O. Waser, 1894, S. 13; G. Pasquali, 1923, S. 331 f.; M. West, 2005, S. 60.

46 Cf. L. Wiener, 1920, S. 5; 276. F. Niess (1991, S. 20) vermutet, Kolumbus habe Manâtis, d. h. Seekühe, gesehen. Im 14. Jahrhundert unterschied der Naturforscher Konrad v. Megenburg die »meerweiben«, die »oben von dem haupt unz an den nabel ainr frawen gestalt« sowie »ainen swanz mit schüepeln als ein visch« besaßen, von den »merjuncfrauen«, die »ain haupt und ain prust reht als ein juncfrau« und »ainen swanz als ein delphin« aufwiesen. Beide zu sehen galt unter Seeleuten als böses Omen, und sie wurden oft gesehen. Noch im Jahre 1676 stellte der Abt Fuentelapeña ihre Existenz außer Frage. Cf. N. H. Ott, 2005, S. 99 f.; D. L. Ashliman, 2005, S. 212; J. Alvar/M. Romero Recio, 2005, S. 171. Auf seiner Seereise nach Indien *sahen* Johannes Witte de Hese und seine Gefährten zwar keine dieser Wesen, doch »audivimus cantantes Syrenes – proprie Merminnen – quae semper attrahunt naves suo cantu ad periclitandum«. Cf. S. D. Westrem, 2001, S. 153.

47 Cf. J. F. Maura, 1997, S. 53; bzw. J. H. Blok, 1995, S. 22 f.; C. A. Myscofski, 2007, S. 147. Arrian (*Anabasis Alexandri* VII. 13. 2) überliefert: »Einige sagen, daß ihre rechte Brust kleiner war und daß sie beim Kampf entblößt wurde.« Bei den Römern traten offenbar die Frauen, die Amazonen darstellten, mit völlig entblößtem Oberkörper auf. So führte Kaiser Aurelian im Jahre 270 zehn gefangene Gotinnen mit nackten Brüsten als Amazonen im Triumphzug durch Rom, und unter Nero, Titus und Domitian sollen auf Wunsch des – wohl männlichen – Publikums Gladiatorinnen als Amazonen ebenfalls auf diese Weise gekämpft haben. Cf. S. Brunet, 2004, S. 148, 153, 165 f.; A. Rottloff, 2006, S. 167.

48 Cf. M. Vellinga, 1995, S. 50; bzw. Odorich v. Pordenone, 1987, S. 71. Nach Marco Polo lebten die Hundsköpfigen auf der Insel Angamanain – vermutlich Dadshiṇ Andamān. Cf. M. Sherwood/E. Mantz, 1928, S. 176.

49 C. A. Perrig, 1987, S. 39 f.; bzw. M. Hvistendahl, 2008, S. 44; J. C. Y. Watt, 2008, S. 111 f. In Europa wurde die Giraffe im frühen Mittelalter mit dem mythischen Camelopardalis, einem Mischwesen aus Kamel und Leopard, identifiziert. Cf. C. D. Cuttler, 1991, S. 163.

50 Cf. Kolumbus, a. a. O., S. 116 f.; S. Milbrath, 1991, S. 2; J. B. Friedman, 1981, S. 199; W. Petermann, 2007, S. 41 ff.

51 Cf. S. E. Morison, 1942, S. 137 f.; A. Schulze-Thulin, 2005, S. 159; U. Knefelkamp, 1993, S. 105. Nordchina hieß entsprechend »drittes Indien« oder *India inferior*. Cf. R. Jandesek, 1993, S. 93. Daß Antilia, »die Ihr Insel der 7 Städte nennt«, auf halbem Wege zwischen Lissabon und Cipango liege, hatte Paolo Toscanelli bereits 1474 in seinem berühmten Brief an den Beichtvater des portugiesischen Königs geschrieben. Es könnte sein, daß die Portugiesen zunächst die Azoren für diesen Archipel hielten, und noch heute heißt ein Ort auf der Azoreninsel San Miguel »Sete Cidades«. Cf. R. Hennig, IV, 1956, S. 233; bzw. H. Biedermann, 1985, S. 16.

52 Cf. F. Reichert, 1988, S. 36; bzw. J. de la Cosa, 1957, S. 139. Als Kolumbus nach seiner zweiten Reise behauptete, er habe Cipango und sogar Cathay erreicht, entgegneten vor allem seine portugiesischen Kritiker, er sei nicht weiter als zu den »Inseln der 7 Städte« oder Antilia gelangt, weshalb sie die westindischen Inseln »as Antillas« nannten. Cf. Vigneras, a.a.O., S. 3; Morison, a.a.O. 1971, S. 102.

53 Cf. M.B. Campbell, 1988, S. 52; S.G. Darian, 1977, S. 46; S.D. Westrem, 2001a, S. 36f.; bzw. M. Münkler, 2000, S. 181. Nach Thomas v. Aquin war das Irdische Paradies ein üppig mit Blumen bewachsener Ort im fernen Osten, wo die Luft stets köstlich duftete. Cf. H. Vorgrimler, 2008, S. 47. Mandeville hatte die Behauptung, es liege zwar in der Äquatorgegend, aber so hoch, daß ein mildes Klima in ihm herrsche und die Sintflut es nicht erreichen konnte, von dem französischen Dominikaner Durandus übernommen. Cf. A. Scafi, 2006, S. 192. Nachdem das Paradies weder im Westen noch im Osten gefunden worden war, vermutete man es im Inneren des »dunklen« Afrika. Cf. A. Scafi, 2008, S. 9f.

54 Cf. Scafi, a.a.O., S. 16f., 241. Mandeville und Marignolli berichteten, die Fluten der Paradiesströme spülten häufig Gold, Lapislazuli, Karfunkelsteine (Rubine und rote Granate) sowie Früchte mit heilender Wirkung in ihr Delta. Cf. Darian, a.a.O., S. 51; R. Simek, 1992, S. 81. Kolumbus hielt die Berichte dieser Reisenden für authentisch. Cf. M.A.L. Quesada, 2008, S. 74. Noch im 18. Jahrhundert versicherte der holländische Jude Hanequim, der 26 Jahre in Brasilien verbracht hatte, der Amazonas und der Rio São Francisco seien zwei der Paradiesflüsse, an deren Quelle der Baum des Guten und der des Bösen stünden. Cf. J. Delumeau, 1992, S. 80f.

55 »Und ich glaube«, fügte Kolumbus hinzu, »daß niemand Schwierigkeiten hätte, hinaufzusteigen«. In der Tat sind die Berggipfel kaum 1000 m hoch. Cf. C. Kolumbus, 1957, S. 265; S.E. Morison, 1942, S. 557; E.W. Palm, 1992, S. 420. Zwischen dem Orinokodelta und Trinidad liegt eine kleine Insel mit einem Berg, der »Titten (*tetorras*) der María Guevara« genannt wird. Cf. D.E. Stannard, 1992, S. 199. Ob es einen Zusammenhang mit Kolumbus' »Brustwarze« gibt, ist ungewiß. Daß »see [= die Erde] ist ront also eyn appel« war im Hoch- und Spätmittelalter im Okzident wie im Vorderen Orient die verbreitete Anschauung. Cf. Simek, a.a.O., S. 42; M. al-Idrīsī, 1999, S. 62. Drei Jahre nach Kolumbus glaubte auch der die Festlandküste entlangfahrende Vespucci, »in der Nähe des Irdischen Paradieses zu sein«. Cf. E. Schmitt, 2, 1984, S. 177. Und im Jahre 1500 teilte der portugiesische Seefahrer Pêro Vaz de Caminha seinem König, Manuel I., mit, daß die Indianer an dieser Küste, wie vor allem ihre unschuldige Nacktheit beweise, offenkundig im Zustande vor dem Sündenfall lebten. Cf. T. Pinheiro, 2004, S. 58f.

56 Cf. A. Kronenberg, 1989, S. 169; R. Silverberg, 1972, S. 146, 152; M. Garzaniti, 2005, S. 365.

57 Cf. Wiener, a.a.O., S. 161f., 167; O. Peschel, 1858, S. 520f.; Schmitt, a.a.O., S. 316. Pietro Martyr referierte in seinem Werk *De orbe novo*: »In diesen Ländern, so verlauten jene, die ihr Inneres erforscht haben, etwa 325 Meilen von Hispaniola entfernt, liegt eine Insel mit einer ewig sprudelnden Quelle, die so

vortrefflich ist, daß die Greise, die ihr Wasser trinken, wieder jung werden.« Das Wort *fonte perēni* wurde zu *beimeni* und schließlich zu »Bimini«, wie heute noch ein kleiner Archipel zwischen den Bahamas und Florida heißt. Auf Martyrs Karte ist eine »illa de beimini« nördlich von der »illa de Cuba« eingezeichnet. Cf. Wiener, a.a.O., S. 164 f.; D. Henze, 4, 2000, S. 389. Im Laufe der Zeit fand die Quelle Eingang in die indianische Folklore, und noch im 19. Jahrhundert brach ein von den Weißen gefangener Seminolenhäuptling aus, um zu dem Jungbrunnen zu gelangen, den er im Kerker in einer Vision gesehen hatte. Cf. J. Zemmrich, 1891, S. 232.

58 Cf. L. Weckmann, 1969, S. 12 f.; bzw. E. Goodman, 1972, S. 170 ff. Einen ähnlichen Charakter besaß das »reine Land« (sanskr. *sukhāvati*) des Bodhisattva Amida mit Edelsteinbrunnen und Lotosteichen.

59 Cf. M. A. V. Gill, 1963, S. 4; S. Hiller, 1996, S. 89; H. Palaiologou, 1995, S. 199. Daß der inzwischen von vielen Fachleuten für echt gehaltene »Ring des Nestor« das minoische Elysion wiedergibt, ist bereits seit langem vermutet worden. Cf. C. Baurain, 1985, S. 114; J. Sakellarakis, 1973, S. 303 ff.; ders., 1992, S. 256 ff. In der ägyptischen Frühzeit waren die Papyrusdickichte im Norden des Niltals die Schwelle zum Jenseits. Cf. H. Altenmüller, 1991, S. 15.

60 Cf. A. G. Shedid, 1994, S. 33 f., 80; J. G. Griffiths, 1991, S. 281. Allerdings scheinen die Verstorbenen im Iaru-Gefilde *gearbeitet* zu haben, denn auf einem thebanischen Papyrus ist eine Frau zu sehen, die dort sät, erntet und pflügt. Cf. S. Wenig, 1967, Tf. 103. Während S. Hiller (1999, S. 362 ff.) vermutet, die minoische Vorstellung von der Reise der Verstorbenen nach Elysion sei im SM III A, einer Zeit intensiven Kontaktes zwischen dem Niltal und Kreta, von den ägyptischen Bildern der Totenfahrt ins Binsengefilde beeinflußt worden, hält S. E. Alexiou (1974, S. 239) jene für autochthon.

61 Idg. * *welnu*-; hethit. * *wel-nu* (dazu das Toponym Wilusiya); an. *vǫllr*; nfr. *wul*, »Wiese«, corn. *gwels*, »Gras«. Cf. J. Puhvel, 1969, S. 65 f.; ders., 1987, S. 139; T. Siebs, 1889, S. 58; R. Lebrun, 1994, S. 156. »Wenn du zur Wiese gehst ...«, wird in einem hethitischen Text ein Sterbender angesprochen. Cf. S. Y. Şenyurt, 1998, S. 583. Noch im altsächsischen Epos *Heliand* ist das Jenseits eine Waldwiese (ahd. *wang*, an. *vangr*), vergleichbar der mit Blumen bewachsenen Wiese der Frau Holle, auf die man durch einen Brunnen gelangt. Cf. K. T. Strasser, 1934, S. 34 f.

62 Odyssee IV. 563, 567 f. Cf. K. H. Völcker, 1830, S. 156; P. Philippson, 1944, S. 178. Am Ufer des nordwestlichen Okeanos lebten offenbar nicht nur die Phäaken, sondern auch die Aithiopen, deren Name sich von αἰθ – herleitet, was »leuchtend, brennend« bedeutet und nicht »verbrannt«, wie eine spätere Volksetymologie es wollte. Cf. R. S. P. Beekes, 1996, S. 15 ff. 31 f.

63 Hesiod: *Erga* 168 ff.; cf. C. J. Ruijgh, 1987, S. 302 f.

64 Vergil: *Aeneis* VI. 743 f.; Odyssee XI. 568 ff. Cf. J. T. Hooker, 1988, S. 62. Auch das homerische ἀσφόδελος ist ein vorgriechisches Wort. Cf. S. Reece, 2007, S. 392.

65 Odyssee IV. 569; J. Assmann, 2003, S. 94 f.; B. Gatz, 1967, S. 175; F. Vian, 1963, S. 122 f.

66 Cf. S. Hood, 1971, S. 139; C. Sourvinou-Inwood, 1973, S. 156 f.; R. F. Willetts, 1977, S. 117; C. Boulotis, 1985, S. 60; N. Marinatos, 1989, S. 141 f. Dies. (1993, S. 163 f., 183) vermutet, daß eine Priesterin als Repräsentantin der Göttin die Vegetation auf einem Boot symbolisch fort- und heimgefahren hat. Auf dem Makrygialos-Siegel aus dem SM I B führt die Frau auf dem Schiff die minoische Adorationsgeste aus, indem sie die Faust vor die Stirn hält. Dabei steht sie vor der Dattelpalme, die gewissermaßen den Mast des Fahrzeuges bildet. Dahinter befindet sich – wie auf dem Mochlos-Ring – ein Altar. Cf. C. Davaras, 2004, S. 4 f.; P. Warren, 1987, S. 494. Auf dem Tonstöpsel einer aus der gleichen Zeit stammenden minoischen Flasche aus Khania hält eine – ebenfalls auf einem Schiff stehende – Frau mit weitem Volantrock und üppigen Brüsten das Ruder. Cf. I. Pini, 1992, S. 139; H. P. Duerr, 2005, Abb. 215.

67 Apollonios v. Rhodos I. 525 ff. Mit eigener Hand brachte sie die Spanten an, die sie zuvor »mit der ehernen Axt« auf dem Gipfel des Pelion geschlagen hatte (I. 724 f.; II. 612 ff. u. 1187 f.; IV. 579 ff.). Cf. A. J. Brody, 1998, S. 66; bzw. A. Göttlicher, 1972, S. 53. Argos ist beim Bau der Argo, die man sich seit der klassischen Zeit als πεντηκόντερος vorstellte, nur ein Gehilfe. Cf. J. Murray, 2005, S. 94 f.

68 Cf. Kallimachos 100. 1 f.; E. Simon, 1985, S. 57; W. Burkert, 1977, S. 96. Die Nunivak-Eskimo hielten ihre Kajaks für lebende Wesen, und noch im 19. Jahrhundert brachte man auf dem Nukumanu-Atoll, einer polynesischen Enklave im nördlichen Salomonen-Archipel, am Ausleger eines Fernfahrerbootes ein Holzstück an, das *te hetipuna* hieß. So lautete der Name der Gottheit, die das Boot auf der Fahrt beschützte. Und die Ewenken bauten in den Bug ihrer Boote Holzfiguren des Windgeistes *buču* ein. Cf. H. Himmelheber, 1980, S. 29; bzw. R. Feinberg, 1995, S. 179; T. J. Sem, 2009, S. 55. In einigen Gegenden der ostindischen Koromandelküste und auf Ceylon führt man unmittelbar vor dem Stapellauf eines Schiffes das Ritual des »Öffnens des Auges« durch, in dem das Fahrzeug zum Leben erweckt wird. Dessen Schutzgöttin lebt auf den Fahrten an Bord. Schließlich sagen auch die Fischer zwischen dem Cabo de Espichel und der Mündung des Rio Tejo, die Augen am Bug ihrer Boote dienten dazu, daß diese »sehen, wohin sie fahren«. Cf. S. Wachsmann, 1996, S. 546; bzw. R. Patai, 1998, S. 28; D. N. Carlson, 2009, S. 359; T. O. Höllmann, 1990, S. 44 f.; R. H. Barnes, 1996, S. 230; M. Appel, 2008, S. 166, 185.

69 Cf. A. de Vries, 1974, S. 407; bzw. H. Jung, 1989, S. 104 ff.; L. Kákosy, 1991, S. 10 f.; Brody, a. a. O., S. 67; J.-R. Jannot, 2000, S. 91 f., 97; A. J. Pfiffig, 1975, S. 169 ff.; D. Steiner, 2004, S. 258. Auch im alten Ägypten war das Seepferd ein Symbol der Revitalisierung und Unsterblichkeit, während die Griechen es vor allem mit den mythischen Minyern verbanden. Cf. Kákosy, a. a. O., S. 12; bzw. I. Vecchi, 2001, S. 54.

70 Cf. P. Schmitz-Pillmann, 2006, S. 43; bzw. N. Platon, 1984, S. 67; A. Evans, 1928, S. 249. Ihre Eigenschaften gingen später auf Göttinnen wie Eileithyia über, der in geometrischer Zeit die Bevölkerung der Stadt Inatos an der kretischen Südküste in der Höhle von Tsutsuros Schiffsmodelle aus Terrakotta darbrachte. Ihre heutige Nachfolgerin ist die Panagía Thalassini, die Madonna des

Meeres. Cf. T. Hadzisteliou-Price, 1978, S. 86 f.; bzw. C. Stewart, 1991, S. 157;
R. Gertwagen, 2006, S. 149 f. Das Spiralgeflecht auf den sogenannten »Bratpfannen« der Kykladenkultur, die fast ausschließlich auf Syros gefunden worden sind, stellt gewiß das Meer dar. Es handelte sich bei den auf ihnen wieder-
gegebenen Langbooten offenbar um hochseetauglich gemachte Einbäume
ohne Segel, mit denen man nicht nur Obsidian von Melos und Kupfer, Silber
und Blei von Siphnos geholt hat, sondern möglicherweise bis ins zentrale Mittelmeer vorgestoßen ist. Cf. Y. Vichos, 1987, S. 19; C. Doumas, 1990, S. 83 f.

71 Cf. H. Matthäus, 1985, S. 33; P. F. Johnstone, 1982, S. 2; bzw. C. Davaras,
1992, S. 107; B. C. Dietrich, 1997, S. 27.

72 Apollonios v. Rhodos I. 1077 ff.

73 Cf. H. Kees, 1956, S. 191 f.; R. Moftah, 1965, S. 44 f.; W. Nagel/C. Eder, 1992,
S. 47 ff.; L. Bricault, 2006, S. 15 f. Ihre Stelle nehmen später auch der Widdergott Khnum und Isis ein, die als Frau und Schwester des Osiris die Verstorbenen ins Jenseits geleitet.

74 Cf. Brody, a. a. O., S. 28 f.; bzw. D. Biale, 1982, S. 253 f.; W. Herrmann, 1979,
S. 374 f. Ähnlich wie Baʿal stürmt Jahwe im Gewitter vom Mittelmeer her auf
den Libanon zu und läßt den fruchtbaren Regen fallen, wobei er allerdings
nicht, wie jener, in der Sommerhitze »stirbt«. In Quntillet ʿAjrud hat man eine
Inschrift des 9. Jahrhunderts v. Chr. mit einer Segnung für »Jahwe von Samaria und seine ʿAšerah« entdeckt. Auf einem Papyrus des 5. Jahrhunderts
v. Chr. aus der jüdischen Kolonie von Elephantine ist die Rede von ʿAnātyahu
(ʿntyhw), »die zu Yahu [=Jahwe] gehörige ʿAnāth«. Cf. D. N. Freedman,
1987, S. 248 f.; S. Ackerman, 2003, S. 455 f.; S. Scham, 2005, S. 38.

75 Cf. W. G. Dever, 1987, S. 167; Brody, a. a. O., S. 26 f.

76 Cf. W. Helck, 1970, S. 35; bzw. A. Ulbrich, 2005, S. 202 f.; J. Alvar, 2002,
S. 8 f.; A. González-Ruibal, 2006, S. 135. Von einem Heiligtum der von den
tyrischen Phöniziern verehrten »fremden Aphrodite« in Memphis berichtet
Herodot (II. 112).

77 Cf. V. Pirenne-Delforge, 2001, S. 186; A. M. Greaves, 2004, S. 31; F. Queyrel,
1987, S. 283 f.; bzw. H. Güntert, 1919, S. 186; Frey-Asche, a. a. O., S. 112; H.
Walter, 1971, S. 171; E. Buschor, 1937, S. 16. Die Etymologie des Namens ist
immer noch ungeklärt. Cf. W. G. E. Watson, 1996, S. 321. J. Karageorghis/V.
Karageorghis (2002, S. 275) vermuten eine Verballhornung des Namens der
ʿAštart, während K. T. Witczak (1993, S. 119 f.) Ἀφροδίτη von idg. *Abhro-
dītā, »die sehr glänzende [Göttin]« ableitet. Bereits in einem spätbronzezeitlichen ugaritischen Text wird ʿṯtrt als eine Göttin in Alašiya genannt, und man
hat angenommen, daß der Name der Aphrodite auf ein Epitheton dieser
zyprischen ʿAṭtart zurückgehen könnte. Cf. M. L. West, 2000, S. 136.

Anmerkungen zu § 6

1 Mimnermos 7; bzw. M. L. West, 2005, S. 41, 58; B. Eck, 2003, S. 24 f.

2 Apollonios v. Rhodos IV. 131; bzw. Hesiod: *Theogonie* 959. Cf. L. Radermacher, 1938, S. 200 f.

3 Cf. A. Lesky, 1948, S. 45; ders., 1966, S. 43 f.; U. v. Wilamowitz-Moellendorf, 1906, S. 171; A. Carnoy, 1957, S. 12; A. R. Bomhard, 1986, S. 244; S. K. Dikshit, 1957, S. 55; G. Dossin, 1979, S. 241 f.; H. Petersmann, 1987, S. 178; R. Woodhouse, 1994, S. 99.

4 Cf. Gilgamesch-Epos III. 20; G. Leick, 1991, S. 17; West, a. a. O., S. 62; M. A. Powell, 1989, S. 447 f.; M. Nissinen, 2001, S. 106 f. Auf einer Stele sagt Hammurabi, er sei dazu ausersehen, sich »wie der Sonnengott über die Menschheit zu erheben und das Land zu erhellen«. Auch die Hethiterkönige wurden »Sonne« genannt. Ihre Frauen waren die Manifestation der Sonnengöttin von Arinna, die bezeichnenderweise eine *chthonische* Göttin war: Auch hier regenerierte sich offenbar der Sonnengott während seiner Fahrt durch die Unterwelt im Schoße seiner Gattin. Cf. G. Beckman, 2002, S. 39 f. Aia hieß auch die Frau des ḫurritischen Sonnengottes Šimige. Cf. V. Haas, 1994, S. 380.

5 Cf. H. P. Duerr, 1993, S. 98; C. Knigge, 1997, S. 103 f.; R. Janssen, 1995, S. 43 f.; E. Staehelin, 1978, S. 77; S. Saunders, 2002, S. 213; C. Villarino, 2005, S. 30, 33; bzw. G. Roeder, 1959, S. 251. Wenn die Nilflut kam und das Neue Jahr begann, übernahmen junge Hofdamen die Rolle der Hathoren. Cf. D. Kessler, 1988, S. 192. Normalerweise trugen die Ägypterinnen unter dem Gewand einen schmalen Cache-sexe, der lediglich den Schamschlitz bedeckte (cf. L. Green, 1995, S. 31), doch die Hathortänzerinnen haben wohl auf ihn verzichtet. Die Brüste weitgehend freilassende Netzkleider mit Trägern scheinen bisweilen auch die sogenannten »Beischläferinnen« des Neuen Reiches zu tragen.

6 Cf. H. P. Duerr, 2005, S. 395 f.; V. Kruta, 1993, S. 160. Auf Felsbildern in Schonen sind Personen in dieser Haltung über Schiffen dargestellt. Da sich an der Stelle der Tanzenden, bei denen es sich wohl um Tänzerinnen handelt, alternativ Sonnenscheiben befinden können, ist es wahrscheinlich, daß es sich um Darbietungen eines Kultes handelte, in dem die Rückkehr der Sonne und der Fruchtbarkeit bewirkt werden sollte. Cf. H. Müller-Karpe, 2001, S. 137.

7 Cf. H. P. Duerr, 1984, S. 399; E. Palmer, 1991, S. 82 f. Amaterasu war offenbar ursprünglich die Frau des Sonnengottes und später die männliche Sonne selber. Sowohl in Japan als auch in Korea war der Glaube verbreitet, die Sonne schwängere junge Frauen und Mädchen. Nach einer Überlieferung des Tempels von Ise besuchte der Große Gott Amaterasu jede Nacht die Hohepriesterin, eine Jungfrau aus der kaiserlichen Familie, um sie zu beschlafen. Cf. T. Matsumae, 1978, S. 2 ff.

8 Cf. Duerr, a. a. O., S. 115; bzw. H. Altenmüller, 1965, S. 83; J. Assmann, 1983, S. 340 f.; A. Wilkinson, 1998, S. 109. Den Tod als *regressus ad uterum* kannten auch andere Kulturen. Auf einem Goldblättchen aus einem Grabhügel des 4. Jahrhunderts v. Chr. im unteritalischen Thurioi stehen die Worte: »Ich entfloh dem Kreis der schweren Trauer und Schmerzen. Ich erreichte auf schnellen Füßen den ersehnten Kranz. Ich tauchte ein in den Schoß der Herrin, der Königin der Unterwelt.« Cf. W. Burkert, 1977, S. 439. Betrat Rê nachts den Leib der Hathor, um von ihr wiedergeboren zu werden, kam es am Morgen des Neuen Jahres zwischen den beiden zum Geschlechtsverkehr. Man hatte in der Nacht die goldene Statue der Hathor aus der Krypta geholt und aufs Dach ihres Heiligtums gestellt, wo der Sonnengott sie am nächsten Morgen mit seinen ersten

Strahlen schwängerte. Aus einem Text im Tempel von Luksor geht hervor, daß zur selben Zeit Hathor in Gestalt der Königin dem Pharao auf einem Nilschiff »das Schönste des Schönen« tat, d. h. ihn als »Gotteshand« zum Samenerguß brachte, der der erwarteten Überschwemmung des großen Flußtales gleichgesetzt wurde. Cf. L. Manniche, 2002, S. 4 f.; bzw. W. Helck, 1954, S. 976; J. Tyldesley, 1999, S. 160.

9 Auf einer Vignette im Totenbuch ist diese Szene dargestellt und mit den Worten kommentiert: »Heil dir, die den Rê-Harachte-Atum umarmt (*hnm.t*) bei seinem schönen Untergang!« Cf. R. R. Moftah, 1959, S. 161. In vorgeschichtlicher Zeit wurde Rê von einem Tier transportiert, das man im 4. Jahrtausend durch ein Schiff ersetzte. Cf. W. Westendorf, 1979, S. 432. Auch Šamaš wurde wohl ursprünglich von einem Tier über das Gewässer der Unterwelt getragen, denn noch in späterer Zeit besaß sein Schiff theriomorphe Züge. Cf. A. Moortgat, 1949, S. 91 f.

10 Cf. A. N. Abubakr/A. Y. Mustafa, 1971, S. 13; J. Aistleitner, 1955, S. 10. Ab der vierten Stunde seiner Fahrt durch die Unterwelt strahlt Rê mit so gedämpftem Licht, daß er vieles von dem, was sich um ihn herum abspielt, nicht sehen kann. Er wird jetzt »der Dunkle«, »schwarze Sonne« oder »der mit dem dunklen Gesicht« genannt und mit einem Widderkopf dargestellt. Cf. E. Hornung, 1991, S. 102.

11 Cf. E. Matsushima, 1985, S. 130; W. Heimpel, 1986, S. 129; R. Hempelmann, 2004, S. 89 f.

12 Ein δέπας war in epischer und poetischer Sprache ein meist schalenförmiger Becher oder Kessel aus Edelmetall. Cf. A. Kaegi, 1911, S. 183. Das Wort, das als *di-pa* auf einem knossischen Täfelchen vorkommt, ist wohl minoischer Herkunft. Cf. J. B. Hofmann, 1949, S. 55. Nach Pherekydes wird der goldene Becher, der laut Aischylos ein Werk des Hephaistos ist, von Pferden ostwärts über den Okeanos gezogen. Cf. Athenaios XI. 470c; bzw. Aischylos: *Phaëthon* 181. Apollodoros (I. 916 = I. 109) berichtet, Helios habe für die Fahrt einen »goldflockigen Becher« (χρυσόμαλλον δέπας) benutzt – vermutlich ein Hinweis darauf, daß der Sonnengott ursprünglich auf einem goldenen Widder über den nächtlichen Okeanos geritten ist. Von Herakles bedroht, gab Helios dem Helden »einen goldenen Becher, mit dem er den Ringstrom durchfuhr« (ἐν ᾧ τὸν Ὠκεανὸν διεπέρασε); nach Pisander erhielt Herakles das Gefäß von Okeanos, nach Panyassis von Nereus. Cf. Apollodoros II. 107 = 5.10; Pisander: *Herakleia* 5; Panyassis: *Herakleia* 12. Auf etruskischen Spiegeln und Gemmen fährt Herakles auf einem Amphorenfloß, das auf einem Skarabäus ein Segel besitzt, über dem Sonne und Mond abgebildet sind. Solche eigentümlichen Wasserfahrzeuge findet man bereits auf mittelminoischen Siegeln. Cf. L. Basch, 1976, S. 85, 90 f.; H. Stumfohl, 1991, S. 54.

13 Stesichoros 8. Nach A. Lesky (1947, S. 74 f.) ist die Vorstellung von Helios' Reise im δέπας ein Relikt der vorgriechischen Schiffahrt des Sonnengottes.

14 Mit θάλαμος bezeichnete man ursprünglich den im Hof freistehenden Rundbau, der als Schlaf- und Vorratsgebäude diente. Cf. Hofmann, a. a. O., S. 110.

15 Cf. K. Kerényi, 1944, S. 60, 65; G. Nagy, 1973, S. 166. Nach einer anderen Version ist es die Titanin Tethys, der weibliche Aspekt des Okeanos oder des-

sen Frau, die nicht nur den Sonnengott regeneriert, sondern auch Hera nährt und großzieht. Cf. J. Rudhardt, 1971, S. 64 f. Offenbar gab es auch eine Überlieferung, nach der Helios in seinem Kessel zerstückelt gekocht und dadurch regeneriert wurde wie ein anderer Aia-Fahrer, nämlich Jason, dem dies durch die der Sonnengattin entsprechende Medeia widerfuhr. Denn nach Firmicus Maternus (*De errore profanarum religionum* VIII.2) sagt Sol, er erleide einen schrecklichen Tod, indem er in einem Kessel gekocht werde (*crudeli morte caesum aut in olla decoquunt*) oder indem seine zerstückelten Glieder auf sieben Spieße gesteckt würden. Unsterblichkeit oder Erneuerung erlangte man bekanntlich auch durch Ertrinken. Diodoros (III. 57.3) berichtet, die »Große Mutter« namens Basileia sei auf der Suche nach ihrem im Eridanos ertrunkenen Sohn, dem jugendlichen Helios, am Ufer des Flusses in Ohnmacht gefallen. In einer Vision erschien ihr der Ertrunkene und sagte, sie solle nicht traurig sein, da er jetzt zu den Unsterblichen zähle. Eine Variante dieser Geschichte ist die vom Sturz des Phaëthon in denselben Fluß. Ein Name des Sonnengottes war Ἥλιος φαέδων, »der Leuchtende, Scheinende«, und sein Tod war der abendliche Untergang im Okeanos. Cf. U. v. Wilamowitz-Moellendorf, 1883, S. 428 f.; C. Robert, 1883, S. 440; T. P. Bridgman, 2005, S. 145; A. Scherer, 1953, S. 57. Nach dem hellenistischen Mythographen Dionysios Skythobrachion war der in den Eridanos stürzende Phaëthon Helios selber (cf. G. Nagy, 1990, S. 239), und dies meinte offenbar auch Nonnos (XXXIX. 4 f.).

16 Cf. West, a.a.O., S. 62; E. Buchholz, 1871, S. 27; L. Escher, 1905, Sp. 2667 f. Auf einer apulischen Amphore bringen Helios und Eos gemeinsam die Vegetation – dargestellt durch Blüten über den Pferden ihres Viergespanns. Auch die iranische Uṣås bewegte sich auf diese Weise über den Himmel. Cf. F. Boll, 1921, Tf. 6.15; E. Herzfeld, 1936, S. 736.

17 »Taufeuchte Lippen« kommen in den erotischen Gedichten der Griechen häufig vor. Cf. D. Boedeker, 1984, S. 56 f.

18 Cf. V. Moeller, 1984, S. 180; M. Janda, 2005, S. 61; M. Janda/A. Kamp, 2003, S. 33 ff. Sie ist die »Himmelstochter« (ved. *divó duhitā̆*; idg. **diu̯ós dughtêr*; gr. Διὸ θυγάτηρ), hethit. DUMU. SAL ᵈUTU, »Tochter der Sonne«, die im Westen im Meer versinkt, daher ᵈUTU *ú-i-te-e-ni*, »Sonne im Wasser«. Cf. H. Petersmann, 1986, S. 288 f. Ihre Rückkehr wurde in Indien wahrscheinlich durch den rituellen Tanz einer jungen Frau (*nṛtū-*) mit entblößten Brüsten dargestellt. Wie ἕως geht der Name auf idg. **ausro-*, »rötlich, glänzend« zurück (**Aéusōs*, »Morgenröte«). Cf. J. Knobloch, 1959, S. 33 f.; D. Q. Adams, 1985, S. 5. Vgl. auch lat. *aurora*; lett. *àustra*; lit. *aušra*; ahd. *ōst[a]ra*, »Osten«. Cf. F. Kluge, 1960, S. 525.

19 ṚgVeda I. 124. 4b u. 7; bzw. I. 92, 4; I. 123.10 f.; V. 80. 6. Cf. P. Thieme, 1963, S. 215. »Wie eine Badende steht sie aufrecht da, um sich betrachten zu lassen« (V. 80. 5). Der »lächelnden« Uṣås entspricht »die das Lächeln liebende« (φιλομμειδής) Aphrodite. In manchen Gegenden Deutschlands wurden im späten Mittelalter die öffentlichen Huren »Lächlerinnen« genannt. Cf. H. P. Duerr, 2002, S. 628.

20 Cf. G. K. Galinsky, 1969, S. 212 f. u. Fig. 142 ff.; E. Mitropoulou, 1975, S. 27.

Wahrscheinlich nannten die Mykener, die im 11. Jahrhundert v. Chr. auf Zypern einwanderten und dort die griechische Sprache verbreiteten, die alte zyprische Göttin, deren Name unbekannt ist, die aber mit der levantinischen ʿAštart und der minoischen »Göttin-mit-den-erhobenen-Händen« verschmolz, zunächst *wa-na-sa* (ἀνάσσα), phöniz. *mlkt*, und später ᾿Αφροδίτη. Cf. J. Karageorghis, 1997, S. 119; B. C. Dietrich, 1992, S. 76. Orientalisch an Aphrodites Kult war, daß ihr als einziger griechischer Göttin Weihrauch und Tauben geopfert wurden. Cf. B. Breitenberger, 2007, S. 8. In der Nähe des alten Aphroditeheiligtums von Paphos befindet sich eine kleine Kirche, in der ein antiker Stein eingemauert ist, vor dem noch vor kurzem junge Frauen der Panagía Galatariotissa opferten, damit ihre Milch reichlich floß. Ihr entsprach an einem anderen Ort die Panagía Aphroditessa. Cf. H. Herter, 1960, S. 62; L. R. Palmer, 1961, S. 130; J. Karageorghis, 1987, S. 23.

21 Auch der Name des befruchtenden Regengottes Uranos (von *Ϝορϝανός, »Befeuchter«; vgl. οὖρον, »Urin«) und der des vedischen Varuṇa gehen auf idg. *u̯er-s- zurück. Cf. Hofmann, a. a. O., S. 244; A. Carnoy, 1957, S. 205.

22 Vgl. ahd. *gīt*, »Gier«; ir. *gōd*, »Ehebrecher«; *goithimm*, »ich ficke«; lit. *gedauti*, »ersehnen«; *gōdas*, »Lüsternheit«. Cf. G. Morgan, 1978, S. 118 f.; J. Pokorny, 1959, S. 426; W. Fauth, 1967, S. 368 f., 416; S. Benko, 1993, S. 35. Nach einer anderen, aber recht unwahrscheinlichen Etymologie leitet sich der Name der Kythereia von dem des Kothar (*kt̲r wḫss*) her, eines Paredros der ʿAštart. Cf. J. P. Brown, 1965, S. 216 f. Aphrodite Pandemos und die römische Venus sind die »Zusammenführerin« bzw. die Göttin der *coniunctio*, also von Mann und Frau, um ein Kind zu erzeugen, oder von Sonne, Wasser und Erde, damit die Vegetation sprießt. Cf. R. Rosenzweig, 2004, S. 80; A. Staples, 1988, S. 106.

23 Cf. M. H. Pope/W. Röllig, 1965, S. 286; bzw. Hesiod: *Theogonie* 989 f.

24 Cf. P. D'Arcy, 2006, S. 120; bzw. J. Lacarrière, 1993, S. 313. Tacitus (*Germania* 45) referiert, »jenseits des Suionengebietes« behauptete das dort lebende Volk, »man höre beim Aufgang [der Sonne] ihr Rauschen, man sehe die Sonnenrosse und des Gottes Strahlenhaupt«.

25 Cf. H. Biezais, 1994, S. 169; L. Motz, 1997, S. 75. Entsprechend wäscht die litauische »Himmelstochter« (*dieva dukryte*) die Pferde ihres Gespanns im Westmeer und begibt sich über das Meer der Unterwelt in ihren Apfelbaumgarten oder in ihr Schloß mit den silbernen Toren und dem Krug mit ihren Sonnenstrahlen. Cf. M. Gimbutas, 1963, S. 200 f.; V. Straižys/L. Klimka, 1997, S. 73.

26 Cf. D. R. Dicks, 1970, S. 31; E. T. Reimbold, 1993, S. 80; bzw. W. Mannhardt, 1875, S. 79; H. Biezais, 1975, S. 333; ders., 1985, S. 17 f. Šamaš fuhr nachts durch das Gewässer der Unterwelt und erhellte dabei das Reich der Toten (cf. R. Mayer-Opificius, 2003, S. 82), während die Sonne nach den Brāhmaṇas nicht unterging, sondern uns auf ihrem Weg nach Osten die Nachtseite zuwandte. Diese ist beim Sonnengespann von Trundholm als nichtvergoldete Seite des Gestirns dargestellt. Cf. H. P. Duerr, 2005, S. 398.

27 Valerius Flaccus: *Argonautica* III. 397 ff.; bzw. Hesiod: *Theogonie* 274 f. u. 294; P. Brize, 1980, S. 35.

28 Cf. Athenaios VII. 296 e/f; bzw. XI. 469 f.; Aischylos: *Fragmente* 16; Mimnermos 8; D. Nakassis, 2004, S. 220 f. In den Märchen befindet sich die nächtliche Wohnung der Sonne häufig unter der Erde. So besitzt sie in einem bretonischen Märchen ein Schloß aus Kristall, zu dem man durch eine tiefe Felsen-
höhle gelangt. Und im Märchen »Der Teufel mit den drei goldenen Haaren«
folgt der Held, der eine Hungersnot beenden will, dem Lauf der Sonne in die
Hölle, in die auch der Teufel jeden Abend zurückkehrt, um im Schoß seiner
Großmutter zu schlafen. Cf. B. Schweitzer, 1922, S. 234; R. Daniel, 2006,
S. 252.

29 Daß die Vorstellung von der Rückkehr des Sonnengottes über den nördlichen
Okeanos vorgriechisch ist, hat man häufig angenommen. Cf. E. Wikén, 1939,
S. 541. So läßt auch Pindar – wie Homer – den Odysseus von Scheria nach
Ithaka heimkehren: *Pythische Ode* IV. 251.

30 Odyssee V. 275 f. Cf. J. Burgess, 1999, S. 189 ff. Die Große Bärin war für die
Griechen das Sternbild des nördlichen Himmels. Cf. J. Boulogne, 2005,
S. 277. Da die Nymphe Kalypso, »voll reizender Anmut«, eine Tochter von
Okeanos und Thetis ist (cf. Hesiod: *Theogonie* 359), kann ihre Insel, Ogygia,
nicht im westlichen Mittelmeer, sondern nur im westlichen Ringstrom liegen.
Dafür spricht auch, daß dieses elysische Eiland sogar von Hermes, der »voller
Bewunderung« innehält, als er dessen blumenübersäte Fluren betrachtet,
zum ersten Mal betreten wird (Odyssee V. 73 f.)

31 Odyssee VI. 309 ff. Cf. J.-M. Ropars, 2002, S. 11 ff. Σχερίη ist keine Insel,
denn Odysseus kann von dort »weit übers Land gehen« (Odyssee XIX. 284).
Der Name leitet sich von σχερός, »Küste, Ufer, Festland« ab. Cf. F. G. Welcker, 1845, S. 6; Carnoy, a. a. O., S. 183; H. Warnecke, 2006, S. 55. In späterer
Zeit liegt Scheria offenbar an der Küste des Kronischen Meeres, also ebenfalls
am Ufer des nordwestlichen Okeanos, denn von hier aus sticht Hyllos, der
Sohn der von Herakles im Phäakenland vergewaltigten Najade Melite, in See:
»Er fuhr auf dem Meere des Kronos hinaus, nachdem er eine Mannschaft einheimischer Phäaken angeheuert hatte; der mächtige Herrscher Nausithoos
hatte nämlich zusammen mit ihm die Fahrt vorbereitet« (Apollonios v. Rhodos IV. 537 ff.).

32 Odyssee V. 35; VI. 8: VII. 113 ff.; VII. 323 ff.; bzw. Apollonios v. Rhodos III.
222 u. 244 f.; IV. 1177 ff. Cf. A. S. Brown, 1998, S. 398 ff.; Y. Ustinova, 2004,
S. 510. An einem ähnlichen Ort wohnt auch der wie Alkinoos unsterbliche
Utnapištim, zu dem Gilgameš über das »Gewässer des Todes« fährt, wozu
sonst nur der Sonnengott in der Lage ist.

33 Cf. H. P. Duerr, 1978, S. 149.

34 Cf. Hesiod: *Fragmente* 28; bzw. Odyssee XII. 168 f. u. V. 390 ff.

35 Odyssee VIII. 445, 561 f., 566; XIII. 80, 86 f., 92. Bezeichnenderweise opfern
die »Dunkelmänner« jeden Abend dem Hermes. Cf. Odyssee VII. 136 f. Zur
Parallele zwischen dem schlafenden Helios und Odysseus, dessen Lider sich
auf der »Fahrt im schwarzen Gefährt« schließen, cf. M. Davies, 2002, S. 33 f.
Mit ungeheurer Schnelligkeit gelangen auch die sterblichen Besucher der im
fernen Westen liegenden tonganischen Inseln der Seligen, wo nie welkende
Blumen und süße Früchte wachsen, hin und zurück. Cf. G. Gerland, 1869,
S. 41.

36 Νέστωρ ist die Abkürzung des auf einem pylischen Linear-B-Täfelchen gefundenen Personennamens *ne-e-ra-wo* (Nehelāwos), den man mit »der heimbringt« übersetzt hat. Cf. D. Frame, 1978, S. 82 f. Nach P. Kretschmer (1913,
S. 308 f.) ist -τωρ allerdings das Nomen agentis zu *véσ*-, so daß Νέστωρ soviel
wie »der [immer] wiederkehrende« bedeutet und damit denjenigen bezeichnet, der jährlich durch das Tor (Πύλος) der Unterwelt zurückkommt. In Ilias
XI. 670 ff. erzählt Nestor, er habe als Jüngling die von den Eleiern geraubten
Rinder und Schafe nach Pylos zurückgetrieben. Cf. G. Nagy, 1973, S. 139.
Dort, am Eingang zum Jenseits, verwundete Achilles den Hades mit einem
Pfeil. Cf. Ilias V. 397. Auf idg. *nes*- gehen ahd. *ginesan*, »lebend davonkom-
men, gesund/gerettet werden«; ags. *nesan*, got. *nasjan*, »jemanden heilen,
heimführen, retten«; aslaw. *gonĭsti*, »erlöst werden«, *gonoziteljĭ*, »Erlöser,
Heiland« zurück. So geloben die Ritter vor dem Kampf: »herre, wir wellen
hiute mit iu sterben oder genesen [= am Leben bleiben]!« Cf. G. Curtius,
1878, S. 146 ff.; A. Kluge, 1960, S. 247, 501; Hofmann, a.a.O., S. 215; A.
Heubeck, 1987, S. 229 ff.

37 Plutarch: *Leben des Theseus* XVII. 6 f.; Odyssee VI. 7 f.; VII. 56 f., 63. Phaiax
und Nausithoos scheinen ein Dioskurenpaar gebildet zu haben. Cf. S. Eitrem,
1938, Sp. 1534; L. Radermacher, 1904, S. 450; H. Usener, 1899, S. 215; G.
Welcker, 1845, S. 11 f. Daß Odysseus' Fährschiff auf der Rückfahrt von
Ithaka zu Stein wird und daß auch Uršanabi, der auf Geheiß des Utnapištim
und seiner Frau Gilgameš ins Diesseits gebracht hatte, nicht mehr zurück
durfte, liegt vermutlich daran, daß nur Göttern die Rückkehr aus dem Diesseits zustand, und weder die Phäaken noch Uršanabi waren Götter.

38 Cf. L. Malten, 1911, S. 155; Eitrem, a.a.O., S. 1530.

39 Geminos: *Elementa Astronomiae* VI. 9 f.

40 Cf. Herodot I. 2 u. VII. 193; A. Lesky, 1967, S. 111; Odyssee X. 195; bzw.
L. Albinus, 2000, S. 86 f.; B. Scherer, 2006, S. 12. Bei Valerius Flaccus (*Argonautica* VII. 544) liegen »die kirkeischen Felder« in »Aia«, das anscheinend
nicht als eine Insel vorgestellt wird.

41 Cf. Apollonios v. Rhodos III. 312 f.; Odyssee X. 507; XI. 639 f.; Orphische
Argonautiká 1242. Cf. K. H. W. Völcker, 1830, S. 143 f.; S. A. Natzel, 1992,
S. 159. Nach Apollodoros (I. 34 = 9. 24) läßt der zornige Zeus einen Sturm
aufkommen, der die Argonauten, die in den Eridanos eingefahren sind, auf
den Okeanos zurücktreibt, über den sie schließlich zur νῆσος Αἰαίη gelangen.
Auch nach Hesiod (*Theogonie* 1015 f.) liegt Aiaia offenbar im Nordwesten.
Immer wieder hat man angenommen, Helios habe bei seiner Tochter auf
Aiaia übernachtet. Cf. K. Urban, 1892, S. 9 f.

42 Cf. H. P. Duerr, 1978, S. 147 ff.; ders., 1983, S. 385 ff.

43 Nachdem die Argonauten vor der Insel der Kirke im Okeanos vor Anker
gegangen sind, kommt »die Tochter der Sonne« an Bord, und sie ist ganz Son-
nenfrau: Ihre Haare glichen »Strahlen von Feuer«, »ihr schönes Gesicht
strahlte und ihr Odem besaß die Leuchtkraft einer Flamme« (Orphische
Argonautiká 1215 ff.). Die aus der Argonautensage stammende Sonnentochter, die Odysseus zwei Kinder schenkt (cf. Hesiod: *Theogonie* 1011 f.) ist für
den Helden das, was Medeia für Jason und Siduri für Gilgameš ist. Cf. R.

Roux, 1949, S. 24; N. Marinatos, 2000, S. 44; G. Danek, 1998, S. 200 f., 213. Wie Kalypso versucht Kirke den Helden zu halten, doch dieser entweicht »aus dem Gemach des Mädchens von Aiaia (*thalamum Aeaeae*), ob sie auch weinte« (Properz III. 12. 31).

44 Hesiod: *Theogonie* 744 ff.

45 Odyssee X. 80 ff.; bzw. 190 ff. Cf. L. Radermacher, 1915, S. 17 f.

46 Odyssee XII. 380 f.; bzw. I. 24; A. De Gubernatis, 1874, S. 312. Cf. R. Engels, 1977, S. 10, 14; A. Ballabriga, 1986, S. 142, 291; P. Philippson, 1944, S. 177 f.; G. Cursaru, 2008, S. 62. Bei den Tatuyo am Río Vaupes liegt das Tor zur »anderen Welt« dort, wo Tag und Nacht sich vereinigen. Cf. P. Bidou, 1983, S. 13. Auch die Hyperboräer wohnen das eine Mal im Norden und das andere Mal im äußersten Westen bei den Hesperiden. Cf. Apollodoros II. 113 = II. 5. 11. In der Odyssee liegen »Haus und Tanzplatz« der Eos einerseits dort, »wo Helios aufsteigt« (XII. 3 f.), also im Osten, doch gleichzeitig, wie wir gesehen haben, irgendwo im Nordwesten, und im *Hymnus auf Aphrodite* 266 unspezifisch an »Okeanos' Strom an den Grenzen der Erde«.

47 Cf. Gilgamesch-Epos IX. 2.3; D. O. Edzard, 1965, S. 100; M. J. Geller, 2000, S. 47; C. Woods, 2009, S. 196 f. Gleichzeitig gab es in sumerischer und altbabylonischer Zeit offenbar auch die Vorstellung, die Erdscheibe sei ringsum vom *māšu*-Gebirge umgeben, jenseits dessen der Okeanos (*tāmtu*) liege. Auf dem westlichen Teil des *māšu*, das sich vor der Küste des Mittelmeeres erhob, wuchsen die Zeder und auf dem östlichen der *ḫuluppu*-Baum, sumer. *ḫa-lu-ub*, vermutlich ein Gewächs in Meluḫḫa, dessen Holz nach Mesopotamien exportiert wurde, wo man es vor allem zu Thronen und Stühlen verarbeitete. Cf. W. Horowitz, 1998, S. 332; W. F. Leemans, 1960, S. 17, 125 f. Auf dem westlichen Berg befindet sich der von dem Ungeheuer Ḫuwawa bewachte Zedernwald. Cf. A. Malamat, 1998, S. 22.

48 Gilgamesch-Epos IX. 3. 8 ff.; bzw. 11. 6. ff. Der Held wandert durch eine vollkommene Finsternis, bis er nach neun Doppelstunden »den Nordwind spürt« (38). Schließlich gelangt er in einen Edelsteingarten mit Bäumen, dessen Früchte aus Lapislazuli und Karneol bestehen (47 ff.), und ans Gestade des »Meeres des Todes«. Auf der Suche nach der Pflanze des ewigen Lebens überquert er dieses Gewässer, was ansonsten nur Šamaš vermag. Cf. J.-W. Meyer, 2001, S. 275; B. Groneberg, 2004, S. 216 f.

49 Cf. J. Vidal, 2004, S. 146 f.; E. Uzunoğlu, 1993, S. 93; E. Klengel/H. Klengel, 1975, S. 150. Auf einem Hämatit-Rollsiegel des 18. Jahrhunderts v. Chr. aus Tell el-Dabʿa schreitet der Wettergott – höchstwahrscheinlich Baʿal – über den Doppelgipfel. Ein Schiff vor ihm zeichnet ihn als Gott des Meeres und der Seefahrer aus. Auf dem Berg steht er auch häufig, wenn seine Paredra sich vor ihm nackt auszieht. Cf. E. Porada, 1984, S. 486 f.; M. Dijkstra, 1991, S. 127 f. Der Gipfel des Aufgangs wird bisweilen »der helle« und der des Untergangs »der dunkle Berg« genannt. Cf. Heimpel, a. a. O., S. 143 ff. Nach Apollonios v. Rhodos (III. 161 f.) erheben sich im äußersten Osten »zwei steile Berggipfel, die höchsten der Erde«. Sie »halten das Himmelsgewölbe hoch, wo die aufgehende Sonne sich mit den ersten Strahlen rötet«. Doch scheinen sie auch im Westen zu stehen, denn es heißt, die Sonne gehe »jenseits der äußersten Berggipfel der westlichen Aithiopen« unter (III. 1192).

50 Cf. E. E. Ettisch, 1961, S. 345.

51 Artemidor v. Daldis: *Onirokritikon* II. 36; bzw. V. G. Ardzinba, 1986, S. 100 f.

52 Cf. I. Pini, 1968, S. 74; K. Baxevani, 1995, S. 18; C. Davaras/E. Banou, 2003, S. 63 f.; R. Laffineur, 1991, S. 233, 237; L. V. Watrous, 1991, S. 294; N. Marinatos, 1997, S. 282 f.; L. Preston, 2004, S. 336; A. L. D'Agata, 2005, S. 112 f.; bzw. C. Gallou, 2005, S. 44 ff. u. Fig. 35. Ursprünglich dienten die Larnakes anscheinend als Badewannen. Cf. C. Mavriyannaki, 1972, S. 116 f. Vermutlich geht die griechische Legende vom Tode des Minos im Bad auf die spätminoische Bestattung der Verstorbenen in Larnakes zurück.

53 Cf. F. v. Duhn, 1909, S. 178; C. R. Long, 1974, S. 82; H. Schwabl, 1978, Sp. 1417; R. Hampe, 1984, S. 59; E. Simon, 1985, S. 26; W. Pötscher, 1990, S. 189; ders. 1994, S. 76; ders., 1996, S. 857 f.; P. Rehak/J. G. Younger, 2001, S. 471. P. W. Haider (2004a, S. 235) meint, der minoische Künstler habe sich bei der Darstellung des toten πάρεδρος vielleicht tatsächlich an einer ägyptischen Mumie orientiert.

54 Cf. R. W. Hutchinson, 1962, S. 203; E. Zahn, 1983, S. 135 u. Tf. 21.1; A. Paluchowski, 2005, S. 26; P. Faure, 1967, S. 240. Fελχάνος wurde offenbar in geometrischer Zeit in Phaistos und Lyttos kultisch verehrt. Cf. G. Capdeville, 1995, S. 160 ff. Aus einem Lemma des Hesychios geht hervor, daß man ihn mit Zeus identifizierte. Cf. a. a. O., S. 166. Der Name *o-po-re-i* auf einem thebanischen Täfelchen entspricht 'οπώρης, »der sich um die Früchte kümmert«, in Boiotien ein Epitheton des Zeus, der gewiß auf einen dem Welchanos entsprechenden vorgriechischen Gott zurückgeht. Cf. C. J. Ruijgh, 2004, S. 81.

55 Phonetisch stimmt Fελχάνος mit dem Namen des Velχ [ansl] auf einer etruskischen Bronzeleber überein. Wahrscheinlich geht dieser Vegetations- und Wettergott der Etrusker, aus dem sich der römische Volcanus entwickelte, auf den minoischen Gott zurück. Die beiden Götter waren nicht nur die Herren des Erdfeuers, sondern auch die der den Regen ankündigenden Blitze. Idg. *$uolkānos$, an. Vǫlunðr, roman. Waland, gehen auf idg. *$u̯l̥kā$, »Feuer, Flamme«, ved, ulká, »Feuerbrand, Blitz, Meteor« zurück. Cf. P. Kretschmer, 1940, S. 109 f.; ders., 1943, S. 173; G. A. Beckmann/E. Timm, 2004, S. 55, 57; G. Breyer, 2005, S. 82 f.

56 Cf. E. F. Bloedow, 1991, S. 166; Paluchowski, a. a. O., S. 29 f. In Magnesien und Maiandros verschmolz Fελχάνος anscheinend mit Apollon zu 'Απόλλων Βιλκώνιος. In Lyttos gab es später ein Fest namens Βελχανίοις. Wohl im 11. Jahrhundert v. Chr. brachten Emigranten von der Messará den Vegetationsgott und sein Fest nach Zypern, wo dieses *wa-la-ka-ni-o* genannt wurde. Cf. R. F. Willetts, 1972, S. 225; M. Solomidou-Ieronymidou, 1985, S. 60; C. Trümpy, 1997, S. 189.

57 Cf. W.-D. Niemeier, 1990, S. 168; N. Marinatos, 1993, S. 185 f.; B. Otto, 1997, S. 361.

58 »Die Tamariske ist sein Haarknoten«, heißt es über Dumuzi, »die Zypresse sein Rumpf; Hanf sind seine Haare, Wacholderbüsche sind seine Schenkel und Zeder seine Knie«. In anderen Texten wird er »Dattel« genannt, und auf einem babylonischen Täfelchen heißt es: »Das Herz der Palme ist Tammuz«.

Cf. L. R. Palmer, 1990, S. 293 f.; R. D. Barnett, 1975, S. 109; B. Otto, 1994, S. 374; T. N. D. Mettinger, 2001, S. 194; I. Engnell, 1953, S. 92 ; bzw. J. Meerdink, 1940, S. 84; R. Merkelbach, 1988, S. 12.

59 Cf. H. Hoffmann, 2000, S. 161; ders., 2007, S. 210. M. J. Mellink (1943, S. 114) vermutet, daß ὑάκινθος ursprünglich ganz allgemein »Frühlingsblume« bedeutete. Im seit der frühhelladischen Zeit besiedelten Amyklai, wo der Gott seit der spätmykenischen Zeit über die Dunklen Jahrhunderte hinweg verehrt wurde, war dem Hyakinthos in dorischer Zeit eine Ziege heilig, von der B. C. Dietrich (1975, S. 135 f.) vermutet, sie gehe auf die Bergziege Amaltheia, die Amme des Zeus Kretagenes, zurück. Cf. auch ders., 1970, S. 20. Eine andere Amme sowohl des Hyakinthos wie des Apollon war Ἄρτεμις Κουροτρόφος, ebenfalls eine Nachfolgerin der großen minoischen Göttin. Cf. M. Halberstadt, 1934, S. 58 f.

60 Cf. B. C. Dietrich, 1986, S. 25, 59; M. Alexiou, 1974, S. 58; R. F. Willetts, 1979, S. 238. Nachdem Apollon zum beherrschenden Gott geworden war, sank Hyakinthos zum Eromenos, also zu dessen passivem sexuellen Partner herab. In der Messará, vor allem in Gortyn, ersetzte Apollon Amyklaios den Vegetationsgott. Dort wurde indessen auch der Europa-Bruder Atymnios verehrt, der ebenfalls zum Geliebten Apollons avancierte und um dessen Tod dieser bittere Tränen vergoß. Beide verschmolzen zu Apollon Atymnios. Cf. K. Sporn, 1996, S. 92 f.; P. Chuvin, 1992, S. 57.

61 Kallimachos: *Hymnen* II. 80 u. 97; J. Larson, 1995, S. 345 f. Um eine Seuche zu bannen und Apollon zu versöhnen, singen die »blühenden Söhne Achaias« am Meeresufer »den schönen Paian« (Ilias I. 473), und Achilles ruft seinen Kriegern zu, bevor er die Leiche Hektors um die Stadtmauer schleift: »Jetzt aber lasset den Paian uns singen, ihr Männer Achaias!« (Ilias XXII. 391). Apollon steigt, die Phorminx spielend, vor den tanzenden und den Paian singenden Männern aus Knossos, die ihn zum Festland gebracht haben, auf den Parnassos (*Hymnus auf Apollon* 514 ff.), und die Delphier stimmten, als sie hörten, daß Apollon auf seinem Schwanenwagen zu den Hyperboräern abgeflogen war, unter der Begleitung von Flötenspiel und Tänzen den Paian an, doch der Gott kam erst im nächsten Jahr zurück (Alkaios I. 9 ff.).

62 Cf. M. H. Swindler, 1913, S. 59 ff.; W. Burkert, 1977, S. 230; bzw. Apollonios v. Rhodos I. 1325. Häufig entführen Nymphen schöne junge Hirten in ihre blumige Welt (cf. A. D. Nock, 1972, S. 924 f.), so z. B. eine kretische Nymphe, worauf es von dem Jüngling heißt, er sei nun »heilig« (ἱερὸς). Cf. Kallimachos: *Epigramme* XXIV. Auch Odysseus wäre ja in den Armen der Kalypso unsterblich geworden, wenn die Sehnsucht nach der Heimat ihn nicht fortgetrieben hätte. Cf. Odyssee I. 14; V. 211.

63 Cf. A. Horváth, 1997, S. 84 ff.; R. Hägg, 1997, S. 165; bzw. G. Huxley, 1975, S. 120 f.

64 Mit dem Ruf ἰὲ Παιάν, der zum Refrain wurde, rief man vor allem Heilgötter wie Asklepios, Apollon, aber auch Helios um Hilfe an. Cf. J. Schouten, 1967, S. 11; A.-F. Morand, 2001, S. 162 f.; S. Price/E. Kearns, 2003, S. 38. Herakles wurde ebenfalls gelegentlich »Paian« genannt, da er über »alle Zaubermittel gegen die Krankheit« verfügt (*Orphische Hymne* VIII. 14). Der ›Heilruf‹

wandte sich auch an andere Götter. Als sich beispielsweise in Sparta ein Erdbeben ankündigte, sang man einen Paian auf Poseidon. Cf. L. Deubner, 1982,
S. 224.

65 Cf. Deubner, a.a.O., S. 219 ff.; Burkert, a.a.O., S. 85; M. Pettersson, 1992,
S. 21; K. Branigan, 1993, S. 131 ff.; bzw. G. Neumann, 2002, S. 44. Viel später
verlauten noch die *Orphischen Hymnen* (VIII. 12): »O Paian, dein Licht
schenkt Leben und Frucht!«

66 Cf. L. G. Löffler, 2008, S. 236; N. Robertson, 1996, S. 244 f., 270 f.; bzw.
Nonnos III. 63 ff. Der Vegetationsgott wird nicht selten durch Flötenspiel
regeneriert. In einer schottischen Ballade spielt ein junges Mädchen am
Grabe ihres Geliebten die Flöte und erweckt ihn dadurch zum Leben. Cf. T. C.
Grame, 1973, S. 32 f. Spielte eine Frau vor einem Mann die Flöte, galt dies
weithin als eine Anspielung auf ihren Wunsch, ihn zu fellationieren.

67 Cf. H. Haid, 2006, S. 303; F. Eckstein, 1927, Sp. 767; bzw. R. N. Hamayon,
1992, S. 135. Die Jakuten nannten die Schamanen *ojun*, »Springer«. Im Jahre
1538 berichtete ein Beobachter aus Glarus über die »Stopfer« im Bündner
Oberland, daß diese »thuond hoch sprüng/vnd seltzam abenthür/als sy by
warheyt veriehend/das sy sőllich sprüng/nach hinthueung jrer harnisch/vnd
endung jrs fürnemens/sollicher hoehe vn wyte niendert gethuon mőgend«.
Cf. K. Meuli, 1943, S. 17; R. Wolfram, 1951, S. 45 f. Mit Sprung- und Stampftänzen versuchte man in den Anden die Quellen zu wecken (cf. A. M. Mariscotti de Görlitz, 1978, S. 93), während man in vielen griechischen Fruchtbar-
keitskulten mit Schlegeln oder den Händen auf den Erdboden oder auf ein
über ein Loch in der Erde gespanntes Fell schlug, aus dem sich das Tamburin
(ʹτύμπανον) entwickelte. Auch die auf Zypern gefundenen tönernen Rasseln
in Form von Granatäpfeln waren sicher solche Weckinstrumente. Cf. K.
Kolotourou, 2005, S. 187 ff.

68 Früher hat man die hellhäutig dargestellten Teilnehmer am Stierspringen für
junge Mädchen oder Frauen gehalten. Freilich ist es unwahrscheinlich, daß
die Minoer entwickelte junge Frauen, die den Oberkörper entblößt hatten,
ohne Brüste, mit mächtigem Brustkorb, breiten Schultern und einem männlichen Schurz mit Penisfutteral dargestellt hätten. Zwar besaß eine minoische
Dame, wenn man die Hautfarbe der Schlangengöttinnen zum Maßstab
nimmt, idealiter eine weiße, von der Sonne ungebräunte Haut, doch wurden,
z. B. im theräischen Akrotiri, auch Buben im Gegensatz zu erwachsenen Männern heller wiedergegeben. Anscheinend hielten die Männer mit rotbrauner
Hautfarbe die Stiere fest, während die jüngeren, einer anderen Altersklasse
angehörigen Athleten die Tiere übersprangen. Dafür spricht auch, daß man
die Haarpartie der Springer bisweilen blau dargestellt hat, was bedeutet, daß
sie rasiert sind – ein deutliches Indiz dafür, daß es sich um Jugendliche handelt. Cf. S. D. Indelicato, 1988, S. 40 f.; L. Morgan, 2000, S. 931, 939 f.; W.
Decker, 2003, S. 54; C. Booth, 2005, S. 57; N. Marinatos, 2007 b, S. 127.

69 So führen die Kureten ihren Sprungtanz beispielsweise während der Niederkunft der Leto aus. Cf. R. W. Hutchinson, 1962, S. 204; S. H. Lonsdale, 1993,
S. 149. Die minoischen Jünglinge übersprangen anscheinend nicht nur Stiere,
sondern auch Agrímia, die ebenfalls Manifestationen der Fruchtbarkeit wa-

ren. Cf. I. Pini, 1975, Nr. 638; H. P. Duerr, 1984, S. 183; E. F. Bloedow, 1990, Pl. XXC.

70 Cf. H. Damm, 1960, S. 4; L. G. Löffler, 1955, S. 86. Hierher gehört auch das nordfriesische Ringreiten. Cf. H. P. Duerr, 1993, S. 233 ff. Das Tauziehen zwischen einer Frauen- und einer Männergruppe in den Dörfern von Shinano auf Honshū fand während des Neujahrfestes statt und sollte eine gute Ernte sichern. Cf. M. Eder, 1951, S. 218. Im Hohen Aṭlas holte man durch Tauziehen den Regen herbei. Cf. H. Stroomer, 2000, S. 130.

71 Cf. W. Körbs, 1960, S. 5, 17; G. Kutscher, 1950, S. 221 f.; H. Trimborn, 1951, S. 131; bzw. G. Krüger, 1986, S. 82 f. Beim bis ins 17. Jahrhundert von den peruanischen Mochica beibehaltenen Akhalay-mita-Fest, das zu Beginn der Reife der birnenähnlichen *pal'tay*-Frucht gefeiert wurde, verfolgten in den Obstgärten an der Küste die Männer die ebenfalls splitternackten Frauen, um sie nach dem Einholen zu koitieren. Cf. K. Hissink, 1951, S. 118 f. Die brasilianischen Krahó fördern noch heute die Fruchtbarkeit mit Wettrennen, bei denen die Läufer schwere Baumstämme auf den Schultern tragen. Cf. *arte*, 5. Oktober 2009. Wettläufe, an denen junge Männer und Frauen teilnahmen, sah ich auch beim Ritual der Neulebenshütte (»Sonnentanz«) der Südlichen Cheyenne in den Jahren 1981 und 1982 in Watonga, Oklahoma.

72 Cf. A. Lebessi/P. Muhly/G. Papasavvas, 2004, Farbtf. I. Vgl. auch den Läufer auf dem khaniotischen Siegelringabdruck aus dem SM I in I. Pini (1992, Nr. 133). Wettläufe gab es auch im Verlaufe des babylonischen Frühlingsfestes des Marduk, der den Beinamen *mušaznin zunni*, »der es regnen läßt«, trug. Cf. A. Zgoll, 2006a, S. 47.

73 Cf. T. Yiannakis, 1990, S. 28 f.; D. Mirón, 2007, S. 37; bzw. Y. Mouratidis, 2005, S. 89.

74 Cf. H. Petersmann, 1991, S. 83. Herakles und ihm nach die Argonauten vertrieben die menschenfressenden und ihre Federn wie Pfeile abschießenden Stymphalischen Vögel mit von Hephaistos gefertigten Bronzeklappern, und die Fellachen sagten, daß die bösen *jinn* sich vor Eisen fürchteten. Deshalb trugen in weiten Teilen Afrikas die Frauen Kupfer und Messing über der Vulva. Cf. Kolotourou, a. a. O., S. 185; H. A. Winkler, 1937, S. 230; E. W. Herbert, 1984, S. 264 f.

75 Cf. H. Petersmann, 2002, S. 99 f.; bzw. Apollonios v. Rhodos I. 1134 ff. Vielleicht waren es die Dorer, die den ekstatischen Tanz der Minoerinnen in einen eher apotropäischen Waffentanz umgewandelt haben. Cf. M. P. Nilsson, 1906, S. 474. Nach Platon (*Gesetze* 796b) glaubte man in Attika, daß die Waffentänze (πυρρίχη) auf die kretischen Kureten zurückgingen, die nach der verlorenen *Hypsopyle* des Euripides Sterbliche waren (cf. T. Gantz, 1993, S. 148), während man in Lakedaimon die Tänze den Dioskuren zuschrieb. Cf. L. R. Farnell, 1921, S. 188. Auf einer etruskischen Amphore des frühen 7. Jahrhunderts v. Chr. sind – zum Teil bewaffnete – Männer zu sehen, die Überschläge in rückwärtiger Richtung ausführen. Vermutlich handelt es sich um Darstellungen der den Kureten gleichgesetzten Salii, deren Name mit *saltatio* zusammenhängt. Cf. F.-H. Massa-Pairault, 1996, S. 790. Die Kureten beschützten den neugeborenen Vegetationsgott, und die Kurai genannten

Nymphen nährten ihn. Cf. A. Strataridaki, 2003, S. 194 f. Nach Diodoros (V. 65.1) wurde die gesamte Zivilisation auf die Kureten zurückgeführt. Die in der idäischen Zeushöhle gefundenen Votivschilde, Zimbeln und das bronzene Tympanon sowie die ebenfalls eigens als Opfergaben hergestellten Bronzeschilde aus den Zeusheiligtümern von Palaikastro, Dodona, die aus Phaistos, Arkádes und diejenigen vom Apollonheiligtum in Delphi erinnern an die Waffentänze der Kureten. Die Tänze vor der Ida-Grotte wurden wohl im 9. und 8. Jahrhundert v. Chr. von knossischen Epheben ausgeführt. Cf. W. Burkert, 1977, S. 168 f.; N. Robertson, 1996, S. 294; H. Matthäus, 2005, S. 317 f. Vermutlich handelt es sich bei den eine Göttin flankierenden jungen Männern auf einem Plättchen dieser Zeit aus der Ida-Grotte, unter deren Schurzen sich die Genitalien abzeichnen, um solche Kureten/Epheben. Cf. F. Charpouthier, 1985, S. 211 ff.

76 Cf. M. P. Nilsson, 1950, S. 550. Der Hymnus war im Heiligtum des diktäischen Zeus gefunden worden, das die Griechen inmitten der Ruinen der minoischen Stadt Palaikastro errichtet hatten. Diese Gegend war von den Dorern nie besiedelt worden, und in ihr hielten sich lange eteokretische Überlieferungen. Cf. S. Thorne, 2000, S. 149; B. Schweitzer, 1957, S. 178 f. Vielleicht stellt die in Kommos ausgegrabene Bronzefigurine eines Mannes mit erigiertem Penis aus der Zeit um 800 v. Chr. diesen »Bespringer« dar. Cf. M. Koutroumpaki-Shaw, 1987, Fig. 1.4. H. Schwabl (1978, Sp. 1419) meint, daß der κοῦρος wie der von den elischen Frauen gerufene Dionysos als befruchtender Stier gesehen worden sei.

77 Cf. C. M. Bowra, 1970, S. 185 f. Die Weihung *di-ka-ta-jo diwe* (»dem diktäischen Zeus«) befindet sich auf einem knossischen Linear-B-Täfelchen. Vermutlich wurde Zeus Kretagenes nach dem Sommer an verschiedenen Orten zur Rückkehr aufgefordert, und so bestieg er wohl auch seinen Thron in der Ida-Grotte, zu dem offenbar auch Pythagoras pilgerte. Nachdem der samische Gelehrte im 6. Jahrhundert v. Chr. nach Kreta gekommen und sich den Mysten des Morgos (Μόργου μύσταις), »eines der Daktylen des Ida« (Ἰδαίων Δακτύλων) vorgestellt hatte, »die ihn mit einem Donnerkeil purifizierten«, schlief er zunächst auf dem Vlies eines schwarzen Widders an einem Flußufer in der Nähe der Küste. In einem Gewand aus schwarzer Schafswolle stieg er anschließend auf den Ida und in die Höhle hinab, wo er drei mal neun Tage vor dem Thron des Zeus verbrachte, der jedes Jahr zu Ehren des Gottes mit Blättern geschmückt wurde. Schließlich ritzte er in das Grab des Zeus die Worte: »Hier liegt der verstorbene Ζάν, den man Zeus nennt.« (Porphyrios: *Leben des Pythagoras* 17). Nach Diodoros (V. 72.2) wurde Zeus Ζῆν genannt, weil er »der Ursprung des Lebens (ξῆν)« war und die Früchte zum Reifen brachte.

78 Dessen rasierter Kopf mit einer einzigen Haarlocke macht deutlich, daß der Paredros ein Jugendlicher und kein erwachsener Mann war. Cf. L. A. Hitchcock, 1997, S. 127; P. Rehak/J. G. Younger, 2001, S. 410. Der Entdecker der Figurine, J. A. MacGillivray (2000, S. 54), vergleicht den zu Beginn des Sommers sterbenden und im Herbst wiederauflebenden oder zurückkehrenden Vegetationsgott (cf. H. Sackett/J. A. MacGillivray, 2000, S. 169) mit Osiris.

Ein besserer Vergleich wäre der mit dem Argonauten Hylas (Tf. XIV), der auf Kios im Marmara-Meer von einer Quellnymphe, die von seiner Schönheit fasziniert war, in die Tiefe gezogen wurde (cf. H. J. Rose, 1955, S. 201), oder mit Ba'al, der auch den Kultnamen Ἄδωνις trug. Cf. O. Eissfeldt, 1970, S. 17 f. Bei Sappho (107 D) wird Aphrodite von den Nymphen gefragt: »Der zarte Adonis stirbt, Kythereia! Was sollen wir tun?« Worauf die Göttin antwortet: »Schlagt auf eure Brüste (καττύπτεσθε), Mädchen (κόραι), zerreißt eure Gewänder!« Daß ein Gott »sterben« konnte, war für die Späteren nicht mehr nachvollziehbar, weshalb man die Kreter für Lügner hielt: »Es hat aber einer aus ihnen gesagt«, schreibt Paulus an Titus (1.12), »ihr eigener προφήτης: Die Kreter sind immer Lügner, böse Tiere und faule Bäuche (κρῆτες ἀεὶ φεῦσται, κακὰ θρία γαστέρες ἀργαί)«. In einem Kommentar erwähnt Clemens v. Alexandria, dieser »Prophet« sei Epimenides gewesen. Cf. R. Armstrong, 2006, S. 4.

79 So z. B. H. Wagenvoort, 1966, S. 1675.

80 Cf. P. Wathelet, 1976, S. 195; G. E. Dunkel, 1988, S. 2; L. V. Watrous, 1995, S. 400; L. Motz, 1998, S. 35 f.; M. Hutter, 2006, S. 82; C. F. Justus, 1983, S. 67.

81 Cf. W. Pötscher, 1966, S. 132 ff.; H. Schwabl, 1984, S. 9. Ein ausgesprochener Regengott war auch der von den Athenern auf dem Pentelikon verehrte Zeus Ombrios, den man bei Dürren anflehte. Cf. R. Parker, 1996, S. 31 f. Standard-Insigne des Zeus blieb der »Donnerkeil«, das Symbol für »Blitz und Donner« (Apollonios v. Rhodos I. 507 ff.). Der auf einem Stier stehende Zeus Dolichaios oder – in der *interpretatio Romana* – Iupiter Dolichenus, der Wettergott von Doliche in der Kommagene am mittleren Euphrat in Südostanatolien, der ein Blitzbündel und eine Doppelaxt in den Händen hält und dessen Kult sich im 2. und 3. Jahrhundert vor allem im westlichen Mittelmeerraum ausbreitete, geht eher auf den levantinischen Ba'al und den ḫurritischen Tešub (hatt. Taru) zurück. Cf. E. Winter/M. Blömer, 2005, S. 81.

82 Cf. R. F. Willetts, 1968, S. 1033 f.; J. T. Hooker, 1983, S. 140; E. Vikela, 2000, S. 219; A. Paluchowski, 2005, S. 25 f.; Hesiod: *Theogonie* 482 ff.; bzw. P. Themelis, 2004, S. 145, 153 f. Die neben Zeus Ithomates auf dem Berg verehrte Göttin war Demeter. Cf. H. P. Duerr, 2005, S. 528. Außerdem besaßen den Pausanias (IV. 31.9) die Kureten in Messenien ein Heiligtum beim Tempel der Eileithyia. Wenn Rhea den kleinen Zeus in der idäischen Grotte »versteckte« (κρύφεν), dann bedeutet das Verb κρύπτω den rituellen Tod und die Wiedergeburt, die später offenbar von Männern wie Pythagoras (cf. oben Anm. 77) nachvollzogen wurden. Cf. P. Bonnechère, 1994, S. 145.

Anmerkungen zu § 7

1 Nonnos IX. 28 ff. Zum Namen cf. S. Hiller, 1978, Sp. 1008; J. Puhvel, 1987, S. 137; N. Theodossiev, 1997, S. 411 f.; L. Godart, 1994, S. 87; bzw. L. Malten, 1909, S. 291 f. Auf dem Täfelchen aus *ku-do-ni-ja* (Khania) werden Dionysos zwei Amphoren mit Honig geweiht, während Zeus im selben Heiligtum eine Amphore mit diesem Nahrungsmittel erhält. Cf. T. G. Palaima, 1998, S. 216 f.

2 Cf. Plutarch: *Moralia* 299 B; ders.: *De Iside et Osiride* 364. 8 ff.; H. v. Pratt, 1906, S. 88; M. Halberstadt, 1934, S. 25; M. Haavio, 1963, S. 56; C. Brown, 1982, S. 306. Das Weinwunder fand während der Thyien an einem Ort statt, der acht Stadien vom Dionysostempel von Elis entfernt lag. Cf. Pausanias VI. 26. 1 f. In Lerna offenbarte man den Mysten, Dionysos sei in den Alkyonischen See hinabgestiegen, um seine Mutter aus der Unterwelt zu holen.

3 Pausanias X. 19. 3; cf. J. Tondriau, 1953, S. 449 f. Manchmal wurde Dionysos mit Widderhörnern dargestellt, und nach einer bekannten Überlieferung rettete ein Widder dem verdurstenden Dionysos in der libyschen Wüste das Leben, indem er ihn zu einer Quelle führte. Cf. W. J. Darby et al., 1977, S. 218. Ob Dionysos ursprünglich ein Widdergott war (cf. N. Schlager, 1989, S. 237), sei dahingestellt.

4 Cf. H. Usener, 1913, S. 398 f.; F. A. Voigt, 1881, S. 267; B. Otto, 1996, S. 830. Nach Athen kam der Schiffskarren des Dionysos und seiner Satyrn offenbar in der Choën-Nacht übers Meer. Cf. H. W. Parke, 1987, S. 166 f.

5 Cf. I. Diamantourou, 1990, S. 77; bzw. Haavio, a. a. O., S. 77 f.

6 Cf. Diodoros III. 64. 1; M. Daraki, 1982, S. 6; E. Simon, 1985, S. 55, 291. Aus einer erhaltenen Zeile des verlorenen Epos *Alkmaionis* geht hervor, daß die »Herrin Erde« die Gattin des Zagreus war. Cf. P. Warren, 1984, S. 54 f. Auf Naxos hieß die Säugamme des Dionysos Κορωνίς, »die Dunkle«, gewiß die späte Nachfahrin der kykladischen chthonischen Göttin. Cf. J. Puhvel, 1964, S. 166 f.

7 Cf. M. Halm-Tisserant, 2004, S. 134; B. Otto, 1994, S. 369. Nach einer von Diodoros (III. 61) festgehaltenen Überlieferung zerrissen die Titanen Dionysos, worauf Demeter seine Gliedmaßen einsammelte und ihn zu neuem Leben erweckte.

8 Cf. Halm-Tisserant, a. a. O., S. 133; H. P. Duerr, 1984, S. 206 f. Bei diesem rituellen Beischlaf, der gewiß auf den Hieros Gamos des minoischen Wanax und der Hohepriesterin zurückgeht (cf. L. R. Palmer, 1963, S. 253 f.) und der das Wohl der πόλις sicherte (cf. E. Fehrle, 1908, S. 11 f.), verkörperte vermutlich der Basileus den Gott. Cf. G. van Hoorn, 1959, S. 195. Der Titel βασίλισσα oder βασίλιννα wurde wahrscheinlich erst unter makedonischem Einfluß ab dem 4. Jahrhundert v. Chr. für die Hohepriesterin benutzt und lautete vorher βασίλεια, ein Ausdruck, mit dem man in der Odyssee auch hochrangige Frauen wie Arete oder Penelope bezeichnete. Cf. G. Macurdy, 1928, S. 276 f., 279.

9 Cf. J. Gray, 1957, S. 51; B. Margalit, 1980, S. 249; E. Williams-Forte, 1983, S. 37. Vor dem Eintreffen des Schirokko ließ man in der syrischen Wüste die Kamele einander decken, damit die Jungen in der *rabi'a*-Zeit mit den ersten Regenfällen, nach denen das Weideland ergrünte, geworfen wurden.

10 Cf. J. C. L. Gibson, 2000, S. 92; M. Yon, 1989, S. 462 f.; U. Cassuto, 1962, S. 84 f.; S. A. Wiggins, 2000, S. 593; K. Spronk, 1986, S. 156; O. Loretz, 1999, S. 203 f. Nach etwa fünf Monaten Sommerhitze fällt der Regen meist von Oktober bis Anfang Dezember, manchmal eine ganze Woche ohne Unterbrechung, und die Bauern beginnen mit der Aussaat. Cf. P. Raymond, 1958, S. 18 f.

11 Cf. R. Patai, 1967, S. 298; M. J. Dahood, 1958, S. 89; W. Caskel, 1958, S. 112.
»Feld des Baʿal« oder »Haus des Baʿal« nannte man ein Landstück, das nicht
künstlich, sondern durch Regen, Grundwasser oder eine natürliche Quelle
bewässert wurde. Auf einem ugaritischen Täfelchen verspricht der Bräutigam seiner Braut, er werde ihr »Feld« in einen blühenden Garten verwandeln. Von *bʾl* wurde ein Wort für »heiraten« abgeleitet (cf. 1. Mose 20.3;
5. Mose 21.13, Jesaja 62.4) und im mišnaischen Hebräisch ein Wort für den
Geschlechtsverkehr. Cf. W. R. Smith, 1899, S. 69 f.; T. H. Gaster, 1961, S. 130;
A. Deem, 1978, S. 29 f.; M. Malul, 2000, S. 348.

12 Cf. W. Helck, 1971, S. 151; M. Dijkstra, 1994, S. 117 f.; D. E. Fleming, 1994,
S. 129 f. Auch der Titel *ṭtrt-šm-bʾl*, »ʿAštart-Name-des-Baʿal«, zeigt die enge
Verbindung zwischen den beiden Gottheiten. In Byblos entsprach die Baʿalāt
der ʿAštart. Cf. W. v. Landau, 1905, S. 10. Und in Palmyra gab es später ʿAštōr
und ihren Paredros Bōl, der deshalb Bōl ʿaštōr, »Bōl der ʿAštōr«, genannt
wurde. Cf. J. Starcky, 1990, S. 153. Die Phönizier machten im allgemeinen die
ʿАšerah zur Gefährtin des Baʿal, aber auf einem Siegelabdruck aus Bethel ist
ʿAštart als seine Paredra erwähnt. Cf. D. N. Freedman, 1987, S. 247; J. H.
Stuckey, 2003, S. 140. Es handelte sich um ʿAštart Šamēm und Baʿal Šamēm,
die von den in der Levante ansässigen Griechen mit Aphrodite Urania bzw.
Zeus Urios gleichgesetzt wurden. Cf. S. M. Olyan, 1987, S. 168.

13 Cf. K. Koch, 1979, S. 470, 474; W. G. Lambert, 1985, S. 436; N. Wyatt, 1992,
S. 412; A. R. W. Green, 2003, S. 52; B. Groneberg, 2004, S. 233, 237 f; bzw.
M. J. Mulder, 1980, S. 69 ff.; E. Hallager, 1985, S. 33. Die Aramäer behielten
den Namen *ḥdd* im Gegensatz zu den Kanaanitern und Phöniziern bei. Der
Name *à-da* wird erstmalig um die Mitte des 3. Jahrhunderts in Ebla genannt.
Cf. D. Schwemer, 2007, S. 135.

14 Cf. J. Gray, 1949, S. 72. Bereits im 3. Jahrtausend war der Tempel des Wetter-
gottes Ḫadda, der die Gottheit des Salzmeeres bezwang, das Hauptheiligtum
Aleppos. Cf. K. Kohlmeyer, 2000, S. 4. Später hieß es, daß Kōtar-wa-Ḫasīs für
Baʿal eine Doppelaxt anfertigte, mit der dieser den Kopf des schlangengestal-
tigen Jamm, des Gottes der im Winter aufgewühlten See, spaltet. Cf. P. W.
Haider, 2004b, S. 317. Auf einem Rollsiegel der 13. Dynastie aus Tell el-Dabʾa
schreitet Baʿal mit Axt und Streitkeule über den Doppelgipfel am Ende der
Welt. Hier scheint die Axt die befruchtende Blitzwaffe zu sein. Cf. N. Wyatt,
1990, S. 464 f.

15 Cf. P. Jacobsthal, 1906, S. 10; I. Fuhr, 1967, S. 98; W. Helck, 1971, S. 143 f.;
G. Capdeville, 1995, S. 170; W. Pötscher, 1997, S. 171.

16 Cf. T. N. D. Mettinger, 2005, S. 202; bzw. S. H. Langdon, 1931, S. 350 f.;
B. Brentjes, 1947, S. 46 f.; A. Otto, 2002, S. 53.

17 Cf. A. H. Sayce, 1887, S. 230 f.; Langdon, a. a. O.; J. Plessis, 1921, S. 64 f.;
N. K. Sandars, 1979, S. 122. Nach einem arabischen Bericht aus dem 10. Jahrhundert n. Chr. feierten die Frauen von Ḫarrān im südöstlichen Anatolien
noch in dieser Zeit ein frühsommerliches Fest, bei dem sie den Tod des *tāʾūz*
beweinten, dessen Knochen in einer Mühle zermahlen worden waren. Cf. G.
Dalman, 1928, S. 577 f.; T. Jacobsen, 1975, S. 72. Man hat vermutet, Dumuzi
sei ursprünglich ein Priesterkönig gewesen, der durch einen Hieros Gamos

mit der Göttin für das Wohl des Landes sorgte und erst später vergöttlicht wurde. Cf. F. Raschid, 1982, S. 241 f. Aus Kopien alter Klagelieder, die in der ersten Hälfte des 2. Jahrhunderts angefertigt wurden, scheint hervorzugehen, daß auch Gilgameš ursprünglich eine Erscheinungsform des sterbenden und wiederkehrenden Vegetationsgottes Ningišzida war, der jedes Jahr von Ištar zurückgeholt wurde. Cf. B. Thorbjørnsrud, 1983, S. 132 f., 136. In der altpersischen Überlieferung ist es Anāhitā, die den schiffahrenden Sänger-Heros Parva aus dem Jenseits heimbringt. Cf. A. Closs, 1968, S. 291.

18 Cf. T. Frymer-Kensky, 1992, S. 47; V. Haas, 1999, S. 29; A. Jeremias, 1931, S. 13; W. G. Lambert, 1990, S. 289 f.; W. Schmidt, 1962, Sp. 1383; C. Penglase, 1997, S. 156; H.-P. Müller, 1999, S. 27 f.; K. Oberhuber, 1976, S. 270; D. G. Miller/P. Wheeler, 1981, S. 85, 100. Jede große sumerische Stadt besaß einen Haupttempel, dessen Vorstand im Falle einer männlichen Gottheit eine *en*-Priesterin und im Falle einer Göttin ein *en*-Priester war. Cf. S. N. Kramer, 1976, S. 13.

19 Cf. Hesekiel 8. 14 f.; J. Reed, 1995, S. 317 f.; G. J. Baudy, 1986, S. 9 f., 24. Die verwelkten Pflanzen wurden anschließend in Quellen oder ins Meer geworfen.

20 Cf. M. A. Stadler, 2005, S. 129. Außerdem *herrschte* er in der Unterwelt über die Toten. Bisweilen sind die Penisse männlicher Mumien in aufrechter Stellung mit Binden so umwickelt, daß sie wie erigiert wirken, z. B. der des Tutanchamûn. Cf. H. Carter, 1927, II, S. 199; E. Matouschek, 2002, S. 65 f.; K. Myśliwiec, 2004, S. 9.

21 Cf. H. Grapow, 1920, S. 14; F. Chapouthier, 1935, S. 259; H. Bonnet, 1952, S. 571; W. Helck, 1965, S. 384; D. Montserrat, 1996, S. 165. Im Alten Reich sah man die Nilflut als den Samenerguß des Schu an (cf. P. Kaplony, 1992, S. 17), und in einer ptolemäischen Inschrift auf der Insel Sehêl in der Nähe von Assuan heißt es, der Nilgott Hapi besteige das Feld »mit Vergnügen« wie ein Mann eine Frau. Cf. Montserrat, a. a. O., S. 16.

22 Cf. F. R. Schröder, 1968, S. 330 f.; E. v. Schuler, 1965, S. 178, 189; A. Kammenhuber, 1980, S. 89; V. Haas, 2006, S. 97.

23 E. Neu, 1990, S. 97. »Das Schaf macht nicht [mehr] *me-me*; das Rind macht nicht [mehr] *mu-mu*; der Mensch macht nicht [mehr] *fiuh*«, d. h. er pfeift nicht länger seinem Hund, damit dieser die Herde zusammentreibt. Cf. Haas, a. a. O., S. 106.

24 Cf. Haas, a. a. O., S. 114; H. G. Güterbock, 1959, S. 207 f. Der hethitische König bezeichnete sich als »Geliebten« des Telipinu. Cf. M. Popko, 2001, S. 148. Die Swaneten im nordwestlichen Georgien führten bis ins 19. Jahrhundert ein Frühlingsritual durch, bei dem die Teilnehmer auf einem Acker einen nackten Mann, der die Nachbildung eines Phallus in der Hand hielt, mit spitzen Gegenständen stachen. Daraufhin verfolgte der Mann mit dem Phallus die anwesenden Frauen, und die Umstehenden riefen »Vermehre dich, vermehre dich!« Der Name des Ritus, Melia-Telepia, ergibt im Swanetischen, einer kartwelischen Sprache, keinen Sinn, und man hat deshalb Melia auf hethit. *melitta-* (NIM.LÀL-*aš*), »Biene«, und Telepia auf Telepinu zurückgeführt. Cf. C. Girbal, 1980, S. 69 f.

25 Cf. S. A. Wiggins, 2000, S. 591; D. Schwemmer, 2001, S. 538; H. J. Deighton, 1982, S. 108.

26 Körnerverzierungen fand man auch auf den Fragmenten mittelneolithischer Frauenfigurinen aus dem thessalischen Achilleion. Cf. D. Kokkinidou/M. Nikolaidou, 1997, S. 96 f.; bzw. I. Hodder, 2003, S. 130; ders., 2004, S. 42.

27 Cf. M. Gimbutas, 1989, S. 103; A. Pedrotti/M. V. Gambari, 2004, S. 90; bzw. S. Nagar, 2005, S. 120 f. Auf späteren Terrakotten wächst eine Lotospflanze aus ihrem Schoß. Vermutlich handelt es sich um die Vorläuferin der Durgā Śākambrī, aus deren Leib während einer Dürreperiode auf Bitten der Götter Pflanzen und Früchte wachsen, während aus ihren Augen neun Nächte lang Wasser fließt, bis der Dämon der Trockenheit tot umfällt. Ihre Körperfarbe ist ein tiefes Blau und ihre Augen gleichen den Blütenblättern des Blauen Lotos.

28 Cf. V. Grießmaier, 1963, Tf. 12; J. H. Stuckey, 2002, S. 31 f.; bzw. P. Warren, 1985, S. 200; N. Kourou, 2001, S. 34; S. Müller-Celka, 2001, S. 283 f.

29 Cf. J. B. Friedreich, 1859, S. 343; P. Faure, 1962, S. 198; Z. Goldmann, 1975, S. 278; J. S. Shoemaker, 2001, S. 4; M. Beuchert, 2004, S. 233; J. D. Baumbach, 2004, S. 112; Plinius XXI. 11. Auf dem goldenen Siegelring von Mykene (cf. Abb. 66) ist das Haar der sitzenden und ihre Brust präsentierenden Göttin mit einer Lilie geschmückt, und die hintere der beiden Kultdienerinnen bringt ihr einen Strauß dieser Blumen. Auch auf einem mittelminoischen Schalenbild aus Phaistos wächst bei der Epiphanie der Göttin neben dieser eine Lilie. Cf. Abb. 107. Auf Bildern aus dem theräischen Akrotiri sind Lilien häufig mit Schwalben assoziiert, und auch der auf der Ostwand des Adytons des »Xeste 3«-Gebäudes dargestellte Altar, auf dem offensichtlich blutige Opfer dargebracht wurden, ist mit Lilien bemalt. Cf. N. Marinatos, 1984, S. 74 f.; dies., 1984a, S. 174. Von Zwiebelpflanzen wie Lilien, Schwertlilien, Krokussen, Hyazinthen, Gladiolen oder Narzissen übersäte Landschaften sind auf bronzezeitlichen Darstellungen aus der Ägäis ausschließlich mit Frauen verbunden. Cf. P. Rehak, 2000, S. 271. Bei den Griechen hieß es, die Lilie sei aus der Milch entstanden, die von den Brüsten der Hera auf die Erde getropft sei (cf. H. Baumann, 2000, S. 36), und sie gehörte mit anderen Zwiebelpflanzen zu den Blumen, die Kore gemeinsam mit den »vollbrüstigen Töchtern des Okeanos« auf der Nysischen Ebene pflückte, als sie von Hades gepackt wurde (*Hymnus auf Demeter* II. 2 ff.). Meist waren die früh- und kurzblühenden Zwiebelblumen das Symbol der alsbald dahingerafften Jugend (cf. D. Auger, 1995, S. 85) und auf den christlichen Taufsteinen Sinnbild von Verjüngung und Ewigkeit. Cf. V. Kellermann, 1940, S. 168 f. Auch das im »Hain der Persephone« wachsende Asphodelos (ἀσφόδελος) soll eine Lilienart gewesen sein (cf. J. B. Hofmann, 1949, S. 26), doch bei den Griechen war dieser Hain kein Elysion, und deshalb beschreibt die Odyssee (X. 510 ff.) die Blume als eine Pflanze mit fahlen, grauen Blättern, die auf unfruchtbarem »modrigem Boden« gedeiht. Cf. U. v. Wilamowitz-Moellendorff, 1916, S. 491.

30 Cf. B. Otto, 1997, S. 247 f.; H. Bonnet, 1952, S. 582; bzw. S. Hiller, 1995, S. 565 f. Auf einem Siegelabdruck aus Aghia Triada wird eine Papyruspflanze – wie ansonsten die Große Göttin – von zwei Greifen flankiert. Das Motiv stammt aus der Levante. Cf. P. Warren, 1985, S. 201; bzw. M.-L. Erlenmeyer/

H. Erlenmeyer, 1964, Abb. 93. Auf einer Stele des 13. Jahrhunderts v. Chr. aus Deir el-Medina steht die von Min und Rešep flankierte ʿAštart nackt auf einem Löwen und hält eine Papyruspflanze und eine Schlange in den Händen. In Ägypten besaßen Hathor und Bastet ein Papyrusdoldenszepter, während die kanaanitische Vegetationsgöttin meist mit der Lilie assoziiert ist. Cf. M. Kokhavi, 1990, S. XXI; J. Aruz, 2009, Fig. 175.

31 Cf. E. W. Herbert, 1984, S. 33; A. Bick, 2007, S. 63; Y. Dalmia, 2006, S. 65 f.; W. Müller, 1976, S. 16; bzw. H. Prescher, 1982, S. 383. Bei den Lakandonen behütete der Herr der Tiere und Herrscher des Totenreiches den Berg, aus dessen Gestein die Pfeilspitzen hergestellt wurden. Cf. J. Duerr, 2010, S. 120 f.

32 Cf. R. Hägg, 1992, S. 29. Von der Annahme, die Höhle sei die Schmiedewerk-stätte einer Priestergilde, wie S. Marinatos (1962a, S. 92) und A. Leukart (1979, S. 184) vermuteten, ist man inzwischen abgerückt. Der Zinnbarren von Mochlos ist so geformt wie einige der Barren aus dem Uluburun-Wrack. Cf. J. S. Soles, 2008, S. 152 ff.

33 Cf. H. Matthäus, 2000, S. 103; G. Schumacher-Matthäus/H. Matthäus, 1986, S. 171, O. Masson, 1971, S. 449 ff.; V. Kassianidou, 2005, S. 135; bzw. M. Bar-ber, 2003, S. 98 f.; T.-M. Rowe, 2005, S. 78 f.; R. F. Tylecote, 1986, S. 11, 43.

34 Cf. K. R. Maxwell-Hyslop, 1985, S. 5; F. Schweizer, 2002, S. 535; bzw. E. Lipiński, 2000, S. 548. Die Göttin der akkadischen Kupferschmelzer war die Fruchtbarkeitsgöttin Mamma oder Mammi. Cf. S. Dalley, 1987, S. 66. Mit »Aratta« kann kaum eine Gegend im iranischen Hochland gemeint gewesen sein, wie immer wieder angenommen wird, z. B. von J. F. Hansman (1978, S. 334). Denn zum einen sind dort keine Lapislazulivorkommen bekannt (cf. N. Boroffka et al., 2002, S. 137), und zum anderen verlauten sumerische Quellen des 3. Jahrtausends, der Weg nach Aratta führe übers Meer. Cf. P. Steinkeller, 1999, S. 108; S. Cohen, 2006, S. 195 f. In der sogenannten »Nip-purfassung« des sumerischen Epos »Gilgameš und der Zedernwald« machen sich die sieben Helden auf »den Weg nach Aratta« am Ende der Welt, wo Himmel und Erde einander berühren (cf. H. Sauren, 1976, S. 134), wobei die-ser Ort meist im fernen Osten gesehen wird. Auf einem sumerischen Täfel-chen aus der Zeit um 2700 v. Chr. wird erzählt, wie Enmerkar, der Herrscher von Aratta, sich zunächst weigert, der Stadt Uruk Gold, Silber, Karneol und Lapislazuli zur Ausschmückung des Tempels der Inanna gegen Getreide zu liefern, doch eine Dürre in seinem Land läßt ihn schließlich umdenken. Cf. M. N. van Loon, 1977, S. 4. Auf dem Täfelchen heißt es weiter, die Leute von Aratta hätten die Steine »von den Bergen, von ihrem Hochland« geholt, womit höchstwahrscheinlich Badaḫšān gemeint war, woher die Meluḫḫiter über den Kyber-Paß die Rohmaterialien nach Süden transportierten. Cf. C. Schmidt, 2005, S. 54. Dazu würde auch passen, daß der Name des im *Periplus Mari Erythraei* erwähnten Volkes der Aratrioi, das im heutigen Afghanistan lebte, wohl mit dem Arattas zusammenhängt. Cf. P. R. S. Moorey, 1993, S. 37.

35 Cf. R. Giveon, 1978, S. 62; P. Scholz, 1984, S. 538; D. Fabre, 2005, S. 194; D. Valbelle/C. Bonnet, 1996, S. 37; bzw. M. Liverani, 1990, S. 244. »Herrin des Lapislazuli« (*nbt ḫsbḏ*) waren auch Isis, Nut und Neith. Die Göttin Tefereret, in deren Namen der des Lapislazuli-Herkunftslandes *tfrr* enthalten ist, war

eine Erscheinungsform der Hathor. Cf. S. Aufrère, 1991, S. 465. Spender von
Metallen und Mineralien war ebenfalls der häufig mit Amûn identifizierte
Regenerationsgott Tatenen, über den es auf einer Stele in Serâbit el-Chadîm
auf dem Sinai aus der Regierungszeit Thutmosis III. heißt: »Die Berge führen
zu, was in ihnen ist; Tatenen (*Tȝ-ṯnn*) gibt, was in ihm ist.« Tatenen erneuert
auch – wie Osiris – die Sonne auf ihrer nächtlichen Fahrt durch die Unterwelt.
Cf. H. A. Schlögl, 1980, S. 37; T. DuQuesne, 2002, S. 219; P. Germond, 2005,
S. 43.

36 Cf. B. Colless, 1996, S. 82; S. Aufrère, 1998, S. 28 f.; S. Fourrier, 2004, S. 32. In
Paphos identifizierte man Hathor mit der Kupfer-Herrin Aphrodite, und ein
gleiches geschah vielleicht auch in den Kupferminen in der Nähe von Almu-
ñecar, dem antiken Sexi, südlich von Granada, wo man zahlreiche ägyptische
Objekte aus dem 8. Jahrhundert v. Chr., vor allem Steinvasen mit Hierogly-
pheninschriften, fand. Cf. J. Padró, 1998, S. 44. Weil Aphrodite Erdmutter
oder *petra genitrix* war und damit Herrin der Erzminen, machten die Griechen sie zur Gattin des Hephaistos. Cf. M. R. Belgiorno, 2002, S. 249. Bei den
Alchemisten war das Bildnis der Aphrodite das Symbol für Kupfer. Cf. G.
Constantinou, 1999, S. 53.

37 Cf. H. W. Catling, 1971, S. 23, 29 ff.; Schumacher-Matthäus/Matthäus,
a. a. O., S. 170; L. C. Hulin, 1989, S. 133; V. Karageorghis, 2003, S. 216; P. H.
Young, 2005, S. 28 f.; V. Kassianidou, 2005, S. 134. Die Zeitstellung der Figurine ist problematisch. Einige Fachleute ordnen sie dem 14. oder 13. Jahrhundert v. Chr., andere der ersten Hälfte des 12. Jahrhunderts zu. Im Heiligtum
der Aphrodite und des Hermes im kretischen Kato Syme fand man die aus
dem 8. Jahrhundert v. Chr. stammende Figurine einer nackten, auf einem Keftiubarren stehenden Frau, die einen Becher in der Rechten hält. Cf. N. Platon,
1979, Pl. IX. 2; Dalley, a. a. O., S. 61. Vermutlich handelt es sich um eine Darstellung der Aphrodite, die dort gemeinsam mit ihrem Paredros Hermes ab
dem 10. Jahrhundert v. Chr. verehrt wurde. Cf. A. Lebessi, 2009, S. 524.

38 Cf. E. Masson, 1992, S. 155 f. Catling (a. a. O., S. 17) ist der Auffassung, daß
die Figurine den Paredros als Schutzgott der Kupferminen von Enkomi darstellen könnte. Später wurde er wohl mit dem levantinischen Baʿal identifiziert (cf. H. Matthäus, 2000, S. 100), den man um 1300 v. Chr. gemeinsam mit
seiner Paredra ʿAnāth auch auf Zypern verehrte. Cf. J. Karageorghis, 1977,
S. 95; S. O'Bryhim, 1996, S. 12. Eine entsprechende Erdgöttin und Herrin der
Bergwerke und der Metallurgie war auch die lydische Kubaba. Cf. H.-G.
Buchholz, 1988, S. 222 f.; M. Popko, 1995, S. 182.

39 Cf. Catling, a. a. O., S. 30; E. W. Herbert, 1993, S. 32 ff.; M. Rowlands/J.-P.
Warner, 1993, S. 524, 541; R. Hingley, 1997, S. 11. Ganz allgemein werden
Herde häufig als Frauenleiber mit einer Gebärmutter gedacht, so z. B. bei den
westafrikanischen Kasena, die das Herdloch als Vagina bezeichnen. Cf. A.
Fiedermutz-Laun, 1993, S. 54.

40 Empedokles B 96; D. P. Collett, 1993, S. 507; bzw. M. Eliade, 1980, S. 42.
Mittelalterliche Schmelzöfen, die in Simbabwe freigelegt wurden, waren mit
den Darstellungen gebärender Frauen bemalt (Collett, a. a. O., S. 503), und in
den Feuersteinminen von Krzemionki in den polnischen Heiligkreuzbergen,

die vom 5. Jahrtausend v. Chr. bis in die frühe Neuzeit ausgebeutet wurden, fand man eine Holzkohlenzeichnung, die ebenfalls als die Wiedergabe einer Geburtsszene interpretiert wird. Cf. J. Babel, 1980, S. 590; P. Topping/M. Lynott, 2005, S. 183. Die Angehörigen der Schmiedekaste der Visvakarma im südindischen Karṇāṭaka sehen im Schmelzofen den Leib der »schwarzen Göttin« Kālī, die nackt und mit Hängebrüsten dargestellt wird. Cf. J. Brouwer, 1995, S. 72 f.

41 Cf. N. J. van der Merwe/D. H. Avery, 1988, S. 253; S. Rijal, 2004, S. 90 f.; Herbert, a. a. O., S. 37, 68. Im gesamten Ost- und Südafrika war die Vorstellung verbreitet, daß der Mann die Frau beim Koitus »heiß macht«, worauf das Kind aus dem männlichen Sperma und dem weiblichen Blut »gekocht« wird. Die ostafrikanischen Fipa schmücken den Schmelzofen nach der Fertigstellung mit rotem *nkulu*-Pulver, mit dem die Mädchen vor der Hochzeit bemalt werden, und auch der Schmelzer reibt sich mit rotem Lehm ein wie ein Bräutigam vor der Entjungferung der Braut. Ist die »Ofenbraut« aber defloriert, wird sie schwarz angemalt, und zwar in Analogie zur Verschleierung der penetrierten Gattin mit einem schwarzen Tuch. Im westlichen Sudan singen die Schmelzer bei der Arbeit obszöne und Liebeslieder, und bei den Chishinga betrügt ein Schmelzer seine »Ofenfrau«, wenn er während des Schmelzprozesses mit der eigenen oder irgendeiner anderen Frau schläft. Cf. Collett, a. a. O., S. 502 ff.; N. Finneran, 2003, S. 431; G. Haaland et al., 2002, S. 39.

42 Nonnos XXV. 115 f.; bzw. N. Krohn, 2003, S. 252; W. Burkert, 1977, S. 260; H. v. Prott, 1906, S. 88; R. J. Forbes, 1967, K 35. Schon U. v. Wilamowitz-Moellendorff (1937, S. 32) und F. Altheim (1930, S. 195) sahen in Hephaistos einen Daktylen, M. Delcourt (1982, S. 128) einen Kabiren, da er wie diese den Pilos trägt, sowie einen Sohn und Paredros der Hera. Lemnos war bekanntlich ein frühbronzezeitliches Zentrum der Metallbearbeitung (cf. W. Gentner et al., 1980, S. 211), und die »Lemnische Erde« wurde zu medizinischen Zwecken bis ins vorletzte Jahrhundert abgebaut. Cf. Krohn, a. a. O., S. 251. Im Norden entsprach dem Hephaistos der Gewittergott Fjörgynn, der seine Frau, die Erdgöttin, mit dem Blitz schlug und durch den anschließenden Regen schwängerte. Cf. G. Schütte, 1923, S. 131.

43 Cf. B. Hemberg, 1952, S. 45; G. Neumann, 1959, S. 101 f.; B. C. Dietrich, 1968, S. 1010 f.; Delcourt, a. a. O., S. 166; H.-G. Buchholz, 1979, S. 78 f. Schon von Enki wird berichtet, er habe seine »Hand« »tief in die Röhre« der Göttin Nintu gesteckt und sie mit seinem Sperma »überschwemmt«, und in einem ugaritischen Text schwängert El mit seiner »aufgerichteten Hand« (*yad*) erst die 'Aštart und anschließend deren »Magd«. Cf. J. Aistleitner, 1953, S. 291, 296 f.; W. G. Dever, 2008, S. 210. Als »Daumen«, der mit *śipi-viṣṭa*, »wechselnder [d. h. auf- und abschwellender] Penis« erläutert wird, bezeichnete man ursprünglich Viṣṇu, und der Sādhu Dukūla schwängert die junge Pārikā, indem er sie während der Zeit ihres Eisprungs mit seinem »guten« [d. h. rechten] Daumen am Nabel berührt. Cf. F. R. Schröder, 1938, S. 217; bzw. O. Weinreich, 1909, S. 21. »Baʿal schritt voran«, heißt es wiederum auf einem ugaritischen Keilschrifttäfelchen, »mit voller Hand,/Der

Gott Ḥaddu füllte seinen Finger./Die Öffnung der Jungfrau ʿAnāth wurde defloriert,/Ja, die Öffnung der anmutigsten der Schwestern Baʿals.« Cf. J. C. de Moor, 1987, S. 114.

44 Cf. Arnobius: *Adversus gentes* V. 7; H. Greßmann, 1930, S. 101 f.; Altheim, a. a. O., S. 70; M. J. Vermaseren, 1977, S. 91.

45 Diodoros V. 64.5; bzw. Aristophanes: *Die Wespen* 1198; cf. N. Robertson, 1983, S. 167. Nach einem Scholion zu Apollonios v. Rhodos waren es die idäischen Daktylen, die »das dunkle Eisen in den Bergschluchten entdeckten und es ins Feuer legten«. Cf. M. L. West, 2003, S. 283.

46 Cf. G. Kaibel, 1901, S. 490; Hemberg, a. a. O., S. 55; B. Combet-Farnoux, 1980, S. 120; H. Herter, 1927, S. 428; J. B. Hofmann, 1949, S. 368; G. Róheim, 1977, S. 97; J. N. Adams, 1982, S. 32; bzw. G. Capdeville, 1995a, S. 48, 73; K. Scherling, 1937, Sp. 1593 f., 1598. In den austronesischen Sprachen Tagalog und Maringe bedeuten *tīti'* bzw. *tʰiti* ebenfalls »Penis«. Cf. D. T. Tryon, 1995, S. 521 f. Auch der Name der vorgriechischen Τιτᾶνες, die bereits von Homer und Hesiod als phallische Urgötter angesehen wurden, wird auf τιταίνω, »anschwellen, erigieren« zurückgeführt. Cf. S. Eitrem, 1917, S. 34; U. v. Wilamowitz-Moellendorff, 1929, S. 51; H. Frisk, 1970, S. 904.

47 Valerius Flaccus: *Argonautica* II. 34 ff. Cf. Altheim, a. a. O., S. 48; O. Scherling, 1934, Sp. 1066 ff.; M. Mayer, 1936, Sp. 208; A. Carnoy, 1955, S. 54; P. Faure, 1980, S. 98. Nach E. C. Polomé (1990, S. 284 f.) bezeichnet man in vielen Sprachen mit der Silbe *ti* gewisse spitz zulaufende Objekte und mit dem meist reduplizierenden Lallwort am häufigsten die weibliche Brustwarze. Vgl. ugarit. *td*; hethit. *titta*; Murut (Timugon) *titi*; polynes. *tītī*; griech. τίτθη; lat. *titia*; ags. *tit*; sard. u. katalan. *dida*; nd. *titte*; ital. *tetta*; hethit. *titiššalli*, »Säugling«, *titišša*, »Säugamme«; mhd. *zipfel*, engl. *tip*, »Spitze«. Cf. I. Hoffmann, 1985, S. 209; W. Heraeus, 1937, S. 172 ff.; F. Kluge, 1960, S. 889; J. Tischler, 1994, S. 390; Tryon, a. a. O., S. 499 f.; D. Bain, 2007, S. 50. Asklepios wurde von seiner Mutter Koronis am Titthion, dem »Tittenberg«, ausgesetzt, und das Lallwort steckt sicher auch im Namen der Tithenidien, des Festes der Artemis Κορυθαλία, die den kleinen Apollon stillte. Cf. G. Binder, 1964, S. 134.

48 Cf. Pausanias V. 7. 6; H. Usener, 1896, S. 158; O. Kern, 1911, S. 304 f.

49 Cf. L. Weniger, 1906, S. 173 f.; Plutarch: *Pyrrhos* III. 4 f.; F. R. Schröder, 1956, S. 76; E. S. Connell, 2005, S. 87.

50 Strabon XIV. 2.7 Cf. K. Gallas, 1977, S. 42; E. M. Craik, 1979, S. 178; W. Fiedler, 1931, S. 9; C. P. Kardara, 1972, S. 168. Man hat immer wieder vermutet, die Telchinen seien der mythische Reflex einer minoischen Bronzeschmiedegilde gewesen, die die Große Göttin verehrten und im 12. Jahrhundert v. Chr. zunächst nach Zypern und von dort nach Rhodos und Boiotien auswanderten, wo sie in Teumessos den Kult ihrer alten Göttin in dem der Athena Telchinia weiterführten. Cf. S. Marinatos, 1962, S. 93; A. Demetriou, 1989, S. 87; A. Kanta, 2003, S. 29, 40. Auch ein Name von Kreta lautete Telchinia. Cf. H.-G. Buchholz, 1979, S. 79 f. In Pylos gab es 18 *ka-ke-we po-ti-ni-ja-we-jo*, von denen ein jeder *do-e-ro* unter sich hatte, was man mit »Metallarbeiter« oder »Arbeitssklaven« übersetzt hat. Möglicherweise handelt es sich um

eine spätbronzezeitliche Schmiedegilde »der Potnia«, d.h. der Großen Göttin. Cf. S. Hiller, 1979, S. 190; C. Gillis, 2000, S. 517 f.; Forbes, a.a.O., K 34. In Enkomi, Kition und anderen zyprischen Orten fand man Schmelz- und Gußanlagen innerhalb oder in unmittelbarer Nähe der Heiligtümer. Cf. H.-G. Buchholz, 1988, S. 220.

51 Cf. Herbert, a.a.O., S. 138 f.; W. Mannhardt, 1858, S. 344, 449 f., 472; K. Zacher, 1903, S. 10; Kluge, a.a.O., S. 874; H.P. Duerr, 1978, S. 149. Auch die übrigen Zwerge waren alles andere als harmlos. So verlautete der schwedische Historiker Olaus Magnus im Jahre 1555, man wisse »für gewiß, daß die Teuffel, welche man Wichtelin oder Bergmännlein nennet«, sich »bißweilen in angenommener Gestalt den Bergleuthen« zeigten, über sie »lachen, [sie] verblenden [...] und allerhand Gespöt mit ihnen« trieben, was nicht selten zum Tod führe. Cf. O. Magnus, 2006, S. 204. In derselben Zeit teilte der sächsische Naturforscher Georgius Agricola mit, die in den Erzgruben tätigen Kobolde und Bergmännchen seien 3 Spannen [ca. 70 cm] groß und wie die Bergleute gekleidet. Cf. G. Agricola, 1928, S. 541. Ihnen entsprachen die »knockers« der cornischen Zinnminen, an die noch im 19. Jahrhundert die Bergmänner glaubten. Als später die »unbelieving archaeologists« diese sowie die neolithischen Flintminen auf dem Gipfel des Harrow Hill in Sussex erforschten, wanderten die frustrierten Zwerge für immer aus. Cf. P. Topping/M. Lynott, 2005, S. 183 f.

52 Cf. Mannhardt, a.a.O., S. 208; J.H. Aðalsteinsson, 2004, S. 194 ff.; H. Ohlhaver, 1939, S. 11; C.R. Fee/D.A. Leeming, 2001, S. 31; H.P. Duerr, 2005, S. 400 ff.

53 Cf. M. Kunst, 1998, S. 549; A.M. Snodgrass, 1989, S. 27 f.; T. Earle, 2002, S. 315 f.; J. Hines, 2003, S. 34; G.A. Beckmann/E. Timm, 2004, S. 63 f.; H. Beck, 1978, S. 221, 224; K, Hauck, 1977, S. 5. Man hat experimentell nachgewiesen, daß das Glühen von Eisenfeilspänen und Vogelmist eine verstärkte Stickstoffaufnahme zur Folge hat, die das Eisen härter macht. Cf. ders., 1983, S. 633 f. Die Zwerge galten insbesondere als Waffenschmiede, und noch im Jahre 1619 verlautete Egidius Gutman über die »Bergmännlin«, die Bergleute hörten »vnderweilen, als schmiden sie Harnisch vnnd andere Rüstung«. Cf. L. Jontes, 1993, S. 150.

54 Cf. H. Findeisen, 1957, S. 95; W. Danckert, 1963, S. 270; E.-D. Hecht, 1977, S. 200; bzw. Beckmann/Timm, a.a.O., S. 82.

55 Cf. I. Mazarov, 1997, S. 178 f.; bzw. G. Varoufakis, 1981, S. 30 f.

56 Cf. J. Sakellarakis/E. Sapouna-Sakellaraki, 1997, II, S. 624, 650 f. Nichtmeteorisches Eisen wurde anscheinend in der Spätbronzezeit in sehr geringem Umfang aus der Levante und aus Kleinasien nach Kreta importiert. Cf. R. Pleiner, 1981, S. 117. Eines der ältesten und ein sicher extrem wertvolles Eisenobjekt war der in einem Brunnen geopferte frühbronzezeitliche Dolch aus nichtmeteorischem Eisen, der in der nördlichen Slowakei ausgegraben wurde. Cf. E. Vlček/L. Hájek, 1963, S. 434 f. Kreta selber wurde als Eisenerzquelle erst *nach* der Bronzezeit interessant. Cf. G. Markoe, 1998, S. 234 f.

57 Cf. N. Gale/Z. Stos-Gale, 1984, S. 59 f.; dies., 2002, S. 288; K. Branigan, 1982, S. 206 f., L. Steel, 2004, S. 167; J.D. Muhly, 2005, S. 505; ders., 2008,

S. 73; bzw. H. La Marle, 2008, S. 188; Y. Duhoux, 2003a, S. 17 ff. Das auf einem pylischen Täfelchen erwähnte »Schiffskupfer« (*ka-ko na-wi-jo*) bezieht sich wohl auf aus Übersee bezogene Keftiubarren.

58 Cf. N. Gale, 1998, S. 751 f.; V. Kassianidou, 2004, S. 38; J. D. Muhly, 2002, S. 79 f.; E. Peltenburg, 1995, S. 39; N. Gale/Z. Stos-Gale, 1986, S. 382; Z. Stos-Gale, 1988, S. 276; J. Vanschoonwinkel, 2003, S. 262 f.; R. Laffineur, 1995, S. 634. In Aghia Irini wurde das Kupfererz auch raffiniert.

59 Cf. A. B. Knapp, 1990, S. 58 f.; ders., 1993, S. 279; ders./J. F. Cherry, 1994, S. 140; W.-D. Niemeier, 1998, S. 38; J. B. Rutter, 1999, S. 141; Y. Portugali/ A. B. Knapp, 1985, S. 66; N. Gale/Z. Stos-Gale, 2005, S. 128 f.; C. Pulak, 2005, S. 62 f.; C. Bachhuber, 2006, S. 347. Weitere spätbronzezeitliche Kupferminen gab es auf Siphnos, Paros, Andros, Seriphos und im südöstlichen Lakonien. Cf. T. Repellin, 2004, S. 94. Kupfer aus Magan über Dilmun gelangte nur bis ca. 1700 v. Chr. nach Mesopotamien, weshalb es bald durch zyprisches Kupfer ersetzt wurde, das man über Ugarit und Mari bezog. Die Ugariter importierten das Metall allerdings nicht nur von der Insel, sondern auch aus Lavrion im südöstlichen Attika, aus den Minen von Timna und aus Anatolien. Cf. U. Franke-Vogt, 1995, S. 121; T. Kissel, 1999, S. 76; H. Crawford, 2000, S. 38; E. Dardaillon, 2004, S. 123.

60 Die 19 in fünf Reihen aneinandergelehnten Keftiubarren aus Aghia Triada bestehen aus nahezu reinem Kupfer und wiegen jeweils bis zu ca. 40 kg. Cf. R. F. Tylecote, 1976, S. 31. Berichte, nach denen durch Isotopenanalysen nachgewiesen worden sei, daß das Material aus Sardinien stammt (cf. J. E. Dayton, 1993, S. 33; ders., 2003, S. 169), scheinen sich nicht bestätigt zu haben oder blieben unbeachtet. Cf. D. Stockfisch, 1999, S. 260; N. Gale/ Z. Stos-Gale, 2002, S. 290; M. Kladou, 2003, S. 416.

61 Cf. S. Ratnagar, 2001, S. 113; M. Rice, 1985, S. 106. Bedeutend war vor allem die Kupfergewinnung in einem Wādī nordwestlich von Ṣuḥār an der Küste des Arabischen Meeres. Cf. S. Zakri, 1994, S. 62. In der frühen Eisenzeit scheint der Name »Magan« im Zweistromland zur Bezeichnung von Ägypten verwendet worden zu sein. Cf. Franke-Vogt, a. a. O., S. 114.

62 Cf. Repellin, a. a. O., S. 94; I. Tournavitou, 1995, S. 116; N. Gale/Z. Stos-Gale, 2002, S. 288; R. Drews, 2005, S. 229 f. Allerdings importierten die Minoer Gold wohl auch aus dem westlichen Anatolien und einigen anderen Gegenden. Die Ägypter bezogen ihr Gold und Elektron zunächst aus den Bergen der Ostwüste, wo es in Quarzgängen und als Waschgold in den Wādīs vorkam, später aber zunehmend aus Nubien. Cf. C. Reader, 2008, S. 15 ff.

63 Cf. 1. Könige 10.2 u. 10. Man hat vermutet, die Minäer hätten als erste Gold und indische Gewürze von der Hafenstadt Qāni' westlich des heutigen Bi'r 'Alī am Golf von Aden nach Gaza transportiert und den Minäern seien im 10. Jahrhundert die Sabäer gefolgt, die den Handel mit Indien und der afrikanischen Küste kontrollierten. Der Handelsort Rhapta in der Gegend des heutigen Dar-es-Salaam scheint eine sabäische Kolonie gewesen zu sein, aus der in späterer Zeit vor allem Elfenbein, Nashornhörner, Schildkrötenpanzer, Kopal und andere exotische Güter zu dem jemenitischen Weihrauchausfuhrhafen Muza verschifft wurden. Cf. J. M. Eisenberg, 2005, S. 23; bzw. L. Casson, 1989, S. 190; L. P. Kirwan, 1989, S. 432 f.

64 Cf. N. Glueck, 1965, S. 44; B. Doe, 1970, S. 52; H. v. Wissmann, 1982, S. 43; M. Liverani, 1992, S. 112 f.; U. Brunner/W. Herberg, 2000, S. 227. Es ist anzunehmen, daß die Sabäer auf der Reise in den Norden mit den Führern der jeweiligen Beduinenstämme auch aushandelten, in welcher Höhe künftig die Zölle zu entrichten waren. Cf. C. H. Gordon, 1992, S. 191. E. A. Knauf (1994, S. 112) glaubt, die legendäre Königin sei gar keine Sabäerin, sondern eine *nord*arabische Stammesführerin gewesen.

65 1. Könige 9.28; 10.11; 10.22; Hiob 28.16. Cf. Y. Ikeda, 1991, S. 117, 125 f. J. Dayton (1984, S. 364) vermutet, daß bereits Königin Hatschepsut ihre Punt-Fahrt von kanaanitischen Seeleuten ausführen ließ, da diese über größere nautische Kenntnisse verfügten.

66 Cf. z. B. W. Mahdi, 1999, S. 154 f., sowie W. Culican (1966, S. 78), der *tukkiyīm* mit dem dravidischen *toka*, »Pfauen«, in Zusammenhang bringt, oder J. Schreiden (1955, S. 587 f.), der Ophir mit der Handelsstadt Sopārā (Σωφαρά) an der Küste von Mahārāṣṭra identifiziert.

67 Auf einer Keramikscherbe aus der Zeit um 700 v. Chr., die in dem südpalästinensischen Hafen Tell Qasile gefunden wurde, stehen die Worte »Gold aus Ōphīr für Beth Horon, 3 Šekel«. Vermutlich bezog sich der Text auf eine Opfergabe für den kanaanitischen Gott Horon, den man mit Rê-Harachte identifizierte und dessen Heiligtum sich in der Nähe befand. Cf. Culican, a. a. O., S. 77.

68 Cf. O. Höver, 1961, S. 73 f.; G. W. Van Beek, 1958, S. 146; H. v. Wissmann, 1970, Sp. 972 ff.; W. Krebs, 1971, S. 196; J.-G. Demerliac/J. Meirat, 1983, S. 22 f.; A. Lemaire, 1987, S. 51; J. D. Muhly, 1987, S. 40. Auch R. Hennig (1944, S. 38) vermutete Ophir zunächst an der Küste Somalilands, doch er revidierte später seine Meinung und hielt es für durchaus möglich, daß die Phönizier schon so früh ins Goldland am oberen Sambesi vorgedrungen seien (ders., 1950, S. 474), zumal wenigstens in griechisch-römischer Zeit die Schiffahrt vom Horn von Afrika in die Gegend von Sansibar zwar als langwierig, aber als relativ einfach und ungefährlich galt. Cf. L. Casson, 1980, S. 31. Daß im 10. Jahrhundert v. Chr. indische Güter in den Golf von Aden verschifft worden sind, ist nicht unwahrscheinlich, denn gesichert ist, daß dies im 4. und 3. Jahrhundert v. Chr. geschah, wobei die indischen Seefahrer bereits lange vorher die Monsune für ihre Fernfahrten genutzt hatten. Im späteren 2. Jahrhundert v. Chr. setzte sich Eudoxos von Kyzikos am Marmarameer zum Ziel, indische Waren direkt von ihrem Ursprungsland unter Umgehung arabischer Zwischenhändler ins ptolemäische Ägypten zu verschiffen. Cf. W. W. Tarn, 1930, S. 213, 216; G. A. van Eysinga, 1904, S. 78; A. Dihle, 1984, S. 111.

69 Cf. R. L. Bowen, 1958, S. 61; G. W. Van Beek, 1958a, S. 139; A. M. Sayed, 2003, S. 432; ders., 2005, S. 211 f.; C. Cozzolino, 1993, S. 397; M. Greengrass, 2008, S. 10. Man hat den Namen Punts mit dem Protobantu- und Altsuaheliwort *pwani* zusammengebracht, das »Küste, Ufer, Strand« bedeutet. Cf. C. Priebe, 2002, S. 39; H. Raddatz/A. Seidel, 1912, S. 82. Bezeichnenderweise hat man an der somalischen Nordküste ägyptische Alabastergefäße und Keramikscherben gefunden. Cf. S. Mire, 2010, S. 30.

70 Cf. Karberg, a.a.O., S. 21; A.M. Sayed, 1989, S. 161; bzw. K.A. Kitchen, 1971, S. 192.

71 Cf. K.A. Kitchen, 1999, S. 174; R.G. Morkot, 2003, S. 174 f. In einer Felsinschrift auf der Insel Tombos vor dem 3.Nilkatarakt aus dem 20. Regierungsjahr Thutmosis III. ist die Rede von »Weihrauch der Mḏꜣj.w«, d.h. der Leute aus dem Lande Mḏꜣ. Man hat vermutet, daß es sich bei diesen Mḏꜣjw um Bedscha oder ein verwandtes nordostafrikanisches Volk handelte, deren Land nominell dem ägyptischen Vizekönig von Kusch unterstand und die als Zwischenhändler des Weihrauchs von der somalischen Küste auftraten. Cf. T. Säve-Söderbergh, 1941, S. 18, 208, 218; P.L. Shinnie, 1996, S. 67. Zwar werden die »Gabenbringer« aus Punt häufig wie Ägypter dargestellt, woraus man wohl schließen kann, daß normalerweise die Puntprodukte im Neuen Reich von Ägyptern ins Niltal geholt wurden. Cf. S. Hallmann, 2006, S.328 f. Doch ist der puntitische Gesandte auf einem Wandbild im thebanischen Grab des Sebekhotep, der in der Rechten ein Leopardenfell und in der Linken eine Schale mit orangeroten Weihrauchkugeln (*snṯr nw Mḏꜣw*) hält, im Gegensatz zu den braunhäutigen Nubiern mit schwarzer Hautfarbe dargestellt. Cf. R. Drenkhahn, 1967, S. 138; J. Taylor, 1991, S. 17. Sowohl Puntiter als auch Minoer werden meist als Tributpflichtige wiedergegeben, was beide mit Sicherheit nicht waren. Cf. D. O'Connor, 2003, S. 171.

72 Cf. L. Manniche, 1989, S. 91. Daß auch die südarabische Küste zum Großraum »Punt« zählte, ist immer wieder vermutet worden. Cf. R. Fattovich, 1991, S. 259, 267. Einen Seehandel zwischen der somalischen und der südarabischen Küste gab es bereits im 4. Jahrtausend (cf. ders., 1993, S. 402; B. Vogt/A.V. Sedov, 1998, S. 133; G. Kapitän, 2003, S. 113 ff.), wobei vermutlich Bambusflöße verwendet wurden, die noch auf einem Wandbild in einem thebanischen Grab aus der Zeit Amenophis II. dargestellt sind, doch Obsidian wurde schon lange vorher über das Rote Meer verhandelt. Cf. J. Zarins, 1989, S. 368. Man hat weiterhin angenommen, daß die Genbetyu, deren Gesandte Thutmosis III. in dessen 32. Regierungsjahr Räucherharz – vielleicht Myrrhe (*Commiphora myrrha*) – brachten (cf. W. W. Müller, 1997, S. 197 f.), identisch sind mit den noch von Plinius genannten Gebannitern, die südlich von Saba lebten. Cf. K. A. Kitchen, 1998, S. 37. In Marsa Gawāsis (*šww*) am Roten Meer, das vom Niltal aus über ein Wādī erreichbar war, hat man nicht nur die Schiffstaue und Plankenfragmente sowie zwei Ruderblätter aus Zedernholz gefunden, die dort in der 17. Dynastie in einem Abri deponiert worden waren, sondern auch Keramikscherben von der südarabischen Küste des Golfs von Aden. Cf. D. Farout, 2006, S. 51. Anscheinend wurden die Puntfahrer in Koptos zerlegt und die Einzelteile meist über das Wādī Ḥammāmāt in die Gegend des späteren El-Quṣeïr transportiert, denn von dort beförderten im Sommer günstige Winde und eine starke Strömung die ägyptische Flotte in 30 bis 40 Tagen nach Punt. Ab Oktober drehten die Strömung und der Wind, und die Schiffe kehrten – wohl im Januar – wieder heim. Cf. Fabre, a.a.O., S. 40 f., 83 f. Diesem Weg folgten die Ägypter vielleicht schon in vordynastischer Zeit. Cf. P.B. Adamson, 1992, S. 175.

73 Cf. G. Posener, 1977, S. 339 f. Wahrscheinlich lag dieses geheimnisvolle Gold-

land Amu eher in der Gegend des oberen Blauen Nil als im südöstlichen Afrika. Auch der von den Ägyptern importierte Antimonit stammte wohl eher aus Mesopotamien und nicht vom Sambesi. Cf. F. W. v. Bissing, 1949, S. 155.

74 Cf. M. Jasmin, 2005, S. 50; R. O. Faulkner, 1975, S. 245.

Anmerkungen zu § 8

1 Cf. R. Kochhar, 1999, S. 265 f.; G. L. Possehl, 2000, S. 73; W. Nützel, 2004, S. 158 f.; J. M. Kenoyer, 2007, S. 14. Bis ca. 1700 v. Chr. gab es noch ›harappische‹ Siedlungen in den Tälern von Mahārāṣṭra, Saurāṣṭra, Gujarāt und Uttar Pradēsh, deren Bewohner zum Teil über eine Schrift verfügten und Bronze sowie Terrakotta- im Gegensatz zu den früheren Steatitsiegeln herstellten. Graffiti von Segelschiffen machen einen regional begrenzten Handel wahrscheinlich. Cf. S. A. Sali, 1984, S. 240 f.; K. N. Dikshit, 1984, S. 267. Im Panjāb hielten sich Reste der alten Zivilisation bis ins 16. Jahrhundert v. Chr. Cf. S. K. Seth, 1978, S. 298. Die indoarischen Hirtennomaden wanderten wohl erst im späteren 13. Jahrhundert v. Chr. von den Almen im Norden ein. Cf. C. C. Lamberg-Karlovsky, 1996, S. 217, 227; M. Witzel, 2003, S. 21 f.

2 Cf. J. K. Wilson, 2005, S. 49 ff.; B. K. Gills/A. G. Frank, 1993, S. 152; H. Weiss et al., 1993, S. 1002.

3 Cf. D. T. Potts, 1997, S. 269 f.; M. Stol, 2004, S. 869; H. P. Ray, 2003, S. 90; bzw. H. Klengel, 1979, S. 101; C. K. Piller, 2004, S. 312. Gewürznelken erntete man ausschließlich auf den Molukken. In China wurde das »Hühnerzungen-Gewürz« erstmalig im 3. Jahrhundert v. Chr. und im Westen im 2. Jahrhundert n. Chr. in Alexandria erwähnt. Cf. F. Rosengarten, 1969, S. 205. Nach Europa gelangten sie durch die Kreuzfahrer. Cf. H. P. Duerr, 2005, S. 181.

4 Cf. J. Moon, 2004, S. 133 f.; R. Carter, 2006, S. 52. In Eridu fand man ein Terrakottaschiffchen mit einem Mast aus der ersten Hälfte des 4. Jahrtausends. Cf. M.-C. De Graeve, 1981, Fig. 148; E. Strommenger, 1978, S. 90. Erst sehr viel später, nämlich im 23. Jahrhundert, scheinen Mesopotamier über Dilmun hinausgefahren zu sein, als nämlich offenbar Maništušu, einer der Nachfolger Sargons des Großen, eine Militärexpedition nach Magan schickte, die sicher den Auftrag hatte, den Nachschub an Kupfer zu sichern. Cf. Francke-Vogt, a. a. O., S. 124.

5 Cf. S. McGrail, 2001, S. 251; C. C. Lamberg-Karlovsky, 1986, S. 204; M. Vidale, 2004, S. 261; bzw. M. Tosi, 1987, S. 126. In Ur fand man fünf Indussiegel und vier von einheimischen Handwerkern hergestellte Imitationen mit Keilschriftzeichen. Auf weitere Siegel aus Meluḫḫa stieß man in Dilmun. Die meisten Stücke stammen aus der Zeit zwischen dem 22. und dem 20. Jahrhundert. Cf. Vidale, a. a. O., S. 263 f.; T. C. Mitchell, 1987, S. 279 f. Das jüngste in Mesopotamien gefundene Indussiegel sowie ein Siegelabdruck auf einem Tonklumpen datieren ins fortgeschrittene 18. Jahrhundert. Cf. H. J. Nissen, 1987, S. 45 f.; P. Yule, 1981a, Abb. 3h.

6 Cf. S. R. Rao, 1965, S. 37; bzw. S. Parpola et al., 1977, S. 160 f.; Vidale, a. a. O., S. 263.

7 Cf. M. Tosi, 1986, S. 102; W. Heimpel, 1987, S. 38; C. Schmidt, 2005, S. 37;
A. Salonen, 1939, S. 54 ff. Erst im ausgehenden 8. Jahrhundert v. Chr. ließ der
assyrische König Sanherib von phönizischen und griechischen Schiffsbaumeistern leistungsfähige Hochseefahrzeuge herstellen: »Ich ließ die *ḫattu*-Leute
(= »Leute aus dem Westland«) sich als Beute meiner Bögen in Niniveh niederlassen; die mit meinen Händen gefangenen Schiffsbaumeister von Tyros, Sidon
und Ionien bauten auf kunstvolle Weise hohe Schiffe nach der in ihrer Heimat
üblichen Technik« (a. a. O., S. 56).

8 Wahrscheinlich war *mleḫḫ-* ursprünglich ein onomatopoetisches Wort, das
»verworren/unklar reden« bedeutete, so daß die Meluḫḫiter dasselbe waren
wie die Barbaren oder die Hottentotten. Das sanskritische *mleccha* und das
Pāli-Wort *milakkha*, das die Indoarier dem auf die Sprache der Harappa-Kultur zurückgehenden Drawidischen entnommen hatten (cf. P. Aalto, 1984,
S. 425 f.), bedeutet ebenfalls »barbarisch« und ist noch in der alten tamilischen
Bezeichnung für Südindien, Ta-miḻ-akam, enthalten. In sanskritischer und mit-
telindischer Zeit bezeichneten die Indoarier mit *mleccha* all die Ethnien, die
den hl. Veden den Respekt verweigerten, in späterer Zeit alle Fremden und
Ausländer wie Araber, Hunnen, Türken, Griechen oder Römer, mit denen
sie Handel trieben. Von dem Wort abgeleitet sind singhales. *malak*, »Wilder«,
und Panjābi *malech*, »Unreiner, Kastenloser«. Cf. R. Thapar, 1971, S. 409, 418,
430; A. Parpola/S. Parpola, 1975, S. 208 f., 217; H. Klengel, 1979, S. 43; P.
Aalto, 1987, S. 75; K. Karttunen, 1989, S. 13; S. Cohen, 2005, S. 112.

9 Cf. A. K. Thomason, 2005, S. 81; Tosi, a. a. O., S. 105; S. Ratnagar, 2001,
S. 104; Yule, a. a. O., S. 202; I. Tournavitou/M. Sugerman, 2000, S. 65 f. In
einer Inschrift Gudeas von Lagaš aus der Mitte des 22. Jahrhunderts heißt es,
dieser habe Goldstaub, Silber, Zinn, Kupfer, Karneol und Lapislazuli aus
Meluḫḫa kommen lassen, wobei das Kupfer wohl bei einem Zwischenstopp in
Magan (Omān) an Bord genommen worden war. Cf. Nissen, a. a. O., S. 47. Im
Mythos »Enki und die Neue Weltordnung« werden Holz für die königlichen
Throne und »karneolbärtige DAR-Vögel« an die Tempel geliefert, und aus
eblaitischen Texten aus dem dritten Viertel des 3. Jahrtausends geht hervor,
daß das Zinn über Dilmun verschifft wurde. Wie auf einem Täfelchen verzeichnet ist, fuhr der Fernhändler Ea-Nasir aus Ur regelmäßig nach Dilmun,
um dort Weizen, Gerste, Öl, Wolle und Textilien gegen Kupfer aus Magan
sowie Zinn, Halbedelsteine, Ebenholz und Elfenbein aus Meluḫḫa zu tauschen, während sein Kollege Di-Uto aus Lagaš dort die begehrten Metalle
gegen Wolle oder Wollstoffe einhandelte. Auf dilmunitischen Siegeln sind
Schiffe abgebildet, deren Bug einem Rinderhorn ähnelt und mit – vielleicht
apotropäischen – Kaurischnecken verziert ist. Mit solchen Schiffen fuhren die
Dilmuniter nicht nur nach Ur, sondern auch nach Lothal an der indischen
Küste des Arabischen Meeres, denn an beiden Orten hat man dilmunitische
Steinsiegel entdeckt, mit denen die Kaufleute von Baḥrein und Failaka die
Frachtbriefe versiegelten. Das von Baḥrein ca. 2700 km entfernte Lothal im
Mündungsbereich des Sābarmatī in Gujarāt war gegen Ende des 3. Jahrtau-
sends einer der wichtigsten harappischen Häfen mit großen Dockanlagen. Die
Dilmuniter exportierten ebenfalls Eigenprodukte wie Datteln und *igi.ku*,

»Fischaugen« (höchstwahrscheinlich Perlen), aber auch Importe aus Mesopotamien, z. B. Gemüse, Wein und Pigmente sowie Zedernholz vom Libanon. Cf. H. Crawford, 2000, S. 38; D. Kennet, 1990, S. 29; D. T. Potts, 1995, S. 566; C. C. Lamberg-Karlovsky, 1996a, S. 160; B. R. Foster, 1997, S. 55; M. Tosi, 2001, S. 139.

10 Cf. V. N. Misra, 1994, S. 523 f.; bzw. K. M. Srivastava, 1984, S. 441; S. Weiner, 1984, S. 413; A. el-Madani, 2002, S. 51; P. Scholz, 1990, S. 300. Im 18. Jahrhundert hörte Šortugai auf, harappischer Außenposten im Norden zu sein, und man verarbeitete dort nicht länger Lapislazuli, sondern natürlich abgeschliffene Kieselsteine aus den Flüssen Kokša und Amudarja zu lokal verwendeten Perlen. Cf. H. P. Francfort, 1982, S. 97 f. Die ›Handelsstraße‹ von Badaḫšan über das iranische Marlik Tepe, wo man Lapislazuli in den Gräbern fand, eine Strecke, die zum Teil mit der späteren Seidenstraße übereinstimmte, galt als sehr beschwerlich, weil sie weithin durch Ödland führte, und als gefährlich, da die Eselskarawanen ständigen Überfällen ausgesetzt waren. Ein einziger harappischer Siegelabdruck auf einem Topf in Tepe Yahya macht es wahrscheinlich, daß es kaum einen Landverkehr zwischen Meluḫḫa und Sumer gegeben hat. Cf. Piller, a. a. O., S. 312, 321 f.; P. R. S. Moorey, 1993, S. 39; C. C. Lamberg-Karlovsky, 1986, S. 204. Allerdings stieß man etwa 50 km von den Lapislazuliminen entfernt auf einen Hort, der aus Gold-Silbergeschirr mit iranischen und mesopotamischen Motiven wie dem bärtigen Stier besteht. Cf. L. Dupree, 1981, S. 108 f. u. Fig. 23.

11 Cf. J. Hansman, 1973, S. 574; G. F. Dales, 1962, S. 5. Sutkan-dor lag möglicherweise auf einer Insel in der Mündung des Daśt. Das in Lothal geläuterte und dort in Barren gegossene Kupfer, das anschließend exportiert wurde, stammte freilich nicht aus Magan. Cf. S. R. Rao, 1986, S. 379 f.

12 Cf. S. Ratnagar, 2000, S. 84; H. Crawford, 1997, S. 701.

13 Cf. Thomason, a. a. O., S. 82; Klengel, a. a. O., S. 102; H. Crawford, 2005, S. 45; Franke-Vogt, a. a. O., S. 116. Gegen Ende der Bronzezeit vergaß man offenbar im Zweistromland, wo Meluḫḫa einst gelegen hatte, und der Name scheint auf Südarabien und Nordostafrika übertragen worden zu sein. Cf. Klengel, a. a. O., S. 102; R. R. Stieglitz, 1984, S. 138. »Meluḫḫa« wird auch in der Korrespondenz zwischen Amenophis III. und dem ägyptischen Gouverneur von Byblos sowie 600 Jahre später in neuassyrischen Texten erwähnt und bezeichnet in beiden Fällen das Land Kusch südlich von Ägypten. Cf. Hansman, a. a. O., S. 574 f., 580. Ähnlich hat man im späten Mittelalter in Europa mit »Indien« häufig Äthiopien und Ostafrika bezeichnet. Cf. A. Kohler, 2006, S. 140. Daß es bereits im 4. und 3. Jahrtausend mesopotamische Fahrten um die arabische Halbinsel herum nach Ägypten gegeben hat, ist wohl abwegig, da die dort gefundenen sumerischen und elamitischen Rollsiegel und der Lapislazuli viel eher über Syrien ins Niltal gelangt sein werden. Cf. P. R. S. Moorey, 1987, S. 37 ff.; ders., 1998, S. 195 f. Allerdings wurde bereits im 7. Jahrtausend Obsidian vom Horn von Afrika nach Südarabien und von dort über Zwischenstationen an den Persischen Golf gehandelt (cf. R. Fattovich, 1993, S. 400 f.), und es ist denkbar, daß Seefahrer aus Meluḫḫa und Magan schon sehr früh bis nach Südarabien und Somaliland vorgesto-

ßen sind. Cf. E. Porada, 1982a, S. 291 f.; A. Raban, 1998, S. 47, 52; M. Ohshiro, 2000, S. 67. Daß freilich der ägyptische und jener von Ramses II. nach
einer Inschrift von Abu Simbel in Nubien erbeutete Lapislazuli (cf. P. O.
Scholz, 2006, S. 76 f.; Säve-Söderbergh, a. a. O., S. 170) auf solche Expeditionen zurückgeht, ist wohl eher unwahrscheinlich.

14 Die Datteln, die man im 14. Jahrhundert v. Chr. von Dilmun nach Mesopotamien exportierte, stammten vermutlich aus den Oasen al-Qatif und al-Hofuf
auf dem arabischen Festland und wurden in einer großen Halle zwischengela-
gert, die man in Qala'at al-Baḥrein ausgegraben hat. Dort preßte man auch
den Dattelsaft, aus dem ein starkes alkoholisches Getränk – vielleicht das
erwähnte »süße Wasser« – hergestellt wurde. Cf. M. Rice, 1985, S. 87 f.

15 Cf. H. Klengel, 1984, S. 17 f.; ders., 1990, S. 191; T. Kissel, 1999, S. 69; G.
Weisgerber, 1986, S. 139; M. Stol, 2004, S. 869; E. Marcus, 2002, S. 247; bzw.
C. Edens, 1986, S. 208. Auf Zypern wurde Kupfererz erst relativ spät, nämlich um 2300 v. Chr. gefördert. Cf. R. Busch, 1999, S. 11. Das frühbronzezeitliche Kupfer der Ägäis stammt aus griechischen und kleinasiatischen Lagerstätten.

16 Cf. C. Schmidt, 2005, S. 87; L. Simon, 1995, S. 47; M. Casanova, 1995, S. 19;
F. Schweizer, 2002, S. 522, 525; R. G. Lehmann, 2002, S. 17. Nach elamitischen Quellen wurde im 15. Jahrhundert v. Chr. Lapislazuli in bescheidenem
Umfang wieder ins kassitische Babylonien importiert (cf. S. Aufrère, 1991,
S. 483), doch blieb er im Westen äußerst rar. So haben z. B. neuere Untersuchungen erwiesen, daß der weitaus größte Teil der roten, blauen und türkisfarbenen Einlagen des bekannten Doppelgefäßes aus dem Grab von Tutanch-
amûn aus Karneol-, Lapislazuli- und Türkis*imitat* bestehen. Cf. Schweizer,
a. a. O., S. 533. Die aus Lapislazuli gefertigten Rollsiegel, die auf Kreta von
minoischen Handwerkern in Gold gefaßt wurden, waren meist älteren
Datums. Cf. J. Aruz, 2005, S. 753; J. Younger, 1975, S. 198; E. Møller, 1980,
S. 99 f.; N. Platon/ I. Pini, 1985, S. XL; P. Rehak, 1995, S. 116; I. Strøm, 1980,
S. 112 ff. Lapislazuliobjekte tauchen auf Kreta erst wieder in subminoischer
Zeit in Form von Perlen in einem knossischen Grab auf. Wahrscheinlich handelt es sich um phönizische Importe. Cf. I. Dirlmeier-Kilian, 2000, S. 160. In
neubabylonischer Zeit importierte man die Steine ebenfalls auf Sparflamme.
Die Ziegelsteine des babylonischen Ištar-Tores aus dem 6. Jahrhundert v. Chr.
sind mit einer blauen Alkali-Silikat-Glasur überzogen. Cf. W. Frey/ S. Radujkovic, 2005, S. 36.

17 Cf. K. Spindler, 1971, S. 199; R. Maddin et al., 1977, S. 41; E. F. Mayer, 1995,
S. 232; R. Krause, 2003, S. 207; M. Pearce, 2004, S. 8. Die ersten Objekte, die
aus Zinnbronze gefertigt wurden, waren Schmuckstücke, weshalb wahrscheinlich der Goldglanz das ursprüngliche Motiv für ihre Herstellung war.
Cf. C. Broodbank, 2000, S. 293.

18 Cf. V. C. Pigott, 1996, S. 159; S. Cleuziou/ T. Berthoud, 1982, S. 18 f. Die in der
Nordägäis gefundene Zinnbronze aus dem späteren 4. Jahrtausend scheint
die älteste in ganz Europa zu sein. Cf. J. D. Muhly/ E. Pernicka, 1992, S. 311.
Die früheste Zinnbronze von Troja und Thermi sowie von Polióchni und
Kastri auf Syros aus der Mitte des 3. Jahrtausends stammt nach ihrem Isoto-

penmuster wohl aus präkambrischen Gesteinsformationen in Afghanistan. Die westlichen Fundstellen der Zinnbronzen aus der 2. Hälfte des 3. Jahrtausends lassen sich als Punkte auf einem schmalen Band darstellen, das sich vom nördlichen Mesopotamien bis in die Troas erstreckt. Außerhalb dieses Bandes benutzte man weiterhin Arsenbronze. In der Ägäis nahm in dieser Zeit der Zinngehalt der Bronzen nach Süden hin kontinuierlich ab. Cf. K. Branigan, 1974, S. 64; H. W. Haussig, 1980, S. 14; J.-R. Maréchal, 1983, S. 309; E. Pernicka, 1990, S. 107 f.; J. D. Muhly, 1999, S. 21; V. M. Liritzis, 1996, S. 197 f.; P. L. Kohl, 2003, S. 18 f.; Ö. Bilgi et al., 2004, S. 20 f.; L. Rahmstorf, 2006, S. 83; C. Doumas, 1991a, S. 38; H. Wilde, 2003, S. 80 f.

19 Cf. Ö. Bilgi, 1997, S. 42 f.; M. T. Larsen, 1987, S. 52; T. Özgüç, 2003, S. 44 f.; J. G. Dercksen, 2004, S. 162 f. Den davor liegenden Streckenabschnitt kontrollierten offenbar die Elamiter. Aus einem mariotischen Text geht hervor, daß das Zinn in Form von ca. 5 kg schweren Flachbarren (akkad. *lēʾu*) von Susa nach Mari gebracht wurde. Von dort aus transportierte man es einerseits nach Anatolien, andererseits nach Karkemiš, Qaṭna, Haṣôr, Aleppo und Ugarit, wo unter anderem minoische Fernhändler es in Empfang nahmen. Cf. J. D. Muhly, 1986, S. 59 f.; C. Michel, 1996, S. 390 f.; J. M. Webb et al., 2006, S. 282 f.; T. Kissel, 1999, S. 74 f.

20 Cf. J. M. Kenoyer/ H. M.-L. Miller, 1999, S. 118; T. Stech, 1999, S. 64; Tournavitou/Sugerman, a. a. O., S. 69; P. R. S. Moorey, 1993, S. 298; S. Ratnagar, 2000, S. 85, 92; K. R. Maxwell-Hyslop, 1977, S. 85; V. Haas/D. Bawanypeck, 2003, S. 219. Man hat vermutet, das Zinn und eventuell auch das Gold seien mit Karawanen über Šahr-i-Sochta zum Persischen Golf und von dort auf Schiffen nach Sumer gebracht worden. Auf einem eblaitischen Täfelchen wird Zinn nach dem dilmunitischen Umschlaghafen AN.NA *dilmun* genannt, und in einem vorsargonischen Text ist eine Lieferung von 27½ Minen [= ca. 14 kg] Zinnbronze (AN.NA *zabar*) aus Dilmun erwähnt. Cf. H.-G. Bachmann, 1999, S. 6; Weeks, a. a. O., S. 180. In der Harappa-Kultur und in Omān wurde um die Mitte des 3. Jahrtausends Zinnbronze hergestellt, und in Lothal fand man Spiegel, Nadeln, Armringe und Meißel mit einem Zinngehalt von bis zu 11,82 %. Cf. W. Witter, 1943, S. 200; E. Pernicka et al., 2003, S. 171 f.; Cleuziou/Berthoud, a. a. O., S. 18; T. M. Babu, 2003, S. 166.

21 Cf. C. G. Doumas, 1996, S. 59; Kohl, a. a. O., S. 20. Seit Beginn des 2. Jahrtausends wurden zwar auch die Vorkommen des usbekisch-tadschikischen Zinngürtels ausgebeutet, doch ob Zinn aus dieser Gegend auch in den Westen exportiert worden ist, scheint unbekannt zu sein. Cf. H. Parzinger, 2003, S. 296; K. Kaniuth, 2007, S. 34 f.; L. R. Weeks, 2003, S. 200; T. Stöllner, 2004, S. 58; N. Boroffka et al., 2002, S. 143; V. C. Pigott, 1999, S. 4. Gleiches gilt für das Zinn aus der Gegend von Fergana im zentralasiatischen Tien-Chan-Gebirge. Cf. R. G. Valera et al., 2005, S. 367. Man hat auch gemutmaßt, Zinn sei aus der Gegend von Ban Chang in Thailand nach Mesopotamien transportiert worden, da dort angeblich harappische Karneolperlen gefunden wurden. Allerdings haben sich diese inzwischen als südostasiatische Erzeugnisse herausgestellt. Cf. D. T. Potts, 1997, S. 267 f.

22 Cf. Klengel, a. a. O.; S. 17; K. Branigan, 1967, S. 120; ders., 1989, S. 67; L. V.

Watrous, 1994, S. 749 f.; bzw. J. D. Muhly, 1985, S. 126; ders., 1999, S. 17; P. P. Betancourt, 2008, S. 213, 215; C. S. Coburn, 2008, S. 208 f.; C. Gillis, 1991, S. 15. Gelegentlich ist offenbar Zinnbronze auf Kreta schon sehr früh verarbeitet worden. So entdeckte man in einem Tholosgrab des FM I (30. Jahrhundert) in Krasi südlich von Mallia neben einem silbernen Anhänger zwei Bronzedolche mit einem Zinnanteil von 6 und 10 % und in einem vom FM II A bis zum FM III benutzten Grab einen ebenfalls auf der Insel hergestellten Dolch mit einem Zinngehalt von 4,8 %. Cf. J. D. Muhly, 2004, S. 284; bzw. M. H. Wiener, 1991, S. 325. Als ältester asiatischer Import in der Ägäis außerhalb Kretas, der gewiß auf die Minoer zurückgeht, gilt der Deckel eines Kästchens aus weißem Stein mit einer Keilinschrift von Narām-Sin, König von Ešnunna (Tell Asmar) östlich des Tigris, der in einem Grab bei Kastri auf Kythera gefunden wurde. Cf. E. Lipiński, 1992, S. 74. Aus der akkadischen Inschrift geht hervor, daß das Kästchen »von Narām-Sin, Sohn des Ipiq-Adad«, einer bestimmten Gottheit geweiht worden war. Cf. W.-D. Niemeier, 1998, S. 36 f.; M. C. Astour, 1973, S. 19 f.

23 Cf. K. Branigan, 1968, S. 61 f.; ders., 1982, S. 204. Am Ende des 3. Jahrtausends scheinen Minoer und Levantiner, namentlich Seefahrer und Prospektoren aus Byblos, auf Zypern aufeinandergetroffen zu sein. Cf. G. Cadogan, 1973, S. 173; ders., 1979, S. 64 f. An der Nordküste der Insel hat man minoische Dolche aus dem späten 20. Jahrhundert gefunden. Cf. P. Flourentzos, 1999, S. 69. Erst ab dieser Zeit wurde auf Zypern die Arsenbronze flächendeckend durch Zinnbronze ersetzt (cf. S. Hadjisavvas, 1999, S. 23), wobei so viel orientalisches Zinn über Mari und Ugarit auf die Insel gelangte, wo die Barren häufig mit kypro-minoischen Markierungen versehen wurden, daß Zypern bald als Verteilerzentrum im Westen galt. Auch die Ägypter bezogen Zinn von der Insel, obgleich man am Nil erst sehr spät, nämlich gegen Ende der 17. Dynastie, in größerem Umfang zur Herstellung von Zinnbronze überging. Cf. T. A. Wertime, 1978, S. 38; H. Wilde, 2003, S. 98. Offenbar besaß das Metall am Nil eine besondere Bedeutung, denn man hatte der Mumie des Tutanchamûn einen Zinnoxidbrocken mit auf die letzte Reise gegeben. Cf. N. Reeves, 1990, S. 196.

24 Cf. W. C. Brice, 1972, S. 16; J. Best, 1980, S. 155 f.; L. Fitton et al., 1998, S. 135; Rahmstorf, a. a. O., S. 81 f.; J. F. Cherry, 1983, S. 33, 41; D. Panagiotopoulos, 2005, S. 43; M. Heltzer, 1989, S. 24 f.; S. W. Manning, 2008, S. 110; R. Dussaud, 1939, S. 62; J. Driessen, 2007, S. 76; bzw. T. R. Smith, 1987, S. 52; L. S. Dubin, 1987, S. 46; A. Bevan, 2007, S. 35. Ägyptische Steingefäße aus der 3. Dynastie, die vermutlich kosmetische Öle enthielten, sowie syrische oder ägyptische Fayenceperlen, Karneol und Elfenbein aus Gräbern des FM II in Mochlos scheinen bereits um die Mitte des 3. Jahrtausends nach Kreta gelangt zu sein, aber es ist nicht bekannt, durch wen und auf welchem Wege dies geschehen ist. Cf. E. Peltenburg, 1995, S. 40; M. Müller, 2006, S. 221. In frühminoischen Fundschichten hat man auch orientalische Rollsiegel aus dieser Zeit entdeckt. Cf. S. Hood, 1978, S. 209 f.; I. Pini, 1992, S. 200; H. Genz, 2000, S. 602. Die meisten auf Kreta gefundenen altbabylonischen Siegel, die in ihrem Ursprungsland schon im 5. Jahrtausend hergestellt worden sind,

kamen allerdings erst im 20. bis 18. Jahrhundert unter die Erde. Cf. Møller, a. a. O., S. 99 f. Die minoische Siegelproduktion ist mit Sicherheit durch die orientalischen Siegel angeregt worden, doch zeigt die Ikonographie der syrischen Rollsiegel des 18. und 17. Jahrhunderts wiederum einen starken minoischen Einfluß. Cf. O. Keel/H. Keel-Leu, 1990, S. 41. Auf den frühen kretischen Siegeln findet man die ersten Darstellungen minoischer Segelschiffe, die offenbar gegen Ende des 3. Jahrtausends gebaut wurden. Cf. D. Papageorgiou, 2008, S. 202.

25 Cf. J. Phillips, 1991, S. 332 f.; bzw. S. Quirke, 2005, S. 92 f.; G. Cadogan, 1993, S. 93; C. Doumet-Serhal, 2007, S. 38; S. Lange, 2010, S. 50. Auf einer Keramikscherbe des MM III B aus Tell Haror in Palästina befand sich eine Linear-A-Inschrift. Cf. G. A. Rendsburg, 1998, S. 290. Während eine ägyptische Amphore, das Segment eines Nilpferdzahnes und mehrere Obsidian- und Dioritobjekte aus dem Niltal in FM II-Schichten in Knossos, auf Mochlos und einigen anderen Orten entdeckt wurden (cf. Peltenburg, a. a. O., S. 38 f.), ist es möglich, daß in jüngeren Schichten gelagerte ägyptische Steinvasen und andere Importe aus vordynastischer Zeit oder aus den ersten Dynastien des Alten Reiches aus Gräbern stammen, die in der 2. Zwischenzeit oder in der 18. Dynastie ausgeraubt worden sind. Cf. A. Bevan, 2004, S. 115; J. Phillips, 2005, S. 455 f. So glaubt man heute, daß die wohl aus der 12. Dynastie stammende Dioritstatue des User, die im Boden des Innenhofes des Palastes von Knossos in einem Stratum des 14. Jahrhunderts v. Chr. gefunden und ursprünglich für die Opfergabe eines ägyptischen Gesandten gehalten worden war (cf. E. Uphill, 1984, S. 213), wohl eher zur Beute von Grabräubern der 18. Dynastie gehörte, die sie an Fernhändler veräußerten, die das Objekt wiederum auf Kreta als Exotikum verkauften. Cf. J. Phillips, 1992, S. 179 ff. Solche Kuriositäten wurden zum Teil über Jahrhunderte hinweg vererbt. So entdeckte man in geometrischen Fundschichten bei Knossos, in der Ida-Grotte und in Lefkandi Bronzekrüge mit Lotosrankengriffen, die wohl ein Pharao des 14. Jahrhunderts, wahrscheinlich Amenophis III., als diplomatisches Geschenk an einen minoischen Wanax geschickt hatte. Cf. J. B. Carter, 1998, S. 176 f.

26 Zinnbronze wurde im südlichen Mesopotamien ab ca. 3000 v. Chr. hergestellt, und die Bronzen aus den Königsgräbern von Ur haben einen Zinngehalt von 8 bis 10 %. Cf. V. Kassianidou/A. B. Knapp, 2005, S. 224; Wilde, a. a. O., S. 77.

27 Cf. A. Malamat, 1989, S. 57 f.; ders., 1998a, S. 414. Zu den bedeutendsten Gastgeschenken, die der mariotische König Zimri-Lin im Jahre 1765 v. Chr. nach Ugarit mitbrachte, gehörten bezeichnenderweise Zinnbarren und Lapislazuli. Cf. P. Villard, 1986, S. 404 ff. Ein auf Mochlos gefundener Zinnbarren aus dem späten 17. Jahrhundert v. Chr. könnte noch aus Ugarit, vielleicht aber auch bereits aus einer neuen Quelle stammen. Cf. J. S. Soles, 2005, S. 432 f.

28 Cf. C. Gillis, 1991, S. 17; J.-C. Margueron, 1994, S. 319 f.; R. G. Valera, 2005, S. 368; H. Klengel, 1997, S. 276. Ein weiterer und entscheidender Schlag zur Zerstörung des Ost-Westhandels war die Vernichtung Eblas durch die Hethi-

ter, die so gründlich ausfiel, daß die Stadt sich nie mehr richtig erholte. Schon lange vorher hatten Sargon der Große und Naram-Sin von Akkad erklärt, erst durch die Eroberung Eblas seien sie in der Lage gewesen, »den Zedernwald und die Silberberge« zu erreichen, und in der Tat war dieser Handelsknotenpunkt für jeden, der aus dem Euphrattal kam, das Tor zum Amanus und zum Taurus sowie zum Mittelmeer, da die Syrische Wüste mit Eselskarawanen kaum zu durchqueren war. Cf. A. Archi, 1993, S. 45; A. G. Frank, 1993, S. 396; C. Bermant/M. Weitzman, 1979, S. 145; P. Matthiae, 1996, S. 69. Zur Unterbindung des assyrischen Zinnhandels nach Anatolien cf. J. G. Macqueen, 1986, S. 20; T. Bryce, 1998, S. 85 f.

29 Cf. B. K. Gills/A. G. Frank, 1993, S. 156; J. D. Muhly, 1980a, S. 40. Zum völligen Niedergang dieser Handelsbeziehungen führte schließlich der Einfall der Truppen Muršili I. in Mesopotamien um 1600 v. Chr., währenddessen die Hethiter Babylon plünderten, die Statuen des Stadtgottes Marduk und seiner Paredra raubten und wahrscheinlich König Samsuditāna und dessen gesamte Familie abschlachteten. Cf. T. Stech, 1985, S. 104 f.; G. Papasavvas, 2001, S. 306; A. B. Knapp, 1992, S. 117; H. W. F. Saggs, 2005, S. 135. In der Folgezeit wurde der syrisch-levantinische Raum jahrzehntelang von den Soldaten Thutmosis III. und seines Sohnes Amenophis II. sowie von Tutchalija II. verwüstet, die Städte zerstört, die Bevölkerung versklavt und die Äcker und Obstplantagen ruiniert. Cf. M. Heinz, 2002, S. 179 ff.

30 Cf. Strøm, a. a. O., S. 112 f., 115 f.; R. G. Valera/P. G. Valera, 2003, S. 12; bzw. S. W. Manning, 1994, S. 250 f. Der Ausbruch des Thera-Vulkans fand geraume Zeit vor dem Niedergang der Neupalastkultur statt und kann deshalb nicht dessen Ursache sein.

31 Cf. K. Kalogeropoulos, 2007, S. 263 f.; K. Leshtakov, 2007, S. 456; J. Apakidze, 1999, S. 511 f.; C. Doumas, 1988, S. 18; ders., 1997, S. 83; E. N. Černych, 1982, S. 6; K. Branigan, 1982, S. 207; A. Archontidou-Argyri, 1997, S. 66 f.; A. Dova, 1997, S. 69 f. Vermutlich gab es einen alten Handelsweg von der Troas in den Norden, denn in der Nähe des moldawischen Borodino, ungefähr 100 km Luftlinie in nördlicher Richtung von der Donaumündung entfernt, stieß man auf Jadeäxte aus dem frühen 2. Jahrtausend, die als typisch für die Gegend um Troja gelten. Cf. F. T. Hiebert, 2001, S. 12. Monochrome Keramik, wie sie von der Troas und von Lemnos her bekannt ist, hat man im theräischen Akrotiri gefunden. Cf. C. Doumas, 2001, S. 10, 22 f.

32 Cf. P. Pavúk, 2005, S. 271; R. Laffineur, 1995, S. 633. Das Gold der Schachtgräber von Mykene könnte – wenigstens zum Teil – aus Siebenbürgen stammen. Cf. H. Matthäus, 1989a, S. 89; ders., 2005a, S. 339; M. Zavadil, 2009, S. 111. Mykenische Prospektoren sind vielleicht bereits im späten 17. Jahrhundert v. Chr. auf der Suche nach Edelmetall in den Norden vorgedrungen. Cf. J. D. Muhly, 1980, S. 27; E. N. Davis, 1983, S. 33 f. Auch Thasos und Makedonien lieferten »thrakisches Gold«. Cf. D. Matsas, 1995, S. 243 ff.

33 Cf. A. Fol/R. Schmitt, 2000, S. 56 f.; J. Lichardus et al., 2004, S. X; K. Porožanov, 2004, S. 268; bzw. D. Matsas, 1991, S. 168 ff.; ders. 1996, S. 121; S. Hiller, 1997, S. 195; B. Borislavov, 2010, S. 23 f. Unweit der Fundstätte von Dráma entdeckte man einen Keftiubarren mit kypro-minoischen Zeichen sowie ägäi-

sche Keramik aus dem 13. Jahrhundert v. Chr., also Objekte, die vermuten lassen, daß die Gegend jahrhundertelang von ägäischen Seefahrern aufgesucht wurde. Cf. auch M. Cultraro, 2005, S. 244 f. In Troja und insbesondere auf Lemnos stieß man auch auf Kamares-Ware aus dem 17. Jahrhundert sowie auf spätminoische Keramik, insbesondere Transportbügelkannen, eine Serpentinlampe und ein Bronzemesser, die sicherlich ebenfalls kretischen Ursprungs sind. Cf. R. Becks, 2006, S. 161; Hiller, a.a.O.; W.-D. Niemeier, 2006, S. 48; C. Mee, 1978, S. 147; P. A. Mountjoy, 1998, S. 34.

34 O. T. Dickinson, 1972, S. 147. Cf. M. Sakellariou, 1986, S. 134; G. Huxley, 1996, S. 146; C. Varias García, 1999, S. 598.

35 Cf. I. Strøm, 1980, S. 117; R. Witte, 1980, S. 612; S. Junghans et al., 1968, S. 174; T. S. Wheeler, 1977, S. 24; T. R. Smith, 1987, S. 35; H. Hughes-Brock, 1985, S. 258; S. Dietz, 1991, S. 263; J. D. Muhly, 1979a, S. 320; ders., 1979b, S. 122; G. Touchais, 1989, S. 121; C. Gillis, 1991, S. 18; R. E. Jones/L. Vagnetti, 1991, S. 140; G. Castellana, 2003, S. 137; M. Schweizer, 2000, S. 167; L. R. Weeks, 2003, S. 173; G. J. van Wijngaarden, 2008, S. 132 f.; C. Pare, 2000, S. 31; M. Marazzi, 2003, S. 109; A. M. Lucena Martin, 2008, S. 150 f. Nach J. E. Dayton (1982, S. 165) ist es »fast sicher«, daß das im Schachtgrab IV gefundene Silber aus der Gegend von Almería stammt.

36 Cf. A. Evans, 1928, S. 56; K. Branigan, 1968a, S. 227; S. Marinatos, 1962, S. 164 f.; B. Pålsson-Hallager, 1983, S. 114; W. Taylour, 1983, S. 141; G. Kopcke, 2000, S. 185; G. Voza, 2008, S. 36; A. G. Woodhead, 1962, S. 22. Die auf Lipari gefundenen Bernsteinhalsketten und Fayenceperlen stammen aus Gräbern der Einheimischen, die vielleicht als Zwischenhändler fungierten. Cf. K. P. Foster, 1979, S. 41.

37 Cf. R. Eisler, 1928, S. 101; Zu AN.NA (hurrit. *anagi*; armen. *anag*) cf. G. B. Djahukian, 1990, S. 29; C. Schmitt, 2005, S. 44. Anaku ist also wohl der »Zinnort«. Cf. W. Horowitz, 1998, S. 88. Zum Text cf. A. K. Grayson, 1977, S. 57.

38 Cf. M. Heltzer, 1977, S. 210; B. I. Faist, 2001, S. 64 ff.; J. Freu, 2004, S. 276; P. S. de Jesus, 1978, S. 101; Ö. Bilgi, 1997, S. 50. Daß es sich dabei um Zinn aus Cornwall gehandelt haben könnte, ist verschiedentlich bemerkt worden. Cf. Klengel, a.a.O., S. 150; Macqueen, a.a.O., S. 43.

39 Cf. E. Weidner, 1953, S. 22.

40 Cf. Lucena Martin, a.a.O., S. 149. Man hat bezweifelt, daß die aus dem Binnenland stammenden Proto-Griechen sich so rasch zu Seefahrern entwickeln konnten, die in der Lage waren, über das offene Mittelmeer zu fahren. Freilich wurden die Wandalen nach der Eroberung der römischen Provinz Africa Proconsularis und ihrer Hauptstadt Karthago auf den in Spanien erbeuteten Schiffen zu einer gefürchteten maritimen Macht im zentralen Mittelmeer und in der Ägäis. Cf. V. Bierbrauer, 2006, S. 189. Die mykenischen Seefahrer und Metallprospektoren fuhren nicht nur ins Tyrrhenische, sondern auch ins Adriatische Meer, wo sie anscheinend den dortigen Stammeshäuptlingen Bronzeschwerter und -äxte vermachten, die man in deren Gräbern fand. Cf. M. Galaty, 2007, S. 136 f. Trotzdem gelten die Mykener nicht eben als die ›Herren der Meere‹, und man vermutet, daß die mykenische Keramik im 14.

und 13. Jahrhundert nicht auf festlandgriechischen, sondern auf kretischen, zyprischen und levantinischen Schiffen nach Osten und Westen transportiert wurde. Cf. C. Gillis, 1995, S. 70.

41 Zu den späteren Kassiteriden cf. H. P. Duerr, 2005, S. 306. Daß die Minoer Zinn aus Cornwall bezogen, nahm bereits A. C. Vaughan (1959, S. 95) an, und G. Cadogan (1979, S. 67) ging davon aus, daß sie es zum Teil nach Zypern weiterhandelten. Cf. auch K. Kristiansen/T. B. Larsson, 2005, S. 123 f. Vielleicht bestehen die insgesamt knapp 1 t schweren plankonvexen und Keftiu-Zinnbarren des Schiffes von Uluburun, das möglicherweise auf der Fahrt von Zypern nach Kommos und von dort nach Sardinien war (cf. G. F. Bass, 1991, S. 76; ders., 1995, S. 1428; D. Conwell, 1987, S. 33; C. Pulak, 1995, S. 57; ders. 2006, S. 47; A. M. Snodgrass, 1991, S. 18; P. N. Kardulias, 1999, S. 191; S. Wachsmann, 2000, S. 814; Bachhuber, a. a. O., S. 359), zum Teil aus nordwesteuropäischem Zinn. Bleiisotopenanalysen der Barren haben jedenfalls ergeben, daß sie aus mindestens zwei verschiedenen Quellen stammen, die beide nicht mit der des Zinns aus dem etwas jüngeren Gelidonya-Wrack identisch sind und von denen wenigstens der eine Typus nicht aus orientalischem Zinn besteht. Cf. C. Pulak, 1998, S. 200 f.; ders., 2000, S. 153; R. Maddin, 1989, S. 105. Aus Alašiya, d. h. Zypern (ägypt. *i̯ꜣ-rꜣ-sꜣ-ꜣ*), oder direkt von Kreta erhielten offenbar die Ägypter der 18. Dynastie ihr Zinn (*dḥ*), wie auf einem Wandbild im Grab des Rechmirê zu sehen ist: Hier trägt ein minoischer »Gabenbringer« einen grauen Barren mit einem Fingerloch, neben dem das Wort *dḥjj* steht (cf. W. Helck, 1979, S. 74, 123) und dessen Keftiuform genau der Mehrzahl der geteilten und ungeteilten Zinnbarren des Uluburun-Wracks entspricht. Cf. G. F. Bass, 1990, S. 10. Zwar ist in den Bronzeobjekten aus den Gräbern der 12. und 13. Dynastie neben Arsen und Blei auch etwas Zinn enthalten, doch hat in Ägypten die eigentliche Zinnbronze die Arsenbronze erst im 16. Jh. ersetzt. In der Folgezeit haben die ägyptischen Bronzen einen wesentlich höheren Zinnanteil als die mesopotamischen, was ein weiterer Hinweis darauf sein könnte, daß das Land am Nil über die Inseln des östlichen Mittelmeeres europäisches Zinn erhielt. In Gräbern der 18. Dynastie fand man Fingerringe aus einer Silber-Zinn-Legierung. Zinnoxid ließ sich nicht nur in ägyptischer Fayence, sondern auch in den vermutlich aus Kreta stammenden Grün- und Blaupigmenten der Fresken von Tell el-Dab'a und im Ägyptisch Blau und der grünen Fritte nachweisen, die für die Wandbilder der Gräber des 15. und 14. Jahrhunderts verwendet wurden. Cf. Wilde, a. a. O., S. 85, 98; A. Lucas, 1928, S. 97; A. Kaczmarczyk/R. E. M. Hedges, 1983, S. 83; H. Jaksch, 1985, S. 63 f.; A. Brysbaert, 2002, S. 102.

42 Cf. P. Freeman, 1999, S. 223 f.; A. Michailidou, 2001a, S. 87; A. Dialismas, 2001, S. 125; K. Voutsa, 2001, S. 154; L. A. Stella, 1965, S. 196. Das gall. Lexem *cassì* (vgl. air. *casân* = silberweiß beschriebene Fibel) geht wohl ebenfalls auf das schon von Homer benutzte κασσίτερος zurück. Cf. P. de Bernardo Stempel, 1998, S. 650 f. Ähnlich hat man vermutet, κύπρος, »Kupfer«, lasse sich von sumer. GA-BA-LUM ableiten. Cf. E. Neu, 1996, S. 4. Toskan. *pęltro* und afrz. *peautre* sind wohl auf das anscheinend durch die Ligurer vermittelte idg. **peltrom*, »graues Metall«, zurückführbar und unser »Zinn«

wahrscheinlich auf ein Wort, das die Kelten von den Stämmen übernahmen, die vor ihnen in Nordwestfrankreich und Südwestengland lebten, und das zu air. *stán*, kymr. *ystaen*, corn. *stean*, lat. *stagnum*, frz. *étain* wurde. Cf. J. Brüch, 1959, S. 5; bzw. K. H. Schmidt, 1983, S. 758. Wieder einen anderen Ursprung haben luw. *dankul-*, hethit. **dankui*. Cf. V. Haas/D. Bawanypeck, 2003, S. 219. Albion, der mittelalterliche Name Englands, scheint auf idg. **albho-*, »weiß«, zurückzugehen und soviel wie »Zinnland« zu bedeuten (vgl. *plumbum album* [Plinius XXXIV. 156]). Cf. G. Broderick, 2009, S. 159 f.

43 Cf. L. Kontorli-Papadopoulou et al., 2005, S. 185 f. Das löwenartige Fabeltier erinnert an das auf dem »Ring des Nestor«, der wohl aus einem Tholosgrab der Zeit um 1500 v. Chr. im messenischen Kakovatos stammt.

44 Cf. G. A. M. Mueller, 1959, S. 125. Nach A. F. Harding (1984, S. 261) sollen die Fundumstände undurchsichtig sein, aber der Autor führt dies nicht näher aus, so daß die Berechtigung der Kritik nicht überprüfbar ist. Gesichert ist, daß Ibiza im 8. Jahrhundert v. Chr. Zwischenstation der Phönizier auf dem Weg vom Atlantik nach Sardinien war, wie es die dort gefundenen Vollgriff-langschwerter, Lanzen- und Pfeilspitzen »tartessischen« Typs sowie Äxte, Tüllenbeile und Halsringe von der portugiesischen Küste dokumentieren. Außerdem waren die Phönizier offenbar an den Silbervorkommen auf Ibiza interessiert. Cf. P. W. Haider, 2006, S. 292 f.

45 Cf. C. Domergue/C. Rico, 2002, S. 141 ff.; F. Lo Schiavo, 2005, S. 408; bzw. R. A. Brown, 1985, S. 135 f., 163, 277; M. Ninck, 1945, S. 179. In Massilia fand man eine spätminoische Oinochoe in der Form der theräischen »Brust-warzenkrüge« sowie zwei Dolche derselben Zeit aus zyprischem Kupfer. Von Kreta stammt auch das Fragment eines Keramikgefäßes aus dem 8. Jahrhundert v. Chr. Cf. P. Jacobsthal/J. Neuffer, 1933, S. 36 f., 40.

46 Cf. J. C. Martín de la Cruz, 1990, S. 49 f.; C. Podzuweit, 1990, S. 56 f.; H. Mommsen, 1991, S. 60 f.; Lucena Martin, a. a. O., S. 149; M. Bartelheim, 2007, S. 369; H. Schubart/V. Pingel, 1992, S. 13; H. Schubart, 2001, S. 138; Harding, a. a. O., S. 131 f.; M. Almagro-Gorbea/F. Fontes, 1997, S. 345 f.; J. C. Martín de la Cruz/M. Perlines, 1993, S. 335 ff. Bereits A. Evans (1921, S. 493) war der Ansicht, daß minoische Seefahrer die segmentierten Fayence-perlen einst nach Südspanien verschifft haben.

47 Cf. G. Cadogan, 1969, S. 152 ff.; R. H. Tykot, 1994, S. 70.

48 Cf. R. Maddin et al., 1977, S. 38; T. Champion et al., 1984, S. 225; C. Gillis, 1991, S. 5; R. W. Chapman, 1984, S. 1153. Gleiches gilt für die etrurischen, sardinischen und anatolischen Zinnvorkommen. So hat man zwar im toska-nischen Luni sul Mignone minoische und mykenische Keramik gefunden, doch ist in dieser Gegend lediglich ein spätbronzezeitlicher *Kupfer*abbau nachweisbar, und ebenso verhält es sich in anderen erzfördernden Gebieten, die über das Tyrrhenische Meer erreichbar waren und in denen man minoi-sche Keramik der Zeit um 1300 v. Chr. ausgegraben hat. Cf. E. H. Cline, 1994, S. 80; G. Forsythe, 2005, S. 21. Einen – allerdings nicht besonders ergiebi-gen – Zinnabbau scheint es in der Toskana erst ab dem frühen 8. Jahrhundert v. Chr. durch die Etrusker gegeben zu haben, der bereits in dieser Zeit nura-ghische Sarden, Phönizier und Euboier anzog, die um 780 das Emporium

Pithekussai auf Ischia anlegten. Aber auch die Eisenerze Elbas wurden über diesen Ort verhandelt. Cf. A. Giumlia-Mair, 2005, S. 421; D. Ridgway, 2000, S. 180 f.; F.-W. v. Hase, 1995, S. 253. Auf einen spätbronzezeitlichen Zinnabbau auf Sardinien gibt es ebensowenig einen Hinweis (cf. Gillis, a. a. O.) wie auf eine bronzezeitliche Ausbeutung des einzigen nennenswerten anatolischen Zinnvorkommens südlich von Bursa. Cf. O. Belli, 2001, S. 324; H. W. F. Saggs, 1989, S. 201; E. Cline, 1991a, S. 8; K. Kaniuth, 2007, S. 24.

49 Cf. H. W. Catling, 1979, S. 73; ders., 1980, S. 19; H. Klengel, 1982, S. 185; E. Baboula, 2000, S. 75. Nach M. Kayafa (2006, S. 228) blieb der Zinngehalt der Bronze zwar relativ hoch, aber es gab insgesamt deutlich weniger Bronze als in den Zeiten davor. Auch dies deutet auf ein Recycling hin. Man nimmt an, daß in den sardinischen impastierten Transportcontainern, die in den Metallverarbeitungsvierteln von Kommos ausgegraben wurden, um 1300 v. Chr. Bronzeschrott in die Messará transportiert wurde. Cf. L. V. Watrous/ P. M. Day/R. E. Jones, 1998, S. 339; J. W. Shaw, 1998, S. 15; D. Ridgway, 2006, S. 302. Aus dieser und der Folgezeit fand man im Bereich des östlichen Mittelmeeres zahlreiche Horte mit Bronzeschrott, die einen akuten Zinnmangel signalisieren. Cf. H. W. Catling, 1964, S. 298; J. C. Waldbaum, 1978, S. 72; Ö. Bilgi et al., 2004, S. 21 f.

50 Cf. R. J. Firth, 1995, S. 46, 50; F. R. Riley, 1999, S. 147; G. Kopcke, 1990, S. 56; A. Kanta, 1998, S. 45; K. Nowicki, 2000, S. 183, L. V. Watrous, 1996, S. 99. Während es im SM III A 1 auf Kreta noch 68 Siedlungen gab, wuchs diese Zahl im A 2 auf 124 und schließlich im B 1 auf fast 200 an, um dann im B 2, also in der 2. Hälfte des 13. Jahrhunderts, ebenso rapide abzufallen. Cf. N. Merousis, 2002, S. 166. Im Gegensatz zu Städten wie Khania, Archánes, Tylissos oder Kommos scheint Knossos, das noch um die Mitte des 15. Jahrhunderts mit ca. 17.000 Einwohnern eine Fläche von 67 Hektar einnahm, nach der Zerstörung seines Palastes um 1370 keine besondere Bedeutung mehr besessen zu haben. Cf. Whitelaw, a. a. O., S. 225; S. Hiller, 1984a, S. 30; W.-D. Niemeier, 1985, S. 230 f. Die Zeit um 1300 v. Chr. war auch die der höchsten Blüte der mykenischen Festlandkultur. Cf. S. E. Iakovidis, 1993, S. 315.

51 Cf. L. V. Watrous, 1992, S. 146 f.; ders., 1997, S. 303; J. B. Rutter, 2005, S. 42 f. Gegen Ende der Besiedlung gelangten noch einmal zwei mykenische Bügelkannen und ein Pithos von Kythera oder den Kykladen nach Kommos. Cf. A. Van de Moortel/J. B. Rutter, 2006, S. 629 f., J. B. Rutter, 2004, S. 189; J. W. Shaw et al., 2006, S. 85. Nach F. M. Carinci/T. Fratini (2007, S. 71) wurde auch Aghia Triada um die Mitte des 13. Jahrhunderts verlassen. Erst in hellenistischer Zeit errichtete man an dieser Stelle ein kleines Dorf, das sicher unter der Herrschaft von Phaistos stand, aber innerhalb der bronzezeitlichen Ruinen gab es offenbar vom 9. bis 7. Jahrhundert v. Chr. ein Heiligtum, in dem die Bevölkerung von Phaistos die Nachfahren der minoischen Göttin und ihres Paredros verehrte, den sie Welchanos nannten. Cf. S. E. Alcock, 2002, S. 109.

52 Cf. J. Moody, 2004, S. 257; dies., 2005, S. 464 f; dies., 2005a, S. 131; B. Weiss, 1982, S. 183 f.; B. Fagan, 2004, S. 182, 185.

53 Cf. M. Heltzer, 1988, S. 12 f.; Watrous, a. a. O., S. 182. Sinaránu war anschei-

nend ein den sumerischen DAM-GAR entsprechender königlicher Agent, der aber auch private Geschäfte machte. Cf. M. Heltzer, 1978, S. 134 f. Solche »Großkaufleute« (akkad. *tamkāru* von *mkr*, »Handel treiben«) wurden nicht selten vom König auf diplomatische Mission geschickt, und ein Gleiches taten die DAM-GAR für die Tempel und Paläste Sumers bis zum Ende der Ur-III-Zeit oder die »Gesandten« des Pharao (*wpwty n[y]-sw[.t]*), die nach Kusch, Punt und Kreta oder – wie Wenamûn – als »Gesandter« des Amûn (*wpwty m Imn*) im Auftrage des Hohepriesters Herihor nach Kanaan geschickt wurden. Cf. A. Salonen, 1942, S. 23; M. N. van Loon, 1977, S. 5; bzw. Fabre, a. a. O., S. 176 f., 187. Reine Privatunternehmer und Fernhändler im neuzeitlichen Sinne waren vielleicht schon die sumerischen *alik Tilmūn*, die nach Baḥrein fuhren, mit Sicherheit aber die assyrischen *umme'ānum*, die Zinn und Textilien nach Anatolien beförderten, die Phönizier, die nach dem Abflauen des »Seevölkersturms« ihre Güter auf anonyme Märkte brachten, ohne von ihren Königen kontrolliert zu werden, und vermutlich jene selbständigen Fernhändler der ägäischen Spätpalastzeit, die man für Überseefahrten aller Art anheuern konnte. Cf. C. C. Lamberg-Karlovsky, 1996, S. 163, 168; S. Frankenstein, 1979, S. 264 f.; A. Möller, 2000, S. 51; bzw. Manning/Hulin, a. a. O., S. 282.

54 Cf. P. Rehak/J. G. Younger, 1998, S. 136; Y. Portugali/A. B. Knapp, 1985, S. 53. Man hat angenommen, daß das Uluburun-Schiff anschließend von Kommos über Unteritalien oder Sizilien nach Sardinien gefahren ist. Im zentralen Mittelmeer hatte es eventuell auf einer vorherigen Fahrt das im Wrack gefundene Schwert, das nach seinem Erhaltungszustand Bronzeschrott war, und Bernsteinperlen an Bord genommen. Cf. L. Vagnetti/F. Lo Schiavo, 1989, S. 222 f.

55 Cf. M Dietrich/O. Loretz, 1998 S. 356 f.; dies., 2008, S. 282 f.; M. Dietrich, 2007, S. 68; C. Kardara, 1968, S. 224; M. Pope/W. Röllig, 1965, S. 295 f. Ḥkpt ist wahrscheinlich ein aus dem Minoischen entlehnter Ausdruck für Kreta (cf. E. Lipiński, 1988, S. 142), das in sämtlichen levantinischen Texten entweder über das Meer oder durch einen unterirdischen Gang erreicht werden kann. Cf. R. J. Clifford, 1972, S. 93.

56 Cf. J. Aruz, 1995, S. 15; bzw. E. Peruzzi, 1960, S. 96; E. H. Cline, 1999 S. 125; P. P. Betancourt, 1998, S. 7. Manche Importe, die man für ägyptische hält, z. B. Nilpferdhauer, könnten auch aus Syrien stammen. Cf. F. M. Carinci, 2000, S. 31. Dagegen scheinen die in Kato Zakros gefundenen Elefanten-Stoßzähne eher ägyptischer als meluḫḫitischer oder syrischer Herkunft zu sein. Cf. H.-V. Herrmann, 1981, S. 234.

57 Cf. C. Gillis, 1995, S. 68 f.; bzw. M. Nicolakaki-Kentrou, 2003, S. 357; O. Carruba, 2002, S. 144 f.

58 Ägypt. *Kȝft(j)w*, das wohl *kaftu* ausgesprochen wurde, akkad. *Kaptara*, ugarit. *kptr*, hebr. *Kaphtōr*, ptolemäisch-ägypt. *Keptar*, gehen vermutlich alle auf den minoischen Namen der Insel zurück. Die meisten Gelehrten hatten **Kȝf-tj* schon immer für Kreta gehalten, weil das Land nach dem zwar erst unter Ramses VI. aufgezeichneten, aber wahrscheinlich bereits im Mittleren Reich verfaßten »Buch vom Tage« *nordwestlich* von Ägypten liegt. Das auf

einem pylischen Täfelchen erwähnte *ke-re-te*, »Kreter«, wie auch das phönizische *krsjm*, scheinen sich von den zu den »Seevölkern« zählenden Kerethim abzuleiten, die mit den Philistern über Kreta nach Palästina wanderten. Cf. J. Osing, 1992a, S. 278; E. Edel/M. Görg, 2005, S. 166 f.; H. R. Hall, 1903, S. 162 f.; J. F. Quack, 1996, S. 78 f.; bzw. S. Nikoloudis, 2008, S. 55; P. Filigheddu, 2006, S. 178; F. Schachermeyr, 1979, S. 114 f.; ders., 1984, S. 216.

59 Da das *š* in *b3-jj-š3-t-jj* im mykenischen Griechisch nicht vorkommt, ist der Ortsname von den Ägyptern offenbar aus dem Minoischen übernommen worden. Cf. Osing, a.a.O., S. 36.

60 Vielleicht haben die Kreter den Ägyptern lediglich von *Tj-n3-jj* und den *Tj-n3-jj-w* erzählt (cf. R. Drews, 2005, S. 229), doch hat man immerhin in Attika einen wohl aus dem 14. Jahrhundert v. Chr. stammenden ägyptischen Steinanker gefunden, der für die Fahrt eines Schiffes von Ägypten zum griechischen Festland sprechen könnte (cf. J. Kelder, 2005, S. 146 f.), falls die Ägypter sich nicht levantinischer Schiffe und Seeleute bedient haben. Schließlich ist in einem Papyrus aus der ersten Hälfte des 12. Jahrhunderts von einer Expedition Ramses III. zu den Kupferminen von »Atika« die Rede, das mit dem griechischen Attika identisch sein könnte. Cf. A. A. Barakat, 2009, S. 14 ff. Vermutlich nannten die Mykener sich selber Δαναοί und ihr Land Danaja, ägypt. *Tj-n3-jj-w* bzw. *Tj-n3-jj*, und ab der Zeit Ramses III. *d-n-j-n*. Außer diesen Danaern werden noch die *r/l3w-3n3*, d. h. Lawana oder Luwana, genannt, bei denen es sich wohl um die Luwier handelt, sowie eine Gegend mit dem Namen Iunia A'a, »Groß-Ionien«, wahrscheinlich das Gebiet der Ionier um Milet. Cf. B. Sergent, 1977, S. 170 f.; H. Sourouzian/R. Stadelmann, 2005, S. 82 f. Zum ersten Mal scheinen die Danaer im 15. Jahrhundert erwähnt worden zu sein, denn es heißt, Thutmosis III. habe im 42. Jahr seiner Herrschaft durch das »Wohlwollen des Häuptlings von *Tj-n3-jj*« einen »silbernen Krug im *K3ft(j)w*-Stil (*m b3k n*) gemeinsam mit kupfernen Bechern mit Silbergriffen im Gewicht von 56 *dbn*, 3 *kdt* [= 5 kg und 102 g]« erhalten. Cf. D. B. Redford, 2003, S. 96. Auch »Ionien« wird in dieser und späteren Zeiten mehrfach genannt. So steht auf dem Henkel eines Pithos aus Kumidi *ymn* – offenbar ein Vermerk, daß die in dem Gefäß gelagerte oder transportierte Ware ionischer Herkunft war (cf. Dietrich/Loretz, a.a.O., S. 334), und die Annalen Sargons II. vermelden für das Jahr 715 v. Chr., die Wohnsitze der Ia-ú-na-aja lägen »mitten [im] Meer«. Cf. W. Mayer, 1996, S. 470.

61 Cf. E. Sakellarakis/J. Sakellarakis, 1984, S. 202. Aus dem *w3d-wr* kamen folglich in späterer Zeit auch die »Seevölker« (cf. O. Kaiser, 1959, S. 33; W. Helck, 1987, S. 220 f.), ohne daß damit, wie Pastor Spanuth annahm, die Nordsee gemeint war, von der die Ägypter wohl kaum etwas wissen konnten. Die Farbbezeichnung *w3d* kann zwar auch Grün, Blau, Violett oder Lila bedeuten, aber im Zusammenhang mit *wr* hat sich »Großer Grüner« eingebürgert. Das Wort *iw*, das für gewöhnlich mit »Insel« übersetzt wird, kann auch »Festlandküste« heißen. Cf. J. Vercoutter, 1956, S. 156.

62 Cf. H. Matthäus, 1995, S. 186; P. Rehak, 1996, S. 39, 50 f.; N. Marinatos, 1993; S. 141. Wenn es auch möglich oder sogar wahrscheinlich ist, daß im SM III A 1/2 z. B. in Aghia Triada eine minoisierte mykenische Dynastie

herrschte, war doch die Bevölkerung der ländlichen Messará minoisch. Cf. A. L. D'Agata, 2005, S. 110. Ob die Elefantenstoßzähne der minoischen und syrischen »Gabenbringer« ursprünglich aus Ägypten stammten und gewissermaßen ›zurückgeschenkt‹ wurden, weil es vor allem auf *den Wert* des Geschenkes ankam (cf. P. Karavites, 2008, S. 154 f.), ist nicht feststellbar. Cf. A. Busch, 2008, S. 29. Da Kreta und Punt so weit von Ägypten entfernt waren, daß es keine militärischen Auseinandersetzungen mit ihnen gab, wurden die Minoer und Puntiter im Gegensatz zu Nubiern, Libyern oder Levantinern im allgemeinen nicht verunglimpft. Trotzdem konnten die Ägypter es sich nicht verkneifen, die Minoer auf einem Wandbild im Grab des Anen, eines Bruders des Teje, als Unterworfene und Gefangene darzustellen (Abb. 158). Cf. J.-P. Graeff, 2008, S. 128; bzw. C. Booth, 2005, S. 55.

63 Cf. J. Phillips, 2006, S. 299; E. W. Castle, 1992, S. 254; K. Sethe, 1930, S. 37 f. Auch exotische Tiere, vor allem Affen und wahrscheinlich sogar ein ostafrikanischer Kronenkranich, wurden nach Kreta exportiert. Cf. P. Warren, 2000, S. 25. Im Gegensatz zu den diplomatischen Geschenken der Minoer, die von den Grabbildern her bekannt sind, gelangte die in Ägypten gefundene minoische Keramik gewiß als gewöhnliche Handelsware an den Nil, obgleich auch sie wohl sehr wertvoll war, denn die meisten Scherben ägäischer Gefäße entdeckte man auf der Müllhalde des königlichen Palastes von Amarna. Cf. B. J. Kemp/R. S. Merrillees, 1980, S. 282; M. T. Phelps, 1982, S. 104.

64 Cf. E. H. Cline, 1991b, S. 21 f.; ders., 1999, S. 119 f., 123; E. H. Cline/M. J. Cline, 1991, S. 51; H.-G. Buchholz, 1999, S. 599; L. V. Watrous et al., 1998, S. 339; L. Godart, 1983, S. 138 f. Laut W.-D. Niemeier (1985, S. 229 f.) wurde nach der Mitte des 14. Jahrhunderts keine minoische, sondern nur noch mykenische Keramik in den Orient exportiert.

65 Cf. J. Phillips, 2007, S. 490. P. W. Haider (1989, S. 18 f.) meint, es habe sich bei den mit Königskartuschen versehenen Skarabäen, etwa dem mit dem Namen der Anchesenamûn aus einem Haus in der wohl im SM III B 1 zerstörten knossischen Hafenstadt Porós (cf. S. Hiller, 1977; S. 183), dem mit der Kartusche des Haremhab aus dem Areal nördlich des Palastes von Knossos oder denen Ramses II. aus dem Nekropole von Perati, eventuell um Geschenke der Pharaonen an kretische Wanaktes gehandelt. Die Fahrt von Kommos nach Marsa Matruh dauerte drei bis fünf Tage (cf. F.-K. Kienitz, 1976, S. 46) und wurde wohl auch von zyprischen und levantinischen Schiffen durchgeführt. Cf. Conwell, a. a. O., S. 27; D. White/A. P. White, 1996, S. 13 f.; Bakr/Nibbi, a. a. O., S. 101; S. Thomas, 2003, S. 528.

66 Cf. R. S. Merrillees, 1986, S. 46 f.; A. Leonard, 1989, S. 19 f.; A. Tennu, 2005, S. 22; A. Dinçol/B. Dinçol, 2005, S. 215 f.; T. Bryce, 2003, S. 62 ff.

67 Cf. L. A. Oppenheim, 1970, S. 10 ff. Die Assyrer unterschieden entsprechend *uqnū kūri*, »Lapislazuli vom Ofen«, von *uqnū šadī*, »Lapislazuli vom Berg«. Ein ägyptisches Glasgefäß wurde offenbar noch im SM III A 2 nach Kommos exportiert. Cf. J. W. Shaw, 2006, S. 855.

68 Cf. P. W. Haider, 1989, S. 12; I. Pini, 1997, S. 10; P. Yule, 1985, S. 54; ders., 1987, S. 172 f.

69 Cf. L. Vagnetti, 1993, S. 152; J. Moody, 2004, S. 256; B. P. Hallager, 1983,

S. 114 ff. Auf solche minoischen Händler geht sicher das auf Sardinien gefundene Elfenbeinfragment mit der Darstellung eines Kriegers zurück, der einen Eberhauerhelm trägt. Cf. M. L. Ferrasese-Ceruti et al., 1987, S. 12 f. Ein großer Teil der auf Sardinien gefundenen ägäischen Keramik der Zeit um 1300 v. Chr. stammt aus der Gegend von Khania und Kommos. Cf. K. Kalogeropoulos, 2002, S. 531. Im SM-III-Friedhof von Odos Palama scheinen auch in Khania ansässige Zyprer bestattet worden zu sein. Jedenfalls ist die Form der betreffenden Gräber zyprisch, und die Leichen zweier junger Frauen, deren Skelette anthropologisch nicht denen der Minoerinnen entsprechen, trugen zyprische Siegelringe um den Hals. Cf. B. P. Hallager/P. J. P. McGeorge, 1992, S. 27, 45. Offenbar fuhren zyprische Kaufleute und Schmiede im 13. und 12. Jahrhundert über Kreta nach Sardinien. Cf. P. J. Russell, 1985, S. 47; V. Kassianidou, 2005a, S. 338 f.; J. B. Rutter, 2006, S. 861. Die erste sardinische Keramik kam anscheinend bereits im späten SM III A 1 nach Kommos, und in der fortgeschrittenen Spätpalastzeit folgten immer mehr westliche Importe wie z. B. italische Bronzedolche und -messer. So nimmt man auch an, die auf Kreta gefundenen, ursprünglich in Italien hergestellten, aber später bis in den fernen Norden und nach Transylvanien verbreiteten Peschiera-Schwerter seien von kretischen Zinnprospektoren in die Ägäis heimgebracht und dort den Göttern geopfert worden. Cf. L. V. Watrous, 1985, S. 8; J. W. Shaw, 1998, S. 15; ders., 2004, S. 44 f.; E. Barboula, 2000, S. 77; A. Naso, 2000, S. 195 f.

70 Schon Dickinson (a. a. O., S. 147) hat die frühen Fahrten des mykenischen Schachtgräber-Adels »as a result of the disturbances in the East of the 17th and 16th centuries BC« erklärt.

71 Cf. M. J. Becker, 1980, S. 103 f.; J. P. Crielaard, 1998, S. 195. Es könnte sein, daß die ansonsten in der Ägäis unbekannten Fingerringe, die man in einem Heiligtum des 13. Jahrhunderts v. Chr. in Phylakopi auf Melos fand, aus dem fernen Westen importiert worden waren. Cf. A.-L. Schallin, 1990, S. 50, 58. Nach einer Isotopenanalyse stammt das Material einer SM III C-Fibel aus Zinnbronze, die in Khania ausgegraben wurde, höchstwahrscheinlich von Sardinien. Cf. M. Brun-Lundgren/I. Wiman, 2000, S. 179. Bis zum Ende der Milazzese-Kultur auf Lipari scheinen die ägäischen Seefahrer auf Westkurs über die Aiolischen Inseln gefahren zu sein, aber um 1300 v. Chr. bevorzugten sie offenbar die Strecke entlang der Südküste Siziliens. Die bedeutendste Transitstation war dabei wohl Thapsos, wo man auch nordischen Bernstein gefunden hat. Cf. Hallager, a. a. O., S. 114; F. Lo Schiavo, 1995, S. 45; Voza, a. a. O., S. 36 f. Die Westfahrten von Kommos aus wurden bis zur Aufgabe der Siedlung und die der Zyprer sogar noch im 11. Jahrhundert v. Chr. durchgeführt. Cf. L. V. Watrous, 1992, S. 182; C. Calcagno, 2000, S. 114 f.

72 Cf. F. Lo Schiavo, 2005a, S. 315. Die Autorin hält es für möglich, daß die sardischen Seefahrer sogar in den Atlantik gefahren sind. Cf. a. a. O., S. 356.

73 Cf. F. Fernández Gomez, 2003, S. 207.

1 Isotopenanalysen haben nach J. D. Muhly (1991, S. 190) gezeigt, daß die sardinischen Keftiubarren aus zyprischem, aber ebensogut aus Kupfer der Sierra Almenara im Westen von Cartagena bestehen können. Anderer Meinung ist N. H. Gale (1991, S. 221 f.). Zwar sind die Kupfervorkommen auf Sardinien bescheiden (a. a. O., S. 220), aber man hat sich trotzdem darüber gewundert, daß so viele Keftiubarren fremdländischen Kupfers auf die Insel gebracht worden sind. Vielleicht besaßen sie eine kultische Bedeutung, denn sie blieben unverarbeitet auf der ganzen Insel verteilt, während das einheimische Kupfer eingeschmolzen wurde. Cf. F. Lo Schiavo, 1998, S. 194. Möglicherweise gab es auf Sardinien wie im östlichen Mittelmeer Gottheiten der Kupferminen und des Kupferhandels. Jedenfalls waren Bronzefigurinen von gehörnten und bewaffneten Männern und von Frauen, die ihren Mantel öffnen, sowie bronzene Votivschiffe, Waffen und Gefäße in den Tempeln und Kulthöhlen konzentriert (a. a. O., S. 205). Offensichtlich fuhren die Zyprer sehr viel später als die Mykener und Minoer nach Sardinien und über die Insel hinaus, und man vermutet, daß diese Fernfahrten auf die Initiative der Ägäer zurückgehen, die sich nach dem Untergang ihrer Palastkultur auf Zypern angesiedelt hatten. Die Fahrten dauerten bis zur Mitte des 11. Jahrhunderts an, aber Keftiubarren wurden auf Sardinien anscheinend bis ins späte 10. Jahrhundert v. Chr. hergestellt. Cf. A. Kanta, 2003, S. 27; bzw. Z. Stos-Gale/N. H. Gale, 1992, S. 336; D. Ridgway / F. R. Ridgway, 1992, S. 358.

2 Höchstwahrscheinlich sind die Zyprer im 12. Jahrhundert ihren minoischen Vorgängern auch dorthin gefolgt. Ein bronzener ὀβελός von der atlantischen, vielleicht südwestfranzösischen, Küste, den man in einem Grab des 11. Jahrhunderts v. Chr. in Amathus an der Südküste Zyperns gefunden hat, wird auf solche Fernfahrer von der Insel der Aphrodite zurückgeführt. Cf. H. Matthäus, 1998, S. 82; ferner H. P. Duerr, 2005, S. 307, 543.

3 Cf. C. Roden, 1985, S. 65; J. Riederer, 1987, S. 139; S. Kaufmann, 1998, S. 29; H.-G. Bachmann, 2004, S. 256; A. Hauptmann, 2007, S. 567.

4 Cf. R. D. Penhallurick, 1997, S. 31 f.; J. S. Jackson, 1978, S. 122 f.; I. R. Selimchanow, 1974, S. 73. Beim Einschmelzen des »Waschgoldes« aus diesen Gegenden ging jenes deshalb häufig eine Verbindung mit dem Zinn ein. Cf. A. Hartmann, 1970, S. 11. Aus diesem Grund haben die aus alluvialem Gold hergestellten bronzezeitlichen Objekte im Gegensatz zu denen aus »Berggold« meist einen Zinnanteil. Cf. P. T. Craddock, 1995, S. 26; J. Lichardus, 1988, S. 105. In reinem Zustand ist Kassiterit weißlich, aber da er oft mit Eisenerz kontaminiert ist, hat er in diesem Falle eher eine braunschwarze Farbe. Cf. R. F. Tylecote, 1976, S. 14.

5 Strabon III. 2. 9. Cf. Penhallurick, a. a. O., S. 23 f., 32; Craddock, a. a. O., S. 27; P. T. Craddock/ B. R. Craddock, 1997, S. 2; P. Budd, 2000, S. 17; T.-M. Rowe, 2005, S. 79, 125; Bachmann, a. a. O., S 256. In Cornwall und Devon scheint man allerdings zum Abbau von »Bergzinn« im großen Stil erst nach der Erschöpfung der Zinnseifenstätten im späten Mittelalter übergegangen zu sein. Cf. K. Spindler, 1971, S. 200.

6 Cf. C. Pare, 2000, S. 21; L. Sperber, 1999, S. 48. Auf den britischen Inseln baute man »genähte« hochseetaugliche Plankenschiffe wohl seit dem Ende des 3. Jahrtausends. Cf. R. Van de Noort, 2004, S. 97.

7 Die vier Keftiubarrenfragmente des Hortes von Oberwilfingen zwischen den schwäbischen Städten Nördlingen und Dinkelsbühl scheinen der bislang nördlichste Fund mediterranen Kupfers zu sein. Zu ihm gehörten auch drei bronzene Absatzbeile aus dem 13. Jahrhundert v. Chr. Die Herkunft des Metalls ist unbekannt, aber man hat gemutmaßt, es könne von Zypern, Sardinien oder aus der Gegend von Trient stammen, wo ebenfalls in dieser Zeit Kupfer abgebaut und in alle Richtungen exportiert wurde. Cf. M. Primas/ E. Pernicka, 1998, S. 27; M. Primas, 2005, S. 389; R. Krause, 2007, S. 55; A. Griumla-Mair, 2005, S. 424.

8 Die »Ochsenhautform« der Keftiubarren, die es wohl ab ca. 1500 v. Chr. gibt, erleichterte deren Transport auf Packtieren, vor allem auf Eseln.

9 Cf. S. Piggott, 1977, S. 142 f.; H.-G. Buchholz, 1958, S. 95; ders., 1988, S. 212; A. F. Harding, 1990, S. 139; S. Hiller, 1984, S. 15; Penhallurick, a. a. O., S. 233; P. Phlourentzos, 1999, S. 213. Das Gewicht zweier »Falmouth-Barren« wäre für einen Esel freilich zu groß gewesen. Anscheinend gab es auch Zinnbarren von ganz anderer Form. So ähneln diejenigen, welche vermutlich von einem bronzezeitlichen Schiff stammen, das an dem West Mary's Rock vor der Mündung des Erme in die Bigbury Bay an der Küste von Devon zerschellt war, Astragalen. Cf. B. Cunliffe, 2001, S. 305. Und ganz in der Nähe, nämlich ca. 1 km vor der Küste von Salcombe, fand man neben einem goldenen Armband und Bronzerapieren aus dem 13. Jahrhundert v. Chr. einen Zinnklumpen, der einem anderen von ca. 700 g Gewicht entspricht, den man neben 10 kg Kassiterit in einem spätbronzezeitlichen Schmelztiegel auf Sardinien entdeckt hat. Ebenfalls in der Bucht von Salcombe stieß man auf ein spätbronzezeitliches Wrack mit 259 Kupfer- und 27 plankonvexen Zinnbarren. Cf. A. F. Harding, 2007, S. 49; bzw. J. E. Dayton, 1993, S. 27 f.; C. Yates, 2010, S. 15 f.

10 Cf. N. Gale/S. Stos-Gale, 1988, S. 382 f.; H. Müller-Karpe, 1982, S. 13; E. Pernicka, 1987, S. 616; G. Papasavvas, 2001, S. 305 f.; bzw. S. Gerloff, 1996, S. 14. Offenbar exportierten die Briten nicht nur Zinn in Barrenform. So werden z. B. die am Strand bei Wädenswil am Zürichsee aufgelesenen Zinnperlen aus der Zeit um 1600 v. Chr. oder die 47 segmentierten Zinnperlen der Halskette einer um 1900 v. Chr. bei Buxheim unweit von Ingolstadt beerdigten Frau für Erzeugnisse der Wessex-Kultur gehalten. Cf. M. Primas, S. 312; A. Sheridan, 2003, S. 20. In der Bretagne scheint Zinn erst ab der Zeit um 1300 v. Chr. abgebaut und exportiert worden zu sein. Zwischen dem 9. und 7. Jahrhundert v. Chr. ging die vor allem im Finistère und in Morbihan betriebene Förderung des Erzes stark zurück, doch hat sie sich in den Zeiten des Himilko und Pytheas wieder erholt. Cf. S. Lewuillon, 1980, S. 249 f.

11 So z. B. S. Shennan, 1993, S. 65. Höchstwahrscheinlich knüpften die griechischen Seefahrer, die im 8. Jahrhundert v. Chr. erneut den fernen Westen ansteuerten, an solche – nie völlig vergessenen – Pionierfahrten der späten Bronzezeit an. Cf. A. G. Woodhead, 1962, S. 20 f.

12 Cf. J.-P. Mohen, 1990, S. 106; R. D. Penhallurick, 1986, S. 64; R. F. Tylecote, 1987, S. 39; H. Schickler, 1981, S. 435; M. Bartelheim/E. Niederschlag, 1999, S. 298; H. Vandkilde, 1998, S. 126; L. R. Weeks, 2003, S. 172.

13 Cf. J. Riederer, 1987, S. 139; Bartelheim/Niederschlag, a. a. O., S. 296, 300 f.; H. Maus, 1993, S. 21; H. Waetzoldt/H.-G. Bachmann, 1984, S. 15; E. Niederschlag/M. Bartelheim, 1998, S. 47. Hinweise auf eine spätbronzezeitliche Seifenerzgewinnung fand man ebenfalls in der 900 m hoch liegenden Sauschwemme bei Johanngeorgenstadt. Ob auch die primären Zinnsteinvorkommen in den quarzhaltigen Klüften des Erzgebirges ausgebeutet worden sind, ist – wie im Falle von Cornwall – unbekannt. Es könnte auch hier so sein, daß sämtliche Spuren durch den mittelalterlichen und frühneuzeitlichen Abbau zerstört wurden. Cf. R. Krause, 2003, S. 207.

14 Cf. Strøm, a. a. O., S. 117 f.; S. Deger-Jalkotzy, 1977, S. 74 f.; J. E. Dayton, 1993, S. 2; ders., 2003, S. 166; M. Schweizer, 2000, S. 167.

15 Cf. A. Giumlia-Mair, 2005, S. 424 f.; bzw. T. Sulimirski, 1971, S. 709 f.; M. Moosauer/T. Bachmaier, 2005, S. 109, 124. Anscheinend ist der Brenner schon im Neolithikum von Händlern als Alpenübergang genutzt worden, aber bronzezeitliche Funde hat man offenbar in der Gegend relativ selten gemacht: Eine Gewandnadel vom Schmirner Joch stammt aus dem 15. und ein neben einem Almweg gefundenes sogenanntes mittelständiges Lappenbeil aus dem frühen 13. Jahrhundert v. Chr. Cf. A. Lang, 2002, S. 49; bzw. R. Lunz, 2005, S. 215. Bereits im 18. Jahrhundert v. Chr. gelangten erste mykenische Seefahrer offenbar bis nach Istrien, und mykenische Keramik des 14. Jahrhunderts wurde bei Torcello in der Lagune von Venedig entdeckt. Cf. B. Hänsel/B. Teržan, 2000, S. 178; bzw. P. Bellintani, 2002, S. 43.

16 Cf. J. Dayton/A. Dayton, 1978, S. 70; J. Dayton, 1982, S. 156; bzw. C. Reid, 1918, S. 10 f.; C. Schuchhardt, 1926, S. 173; R. Shepherd, 1980, S. 165; Tylecote, a. a. O., S. 14; Forbes, a. a. O., K 27.

17 Cf. J. Dayton, 1982, S. 172; ders., 1993, S. 40; J. Czoßek/L. Kunstmann, 2007, S. 54. In der spätbronzezeitlichen befestigten Höhensiedlung Eisenberg im Vogtland entdeckte man die Produktionsrückstände gemischter Zinn- und Kupfererze. Cf. Bartelheim/Niederschlag, a. a. O., S. 239.

18 Cf. H. Zschweigert, 1997, S. 28; bzw. S. Cleuziou/T. Berthoud, 1982, S. 16; V. Ruzanov, 1999, S. 103 f.; H. Pomsel, 1999, S. 61; E. Pernicka, 2006, S. 351. Auch in der Mine des Monte Mannu war in den dort anstehenden Chalkopyrit Zinnerz eingesprengt, so daß die Verhüttung eine »natürliche Zinnbronze« ergeben hätte. Cf. Dayton, a. a. O., S. 40.

19 Cf. G. Röttger, 1937, S. 11; W. Witter, 1938, S. 37; R. J. Forbes, 1964, IX, S. 128; H. Steinert, 1990; J. Riederer, 1987, S. 139; U. Zimmermann, 1993, S. 49.

20 Cf. C. Atzeni, 2005, S. 25; bzw. Tylecote, a. a. O.

21 Vielleicht kann ὀρεί von akkad. erū, »Kupfer«, abgeleitet werden. Ein erī šadi[i], »Bergkupfer«, gibt es auch im Akkadischen. Cf. J. D. Muhly, 1994, S. 120; M. Fruyt, 1980, S. 166 f. Sämtliche Metallbezeichnungen des Linear B bis auf a-ku-ro, »Silber«, sind aus vor- oder nicht-griechischen Sprachen übernommen. Cf. C. Gillis, 1997, S. 506.

22 Platon: *Kritias* 114 e u. 116 c/d. Von den Horen erhält Aphrodite als Ohrringe

»Blüten aus ὀρείχαλκος und kostbarem Gold« (*Hymnus auf Aphrodite* VI. 8f.). Spanuth (a.a.O., S. 115f.) hat bekanntlich dieses »Bergkupfer« mit Bernstein identifiziert (cf. auch A. Strohmeyer, 1997, S. 84) und behauptet, daß »alle Angaben des Atlantisberichtes über den Oreichalkos […] allein für den Bernstein« zuträfen (J. Spanuth, 1965, S. 355). Dies ist unrichtig, denn zum einen bezeichnet Plato das ὀρείχαλκος eindeutig als ein Kupfererz, wenn auch als eines, das sich von den ansonsten bekannten Erzen unterscheidet. Und zum anderen gibt es keinerlei antike Hinweise darauf, daß Bernstein damals ausgegraben oder vor der Neuzeit zu Fußboden- oder Schiffslack verarbeitet worden sei. Zwar gibt es Berichte, nach denen im 19. Jahrhundert in der nordfriesischen Marsch gelegentlich beim Ausheben tiefer Gruben Bernstein gefunden wurde (cf. C. Jensen, 1900, S. 3), doch war eine Förderung des fossilen Harzes im Tagebau an der jütländischen Westküste selbst dann nicht üblich, als man im Baltikum damit angefangen hatte. Cf. G. Röttger, 1937, S. 70; M. Ploug, 2001, S. 257. Erstmalig wird dort eine solche Förderung im Jahre 1585 erwähnt, als ein Danziger Bernsteindreher vom preußischen Markgrafen die Erlaubnis erhielt, am Frischen Haff nordöstlich von Pillau nach Bernstein zu graben. Hundert Jahre später heißt es, »in den nahe an der See stehenden und von den Meereswellen abgerissenen Bergen in Samland« werde von mitteldeutschen Bergleuten im Dienste des Großen Kurfürsten »der Börnstein« aus der sogenannten Blauerde ans Licht gebracht, wenn auch ohne großen Erfolg. Cf. J. Barföd, 1996, S. 454; ders., 2005, S. 32; K. Rudat, 1985, S. 60f.; K. Andrée, 1951, S. 73 f.; ferner V. Jantaru/R. Středověku, 1992, S. 357; E. Bojtár, 1999, S. 29; A. Kossert, 2005, S. 24; A. Bliujienė, 2007, S. 533 f.

23 Mit gutem Instinkt hat A. Schulten (1939, S. 337) ὀρείχαλκος für eine »natürliche Kupferverbindung« gehalten, aber er glaubte irrtümlicherweise, daß »es ein Mineral, das zugleich Kupfer und Zinn enthält, nicht gibt«. Plinius (XXXIV. 2 f.) überliefert vom zyprischen Kupfererz, dieses sei bald »sehr gering geschätzt« worden, »nachdem man in anderen Ländern vorzüglicheres und vor allem das *aurichalcum* gefunden hatte, das hinsichtlich der Güte und Bewunderung lange an der Spitze stand, aber schon geraume Zeit (*longo iam tempore*) nicht mehr gefunden wird, da der Boden erschöpft ist«. Ein Scholiast zu den Argonautiká des Apollonios von Rhodos bezeichnet ὀρείχαλκος als »eine Art Kupfer, die von Stesichoros und Bacchylides erwähnt wird« (Stesichoros 89), und bei Pseudo-Aristoteles (58) scheint es eine sehr helle Kupferlegierung zu sein, die auf der Insel Demonnesos im Marmara-Meer hergestellt wurde, wo es in klassischer Zeit eine Kupfermine gab. Cf. O. Davies, 1929, S. 37.

24 Cf. P. T. Craddock, 1990, S. 5. Nach Strabon (XIII. 1.56) war es eine Legierung aus χαλκός und ψευδάργυρος, was meist mit »falschem« oder »Katzensilber« übersetzt wird. Cf. D. Müller, 1974, S. 126. Hesychios hielt es für ein golden glänzendes Kupfer. Cf. R. J. Forbes, 1964, S. 276. Abwegig ist die Behauptung von P. Vidal-Naquet (2006, S. 27), das platosche Oreichalkos sei das »Silber von Lavrion« gewesen, denn Silber war Plato und seinen Zeitgenossen natürlich bestens bekannt.

25 In der Bronzezeit gab es zwar keine künstlichen Kupferlegierungen mit Zink, aber zinkhaltige Kupfererze mit geringem Zinngehalt existierten z. B. in Cornwall, im Kaukasus sowie auf Zypern und Kreta, wo der Zinkgehalt indessen so gering war, daß das eventuelle Endprodukt nicht besonders goldfarben hätte sein können. Cf. O. Werner, 1968, S. 279, 311, 317; Forbes, a. a. O., S. 262 f. Ein in Nuzi im nördlichen Mesopotamien gefundener Kupferring, der 12,2 % Zink, 6,3 % Zinn und 3,3 % Blei enthält, besteht vielleicht aus einer solch natürlichen Legierung und möglicherweise auch ein ugaritischer Fingerring mit einem Zinkanteil von 12 % des 13. sowie zwei assyrische Gefäße des 7. Jahrhunderts v. Chr. aus Nimrud. Cf. P. T. Craddock, 1995, S. 293; J. Bailey, 1990, S. 9; P. T. Craddock/K. Eckstein, 2003, S. 216 f. Erst die Römer scheinen absichtlich Messing hergestellt zu haben, das sie *aurichalcum* nannten und aus dem sie, vor allem in Capua, allerlei Geräte und Gefäße fertigten und das sie zu Sesterzen schlugen. Cf. Herbert, a. a. O., S. 5.

26 Plausiblerweise hat schon F. Freise (1908, S. 140) geltend gemacht, es sei nicht einzusehen, warum die Griechen ausgerechnet natürliches Messing »Bergkupfer« und nicht χρυσόχαλκος genannt hätten, was doch naheliegender gewesen wäre.

27 Cf. J. Wolters, 2006, S. 283; bzw. H.-G. Bachmann, 2004, S. 259; M. Primas, 1985, S. 558; C. Fischer, 1993, S. 17 ff.; I.-R. Maréchal, 1983, S. 310; M. Egg/C. Pare, 1995, S. 111. Auch die hethitischen Götterstelen und -figurinen, die göttlichen Szepter und die sakralen Brunnenbecken waren bisweilen verzinnt. Cf. M. Popko, 1978, S. 100; H. G. Güterbock, 1983, S. 212, 216; M. Hutter, 1993, S. 93; O. Soysal, 2006, S. 111.

28 Cf. Wolters, a. a. O., S. 286; C. Gillis, 1999, S. 143; V. C. Pigott, 1999, S. 6.

29 Cf. C. Gillis, 1996, S. 1200; dies., 1996a, S. 95. Die Verfasserin meint, die Gefäße seien vielleicht eigens als Grabgeschirr hergestellt worden. Cf. dies., 1991, S. 16; dies., 1992, S. 15 f.; E. J. Holmberg, 1983, S. 37. Zunächst scheint man in der Ägäis die Keramik mit Folien aus einer Zinn/Kupfer/Blei-Legierung beklebt zu haben. Cf. W. Noll, 1991, S. 221 f. Auch in Dendra, Prosymna, Mykene, Berbati, auf der athenischen Agora und an anderen mykenischen Orten stieß man auf verzinntes Geschirr. Cf. J. C. Wright, 2004, S. 99. Empfindliche Metalle überzog man ebenfalls mit Zinn, weil sie dann weniger leicht korrodierten und vor allem unempfindlicher gegen saure Flüssigkeiten waren. So verzinnte man im klassischen Griechenland das kupferne Kochgeschirr. Cf. F. E. W. Zschaler/R. K. Tredt, 2004, S. 18; F. M. Feldhaus, 1914, Sp. 1368. Wenn es heißt, Achilles habe Beinschienen »aus geschmeidigem Zinn« getragen (Ilias XVIII. 613), dann war damit sicher gemeint, das sie verzinnt waren, denn reines Zinn wäre für einen solchen Zweck viel zu weich gewesen. Cf. W. Helbig, 1884, S. 197.

30 Auf Kreta verzinnte man im SM II als Grabbeigaben hergestellte Kylikes sowie die in Porós-Katsambás gefundenen sogenannten Champagnerschalen. Ab dem späten SM III A 1 wurden in Knossos verzinnte Skyphoi, Becher, Tassen, Alabastren und feinkeramische Bügelkannen hergestellt. Cf. E. Hatzaki, 2005, S. 142 f.; bzw. L. Preston, 2004, S. 329, 333. In Ešnunna verzinnte man bereits um die Mitte des 3. Jahrtausends Kupferschüsseln. Cf. K. Reiter,

1997, S. 207. Die verzinnte Keramik im Ägypten der 18. Dynastie (cf. H. Born, 2007, S. 255) geht wohl auf minoische Vorbilder zurück. Im östlichen Mittelmeer war Zinn damals kaum billiger als Gold und mindestens ebenso teuer wie Silber. Cf. C. Gillis, 1999, S. 142.

31 W. Christ, 1868, S. 140 f. Nachdem Herodot (IV. 184) überliefert hatte, auf dem Berge Aṯlas, der »so hoch sein« solle, »daß es nicht möglich« sei, »seine Gipfel zu erblicken«, lebten die vegetarischen und traumlosen Ἄτλαντες, hat man Atlantis nicht selten ins nordwestliche Afrika verlegt. So wurde z.B. kolportiert, im Jahre 1897 seien zwei bekiffte französische Offiziere tief im Ahaggargebirge auf eine paradiesische Oase – das Überbleibsel von Atlantis – gestoßen, die von einer berückenden Königin namens Antinea regiert wurde, »whose customs did little to promote tourism«, wie ein Kommentator bemerkte. Sie vergewaltigte nämlich alle männlichen Besucher und mumifizierte sie anschließend in einem Bad aus Oreichalkos-Sulfat, bis sie sich in Statuen aus massivem Bergkupfer verwandelt hatten, mit denen sie ihren Palast schmückte. Cf. A. Manguel/G. Guadelupi, 2000, S. 43.

32 Dafür spricht allemal, daß Atlantis *vor* der Mitte des 4. Jahrhunderts v. Chr., als Plato die Dialoge *Kritias* und *Timaios* niederschrieb, mit keinem Sterbenswörtchen erwähnt wird. Cf. H.-G. Nesselrath, 2002, S. 20. Kein Schüler oder Nachfolger Platos in hellenistischer Zeit scheint Atlantis für real gehalten zu haben. Cf. H. Schreiber/G. Schreiber, 1955, S. 44.

33 Cf. R. L. Scranton, 1976, S. 192; P. Jensen, 1984, S. 62 f.; I. M. Shear, 2000, S. 141; H. Diller, 1971, S. 225; S. West, 2003, S. 160; N. Dautzenberg, 1988, S. 21.

34 Cf. Tylecote, a. a. O., S. 15; bzw. J. Chadwick, 1976, S. 141 f.; J. D. Muhly, 1980a, S. 44; A. Uchitel, 1991, S. 196.

35 Cf. A. G. Frank, 1993, S. 397 f.; A. Jockenhövel, 1994a, S. 99; U. Lehmkuhl/ H.-H. Müller, 1995, S. 24; J. C. Waldbaum, 1978, S. 72 f.; A. M. Snodgrass, 1994, S. 168; A. B. Knapp, 1986, S. 112; S. Pickles/E. Peltenburg, 1998, S. 86 f. Offenbar war bei der Herstellung von Kupfer aus dem im Kupfererz enthaltenen Eisenpyrit als Nebenprodukt Eisen angefallen. Cf. V. Kassianidou, 1994, S. 77 f. In größerem Umfang wurde das Metall indessen auf Zypern erst ab ca. 1150 v. Chr. hergestellt und vor allem zu Nadeln, Dolchen, Messern und Naue-II-Schwertern verarbeitet, die nach Griechenland und Kreta exportiert wurden. Cf. L. Åström, 1967, S. 86 f.; E. Alram-Stern/B. Eder, 2004, S. 16. Auch die Technik der Eisenbearbeitung gelangte bald danach von Zypern nach Kreta. Cf. J. Boardman, 1982, S. 776. Allerdings hat man bei der Analyse einiger Bronzeobjekte aus dem 12. Jahrhundert v. Chr. keine bemerkenswerte Verringerung des Zinngehaltes festgestellt, wobei es sich freilich um recyceltes Material handeln mag. Cf. S. Pickles, 1988, S. 21 f.; J. C. Waldbaum, 1999, S. 39.

36 Cf. H. Geiß, 1987, S. 402 f.; A. Rieth, 1942, S. 76 f. ; W. Rostoker/B. Bronson, 1990, S. 9 f.; C. Böhme, 1965, S. 127. Erst Stahl, der wohl bereits im 11. Jahrhundert v. Chr. auf Zypern hergestellt wurde, war der Zinnbronze überlegen. Cf. J. D. Muhly et al., 1985, S. 81.

37 Cf. M. G. L. Baillie, 1998, S. 53 f.; A. Nur, 1998, S. 144 f.; K. Kilian, 1996,

S. 65; A. Nur/E. H. Cline, 2000, S. 61; bzw. M. R. Popham, 1994, S. 90; I. S.
Lemos, 2006, S. 509 f.; N. K. Sandars, 1985, S. 62; J. Rutter, 1992, S. 70.
38 Cf. C. W. Shelmerdine, 1987, S. 565 f.; dies., 1999, S. 408; E. Zangger, 1998,
S. 235 f.; R. Becks, 2003, S. 42; A. Schnapp-Gourbeillon, 2002, S. 317 f.; S. E.
Iakovidis, 1996, S. 1047 f. Auch die Zitadelle von Midea blieb anscheinend
ebenso wie der Ostflügel des Palastes von Mykene nach der Zerstörung um
1200 v. Chr. weiter bewohnt. Die Überlebenden des Erdbebens in Tiryns
führten die Besiedlung des Ortes gemeinsam mit Zugezogenen aus der Umgebung bis ins 11. Jahrhundert v. Chr. fort. Cf. P. Åström, 1996, S. 1135; C.
Podzuweit, 1982, S. 68. Troja VIIa scheint von einem Erdbeben und einem
anschließenden Großbrand zerstört worden zu sein. Danach wurde der Ort
von Neuankömmlingen wiederbesiedelt, die höchstwahrscheinlich aus Thrakien kamen und die sogenannte »Barbarenware« herstellten. Cf. M. Guzowska et al., 2003, S. 248; J. Apakidze, 2009, S. 103. Indizien für eine Belagerung und Kämpfe, gar einen Angriff mykenischer Gruppen, gibt es nicht.
Ägäische Keramik wurde so gut wie keine gefunden, und es sieht nicht so aus,
als ob die Trojaner des 12. Jahrhunderts Handelsbeziehungen zum griechischen Festland oder zu den Inseln der Ägäis unterhalten hätten. Cf. Becks,
a. a. O., S. 50; Podzuweit, a. a. O., S. 80; C. Nylander, 1963, S. 9 f.; M. Pieniażek-Sikora, 2003, S. 36; D. Hertel, 2003, S. 88 ff.; C. Schubert/N. Lockhoff,
2008, S. 27. Dies schließt freilich nicht aus, daß es Überfälle von »Seevölker«-
Gruppen auf Troja VIIa gegeben hat, zu denen auch Festlandgriechen gehört
haben mögen, und es ist denkbar, daß ein solches Unternehmen zu einem
»Trojanischen Krieg« hochstilisiert worden ist. Cf. Hertel, a. a. O., S. 103; P.
Högemann, 2002, S. 1128.
39 Im Verlaufe der zweiten Hälfte des 13. Jahrhunderts v. Chr. wurden die meisten großen Siedlungen an der Küste oder in Küstennähe, z. B. Aghia Triada,
Kommos, Mallia, Gurniá, Palaikastro, Kato Zakros oder Myrtos, von ihrer
Bevölkerung verlassen, die in der Mehrheit ins Gebirge floh, wo es nur wenige und minderwertige Anbauflächen gab und wo sich herkömmlicherweise
nur die Hirten mit ihren Herden aufhielten. Lediglich Khania, Knossos und
einige Orte in der Messará, namentlich Phaistos, überdauerten diese allgemeine Stadtflucht. Im frühen 12. Jahrhundert lagen aber auch der Palast von
Knossos und die umgebende städtische Siedlung verlassen da, während auf
den Hängen der westlichen Hügel eine neue Stadt entstand. Cf. K. Nowicki,
1999, S. 145 f.; Hatzaki, a. a. O., S. 91 f; N. C. Stampolidis/A. Kotsonas, 2006,
S. 339. Trotzdem unternahmen die Kreter in dieser Zeit nicht nur von Khania
und Knossos, sondern auch von ihren nunmehr befestigten Höhensiedlungen
aus in beschränktem Umfang Fernfahrten nach Italien, Sizilien und Sardinien, die gewiß nicht immer friedfertig waren und wohl immer noch vor
allem der Suche nach Zinn dienten. Zudem wurden von Phaistos erneut Handelsschiffe zu den ägäisch beeinflußten Städten an der Südküste Zyperns
geschickt. Im Gegensatz zum griechischen Festland scheint also Kreta im
SM III C weiterhin relativ wohlhabend gewesen zu sein und eine wichtige Stellung im Fernhandelsverkehr eingenommen zu haben. Cf. Nowicki, a. a. O.,
S. 169; P. M. Warren, 2005, S. 100 f.; A. L. D'Agata, 2005, S. 8 f.; E. H. Cline,

1994, S. 93; A. G. Vlachopoulos, 1999, S. 80; S. Deger-Jalkotzy, 1995, S. 375 f.; B. Eder/R. Jung, 2005, S. 486 f.

40 Cf. Baillie, a.a.O.; J. Neumann/S. Parpola, 1987, S. 172 f., 177; P. James, 1991, S. 71; F. Falkenstein, 1997; S. 551; F. Y. Yurco, 1999, S. 457; K. Lewartowski, 1989, S. 181; O. Dickinson, 2006, S. 55 f.; P. James, 1991, S. 71. Im 13. Jahrhundert v. Chr. lebten beispielsweise in Messenien mindestens so viele Menschen wie erst wieder in klassischer Zeit. Cf. P. P. Betancourt, 2000, S. 299 f. Im Verlauf des 12. und 11. Jahrhunderts, vor allem in submykenischer Zeit, scheint die Bevölkerung des griechischen Festlandes jedoch um ca. 75 % geschrumpft zu sein: Die Siedlungen wurden wesentlich kleiner, und ihre Anzahl sank von etwa 320 im späten 13. auf ungefähr 40 im 11. Jahrhundert. Cf. D. W. Tandy, 1997, S. 20; R. Palmer, 2001, S. 66 f. Im gesamten östlichen Mittelmeerraum rechnet man mit einem Bevölkerungsrückgang um etwa die Hälfte. Cf. C. Burgess, 1991, S. 28. Um 1200 v. Chr. fielen auch die Nilüberschwemmungen wesentlich dürftiger aus als sonst (cf. B. Fagan, 2004, S. 177), und die Preise für Emmer und Gerste stiegen auf Grund der Trockenheit nicht nur in Ägypten, sondern auch im gesamten Orient enorm. Cf. Yurco, a.a.O., S. 456. Bereits in der Zeit davor gab es zwar unter Ramses II. und Merneptah ernste Versorgungskrisen, doch waren die Ägypter nicht so schlimm betroffen wie z. B. die Bevölkerung Kleinasiens, denn um 1208 v. Chr. konnte Pharao Merneptah verkünden: »Ich ließ Getreide auf Schiffen transportieren, um das Land Ḫatti am Leben zu erhalten!« Allerdings gab es unmittelbar nach dem Ausbruch der Hekla auch in Ägypten größte Schwierigkeiten bei der Versorgung der Bevölkerung mit Getreide. Cf. B. A. Nakhai, 2001, S. 121 f.; Yurco, a.a.O., S. 458; S. Bottema, 1994, S. 13.

41 Viele andere Mykener flohen nach Zypern, zur levantinischen Küste, vor allem nach Dor, sowie nach Apulien. Cf. V. Karageorghis, 2000, S. 12. Die Skelette zahlreicher hingemetzelter Erwachsener und Kinder in Kukunaries auf Paros aus dem späteren 12. Jahrhundert v. Chr. führen vor Augen, daß diese Siedlung mykenischer Flüchtlinge gestürmt und zerstört worden ist. Cf. D. U. Schilardi, 1992, S. 631.

42 Cf. G. Kopcke, 2004, S. 172; Schnapp-Gourbeillon, a.a.O., S. 89; bzw. A. Livieratou, 2003, S. 64 ff.

43 Cf. J. D. Muhly, 1992, S. 19; B. Eder, 2007, S. 44; S. Deger-Jalkotzy, 2002, S. 60; S. Pickles/E.Peltenburg, 1998, S. 90. Um die Mitte des 12. Jahrhunderts stabilisierte sich die Lage vorübergehend, und Siedlungen wie Asine, Lefkandi, Perati und die Hauptorte von Rhodos und Naxos scheinen erneut Fahrten nach Zypern und in die Levante sowie ostkretische Siedlungen wie Karphi oder Episkopi sogar bis nach Ägypten unternommen zu haben. Cf. M. Thomatos, 2006, S. 259 f.; P. W. Haider, 2007, S. 180 f. Vor allem von Grotta auf Naxos aus knüpften die dorthin geflohenen Mykener im 12. und in der 1. Hälfte des 11. Jahrhunderts an alte Handelstraditionen an (cf. M. Marthari, 1988, S. 57), und bis in submykenische Zeit gab es anscheinend auch Fernfahrten nach Norden und Westen über die mykenische Handelsniederlassung in der südepirotischen Bucht von Glykis Limin. Cf. T. F. Tartaron, 2001, S. 25. Obgleich man von einem erneuten drastischen Rückgang ägäi-

scher Westfahrten im 10. und in der 1. Hälfte des 9. Jahrhunderts ausgeht (cf. A. Naso, 2000, S. 196 f.), legen die Funde protogeometrischer Keramik des 10. Jahrhunderts im Golf von Tarent die Vermutung nahe, daß schon lange vor der griechischen Kolonisation vor allem Handelsbeziehungen zwischen Kreta und Unteritalien, aber auch zwischen Rhodos und Zypern fortbestanden. Cf. R. H. Tykot, 1994, S. 70, 73; H. Matthäus, 1999, S. 258 f.; S. Hadjisavvas, 2003, S. 101 f.

44 Cf. R. Higgins, 1983, S. 52; Shelmerdine, a. a. O., S. 565 f.; S. E. Iakovidis, 1993, S. 318 f. Kupfer scheint zwar im 12. Jahrhundert reichlicher vorhanden gewesen zu sein als Zinn (cf. H. W. Catling, 1964, S. 298), doch wurde auch dieses Metall knapper, zumal viele Kupfererzlagerstätten auf Zypern erst *nach* der »Seevölkerzeit« erschlossen wurden. Cf. R. Busch, 1999, S. 12. Spätestens seit dem 15. Jahrhundert hatte man in Tirol und im walisischen Cwmystwyth und Great Orme's Head Kupfer aus Chalkopyrit gewonnen, und im Mitterberghochtal in den Salzburgischen Kalkalpen waren tiefe Schächte mit über 100 m langen Stollen zu den Erzgängen getrieben worden. Cf. U. Zwicker, 1998, S. 265; J. McIntosh, 2006, S. 217. Im 12. Jahrhundert waren indessen vor allem die Chalkopyritvorkommen im Salzburgerland sowie die in Tirol und Oberbayern weitgehend ausgebeutet, und im Verlauf des 11. Jahrhunderts wurde der Kupferkies durch Fahlerze ersetzt, aus denen man ein eher gelbes und qualitativ wesentlich schlechteres Kupfer gewann. Nachdem gegen Ende des 10. Jahrhunderts in sämtlichen nordalpinen Kupfererzlagerstätten zwischen dem Wallis und dem Salzburger Pinzgau der Betrieb eingestellt worden war, löste auch in Mitteleuropa das Eisen die Bronze ab. Cf. L. Sperber, 1999, S. 48 f.; J. Gechter-Jones, 2007, S. 63.

45 Cf. A. M. Snodgrass, 1971, S. 238; bzw. Ohlhaver, a. a. O., S. 12 f.

46 Cf. P. Weiershausen, 1939, S. 183; Rostoker/Bronson, a. a. O., S. 10; Rieth, a. a. O.; Geiß, a. a. O., S. 393; H.-G. Bachmann, 1999, S. 12; Muhly et al, a. a. O., S. 69; J.-L. Zimmermann, 2002, S. 13; bzw. A. Sherratt/S. Sherratt, 1991, S. 373; Sandars, a. a. O., S. 177; S. Deger-Jalkotzy, 1991, S. 142 f.; J. D. Muhly, 2003, S. 180; E. Pernicka, 2006, S. 352.

47 Cf. G. D. Papadimitrou, 1998, S. 140; C. Roebuck, 1959, S. 97; A. M. Snodgrass, 1980, S. 348. In subminoischer und protogeometrischer Zeit gab es enge Handelskontakte zwischen Euboia und Kreta. Cf. A. Lebessi, 1996, S. 146. Ob die Kreter in dieser Zeit ihr Zinn selber aus dem Westen holten oder ob sie es durch Euboier oder Zyprer und Phönizier erhielten, die offenbar bereits im 11. Jahrhundert auf Kreta nach Eisenerz suchten (cf. G. Markoe, 1998, S. 235 f.), ist nicht bekannt.

48 Cf. C. H. Gordon, 1978, S. 51 f.; J. Alvar, 2006, S. 139; R. Rollinger, 2008, S. 685. Zinnbarren, die auf dem Meeresgrund bei Dor gefunden wurden, hat man für tartessischen, d. h. letztlich nordwesteuropäischen Ursprungs gehalten. Cf. B. Rothenberg/A. Blanco-Freijeiro, 1981, S. 182. Gelegentlich wurde behauptet, das biblische Taršiš habe in Kilikien und nicht im fernen Westen gelegen. Dagegen spricht unter anderem, daß der Spanische Topas oder Citrin, ein zitronen- bis goldgelber Quarz, von den Hebräern seit alters nach seinem Herkunftsort Spanien *taršiš* genannt wird. Cf. W. Zwickel, 2002,

S. 61. In späterer Zeit stilisierte man Taršīš, das griechische Tartessos, zu einem sagenhaften Reich, dessen Bewohner unter ihrem weisen König, den die Griechen nach dem dort reichlich vorhandenen Silber Arganthonios nannten, wie auf einer Insel der Seligen lebten: »Tartessos«, heißt es in einem Scholion zu Dionysios Periegetes, sei ein Land, »das Anakreon als rundum glücklich bezeichnet, weil Arganthonios dort herrschte« (*Anakreon* 8).

49 Cf. A. González-Ruibal, 2006, S. 127, 142. Der spätantike Kosmograph Ethicus berichtet vom »Leuchtturm des Hercules« in Brigantium, dem heutigen La Coruña, dieser habe den Schiffen den Weg zur bretonischen Küste gewiesen. Unlängst hat man im Hafen von La Coruña punische Amphoren entdeckt, und es ist anzunehmen, daß der römische Hercules der direkte Nachfolger des karthagischen Vegetations- und Seefahrtgottes Melqart war. Cf. C. Busson, 2005, S. 70. In der Neujahrsnacht führte der König von Tyros als Inkarnation des Melqart den heiligen Beischlaf mit einer Priesterin aus, die entsprechend die Göttin ʿAštart verkörperte. Dieser ἱερὸς γάμος bedeutete die Rückkehr oder Auferstehung des Melqart, der zuvor auf einem Scheiterhaufen verbrannt worden war, und damit die Erneuerung der gesamten Natur. Am Morgen erschien so der König als der regenerierte Gott vor dem Haupttor des Tempels. Dieses Ritual wurde auch in den phönizischen Pflanzstädten Karthago und Gadir aufgeführt, dessen Melqart-Tempel vielleicht schon im späten 12. Jahrhundert gegründet worden ist. Die Griechen identifizierten ʿAštart mit Hera und Melqart mit deren Paredros Herakles, den die Römer wiederum Hercules nannten. Cf. E. Lipiński, 1970, S. 53 ff.; C. Bonnet, 1986, S. 215 f.; H. C. R. Vella, 1986, S. 320; W. Huss, 1986, S. 229; W. E. Mierse, 2004, S. 566.

50 Cf. E. Lipiński, 1992a, S. 345; bzw. Plinius II. 169; Herodot III. 115; J. Partsch, 1919, S. 8; Demerliac/Meirat, a.a.O., S. 46 f., 55. Wie anscheinend Himilko, so wollte später auch Pytheas den Strom, der Europa von Asien trennte und der dann gelegentlich Phasis oder Tanaïs genannt wurde, erreichen und damit die Fahrt der Argonauten wiederholen. Cf. C. Hawkes, 1977, S. 2 f. Ob Pytheas das »scriptum« Himilkos, das wohl 146 v. Chr. während der Zerstörung Karthagos verbrannte, gelesen hat, ist nicht bekannt, aber wenig wahrscheinlich, da die Karthager dieses im 4. Jahrhundert v. Chr. gewiß geheimhielten. Allerdings scheint im Jahrhundert darauf Eratosthenes von Kyrene, Bibliothekar Ptolemäus III., eine griechische Übersetzung angefertigt zu haben, die wohl noch Avienus vorgelegen hat, dann aber ebenfalls verlorenging. Cf. Ellis, a.a.O., S. 29. Wenn Himilko den Seeweg zum Zinn- und Bernsteinland auskundschaften sollte (cf. K. Zimmermann, 2007, S. 47), dann hatte etwa zur selben Zeit Hanno den Auftrag, zu den »äußersten Grenzen« Afrikas zu fahren. Zwar scheint er etwa 1000 km südlich von Gadir auf der Insel Mogador einen karthagischen Außenposten gegründet zu haben, zu dem Zwischenhändler Gold, Elfenbein, Gewürze, Häute, Felle und lebende wilde Tiere brachten, doch könnten der Hauptgrund seiner Fahrt bis zum Kamerunberg vage Nachrichten über nigerianisches Zinn gewesen sein, die den Karthagern über Mittelsmänner zu Ohren gekommen waren. Cf. D. W. Roller, 2006, S. 123. Da Hanno in Westafrika offenbar problemlos Dolmet-

scher fand, bedeutet das vielleicht, daß er nicht der erste phönizische Seefahrer in dieser Gegend gewesen ist, und möglicherweise sind phönizische Pioniere im Norden auch schon vor Himilko über Galizien hinausgekommen. Cf. O. Seel, 1961, S. 7, 55 f.

51 Justinus XLIII. 3. 5 ff.; bzw. M. Feugère, 1989, S. 23 f.; B. Cunliffe, 1996, S. 68 f. Am rechten Ufer der Gironde, dort, wo die Römer später die Stadt Novioregum errichteten, lag allerdings noch bis zum Beginn des 4. Jahrhunderts v. Chr. eine Handelssiedlung, in deren Überbleibseln man attische Keramik und das Fragment eines etruskischen Beckens fand. Cf. K. Robin/ C. Lorenz, 2006, S. 39.

52 Cf. D. J. Waarsenburg, 1993, S. 36; P. S. Wells, 1980, S. 102. Nur noch vereinzelt gelangten Waren aus dem Mittelmeer in den Norden – so z. B. Feigen in eine frühlatènezeitliche Siedlung des späten 5. Jahrhunderts bei Bad Nauheim. Cf. A. Kreuz, 2002, S. 80.

53 Cf. J. Jensen, 1982, S. 161; J. Auler, 1997, S. 46; K. Kristiansen, 1998, S. 240; A. Bantelmann, 2003, S. 39 f.

54 Cf. J.-P. Mohen, 1979, S. 29 f. u. Fig. 11; C. Clemen, 1940, S. 101; bzw. B. Cunliffe, 2002, S. 21; J. Haywood, 2001, S. 36 f.

55 Cf. P. Fabre, 1975, S. 159 ff.; D. Roman/Y. Roman, 1999, S. 18; Strabon II.4.1.

56 Cf. B. Raftery, 1991, S. 263; J. C. Henderson, 2007, S. 43; bzw. M. Stoop, 1990, S. 386; H. P. Duerr, 2005, S. 275 ff. In der Folgezeit erfuhr der Zinnfernhandel mit Cornwall erneut einen Aufschwung, bis er mit der Eroberung Galliens durch die Römer ein Ende fand. Diese förderten Zinn in der Bretagne und verschifften es über die Garonne und die Aude ins Mittelmeer. Cf. J. Carcopino, 1963, S. 93.

57 Cf. H.-J. Kunkel, 1997, S. 32; R. Rimantienė, 1999, S. 36; C. Stahl, 2006, S. 9 f. Dagegen, daß unsere Bernsteine in der Bronzezeit nicht deponiert, sondern auf natürliche Weise zusammengeschwemmt wurden, spricht zudem die Tatsache, daß sich unter den Stücken weder Braunkohlengrus noch Spuren des meist aus Blasentang *(Fucus vesiculosus)* bestehenden »Bernsteinkrauts« befanden – sichere Indikatoren für vom Meer gebildete »Bernsteinnester«.

58 Cf. M. Tschach, 2008, S. 15; bzw. F. Kluge, 1960, S. 259, Tacitus 45; A. Carnoy, 1957, S. 49. Engl. *amber*, frz. *ambre* und ital. *ambra* gehen nach einigen Sprachforschern auf pers. *anbar* und arab. *'anbar* zurück, die Bezeichnung für das unangenehm riechende Stoffwechselprodukt des Pottwals, aus dem z. B. der königliche Duftstoff gewonnen wurde, mit dem sich die südarabischen Herrscher parfümierten und aus dem der Körper der Ḥūrīs im Paradies bestehen soll. Cf. E. Littmann, 1924, S. 81; M. L. Nava, 2007, S. 43; A. King, 2008, S. 180; H. Vorgrimler, 2008, S. 35. Schon die Göttin 'Anāth reibt sich »mit dem Duft des wilden Stieres [Ba'al] ein, dessen Sperma auf dem Meer schwimmt«. Cf. J. R. Conrad, 1957, S. 104. Die Etymologie von *anbar* ist unklar, aber gelegentlich hat man das Wort mit idg. **mbh-*, »feucht, flüssig« zusammengebracht. Cf. G. Rasch 2005, S. 199. Für die baltisch-finno-ugrische Bezeichnung des Bernsteins, in der Sprache der finnischen Liven *e'lm*, estn. *helm*, gibt es ebenfalls keine überzeugende Etymologie, während pruzzisch *gentars*, lit. *giñtaras,* lett. *dzîntars* sich wohl von einem baltischen Wort

für »schützen, abwehren« (lit. *giñti*) ableiten lassen. Cf. Ẽ. Sausverde, 1996, S. 139; M. Ganzelewski, 1996, S. 23; K. Andrée, 1951, S. 83. Wie Strabon (II. 3. 4; IV. 6. 2) und Theophrastos *(De lapidibus* 29) überliefern, wurde ἤλεκτρον auch λιγγούριον bzw. *lyncurium* genannt, weil die Ligurer als Zwischenhändler des Harzes auftraten. Volksetymologisch wurde das Wort als »Luchsharn« gedeutet.

59 Cf. W. La Baume, 1934, S. 74; J. Braren, 1935, S. 21; P. Paulsen, 1939, S. 168, 187 f.; K. Kersten/P. La Baume, 1958, S. 618 f. u. Tf. 10; G. Schwantes, 1958, S. 357 f.; J. Hoika, 1973, S. 19; K. Ebbesen, 1995, S. 35; W. Wegewitz, 1988, S. 32; C. Hinrichsen, 2006, S. 99 ff.; G. Woltermann, 2008, S. 97 f. Fünf Bernsteinäxte aus dem jütländischen Hørdum und eine aus der Nähe von Flensburg waren so groß wie die entsprechenden endneolithischen K-Äxte aus Stein. Cf. Schwantes, a. a. O., S. 349, 358.

60 Cf. H. Buchholz, 1961, S. 7, K. Langenheim, 1971, S. 224; J. Skaarup, 1990, S. 85 f. Es wird vermutet, daß der Bernstein auch in der Glockenbecherkultur ein solares Fruchtbarkeitssymbol gewesen ist (cf. J. Czebreszuk/P. Makarowicz, 1993, S. 531), und entsprechend hat man auch die goldgelben Bernsteinscheiben des nordischen Endneolithikums gedeutet. Cf. E. Šturms, 1956, S. 14 f.

61 Cf. B. Magnus, 2003, S. 133 f.; bzw. H. Güntert, 1919, S. 100. Gefn (von *gefa*, »geben«) ist die Spenderin all dessen, was die Natur zu bieten hat. Wie Aphrodite ist sie die Göttin der Liebe und der Regeneration und nicht nur identisch mit der ebenso lasziven Freyja, die »lüstern nach Liebe« (*móður á munað*) ist, wie es im Sólarljóð heißt, und die den Verstorbenen mit einem Trunk empfängt und damit ihre Beischlafbereitschaft signalisiert, sondern im Grunde auch mit Nerthus, Iðunn, Gerðr, Frigg und den anderen Nachfolgerinnen der bronzezeitlichen, ihre Brüste haltenden Halsringgöttinnen. Freyja weint ebenfalls goldfarbene Tränen auf der Suche nach ihrem Paredros Óðr, dem im Winter verschwundenen Vegetationsgott, nach dem sie auch Óðs beðvina, »Óðrs Bettgenossin« heißt. Cf. Snorri Sturluson: Prosa-Edda 44; S. Schmidt, 1993, S. 341; R. Schindler, 1941, S. 163; J. de Vries, 1931, S. 40.

62 Snorri Sturluson: Skáldskaparmál 40; O. Huth, 1943, S. 81 f.; O. Gouchet, 1997, S. 279 f. Dem Raub des regenerierenden Brísingamen entsprach die Entführung Iðunns und ihrer Äpfel und dem Heimholen des Sonnenlichts durch Heimðallr die kultische Erneuerung des Herdfeuers in der Mittwinterzeit. Halsketten und Brustkolliers aus Bernstein wurden in der Bronzezeit in Mittel- und Nordeuropa so gut wie ausschließlich von Frauen getragen. Cf. W. Heizmann, 2009, S. 522; bzw. M. Bankus/K. H. Rieder, 1997, S. 26.

63 Cf. G. Bauer, 1972, S. 147, 151 f.; bzw. W. Mannhardt, 1875, S. 287. In einer dänischen Ballade reitet Sigwart zum Glasberg oder fährt zur Glasinsel, wo sich Brynhillðr aufhält – man denke an Schneewittchen im Glassarg. Cf. O. Huth, 1961, S. 25. Zur keltischen »Gläsernen Insel« *(ynys gutrin* oder *ynys wydrin)* und zum nordischen Glæsisvellir cf. H. P. Duerr, 2005, S. 296 f. Hinter der »Bernsteinhexe« der baltischen Volksüberlieferung scheinen eher Freyja, die den Toten empfangende Unterweltsgöttin, oder die nordische Rán zu stehen, die ertrinkende Männer in ihre Unterwasserhöhle zieht, um sie

dort zu vergewaltigen. In einer westpreußischen Sage tanzt die Bernsteinhexe, »ein wunderschönes Mädchen mit hellblonden Haaren und hellgelbem
Kleid«, während des Sturms so wild am Strand, daß die Bernsteine aus ihrer
Schürze fallen. Ein junger Mann will die Schöne fangen, doch diese reißt ihn
an sich und tanzt mit ihm bis in ihr »gelbleuchtendes Schloß auf dem Grund
des Meeres. Die Leute aber sagten, der junge Fischer sei ertrunken.« In der
litauischen Volksüberlieferung lebt die Natternkönigin Eglė auf dem Meeresgrund in ihrem Bernsteinpalast. Und in der litauischen Legende von der
Meeresgöttin Jūratė, die der romantische Historiker Jucevičius 1842 niederschrieb, fährt jene mit ihren Gefährtinnen auf den Bernsteinbooten aus, um
den jungen Fischer Kastytis durch ihren erotischen Tanz und Gesang in eine
tödliche Umarmung zu locken. Cf. I. Graffius, 1973, S. 379 f.; bzw. G. Mažeikis, 2007, S. 12; H. Šabasevičius, 2001, S. 219. Nach der Überlieferung soll
der Bernstein ebenfalls aus den Tränen der Jūratė entstanden sein (Sendung in
3 SAT, 28. Oktober 2008).

64 Cf. O. Weinreich, 1909a, S. 170; ders., 1969, S. 11; J. Jouanna, 2005, S. 39,
50 f.; bzw. W. B. Lockwood, 1956, S. 74. Helios war deshalb der Gott der
Augenkranken und Blinden. Cf. O. Jessen, 1912, Sp. 60.

65 Cf. L. L. Kooijmans, 2005, S. 264; I. Zagorska 2001, S. 138; dies., 2003,
S. 115; I. Loze, 1998, S. 399; R. Rimantienė, 1999, S. 42; dies., 2005, S. 112;
S. V. Oshibkina, 2001, S. 138.

66 Cf. J. Guilaine, 1972, S. 185; bzw. J. Barföd, 2005, S. 76.

67 Geburtshelferinnen waren die Bernstein-Göttinnen Freyja und Frigg (cf. L.
Motz, 1992, S. 164), die das Kind bei einer schwierigen Geburt auf die Welt
brachten. Da der Bernstein – wie Gagat – anziehend wirkt, wenn man ihn
reibt, nannten die Perser ihn *chilimbar*, »Strohdieb«. Cf. C. W. Beck, 1998,
S. 379; I. A. G. Shepherd, 1985, S. 204. Wenn beispielsweise die Menstruation
nicht eintrat, berichtet Konrad v. Megenburg (2003, S. 483), räucherten die
Frauen ihre Vagina mit Bernstein ein, »so pringt er den frawen ir gewonhait«;
und auf der Kurischen Nehrung zog er das Kind aus der Mutter, die Schmerzen aus dem Leib und die Milchzähne aus dem Kiefer der kleinen Kinder: »Da
der Bernstein wie die liebe Sonne glänzt«, sagten die Kuren, »lieben ihn alle
und tragen ihn zu ihrer Gesundheit« (Barföd, a. a. O., S. 78). In den Frauengräbern der Wikingerzeit auf Gotland fand man Nachbildungen der weiblichen Genitalien aus Bernstein, und die Thüringerinnen der Merowingerzeit
trugen offenbar Bernsteinwirtel an einem Band an der Innenseite des Ober-
schenkels, die vermutlich Krankheitsgeister daran hindern sollten, in die
Vagina einzudringen. Cf. S. H. Fuglesang, 1999, S. 307; bzw. G. Zeller, 2000,
S. 206. Noch im 19. Jahrhundert schützten Bernsteinamulette in Norddeutschland das weibliche Geschlecht vor Frauenkrankheiten, und die Mädchen sowie die weiblichen Kleinkinder und Säuglinge trugen Bernsteinketten,
die sogenannten »Flüötekrallen«, gegen angeschwollene Halslymphknoten.
Cf. M. Linde, 1977, S. 103 f.

68 Cf. A. Bliujienė, 2001, S. 173, 179; dies., 2003, S. 61; L. Larsson, 2001, S. 73 f.;
E. Jovaiša, 2001, S. 152 f.; O. Kürbis, 1983, S. 36; M. Knaut, 1990, S. 15;
A. Lorentzen, 1993, S. 51; B.-U. Abels, 2006, S. 138; E. Probst, 1999, S. 178;

V. Jantaru/R. Středověku, 1992, S. 365; K. Tomková, 1998, S. 70 ff.; J. Simonsen, 2006, S. 57 f.; W. van der Sanden, 1996, S. 93 f., 178; R. Marti, 2005, S. 62; J. Butler/H. Fokkens, 2005, S. 397. Die alemannischen Frauen trugen auch nach der Christianisierung weiterhin ihre Bernsteinamulette am Leib, obgleich die Kirche verfügte, daß »nulla mulier praesumat succinos ad collum dependere«. Deshalb gingen die Frauen der nach England ausgewanderten Westsachsen um die Mitte des 7. Jahrhunderts zu Talismanen aus Amethyst über, die auf Grund ihrer Farbe den Himmel symbolisierten. Cf. M. Knaut, 1990, S. 15; bzw. D. Miles, 2001, S. 46. Auch die Missionare bei den westbaltischen Pruzzen und Schamaiten versuchten, die Frauen der Bekehrten von dem Brauch abzubringen, doch dieser hielt sich weitgehend bis ins 17. Jahrhundert. Cf. R. V. Sidrys, 1994, S. 102, 105. Noch zu Beginn des letzten Jahrhunderts schützte man in Dänemark auf den Dörfern Kleinkinder mit einem umgehängten Bernstein vor dem Berufen oder Beschreien, worunter ein Lob mit üblen Hintergedanken verstanden wurde. Cf. Dr. Olbrich, 1927, Sp. 1091.

69 Cf. Bankus/Rieder, a. a. O., S. 26; bzw. M. Freudenberg, 2006, S. 82 f.; C. Siemann, 2003, S. 60 (Bruchstück einer Bernsteinperle in einem Lederbeutel aus einem Grab des 13. Jahrhunderts v. Chr. in Hvidegård auf Sjælland). Meist bewahrten die nordischen Frauen ihre Bernstein- und Glasperlen in dem am Gürtel getragenen hölzernen Schmink- und Schmuckdöschen auf. In einem Hügelgrab des 15. Jahrhunderts v. Chr. in der Vojvodina waren um die konzentrischen Kreise der offenbar als Sonne gestalteten Stachelscheibe über dem Unterleib der Verstorbenen 13 Bernsteinperlen gruppiert. Cf. J. M. Todd, 1998, S. 389. In der späteren Bronzezeit wurden den Toten auch unbearbeitete Bernsteine mit ins Grab gegeben. Cf. M. L. S. Sørensen, 1989, S. 464. Ab der Eisenzeit scheint der Bernstein eine allgemeinere Bedeutung als Apotropäum besessen zu haben. So verwendeten hunnische und ostgermanische Krieger, etwa die der völkerwanderungszeitlichen Burgunder, durchlochte Bernsteinscheiben als magische Schwertanhänger (cf. D. Quast, 2005, S. 92), und in Polen verbrannte man in der Przeworsker Kultur während der Römischen Kaiserzeit das Harz, um die bösen Geister zu vertreiben, was die polnischen Bauern noch im 19. Jahrhundert taten, wenn sie an Neujahr ihre Höfe mit Bernstein ausräucherten, um das kommende Jahr zu segnen. Cf. P. Wielowiejski, 1996, S. 301; bzw. P. Sartori, 1929, Sp. 454. Auch im westlichen Mitteleuropa räucherte man im Mittelalter in Zeiten der Pest und anderer Epidemien auf diese Weise die Häuser aus, und in Mähren benutzte man den Bernstein sogar in den Kirchen als Weihrauch. Cf. H. Paner, 1999, S. 391; bzw. L. Franz, 1940, S. 503. Auch die venezianischen Pestärzte empfahlen ihn gegen den Schwarzen Tod, und etwas später schenkte Herzog Albrecht von Preußen dem Reformator Luther einen Bernstein gegen dessen Nierenleiden. Cf. Barföd, a. a. O., S. 454; bzw. Rudat, a. a. O., S. 78.

70 Apollonios v. Rhodos IV. 598 ff., 611 ff.; bzw. L. S. Dubin, 1987, S. 293. Auch Nonnos (98) führt die Vorstellung der Verwandlung der Tränen in Bernstein auf die »Kelten« zurück. Nach dem lemnischen Philosophen Philostratos (*Die Bilder* 311 K; *Das Leben des Apollonios von Tyana* 5) rinnen den Heliaden

Tränen aus den Augen, »was aber auf die Brüste tropft, ist schon Gold«. Schließlich fallen die erstarrten Tränen in den Eridanos, dessen »schimmernde Wellen« sie »zu den Barbaren am Okeanos ('Ωκεανῷ βαρβάροις) tragen«. Die bis zu einer Höhe von 30 m wachsende Schwarzpappel (*Populus nigra*) ist ein typischer Weichauenwaldbaum, der an regelmäßig überfluteten Flußufern wächst. In der griechischen Mythologie wächst sie am Eingang der Unterwelt. Die bereits bei schwachem Wind zitternden Pappelblätter geben Geräusche von sich, die als Klagelaute empfunden wurden.

71 Cf. J. F. Lauer, 1851, S 312. T. P. Bridgman (2005, S. 146 f.) vermutet, es habe »a hazy memory of Mycenaean trade routes and dealings with northern peoples« gegeben, »that was passed down to the historical Greeks through the Dark Age«.

72 Cf. H. Schliemann, 1886, S. 426; bzw. A. Harding/H. Hughes-Brock, 1974, S. 153. In einer jüngeren Publikation bezeichnet A. Harding (1984, S. 80) den Bernsteinhandel als »highly directional«, womit er meint, daß er *nicht* von »numerous ›middlemen‹« durchgeführt worden sei. Ähnlicher Ansicht sind auch Beck/Shennan (a. a. O., S. 141 f.) und S. Hiller (1984, S. 18), der von starken Indizien für einen »more or less direct contact between Mycenae and Wessex« spricht.

73 J. Maran, 2004, S 58; ders.: Mündliche Mitteilung vom 17. Mai 2002; bzw. I. Tournavitou, 1995, S. 116 f. Ähnlich H. Thrane, 1990, S. 176; A. Snodgrass, 1975, S. 44.

74 Cf. G. Schwantes, 1908, S. 83; P. Bogucki, 2003, S. 67; C. Bassi, 2002, S. 83; bzw. S. Hartz, 2007, S. 53; O. Rochna, 1951, S. 130 f. Bearbeitete und unbearbeitete Bernsteine – letztere z. B. in einem Grab der Trichterbecherkultur in Oldsum-Süderende auf Föhr (cf. Hinrichsen, a. a. O., S. 195) – findet man als Beigaben wesentlich häufiger in neolithischen Bestattungen als in denen der Bronzezeit, weil sie in dieser offenbar das Hauptexportgut waren. Cf. J. Christensen, 1934, S. 44; K. Kristiansen/T. B. Larsson, 2005, S. 158. Nordischen Bernstein haben bereits die Bandkeramiker zu Schmuck verarbeitet (cf. J. Gerken/J. Lüning, 2005, S. 261 ff.), doch als ältester Bernsteinfund im Alpenvorland gilt das Fragment eines Anhängers aus einer Pfahlbausiedlung der Schussenrieder Kultur aus der 1. Hälfte des 4. Jahrtausends am Federsee. Cf. H. Schlichtherle, 2005, S. 50; ders., 2005a, S. 36. Solche mitteleuropäischen Importe stammen höchstwahrscheinlich in erster Linie von der Nordseeküste. Der Ostsee-Bernstein wurde im Neolithikum eher von Ostpreußen aus in Form von Perlen und Anhängern nach Nordwest-Rußland und Finnland verhandelt, wohin allerdings auch doppelaxtförmige Bernsteinperlen von der Küste Westjütlands über Schweden gelangten. Cf. A. Äyräpää, 1945, S. 10 f., 15 f.

75 Ein Kupferprospektor, der bereits im 34. Jahrhundert – sicher gemeinsam mit Gefährten – über die Alpen unterwegs war, scheint Ötzi gewesen zu sein. Vermutlich war die Gruppe auf dem Rückweg vom Mitterberg im Salzburgerland, wo sie Rohkupfer eingetauscht hatte. Das Inn- und das Ötztal hatten die Männer schon hinter sich gelassen und waren gerade dabei, den Similaunpaß zu überqueren, um in die südliche Voralpengegend heimzukehren, als sie

offenbar in 3200 m Höhe überfallen wurden. Cf. A. Binsteiner, 2007, S. 57 f., 62 f. Neolithische Funde, die auf solche Paßüberquerungen hinweisen, werden inzwischen auf Grund der Klimaerwärmung immer häufiger gemacht. Cf. z. B. P. J. Suter et al., 2005, S. 18 f.

76 Cf. P. Bellintani, 2002, S. 41; ders., 2004, S. 201; M. Daum, 2000, S. 139; F. Nicolis/S. Winghart, 2002, S. 162 f., 165. Rohbernstein wurde in der frühen Nordischen Bronzezeit in die verschiedensten Gegenden Mitteleuropas exportiert (cf. W. Coblenz, 1975, S. 23; J.-P. Mohen, 1999, S. 21), und bearbeiteter Bernstein – wie z. B. die um 1600 v. Chr. in Südwest-England hergestellte, mit Goldstreifen überzogene Perle vom Zürichsee – gelangte bis ins Alpenvorland, aber offenbar nicht weiter. Cf. U. Ruoff, 1987, S. 148 f.; L. H. Barfield, 1991, S. 103 ff.; M.-A.Kaeser, 2006, Abb. 105. Bisweilen kombinierte man Bernstein mit Fayenceperlen, so etwa im Falle einer in der frühbronzezeitlichen Aunjetitzer Kultur bei Dresden geopferten Halskette. Cf. P. de Vries, 1998, S. 49.

77 Cf. T. Malinowski, 1984, S. 20 f.; W. P. A. Fischer, 1986, S. 106 f., K. A. Neuhausen, 1991, S. 76 f.; W. Geerlings, 1996, S. 397. Im Westen hat man keine Bernsteinperlen der frühen Nordischen Bronzezeit gefunden, die eine für das östliche Baltikum typische Form und Art der Durchbohrung aufweisen. Cf. E. Šturms, 1936, S. 75, 143.

78 Cf. W. Lorenzen, 1965, S. 86; R. C. A. Rottländer, 1973, S. 13; C. Aubert, 1996, S. 665; G. Eogan, 1999, S. 82; S. J. Shennan, 1982, S. 40, 44; U. Steffgen, 1993, S. 513. Auf die spätneolithischen Handelsbeziehungen zwischen den britischen Inseln und der iberischen Atlantikküste hat bereits P. Bosch-Gimpera (1933, S. 229 ff.) hingewiesen. Seit alten Zeiten scheint auch der baltische Bernstein gegen Metalle getauscht worden zu sein, z. B. in der Frühbronzezeit gegen karpatisches Gold und während der Römischen Kaiserzeit gegen Bronzebarren und Messing, das in Form von Sesterzen säckeweise auf Schiffen vom friesischen Hafen Fectio in der Nähe von Utrecht oder über gotische Zwischenhändler in die Ostsee verfrachtet wurde. Nach dem Wegfallen des römischen Großabnehmers gab man den Bernstein in Litauen wieder sehr viel häufiger den Toten mit ins Grab. Cf. A. Merkevičius, 1996, S. 55 f.; J. Bátora, 1995, S. 191, 194; K. Marková/C. W. Beck, 1998, S. 411; Sidrys, a. a. O., S. 103; ders., 2001, S. 157; E. Jovaiša, S. 153.

79 Cf. C. W. Beck/G. C. Southard, 1968, S. 60; bzw. E. Chatzipouliou, 1988, S. 257; S. Shennan, 1993, S. 65. Offenkundig waren die Ägäer am Simetit, den sie, wie es scheint, durchaus vom nordischen Bernstein unterscheiden konnten, desinteressiert. Cf. H. Hughes-Brock, 2005, S. 303. Im Gegensatz zu nordischem Bernstein, der erhitzt nach Kiefernzweigen duftet, soll Simetit einen starken Schwefelgeruch verströmen. Cf. Mažeikis, a. a. O. S. 4. Die einzige bisher in Griechenland gefundene Perle aus nicht-nordischem Bernstein ist wohl die aus einem Tholosgrab der Zeit um 1400 v. Chr. in der Nähe von Pylos. Cf. C. W. Beck, 1970, S. 11. Abwegig ist die Meinung von F. Vinci (2006, S. 7, 192), nach welcher der Bernstein ursprünglich nicht übers Meer nach Griechenland gekommen sei, sondern mit den Vorfahren der Mykener auf dem Landweg aus dem Norden. Denn gleichgültig, ob man jene Proto-

Griechen im FH III oder etwas später einwandern läßt – aus dieser frühen Zeit gibt es auf der Peloponnes keine Bernsteinfunde.

80 Cf. A. Harding, 1973, S. 18; I. Strøm, 1980, S. 116; H. Hughes-Brock, 1995, S. 113; bzw. M. E. Kenna, 2005, S. 58; Martial: *Epigramme* IV. 59. Perlen aus einem SM I-Grab von Arvi an der Küste südlich des Dikte-Massivs scheinen die ältesten kretischen Bernsteinfunde zu sein, doch stammen fast alle übrigen minoischen Bernsteinperlen aus dem SM III, insbesondere aus dem A2/B1, wie z. B. diejenigen, die in der Höhle von Psychró geopfert worden sind oder die man einer Verstorbenen bei Phaistos mit ins Grab gegeben hat. Im April 1894 zeigte ein Einheimischer Evans Bernsteinperlen und das Fragment eines Schwertes aus dem geplünderten Grab in der Nähe des Dorfes Arvi. Die ältesten Bernsteinfunde in Knossos stammen aus dem SM III A 1. Cf. A. Harding/ H. Hughes-Brock, 1974, S. 150, 167; Beck/Shennan, a.a.O., S. 124 f.; M. Effinger, 1996, S. 107; H. Hughes-Brock, 1995, S. 113; Brown/Bennett, a. a. O., S. 91. Wie später die Karthager schätzten wohl auch die Ägäer besonders den goldgelben, transparenten Bernstein. Transparenz stand auch in homerischer Zeit für Authentizität und Wahrhaftigkeit. So sind nur *die* Träume, die durch die »glatte, hörnerne Pforte« (Odyssee XIX. 566 f.) im fernen Westen ins Diesseits kommen – eine im Mittelmeerbereich weitverbreitete Vorstellung (cf. A. Amory, 1966, S. 7) – Wahrträume, denn im Gegensatz zum opaken Elfenbein war Horn durchsichtig. Cf. D. B. DeSmidt, 2006, S. 284 f. »Sind zwei Pforten dort des Traumgotts: Eine, so heißt es,/Ist aus Horn, läßt leicht die wahren Träume entschweben; / Schimmernd aus gleißendem Elfenbein ist die andre vollendet,/Falschen Traum aber senden aus ihr zum Himmel die Manen« (Vergil: *Aeneis* VI. 893 ff.).

81 Cf. J. Sakellarakis/E. Sapouna-Sakellaraki, 1996, S. 1114; dies., 1997, II, S. 186, 615, 630. Etwa aus derselben Zeit stammt eine ovale Bernsteinperle aus einem Kammergrab in Sellopulo. Cf. E. M. Konstantinidi, 2001, S. 197. P. W. Haider (1989, S. 16) meint – wohl zu Recht –, daß die aus der Zeit ab ca. 1360 v. Chr. in Ägypten gefundenen Bernsteinperlen dem Pharao von minoischen Herrschern geschenkt worden sind. Vermutlich gilt dies vor allem für die Halskette aus bearbeiteten und Rohbernsteinen, die sich in einem bemalten Kästchen in der Vorkammer des Grabes von Tutanchamûn befand (cf. S. Hood, 1993, S. 231), falls es sich nicht um Perlen aus afrikanischem Kopal handelt, während ein ägyptischer Skarabäus der 3. Zwischenzeit sicher aus Bernstein besteht, der durch die Phönizier an den Nil gelangt war. Cf. M. Serpico/R. White, 2000, S. 464. Im 14. und 13. Jahrhundert scheint Bernstein aber auch in geringer Quantität auf dem normalen Handelsweg über Zypern und die levantinische Küste Ägypten erreicht zu haben. Cf. A. J. Mukherjee, 2008, S. 56. Der in der Levante gefundene Bernstein der Spätbronze- und der frühen Eisenzeit ist fast ausschließlich nordischen Ursprungs und gelangte sicher über die Ägäis in den Nahen Osten, so z. B. die 14 Perlen aus dem königlichen Palast von Ugarit, die mit mykenischer Keramik assoziiert waren, oder die 41 Bernsteinperlen aus dem Uluburun-Wrack, die sich anscheinend ursprünglich in Stoff- oder Leinenbeuteln befunden hatten, die in kanaanitischen Amphoren transportiert wurden. Cf. J. M. Todd, 1985, S. 292 f.;

ders., 1993, S. 239 f.; M. Heltzer, 1995, S. 53; ders., 1999, S. 169; A. Caubet, 2000, S. 48; bzw. C. Pulak, 2005, S. 82. Ist die Bernsteinperle aus einem Grab des frühen 2. Jahrtausends in Ur wohl aus levantinischem Bernstein gefertigt (cf. P. R. S. Moorey, 1994, S. 80), bestehen die Perlen aus den kassitischen und mittelassyrischen Gräbern, die 90 Perlen und das kleine Gefäß in Form eines Löwenköpfchens aus der Hauptkammer der Königsgruft in der 1340 von den Hethitern zerstörten syrischen Stadt Qatna sowie die Statuette eines assyrischen Königs oder Gottes des 9. Jahrhunderts v. Chr. aus nordischem Bernstein, der über Ugarit bzw. die Phönizier in den Orient gelangt war. Cf. Moorey, a. a. O.; P. Pfälzner/E. Roßberger, 2009, S. 212 f.; bzw. Mukherjee, a. a. O., S. 51 f.

82 Cf. L. Preston, 2004, S. 338 f.; bzw. L. V. Watrous, 1992, S. 182. Im »Hause des Ölhändlers« in Mykene, aber auch in Tiryns, Theben, Midea, Pylos und anderen Festlandorten, in Enkomi und Hala Sultan Tekké auf Zypern, in Cannatello an der Südküste Siziliens sowie im Uluburun-Wrack hat man Transportbügelkannen aus einem Material mit kleinen und mittelgroßen Basalt-(Dolerit-)Inklusionen gefunden, die darauf schließen lassen, daß die Gefäße in der westlichen Messará hergestellt und – mit Olivenöl gefüllt – über Kommos verschifft worden sind. Cf. P. M. Day, 1999, S. 66 f.; Knapp/Cherry, a. a. O., S. 141; L. V. Watrous, 1993, S. 87; H. W. Haskell, 2005, S. 210, 217. Auch die Inklusionen des Transportbügelkannenfragments aus dem Rungholtwatt bestehen aus diesem Feldspatbasalt (cf. H. P. Duerr, 2005, S. 319), weshalb ich der Meinung bin, daß das Gefäß von der Messará und nicht aus dem nördlichen Zentralkreta stammt. Diese Annahme wird durch die Neutronenaktivierungsanalyse von Mommsen nicht ausgeschlossen.

83 Cf. H. Hughes-Brock, 1993, S. 220. Erst in der Eisenzeit nahm der Bernsteintransport nach Kreta – gewiß durch die Phönizier – wieder zu. So fand man in einem frühgeometrischen Grab in Knossos 40 und in einem mittelgeometrischen ca. 70 Bernsteinperlen. In den etwa zur selben Zeit in der idäischen Zeusgrotte geopferten Perlen steckten zum Teil Goldhülsen in den Durchlochungen. Eine Bernsteinperle aus dem Tekké-Grab des 9. Jahrhunderts v. Chr. ist auf Grund ihrer rechteckigen Form für ein Erbstück aus dem SM gehalten worden. Cf. A. Kotsonas, 2006, S. 167; J. Sakellarakis, 1988, S. 184 ff.; bzw. G. L. Hoffman, 1997, S. 218.

Anmerkungen zu § 10

1 Cf. A. Palavestra, 1992, S. 381 f.; C. W. Beck, 1996, S. 91 f.; G. C. Southard et al., 1972, S. 385; B. Eder, 2007, S. 43; M. Artursson/F. Nicolis, 2007, S. 334; S. Forenbaher, 1995, S. 277. Gemäß der Richtung der Meeresströmung muß die Schiffahrtsroute von der Pomündung entlang der italienischen und von Süden nach Norden entlang der dalmatinischen Küste verlaufen sein. Cf. K. Mihovilić, 1995, S. 284. Mykenische Aktivitäten in Istrien und Oberitalien gab es bereits im 13. Jahrhundert, und sie standen gewiß im Zusammenhang mit dem Bernsteinhandel über den Brennerpaß. Hauptumschlagplatz des

nordischen Harzes war ab dem 12. Jahrhundert Frattesina, ein Hafenort in der Nähe der Mündung der Etsch in den Po, wo man auch mykenische Keramik fand, die auf Fernfahrer aus dem Süden schließen läßt. Wahrscheinlich wurden aber dort und in vier weiteren Orten der Poebene im SH III C 1 ägäische Keramik lokal hergestellt sowie Bernstein und Fayence zu Perlen verarbeitet, was vielleicht bedeutet, daß sich dort – wie zuvor in Scoglio del Tonno – mykenische Emporien befanden. Später wurde Frattesina von Verucchio im Tal der Marecchia in der Nähe von Rimini abgelöst, wo sich im 9. Jahrhundert v. Chr. Angehörige der Villanova-Kultur niederließen, die ebenfalls Bernsteinschmuck produzierten. SH III C-Keramik und ägäische Bronzewaffen in Albanien verweisen wohl gleichermaßen auf diesen Handelsweg der ausgehenden Bronzezeit. Cf. L. K. Poppi, 1996, S. 37, 40; Palavestra, a. a. O., S. 385, 388; N. Sgouritsa, 2005, S. 522 f.; L. Rahmstorf, 2005, S. 669; H. Tomas, 2005, S. 680 f.; A. Kanta, 2003, S. 25. Bernsteinperlen vom »Tiryns-Typus« wurden auch in zwei Kurganen des 12. Jahrhunderts in der Nekropole von Hordeevka am Ufer des südlichen Bug entdeckt, weshalb man auf eine weitere ›Bernsteinstraße‹ von Jütland über Elbe und Weichsel zum Schwarzen Meer geschlossen hat. Cf. S. S. Berezanskaja/V. I. Kločko, 1998, S. 41, 44, Tf. 57 u. 76 f.; G. Domański, 1999, S. 180 f.; A. Harding, 2005, S. 299; K. Ślusarska, 2007, S. 373 f.

2 Cf. K. Kristiansen, 1998, S. 233 f. Vom 11. Jahrhundert v. Chr. an dienten solche bearbeiteten Bernsteine vor allem apotropäischen Zwecken. Deshalb gab man ihnen häufig die Form von Kaurischnecken oder assoziierte sie mit realen Kauris aus dem Roten Meer und dem Indischem Ozean und gab sie so Frauen in Ober- und Unteritalien mit ins Grab. Cf. F. De Salvia, 1985, S. 136 u. Abb. 14; M. C. Dall' Aglio, 2004, S. 592; B. Raposso, 1998, S. 431; G. D'Henry, 1998, S. 462.

3 Cf. R. Krause, 2007, S. 58. Vielleicht ist das einer der Gründe, warum A. Harding (2007, S. 52) die Funde für Fälschungen hält: »The Bernstorf beads seem all too obvious (»durchsichtig«), as if they were designed on purpose to tease us.« Aber warum sollte man immer nur Dinge finden können, die bereits vorher schon einmal gefunden worden sind?

4 Letzteres vermutet in der Tat M. Moosauer (2006, S. 65). Cf. auch ders., 2007, S. 23. L. Godart (2005, S. 100) hält die gravierten Stücke für ägäische Siegel. Auch das in Bernstorf gefundene Gold (cf. R. Gebhard, 1999, S. 8) scheint aus dem östlichen Mittelmeer, vielleicht sogar aus Ägypten, zu stammen. Cf. P. Schauer, 2004, S. 121.

5 Cf. Moosauer, a. a. O. S. 23; bzw. K. Wundsam, 1968, S. 53, 98 f.; O. Landau, 1958, S. 271; J. Chadwick, 1988, S. 83; E. Stavrianopoulou, 1989, S. 131; A. Heubeck, 1966, S. 51 f.; P. Carlier, 1983, S. 30; C. J. Ruijgh, 1967, S. 176.

6 Cf. A. B. Adams et al., 1968, S. 17 f.; E. Plesl, 1993, S. 165 f.; G. Rennebach/J.-P. Schmidt, 2006, S. 36. Etwas weiter östlich verlief in römischer Zeit offenbar eine von Aquileia her kommende ›Bernsteinstraße‹, die von Carnuntum, dem heutigen Komárno an der Donau, über Kalisia, dem heutigen Kalisz im südwestlichen Polen, zu den Handelsorten (*commercia*) an der Ostseeküste führte, ein ca. 900 km langer Weg, den vermutlich auch der *eques Romanus* zur Zeit Neros benutzte. Cf. K. Dabrowski, 1971, S. 156; J. Wielowiejski, 1984, S. 71 f.

7 Herodot IV. 33; bzw. Kallimachos: *Hymnen* IV. 284 ff., 291 ff. An anderer
Stelle (VI. 19 f., 122 ff.) übermittelt der aus Kyrene stammende Dichter, die
Ernte- und Geburtsgöttin Demeter habe die »Geschenke« als erste aus dem
fernen Westen, wo sie ihre Tochter suchte, in die Ägäis gebracht.

8 Cf. J. Tréheux, 1953, S. 764 f.; A. Sherratt, 1995, S. 201. Gelangte im 11. Jahrhundert v. Chr. anscheinend noch reichlich Bernstein zur westgriechischen
Küste und von dort auf die Kykladen und nach Kreta, gab es anschließend
eine längere Unterbrechung im Bernsteinhandel, der sich aber im 8. Jahrhundert wieder erholte. Cf. A. M. Snodgrass, 1971, S. 248, 267; R. A. Higgins,
1980, S. 223.

9 Cf. J. Bouzek, 1998, S. 383 f.; bzw. G. Pinch, 1994, S. 81. Deshalb war der
Bernstein anscheinend schon in der Bronzezeit besonders mit Frauen assoziiert. So opferten Frauen das exotische Harz – vermutlich in Form von einzelnen Perlen oder Halsketten, wie auf Fresken dargestellt – in den Kulträumen
von Mykene oder Phylakopi Göttinnen, und man vermutet, daß auch die in
geometrischer Zeit in der Ida-Grotte dargebrachten Perlen von Frauen geopfert worden sind, da die dort ansonsten niedergelegten Bronzefibeln und
goldenen Anhänger ebenfalls Frauenaccessoires waren. In der Nekropole
von Spathes gab man im 13. und 12. Jahrhundert verstorbenen Mykenerinnen reichlich Bernstein mit auf die letzte Reise. Zahlreiche Bernsteinperlen in
Form von Menschen- und Tierköpfen wurden im 8. Jahrhundert v. Chr. im
Artemision von Ephesos und etwas später der Hera in ihrem samischen Heiligtum geopfert, und auch in den griechischen Kolonien in Unteritalien sowie
in Latium und Etrurien war der Bernstein in dieser Zeit Inbegriff von Lebenskraft, Fruchtbarkeit und Erotik. Deshalb stellte man dort aus dem Harz
Figürchen nackter Frauen mit ausgeprägter Vulva, von Äffchen, ithyphallischen Stieren, dem ägyptischen Bes, Fröschen und Frauen her, die ihre nackten Brüste berühren. Bernsteinanhänger in Form von Frauenköpfen aus italischen Frauengräbern und dem Heiligtum der Göttin Mefite, die ab dem späten 7. Jahrhundert v. Chr. in Kampanien produziert wurden, stellen wahrscheinlich diese Regenerationsgöttin dar. Cf. C. Aamont, 2004, S. 50 f.; Z. H.
Archibald, 2000, S. 26; E. Poulaki-Pandermali, 1988, S. 137; C. G. Simon,
1997, S. 131; M. Viglaki, 2003, S. 559; Waarsenburg, a. a. O., S. 33 f., 38 ff.;
M. Losi et al., 1993, S. 203; bzw. M. L. Nava, 2003, S. 48 f. Während der Kaiserzeit gab man den römischen Frauen häufig sogenannte »Totenringe« aus
Bernstein mit ins Grab. Cf. A. Rottloff, 2006, S. 175. Im Mittelalter wurden
Rosenkranzperlen fast ausschließlich aus Bernstein hergestellt, und zwar in
den Ostseestädten von Kammachern und Bernsteindrehern. Sie vertrieben
das Böse und heilten Krankheiten. So schickte im Jahre 1418 ein Königsber-
ger Handwerker der ungarischen Königin einen Rosenkranz mit heilender
Kraft. Cf. D. Mührenberg, 1990, S. 358; M. F. Hurley, 1999, S. 20; M. Gerds,
2001, S. 118. Noch heute besteht der Festtagsschmuck der Frauen in der Oase
Sīwah aus apotropäischen Kauris und Bernsteinen, die freilich zunehmend
durch Plastik ersetzt werden. Cf. F. Bliss/M. Weissenberger 1984, S. 36;
C. Brand, 2009, S. 78. Wegen seiner sonnenhaften Leuchtkraft galt in der Antike auch das Gold als heilend. Cf. A. Kropp, 2002, S. 144.

10 Cf. M. Patton, 1996, S.170. Im Grab der Opis und Arge auf Delos fand man mykenische Scherben aus der Zeit zwischen dem 16. und dem 13. Jahrhundert v. Chr., die darauf schließen lassen, daß bestimmte Personen dort über einen längeren Zeitraum hinweg bestattet wurden. Auch das σῆμα, das Grab zweier weiterer hyperboräischer Jungfrauen namens Hyperoché und Laodike, die einst mit fünf Begleitern ἱερά aus dem fernen Norden gebracht haben sollen (cf. Herodot IV. 33), enthielt Fragmente mykenischer Keramik. Wahrscheinlich gab es hier eine Kultkontinuität über das Dunkle Zeitalter hinweg. Cf. P. Bruneau/J. Ducat, 1983, S. 19, 149 f.; W. Ekschmitt, 1986, S.203 f.

11 Herodot IV. 35; bzw. W. Burkert, 1997, S.77; J. Larson, 1995a, S. 121.

12 Cf. N. Robertson, 1983, S.148; *Hymnus auf Apollon* 205; bzw. P. Kretschmer, 1920, S.308; G. Karpe, 1943, S.85; H. Gallet de Santerre, 1946, S.213 f.; A. Carnoy, 1957, S. 111; V.I. Georgiev, 1968, S.378; W.F. Otto, 1962, S.95; J. Margueron, 2000, S.63; O. Carruba, 2003, S.23. Die im Hyperboräerland geborene Leto gebiert auf Delos unter einer Dattelpalme, dem Baum der minoischen Göttin, Artemis und Apollon. Wahrscheinlich kam letzterer erst im späten 9. Jahrhundert v. Chr. auf die hl. Insel. Cf. B. B. Dietrich, 1978, S. 1.

13 Cf. A. W. Persson, 1922, S.287 ff.; G. Daniels, 1948, S.95; J.B. Hofmann, 1949, S.79; J. Puhvel, 1964, S.164 f.; F. Schachermeyr, 1964, S.305; A. Heubeck, 1972, S.95; S. Pingiatoglou, 1981, S. 12; R. Stiglitz, 1967, S. 56 f.; S. Hiller, 1981, S.66, 70 f. Ob Eileithyia tatsächlich in der Grotte bei Amnisos verehrt wurde, ist unsicher. Cf. P. P. Betancourt, 2007, S.241. Διόνυσος Ἐλευθερεύς war offenbar ebenso ein Paredros der Eileithyia wie anscheinend Zeus Thenatas in Amnisos. Cf. N. Marinatos, 1996, S. 138. Funktional äquivalente Göttinnen wurden von den Griechen häufig in eine Mutter-Tochter-Beziehung gestellt. So wurden Hera die Mutter der Eileithyia und Kore die Tochter der Demeter. Cf. W. Pötscher, 1988, S.210; S.I. Johnston, 1997, S.53.

14 Cf. Kallimachos: *Hymnen* VI. 19 f., 122 ff.; bzw L. Radermacher, 1950, S.326.

15 Cf. Diodoros IV. 51.2; J.R. Harris, 1906, S.45; M.P. Nilsson, 1906, S.207; S. Eitrem, 1902, S. 110 f.

16 Cf. H. Petersmann, 1986, S.294. »Phaëthon«, »Aietes« und »Helios« bezeichnen ursprünglich den Sonnengott, in späterer Zeit jedoch verschiedene Personen, die in einem genealogischen Verhältnis zueinander stehen. So ist Phaëthon der Sohn des Helios, aber auch dessen Enkel, denn Aietes' Sohn Apsyrtos, der seinen Wagen lenkt, heißt ebenfalls Phaëthon: »Dem Aietes hielt Phaëthon in / der Nähe den gutgefügten Wagen mit schnellfüßigen Pferden / bereit, damit er ihn besteigen könne; auch er selbst stieg auf und / ergriff die Zügel mit beiden Händen.« Die Pferde, die »so schnell wie das Wehen des Windes« dahineilen, sind ausdrücklich die des Helios, auf dessen Wagen Aietes einst zum Okeanos gefahren war. Cf. Apollonios v. Rhodos III. 245, 307 ff., 1236 ff.; IV. 220 f., 224 f. Aietes wohnt in einem goldenen Palast. Alles an ihm ist golden, denn Gold ist das erstarrte Feuer der Sonne, das auf die Erde gefallen war (cf. E. Heller, 2004, S. 187): »Aufs Haupt setzte er sich einen goldenen, vierfach gebuckelten/Helm, leuchtend wie die kreisrunde Sonne,

wenn sie gerade dem/Okeanos entsteigt« (III. 1228 ff.). Und »alle Nachkommen des Helios«, wie Aietes, Phaëthon, Medeia oder Kirke, »waren einander / leicht kenntlich, da sie durch das Funkeln ihrer Augen von fern / einen wie Gold leuchtenden Schein auf ihr Gegenüber zu werfen / pflegten« (IV. 725 f.) Cf. N. Marinatos, 2009. S. 159 f. Auch der Bernstein wird immer wieder mit dem Sonnenlicht verglichen. So läßt z. B. Eurymachos der Penelope eine goldene Halskette »mit Bernstein besetzt« überreichen, die »wie die Sonne glitzerte« (Odyssee XVIII. 295 f.)

17 Odyssee XII. 127 ff. Cf. G. Dietz, 2000, S. 104; G. Crane, 1987, S. 24; J. Bennett, 2004, S. 97.

18 Pausanias V. 12.7. Daß der Perieget Bernstein meint, geht daraus hervor, daß er fortfährt: »Das andere ἤλεκτρον ist Gold mit Silber vermischt.«

19 Apollodoros II. 113 bzw. 120. Cf. E. Wikén, 1939, S. 541 f. Herakleides Pontikos bezeichnete die Kelten, die 386 v. Chr. Rom eroberten, als στρατὸς ἐξ Ὑπερβορέων, weil sie offenbar aus dem fernen Norden kamen (cf. G. Dobesch, 1995, S. 28), und römische Autoren plazierten sie später ins Land der Mitternachtssonne (cf. R. Evans, 2003, S. 295). Doch wie aus dem *Hymnus auf Dionysos* (VII. 29) hervorgeht, waren zumindest die Griechen in jener Zeit nicht der Auffassung, daß die Welt im Lande der Hyperboräer zu Ende war.

20 Diodoros II. 47.1 ff.; bzw. Herodot IV. 13; u. Hesiod: *Fragmente* 150 MW 23 f.; ders.: *Theogonie* 338. Nach den Orphischen Argonautiká (1077 u. 1082) wohnen die Hyperboräer im Mündungsbereich des Tanaïs. J. Harmatta (1955, S. 64) hält die Vorstellung, sie lebten jenseits der Rhipaien am Okeanos, für bronzezeitlich.

21 Cf. A. J. Van Windekens, 1957, S. 165, 168; H. L. Ahrens, 1862, S. 341.

22 Cf. Kallimachos: *Hymnen* IV. 281 ff.; Simonides 201; bzw. A. H. Krappe, 1942, S. 361. Der Apollonpriester Abaris, der sich als Hyperboräer bezeichnete, wollte auf seinem von Apollon erhaltenen Pfeil vom Hyperboräerland nach Griechenland geflogen sein. Pfeil und Bogen waren bekannte schamanische Transportmittel. In mehreren altaischen Sprachen lautete das Wort für einen Schamanen »Bogenschütze«, und im Burjatischen bedeutete *utha* sowohl »Seele« als auch »Pfeilspitze«. Die Nenzen in der Tundra sagten, der Schamane fliege »wie ein Pfeil« zum Himmel, und die Schamanentrommel hieß »Bogen«. Im südlichen Altai schlugen die Schamanen der Kiši die Sehne ihres Bogens an, um die Hilfsgeister herbeizuzitieren Cf. M. Hoppál, 2002, S. 136; B. Brentjes, 2000, S. 12.

23 Diodoros II. 47.4 Cf. J. Dillery, 1998, S. 261 f.; M. Winiarczyk, 2006, S. 34 ff. Nach Pausanias (I. 31.2 f.) sandten die Hyperboräer wiederum die in Weizenstroh eingewickelten Erstlinge der Früchte zum Tempel des Apollon im attischen Prasiai, von wo aus sie schließlich nach Delos verschifft wurden. T. P. Bridgman (2005, S. 97) vermutet wie viele andere vor ihm, daß hinter dem in den fernen Norden reisenden Apollon mykenische Handelsfahrten an den Okeanos stehen und daß die heiligen Gaben der Hyperboräer »northern goods sent to the Mediterranean« gewesen seien.

24 Cf. W. Kimmig, 1964, S. 267 f.; F. Pfister, 1909, S. 90; W. F. Otto, 1962,

S. 79 ff.; E. Kirsten, 1983, S. 370; S. Hiller, 2000, S. 142; J. Mylonopoulos, 2003, S. 369; bzw. P. Pedrizet, 1903, S. 310; B. C. Dietrich, 1975, S. 136 f.; E. Bevan, 1986, S. 248. Nach Pausanias (III. 13.5) soll Zeus mit Europa den Καρνεῖος gezeugt haben. In Kyrene war Apollon Karneios ein Vegetationsgott, dessen Altäre im Frühling mit Blumen geschmückt wurden (cf. J. E. Harrison, 1912, S. 234 f.), und in Lokris wurde er Θυράτης, »Bespringer«, genannt. Cf. F. G. Welcker, 1857, S. 471. In Argos hieß der Widdergott nicht Apollon, sondern Zeus. Cf. M. P. Nilsson, 1906, S. 123.

25 Cf. P. H. Young, 2005, S. 29; A. H. Krappe, 1930, S. 384; bzw. R. Rosól, 2007, S. 235. In Amyklai bei Sparta wurde in vordorischer Zeit ein dem Hyakinthos entsprechender sterbender Vegetationsgott, der jugendliche Amyklaios, verehrt, von dem E. Simon (1985, S. 121 f.) meint, er stamme wohl aus dem minoischen Kreta.

26 Cf. H. Kothe, 1970, S. 205; T. Lazova, 1994, S. 196; Kirsten. a. a. O., S. 393; Kallimachos: *Hymne auf Delos* 278 ff.

27 Aus Skandinavien fliegen der Singschwan (*Cygnus musicus*) und der Kranich im Herbst nach Süden und kündigen den Winter an, wobei sie auf den nordfriesischen Inseln und im Elbtal Rast machen. Auf ihrem weiteren Weg passieren sie die Ägäis im Oktober/November, wenn der fruchtbare Regen fällt (cf. Ilias III. 3 ff.), wobei sie sich auf einem kleinen See auf Delos niederlassen. Auf dem Rückflug überqueren sie im März/April abermals das Mittelmeer, also dann, wenn die Natur ein zweites Mal erwacht und bevor in der Sommerhitze alles verdorrt. Cf. A. H. Krappe, 1942, S. 357 ff.; E. Bevan, 1989, S. 167 ff.; K. Schmidt, 2006, S. 192. Da der Kranich den befruchtenden Herbstregen brachte, galt er auch als der Bote der Demeter. Cf. L. Preller/C. Robert, 1894, S. 767. Nach Platon (*Phaidon* 84a) singen die Schwäne dann besonders schön, wenn sie fühlen, daß der Tod naht, weil sie sich darauf freuen, bald bei Apollon im Jenseits zu sein.

28 Cf. F. M. Ahl, 1982, S. 378; bzw. Schmidt, a. a. O., S. 182 f., 193; Hesiod: *Werke und Tage* 447 ff.; J. B. Friedreich, 1859, S. 533; H. P. Duerr, 1984, S. 163 ff.

29 Cf. O. Schell, 1901, S. 319; I. Schubart, 1939, S. 148; A. Augustin, 1943, S. 23 f.; R. Wolfram, 1938, S. 158; Kluge, a. a. O., S. 431 f. An der mecklenburgischen und pommeranischen Ostseeküste, vor allem auf Rügen, gab es am Strand einst große Findlinge, die »Schwansteine« genannt wurden, weil die Schwäne auf ihnen die aus dem Jenseits mitgebrachten kleinen Kinder trockneten. Cf. M. Schultze, 1928, S. 305. Auf gallorömischen Darstellungen ist Mercurius häufig mit Kranichen assoziiert, und Kraniche mit Widderhörnern sind bezeichnenderweise die Vögel des Jenseitsgottes Manannán. Cf. A. Ross, 1967, S. 280, 291.

30 Cf. *Hymnus auf Apollon* II. 494 f.; D. J. Rayor, 2004, S. 125; bzw. Apollonios v. Rhodos I. 307 ff., 415 f.; II. 674 ff. Wie Apollon geleitete der Kranich die Seefahrer. Auf einer Hydria aus einem Grab des 6. Jahrhunderts v. Chr. in Cerveteri fliegt ein Kranich als Geleiter des die Europa tragenden Stiers über das durch Delphine gekennzeichnete Meer. Cf. C. Weber-Lehmann, 2004, S. 133. S. Hiller (1972, S. 441) meint, daß der auf einem Delphin balancierende Mann, der auf einem mittelbronzezeitlichen Gefäßfragment von Kea zu sehen ist, der minoische Vorläufer des Apollon Delphinios sein könnte.

31 Cf. V. E. G. Kenna, 1967, S. 175; N. Platon, 2002, S. 407.

32 Cf. R. Schlichting, 1994, S. 184 ff.; bzw. A. P. Kozloff, 1992, S. 354; M. Müller, 2003, S. 71 f., 119.

33 Cf. P. Gleirscher, 2007, S. 29 f.; H. Matthäus, 1981, S. 291 f.; F. Kaul, 1998, S. 278, 283. Der Stevenvogel der nordischen Vogelbarken ist der Höckerschwan (*Cygnus olor*), der größte europäische Wasser- und Zugvogel mit lebenslanger Partnerbindung und gelegentlichen Seitensprüngen. Cf. S. Wirth, 2006, S. 561. Kleine Wasservogelfigurinen gab es in Zentraleuropa vereinzelt bereits in der mittleren Bronzezeit, aber sehr viel zahlreicher wurden sie ab dem 13. Jahrhundert v. Chr. Cf. W. Kubach, 1994, S. 79.

34 Cf. B. Hänsel, 1997, S. 21; P. Turk, 2005, S. 31; A. Göttlicher, 1992, S. 101 f.; bzw. M. Haavio, 1963, S. 81 f., 115, 140; P. Kjærum/R. A. Olsen, 1990, Nr. 16. In der Umarmung des Paares auf den frühmittelalterlichen *guldgubber* hat man den ἱερὸς γάμος von Freyr und Gerðr oder Freyja gesehen. Zu den Schälchengruben als Resultate symbolischer Begattungen der Erdgöttin cf. H. P. Duerr, 2005, S. 405 ff.

35 Cf. C. Gallou, 2005 S. 44 f.; I. Pini, 1968, S. 73 f.; bzw. Hesiod: *Theogonie* 338; Ilias XIV. 200 f.; Apollonios v. Rhodos IV. 599 ff. Auch Herodot (III. 115) führt aus, daß der »Strom, der von den Barbaren Eridanos genannt« werde, »sich in das nordwärts zu fließende Meer ergießen soll, von woher, wie man sagt, der Bernstein kommt«. Nonnos (XXXVIII. 118) läßt den »hesperischen« Eridanos in eine »Bucht des Okeanos« münden.

36 Cf. H.-C. Schneider, 1994, S. 144. Auf einem Wandbild im tarquinischen »Grab der Blauen Dämonen« geht der Verstorbene auf ein Schiff zu, auf dem der dem griechischen Charon entsprechende Charu bereits das Ruder ins Wasser gleiten läßt, um ihn ins Reich des Aita und der Phersipnai überzusetzen. Cf. F. Roncalli, 1996, S. 47 f.; J.-R. Jannot, 2000, S. 91 f. Solche Vorstellungen scheint es noch heute auf Lesbos zu geben. Cf. U. Krasberg, 2009, S. 57. Im »Schönen Westen« angekommen, bat schon der ägyptische Tote den »Fährmann des Binsengefildes«, ihn »auf die andere Seite des gewundenen Sees« hinüberzufahren, oder er wartete, bis das Schiff des Sonnengottes vorbeikam, um sich unbemerkt unter dessen Ruderer zu mischen. Cf. H. Kees, 1956, S. 76, 82. Vergleichbare Anschauungen waren weltweit verbreitet. So bittet in einer araukanischen Geschichte ein Lebender den Fährmann, ihn zu dem »herrlichen Garten der Toten« überzusetzen, doch dieser erwidert: »Nein, denn wenn ich dich hinüberfahre, kommst du nie mehr zurück: Dieser Fluß heißt *kille-hue* ›Tränenfluß‹, und niemand überquert ihn zweimal!« (B. Kössler-Ilg, 1956, S. 189).

37 Bereits ein halbes Jahrtausend vor an-Nuwayrī verlautete der am Hofe des Kalifen von Bagdad lebende Philosoph Ya'qūb Ibn Isḥāq al-Kindī, der gelbe Bernstein (*kahrubā*) stamme von »Bäumen, die im Lande der Slawen (*as-Saqāliba*) am Ufer eines Flusses« wüchsen. Das aus dem Persischen übernommene Wort *kahrubā* bedeutet »das, welches Strohhalme anzieht«. Cf. T. Lewicki, 1984, S. 122, 133 ff.

38 Cf. V. Georgiev, 1958, S. 20; J. Pokorny, 1959, S. 326, 330; Kluge, a. a. O., 583; J. U. v. Rohden, 1989, S. 56, 180; J. Udolph, 1981, S. 99 f.; ders., 1995,

S. 242; D. Berger, 1999, S. 22 f.; A. Willi, 1999, S. 96; P. Busse, 2007, S. 92.
Vgl. auch altind. r̥dáti, »beunruhigt«; ārdrá, »naß«; sowie av. Arədvī, »die
Strömende«, der Name einer iranischen Flußgöttin. Cf. Pokorny, a. a. O.,
S. 329, 334; J. Knobloch, 1979, S. 39.

39 Vgl. auch osset. und schott. *don*, avest. *dānav-*, skyth. *dānus*, iran. *dānu*,
»Fluß«. Cf. O. Bremer, 1899, S. 47; R. Meister, 1963, S. 53 f.; E. P. Hamp,
1987, S. 155; W. P. Schmid, 1987, S. 331.

40 Vgl. auch die Namen des walisischen Flusses Donwy, des ligurischen Tana-
gón, des piemontesischen Tanaro, des Tanarón in den französischen Alpen,
des italienischen Ridone, des Tigrisnebenflusses Radānu, des kretischen und
lydischen Ἰάρδανος sowie des nahöstlichen Jordan (*jrdn*), hebr. Jardēn, den
vielleicht die Philister mitgebracht haben, und des arkadischen Apidanos
(von idg. **ap*, »Wasser«). Cf. B. Rosenkranz, 1966, S. 136; F. Stähelin, 1923,
S. 144 f.; J. Tischler, 1977, S. 66; J. Sundwall, 1913, S. 88; Bremer, a. a. O.,
S. 47; C. Schuchhardt, 1934, S. 103 f.; O. Emmerig, 1942, S. 366; L. Brunner,
1969, S. 73; M. B. Sakellariou, 1974, S. 372; C. Beretta, 2003, S. 41, 222.

41 Cf. H. Krahe, 1954, S. 239; F. Focke, 1954, S. 157; M. B. Sakellariou, 1986,
S. 132; M. Robbins, 1980, S. 20 f.; N. I. Xiporitis, 1986, S. 51. Gelegentlich hat
man auf eine proto-idg. Flußgöttin *Danu geschlossen. Cf. M. R. Dexter,
1990, S. 11; A. L. Katona, 2000, S. 68 f.

42 Cf. E. Delage, 1930, S. 221 f.; C. M. Govi, 1995, S. 59; bzw. Strabon V 1. 9 u.
Lukian, 1981, II, S. 207.

43 Apollonios v. Rhodos IV. 504 ff., 576 ff.; Pseudo-Aristoteles: *Mirabilia* 81;
bzw. O. Olshausen, 1890, S. 287; R. Hennig, 1925, S. 86 f.; K. Andrée, 1951,
S. 25. J. Spanuth (1985, S. 166 f.) hat den Eridanos mit der Eider identifiziert,
was vielleicht insofern nicht ganz falsch ist, als die Eider in der Bronzezeit
möglicherweise zum nördlichen Teil des Elbdeltas gehörte oder zumindest
mit diesem verbunden war. Entlang der Elbe und an den Ufern der benachbarten Flüsse wurde zu allen Zeiten reichlich Bernstein gefunden. Cf. K.-D.
Meyer, 2009, S. 46 f.

44 Nonnos 93; bzw. Plinius IV. 3. 94; XXXVII. 35 f.; Diodoros Siculus V. 23.1 Cf.
K.-P. Johne, 2006, S. 32; H. P. Duerr, 2005, S. 291 ff.

45 Cf. E. Lévy, 1987, S. 312; H. Usener, 1896, S. 228, 231; K. Kerényi, 1944,
S. 59; L. Malten, 1909, S. 310; L. R. Palmer, 1963, S. 356; H. Petersmann,
1986, S. 297.

46 Cf. H.-G. Nesselrath, 2005, S. 168; Plinius IV. 3. 97; bzw. H. Marzell, 1927,
Sp. 1472; A. C. Andrews, 1949, S. 283.

47 Cf. C. C. Lamberg-Karlovsky, 1982, S. 46 f.; bzw. A. H. Krappe, 1943,
S. 310 f.; O. Huth, 1938, S. 275.

48 Cf. Duerr, a. a. O., S. 294 ff.; I. Schubart, 1939, S. 147. Ahl (a. a. O., S. 404) hat
vermutet, die vermeintlich keltische Vorstellung von der Toteninsel Avalon
gehe auf die germanische von Abalus zurück und sei erst von den angelsächsischen Einwanderern nach England gebracht worden.

49 Cf. P. V. Glob, 1961, S. 13, 17 f.; ders., 1980, Tf. 2 5 f; C. Redlich, 1968, S. 58;
J. Brøndsted, 1962, S. 226; ders., 1964, S. 225 f.; G: Kossack, 1997, S. 514; G.
Kunwald, 1970, S. 113 f.; T. Capelle, 1974, S. 59; F. Kaul, 2004, S. 71 f.; K. Kri-

stiansen/T.B. Larsson, 2005, S. 340. Die Augen der Figurine aus Fårdal bestehen aus leuchtendem Goldblech. Man nimmt an, die meist paarig im Moor
niedergelegten Halsringe seien Opfergaben für diese Göttin gewesen. Cf. K.-
H. Willroth, 1985a, S. 395. Daß das Motiv der ihre Brüste nach vorne drük-
kenden Göttin aus dem Mittelmeer stammen könnte, wie M. P. Malmer
(1999, S. 34) meint, ist nicht besonders wahrscheinlich, da diese Geste als
weibliche Liebesofferte weit verbreitet ist.

50 Cf. K.-H. Willroth, 1990, S. 554; K. Schlabow, 1976, S. 96; M. Gebühr, 2002,
S. 30; H. Vandkilde, 2004, S. 81; T. Brock, 2009, S. 59; bzw. E. J. W. Barber,
1991, S. 180, 256 f. Auch den Pagenkopf des blonden Egtved-Mädchens hat
man als ein Charakteristikum der Unverheirateten bezeichnet. Allerdings
trägt die Fårdalfrau einen breiten, unten ausgefransten Zopf, der über ihren
Rücken fällt. Einen beim Gehen klirrenden Minirock aus ca. 1000 durchbohrten Nassamuscheln trug auch ein im Aurignacien in der Grotte des
Enfants, einer der Grimaldi-Höhlen an der Côte d'Azur, bestattetes junges
Mädchen. Cf. H. Kühn, 1929, S. 500.

51 Auch abends zieht sich die Schlange unter die Erde zurück, um morgens wieder zu erscheinen, weshalb sie im Ägyptischen Totenbuch spricht: »Ich gehe
durch die Nacht und werde Tag für Tag neu geboren« (H. Owusu, 1998,
S. 285). In Litauen brachte die Žaltys, eine kleine grüne Schlange, Wohlstand,
Glück und reiche Ernte. Sie war das Tier des Sonnenmädchens Saule, und sie
zu sehen bedeutete für eine junge Frau Schwangerschaft. Cf. M. Gimbutas,
1963, S. 203; Robbins, a.a.O., S. 25. Den im epidaurischen Tempel des Asklepios schlafenden Frauen näherte sich der Gott in Gestalt einer Schlange und
schwängerte sie so wie Zeus die Persephone oder Faunus die Bona Dea. So
heißt es von einer gewissen Nikesibule aus Messene, sie »schlief, um Kinder-
segen zu erhalten, im Heiligtum [von Epidauros] und hatte ein Traumgesicht.
Es träumte ihr, der Gott sei mit einer ihm folgenden Schlange zu ihr gekommen; mit dieser hatte sie Geschlechtsverkehr, worauf sie übers Jahr zwei Knaben gebar.« Cf. E. Küster, 1913, S. 150 f.; bzw. K. Kerényi, 1956, S. 44. Sah
eine Römerin nachts eine Schlange, dann glaubte man, daß sie bald guter
Hoffnung sein werde. Cf. K.D. Fabian, 1986, S. 105.

52 Tacitus: *Germania* 40. Cf. K. Meuli, 1975, II, S. 1044; M. Janda/A. Kamp,
2003, S. 44 f.; J. Brosse, 1990, S. 120. Nach dem Waschen soll der See die Kultdiener sogleich verschlungen haben – vielleicht ein versteckter Hinweis darauf, daß sie anschließend geopfert wurden. P. V. Glob (1965, S. 164) vermutet,
daß manche männlichen Moorleichen auf solche Menschenopfer zurückgehen. Janda/Kamp meinen, das Waschen im See sei vielleicht das Brautbad der
Göttin vor dem ἱερὸς γάμος gewesen, nach dem man den ihren Paredros verkörpernden Kultdiener ertränkt habe. An anderer Stelle verlautet Tacitus (9),
»ein Teil der Sueben« diene »auch der Isis«, die »in Gestalt einer Liburne«
verehrt werde. Liburnen waren kleine, wendige Kriegsschiffe, mit denen die
Römer sicher die nördlichen Küstengewässer befuhren (cf. H. P. Duerr, 2005,
S. 255), und man hat vermutet, daß es sich bei dieser germanischen »Isis« um
eine Fruchtbarkeitsgöttin gehandelt hat, die im Frühling auf einem Schiffs-
wagen umhergefahren wurde. Cf. K. A. Ruppel, 1940, S. 89. In einem Schiff

auf Rädern brachte bekanntlich auch Dionysos die Vegetation, und ähnlich wurde der Fruchtkorb der Demeter (κάλαθος) auf einem Wagen übers Land gefahren. Noch im Jahre 1133 fuhr nach der *Gesta Abbatum Trudoniensium* ein Schiffskarren von Cornelimünster nach Tongern und Looz, und wo er vorbeikam, tanzten die Frauen halbnackt und mit aufgelösten Haaren um ihn herum und trieben anschließend Dinge, die zu beschreiben die Feder des Berichterstatters sich sträubte. Cf. H. P. Duerr, 1978, S. 39; A. Lesky, 1925, S. 16. Etwa zur selben Zeit wurden in Dänemark Schiffsmodelle umhergetragen, damit die Ernte reichlich ausfiel. Cf. Z. Kobyliński, 1988, S. 193.

53 Cf. J. Kraft, 2006, S. 264 f. Ortsnamen, in denen die Namen von Wanengöttern enthalten sind, werden für wesentlich älter gehalten als diejenigen, in welchen die Namen der Gottheiten aus dem Asengeschlecht vorkommen. Cf. I. Ásdísardóttir, 2006, S. 419. Hinter den Wanen stehen zweifellos die Fruchtbarkeitsgötter der Nordischen Bronzezeit, was schon ihr Name zum Ausdruck bringt, der sich von *u̯en-* herleitet, das mit »ficken« übersetzt wird. Cf. J. Tischler, 1979, S. 265. Vgl. idg. *u̯énes, »Geilheit, Begierde«. »Komm her«, wird Uṣās beschworen, »mit [deiner] Geilheit« (*vánasā*). Cf. G. E. Dunkel, 1988, S. 10; bzw. Ṛgveda X. 172. 1a.

54 Cf. E. Pásztor, 2000, S. 64; H. Rosenfeld, 1961, S. 32. Vor allem auf Yngvi-Freyr führten sich zahlreiche germanische Königsgeschlechter zurück, so die Ynglinger, die in Uppsala residierten, wo – wie Adam von Bremen berichtet – ein Kultbild des Fricco »cum ingenti priapo« stand. An den Wänden der Hallenhäuser des 5. Jahrhunderts in Lunda im Södermanland hatte man die teilweise vergoldeten Bronzefiguren eines Mannes mit erigiertem Glied aufgestellt, und in der Nähe des dänischen Broddenbjerg fand man die aus einer dreifachen Astgabel geschnitzte Skulptur eines Mannes mit einem riesigen steifen Penis, vor die ein Keramikgefäß mit einem Speiseopfer gestellt worden war. In der Geschichte von Gunnar Helmingr und der Umfahrt des Kultbildes von Freyr heißt es, dieser habe einer Frau bedurft, »was sich in einer bestimmten Weise zeigte« (*sem syndiz í sumu lagi*). Cf. P. Pieper, 1989, S. 157 f.; T. Capelle, 1980, S. 22 ff.; A. Hultgard, 2003, S. 138; N. Price, 2005, S. 246.

55 Cf. Diodoros III. 56.2; 57.3: 58 f. Kubaba wurde zu Κυβήβη, wobei die zweite und dritte Silbe – wie »Papa« und »Mama« – Lallwörter sind. Cf. M. J. Vermaseren, 1977, S. 22; L. E. Roller, 1999, S. 2, 67 f.; C. Brixhe, 1979, S. 40 f. Später nannte man sie auch Μήτηρ Θεῶν, Mater Deum und Magna Idaia. Dargestellt wird sie häufig als eine Frau, die entweder ihre Brüste nach vorne drückt oder einen Apfel oder Granatapfel in der Hand hält. Cf. B. Kulaçoğlu, 1992, Tf. 160; Ş. G. Aidingün, 2005, S. 83.

56 Cf. Brixhe, a.a.O., S. 45; L. Zgusla, 1982, S. 172; M. Vassileva, 2001, S. 54 f.; M. Munn, 2006, S. 116 f.; L. Deroy, 1952, S. 41 f., 50; G. Showerman, 1969, S. 11. Solche Könige und Inkarnationen des stiergestaltigen Wettergottes der Phrygier waren vermutlich Midas und Ates. Cf. L. E. Roller, 1988, S. 48 f.; B. Bøgh, 2007, S. 310, 322; S. Berndt-Ersöz, 2004, S. 49.

57 Cf. J. Hilmarsson, 1986, S. 1 f.; F. Bader, 1983, S. 248 f.; dies., 1985, S. 87; W. P. Schmid, 1972, S. 13; G. Neumann, 1998, S. 30; S. Schaffner, 1998, S. 65 f.

58 Cf. S. Gutenbrunner, 1936a, S. 80; H. Wagenvoort, 1971, S. 285 f.; P. de Bernardo Stempel, 2004, S. 187.

1 Cf. P. Pieper, 1989, S. 157; C. Radtke, 2007, S. 217; P. Gelling/H. E. Davidson, 1969, S. 49 f. Auch Skírnir, der Gerðr im Jenseitsland Jǫtunheimr freit, ist ursprünglich mit Yngvi-Freyr identisch. Cf. Y. S. Bonnetain, 2006, S. 140 ff. Ein gleiches gilt für Thor, der auf einem Widder oder Ziegenbock – auf Gotland hießen die schwarzen Regenwolken »Thórs bockar« – den befruchtenden Hammer oder seine Braut, die ihm beide von einem Reifriesen gestohlen worden waren, zurückbringt. Deshalb opferte man dem Thor beim Erntedankfest einen Widder oder einen Ziegenbock. Vielleicht stellen die Tanumer Felsbilder des einen Hammer hochhaltenden Mannes mit Hörnerhelm und erigiertem Glied einen bronzezeitlichen Vorläufer des Gewittergottes und die Gravierungen des von Widdern gezogenen Kultwagens zwischen Schiffen dessen Transportmittel dar. Cf. W. Mannhardt, 1858, S. 178; ders., 1877, II, S. 156; J. Lechler, 1936, S. 54, 103 f.; F. R. Schröder, 1938, S. 204.

2 Man hat vermutet, die Vorstellung von der Schiffahrt der Sonne habe sich im Norden im 18. Jahrhundert v. Chr. entwickelt. (cf. P. Skoglund, 2008, S. 391), und die Striche auf den Darstellungen der Schiffe repräsentierten die Toten, die das Sonnenschiff ins westliche Jenseits rudern. Cf. F. Kaul, 2005, S. 139. Allerdings gab es Bootsbestattungen bereits in der Ertebøllekultur des 4. Jahrtausends, und in Kiaby in Schonen begrub man während der endneolithischen Streitaxtkultur mit Flintdolchen und Lanzen ausgestattete Männer ebenfalls in Booten (cf. R. Bradley, 2000, S. 133 f.; E. Østmo, 1997, S. 298), weshalb es nicht unwahrscheinlich ist, daß die Sonne schon in der Steinzeit auf einem Boot nach Westen gefahren ist. Bei den meisten nordischen Bootsbestattungen weist der Bug in Richtung untergehende Sonne (cf. Kobyliński, a. a. O., S. 190), und auch die Verstorbenen, die man bis in die frühe Periode III der Bronzezeit in ausgehöhlten Eichenstämmen unter 3-4 m hohen Grabhügeln bestattet hat, blicken üblicherweise nach Westen. Herausragende Personen wurden ab ca. 1300 v. Chr. häufig in steinernen Schiffssetzungen beerdigt und in der Folgezeit vor der Bestattung meist verbrannt. Cf. F. Laux, 2000, S. 148; K. Christensen et al., 2007, S. 35, 43 f.; T. F. Sørensen/M. Bille, 2008, S. 257. Modelle des Sonnenschiffes waren gewiß die mehr als hundert ewie 10-17 cm langen Schiffchen aus Goldfolie, die man, zum Teil mit konzentrischen Kreisen versehen, in einem mit einem flachen Stein verschlossenen Topf in Nors im jütländischen Thy entdeckt hat. Cf. F. Kaul, 2003, S. 47.

3 Cf. P. Kallio, 2003, S. 235.

4 Cf. H. Nevermann, 1947, S. 176; bzw. D. Leese, 2005, S. 18, 29; J. Ledyard, 2005, S. 70. In der hawai'ischen Chronik *Mooolelo* vom Jahre 1838 heißt es, die Leute am Strand von Waimea auf Kaua'i hätten, nachdem Cook dort vor Anker gegangen war, gefragt: »Was ist das für ein Ding mit so vielen Zweigen?« Da habe einer gesagt: »Das ist ein Wald, der aufs Meer getrieben worden ist!« Darauf habe eine große Verwirrung geherrscht. Cf. N. Schweizer, 2005, S. 23.

5 Cf. M. Beckwith, 1970, S. 31 ff.; L. Kame'eleihiwa, 1992, S. 45; V. Valeri, 1985, S. 214. Schließlich wurde Lono von dem gewalttätigen Gott Ku vertrieben und verließ den Archipel auf einem aus Flechtwerk gefertigten »Tributkanu« (*wa 'a*

'auhau). Als Samuel Wallis' Fregatte *Dolphin* sich 1767 der Küste Tahitis näherte, hielten manche Einheimische das Schiff für eine schwimmende Insel, andere für ein riesiges Kanu ohne Ausleger. Nachdem erkennbar war, daß sein Rumpf mit den heiligen Farben des Fruchtbarkeitsgottes 'Oro bemalt war, hielten die Tahitianer die Briten für Abgesandte dieses Gottes, weshalb die jungen Frauen vor ihnen die Brüste entblößten. Cf. A. Salmond, 2010, S. 39, 463.

6 Cf. M. Sahlins, 1995, S. 27; D. Oliver, 2002, S. 218 f.; Valeri, a. a. O., S. 215, 217; bzw. E. S. C. Handy, 1931, S. 12; P. Pollenz, 1950, S. 225 f.; C. C. Balme, 1999, S. 240 f. Auf Cooks dritter Reise notierte der Schiffsarzt Anderson anläßlich eines *one-one* auf Tahiti: »At certain parts they put their garments aside and exposed with seemingly little sense of shame those parts which most nations have thought it modest to conceal, but in particular a woman more advanc'd in years who stood in front & might properly be calld the tutoress or prompter of the rest, held her cloaths continually up with one hand and dancd with uncommon vigour and effrontery, as if to raise in the spectators the most libidinous desires« (C. B. Balme, 2007, S. 39).

7 Cf. Schweizer, a. a. O., S. 30 f.; S. Bergendorff et al., 1988, S. 392; S. M. Kamakau, 1992, S. 93 ff. Nachdem die Gebrüder Leahy und die übrigen Expeditionsteilnehmer 1933 im Hochland von Neuguinea mit einheimischen Frauen geschlafen hatten, schwand offenbar ebenfalls der Glaube, die Fremden seien Totengeister, und zwar vor allem, nachdem die betreffenden Frauen Details dieser Begegnungen preisgegeben hatten. Cf. C. Moore, 2003, S. 174.

8 Cf. L. Withey, 1987, S. 380 f.; R. Borofsky/A. Howard, 1989, S. 264. Ähnlich erging es im Jahre 1783 dem schiffbrüchigen Kapitän Henry Wilson, der auf den Palau-Inseln als ein Gott angesehen wurde. Cf. R. J. Parmentier/H. Kopina-Geyer, 1996, S. 102. Im 17. Jahrhundert berichtete Nicolas Perrot, die Potawatomi-Indianer der Green Bay hätten es nicht gewagt, ihm ins Gesicht zu blicken (cf. J. Axtell, 2001, S. 24), und die Senufo in Westafrika flohen vor den weißen »Wassergeistern«, die scheinbar der Lagune entstiegen waren, weil man solche Wesen nicht ansehen durfte. Cf. A. Duchâteau, 1980, S. 57. Schließlich dachten die Tlingit im Jahre 1786, sie würden zu Stein, wenn sie die Schiffe des Comte de La Pérouse mit bloßem Auge anschauten, und rollten deshalb die Blätter des Skunkkohls zu einer Art Teleskop. Cf. G. T. Emmons, 1911, S. 297.

9 Cf. Kamakau, a. a. O., S. 101. Nach einer hawai'ischen Überlieferung soll Lelemahoalani die Tochter eines Häuptlings von Kaua'i gewesen sein, die dieser Kapitän Cook zum Beischlaf überlassen haben soll. Cf. D. M. Kahananui, 1984, S. 168; D. A. Chappell, 1997, S. 7, 17. Die Authentizität dieser Geschichte wird von Sahlins (a. a. O., S. 279 f.) und anderen bezweifelt.

10 Cf. M. Sahlins, 1989, S. 383; C. Lloyd, 1949, S. 353; Kamakau, a. a. O., S. 103. Knapp zwei Tage nachdem Cook am Ufer getötet und sein Leichnam zerteilt worden war, brachten zwei Lono-Priester die Überreste des Kapitäns, die man nicht gekocht und gegessen hatte, insgesamt etwa 5 kg, an Bord und fragten, »wann der Erono denn wiederkehre« (Leese, a. a. O., S. 23). Vielleicht läßt dies den Schluß zu, daß zumindest einige der Priester Cook weiter-

hin für Lono hielten, der eben am Ende des *makahiki* vom Kriegsgott vertrieben wurde und in diesem Sinne »sterben« mußte.

11 Cf. K. A. Wipf, 1983, S. 115 f.; B. G. Trigger/W. R. Swagerty, 1996, S. 371; bzw. J. Heckewelder, 1841, S. 69 ff.; ders., 1876, S. 71 f.

12 Cf. Emmons, a. a. O., S. 297. Auch die Powhatan hielten die britische Flottille, die 1607 in die Chesapeake-Bucht einfuhr, für einen kleinen Schwarm von »Riesenvögeln«. Cf. P. Lampe, 1995, S. 14. Im Jahre 1455 erfuhr der Venezianer Aloisio de Ca' da Mosto, der Entdecker der Kapverdischen Inseln, von versklavten Einheimischen über senegalesische Dolmetscher, manche von ihnen hätten die portugiesischen Schiffe für »große Vögel mit weißen Flügeln« gehalten, die weder von ihnen noch von ihren Vorfahren jemals gesehen worden waren, während andere glaubten, es handle sich um gigantische Fische oder Geister. Cf. R. Hallett, 1965, S. 29 f.; H. H. Hart, 1950, S. 183; M. Mollat, 1984, S. 183. Die Indianer, auf die Fernão de Magalhães 1519 an der brasilianischen Küste traf, hielten die spanischen Schiffe für weibliche Lebewesen und die Beiboote für deren Kinder, die noch von ihnen gesäugt wurden. 1444 erfuhr sein Landsmann Dinis Dias in der Gegend des Cabo Verde von den Jolof, daß diese nicht wußten, ob seine Karavelle nun ein Fisch, ein Riesenvogel oder ein Geist sei. Als sie das Schiff sahen, waren zunächst einige von ihnen mit einem Auslegerboot auf das Gebilde zugefahren, aber als sie lebende Wesen auf ihm gewahrten, flohen sie in Panik. Cf. A. Pigafetta, 1968, S. 66; bzw. A. Disney, 2007, S. 284. Auf Buka nördlich von Bougainville werden die Weißen noch heute *tolala*, »Insel«, genannt, weil das erste europäische Schiff für eine schwimmende Insel gehalten worden war, und an der westafrikanischen Küste heißen sie *mindele*, »Wal«. Cf. G. Thomas, 1932, S. 220; bzw. E. Gilbert/J. T. Reynolds, 2004, S. 157. Auch die Chinook dachten zunächst, die Segelschiffe seien Wale (cf. R. P. Carlisle/J. G. Golson, 2007, S. 189). Die Azteken nannten die Schiffe der Spanier *acalli*, »Wasserhäuser«, und die Nootka bezeichneten die Weißen als *mamathni*, »Ihre-Häuser-bewegen-sich-über-das-Wasser«. Cf. W. Duff, 1965, S. 56.

13 Cf. O. Baumann, 1894, S. 78 ff.; H. Meyer, 1916, S. 145, 162, 165 f.; bzw. C. Meinhof, 1941, S. 108; F. Johnson, 1939, S. 321. Ein alter Mann sagte, er könne sich noch ganz genau an Baumann, den letzten Mwesi, erinnern. Als Baumanns Askaris in dem entstandenen Chaos aus Selbstschutz 30 Leute töteten, weigerten sich die Warundi, von dem Forscher dafür das Blutgeld anzunehmen. Statt dessen tanzten sie um die Leichen und sagten ihm, er könne totschlagen, wen er wolle, »ja, ein Mwesi, der keine Leute totschlägt, wäre gar kein richtiger Mwesi« (a. a. O., S. 87). Die Pangwe im südlichen Kamerun hielten die ersten Weißen für Abgesandte des einst über das Meer nach Westen entschwundenen Gottes Nsambe. Cf. G. Tessmann, 1913, S. 36.

14 Cf. J. Schœmbs, 1949, S. 80 f.; B. Keen, 1971, S. 49; bzw. A. Eschmann 1976, S. 197, 202; B. Spranz, 1964, S. 110; M. León-Portilla, 1986, S. 243.

15 Knapp ein Jahr danach schrieb Cortés an Karl V., Motecuçoma habe ihm – wohl über seine Dolmetscherin und Geliebte, die Indianerin Doña Marina – gesagt, sie alle seien davon überzeugt, *der Kaiser* sei Quetzalcóatl und habe ihn – Cortés – nach Mexiko geschickt, zumal dieser »aus der Richtung der

aufgehenden Sonne genaht« sei. Und er habe weiter ausgeführt, die Bewohner von Cempohuallán und Tlaxcalá hätten ihm fälschlicherweise berichtet,
er gäbe sich für einen Gott aus. Schließlich habe der König sein Gewand
geöffnet und zu ihm gesagt: »Seht her, ich bestehe aus Fleisch und Knochen
wie Ihr, anfaßbar und sterblich!« Zuvor waren offenbar die tlaxcaltekischen
Priester nach eingehenden Beratungen zur Auffassung gekommen, daß die
Spanier zwar keine Götter im strengen Sinne, aber »Kinder der Sonne«
waren, die all ihre Kraft durch deren Strahlen erhielten. Deshalb empfahlen
sie ihren Kriegern, die Fremden während der Nacht anzugreifen. Im Gegensatz zu den Tlaxcalteken glaubten indessen die Totonaken, daß es sich bei
Cortés und seinen Leuten zwar um unbekannte, aber dennoch veritable Götter handle. Cf. C.A. Burland, 1967, S.83; ders., 1973, S.189; León-Portilla,
a.a.O., S.238; bzw. W. Krickeberg, 1956, S.303; B. de Sahagún, 1954, S.21;
Eschmann, a.a.O., S.247f.; H. Cortés, 1918, S.122f.; W.H. Prescott, 1998,
S.321; H. Thomas, 1993, S.181.

16 Cf. J. Descola, 1968, S.22; E. Goodman, 1972, S.39; G. Lamana, 2005,
S.10ff.; T.K. Yupanki, 1985, S.33, 37; bzw. B.C. Brundage, 1967, S.239.

17 Cf. B.C. Brundage, 1963, S.69; T. Kulmar, 1997, S.107. Der Name Viracocha
enthält das Wort *vira*, »Fett«, das die Substanz des Lebens darstellte. So gibt
es in den Anden viele Geschichten von bösen Geistern, die den Lebenden das
Fett absaugen und ihnen dadurch sämtliche Vitalität rauben. Cf. R. Harrison,
1989, S.94. Der Ethnologe H.D. Disselhoff (1973, S.223) berichtet, er habe
sich sehr geehrt gefühlt, als man ihn im bolivianischen Hochland mit »Viracocha« anredete, und noch heute werden im peruanischen Tiefland weiße Peruaner und Nordamerikaner so genannt, also Menschen, die meist etwas
Bedrohliches und Unheilvolles an sich haben. Cf. G. Baer, 1984, S.124f.;
A. Johnson, 2003, S.189.

18 Cf. Lamana, a.a.O., S.17; H. Trimborn, 1954, S.272; bzw. R. Oliver/C. Oliver, 1965, S.141f. Die Überlebenden der 1589 in dieser Gegend untergegangenen Karracke São Tomé berichteten, die »Kaffern« hätten vor allem die
blonden und die besonders hellhäutigen Schiffbrüchigen »für Kinder der
Sonne« gehalten. Cf. B. Gomes de Brito, 1983, S.190. Zwar scheint Stanley,
als er im Jahre 1878 den Kongo hochfuhr, für eine Art Monster gehalten worden zu sein, das »nur 1 Auge in der Mitte der Stirn [das Fernrohr] und statt
Füßen Hufe [seine Schuhe] besaß«, doch war man um diese Zeit in vielen
Gegenden davon überzeugt, daß es sich bei den Weißen um Menschen handelte, ungesittete und grausame Barbaren, die den Einheimischen freilich in
technischer, militärischer und medizinischer Hinsicht weit überlegen waren.
Cf. J.B. Friedman, 2005, S.59; bzw. G. Klute, 2006, S.167f. Als Vasco da
Gama im Frühjahr 1498 vor der Küste Ostafrikas vor Anker ging, hielt man
die Portugiesen dort ebenfalls nicht für Götter oder Geister, sondern für Chinesen, also für jene bleichen Menschen in hölzernen Schiffen, die das letzte
Mal im Jahre 1433 mit der »Schatz-Flotte« des Großadmirals und Palasteu-
nuchen Zheng He (Cheng Ho), eines Moslems aus Yünnan, nach Mogadi-
schu, Malindi und Sansibar gesegelt waren, um dort vor allem chinesisches
Porzellan gegen Elfenbein, Ambra (»Drachenspeichel«) und Rhinozeroshör-

ner zu tauschen, die in China als Aphrodisiakum begehrt waren. In jener Zeit scheinen auch chinesische Privatunternehmer auf eigens für solche Fernfahrten gebauten *fuchuan*-Dschunken mit aufgemalten »Drachenaugen« nach Afrika gefahren zu sein, deren Besatzungen zum Teil dort geblieben sein sollen. Jedenfalls führt sich der Washanga-Clan auf einer Insel des der ostafrikanischen Küste vorgelagerten Lamu-Archipels, deren Mitglieder angeblich hellhäutiger und zierlicher sind als ihre Nachbarn, auf solche chinesischen Seeleute zurück. Cf. O. Prakash, 1990, S. 30; R. Finlay, 1992, S. 225 f.; M. N. Pearson, 1998, S. 45; M. Kearney, 2004, S. 94 f.; H. Ma, 1970, S. 13.

19 Cf. P. Brown, 1995, S. 80 f.; bzw. L. Pospisil, 1978, S. 98. Als der Ethnologe darauf bestand, sterblich zu sein, glaubte ihm niemand, da die Kapauki-Etikette es fordert, daß ein jeder sein Licht unter den Scheffel stellt. Nachdem im Jahre 1964 »Hellhäutige« (*harigei*) zu den Etoro ins Hochland gekommen waren, galten diese rasch als Menschen und als »die ersten Weißen«. Dagegen blieben die Mitglieder der Hides-Expedition, die bereits 1935 zu ihnen gelangt und schnell wieder verschwunden waren, in der Vorstellung der Etoro als »Geister« bestehen. Als damals Jack Hides durch Zeichensprache gefragt wurde, woher er komme, deutete er in eine Richtung, in der das Totenland *humbirini* lag. Cf. R. C. Kelly, 1977, S. 26; S. Frankel, 1986, S. 11.

20 Cf. G. Friederici, 1925, S. 196; bzw. J. Wilson, 1998, S. 190. Bei den Natchez bezeichnete sich der Häuptling als »Große Sonne«, und beim Maisfest trug man ihn wie das Gestirn vom Dorf zum Zeremonienplatz, wo er mit Freudenrufen begrüßt wurde. Cf. P. Radin, 1959, S. 90.

21 Cf. Yupanki, a. a. O., S. 33; N. Wachtel, 1971, S. 50; bzw. J. Miller, 1994, S. 129; J. Axtell, 2001, S. 23; W. Baum, 1999, S. 128; Trigger/Swagerty, a. a. O., S. 372.

22 Cf. A. N. Cabeza de Vaca, 1963, S. 172; S. E. Morison, 1974, S. 522; N. P. Hickerson 1998, S. 200 f.; J. U. Terrell, 1972, S. 6. Die sechs schwarzen Sklaven (*negros*), die Cortés begleiteten, sollen von den Azteken als »schmutzige Götter« bezeichnet worden sein (cf. H. L. Bennett, 2005, S. 15; M. Zeuske, 2006, S. 266), und die Yagua am Marañón im peruanischen Tiefland beschrieben die Schwarzen von Barbados, die zum Gefolge der Gummizapfer gehörten, wenig schmeichelhaft als »riesige Wildschweine mit schwarzer Haut, die wie Menschen gingen« und sogar Feuerwaffen gebrauchen konnten. Cf. P. Fejos, 1943, S. 25.

23 Frank Cushing hat den Namen »Cibola« auf das Zuñi-Wort *shi-wi-na*, »Sitz«, zurückgeführt, mit dem die Indianer jedes ihrer Pueblos bezeichneten. »Hawikuh« war dagegen der Eigenname des Pueblos, das Estébancito als erstes – und einziges – erreichte. Cf. F. H. Cushing, 1990, S. 335; R. R. Wright, 1902, S. 225.

24 Cf. Terrell, a. a. O., S. 8, 28; P. de Castañeda, 1922, S. 7; C. L. Riley, 1972, S. 249 f.; F. Waters, 1970, S. 22. Bereits unmittelbar nach ihrer Ankunft in Mexiko im Jahre 1519 waren die Spanier von den Küstenstämmen mit jungen Frauen beschenkt worden, bei denen es sich allerdings mit Sicherheit ebenfalls um erbeutete Sklavinnen handelte. Cf. J. Nash, 1980, S. 139.

25 Coronado berichtete später, man habe ihm gesagt, daß die jungen Zuñifrauen

ihre Brüste erst nach der Heirat bedeckten. Cf. E. Schmitt, 1984, S. 353; A. H. Schroeder, 1979, S. 252. Vorher trugen sie lediglich knöchellange Röcke aus Hirschfell. Die bisweilen weitgehende Nacktheit der indianischen Frauen wurde von vielen Spaniern von Anfang an als eine Aufforderung zum Geschlechtsverkehr mißverstanden. So berichtet z. B. Michel de Cueno, ein Begleiter Kolumbus', bezüglich einer jungen Karibin freimütig: »Da sie nach ihrer Sitte nackt war, kam ich auf den Gedanken, mich mit ihr zu vergnügen.« Und hundert Jahre später hält Raleigh es für nötig, zu schwören, daß seine Männer – ungleich den Spaniern – keine der jungen Indianerinnen an der Küste von Guayana vergewaltigt hätten, obgleich diese doch »stark naked« gewesen seien. Cf. M. Ferro, 1997, S. 32; bzw. W. Ralegh, 1596, S. 51 f. Coronado erfuhr in Hawikuh, daß man bereits von Indianern aus dem Süden erfahren hatte, Estébancito habe Frauen zu Tode geschändet und die Zuñis hätten ihn niedergestreckt, »weil er ihre Frauen zu vergewaltigen suchte, die sie mehr lieben als sich selber« (Riley, a. a. O., S. 251). Cf. auch D. B. Quinn, 1979, S. 429; J. Highwater, 1975, S. 23. Nach dieser Erfahrung schickten die Zuñis alle jungen Frauen und Mädchen in die Berge, als der Trupp Coronados sich später dem Pueblo näherte. R. Goodwin (2008, S. 357) hält sämtliche Berichte über Estébancitos Verhalten für rassistische Unterstellungen der Weißen und der Indianer.

26 Cf. B. G. Trigger, 1991, S. 1212; F. J. Dockstader, 1954, S. 61; Quinn, a. a. O., S. 369; Riley, a. a. O., S. 249. Melchior Díaz berichtet, daß die Zuñis ihm erzählten, sie hätten den Schwarzen getötet, um festzustellen, ob er unsterblich sei. Nun gibt es in der Tat Berichte, nach denen Indianer die Europäer mit dem Kopf unter Wasser hielten, um herauszufinden, ob sie Sterbliche waren (cf. Trigger, a. a. O., S. 1201 f.), doch spricht in diesem Falle nichts dafür, daß die Zuñis sich im unklaren darüber gewesen wären, ob Estébancito ein Gott war oder nicht. Allerdings stellt noch heute der Chákwaina Katcina, also einer der Geister, die periodisch die Pueblos besuchen und die von den Regen herbeitanzenden Maskenträgern inkarniert werden, sowohl bei den Zuñis als auch bei den Hopis und den benachbarten Pueblo-Stämmen Estébancito dar, von dem es heißt, er sei aufgrund seines arroganten Wesens und wegen der Schändung junger Frauen getötet worden. Im Jemez-Pueblo gibt es einen jährlichen Tanz, in dem Marcos de Niza und der Neger auftreten, dessen Gesicht schwarz angemalt ist und der auf dem Kopf ein schwarzes Schaffell trägt, das sein Wollhaar darstellt. Cf. J. W. Fewkes, 1903, S. 125; A. M. Stephen, 1936, S. 1086; Trigger/Swagerty, a. a. O., S. 371; J. Wilson, 1998, S. 189. Noch im Jahre 1963, als ich mich längere Zeit in einem Pueblo am Rio Grande aufhielt, war dort der »Schwarze-Mann-mit-den-Chili-[= geschwollenen] Lippen« ein Kinderschreck.

27 Cf. H.-Y. Kuo, 1967, S. 15 f.; J. Ch'en, 1979, S. 59, 71; G. Linck, 1995, S. 261, 266. Die Chinesen nannten die Portugiesen zunächst Folang-ji, da die arabischen Kaufleute die Europäer als Firanghi, »Franken«, bezeichneten. Cf. M. Cartier, 1994, S. 74 f. Obgleich sie natürlich an Produkten wie Silber, Jade, Gewürzen oder Pferden interessiert waren, taten die Chinesen so, als sei es eine Gnade, wenn sie die »Tribute« der Fremden, die kamen, um an den Seg-

nungen der chinesischen Zivilisation teilzuhaben, entgegennahmen. So werden noch im 18. Jahrhundert in dem illustrierten Buch *Huang Ch'ing chihkung t'u* die Europäer als Angehörige untertäniger Tributvölker abgebildet und beschrieben. Cf. W. Franke, 1962, S. 79; W. Demel, 1992, S. 82 f. Auch die Handelswaren der Armada Zheng Hes, des »Großeunuchen der Drei Juwelen«, wurden als Gnadengeschenke des Himmelssohnes deklariert, die dem Rest der Welt überlassen wurden. So waren die »Schatzschiffe«, die größten Fahrzeuge der sieben Flotten, trotz ihrer Bronzekanonen keine wirklichen Kriegsschiffe, vielmehr sollten sie lediglich den fremden Nationen die Überlegenheit des Reichs der Mitte demonstrieren. Cf. R. Hoffmann/Hu Qiuhua, 2007, S. 281 f.; M. Hvistendahl, 2008, S. 44.

28 Cf. M. Roberts, 1989, S. 70 f., 74; bzw. C. Richard de Silva, 1997, S. 319. Dagegen wunderten sich die Azteken, daß die vermeintlichen Götter *kein* Blut tranken. So heißt es im 12. Buch des *Codex Florentinus* über die Gesandten des Motecuçoma, die dieser an die Küste geschickt hatte: »Sie erzählten ihm, wie sie die Reise gemacht, welche Wunderdinge sie gesehen hatten und welch seltsame Speisen die Fremden äßen. Motecuçoma war sehr erstaunt und bestürzt über ihren Bericht, und die Beschreibung der göttlichen Speise entsetzte ihn mehr als alles andere: Sie nährten sich *nicht* von Blut und menschlichen Herzen!« (M. León-Portilla, 1962, S. 28 f.).

29 Die Dschunke war auf der Fahrt von Siam nach China zunächst in ein Gefecht mit anderen Seeräubern und dann in einen schweren Taifun geraten, so daß sie vom Kurs abkam. Cf. J. Nelson, 2002, S. 97. Zu *kami* cf. D. G. Haring, 1963, S. 57. Als vier Jahre später Fernão Mendes Pinto nach Japan kam, wurden er und seine Begleiter über einen Dolmetscher gefragt, was sie für Leute seien, da sie dem Aussehen nach, vor allem wegen ihrer Bärte, »keine Chinesen müsten seyn«. Cf. P. Kapitza, 1990, S. 105.

30 Cf. P. Kirsch, 2004, S. 42; J. Flores, 2007, S. 558 f.; H. Cieslik, 2004, S. 32 f. Ihrem dämonischen Charakter entsprechend wurden auch ihre Besitztümer als »krafthaltig« angesehen, und diese konnten sowohl Glück als auch Unglück bringen. So gehörte dem mächtigen Lehnsherrn Takeda Shingen, der 1573 starb, ein roter *nanbangasa*, d. h. ein »Filzhut der südlichen Barbaren«, von dem es hieß, er mache seinen Besitzer unverwundbar. Cf. M. Sakamoto, 1993, S. 66 ff.

31 Cf. Haring, a. a. O., S. 56; K. Antoni, 1986, S. 102 f.; bzw. Kirsch, a. a. O., S. 13; T. Takahashi, 2006, S. 209 f.; D. Croissant, 1993, S. 283. Für nicht zu den Menschen zählende Ungeheuer hielten die Japaner auch lange Zeit die Ainu. Bis heute werden die Ainu von vielen Japanern als »Behaarte« oder als »Bären« bezeichnet, weshalb es manche jungen Ainufrauen vermeiden, sich am Strand vor Japanern im Badeanzug zu zeigen. Cf. I. Kikuchi, 1999, S. 77; bzw. K. Oda, 1982, S. 26.

32 Cf. J. Bonnemaison, 1994, S. 35; G. Forster, 1989, S. 220; M. Sturma, 1998, S. 89; F. Horner, 1987, S. 205. Der Florentiner Giovanni da Verrazzano berichtete, daß die Indianer an der Ostküste Nordamerikas im Jahre 1524 einen jungen Matrosen, der mit Flitterkram (*fantasie*) zum Strand geschwommen war, erst einmal auszogen »und an allen Stellen untersuchten«. Cf. E.

Schmitt, 1984, 2, S. 259. Und der Ethnologe Thurnwald hielt in seinem Tagebuch fest, die Eingeborenen hätten ihn auf dem Marsch ins Quellgebiet des Sepik unbedingt nackt ausziehen wollen, vermutlich um sich zu vergewissern, welches Geschlecht dieser Geist (*naknak*) hatte. Cf. M. Melk-Koch, 1989, S. 217. Noch im Jahre 1974 tasteten die Jarawa auf Süd-Andaman Heinrich Harrer nach Frauenbrüsten ab, bevor sie ihm mit beiden Händen zwischen die Beine griffen. Cf. H. Harrer, 1977, S. 55. Jahre später wurden einer indischen Ethnologin am Strand einer abgelegenen Andamanen-Insel zunächst die Brüste betastet, worauf – als ihr Geschlecht feststand – mehrere Jarawa sie vor den Augen ihrer Mitarbeiter, die nicht einzugreifen wagten, vergewaltigten (Vishvajit Pandya: Mündliche Mitteilung vom 24. Juni 2003). Nachdem im Jahre 1791 die ersten Briten die Chatham-Insel betreten hatten, wurden sie von den polynesischen Bewohnern überfallen, die sie vergewaltigen wollten, weil sie die Fremden für Frauen hielten. Cf. M. King, 1989, S. 44. Etwa zur selben Zeit war eine junge Tonganerin aus vornehmer Familie entsetzt, als sie bemerkte, daß der Kammersteward, vor dem sie sich sehr ungezwungen benommen und offenherzig gezeigt hatte, kein junges Mädchen, sondern ein Mann in ihrem Alter war. Cf. C. W. Gailey, 1987, S. 157.

33 Cf. Horner, a. a. O., S. 206; G. P. Murdock, 1934, S. 15 f.; J. de la Cosa, 1957, S. 153; bzw. Brown, a. a. O., S. 54; B. Connolly/R. Anderson, 1987, S. 44, 46. Schon Abel Tasman berichtete, auf Tongatapu hätten einige Frauen die Matrosen zwischen den Beinen abgetastet. Cf. Gailey, a. a. O., S. 153. Als der Afrikareisende Schweinfurth sich im Jahre 1870 nackt auszog, um in einem Bach zu baden, bemerkte er, daß er von Dutzenden von Mangbettu-Frauen, die sich in den Büschen versteckt hatten, beobachtet wurde. Cf. G. Schweinfurth, 1918, S. 320. Im Jahre 1796 schickten die Fulani eine Delegation Frauen zu Mungo Park, die offenbar beauftragt war, seine Genitalien zu inspizieren. Cf. D. Northrup, 2002, S. 14.

34 Cf. R. Broome, 1994, S. 23; bzw. A. de Mendaña, 1925, S. 31. Im Dorfe Gumbu an der Astrolabe-Bucht schickten die Eingeborenen eines Nachts im Jahre 1872 eine junge Frau zu dem russischen Forschungsreisenden Nikolai Miklucho-Maclay, um herauszufinden, ob der »Mann vom Mond« sich wie ein wirklicher Mann verhielte. Nachdem er mit der Frau nicht schlief, bestätigte dies die Annahme, er müsse ein übernatürliches Wesen sein, das an gewöhnlichen Frauen kein sexuelles Interesse hatte. Als eines Abends der Mond aufgegangen war, schauten die Männer zu diesem hoch und fragten den Fremden, »ob es auch Frauen auf dem Mond gäbe und wieviele Ehefrauen« er »dort hätte«. Cf. N. Miklucho-Maclay, 1956, S. 191 f.; F. Schneider, 1997, S. 55, 82. Da die Briten keine Frauen an Bord hatten, glaubten einige der Roanoke-Indianer im Jahre 1584, es gäbe bei den Fremden überhaupt kein weibliches Geschlecht und deshalb auch keine Geburt: Sie seien gewiß unsterbliche Geister, da sie »nicht von Frauen geboren worden waren«. Cf. J. Axtell, 2001, S. 24. Nachdem die Simbu in Neuguinea festgestellt hatten, daß die Fremden Männer waren, aber keine Frauen mit sich führten, war dies ebenfalls der Beweis, daß sie keine Menschen sein konnten, denn normale Männer hatten Frauen und waren von Frauen geboren worden. Im

Asaro-Tal glaubte man hingegen, die Fremden trügen ihre Frauen im Rucksack umher und holten sie nachts im Zelt heraus. Cf. Brown, a.a.O., S. 83; Connolly/Anderson, a.a.O., S. 47.

35 Cf. M. Nihill, 1999, S. 72 f.; E. L. Schieffelin, 1995, S. 568; bzw. J. Görlich, 1999, S. 154 f. Als die Polar-Eskimo im Jahre 1818 die ersten Weißen sahen, waren sie fassungslos und fingen an, unkontrolliert zu zittern (cf. E. M. Weyer, 1962, S. 165 f.), und zu Beginn des 18. Jahrhunderts kam eines Tages ein völlig entsetzter Osage aus dem Wald ins Lager gerannt und teilte den anderen mit, er habe »ein Art Tier« gesehen, dessen Gesicht mit Haar bedeckt und dessen Haut die Farbe »der inneren Schicht eines Maiskolbens« habe. Cf. A. C. Fletcher/F. La Flesche, 1911, S. 81 f. Umgekehrt hielt man im Spanien des beginnenden 16. Jahrhunderts die aus Übersee mitgebrachten karibischen Indianer weithin für Mischwesen aus Ziege und Mensch, etwa den römischen Faunen entsprechend. Cf. A. T. Vaughan, 2006, S. 15.

36 Cf. A. Salmond, 1991, S. 78; J. Clark, 2000, S. 43 f.; bzw. V. Petrullo, 1993, S. 49 f. Als vor gut 70 Jahren im östlichen Hochland erstmalig das Brummen eines Flugzeugs zu hören war, fragte man sich, was das wohl sein könne: »From every place men that something it comes it cries. men and women afraid hide they stop. what something cries talk: water cry [Flutgeräusch], perhaps? ground cry [Erdbebengrollen], perhaps? cassowary cry, perhaps?« Das Geräusch hielt an, und plötzlich erschien am Himmel ein großer glänzender Vogel. Alles warf sich mit dem Gesicht nach unten auf den Boden, und niemand wagte es, hochzuschauen, weil man glaubte, sonst augenblicklich sterben zu müssen. Als der Vogel schließlich wieder verschwunden war, wurde er »Muttervogel-des-Himmels« genannt, und man opferte den Ahnen Schweinefett und versah sich mit Amuletten gegen eine Rückkehr der tödlichen Gefahr. Cf. R. M. Berndt, 1952, S. 50 ff., 202 f. Die Ojibwä am Red Lake in Minnesota hielten das erste Flugzeug für einen Donnervogel und eilten zum See, um ihm Tabak zu opfern, während die Dakota beim Anblick einer pfeifenden Lokomotive den »Kriegsruf« des sich in ihrem Innern verbergenden Donnervogels zu hören glaubten. Cf. Trigger, a.a.O., S. 1203; bzw. C. Hamilton, 1960, S. 251 f. Auch die Urapmin im zentralen Hochland von Neuguinea opferten dem ersten Flugzeug, das sie sahen, Schweine, damit es verschwände und nicht mehr wiederkehre, da sie es für *bim* hielten, den Geist, der die Erdbeben verursacht. Cf. J. Robbins, 2004, S. 51. Als die Yanömami 1941 erstmals ein Flugzeug am Himmel erblickten, hielten einige Männer das Wesen für den Schöpfergott Omawe, während die Schamanen den Geist des Windes beschworen, es fortzublasen. Cf. P. Tierney, 2002, S. 374.

37 Cf. M. Wood, 1995, S. 29; bzw. B. M. White, 1994, S. 377; R. Williams, 1973, S. 191; C. F. Feest, 1998, S. 74; H. P. Duerr, 1984, S. 275 f. Die Montagnais nannten Decken, Perlen, rote Umhänge und ähnliche Güter, die sie von den Weißen erhielten, *manitu*, was Pater Antoine Silvy um das Jahr 1680 mit »chose admirable, extraordinaire« übersetzte. Dem entsprechen das *maheo* der Sutaío (cf. Duerr, a.a.O.) und das *huaca* der Inka, mit dem diese alles Ungewöhnliche und Bewundernswerte, aber auch das in hohem Maße Verabscheuungswürdige bezeichneten. Cf. G. de la Vega, 1983, S. 330.

38 Cf. White, a.a.O., S. 382 ff.; Feest, a.a.O., S. 81; W. Müller, 1970, S. 111. Als eine spanische Expedition im Jahre 1697 Honduras durchquerte, entdeckte sie die von den Einheimischen angefertigte Steinskulptur eines Pferdes, die den Rappen Cortés' darstellte und von den Indianern kultisch verehrt wurde. Der Konquistador hatte das Pferd einst dort zurücklassen müssen, weil es lahmte, und die Indianer brachten dem geheimnisvollen Wesen Opfer dar. Allerdings starb es bald, da ihm lediglich lebende Hühner als Nahrung angeboten wurden. Cf. F.G. Roe, 1955, S. 58.

39 Cf. J. Stands in Timber/M. Liberty, 1967, S. 24. Den christlichen Gott nannten die Cheyenne später *heama uehó*, was meist mit »Spinne-oben« übersetzt wird. Cf. J.H. Moore, 1978, S. 149. Die Arapaho bezeichneten die Weißen und ihren Trickster mit dem Wort *nĭa' tha*, das sie ebenfalls für Spinnen benutzten. Cf. G.A. Dorsey/A.L. Kroeber, 1903, S. 7; G.B. Grinnell, 1923, II, S. 89. Auch bei den Dakota und anderen Stämmen war der clevere Trickster eine Spinne. Cf. J. Duerr, 2010, S. 33.

40 Cf. K.S. Coates, 2004, S. 83; J.E. Lips, 1966, S. 11; J. Wassmann, 1993, S. 119; A.F. Bandelier, 1905, S. 252 f.; bzw. D. Tuzin, 1997, S. 133; M. Reay, 1992, S. 156 f. Die Bapende sahen in den ersten Weißen, die den Kasai hinauffuhren, ebenfalls Geister (*vumbi*), die einst das Land verlassen hatten und jetzt wiederkehrten. Cf. R.-G. Vermot/R. Hadorn, 1982, S. 93. Mit *atua* bezeichneten die Polynesier Götter oder Geister. Cf. H. Cain, 1987, S. 265.

41 Cf. J.W. Schoorl, 1993, S. 149; B. Connolly/R. Anderson, 1987, S. 38 f.; A. Lattas, 1998, S. 18, 23; M. Demian, 2007, S. 97; bzw. D. Jenness, 1922, S. 50; E. Gilbert/J.T. Reynolds, 2004, S. 158. »Wir sahen, wie sie ihre Haut und ihre Füße abstreiften, und glaubten, daß sie auf diese Weise gebären.« Cf. G. Stürzenhofegger, 1998, S. 23.

42 Cf. Connolly/Anderson, a.a.O., S. 110; A. Strathern, 1984, S. 22; Ongka, 1979, S. 6; bzw. A. Pomponio, 1992, S. 127.

Anmerkungen zu § 12

1 Höchstwahrscheinlich bestand der Bootsrumpf aus über einen Holzrahmen gespannten Häuten oder Rindenbaststoffen. Wenn es sich um hölzerne Plankenboote gehandelt hätte, wären die Spanten nicht bildlich dargestellt worden. Aus miteinander vernähten Planken aus Lindenholz besteht erst das 18 m lange und 2 m breite Hjortspringboot (Abb. 148) mit schnabelförmigem Steven, das man – vermutlich als Kriegsbeute – um 350 v.Chr. in einem Moor auf Alsen geopfert hatte. Wahrscheinlich wären die bronzezeitlichen Boote für eine Takelage zu leicht und flexibel gewesen und der Mast wäre bei Sturm bald über Bord gegangen. Noch die germanische Landnahme Britanniens ab dem frühen 5. Jahrhundert n. Chr. fand mit Hilfe von großen Ruderbooten ohne Segel statt. Die ersten Segel wurden im Norden vermutlich von den Friesen um die Mitte des 8. Jahrhunderts eingeführt. Cf. H. Shtelig/H. Falk, 1937, S. 346; P. Johnstone, 1980, S. 107 f., 117; B. Cunliffe, 2001, S. 489; J. Brøndsted, 1962, S. 139. Die Nähtechnik behielt man lange bei, und noch in

dem auf das 6. Jahrhundert zurückgehenden altenglischen Stabreimepos *Beowulf* (216) wird ein Hochseeboot *wudu bundenne*, »gebundenes Holz«, genannt.

2 Cf. T. Capelle, 2008, S. 171; M. Wedde, 2008, S. 61 f.

3 Cf. Konen, a.a.O., S. 123; bzw. Strabon VII. 1.3. Dies schließt freilich nicht aus, daß solche Boote in eingeschränktem Maße hochseetauglich gewesen sind. So scheint es bereits im Endneolithikum – möglicherweise unfreiwillige – Fernfahrten von Gotland zur lettischen Küste und nach Ösel gegeben zu haben (cf. V. Bērziņš, 2000, S. 40), wobei eine Strecke von 240 km über die Ostsee zu überwinden war. Und in der frühen Bronzezeit fuhr man offenbar problemlos von Nordjütland 50 km über das östliche Skagerrak zur Küste von Bohuslän. Cf. U. Pfeiffer-Frohnert, 1997, S. 453 f., 461. Annähernd 300 km weit paddelten etwas später mittelschwedische Fernfahrer die Ostseeküste entlang zu den im Norden lebenden Wildbeutern, von denen sie wohl Felle gegen Bronzeobjekte und Rinderhäute eintauschten und an deren heiligen Felsen am Wasserfall Nämforsen des Ångermanälv sie ihre Gravierungen unter den Tierbildern der Einheimischen anbrachten. Cf. D. Ellmers, 2005, S. 17, 77. Es ist auch durchaus möglich, daß Angehörige der Nordischen Kultur bereits in der Bronzezeit große mitteleuropäische Flüsse wie die Elbe oder die Oder hinaufgefahren und vielleicht sogar auf mykenische Prospektoren gestoßen sein mögen. Cf. Ø. Engedal, 2002, S. 67 f.; K. Kristiansen, 2004, S. 114; Kristiansen/Larsson, a.a.O., S. 186, 206, 208, 235 f. Daß sie allerdings mit Booten aus Fellen oder aus Birken-, Ulmen- oder Buchenrinde vom südlichen Skandinavien bis ins östliche Mittelmeer vorgedrungen sind, scheint unrealistisch, weil dies wohl nur auf Plankenschiffen mit Segeln möglich gewesen wäre. Cf. D. Ellmers, 1982, S. 178.

4 Cf. C. C. MacKnight, 1972, S. 284; ders., 1976, S. 7, 17 f., 94; J. Flood, 1983, S. 224.

5 Cf. W. L. Warner, 1982, S. 492; G. Blainey, 1982, S. 251.

6 Cf. Connolly/Anderson, a.a.O., S. 25, 36 f., 92; M. J. Leahy, 1991, S. 84; M. Meleisea/P. Schoeffel, 1997, S. 119 f. Manche der Goroka und Asaro hielten indessen die Weißen für Geister und nur die schwarzen Träger für verstorbene Clanangehörige. Auch auf Neubritannien weinten manche Leute vor Rührung über die Rückkehr der Toten (cf. Lattas, a.a.O., S. 21), und ähnlich verhielt es sich, nachdem die ersten großen Segelschiffe in den Golf von Papua eingelaufen waren oder als die ersten Weißen zu den Westlichen Elema und zu den Huli kamen. Cf. F. E. Williams, 1924, S. 241; G. Cochrane, 1970, S. 51; B. Allen/S. Frankel, 1991, S. 104. Die Yupno im Finisterre-Gebirge waren sich dagegen uneins, ob es sich bei den Fremden um Himmelsgeister oder eher um heimkehrende Verstorbene handelte. Cf. J. Wassmann, 1992, S. 234 f., 241 f.

7 Cf. R. F. Salisbury, 1962, S. 114; R. M. Berndt, 1962, S. IX; ders. 1992, S. 74 f.; D. S. Trigger, 1992, S. 18 f.; bzw. J. D. Johnstone, 2003, S. 300. Im Jahre 1935 erkannte der Big Man einer Huli-Gruppe in Jack Hides seinen verstorbenen Bruder Barina und tötete ein Schwein für ihn (cf. Frankel, a.a.O., S. 11 f.), nachdem zwei Jahre zuvor die vermeintlichen Ahnen von den Wahgi gebeten worden waren, »zu bleiben und ihren alten Platz in der Gemeinschaft wieder

einzunehmen« (Brown, a.a.O., S. 59). Als Diego Cão 1482 mit seinen Karavellen in die Mündung des Kongo eingefahren war, glaubten die dort lebenden Bakongo, die Ahnen seien wiedergekehrt, um auf Erden ein Elysion zu
errichten, und der Gouverneur der 1587 auf einer kleinen Insel vor der Küste
Carolinas gegründeten Kolonie erinnerte sich an die Überzeugung der Roa-
noke, daß »wee be dead men [who had] returned into the worlde again«. Cf.
G. Balandier, 1965, S. 258; bzw. K. Ordahl-Kupperman, 2000, S. 177.

8 Cf. L. Sharp, 1983, S. 262; H. Baumann, 1936, S. 94; E. Andersson, 1958,
S. 41. Auf der Osterinsel war die helle Haut der Niederländer ein Indiz für
deren hohen Rang, glich sie doch der Hautfarbe der herrschenden *ariki mau*,
die jedes Sonnenlicht mieden. Cf. S. R. Fischer, 2005, S. 48.

9 Cf. J. R. Walker, 1982, S. 129; Black Elk, 1984, S. 151; bzw. V. Patterson,
1998, S. 7. Auch für die Manahoak an der Küste Virginias tauchten die
Schiffe der Fremden aus der Unterwelt empor. Cf. Ordahl-Kupperman,
a.a.O., S. 177. Die ersten portugiesischen Karavellen, die 1472 vor der Küste
von Benin erschienen, kamen für die Einheimischen aus dem Kupfer- und
Messingpalast des Wassergottes Olokun auf dem Meeresgrund. Cf. B. W.
Blackmun, 1997, S. 154; S. P. Blier, 1993, S. 379 f. Am Kongo war schon lange
vor der Ankunft der ersten Europäer die Vorstellung verbreitet, daß im »Land
der Toten« am Meeresgrund die weißhäutigen Geister (*minkisi*, Sing. *nkisi*)
lebten, die den Wohlstand und die Fruchtbarkeit brachten, und nachdem die
Portugiesen das Land betreten hatten, identifizierte man sie sogleich mit jenen Geistern und verkündete, sie webten in ihrer Unterwasserwelt riesige
Mengen von Tuch. Cf. M. Zeuske, 2006, S. 131 f.; R. W. Harms, 1981, S. 210.
Die Ewe im Osten des unteren Volta stellten sich vor, auf dem Grunde des
Meeres lebten Geister, die an den Markttagen an die Oberfläche kämen und
die Märkte besuchten. Wumetro, die Meeresgottheit, wird ebenso als weiß-
häutiger Europäer dargestellt wie die ebenfalls in einem Palast am Meeresgrund residierende Mami Wata, die Göttin des Reichtums und der Fruchtbarkeit. Cf. F. W. Kramer, 1984, S. 117 f.; ders., 1987, S. 230; G. Chesi, 1983,
S. 284 ff. Auf der zu den Neuen Hebriden (Vanuatu) gehörenden Insel Tanna
heißen die Weißen noch heute *yarimus enao neta'i*, »Geister vom Grund des
Meeres«. Cf. J. Bonnemaison, 1986, S. 69.

10 Cf. Bonnemaison, a.a.O.; F. Speiser, 1996, S. 329; R. M. Berndt, 1952,
S. 50 ff. Schon bevor die ersten Weißen leibhaftig bei den Luo am Jur, einem
Nebenfluß des Weißen Nils, auftauchten, hatten diese die Nachricht von
wundersamen »roten Fremden« erhalten, die anscheinend aus den Tiefen des
Indischen Ozeans stammten. Cf. B. A. Ogot, 1963, S. 249. Und in den 1830er
Jahren hielten die Tati-Buschleute die Planwägen der Buren für elefantenar-
tige Tiere, die aus dem Meer gekrabbelt waren. Cf. J. Blackburn, 1979, S. 30.
Auch die Maya betrachteten die ersten Spanier als »Söhne der Sonne« (cf. W.
Gabbert, 2004, S. 32), und die Gafuku im zentralen Hochland von Neuguinea glaubten, die Weißen seien auf Blitzen von der Sonne auf die Erde gefahren. Cf. H. Aufenanger, 1965, S. 193. Im Jahre 1914 notierte Richard Thurnwald am Oberlauf des Sepik, daß die Bewohner der Gegend aus allen Wolken
fielen, als sie ihn sahen und ihn fragten, ob er »von der Sonne käme«. Cf.
Melk-Koch, a.a.O., S. 207.

11 Kolumbus, a.a.O., S. 52; B. de las Casas, 1665, S. 5; K. Deagan/J. M. Cruxent, 2002, S. 14; F. Olsen, 1974, S. 6. Die Taíno nannten die von Kolumbus erhaltenen Messingringe *turey*, »leuchtender Himmel«, weil sie glaubten, daß sie von dort kämen. Cf. J. R. Oliver, 2000, S. 198. Als Amerigo Vespucci ein paar Jahre später im Golf von Mexiko gefragt wurde, woher er komme, erwiderte er bereits routiniert, »daß wir vom Himmel kämen, um uns die Erde anzuschauen, und sie glaubten uns«. Cf. L. Wiener, 1920, S. 166. Und als Hauptmann Alonso de Castillo einen Indianer – vermutlich einen Seri – fragte, woher er den Hufnagel und die Gürtelschnalle habe, die er um den Hals trug, antwortete er, »daß diese Dinge vom Himmel gekommen seien«, und zwar mit bärtigen Männern, die sich anschließend, ohne dabei unterzugehen, über das Meer nach Westen davongemacht hätten. Cf. A. N. Cabeza de Vaca, 1963, S. 119. Im Jahre 1856 wurde der Kreole Du Chaillou von den an der Küste des Golfs von Guinea lebenden Pangwe für einen vom Himmel herabgestiegenen Geist gehalten (cf. J. W. Fernandez, 1982, S. 33; L. Perrois, 2006, S. 13), während die Azande etwas später Schweinfurth fragten, ob er, der Haare wie ein Ziegenbock habe, »ein Mann vom Monde« sei. Cf. E. A. Henn, 1988, S. 57. Ähnliches vermuteten die Polar-Eskimo von John Ross, dem ersten Weißen, den sie zu Gesicht bekommen hatten. Cf. Murdock, a.a.O., S. 218.

12 Cf. H. Cain, 1978, S. 92; ders. 1981, S. 842; P. V. Kirch/R. C. Green, 2001, S. 242; Gailey, a.a.O., S. 281; J. Zemmrich, 1891, S. 223; P. D'Arcy, 2006, S. 118, 121. S. Tcherkézoff (2004, S. 193 f.) übersetzt *papāla(n)gi* mit »Himmelsleute«. Um in dieses Paradies zu gelangen, mußten die samoanischen Verstorbenen in einen felsenumschlossenen See am Westende der Insel Savai'i springen. Die Osterinsulaner nannten die ersten Weißen nicht *papāla(n)gi*, sondern *tangata hiva*, »Männer aus dem Jenseits«. Cf. S. R. Fischer, 2005, S. 53. Die Banks-Insulaner kannten als einzige Fremde die Bewohner einiger melanesischer Archipele und eventuell noch die Polynesier von Tikopia, und auch sie glaubten, die Europäer seien aus dem Land jenseits der Stützen des Himmels gekommen. Cf. R. H. Codrington, 1891, S. 11.

13 Cf. T. Mawe, 1989, S. 47; A. Ploeg, 2007, S. 273; bzw. P. Downes, 2000, S. 187 f. Für den Boten aus einem solchen Land hielten die Bellacoola im Jahre 1793 Kapitän George Vancouver, und damit er nicht ebenso plötzlich wieder verschwand, wie er gekommen war, schütteten die Indianer den Inhalt seines Nachttopfes auf den Weg, den er zum Strand benutzen mußte. Cf. D. I. D. Kennedy, 1990, S. 336 f.

14 Cf. Fischer, a.a.O., S. 76 f. Die Kiwai nannten die Weißen *mánakai*, »Totengeister« (cf. G. Landtmann, 1927, S. 280 f.), und die Busch-Kaliai auf Neubritannien sagten, daß die Fremden nicht nur blaß wie Leichen waren, sondern sich auch so anfühlten und einen entsprechenden Geruch ausströmten. Cf. Lattas, a.a.O., S. 21. »Sie rochen so andersartig, diese fremden Wesen«, erinnerte sich ein Mann aus dem Asaro-Tal, »wir dachten, es könne uns töten, weshalb wir unsere Nasen mit den Blättern eines bestimmten Strauches, der in der Nähe von Gurken wächst, bedeckten, weil er einen besonders angenehmen Geruch hat« (Connolly/Anderson, a.a.O., S. 41). Die Urapmin im zen-

tralen Hochland nannten die ersten Weißen *dalabai*, womit sie den unange-
nehmen Geruch ihrer Penisfutterale bezeichneten (cf. Robbins, a.a.O., S. 50),
und die Kewa stellten erst dann fest, daß der Gestank der Weißen von Seife
herrührte, als diese und ihre eingeborenen Polizisten und Träger die einheimischen Frauen mit Seife wuschen, bevor sie sie vergewaltigten. Cf. L. Jose-
phides/M. Schiltz, 1991, S. 209, 223. Vom Geruch der ersten *coureurs de bois*
wurde es auch den Osage oder den Mandan nachgerade übel. Cf. J. J.
Mathews, 1961, S. 100 f.; bzw. M. zu Wied, 1841, S. 138.

15 Cf. Salisbury, a.a.O., S. 127 f.; bzw. Connolly/Anderson, a.a.O., S. 172. Ab
der zweiten Hälfte des 1. Jahrtausends v. Chr. unternahmen die Seefahrer der
hinterindisch-südasiatischen Dông-So'n-Kultur auf ihren langen Piraguas
weite Reisen bis nach Südchina, Nordaustralien und in die fernen Westen,
und in ihren Gräbern auf der malaiischen Halbinsel fand man griechische
Keramik aus dem 4. Jahrhundert v. Chr. sowie im Mekong-Delta Münzen
von Antoninus Pius und Marc Aurel. Cf. J. Raats, 1957, S. 1024; P. Bosch-
Gimpera, 1971, S. 206. Verbreitet waren in dieser Kultur die Vorstellung vom
Totenschiff und die Benutzung von bis zu 4 m langen Einbäumen als Särge.
Cf. D. H. R. Spennemann, 1985, S. 159. Ob sich dies unter den Aborigines von
Arnhemland verbreitete Überlieferung, lange vor den Makassaren seien hell-
häutigere Seefahrer namens Baiini, die im Gegensatz zu den Späteren Frauen
dabeihatten, zu ihnen gelangt, auf solche Dông-So'n-Leute beziehen könnte,
ist nicht bekannt und wohl auch nicht allzu wahrscheinlich. Jedenfalls heißt
es, einige Aborigines seien mit den Fremden zur »Insel der Toten« und ihren
Bewohnern gefahren, von der durch die Nordostwinde häufig Kokosnüsse,
Fruchtschalen, Brotfrüchte, Baumstämme und gelegentlich sogar leere Kanus
angeschwemmt worden waren, die man für Geschenksendungen der *won-
gar-*[= Traumzeit-]Geister sowie der verstorbenen Verwandten hielt, die auf
der Insel Badu lebten: »Sie haben uns all diese Dinge geschickt«, so ein Murngin, »und wir schickten ihnen im Gegenzug die Geister unserer Toten. Auch
Wolken, Regen und Wind gehören zu ihren Gaben.« Cf. R. M. Berndt, 1948,
S. 93 ff., 313; ders., 1952a, S. 55.

16 Cf. M. King, 1989, S. 42, 48; R. Radford, 1987, S. 15; B. Connolly, 1984,
S. 137; bzw. P. Wogan, 1994, S. 412 f.; Yupanki, a.a.O., S. 31; G. Lamana,
2005, S. 9 f., 30.

17 Cf. K. O. Kupperman, 1993, S. 10; L. Spier, 1930, S. 7 f.; V. W. Turner, 1968,
S. 177; bzw. Salisbury, a.a.O., S. 114; Connolly/Anderson, a.a.O., S. 55,
90 f.; M. J. Leahy, 1991, S. 82.

18 Cf. C. Miller/G. R. Hamell, 1986, S. 318; M. Trenk, 2009, S. 100 f.; bzw. B.
Borowka-Clausberg, 1999, S. 24; H. Jebens/K.-H. Kohl, 1999, S. 11.

19 Cf. B. M. White, 1994, S. 376 f.; M. W. Helms, 1993, S. 103; bzw. P. Reinecke,
1936, S. 269; R. Müller/D. Heinrich, 2002, S. 395.

20 Cf. J. C. H. King, 1999, S. 30; bzw. E. Gerhards, 1981, S. 214 f.; H. P. Duerr,
2005, S. 606. Die Nalumin bewahrten noch vor kurzem die Aluminiumfrag-
mente von Kampfflugzeugen, die im 2. Weltkrieg über dem Hochland von
Neuguinea abgeschossen worden waren, als numinose Objekte auf. Cf. K.-
H. Kohl, 2003, S. 147.

21 Cf. E. L. Schieffelin, 1991, S. 81; ders./R. Crittenden, 2000, S. 147; J. Clark, 2000, S. 39.

22 Cf. K. Randsborg, 1967, S. 20, 24; A. Snodgrass, 1975, S. 40 ff.; M. Pahlow, 2006, S. 83. Das Fragment eines Schwertes aus der Zeit um 1300 v. Chr., das in einem Grabhügel bei Pelynt in Cornwall entdeckt wurde, stammt von einer Waffe, die nach Meinung der Experten eindeutig in der Ägäis hergestellt worden ist (cf. Penhallurick, a. a. O., S. 137; J. P. Zeitler, 2000, S. 83), während das aus der Steinkammer eines Hügelgrabes im jütländischen Dollerup geborgene Kurzschwert eher die lokale Imitation eines ägäischen Vorbilds ist. Cf. Zeitler, a. a. O., S. 85. Ein auf Sylt gefundenes Schwert entspricht Exemplaren aus den Schachtgräbern von Mykene (cf. S. Hiller, 1984, S. 15), und das in einem Moor in der Nähe des sjælländischen Rørby geopferte Schwert mit der Darstellung eines Schiffs scheint die nordische Imitation einer entsprechenden hethitischen Zeremonialwaffe zu sein. Cf. H. Meller, 2004, S. 160. Auch das Bronzeschwert aus dem mittelfränkischen Hammer (cf. Moosauer/Bachmaier, a. a. O., S. 93) wurde in der 2. Hälfte des 14. Jahrhunderts v. Chr. von einem einheimischen Handwerker nach ägäischen Modellen hergestellt. Cf. Zeitler, a. a. O., S. 82 f.

23 Cf. K. Goldmann, 1984, S. 2; H. W. Catling, 1968, S. 105; I. Undset, 1890, S. 17. Die kürzeren, um 20 cm langen Spitzen aus den Kriegergräbern des SM/SH II bis III A 2 wurden sicher für Wurfspeere und die ca. 40 cm langen für Stoßlanzen verwendet. Cf. H. Matthäus, 1983, S. 206. Die Behauptung des Stellvertretenden Landesarchäologen von Schleswig-Holstein, Hans Joachim Kühn, die Föhringer Lanzenspitze sei noch nie von Fachleuten untersucht worden (SWR 3, 6. September 2007), ist unrichtig. Neben Kurt Goldmann wurde sie von O. Höckmann (2007, S. 223) begutachtet, der sie als dem »Typ F IV« zugehörig identifiziert hat. Exemplare dieses Typs wurden z. B. im SM III in der Diktäischen Höhle geopfert. Cf. ders., 1980a, S. 46 u. Abb. 8.

24 Cf. S. Penner, 1998, S. 210; O. Höckmann, 1987, S. 348; Ilias VI. 319 f., VIII. 494 f.; S. Deger-Jalkotzy, 2006a, S. 715 f.; B. Steinmann, 2008, S. 276. Im sächsischen Kyhna fand man in der Erde deponierte Bronzeobjekte, zu denen die mitteleuropäische Imitation einer kykladischen Lanzenspitze mit geschlitzter Klinge gehörte. Offenkundig war sie im späten 3. Jahrtausend von einem Aunjetitzer Schmied nach einem aus der Ägäis importierten Modell fabriziert worden. R. Krause, 2003, S. 247; H. Genz, 2004, S. 186.

25 Der Goldbecher von Wachtberg-Fritzdorf südlich von Bonn ist wie der aus Eschenz am Bodensee sowie der aus dem Fürstengrab von Rillaton in Cornwall ein ägäischer Import. Letzterem entspricht auch ein in Woodnesborough, Grafschaft Kent, gefundener Goldbecher. Cf. C. Weber, 2006, S. 16; G. Varndell/S. Needham, 2002, S. 3. Der getriebenen Bronzetasse der Periode II aus Ramsdorf entspricht ein Exemplar aus einem Schachtgrab des 15. Jahrhunderts in Mykene. Cf. K. W. Struve, 1983, S. 245 f. Und der keramische Becher mit einem Spulenhenkel aus Nienhagen am Südrand der Lüneburger Heide muß von einem einheimischen Töpfer nach dem Vorbild eines importierten Metallbechers vom Vaphio-Typ hergestellt worden sein. Cf. K. Spindler, 2006, S. 739 f. Zur Dohnsen-Tasse cf. H. Matthäus, 2004, S. 97. A. F. Har-

ding (2007, S. 53) ist davon überzeugt, daß sie von einem Fernreisenden (aus der Ägäis?) in den Norden mitgebracht worden ist. Die Doppeläxte fand man im südschwedischen Blekinge sowie in einem Hügelgrab auf Sjælland. Cf. K.-H. Willroth, 1985, S. 235. Neben diesen lag eine Bernsteinperle, die einer Schlafmohnkapsel ähnelt. Solche Perlen wurden in der spätbronzezeitlichen Ägäis, aber nicht im Norden hergestellt. Cf. Randsborg, a. a. O., S. 22. Nach minoischen Vorbildern ist auch ein frühurnenfelderzeitliches Vogelkopfmesser vom oberbayerischen Riegsee nordöstlich von Murnau geschmiedet. In der Ägäis hat man solche Messer meist im Zusammenhang mit Griffzungenschwertern vom Naue-II-Typ und Violinbogenfibeln gefunden. Cf. H. Müller-Karpe, 1963, S. 11 f.; M. Montag, 2000, S. 107 f. In einem bronzezeitlichen Grabhügel auf Helgoland, dem »Moderberg«, fand man eigentümliche Goldspiralen, die ebenfalls auf dem Seeweg in den Norden gelangt sein müssen. Cf. H. Grahn-Hoek, 2009, S. 31 f., 69.

26 Cf. A. Oldeberg, 1974, S. 366; bzw. M. Heltzer, 1995, S. 53. Die Authentizität dieses Fundes ist häufig in Frage gestellt worden, doch besteht das einzige ›Argument‹, das man gegen ihn vorgebracht hat, in der Feststellung, bislang seien nördlich der Alpen keine weiteren Exemplare dieses Figurinentyps gefunden worden. Cf. W. Nowakowski, 2005, S. 192. Der Fundort ist vor allem durch seine Bernsteinfischer bekannt geworden, die nach den Herbststürmen am Strand im flachen Wasser mit ihren Keschern den in den Wogen treibenden Seetang einsammelten, der den Bernstein transportiert.

27 Cf. A. J. Brody, 1998, S. 34, 37; bzw. T. N. D. Mettinger, 2001, S. 108. Melqart, dessen Name sich aus *mlk*, »König«, einem Wort, das auch ein Titel Ba'als war, und *qrt*, »Stadt« (ursprünglich »Umschlossenes, Eingefriedetes«, idg. **ghort-*, lat. *hortus*, »Garten«) zusammensetzt, war vor allem in Tyros und in dessen Kolonien *mᵉ tārēḫ 'aštarōnī*, der »Gatte der 'Aštart«, mit der er nach seiner Resurrektion den ἱερὸς γάμος durchführte. Cf. E. Lipiński, 1970, S. 38; N. Wyatt, 1992, S. 419; H. Stumfohl, 1991a, S. 16.

28 Cf. M. Kochavi, 1992, S. 13; J. N. Tubb, 1998, S. 74; ders., 2005, S. 67; M. Heltzer, 1999, S. 172; I. Cornelius, 1994, S. 259; ders./H. Nier, 2004, S. 48; A. Curtis, 1985, S. 21; O. Eißfeldt, 1964, S. 85 In Ägypten wurde der Vegetations- und Wettergott Rešep (»Blitz, Flamme«) als Paredros der Qudšu mit dem ithyphallischen Min identifiziert. Cf. O. Eißfeldt, 1962, S. 197; W. J. Fulco, 1976, S. 27; A. Vanel, 1965, S. 90 f. Aus phönizischen Inschriften auf Zypern geht hervor, daß man ihn dort in späterer Zeit dem »gehörnten« Apollon Keraiates gleichsetzte. Cf. S. C. Glover, 1981, S. 148 f.

29 Cf. J. M. Webb, 1999, S. 228; S. O'Bryhim, 1996, S. 12. Hörnerkronen – in Mesopotamien ein Göttersymbol – trugen in der Levante Wettergötter oder Fruchtbarkeitsgöttinnen wie Ba'al oder 'Anāth, und als Stier bespringt Ba'al offenbar die kuhgestaltige Göttin. So entbrennt er in Liebe zu »einer Kuh auf den Feldern von Šḥlmt (einer Art Elysion), / Er lag bei ihr 7 und 70 [mal], / Er besprang [sie] 8 und 80 [mal]«, so daß sie schwanger wurde und gebar. Noch in der Eisenzeit trugen die levantinisch-syrischen Wettergötter Helme mit Stierhörnern, und in der Spätbronzezeit hielten sich die Repräsentanten des »Gehörnten Gottes« wahrscheinlich jene Vorderseiten von Stierschädeln als

Masken vor das Gesicht, die man in den Heiligtümern von Enkomi und Kition gefunden hat. Cf. G. Falsone, 1986, S. 70; B. Margalit, 1980, S. 122; A. Bignasca, 2004, S. 65; V. Karageorghis, 1996, S. 15 f.

30 Im SM III wurde eine Figurine in der Antonios Spiliá nordwestlich von Patsos geopfert (cf. O. Negbi, 1980, S. 363; B. Rutkowski, 1986, S. 59), und es könnte sein, daß auch die Figurine, die Evans im Jahr 1894 in Rethymnón erstand, dort oder in einer anderen Kultgrotte in nachminoischer Zeit dem Hermes Kranaios dargebracht worden ist. Cf. A. Brown, 1993, S. 41. Im ausgehenden 8. Jahrhundert v. Chr. hatte man ein Exemplar, offenbar ein Erbstück aus dem SM III, bei der Errichtung des Artemistempels auf Delos als Bauopfer deponiert (cf. W. Burkert, 1975, S. 58), und dieselbe Funktion übte vermutlich die Figurine eines nackten, wohl ursprünglich einen Donnerkeil haltenden Zeus aus, die man im 9. Jahrhundert v. Chr. unter dem Heraion von Olympia vergraben hat. Cf. R. H. Smith, 1962, S. 180 f.

31 Cf. S. B. Westover, 1999, S. 87; Negbi, a. a. O., S. 364. Sowohl in der Levante als auch in der Ägäis wurden die Figurinen besonders in Schwellenbereichen, z. B. an oder unter Herden oder Eingängen zu Gebäuden, etwa eines SH-III-C-Heiligtums in Phylakopi auf Melos, ausgegraben, was ihre Funktion als Apotropaion unterstreicht und zu beweisen scheint, daß sie zumindest innerhalb des mediterranen Bereiches ihre Bedeutung auch in der Fremde behalten haben. Cf. N. Petrovic, 2001, S. 111 f., 117 f.; Kochavi, a. a. O. Etwa drei Kilometer vor der südwestsizilianischen Küste zogen Fischer aus Sciacca in ihrem Netz eine Ba'al/Rešep-Figurine aus einer Tiefe von ca. 40 m an die Oberfläche. Cf. V. Tusa, 1971, S. 183 f. u. Tav. LVII ff. Vermutlich stammte sie von einem Schiff, das auf dem Weg nach Sardinien oder Taršiš war, wo die Seefahrer aus dem östlichen Mittelmeer solche Figurinen wahrscheinlich den Häuptlingen schenkten, die den Metallhandel kontrollierten. Cf. A. M. Bisi, 1992, S. 420.

32 Cf. W. M. Werner, 1987, S. 50 f.; E. Aner/K. Kersten, 1986, S. 31. Solche Faltstühle aus der Zeit um 1300 v. Chr. hat man ausschließlich im nordischen Kulturkreis gefunden, wobei der südlichste Fundort Daensen am Butterberg südlich von Buxtehude ist, das damals zur Lüneburger Kultur gehörte. Cf. W. Wegewitz, 1939, S. 95; H. P. Duerr, 2005, S. 335, Abb. 188. Sie waren besonders geeignet zur Benutzung auf Schiffen und Booten. In einer altsächsischen Bootsbestattung der Zeit um 400 n. Chr. bei Wremen in Wurtfriesland (Wursten) befand sich im Heck des Einbaums ein thronartiger Stuhl mit reicher Kerbschnittverzierung, vor allem in Form von Winkeln und Hakenkreuzen. Offenbar saß auf ihm der Verstorbene auf seiner Jenseitsfahrt wie seine Vorfahren auf dem Faltstuhl. Cf. *Nordsee-Zeitung*, 23.9.1994.

33 Cf. B. Jahn, 1990, S. 92; O. Wanscher, 1980, S. 16, 83; P. Rehak, 1995, S. 103, 106 f.; bzw. K. Kristiansen, 1998a, S. 88. Wahrscheinlich benutzten die Minoer die Faltstühle auch auf ihren Schiffen. Cf. F. Lang, 2002, S. 25 f.

34 Cf. K. Randsborg, 1999, S. 23 f., 27 f.; H. Thrane, 2006, S. 29 f.; L. Sperber, 2008, S. 69 f. Auch in den folgenden Jahrhunderten wurde der Grabhügel weiter belegt. Cf. J. Goldhahn, 2009, S. 368 f.

35 Cf. C. Metzner-Nebelsick, 2003, S. 77; T. Capelle, 2008a, S. 98; bzw. M.

Albrecht, 1991, S. 124 ff.; T. B. Larsson, 1999, S. 15 f.; K. Priglmeier, 2000, S. 69 f.; C. Sommerfeld, 2004, S. 84; A. Oldeberg, 1976, S. 111 f.; C. F. E. Pare, 1992, S. 14. K. Verlaeckt (1993, S. 28) glaubt, daß das Kivik-Grab jünger und in der Periode IV (11. Jahrhundert v. Chr.) angelegt worden sei.

36 Cf. P. Raulwing, 2000, S. 99; bzw. C. Gallou, 2002, S. 23 u. Fig. 7; P. A. Mountjoy, 2006, S. 109 f.; L. Steel, 2006, S. 152; M. P. Nilsson, 1950, S. 629; J. N. Coldstream, 1984, S. 99; L. V. Watrous, 1991, S. 301; M. Guggisberg, 1998, S. 83. Eindeutige nordische Darstellungen einer Totenfahrt oder eines -rittes sowie Bestattungen in Wagenkästen sind erst aus dem frühen Mittelalter bekannt. So ist auf dem Bildstein einer Steinkiste aus Barshaldershed auf Gotland zu sehen, wie eine geflügelte Valkyre einer Frau, die in einem von Pferden gezogenen Wagen steht, ein Trinkhorn mit dem Willkommenstrunk reicht. Cf. U. Drews, 2005, S. 38 u. Abb. 5; C. Radtke, 2005, S. 46. Valhǫll war auch zu Fuß erreichbar, wenn man, wie der im Kampf erschlagene Helgi, den Regenbogen westwärts als Brücke benutzte. Cf. K. J. Wanner, 2009, S. 49.

37 Cf. B. Malinowski, 1979, S. 124 ff.; bzw. Odyssee VIII. 158 ff. Cf. Dougherty, a. a. O., S. 116.

38 Cf. D. B. Redford, 1984, S. 40; O. Höckmann, 2006, S. 9; bzw. M. E. L. Mallowan, 1965, S. 7. Im Inland taten die Ägypter so, als ob sie – ohne materielle Gegenleistung – lediglich Tribute erhielten. So küßt im Grab des Mencheperrêseneb in Theben der »Große von Keftiu« vor dem Pharao den Boden, während der vor ihm kniende »Große von Ḫatti« verehrend die Hände hebt. Beide überbringen Kostbarkeiten »des Gotteslandes, [nämlich] Silber, Gold und ḫsbd«, wofür sie vom Pharao »den Hauch des Lebens empfangen«. Cf. E. Feucht, 1990, S. 197. Dabei ist die Wahrscheinlichkeit groß, daß die Minoer – ähnlich wie beim *kula* – Gold und Lapislazuli nach Ägypten brachten, also Kostbarkeiten, die sie zuvor von dort erhalten hatten. Die ägäische Feinkeramik, die man so zahlreich in Amarna gefunden hat, scheint dagegen ebensowenig zu den »Geschenken« der Minoer gehört zu haben wie im MM die Kamares-Ware, die bezeichnenderweise eher in den Gräbern der Mittelals in denen der Oberklasse und des Hochadels deponiert worden ist. Cf. R. S. Merrillees, 1972, S. 291; ders., 2003, S. 139.

39 Cf. Odyssee XVII. 383 ff.; C. Zaccagnini, 1987, S. 59 f.; D. Bonatz, 2002, S. 71.

40 Cf. H. P. Duerr, 2005, S. 350; bzw. M. Bietak, 1994, S. 52; ders., 2007, S. 86; E. H. Cline, 1995, S. 277 f.; P. Rehak/J. G. Younger, 2001, S. 432.

41 Cf. E. H. Cline, 1991b, S. 35; Redford, a. a. O., S. 41; P. W. Haider, 1996, S. 150; ders., 2004a, S. 226; S. Zaccagnini, 1987, S. 59; J. Tyldesley, 1999, S. 48. Ägyptische Hofdamen (ḫkr.t nśw.t), aber keine Prinzessinnen, waren wohl Gemahlinnen König Salomos und König Niqmadus II. von Ugarit. Jedenfalls fand man in der syrischen Stadt das Fragment einer Alabastervase mit der Darstellung des Ugariters neben einer ägyptisch aufgemachten Ehefrau unter einem ebenfalls ägyptischen Baldachin. Cf. W. Helck, 1964, S. 110; bzw. Haider, a. a. O., S. 143. Nach dem Tod Tutanchamûns um 1323 v. Chr. schrieb dessen Witwe Anchesenamûn allerdings einen Brief an den Hethiterkönig Suppiluliuma, in dem sie um die Hand eines seiner Söhne anhielt. Jener

schickte ihr seinen vierten Sohn, den jungen Zannanza, der jedoch gleich
nach seiner Ankunft – vielleicht im Auftrag von Tutanchamûns Nachfolger
Eje – ermordet wurde. Cf. G. B. Johnson, 2000, S. 86 f. Später waren solche
Heiraten offenbar zunächst kein Thema mehr. Zur Besiegelung des Friedens-
schlusses zwischen den Ägyptern und den Hethitern im Jahre 1256 heiratete
Ramses II. in Pi-Ramesse allerdings eine Tochter Ḫattušili III., wobei die
Ankunft des Königs und der Prinzessin im Tempel von Abu Simbel wieder tra-
ditionsgemäß bildlich als das Eintreffen von Unterworfenen und Bittstellern
wiedergegeben wurde. Cf. J. F. Quack, 2002, S. 291 f.

42 Zwar werden die minoischen »Gabenbringer« kupferrot und nur geringfügig
heller als die Ägypter dargestellt, doch handelt es sich bei ihnen offensichtlich
um nur mit einem Schurz bekleidete sonnengebräunte Seeleute. Etwa dieselbe
Hautfarbe besitzen die entsprechend gekleideten erwachsenen Männer auch
auf minoischen Fresken. Cf. W. M. Müller, 1906, S. 17. Die helle Haut indi-
ziert – wie blondes Haar – in vielen Kulturen Jugendlichkeit. Cf. M. Pökl/
H. Schafler, 2001, S. 238.

43 Cf. R. Anthes, 1954, S. 18; C. Desroches-Noblecourt, 1963, S. 123; N. Reeves,
2002, S. 102; C. Theis, 2010, S. 14. Von der Vermutung, sie könne mit Taduḫepa, der Tochter des Mitanniters Tušratta, identisch sein, die Echnaton
von seinem Vater übernahm, ist man inzwischen abgekommen. Cf. C. Wedel,
2005, S. 36.

44 Cf. S. Roth, 2002, S. 51; E. Feucht, 1990, S. 197. Daß Nofretête nie »Königstochter« oder »Königsschwester« genannt wird, spricht dafür, daß sie nicht
von königlichem ägyptischen Geblüt war. Cf. A. Dodson/D. Hilton, 2004,
S. 146. Und daß sie eine hochrangige ägyptische Amme, offenbar Teje, die
Frau von Echnatons Onkel Eje, hatte, spricht nicht gegen ihre ausländische
Herkunft. Teje trug den Titel »Liebling des guten Gottes, Kinderfrau der Großen Königlichen Gemahlin Nofretête, Amme der Göttin, Schmuck des Königs«. Auf einem Relief aus Amarna ist eine Frau mit entblößter Brust zu
sehen, auf deren Schoß eine jüngere Frau sitzt. Die ältere Frau, offenkundig
die Säugamme, trägt ein Halsband, das dem entspricht, welches der Pharao
Teje geschenkt hatte. Cf. Tyldesley, a. a. O., S. 76.

45 Cf. E. L. Ertman, 1992, S. 191; bzw. P. W. Haider, 2002, S. 514 u. Fig. 2; A.
Mosso, 1907, S. 54; A. Evans, 1921, S. 680; W. Müller/I. Pini, 1999, Nr. 13;
M. Krogulska, 1968, Fig. 3, 11 u. 17.

46 Cf. P. W. Haider, 1988, S. 44; ders., 1996, S. 146; N. Na'aman, 2002, S. 77 f.

47 Cf. P. W. Haider, 1996, S. 138 f.; O. Krzyszkowska, 1999, S. 213; M.-L. B.
Nosch, 2003, S. 65 f.; bzw. A. Michailidou/K. Voutsa, 2005, S. 18.

48 Ungeglättete Bernsteine fand man auch in bronzezeitlichen Hügelgräbern in
Stormarn und bei Segeberg. Cf. M. Pahlow, 2006, Abb. 219 u. 239. Aber
auch in der Ägäis und in der voretruskischen Villanovakultur wurden Rohbernsteine – vermutlich als Amulette – verwendet. Cf. H. Hughes-Brock,
1998, S. 492; L. Ricciardi, 2003, S. 560. Die ersten Bernsteinschieber wurden
bereits im frühen Neolithikum auf der jütischen Halbinsel entwickelt (cf. J. J.
Butler, 1963, S. 162 f.) und offenbar in der frühen Bronzezeit nach England
exportiert, wo man die komplexen Schieber mit senkrechten Haupt- und

schrägen Querbohrungen herstellte. Der komplexe Bernsteinschieber mit zickzackförmigen Bohrungen aus der Nähe von Andrup bei Esbjerg scheint ebenso ein Import aus der Wessex-Kultur zu sein wie die in Griechenland, z.B. in den Tholoi aus dem 15. Jahrhundert in Kakovatos gefundenen, die ab dem späten 17. Jahrhundert *nicht* über Süddeutschland, sondern höchstwahrscheinlich über Südwestfrankreich in die Ägäis gelangten. Einige der Stücke scheinen auf Kreta sogar über die »Dunklen Jahrhunderte« hinweg vererbt worden zu sein. So fand man in einem Grab des 7. Jahrhunderts v. Chr. bei Knossos einen spätbronzezeitlichen Bernsteinschieber, den man zu einem Anhänger umgearbeitet hatte. Cf. E. Lomborg, 1967, S. 221 f.; C. A. Fellows et al., 1970, S. 16 f.; S. Gerloff, 1993, S. 80; J. P. Zeitler, 2000, S. 94; bzw. N. K. Sandars, 1959, S. 294. In Wessex oder in der Bretagne hergestellte Bernsteinperlen sind in Gräbern im Südosten Jütlands aufgetaucht. Cf. A. B. Sylvest, 1970, S. 263.

49 Cf. R. Pittioni, 1985, S. 174; C. Hinrichsen, 2006, S. 99; bzw. E. Lomborg, 1976, S. 429; C. du Gardin, 1998, S. 424; Butler/Fokkens, a.a.O., Pl. 27 B. Bernsteinperlen auf den Schädeln von um die Mitte des 4. Jahrtausends in den Dünen der südwestholländischen Küste Bestatteten deuten auf einen Haarschmuck hin. Cf. H. Koot/B. van der Have, 2001, S. 24 f. Bernstein fand in der nordischen Bronzezeit auch eine praktische Verwendung. So benutzte man eine Mixtur aus dem Harz und Birkenteer als Dichtungs- und Bindemittel für beschädigte Bronze-, Keramik- und Holzgefäße sowie als Kitteinlage von Schwertknäufen. Cf. R. Voss, 1995, S. 118 f.

50 Cf. T. Earle, 2002, S. 309; E. DeMarrais et al., 2002, S. 307 f.

51 Abgesehen von dem bereits erwähnten Bernsteinschmuck aus Wessex hat man eine mitteleuropäische Radnadel in einem Grab in Mykene (cf. G. E. Mylonas, 1972, Tf. 208 ß) gefunden. Bereits im frühen 2. Jahrtausend waren Metallobjekte, vor allem Ösenhalsringe aus Mitteleuropa, ins östliche Mittelmeer gelangt. Cf. K. Bittel, 1938, S. 16 ff. Die in einem Schachtgrab von Mykene und in einem Grab im thessalischen Sesklo entdeckten Stabdolche mit von konischen Goldkäppchen bedeckten Nieten werden für Produkte der irischen Schmiedekunst aus der Zeit um 1600 v. Chr. gehalten, die gemeinsam mit den Zinn- und Bernsteintransporten in den Süden gekommen sind. Cf. S. P. Ó Ríordáin, 1936, S. 232 f.; J. G. D. Clark, 1952, S. 263 f.

52 Cf. S. Hood, 1972, S. 69; bzw. Ovid: *Amores* I. 14. 45 ff.; Iuvenal VI. 120 ff.; Martial V. 68.1 f. Bei den »Peruquen-Machern« des 18. Jahrhunderts waren blonde Haaraufsätze am beliebtesten, und sie bezogen diese über jüdische Händler, »Mäkler und Zubringer« vor allem aus Norddeutschland und Polen. Die Juden zogen dort von Dorf zu Dorf, aber auch auf die Schlachtfelder, wo sie den blonden Gefallenen das Haar abschnitten. »Wie sehr«, verlautet im Jahre 1828 eine *Toiletten-Lectüre für Herren und Damen*, »wurden unsere Vorfahren wegen ihrer gelben Haare vom Auslande beneidet und wie glücklich prieß sich eine Griechin oder Römerin, wenn sie durch ihr gelbes Haar sich über ihre schwarzhaarigen Landsmänninnen erheben konnte!« Cf. N. Tiedemann, 2007, S. 164. Heute opfern in Südindien die armen Frauen den Göttern ihr langes schwarzes Haar, das von den Tempeln an Unterneh-

men verkauft wird, die es nach Europa und Nordamerika exportieren, wo man es bleicht und an das blondierte oder naturblonde Haar der westlichen Frauen schweißt, damit deren Haarpracht üppiger wirkt. Cf. *Phoenix*, 22. Dezember 2007.

53 Cf. D. Morris, 2004, S. 28; bzw. I. Ebberfeld, 2007, S. 183 f.

54 Cf. M. J. Raven/W. K. Taconis, 2005, S. 209, 220; R. W. Zaadnoordijk, 2005, S. 213, 226; J. Fletcher, 1995, S. 136. Eine mumifizierte Frau der späten 18. Dynastie trug unter ihrer Perücke kurzgeschnittenes naturblondes Haar. Cf. L. Pedrini/E. R. Massa, 1992, S. 115. Im Grab einer unbekannten Dame der mittleren 18. Dynastie lagen neben der Mumie einer Frau mit rotbemalten und schwarz umrandeten Fingernägeln rötlichblonde Haarsträhnen. Die Bestattete war wohl königlichen Geblüts und ist von einigen Ägyptologen sogar mit der Hatschepsut identifiziert worden. Cf. R. B. Partridge, 1994, S. 87. Bisweilen wird freilich die goldgelbe Haarfarbe der Mumien durch postmortale Oxidationsprozesse erzeugt. Cf. R. Germer/C. Näser, 2007, S. 104.

55 So ist z. B. das Haar der Henutmehet aus der 18. Dynastie mit Henna rotblond gefärbt. Cf. R. E. Freed, 1982, S. 200; M. Stead, 1986, S. 49 f.; E. Strouhal, 1992, S. 88. Auch Schwefel wurde zum Bleichen verwendet. In der Zeit nach der Eroberung Ägyptens durch die Araber färbten die Damen offenbar ihr Haar mit Hilfe des kostbaren Safrans blond. Cf. H. Harrauer, 2004, S. 29. Heute benutzen die meisten Orientalinnen wieder einen wässerigen Auszug der pulverisierten Hennablätter, um ihrem Haar eine orangegelbe Farbe zu geben, und auch manche Männer färben auf diese Weise ihren Bart. Cf. F. Woenig, 1886, S. 350 f.

56 Cf. B. Walterson, 1991, S. 113; L. Chiotasso et al., 1992, S. 100; J. Tyldesley, 2008, S. 45; bzw. D. B. Redford, 1984, S. 78 f. Einige Frauen trugen auch blaue Perücken. Mit einer solchen, die zudem mit Sternchen aus Blattgold bedeckt ist, also Lapislazuli nachahmt, ist die Büste einer Dame der 12. Dynastie aus Lišt ausgestattet. Cf. G. Höber-Kamel, 2006, S. 16. Blau war später die Haarfarbe chthonischer Götter wie Hades, Poseidon oder Dionysos. Cf. P. D. Griffith, 2005, S. 330, 334.

57 Cf. Apollonios v. Rhodos II. 160, III 828 f.; Valerius Flaccus VIII. 237; Ilias XI. 740; *Hymnus auf Demeter* 279; Hesiod: *Theogonie* 947; S. Marinatos, 1967, B 4; U. Kreilinger, 2007, S. 153. Auch dort, wo blondes Haar häufiger vorkam als in Griechenland, besaßen Göttinnen und als besonders schön geltende Frauen blondes Haar, so im vorchristlichen Irland (cf. W. Sayers, 1991, S. 169 f.), nachdem schon Caesar berichtet hatte, die Keltinnen blondierten das Haar mit Kalkwasser. Nach den spanischen Chronisten des 16. Jahrhunderts galt es auch bei den Kanariern als Zeichen von Adel und berückender Schönheit, »weißhäutig und blond« (*blanca y rubia*) zu sein. Cf. O. Rössler, 2001, S. 245.

58 Cf. Hood, a. a. O., S. 68; Euripides: *Der Kyklop* 495 ff.; Plinius XXVI. 164; bzw. F. Angelieva, 1978, S. 119 f. Zum Blondfärben benutzten die Griechinnen vor allem Bocksdorn (*Lycium halimifolium*), »kretische Erde«, ungelöschten Kalk und Safran. Cf. W. Krenkel, 2006, S. 338 f.

59 J. Cook, 1961, S. CLXVIII. Cf. E. Berg, 1982, S. 165.

60 Cf. K. R. Maxwell-Hyslop, 1985, S. 5; M. H. Wiener, 1990, S. 146; bzw. J. Vercoutter, 1954, S. 176; L. Fitton et al., 1998, S. 133; M. Müller, 2006, S. 223; E. Trnka, 2006, S. 498; R. S. Merrillees/J. Winter, 1972, S. 115; R. B. Koehl, 1999, S. 424 u. Pl. XCIII a. Wie aus Notizen auf knossischen Linear-B-Täfelchen hervorzugehen scheint, wurden Ulmen- und Weidenholz aus Kreta in den Orient exportiert. Vielleicht sind sie mit dem in akkadischen Texten erwähnten »Kaptura-Holz« identisch. Cf. M. H. Wiener, 1991, S. 329.

61 Cf. S. P. Morris, 2003, S. 4; H. L. Enegren, 2000, S. 32; bzw. L. B. Jensen, 1963, S. 105 f.; M. Reinhold, 1970, S. 11; D. S. Reese, 1987, S. 206; P. Faure, 1991, S. 311 f.; T. G. Palaima, 1991, S. 290 f.; B. Burke, 1999, S. 78; A. Brody, 2002, S. 74; ferner auch K. E. Stothert, 2004, S. 99. Das Wort po-pu-re geht sicher auf einen minoischen Ausdruck zurück. Cf. R. R. Stieglitz, 1994a, S. 52; G. Forstenpointner et al., 2007, S. 145 f. Die auf einem Täfelchen aus Knossos erwähnten »königlichen Purpurfärberinnen« (wa-na-ka-te-ro po-pu-re-ja) entsprechen vermutlich den auf pylischen Täfelchen angeführten lemnischen Textilarbeiterinnen (ra-mi-ni-ja), die wahrscheinlich von der nordägäischen Insel geraubt worden waren. Der Fund zahlreicher Murex-brandaris-Gehäuse in Polióchni auf Lemnos macht es wahrscheinlich, daß man dort in großem Stil Purpur herstellte und mit ihm Stoffe färbte. Cf. M. Cultraro, 2005, S. 245; S. Privitera, 2005, S. 228. Die Schnecken, die Taucher aus einer Tiefe von bis zu 30 m an die Oberfläche holten, wurden bereits auf Wandbildern im theräischen Akrotiri dargestellt. Cf. K. Ayodeji, 2004, S. 12; bzw. E. Chryssikopoulou/S. Sotiropoulou, 2003, S. 495 f. Die Minoer scheinen sich für Kythera nicht nur als Stützpunkt für ihre Prospektoren auf der Suche nach Metallen und Halbedelsteinen in Lakonien, sondern vor allem wegen der Murexvorkommen interessiert zu haben. Cf. G. Graziado, 1998, S. 50. Aus dem gleichen Grund zog es später die Phönizier (φοίνικες), »die Purpurnen« an die nordwestafrikanische Küste, wo Mogador der Hauptausfuhrhafen für Purpur war. Cf. P. Vidal de la Blache, 1903, S. 326 f.; F. Oertel, 1975, S. 350. Als die Schnecken immer seltener wurden, verlagerten die Phönizier ihr Interesse wegen der dort vorkommenden Färberflechte (Rocella tinctorea) und dem »Drachenbaumblut«, einem roten Harz aus dem Saft von Dracaena draco, auf die Kanarischen Inseln. Cf. J. C. Arias, 2007, S. 8. Mit dem Linear-B-Ausdruck po-ni-ki-jo, »rot«, auf den der griechische Name der eisenzeitlichen Kanaaniter zurückgeht, bezog sich auf einen entsprechenden Farbstoff, vielleicht auf Kermes, Krapp oder Henna. Cf. C. Murray/P. Warren, 1976, S. 57.

62 Cf. E. Panagiotakopulu, 2000, S. 586 f.; dies., 2000a, S. 86 ff.; bzw. R. Scherping/J.-P. Schmidt, 2007, S. 215, 216 f. Als älteste nichtmediterrane Seidenfunde galten bisher der aus einem späthallstattzeitlichen Hügelgrab eines Fürsten aus der 2. Hälfte des 6. Jahrhunderts v. Chr. auf dem Hohmichele in der Nähe von Heuneburg und der aus einem zeitgleich angelegten Grab an der Enz. Cf. P. Charvát, 1995, S. 183 f. Schon seit langem vermutet man, damals seien mediterrane Fernhändler an die keltischen Fürstenhöfe gelangt, wobei die Reise von Massilia zur Heuneburg wohl etwa einen Monat gedauert hat. Cf. K. Spindler, 1983, S. 320 f. Eine der Festungsmauern der Heune-

burger Hügelsiedlung war in einer in Mitteleuropa unbekannten Weise aus luftgetrockneten Lehmziegeln errichtet worden, so daß gemeinhin angenommen wird, sie sei entweder von einem ostmediterranen Baumeister oder von einem Einheimischen, der diese Technik im Südosten gelernt hatte, konzipiert worden. Da die Mauer um 600 v. Chr., also *vor* den frühesten massiliotischen Importen, gebaut wurde, dürfte der Architekt eher ein Etrusker als ein Grieche gewesen sein, da man im späten 7. Jahrhundert etruskische Buccheronero-Keramik, von der man zahlreiche Fragmente am Löwengolf fand, imitiert hat. Cf. W. Dehn, 1958, S. 140 ff.; H. Baitinger, 2002, S. 31; F. Fischer, 1993, S. 201; S. Rieckhoff/J. Biel, 2001, S. 160; P. S. Wells, 2004, S. 203.

63 Offenbar unterhielten die Bernsteingebiete der jütischen Halbinsel in der Periode III unmittelbare Handelsbeziehungen zu den Mecklenburgern. Auch die nordwestliche Frauentracht mit ihren bronzenen Halskragen, Hals- und Beinringen ist stark von Mecklenburg beeinflußt. Cf. E. Aner, 1961, S. 18 ff.; K.-H. Willroth, 1990, S. 554.

64 Die in den jütländischen Hügelgräbern beigesetzten Toten waren häufig nicht nur sorgfältig rasiert; vielmehr gehörten zu den Beigaben bronzene Rasiermesser, die nicht selten mit Schiffsdarstellungen versehen sind – möglicherweise die Wiedergabe des Fahrzeuges, das die Verstorbenen über das Meer ins Jenseits brachte. Auch in den thebanischen Gräbern aus der Zeit Thutmosis III. war den toten Frauen und Männern nicht nur ebenso gewissenhaft sämtliches Scham- und sonstiges Körperhaar entfernt worden, sondern man hatte ihnen ebenfalls Rasiermesser zur Körperpflege im Jenseits mitgegeben. Dies tat noch jene treusorgende Gattin, die im ausgehenden 17. Jahrhundert ihrem verstorbenen Mann, der in der Cottbusser Oberkirche begraben wurde, seinen Rasierpinsel mit auf die letzte Reise gab. Cf. K. O. Eriksson, 2001, S. 189 f.; bzw. W. Schmiederer, 1996, S. 43. Abnutzungsspuren und die Tatsache, daß viele nordische Rasiermesser aus den Gräbern nachgeschärft worden sind, beweisen, daß sie benutzt waren. Verschiedentlich hat man vermutet, die rituelle Entfernung des Körper- und Barthaares könnte den Übergang von einer Seinsweise in eine andere bedeutet haben. Cf. J. Babel, 2000, S. 180 f.; F. Kaul, 2003, S. 35; ders., 2004, S. 62.

65 Cf. H. P. Duerr, 2005, S. 324 f. Die als ›Schminkköfferchen‹ dienenden bronzenen Gürteldosen enthielten zum Teil auch Paraphernalien, die divinatorischen oder magischen Zwecken dienten. So befanden sich in einer Dose aus einem Frauengrab in Maglehøj auf Sjælland unter anderem eine Luchsklaue, ein Strandkiesel, Wieselknochen und Pferdezähne. Cf. K. Randsborg, 2006, S. 78.

66 Cf. G. Schwantes, 1939, S. 350 f.; E. Koch, 2003, S. 128; bzw. M. Dineley, 1996, S. 6.

67 Cf. H. Martlew, 2004, S. 142 f.; P. Warren, 2003, S. 279. Wie aus Rückständen in den in einem spätminoischen Heiligtum in Khania gefundenen henkellosen Keramikbechern hervorgeht, wurde dieses Mischgetränk auch den Göttern geopfert. Cf. M. Andreadaki-Vlasaki, 2000, S. 174. Offenbar benutzte man es ebenso wie Retsina zum Kochen, denn man entdeckte Rückstände beider Getränke in einem Dreifußkochtopf der Zeit um 1200 v. Chr.

aus Chamalevri und in einem älteren Kochtopf aus dem Palast von Monastiraki am Südabhang des Ida-Gebirges. Cf. P. E. McGovern, 1999, S. 207 f. Höchstwahrscheinlich war auch das fermentierte Getränk *šikaru*, das der ugaritische Fernhändler Sinaranu gemeinsam mit Olivenöl (*šamnu*) und Getreide (*še'u*) aus »Kabduri« holte (cf. A. B. Knapp, 1991, S. 37), ein solches Mischgetränk. Reste von Wein, Olivenöl, Fleisch und Gemüse, die auf ein Gericht schließen lassen, das dem heute noch auf Kreta verbreiteten *stifado* – eine Art Gulasch – entspricht, fand man im Kochtopf einer um 1425 v. Chr. zerstörten Küche in Khania, wo auch die Überbleibsel eines aus Fleisch, Gemüse und Weintrauben bestehenden Gerichtes entdeckt wurden. Ein Dreifußkochtopf des mittleren 13. Jahrhunderts aus dem Kultzentrum der Burg von Mykene enthielt Spuren von Olivenöl, Fleisch und Linsen. Cf. H. Martlew, 1999a, S. 33 f.; Andreadaki-Vlasaki, a.a.O. Eintopfgerichte dieser Art werden wohl auch an Bord die Standardspeise gewesen sein.

68 Cf. K. Gaertner, 1938, S. 87 f.; bzw. A. Sander, 2004, S. 115.

69 Odyssee IV. 220 ff. Helena hatte das »Zaubermittel« von Polydamna, der Beischläferin des Ägypters Thon, erhalten. Gemeinhin wird es mit Opium identifiziert. Cf. R. S. Merrillees, 1962, S. 290 f.; E. A. S. Butterworth, 1966, S. 175; D. E. McCaslin, 1980, S. 116. Auch das homerische μήκων hat man für den Saft von *Papaver somniferum* gehalten. Cf. A. Sarpaki, 2001, S. 231 f.

70 Cf. Merrillees, a.a.O., S. 189; J. Riederer, 1987, S. 239; J. Boardman, 1961, S. 71; A. M. Nicgorski, 1999, S. 538 f.; G. E. Mylonas, 1961, S. 52

71 Cf. R. Davenport-Hines, 2001, S. 8. Man vermutet, daß der Schlafmohn schon vorher in Kleinasien kultiviert worden ist (cf. R. Matthee, 2005, S. 97), und verkohlte Mohnkapseln aus der Zeit um 4200 v. Chr. hat man in der Cueva de los Murciélagos im südlichen Vorgebirge der Sierra Nevada gefunden. Cf. P. Hnila, 2002, S. 315. Auch in China wurde Opium als Potenzmittel und Aphrodisiakum benutzt und in der Ming-Zeit *chun yao*, »Frühlingsdroge«, genannt, da man durch sie – in Form von Kügelchen, Puder oder Sirup eingenommen – einen zweiten Frühling erleben konnte. Cf. Y. Zheng, 2005, S. 12. Im Zweistromland und in Anatolien scheint das Opium dagegen in der Spätbronzezeit eher ein Sedativum gewesen zu sein. So heißt es in einem ḫurritisch-hethitischen Hymnus auf Ištar und die mit ihr verbundene *galaktar*-Pflanze, von deren Namen sich vielleicht γάλα, lat. *lac*, »Milch«, ableitet: »Du machst die Stadt schläfrig (*galaktaraši*) und hüllst sie ein,/So daß die Menschen durch dich, Ištar, nichts [mehr] vernehmen.« Und mit der in das hethitische Vlies der Fruchtbarkeit des Neuen Jahres gelegten *galaktar*-Droge, deren Name mit dem Verb *galank-*, »beruhigen«, verwandt ist, wird der eingeschnappte Telipinu besänftigt: »Das *galaktar* ist hineingelegt und ihm [= dem Wettergott] sei [es] beruhigend.« Cf. V. Haas, 1977, S. 107; ders./ D. Bawanypeck, 2003, S. 325 f.; M. Mazoyer, 2003, S. 136; H. G. Güterbock, 1983a, S. 157, 162.

72 Cf. V. Karageorghis, 1976, S. 125 ff.; bzw. B. M. Gittlen, 1993, S. 368; K. Koschel, 1996, S. 161 f. Die aus Ton, Glas und Fayence hergestellten Bilbils wurden bis nach Nubien exportiert und waren offenbar in Ägypten, wo man sie in Stein und tiefblauem Glas imitierte, im 15. Jahrhundert v. Chr. am ver-

breitetsten. Im Grab des um 1405 v. Chr. gestorbenen königlichen Architekten Cha und seiner Frau Merit fand man in kleinen Gefäßen die Reste eines Öls oder einer Salbe, die ebenfalls Opium enthielten. Cf. S. Gabra, 1955, S. 40; N. G. Bisset et al., 1996, S. 200; S. Petschel, 2004, S. 207 f.; T. Hikade, 2004, S. 196; S. J. Allen, 2006, S. 229 f.; R. White/M. Serpico, 2000, S. 404 f. In einem Grab der 18. Dynastie in Deir el-Medīna entdeckte man eine vertrocknete Mohnkapsel mit Opiumritzungen. Cf. Hnila, a. a. O., S. 315. Wahrscheinlich enthielt auch das Sedativum *špn*, das man Schreikindern gab oder als Schmerzmittel verwendete, Opium. Cf. K. S. Kolta / D. Schwarzmann-Schafhauser, 2000, S. 142.

73 Cf. C. Schuchhardt, 1937, S. 29; M. Anabolu, 1986, S. 268 f. Schlafmohnsamen und -kapseln sowie Nachbildungen der Fruchtkapseln in Elfenbein und Terrakotta fand man in großer Anzahl im samischen Heraion. Cf. Kuçan, a. a. O., S. 46; J. D. Baumbach, 2004, S. 163. Auf einem Anhänger aus der geometrischen Epoche in Form einer Mohnkapsel ist ein Mann mit erigiertem Glied zu sehen. Cf. P. Hnila, 2001, S. 92. Im Heiligtum der Fruchtbarkeitsgöttin Athena Alea im arkadischen Tegea war im 8. Jahrhundert v. Chr. eine Bronzescheibe geopfert worden, auf der eine ursprünglich von zwei Kranichen flankierte und auf einem Tier stehende Frau mit nacktem Oberkörper eine Mohnkapsel an deren Stiel hochhält. Auf der Rückseite ist ein Hakenkreuz eingraviert. Cf. M. E. Voyatzis, 1998, S. 141.

74 Cf. Dioskurides IV. 64; J. Scarborough, 1996, S. 40; bzw. A. J. Pfiffig, 1975, Abb. 65. Im ptolemäischen Ägypten wurde der Totengott Serapis als Schlange dargestellt, die eine Mohnkapsel hält, und auf dem griechischen Festland war diese oft mit der Hekate assoziiert. Cf. Hnila, a. a. O., S. 96. In Agrigent gab man einem Toten eine Pyxis in Form einer Mohnkapsel mit ins Grab. Cf. L. Frey-Asche, 1997, S. 70. Cf. auch W. Emboden, 1980, S. 26 f.; W. Pieper, 1998, S. 14.

Anmerkungen zu § 13

1 Cf. R. Henning, 1944, S. 237; A. Kohler, 2006, S. 78 f.; D. B. Quinn, 1970, S. 77. Kolumbus fügte hinzu, auch an der Küste von Island seien Unbekannte auf solchen »Holzscheiten« angeschwemmt worden. Vermutlich handelte es sich um Eskimo in Kajaks, denn im 17. und im 18. Jahrhundert entdeckte man tatsächlich die Leichen von solchen Kajakfahrern aus der Polargegend, die mit ihren Booten aus Seehundsfell bis zu den Orkney-Inseln und in die Mündung des Don in der Nähe des ostschottischen Aberdeen abgetrieben worden waren. Cf. K. A. Seaver, 1996, S. 208, 362.

2 Auf der Rückfahrt sei die Karavelle westlich von Madeira untergegangen, doch habe ein Teil der Mannschaft sich retten können. Cf. J. Dyson/P. Christopher, 1991, S. 65. Immer wieder ist vermutet worden, Kolumbus könne in Nordwesteuropa von den Wikingerfahrten nach Vinland, dem »Weide-« oder »Grasland« – die Übersetzung »Weinland« beruht auf einer Volksetymologie (cf. A. Lägreid, 1988, S. 18) –, gehört haben.

3 Cf. W. F. McNeil, 2005, S. 28 f.; L. Torriani, 1940, S. 219; bzw. H. P. Duerr,

2005, S. 590. Als Marx sich um die Finanzierung einer Tauchexpedition bemühte, ließ die brasilianische Regierung – angeblich aus Versehen – Tausende Tonnen Schrott über der Fundstelle abladen, die diese vollkommen unter sich begruben. Cf. F. J. Frost, 1993, S. 47.

4 Cf. *Spiegel* 1, 2007, S. 46 f.; W. Marschall, 1972, S. 227 f.; G. I. Quimby, 1985, S. 7 ff. Die großen eisernen Messerklingen, über die Stämme wie die Nootka verfügten, als im Jahre 1774 die ersten Europäer zu ihnen kamen, stammten von solchen ostasiatischen Wracks.

5 Cf. D. Görlitz, 2007, S. 38 f.; bzw. C. Pellech, 1992, S. 174 f, 184. Die Autorin ist überdies davon überzeugt, daß nicht nur die »nordischen Völker der Bronzezeit«, sondern bereits deren Vorfahren im 3. Jahrtausend v. Chr., also im Spätneolithikum, wiederholt nach Nordamerika und wieder zurück gefahren seien. Cf. a. a. O., S. 194 f. Indizien, die dafür sprechen, sind mir nicht bekannt.

6 Cf. J. Oderwald, 1939, S. 38 ff.; H. S. Georgiou, 1991, S. 64; bzw. P. C. Buckland/E. Panagiotakopulu, 2001, S. 553 f.; J. L. Sorensen/C. L. Johannessen, 2006, S. 248; F. Musshoff/B. Madea, 2007, S. 245.

7 Cf. F. Dornseiff, 1956, S. 172; W. E. Mierse, 2004, S. 565 ff.; A. Göttlicher, 2006, S. 132. Wenn Sallust (*Bellum Iugurthinum* 18.3) vom Glauben der Afrikaner berichtet, Hercules sei in Spanien gestorben, und wenn Plinius (XIX. 63) erwähnt, in Lixus an der Küste des Okeanos zeige man den Tempel des Hercules, dann sind dies gewiß Reminiszenzen an den sterbenden und wiederauferstehenden Vegetationsgott der Phönizier.

8 Euripides: *Hippolytos* 743 ff.; bzw. Pindar: *Nemeische* Oden III. 21 ff. Da die Griechen in der Straße von Gibraltar, wo sie offenbar die Säulen des Melqart vermuteten, weder Säulen aus Stein noch aus Metall finden konnten, identifizierten sie jene mit den Felsen beiderseits der Zufahrt zur Meerenge. Cf. H. Walter, 1997, S. 174. Noch bis vor etwa 100 Jahren glaubten viele der alten maltesischen Fischer, dort stünden von Hercules oder von »Alexander mit den Widderhörnern« errichtete Säulen, die jeden Seefahrer davor warnten, ins »Äußere Meer« (*il-bahar ta'barra*) einzufahren, das »die ganze Welt umgibt« (*imdawwar mad-dinja kollha*), weil »die Gewässer dort so weich (*ratba*)« seien, »daß kein Schiff sie befahren« könne. Zudem gebe es dort den Magnetfelsen, der alle Nägel aus dem Schiffsrumpf ziehe. Cf. J. Cassar-Pullicino/M. Gallay, 1994, S. 406, 416.

9 Cf. D. B. Quinn, 1979, S. 15 f. Nach Ibn al-Wardī wird der Grüne Ringstrom von einem »Meer der Dunkelheit« umgeben, das kein Sonnenstrahl erreicht. Auf ihm liegen die Inseln der Unterwelt. Cf. A. J. Wensinck, 1918, S. 27, 43. Auch nach dem ägyptischen Gelehrten Murtaḍā az-Zabīdī gibt es im äußersten Westen, »weit draußen im Umgebenden«, auf den »Inseln der Glückseligkeit«, sieben Standbilder, »die anzeigen, daß es von dort aus keine Passage und kein Weiterkommen gibt«. Cf. S. Reichmuth, 2005, S. 295. Bereits Lukian schildert in seinem fiktiven Bericht, wie der Sturm sein Schiff von Gadeira aus 79 Tage lang vor sich hertreibt, bis es am 80. Tag zu einer Insel gelangt, auf der sich eine eherne Säule mit der Inschrift befindet: »Bis hierher sind Herakles und Dionysos gekommen« (Lukian: *Wahre Geschichten* I. 7).

10 Cf. L. Wanke, 1965, S. 22, 26 f.; bzw. R. Hennig, 1956, S. 82, 86; T. Molter, 1995, S. 217 f. Im frühen 15. Jahrhundert gab es unter den portugiesischen Seefahrern den Spruch »Quem passará o Cabo de Não ou volterá ou não«, »Wer über das Kap des Nichts hinausfährt, kehrt zurück oder nicht«. Cf. E. Schmitt, 1987, S. 288. Zwar steht noch auf dem 1492 von Martin Behaim in Nürnberg angefertigten »Erdapfel«, Hercules sei nur bis zum »Kap Non« und nicht weiter gelangt, weil hier das Meer nach Süden hin »abstürze« (cf. A. Elter, 1926, S. 242), doch scheinen bereits im hohen Mittelalter Abū l'Ḥasan Ibn Maimūn im Auftrag der Almohaden bis nach Guinea und im Jahre 1291 zwei genuesische Galeeren unter dem Kommando der Brüder Vivaldi sowie 1346 Jaime Ferrer von Mallorca weit über das Kap hinaus gelangt, aber nie mehr heimgekehrt zu sein. Cf. J. Vernet, 1984, S. 270, 437; F. Salentiny, 1991, S. 15 f.

11 Cf. G. Hamann, 1968, S. 4; D. M. Abshire, 1969, S. 37; E. Schmitt, 1984, S. 61; ders., 1987, S. 288; A. Pagden, 1993, S. 28; U. Matthée, 1998, S: 194; F. Bellec, 2004, S. 432; D. Middleton, 2008, S. 34. Später hieß es in Portugal, als einzigem sei es vor Eannes dem »hl. Brantam« [Brendan] gelungen, über Kap Bojador in das »träge Meer« (*mare pigrum*) hinauszufahren, und dort habe er auch die »Inseln der Verheißung« gefunden. Cf. O. Peschel, 1858, S. 39; M. H. Kingsley, 1899, S. 216. Noch lange scheinen die Seefahrer geglaubt zu haben, ihre Hautfarbe werde jenseits des Kaps schwarz wie die der Neger. Cf. W. W. Claridge, 1915, S. 36.

12 Eine höchstwahrscheinlich aus England stammende Fayenceperle des späten 17. Jahrhunderts v. Chr., die in einem Grab in Plouhinec an der bretonischen Westküste gefunden wurde (cf. J. Briard, 1990, S. 137), ist sicher mit anderen Funden südwestenglischer Provenienz ein Indiz dafür, daß schon in dieser frühen Zeit Zinn und Bernstein die Küste der Bretagne entlang nach Süden transportiert wurden. Ab ca. 1400 v. Chr. gab es offenbar einen intensiven Schiffsverkehr mit Zinn- und Bronzeschrottransporten zwischen den Küsten Irlands, Südenglands und des gegenüberliegenden Festlandes. Cf. A. V. M. Samson, 2006, S. 378. Eine südländische Flottille mußte also um 1300 v. Chr. lediglich den üblichen Handelsrouten folgen.

13 Cf. D. Scarr, 2000, S. 78; bzw. K. A. Seaver, 1996, S. 47 f.

14 Tacitus: *Annalen* 2. 23 f. Es handelt sich um den Bericht über die von einem Sturm in weite Fernen verschlagenen Triremen der Nordseeflotte des Germanicus im Jahre 16. n. Chr. Cf. H. P. Duerr, 2005, S. 252 f.

15 Cf. D. Henze, 1978, S. 722; ders., 1993, S. 617 f.; Quinn, a. a. O., S. 344, 353; Cushing, a. a. O., 362 f. In den »7 Städten« sollten die Nachfahren jener Christen leben, die im Jahre 734 vor den Arabern geflohen waren. Nach dem 1325 in Genua erschienenen Buch *L'Isola Brazil* waren sie nur für wenige Auserwählte sichtbar. Cf. A. Manguel/G. Guadelupi, 2000, S. 89, 407. Als Francisco de Coronado später Hawikuh besetzte und er und seine Leute sahen, daß die vermeintliche Großstadt ein armseliges Kaff war, waren alle zutiefst enttäuscht. Cf. de Castañeda, a. a. O., S. 23. Da erfuhr Coronado von einem seiner Scouts, einem Wichita, in dessen Heimat, Gran Quivira, leuchteten die Häuser, was der Konquistador so verstand, daß ihre Mauern aus Gold

bestünden. Als sie freilich, in dem Dorf angelangt, lediglich Hütten mit Stroh-
dächern fanden, waren die Spanier abermals frustriert und garrottierten den
unglücklichen Indianer auf der Stelle. Cf. J. Atkinson, 1966, S. 435.

16 Avienus: *Ora maritima* 121, 124 ff.; Pseudo-Aristoteles: *Mirabilia* 136; ders.:
Meteorologie II. 354a; Platon; *Timaios* 25 d; bzw. Apollonios v. Rhodos IV.
1235 ff. Auch jenseits des Cabo de Não und vieler anderer Endpunkte für die
Schiffahrt war das Meer angeblich so zähflüssig, daß an ein Weiterkommen
nicht zu denken war. Cf. G. Kollert, 2000, S. 33, 44; F. Vian, 2005, S. 82, 375.

17 Cf. Plutarch: *De facie in orbe Lunae* XXVI. 941 ff.; Ptolemaios II. 1; Apollonios v. Rhodos IV. 548; Hesiod: *Werke und Tage* 112 ff.; Orphische Argonautiká 1078 ff., 1120 ff.; Diodoros V. 66.5; Plinius IV. 3.94; bzw. R. Mondi,
1990, S. 193; U. v. Wilamowitz-Moellendorff, 1929, S. 40 f.; B. Feyerabend,
1984, S. 2; F. Vian, 1987, S. 37 f.; Mittenhuber, a. a. O., S. 52. Plinius (VI. 104)
spricht vom »mare concretum a nonnullis Cronium appellatur«. Die Namen
scheinen erst spät auf das Eismeer angewandt worden zu sein. Plutarch
(a. a. O.) meint, daß wegen der Zähflüssigkeit »die Meinung entstanden sei,
es sei gefroren«. Cf. H. Treidler, 1965, Sp. 354 f. Während des Festes der
Kronía herrschten für eine kurze Zeit Freiheit, Überfluß und Sinnengenuß,
also Zustände, die das ferne Reich des Kronos kennzeichneten. Cf. H. S. Versnel, 1993, S. 122 f.

18 Cf. Bellec, a. a. O., S. 438; Arcas Campoy, a. a. O., S. 14; bzw. T. J. Westropp,
1912, S. 232 f.

19 Vgl. auch altiran. *talam*; lat. *tellus*; sanskr. *bhū-tala*, »Erde, Ebene«; armen.
t'alar, »irden«. Cf. Carnoy, a. a. O., S. 195, 197; C. D. Buck, 1949, S. 15; E. P.
Hamp, 1986, S. 360 f.; ders., 1989, S. 84. Zu *ki-gal* cf. D. O. Edzard, 1965,
S. 87, 130; D. Sürenhagen, 2002, S. 325.

20 Cf. Gilgamesch-Epos V. 10 f., X. 4.11; K. Tallqvist, 1934, S. 15, 24 f., 33 f.;
D. J. W. Meijer, 2003, S. 51 f.; S. Lundström, 2003, S. 41. Im fernsten Westen
und gleichzeitig im äußersten Osten am oder auf einer Insel im Ringstrom *nār
marātu* leben auch die unsterblichen Utnapištim und seine Frau in einer Art
Elysion. Cf. A. Heidel, 1971, S. 258; W. Horowitz, 1988, S. 161. Auf einem
Täfelchen aus Nippur heißt der König, der auf seiner Arche die Sintflut über-
lebt und danach von den Göttern mit der Unsterblichkeit beschenkt wird,
Ziusudra: »Leben wie einem Gott geben sie ihm; ewigen Atem wie einem
Gott bringen sie für ihn herunter. Dann heißen sie Ziusudra, den König, den
Bewahrer des Namens der Pflanzenwelt und des Samens der Menschheit,
wohnen im Lande des Übergangs, dem Lande Dilmun, dem Ort, wo die
Sonne aufgeht« (zit. n. K. Angermeyer, 2005, S. 52). Diesem Land entsprechen der biblische Garten Eden und in Ugarit »das Land *dbr*« und »die Wiesen von *šḥlmmt*«, die als »gut« (*n'm*) und »wunderbar« (*ysm [sm]*) bezeichnet werden und wo die Auserwählten offenbar Weingelage mit exzessiven
sexuellen Genüssen erwarten. Cf. B. Margalit, 1980, S. 125; K. Spronk, 1986,
S. 204; J. F. Healey, 1999, S. 56.

21 Cf. H. Refai, 2006, S. 245; M. v. Falck, 2006, S. 114 ff. Bereits in vordynastischer Zeit setzten die Ägypter ihre Toten dort bei, wo die Sonne unterging,
nämlich am gebirgig aufsteigenden Wüstensaum westlich des Nils. Später

öffnete Hathor nicht nur das Gebirgstor im »Schönen Westen«, sondern stand anschließend auch am Bug des Sonnenschiffes auf der Fahrt nach Osten. Cf. S. Allam, 1963, S. 117 f.

22 Cf. H. Altenmüller, 1998, S. 764. Auf einer schreinförmigen Schachtel aus einem Grab der 21. Dynastie, in der sich Uschebti-Figuren aus Fayence befanden, ist die Verstorbene, eine »Sängerin des Amûn«, abgebildet, die »in Frieden« auf einem Papyrusboot zum Binsengefilde übersetzt (Abb. 167). Cf. B. M. Bryan, 2002, S. 207. Und auf einem Wandbild im Grab des Merêruka fahren vier Segelschiffe im Konvoi dorthin, wo die Ahnen bereits warten. Cf. auch W. Barta, 1984, S. 168.

23 Cf. H. Bonnet, 1952, S. 162; H. Kees, 1956, S. 89 f.; M. A. Chegodaev, 1996, S. 19. Wenn die Sonnenbarke nach dem *Amduat*, dem Buch »[von dem, was] in der Unterwelt ist«, von Westen nach Osten zwölf Stunden benötigt, dauert die Reise des Rê zu seiner Heimstätte wohl sechs Stunden.

24 So schwamm z. B. der Verstorbene bei den Ob-Ugriern in seinem Sarg, der »Haus-das-auf-dem-Wasser-geht« genannt wurde, den großen Fluß hinunter ins Totenreich, das sich im Eismeer vor der Mündung des Ob, also im Norden, befand. Cf. V. V. Napolskikh, 1992, S. 7. Und um die verlorene Seele eines Toten zu finden, reiste der Schamane der transbaikalischen Ewenken auf einem aus Fischen bestehenden Floß ebenfalls den Fluß hinab, der ins Jenseits führte. Cf. T. Sem, 1999, S. 16.

25 Dies wird mit der Hieroglyphe *t'ub*, »eintauchen«, kommentiert. Auch Dolinen (*cenotes*) und Höhlen (*akul tunil*) waren Tore zum Jenseits. Cf. K. Vincke, 1997, S. 70 f.; B. Riese, 2004, S. 148 f. Eine Tonfigur der altperuanischen Moche stellt einen Verstorbenen dar, der auf einem Binsenboot in Richtung untergehende Sonne fährt. Cf. M. Fischer/R. Strelow, 1992, S. 65.

26 Cf. E. Vatter, 1932, S. 247; T. Körner, 1936, S. 102; bzw. B. A. G. Vroklage, 1936, S. 721 f. Auch die Ata Kiwan im äußersten Osten von Flores und auf den Inseln Adonare und Solor fertigten für die Verstorbenen Schiffchen an, die sie zur Toteninsel im fernen Westen brachten (cf. Körner, a. a. O., S. 103 f., 108, 114 f.; P. Arndt, 1951, S. 37), und auf den Leti-Inseln östlich von Flores bastelte man aus Palmstilen Miniaturschiffe mit Masten, Segeln und Rudern und übergab sie feierlich dem Meer, damit auf ihnen die Seelen der Toten der untergehenden Sonne folgen konnten.

27 Cf. J. v. Brenner, 1894, S. 238; A. Sibeth, 1990, S. 72. Bei den Dayak verkörperten die Schiffe, die auch von den Schamanen benutzt wurden, eine Wasserschlange. Cf. M. Jauernig, 1984, S. 209 f. In Nashornvogel-Booten (*orhung*) bestatteten die Lotha-Naga und die Karo-Batak wohlhabende Personen. Cf. Vroklage, a. a. O., S. 740; Sibeth, a. a. O., S. 70 f. Verschiedene Dayakstämme nannten den Frauensarg *banama tingang* (»Nashornvogelboot«) und den Männersarg »Wasserschlangenboot«. Cf. W. Stöhr, 1959, S. 34 ff.; J. B. Avé/V. T. King, 1986, S. 59.

28 Cf. W. Svoboda, 1893, S. 8 ff.; E. H. Man, 1932, S. 146, 161, Pl. XXV; M. Vellinga, 1995, S. 62 ff. Sowohl die Kanus der Nikobaresen als auch die Einbäume der im Binnenland von Groß-Nikobar lebenden hellhäutigen und bislang unerforschten Schom-Pen besaßen keine Segel, während die Takelage

der *henmai* aus Palmblättern diese Wasserfahrzeuge eindeutig als Nachbildungen fremder Segelschiffe ausweist. Cf. R. Sivakumar/V. Rajamanickam, 1999, S. 150 f. Auch die Senoi und früher die Malaien ließen die »Böse-Geister-Boote« (*kapal-hantu*) mit den an Bord gelockten üblen Geistern wegschwimmen. Cf. J. Loewenstein, 1958, S. 203 f.

29 Cf. A. Radwan, 2008, S. 561 f.; J. Lindemann, 2008, S. 579; H. Kees, 1956, S. 73; D. Jones, 1990, S. 3; D. O'Connor, 1991, S. 12. Der Bug des großen Cheopsschiffes war bezeichnenderweise – wie auch der der meisten nordischen Bestattungsschiffe – nach Westen gerichtet. Cf. H. Altenmüller, 2002, S. 282; bzw. Z. Kobyliński, 1990, S. 190. Auf solche Schiffe der nordischen Bronzezeit geht gewiß das Schiff Hringhorni zurück, das die Riesin Hyrrokkin mit Balðrs Leichnam auf hölzernen Rollen ins Wasser gleiten läßt. Cf. Snorri Sturluson: Prosa-Edda 49. Seit dem frühen 4. Jahrtausend hat man auch im südlichen Mesopotamien den Toten Schiffsmodelle mit ins Grab gegeben. So dienten sicher die aus Bitumen (Erdpech) gefertigten Schiffe, die man in den Königsgräbern von Ur fand, der Überquerung des Unterweltsflusses *i-lú-ru-gú*. Cf. D. O. Edzard, 1965, S. 132; Sürenhagen, a. a. O., S. 325. Auch die in nordetruskischen Gräbern gefundenen bronzenen Boote aus Sardinien oder die Glasboote aus den Gräbern der Römer brachten wohl die Verstorbenen zur Insel der Seligen. Cf. Pfiffig, a. a. O., S. 173; bzw. C. A. Jost, 2005, S. 172.

30 Cf. G. K. Giannakis, 1998, S. 590; F. Kluge, 1960, S. 498; bzw. Körner, a. a. O., S. 104 (Tanimbar, Kei- und Luang-Sarmata-Archipel); Jauernig, a. a. O. (Halmahera); R. Schefold, 1988, S. 86 (Sakuddei auf Siberut); I. Ecsedy, 1984, S. 118 (Ssutch'ouan u. Yünnan); J. Leopold, 1997, S. 84 (Nordwestküsten-Indianer): Die Toten der Küsten-Salish beispielsweise wurden in einem Kanu bestattet, während die Schamanen, die aus dem Jenseits eine verlorene Seele zurückholten, dazu ein spezielles »Geisterkanu« benutzten. Dort durften sie keine Speise annehmen, da sie sonst in der Totenwelt bleiben mußten. Cf. W. G. Jilek/L. Jilek-Aall, 1990, S. 35 f.; J. Leopold, 1997, S. 84.

31 Cf. K. O. Müller, 1844, S. 271 ff.; C. Robert, 1921, S. 828; O. Jessen, 1895, S. 754; L. Preller, 1875, S. 308; F. Wehrli, 1972, S. 57 f.; H. Meyer, 1980, S. 124; D. Meyer, 2001, S. 223. Obwohl bereits Herodot (I. 202) die Meinung vertreten hatte, das Kaspische Meer existiere »für sich« und zwar »ohne mit dem anderen Meere in Verbindung zu stehen«, wobei er mit letzterem das Ἀτλαντὶς Θάλασσα meinte, hielten es noch Strabon und Eratosthenes für eine tiefe Ausbuchtung des »skythischen« Okeanosteils. Deshalb waren die an der Nordwestküste des Okeanos angetriebenen »Inder«, die dem gallischen Statthalter Metellus Celer geschenkt wurden, der Beweis dafür, daß man vom fernen Osten über das Weltmeer in die Nordsee fahren konnte (Pomponius Mela III. 45), nachdem im frühen 3. Jahrhundert v. Chr. ein gewisser Patroklos im Auftrag des Seleukidenkönigs die Küste des Kaspischen Meeres entlang nach Norden gesegelt war, um dessen Verbindung mit dem Okeanos und damit einen Seeweg von Indien nach Europa zu finden. Dabei gelangte er so weit nach Norden, daß er umkehrte, was die Vermutung bestärkte, dieses riesige Gewässer könne kein Binnensee sein. Cf. K. Geus, 2000, S. 70; H.-G. Nesselrath, 2005, S. 155; H. Sonnabend, 2007, S. 31, 90.

32 Cf. B. Schmidt, 1926, S. 293. Die Westausrichtung der frühen Schachtgräber läßt vermuten, daß bereits die Mykener des 17. und 16. Jahrhunderts v. Chr. an ein im Westen liegendes Jenseits glaubten. Cf. J. van Leuven, 1989, S. 197. Später übernahmen auch die Christen diese Vorstellung und setzten den Tod Jesu dem Sonnenuntergang gleich. »Wie nämlich die Sonne vom Westen zum Osten zurückkehrt«, erklärte Athanasios, der Patriarch von Alexandria, »so ist auch der Herr aus den Tiefen des Hades in den Himmel hinaufgestiegen«. Cf. F. J. Dölger, 1925, S. 340; H. Rahner, 1966, S. 107 ff.

33 Apollonios v. Rhodos II. 319 ff.; Nonnos XL. 468 f.; bzw. Athenaios XI. 491 b. Nach Euripides (*Hippolytos* 742 ff.) befindet sich die Quelle von Ambrosia in Heras westlichem Hesperidengarten und nach Nonnos (XXXV. 326 ff.) »entblößte [die Göttin] ihre ambrosiastrotzenden Brüste;/Pressend ließ die Flut sie entströmen,/Und sie erweckte ihn [Dionysos] wieder zum Leben«. Das Wort ἀμβρόσια ist verwandt mit altind. *amŕta*; awest. *amǝra*; »unsterblich«, sowie mit ἄμβροτος, »lebendig«. In den Veden wird der regenerierende Rauschtrank Soma auch *amŕtam* genannt, was meist mit »Lebenskraft« übersetzt wird, und so gießt auch Thetis dem Patroklos »Ambrosiasaft und rötlichen Nektar in die Nase, damit unverweslich sein Leib sich erhielte« (Ilias XVIII. 38 f.). »Heras unsterbliche Brustmilch« (Nonnos XL. 421) kann auch aus Nektar (νέκταρ < idg. *nék*'-, »Tod« u. *tera*, »überwinden«) bestehen, der von Ambrosia praktisch ununterscheidbar ist. Cf. E. T. Vermeule, 1974, V 127; R. Schmitt, 1967, S. 47, 189 ff.; C. Watkins, 1995, S. 391.

34 Cf. A. Sikojev, 1985, S. 13 f.; G. Crane, 1988, S. 153; E. J. Kenney, 2001, S. 273; bzw. S. Jakobsdóttir, 2002, S. 30, 50; ŖgVeda IV. 27.3; M. West, 2005, S. 40 ff.; D. Hershkowitz, 1998, S. 47; L. Frobenius, 1904, S. 405 f. Bekannt ist auch das Märchen von den Söhnen des altersschwachen Königs, die zur Regenerierung des Vaters mit Unterstützung tierischer Helfer und einer jungen, sich im Jenseits befindenden Frau, die sie ›erlösen‹, aus dem Reich hinter den »Klatschfelsen« das Wasser des Lebens holen. Vor allem die »magische Flucht« aus dem Totenreich, aber auch der Topos vom in der Wildnis gesäugten und aufgezogenen Helden, der mit seinen an schamanische Hilfsgeister erinnernden übernatürlichen Gefährten die von einem Drachen oder Dämonen gefangengehaltene Prinzessin befreit und ins Diesseits mitbringt, sind Märchenmotive, die in das Argonautenepos eingeflossen sind. Cf. H. Gehrts, 1986, S. 79 f., 86; K. Ranke, 1955, S. 58 ff.; A. Aarne, 1930, S. 151 f.

35 Tanith war ursprünglich eine der ʿAnāth, ʾAšerah oder ʿAštart äquivalente levantinische Paredra des bronzezeitlichen Baʿal-Ḥammon, deren Name anscheinend »Klagefrau« bedeutete, da sie um den Tod ihres Paredros trauerte, und später die Schutzpatronin der phönizischen Seeleute. Wahrscheinlich wurde sie bereits in der spätbronzezeitlichen Messará verehrt, wo auf einem Täfelchen aus Aghia Triada eine *ti-ni-ta* erwähnt wird, und entwickelte sich später zur Hauptgöttin des karthagischen Pantheons. Votivstelen und Amulette zeigen als ihr Symbol ein O über einem Δ und erhobene Hände als Zeichen der Trauer oder ihrer Epiphanie. Cf. M. Dothan, 1974, S. 48 f.; J. Best, 1980, S. 166; W. R. Smith, 1899, S. 291; E. Lipiński, 1990, S. 210 f.; O. Keel, 2008, S. 100; N. Sheizaf, 2004, S. 35. Eine Darstellung der Tanith ist vermut-

lich eine wohl im 9. oder 8. Jahrhundert v. Chr. in Phönizien angefertigte hohle Alabasterstatuette einer Göttin, die in der Nähe von Granada ausgegraben wurde. Sie hält auf dem Schoß eine Schale, und ihre Brustwarzen besitzen Löcher, die offenbar ursprünglich mit Wachs verschlossen waren. Verbrannte man unmittelbar vor der Statuette Weihrauch, schmolz das Wachs, und die zuvor eingefüllte Milch lief aus den Brüsten in die Schale. So war sie nicht nur eine Fruchtbarkeitsgöttin in dem Sinne, daß sie den Müttern die Stillfähigkeit erhielt. Vielmehr betete man zu ihr auch in der Trockenheit um Regen, wobei es wohl orgiastisch zuging, so daß Augustinus (*De civitate dei* 2.4 u. 4.10) ihren Kult nur mit Scham erwähnt. Doch nachdem sie auch in römischer Zeit nach einer Inschrift aus Mauretania Caesariensis als Paredra »des gehörnten Iuppiter Hammon« verehrt worden war, bestand ihr Kult im Volke noch unter der Herrschaft der Wandalen fort. Cf. K. Galling, 1972, S. 172 f.; S. Benko, 1993, S. 43; A.B. Cook, 1914, S. 354 f.

36 Cf. M. Hagelberg, 2001, S. 138; bzw. S. Marinatos, 1976, S. 52. Die in Felsnischen und Grotten nistende *Columba domestica livia*, die schon von E. Hahn (1896, S. 337) wegen der auffälligen und unermüdlichen Werbungen des gurrenden Täuberichs um die Weibchen als »übermäßig verbuhlt« bezeichnet wurde, war vermutlich auch aus diesem Grunde bereits das Symboltier der Ištar sowie das der ʿAnāth und der ʿАšerah. Als Taube fliegt ʿAnāth zu Baʿal, und Semiramis, die als Säugling von Tauben ernährt wurde, verwandelte sich am Ende ihres Lebens selbst in eine Taube. Cf. C.R. Boettger, 1958, S. 144; O. Keel, 1977, S. 76 f.; J. Margueron, 2000, S. 60; F. Pinnock, 2000, S. 127; A. Moreau, 2006, S. 198 f.; M. Weinfeld, 1991, S. 101. Auch die Priesterinnen des Orakels von Dodona, in vorgriechischer Zeit Heiligtum der »pelasgischen« Göttin, die später als Dione Gattin des Zeus wurde, hießen πέλειαι oder πελειάδες. Cf. L. Bodson, 1980, S. 103 f.; A. Gartziou-Tatti, 1990, S. 181.

37 Apollonios v. Rhodos II. 569 ff., 597 ff. Daß die Argonauten Tauben an Bord hatten, ist wohl ganz realistisch. Wie Noah benutzten auch die griechischen Seefahrer Tauben als Landsucher und in der Spätbronzezeit dürfte es nicht anders gewesen sein. Cf. M. Silver, 1992, S. 244 f.

38 Apollonios v. Rhodos II. 605. In den Orphischen Argonautiká (90 ff.) wird indessen vorausgesetzt, daß *einer* der Argonauten bereits im Jenseits gewesen war. Denn dort sagt Jason dem Orpheus, seine Männer dächten nicht daran, ohne ihn nach Aia zu fahren, habe doch allein er unter allen Menschen aus den tiefsten Tiefen der Erde den Weg zurückgefunden.

39 Odyssee XII. 69 ff.; bzw. IV. 81 ff.; Apollonios v. Rhodos IV. 258 ff.; Pindar: *Pythische Ode* IV. 252. Cf. Robert, a.a.O., S. 758 f.; G. Dottin, 1930, S. XXXI. Die ursprüngliche Okeanosfahrt der Argonauten wurde in die späteren Versionen der Sage, in denen Aia bereits mit Kolchis identifiziert wurde, insofern integriert, als daß man die Helden auf der Rückfahrt über mehr oder weniger mythische Flüsse in den Okeanos einfahren ließ. Cf. F. Wehrli, 1955, S. 155 f. U. Hölscher (1988, S. 176 f.) meint, und dies sicher zu Recht, daß Jason und seine Helfer im ursprünglichen Märchen durch dieselben Klatschfelsen geflohen sind, durch die sie gekommen waren.

40 Cf. O. Lordkipanidze, 1991, S. 107; bzw. A. DiVita, 1997, S. 64. V. Furmánek/

V. Mitáš (2007, S. 194) sehen in den Argonauten levantinische Erzprospektoren. Die Griechen sind stets davon ausgegangen, daß die Fahrt der Argonauten vor dem Trojanischen Krieg stattgefunden habe, und von Eratosthenes bis Eusebios von Caesarea hat man sie in eine Zeit gesetzt, die wir heute als SM/SH III B bezeichnen. Cf. M. Bernal, 1991, S. 585. So waren der Argonaut Deukalion Vater des kretischen Trojahelden Idomeneus, Achilles der Sohn des Argonauten Peleus, und Philoktet tötete Paris mit einem Bogen, den er von Herakles erhalten hatte. Schließlich berichtet Herodot (I. 3), die Trojaner hätten die Herausgabe der Helena mit dem Argument verweigert, die Achäer hätten doch selber die Medeia geraubt. Jedenfalls galt das Epos schon zur Zeit Homers als berühmt und altehrwürdig (cf. Odyssee XII. 69 ff.), und Jason gelangen noch Taten, von denen Odysseus nur träumen konnte. Daß die Sage vorgriechischen Ursprungs und von den Griechen lediglich modifiziert worden sei, ist immer wieder vermutet worden. Cf. P. J. Kakridis, 1996, S. 239 f.

41 Cf. F.-K. Kienitz, 1976, S. 54; S. West, 2003, S. 152 f.; P. Jablonka/C. B. Rose, 2004, S. 626; M. Korfmann, 2005, S. 250; D. Çaliş-Sazci, 2006, S. 202; bzw. R. Laffineur, 1991, S. 280. Zwar hat man in Troja fünf minoische Transportbügelkannen aus dem SM III A/B gefunden (cf. C. Podzuweit, 1982, S. 75), doch Troja war keine eigentliche Handelsstadt, sondern eher ein befestigter Herrensitz, weshalb Lemnos für minoische Schwarzmeerfahrer ein wesentlich attraktiverer Ankerplatz gewesen sein dürfte. Cf. F. Kolb, 2003, S. 140.

42 Cf. K. Porožanov, 1995, S. 349; bzw. N. H. Gale, 1991, S. 200; H.-G. Buchholz, 1980, S. 227; ders., 1987, S. 162. Weitere große Kupfer- sowie Miniaturbarren aus Bronze und Elektron, die offenbar kultischen Zwecken dienten, wurden an verschiedenen Orten des Inlandes und der Küste von Bulgarien gefunden. Cf. K. Porožanov, 2004, S. 268.

43 Cf. J. Bouzek, 2005, S. 28, 47 f.; S. Reinach, 1923, S. 98; bzw. C. J. Ruijgh, 1967, S. 171, 185; J. Best, 1989, S. 139 ff.; F. C. Woudhuizen, 1989, S. 191; S. Hiller, 1997, S. 196. Eine vordorische Einwanderung thrakischer »Pelasger«-Stämme in Boiotien und Attika, die zum Teil von dort nach Kreta weiterwanderten, wo sie laut Odyssee in der frühen Eisenzeit eine der Bevölkerungsgruppen bildeten, vermutet M. B. Sakellariou (1974, S. 370). Umgekehrt scheinen z. B. in der Troas zahlreiche Topo- und Oronyme wie Berekynthos, Dikte oder Ida aus Kreta zu stammen. Cf. P. Faure, 1996, S. 146.

44 Cf. Porožanov, a. a. O., S. 273. Wahrscheinlich ist zumindest ein Teil des in den Schachtgräbern von Mykene gefundenen Goldes siebenbürgischen Ursprungs (cf. H. Matthäus, 1989a, S. 86), doch J. Makkay (1999, S. 52) ist der Auffassung, »protothrakische« Gruppen hätten es seinerzeit an die ägäische Küste befördert. Daß diese die Westküste des Schwarzen Meeres entlang nach Süden gefahren sind, lassen Felsbilder von Schiffen unweit der Quelle des Mesta-Flusses im Rila-Gebirge vermuten. Cf. N. Bolohan, 2003, S. 100. Jedenfalls hat man Schwerter ägäischer Machart nicht nur im Donaudelta, sondern auch in den Westkarpaten und im Maramureş-Gebirge gefunden, wo Gold, Silber und Kupfererz gefördert wurden. Im Karpatenraum entdeckte man auch mediterrane Kauri-, Dentalium- und Fayenceperlen für Halsketten, in einem Hort bei Silistra an der Donau neben Äxten und Sicheln der frü-

hen Urnenfelderkultur ein ägäisches Rapier aus dem SM/SH III B2/C1 und in Medgidia westlich von Konstanza ein etwas älteres mykenisches Schwert. Es wird vermutet, bereits im 16. Jahrhundert könnten ägäische Produkte auf der Donau und über das Adriatische Meer bis ins Karpatenbecken und in die heutige Slowakei gelangt sein. Cf. M. Rotea, 2000, S. 25, 29 f.; A. M. Greaves, 2002, S. 104; I. Motzei-Chicideanu, 1995, S. 238; K. A. Wardle, 1993, S. 125; M. Żmudziński, 1999, S. 22 f.; W. David, 2001, S. 72; Bouzek, a. a. O., Fig. 11.3.

45 Cf. A. Bonev, 2003, S. 171; bzw. M. Oppermann, 2007, S. 6 f.; K. Porožanov, 1987, S. 279; N. Ehrhardt, 1990, S. 21; J. P. Crielaard, 1995, S. 234. Bereits um die Mitte des 8. Jahrhunderts v. Chr. scheinen die Milesier Fahrten zur pontischen Südküste unternommen zu haben, nachdem die Phrygier die Handelsverbindungen über Zentralanatolien gekappt hatten (cf. F. Miltner, 1939, S. 194 f.), doch es könnte sein, daß vor ihnen die Euboier die Süd- und Westküste entlanggefahren sind. Cf. A. Avram, 1994, S. 27. Erste präkoloniale Erkundungsfahrten in die nordwestpontischen Flußmündungen, vor allem von Bug und Dnjepr, und frühe, aber sporadische Kontaktaufnahmen mit den Bewohnern der nordpontischen Waldsteppe fallen in die erste Hälfte des 7. Jahrhunderts. Die frühsten Handelsvorposten, in denen an die Skythen Schläuche und später Amphoren mit Wein veräußert wurden, gründeten die Milesier im letzten Drittel dieses Jahrhunderts. Die älteste in der Gegend des nordöstlichen Pontos entdeckte griechische Keramik stammt allerdings erst aus dem späteren 6. Jahrhundert v. Chr. Cf. R. Rolle, 1985, S. 465 f.; M. Kerschner, 2006, S. 244; Greaves, a. a. O., S. 51; bzw. U. Sens, 2003, S. 237.

46 Cf. G. R. Tsetskhaladze, 1993, S. 59; S. Tokhtas'ev, 1996, S. 41; O. Lordkipanidze, 1983, S. 127; ders., 1996, S. 50; ders., 2000, S. 9; A. J. S. Spawforth, 1990, S. 15; A. T. Smith, 2004, S. 309; M. L. West, 2007, S. 193; H. Heinen, 2006, S. 8.

47 Cf. K. M. Romey, 2001, S. 28; bzw. Eumelos 17; O. Lordkipanidze/T. Mikeladze, 1990, S. 169 f; G. R. Tsetskhaladze, 1994, S. 338; M. L. West, 2005, S. 41. In späterer Zeit werden die Bezeichnungen Αἶα (homer. »Land«) [cf. E. Sittig, 1956, S. 37 f.] und Κολχὶς häufig synonym verwendet, so z. B. von Apollonios v. Rhodos (II. 1141, 1185). Um die Mitte des 8. Jahrhunderts v. Chr. unternahm der urartäische König Sarduri II. zwei Beutezüge in ein Land Qulha, aber es ist unwahrscheinlich, daß es sich dabei um Kolchis handelt. Cf. K. Köroğlu, 2005, S. 104 f.

48 Cf. G. R. Tsetskhaladze, 1992, S. 97 f.; ders., 1992a, S. 254; ders., 1998, S. 53, 64; A. Burnet, 1995, S. 66; J. D. Muhly, 1998, S. 321 f.; ders., 1999a, S. 321. In der Spätbronze- und frühen Eisenzeit wurde in Kolchis auch der Schmuck überwiegend aus Bronze gefertigt. Cf. R. Papuaschwili, 2001, S. 70. Zwar scheint es ab dem 8. Jahrhundert v. Chr. im Kaukasus eine nennenswerte Goldförderung gegeben zu haben, doch hat das lydische Gold für die Griechen stets eine ungleich größere Rolle gespielt als das kolchische. Cf. G. R. Tsetskhaladze, 1999, S. 479; D. D. Klemm, 2005, S. 530; bzw. A. M. Greaves, 2002, S. 36.

49 »Weit entfernt im Meer liegt die Insel Ogygia. Dort wohnt/Atlas' listige Toch-

ter, Kalypso mit herrlichen Flechten,/Jene gewaltige Göttin; doch leistet ihr niemand Gesellschaft,/Auch nicht ein einziger Gott und keiner der sterblichen Menschen« (Odyssee VII. 244 ff.). Nachdem Odysseus das Jenseitstor – hier in Gestalt von Skylla und Charybdis – passiert hat, verschlägt es ihn offenkundig in die Weiten des Okeanos: »Neun volle Tage trieb ich und erst in der zehnten Nacht dann/Brachten mich Götter der Insel Ogygia nahe« (XII. 447 f.). Moderne Autoren lokalisieren Ogygia meist im zentralen oder im westlichen Mittelmeer (so z.B. T. Freller, 2008, S. 25), doch kann dies nicht die Vorstellung Homers gewesen sein. Denn es gibt im Mittelmeer keine Insel, die so weit von einer anderen Küste entfernt läge, als daß man diese an einem klaren Tag nicht sehen könnte. Cf. W.S. Anderson, 1959, S. 11. Deshalb hat man Ogygia später im Atlantischen Ozean untergebracht: »5 Tage Seefahrt gen Westen von Britannien aus. 3 weitere Inseln liegen davor, ebensoweit von ihr und voneinander entfernt, ungefähr wo die Sonne im Sommer untergeht« (Plutarch: *De facie in orbe Lunae* XXVI. 941 ff.).

50 Cf. C. Robert, 1926, S. 1383 ff. So waren gewiß auch die Inseln Wâq-Wâq zunächst mythische Orte, die später von arabischen Seefahrern, die bis nach Malakka und zu den Nikobaren vordrangen, geographisch lokalisiert wurden. Cf. U. Marzolph/R. van Leeuwen, 2004, S. 569, 611. Daß für Homer und seine Zeitgenossen das südliche Tyrrhenische Meer der Okeanos gewesen sein soll, wie z.B. A. Wolf/H. Wolf (1983, S. 121) meinen, wenn sie darlegen, Odysseus sei von der nördlich von Sizilien liegenden Isola Ùstica, der Insel der Kirke, in südwestliche Richtung zur Nordwestküste Siziliens, dem Hades, gefahren, ist allerdings mehr als unwahrscheinlich, nachdem schon vor dieser Zeit euboiische und phönizische Seefahrer in der Nachfolge bronzezeitlicher Pioniere aus der Ägäis und der Levante weit über das zentrale Mittelmeer nach Westen vorgestoßen waren. Nichtsdestotrotz scheint es in der späteren Antike Mythographen gegeben zu haben, für die Odysseus im Mittelmeer umhergefahren ist, denn im 2. Jahrhundert n. Chr. berichtet der römische Schriftsteller Gellius in seinen *Noctes Atticae* (XIV. 63), ein Freund habe sich in einem Buch darüber ausgelassen, »ob die Irrfahrten des Ulysses im Inneren Meer stattgefunden hatten, wie Aristarchos [von Samothrake im 2. Jahrhundert v. Chr.] glaubte, oder im Äußeren, wie Krates [Mallotes, ein Zeitgenosse und Gegner des Aristarchos] meinte (*utrum* ἐν τῇ ἔσω θαλάσση *Ulixes erraverit* κατ' Ἀρίσταρχον *an* ἐν τῇ ἔξω κατὰ Κράτητα)«.

51 Apollonios v. Rhodos II. 417; bzw. D. Meyer, 2001, S. 226; Lordkipanidze, a.a.O., S. 23. Vermutlich haben sich zu allen Zeiten die Autoren, die das Thema der Argonautiká oder der Odyssee bearbeiteten, aus der reichen Seefahrtsfolklore ihrer Epoche, den Erzählungen euboiischer, sidonitischer oder milesischer »merchant adventurers« bedient. Cf. J. D. Morgan, 1985, S. 230 f.; M. L. West, 1988, S. 172; R. Werner, 1990, S. 62. So hat man auch angenommen, daß gewisse Elemente der Nordlandfahrt der Argonauten in der Schilderung des Apollonios Pytheas' Περὶ τοῦ Ὠκεανοῦ entnommen sein könnten. Cf. D. Meyer, 1998, S. 68.

52 Cf. Gilgamesch-Epos X. 4.11; P. Feyerabend, 2009, S. 209. Im finnischen Kalevala fährt auch Väinämöinen in seinem kupfernen Boot »übers rote

Meer«, also nach Westen, »mit seinen roten Segeln,/Ins tiefste Innere der Erde,/Ins tiefste Himmelreich,/In den Schlund des Malstroms,/In den Rachen des Malstroms.« Cf. J. Y. Pentikäinen, 1983, S. 89.

53 Vor allem der 10. und 12. Gesang der Odyssee mit den Abenteuern im Land der Laistrygonen, auf der Insel der Kirke, der Vorbeifahrt an Skylla und Charybdis und der Episode mit den Sirenen und den Rindern des Helios scheinen, wie schon häufig bemerkt, aus einer uralten Argonauten-Erzählung zu stammen. Cf. W. Kullmann, 1991, S. 452 f.; B. Scherer, 2006, S. 11.

54 W. Christ, 1868, S. 131; bzw. Strabon I. 15.10 ff. = 24 C; Odyssee IX. 82 f.; X 80 f. Cf. A. Lesky, 1948, S. 64; B. Seidensticker, 2008, S. 20. Vielleicht ist sogar noch die Angabe, Pytheas habe von Britannien aus sechs Tage benötigt, um die Insel Thule zu erreichen, so zu verstehen. Cf. K. v. See, 2006, S. 417. Aus diesem Grunde ist die Identifikation von Thule mit der mittelnorwegischen Küste hypothetisch.

55 Odyssee XII. 22; bzw. F. Schiller/J. W. v. Goethe, o. J., S. 33 f. Cf. A. Lesky, 1966, S. 61; S. V. Tracy, 1997, S. 378.

56 Odyssee X. 508. Daß Odysseus selber keinen »Abstieg in die Unterwelt« (κατάβασις) unternimmt, geht daraus hervor, daß der tote Teiresias nach der Unterredung in den Hades *zurück*kehrt. Cf. XI. 151. Eigentlich wäre diese Okeanosfahrt gar nicht nötig gewesen, da Odysseus an vielen Orten in der Ägäis Höhlen und Felsspalten hätte finden können, die als Eingänge zur Unterwelt galten. So besaß Teiresias ein altes Orakel in Orchomenos, und derjenige, der ins Trophonios-Orakel im boiotischen Lebadeia hinabstieg, konnte dort »erfahren« (ἐπύθετο) und »sehen« (εἶδέ), wie Pausanias (IX. 39.13) berichtet, der das selber erlebt hatte. Cf. A. Hartmann, 1917, S. 213; O. Tsagarakis, 1995, S. 128. Ob Odysseus nur das Gestade des Okeanos entlanggefahren ist (cf. J. S. Romm, 1992, S. 15 f.) oder diesen überquert hat, um an ein jenseitiges, in Dämmerlicht getauchtes Ufer zu gelangen, ist unklar. Jedenfalls kann man den »Hain der Persephone« nicht so ohne weiteres, sondern »nur mit dem trefflichst gezimmerten Fahrzeug« (Odyssee XI. 159) erreichen.

57 Odyssee IX. 93 ff. Cf. U. Kopf-Wendling, 1989, S. 88 ff.; T. N. D. Mettinger, 2001, S. 98; bzw. Dr. Karle, 1927, Sp. 538; F. A. Paßmann, 1994, S. 107 f.

58 Cf. A. P. Kozloff, 1992, S. 346; bzw. A. K. Capel, 1996, S. 101. Nefertem (*Nfrtm*) ist die aus den Urfluten aufgetauchte Lotosblume, aus deren Kelch einst der Sonnengott geboren worden war. Cf. W. Helck, 1965a, S. 349. Im Gegensatz zum blauen Lotos, den die Ägypter wesentlich häufiger darstellten, öffnet sich die weiße *Nymphaea lotus* in der Abenddämmerung und bleibt nachts offen. Cf. C. Ossian, 1999, S. 58 f.

59 Cf. W. Schenkel, 1998, S. 6; bzw. M. Caron/H. C. Jouve, 1969, S. 85 f.; J. P. Allen/D. T. Mininberg, 2005, S. 44; W. B. Harer, 1985, S. 53 f.; Emboden, a. a. O., S. 12; R. E. Schultes/A. Hofmann, 1980, S. 51, 66 f. Manchmal wurde deshalb *Nymphaea* als Substitut für Opium verwendet. Bisweilen hat man die »honigsüßen Früchte« der Lotophagen mit den eßbaren Früchten des Jujube (*Ziziphus spina-christi* oder *Ziziphus lotus*), eines in Nordafrika und im Jemen wachsenden Kreuzdorngewächses, identifiziert, aus dem ein berauschendes Getränk gewonnen wird (cf. R. B. Stewart, 1998, S. 735), doch

bereits Herodot (II. 92) berichtet, die Ägypter bereiteten aus den Früchten des Lotos »ein Brot«, »das am Feuer gebacken wird« und »angenehm süß« schmecke. Daß er damit die Lotosblume und nicht *Ziziphus* meint, geht daraus hervor, daß er diesen »Lotos« als »Wasserlilie« bezeichnet, die auf den vom angeschwollenen Nil auf den Ebenen gebildeten Seen wächst.

60 Apollonios v. Rhodos IV. 892 ff.; Odyssee XII. 40 ff., 159 ff. Cf. G. K. Gresseth, 1970, S. 208 f.; E. Hofstetter, 1990, S. 14. Nach Herodor (Fr. 39) hatte Cheiron geweissagt, den Argonauten gelänge die Vorbeifahrt nur mit Hilfe des spielenden Orpheus, und bei Apollonios (a. a. O.) übertönt jener tatsächlich mit seinem Saitenspiel den »honigsüßen«, verlockenden Gesang der Frauen.

61 Cf. H. Mühlestein, 1958, S. 154 f.; C. Robert, 1921, S. 823; J. Pollard, 1977, S. 189; bzw. R. D. Barnett, 1986, Pl. 9.4; E. Buschor, 1944, S. 55. Nach Platon (*Kratylos* 403 D/E) sind die Sirenen Bewohnerinnen der Unterwelt. Auf einer römischen Terra sigillata von der Mosel bläst eine Sirene die Doppelflöte, während ein Mann eine Frau von hinten penetriert. Cf. G. Weicker, 1902, S. 167 f., 207. Auf dem berühmten alexandrinischen Marmorrelief aus dem 1. Jahrhundert besteigt eine nackte Sirene einen entspannt unter ihr liegenden Mann, um ihn zu koitieren (Abb. 175). Wie Hesiod (Fr. 88) erwähnt, hatte Zeus den Sirenen ihre Insel »für die Liebe« gegeben. Cf. G. Koch-Harnack, 1989, S. 158 f. Offenkundig sind die schönen Frauen, die sich ursprünglich nicht auf einem Felsen, sondern an einem *locus amoenus* befinden, über die Argonautiká in die Odyssee gelangt. Cf. P. Friedländer, 1969, S. 22. Wie sich deren Dichter die Sirenen vorgestellt hat, ist unbekannt. Vielleicht waren sie damals nur berückend schöne Frauen, denn hätten sie – wie auf späteren etruskischen Darstellungen – neben einem nackten weiblichen Oberkörper auch einen Vogelunterleib und Flügel besessen, wären sie vermutlich Odysseus entgegengeflogen, um ihn nach Elysion zu geleiten (cf. F. Müller, 1913, S. 33), wie sie es anscheinend in späterer Zeit getan haben. Cf. Kopf-Wendling, a. a. O., S. 99 f.; Buschor, a. a. O., S. 36 ff.

62 Cf. P. Faure, 1980b, S. 52 f; A. Papamanolu-Quest, 2002, S. 534. Wie im 16. Jahrhundert ein spanischer Seefahrer mitteilte, mußten die Hochseefischer seines Landes vor dem Magistrat unter Eid versichern, daß sie keinen Geschlechtsverkehr mit den Sirenen gehabt hatten. Von den portugiesischen Fischern der Gegend des Cabo da Boa Esperança wurde berichtet, sie fingen große fischartige Wesen mit Frauengesichtern, koitierten sie und verkauften sie anschließend auf dem Fischmarkt. Cf. F. Pires de Lima, 1971, S. 614. Ob es sich bei diesen Wesen um Seekühe gehandelt haben mag, sei dahingestellt. Vom Amazonas heißt es, daß die Jäger dort lebender Ethnien tatsächlich gefangene weibliche Seekühe sexuell penetrierten, um ihr Jagdglück zu fördern. Cf. J. Duerr, 2010, S. 213.

1 Cf. Odyssee IX. 469 f.; bzw. F. G. Welcker, 1857, S. 339; M. Lang, 1987, S. 340. In Ilias IX. 158 heißt Hades ἀδάμαστος, »der Unbeugsame« oder »Unbezwingbare«. Nach einem Scholion raubte Hermes die Herden des Helios. Cf. G. Crane, 1988, S. 144.

2 Cf. P. Thieme, 1951, S. 177 f.; bzw. R. Schmitt, 1967, S. 168. Frühe Vasenbilder, auf denen Polyphem noch zwei Augen besitzt, beziehen sich wohl auf das weitverbreitete Märchenmotiv, das auch Homer verarbeitet hat. Cf. L. Vajda, 1999, S. 322.

3 Cf. C. Robert, 1921, S. 465 f.; Apollodoros II. 108 f. = 5.10; P. P. Bober, 1951, S. 42; J. H. Croon, 1952, S. 32; H. Wagenvoort, 1966, S. 1674 f.; M. Davies, 1988, S. 279; J. Solomon, 1994, S. 40 f. Die offenbar ebenfalls auf Erytheia weidenden »Rinder des Hades« (Apollodoros, a. a. O.) sind eine Dublette des von Geryoneus bewachten Viehs. Der Name des Hadeshundes Ὄρθρος, der das Vieh hütet, ist verwandt mit dem des von Indra bezwungenen Vṛtra. Cf. B. Schweitzer, 1922, S. 217. Ein weiterer Hüter der Hadesrinder ist Menoites, der Herakles angreift, als dieser eines der Tiere schlachtet, worauf der Held ihm beim Ringkampf die Rippen bricht. Cf. Apollodoros II. 125 = 5.12.

4 Cf. Odyssee XII. 129 ff.; Scholion zu Apollonios v. Rhodos 3. 240; D. Frame, 1978, S. 42; bzw. J. B. Hofmann, 1949, S. 28; F. Bader, 1983, S. 223. Meist wird Augeías als »Sohn des Helios« betrachtet, der die Herden von seinem Vater erhalten hat. Cf. Apollodoros 9.17 = I. 113; Theokritos: *Gedichte* XXV. 118 f. Nach Herodot (IX. 93) gab es in Apollonia am ionischen Meerbusen eine dem Sonnengott geweihte Schafherde, die »fern der Stadt in einer Höhle« übernachtete und dort im jährlichen Wechsel von den reichsten und edelsten Bürgern der Stadt bewacht wurde. Nachdem man einen von ihnen zur Strafe dafür, daß es Wölfen gelungen war, einige der Schafe zu reißen, geblendet hatte, »wurde die Herde unfruchtbar, und auch die Erde brachte keinen Ertrag mehr«. Nach H. Güntert (1923, S. 34) verkörperten die Schafe die rosigen »Lämmerwolken« der Morgenröte, die vor dem eigentlichen Sonnenaufgang am Horizont entlangziehen und im Abendrot verschwinden, wie wenn sie von der Finsternis einer Höhle verschlungen würden. Wenn in der Mark Brandenburg die Lämmerwolken erschienen, sagte man, die den Frühling und den Regen bringende »Frau Holle« treibe »ihre Schafherden aus«. Cf. W. Mannhardt, 1858, S. 728.

5 Cf. O. R. Gurney, 1977, S. 13, 54; W. Fauth, 1979, S. 257 f.; bzw. I. Seibert, 1969, S. 16; M. C. Astour, 1998, S. 71 ff.

6 Apollodoros II. 166 = 7.8; bzw. F. Bader, 1985, S. 94. Die Sonnenkühe werden auch *apyāḥ gāḥ*, »Wasserkühe«, genannt und personifizieren so als die Kühe der Morgenröte Uṣás, die selber die Kuh par excellence ist, die regenschwangeren Wolken. Cf. M. Weyersberg/H. Lommel, 1938, S. 145 f. Auf dem Balkan hielt noch im 19. Jahrhundert ein Untier die Regenwolken zurück, und in Nordgriechenland verstopfte ein Drache den Dorfbrunnen, bis der hl. Georg zu Pferde und mit einer Lanze das Wasser befreite. Cf. W. Puchner, 1982, S. 122. In Bulgarien führte man bei einer lang anhaltenden Trockenheit nachts

das »Drachentreiben« (*gónene na zméj*) durch, bei dem splitternackte, mit Mistgabeln und Knüppeln bewaffnete Männer dem Untier zu Leibe rückten, das die Regenwolken zurückhielt. In Gestalt eines junges Mannes tauchte der Drache gelegentlich auf Dorffesten auf, wo er mit den jungen Mädchen tanzte und flirtete, um sie in seine Höhle zu entführen und dort zu vergewaltigen. Cf. C. Vakarelski, 1969, S. 233, 330. Auch der Dürredämon Vṛtra, der »Hemmer« oder »Versperrer«, legte sich über die sieben Ströme Indiens und staute das lebenbringende Wasser, das nicht mehr nach Süden fließen konnte, bis Indra ihn besiegte. Cf. V. Moeller, 1984, S. 112. Ihn, der immer wieder mit dem westsemitischen Baʿal verglichen und wie dieser auf einen neolithischen Wettergott zurückgeführt wird (cf. N. Wyatt, 1992, S. 421), verkörperte der indoiranische König. Cf. J. K. Choksy, 1988, S. 38.

7 Cf. ṚgVeda V. 30.9; Mannhardt, a. a. O., S. 76.

8 ṚgVeda IV. 19.7; VIII. 91.4; bzw. A. T. Alwine, 2009, S. 328 f. Sītā, gewissermaßen die Vagina der Erde, ist die »Frau von Parjanya, dem Regengott«, wie es in der Kauśika Sūtra heißt, oder in der Parāskara Sūtra die »Frau des Indra«, eine Vegetationsgöttin und Herrin der Tiere. Nachdem sie im Rāmayāṇa von dem Dämon Rāvaṇa, dem nach ihr gelüstet, entführt worden ist, verdorrt alles Leben, bis sie schließlich von Rāma, der dem Indra entspricht, befreit wird. Sītā wurde sowohl mit Lakṣmī als auch mit Durgā identifiziert. Die Bauern flehten Indra, der im ṚgVeda Urvarāpati, »Herr des gepflügten Feldes«, genannt wird, an, die Göttin Sītā zu »pflügen«, d. h. zu schwängern. Cf. C. Dimmitt, 1982, S. 211 ff.; P. K. Agrawala, 1984, S. 100 f.; S. Nagar, 2005, S. 114 f.; U. Skoda, 2003. S. 32.

9 Cf. Apollodoros II. 6 f. Auf rotfigurigen Vasen wird Io als junges Mädchen mit Kuhhörnern und -ohren dargestellt, die von dem lüsternen Zeus verfolgt wird, und in Dodona nannte man sie »Braut des Zeus«. Wie der Name des Jason ist auch der ihrige von der Wurzel *eis- abgeleitet – ihr Vater war Iasos –, und sie gilt als eine vorgriechische Vorläuferin der mykenischen Hera, die, von dem stiergestaltigen Wettergott geschwängert, einen Stier, nämlich Epaphos, gebar, eine der Erscheinungsformen des verschwindenden Vegetationsgottes, der von seiner Mutter-Geliebten gesucht und heimgeholt wird. Cf. A. Carnoy, 1957, S. 82; G. Thomsen, 1960, S. 230; C. Sourvinou-Inwood, 1991, S. 141; L. Deubner, 1982, S. 110 f.; W. Pötscher, 1998, S. 17 f.; L. G. Mitchell, 2001, S. 343 f.

10 Cicero (*De natura deorum* III. 56) spricht von Hermes, »dessen Natur auf eine ziemlich obszöne Weise erregt war, wozu ihn, wie überliefert wird, der Anblick der Proserpina veranlaßt hatte«. Cf. R. Triomphe, 1992, S. 145. Eine Illustration zu dieser Szene bietet die Darstellung des Anodos der Persephone auf einer attischen Vase des 5. Jahrhunderts v. Chr., in der die aus der Erde kommende Göttin von Hermes und Pan begrüßt wird, der – stellvertretend für seinen Vater – eine gewaltige Erektion vorweisen kann. Cf. W. Burkert, 1993, S. 182. Auf der Pyxis aus dem Grab einer Frau, die im 14. Jahrhundert v. Chr. auf der ostkretischen Insel Mochlos bestattet worden war, ist eine Frau abgebildet, die von einer männlichen Gestalt geführt wird (cf. E. Banou, 2005, S. 163 f. u. Fig. 25) – vielleicht die Darstellung eines minoischen

Hermes φυχοπομπος, der die Vegetationsgöttin aus dem Jenseits zurückgeleitet.

11 Cf. A.M. Greaves, 2004, S. 28; P. Zanker, 1965, S. 86 f.; bzw. O. Keel/H. Keel-Leu, 1990, S. 126 f. Verdeutlicht wird die Bedeutung der Szene durch eine von Aphrodite auf Hermes zufliegende Taube sowie durch die sich zwischen den beiden befindliche Doppelflötenspielerin. Hermes' Kerykeion kann durch einen Knotenstock, das ραβδίον, oder einen Speer ersetzt sein. Cf. C. Clairmont, 1951, S. 106.

12 Cf. A. Lebessi, 1976, S. 12 f.; dies./P. Muhly, 2003, S. 95 ff.; D. Levi, 1981, S. 41 ff.; S.L. Budin, 2004, S. 112; M. Prent, 2005, S. 208 f. Hermes Kedritas wurde anscheinend auch in der Höhle von Patsos am südwestlichen Hang des Ida verehrt, wo man die Terrakotta- und Bronzefigurinen einander umarmender Paare fand, auf denen Männer mit erigiertem Glied und Frauen dargestellt waren, die ihre Vulva berühren. Cf. Prent, a.a.O., S. 158, 607. Im Heiligtum von Kato Syme entdeckte man in eisenzeitlichen Fundschichten zwei Bronzefigurinen eines Mannes aus dem SM I sowie drei Schwerter und überdies Siegel der Jüngeren Palastzeit, die dort offenbar in späterer Zeit kultisch wiederverwendet und dem Hermes und der Aphrodite geweiht worden waren. Cf. S. Hiller, 1977, S. 187. In hellenistischer Zeit kamen die Kultteilnehmer vor allem aus Knossos, Arkádes, Lyttos, Tylissos und Ierapetra. In einem Vertrag zwischen Gortyn und Ierapetra auf der einen und Priansos auf der anderen Seite wurde im 2. Jahrhundert v. Chr. ein Hermes Dakytios angerufen. Ein Ort namens *da-ku-to* taucht bereits auf einem knossischen Linear-B-Täfelchen auf. Cf. M. Janda, 1988, S. 113 f.

13 Cf. A. Heubeck, 1966, S. 102; A. Walde/J. Pokorny, 1930, S. 136 ff.; R. v. Rudloff, 1999, S. 79; J. Gulizio, 2000, S. 108 f. Die Namen der beiden anderen Göttinnen sind mit Diwijā und wohl mit Pereswā zu transkribieren. Auch in späterer Zeit besaß Hermes keinen eigenen Tempel, sondern wurde in den Heiligtümern der Aphrodite, Hera, Athene und anderer Göttinnen mitverehrt. Kein Gott war so eng mit den Nymphen und ihren Grotten verbunden wie der in einer Höhle geborene Hermes, der wie Apollon von den »Bienenmädchen« die Kunst der Weissagung erlernte. Auch die Bienen lebten in feuchten Grotten und Felsspalten. Cf. J. Larson, 1995, S. 346 ff.

14 *Kyprien* X. 613 ff.; bzw. Hesiod: *Fragmente* 23 MW 15 ff., 22 ff. Cf. L. Radermacher, 1903, S. 50 ff.; O. Gruppe, 1912, S. 370 ff.; H. Usener, 1913, S. 63 f.; J. Chadwick, 1957, S. 124; L.R. Palmer, 1963, S. 263; M. Holmberg-Lübeck, 1993, S. 103, 106. An anderer Stelle schläft Iphigenie mit Poseidon. Cf. Odyssee XI. 306.

15 Nach Pausanias (III. 19.11 ff.) steht auf der bewaldeten und von Tieren wimmelnden νήεῳ Λευκή ein Heiligtum des Achilles mit dessen Standbild. Dorthin war Achilles von seiner Mutter Thetis entrückt worden. Cf. Pindar: *Olympische Oden* II. 79 f.; ders., *Nemeische Oden* IV. 49. Wahrscheinlich identifizierten die frühen milesischen »merchant adventurers« die ursprünglich im nördlichen Okeanos liegende elysische Insel Leuke (cf. J.S. Burgess, 2009, S. 126) mit der ca. 45 km vom nördlichsten Donaumündungsarm entfernten »Schlangeninsel« Ostrov Zmeinyj, da diese eine aus hellen Kalkstein-

felsen bestehende Steilküste besitzt. Sie wurde fortan als die Toteninsel im Πόντος Εὔξεινος, dem »wohlgastlichen Meer« der Verstorbenen mit seiner Totengöttin Polyxene, der »Vielgastlichen«, angesehen. Nach einer Überlieferung stammt der Name der μακάρων νῆσος, also Leuke, von der Baumnymphe λεύκη (»Silberpappel«), die der Unterweltsgott einst dorthin verschleppt und vergewaltigt hatte. Cf. E. Rohde, 1898, S. 87; H. Hommel, 1980, S. 20 f.; ders., 1983, S. 208 f.; M. Roussel, 1991, S. 396 f.; S. West, 2003, S. 156. »Achilles, der den unsterblichen Göttern ebenbürtig ist«, heißt es auf einer Marmortafel auf der nordpontischen Insel Berezan, die noch eine Halbinsel war, als die Milesier dort im Jahre 647 v. Chr. eine Kolonie gründeten. Cf. Y. G. Vinogradov, 1994, S. 18 f.

16 Apollonios v. Rhodos IV. 811 ff. Der Name des Nereidensohnes Ἀχιλλεύς (Linear B *a-ki-re-u*) enthält wie Acheloos, Acheron usw. die Wurzel αχελ-, »Wasser«. Wie Jason und viele andere entwickelte sich der Gott im Laufe der Zeit zum Heros, während er im Epos zunächst der mächtigste Held der Achäer vor Troja und später der Herrscher des Hades ist. So sagt Odysseus dem gefallenen Helden, er solle nicht klagen, denn jetzt sei er doch »ein kraftvoller Herrscher hier bei den Toten«, worauf Achilles erwidert, er wäre lieber ein Knecht unter den Lebenden denn ein König der Unterwelt. Cf. Odyssee XI. 485 ff.; bzw. Hommel, a. a. O., S. 38 f.; D. Sigel, 1996, Sp. 76.

17 Cf. C. de Simone, 1978, S. 42; J. Puhvel, 1987, S. 143; O. Skutsch, 1987, S. 190 f.; bzw. L. L. Clader, 1976, S. 79 f.

18 *Kyprien* VIII. 266 ff. Danach entspricht »die strahlende« Helena der Sonnentochter Medeia, aber auch der altindischen »Sonnin« Sūryā und den baltischen »Sonnenmädchen«. Eine ihrer Epiphanien war das »Helenenfeuer«, das zunächst ein gutes Omen war, später aber als »Elmsfeuer« den Seeleuten Verderben kündete. Cf. M. R. Dexter, 1996, S. 237 f.; bzw. R. Gilg-Ludwig, 1960, S. 88. Wie die baltischen Sonnentöchter wurde auch Helena aus einem Ei geboren, und auf Rhodos verehrte man sie gemeinsam mit Helios, dessen Töchtern, den Leukippiden, sie entspricht. Cf. M. L. West, 2004, S. XIX.

19 *Kyprien* VIII. 225 ff. Cf. zum Menelaionhügel J. Mylonopoulos, 2003, S. 412. Nach dem Tode des Menelaos soll Helena nach Rhodos gegangen sein, wo die von der Unterweltsgöttin ausgesandten Erinyen sie beim Baden überfielen und an einen Baum hängten, was zu ihrem Beinamen δενδρῖτις geführt habe. Dort besaß sie auch ein Heiligtum. Cf. Pausanias III. 19.2 u. 10. Aus Scham über eine Vergewaltigung hatte sich auch Aspalis – ähnlich wie Ariadne – an einem Baum erhängt. Als man sie aus dem Strick nehmen wollte, war sie verschwunden. Hinter solchen Geschichten stehen die von den Griechen nicht mehr verstandenen Überlieferungen von der bronzezeitlichen Vegetationsgöttin und ihrer Epiphanie sowie ihrem periodischen Verschwinden im Baum. Auf minoischen Siegeln und Goldringen schüttelt ein Mann einen heiligen Baum, worauf die Göttin erscheint, die gelegentlich auch selber als Baum oder als eine mit einer Doppelaxt gekrönte oder von Greifen und Löwen flankierte Säule dargestellt wird. Cf. A. Sakellariou, 1964, Nr. 126, 219, 514; bzw. J. Best, 1992, S. 12 f.; P. Warren, 2000, S. 458 f. Die Regenera-

tionsgöttin Hathor, »die Herrin des Westens«, manifestierte sich bekanntlich ebenfalls in einem Baum. Cf. C. J. Bleeker, 1973, S. 82 f.

20 Plutarch: *Theseus* 31; Apollodoros III. 128; Herodot IX. 73. Nach Pausanias (II. 22.6 f.) war Helena mit Iphigenie schwanger, als sie in der Unterwelt zurückgehalten wurde. Cf. H. Usener, 1904, S. 335 f.; M. Becker, 1939, S. 148 f.; M. Davies, 2002, S. 17. In der Odyssee blieb der sagenhafte Charakter viel besser erhalten als in der Ilias. Vielleicht war sie als Unterweltsgöttin die Herrin des »Vergessenheitstrankes« (Odyssee IV. 219 ff.) Cf. G. Crane, 1988, S. 42 f. In einem georgischen Märchen verliebt sich ein junger Hirsch in die »Schöne Helena« und entführt sie in die Unterwelt. Cf. A. Golan, 2003, S. 95. Es könnte sein, daß der Hirsch deshalb ein mit der verschwindenden und wiederkehrenden Sonne verbundener Jenseitsgänger war, weil er im Herbst sein Geweih abwarf, das im Frühling wieder nachwuchs. Cf. B. Johnson, 1988, S. 218; M. Green, 1991, S. 125.

21 Cf. F. Kluge, 1960, S. 141; F. Hirsch, 1965, S. 78; K. Kerényi, 1941, S. 21; bzw. H. Birkhan, 1976, S. 431 f.; H. Kern, 1983, S. 393, 415; G. Candolini, 1999, S. 124. Im frühen 11. Jahrhundert beschrieb al-Bīrūnī ein indisches Labyrinth, in dessen Zentrum, »das Schloß« genannt, der Dämon Rāvaṇa im *Rāmayāna* die Vegetationsgöttin Sītā zur Befriedigung seines Geschlechtstriebs gefangenhielt, bis Rāma sie befreite. Cf. C. Schuster/E. Carpenter, 1988, III, S. 288. Der Weg durch die Windungen des Labyrinths führte ins Jenseits. Neben dem spätantiken Bodenmosaik eines solchen Labyrinths stehen die Worte »Hic inclvsvs vitam perdit«, und beim Hüpfspiel der Kinder hieß die Mitte der Spirale bekanntlich »Tod«. Cf. J. de Vries, 1957, S. 46 f., 83. In spiralförmigen Tanzbewegungen drängten auf der Molukkeninsel Ceram die Männer das Mädchen Hainuwele in die tiefe Opfergrube, wo aus ihren Gliedmaßen die Knollenfrüchte entstanden, das Hauptnahrungsmittel der Menschen (cf. A. E. Jensen, 1966, S. 49), und nach Plutarch (*Theseus* 21) segelte der Held von Kreta nach Delos, um dort »mit den Jünglingen den Reigentanz« zu vollführen, »den die Delier, wie es heißt, noch jetzt begehen und der in Nachahmung der Windungen [...] des Labyrinths [...] sich vollzieht«. Auf einem Steatitanhänger des 8. Jahrhunderts v. Chr. aus einem Heiligtum auf Paros, in dem vermutlich Apollon Delios verehrt wurde, sind auf der einen Seite tanzende Personen und auf der anderen ein Labyrinth dargestellt (Abb. 180). Cf. Z. Papadopoulou, 2004, S. 156 f.

22 Cf. H. Hamkens, 1934, S. 359 ff.; T. Eichfelder, 2005, S. 82. Darstellungen eines Labyrinths mit einem Mädchen im Zentrum befinden sich ebenfalls in den Marienkirchen von Perna und Räntämäki. Von einer Trojaburg aus Felssteinen in der Nähe von Visby auf Gotland erzählten die Anwohner, dorthin sei einst eine Jungfrau von Räubern entführt worden. Cf. G. Schwantes, 1939, S. 548 f. »Labyrinth« wird einerseits auf vorgriech. *lábrys*, »Steinbeil« (idg. *laur̥*, »Stein«), andererseits auf gr. λαύρᾱ, »in den Fels gehauener Pfad«, zurückgeführt, was an die minoischen Kulthöhlen denken läßt, über die sicher ein Weg ins Jenseits verlief. Cf. Kluge, a. a. O., S. 416; W. Brandenstein, 1952, S. 74; F. M. T. de Liagre-Böhl, 1953, S. 325. Die Gehäuse gewisser Meeresschnecken, »Labyrinth des Meeres« (είνάλιε λαβύρινθε) genannt, wurden

bevorzugt den Höhlennymphen geopfert. Cf. Kerényi, a.a.O., S.25. In späterer Zeit scheint man in den Ruinen großer Gebäude die Überbleibsel von Labyrinthen gesehen zu haben. Dementsprechend berichtet Plinius (XXXVI. 19.90), man habe die Reste des lemnischen Labyrinths sehen können, das dem kretischen zwar ähnelte, das aber »durch seine 150 Säulen« noch »bemerkenswerter« gewesen sei.

23 Euripides: *Der Kyklop* 179 ff. Vor dem Beischlaf entblößt Helena ihre prächtigen Brüste, worauf Menelaos das gezückte Schwert fallen läßt. Diesem wird geweissagt, er werde als Schwiegersohn des Zeus und Gemahl der Helena dereinst von den unsterblichen Göttern »bis ans Ende der Welt, in Elysions ebne Gefilde« geschickt. Cf. Odyssee IV. 561 ff.; dazu Marry, a.a.O., S.232 f. Schon seit langem hält man diese Episode für eine Interpolation aus der vorgriechischen Überlieferung. Cf. M. Mühl, 1958, S.117.

24 Cf. Thukydides I. 9.2; bzw. Pausanias II. 22.6. Offenbar waren Helena und Eileithyia ursprünglich miteinander identisch. Cf. Becker, a.a.O., S.153; M. Reichel, 1999, S.298.

25 Cf. J.R. Harris, 1906, S.32f.; F. Benoît, 1954, S.107; P. Kretschmer, 1920, S.308; bzw. F. Bader, 1986, S.483. Ihr etruskischer Name lautete *tinas cliniar*, »Zeussöhne«. In älterer Zeit scheinen sie die Paredroi der Λῆδα gewesen zu sein. Ab dem 6. Jahrhundert v. Chr. wurden sie zunehmend mit den Kabiren, Kureten und Korybanten identifiziert und galten als Paredroi der Kybele. Cf. E. Mitropoulou, 1996, S.154f.; P.A. Johnston, 1996, S.114.

26 Cf. L.R. Farnell, 1921, S.231; A.H. Krappe, 1931, S.114; H. Rosenfeld, 1984, S.482; bzw. M.J. Strazzulla, 1994, S.46; F. Chapouthier, 1935, S.90. Es gab auch eine Überlieferung, nach der die Dioskuren das geraubte Sonnenvieh zurückholten. Cf. W. Furtwängler, 1850, S.60.

27 Cf. L. Radermacher, 1915, S.45; J. Lechler, 1936, S. 139; C.-H. Boettcher, 2000, S. 228, 337; bzw. E. Hadingham, 1984, S. 115 f.; O. Huth, 1938, S. 242 ff.; ders., 1939, S. 129; ders., 1943, S. 5; N. Wagner, 1960, S. 5 ff.; Skutsch, a.a.O., S.189; J. Puhvel, 1970, S.375. Im Mecklenburgischen hieß es, daß an Neujahr zwei Brüder oder Namensvetter das neue Feuer bohrten: »Twei Bräuder möten't jo ümmer sin, ore ok twei, de einerlei Döpnams hewwen.« Cf. O. Huth, 1932, S.76. Diesen entsprechen wohl die beiden wandalischen Stammesführer mit den Tabunamen Assi und Ambri (»Eschenzweig« und »Holz«), die im Jahre 171 ihre Stammesgruppen über den Duklapaß in den Westkarpaten führten. Cf. K. Hauck, 1982, S.198; V. Bierbrauer, 2006, S.174. F.R. Schröder (1960, S. 141) vermutet, daß auch die Ambronen ihren Stammesführer und -heros Ambri genannt haben. Den Tag, an dem »das Licht wieder wächst« (*crescit lux*), feierten die Alexandriner als den Geburtstag des Heliosknäbleins und später die Christen als den von Jesus Christus, der als »die neue Sonne« in direkter Nachfolge des Sol Invictus stand. Cf. H. Usener, 1911, S.348f., 366; F. Boll, 1921, S.23; E. Norden, 1966, S.453.

28 Cf. S. Eitrem, 1902, S. 5; G. Nagy, 1973, S. 173; K. T. Witczak/D. Zawiasa, 2004, S. 50 f.; bzw. R. Söhnen, 1991, S. 72; H. Oldenberg, 1894, S. 215; W.E. Mühlmann, 1969, S.24 f. Bereits im frühmittelalterlichen Byzanz waren Kosmas und Damianos an die Stelle von Kastor und Polydeukes, »dem viel

Leuchtenden«, in ihrer Funktion als Inkubationsheiler getreten. Cf. A. B. Cook, 1914, S. 168. Auf antiken Münzen werden die Dioskuren häufig mit Füllhörnern dargestellt oder die Ähre der Demeter wird – vor allem in Mösien – von den konischen, halbeiförmigen Filzkappen (πῖλοι) der Dioskuren oder von den sie repräsentierenden Sternblumen flankiert. Das πῖλος war die Mütze der Seeleute, mit der häufig auch Odysseus dargestellt wurde. Cf. O. Lessing, 1891, S. 38; Chapouthier, a.a.O., S. 85; S. Geppert, 1996, S. 11.

29 Cf. W. Euler, 1998, S. 114 f.; J. Braarvig, 1997, S. 347; bzw. H. Biezais/J. Balys, 1973, S. 441; H. Biezais, 1975, S. 348. »Die silbernen Hähne krähen / Am Ufer des goldenen Stromes (*zeltupītes maliņā*). / Sie wecken die *dieva dēli*, / Freier der *sáulēs meita* [›Junges Mädchen der Sonne‹]« (Lit. *sáulė*; lat. *sol*; ved. *sūryā*; gr. ἥλιος, »Sonne«. Cf. H. Eichner, 1978, S. 156). Cf. Dexter, a.a.O., S. 238. Unter christlichem Einfluß hieß es später, daß der Gottessohn »die Seele (*dvēsele*) der Sonne rettet« (H. Biezais, 1994, S. 169 f.). Ein später Nachhall dieses Mythos ist vielleicht die Geschichte von der durch den Normannen Hartmut entführten Kudrun, der Enkelin Hagens, die von ihrem Bruder Ortwein und ihrem Verlobten Herwig am Meeresstrand angetroffen wird, wo sie – wie nach einer Version die baltische Sonnentochter – ihre seidenen Kleider wäscht. Am Tag zuvor blicken die Retter nach Westen, wo die Maid gefangengehalten wird: »ez was nu worden spâte, der sunne schîn gelac/verborgen hinder wolken ze Gustrâte [= Goldstraße] verre [= fern]«. Wie Kudrun wird auch Sūryā-Uṣás (gr. ’Ηώς, lat. *aurora*) entführt und von den Aśvinau befreit. Cf. D. J. Ward, 1970, S. 415 ff.

30 Strabon IV. 56.4; bzw. G. Wilke, 1923, S. 91; P. Gelling/H. E. Davidson, 1969, S. 124 ff.; Wagner, a.a.O., S. 228. Auf dem Runenhorn von Gallehus aus dem späten 5. Jahrhundert sind ebenfalls solche »Zwillinge« dargestellt – der eine nackt, mit Speeren in den Händen und langen Hörnern auf dem Kopf, der andere bekleidet und mit Helm und Schwert bewaffnet. Eine mutmaßliche Darstellung der »Dioskuren« findet sich auch auf dem sogenannten Königshelm von Sutton Hoo. Cf. Hauck, a.a.O., S. 194 ff.

31 Tacitus 43. Cf. P. Pieper, 1989, S. 236 f.; K. Düwel/P. Pieper, 2000, S. 226; K. Hauck, 1984, S. 492 u. Tf. 35c; R. Haupt, 1931, S. 20 f. Auch bei den Kelten symbolisierte das Pferd offenbar den Himmelsgott und den ihn repräsentierenden König, weshalb die Königin als Stellvertreterin der Erdgöttin den ἱερὸς γάμος mit einem Hengst vollzog. Als Tochter des Hengsts galt die keltische Rowenna (kymr. *rhonwen*, »Weißmähne«). Cf. W. Meid, 1989, S. 305; bzw. W. Steinhauser, 1952, S. 3.

32 Apollonios v. Rhodos I. 915 ff.; bzw. *Hymnus auf die Dioskuren* 7 ff.; C. Parada, 1993, S. 26. In römischer Zeit beschützten sie aber auch die Kamelkarawanen in der nordarabischen Wüste. Cf. B. Segall, 1958, S. 162.

33 *Kyprien* VIII. 864. Das Elmsfeuer konnte auch als Vorzeichen des Sieges auf den Speeren oder Standarten der Krieger aufleuchten. Cf. W. H. Roscher, 1879, S. 122; Gilg-Ludwig, 1960, S. 88. Als im 14. Jahrhundert eine chinesische Handelsflotte in einen Taifun geriet und alles um sie herum schwarz wurde, erschien die Meeresgöttin Mazu als Flamme an einem Bambusmast

und geleitete die Schiffe sicher in den Hafen. Cf. R. Ptak, 2009, S. 29. Es handelt sich um eine elektrische Gasentladung an aufragenden und spitzen Gegenständen, die nur bei Dunkelheit erkennbar ist.

34 Cf. H.-K. Lücke/S. Lücke, 2002, S. 224, 233. Auf einem römischen Sarkophag in der Kirche San Lorenzo, in der man einen Kardinal aus der Familie Innozenz II. bestattet hatte, sind Castor und Pollux neben dem Wagen der Sonne und dem der Nacht dargestellt. Cf. M. Albert, 1883, S. 105 ff., 157. Schon Pindar (*Nemeische Oden* X. 55 ff.) berichtet, daß Kastor und Polydeukes abwechselnd leben und sterben: Ist der eine im Jenseits, befindet sich der andere im Diesseits. Cf. W. Schultz, 1931, S. 74.

35 Cf. D. R. West, 1990, S. 427 ff.; bzw. R. A. Brown, 1985, S. 25, 32 f.; S. McNally, 1985, S. 159 (die meint, daß der Name auf ein Epitheton der minoischen Vegetationsgöttin zurückgehe); G. Neumann, 1995, S. 314. K. Kerényi (1956, S. 15) übersetzt Ἀριάδνη mit »die überaus Reine«. Trifft die Herleitung aus dem Semitischen zu, geht Ariadne sicher auf die Paredra des Adonis-Baʻal zurück, dessen verbreitetes Epitheton ʻadn, »Herr«, war. Cf. O. Loretz, 1980, S. 290.

36 Cf. J. Meerdink, 1940, S. 79. Auf einer unbemalten Vase des 17. Jahrhunderts v. Chr. vom Megaron Δ 1 im theräischen Akrotiri hat man eine Linear-A-Inschrift gefunden, die transkribiert *a-re-sa-na* lautet und von der vermutet wurde, es könne sich um den minoischen Namen der Ariadne handeln. Cf. W. C. Brice, 1971, S. 174. Der Ariadne entspricht ihre Schwester Akakallis, die höchstwahrscheinlich in der Höhle von Lera unweit von Khania verehrt wurde. Ἀκακαλλίς war auch ein Epitheton der Persephone und das kretische Wort für Narzisse, die nach Hesychios die Blume der Demeter war. Cf. P. Faure, 1962, S. 197 f.; M. J. Mellink, 1943, S. 115. R. Eisner (1972, S. 124 f.) hat gemutmaßt, daß es sich bei den Terrakottastatuen der Frauen mit den üppigen Brüsten und den in Tanzhaltung auf die Hüften gestemmten Armen, die man in einer SM I B-Schicht des Heiligtums von Aghia Irini auf Kea gefunden hat (cf. H. P. Duerr, 2005, Abb. 251), um die Begleiterinnen oder Priesterinnen der Ariadne handelt, die – wie auf dem Goldring von Isópata – die wiederkehrende Vegetationsgöttin umtanzten. Plutarch (*Theseus* XX. 4) teilt mit, Ariadne sei in Amathus auf Zypern als Ariadne Aphrodite verehrt worden, wo man ihr Verschwinden und ihre Wiederkehr in einem Trauer- bzw. Freudenfest gefeiert habe. Vielleicht ist sie mit der in einer Inschrift erwähnten Hagne Aphrodite identisch. Cf. E. R. Young, 1980, S. 14 f. Als man in Argos den Tempel des kretischen Dionysos erneuerte, so berichtet Pausanias (II. 23.7 f.), fand man eine tönerne Larnax, von der es hieß, sie sei der Sarg gewesen, in dem einst Dionysos seine Paredra bestattet habe.

37 »Und Dionysos goldenen Haares erwählte die blonde, blühende Tochter des Minos zu seiner Frau Ariadne. / Diese befreite für ihn von Tod und Alter Kronion« (Hesiod: *Theogonie* 947 ff.).

38 Apollonios v. Rhodos IV. 421 ff. Daß Ariadne ursprünglich die Mutter-Geliebte ihres πάρεδρος, also die Große Göttin der Minoer, gewesen ist, läßt sich noch auf den griechischen Vasenbildern der späteren Zeit erkennen, in denen die »Baumgöttin« nicht nur die Liebespartnerin, sondern auch die

Säugamme des Dionysos ist, eine Funktion, die auf Naxos von Koronis übernommen wurde. So reicht z. B. auf einer unteritalischen Vase Hermes den neugeborenen Dionysos der Ariadne zum Stillen. Cf. J. Puhvel, 1964, S. 165 f.; M. Haavio, 1963, S. 80.

39 Nonnos VII. 344 ff.; IX. 15 u. 27. Cf. M. Robbins, 1980, S. 20; C. Segal, 1989, S. 9. Nachdem Semele durch den Beischlaf mit Zeus vergöttlicht worden war, hieß sie Thyone. Nach einer Überlieferung war sie – wie Ariadne – die Amme des Dionysos. Cf. K. Preisendanz, 1936, Sp. 735 f. Wieder eine andere Säugamme des Dionysos war die kretische Bergziege Amaltheia (*ama* = »Mutter«), deren Hörner Füllhörner waren, aus denen Nektar und Ambrosia quollen, die auch den kleinen Zeus Kretagenes nährten. In einem Fragment eines anonymen Dichters heißt es, eine Mänade namens Eriphe habe Dionysos nach der Geburt als erste die Brust gegeben. Cf. R. Merkelbach, 1988, S. 151. Von der »regenbringenden Ziege« (*pluviale capella*) als Symbol der Fruchtbarkeit spricht Ovid (*Metamorphosen* III. 594). Offenbar war das Agrími bereits eine der Manifestationsformen der minoischen Vegetationsgöttin. Cf. C. G. Thomas, 1979, S. 147.

40 Cf. F. Wehrli, 1934, S. 96. Der auf einem thebanischen Täfelchen erwähnten *ko-wa* (cf. C. J. Ruigh, 2004, S. 81) entspricht *ko-wo*, »Bub, Junge«. Zu κόρος cf. Clader, a. a. O., S. 80. Αὐξησία ist Kore beim jährlichen ἄνοδος.

41 Cf. M. P. Nilsson, 1952, S. 574; H. Petersmann, 1986, S. 292; ders., 1987, S. 184 f.; A. Suter, 2002, S. 105; bzw. A. Bartoněk, 2003, S. 422. Ähnliche Figürchen aus derselben Zeit fand man im boiotischen Tanagra und solche aus dem 6. Jahrtausend v. Chr. in Çatal Hüyük. Cf. H. P. Duerr, 1984, S. 196 f. Der *Hymnus auf Demeter* (II. 66) spricht von Persephone als »Demeters Blüte«. Dem Verhältnis von Demeter zu Kore entspricht das zwischen Hera und Hebe: Wenn Hera alljährlich im Kantharos badet und wieder zur Jungfrau wird, verwandelt sie sich in ihre Tochter Hebe. Cf. P. Philippson, 1939, S. 48; M. Rigoglioso, 2009, S. 121.

42 Cf. J. Chadwick, 1957, S. 122; bzw. S. Luria, 1957, S. 42 f.; L. R. Palmer, 1963, S. 243 f., 252; E. Simon, 1995, S. 71. M. Ittzés (2004, S. 146) übersetzt den Namen des Festes mit »das-Hochziehen-des-Peplos«.

43 Cf. Bakchylides 3; bzw. *Hymnus auf Demeter* 6 f., 9, 42 f., 66. Cf. I. Jenkins, 1983, S. 142; L. Malten, 1909, S. 310 f. Der Kore, Helena, Antigone, Kassandra, Iphigenie et al. entsprechend wird auch Alkestis, die Cousine Jasons, vom Totengott Admetos auf einem von Pferden gezogenen Streitwagen in die Unterwelt entführt. Im Grunde geht es immer wieder um dieselbe Geschichte vom Verschwinden der Vegetation im Hochsommer oder im Winter, die R. F. Willetts (1977, S. 121) für typisch minoisch hält.

44 Cf. H. Wagenvoort, 1980, S. 107; A. Barnabé, 2004, S. 297; bzw. Kallimachos: *Hymnus auf Demeter* 10 f., 13. Die Namen *a-wa-ja* und *a-wa-ta* (Aietes) hat man auf einem pylischen bzw. knossischen Täfelchen gefunden. Cf. S. Hiller, 1991, S. 214.

45 Orphische Argonautiká LXVIII. Wegen der schroffen Felsen konnte kein Sterblicher dort anlegen, weshalb auch die Argonauten an der Insel vorbeifahren. Lynkeus, der gemeinsam mit seinem Zwillingsbruder Idas an der

Fahrt teilnimmt, sitzt am Bug der Argo, »weil er die Gabe hat, in weite Ferne zu sehen und in große Tiefen hinabzublicken und als erster verborgene Klippen zu bemerken« (Philostratos: *Die Bilder* 361 K).

46 Cf. *Hymnus auf Demeter* II. 413 (wo Kore sagt, Hades habe sie »gezwungen«, also vergewaltigt); bzw. A. Kledt, 2004, S. 89; O. Löhmann, 1960, S. 239. Im Berner Oberland ließ früher ein Bursche, der es auf ein Mädchen abgesehen hatte, diesem einen Apfel zukommen. Biß sie ihn an, signalisierte sie ihr Einverständnis. Cf. T. Kodisch, 1997, S. 128. Ins Soziale übertragen bedeutet der Kore-Mythos: Hat die Braut mit ihrem Ehemann geschlafen, ist sie keine Jungfrau mehr und kann nie mehr zu ihrer Mutter zurück. Cf. A. C. Brumfield, 1981, S. 226 f.

47 Cf. K. Spronk, 1986, S. 100; bzw. E. v. d. Osten-Sacken, 2002, S. 484.

48 Cf. O. Sundqvist, 2005, S. 111; bzw. H. Wagner, 1981, S. 25. »Ich erzähle keine Lügen«, heißt es bei Snorri Sturluson um das Jahr 1230, »[wenn ich sage], daß die Frau in Glitnir sich mit Dyggvis Leiche vergnügt«. Cf. Ynglingatal 7; M. Egeler, 2009, S. 438 f.

49 Cf. G. Petridou, 2004, S. 70; J. M. Barringer, 1995, S. 104; bzw. Euripides: *Die Troerinnen* 445 f.; ders.: *Iphigenie in Aulis* 460 f. Als Iphigenie geopfert werden soll, entblößt sie sich vor ihrem Bräutigam Hades, indem sie ihren safranfarbenen Brautschleier (κρόκου βαφάς) zu Boden fallen läßt (cf. D. Armstrong/E. A. Ratchford, 1985, S. 7), und Antigone klagt, Hades treibe sie nun »lebenden Leibes hin zum Gestade des Acheron«, ohne daß ein Brautlied erklinge oder ein Gesang zu ihrer Vermählung gesungen werde: »Acherons Braut nun soll ich sein!« – »O Grab, o Brautgemach!« (Sophokles: *Antigone* 891, 816, 1205). Cf. auch G. Ferrari, 2003, S. 35 f.

50 Cf. O. Alvarez, 1978, S. 180 f. u. Tf. 101 f.; bzw. G. Säflund, 1986, S. 472 u. Fig. 13 ff. In einigen Gegenden Griechenlands stellte man denjenigen, die unverheiratet gestorben waren, eine Lutrophoros aufs Grab, mit der das Wasser für das Brautbad (λουτρὰ) aus den Quellen geholt wurde, in denen die das Paar segnenden Nymphen wohnten, z. B. in Athen aus der Quelle Kallirhoe. Dieses im Hochzeitszug mitgeführte Wasser machte nicht nur die Braut empfängnisbereit und den Bräutigam potent, vielmehr reinigte es wie das Weihwasser, mit dem später die christlichen Priester das Brautpaar besprengten, von jeglicher Befleckung und hielt die bösen Dämonen fern. Mit dem λουτρὰ-Wasser wusch man auch die Leichen der Unverheirateten. Cf. P. Stergianopoulos, 1922, S. 16 ff; J. Maringer, 1943, S. 70.

51 Cf. B. Schmidt, 1926, S. 302; bzw. H. A. Winkler, 1934, S. 134; N. el-Shohoumi, 2004, S. 49. Bereits im alten Ägypten färbte man die Fußsohlen und Handflächen der Mumien Jugendlicher mit Henna. Cf. C. Andrews, 1984, S. 23. Auch in Albanien malte man bei den toten Jungfrauen die Finger wie bei einer Braut mit Henna rot an, und einem jungen Mann zog man einen Verlobungsring über den Finger. Cf. M. Lambertz/K.-H. Schroeder, 1973, S. 482.

52 Cf. A. Pollex, 2003, S. 386 f.; bzw. M. Alseikaitė-Gimbutienė, 1946, S. 144; B. Prehn, 2005, S. 460 f.; G. P. Fehring, 1996, S. 102; J. E. Fries, 2009, S. 111. Cf. auch O. Schrader, 1904, S. 13 ff.; M. Alexiou, 1974, S. 230; C. Vakarelski, 1969, S. 304; T. Hauschild, 2002, S. 135; R. Gehron, 2005, S. 67 f.

53 Cf. C. D. Cain, 2001, S. 35, 40; H. P. Duerr, 1984, S. 190 (Abb. 99); bzw. É.
Benveniste, 1963, S. 49 f.; P. Ojennus, 2006, S. 259. Auf Bildern des Spätmittelalters und der Frührenaissance, etwa Jan van Eycks »Arnolfini-Hochzeit«
von 1434, ergreift der Bräutigam den Handrücken der Braut. Cf. A. Eörsi,
1996, S. 113 f. Zum Griff des Mannes an die Brüste der Frau als Herrschaftsgeste cf. H. P. Duerr, 1993, S. 343 ff.

54 Cf. A. Eissa, 2001, S. 9; bzw. D. P. Hansen, 2002, S. 99. Auf archaischen ägäischen Darstellungen, z. B. auf einer Vase des 7. Jahrhunderts v. Chr. aus
Afrati, faßt die Frau den Mann, der dieser seinerseits an die Genitalien und
unter das Kinn greift, ans Handgelenk, als wolle sie ihn zurückweisen. Cf. G.
Neumann, 1965, S. 68 f.; G. Säflund, 1986, Fig. 6 f. Auch Personen, die inner-
lich heftig bewegt oder erregt sind, führen diese Geste aus, z. B. Odysseus
beim Abschied von Penelope, wenn er sie zur Treue verpflichtet, bis er wieder
heimkehrt, oder auf etruskischen Sargbildern der Mann, der seine verstorbene Frau daran hindern will, ihn für immer zu verlassen. Cf. Odyssee XVIII.
258; K. Fittschen, 1969, S. 55; bzw. D. Steiner, 2004, S. 135.

55 Cf. C. Sittl, 1890, S. 280; Ojennus, a. a. O., S. 258, 261 f.; bzw. A. v. Salis,
1930, S. 14; E. Simon, 2004, S. 451 f.; M. R. Lefkowitz, 2002, S. 331; S. Woodford, 2003, S. 204; G. Ahlberg-Cornell, 1992, Fig. 265. Auf einem Lekythos
des 5. Jahrhunderts führt Hermes auf diese Weise eine verstorbene Frau zum
Nachen des Charon, und auf einer Hydria aus derselben Zeit ergreift Poseidon das Handgelenk der leicht widerstrebenden Heroine Amymone, während ein über ihrer Schulter flatternder Eros keinen Zweifel an der Bedeutung
der Szene läßt. Cf. A. Rumpf, 1928, Abb. 188; H. Walter, 1959, S. 37.

56 Cf. E. Buschor, 1939, S. 16 f.; bzw. S. Langdon, 2006, S. 206 f.; M. Blech,
1982, S. 10, 361 f.; T. P. Howe, 1964, S. 163; R. Hampe, 1936, S. 78; v. Salis,
a. a. O., S. 14; S. Kaempf-Dimitriadou, 1979, S. 18; L. Giulani, 2003, S. 156.
Liebeskränze tauchen häufig auch in homosexuellen Szenen auf, etwa auf
einer schwarzfigurigen Amphore, in der ein bärtiger Mann die Genitalien
eines Knaben betastet, der einen solchen Kranz hält. Cf. G. Koch-Harnack,
1989, S. 173 f. Vor der Hochzeit setzte der Bräutigam der Braut den στέφανος
νυμφικός oder στέφος γαμήιον aufs Haar. Dieser ist vermutlich identisch mit
der goldenen Krone, die Dionysos der Ariadne als Hochzeitskrone überreicht. Cf. K. Baus, 1940, S. 95; bzw. C. Obsomer, 2003, S. 157.

57 Cf. H. P. Duerr, 1984, S. 163 ff.; bzw. V. E. G. Kenna, 1967, Nr. 134; C. Weber-
Lehmann, 2004, S. 133. Bisweilen wird die Große Göttin der Minoer selber
vogelartig mit großen Schwingen dargestellt.

58 Cf. P. Somville, 1984, S. 6; N. Marinatos, 1993, S. 156. Vor dem Aufkommen
schwerer Stürme suchen die Delphine schützende Buchten auf – deshalb war
Apollon Δελφίνιος, und nicht der unberechenbare Poseidon, Schutzgott der
Seefahrer, für die jede Begegnung mit den Meeressäugern ein gutes Omen darstellte. Cf. L. Hopf, 1888, S. 87; D. E. Gershenson, 1991, S. 85, 88.

59 Cf. H. Matthäus, 2005, S. 324; S. Langdon, 1998, S. 267; bzw. K. Schefold,
1964, S. 80; H. v. Steuben, 1968, S. 63; C. Bron, 1996, S. 301 f.

60 Cf. Schefold, a. a. O., Tf. 80; J. Boardman, 1979, Pl. XLVII. 2; bzw. C. Sourvinou-Inwood, 1987, S. 151. Normalerweise wurde die Schändung von Frauen

so dargestellt, daß der das fliehende Opfer verfolgende Täter dieses mit roher Gewalt packt. Cf. D. Wolfthal, 1999, S. 13. Zwar benahmen die Amazonen sich nicht nur im Krieg, sondern auch in der Liebe wie Männer – sie sind sexuell aktiv wie Eos, die Tithonos, Kephalos, Klitos und Orion vergewaltigt. Cf. Odyssee V. 118 f.; W. B. Tyrrell, 1984, S. 80. Aber auch sie konnten von den griechischen Helden überwältigt und geschändet werden.

61 Cf. A. Sakellariou, 1964, Nr. 101; L. R. Farnell, 1911, S. 264; R. Koehl, 2000, S. 139; N. Marinatos, 2007, S. 353; bzw. B. Rutkowski, 1986, S. 59; A. Brown/K. Bennett, 2001, Nr. 43; J. P. O'Neill et al., 1979, S. 132; J. Boardman, 1961, S. 77. Die SH III-Terrakotta eines nackten Paares auf einem Bett zeigt eine Frau, die mit der Linken ihren Partner umfaßt und ihm mit der Rechten ihre linke Brust präsentiert. Cf. A. Kauffmann-Samaras, 1990, S. 189 u. Pl. I.4. Noch auf einem Pithos aus einem Grab des 8. Jahrhunderts v. Chr. bei Knossos faßt die eisenzeitliche Nachfolgerin der »Göttin-mit-den-erhobenen-Händen« einem nackten Krieger unter das Kinn. Cf. A. v. Salis, 1936, S. 5.

62 Cf. Odyssee V. 155; X. 333 ff.; Ovid: *Metamorphosen* XIV. 1 ff.; Odyssee V. 126; bzw. D. Page, 1973, S. 55; E. Craik, 2002, S. 60; P. J. Kakridis, 1996, S. 239 f.; Clemens v. Alexandria II. 28 Pf.; Plutarch: *Theseus* 19.6. Nach Hesiod (*Theogonie* 970) »sehnt« sich Demeter nach Iasion. Auch die Tatsache, daß Paris als Ἑλένης πόσις ἠϋκόμοιο, »Mann der Helena mit dem schönen Haar«, und Zeus als Zeus Heraios oder als ἐρίγδουπος πόσις Ἥρης, »laut donnernder Mann der Hera«, bezeichnet werden, läßt noch etwas von der ehemaligen Bedeutung der vorgriechischen Vegetationsgöttinnen durchschimmern. Cf. C. Higbie, 1995, S. 127; A. Suter, 2002, S. 103. Vorgriechisch ist sicher auch, daß Medeíos, Jasons Sohn, nach seiner Mutter Medeia genannt wurde, oder daß Nausikaa dem Odysseus rät, er solle im Palast an dem auf seinem Thron sitzenden Alkinoos vorbeigehen, um vor Königin Arete – der, »zu der man beten (ἀράομαι) kann« – niederzuknien und ihren Schoß zu umschlingen, denn er werde allein dann heimkehren, wenn sie ihm Liebe »sinnt im Gemüte« (Odyssee VI. 308 ff.). Cf. E. Simon, 1998a, S. 14; bzw. H. Mühlestein, 1987, S. 138 f.

63 Cf. C. Schuchhardt, 1933, S. 312; F. Schachermeyr, 1939, S. 42.

64 Cf. B. Groneberg, 1999, S. 182 ff.; H.-P. Müller, 2002, S. 508; J. S. Cooper, 2002, S. 106; T. Mařik, 2003, S. 164 f.; J. G. Westenholz, 1987, S. 423; bzw. M. R. Bachvarova, 2000, S. 65. Im Gilgamesch-Epos (VI. 68) sagt Ištar dem Gärtner Išullanu, sie wolle seine Kraft »genießen«, und auf einer Gewandnadel aus Kupfer ist zu sehen, wie die nackte Göttin, die größer dargestellt ist als ihr Partner, diesen zu sich – und wohl in sich hinein – zieht. Cf. J. Settgast, 1978, Abb. 125. Bereits auf sumerischen und altbabylonischen Reliefs sind Frauen dargestellt, die beim Koitus auf den Männern »reiten«, und in mythischen Texten klagen sie bisweilen darüber, daß ihre Partner sie nicht wirklich befriedigen können. Cf. C. Fischer, 1998, S. 239.

65 Cf. M. Dietrich/W. Dietrich, 1998, S. 223 ff.; H. Frankfort, 1978, S. 287; W. G. Lambert, 2004, S. 37; W. Fauth, 1988, S. 236; M. M. Fritz, 2003, S. 316; bzw. S. N. Kramer, 1976, S. 16. Ob sich die bronzezeitlichen Frauen tatsäch-

lich so aktiv und offensiv in der Liebe verhalten haben wie ihre Göttinnen, steht natürlich auf einem anderen Blatt und ist wenig wahrscheinlich. Cf. H.J. Marsman, 2003, S. 75. Schließlich benahm sich wohl kaum eine Germanin oder Keltin wie die Rán oder die in jeder Hinsicht berauschende »Medb der freundlichen Schenkel«, die dem künftigen König durch den Koitus die Herrschaft schenkte. Allerdings galten die Asiatinnen am Nil als hocherotisch und libidinös, weshalb sie als Prostituierte besonders gesucht waren. Cf. W. Helck, 1966, S. 7.

66 Cf. F. A. Marglin, 1982, S. 309 f.; R. L. Brubaker, 1978, S. 15; bzw. R. F. McDermott, 1996, S. 295 f.; dies., 1996a, S. 410. Allein die Nacktheit beim Koitus ist für eine gewöhnliche indische Frau in hohem Maße unanständig, und selbst eine *dēvadāsī* bekannte: »Wenn mich jemand nackt sähe, dann verließe mich Lakṣmī!« Cf. H. P. Duerr, 1997, S. 310 ff.

Anmerkungen zu § 15

1 Cf. J. J. Bachofen, 1948, S. 157; bzw. L. Deubner, 1956, S. 67 u. Tf. 1; S. Benko, 1983, S. 67. Beim Frühlingsfest der Usbeken und Tadschiken verfolgten junge Frauen einander mit verbundenen Augen und penetrierten sich gegenseitig mit einem Dildo aus Leder. Cf. J. Taube, 2003, S. 106.

2 Cf. D. Richie/K. Ito, 1967, S. 101, 105; H. Fane, 1975, S. 90 f.; bzw. F. A. Marglin, 1985, S. 97 f. Auch der Geschlechtsverkehr der *dēvadāsī*, der Verkörperung der Lakṣmī, sollte das Wachstum der Natur bewirken. Cf. N. M. Penzer, 1952, S. 184; L. Svedja-Hirsch, 1991, S. 139.

3 Cf. H. P. Duerr, 1988, S. 302 ff.; ders., 1990, S. 324 ff.; bzw. V. Haas, 1999, S. 89; R. Pientka, 2002, S. 511; J. Cooper, 2006, S. 14,17; M. Silver, 2006, S. 642; E. M. Yamauchi, 1973, S. 214. In der Literatur wird Ištar häufig als eine göttliche »Hure« (sumer. *kar.kid*, akkad. *ḫarimtu*) bezeichnet, als die »Hure, die mit dem Penis vertraut ist«. Cf. N. H. Walls, 1992, S. 47 f. Allerdings war eine *ḫarimtu* nicht zwangsläufig eine Prostituierte, sondern eine außerhalb des Herrschaftsbereiches ihres Vaters oder eines Ehemannes lebende Frau, die Liebhaber haben, sich prostituieren, aber auch keusch leben konnte. Cf. J. Assante, 2009, S. 32.

4 Cf. A. S. Kapelrud, 1967, S. 57, 71 f.; bzw. G. A. Dorsey, 1905, S. 157; H. P. Duerr, 1984, S. 268.

5 Ilias XIV. 347 ff. Ähnlich bei Nonnos (XXXII. 84 ff.): »Und die Erde ließ ein duftiges Blühen entkeimen / Und bekränzte das eheliche Lager mit köstlichen Blumen / Und kilikischer Krokos entsproß zusammen mit Milax / Und verflocht die männlichen Blätter mit weiblicher Staude, / Gleichsam Sehnsucht atmend im Blühen als zarter Geliebter. / Und ein doppelt Geranke verzierte das Lager der beiden: / Krokos deckte den Zeus und Milax Hera, die Gattin. / Und Narkissos zeigte, voll Sehnsucht steigend, Kronions / Heiße Brunst der Anemone, verständnisvoll schweigend.«

6 Cf. A. Avagianou, 1991, S. 57 f.; L. Bonfante, 2006, S. 159; bzw. Diodoros V. 72.3 f.; H. Baumann, 2000, S. 48. Wahrscheinlich war der Theren ein Neben-

fluß des Amnisos, in dessen Mündungsgegend die Grotte der Eileithyia liegt. Gewiß war Hera eine griechische Form der Eileithyia, die wiederum eine Variante der Großen Göttin der Minoer darstellte. Cf. K. Kerényi, 1950, S. 241 f.

7 Cf. L. Séchan/P. Lévêque, 1966, S. 175, 185; M. Delcourt, 1982, S. 34 ff.; bzw. A. Kanta, 2003, S. 22; R. B. Koehl, 2001, S. 241; L. Morgan, 1988, S. 31; R. Palmer, 1999, S. 473; N. Dimopoulou/G. Rethemiotakis, 2000, S. 48; M. Negbi/O. Negbi, 2002, S. 331 f.; H. Lundt, 2006, S. 35. B. C. Dietrich (1996, S. 740) hält den »life-giving *hieros gamos*« sogar für das Herzstück der minoischen Weltanschauung. In Pylos gab es ein Fest, das »das Bereiten des Lagers« oder »des Bettes« (*re-ke-e-to-ro-te-ri-jo*) genannt wurde – vermutlich der Vorläufer des λεχεστρωτηρίων der Anthesterien, an dem vermutlich der γάμος der ἄνασσα stattfand. Cf. L. R. Palmer, 1961, S. 125; ders., 1963, S. 242. In den nördlicheren Gegenden des griechischen Festlandes scheint die Heilige Hochzeit eher im Frühling stattgefunden zu haben. Hier begattet Zeus die Hera in Gestalt eines Kuckucks: »Wenn der Kuckuck beginnt, im Eichenlaub ›Kuckuck‹ zu rufen / früh, und die Menschen erquickt auf unermeßlicher Erde, / dann wohl regne Zeus drei Tage lang ununterbrochen« (Hesiod: *Werke und Tage* 485 ff.). Der Vogel war nicht nur in der Antike ein Symbol des Regens und der Fruchtbarkeit – sein Name war überdies eine Bezeichnung für den erigierten Penis: In der finnischen Mythologie wird die Erde durch den Ruf des Kuckucks grün und blühend. Cf. J. B. Friedreich, 1859, S. 533. »Auf weicher Wiese und frühlingsduftenden Blüten« penetriert dann »der blondgelockte Zeus« auch eine Quellnymphe und zeugt den Pegasos, der das Gewitter und den fruchtbaren Regen bringt. Cf. Hesiod: *Theogonie* 286.

8 Cf. H. Frankfort, 1978, S. 180; H. P. Duerr, 1984, S. 113 ff.; G. Robins, 1993, S. 54. Eigentlich wird der Sonnengott abends von den Kuhgöttinnen Hathor, Nut oder Isis verschluckt, um am nächsten Morgen wiedergeboren zu werden, doch wird dieser *regressus ad uterum* offenbar zuweilen als Geschlechtsakt verstanden. So ruft z. B. ein Verstorbener den Rê an, seine Mutter Nut zu schwängern, um im Sperma des Gottes in den Leib der Göttin einzugehen und von ihr ausgetragen zu werden. Cf. C. Dereser, 2009, S. 12. Beim Neujahrsfest wurde das Kultbild der Hathor auf das Dach ihres Tempels gestellt und von den ersten Strahlen der aufgehenden Sonne geschwängert.

9 Aischylos: *Choephoroi* 128 f.; bzw. A. Dieterich, 1925, S. 135. Wurde die *natura naturata* weiblich gedacht, war natürlich auch sie das Kind der *natura naturans* und des diese befruchtenden Gottes. In Praeneste östlich von Rom galt Fortuna Primigenia gleichzeitig als Mutter und als Tochter Iupiters. Cf. G. Capdeville, 1995, S. 188. Auch Inanna ist Mutter und Gattin Dumuzis. In einem Klagelied heißt es: »Über ihren gefangenen Ehemann, über ihr gefangenes Kind, über ihren getöteten Ehemann, über ihr getötetes Kind weinte Inanna.« Cf. C. Wilcke, 1980, S. 84.

10 Cf. V. Haas, 1999, S. 49; O. Keel/H. Keel-Leu, 1990, S. 40; O. Keel/C. Uehlinger, 1995, S. 85; bzw. D. Machule, 1988, S. 121; A. Abu Assaf, 1983, Tf. 1. Auf nordsyrischen Rollsiegeln des 20. bis 18. Jahrhunderts v. Chr. zieht die Göttin

vor dem Wettergott mit Hörnerhelm, der bisweilen auf dem Doppelgipfelberg steht, den Rock hoch und zeigt ihm auffordernd ihre Genitalien. Cf. M. Dijkstra, 1991, Pl. 2.1; J. H. Stuckey, 2003, S. 135; M. Eiland, 2005, S. 11. Auf einem spätbronzezeitlichen Felsrelief in Südanatolien entblößt sich eine Göttin vor dem auf seinem Stiergespann heranpreschenden Wettergott mit Hörnermütze. Es handelt sich offenbar um die Liebesgöttin Šawuška, die bereits in sargonischer Zeit mit der Ištar identifiziert worden ist und die sich dem Gott zum ἱερὸς γάμος anbietet, was durch eine von ihr zu ihm hinfliegende Taube unterstrichen wird. Cf. H. Ehringhaus, 2005, S. 73 ff. Schon der altbabylonische Wettergott und Paredros der nackten, von Regenschauern umgebenen Göttin fährt auf einem Wagen, der von einem Stier oder Drachen gezogen wird. In einem berühmten ḫurritischen Gedicht exhibitioniert sich Šawuška vor dem Drachen Ḫedammu, der auf der Stelle »schwach wird«, eine Erektion bekommt und so heftig ejakuliert, daß die Erde überflutet wird. Cf. D. Stein, 1988, S. 175 ff.; G. Steiner, 1987, S. 151; S. B. Murphy, 2002, S. 439.

11 Cf. M. I. Marcus, 1996, S. 41 ff. In einem Keramikgefäß in Tell el-ʿAjjul fand man dreieckige Plättchen aus Gold, die von den Priesterinnen der kanaanitischen ʿAštart oder ʿAnāth über der Schamspalte getragen wurden. Cf. E. E. Platt, 2003, S. 199. In Kition auf Zypern weihte man der ʿAštart – wie bereits im 18. Jahrhundert v. Chr. der Ištar in Mari – Kuchen in der Form von Vulven. Cf. V. Karageorghis, 2005, S. 113. Auch die Figurinen der sogenannten »Beischläferinnen« sollten sicher die Potenz der männlichen und die Fruchtbarkeit der weiblichen Verstorbenen erhalten. Cf. M. Perraud, 2006, S. 26.

12 So z. B. bei der 6750 ± 80 v. Chr. hergestellten Figurine einer nackten Frau aus dem transjordanischen ʿAïn Ghazāl oder bei einem Terrakottakrug des 5. Jahrtausends v. Chr. aus Tell Ḫalaf in Form einer ebenfalls unbekleideten Frau mit einer X-förmigen Schmuckkette zwischen den spitzen Brüsten und einem mit Schamhaar bedeckten Dreieck, das den gesamten Unterleib ausfüllt. In ihr hat man eine frühe Vorläuferin der Paredra des Stiergottes gesehen, die diesen zur Ejakulation bringt. Cf. D. Schmandt-Besserat, 1998, S. 80; S. Schroer/O. Keel, 2005, S. 97; bzw. N. I. Merpert et al., 1981, S. 26 u. Fig. X f.; M. van Loon, 1990, S. 364. Zur Aurignacien-Venus vom Hohlen Fels (Abb. 199) cf. N. J. Conard/M. Malina, 2008, S. 20 f.

13 Cf. H. Schlichtherle, 1997, S. 14; M. Heumüller/H. Schlichtherle, 2004, S. 34. Cf. auch U. Seidel, 2010, S. 25. Im Brandschutt eines dieser Häuser, das vielleicht eine kultische Bedeutung besaß, fand man auch das Gehörn eines riesigen Auerochsen. Zur erotischen Bedeutung weiblicher Brüste in Gesellschaften, in denen die Frauen ihren Oberkörper unbedeckt tragen, cf. H. P. Duerr, 1997, S. 328 ff.

14 Gilgamesch-Epos I. 4. 8 f., 16 f. Vor einem Mann die Brüste und die Vulva aufzudecken, heißt: »ihre Wollust enthüllen« (a. a. O., I. 3. 43). In einem altbabylonischen Gedicht fordert eine Frau den Mann auf: »Strecke deine linke Hand aus und ehre unsere Vulva (*ḫurdatni*) / Komm herein, ich habe meine Schenkel geöffnet! / Spiele mit unseren Brüsten (*tulīni*)!« Auf einem Siegelabdruck aus Uruk spreizt Inanna die Schenkel und hält gleichzeitig ihre Brüste.

Cf. S. M. Paul, 1995, S. 589 f.; S. Mazzoni, 2002, S. 367 f.; A. Pruss, 2002, S. 544. Auf einem Terrakottatäfelchen der frühen mittelelamitischen Zeit präsentiert eine nackte Frau dem neben ihr auf dem Bett liegenden sexuell erregten Mann ihre rechte Brust. Cf. A. Daems, 2001, Fig. 108; Z. Bahrani, 2001, S. 83, 86. Dieselbe Bedeutung besitzt die Präsentation der Vulva, indem die Frau vor dem Mann an ihre Schamlippen faßt. Cf. J. M. Asher-Greve, 1985, S. 40 f., 133.

15 Cf. D. W. Young, 1977, S. 306 f.; B. Becking, 1995, Sp. 336; S. Böhm, 1990, S. 137; bzw. A. R. W. Green, 2003, S. 204. Eine dieser Göttinnen stellt sicher die wohl aus dem 19. Jahrhundert v. Chr. stammende, einst vergoldete Bronzestatuette einer thronenden Frau mit einem die Brüste frei lassenden Kleid dar, die in den Ruinen eines ugaritischen Tempels gefunden wurde. Cf. M. Yon, 2006, S. 132 f.; I. Cornelius, 2004, S. 32 f.

16 Cf. Ilias III. 396 f.; C. Pietsch, 1999, S. 210; bzw. F. G. Maier, 1987, S. 131. Die Priesterin der Aphrodite von Paphos trug ein Kleid, das die Brüste unbedeckt ließ (cf. J. Karageorghis, 1987, S. 21 f.), und auch die übrigen Kultteilnehmerinnen scheinen zwischen dem 11. und 5. Jahrhundert v. Chr. die Brüste entblößt zu haben. Cf. K. Giesen, 1999, S. 103. Die nackten Brüste der Aphrodite oder der Helena sind im wahrsten Sinn des Wortes entwaffnend: Als sein Blick auf »die nackten Äpfel der Helena« fällt (Abb. 181), entgleitet dem rachsüchtigen Menelaos das Schwert (Aristophanes: *Lysistrata* 155 f.). »Nach Trojas Fall – ich folgte deiner Spur –, / Schlugst du das schon gepackte Weib nicht tot. / Ein Blick auf ihre Brüste, – du warfst das Schwert davon, / Die falsche Hündin küßte, ward geküßt / Von Kypris' feigstem, allerelendestem Knecht« (Euripides: *Andromache* 627 ff.).

17 Cf. Apollonios v. Rhodos IV. 432 f.; bzw. C. Löhr, 1996, S. 122; J. D. Baumbach, 2004, S. 21, 155 f. Die in Form einer Tonbüste dargestellte Kore-Persephone aus einem boiotischen Grab des 5. Jahrhunderts v. Chr. faßt ihre beiden Brustwarzen mit Daumen und Zeigefinger an, und auch die etwas älteren attischen und aiginetischen Korai und Parthenoi umfassen eine ihrer Brüste höchstwahrscheinlich mit erotischer Intention. Cf. T. Ornan, 1986, Tf. 15; bzw. L. Balensiefen, 2001, S. 52 f., 64 f. Παρθένος leitet sich von idg. *pr̥-steno-*, »die Brüste hervor habend«, ved. *prathamottanakā*, »bei der die Brüste soeben hervor[gekommen] sind«, her. Cf. G. Klingenschmitt, 1974, S. 274.

18 Cf. C. Jarrige, 1987, S. 97; R̥gVeda I. 123. 10 b; bzw. Yašt 5.127, 5.2; B. Schlerath, 1986, S. 276. Aufgrund der Form und der in ihnen enthaltenen Milch wird die Brust der Frau in Kerala *tēṅṅu*, »Kokosnuß«, genannt, und die Brüste des Kultbildes der Kālī bestehen aus halbierten Kokosnußschalen. Cf. S. Caldwell, 1999, S. 109 f.

19 Cf. C. Knigge, 1997, S. 103 ff. Auch in Ägypten hielten die Frauen als Geste der Aufforderung zum Beischlaf dem Mann mit der Hand eine oder beide Brüste entgegen. Cf. M. Page-Gasser, 1997, S. 114. In einem Grab aus der Zeit um 3300 v. Chr. (Negade II) im oberägyptischen Gebelen fand man das Modell einer Barke aus mit Binsen verkleidetem Ton, auf der unter einem Flechtwerkdach eine Frau sitzt, die auf diese Weise ihre schweren Brüste herzeigt. Cf. T. Psota, 2001, S. 14 f.

20 Cf. G. Rethemiotakis, 1996, S. 322; P. Getz-Preziosi, 1987, S. 246; bzw.
S. Marinatos, 1969, S. 14; M. Marthari, 1988, S. 153 f.; M. Meekers, 1990,
S. 122 f. Auf einem der sogenannten »nippled ewers« trägt eine Schwalbe dieselben Ohrringe wie die Priesterin an der Wand des Westhauses von Akrotiri
auf Thera. Cf. I. Tzachili, 1986, S. 99. Schwalben in Verbindung mit Lilien
sind auch ansonsten als Zeichen für die Epiphanie der Göttin interpretiert
worden, und die Vögel galten im ägyptischen Neuen Reich ebenfalls als Symbole der Regeneration. Cf. L. Kontorli-Papadopoulou, 1996, S. 126 f.; bzw.
K. P. Foster, 1995, S. 417 f.; A. Grimm, 1989, S. 417 f. In einem fliegenden
Vogel mit minoischem Volantrock auf einem SM-III-Siegel aus Kommos hat
man gleichermaßen eine Darstellung der zurückkehrenden Vegetationsgöttin
gesehen. Cf. M. C. Shaw, 2004, S. 144.

21 Cf. E. Papadopoulou, 1990, S. 123 u. Nr. 132; E. Vikela, 2000, S. 255; C.
Hattler, 2000, S. 257; C. Verlinden, 1984, Pl. 56.125, 77; P. R. S. Moorey/S. J.
Fleming, 1979, S. 91 f.; bzw. I. Pini, 2004, S. 165, Nr. 68; S. E. Iakovidis, 1974,
S. 329; N. Divari-Valakou, 1988, S. 193; K. Kaza-Papageorgiou, 1996, S. 46.
Auf Ägina fand man eine im 17. oder 16. Jahrhundert v. Chr. aus Kreta impor-
tierte Halskette mit elf Perlen aus Lapislazuli, Karneol und Gold in Form
einer rechten Hand, die eine Frauenbrust hält. Cf. R. Higgins, 1979, S. 34; C.
Gates, 1989, S. 223. Auf dem spätminoischen Lentoid aus schwarzem Steatit
(SM III A?) faßt die auf einem Felsen sitzende Göttin mit der Linken an eine
ihrer Brüste, während sie mit der Rechten die ebenfalls ausgestreckte Hand
eines Mannes zu berühren scheint. Cf. J. H. Betts, 1980, Nr. 261.

22 Cf. H. P. Duerr, 1993, S. 72 ff.; ders., 1997, S. 555 ff.; E. G. Norris, 1983, S. 52;
M. Herles, 2006, S. 226 u. Nr. 636; bzw. I. Pini, 1992, S. 84; H. Guanella,
1967, S. 118, 122; K. Demakopoulou, 1999, Pl. XLI. Man hat erwogen, daß
manche der phönizischen und karthagischen Figurinen von Frauen, die ihre
Brüste halten, Adorantinnen darstellen. Cf. A. Ciasca, 1988, S. 150; A. M.
Bisi, 1988, S. 330; M. L. Uberti, 1988, S. 417; E. Gubel, 1995, S. 162. Es gibt
auch minoische Darstellungen von Frauen, die ihre Hände *auf* die Brüste
legen. Cf. G. Rethemiotake, 2001, S. 12, 81.

23 Cf. H. R. Hall, 1928, S. 105; A. Evans, 1921, S. 153; M. A. S. Cameron, 1971,
S. 43; M. L. Lang, 1969, S. 59; H. Reusch, 1956, S. 58 f.; E. Trnka, 2000,
S. 48 f.; J. G. Younger, 2001, S. 2 f.; Kontorli-Papadopoulou, a. a. O., S. 90;
bzw. C. Sugaya, 2000, S. 277. Auf einem babylonischen Rollsiegel, das in
einem Grab bei Plátanos an der ostkretischen Mirabello-Bucht gefunden
wurde, trägt eine Göttin, wohl Ištar, die mit erhobenen Händen vor einem
Mann, vermutlich dem König, erscheint, ein solches Kleid. Cf. B. Otto, 1997,
S. 181.

24 So z. B. M. M. Lee, 2000, S. 119; oder N. Marinatos, 2000a, S. 154.

25 Cf. S. C. German, 2000, S. 105; L. W. Wilde, 1999, S. 81 f.; bzw. M. Wedde,
1990, S. 5; N. Dimopoulou/G. Rethemiotakis, 2004, S. 25 ff.; Krzyszkowska,
a. a. O., S. 336. Bisweilen erreichen die Brüste einen solchen Umfang, daß man
nachgerade von einer »Makromastie« gesprochen hat (cf. J. Coulomb, 1980,
S. 85; I. Beyer, 1987, S. 220; A. Sakellariou, 1964, Nr. 159), doch im Falle von
älteren Priesterinnen werden sie manchmal – z. B. auf dem sogenannten

»Miniaturfresko« von Knossos – schlaff herabhängend wiedergegeben. Cf.
A. Evans, 1928, III, Pl. XVII b. Wie die Brüste durch das steife Mieder in die
gewünschte sexuell aufreizende Form gebracht wurden, erkennt man sehr
gut an einer Kultstatue aus dem Heiligtum von Aghia Irini auf Kea oder den
Darstellungen auf den Palastfresken von Tiryns. Cf. M. E. Caskey, 1986,
S. 72, Pl. 36; G. Rodenwaldt, 1976, S. 77. An der Nordwand des Adytons in
dem »Xeste 3« genannten Gebäude von Akrotiri auf Thera opfert eine Frau
in einem durchsichtigen ärmeligen Mieder, das den gesamten Oberkörper
durchscheinen läßt, ein Halsband aus Bergkristallperlen. Cf. C. Doumas,
1992, S. 129 u. Pl. 100 f. Eine solche Kleidung wirkte gewiß äußerst »sexy«,
doch daß das Penisfutteral der minoischen Männer die Funktion gehabt
habe, angesichts dieser »permanent stimulierenden Wirkung« eine Erektion
zu verhindern, wie W. Gauer (2001, S. 67) meint, erscheint mir doch recht
abwegig. Cf. H. P. Duerr, 1993, S. 193 ff.

26 Cf. H. P. Duerr, 1984, S. 187; bzw. S. Wide, 1907, S. 263. Die sumerische
Unterwelt ist ein freudloser Ort, und ihre Herrscherin Ereškigal klagt, daß sie
nackt und sexuell frustriert sei, und da ihr kein Mann zum Geschlechtsverkehr zur Verfügung stehe, hingen ihre Brüste »schlaff« herunter. Als sie die
völlig entkleidete Inanna mit den »Blicken des Todes« ansieht, erstirbt oben
auf der Welt alles Leben. Cf. B. Groneberg, 2004, S. 197. Auch in anderen
Kulturen wurden die Statuen von Göttinnen rituell ausgezogen und wieder
bekleidet. Das vierstündige Einkleiden der hl. Jungfrau von Velankanni mit
einem neuen Sārī am Abend der Großen Zeremonie wurde bis vor wenigen
Jahren im Geheimen durchgeführt. Cf. A. Duerr, 2010, S. 51.

27 Die mykenische Kulttracht auf den Fresken und Gemmen des Festlandes entspricht im wesentlichen der Kleidung der spätminoischen Priesterinnen, doch
bisweilen tragen die Festlandgriechinnen über den Brüsten einen diaphanen
weißen Bluseneinsatz oder ein Unterhemd. Außerhalb der Heiligtümer waren
die Frauen wohl in Tuniken gekleidet, die auch den Oberkörper vollständig
bedeckten, wie es z. B. bei den beiden Frauen auf dem bekannten Fresko von
Tiryns zu sehen ist, die sich auf einem Pferdewagen befinden. Cf. E. Vermeule,
1972, S. 179; E. French, 2002, S. 130; B. R. Jones, 2009, S. 319, 331.

28 Cf. E. Hallager/M. Vlasakis, 1984, S. 5 f.; C. Boulotis, 1985, S. 61; E. Kyriakidis, 1997, S. 124 f.; A. Tamvaki, 1989, S. 265; Böhm, a. a. O., S. 9, 12; E. J. W.
Barber, 2005, S. 40; bzw. H. van Effenterre, 1980, S. 434. Auch eine Darstellung wie die Bronzefigurine eines nackten Mannes mit erigiertem Glied aus
dem geometrischen Heiligtum von Kommos (cf. M. Shaw, 1987, S. 378 f.)
wäre im dezenten minoischen Kreta wohl undenkbar gewesen. Das gleiche
gilt für eine einigermaßen realistische Wiedergabe des menschlichen Geschlechtsverkehrs: Die einzige Ausnahme könnte die Szene auf einem Elfenbeinsiegel aus einem Grab in Viannos im südlichen Zentralkreta sein. Ansonsten hat man lediglich einige wenige Abbildungen von kopulierenden
Agrímia gefunden. Cf. N. Platon, 1969, Nr. 446; ders.,/I. Pini/G. Salies, 1977,
Nr. 306; E. F. Bloedow, 1990, Pl. XXI a; P. Yule, 1981, Pl. 3.15 u. 4.45.

29 Cf. F. Pinnock, 2004, S. 101; bzw. M. v. Oppenheim, 1931, S. 204, 208; R.
Hauptmann, 1989, S. 9, 21 f.; J. Bär, 2003, S. 114 f. Schon das sumerische

»Falbelkleid« aus wollenen Volants mit unten spitz zulaufenden Zotten und je einer Längsrippe wurde von den *en*-Priesterinnen so drapiert, daß eine der Brüste unbedeckt blieb. Ein solches Gewand trug z. B. um die Mitte des 3. Jahrtausends die Königin und/oder Hohepriesterin Pù-abi von Ur (Abb. 37). Cf. P. R. S. Moorey, 1977, S. 40; S. Pollock, 1991, S. 177; J. G. Westenholz, 2006, S. 37.

30 Gilgamesch-Epos XII. 31; bzw. S. M. Paul, 1995, S. 587; W. Fauth, 1981, S. 34. Eine andere Übersetzung lautet: »Jetzt ragen meine Brüste hervor! Jetzt wächst mein Schamhaar [üppig]! An die Brust meines Bräutigams! Tun wir's, Baba! Laß uns miteinander vergnügen!« (T. Frymer-Kensky, 2000, S. 92).

31 Daß Inanna-Ištar keine Fruchtbarkeits-, sondern eine reine Sex-Göttin sei, behauptet z. B. S. L. Budin (2002, S. 321). Cf. K. van der Toorn, 1994, S. 74; W. Farber, 1977, S. 191; H. L. J. Vanstiphout, 1984, S. 226; A. Draffkorn-Kilmer, 2000, S. 53; B. De Shong Meador, 2000, S. 158 f. In einem altbabylonischen Hymnus heißt es: »Die Öffnung des Schoßes in das Sehnen des Geliebten zu setzen, das ist dein, Ištar!«, und die Göttin ist dermaßen erregt, daß sie »bei ihren Liebeleien wie von Rebensaft angefüllt« ist (W. Fauth, 1979a, S. 29). Mit glühenden Worten beschreibt Inanna, wie sie mit ihrer Klitoris die Lust des Mannes genießt: »[Es ist] mein reiner Zapfen (*dim*), mein heiliger Zapfen – deine Lüsternheit ist süß;/[es ist] mein strahlendes Schmuckstück inmitten von Lapislazuli [= Schamhaar] – deine Lüsternheit ist süß!« Cf. G. Leick, 1994, S. 128.

32 Cf. F. Lenormant, 1920, S. 415 f.; N. Serwint, 2002, S. 332; K. R. Nemet-Nejat, 1998, S. 211; B. Musche, 1999, S. 12; bzw. É. Dhorme, 1949, S. 74. In einem hethitischen Ritualtext wird die Ištar von Niniveh mit den Worten angerufen: »Lasse es [= das Land Ḫatti] gedeihen und mache [es] reich! Das Land soll dir ein reines Land der Heirat und Zeugungskraft sein!« Und in altbabylonischen Hymnen heißt es: »Das Gedeihen, der Überfluß und die Kraft des Bodens sind dein, Ištar!«, sowie: »Du Hervorbringerin der Vegetation, du Herrin der Menschheit, / Erzeugerin von allem, die du den Nachwuchs gedeihen läßt, / Mutter Ištar!« Schließlich bittet mehr als tausend Jahre später Nebukadnezar die Göttin: »Vergrößere [die Menge meines] Spermas, vergrößere [die Anzahl meines] Nachwuchs[es]!« Cf. P. Cotticelli-Kurras, 1998, S. 115; Groneberg, a. a. O., S. 23; G. A. Barton, 1894, S. 15, 19. Gewiß kamen mit der Rückkehr Ištars und dem anschließenden ἱερὸς γάμος ursprünglich genauso die Lebenskraft und die Fruchtbarkeit zurück wie durch die Wiederkehr des Dumuzi. Cf. C. Penglase, 1994, S. 30 f.

33 Cf. Frankfort, a. a. O., S. 296; bzw. D. R. Frayne, 1985, Sp. 22; E. M. Yamauchi, 1973, S. 214; Steinkeller, a. a. O., S. 130; J. H. Stuckey, 2006, S. 47 f. Da König Ur-Nammu von Ur »Same der Hohepriesterin« genannt wurde, hat man angenommen, er sei die Frucht eines solchen ἱερὸς γάμος gewesen. Cf. W. W. Hallo, 1987, S. 49 f. Enmerkar, der archaische König von Uruk, soll laut Ur-III-Texten in einem *gipar*, einem Gebäude im Tempelkomplex der Göttin, gelebt haben, das später der Wohnort der die Inanna beim Koitus vertretenden *en*-Priesterin war. Cf. Steinkeller, a. a. O., S. 107 f. In Uruk fand man das Halsband einer um 2030 v. Chr. lebenden »Geliebten des Königs Šu-Sîn«, von

der man vermutet, sie sei eine solche Inkarnation der Göttin gewesen. Cf. J. Bottéro, 2001, S. 109. W. v. Soden (1989, S. 267 f.) meint, daß die Göttin in Ur und Isin wohl auch durch irgendeine Jungfrau vertreten werden konnte, die im Begriffe war, zu heiraten. Den Namen des Akītufestes am Neujahrstag hat man von sumer. *a.ki.ti*, »Wasser herbeibringen«, abgeleitet, da Dumuzi an diesem Tag das fruchtbare Naß zurückgebracht habe. Cf. F. Raschid, 1982, S. 214 ff.

34 Cf. P. Jones, 2003, S. 293; bzw. J. S. Cooper, 1993, S. 85; B. Otto, 1987, S. 12. Auf Rollsiegeln ist etwas dezenter dargestellt, wie der König sich der Göttin mit einer Ähre in der Hand nähert. Dabei ist er entweder nackt oder er trägt einen Netzrock, mit dem ansonsten Inanna am Neujahrstag gekleidet ist. Cf. Schmandt-Besserat, a.a.O., S. 211 f.; E. Strommenger, 1969, Tf. XIX. Erst spät, nämlich im 1. Jahrtausend v. Chr., wandelte sich die Heilige Hochzeit offenbar zu einem symbolisch ausgeführten Koitus von Kultstatuen. Cf. W. G. Lambert, 1975, S. 106; J. Bidmead, 2002, S. 104.

35 Cf. S. N. Kramer, 1970, S. 59; J. S. Cooper, 1989, S. 89; De Shong Meador, a.a.O., S. 160; M. M. Fritz, 2003, S. 280. Die Allegorie vom Garten der Frau, der vom Gärtner bewässert wird, findet sich noch in der *Cantique des Cantiques* des Spätmittelalters, wenn die junge Liebende den Wind auffordert: »Lève-toi, aquilon, accours, autan! Soufflez sur mon jardin, qu'il distille ses aromates! Que mon bien-aimé entre dans son jardin, et qu'il en goûte les fruits délicieux!« Worauf der Geliebte antwortet: »J'entre dans mon jardin, ma sœur, ma fiancée, je récolte ma myrrhe et mon baume, je mange mon miel et mon rayon, je bois mon vin et mon lait!« Cf. A. Duvel, 2006, S. 151.

36 Cf. A. I. Richards, 1968, S. 27 ff.; L. de Heusch, 1997, S. 219; ders., 2005, S. 27; bzw. T. DuQuesne, 2005, S. 9 f.

37 Cf. H. Klengel, 1979, S. 168; M. Yon, 1985, S. 189 f.; dies., 1990, S. 338; E. Lipiński, 1986, S. 210 f.; D. T. Tsumura, 1999, S. 234 f.; O. Loretz, 2006, S. 99; bzw. M. Loth, 2008, S. 28. In Sidon und in Tyros schlief der König mit der Priesterin der ʿAštart. Cf. E. Lipiński, 1970, S. 48.

38 In FM II-Gräbern auf Mochlos fand man neben zahlreichen anderen orientalischen Importen auch ein levantinisches Silbersiegel, das um 2500 v. Chr. angefertigt worden war. Cf. E. Peltenburg, 1995, S. 39, 41; C. S. Colburn, 2007, S. 207 f.; M. Primas, 2007, S. 7. Dagegen scheinen die vor- und protodynastischen Steingefäße, die auf Kreta bald imitiert wurden, nicht in frühminoischer Zeit importiert worden zu sein, denn noch im MM I war Byblos der Endpunkt der ägyptischen Nordfahrten, und die Ägypter hatten gewiß noch keine klaren Vorstellungen von der Ägäis. Wahrscheinlich handelt es sich bei diesen Objekten um Raubgut aus ägyptischen Gräbern, die in der 2. Zwischenzeit, also ca. 1600 v. Chr., geplündert worden waren. Cf. W. A. Ward, 1963, S. 55; D. Jeffreys, 2003, S. 211; F. Höflmayer, 2007, S. 109.

39 W. Daum (1985, S. 191) vertritt sogar die extreme Meinung, damals sei auf »Kreta offenbar weithin die altsyrische Religion« verbreitet gewesen, während N. Marinatos (1989a, S. 34) etwas moderater und wohl realistischer konstatiert: »Although Minoan Crete had some unique features, it is safe to say that it belonged to the cultural horizon of the Great River Civilizations.«

Indizien für eine Einwanderung levantinischer Bevölkerungsgruppen im FM III gibt es freilich nicht. Cf. G. Cadogan, 1986, S. 154, 169.

40 Cf. B. Otto, 1997, S. 287 f.; S. Hood, 1971, S. 131; S. Sherratt, 1996, S. 93; L. V. Watrous, 1996, S. 110; R. Koehl, 2000, S. 140. In orientalische Volantröcke gekleidete Frauen sind auch auf in Kreta gefundenen Siegeln aus Nordsyrien dargestellt (cf. J. Aruz, 2006, S. 49 f.), und auf einem mittelminoischen Siegel aus Mallia ist ein Mann in fußlanger orientalischer Kultkleidung mit geschulterter Zeremonialaxt zu sehen. Cf. P. Demargne, 1946, S. 150.

41 Cf. Watrous, a. a. O.; G. Capdeville, 1995, S. 215; N. Marinatos, 1995, S. 46; M. A. S. Cameron, 1987, S. 324; bzw. M. Finkelberg, 1991, S. 305, 315; Anderson, a. a. O.; G. Devereux, 1986, S. 57. In den älteren Versionen der Argonauten-Sage wird Jason durch den γάμος mit Medeia König. Cf. K. v. Fritz, 1959, S. 40. Das ἀνάκτορον, ein Steinbau im Innern des eleusinischen Telesterions, geht wohl auf einen Schrein der Palastgöttin *po-ti-ni-ja* zurück, in dem vielleicht der Koitus zwischen dem mykenischen Wanax und deren Vertreterin stattfand. Cf. C. Trümpy, 2004, S. 35 ff.

42 Cf. T. Maeda, 1981, S. 7; R. al-Najmi, 1998, S. 23 f.; J. G. Westenholz, 2000, S. 77 f. Mesanepada wurde durch den Beischlaf mit der Göttin König von Ur, weshalb er sich *dam nu-gig* nannte, was man mit »Gatte der Hure« übersetzt hat. Cf. I. M. Diakonoff, 1986, S. 231. In einem ḫurritischen Text wird Ištar *šiduri*, »junge Frau«, genannt, und sie erwählte Gilgameš zum Koitus und ließ ihn dadurch zum König von Uruk werden: »Für Ištar ist ein Bett aufgestellt. Gilgameš legt sich zu der jungen Frau in der Nacht« (Gilgamesch-Epos V. 28 ff.). Im Ebla des 3. Jahrtausends war »Išḫara die Geliebte des Königs«, aber auch sie schlief mit dem Helden: »Der Išḫara ist schon das Lager bereitet; Gilgameš pflegt mit der Göttin bei Nacht zusammenzukommen« (II. 192 f.). Cf. A. Archi, 1998, S. 39 f.; ders., 2002, S. 28; D. Prechel, 1996, S. 13. Eine der Ištar entsprechende Liebes- und Fruchtbarkeitsgöttin (cf. Yašt 5) war später Anāhitā, die im Avęstā dem uranfänglichen König Yima den »Ruhmesglanz« (xᵛarənah) verleiht, auf daß er »Herr der siebenteiligen Erde« werde. Sie war es auch, die in der Folgezeit dem iranischen König die Herrschaft übertrug. Cf. G. Azarpay, 1972, S. 114; D. Levit-Tawil, 1992, S. 221; T. Corsten, 1991, S. 170 ff. Auf einem goldenen Zierplättchen aus dem Kurgan von Kul'-Oba auf der Krim, in dem im 4. Jahrhundert v. Chr. ein skythischer Herrscher bestattet wurde, steht der Verstorbene vor einer thronenden Frau und trinkt aus einem Rhyton, während diese ihm offenbar das Herrschaftssymbol überreicht. Vermutlich handelt es sich um eine dezente Darstellung der Erwählung des ersten skythischen Königs mittels ἱερὸς γάμος durch die Göttin Tabiti. Cf. K. Firsov/D. Žuravlev, 2007, S. 278 u. Abb. 8.

43 Cf. H. Wagner, 1970, S. 42 f.; ders., 1981, S. 23; G. S. Olmsted, 1993, S. 144; M. J. Enright, 1996, S. 82 ff.; W. Meid, 1997, S. 250. Das *ban-fheis Ríg*, das »Frauenbeschlafen des Königs«, war gewissermaßen die Amtseinführungszeremonie. Der gegorene Rauschtrank aus Honig und Beeren hieß air. *mid*, walis. *medd*, sanskr. *mádhu*, avest. *maδu*, gr. μέθυ, ahd. *mētu*, an. *mjǫðr* < idg. *medhu*, »Süßes«. Cf. Kluge, a. a. O., S. 475 f.

44 Cf. G. S. Olmsted, 1979, S. 133 f. Im R̥gVeda übermittelt ein häßliches Weib

namens Apala dem Indra den Rauschtrank mit dem Mund, und als er sie beschläft, wird sie zu einer schönen jungen Frau. Cf. R. D. Woodard, 2002, S. 93. Entsprechende Erzählungen vom Königssohn, der im Wald eine scheußliche alte Hexe besteigt, worauf diese sich in ein blühendes Mädchen verwandelt, deren Name »die Herrschaft« (*flaith*) lautet, erzählten auch die Inselkelten. Cf. A. Eibner, 2010, S. 37. Nach dem normannisch-walisischen Gerichtsschreiber Giraldus Cambrensis koitierte einst der künftige König in aller Öffentlichkeit eine weiße Stute, in der sich die Fruchtbarkeit und der Wohlstand Irlands verkörperten. Cf. M. Draak, 1959, S. 656. Hinter diesem Ritual stand der ἱερὸς γάμος eines irischen Pferdegottes mit einer Stutengöttin, denen vermutlich ein Widdergott und eine Schafsgöttin vorangingen. Der Name der Urahnen der Geschlechter von Leinster, Augaine, bedeutet wahrscheinlich »vom Widder abstammend«, und der alte walisische Königsname Owein geht entsprechend auf den alten Namen des Schafes (idg. *eu-*, »anziehen«; ahd. *ouwi*, »das Bekleidete, Befellte«; lat. *ouis*) zurück. Cf. Wagner, a. a. O., S. 21 f.; J. Knobloch, 1987, S. 476.

45 Cf. J. Stephan, 2007, S. 98 f.; E. Feucht, 2006, S. 194; bzw. H. Kischkewitz, 1985, S. 63; J. Leclant, 1959, S. 70; J. Laskaris, 2008, S. 461 f.; E. Hermsen, 1981, S. 120. Die nubischen Könige erhielten die Herrschaft dadurch, daß Isis, Bastet oder Mut sie an die Brust nahmen. Cf. A. Lohwasser, 2001, S. 70. Auf einem levantinischen Siegel stillt Isis den Verstorbenen auf der Sonnenbarke. Cf. W. Culican, 1968, S. 57.

46 Cf. M.-F. Aubert, 2008, S. 91; J. A. Corbelli, 2006, S. 54 f.; K. Lembke, 2004, Abb. 101; D. Montserrat, 1996, S. 54; C. Riggs, 2005, S. 102 f. Auch bei den Grabbüsten sind die Brüste häufig entblößt, und selbst die Kartonagemasken kleiner Mädchen besitzen bisweilen nackte Brüste geschlechtsreifer Frauen. Cf. D. v. Recklinghausen, 2007, S. 249. Die Vergoldung der Brüste sollte diese wohl konservieren, und entsprechend erhielten auch andere wichtige Körperpartien Blattgoldauflagen, so z. B. die Geschlechtsteile, die Lippen und die Zunge. Cf. K. Parlasca, 1999, S. 31. Von einer jungen, in der Nähe der Oase Bahariya in der Westwüste bestatteten Frau, deren aufmodellierte Brüste rosarot angemalt sind, glaubt man, sie sei für die Hochzeitsnacht im Jenseits präpariert worden. Cf. Z. Hawass, 2000, S. 66.

47 Cf. Å. W. Sjöberg, 1972, S. 99; bzw. D. Shong Meador, a. a. O., S. 188; M. I. Gruber, 1989, S. 83; B. Becking, 1995, Sp. 336 f.; B. Nevling-Porter, 2004, S. 42. Deshalb fliegt Etana, der König von Kiš, dessen Frau unfruchtbar ist, zu Ištar, da diese als Fruchtbarkeitsgöttin über *šammu ša alādi*, das »Kraut des Gebärens« verfügt, das ihm zu einem Thronfolger verhilft. Cf. M. Haul, 2000, S. 86.

48 Cf. C. H. Gordon, 1967, S. 110; W. A. Ward, 1969, S. 229; W. Orthmann, 1970, S. 141 f.; U. Winter, 1983, S. 398 f.; N. Wyatt, 2005, S. 720; bzw. C. F.-A. Schaeffer, 1954, Pl. IX; M. Yon, 1997, S. 146; T. Dothan/M. Dothan, 1992, S. 155; M. Dayagi-Mendels, 1997, S. 75. In anderen Texten wird ʿAnāth »*ṯd* [= Brust] der Völker« genannt. Die unter einer Dattelpalme säugende Göttin auf dem bekannten, wohl nach levantinischem Vorbild angefertigten Relief aus Karatepe, ist vermutlich ʿAštart oder ʿAnāth. Cf. R. D. Barnett, 1975, S. 109.

49 Cf. G. Devereux, 1979, S. 5; Nonnos XXXV. 310f.; M. Renard, 1955, S. 289; ders., 1964, S. 616; F. Brommer, 1984, S. 108; P. Barié, 1993, S. 111; bzw. Hesiod: *Theogonie* 950ff.; K. Schauenburg, 1963, S. 130; P.E. Slater, 1968, S. 345; L. Bonfante, 2000, S. 281. Es ist stets die *rechte* Brust, aus der die Milch der Unsterblichkeit in Herakles' Mund fließt. Cf. N. Loraux, 1990, S. 46. Auch Demeter stillt den Demophon, damit er niemals stirbt (cf. G. Petridou, 2004, S. 71, 73), und auf etruskischen Urnen des 6. Jahrhunderts v. Chr. ist es die Unterweltsgöttin, die den Verstorbenen mit ihrer Milch das ewige Leben gibt. Cf. J.-R. Jannot, 2000, S. 90. Die unmittelbar aus der Brust einer Frau gesaugte Milch regenerierte nicht nur über Jahrtausende hinweg Kranke und Greise (cf. W. Deonna, 1955, S. 21; H.P. Duerr, 1997, S. 134f.), vielmehr galten zwei Personen, die bei derselben Frau an der Brust gelegen oder lediglich ihre Brustwarze in den Mund genommen hatten, als nicht nur mit ihr, sondern auch miteinander verwandt. Cf. H.P. Duerr, 1978, S. 212. Aus diesem Grund hatte z.B. die Frau, die dem künftigen Pharao die Brust gab und die fortan den Ehrentitel »die große Säugamme, die den Gott mit ihrer süßen Brust stillte« trug, eine hohe Stellung am Hofe. Cf. Gruber, a.a.O., S. 73.

50 Cf. W. Fauth, 1967, S. 422; É. Dhorme, 1949, S. 73; J.G. Westenholz, 2000, S. 80; bzw. O. Pelon, 1995, S. 312; I. Seibert, 1969, S. 24. Später bestand das Szepter der Inanna aus Gold und Silber. Cf. Kramer, a.a.O., S. 20.

51 Cf. Pelon, a.a.O., S. 313; B. Rutkowski, 1968, S. 167f. Auch die über dem Schiff auf dem bereits besprochenen Goldring aus Khania »schwebende« Göttin hat die Linke in die Seite gestemmt und die Rechte ausgestreckt, während die vor einem Heiligtum stehende Göttin auf einem anderen Siegel sowie der sogenannte »Palastgott« von Khania ebenfalls einen Stab als Herrschaftszeichen halten. Cf. K. Krattenmaker, 1995, S. 50; M. Andreadaki-Vlasaki, 2005, S. 23. Während B.C. Dietrich (1969, S. 262) das Gebäude auf dem Abdruck für ein Höhenheiligtum hält, das aus Platzgründen neben den Berg versetzt wurde, halten es Krattenmaker (a.a.O., S. 54f.) und N. Marinatos (1995, S. 46) eher für den Palast von Knossos. Die vier »horns of consecration« des Gebäudes lassen beide Interpretationen zu. Wahrscheinlich handelt es sich bei diesem Kultobjekt um eine Weiterentwicklung der ägyptischen Hieroglyphe *ḏw*, den stilisierten Doppelgipfel an den Enden der Welt, das Symbol des Todes und der Wiedergeburt, weil dort jeden Tag die Sonne versank und wieder aufging. Die Ägypter setzten ihn mit den Hörnern (*wpt*) der Hathorkuh gleich, die ja ebenfalls abends die Sonne verschluckte und sie morgens wieder zur Welt brachte. Cf. W. Gaerte, 1922, S. 82; M. Bernal, 1991, S. 164f.; L.V. Watrous, 1998, S. 23f.; A. MacGillivray, 2000, S. 129; H. Whittaker, 2002, S. 80f.; M.L. Moss, 2003, S. 36ff.; M.M. Bradač, 2005, S. 192f. Ob die Minoer mit dem ägyptischen Doppelgipfel auch dessen Bedeutung übernommen haben, ist unbekannt. Auf einem Steatitsiegel des SM III A 1 aus Palaikastro ist zwischen den beiden Gipfeln ein Kreis eingraviert, der die Sonne darstellen könnte (cf. J.A. MacGillivray et al., 1992, S. 140), und auf anderen spätminoischen Siegeln wachsen an dieser Stelle Pflanzen heraus oder es steht dort ein nackter junger Mann, vermutlich der

wiederkehrende Vegetationsgott. Cf. W. K. C. Guthrie, 1975, S. 860. Einen Schrein in der Form des Doppelgipfels fand man auch im Palast der luwischen Metropole Beycesultan (cf. S. Lloyd/J. Mellaart, 1962, S. 29 ff.; S. Lloyd, 1972, S. 30 ff.), und noch auf einer rotfigurigen Kylix hält ein Jüngling, der offenbar der Demeter ein Ferkel opfert, in der Linken einen Doppelgipfel, aus dem zwei Zweige sprießen. Cf. Gaerte, a. a. O., S. 87.

52 Ilias II. 101 ff. Die βασιλῆες werden in der Ilias (II. 86) nachgerade σκηπτοῦχοι, »die mit Szeptern versehenen«, genannt. Einen solchen Stab gab es daneben in schlichterer Ausführung, und wer ihn bei Versammlungen in der Hand hielt, hatte das Wort. Cf. C. Leduc, 2006, S. 21 ff. Auch der Richter hielt ihn, und der König war der oberste Richter, weshalb die kretischen Könige Minos und Rhadamanthys später als Richter in der Unterwelt bezeichnet wurden. Noch Hieron, der Tyrann von Syrakus, der 473 v. Chr. bei Kyme die Etrusker besiegte, hieß »der mit gerechtem Szepter im schafreichen Sizilien waltet«. Cf. J. Borchhardt/E. Bleibtreu, 2006, S. 49 f.

53 *Homerische Hymnen* III. 529. Der ῥάβδος des Hermes, aus dem sich vielleicht das κηρύκειον entwickelte, ist bereits auf den archaischen Bronzetäfelchen vom Heiligtum Kato Syme an der Südflanke des Dikte dargestellt. Ihm gleicht der ἰατρός, ebenfalls ursprünglich ein die Regeneration symbolisierender Zweig mit Blättern, mit dem Asklepios die Krankheit vertrieb. Cf. J. Chittenden, 1947, S. 100; A. J. Van Windekens, 1961, S. 297; A. Lebessi, 1976, S. 12; M. Prent, 2005, S. 585; J. Schouten, 1967, S. 41 f. Jacob Grimm (1877, II, S. 815 f.) vermutete einst, das κηρύκειον des Hermes und der goldene *caduceus* des Merkur, um den sich Schlangen winden, könnten zu Beginn eine Wünschelrute gewesen sein.

54 »Am schattigen Baume birgt sich / golden an Blättern und biegsamem Schafte, ein Zweig, der Iuno der Unterwelt (*Iunoni infernae*) heilig genannt; ihn schützt und umhüllt der / ganze Hain, im dunklen Tal umschließen ihn Schatten. / Keinem ist aber der Weg zur Erdentiefe gestattet, / eh er den goldumlaubten Zweig vom Baume gepflückt hat. / Ihn bestimmte Proserpina sich, die schöne, zu eigener Gabe. [...] Dann erst siehst du die Wälder des Styx, das Reich, ohne Weg für / Lebende sonst« (Vergil: *Aeneis* VI. 136 ff., 154 f.). J. G. Frazer (1913, S. 40) vermutete, daß der heilige Baum, von dem der goldene Zweig stammte, eine Verkörperung der Diana war. Bereits Inanna besaß einen Lapislazulistab, der sie offenbar den Weg zur Unterwelt finden ließ (cf. W. Vollgraff, 1949, S. 1080 f.), und Klearchos, ein Schüler des Aristoteles, berichtet von einem »Totenbeschwörer« (γόης), dieser habe mit Hilfe eines »seelenführenden Stabes« (ψυχουλκὸς ῥάβδος) die ψυχή eines Kindes überall umhergeführt, während dessen Leib bewegungslos am Boden lag. Cf. W. Burkert, 1962, S. 46. Zum Hort der Nibelungen gehörte ein alle Türen öffnendes *rûtelîn von golde*, und in einem südslawischen Heldenlied sprengt ein vom Himmel gefallener »goldener Stab« die Tore der belagerten Stadt Bagdad. Cf. Grimm, a. a. O., S. 814; bzw. K. Zelzer, 2007, S. 656 f.

55 Cf. I. Weber-Hiden, 1996, S. 179; M. Bietak/C. Palyvou, 2000, S. 104 f.; bzw. S. Hiller, 1995, S. 566; ders., 1996, S. 89. Auf einer wohl aus Archánes stammenden nachbronzezeitlichen Amphore scheinen zwei flankierende Greifen

den ἱερὸς γάμος eines Paares zu schützen. Cf. N. B. Reed, 1976, S. 376. Seit
Mitte des 4. Jahrtausends war der Greif in Mesopotamien Wächter des
Lebensbaumes, und diese Rolle spielte er in der Bronzezeit auch in Assyrien
und der Levante. Cf. Y. Calvet, 2000, S. 458; T. Madhloum, 1964, S. 57. Nach
der Vertreibung Adams und Evas aus dem Paradies postierte Gott die Cherubim (akkad. *karābu*; assyr. und hebr. *kērūb*; davon χρύφ; lat. *gryphus*; german. **grīp*; ahd. *grīfan*, »Greif«) vor dem Eingang zum Garten Eden, »zu
bewahren den Weg zum Baum des Lebens« (1. Mose 3.24), und im Allerheiligsten des Tempels Salomos schützten sie die Bundeslade. Cf. J. Goodnick-
Westenholz, 2004, S. 33; É. Dhorme, 1951, S. 679; bzw. M. Sladek, 1995,
S. 300. In der Mittelbronzezeit scheinen die Minoer – wohl in Phaistos im
MM II – das Motiv aus Syrien übernommen und mit der Großen Göttin assoziiert zu haben. Cf. H. Frankfort, 1937, S. 116 f., 121 f.; J. Börker-Klähn, 1971,
S. 633, 636; S. A. Immerwahr, 1989, S. 137; J. Aruz, 1993, S. 38 f.; dies., 2006,
S. 50 f.; A. Papagiannopoulou, 2008, S. 438; L. Steel, 2006, S. 152. Die Ver-
bindung mit der den König legitimierenden Göttin war so eng, daß der Greif
für längere Zeit mit dem bronzezeitlichen Königtum aus der kretischen Ikonographie verschwand. Cf. P. W. Haider, 2004, S. 235.

56 Cf. M. Guidi, 1988, S. 179; D. J. Brewer et al., 1994, S. 50; H. F. Miller, 1982,
S. 27 ff. Wie das Motiv des Greifen wurde wohl auch die Dattelpalme in mittelminoischer Zeit aus dem Orient nach Kreta gebracht, wo sie vor allem an
der Südküste verwilderte, doch reiften die Früchte dort nicht ausreichend,
so daß sie sich nicht zum Verzehr eigneten. Cf. J. L. Melena, 1973, S. 83 f.; B.
Rutkowski, 1973, S. 151; L. Morgan, 1988, S. 26; J. L. Crowley, 1989, S. 72.
Das Motiv erscheint erstmalig auf der Kamares-Ware des MM IB in Phaistos.
Der »Lebensbaum«, auf Linear B höchstwahrscheinlich *po-ni-ke* und *po-ni-
ki-jo* genannt (cf. L. Kontorli-Papadopoulou, 1996, S. 168), war später der
Baum der Leto, den sie während der Niederkunft umschlang (cf. *Hymnus auf
Apollon* III. 17 f.), und er wurde auch in der klassischen attischen Ikonogra-
phie stets mit ihr und ihren Kindern assoziiert. Cf. Ahl, a. a. O., S. 381; C.
Sourvinou-Inwood, 1985, S. 125. Daß Leto »ihre Arme um die Dattelpalme«
warf (*Hymnus* 117), macht deutlich, daß auch in historischer Zeit die alte
Bedeutung der χουρμαδιά als lebengebender Baum nicht verlorengegangen
war. Cf. C. Davaras, 2004, S. 7. Bei den frühen Christen Nubiens war der
Dattelpalmzweig ein Symbol des Triumphes über den Tod, weshalb man ihn
einer koptischen Überlieferung zufolge der hl. Jungfrau nach ihrem Tode auf
den Leib legte, und noch bei Hildegard von Bingen ist der »datilbaum« Inbegriff der immerwährenden Glückseligkeit. Cf. A. Bellucio, 1990, S. 478 f.;
bzw. Hildegard v. Bingen, 1959, S. 70.

57 Im Gipfelheiligtum des Juchtas entdeckte man eine Felsspalte, die bis zu einer
Tiefe von 10½ m erforscht wurde, ohne daß man ihre Sohle erreichte. Vermutlich wurden an dieser Stelle jedes Jahr im Herbst der Vegetationsgott
Zeus Kretagenes und ursprünglich ab dem MMI die Göttin gerufen, die dann
durch den Spalt aus dem Jenseits erschienen. Eine späte Erinnerung an diesen
Kult war wohl die Überlieferung, daß sich hier das Grab des Zeus befand. Auf
den Gipfeln heiliger Berge wie dem Juchtas entdeckte man ähnliche Votivga-

ben wie im Kontext der sogenannten »Schlangengöttinnen« von Knossos. Der Kult der minoischen Berggöttin setzte sich in historischer Zeit vor allem in dem der Demeter fort. Darauf weisen z. B. der natürliche Felsen in Demeters Altar im arkadischen Lykossura oder der Felssporn im Boden des Anaktoron von Eleusis hin. Im 16. Jahrhundert v. Chr. ging allerdings der Kult der Höhenheiligtümer zugunsten des Höhlenkultes zurück. Cf. E. Vikela, 2003, S. 202; B. Rutkowski/K. Nowicki, 1996, S. 41; bzw. G. C. Gesell, 1983, S. 95; B. C. Dietrich, 1983, S. 57 f.; bzw. J. Moody/F. E. Lukermann, 1985, S. 78.

58 Cf. H. Reusch, 1964, S. 180; S. Mirié, 1979, S. 75; H. P. Duerr, 1984, S. 146; M. J. Kolb, 2005, S. 163. Offenbar war der Thronsaal von Avaris im östlichen Nildelta – vermutlich von minoischen Kunsthandwerkern – ähnlich gestaltet worden wie der in Knossos. Cf. M. Bietak, 2005, S. 15. In der gesamten Ägäis hat man keine einzige bronzezeitliche Darstellung eines thronenden Mannes gefunden. Cf. P. Rehak, 1995, S. 112 f. Die zwischen Greifen oder anderen Schutztieren thronende Göttin konnte ikonographisch auch durch eine Säule ersetzt werden, so z. B. im »Löwentor« der Burg von Mykene oder auf einem Goldring, den ein in einem Kammergrab des SH III in Prosymna bestatteter Mann mit einer Schnur am Handgelenk befestigt trug. Cf. C. Aamont, 2006, S. 155; bzw. J. C. Wright, 1994, S. 51.

59 Cf. S. Krone, 1992, S. 339; M.-H. Gates, 1992, S. 83; J. M. Blázquez, 1971, S. 403; A. Caubet/V. Matoian, 1995, S. 106.

60 Cf. M. Metzger, 1983, S. 62 f.; bzw. D. W. Young, 1977, S. 305; Y. Calvet, 2000, S. 452. Anscheinend erzeugte die Dattel in Mesopotamien die elementare Lebenskraft, die sich unter anderem im Sexualtrieb äußerte, und sie scheint sich bereits in jener urtümlichen Göttin verkörpert zu haben, aus der sich später Inanna, Ištar und ʿAštart entwickelten. Cf. D. Nielsen, 1938, S. 551; E. D. Van Buren, 1935, S. 334; P. Popenoe, 1973, S. 6 f.; A. A. Bloch, 1995, S. 16 f. Auf einem Basaltgefäß ist die Göttin Ninḫursag zu sehen, die in der Rechten eine Dattelrispe, das Symbol des Wohlergehens, hält, und in einem altbabylonischen Text heißt es: »Die Dattelrispen, die Brautschaft und die Heiterkeit des Schlafzimmers gehören zu dir, Ištar!« Cf. I. J. Winter, 2007, S. 135; bzw. B. Groneberg, 1997, S. 25. Auf levantinischen Darstellungen, etwa in der Kulthöhle der ʿAštart in Wāsṭā zwischen Sidon und Tyros, wächst der akkad. iṣ mašrĕ, »Baum des Überflusses«, oder iṣ rašĕ, »Baum des Reichtums«, genannte Dattelbaum aus der Vagina der Göttin, und auf einem sassanidischen Siegel wird er als Lebensbaum von zwei Widdern flankiert. Cf. B. Nevling-Porter, 1993, S. 134; R. D. Barnett, 1975, S. 109 f.; bzw. C. J. Brunner, 1978, S. 93. Von der Antike bis in die frühe Neuzeit war der Glaube verbreitet, die Dattelpalme empfinde Geschlechtslust. Cf. D. Watkin, 1991, S. 257.

61 Cf. S. Hiller, 1977, S. 196. Auf sumerischen Siegeln ist Inanna zu sehen, die in der Linken und der Rechten jeweils eine Ziege hält, und sie selber wurde als Wildziege und ihr Paredros Dumuzi als Ziegenbock gesehen. Cf. L. R. Palmer, 1986, S. 194 ff. Wie auf Kreta konnte auch im Vorderen Orient der Lebensbaum als Substitut der Göttin von Ziegenböcken oder Widdern, den Symbolen der sexuellen Potenz und der Fruchtbarkeit, flankiert sein. Cf. M. A. Guggisberg, 1996, S. 347. Im minoischen Kreta war das Agrími eng mit den

Höhenheiligtümern und der Großen Göttin verbunden, und auf Siegeln ist diese häufig mit nacktem Oberkörper und voluminösen Brüsten zu sehen, wie sie – gleich der Inanna/Ištar – zwei Agrímia hält. Cf. N. Platon, 1971, S. 164 ff.; E. F. Bloedow, 2001, S. 4 ff.

62 Cf. J. Weingarten, 1989, S. 438 ff.; H. Sacket/S. MacGillivray, 1989, S. 30; bzw. A. G. Bannikow/W. G. Heptner, 1968, S. 534 ff.; Rackham/Moody, a. a. O., S. 46 f.; bzw. A. E. Brehm, 1877, S. 316 f.; C. Becker, 1998, S. 24.

63 Cf. B. C. Dietrich, 1967, S. 403; B. Rutkowski, 1986, S. 114; O. Pelon, 1987, S. 436; G. Capdeville, 1995, S. 70; B. Otto, 2001, S. 31 f., 41; N. Platon et al., 1998, Nr. 109 f.; A. Sakellariou, 1997, Tf. 4.12; dies., 1964, Nr. 76, 119, 266; V. E. G. Kenna/E. Thomas, 1974, Nr. 7; bzw. E. Bloedow, 2003, S. 33 f. Die Agrímia, die auf der einen Schmalseite des Sarkophages von Aghia Triada und auf einem Siegelringabdruck aus Ardhu östlich von Knossos den Wagen mit den beiden Göttinnen ziehen, entsprechen den Greifen als Zugtieren auf der anderen Schmalseite. Der Greif war ursprünglich *das* Transporttier der minoischen Göttin auf ihrer Jenseitsreise und wurde um die Mitte des 15. Jahrhunderts offenbar – vielleicht durch Vermittlung der Mykener – zunehmend vom Pferdewagen abgelöst, der ab dem 17. Jahrhundert bei den Hyksos und den Hethitern von den mit Kompositbogen bewaffneten Kriegern benutzt worden ist. Cf. Kontorli-Papadopoulou, a. a. O., S. 121; bzw. R. Drews, 1988, S. 182; ders., 1993, S. 105. Allerdings war der Greif später bei den Griechen das Reittier des Apollon und Psychopompos bei den Römern, während er bei Johann v. Würzburg die Zauberin Parklise durch die Luft trug. Cf. C. Tuczay, 2006, S 192 ff. Bronzene Agrímiafigurinen und -hörner wurden meist in Höhenheiligtümern, aber auch in Tholosgräbern auf der Messará sowie in Schreinen von Palaikastro und Plátanos gefunden und schließlich bis nach Byblos exportiert. Cf. K. Branigan, 1970, S. 115; ders., 1970a, S. 70, 112, 187.

64 Cf. J. Mellaart, 1967, S. 105, 149; I. Hodder, 2004, S. 42; N. Russell/S. Meece, 2005, S. 218; M. van Loon, 1992, S. 149; M. Popko, 1995, S. 33; V. Haas, 2002, S. 103. Man weiß nicht, ob die Widder von Çatal Hüyük domestizierte oder Wildtiere waren. Cf. I. Hodder, 2003, S. 131.

65 Cf. E. Uzunoğlu, 1993, S. 48; B. Kulaçoğlu, 1992, Tf. 17 f.; J. Cauvin, 1987, S. 1478; ders., 1997, S. 170 f.; I. Hodder, 2005, S. 21; M. Beile-Bohn et al., 1998, S. 72; S. Hansen, 2007, S. 194; bzw. S. Farid, 2006, S. 34. Diese und ähnliche Frauenfigurinen wurden fast ausschließlich in Heiligtümern entdeckt. Die Köpfe waren vermutlich aus vergänglichem Material hergestellt, weshalb sie heute fehlen. Cf. R. Duru/G. Umurtak, 2005, S. 196 f. Späte Nachkommen des steinzeitlichen Regengottes sind z. B. Dagān, der Paredros der brüstehaltenden Göttin, dessen Name vermutlich mit arab. *dağana*, »regnerisch, bewölkt« (semit. Wz. *$dǧn$) verwandt ist (cf. H. Schmökel, 1928, S. 49 f.; J. J. M. Roberts, 1972, S. 18 f.; L. Feliu, 2003, S. 280), Baʿal und Ḥadād (cf. A. Otto, 2002, S. 54 f.), aber auch der baltische Perkūnas (idg. *$perg$-, »schlagen«), der mit dem ersten Donner die Erdgöttin Zemyna aus ihrem Winterschlaf weckt und anschließend befruchtet (cf. G. Behm-Blancke, 2003, S. 119), oder der griechische Wettergott, über den Nonnos (XIV. 199 ff.) dich-

tet: »Statt Aphrodites Lager ward nun die Erde sein Saatfeld: / Drein ergoß er den Liebesregen des zeugenden Pfluges. / Und die Erde empfing den Hochzeitssamen Kronions.« Wahrscheinlich gab es auch im neolithischen Norden vergleichbare Vorstellungen. In bretonischen Hügelgräbern, z. B. dem von Mané-er-Hroek, fand man Steinäxte, die durch polierte Serpentinringe gesteckt waren, und eine Ritzzeichnung im Ganggrab von Gavrinis ist als eine Axt interpretiert worden, die eine Vagina penetriert. Cf. M. A. Patton, 1991, S. 67 ff. Zur Steinaxt als Donnerkeil und befruchtender Phallus des Gewittergottes cf. H. P. Duerr, 2005, S. 400 ff.

66 Cf. R. D. Biggs, 2002, S. 73; E. Evans, 1928, S. 316; bzw. P. Tedesco, 1968, S. 159; A. Walde / J. Pokorny, 1930, S. 149; W. Meid, 1998, S. 628. R̥gvedisch *vr̥ṣṇi-* bedeutet »Widder«, *vr̥ṣan* und avest. *arš-an* »geiler, wollüstiger Mann«. Cf. A. J. Van Windekens, 1962, S. 291. Sowohl der Mann als auch die Frau ergießen beim Orgasmus »Stiermilch« (*vr̥ṣṇyam payas*), d. h., beide »melken« einander während des Koitus. Cf. W. D. O'Flaherty, 1980, S. 20 f., 256; D. Schwemer, 2001, S. 125.

67 Cf. Hofmann, a. a. O., S. 354, 390 f., 401; Kluge, a. a. O., S. 110, 750; E. C. Polomé, 1998.

68 Cf. R. Lobban, 1999, S. 70, 76; A. el-Huseny, 2007, S. 79; G. Robins, 1996, S. 36. Die Symbolik blieb über die Jahrtausende erhalten: Auf einem frühmittelalterlichen Grabstein in Königswinter ist der Verstorbene mit einer Erektion dargestellt, und im Spätmittelalter und in der Renaissance deuten die hl. Jungfrau oder die hl. Anna mit dem Finger auf den Penis des Jesuskindes, um auf dessen künftige Wiederauferstehung hinzuweisen. Cf. J. Giesler, 2006, S. 84; bzw. L. Steinberg, 1983, S. 8; H. P. Duerr, 1988, S. 205 ff.

69 Cf. W. Helck, 1954, S. 977; bzw. L. C. Morales Muñiz / A. M. Muñiz, 1995, S. 94. Mutige Stiere gelten als besonders potent, weshalb man sie häufig am Leben läßt, um sie als Zuchtstiere zu verwenden. Einige Matadore haben berichtet, daß sie beim Töten des Stieres ejakulierten. Cf. a. a. O., S. 96.

Anmerkungen zu § 16

1 Cf. J. D. S. Pendlebury, 1963, S. 128; A. H. Sayce, 1909, S. 888; bzw. M. J. Mulder, 1980, S. 77 f.; E. Hallager, 1985, S. 33; F. C. Woudhuizen, 2001, S. 613. In dem wohl während der Regierungszeit Tutanchamûns verfaßten, aber wahrscheinlich auf einen im 16. Jahrhundert v. Chr. nach Ägypten gelangten minoischen Text zurückgehenden medizinischen Papyrus 10059 werden zwei kretische Gottheiten genannt, deren Namen mit Razaja/Razija oder Lazaja/ Lazija und mit Ameija/Amija transkribiert werden. Dabei könnte *'a-mᶜ-ĭɜ* identisch sein mit dem auf einer khaniotischen Tafel vorkommenden Personennamen *a-ma-ja*. Cf. Y. Duhoux, 1982, S. 255 f.; R. Arnott, 2004, S. 165; P. W. Haider, 2004c, S. 419.

2 Cf. J. T. Hooker, 1983, S. 140; A. Heubeck, 1966, S. 98; bzw. J. Bloch, 1923, S. 144 f.; C. Davaras, 1972, S. 112; Hofmann, a. a. O., S. 53; G. A. Owens, 1996, S. 168 f.; ders., 1999, S. 19; ders., 2000, S. 250; C. Crowther, 2000,

S. 145, 148; bzw. P. Faure, 1989, S. 431; G. A. Owens, 1993, S. 160; P. Ernst/G. Fischer, 2001, S. 102; G. Capdeville, 1995, S. 47. Wie die knossischen Theonyme *pi-pi-tu-na* oder *a-ma-tu-na* es nahelegen, scheint die Endung τυννα (*tu-na*) ebenfalls minoisch zu sein. Cf. T. G. Palaima, 2008, S. 352. War Δίκτυννα ein Name der Großen Göttin, die ihren Paredros im Schoß der Gebirgshöhle stillte und aufzog, waren die Δικταῖαι, also die Gebirgsnymphen, die auch tiergestaltig sein konnten (als Melissa, Amaltheia, Agrímifrau), ihre Nachfolgerinnen. Cf. W. Fauth, 1959, S. 502 f.; Capdeville, a. a. O., S. 71. Der Meeressprung der Diktynna entspricht dem der Ino. Cf. Apollodoros III. 28 = 4.3; Nonnos IX. 78 ff. Er ist schon vor langer Zeit als ein Bild für den Gang in die Unterwelt gedeutet worden (Abb. 33). So flieht Dionysos vor dem im Hochsommer das Land austrocknenden Lykurgos und »taucht ins Meer hinab« in den Schoß der Thetis (Ilias VI. 136 ff.), die auch dem ebenfalls zum Meeresgrund hinuntergetauchten Theseus den Hochzeitskranz für Aphrodite schenkt. Der Diktynna entsprechend springen Letos Schwester Ἀστερία, Aphrodite aus Verzweiflung über den Tod des Adonis, Skylla, die Geliebte des Minos, und die greisen, mit Blumen geschmückten Hyperboräer vom Leukadischen Felsen bzw. von Schiffen auf der Überfahrt nach Kreta ins Meer. Nachdem die Nymphe Echenaïs den Hermessohn Daphnis aus Rache für dessen Seitensprung geblendet hatte, fiel dieser ins Meer, und die Strömung trieb ihn in die Unterwelt. Cf. R. Dussaud, 1914, S. 390; M. Ninck, 1921, S. 35; F. A. Voigt, 1881, S. 234, 239; G. Karpe, 1943, S. 21 f.; G. Nagy, 1990, S. 229; J. Schmidt, 1927, Sp. 655 f.; K. Kerényi, 1926, S. 67; Apollodoros III. 211; A. J. Van Windekens, 1957, S. 167; bzw. E. Anagnostou-Laoutides, 2004, S. 82.

3 Cf. R. A. Brown, 1985, S. 40 f.; D. R. West, 1991, S. 370; K. F. Kitchell, 1981, S. 14; R. R. Stieglitz, 1981, S. 613; G. Mussies, 1990, S. 2435 f. Solinus übersetzt Βριτόμαρτις mit *virginem dulcem*, und nach dem spätantiken Geographen Stephanos v. Byzanz nannten die Kreter eine *virgo intacta* μαρνάς. Cf. West, a. a. O. P. Faure (1987, S. 342 f.) führt Britomartis auf *Ϝριθο μαρπίς, »die starke Nymphe«, zurück.

4 Cf. A. Evans, 1928, S. 843; bzw. L. Röhrich, 1959, S. 152. Als Hyakinthotrophos, d. h. als Amme des Hyakinthos, galt Artemis Ἀστρατεία, die nach Pausanias (III. 25.2) in Lakonien ein Heiligtum besaß und deren Beiname schon seit langem von dem Ἀστάρτη abgeleitet wird. Gleichermaßen wurde Artemis Ἰακυνθοτρόφος von Knidos als die Göttin betrachtet, die dem jungen Vegetationsgott in der Wildnis der Berge die Brust gab. Cf. M. J. Mellink, 1943, S. 3; M. P. Nilsson, 1950, S. 557 f.; West, a. a. O., S. 379 f.; Y. Mouratidis, 2005, S. 87.

5 Cf. Apollonios v. Rhodos I. 359 ff., II. 927 f.; bzw. Mussies, a. a. O., S. 2415, 2427 f., 2447; H. Usener, 1896, S. 221; Stieglitz, a. a. O., S. 613 f.; H. Verbruggen, 1981, S. 187 f.; P. W. Haider, 1988, S. 78. Die antiken Tempelarchive von Gaza besaßen nach P. Chuvin (1994, S. 176) gewiß noch viele Dokumente, die in die Zeit der Philister und jener Minoer, die sich in Palästina niederließen und von den Hebräern Kərētīm genannt wurden, zurückreichten. M. P. Nilsson (1960, S. 508) ist der Auffassung, Gazas Name Μινῴα sei eher auf den der arabischen Minäer zurückzuführen, die Maʿin hießen und über deren Siedlungs-

gebiet die Weihrauchstraße nach Gaza verlief. Aber gerade die Minäer waren nach Plinius (VI. 157) offenbar »ihrer Meinung nach Abkömmlinge des Königs von Kreta, Minos«. Nach Philon wurde Marnas ehedem Dagān genannt, der bekanntlich ein dem Ba'al entsprechender Wettergott war. Cf. E. Lipiński, 1990, S.234.

6 Cf. Lukian: *De Syria Dea* 4; Lykophron: *Alexandra* 1297 ff.; bzw. M. Ninck, 1945, S.18; B. W. W: Dombrowski, 1984, S. 62 ff., 82 f.; R.B. Edwards, 1979, S.79; R. S. P. Beekes, 2004, S.168; B. Otto, 2001, S.32.

7 Cf. H. van Effenterre, 1990, S. 125. »Hellotis« gilt als Epitheton der minoischen Göttin, und in Argos, Korinth und Marathon wurde Athene später so genannt. Beim Fest der Hellotis auf Kreta und in Korinth soll eine etwa zehn Meter lange Girlande aus Myrtenzweigen, ein Symbol der Liebe und der Schönheit, in einer Prozession umhergetragen worden sein. Die schwarzen Beeren des immergrünen Strauches oder Bäumchens, der sogenannten Braut-Myrte (*Myrtus communis*), repräsentierten die Klitoris. Cf. R. W. Willetts, 1960, S. 13 f.; ders., 1987, S. 173; bzw. C. Robert, 1920, S. 352; G. Karpe, 1943, S. 68 f.; R.A. Brown, 1985, S. 53.

8 Cf. Plinius XII. 11; Nonnos I. 346 ff.; bzw. Pausanias IX. 19.4 f. u. 19.1. Cf. Robert, a.a.O., S. 105 f.; W. Burkert, 1988, S. 87; L. Schumacher, 1990, S. 12 f.; R. S. Beekes, 2004, S. 168. »Europia« war auch ein Epitheton einer weiteren Nachfolgerin der Großen Göttin, nämlich der Hera. In Theben war offenbar nicht Zeus, sondern Kadmos Paredros der Demeter Europa. Cf. F. Vian, 1963, S. 138. Daß der Wettergott Europa nicht entführte und vergewaltigte, schimmert noch in der Darstellung auf einem im ausgehenden 6. Jahrhundert v. Chr. entstandenen Glockenkrater aus Tarquinia durch, in der Europa dem Zeusstier geradezu liebevoll ans Horn faßt (Abb. 219).

9 Cf. C. J. Ruijgh, 1967, S.203; ders., 1996, S.455; bzw. R. Dussaud, 1914, S.388 f.; G. A. Owens, 1993, S. 159; Diodoros III. 61.1 f. u. 6. Das minoische Oronym wanderte wahrscheinlich von Kreta nach Lykien, Karien und in andere Gegenden, und nach einer Überlieferung soll es durch die kretischen Teukrer in die Troas gelangt sein. Cf. H. Schäfer-Schuchardt, 2001, S.63. Da Kybele auf dem kleinasiatischen Ida erschien und dort Aphrodite den Anchises verführte, wurden beide ebenfalls Idaia genannt. Cf. I. v. Bredow, 1989, S. 148; Vermaseren, a.a.O., S. 25; W. Pape, 1870, S. 533; O. Jessen 1914, Sp. 865. Entsprechend zu ʾIδαίη als Bezeichnung für Kreta hießen dessen Bewohner ʾIδαῖοι. Cf. Pape, a.a.O.

10 Cf. J. B. Hofmann, 1949, S. 70, 226; Kluge, a.a.O., S. 866; P. Chantraine, 1968, S.455; Dr. Bürchner, 1914, Sp. 866; H. Schwabl, 1978, Sp. 1234; G. A. Owens, 1996, S. 178. Die dem Namen des Zeus Idaios entsprechenden Linear-B-Personennamen *i-da-i-jo* und *wi-da-jo* (= Fῑδαῖος) tauchen auf knossischen und pylischen Täfelchen auf. Cf. Ruijgh, a.a.O., S. 205, 220. Der Paredros der Großen Göttin steht sicher auch hinter dem Daktylen ʾIδαῖος, den die Mykener wohl Herakles nannten. Cf. C. Picard, 1948, S. 189.

11 Cf. F. Schachermeyer, 1950, S. 46; C. Trümpy, 2004, S. 24; M. Herles, 2006, S. 264; C. S. Littleton, 1973, S. 434 f. Noch der späthethitische Gewittergott Pihaššašši schleudert den Dreizack als Blitzwaffe, während Poseidon auf

Münzen des 6. Jahrhunderts v. Chr. aus Poseidonia den Dreizack genau so hält wie Zeus Ithomates das Blitzbündel (ἐνοσίχθων) auf den jüngeren messenischen Münzen, von denen wir eine an der Norderheverkante im Rungholtwatt gefunden haben. Cf. J. D. Hawkins, 1982, S. 56 f.; bzw. H. P. Duerr, 2005, S. 280.

12 Cf. B. Maier, 1999, S. 13; H. Wagner, 1981, S. 11 f.; B. C. Dietrich, 1962, S. 135; Odyssee I. 21 f.; N. Robertson, 1984, S. 10 ff., 14 f.; bzw. L. C. Polimenakos, 1996, S. 253; Pausanias V. 15.5; Hesiod: *Theogonie* 278 f. Dem Posidaon Enesiadone wurde in der Grotte von Amnisos, wo er vermutlich Paredros der Ereutija war, geopfert. Cf. Otto, a. a. O., S. 224.

13 Cf. J. Mylonopoulos, 2003, S. 226, 124, 369; K. Kerényi, 1944, S. 60; E. Vermeule, 1972, S. 295; bzw. Hyginus: *Fabeln* III u. CLXXXVII.

14 Cf. Pausanias VIII. 25.5 f. u. 42.1 ff.; bzw. L. Radermacher, 1903, S. 103; M. Jost, 1985, S. 307. In Thelpusa war Erinys eine chthonische Vegetationsgöttin. Auch die der Demeter gleichgesetzte italische Ceres (> idg. *ker-*; lat. *crescere*, »wachsen, geboren werden«; *creare*, »schaffen, zeugen, hervorbringen«) hatte offenbar ursprünglich einen stiergestaltigen Paredros. Eine Gemme zeigt sie auf einem Stier reitend mit Weizenhalmen, Mohnkapseln und einer Fackel in den Händen. Cf. B. S. Spaeth, 1996, S. 1 f., 132.

15 Cf. C. Boulotis, 1982, S. 160; J. Sakellarakis/E. Sapouna-Sakellaraki, 1980, S. 29 f.; dies., 1997, I, S. 307 ff.; bzw. A. Nur, 2008, S. 75 f.; J. N. Bremmer, 1987, S. 37; *Hymnus auf Poseidon* XXII. 2; Odyssee III. 5 ff. Noch im 19. Jahrhundert soll auf Thera beim Stapellauf eines Schiffes ein Stier geopfert worden sein. Cf. L. Morgan, 1988, S. 58. Nach Thukydides (I. 9.2) wurde das schwere Erdbeben vom Jahre 464 v. Chr. als Rache für die Entweihung des Poseidon-Heiligtums am Kap Tainaron durch die Spartaner erklärt. Auch den Untergang der Stadt Helike am Golf von Korinth im Jahre 373 v. Chr. durch einen Tsunami führte man auf den wütenden »Dunkelgelockten« zurück. Auf der 198 v. Chr. bei einem Ausbruch des Thera-Vulkans in der Kaldera entstandenen Insel errichteten die Rhodier ein Heiligtum des Poseidon Asphalios. Cf. G. H. Waldherr, 1997, S. 227, 230.

16 Cf. W. H. P. Römer, 1969, S. 99, 107; F. Bruschweiler, 1987, S. 166; A. Spycket, 1994, S. 271 f.; R. Mugnaioni, 2004, S. 66; bzw. R. Patai, 1967, S. 188; Å. W. Sjöberg, 1972, S. 99 f.; M. Pope/W. Röllig, 1975, S. 240; J. C. de Moor, 1987, S. 116. »Die süße Erde, die fruchtbare Kuh«, lautet ein sumerischer Text, »wurde durch das reichliche Sperma des Himmels geschwängert, / Und in ihrer Lust gebar die Erde die Pflanzen des Lebens.« Die Göttin Ninlil, die von Enlil, dem »wilden Stier«, besprungen wird, nannte man liebevoll »seine gemästete Kuh«, und auf altbabylonischen Rollsiegeln ist die Kuh meist ein Symbol der Ištar. Cf. B. L. Goff, 1963, S. 216; bzw. Sayce, a. a. O., S. 888. 'Anāth wird nicht selten – wie die Europa – auf einem Stier reitend oder mit Kuhhörnern dargestellt. Cf. S. O'Bryhim, 1996, S. 10 f.; P. Amiet, 1992, S. 8.

17 Cf. E. Loughlin, 2002, S. 42, 48; bzw. Palaiphatos 2. Nach Lactantius Placidus war der Stier von »Iuppiter«, also von Zeus, geschickt worden, und gemäß älterer Überlieferungen verbarg sich hinter dem Stier Zeus selber. Cf. Mussies, a. a. O., S. 2432; bzw. W. Helbig, 1897, Sp. 3004. Nach griechischer

Auffassung war die »weit scheinende« Göttin Πασιφάη »die Tochter des Helios und der Perseïs«, seiner Frau (Apollodoros III. 7), und im orphischen Sonnenhymnus wird Helios selber auf vorgriechische Weise Pasiphaës genannt. Cf. K. Kerényi, 1944, S. 177. Wahrscheinlich wurde die Göttin, die hinter Pasiphaë steht, von den Griechen den Sonnentöchtern wie Medea angeglichen, und wie diese kannte auch sie die regenerierende Kraft der Zauberpflanzen. Cf. Apollodoros III. 196 = III. 15.1

18 Cf. A. Fick, 1905, S. 127; Helbig, a.a.O., Sp. 3010; C. Robert, 1921, S. 679; A. Furumark, 1959, S. 370; R. F. Willetts, 1988, S. 167; bzw. R. Lindner et al., 2000, S. 150 f.; H. Naumann, 2007, S. 214 f. Nachdem Zeus mit seiner Tochter Kore/Persephone geschlafen hatte, wurde diese schwanger und gebar »ein Kind mit der Gestalt eines Stieres« (Clemens v. Alexandria: *Protreptikos* II. 14 P), und gleichermaßen heißt es über Pasiphaë: »Sie gebar den Asterios, den man Minotaurus nannte. Dieser hatte das Gesicht eines Stieres, war aber sonst ganz wie ein Mann« (Apollodoros III. 11 = III. 1.4). Vielleicht haben bereits die griechischen Einwanderer auf Kreta gelegentlich minoische Siegel mit den Darstellungen von Mischwesen aus Mensch und Stier gefunden, die daraufhin zur Vorstellung vom hybriden Minotaurus beigetragen haben könnten. Cf. N. Schlager, 1989, S. 237; J. Boardman, 2002, S. 148. Wie dem auch sei – das Motiv der Tötung eines Stiermenschen durch einen Helden ist nicht altägäisch, sondern beruht auf einem Mißverständnis der minoischen Überlieferung vom periodischen Verschwinden des Paredros der Großen Göttin durch die Griechen des 9. oder 8. Jahrhunderts v. Chr. Cf. E. R. Young, 1980, S. 170 ff.

19 Cf. J. M. Blázquez, 1973, S. 804; bzw. H. P. Duerr, 1984, S. 17 ff.; bzw. H. Mode, 1959, S. 69 f. u. Tf. 66; G. L. Possehl, 2002, S. 147; E. Richter-Ushanas, 2005, S. 139; E. C. Polomé, 1994, S. 46 f.

20 J. De Vries (1961, S. 244) meint, die Hauptfrau habe lediglich den Penis des sterbenden und dabei möglicherweise ejakulierenden Hengstes, der den vorindogermanischen Büffel ersetzte, auf ihre Vulva gelegt. Die Tradition erhielt sich zum Teil im Tantrismus, in dessen Ritual die »Büffelkuh« durch die Göttin Kālī und ihre Repräsentantinnen ersetzt wurde. Cf. S. Parpola/A. Parpola/R. H. Brunswig, 1977, S. 162 f. Im alten Irland penetrierte offenbar der König eine lebende weiße Stute, und von Merowig, dem Stammvater der Merowinger, hieß es, er sei von einem dem Meer entstiegenen Stier gezeugt worden, der seine am Strand sitzende Mutter besprungen habe. Cf. K. Helm, 1953, S. 77. Noch in späterer Zeit gab es in Irland während der Totenwache ein Ritual, in dem eine Schar junger Mädchen versuchte, eine in eine Kuhhaut gehüllte Jungfrau gegen einen mit Stierhaut und Hörnern ausgestatteten Burschen zu verteidigen, der sie aber schließlich packte. Cf. F. Akkerman, 2002, S. 14 f.

21 Cf. E. F. Bloedow, 1991, S. 163; B. C. Dietrich, 1967, S. 407; ders., 1988, S. 15; S. E. Alexiou, 1974, S. 232; R. F. Willetts, 1988, S. 165; B. Otto, 1994, S. 368; W. Pötscher, 1996, S. 858; bzw. R. Laffineur, 1985, S. 85; ders., 1994, S. 133; M. Argyrou-Brand, 2009, S. 312. Bereits F. Matz (1962, S. 215 f.) hat darauf aufmerksam gemacht, daß angesichts des sterbenden und wiederauferstehenden orientalischen Wetter- und Vegetationsgottes in Stiergestalt das Stierop-

fer kaum gegen die Existenz eines minoischen Stiergottes spreche. C. Obsomer (2003, S. 177 ff.) ist der Auffassung, die Tötung des den Vegetationsgott
vertretenden Stieres zur Regenerierung der Natur habe ursprünglich wohl in
der Kulthöhle, dem Eingang zum Jenseits, später aber im Innenhof der großen Paläste, etwa dem von Knossos, stattgefunden. Ein solches Stieropfer
wurde vermutlich auch bei der Bestattung jener Frau – wahrscheinlich eine
Hohepriesterin der Göttin – durchgeführt, die im 14. Jahrhundert v. Chr. im
Tholosgrab in Archánes beigesetzt worden ist. Neben der Larnax, in die man
die Leiche der in ein langes Gewand gekleideten und mit fünf goldenen Siegelringen geschmückten Frau gelegt hatte, fand man die Überreste des geopferten Stieres. Cf. J. Sakellarakis, 1965, S. 179 f.; ders., 1967, S. 281. Hornzapfen
des auf Kreta lebenden Auerochsen wurden im Palast von Knossos, aber auch
in Tylissos, Mallia und anderen Orten der Insel gefunden. Cf. H. v. Lengerken, 1955, S. 121. Auf dem Weg von Archánes zum Gipfelheiligtum des Juchtas (Διώκτας oder Διώς ὄχθος), dem heiligen Berg des Zeus, befand sich am
nördlichen Abhang das bereits erwähnte Heiligtum, in dem im MM III in
Richtung Sonnenuntergang ein junger Mann von etwa 18 Jahren geopfert
wurde, der ein Siegel trug, auf dem ein Mann ein Boot stakt. N. Postlethwaite
(1999, S. 91, 96) hält es für denkbar, daß der Jugendliche, während dessen
Tötung das Gebäude offenbar durch ein Erdbeben in sich zusammenbrach,
ein menschlicher Repräsentant des Vegetationsgottes gewesen ist. Jedenfalls
scheint auf der Lanzenspitze, mit der er getötet wurde, ein Eber dargestellt zu
sein, und nach Theodoros v. Mopsuestia soll ja auch Zeus Kretagenes – wie
Attis und Adonis – durch einen Eber ums Leben gekommen sein. Daß auf
dem Gipfel des Berges – vielleicht über der Felsspalte – ab ca. 2000 v. Chr. ein
Stier als Vertreter des Gottes getötet wurde, hat man vielfach angenommen.
Cf. Bloedow, a. a. O., S. 163 f., 169. Dort fand man zwei große und 32 kleinere
bronzene Doppeläxte neben dem Altar am Rande der Spalte. Cf. E. Vikela,
2000, S. 221 f; ders., 2003, S. 202.

22 Cf. Hesiod: *Theogonie* 154 ff.; M. Halm-Tisserant, 2004, S. 130, 134; Otto,
a. a. O., S. 369; bzw. A. E. Jensen, 1966, S. 125 f. Als ältestes Fest von Athen
galten die Dipoleia des Zeus Polieus. Im Rahmen dieses Festes fanden auch
die Buphonia statt, in deren Verlauf ein Stier getötet wurde, und zwar ebenfalls mit Hilfe einer Doppelaxt. Cf. Bloedow, a. a. O., S. 162 f.

23 In Šāgir Bāzār fand man einen steinernen Schmuckanhänger aus dem Natu-
fian (9. Jahrtausend) in Form einer Doppelaxt, während die aus dem mittleren 5. Jahrtausend stammende steinerne Doppelaxt mit in Gold gefaßtem
Schaft – vermutlich ein Herrschaftssymbol – in einem Grab der Nekropole
von Varna entdeckt wurde. Auch in Çatal Hüyük und anderen frühneolithischen Siedlungen stieß man auf Doppeläxte, und in Böhmen befinden sich
deren Abbilder auf der Keramik der Bandkeramiker. Bernsteindoppeläxte
wurden im mittleren Neolithikum zahlreichen Toten in die Megalithgräber
mitgegeben. Cf. B. Musche, 1992, Tf. VIII.6.1; L. Press, 1984, S. 15; H.
Quitta, 1971, S. 57; I. Nilius, 1971, S. 125.

24 Zu Beginn der Bronzezeit war die Doppelaxt die regenbringende Blitzwaffe
des anatolisch-vorderorientalischen Wettergottes, die offenbar in der zweiten

Hälfe des 3. Jahrtausends nach Kreta gelangte: Zwei Votivdoppeläxte aus Blei und eine aus Kupfer in einem Grab auf Mochlos und weitere in Gräbern bei Aghia Triada und Plátanos sind höchstwahrscheinlich Ausdruck der Hoffnung auf Regeneration. Cf. A. Vanel, 1965, S. 61; S. Hood, 2000, S. 22; bzw. B. C. Dietrich, 1988, S. 39; S. Hood, 2003, S. 57. J. Vanschoonwinkel (2004, S. 419) meint, gegen die Interpretation der Doppelaxt als befruchtendem Donnerkeil spreche die Tatsache, daß sie so häufig mit der minoischen Göttin assoziiert wurde. Aber warum sollte sie nicht mit der Vegetationsgöttin verbunden sein, wenn diese doch von dem die Blitzaxt schleudernden Gewittergott befruchtet wurde? Cf. Capdeville, a. a. O., S. 170; L. V. Watrous, 1996, S. 110. Der lamaistische Donnerkeil symbolisierte den besamenden *linga* (cf. S. Hummel, 1953, S. 982 f.), und auch Šangó, der Wettergott der Yoruba, benutzt eine Doppelaxt (*oše*). Die mythischen Ahnen der westafrikanischen Kurumba ließen es regnen, indem sie eine Doppelaxt in die Wolken schleuderten, und der mythische Heroe der Wahungwe hielt sie zu diesem Zwecke gegen den Himmel. Cf. D. Lange, 1994, S. 223; W. Staude, 1969, S. 129; bzw. A. Friedrich, 1939, S. 341.

25 Cf. B. C. Dietrich, 1994, S. 62; ders., 2004, S. 81 f.; M. Nikolaidou/D. Kokkinidou, 1997, S. 182; D. Matsas, 1991, S. 172; bzw. E. S. Banou, 1995, S. 35 f., Fig. 16; N. Platon, 1971, S. 146; H.-G. Buchholz, 1983, S. 55, Abb. 12c u. 13e. Statt der Doppelaxt können gelegentlich auch andere Regenerierungssymbole erscheinen. So kringelt sich zwischen den Hörnern eines Stierkopfes auf einem von Kreta importierten SM III-Krater aus Pyla Kokkinokremas eine Schlange. Cf. ders., 2000, S. 71. Bereits die mittelhelladischen Doppeläxte aus Terrakotta sowie später die SM- und SH-Exemplare aus dünnem Metall waren natürlich reine Kultobjekte, mit denen man kein größeres Tier betäuben konnte. Cf. R. Hägg, 1997a, S. 14, 17. In historischer Zeit war die Doppelaxt häufig ein Attribut des ehemaligen Stiergottes Poseidon: Noch auf den frühhellenistischen Tetradrachmen von Zypern ist sie neben dem den Dreizack schleudernden Gott abgebildet. Cf. I. Carradice, 1997, S. 78.

26 Cf. E. M. Hatzaki, 2005a, Pl. 16 d; J. H. Betts, 1980, Nr. 236; J. Sakellarakis, 1982, Nr. 191; bzw. F. Cumont, 1923, S. 122 f.; H. Lommel, 1949, S. 212; G. Zippel, 1895, S. 513; B. Schweitzer, 1957, S. 177 f. Auf vielen Abbildungen wachsen die Ähren aus der dem Stier zugefügten Wunde oder, wie auf dem mithräischen Kultbild von Osterburken, aus seinem Schwanz. Cf. H. Schoppa, 1959, S. 5. Das Verspritzen des Stierblutes und -spermas auf die Erde ist häufig mit der Schwängerung der minoischen Erdgöttin gleichgesetzt worden. Cf. H. Velten, 2007, S. 40.

27 Cf. W. Müller, 1997, S. 244; ders./I. Pini, 1999, Nr. 163 f.; S. Hiller, 2000a, S. 101 f.; F. Matz, 1962, S. 216. Rosetten befinden sich auch auf oder neben der Stirn von »Minotauren«, etwa dem auf einem Meteoritsiegel aus Phaistos, über einem Widderkopf auf einen Lentoid aus Mallia, vor der Darstellung einer Priesterin im Volantrock mit Adorationsgeste oder auf einem goldenen Stierkopfanhänger aus Kato Zakros. Cf. A. Xenaki-Sakellariou, 1958, Pl. IX. 379, Pl. XII. 360; J. Deshayes/A. Dessenne, 1959, S. 142 f. u. Pl. LXXII. 8; J. B. Wohlfeil, 1997, S. 129; I. Pini/W. Müller, 1998, Nr. 172; N. Marinatos, 2007a,

S. 148. Auf Rosetten stößt man auch häufig im Zentrum von Spiralen – so am Ende des Spiraltextes auf Seite A des – möglicherweise gefälschten – Diskos von Phaistos. Cf. T. Timm, 2005, S. 61. Das Loch zwischen den Hörnern des Stierkopfes von Mykene diente vermutlich der Anbringung einer Doppelaxt. Cf. W. M. Müller, 1904, S. 55. Um Europa zu entführen, verwandelt sich Zeus nach Moschos (II. 85) in einen Stier mit einem silbernen Fleck »mitten auf der Stirn«, und auch der Stier, auf dem Iupiter Dolichenus steht, ist so gezeichnet. Cf. G. Karo, 1904, S. 125.

28 Cf. L. R. Palmer, 1986, S. 195; E. Fontan, 2003, S. 165; G. del Olmo, 2003, S. 110; bzw. F. Matz, 1928, S. 87; L. McKenzie, 1996, S. 334 f.; U. Moortgat-Correns, 1994, S. 365 f.; Herles, a. a. O., S. 227 f. J. Leclant (1996a, S. 623) ist der Meinung, das Motiv der Rosette auf der Stirn des Stieres sei im Neuen Reich von Ägypten nach Kreta gewandert. Auf der Schminkplatte der Hathor aus einem vordynastischen Grab der 2. Hälfte des 4. Jahrtausends in Gerza ist zwischen den Kuhhörnern des Kopfschmuckes der Göttin eine Sternblume zu sehen (cf. M. L. Moss, 2003, S. 36), die aber wohl eher die Sonne symbolisiert.

29 Cf. E. Mudrak, 1961, S. 172; P. Amiet, 1981, Nr. 43; I. Seibert, 1969, S. 35; D. Schmandt-Besserat, 1993, S. 206; K. Szarzyńska, 2000, Fig. 8 u. 9. Rosetten aus Fayence und Blei entdeckte man im Tempel der Ištar von Aššur. Cf. J. Black/A. Green, 1992, S. 109, 156 f. Später war die Rosette das Symbol der »Blütenhera«, der Fruchtbarkeitsgöttin Hera Antheia von Argos, und auch in der hethitischen Hieroglyphenschrift bedeutete sie Leben und Wohlergehen. Cf. B. Otto, 1996, S. 826 f.; bzw. Marinatos, a. a. O., S. 145 f.

30 Cf. F. Graf, 1985, S. 324. Widder wurden in Griechenland meist den *chthonischen* Göttern geopfert. Cf. W. K. C. Guthrie, 1950, S. 221. Man hat gemutmaßt, die Thesmophorien hätten sich aus einem neolithischen Fruchtbarkeitsritual entwickelt, in dem ein junges Mädchen geopfert wurde. Cf. K. Berggren, 1993, S. 12 f. Das Wort κοίρος bedeutet bekanntlich »Ferkel«, aber auch »Vulva«, und die ihre Vulva exhibitionierende Baubo sitzt dabei häufig auf einem Schwein. Cf. G. Devereux, 1981, S. 70 ff.; H. P. Duerr, 1984, S. 203 ff. Als Baubo vor der trauernden Demeter ihre Genitalien (αἰδοῖα) zur Schau stellt, lacht die Göttin auf, denn dort erblickt sie nach einer orphischen Überlieferung den kleinen Ἴακχος, die Personifikation der wiederkehrenden Vegetation. Cf. Clemens v. Alexandria II. 17 P. Die Mitteilung des Gregor v. Nazianz, Demeter selber habe ihre Vulva entblößt, geht sicher auf eine alte Überlieferung zurück. Cf. F. Wehrli, 1934, S. 79.

31 Cf. Graf, a. a. O., S. 324; Pausanias IX. 34.5; M. P. Nilsson, 1906, S. 11; I. Huber, 2005, S. 174 f.; D. D. Hughes, 1991, S. 83. Damit Attis, die Verkörperung der Vegetation, wiederauferstehen konnte, wurde ein Widder geopfert, und beim Frühlingsfest schnitten sich die Priester der Kybele in die Arme, damit das auf die Erde tropfende Blut dem Attis die Kraft zur Rückkehr gab. Cf. B. Johnson, 1988, S. 204; M. E. Kislev, 1988, S. 77. Beim Tauro- und Kriobolium im Kybelekult strömte das Blut der Opfertiere über das Gesicht des Mysten, der damit »in aeternum renatus« wurde, aber auch der Opfertod des göttlichen Widders Jesus, des »Lichtes der Welt«, war die Wende vom Tod zum neuen Leben. Auf dem romanischen Tympanon über dem Portal der Kir-

che von Oberröblingen in Sachsen-Anhalt oder am Turm der Benediktinerabtei Brauweiler bei Köln ist deshalb Jesus als Widder dargestellt, der den Kopf nach hinten wendet. Cf. M. J. Vermaseren, 1979, S. 19 f.; bzw. W. v. Blankenburg, 1975, S. 211 f. Das Jesuskind als Lämmchen ist das verjüngte alte Jahr. In einem um 1470 verfaßten Liederbuch heißt es: »Ein lam in kindes wise / to ôren brûsten lag, / dat was de olde grise [Graukopf], / de schop [schuf] den ersten dag« (F. H. Hamkens, 2000, S. 755).

32 Cf. V. V. Napolskikh, 1992, S. 28; bzw. Krickeberg, a.a.O., S. 330; K. Helfrich, 1973, S. 39 f. Offenbar schlugen die Mayapriester die jungen Mädchen und Männer vorher bewußtlos, oder diese verloren das Bewußtsein, wenn sie z. B. im »Heiligen Cenote« von Chichen Itzá nach einem freien Fall aus 20 m Höhe auf die Wasseroberfläche aufschlugen. Nicht jedes Opfer war mit seinem Schicksal einverstanden. Als eine Jungfrau in Chichen Itzá auf diese Weise zu den Göttern geschickt werden sollte, »respondia ella que no diria tal cosa [= um Regen zu bitten], antes les rogaria que no les embiazen maiz ni otra cosa alguna, pues que la matavan; i obro tanto denuedo i desemboltura de aquella doncella en su platica, que la dexaron i sacrificaron otra en su lugar«, d. h., sie sagte, sie werde einen Dreck tun und die Götter keineswegs um eine gute Maisernte oder irgend etwas anderes bitten. Deshalb wurde die Unwillige gegen ein kooperativeres Opfer ausgetauscht. Cf. J. E. S. Thompson, 1970, S. 173.

33 Cf. A. E. Jensen, 1948, S. 253 f.; K.-H. Kohl, 1998, S. 271 f.; E. Vatter, 1932, S. 105 f.; M. Appel, 2001, S. 80 f.; bzw. R. A. Giambelli, 2002, S. 50 ff. So wie Kore von der Demeter wird auch Tonu Wudjo jedes Jahr nach ihrem Verschwinden von ihrer Mutter gesucht. Damit der Reis sproß, opferten die Ata Kiwan noch im 19. Jahrhundert Menschen oder man führte eigens Kriegszüge durch, um Blut zu vergießen. Die Lio auf Flores erzählen, die erste Reispflanze sei dort gewachsen, wo das Blut des Reismädchens auf die Erde tropfte, nachdem sie sich aus Versehen in den Finger geschnitten hatte. Daraufhin bat sie ihren Bruder, sie zu zerstückeln, worauf aus ihren Gliedern die Hirse und die übrigen Feldfrüchte wuchsen. Cf. S. Howell, 1996, S. 103. Die Sanemá, eine Untergruppe der Yanomamö, sagen, durch das bei kriegerischen Auseinandersetzungen vergossene Blut würden die Früchte des Waldes reif und rot (cf. O. Zerries, 1983, S. 146), und die Sema-Nagas überfielen und töteten besonders gerne die Frauen der Nachbarstämme, weil das weibliche Geschlecht in höherem Maße die Fruchtbarkeit verkörperte als das männliche. Cf. A. Stirn/P. van Ham, 2000, S. 138. Die Dayak waren davon überzeugt, daß durch die abgeschlagenen und Sperma enthaltenden Köpfe die Frauen schwanger und die Menschen insgesamt gesund und vital würden (cf. D. Freeman, 1979, S. 236 f.), und auf der Frederik-Hendrik-Insel vor der Südwestküste Neu Guineas wuchsen die Kokospalmen besonders gut, wenn man einerseits erfolgreich auf die Kopfjagd ging und andererseits nachts sexuelle Orgien durchführte. Cf. L. M. Serpenti, 1968, S. 136 ff. Bei den Asmat und den Kiwai hängte man die erbeuteten Köpfe in die Gärten, um das Wachstum der Sagopalmen und der übrigen Nutzpflanzen zu fördern, und die Initianden hielten die Köpfe an ihre Genitalien, um ihre Potenz zu steigern. Bei den Maya

und den mexikanischen Ethnien war der Totenschädel das Symbol der Fruchtbarkeit und Regeneration, und die Zuñi sagten, das vergossene Blut ihrer Feinde vitalisiere »das Fleisch unserer Mutter Erde« und aus den in der Erde bestatteten abgeschnittenen Köpfe wüchsen die *tenatsali*-Blumen. Cf. P. Schaafsma, 2007, S. 114 f. J. J. Leyenaar/G. W. van Bussel, 1994, S. 193 f.; bzw. D. Tedlock, 1978, S. 100, 117 f. Schließlich glaubten bis in unsere Zeit die Kopfjäger der Ilongot im Norden Luzons, ein erfolgreicher Beutezug vitalisiere sie selber und mache sie in den Augen der jungen Frauen attraktiver. Cf. R. Rosaldo, 1980, S. 140; M. Z. Rosaldo, 1980, S. 227 ff.

34 Cf. G. Forth, 1996, S. 74 f., 78, 88; bzw. Blázquez, a. a. O., S. 805 f.; R. Bischof, 2006, S. 57. Auf Lembata wurde das Blut von Ziegen und Hähnchen beim Stapellauf von Schiffen und bei der Eröffnung der Fischereisaison vergossen (cf. R. H. Barnes, 1996, S. 180 f.; P. Graham, 1996, S. 156). Im August 1986 nahmen Karl-Heinz Kohl und ich in Belogili am Fuße des Ili-Mandiri-Vulkans an einem Ritual teil, in dem das Blut von Ferkeln und Küken zum Wohle der rothaarigen Seejungfrauen (*harin botan*) auf die Erde gespritzt wurde. Bei den Makassae im Osten Timors überträgt sich die Lebenskraft der in der Erde verwesenden Leichen auf den Reis, das Wurzelgemüse und den Mais, während das Opferblut in die Erde und von ihr ins Meer fließt, wo es verdunstet und als befruchtender Regen zurückkommt. Cf. S. Forman, 1980, S. 161.

35 Cf. M. Höfner, 1989, S. 351; bzw. A. Gingrich, 1989, S. 363 f. Auf eine ehemalige Regenerierung der Verstorbenen durch Tieropfer deutet vielleicht jene Stelle in der Odyssee (XI. 37) hin, an der Odysseus an dem von Kirke beschriebenen Ort einer jungen Kuh sowie einem schwarzen Schaf die Kehle durchschneidet und ihr Blut in eine von ihm gegrabene Grube laufen läßt, worauf »in Scharen die Seelen der schon vor langer Zeit gestorbenen Toten« aus der Unterwelt heraufkommen.

36 Cf. L. de Heusch, 1997, S. 219; A. Friedrich, 1939, S. 16, 343; B. Schnepel, 1995, S. 62 f; E. E. Evans-Pritchard, 1962, S. 75 f.; bzw. E. J. Krige/J. D. Krige, 1943, S. 271; L. de Heusch, 2005, S. 27. Bei den westafrikanischen Rukuba stiegen die Ernteerträge proportional zur Kraft und Potenz des Priesterkönigs, und auch die Nyakyusa am Nordende des Njassasees machten ihren König für jede Mißernte verantwortlich. Cf. M. Abélès, 1981, S. 5. Wenn der König der Schilluk starb, sagte man *piny bugon*, »das Land existiert nicht mehr«, weshalb bei den Aschanti niemand etwas vom Tode des Königs erfahren durfte. Cf. P. Akoi, 1959, S. 147. Und wenn der König der Bemba todkrank und schwach war, erwürgte man ihn, damit seine Lebenskraft ihn nicht mit dem aus einer Wunde fließenden Blut verlassen konnte. Cf. A. I. Richards, 1968, S. 30. Nachdem der König der Mbum stranguliert worden war, hieß es, er sei nicht gestorben, sondern »nach oben«, auf den Mond, gegangen. Und wenn sein Nachfolger den Thron bestieg, sagte man: »Der Neumond ist aufgegangen, unser König ist wieder heimgekehrt!« Cf. C. K. Meek, 1931, II, S. 493 f.

37 Cf. C. Lecouteux, 2002, S. 47; G. S. Olmsted, 1979, S. 135; J. De Vries, 1961, S. 246; bzw. K. Düwel, 1970, S. 234; H. Beck, 1970, S. 244; O. Sundqvist,

2005, S. 110; O. Höfler, 1956, S. 78; P. Pieper, 1989, S. 159; H. Naumann, 1940, S. 37; Hauschild, a. a. O., S. 556; bzw. Höfler, a. a. O.; J. N. Bremmer, 1980, S. 75, 88. Bereits das Wasser, mit dem König Halfdan sich gewaschen hatte, machte Kranke gesund. Cf. H. Naumann, 1938, S. 5. Noch im 19. Jahrhundert sagte man, immer dann, wenn Franz Josef I. öffentlich auftrete, strahle die Sonne vom Himmel. Daher stammt der Ausdruck »Kaiserwetter«.

38 Cf. J. G. Frazer, 1913, I, S. 2 ff.; II, S. 378 ff.; W. Fauth, 1959, S. 401 ff.; J. Gagé, 1963, S. 73; N. Boëls-Janssen, 2006, S. 54 f.

39 Cf. C. Robert, 1915, S. 44 f., 58; H. v. Prott, 1906, S. 88; P. G. Maxwell-Stuart, 1975, S. 41 f.; L. Edmunds, 1981, S. 236; M. S. Ruipérez, 1996, S. 127 f.; T. Sasaki, 1998, S. 12. Die Gattin und Mutter des Ödipus, die meist Iokaste oder Eurygane genannt wird, ist mit Demeter identisch, die ihn am Kithairon geboren hat, und in deren dort liegendem Heiligtum von Eteonos ist er auch begraben. Cf. F. R. Schröder, 1956, S. 73. Die idg. Wz. *oid- ist wohl auch im Namen der schnell anschwellenden bayerischen und Tiroler Gebirgsbäche, den Itterbächen, enthalten. Cf. H. Stumfohl, 1986, S. 103.

40 Cf. L. de Heusch, 1997, S. 219; ders., 2005, S. 30; J.-C. Muller, 1981, S. 244; M. W. Young, 1966, S. 141 f., 149 f. Die Könige der Wakaranga wurden anscheinend jeweils nach Ablauf von vier Jahren getötet. Cf. L. Frobenius, 1931, S. 223. Ähnlich verfuhren die Yoruba, die Ibo und die Stämme am Weißen Nil. Cf. S. Lagercrantz, 1944, S. 127 f.

41 Cf. Odyssee XIX. 178 f.; Plato: *Gesetze* 624 a ff.; Plutarch: *Agesilaos*, 11; J. G. Frazer, 1912, S. 58; B. C. Dietrich, 1974, S. 61; G. Capdeville, 1990, S. 100 f.; M. Blomberg/G. Henriksson, 1996, S. 28 f.; C. B. F. Walker, 2003, S. 255. »Neun Jahre« oder »neun Tage« auf See sind freilich auch eine Formel für eine sehr lange Zeitspanne. Cf. A. Lesky, 1966, S. 59; C. Baurain, 2005, S. 36. Daß Minos sich vor Zeus verantworten muß, liegt daran, daß ein König nur König war durch Zeus, der ihn kontrollierte. Cf. Kallimachos: *Hymnen* I. 78 ff.

42 Cf. Å. V. Ström, 1959, S. 711; F. Vian, 1963, S. 114; Frazer, a. a. O., S. 71; bzw. K. Kerényi, 1967, S. 300; H. J. Rose, 1955, S. 180; R. F. Willetts, 1977, S. 127. Ein »Großes Jahr« mußte auch Apollon dem Unterweltsgott Admetos dienen. Die Existenz eines minoischen Priesterkönigs ist zwar aufgrund der Quellenlage im strengen Sinne nicht nachweisbar, doch gibt es, wie J. T. Hooker (1983, S. 139) sagt, unter Berücksichtigung aller Indizien »a priori likelihood«, daß die Minoer sich auch in dieser Hinsicht nicht von ihren orientalischen Vorbildern unterschieden haben, ja, man hält es für wahrscheinlich, daß die Institution des Sakralkönigs gegen Ende des 3. Jahrtausends aus der Levante übernommen wurde. Cf. F. R. Riley, 1999, S. 20; N. Marinatos, 2007, S. 356 ff.

43 Cf. N. Wyatt, 2005, S. 702; A. Bernabé, 2004, S. 295; bzw. W. Fiedler, 1931, S. 10 ff.; Odyssee XIX. 111 ff. Auch die persischen und indischen Könige waren für die Regenfälle und das Wachstum verantwortlich (cf. G. Widengren, 1959, S. 253), und die Herrscher der Maya verletzten sich am Penis oder an der Zunge und befruchteten mit dem aus der Wunde fließenden Blut die Erde. Cf. D. Dütting, 1991, S. 83. War die Königin der Lovedu nicht anwe-

send oder starb sie, vertrocknete augenblicklich die gesamte Vegetation. Cf. Krige/Krige, a. a. O.

44 Valerius Flaccus I. 51; Orphische Argonautiká 108 f.; bzw. Pindar: *Pythische Ode* IV. 184 ff. Die Argonauten werden als νέοι oder κοῦροι beschrieben, obgleich ihnen andererseits Weißhaarige angehören. Jason ist dabei *primus inter pares* und nicht königlicher Führer wie Odysseus, weshalb die historischen Argonautiká im Gegensatz zur Odyssee oder zur Aeneis keine Iasonís sind. Cf. P. Dräger, 2001, S. 120. Eine spätere griechische Zutat in dem mit Sicherheit im Kern bronzezeitlichen Epos sind die feindselige Beziehung zwischen Pelias und Jason, die z. B. in der ältesten thessalischen Überlieferung noch nicht vorhanden ist (cf. L. Séchan, 1927, S. 247), sowie die Tatsache, daß für die späteren Argonauten Unsterblichkeit nicht im ursprünglichen Sinne Regeneration, sondern immerwährender Ruhm (κλέος) bedeutet. Auch Achilles geht nach Troja, um dort Unsterblichkeit durch κλέος ἄφθιτον zu gewinnen. Cf. F. Bader, 1983a, S. 67.

45 Cf. A. Leukart, 1983, S. 245; G. Neumann, 1998, S. 29; M. L. West, 2007, S. 89; bzw. J. R. Conrad, 1957, S. 124; C. Obsomer, 2003, S. 169; M. Rice, 1998, S. 46. Von einer auf Zypern gefundenen griechisch-phönizischen Bilingue her weiß man, daß ἄναξ gleichbedeutend mit DN, »Herr«, war. Cf. L. R. Palmer, 1983, S. 344.

46 Cf. J. K. Hoffmeier, 1994, S. 29; G. Robins, 2008, S. 90; bzw. H. P. Duerr, 1984, S. 124 ff.; M. Ibrahim/D. Rohl, 1988, S. 8. Nach Lukian (*De Syria Dea* 6) mußten sich die byblitischen Frauen beim Fest des sterbenden Vegetationsgottes Adonis entweder das Haar abschneiden »wie die Ägypter, wenn ihr Apis gestorben ist«, oder sich angeblich auf dem Markt der Stadt jedem beliebigen Mann hingeben.

47 Cf. E. Uzunoğlu, 1993, S. 106; M. Popko, 1995, S. 69 f., 91 f.; bzw. Hesiod: *Fragmente* 145.1 f.; Conrad, a. a. O., S. 115, 119; J. Puhvel, 1964, S. 167; J. D. Marry, 1982, S. 210 f.; R. D. Ballard/T. Eugene, 2004, S. 149; W. Burkert, 1991, S. 29. Daß dem Stier auf Kreta möglicherweise ein Widder voranging, erkennt man vielleicht auch an der Nachricht des Aristophanes v. Byzanz, Simonides v. Keos habe in seiner *Europa* »den Stier nicht nur einen Stier, sondern auch μῆλον und πρόβατον genannt. Cf. Simonides 18. Einen ἱερὸς γάμος der Großen Göttin mit dem Widdergott Zeus Sabazios hat schon A. B. Cook (1914, S. 391 ff.) vermutet.

48 Cf. F. Schachermeyr, 1964, S. 304; I. Puskás, 1988, S. 18; B. Otto, 1997, S. 56 ff., 64; bzw. R. Werner, 1990, S. 64 f. Der Ausdruck »Minoer« für die vorgriechische Bevölkerung Kretas stammt von Evans, aber das Wort »minoisch« als Synonym von »kretisch« wurde gelegentlich schon von den Griechen benutzt. So verbergen sich nach Apollonios von Rhodos (II. 299) die von den Argonauten verscheuchten Harpyien, häßliche Riesenvögel mit dem Kopf einer Frau, im Gebirge »des minoischen Kreta« (Κρήτης Μινωίδος).

49 Cf. V. I. Georgiev, 1968, S. 377 f.; ders., 1979, S. 202; C. J. Ruijgh, 1992, S. 559; G. A. Owens, 1996, S. 178; A. Strataridaki, 2003, S. 190, 194 ff.; West, a. a. O., S. 88. Auf einem pylischen Täfelchen kommt der Männername *me-no* (μενως) vor. Cf. R. Arnott, 2002, S. 6. Die Endsilbe -ως findet man auch bei

anderen kretischen und kleinasiatischen Eigennamen wie z. B. Τάλως. Cf. R. A. Brown, 1985, S. 80. Vielleicht wurden in der Eisenzeit einige der überseeischen Orte, die auf die kretischen Mykener oder die Philister zurückgeführt wurden, mit dem von Μίνως abgeleiteten Namen Μινῴα bezeichnet. Cf. M. Faust, 1969, S. 106. Insgesamt scheinen im östlichen und zentralen Mittelmeer 16 solcher Siedlungen bekannt zu sein. Cf. G. Mussies, 1990, S. 2445 f.

50 Cf. P. W. Haider, 1988, S. 16 f.; ders., 2007, S. 175 f., 181; Hooker, a. a. O., S. 46; Otto, a. a. O., S. 60, 109.

51 Cf. A. Koefoed, 1983, S. 21; G. A. Owens, 1996, S. 210; M. C. Astour, 1998, S. 64; M. Popko, 1995, S. 152; Snorri Sturluson: Prosa-Edda 32; A. H. Krappe, 1943, S. 311; H.-P. Müller, 2005, S. 295; bzw. Ilias XXII. 209 ff., VIII. 69 ff.; Odyssee XI. 568 ff. Forseti, über den es in den Grímnismál heißt, daß er »jeden Streit schlichtet« (*svæfir allar sakir*), ist gewiß identisch mit Fosite, der im frühen Mittelalter im heutigen Nordfriesland (»in confinio Fresonum et Danorum«) verehrt wurde. Auch der Vegetationsgott Freyr war in den Sagas Totenrichter (cf. A. Russchen, 1974, S. 21), und der Richter Hǫfunðr, Sohn des Guðmunðr und Bruder der bestrickenden Ingibjǫrg, die in dem paradiesischen Bernsteinland Glæsisvellir leben, dürfte ebenfalls ein Vegetationsgott gewesen sein. Cf. W. Laur, 1951, S. 442 f. Wird Zeus Kretagenes nach seinem periodischen ›Tod‹ zu Zeus Katachthonios oder Aidoneus (= Hades) und zum Gemahl der »schrecklichen« Persephone (Ζεύς τε καταχθόνιος καὶ ἐπαινὴ Περσεφόνεια), wie es in der Ilias (IX. 457) heißt, so auch die jede Nacht durch die Unterwelt reisende »Sonnengöttin von Arinna«, die dem hethitischen Großkönig die Herrschaft verlieh, zur Göttin der Unterwelt. Aber auch die »alten Könige« der Hethiter (*karuiles lugal meš*) galten als Unterweltsrichter. Cf. K. H. W. Völcker, 1830, S. 138; bzw. V. Haas, 1977, S. 51 f.; K. Spronk, 1986, S. 182; R. Lebrun, 1994, S. 156.

52 Cf. Sophokles: *Fragmente* 62; Pausanias VIII. 53.5; Platon: *Minos* 320 c; bzw. V. I. Georgiev, 1979, S. 200; ders., 1983, S. 128; V. La Rosa, 1985, S. 53; A. J. Van Windekens, 1958, S. 84; bzw. Pindar: *Olympische Ode* II. 68 ff.; P. Capelle, 1928, S. 23 f. Warum Rhadamanthys, der nach Diodoros (84.4) in der Zeit »vor dem Trojanischen Krieg« lebte, nach Elysion entrückt worden war, wußte offenbar bereits in homerischer Zeit kein Grieche mehr zu sagen. Cf. E. Rohde, 1898, S. 77. Einige Gelehrte haben ihn auf »den jungen Mann« Radaman zurückgeführt, der in einem ugaritischen Text Herrscher über das Elysion der Bewohner der syrischen Küste und in einem anderen der Begleiter Ba'als ist, der für diesen auf seinem heiligen Berg Ṣāpōn ein Symposion mit Lämmerbraten und Wein veranstaltet, auf dem »der Liebliche« mit »Zimbeln in den Händen« vor dem Wettergott »mit süßer Stimme singt«. Cf. J. F. Healey, 1999, S. 57; O. Loretz, 2002, S. 80.

1 Cf. P. Warren, 1987a, S. 41; A. Peatfield, 1995, S. 218; W. Gauer, 2001, S. 67; P. W. Haider, 2004, S. 235; bzw. C. Stewart, 1991, S. 34 f. Die mykenischen Gottheiten wurden meist mit »Herr« oder »Herrin«, z. B. [*a-ta-na*] *po-ti-ni-ja*, angerufen. Cf. S. Luria, 1957, S. 46. Daß ein Großteil ihrer Gottheiten von Kreta stammte, war den Griechen stets bewußt, »brachen doch, wie sie [= die Kreter] sagen, die meisten Götter von Kreta auf [...]. Demeter z. B. setzte nach Attika über und ging von dort nach Sizilien und späterhin sogar nach Ägypten« (Diodoros V. 77.4). Die griechischen Göttinnen konnten dann aber zum Teil wieder miteinander verschmelzen. So wurde z. B. nach Pausanias (III. 13.8 f.) in Sparta das hölzerne Kultbild der Hochzeitsgöttin Aphrodite Hera verehrt.

2 Cf. J. G. Westenholz, 2002, S. 19 f.; I. Fuhr, 1967, S. 120; W. Fauth, 1967, S. 409; A. Vanel, 1965, S. 81; E. Bánffy, 2001, S. 76; bzw. C. G. Bennett, 1982, S. 291. Ob die verschiedenen Symbole auf den Köpfen der Statuetten der spätpalastzeitlichen »Göttin-mit-den-erhobenen-Händen«, z. B. Vögel, Schlangen, Mohnkapseln, Agrímia etc., ein Indiz dafür sind, daß die oberste minoische Gottheit sich bereits im SM III B/C in Einzelgottheiten aufzulösen begann, wie A. Peatfield (1994, S. 34 f.) meint, sei dahingestellt.

3 Cf. G. C. Gesell, 1983, S. 95; R. Laffineur, 1991a, S. 236. Der berühmten Fayencefigur entspricht die kleine, vermutlich etwas jüngere Bronzestatuette einer Frau, die ebenfalls einen Volantrock trägt und deren Brüste unbedeckt sind. Sie hält in gleicher Weise zwei Schlangen hoch, und auf ihrer Tiara befindet sich ein nicht identifizierbares Tier. Cf. A. Spycket, 2000, S. 115. Die Fragmente zweier Göttinnenfigurinen des SM III aus Prinias lassen erkennen, daß sich Schlangen um ihre Arme wanden, und das Fehlen der Füße könnte bedeuten, daß die Frauen im Augenblick der Epiphanie aus den Tiefen der Erde dargestellt sind. Cf. Marry, a. a. O., S. 122 f. In Tholosgräbern des FM II in Kumasa auf der Messará fand man Gefäße in Form einer Frau, um deren Körper zwei Schlangen gleiten, was wohl bedeutet, daß diese Göttin der ewigen Regeneration auf Kreta bereits im 3. Jahrtausend existiert hat. Cf. K. Branigan, 1998, S. 22; L. Goodison/C. Morris, 1998, S. 117 f.; H.-G. Buchholz, 2000, S. 86. Auch in Ägypten, Kleinasien und im Vorderen Orient war die Schlange Inbegriff der Wiedergeburt und Fruchtbarkeit. Auf einem spätbronzezeitlichen ḫurritischen Siegel aus Nuzi hält eine bis auf ihren Minirock nackte Göttin in jeder Hand eine Schlange, und auf gleiche Weise sind häufig auch die auf einem Löwen stehende ʿAšerah und die ʿAštart abgebildet, während Baʿal ebenfalls von Schlangen umwunden wiedergegeben wird. Hiskia »zerbrach«, nachdem er König von Juda geworden war, »die Säulen« des Tempels von Jerusalem, »rottete das ʿAšerahbild aus und zerstieß die eherne Schlange«. Cf. J. S. Shoemaker, 2001, S. 6; B. Buchanan, 1971, S. 7 f.; A. J. Brody, 1998, S. 29; A. Trčková-Flamee, 2003, S. 129 ff.; bzw. 2. Könige 18.4. Auch ʿAnāth ist mehrfach dargestellt, wie sie sich – auf einem Stier stehend und je eine Schlange in den Händen haltend – vor Baʿal exhibitioniert, und auf einem versilberten Bronzeplättchen des 13. Jahrhunderts aus dem Tempel von Hazor wird sie von zwei Schlangen flankiert, während sich eine dritte über ihrem Kopf und eine vierte neben ihrer Vulva befindet. Cf. J. H. Stuckey, 2002, S. 37.

4 Cf. F. Matz, 1958, S. 413 f. Auch die aus dem Jenseits heimkehrenden Dioskuren wurden später als Schlangen oder als von Schlangen umwunden dargestellt. Cf. M. P. Nilsson, 1951, S. 27 f., 32; ders., 1960, S. 123. Im Heraion von Olympia fand man die Bronzefigurine eines nackten Zeus mit ausgeprägten Genitalien und erhobenen Händen aus dem 9. Jahrhundert v. Chr., der als Zeus Epiphainomenos bezeichnet wird, weil man ihn für den erscheinenden Vegetationsgott hält. Cf. B. Alroth, 1989, S. 38 f.

5 Cf. P. J. Russell, 1979, S. 29 f.; Gesell, a. a. O., S. 96; A. Kanta, 2000, S. 117 f.; N. Marinatos, 2000, S. 112; M. C. Shaw, 2004, S. 141. Vor die Kultbänke, auf denen die Figurinen der Göttin standen, stellte man bis ins 11. Jahrhundert v. Chr. neben »Kulthörnern« und Opfergaben meist rot bemalte, röhrenförmige Keramikständer, auf denen sich Schalen befanden, zu denen sich aufmodellierte Schlangen hochwinden. Vielleicht verbrannte man in diesen Schalen Räucherharz wie auf ähnlichen Geräten aus Palästina, vor allem aus Beth Shan, an denen ebenfalls Schlangen hochkriechen. Es kann aber auch sein, daß sie Milch enthielten, mit der man die Tiere aus dem Unterwelt lockte. Vor der Kultfigur des alten pruzzischen Vegetationsgottes und Herrn der Tiere, des jugendlichen Patrimpas, den man mit einem Ährenkranz auf dem Kopf darstellte, stand ein mit einer Ährengarbe bedecktes Gefäß, in dem sein Attribut, eine Schlange, lebte, die mit Milch gefüttert wurde. Dem Gott opferten die Pruzzen kleine Kinder oder ersatzweise Tiere, deren Blut auf die Figur gespritzt wurde. Cf. E. Usačioraitė, 1996, S. 208; bzw. P. W. Haider, 2004, S. 234; G. C. Gesell, 1976, S. 255.

6 Cf. A. Peatfield, 1994, S. 31 f.; T. Eliopoulos, 1998, S. 308 f.; ders., 2004, S. 87 f.; bzw. F. Vandenabeele, 2001, S. 91 f.; N. Kourrou, 2002, S. 18 f.; V. Karageorghis, 2003, S. 216 f.; bzw. ders., 1977, S. 5; J. E. Curtis/D. Collon, 1996, S. 91 f.; Buchanan, a. a. O., S. 8. Der Kult der »Göttin-mit-den-erhobenen-Händen« wurde auf Zypern auch nach den schweren Erdbebenwellen der 1. Hälfte des 11. Jahrhunderts fortgeführt. Die auf einer Pyxis aus dieser Zeit dargestellte Göttin trägt zwei Hakenkreuze auf ihren Brüsten. Auch im 8. und im 7. Jahrhundert v. Chr. bewahrte sie sich das offene Mieder und die entblößte Brust. Cf. V. Karageorghis, 1982, S. 117; P. Flourentzos, 2004, S. 4; E. T. Vermeule/F. Z. Wolsky, 1979, S. 53; P. Moreno, 2004, S. 116.

7 Cf. C. Renfrew, 1986, S. 126; A. Tamvaki, 1975, S. 236 f.; R. Hägg, 1996, S. 608; ders., 1997, S. 168; S. Günel, 1998, S. 448; A. Pilali-Papasteriou, 1998, S. 30; G. Rethemiotake, 1998, S. 167; M. Yon, 2000, S. 193; S. Budin, 2005, S. 191. Auf Kreta wurde die »Göttin-mit-den-erhobenen-Händen« über die »Dunklen Jahrhunderte« hinweg verehrt (Cf. Kourrou, a. a. O., S. 24 f.), und auch im »Heiligtum der Großen Göttin« auf Lemnos fand man eine sie darstellende Terrakottafigurine aus dem 7. Jahrhundert v. Chr. Cf. L. Souchleris 2004, S. 28.

8 Cf. S. Caldwell, 1999, S. 144, 166; bzw. E. Küster, 1913, S. 144; M. P. Nilsson, 1938, S. 162 f.; L. Bodson, 1980, S. 76. Da die Schlangen frühzeitig feinste Erschütterungen spüren, die ein Erdbeben ankündigen, und deshalb aus den Erdspalten kriechen (cf. L. Hall, 1997, S. 28), galten sie vermutlich im östlichen Mittelmeer als den Menschen wohlgesinnte Wesen.

9 Cf. R. Garland, 1992, S. 121; bzw. C. Sourvinou-Inwood, 1997, S. 262 f.
Schwarzfigurige Lekythoi aus dem 6. Jahrhundert v. Chr. zeigen den von
Schlangen flankierten Kopf der Medeia. Cf. T. Gantz, 1993, S. 360. In einem
westslawischen Märchen beobachtet ein Mann, der soeben seine geliebte
Frau begraben hat, wie eine Schlange eine andere, die in zwei Teile zerhackt
worden war, mit einem Kraut wieder zum Leben erweckt. Daraufhin macht
er dasselbe bei seiner toten Frau. Und in einer Volkserzählung, die es von den
Alpen bis zu den Karpaten gibt, verschläft ein Hirte, der vom Schlangenkraut
gekostet hat, den gesamten Winter. Cf. J. O. Plaßmann, 1941, S. 203 f.; D. Klimová, 1973, S. 249 ff. Durch ein Wunderkraut, das er von einer Schlange
erhalten hat, regeneriert auch König Minos seinen Sohn Glaukos, nachdem
dieser in ein Honigfaß gefallen und erstickt war. Cf. Athenaios VII. 296e.

10 Cf. N. Werth, 2006, S. 201; W. Berg, 1974, S. 130; C. G. Jung/K. Kerényi,
1941, S. 26, 29; S. I. Johnston, 1990, S. 23; P. A. Johnston, 1996, S. 112; G.
Capdeville, 1995, S. 179. Später geleitete sie wie Hermes die Seelen der Verstorbenen in den Hades und verwahrte als »Herrin des Tartaros« die Schlüs-
sel zu dessen Tor. Ihr Charakter als Herrin der Fauna klingt noch bei Hesiod
(*Theogonie* 444 ff.) nach, der sie als Göttin der Schafe und der übrigen Haustiere beschreibt, die sich vor allem um die Neugeborenen kümmert. Als Jen-
seitsgeleiterin half sie auch auf Erden den Menschen, gefährliche Grenzberei-
che zu überwinden, und wie Hesiod berichtet, flehten deshalb vor allem die
Seefahrer die Hekate um Hilfe an. Cf. a. a. O., 440 ff.

11 Cf. *Hymnus auf Demeter* 123 ff.; C. Picard, 1927, S. 339 ff., 352; A. Heubeck,
1986, S. 144 f., 162; bzw. H. P. Duerr, 1984, S. 194; L. Motz, 1997, S. 134.
Zorn ist auch der primäre Grund der kleinasiatischen Vegetationsgottheiten,
sich zurückzuziehen. Cf. E. v. Schuler, 1965, S. 207. Wie Pausanias (VIII. 42.4
u. 11) berichtet, opferten die Phigalier vor dem Kultbild der Schwarzen
Demeter mit Pferdekopf, aus dem Schlangen und andere Tiere wuchsen, jedes
Jahr durch eine Priesterin Weintrauben und sonstiges Obst, Honigwaben
sowie unbearbeitete, noch fetthaltige Wolle. Wie Demeter Erinys bestraften
später die Erinyen Verbrechen, z. B. Blutvergießen oder mangelnden Respekt
vor den Eltern, mit Unfruchtbarkeit des Ackers und des weiblichen Schoßes.
Cf. F. A. Voigt, 1881, S. 291 f.

12 Cf. N. Marinatos, 1988, S. 246; C. J. Ruijgh, 1996, S. 445; R. Laffineur, 2004,
S. 57; C. Trümpy, 2004, S. 25; T. G. Palaima, 2008, S. 349. *Si-to* scheint auch
ma-ka (Μᾶ Γᾶ, »Erdmutter«) genannt worden zu sein, ein Name, der um
1400 v. Chr. in Knossos und später in Pylos genannt wird. Cf. C. J. Ruijgh,
2004, S. 82 ff. Y. Duhoux (2006, S. 7 ff.) bezweifelt allerdings, daß *ma-ka*
oder *ma-qe* ein Theonym sei. Ποτνία war in späterer Zeit eine gängige Bezeichnung für Demeter und Kore.

13 Cf. Buchanan, a. a. O., S. 3; H. Gese, 1973, S. 81; A. M. Bisi, 1965, S. 37 f.,
45 f.; M.-L. Erlenmeyer/H. Erlenmeyer, 1964, Abb. 93; M. van Loon, 1990,
S. 364 f.; E. A. Braun-Holzinger, 1996, S. 274. Häufig wird der Wagen Ḥadāds
von einem Greifen gezogen, oder der Gott steht mit Blitzlanze und Donnerkeil auf dem Tier. Cf. N. Özgüç, 2002, S. 236. Die Verkörperung des den
Regen bringenden Gewittersturms (cf. E. Klengel-Brandt, 2002, S. 291 f.) war

auch das Reittier des Wettergottes Teššup, der Ištar und der Ištar-Šawuška sowie später des Sonnengottes von Palmyra, der auf ihm über den Tageshimmel ritt. Schließlich nahte auf ihm auch der stiergestaltige El, Wettergott und Paredros der 'Ašerah: »Und man hörte die Flügel der Cherubim rauschen bis in den äußeren Vorhof wie die Stimme El Šaddays, wenn er donnert« (Hesekiel 10.5). Cf. K. Khazai, 1978, S. 15 ff.; D. Stein, 1988, S. 175 ff.; M. Dijkstra, 1995, S. 59.

14 Cf. W. Barta, 1974, S. 353; H. Bonnet, 1952, S. 262; E. Bresciani, 2002, S. 135. Nach L. D. Morenz (2002, S. 22) war der in der Wüste lebende *sfr* das Vorbild für die Seraphim, die im Alten Testament Gott umschweben. Der minoische Greif, eine Modifikation des orientalischen und ägyptischen Greifen, wurde in der Hyksos-Zeit nach Ägypten exportiert, wo er zu Beginn der 18. Dynastie eine Axtklinge aus dem Grab der Aahotep, der Mutter Aḥmosis I., ziert und etwas später im Grab des Kenamûn am Bug der Jenseitsbarke die Feinde erschlägt. Cf. D. Fimmen, 1921, S. 205; E. Kühnert-Eggebrecht, 1969, S. 93; I. Flagge, 1975, S. 18 f.

15 Cf. F. Matz, 1958, S. 416 u. Abb. 21 ff.; H. Palaiologou, 1995, S. 196; J. Sakellarakis, 1996, S. 92; A. Tamvaki, 1974, S. 292; bzw. N. Green, 2006, S. 31, 48 f., 55; S. Bock, 2005, S. 14; J. Bennet, 2004, S. 98; E. Schüz, 1970, S. 84; H. van Os, 2001, S. 160. Im Damensitz, also wohl so, wie die minoischen Frauen auf den Eseln saßen, reitet die Vegetationsgöttin auf dem Greifen und bisweilen auch auf einer Art Drachen, der dem mesopotamischen *ugallu*, dem »Großen Gewittertier«, ähnelt. Cf. E. Porada, 1992, S. 231; M. A. V. Gill, 1963, S. 3 f.

16 Cf. Flagge, a. a. O., S. 101 f.; J. Tubach, 1986, S. 420; bzw. K. Hoenn, 1946, S. 68; R. Hampe/E. Simon, 1959, S. 8; L. Konova, 2004, S. 283 f.; J. Drostel, 2007. S. 70 f. Nach Herodot (III. 116 u. IV. 13) lebten »die Gold hütenden Greifen« im fernen Norden, aber noch südlich von den bis zur Okeanosküste hin wohnenden Hyperboräern. Dort brachen diese heiligen Vögel der Sonne nach Flavius Philostratos (*Leben des Apollonios v. Tyana* III. 48) mit ihren starken Schnäbeln das Gold aus dem Fels. Nach Pausanias (I. 24.5 f.) hüteten sie das Berggold jenseits der Issedonen. Psychopompos war der Greif offenbar auch in geometrischer Zeit, in der er auf Grabkeramik von Rhodos und den Kykladen sowie auf Blechen dargestellt wurde, die man den Toten auf den Mund legte. Cf. P. Müller, 1978, S. 77. Die Karthager gaben bereits in früher Zeit den Verstorbenen Straußeneier mit ins Grab, die ihnen die Wiedergeburt ermöglichen sollten. Cf. E. Fontan, 2004, S. 68. Auch im Mittelalter flog kein Vogel so hoch und so weit wie der Greif, weshalb sich der König der Makedonen im *Livre du bon Roy Alexandre* aus dem frühen 14. Jahrhundert von Greifen in den Himmel tragen läßt. Cf. J. Svanberg, 2007, S. 56 ff.

17 Cf. C. Schäfer-Lichtenberger, 2000, S. 87; C. J. Ruijgh, 2004, S. 5; bzw. J. Chadwick, 1983, S. 364. Gaia war die ursprüngliche Gottheit in Delphi. Demeters Epitheton Χαμύνη in Olympia setzt sich allerdings wohl aus χαμ, »Erde«, und (ε)ύνή, »Bett«, zusammen, bedeutet also »Erdbett« – ein passender Name für eine Erd- und Vegetationsgöttin, die vom Gewittergott befruchtet wird. Ein weiterer Beiname der Demeter von Olympia war Κονία, »die

790

Staubige«. Cf. A. Vegas Sansalvador, 1992, S. 173, 180. In den *Orphischen Hymnen* (XL.1) wird sie »die Göttin mit den vielen Namen« genannt.

18 Cf. G. A. Owens, 1996a, S. 175; ders., 2000, S. 249; G. M. Faccetti, 2001, S. 9 f.; E. Kaczyńska, 2002, S. 137 f.; R. Laffineur, 2004, S. 53 f.; Ruijgh, a. a. O., S. 94; skeptisch Y. Duhoux, 1995, S. 289 ff. Die Linear-A-Formel *ja-su ma-tu-re* entspricht der pylischen Linear-B-Widmung *ma-te-re te-i-ja*, gr. Μητρί Θεῶν, »der Göttermutter«. Cf. K. T. Witczak/D. Zawiasa, 2003, S. 52. In Knossos wurde Demeter später μάτηρ genannt. Bis ins späte 5. Jahrhundert v. Chr. opferte man dort der »Mutter« Widder und Schafe, danach unter Festlandeinfluß Schweine. Cf. S. G. Cole, 1994, S. 208. Von Knossos soll sie über Euboia nach Boiotien und nach Attika gelangt sein, wo sie das Epitheton Ἐλευθώ erhielt. Cf. R. T. Willetts, 1960, S. 11 f.; Diodoros V. 77.4. Bereits in subminoischer Zeit scheint die Bedeutung der Demeter nach und nach von einer allgemeinen Göttin der Natur auf die einer Korngöttin eingeengt worden zu sein, die periodisch in der Unterwelt verschwand. Cf. A. Suter, 2002, S. 209 f.; J. N. Coldstream/R. A. Higgins, 1973, S. 180 f.; J. N. Coldstream, 1994, S. 108 f., 121.

19 Cf. Witczak/Zawiasa, a. a. O., S. 51 f.; V. I. Georgiev, 1983, S. 130; bzw. Arnobius V. 37; Psellos: *De daemonibus* 122; H. Petersmann, 1986, S. 291 f.; Apollonios v. Rhodos IV. 1720 ff. »Die Mysterien der Demeter erinnern an die Liebesumarmungen zwischen Zeus und seiner Mutter Demeter sowie an den Groll der Demeter – ich weiß nicht, wie ich sie künftig nennen soll, Mutter oder Gattin!?« (Clemens v. Alexandrien: *Protreptikos* II. 13 P). »Demeter wird schwanger; die Jungfrau (Κόρη) wächst heran; und dieser Zeus, der sie zeugte, hat erneut Geschlechtsverkehr, diesmal mit Persephone selber, seiner eigenen Tochter, nachdem er mit ihrer Mutter Demeter geschlafen hatte« (14 P). In Pylos war Demeter offenbar unter dem Namen *po-ti-ni-ja* Paredra des Poseidon. Cf. C. Boëlle, 1993, S. 298 f.; L. Godart/Y. Tzedakis, 2003, S. 76.

20 Cf. Hesiod: *Theogonie* 970; Diodoros V. 49. 1 f.; Ovid: *Amores* III. 10.25 ff.; bzw. Vegas Sansalvador, a. a. O., S. 171; bzw. H. J. Rose, 1955, S. 93; A. Avagianou, 1991, S. 173. In der Formulierung Apollodoros' (III. 138 = III. 12.1) heißt es denn auch, daß Iasion »sich in Demeter verliebte und, als er die Göttin vergewaltigen wollte, vom Blitzstrahl getroffen« wurde. Analog ist von Ixion – gewiß der Paredros der hinter Hera stehenden vorgriechischen Göttin (cf. H. Usener, 1913, S. 275) – überliefert, daß er »rasenden Sinnes nach Hera begehrte«, die doch »erkoren« war »für Zeus' Lager, das Freudenreiche« (Pindar: *Pythische Oden* II. 25 ff.). Ixion vergewaltigt daraufhin Hera als Wolke – sicher ein Bild dafür, daß der Wettergott die Wolke regnen läßt. Nachdem Iasius die Ceres penetriert hat, ergrünt das brachliegende Land. Cf. Ovid, a. a. O.

21 Cf. W. Mannhardt, 1884, S. 147, 340; W.-E. Peuckert, 1955, S. 51 f. Weitere Beispiele bei H. P. Duerr, 1978, S. 48 f., 234 f.; ders., 1993, S. 134 ff.

22 Cf. C. Picard, 1938, S. 95; Rose, a. a. O., S. 93; L. Preller/C. Robert, 1894, S. 776; G. Kieseritzky, 1900, S. 162; W. Gundel, 1914, Sp. 754; T. P. Howe, 1964, S. 164. Mit der Zeit wandelte sich der befruchtende Wettergott – in

Boiotien war der Regengott Ζεὺς Ὑέτιος Paredros der Demeter Europa (cf. Pausanias IX. 39.4) – zum säenden Bauern, so z. B. bei Nonnos (XLVIII. 677). Gr. σπείρειν bedeutete sowohl »zeugen« als auch »säen«. Cf. M. P. Nilsson, 1935, S. 116.

23 Cf. Scholion zu Theokritos 3.49; Hesiod: *Fragmente* 59.1 ff.; W. Pape, 1870, S. 530; W. Helbig, 1897, Sp. 2994; R. Roux, 1949, S. 337 f.; M. Hirschberger, 2004, S. 314. Ἰάσιος war bekanntlich auch der Name der fünf Δάκτυλοι oder Kureten.

24 Cf. Diodoros V. 77.3 ff.; Theokrit III. 50 f.; B. Hemberg, 1950, S. 106; W. Burkert, 1994, S. 119; I. Mazarov, 1998, S. 45, 338; M. Munn, 2006, S. 138. Diodoros (V. 48.4 f.) berichtet weiter, es habe die Mysterien auf Samothrake schon »seit alter Zeit« gegeben, doch seien sie später von Zeus dem Kreter Iasion überreicht worden. Dahinter steht vermutlich die Identifikation der autochthonen Großen Göttin der Insel mit der kretischen Demeter und die des samothrakischen Paredros mit Iasion. Cf. Preller/Robert, a. a. O., S. 855. Kybele gebar dem Iasion den Korybas (Diodoros V. 49.2), der Plutos und Triptolemos entspricht.

25 Die Deutung »Dreimalpflüger« oder »-wender« beruht zwar auf einer griechischen Volksetymologie, beschreibt aber recht gut das Wesen dessen, der die Erdgöttin dreimal »pflügt« und dabei schwängert. Zum dritten Mal wurde die Scholle umgeworfen, bevor man unmittelbar nach dem ersten Herbstregen – gewöhnlich gegen Ende Oktober – mit der Aussaat begann. Das dreimalige Pflügen vernichtete nicht nur das Unkraut, bevor es keimen konnte, sondern schuf auch kleine Lufttaschen, in denen sich die Feuchtigkeit halten konnte. Dreimal pflügte man für das Sommergemüse, im heutigen Kreta vor allem für Zucchinis, Kürbisse, Kantalupen (Wassermelonen), Grüne Bohnen, Griechenhörnchen (Okras), Hirse und Baumwolle. Cf. G. Schwarz, 1987, S. 3; bzw. H. Forbes, 1976, S. 5 ff.

26 Nach Hyginus (*Astronomie* II. 22) wurden sowohl Triptolemos als auch Iasion von Demeter geliebt (*a Cerere dilectos*), und Aristophanes (*Die Acharner* 46 f.) erwähnt, Triptolemos habe mit der Demeter einen unsterblichen Sohn namens Amphitheos gezeugt. Nach einer gängigen griechischen Vorstellung zog Triptolemos auf seinem geflügelten und von Schlangen gezogenen Wagen über die Lande und lehrte die Menschen den Getreideanbau, d. h., er ließ das Korn wachsen. Aber noch auf einer Halsamphore des 6. Jahrhunderts v. Chr. hält er einen Dreizack, also die Blitzwaffe, mit der die Erdgöttin befruchtet wird. Auch hat man vermutet, Triptolemos, der bisweilen mit Iasion ein Dioskurenpaar bildet, sei in Eleusis Sohn und Gatte der Demeter gewesen. Cf. W. Pötscher, 1997, S. 171; bzw. Gundel, a. a. O., Sp. 757. Πλοῦτος, der auf dem Land und im Meer Fülle und Überfluß bewirkt (cf. Hesiod: *Theogonie* 972), ist wie Triptolemos der Nachfolger des minoischen ἐνιαυτὸς δαίμων, dessen Wiedergeburt vermutlich den eleusinischen Mysten vor Augen geführt wurde. Er war nicht nur der Spender der landwirtschaftlichen Produkte, sondern auch der Herr der Erzlagerstätten. Man nannte ihn auch Ζεὺς Πλούτων und Ἅιδης und in dieser Gestalt war er Unterwelts- und Vegetationsgott. Auf einer attischen Schale des ausgehenden 5. Jahrhunderts

v. Chr. trägt Herakles den Hades, der ein Füllhorn in der Linken hält. Offenbar gab es eine Überlieferung, nach der Herakles den Ἄιδης Πλοῦτος periodisch aus der Unterwelt zurückholte. Daß die Unterwelt offenbar nicht nur ein Schattenreich, sondern auch der »Schoß des Lebens« war, zeigt sich auf einer um 430 v. Chr. entstandenen Pelike, auf der Hades in Anwesenheit Demeters Samen in die Ackerfurchen fallen läßt. Cf. J. Laager, 1957, S. 203; L. Séchan,/P. Lévêque, 1966, S. 118; Vikela, a.a.O., S. 210; H. Walter, 1971, S. 149 f. Ein weiterer Name des ursprünglichen πάρεδρος der Demeter war Erysichthon, »der Erdaufreißer«. Cf. W. Pötscher, 1998, S. 13.

27 Cf. Hesiod: *Fragmente* 177 MW 8 ff.; Hemberg, a. a. O., S. 89; bzw. Flavius Philostratos: *Leben des Apollonius v. Tyana* VI. 40.2.

28 Cf. W. Burkert, 1964, S. 211; E. J. Edelstein/L. Edelstein, 1945, S. 75; bzw. K. Lehrs, 1875, S. 342. Bereits A. B. Cook (1925, S. 22) hat Ἠλύσιον auf ἠλύσιον, »eine vom Blitz getroffene Stelle«, die heilig ist, zurückgeführt. Durch einen Blitzschlag wird Semele unsterblich (ursprünglich: geschwängert), und Romulus wird durch ihn entrafft. Cf. M. Delcourt, 1965, S. 68; R. Schilling, 1979, S. 364. Nach Plutarch (*Symposion* IV. 2.3) verwest ein vom Blitz getroffener Leichnam nie oder erst sehr spät. Der Volksglaube, ein vom Blitz Erschlagener werde weder von wilden Tieren gefressen noch verrotte er, hielt sich noch lange. Cf. W. H. Roscher, 1879, S. 121.

29 Cf. O. Huth, 1942, S. 29; T. v. Margwelaschwili, 1937, S. 315 f.; G. Dumézil, 1986, S. 24; E. E. Evans-Pritchard, 1956, S. 52; K. Tuite, 2004, S. 149; bzw. G. Lanczkowski, 1962, S. 352; W. Madsen, 1955, S. 49 f. Wer bei den Nuern ein solches Ereignis überlebte, galt als Prophet des Gewitter- und Fruchtbarkeitsgottes. In Böhmen wurde ein vom Blitz Erschlagener selig, in Litauen nahm man ihn in die Gemeinschaft der Götter auf, und in einigen Gegenden Rußlands kam er ohne Umweg über das Fegefeuer in den Himmel, während in Kärnten auf diese Weise getötete Haustiere als gottgeweiht galten, weshalb niemand es wagte, ihr Fleisch zu verzehren. Am Titicaca-See tötete der die Erdgöttin schwängernde Wettergott einen künftigen Curandero mit mehreren Blitzen, zerstückelte ihn und machte ihn wieder lebendig, worauf man den Heiler fortan »Sohn des Gewitters« nannte. Cf. Dr. Stegemann, 1927, Sp. 1405; J. B. Friedreich, 1859, S. 89; E. A. Warner, 2002, S. 253; J. Grimm, 1877, I, S. 154; bzw. A. M. Mariscotti de Görlitz, 1978, S. 95.

30 Cf. Pindar: *Pythische Oden* IV. 102 f.; Hesiod: *Theogonie* 1001 f.; G. Guillaume-Coirier, 1995, S. 119; W. Fiedler, 1931, S. 8; E. Janssens, 1975, S. 333; F. Caruso, 2004, S. 397; S. Mathé, 1995, S. 53 f. Die »lindernden Heilkräuter« (ἤπια φάρμακα), mit denen vor Troja der verwundete Menelaos behandelt wird, hatte Ἀσκληπιός, hinter dem der alte Heilgott Ἀσκαλαπιός steht, einst von seinem Lehrmeister, dem knossischen Cheiron, erhalten. Cf. Ilias IV. 218 f. In der Ägäis, vor allem auf Syros, war der Apollonsohn Asklepios auch Schutzgott der Seeleute. Cf. S. Eitrem, 1902, S. 95; J. W. Riethmüller, 2005, S. 38; J. N. Bremmer, 2005, S. 23 ff. In den Kentaurenfigurinen des SM III C aus Aghia Triada und aus einem Schrein in Phylakopi hat man Darstellungen des Cheiron gesehen. Ein Kentaur kretischer Herkunft, den man im Grab eines hochrangigen Toten des 10. Jahrhunderts v. Chr. in Lefkandi gefunden hat,

besitzt einen tiefen Einschnitt in der linken Kniescheibe, der offenbar die unheilbare Wunde darstellt, die Herakles dem Cheiron an dieser Stelle zugefügt hat. Cf. A. Lebessi, 1996, S. 149; G. Rethemiotake, 2001, S. 49, 68, 146 f.

31 Cf. Pindar, a. a. O., IV. 119; bzw. C. D. Buck, 1949, S. 306; É. Boisacq, 1950, S. 362 f.; A. J. Van Windekens, 1986, S. 103; G. Jucquois/B. Devlamminck, 1977, S. 96; bzw. J. Pokorny, 1928, S. 195; A. Carnoy, 1957, S. 78 f.; J. B. Hofmann, 1949, S. 121; M. B. Sakellariou, 1971, S. 375; ders., 1977, S. 115. Die Wz. *eis- findet man nicht selten in Flußnamen, z. B. in dem des Aisontios, des heutigen Isonzo.

32 Cf. O. Landau, 1958, S. 207, 264; C. H. Ruijgh, 1967, S. 253; R. Arnott, 1999a, S. 272; ders., 2002, S. 6; ders., 2004, S. 157 f. Der ebenfalls auf einem pylischen Täfelchen vorkommende Name eines Hirten, i-wa-so (= Ἴασος), wird von W. Pötscher (1998, S. 14, 21) auf den Namen des πάρεδρος der kuhgestaltigen vorgriechischen Vegetationsgöttin Ἰώ, einer Vorläuferin der Hera, zurückgeführt, die nach Apollodoros (II. 1.3 = II. 5) eine Herapriesterin war, die von Zeus verführt und in eine weiße Kuh verwandelt wurde. 50 Stadien von Olympia entfernt entsprang neben dem Heiligtum der elischen Heilnymphe Iasis eine Quelle, in der die Kranken badeten. Cf. Pausanias VI. 22.7.

33 Cf. K. Kerényi, 1956a, S. 27; C. J. Mackie, 2001, S. 5, 7 f.; Hesiod: *Theogonie* 100; bzw. E. Simon, 2004a, S. 39; E. Kefalidou, 2008, S. 618. Daß Jason einst der verschwindende und wiederkehrende Vegetationsgott war, schimmert noch dort durch, wo er als Megistos Kuros der Kureten auftritt. Cf. Apollonios v. Rhodos I. 1134 ff.; R. Roux, 1949, S. 184. Ihm entsprach Apollon Iasonios, der in Kyzikos kultisch verehrt wurde. Cf. O. Jessen, 1914, Sp. 768.

34 Cf. S. N. Kramer, 1970, S. 132; H. Sauren, 1980, S. 93; W. Farber, 1977, S. 153; bzw. O. Loretz, 1980, S. 288; Pope/Röllig, a. a. O., S. 304; K. Spronk, 1986, S. 168, 173 f., 195, 204 f.; A. Curtis, 1985, S. 78 f.; K. van der Toorn, 1991, Sp. 41 f. Die Rāpi'ūma (rp'm) sind vogelgestaltig, weil die Zugvögel mit Ba'al zu Beginn der heißen Sommerszeit das Land verlassen und gemeinsam mit ihm im Herbst zurückkommen. Sie alle wohnen in der Zeit ihrer Abwesenheit auf den Feldern und in den Plantagen »bei der Quelle der beiden Meere« im jenseitigen Gefilde des 'Ilu. Cf. M. A. Chegodaev, 1996, S. 15.

35 Cf. J. F. Healey, 1988, S. 109; bzw. W. W. Baudissin, 1911, S. 341; M. Yon, 1986, S. 147; P. Xella, 1993, S. 492 f. Wie Damaskios, der Leiter der neuplatonischen Schule in Athen, berichtet, verfolgte die lüsterne phönizische Göttin Astronoë ('Aštart), die »Mutter der Götter«, den in den Bergen jagenden Esmunos-Asklepios (Ešmun), doch bevor sie ihn besteigen konnte, hackte er sich die Genitalien ab und verblutete. Anschließend regenerierte die trauernde Göttin den Jüngling durch ihre Körperwärme und machte ihn zum Gott Paian. Die Sidoniter nannten ihn »Ba'al von Sidon«, und in einer Inschrift aus Kition heißt er b'l mrp', »heilender Ba'al«. Ein Nachhall dieser Geschichte ist die armenische Überlieferung von der assyrischen Königin Semiramis, die in Liebesbrunst dem schönen Aray nachstellt, der auf der Flucht stirbt, aber wiederbelebt wird. Bis in unsere Zeit war Semiramis bei den armenischen Bauern eine liebestolle Nymphe, die in der Wildnis Wanderern, Hirten und Jägern auflauerte und sie zum Beischlaf nötigte. Cf. D. R.

Hillers, 1973, S. 76; Mettinger, a.a.O., S. 155; H.-P. Mathys, 2008, S. 120; bzw. I. Wegner, 1981, S. 220.

36 Cf. G. Beckman, 1993, S. 36; Farber, a.a.O., S. 239; bzw. W. Helck, 1966, S. 11. Auch in Ägypten wurden der Fruchtbarkeitsbringer und der Heiler miteinander identifiziert, so z.B. Khnum von Elephantine mit dem Heiler Imhotep und später letzterer mit Asklepios, der ebenfalls ein Jenseitsreisender war. Besonders in ptolemäischer Zeit war Imhotep Nothelfer der sterilen und schwangeren Frauen und wie Khnum Urheber der Nilflut. Auf einem Relief im Hathortempel von Dendera spricht Imhotep zu Kaiser Augustus: »Ich bringe dir Punt mit all seinen Schätzen; ich veranlasse, daß der Nil rechtzeitig kommt!« Cf. J.B. Hurry, 1926, S. 66; J. Schouten, 1967, S. 10; W. Schenkel, 1986, S. 833; D. Wildung, 1977, S. 54f.

37 Cf. H. Güntert, 1923, S. 254; Timotheos 15; V. Moeller, 1984, S. 44; W. Röllig, 2000, S. 52f.; Witczak/Zawiasa, a.a.O., S. 50; E. Vikela, 2006, S. 51. Für »durch einen Schamanen geheilt werden« und »wiedergeboren werden« benutzten die Desana-Indianer dasselbe Wort. Cf. G. Reichel-Dolmatoff, 1978, S. 267, 283. Blindheit und Krankheiten heilten auch die fränkischen, nordischen und angelsächsischen Könige durch Auflegen ihrer »heilenden Hände« (*læknishendr*): So machte der dänische König nicht nur kranke Kleinkinder gesund, er ließ auch Samenkörner, die er in die Hand nahm, keimen, und ähnlich heilten im Mittelalter und auch noch später die englischen und französischen Herrscher durch Handauflegen vor allem Epilepsie und bösartige Geschwulste. Nachdem einmal eine Geliebte Ludwig XV. an den Skrofeln gestorben war, kommentierte Voltaire ihren Tod süffisant, sie sei entschlafen, »quoiqu'elle eût été très bien touchée par le Roi« Cf. Å. V. Ström, 1959, S. 707f.; H. Naumann, 1940, S. 37; P. Wolff-Windeck, 1958, S. 208ff., 215.

38 Wie Jason war Φάων offenbar ursprünglich ein periodisch ins Jenseits reisender Gott – vermutlich ein Vegetationsgott –, der sich später zu einem dem Charon vergleichbaren Fährmann wandelte, der Aphrodite, die sich in eine Greisin verwandelt hat, von Lesbos oder Chios zum Festland übersetzt. Zum Dank schenkt ihm die Göttin in einer Version der Geschichte ein Fläschchen mit einer Salbe, die ihn für jede Frau unwiderstehlich macht. In einem verlorenen Lied sehnt sich Sappho nach dem schönen Jüngling, in sie über den Okeanos fahren soll – ein Lied, über das die Komödiendichter sich später lustig machten. Phaon war in Latium als Faunus der Fährmann, der vom Leukadischen Felsen aus die Toten zum anderen Ufer des Okeanos nach Elysium brachte, jenem Λευκὰς πέτρη, von dem sich schon die Griechen hinabstürzten, damit Phaon sie zu den Inseln der Seligen fuhr. Wie Τῖφυς, einer der Steuermänner der Argo, der bereits in den ältesten Teilnehmerlisten genannt wird und der die Argonauten durch die Symplegaden befördert, war auch Faunus ein Incubus, der nachts die Frauen bestieg. Vor allem in Bithynien hieß es, Tiphys schwängere die schlafenden Frauen. Cf. H. Usener, 1896, S. 328f.; ders., 1899, S. 217; Fontenrose, a.a.O., S. 485.

39 Diodoros IV. 51. 1ff.; Alkman 163; Hesiod: *Theogonie* 992, 1019; Pausanias V. 18.3. Cf. O. Jessen, 1896, Sp. 776; É. Will, 1955, S. 114f.; H. Usener, 1913,

S. 38; C. Robert, 1920, S. 185 f.; E. Simon, 1998, S. 14. »Des weiteren bestrich sie ihr eigenes Haar mit gewissen kräftigen Salben und färbte es damit grau, während sie Antlitz und Körper mit Falten durchsetzte« (Diodoros, a.a.O.,). »Nach Art der Aphrodite« bezieht sich vermutlich auf die sexuell initiative Aphrodite παρακύπτουσα, die »Frau am Fenster«, die von dort potentiellen Liebhabern auffordernde Blicke zuwirft. Cf. R. Washbourne, 1999, S. 168.

40 Aristaios, der Erfinder der Bienenzucht, der von seinem Vater Apollon in die Höhle des Pelion gebracht wurde, damit ihn dort die göttlichen Musen aufzogen (cf. Apollonios v. Rhodos II. 510 ff.), entspricht dem Zeus Kretagenes, der in der Gebirgshöhle unter der Obhut der Bienennymphe Melissa aufwächst. Die Priesterinnen Demeters, der Nachfolgerin der minoischen Göttin, hießen ebenso μέλισσαι wie nach einem späten Papyrus die Kultteilnehmerinnen (ἱέρειαι) der Thesmophorien. Antoninus Liberalis (*Metamorphosen* 19) überliefert die jährliche Epiphanie (καθ' ἕκαστον ἔτος) des Zeus Kretagenes in der »heiligen Höhle voller Bienen«. Dort schäume das Blut seiner Geburt auf und man könne »eine große Lohe herauskommen sehen«, vermutlich die Erscheinungsform des Vegetationsgottes. Eine Biene ist auch die hethitische Ḫannaḫanna, die den verschwundenen Vegetationsgott aus seinem todähnlichen Schlaf weckt. Sowohl in Kleinasien als auch auf Kreta war die in Felsengrotten und hohlen Bäumen nistende Honigbiene eines der Symbole für die ewige Regeneration, da sie im Frühling aus ihrem natürlichen Nistplatz hervorschwärmt, wie wenn sie aus der Unterwelt käme. Cf. L. Bodson, 1980, S. 29 f.; D. Kotova, 1995, S. 131, 135; N. Postlethwaite, 1999, S. 86; A. Archi, 2007, S. 177 f.; bzw. E. Craine, 1983, S. 228.

41 Cf. Apollonios v. Rhodos IV. 1129 ff., 1141 ff.; O. Jessen, 1914, Sp. 769 f.; L. Séchan, 1927, S. 235; K. Kerényi, 1944, S. 114, 165. Da die Griechen später Scheria in Kerkyra wiederzufinden glaubten, beging man dort jedes Jahr feierlich den ἱερὸς γάμος von Jason und Medeia. Cf. W. Pape, 1870, S. 911. »Noch heute heißt jene heilige Grotte«, die man auf der Insel als Schauplatz des Beischlafs ausgemacht hatte, »›Medeiahöhle‹ (Ἄντρον Μηδείς), wo die Nymphen die beiden vermählten« (Apollonios IV. 1148 ff.). Dem γάμος von Jason und Medeia entspricht der von Phrixos und der »Sonnentochter« Chalkiope (Χαλκιόπη). In einem Scholion zu Apollonios heißt es: »Die Hochzeit von Medeia und Achilles nach dessen Ankunft in Elysion wird zuerst von Ibykos und dann von Simonides berichtet« (Ibykos 42). Wie Jason wurde auch Achilles in der Gebirgshöhle des Cheiron großgezogen. So sagt Hera zu Achilles' Mutter Thetis: »Wenn dein Sohn, den jetzt noch in den Gefilden des Kentauren Cheiron Najaden aufziehen und der noch nach deiner Milch verlangt, [einst] zu den Elysischen Feldern kommt, dann ist ihm bestimmt, der Gatte Medeias zu sein« (Apollonios IV. 811 ff.). Cf. H. Hommel, 1980, S. 29.

42 Cf. G. Reichel-Dolmatoff, 1975, S. 94; ders., 1978, S. 282; H. Aschwanden, 1976, S. 174 f., 201; G. Haaland et al., 2002, S. 40; E. W. Herbert, 1993, S. 87; U. N. Dhal, 1978, S. 122; T. Vatsal, 2006, S. 251; S. Inglis, 2006, S. 121 f.; K. Băčvarov, 2004, S. 152 f.; G. Naumov, 2007, S. 262 f.; E. Orrelle, 2008, S. 73. Auch in Troja stellte man zwischen 2600 und 1800 v. Chr. Töpfe in Frauengestalt her. Cf. I. Griesa, 1990, S. 185 ff. Nach australischen und melanesischen

Überlieferungen kochten die ersten Frauen das Essen in ihren Geschlechts-
organen. Cf. M. Eliade, 1980, S. 84. Noch bis weit in die Neuzeit hielt man in
der Gegend von Bergedorf die auf den Äckern gefundenen prähistorischen
Totenurnen für fruchtbarkeitsfördernd, und es hieß, daß die Milch, die man
in solchen Urnen aufstellte, mehr Sahne und Butter ergab. Auch wurden die
Hühner, die aus ihnen tranken, besonders fett. In Holstein, Schlesien und in
Ostpreußen glaubten die Bauern, man erziele eine bessere Ernte, wenn man
vor der Aussaat die Samenkörner in derartigen Gefäßen aufbewahrte. Im
17. Jahrhundert gab es in Schleswig Apotheker, die aus Urnenscherben »Artz-
neyen« herstellten. Cf. P. Sartori, 1928, S. 297.

43 Ovid: *Metamorphosen* VII. 215 f.; 237, 275 ff.; Lykophron: *Alexandra*
1315 f.; Simonides 7; bzw. B. Schweizer, 2006, S. 244; E. Simon, 1998, S. 5; C.
Benson, 1996, S. 408 f.; H.-J. Horn/H. Walter, 1997, S. 21. Der König, den
Medea im Kochkessel regeneriert, kann auch Pelias oder Aison heißen. So
zieht sie Jasons Vater Aison »die alte Haut ab« und bearbeitet ihn mit verschiedenen Drogen, die »sie in ihren goldenen Kesseln« gekocht hat (*Troja-
nischer Zyklus: Nostoi* 6), und sie kocht König Pelias, dessen Name von
πελιός, »fahl, grau, blaß«, herrührt und einfach den greisenhaften Herrscher
bezeichnet. Cf. K. O. Müller, 1844, S. 262 f.; H. Meyer, 1980, S. 112 ff.; W.
Kullmann, 1991, S. 451; A. Carnoy, 1957, S. 156; S. I. Johnston, 1997, S. 46.
Nach Aischylos und Ovid verjüngt Medea auch die Διονύσου τροφοί bzw.
die Säugammen des Bacchus. Als dieser sieht, wie Medea den Aison kocht,
bringt ihn das »auf den Gedanken, auch seinen Ammen (*nutricibus*) könnten
so ihre Jugendjahre zurückgegeben werden, und tatsächlich, die Colchide
erwies ihm diesen Dienst« (Ovid: *Metamorphosen* VII. 294 ff.). Den Aison
tötet sie, indem sie ihm zwischen zwei aus Rasensoden errichteten Altären,
die der Hekate und der »Göttin der Jugend« geweiht sind, die Kehle durchschneidet, nachdem sie das Blut eines den Göttinnen geopferten schwarzen
Widders »in die Grube laufen« ließ (a. a. O., S. 240 ff.). Im 4. Jahrhundert
v. Chr. erklärte der Rationalist Palaiphatos (43), Medea habe die alten Männer dadurch »verjüngt«, daß sie diesen die weißen Haare gefärbt und sie zur
Ertüchtigung ins Dampfbad geschickt habe.

44 Cf. Nonnos IX. 85; Apollodoros I. 84 = 9.2; III. 28 = 4.3; Bakchylides 19;
Hesiod: *Fragmente* 300. Offenbar gab es noch zur Zeit Kaiser Trajans im
Kult der Leukothea in Syrien ein Wiedergeburtsmysterium, in dem ein heili-
ger Kessel eine Rolle spielte. Cf. L. R. Farnell, 1921, S. 43 f.; J. Larson, 1995,
S. 124.

45 »Weil sie [Demeter] das Kind unsterblich machen wollte, legte sie es nachts
ins Feuer und nahm ihm so das vergängliche Fleisch« (Apollodoros V. 1). Im
Hymnus auf Demeter (233 ff.) wird gesagt, Demophon sei so beinahe »unsterblich und alterslos« geworden. Auch Isis wird auf der Suche nach Osiris
die Amme eines Königssohnes, den sie tagsüber statt an ihren Brüsten an
ihren Fingerspitzen saugen läßt und ihn nachts ins Feuer legt. Cf. Rose,
a. a. O., S. 173 f. Die Verjüngung im Glutofen blieb noch lange ein beliebtes
Thema der Volkserzählungen. Auf einem Holzschnitt von Anthony Corthoys
aus der Mitte des 17. Jahrhunderts werfen Männer ihre alten und gebrech-

lichen Frauen in einen solchen Ofen, aus dem sie unten als nackte junge Mädchen wieder herauskommen. Auf einem anderen Bild tun die jungen Ehefrauen dasselbe mit ihren greisenhaften Männern, weil diese »das feld nit me wol bauwen« können. Cf. M. de Meyer, 1964, S. 165 f.

46 Cf. O. Zerries, 1983, S. 173. So heißt es, Quetzalcóatl sei einerseits auf einem Schlangenfloß übers Meer ins Jenseits gefahren, andererseits aber, er habe sich zum gleichen Zweck verbrannt. Cf. M. León-Portilla, 1986, S. 246. Werden durch das Kochen im Kessel eher die »unvergänglichen« Knochen vom sterblichen Fleisch befreit (cf. C. Uhsadel-Gülke, 1972, S. 22), widerfährt dies der Seele durch das Verbrennen. In der *Aethiopis* verbrennt Thetis Achilles auf dem Scheiterhaufen, damit er auf die Weiße Insel gelangen und dort durch den γάμος mit Medeia, Helena oder Iphigenie unsterblich werden kann. Nach Bakchylides (XXXI. 55 ff.) führte Apollon den Kroisos samt Frau und Töchtern vom Scheiterhaufen ins Land der Hyperboräer hinweg (Abb. 130), und Lukian (*Hermotimos* 7) berichtet, »daß Herakles zum Gott geworden sei, nachdem er sich auf dem Œta verbrannt hatte. Denn sobald er alles abgeworfen hatte, was er an Menschlichem von seiner Mutter empfangen, und das Göttliche an ihm durch das Feuer gereinigt und von allen Schlacken geschieden war, flog er zu den Göttern empor«. »Inzwischen hatte«, so beschreibt dies Ovid (*Metamorphosen* IX. 262 ff.), »was immer die Flamme vernichten konnte, / Vulcanus hinweggenommen; es blieb, nicht wiederzuerkennen, / ein bildschöner Hercules: Er hatte keine Ähnlichkeit mehr mit / seiner Mutter und behielt nur, was Jupiters Vaterschaft bezeugt. / Und wie gewöhnlich die verjüngte Schlange, wenn sie samt der / alten Haut das Alter abgestreift hat, sich fröhlich ringelt und mit / den neuen Schuppen frische Kraft erhält, so erstarkte Hercules, / als er seinen sterblichen Leib abgelegt hatte, in seinem besseren Teil.« Cf. auch C. Mackie, 1998, S. 330 ff. Herakles wurde auch dem sich im Feuer verjüngenden Phoenix und dem sich verbrennenden Melqart gleichgesetzt. Cf. E. Lipiński, 1970, S. 44.

47 Cf. H. Findeisen, 1957, S. 53 f.; bzw. B. Rappenglück, 1999, S. 93; U. Hendrichs, 2005, S. 41 f.; A. Cerinotti, 2007, S. 10. Eine solche Szene, in der ein Krieger in den Kessel getaucht wird, scheint auf der Innenseite des Kessels von Gundestrup dargestellt zu sein. Der Dagda besitzt auch eine Keule, mit deren einem Ende er tötet und mit deren anderem er wiederbelebt. Cf. M. J. Green, 1994, S. 145. K. Kerényi (1944, S. 32) hat vom »verjüngenden Schlummer des Helios« auf seiner nächtlichen Okeanosfahrt im Kessel von Westen nach Osten gesprochen und auch in der Zerstückelung des Medeiabruders Apsyrtos einen späten Nachhall der Verjüngung des Sonnengottes gesehen (a. a. O., S. 93). In einem slawischen Märchen kann ein Jäger, der sich im Wald verirrt hat, die in einem verwunschenen Schloß gefangene Prinzessin erst dann erlösen, als ein Hirschlein seinen zerstückelten Leib mit einem Wunderöl zusammengefügt hat (cf. L. Laistner, 1889, S. 230 f.), während Phorkyn, der Vater der Skylla, seine von Herakles erschlagene Tochter durch Zerstückelung und Kochen regeneriert. Cf. C. Robert, 1921, S. 478. Auch Kirke, von der Medeia ihre Zauberkünste gelernt hat, macht mit ihren Giften die Männer nicht nur jünger, sondern »weitaus schöner und größer« (Odyssee X.

395 f.). In Avalon verjüngt die Fee Morgana den dorthin entrückten Ogier mit einem Ring, den sie ihm auf den Finger steckt, und auch die Aśvinau verjüngen den Greis Cyávāna, damit er wieder mit den Frauen schlafen kann. Cf. P. Cassel, 1884, S. 6; bzw. H. Güntert, 1923, S. 255.

48 Cf. Kerényi, a.a.O., S. 187; É. Will, 1955, S. 86 ff., 102 ff.; C. Robert, 1920, S. 185 f.

49 Cf. F. Vian, 1982, S. 275; bzw. J.B. Hofmann, 1949, S. 189, 193 f.; C.D. Buck, 1949, S. 306; A. Carnoy, 1955; W. Tomaschek, 1980, S. 44; H. Usener, 1896, S. 161; H. Mühlestein, 1987, S. 109, 162.

50 Cf. Hesiod: *Theogonie* 958 ff.; Diodoros IV. 45.2 f., 46.1; Apollonios v. Rhodos III. 241 f.; Ilias XI. 740 f., 624, 628; Odyssee X. 366; XI. 305 f.; T.P. Howe, 1964, S. 156, 159 f.; M. Casevitz, 1984, S. 83. In der Antike galt Kreta als *der* Ort, von wo die Zauber- und Heilkräuter herkamen, und es hieß, auf der Insel wachse nichts Todbringendes, sondern lediglich Regenerierendes wie das wundenschließende δίκταμνος (*Origanum dictamnus*), das die von einem Jäger angeschossenen Agrímia fraßen, damit die Pfeile sich aus ihren Wunden lösten. Cf. A. S. Pease, 1948, S. 472 f.

51 Cf. A.H. Krappe, 1933, S. 236 f.; bzw. Pausanias II. 12.1; Ovid: *Metamorphosen* VII. 197 ff. Daß die antike Wetterzauberin Medeia eine Nachfolgerin der periodisch wiederkehrenden Vegetationsgöttin ist, hat schon U. v. Wilamowitz-Moellendorf (1906, S. 172) betont.

52 Cf. H. Meyer, 1980, S. 85 ff.; Vian, a.a.O., S. 282; I. v. Bredow, 1997, S. 210; C. Mackie, 2001, S. 12 f.; M. Davies, 2002, S. 16; Lykophron: *Alexandra* 1315; bzw. L. Radermacher, 1906, S. 250; S. G. Darian, 1977, S. 46; C. Schuster/E. Carpenter, 1988, III, S. 420.

53 Cf. R. A. Brown, 1985, S. 93; M. B. Sakellariou, 1977, S. 125; Pausanias IX. 12.4; Nonnos III. 11 ff.; IV. 373 f.; XIII. 351 ff.; bzw. S. Yanakieva, 1994, S. 369 f.; Fontenrose, a. a. O., S. 312. Bereits der Altphilologe Karl Otfried Müller (1844, S. 261, 448 ff.) hat festgestellt, der Drachentöter Jason sei mit Kadmos und dem Kabiren Kadmilos oder Iasion, »dem phallischen Hermes«, identisch, der sich am Ufer des thessalischen Sees Boebeis angesichts der dort nackt badenden und der Harmonia entsprechenden Persephone oder Brimo so sehr erregt habe, daß er gar nicht anders konnte als sie zu vergewaltigen. Cf. S. Reinach, 1923, S. 98 f.; A. Filges, 1996, S. 142. Auf Samothrake gab es ein Fest, auf dem die Teilnehmer so die entschwundene Harmonia suchten und wiederfanden, wie Kadmilos es getan hatte. Cf. F. Vian, 1963, S. 138. D. Matsas (1995, S. 235 f.) vermutet, daß die Sage von Kadmos letztlich auf die Minoer zurückgehe, die ab dem 18. Jahrhundert v. Chr. auf der Suche nach Rohstoffen die nördliche Ägäis befahren haben, zumal es hieß, Kadmos habe den Griechen die Schrift und auch die Bronzegußtechnik (cf. R. B. Edwards, 1979, S. 32) gebracht. Offenbar gab es ebenfalls schon sehr früh Beziehungen zwischen dem minoischen Kreta und Boiotien, wohin der Europa-Sohn Rhadamanthys ausgewandert sein soll (cf. A. W. Persson, 1931, S. 132), und auch Kadmos, der Gründer Thebens und Bruder der Europa, und seine Männer sind als Φοίνικες, »Rothäute«, bezeichnet worden, ein Begriff (von φοῖνῐξ, »purpur, rot«; vgl. den roten Farbstoff *po-ni-ki-jo*, vielleicht

Purpur oder Henna), mit dem die Griechen ihre etwas dunkelhäutigeren Nachbarn, z. B. Karer, Lykier, Minoer und vor allem in homerischer Zeit die Levantiner benannten. Cf. A. Philippson, 1951, S. 511; T. J. Dunbabin, 1957, S. 35; bzw. A. Fick, 1905, S. 123 f.; E. D. Foster, 1977, S. 64 ff.

54 Cf. I. Mazarov, 1998, S. 53, 163; V. Sîrbu, 2004, S. 254; J. Stakenborg-Hoogeveen, 1989, S. 184 f.; J. Bouzek, 2006, S. 222. Herodot (V. 7) berichtet, der oberste Gott, von dem abzustammen die thrakischen Könige behaupteten, sei Hermes gewesen. Der spätere thessalische Heilgott H̃eiron geht höchstwahrscheinlich auf den thrakischen Vegetations- und Regenbringer zurück, den die Griechen »Heros« nannten. Cf. A. Golan, 2003, S. 115. Gelegentlich hat man vermutet, auch der griechische Orpheus sei von diesem Paredros der Großen Göttin der thrakischen Stämme herzuleiten. Cf. N. Theodossiev, 1997, S. 409.

55 Cf. Stakenborg-Hoogeveen, a. a. O.; Will, a. a. O., S. 112 f.; R. S. P. Beekes, 2004a, S. 475 f.; O. Huth, 1932, S. 71 ff.; W. Burkert, 1990, S. 66; F. C. Woudhuizen, 1989, S. 199; G. Capdeville, 1995, S. 273 f.; L. Acheilara, 2000, S. 11; M. Delcourt, 1982, S. 181; K. Kerényi, 1944a, S. 93; bzw. F. Vian, 1982, S. 275; G. Crane, 1988, S. 142, 155; G. Danek, 1998, S. 201. Wie Jason wurde auch der thrakische Heros als Heiler bezeichnet und deshalb von den Griechen mit Göttern wie Apollon und Asklepios identifiziert. Cf. E. Penkova, 2004, S. 318 f. Gleich den Dioskuren waren die Kabiren ebenfalls Heiler, und wie Damaskios überliefert, wurde später der Heilgott Ešmun als der achte der Kabiren angesehen. Cf. Röllig, a. a. O., S. 53. Pausanias (IX. 25.5 ff.) berichtet, in der Nähe des boiotischen Theben liege »ein Hain der Demeter Kabeiraia und der Kore«: »Eingeweihte dürfen ihn betreten. Von diesem Hain liegt das Heiligtum der Κάβειροι gegen 7 Stadien entfernt. Wer die Kabiren sind und was für Kulthandlungen für sie und Demeter begangen werden, darüber Schweigen zu bewahren, mögen mir diejenigen verzeihen, die es gerne hören würden.« Sowohl auf Samothrake als auch im thebanischen Kabirion hat man Erdschächte entdeckt, durch die man offenbar den chthonischen Kabiren Opfergaben zukommen ließ (cf. T. Lazova, 1995, S. 150 f.), doch werden es nicht diese Opferhandlungen gewesen sein, die der Perieget schamhaft verschwieg, sondern eher das, was Clemens von Alexandrien (II. 14 P) als die Mysterien bezeichnete, bei denen »unaussprechliche Obszönitäten« vorkamen – vermutlich der Nachvollzug des ἱερὸς γάμος von Iasion und Demeter durch die Kultteilnehmer, denn nach Clemens (12 P) war es »Eëtion, der die samothrakischen Orgien und Riten begründete«.

56 Cf. L. Radermacher, 1938, S. 211, Orphische Argonautiká 63 ff.; Pindar: *Pythische Ode* 185 ff.; Odyssee XII. 71 f. Cf. K. O. Müller, 1844, S. 262; K. Kerényi, 1958, S. 267.

57 Die Argo, deren Name entweder von ἀργός, »schnell« (altind. *r̥járh̥*) oder von ἀργής (idg. **arg-*), »glänzend, strahlend, weißschimmernd«, herzuleiten ist (cf. Hofmann, a. a. O., S. 22), wird unter Anleitung der Athene gebaut (cf. Apollonios v. Rhodos I. 111 f.), d. h., das Schiff ist *ihr* Werk. Nach Plinius (XIII. 119) gab es eine Überlieferung, nach der es aus dem Holz eines ansonsten offenbar unbekannten Baumes hergestellt wurde, das »weder durch Wasser

noch durch Feuer vernichtet werden« konnte. Wenn Achilles ἑκὰς Ἄργεος, »fern der Heimat« stirbt, dann bedeutet »Argos« die griechische Ökumene. F. Pfister (1909, S. 44) meint, der Name der Argonauten stamme von diesem Wort her, weil die Fahrt ja ein gesamtgriechisches Unternehmen gewesen sei.

58 Cf. Apollonios v. Rhodos I. 14; II. 214 ff.; III. 8 f.; J. E. Harrison, 1908, S. 315 f.; F. R. Schröder, 1956, S. 71 f.; bzw. C. M. Bowra, 1972, S. 137. Die Liebe Heras zu Jason ist eines der ältesten Elemente der Sage (cf. O. Jessen, 1896, Sp. 751), und schon J. Puhvel (1958, S. 328 f.) hat vermutet, daß Hera sich aus einer minoischen Schutzgöttin entwickelt habe, die vermutlich auch Herakles auf seinen Jenseitsfahrten vor den Gefahren bewahrte. Cf. W. Pötscher, 1998, S. 13. Noch bei Apollonios hält Hera sämtliche Fäden in der Hand, während Zeus zwar im Hintergrund bleibt, aber dem Jason so feindlich gesinnt ist wie Poseidon dem Odysseus. Cf. B. Louden, 2005, S. 103. Allerdings spielt der rachsüchtige Meeraufwühler in der Odyssee eine viel größere Rolle, da es dort eines Gottes bedarf, der den Helden zu einer *Irr*fahrt veranlaßt, während die Argonauten eine zielgerichtete Fahrt unter permanentem göttlichen Beistand durchführen. Cf. R. J. Clare, 2000, S. 9. Dagegen wird Odysseus nur gelegentlich göttliche Hilfe zuteil, etwa dort, wo er hilflos auf dem Meer treibt und Ino ihm den »unsterblichen Schleier« (κρήδεμνον) gibt, der ihm das Leben rettet (Odyssee V. 333 ff.). Allerdings stehen auch hinter Kirke, Kalypso und Ναυσικάα, der Odysseus dafür dankt, daß sie ihm das Leben »wiedergegeben« hat (Odyssee VIII. 468), Unsterblichkeit verleihende Göttinnen, und es ist durchaus denkbar, daß die Wettkämpfe am Hofe des Alkinoos die Spuren jener Mutproben sind, die Odysseus in einer ursprünglichen Version bestehen mußte, um seine jenseitige Braut zu erringen und mit ihr heimzukehren. Cf. T. Krischer, 1985, S. 18 f.

59 Cf. O. Carruba, 2003, S. 23; C. J. Ruijgh, 2004, S. 89; bzw. D. Q. Adams, 1987, S. 176; bzw. A. J. Van Windekens, 1960, S. 213 f.; W. Tomaschek, 1980, S. 59 f.; J. Kramer, 1975, S. 175; W. Meid, 1998, S. 628; E. C. Polomé, 1998, S. 669 f.; J. Puhvel, 1987, S. 131. W. Pötscher (1987, S. 2; ders., 1998, S. 16) übersetzt Ἥρα (*e-ra*) mit »die [zur Ehe] Reife«.

60 Cf. I. Clark, 1998, S. 16; E. T. Vermeule, 1974, V 82; H.-V. Herrmann, 1987, S. 156 f. Auch in historischer Zeit wurde Hera häufig Potnia genannt, und in der knossischen *da-pu-ri-to-jo po-ti-ni-ja*, der »Herrin des Labyrinths«, hat man ihre direkte minoische Vorläuferin gesehen. Cf. J. C. Van Leuven, 1979, S. 113 f. Cf. auch E. Simon, 1985, S. 14; S. Price/E. Kearns, 2003, S. 250. Anscheinend ersetzte *e-ra* die auf einem pylischen Täfelchen noch gemeinsam mit ihr und Zeus (im Dativ *di-we*) genannte *di-u-ja* (= »für die Frau des Zeus«). Cf. E. Simon, 1972, S. 160; P. G. van Soesbergen, 1983, S. 208. Im italischen Lanuvium wurde eine von Iupiter unabhängige Iuno verehrt. Cf. M. Robbins, 1980, S. 23.

61 Cf. F. Duemmler, 1901, S. 16; Ilias XIV. 200 ff.; S. Wide, 1907, S. 259 f.; Pausanias II. 38.2 f.; IX. 3.1 ff.; S. Reinach, 1912, S. 109 f.; R. Merkelbach, 1978, S. 10 f.; Rose, a. a. O., S. 97 f.; R. Häußler, 1995, S. 60; M. Delcourt, 1982, S. 108; H. Baker, 1979, S. 35 f., 41; A. Avagianou, 1991, S. 54 f.; K. Meuli, 1975, S. 1060. Daß auf dem samischen Holzrelief der erwachsene Herakles

nach der Brust der Hera greift, um an ihr zu saugen, wie B.M. Fridh-Haneson (1988, S. 206ff.) meint, ist eher unwahrscheinlich. Denn auf einem Chalzedon-Skaraboid aus dem frühen 5. Jahrhundert v. Chr. faßt Hades der erschrockenen Kore, die er entführen und koitieren will, auf gleiche Weise an die Brust. Cf. C. C. Vermeule, 1982, Pl. 209. Nachdem die dem Zeus zürnende Hera sich in der Höhle verkrochen hatte, ließ jener eine als Braut verkleidete hölzerne Kultstatue auf einem Ochsenkarren umherfahren und verkünden, er wolle diese Frau heiraten. Darauf trat Hera aus der Höhle, zog den Schleier von der Figur und lachte. Noch im 1. Jahrhundert n. Chr. gab es in Boiotien ein Fest, an dessen Ende man eine Priesterin mit einer List aus dem Gebirge lockte, worauf diese lachte. Bekanntlich entblößt sich Baubo (βαυβώ, »Vulva«; βαυβᾶν, »eine Frau koitieren«) vor der trauernden Demeter, worauf diese auflacht. Mit diesem Lachen ist die Zeit der Trauer beendet. Ähnlich verhielt es sich mit den Entblößungen und Obszönitäten der die Göttin Flora repräsentierenden *meretrices* während der Floralien. Cf. F. Altheim, 1931, S. 142ff.;f. Graf, 1974, S. 168; G. Devereux, 1981, S. 26ff. Eines der Hauptfeste der Hera hieß Τόναια (von τόνος, »Strick«). Ähnlich wie das »gefesselte« Kultbild der Hera wurde bei den athenischen Plynterien die Holzstatue der Athene von der Akropolis zum Phaleron gebracht und dort von zwei »Wäscherinnen« genannten Jungfrauen gebadet. Cf. K. Dowden, 2000, S. 83.

62 Cf. R. F. Willetts, 1977, S. 205; Pausanias II. 17.1 ff.; II. 22.1; Séchan/Lévêque, a. a. O., S. 183 f.; T. H. Hadzisteliou-Price, 1971, S. 61 f.; G. Kipp, 1974, S. 205; R. Triomphe, 1992, S. 187 ff. In den Heraien von Argos, Tiryns und anderen Orten hat man Figurinen der einen Granatapfel an die Brust haltenden Hera, aber auch Terrakottagranatäpfel ausgegraben (cf. J. D. Baumbach, 2004, S. 54 f., 67 f.; K. Kerényi, 1972, S. 137), die wohl auf die Funktion der Hera als einer in die Unterwelt reisenden und den ἱερὸς γάμος vollziehenden Fruchtbarkeitsgöttin hinweisen (cf. H.-V. Herrmann, 1987a, S. 429), über die Pausanias nicht reden mochte. Vielleicht hängt damit auch zusammen, daß sie eine chthonische Orakelgöttin war, wie aus der Inschrift einer sicher aus Cumae stammenden Bronzescheibe des späten 7. Jahrhunderts v. Chr. hervorgeht. Cf. R. Renehan, 1974, S. 196; B. Snell, 1966, S. 158 f. Auffällig sind die zahlreichen orientalischen und kyprischen Figurinen der Liebes- und Vegetationsgöttinnen, die im samischen Heraion geopfert wurden, etwa die der ihre Brüste nach vorne drückenden ʿAnāth und ʿAštart, eine Bronzefigur der Neith in einem die Brüste freilassenden Netzkleid und der ebenfalls aus Ägypten stammende Torso einer nackten Frau mit fülligen Oberschenkeln, die man wohl im 8. Jahrhundert v. Chr. als Votivgaben niedergelegt hat. Im Heraion von Perachora am Golf von Korinth entdeckte man in einem Schrein das Elfenbeinrelief einer unbekleideten Frau aus dem 7. Jahrhundert v. Chr., die mit beiden Händen an ihre Schamlippen faßt und in der man die Hera Akraia (Medeia) vermutet hat. In einem anderen Heraheiligtum auf der Peloponnes fand man ein Väschen aus dieser Zeit in der Form männlicher Genitalien. Im Heraion von Delos legte man Votivfigurinen des Silen mit erigiertem Glied und von phallischen Vögeln nieder. Schließlich befand sich im Heraion von

Paestum in der Bucht von Salerno die Terrakottastatuette einer knienden nackten Frau mit zwei kleinen Männern auf den Schultern, von denen einer an ihre Brust greift. Vielleicht stellt diese Figur indessen Aphrodite dar, die offenbar nicht selten als untergeordnete Göttin in Heratempeln verehrt wurde. Cf. A.M. Vérilhac/C. Vial, 1998, S. 364 f.; R. Osborne, 1996, S. 274 f.; M. Viglaki, 2003a, S. 383, 386; Baumbach, a.a.O., S. 17 ff., 112, 146; U. Jantzen, 1972, Tf. 16 u. 27; R.M. Ammerman, 1991, S. 227; R. Bloch, 1973, S. 55 f.

63 Cf. Tomaschek, a.a.O., S. 58; bzw. *Orphische Hymne* XVI. 3 ff. Mit ihrer Milch verlieh sie Heroen wie Herakles die Unsterblichkeit und wurde so vor allem in der Argolis, wo man das Fest der »Hera des Kindbettes« feierte, und in den von dort aus kolonisierten Gegenden, namentlich in Lukanien, zur Kurotrophos und Säugamme par excellence. In Lukanien fand man Figurinen der Hera Eileithyia, die mit der Rechten ihre Brust einem vom Himation verdeckten Säugling reicht. Ihr entspricht heute die lukanische Madonna della Melagrana, auch Santa Maria del Granato genannt, die, auf einem Thron sitzend, im linken Arm das Jesuskind und in der Rechten einen Granatapfel hält. Cf. S.I. Johnston, 1997, S. 52 f; Hadzisteliou-Price, a.a.O., S. 146, 180. Die Thebaner zeigten Pausanias (IX. 25.2) »eine Stelle, wo Hera [...] den noch kleinen Herakles gesäugt haben soll«.

64 Cf. *Hymnus auf Aphrodite* V. 41; *Hymnus auf Apollon* III. 332; bzw. W. Krenkel, 2006, S. 350; N. Yalouris, 1950, S. 79 ff.; T. Lazova, 1997, S. 324 f.; J.C. Van Leuven, 1966, S. 158 f. Auf späteren Münzbildern hat das samische Holzidol der Hera Kuhhörner. Cf. A.B. Cook, 1914, S. 445. Auch die italische Iuno war eine Kuhgöttin, und es ist nicht unwahrscheinlich, daß der Stamm der Itali, der »jungen Stiere«, sich nach Iunos Paredros nannte. Cf. A.J. Van Windekens, 1957a, S. 161. Sowohl Iuno als auch Hera waren aber auch Ziegen- und Schafsgöttinnen (Abb. 276), und letzterer wurden auf Samos Votive in Form von goldenen Schafen überreicht. Cf. Bodson, a.a.O., S. 127.

65 Cf. Willetts, a.a.O., S. 205; B.C. Dietrich, 1987a, S. 487; L. Borhy, 2006, S. 230 f.; B. Alroth, 1989, S. 22; Baumbach, a.a.O., S. 46; H. Demisch, 1984, S. 28; N. Kourou, 2002, S. 25 f.; J.M. Cook, 1962, S. 75; E.T. Vermeule, 1974, V 82. Entweder in Knossos oder in Tylissos gab es in historischer Zeit ein Heraion, und aus einer eteokretischen Inschrift aus Ierapytna geht hervor, daß es auf der Insel einen Kult der Hera Meilichia und des Zeus Meilichios gegeben haben muß. Cf. Willetts, a.a.O., S. 206. Aus Dankbarkeit errichten die Argonauten auf Kreta – offenbar an der Südküste – ein Heiligtum für die Minoische Athene (cf. Apollonios v. Rhodos IV. 1691), doch werden noch häufiger Heraheiligtümer als eine »Stiftung Jasons« (Ἰάσονος ἵδρυμα) bezeichnet. Cf. Strabon VI. 1.1.

66 Cf. Hofmann, a.a.O., S. 109; C. Picard, 1960, S. 169 f.; B.C. Dietrich, 1968, S. 1003; E. Simon, 1987, S. 161; S. Hiller, 1996, S. 215 f.; Baumbach, a.a.O., S. 41 f.; bzw. R. Roux, 1949, S. 173; Pindar: *Pythische Ode* IV. 158 ff.; P. Friedländer, 1914, S. 305; L. Radermacher, 1938, S. 170 f.; H. Meyer, 1980, S. 105, 112; F. Graf, 1987, S. 98; ders., 1997, S. 40 f.; W. Pötscher, 1961, S. 336, 344; ders., 1963, S. 528 f.; M.L. Ruiz-Gálvez, 1999, S. 46; A. Strataridaki, 2003, S. 194; D.P. Nelis, 2005, S. 362. Einen gewissen Initiationscharakter behiel-

ten Fernreisen junger Leute noch bis in die Neuzeit, etwa die »grand tour«
wohlhabender junger Männer aus den Ländern nördlich der Alpen, die häufig ein ganzes Jahr dauerte und bis in den Süden Italiens führte. Meist waren
die Reisenden zwischen 20 und 30 Jahre alt, denn in höherem Alter, so ein
1777 erschienener »Entwurf zu einem Reise-Collegio«, werde der Körper
steif und »die Seele ist nicht mehr des lebhaften Eindrucks fähig«. Durch das
Unternehmen sollte der Verstand »eröffnet, geschärft und erleuchtet werden« sowie »der Leib durch die auf Reisen uns zustoßenden Fatiguen gehärtet«. Cf. E. Beuchelt, 1984, S. 244 f.

67 Cf. Plutarch: *De Herodoti malignitate* 871 B; M. Hillgruber, 2005, S. 66;
Apollonios v. Rhodos IV. 294 ff.; E. Simon, 1985, S. 45 f.; C. Jourdain-Anne-
quin/C. Bonnet, 2001, S. 219; bzw. H. Kyrieleis, 1988, S. 217; Hadzisteliou-
Price, a. a. O., S. 87.

68 Cf. Odyssee VII. 79 ff.; Ilias II. 547 ff.; C. Antonaccio, 1994, S. 89; Fontenrose, a. a. O., S. 316; Apollodoros 3.25; G. Karpe, 1943, S. 74 f.; Vian, a. a. O.,
S. 47, 118 f.; M. Müller, 1966, S. 22; P. Kretschmer, 1917, S. 123; bzw. C. Verlinden, 1985, S. 143; N. Divari-Valakou, 1999, S. 222; H. Brecoulaki et al.,
2008, S. 363 ff.; T. E. Small, 1966, S. 107; B. Otto, 1996, S. 820 f.; P. Warren,
2000a, S. 463 f.; L. Rawling, 2007, S. 24. Achtschildperlen wurden in Ägypten vermutlich als Schutzamulette benutzt. Cf. A. Nibbi, 2002a, S. 85 f. Die
mesopotamische Ištar hält bisweilen als Herrschaftssymbol eine Axt (cf. V.
Haas/I. Wegner, 1995, S. 167 ff.), und in dieser Ištar ist gelegentlich das Vorbild der »bewaffneten« minoischen Göttin gesehen worden. Cf. C. Sugaya,
2000, S. 278 f.; B. Otto, 1987, S. 13.

69 Cf. W. Pötscher, 1963, S. 530; T. G. Palaima, 1998, S. 206; Pausanias V. 3.2;
bzw. H. P. Duerr, 1978, S. 195.

70 Cf. K. Lehmann-Hartleben, 1926, S. 26 f.; M. E. Voyatzis, 1998, S. 138 f.; H.
Petersmann, 1990, S. 47 f.; J. Pokorny, 1959, S. 256; F. M. T. Böhl, 1935, S. 21;
M. West, 2005, S. 45, 62; bzw. Apollonios v. Rhodos IV. 1691; Diodoros V.
72.3 f.; Nonnos VIII. 115. Auch Apollon galt als ein Auftraggeber und Beschützer der Fahrt, doch als der Goldgelockte mit dem silbernen Bogen ihnen
begegnet, wagt es keiner der Argonauten, ihm in die Augen zu blicken. Cf.
Apollonios II. 674 ff.; C. Pietsch, 1999, S. 57 f.

Anmerkungen zu § 18

1 Cf. M. Draak, 1959, S. 657 f.; L. Laistner, 1889, S. 253 ff. Die Verwandlung
der Aphrodite kommt auch in der Ilias (III. 386 f., 396 f.) vor, wo die Göttin
sich der Helena als »wollespinnende Greisin« zeigt. Doch die Gattin des
Menelaos erkennt die unvollkommen Verwandelte an ihrem »lieblichen
Nacken«, der »reizenden Brust und den anmutig funkelnden Augen«. Cf.
P. G. Lennox, 1980, S. 54 f.

2 Pindar: *Pythische Ode* IV. 82 f.; Apollonios v. Rhodos I. 10 f.; III. 72 f.; bzw.
Vergil: *Aeneis* VII. 688 ff. Cf. G. Dumézil, 1966, S. 252 f.; G. Capdeville, 1995,
S. 50, 56 f., 151. Nach einer Überlieferung saß die Schwester der Digitii am

Herdfeuer, als ein Funke übersprang und in ihren Schoß fuhr, worauf sie den Caeculus gebar, der später mit anderen Jugendlichen raubend über Land zog, wie es noch bis in unsere Zeit die in der Wildnis lebenden Initianten in Afrika und anderen Weltgegenden taten. Cf. U. W. Scholz, 1970, S. 127 ff.; bzw. H. P. Duerr, 1978, S. 80 f. Die Mutter des Königs Servius Tullius sah einen erigierten Penis im Feuer und wurde durch diesen Anblick ebenso schwanger wie die Magd, die im Hause des Albanerkönigs Tarchetius einen im Herdfeuer anschwellenden Penis sah, der dort tagelang stehen blieb, worauf sie Romulus und Remus zur Welt brachte.

3 Cf. O. Weinreich, 1969, S. 112; bzw. Penkova, a. a. O., S. 176. Agamede oder Auge trägt am rechten Fuß eine Sandale und am rechten Bein einen Ring. Nur eine Sandale und einen ungegürteten Chiton trugen auch in Eleusis die jugendlichen Mysten im Dienste der Göttinnen. Cf. K. Esdaille, 1909, S. 4. Auf einem pompejanischen Fresko lehnt sich der halbnackte Dionysos an seine hinter ihm stehende Braut Ariadne, die als dezenten Hinweis auf den γάμος ihren Arm um ihn gelegt hat. Allem Anschein nach tragen beide nur jeweils eine Sandale. Cf. L. Vajda, 1989, S. 137.

4 Cf. Vergil: *Aeneis* IV. 518; bzw. A. Rumpf, 1928, Abb. 148. Ein gleiches gilt sicher auch für die aus Civitavecchia stammende römische Kopie einer wohl aus dem Umkreis des Phidias stammenden Marmorskulptur eines auf einem (Opfer?-)Altar sitzenden jungen Mädchens, das vielleicht Iphigenie darstellt. Cf. W. Amelung, 1908, S. 584 f. Auf einem attischen Relief des 5. Jahrhunderts v. Chr. trägt auch der ins Jenseits reisende Heiler Asklepios nur eine Sandale. Cf. Vajda, a. a. O., S. 135.

5 Περσεύς war ein älterer Name des Helios (cf. H. Petersmann, 1986, S. 301), dessen Frau die Okeanostochter Πέρση war, die Mutter des Aietes und der Kirke. Cf. Hesiod: *Theogonie* 956; Odyssee X. 139. Perse [Linear B *pe-re-*], Perseus, Persephone sind sämtlich Namen von Sonnen- und Vegetationsgottheiten, die mit periodisch stattfindenden Jenseitsreisen verbunden sind. Cf. C. Koch, 1933, S. 28 f. So gelangt Perseus zu den alterslos und heiter beim Festmahl sitzenden Hyperboräern. Cf. Pindar: *Pythische Ode* X. 29 ff. Auch der Sturz des jungen Perseus und seiner Mutter ins Meer ist ein Bild für den Untergang der Sonne im fernen Westen. Cf. Fontenrose, a. a. O., S. 298. Perses Enkelin, die blonde Medeia, ist eine Sonnentochter, die als Hyperboräerin, aber auch als eine der Heliaden bezeichnet wird, aus deren Tränen der Bernstein entsteht und bei der alles, was sie besitzt oder verschenkt, golden ist. An ihren leuchtenden Augen erkennt Kirke auf der Rückfahrt der Argonauten sofort, daß Medeia aus dem Geschlecht des Helios stammt. Cf. Apollonios v. Rhodos III. 830, bzw. IV. 727 ff.

6 Cf. C. Müller, 1989, S. 179 f. »Ein Kranker«, so Artemidor v. Daldis (*Onirokritikon* IV. 63), »träumte, ihm sage einer: ›Opfere dem mit dem einen Schuh und du wirst geheilt werden!‹ Er opferte dem Hermes, denn sie erzählen, daß dieser Gott dem Perseus, als er auszog, der Gorgo den Kopf abzuschlagen, den einen Schuh gegeben habe und nur noch den anderen besitze«. In der Stadt Chemmis, von der die Herodot (II. 91) berichtet, wurde der offenbar mit Perseus identifizierte Gott Min verehrt, der, wie sein erigierter Penis es bereits andeu-

tet, die Fruchtbarkeit und den Überfluß an den Nil brachte und alle Wesen ver-
anlaßte, sich zu vermehren. Als »Herr der Ostwüste« und »Herr von Punt«
schützte er mit seinem drohend aufgerichteten Glied gleichzeitig die Karawanen, die zum Roten Meer zogen, und die Schiffe, die in den fernen Süden fuhren. Cf. K. S. Kolta, 1968, S. 151; J. Ogden, 1986, S. 36; J. S. Shoemaker, 2001,
S. 8 f.

7 Cf. Diodoros IV. 40.2; Philostratos: *Heroikos* XX. 24; T. Friedrich, 1894, S. 89;
W. Burkert, 1970, S. 7; ders., 1991, S. 66; ders., 1997a, S. 213 f.; bzw. U. v. Wilamowitz-Moellendorf, 1906, S. 169; Pindar, a. a. O., S. 252 ff.; R. Buxton, 1994,
S. 152 f. Ursprünglich waren die Kabiren Vegetationsdämonen, die periodisch
verschwanden und wiederkehrten (cf. Roux, a. a. O., S. 149), und als solche
wurden sie später mit den Korybanten der Kybele (cf. Clemens v. Alexandrien
16 P) und mit den Dioskuren identifiziert. Cf. Preller/Robert, a. a. O., S. 852.
Im Hafen von Samothrake standen die Statuen zweier Götter, die sowohl
»Theoi Megaloi« als auch »Die Kastoren« genannt wurden und zu deren
Füßen die Seefahrer nach glücklich verlaufener Reise Opfergaben niederleg-
ten. Cf. M. Albert, 1883, S. 56; G. M. Cohen, 1996, S. 204. Wer in die samothrakischen Mysterien eingeweiht war, konnte keinen Schiffbruch erleiden (cf.
K. Jaisle, 1907, S. 22), und bezeichnenderweise ist Orpheus, der auf der Rückfahrt durch ein Gebet an die Kabiren bei schwerem Sturm das Schiff aus Seenot
rettet, der einzige Argonaut, der ein Myste jenes Kultes war. Cf. Diodoros IV.
43.1 f.; 48.6. Anscheinend geleiteten die Κάβειροι auch Verstorbene ins Jenseits. So fährt auf einer karthagischen Darstellung aus Kef el-Blida im nordwestlichen Tunesien ein Toter in Begleitung bewaffneter Männer, die für die
Kabiren gehalten werden, auf einem Schiff, an dessen Bug *B'l šmm* mit der
Doppelaxt in der Hand steht, ins Jenseits. Cf. W. Huss, 1986, S. 231 f.

8 Cf. Apollonios v. Rhodos I. 775 ff.; 850 ff.; IV. 423 ff.; Aischylos: *Die Kabiren*
171 f.; Ilias VII. 468 f.; XXI. 41; XXIII. 747; bzw. Roux, a. a. O., S. 164; H.
Hommel, 1980, S. 36. Als die Frauen von Lemnos sich von ihren ins Jenseits
fahrenden Männern trennen, sie »töten«, übergibt Hypsipyle ihren Vater
Thoas in einem Holzkasten (λάρναξ) dem Meer. Dies ist anscheinend ein Bild
dafür, daß der alte König im Meer gestoßen wird, um als neuer König in
Gestalt des Jason wiederzukehren. Cf. C. Auffarth, 1991, S. 539. Die Szene auf
dem Mantel des Königs von Lemnos ist auf einem Kalyxkrater des späten 5.
Jahrhunderts v. Chr. aus Taras zu sehen: Dionysos faßt der schlafenden Ari-
adne an die nackte Brust, womit er sie zum γάμος weckt wie die Prinzen
Schneewittchen oder Dornröschen mit einem Kuß. Cf. S. McNally, 1985,
S. 163.

9 Cf. B. Sergent, 2002, S. 203; 1. Moses 2.9; M. Haavio, 1963, S. 56 f.; P. Kübel,
2007, S. IX, 188; F. Bader, 1981, S. 243 f.; G. Martin, 1953, S. 1193; bzw. Euripides: *Hippolytos* 748 ff. Bezüglich der Goldenen Äpfel meint Apollodoros (II.
113): »Diese wuchsen nicht, wie einige berichten, in Libyen, sondern auf dem
Atlas bei den Hyperboräern (τοῦ Ἄτλαντος ἐν Ὑπερβορέοις) und sie [= μῆτερ
γῆ] hatte sie dem Zeus zu seiner Hochzeit mit Hera geschenkt.« Nach Philode-
mos (92.12) identifizierte Epimenides die den Apfelbaum bewachenden
Hesperiden mit den Harpyien.

10 Cf. O. Gruppe, 1906, S. 457 f., 472; Roux, a. a. O., S. 35; bzw. Pausanias XIX.
19.5. Die auf knossischen und thebanischen Linear-B-Täfelchen erwähnte
Göttin *ma-ka* (= μᾱ Γᾶ) ist höchstwahrscheinlich mit der μῆτερ γῆ, der
ursprünglichen Göttin Delphis, identisch. Später wurde Ge mit Demeter
identifiziert. Cf. C. Schäfer-Lichtenberger, 2000, S. 87, 90; C. J. Ruijgh, 2004,
S. 5.

11 Cf. R. Kandeler, 1998, S. 297 ff.; bzw. Hooker, a. a. O., S. 138; Deubner,
a. a. O., S. 213 ff. Das Silphion, in der Antike Narthex genannt, von dem die
Mänaden ihre Thyrsosstäbe brachen, wuchs vor allem auf Kreta, Chios,
Rhodos, Zypern und in der Levante sowie an der libyschen Küste. Durch
Anritzen seiner Stengel und Rhizome gewann man einen milchigen Saft, der
offenbar einerseits wegen seiner sexuell stimulierenden Wirkung zu einem
Attribut der Aphrodite wurde, andererseits aber auch als empfängnisverhü-
tendes Mittel und als Antidotum Verwendung fand, weshalb man ihn später
für die römischen und byzantinischen Herrscher bereithielt, falls diese einem
Giftanschlag zum Opfer fielen. Cf. P. Schönfelder/I. Schönfelder, 1987, S. 90;
E. Paszthorny, 1990, S. 49 f.; A. Bärtels, 1997, S. 241; K. Ermete, 2007,
S. 105 f.

12 Cf. E. Fabbricotti, 1993, S. 28 f.; C. P. Presicce, 1994, S. 86 f. Vielleicht ist die
im Hintergrund »schwebende« Achtschild-Gottheit so zu »lesen«, daß die
Epiphanie der Vegetationsgöttin in einer Vision gesehen wird. Cf. R. Hägg,
1983, S. 184. Wie auf dem Ring von Mykene wurden Flüsse auch auf den anatolischen Rollsiegeln dieser Zeit wiedergegeben. Cf. M. J. Mellink, 1992,
Abb. 3, 4 u. 12. Der getrocknete Milchsaft des Silphion, der mit Mehl vermischt als Gewürz hoch geschätzt und mit Silber aufgewogen wurde, war die
Hauptquelle des Wohlstandes der im 7. Jahrhundert v. Chr. von Theräern
besiedelten Kyrenaika, doch durch Raubbau wurde die Pflanze dort im
1. Jahrhundert n. Chr. ausgerottet. Man benutzte sie nicht nur als Heilmittel,
sondern auch als Räucherwerk für die Götter. Cf. H. Haenchen/H. Saure,
1975, S. 246; A. C. Oerstad, 1871, S. 197 f.; C. Brickell/W. Barthlott, 2004,
S. 447 f.; D. White, 1992, S. 8.

13 Cf. J. Dittmer, 1986, S. 132 f., J. Meader/B. Demeter, 2004, S. 60; M. B.
Wangu, 2003, S. 85 f.; bzw. M. van Loon, 1986, S. 245. Im Gegensatz zu allen
anderen im Niltal wachsenden Blumen, etwa dem Schlafmohn oder der
Kornblume, blüht die Seerose während des ganzen Jahres. Cf. C. Ossian,
1999, S. 52.

14 Cf. I. Cornelius, 2004, S. 125; L. Manniche, 2003, S. 89; J. Zaki/A. Katamesh, 2003, S. 142; A. Eissa, 2001, S. 10; Harer, a. a. O., S. 53 f. In der klassischen Antike hieß es, der Saft der Seerose errege die Männer sexuell. Cf. Dr.
Karle, 1927, Sp. 538. Eine Lotosblüte hält häufig Aphrodite in der Hand, und
auf einer rotfigurigen Kylix ist eine solche Blüte neben einem Eros abgebildet,
der einen Knaben anal penetriert. Auf einem Fries aus dem späten 6. Jahrhundert v. Chr. stimuliert eine Frau eine andere, die ihr eine solche Blüte reicht,
mit den Fingern an den Brustwarzen. Cf. G. Koch-Harnack, 1989, S. 72 f., 76,
183.

15 Cf. S. Morenz/J. Schubert, 1954, S. 109; bzw. S. K. Lal, 1980, S. 2 ff. u. Fig. 1a;

V. S. Guleri, 1990, S. 42; bzw. U. Winter, 1983, S. 113; R. Washbourne, 1999, S. 165; P. R. S. Moorey, 2002, S. 214 f. Ähnlich wie Aphrodite kam Śrī auf einer Lotosblüte sitzend aus dem Meer. Gleich Lakṣmī, mit der sie schon früh identifiziert wurde, wohnt sie in einer Lotosblüte oder im »Lotoswald« (*padmā-vanālayāṃ*) und wird selber *padmā*, »Lotos«, genannt. Der Geschlechtsverkehr mit ihren Kultdienerinnen, in denen sie sich inkarnierte, sicherte einst den Regen und die Fruchtbarkeit und heute dem Koituspartner gutes und reichhaltiges Sperma. Auch dafür, daß man der südindischen Erd- und Fruchtbarkeitsgöttin Yellamma, der »Mutter aller«, eine Tochter als Priesterin schenkte, revanchierte sich die Göttin mit einer reichen Ernte, der Geburt eines Sohnes oder der Heilung von einer Krankheit. Cf. F. A. Marglin, 1985, S. 97 ff., 110, 175; R. Syed, 2009, S. 381 f.; bzw. V. Narayanan, 1982, S. 228; J. Gonda, 1960, S. 96 f., 319; E. W. Gadon, 1997, S. 297 f. In Indien war der Lotos auch das Symbol der sterbenden und wiederkehrenden Sītā, der »Herrin der Tiere und Pflanzen«. Cf. Wangu, a. a. O., S. 42.

16 Cf. Lal, a. a. O.; bzw. Meader/Demeter, a. a. O., S. 61. Im Neuen Reich stellte man den Verstorbenen häufig Gefäße mit regenerierender Muttermilch ins Grab. Cf. J. P. Allen, 2005, S. 45.

17 Cf. C. Zinko, 1987, S. 15 f.; H. P. Duerr, 1984, S. 187; J. G. Younger, 2001, S. 1; bzw. A. M. Dürk, 1996, S. 19 f.; E. J. W. Barber, 1997, S. 518; V. Mitsopoulos-León, 2001, S. 60; L. Escher, 1905, Sp. 2667 f.; M. Lynn-George, 1993, S. 4 f. Die Römerinnen verwendeten Safran zum Blondieren der Haare. Cf. D. Morris, 2004, S. 29.

18 Cf. Nonnos XIV. 160 f.; M. L. Cunningham, 1984, S. 9; E. J. W. Barber, 1998, S. 117; A. G. Vlachopoulos, 2007, S. 111. Es hieß auch, Zeus habe sich mit Safran parfümiert, bevor er sich Europa näherte, damit diese leichter zu verführen war. Cf. H. Lundt, 2006, S. 34.

19 Cf. S. Nagar, 2006, S. 125. Bis in die frühe Neuzeit galt der Safran allenthalben in Europa als revitalisierend und stimmungsaufhellend, und von einem heiteren und munteren Menschen sagte man im 16. Jahrhundert in England, er habe »slept in a bagge of saffron«. Noch heute pflanzt man in Griechenland auf Gräbern den Krokus als Ausdruck der Hoffnung auf eine Wiedergeburt. Cf. F. Rosengarten, 1969, S. 395; bzw. M. Beuchert, 2004, S. 172.

20 Cf. E. H. Cline, 1991c, S. 31; bzw. A. G. Galanopoulos/E. Bacon, 1969, S. 153; A. N. Poulianos, 1972, S. 229 f.; G. Kehnscherper, 1986, S. 112. Auf den Wandbildern im Grab des Rechmirê wird die Meerkatze von den »Gabenbringern« aus Kusch und Punt in den Palast des Pharaos getragen. Cf. P. F. Houlihan, 1996, S 203; ders., 1997, S. 31. Sowohl das hellgraue bis gelboliv-farbene Fell des an der Westküste des südlichen Roten Meeres und in den Wäldern Obernubiens und Äthiopiens lebenden Affen wurde ebenso wie das Grün der Vegetation oder die dunkelgrauen Flecke auf dem Fell der Stiere an den Wänden des Palastes von Tell el-Dab'a mit blauer Farbe wiedergegeben. Cf. M. Bietak, 2000, S. 215; ders., 2006, S. 79.

21 Auf einer Stele aus dem Neuen Reich läßt eine junge Frau eine angeleinte Meerkatze von einer Dattelpalme die Früchte herabwerfen (cf. J. V. d'Abbadie, 1966, S. 197 f.; J.-C. Hugonot, 1992, S. 17), und ein Text berichtet davon,

ein Anubispavian sei dazu abgerichtet worden, die kugeligen Steinfrüchte von den Dûmpalmen zu holen. Cf. J. Boessneck, 1988, S. 60. Nach Aussage des im 3. Jahrhundert lebenden lemnischen Philosophen Philostratos sollen die Inder bei der Pfefferernte Affen eingesetzt haben (cf. H. Mielsch, 2005, S. 78), und tatsächlich läßt man noch heute in Südostasien gelegentlich halbzahme Schweinsaffen (*Macaca nemestrina*) an langen Leinen auf die Kokospalmen steigen, damit sie die Nüsse abpflücken und herunterfallen lassen. Cf. J. A. R. van Hooff, 1988, S. 230. Im Laufe der Zeit wurden solche Fähigkeiten von Affen ins Phantastische übersteigert. So teilte im 9. Jahrhundert ein arabischer Enzyklopädist mit, der König von Nubien habe einem Kalifen zwei Meerkatzen geschickt, die Näh- und Goldschmiedearbeiten verrichtet hätten, während im Jemen die Affen die Krämer- und Metzgerläden weiterführten, wenn deren Besitzer aushäusig seien. Cf. R. Kruk, 1995, S. 29.

22 Cf. H. Bonnet, 1952, S. 8; M. Loth, 2006, S. 57; G. Robins, 1988, S. 63; E. Feucht, 1986, S. 154; R. Preys, 1999, S. 246; A. Minault-Gout, 2003, S. 167; D. J. Osborn/J. Osbornová, 1998, S. 40; bzw. S. Dunham, 1985, S. 236f.; A. Hamoto, 1995, S. 50f., 58f.; P. Rehak, 1999, S. 707; bzw. M. Vandervondelen, 1994, S. 175ff.; C. Andrews, 1994, S. 66f.; H. Hughes-Brock, 2000, S. 121; E. Banou, 2003, S. 557. Auf einer um 1400 v. Chr. hergestellten blau glasierten Schale versucht eine Grüne Meerkatze, von hinten den Gürtel einer jungen Lautenspielerin zu lösen. Cf. H. D. Schneider, 1985, S. 77. Auch die Nilpferdgöttin Thoëris scheint auf Kreta ihre Eigenschaft als Fruchtbarkeitsbringerin beibehalten zu haben. Cf. P. W. Haider, 2004a, S. 235.

23 Cf. Gilgamesch-Epos XI. 281f.; 288f.; K. Watanabe, 1994, S. 581, 584f.; W. W. Hallo, 1993, S. 20f.; G. J. Selz, 1998, S. 136; M. Haul, 2004, S. 238; bzw. H. Kirchner, 1986, S. 44. Um in den Besitz seines Kompositbogens zu gelangen, offeriert 'Anâth dem jungen Jäger Aqat das Wasser der Unsterblichkeit, das ihm das ewige Leben (ḥym) oder den Nicht-Tod (bl-mt) verliehe. Cf. B. Margalit, 1980, S. 252f.; M. C. Astour, 1980, S. 234; M. H. Pope, 1981, S. 162.

24 Cf. Apollodoros III. 17ff. = 3.1; Hofmann, a.a.O., S. 45; Roux, a.a.O., S. 219; W. Pötscher, 1998a, S. 100f.; Athenaios: *Das Gelehrtenmahl* VII. 296dff.; XV. 679a; Ovid: *Metamorphosen* VII. 232f.; M. S. Codecasa, 1997, S. 219; B. Deforge, 1983, S 30; R. v. Ranke-Graves, 1960, I, S. 278f.; H. Marzell, 1935, S. 39. Auf einem Linear-B-Täfelchen aus Knossos heißt ein Schäfer *ka-ra-u-ko* (cf. P. H. Ilievski, 1992, S. 327), und in hellenistischer Zeit gab es dort ein Heiligtum des Gottes Glaukos. Cf. Deforge, a.a.O., S. 39. Während bei Apollodoros Glaukos durch das Kraut zum Seher wird, wurde er nach Nikandros von Apollon »in der Wahrsagekunst unterrichtet«. Cf. Athenaios, a.a.O., 297a. »Ich esse von dem Kraut, das ewig leben läßt«, sagt Glaukos in einem verlorenen Satyrspiel, und in einem Fragment des Aischylos wird er als »der das Kraut gegessen hat, das, unvergänglich, ewiges Leben spendet«, charakterisiert. Cf. Aischylos: *Fragmente* 165; Pausanias IX. 22.7. Spuren des ἱερὸς γάμος von Glaukos und der Großen Göttin findet man noch in der von der Mutter des Dichters Hedylos aufbewahrten Überlieferung, nach welcher Glaukos die Königstochter Skylla vergewaltigt habe, sowie in der Mitteilung

Ovids, Glaukos habe sich, als er die Jungfrau nackt (*sine vestibus*) »über den feuchten Sand« schlendern sah, so sehr erregt, daß er sie zu vergewaltigen suchte. Cf. Athenaios, a.a.O., 297b; bzw. Ovid, a.a.O., XIII. 869 ff.

25 Νεφέλη (von idg. *nebh-, »feucht, flüssig«; vgl. »Nebel«; Neptun; νέφος, ai. *nábhas*, »Wolke, Nebel«), die »geballte, feuchtschwangere Wolke, welche unter Blitz den befruchtenden Regen gebiert« (I. v. Bredow, 1986, S. 177), entspricht der nackten vorderasiatischen Regengöttin und Paredra des Wettergottes. Nach C. Robert (1894, S. 46 f.) steht hinter ihr die Erd- und Vegetationsgöttin Themisto.

26 Cf. Apollodoros I. 82 = 9.1; bzw. *Naupaktiká* 8. Der Begriff κῶας war ein poetisches Wort, das fast ausschließlich zur Bezeichnung des Goldenen Vlieses benutzt wurde. Cf. P. Dräger, 1995, S. 10, 68 f. Wie vor allem aus Pherekydes hervorgeht, bot Phrixos seinen Opfertod selber an, um die Dürre und den Mißwachs zu beenden (cf. K. Keyßner, 1941, Sp. 766), wie es sich für den idealen Priesterkönig gehört, der für die Fruchtbarkeit des Landes verantwortlich ist. Anscheinend gab es zahlreiche Varianten der Phrixos-Überlieferung, z. B. eine, nach welcher der wahnsinnig gewordene Sohn der Nephele und nicht diese selber verschwindet, worauf die Mutter den goldenen Widder ausschickt, damit er Phrixos findet und heimholt. Cf. P. Bonnechère, 1994, S. 99.

27 Cf. Pindar, a.a.O., IV. 159 ff.; Apuleius: *Metamorphosen* VI. 11 ff.; bzw. Apollonios v. Rhodos IV. 184; 1141 ff.; O. Keller, 1909, S. 321; D.M. O'Higgins, 1997, S. 117; J. Maringer, 1980, S. 129.

28 Cf. Hyginus: *Fabulae* XXII. 1; bzw. J.K. Newman, 2001, S. 313; E. Penkova, 2004a, S. 210; W. Mannhardt, 1875a, S. 243 f. Weit verbreitet ist das Märchenmotiv von dem Helden, der in einem goldenen Widderfell in das Schlafgemach der Königstochter vordringt, sie auf diese Weise zur Frau gewinnt und damit König wird. Cf. A. Aarne/S. Thompson, 1961, Nr. 854.

29 Cf. M. Davies, 1988, S. 280; S. Eitrem, 1915, S. 195; Simonides 2; W. Capelle, 1968, S. 57; W. Fauth, 1976, S. 486; bzw. Vergil: *Hirtengedichte* IV. 42 ff.; O. Huth, 1932, S. 59; Ovid, a.a.O., II. 23; E. Wunderlich, 1925, S. 100; F. Altheim, 1931, S. 81; Pindar, a.a.O., IV. 64; J.S.C. Eidinow, 2000, S. 465 f.; L. Deubner, 1982, S. 451 f.; Plinius XXVIII. 39; Pausanias VIII. 39.6. »Es hüllt sich die taurische Göttin beim Anschirrn / Ihres Gespanns, das den Tag bringt, in ein Krokusgewand« (Ovid: *Ars Amatoria* III. 179 f.). Die Römer hatten die purpurne *toga praetexta* und die *bulla aurea*, das diskusförmige Rangabzeichen, von den Etruskern als Herrschaftsinsignien übernommen. Cf. Fauth, a.a.O., S. 499.

30 Cf. Odyssee VI. 305 f.; R. Bichler, 2007, S. 33; A. Alföldi, 1970, S. 169; bzw. Hyginus: *Fabeln* CXCVIII; Vergil: *Georgica* I. 405; Ovid: *Metamorphosen* VIII. 9 f.; Apollodoros III. 211; Plutarch: *Alexander* 36.2. Auch die Nereiden besaßen einige goldene oder purpurne Haare. Riß ein Mann diese während des Geschlechtsverkehrs mit einer Nereustochter aus, verlor sie ihren übernаtürlichen Charakter und mußte für immer bei ihm bleiben. Cf. T. Vlachos, 1971, S. 225. Der wohl erstmalig im MM II im östlichen Kreta und in Kommos (cf. D. Ruscillo, 2005, S. 101) aus den Hypobranchialdrüsen der Meeres-

schnecken *Murex trunculus, Murex brandaris* und – seltener – von *Purpura haemostoma* gewonnene Farbstoff πορφύρεος konnte einen Stoff je nach verwendeter Menge und nach Dauer der Sonneneinstrahlung purpur, rot, rosa, hellviolett, bläulich und sogar – was später typisch für die tyrische Produktion war – fast schwarz färben. In römischer Zeit war offenbar die »vom Rot tyrischer Schnecken gefärbte Wolle« am teuersten, wie Ovid (*Ars Amatoria* III. 170) berichtet. Cf. E. v. Martens, 1872, S. 85; R. R. Stieglitz, 1994, S. 48; R. J. Edgeworth, 1988, S. 181; H. Gipper, 1964, S. 44, 59.

31 Cf. O. Jessen, 1912, Sp. 61; Nonnos XL. 388 ff.; H. R. E. Davidson, 1967, S. 53; bzw. L. Frobenius, 1912, S. 249; M. Griaule, 1965, S. 105 ff., 213. Widdergestalt besitzt der in der Sonne wohnende Gewittergott der Ibo östlich des unteren Niger, und auch bei den Jukun am Benuë und vielen anderen afrikanischen Stämmen schickt der Sonnenwidder den Blitz und den Regen. Im gesamten Sudan ist der Mythos verbreitet, in dem die Menschen einen Widder einfangen, worauf es stockduster wird. Erst als sie ihn wieder freilassen, kehrt das Sonnenlicht zurück. Cf. H. Baumann, 1936, S. 275; J. Zwernemann, 1959, S. 434 ff. Damit die Sonne wieder aufging, opferten die Swaneten während des morgendlichen Lamproba-Rituals einen Widder (Abb. 270). Cf. T. Radke-Gerlach, 2001, S. 125.

32 Cf. L. Frobenius, 1912, S. 249 f.; ders., 1921, S. 73, 84 f.; E. Werth, 1941, S. 320 f.; R. Mauny, 1949, S. 11; bzw. R. Vaufrey, 1939, S. 19 f.; Pl. XVI; XLVI f.; M. Capderou/A. Verdet, 1977, S. 40; C. Roubet/P. L. Carter, 1984, S. 446 f.; A. Muzzolini, 1994, S. 258 f. Gelegentlich scheinen auf den Sahara-Felsbildern auch Stiere zwischen den Hörnern eine Sonnenscheibe zu tragen. Cf. L. Frobenius, 1954, S. 17. G. Camps (1985, S. 352) hält die »Sonnen« für aus Leder gearbeitete Aufsätze.

33 Cf. A. Muzzolini, 1996, S. 66; K. H. Striedter, 1984, S. 51, 55; F. el-Baz, 2003, S. 71; Werth, a. a. O., S. 311 ff. Ob der ägyptische Sonnenwidder sich von dem aus der Sahara herleitet oder umgekehrt, ist kontrovers diskutiert worden. Cf. H. Kühn, 1928, S. 76; R. F. Wulsin, 1941, S. 118. Daß die Felsbilder im Fezzán wenigstens teilweise in der Spätbronzezeit angebracht wurden, hat man jedenfalls daraus gefolgert, daß z. B. der Mann, der vor dem bekannten Sonnenwidder von Fedjet el-Kheil steht, eine Seitenlocke besitzt und eine Tunika sowie einen breiten Leibgurt trägt, der das Penisfutteral (*karnata*) hält, also Accessoires, die als typisch für die Ostlibyer oder Mešweš des Neuen Reiches gelten. Cf. H. Rhotert, 1952, S. 107; C. B. M. McBurney, 1960, S. 261.

34 Cf. R. Mayer-Opificius, 1984, S. 193; L. P. Panday, 1971, S. 133; Baumann, a. a. O., S. 141, 147 f.; L. Frobenius, 1912, S. 230 f., 237 f.; ders., 1954, S. 276 f.; W. F. Bonin, 1979, S. 299 f.; K. Mariko, 1948, S. 28; J. Zwernemann, 1953, S. 100. Auch der oberste Gott der Akan, der die Erde befruchtende Sonnengott Nyankopon, wird als Widder dargestellt (cf. E. L. R. Meyerowitz, 1960, S. 86), und bei den Ekoi im westlichen Kameruner Waldland erzeugt der Himmelswidder durch Brüllen und Stampfen den Donner. Der Gewittergott der Ewe im Osten des unteren Volta ist ein roter Widder, aus dessen Maul eine Doppelaxt und Blitze gespien werden. Cf. J. Zwernemann, 1959, S. 435 ff. Vorläufer Šangós war sicher der auf einem Widder reitende Donner-

gott Jakuta, »der Steinewerfer«, der auch selber als Widder dargestellt wurde. Cf. J. O. Lucas, 1948, S. 103.

35 Cf. Mauny, a.a.O., S. 12; W. Hirschberg, 1965, S. 123 f.; D. Lange, 2005, S. 270; bzw. W. R. Smith, 1899, S. 346; E. Rehm, 1992, S. 25; T. Schneider, 2003a, S. 621; T. Ornan, 2005, S. 126; C. Stark, 2006, S. 77; G. J. Park, 2007, S. 623; C. Lichter, 2007, S. 327. Bei dem phönizischen widdergestaltigen Wettergott, mit dem die Berber in Kontakt kamen, handelte es sich um den Paredros der karthagischen Tanith, deren Zeichen ein Dreieck mit einem Kreis als »Kopf« und nach außen gebogenen Widderhörnern war. Im punischen Heiligtum el-Hofra in der algerischen Stadt Constantine ist häufig neben dem Zeichen der Göttin ein Widder dargestellt. Cf. Smith, a.a.O., S. 345 f.; G. A. Barton, 1894, S. 51; M. Delcor, 1974, S. 9.

36 Cf. R. Amiran, 1981, S. 49; P. de Miroschedji, 1993, S. 213 ff.; N. S. Fox, 1995, S. 225; O. Misch-Brandl, 1997, S. 28 f.; A. H. Joffe et al., 2001, S. 10 f.; H. Weippert, 2006, S. 49 f., 60 f.; J. Duerr, 2007, S. 344; T. E. Levy, 1995, S. 241. Eine der Widderfigurine von Gilat entsprechende Skulptur ist die eines Widders aus dem chalkolithischen Heiligtum von ʾEn Gadi, der zwei solcher Wasserbehälter auf dem Rücken trägt.

37 Cf. A. M. Darga, 1988, S. 81; D. O. Edzard, 1991, S. 57; J. Renger, 1991, S. 189; G. Leick, 1991, S. 89; bzw. Herles a.a.O., S. 75 u. Nr. 280; B. Brentjes, 1963, S. 10; E. Porada, 1959, S. 22; dies., 1962, S. 86 f.; L. Van den Berghe, 1960, S. 26; I. J. Winter; 1989, S. 93; U. Löw, 1998, S. 17. In Hasanlu fand man zahlreiche Importe aus Nordsyrien (cf. M. I. Marcus, 1996a, S. 23 f.), und auch das Motiv der auf den Widdern stehenden Ištar scheint auf levantinische Darstellungen der nackten ʿAštart oder ʿAnāth zurückzugehen, die häufig Widder oder Wildziegenböcke hält oder auf ihnen reitet. Cf. P. L. Day, 1992, S. 188 f.; P. E. McGovern, 1985, S 37 f., 40; ders., 1990, S. 22; M. Kontomichali, 2002, Fig. 8. In Pompeji stieß man auf eine Kanne mit einem Henkel in Form einer ihre Brüste haltenden Astarte, deren Füße in Widderhörner auslaufen. Cf. A. d'Ambrosio, 1993, S. 200. Auf einer Goldschale der ausgehenden Bronzezeit aus dem nordiranischen Marlik Tepe ist ein von Widdern flankierter Lebensbaum zu sehen, der wohl eine Manifestation der Vegetationsgöttin darstellt. Das Motiv ist vermutlich sumerischer Herkunft, und die im »Großen Todesschacht« von Ur gefundene, aus Edelmetallen, Lapislazuli, Muscheln, rotem Kalkstein und Bitumen gefertigte Figurine eines Widders, der sich zu einer Pflanze mit Rosettenblüten aufrichtet, war gewiß einer der beiden das Gewächs flankierenden Herdentiere der Inanna. Cf. E. Porada, 1964, S. 202; E. O. Negahban, 1965, S. 112; bzw. H. Koch, 2006, S. 40.

38 Ursprünglich waren die levantinische Vegetationsgöttin und ihr Paredros sicher Schafsgottheiten, und auch später reitet ʿAštart häufig auf einem Widder oder es wachsen ihr selber Widderhörner – wie auch bei ʿAnāth – aus dem Kopf. Widderhörner besitzt gleichermaßen Baʿal-Ḥammōn. Der syro-phönizische Baʿal-Amûn wurde im 8. Jahrhundert v. Chr. auf ägyptische Anregung hin als Widdersphinx dargestellt, während auf einem Siegel aus Memphis der thronenden Astarte das in einen Widderkopf auslaufende Khnum-Szepter überreicht wird. Cf. Smith, a.a.O., S. 344 ff.; O. Keller, 1909, S. 320; W. Culi-

can, 1968, S. 62 ff.; R. D. Barnett, 1969, S. 409, 420 u. Pl. VIIIc; ders., 1975, S. 87; A. Invernizzi, 1985, S. 412; S. Schroer, 1989, S. 113 f.; O. Keel/C. Uehlinger, 1995, S. 22 f.; J. H. Stuckey, 2003, S. 138 f.; A. Caubet et al., 1992, Fig. 116; B. Karagiorges, 2002, S. 209; J. Tubach, 1986, S. 180. Schon früh nahmen die levantinischen Vegetationsgottheiten auch Stier- und Kuhgestalt an. »Astarte capiti suo«, so teilt später Philo v. Byblos (fr. 24) mit, »tanquam insigne regi (κεφαλὴ βασιλείας παράσημον), tauri caput (κεφαλήν ταύρου) imposuit«, was man so interpretiert hat, daß die phönizische Astarte eine Hörnerkrone getragen habe. Cf. H. Greßmann, 1917, S. 250 f. Im Tempel der Astarte von Kition fand man die Vorderteile von Rinderschädeln, die vermutlich von Priesterinnen und Priestern als Ritualmasken verwendet wurden. Archaische Tonfigurinen von Personen mit Rindermasken entdeckte man auch im Tempel von Aghia Irini, an der zyprischen Nordwestküste und in Heiligtümern der frühen Eisenzeit in Enkomi. Cf. V. Karageorghis, 1971, S. 262 f.

39 Cf. Plutarch: *Leben des Theseus* 18; V. Pirenne-Delforge, 1994, S. 37 f.; F. Liebrecht, 1879, S. 430; L. v. Schroeder, 1887, S. 13, 48 f.; E. Mitropoulou, 1975, S. 31 f.; B. Johnson, 1981, S. 204; U. Knigge, 1982, S. 159 f.; R. Rosenzweig, 2004, S. 72; V. Tatton-Brown, 1987, Fig. 67.

40 Cf. Timotheos 23; Odyssee XXIV. 10 ff.; bzw. Apollonios v. Rhodos I. 51 ff., 640 ff.; III. 197 f.; Pindar: *Pythische Ode* IV. 178; P. Zanker, 1965, S. 5 f., 9 f. Die Überlieferung, daß Hermes den Phrixos nach Aia und wieder zurück führte, hat Hyginus (*De Astronomia* II. 20.2) aufbewahrt. Cf. Rose, a. a. O., S. 197. Hermes ist auch der Führer der Träume (ἡγήτορ' ὀνείρων), und M. Janda (2006, S. 19) ist der Auffassung, Hermes habe sich aus dem idg. Gott entwickelt, der periodisch den »silbernen Glanz«, die Göttin der Liebe und Morgenröte, aus der Unterwelt holte. Im ṚgVeda wird Uṣás als *árjuní*, »silberglänzend«, beschrieben, und Homer nennt Hermes Ἀργειφόντης, »der im silbernen Glanz aufleuchtet«. Der Götterbote wird auch häufig mit der bisweilen auf einem Widder über das Meer reitenden Europa assoziiert, die dabei als Vegetationsgöttin eine Blüte in der Rechten hält. Auf einem Stater des 5. Jahrhunderts v. Chr. aus Gortyn, dem Kultort des Hermes Ἐδάς, sitzt Europa auf der Vorderseite auf einem schreitenden Stier, während auf der Rückseite ein Hermeskopf mit dem Stab dargestellt ist, der auf Imbros oft neben einem Widder erscheint, da beide den Weg ins Jenseits öffnen. Auf einem Stater aus Phaistos sitzt auf der Rückseite Hermes mit seinem magischen Stab auf einem Felsen und beobachtet anscheinend die Szene auf der Vorderseite, in der sich der Stier der Europa nähert, die ihre Hand nach ihm ausstreckt. Cf. E. Zahn, 1983, S. 70, 135, 144 f.; Tf. 5.2, 21.1, 23.1 f.; F. Chapouthier, 1935, S. 173 f.

41 Cf. Apollonios v. Rhodos II. 1143 ff.; Apollodoros I. 82; Euripides: *Orestes* 996 f.; K. Schauenburg, 1958, S. 45; P. Zanker, 1965, S. 63; G. Siebert, 1990, S. 310 ff.; O. Keller, 1909, S. 319; S. Eitrem, 1912, Sp. 789; A. Athanassakis, 1989, S. 42, 46; M. Oppermann, 2006, S. 289. Deshalb ist auf den meisten bildlichen Darstellungen und in der Mehrzahl der Überlieferungen der Dieb Hermes ein Erwachsener. Cf. T. Hägg, 1989, S. 50 f.

42 Cf. H. Walter, 2001, S. 38; P. Borgeaud, 1979, S. 104; *Hymnus auf Hermes* 314; K. Kerényi, 1944a, S. 99 ff.; U. v. Wilamowitz-Moellendorf, 1931, S. 91; J. Chittenden, 1947a, S. 105; bzw. A. Rumpf, 1928, Abb. 20; C. Sourvinou-Inwood, 1991, S. 178. Der Widder auf den Münzen von Samothrake ist sicher die tierische Manifestation des Hermes Kasmilos, der während der »Mysterien der Mutter und des Hermes« (τελετῇ Μητρὸς ἐπὶ Ἑρμῇ) mit der Demeter den Beischlaf vollzog. Wie Pausanias (II. 3.4) ebenfalls mitteilt, befand sich in einem Heiligtum im korinthischen Lechaion die Bronzestatue eines sitzenden Hermes, neben dem ein Widder stand, da Hermes der Gott der Vermehrung der Schafherden gewesen sei. M.-L. Nosch (2000, S. 215) vermutet, daß die riesigen Schafherden im »mykenischen« Knossos vor allem dem Heiligtum des Hermes und der Potnia gehörten.

43 Cf. P. Perdrizet, 1903, S. 302; H. Mühlestein, 1981, S. 87; Euripides: *Der Kyklop* 396; Odyssee IX. 107 ff., 366, 431 ff.; R. Mondi, 1978, S. 23 ff.; L. Röhrich, 1962, S. 69; Ilias III. 196 ff.; K. Dowden, 1992, S. 139; H. D. Müller, 1992, S. 47, 49; P. Faure, 1980, S. 230. Die Wolle der Schafe des Polyphem hat die Farbe ἰοειδής (Odyssee IX. 426), ein Wort, das man mit »veilchenblau, rötlich-blau, violett« (vgl. ἴον, »Veilchen«) übersetzt hat, was einer der Schattierungen des Purpurs entspricht. Cf. O. Körner, 1930, S. 46; ders., 1932, S. 20.

44 Dieses Märchen existiert auch in türkischen, armenischen, georgischen und balkanischen Varianten. Cf. L. Gonzenbach, 1870, II, S. 276; G. Chalatianz, o. J., S. 29 ff.; J. G. v. Hahn, 1864, I, S. 124 ff.; II, S. 53; S. Erdész, 1971, S. 112; bzw. L. Frobenius, 1922, S. 27 f.; A. B. Cook, 1914, S. 412 f. Häufig reitet der Held auf einem weißen Widder in die Ober- und auf einem schwarzen in die Unterwelt. Cf. J. Bolte/G. Polívka, 1915, S. 307, 317.

45 Cf. R. Eisler, 1910, S. 82; E. A. S. Butterworth, 1966, S. 88; H. A. Schlögl, 2006, S. 22; M. v. Falck, 2006, S. 110; D. C. Kurtz/J. Boardman, 1985, S. 343 f.; R. Stupperich, 2006, S. 76; H. Müller-Karpe, 2006, Abb. 3; M. A. Guggisberg, 1996, S. 308; B. Teržan, 1995, S. 632; Pausanias I. 34.5; A. Petropoulou, 1985, S. 177; bzw. Porphyrios: *Leben des Pythagoras* 17; Diogenes Laertius VIII. 11, 21. Zunächst verbrachte Pythagoras eine Nacht am Meeresufer auf dem Vlies eines schwarzen, also chthonischen Widders und stieg dann in schwarze Wolle gehüllt in die Grotte, von der aus und durch die sich auch Zeus Kretagenes ins Jenseits begab. Nach einem Rat der Kirke verbrennt Odysseus einen Widder und ein schwarzes Mutterschaf am Eingang zum Hades, um die Schatten der Toten hochzulocken. Cf. Odyssee X. 527 f. In griechischer Zeit wurde in einer Höhle am Ida ein Hermes Kranaios verehrt. Cf. M. P. Nilsson, 1955, S. 261.

46 Cf. W. Mannhardt, 1884, S. 28 f., 136; S. Botheroyd/P. F. Botheroyd, 1992, S. 365; bzw. B. A. Litvinskij, 1983, S. 389 f.; ders., 2003, S. 53; B. Brentjes/R. S. Vasilievsky, 1989, S. 39, 96 f. Am Neujahrstag buken die tadschikischen Frauen in diesem Gebirgstal kleine Figuren aus Teig, die den die Fruchtbarkeit bringenden Widder darstellten. Auch der mythische Ahne der nepalesischen Tharu, dem ein Schaf geopfert wurde, das heute auf hinduistischen Einfluß hin durch einen Kürbis ersetzt wird, stieg *in illo tempore* von den Gipfeln des Himalaya herab. Cf. G. Krauskopff, 1989, S. 144.

47 Cf. M. Oppitz, 1981, S. 72, 76, 80; ders., 1988, S. 67 f.; ders., 1991, S. 421 ff.; ders., 1999, S. 189. Der Bergwidder war das Reittier der Schamanen der »Altai-Skythen«, und auf ihm ritten auch die Toten im tadschikischen Fergana-Becken ins Jenseits, weshalb man ihnen Widder mit eisernen Steigbügeln ins Grab legte. Cf. F. Hančar, 1956, S. 187; B. A. Litvinskij, 1986, S. 123.

48 Cf. R. Valdez, 1988, S. 551; V. Geist, 1988, S. 560; D. Müller-Using, 1968, S. 551 f.; Hesiod: *Werke und Tage* 382 ff., 613 ff.; W. H. Roscher, 1898, S. 57 f.; E. Müller, 1938, S. 369; J. L. Melena, 1987, S. 409; Bannikow/Heptner, a. a. O., S. 551; N. Benecke, 1994, S. 230; J. Reid, 2007, S. 114. Die Schafhirten der Sarakatsanen und Aromunen im südlichen Balkan verließen die Hochweiden Ende Oktober und brachen im April wieder ins Gebirge auf. Cf. A. Beuermann, 1967, S. 162 f. Im Aṭlas waren die Sommerweiden im allgemeinen von Dezember bis Mitte März vom Schnee bedeckt. Cf. C. Robert, 1985, S. 421 f. Auch die Ägypter waren von dem wilden Widder (*šft*) beeindruckt, der sich periodisch in das Bergland der Wüste zurückzog. Cf. A. Cabrol, 1998, S. 535.

49 Cf. Apollonios v. Rhodos IV. 125 f.; Valerius Flaccus 56 f., 115; Theokritos: *Gedichte* 88 ff., 125 ff.; bzw. A. Bouché-Leclercq, 1899, S. 131; H. Wagenvoort, 1966, S. 1669 ff.; Newman, a. a. O., S. 314; R. Henseling, 1924, S. 86; V. Haas, 2006, S. 108; W. Mannhardt, 1858, S. 267. In zahlreichen Kulturen war der Widder eine Manifestation oder ein Symbol des die Erdgöttin befruchtenden Sonnen- oder Gewittergottes, etwa des litauischen Perkūnas oder des mit Baʿal identifizierten Ζεὺς Καταιβάτες, des »Niederfahrenden«. Cf. Cook, a. a. O., S. 429 f.; M. Gimbutas, 1963, S. 199; Keller, a. a. O., S. 325. Der Widder war nicht nur mit den regenschwangeren Wolken, sondern auch mit den natürlichen Quellen assoziiert. Von einer lebenswichtigen Quelle bei ʿArtās in Palästina sagte man, sie werde von einem weißen und einem schwarzen Widder bewacht, und von dem aus der Erde sprudelnden Wasser sowie vom niederprasselnden Regen sagten die Palästinenser, die Widder würden von dem Geräusch so geil, daß sie augenblicklich die Schafe bestiegen. Nigidius Figulus (89) überliefert, ein Widder habe in der Libyschen Wüste den verdurstenden Dionysos gerettet, indem er ihn zu einer Quelle in einer Oase führte, und das Widderopfer am Pfingstmontag in Kingsteignton in Devon erklärte man damit, einst sei die Quelle des den Ort durchfließenden Flüßchens ausgetrocknet und habe erst wieder gesprudelt, als man dort einen Widder opferte. Cf. Smith, a. a. O., S. 136; G. Dalman, VI, 1939, S. 192; C. Hole, 1995, S. 247.

50 Cf. H. Nowak, 1985, S. 128, 131 f., 138; C. Díaz Alayon, 1988, S. 73; L. Frobenius, 1925, S. 25; J. W. Burton, 1981, S. 447; E. Haberland, 1983, S. 179 f.; K. Mariko, 1948, S. 28; bzw. B. Maier, 1999, S. 13. Auf Tenerife und El Hierro wurde dieses Regenritual am »Ort des Blökens« (*baladero*) durchgeführt, was die spanischen Invasoren als *bailadero* verstanden und den Namen in *bailadero de las brujas*, »Hexentanzplatz«, umdeuteten. Die Haussa nennen den Widder *arra-arra* und den Blitz *ara-di*, und die Komba im Norden Togos bezeichneten den Regen, den sie für männlich hielten, weil er die Erde befruchtet, als *piē-leka*, »Widderkopf«. Die Gurunsi am linken Ufer des Schwarzen Volta glaubten, über die Stelle, an der ein Blitz einschlug, sei kurz

zuvor der »Gewitterwidder« gelaufen, aus dessen Ejakulat nach Auffassung vieler Westafrikaner der Regen bestand. Cf. R. Mauny, 1949, S. 11; B. Holas, 1949, S. 13; J. Zwernemann, 1989, S. 319.

51 Cf. C. Robert, 1894, S. 19 f., 35, 45; L. Gernet, 1981, S. 136; A.R. Burn, 1930, S. 195 f.; A. Heubeck, 1963, S. 16; N. Robertson, 2001, S. 29 f.; J.N. Bremmer, 2008, S. 315; Ilias XVII. 593 ff. Eigentlich wird das Vlies des Zeus Laphystios auf dem gleichnamigen Berg in der Nähe des boiotischen Orchomenos Διὸς κῷδιον genannt, doch entspricht der Laphystios in vielerlei Hinsicht dem Pelion: Im Zeusheiligtum auf dem boiotischen Berg sollten nach Pausanias Phrixos und seine Schwester Helle geopfert werden, als der goldene Widder beide davontrug. Ganz oben auf dem Berggipfel befand sich ein Heiligtum des Ἡρακλῆς Χάροϕ, wohin dieser einst den Kerberos gezerrt hatte, was wohl bedeutet, daß sich in der Nähe ein Eingang zur Unterwelt befand. Cf. Pausanias IX. 35.5; M.P. Nilsson, 1925, S. 90; ders., 1932, S. 134. In der heißesten Sommerzeit, unmittelbar vor dem Aufgang des Sirius, sollen die Bewohner von Keos den Heiler Aristaios, Sohn oder Zögling des Cheiron, aus Phthia geholt haben, damit er auf dem Gipel des Eliasberges dem Zeus Ikmaios opferte, um diesen dazu anzuregen, die milden regenbringenden Etesien zu schicken. Cf. P. Philippson, 1944, S. 148 f. Ein Regenzauber mit einem Fell, wahrscheinlich dem eines Widders, wird auch in Richter 6. 37 ff. geschildert. Noch im 19. Jahrhundert soll es am 1. Mai jedes Jahres auf dem Gipfel des magnesischen Pelion ein »Töten und Wiederbeleben des alten Mannes« genanntes Ritual gegeben haben, dessen Hauptakteur eine Gesichtsmaske aus schwarzem Schafsfell trug. Cf. D.E. Gershenson, 1991, S. 104.

52 Cf. Vergil: *Aeneis* VIII. 351 ff.; Plinius XXXI. 46; S. Eitrem, 1915, S. 372; bzw. L. Preller/C. Robert, 1894, S. 144; M.P. Nilsson, 1955, S. 396; A.B. Cook, 1914, S. 407, 428; R.F. Willetts, 1968, S. 1035. Bei den Karneen auf Kos wurden dem Zeus Machaneos ursprünglich Widder und in späterer Zeit Stiere geopfert. Cf. M.P. Nilsson, 1906, S. 22.

53 Die ältesten, wohl um 600 v. Chr. auf Zypern entstandenen Skulpturen eines thronenden bärtigen Gottes mit Widderkopf und die etwas jüngeren eines Mannes mit gedrehten Widderhörnern stellen offenbar das Produkt einer Verschmelzung des phönizischen Baʿal-Ḥammon mit dem ägyptischen Amûn und dem alten zyprischen Widdergott dar, der seinerseits mit dem griechischen Zeus identifiziert worden ist. Cf. C. Bennett, 1982, S. 470 f.; V. Tatton-Brown, 1987a, S. 95; H.-G. Buchholz, 1991, S. 102 f.; A. Hermary, 1992, S. 17; F. Vandenabeele, 2001, S. 92; H. Matthäus, 2005b, S. 20; J. Coenarts/ M. Samaes, 2006, S. 246; D.B. Counts, 2008, S. 20. Möglicherweise war dieser ägyptische Widdergott zudem von dem dorischen widdergestaltigen Apollon Karneios beeinflußt, der im 7. Jahrhundert v. Chr. die Theräer in die Kyrenaika führte, die Nonnos (XIII. 370 ff.) deshalb das Land des »hörnergeschmückten hesperischen Zeus« nannte, dessen Schafzucht bedeutend war. Von diesen afrikanischen Widdern, die später ins Römische Reich verschifft wurden, hieß es, ihr Vlies habe einen natürlichen goldenen Glanz. Cf. J.M.C. Toynbee, 1973, S. 163. Wie Herodot (II. 42. 3 f.) erzählt, wollte Herakles Zeus gegen dessen Willen in seiner wahren Gestalt sehen. Daraufhin soll der Gott

»einem Widder das Fell abgezogen und sich den abgeschnittenen Kopf vorgehalten, das Fell angelegt und sich ihm so gezeigt haben. Deshalb stellen die Ägypter Zeus mit einem Widderkopf dar«. Und in der Tat verlautet der Papyrus Leiden über Amûn, er sei der Gott, »der sich [vor den Menschen] verbirgt, der sich verborgen hält vor den Göttern, dessen Farben man nicht kennt«. Cf. K. S. Kolta, 1968, S. 1.

54 Cf. O. Eißfeldt, 1936, S. 408; S. Schmidt, 2005, S. 192. Die Griechen setzten Zeus nicht nur Amûn, sondern auch Khnum gleich. Vermutlich suchte Alexander den Widdergott von Sīwah auf, damit dieser ihm einen Rat für seinen weiteren Eroberungszug gab, denn der Gott trug den Beinamen *Imn nb śḫrw*, »Herr der Ratschläge«. Nach Pseudo-Kallisthenes war die Mutter Alexanders von dem als widderköpfiger Ammon verkleideten Pharao Nektanebes II. geschwängert worden. Cf. S. Pfeiffer, 2005, S. 288; E. Winter, 2005, S. 207.

55 Cf. Robertson, a. a. O., S. 45 ff.; M. Papachatzis, 1988, S. 91; N. Glueck, 1965, S. 337, 416; Ilias XXI. 401, XV. 308 ff.

56 Cf. M. Popko, 1975, S. 65 f.; V. Haas, 1994, S. 187; S. P. Morris, 2001, S. 143; ders., 2002, S. 106. Auf einer in der Königsburg von Ḫattuša gefundenen Tafel sticht die von der Göttin Ḫannaḫanna ausgeschickte Biene Telipinu nicht in den Fuß, sondern in den Penis (cf. E. Neu, 1990, S. 100), der sicher daraufhin anschwillt. Dies verdeutlicht, daß der Vegetationsgott seine Vitalität und Fortpflanzungskraft wiedererlangt hat. Dem Stich der blütensuchenden Biene, des Frühlingsvorbotens, entspricht im Märchen das Küssen der im Todesschlaf liegenden Prinzessin wie auch die Stimulation der Brust der schlafenden Ariadne durch Dionysos. Cf. I. Jucker, 1956, S. 39 ff.; R. D. Barnett, 1956, S. 218. Im Artemision von Ephesos fand man Bernsteinanhänger aus dem frühen 7. Jahrhundert v. Chr., die offenbar zum Brustschmuck eines archaischen Kultbildes der Göttin gehörten und die der Form nach den »Brüsten« der Ephesia entsprechen, die man als Stier- oder Widdertestikel gedeutet hat. An der Stelle des Artemisions stand vorher ein spätbronzezeitliches Heiligtum, in dessen Resten man auf das Fragment der Terrakottafigurine einer weiblichen Gottheit, vermutlich der minoischen »Göttin-mit-den-erhobenen-Händen«, sowie auf eine bronzene Doppelaxt stieß. Cf. Morris, a. a. O.; U. Muss, 2001, S. 160, 165; bzw. G. Seiterle, 1979, S. 13.

57 Cf. V. Haas, 1975, S. 230, 232; A. Ünal, 2000, S. 112; M. Mazoyer, 2003, S. 150 f. Die hethitische Ḫannaḫanna ist eher die *natura naturans* sowie die Bienengöttin und Nährerin (cf. G. Kellermann, 1987, S. 129 f.), die der Kurotrophos entspricht, die den kretischen Vegetationsgott in der Höhle mit Bienenhonig großzieht. Ist Ḫannaḫanna eher ein Äquivalent der Demeter, so die von der hattischen Urbevölkerung übernommene Inara das der Kore und eine Verkörperung der *natura naturata*. Durch den ἱερὸς γάμος mit der *kurša*-LAMA, der »Vlies-Inara«, wurde dem künftigen König der alten ḫattischen Stadt Nerik die Herrschaft zuteil. Cf. V. Haas, 1977, S. 119 ff.

58 Cf. M. Popko, 1976, S. 309 ff.; ders., 1988, S. 281; S. Alp, 2000, S. 28 f.; Haas, a. a. O., S. 80, 117; T. Schneider, 2004, S. 26 f. Ein hethitischer Text aus Boğazköy lautet: »Und der Beschwörer stellt einen Widder und ein [weibliches] Schaf vor die Götter und spricht: [Wie] ein Widder das Schaf bespringt, so

daß das Schaf trächtig wird, [so] laß diese Stadt und diese Siedlung zu einem Widder werden und laß sie die dunkle Erde draußen im Feld bespringen. Und laß die dunkle Erde trächtig werden!« Cf. J. Klinger, 2002, S. 148; G. Beckman, 2000, S. 141; B. J. Collins, 2002, S. 322.

59 Cf. L. Frobenius, 1912, S. 251 f.; S. Eitrem, 1910, S. 4; W. Ekschmitt, 1986, Tf. 19; O. Sargnon, 1987, Pl. XIV. 345; bzw. B. Rutkowski, 1971, S. 16 f.; E. Papadopoulou, 1990, S. 123; M. Tsipopoulou, 1992, S. 145; L. V. Watrous, 2001, S. 194 f. Im selben Grab auf Amorgós befand sich ein frühkykladisches Marmorgefäß mit einem Widderkopf. Cf. P. Getz-Preziosi, 1987, Pl. IV. Eine goldene Nadel mit zwei Widdern stammt aus Polióchni, und weitere Terrakottawidder grub man im mittelminoischen Stratum von Phaistos aus. Cf. S. Tiné/A. Traverso, 2001, S. 50; bzw. D. Levi, 1976, S. 593. Tönerne Widderfigürchen wurden in der Höhle von Psychró noch im SM III geopfert, und in historischer Zeit weihte man dort bronzene Figurinen dem Hermes Kriophoros. Cf. L. V. Watrous, 1996, S. 42, 68. Bronze- und Bleifigürchen von Widdern oder weiblichen Schafen aus minoischer bis protogeometrischer Zeit hat man in großer Zahl in vielen kretischen Kultgrotten entdeckt. Cf. J. Boardman, 1961, Pl. VIII. 43 f., XXVI. 375.

60 Cf. S. Hood, 1978, S. 217; M. A. V. Gill et al., 2002, Nr. 33. H. D. Ephron (1962, S. 76) glaubt, auf dem Diskos von Phaistos se-ja-ne-jo-jo transkribieren zu können, was er mit »des Thearneios«, also »des göttlichen Widders« (δεο und ἄρνειος) übersetzt, aber sowohl die phonetische Umschrift als auch die Deutung bleiben spekulativ.

61 Cf. N. Marinatos, 1986, S. 12; bzw. A. Evans, 1936, IV. 2, S. 768; H. T. Bossert, 1921, Abb. 532; H.-G. Buchholz, 1983, S. 54; H. Haarmann, 2003, S. 30. Vielleicht handelt es sich bei der männlichen Gottheit um jene, die auf einem Linear-B-Täfelchen ma-ri-ne-u (Mallineos), »der Wollige«, genannt wird. Cf. J. A. C. Greppin, 1981, S. 73.

62 Cf. G. E. Mylonas, 1966, S. 125 f.; A. Evans, 1936, S. 589; Fig. 208; V. E. G. Kenna, 1960, S. 59; ders., 1972, Nr. 239; I. Pini, 2004, Nr. 38; F. Matz, 1928, S. 115; A. L. D'Agata, 1999, S. 58 f., 155 f. Auf Siegeln des SM I B aus Kato Zakros taucht auch ein Mischwesen aus Vogel, Schaf und der Göttin mit den vollen Brüsten auf. Cf. N. Platon et al., 1998, Nr. 234.

Anmerkungen zu § 19

1 Cf. N. Platon et al., 1998, Nr. 55; A. Onassoglou, 1985, S. 124 f.; S. Hiller, 1996a, S. 215; C. J. Ruijgh, 1996, S. 457; ders., 2004, S. 10; W. Pötscher, 1996a, S. 459; Hadzisteliou-Price, a. a. O., S. 85. Auch Gaia wurde im spätbronzezeitlichen Theben ma [-ka] = Mā [Ṭā] genannt. Μαῖα = Ma-aia (vgl. lat. maia, »Hebamme«) ist ein Lallwort und danach ein Kosewort wie Mama. Cf. W. Heraeus, 1937, S. 170; W. Tomaschek, 1980, III. 22. Im Homerischen Hymnus auf Demeter (147) wird auch die Korngöttin Maia genannt, und im klassischen Attischen bedeutete μαῖα »Säugamme« sowie im Dorischen »Großmutter«. Cf. Ruijgh, a. a. O., S. 9.

2 Cf. A. J. Van Windekens, 1962, S. 291; Hofmann, a. a. O., S. 91 ff.; Tomaschek, a. a. O., S. 57; A. Willi, 1999, S. 97; bzw. Ilias XXIV. 347 f., 376; Nonnos XXXV. 242; G. Siebert, 1990, S. 359 f.; L. Kahn, 1978, S. 51 f., 55; Pausanias VIII. 17.2.; Deubner, a. a. O., S. 568; Hemberg, a. a. O., S. 55 ff.; Herodot II. 51; P. Zanker, 1965, Tf. 5b; Kallimachos: *Iamben* 199. Die Einwohner der Stadt Kyllene in Elis verehrten einen anderen Daktylen, nämlich Herakles, in Form eines »aufgerichteten männlichen Gliedes auf einem Sockel« (Pausanias VI. 26.5). Die apotropäische Funktion des erigierten Penis des Hermes (cf. H. Herter, 1976, S. 221) leitet sich vom Penetrieren des Feindes als Demütigung her. Cf. H. P. Duerr, 1993, S. 242 ff. Wenn der Hartholzstab vom heiligen Feigenbaum im weichen Mimosenholz rotierte, sagten die Inder, daß die beiden »heirateten«, und die Ägypter nannten den Bohrstab »Phallosholz«. Cf. A. Durman, 2006, S. 23 f.

3 Cf. G. Siebert, 1990a, S. 349; Chittenden, a. a. O., S. 90; Séchan/Lévêque, a. a. O., S. 278; Filges, a. a. O., S. 141; M. Prent, 2005, S. 586 f.; bzw. H.-G. Buchholz, 1977, S. 254; O. Keller, 1909, S. 432; W. Goldberger, 1930, S. 45; W. Mannhardt, 1858, S. 63; A. De Gubernatis, 1874, S. 313, 323; P. Vernus/J. Yoyotte, 2005, S. 472. Das gewöhnliche sanskritische Wort für »Widder« war *vr̥ṣní* (vgl. *vr̥ṣayú*, »lüstern, geil«; *vŕ̥ṣaṇa*, »Hoden«), das auf die idg. Wurzel **vr̥ṣ-*, »regnen, rinnen, spritzen« zurückgeht. Cf. J. Hertel, 1936, S. 12. Mit dem Füllhorn auf einem Widder reitend wurde auch Amor dargestellt (cf. M. Martin, 1987, S. 148), während das Tintinnabulum einer pompejanischen Haustür aus einem Merkur besteht, der auf einem Widder mit einem übergroßen erigierten Penis reitet. Cf. C. Johns, 1982, S. 71. Vor allem auf Delos fand man neben den aus Phallos und Hoden bestehenden Monumentalskulpturen Reliefs mit der Darstellung des Hermes, dessen erigiertes Glied in einen Widderkopf ausläuft. Cf. J. Boardman et al., 1975, S. 46 f.; P. P. Bober, 1951, S. 27; O. Jahn, 1855, S. 79.

4 Cf. Tomaschek, a. a. O., S. 44 f.; Carnoy, a. a. O., S. 182; A. J. Van Windekens, 1986, S. 203, 221; H. Hommel, 1988, S. 363 f.; bzw. W. Marinow, 1961, S. 178; H. Kraft, 1968, S. 555; V. Geist, 1988, S. 558. Das bisexuelle Verhalten der Widder war schon den Griechen vertraut, aber wohl auch den Kelten, wie der auf einer Maskenfibel des 5. Jahrhunderts v. Chr. dargestellte Widder zu veranschaulichen scheint, der offenbar einen Mann fellationiert. Cf. H. Baitinger, 2002, S. 281; O.-H. Frey, 2002, S. 204. Auch Hermes, der Widdergott, deckte Schafe wie Frauen und Männer, während sein Sohn Pan es eher auf Ziegen abgesehen hatte, weshalb er τρύπανον αἰπολικόν, »Ziegenficker«, genannt wurde. Cf. Kallimachos: *Fragmente* 689.

5 Cf. E. Ebeling, 1925, S. 27 f., 35 f. Verband man ein Heiligtum oder eine Gottheit durch einen Faden mit einer Person, übertrug sich auf diese deren Kraft und Schutz. Damit die Truppen des Kroisos die Stadt Ephesos nicht einnehmen konnten, verbanden die Bewohner um 560 v. Chr. ihre Stadtmauer durch einen sieben Stadien langen Faden mit dem Tempel der Artemis, und noch vor einem halben Jahrhundert zog man im Dorf Paranymphos im nördlichen Zentralkreta einen Faden von der Kirchtür um die gesamte Siedlung, um den starken Wind fernzuhalten, der das Worfeln des Getreides verhinderte. Bis ins letzte Jahrhundert spannten auch in Mitteleuropa die jungen Mädchen auf dem Dorf

einen Faden, um einen Mann an sich zu binden. Cf. F. Liebrecht, 1879, S. 309; W. Aly, 1925, Sp. 1114; bzw. R. Hampe, 1967, S. 16 f. Da das Labyrinth eine Spirale und kein Irrgarten war, bedurfte Theseus des »Ariadnefadens« nicht, um wieder herauszufinden, sondern um mit der Göttin verbunden zu sein und unter ihrem Schutz zu stehen. Deshalb ist auch auf einem attischen Skyphos des ausgehenden 7. Jahrhunderts v. Chr. der mit dem Minotaurus kämpfende Held durch einen spiraligen Faden mit der Ariadne verknüpft. Cf. F. Frontisi-Ducroux, 2003, S. 129.

6 Cf. Dumézil, a. a. O., S. 32; A. Golan, 2003, S. 148; Haas/Bawanypeck, a. a. O., S. 521; E. Gjerstad, 1929, S. 207 f.; E. C. Polomé, 1997, S. 259. In der Nähe des thüringischen Worbis trugen die Schäfer am »fetten Donnerstag vor Fastnacht« den abgehauenen blutenden Penis eines Widders, »Schwanz« genannt, von Haus zu Haus, damit er den Bewohnern Segen brachte, und in Alençon in der südöstlichen Normandie bot man den jungen Mädchen nach dem letzten Schlag mit dem Dreschflegel unter anzüglichem Gelächter den gebratenen »Schwanz« eines Widders zum Essen an, um sie fruchtbar zu machen. Cf. W. Mannhardt, 1884, S. 186, 191. Auch der hattische König verzehrte vermutlich einst den Penis und die Hoden des Widders ähnlich wie Kumarbi die Genitalien des Himmelsgottes Anu, um sich die Kraft seiner Lenden anzueignen. Damit der Tote seine Potenz auch im Jenseits bewahrte, plazierte man auf einem römerzeitlichen griechischen Grab eine phallusförmige Stele, auf der zwei Widder abgebildet sind, die einander in Kopulationsstellung gegenüberstehen. Cf. O. Alvarez, 1978, S. 40 u. Tf. 9.

7 Cf. Vermaseren, a. a. O., S. 105 f.; Clemens v. Alexandria: *Protreptikos* II. 13 f.; Ovid: *Metamorphosen* VI. 117 f.; B. C. Dietrich, 1962, S. 139 f.; E. Bevan, 1986, S. 247; W. Burkert, 1997, S. 312; bzw. R. Stiglitz, 1967, S. 36 ff.; Pausanias I. 44.3, II. 13: B. S. Spaeth, 1996, S. 132; A. R. Littlewood, 1967, S. 158. Demeter, so Kallimachos (*Hymnus an Demeter* 136), »bringt die Schafe hervor (φέρε μᾶλα) und die Ernte«. Zur Erhaltung ihrer Libido läßt sich Venus *de coma pretiosi velleris floccum*, »das wollige Gold«, bringen. Cf. Apuleius: *Metamorphosen* VI. 11.4 ff., bzw. 12.2 ff. Rationalistische Kommentatoren haben die Goldfarbe des Widderfells seit der Antike durch seine Verwendung beim Goldwaschen erklären wollen. So teilt Strabon (XI. 2. 19) mit, im Land der Swaneten im Kaukasus beförderten die Gießbäche das Gold aus dem Gebirge in die Täler, »und die Barbaren sollen es mit durchbohrten Trögen und zottigen Fellen auffangen, woraus auch die Fabel vom goldzottigen Vlies (᾿χρυσόμαλλον δέρος) entstanden sei«. »Die vom Kaukasus kommenden zahlreichen Bäche«, so führt auch zwei Jahrhunderte später der Historiker Appianos (*Mithridates* 103) aus, »führen unsichtbaren Goldsand hinab. Die dortige Bevölkerung legt dicke Schafsfelle ins Wasser, um so den Sand aufzufangen, der an diesen Fellen haften bleibt. Vermutlich ist auch das goldene Vlies des Aietes von derselben Art gewesen.« Bereits im 7. Jahrhundert v. Chr. benutzten die lydischen Goldwäscher im Fluß Pektolos bei Sardes Schafsfelle (cf. C. B. Rose, 2006, S. 84), und noch bis vor ca. 80 Jahren trieb man im Gebirge Westgeorgiens ganze Schafherden in die Wasserläufe, damit sich der Goldstaub in ihren Fellen verfing. Cf. A. J. S. Spawforth, 1990, S. 13; K. Fuhrmann, 1995, S. 65.

8 Cf. Plinius XXVII. 107; H. Usener, 1896, S. 329; D. Porte, 1976, S. 820; Keller, a.a.O., S. 325. Der Name der Iuno ist die weibliche Form von *iuvenis* und bedeutet »junge Frau«. In historischer Zeit war auch das Standbild der Iuno Lucina in Lanuvium in ein Ziegenfell gehüllt, und auf dem Kopf trug sie die Gesichtspartie einer Ziege und deren Hörner. Cf. W. F. Otto, 1975, S. 23, 62.

9 Cf. A. Otto, 1909, Sp. 2057; Ovid: *Fasti* 425 ff., 435 ff.; bzw. G. Wissowa, 1904, S. 85 f.; L. Deubner, 1910, S. 490 f.; C. Koch, 1937, S. 105 f.; bzw. C. Clemen, 1914, S. 147; E. Fehrle, 1916, S. 17 f. E. Peruzzi (1980, S. 128) ist der Auffassung, die Lupercalien gingen auf die Arkader zurück, die sich in Etrurien ansiedelten. Livius (I. 5.2) berichtet, daß bereits zur Zeit von Romulus und Remus *nudi iuvenes* zu Ehren des Pan Lykaios *per lusum atque lasciviam currerent*, und später empört sich Papst Gelasius I, daß *matronae nudato publice corpore vapulabant*. Cf. C. Ulf, 1982, S. 74.

10 Cf. H. L. Stoltenberg, 1957, S. 48 f.; G. Radke, 1965, S. 226, 304 f.; J. N. Adams, 1982, S. 44, 63. Nach W. Goldberger (1930, S. 49) ist *ti-ti* ein Lallwort, das sexueller Erregung, aber auch der Begierde nach dem Gestilltwerden Ausdruck gibt (vgl. vulgärlat. *titta*; ahd./mhd. *tutte*; nhd. »Titte«). Cf. Kluge, a.a.O., S. 889. Aus Votivinschriften im südetrurischen Falerii läßt sich ein **titios mercus* (falisk. **titos*, »Penis«) erschließen. Cf. F. Altheim, 1930, S. 48 f.

11 Cf. Altheim, a.a.O., S. 53 f.; Radke, a.a.O., S. 225; Cicero: *De Natura Deorum* III. 56; bzw. A. Schwarzmann, 1972, Abb. 22; C. Herb, 2006, S. 69; A. Fuchs, 1914, S. 118; E. C. Polomé, 1987, S. 205; W. Spickermann, 2007, S. 249 f. Schon Hermes wurde häufig gemeinsam mit Priapos verehrt. Cf. S. Solders, 1931, S. 55 f. Der römische Terminus entspricht dem hl. Stein Fál auf einem Hügel bei Tara, der auch »Penis des Fergus« genannt wurde, wahrscheinlich nach dem Ulsterhelden Fergus mac Róich, der aufgrund seines gewaltigen Penisses gerühmt wurde. Cf. R. D. Woodard, 2002, S. 87 f. Auch im östlichen Mittelmeer sah man entsprechende Steine oder Felsen als anikonische Formen von Vegetationsgöttern, z. B. von Apollon Hyakinthos in Amyklai oder vom levantinischen Ba'al. So erkannten anscheinend die Phönizier in dem Baityl, auf den sie in der vorgeschichtlichen Tempelanlage von Malta stießen, ihren Ba'al-Melqart, den Paredros der 'Aštart. Cf. B. C. Dietrich, 1978, S. 2; bzw. H. C. R. Vella, 1986, S. 320.

12 Cf. Caesar: *Bellum Gallicum* VI. 17; É. Thevenot, 1955, S. 152; bzw. G. S. Olmsted, 1979, S. 163 ff., 215; J. de Vries, 1961, S. 87, 169 f.; F. Kaul, 1991, S 32, 35; I. Mazarov, 1991, S. 69; M. Green, 1996, S. 32; J. Liversidge, 1968, S. 443. Ein dem Cernunnos sehr ähnlicher Gott mit einer Widderkopfschlange und einem Verehrer, der eine Erektion hat, ist auf einem Felsbild des 4. Jahrhunderts v. Chr. im Val Camonica dargestellt. Die Schlange mit dem Widderkopf, die auch auf Grabstelen in Burgos oder La Rioja zu sehen ist, war entsprechend das Attribut des iberokeltischen Cermoño oder Cernuño, der ebenfalls die Verstorbenen führte und dem Mercurius gleichgesetzt wurde. Cf. A. Ross, 1967, S. 131 f.; bzw. F. M. Simón, 1998, S. 40 f.; P. de Bernardo Stempel, 2007, S. 63; J. Gorrochategui, 2007, S. 117 f. Sie war auch mit der Rosmerta verbunden (cf. S. Deyts, 1992, S. 43 f.) und zierte ebenso die

Achsnägel der Totenwägen wie die goldenen »Regenbogenschüsselchen« und die Torques, die man in der späten Hallstatt- und in der Latènezeit gleich dem Bernstein besonders Frauen, jungen Mädchen und Kindern mit ins Grab gab. Cf. J.-J. Hatt, 1980, S. 54 ff., 223 f.; S. Rieckhoff, 2002, S. 151 f.; P. P. Bober, 1951, S. 26; F. A. Schaeffer, 1979, S. 231; W. Adler, 2003, S. 233; Olmsted, a. a. O., S. 92; C. Fox, 1958, S. 81. Bei den Skythen führten Fische mit Widderköpfen die Verstorbenen über die Flüsse ins Jenseits (cf. S. Michel, 1995, S. 56 f., 148), was auch die Widderkopfschlange in Westeuropa tat, die dabei ebenfalls Flüsse, Quellen und andere Eingänge zur Unterwelt benutzte. Cf. G. Drioux, 1934, S. 140. Auf diesem Wege brachte sie aber anscheinend auch das Licht und die Fruchtbarkeit zurück, und so ringelt sie sich auf einem in Gloucestershire gefundenen Steinaltar der Dobrunni um ein Sonnenrad. Cf. M. Green, 1991, Fig. 92. In christlicher Zeit symbolisierte sie schließlich den Antichrist. Cf. P.-M. Duval, 1957, S. 119.

13 Cf. Altheim, a. a. O., S. 90; O. Waser, 1898, S. 174; A. Grenier, 1945, S. 343; bzw. F. Benoît, 1959, S. 71; P. Lambrechts, 1942, S. 50; S. Botheroyd/P. F. Botheroyd, 1992, S. 226.

14 Cf. M.-T. Derchain-Urtel, 1984, S. 759 f.; C. Knigge, 2006, S. 298; S. Morenz, 1960, S. 170, 193 f.; W. J. Darby et al., 1977, S. 215; L. Manniche, 1987, S. 103; D. Montserrat, 1996, S. 63; J. Hallof, 2007, S. 68. »Er hat die Früchte des Lebensbaumes fett sein lassen, um Nahrung für Menschen und Götter zu schaffen«, heißt es über den Lebensspender, der die Menschheit aus dem schwarzen Nilschlamm formte, »er hat die Hohlräume im Bauch der Gebirge geöffnet und die Minen ihr Inneres ausspucken lassen (sqꜥ.n-f štꜣ.w m-ḫnw-sn).« Cf. Knigge, a. a. O., S. 300; C. Palanque, 1903, S. 114. Wie die meisten anderen Lebens- und Fruchtbarkeitsbringer, z. B. Jason oder Baꜥal, sind auch die Widdergötter Amûn und Khnum Heiler, und letzterer wird in einem Hymnus im Tempel von Denderah, der »Schloß des Lebens« (ḥw.t ꜥnḫ) hieß, als der Gott genannt, »der die Krankheit heilt«. Cf. E. Laskowska-Kusztal, 1989, S. 286; G. Andreu, 2002, S. 214 f.; T. DuQuesne, 2002, S. 214 f.

15 Cf. E. Hornung, 2005, S. 66; Vernus/Yoyotte, a. a. O., S. 479; A. M. Badawi, 1937, S. 27; Knigge, a. a. O., S. 296 f.; bzw. J. B. Hurry, 1926, S. 7 ff.; A. Erman, 1909, S. 223; S. G. Rosenberg, 2004, S. 7 f. Das Überschwemmungswasser des Nils galt als heilkräftig und regenerierend, und die Verstorbenen wünschten von ihm zu trinken, um wiedergeboren zu werden. Für die Flutzeit stellte man die sogenannten »Fläschchen des Glücklichen Neuen Jahres« her, auf denen zu beiden Seiten des Halses zwei Widderhörner oder zwei hockende Äffchen dargestellt waren. Im 8. und 7. Jahrhundert v. Chr. verbreiteten die Phönizier und Euboier diese Artikel bis ins zentrale Mittelmeer und darüber hinaus. Cf. P. Pamminger, 1991, S. 71 f.; bzw. D. J. Waarsenburg, 1993, S. 60.

16 Cf. H. Kees, 1956, S. 75; J. Spiegel, 1973, S. 83; Derchain-Urtel, a. a. O., S. 757 f.; bzw. DuQuesne, a. a. O., S. 219; J. Zandee, 1992, S. 173.

17 Cf. H. F. Friederichs, 1933, S. 15 f.; J. Boessneck, 1983, S. 15; A. Muzzolini, 1987, S. 137. Zackelschafe waren in jener Zeit auch im Iran, in Turkestan und am Indus verbreitet. Die ersten sogenannten Haarschafe wurden gemeinsam mit Ziegen in der südlichen Levante und in Kleinasien im akeramischen Neo-

lithikum domestiziert, und zwar im anatolischen Nevali Çori wohl um die Mitte des 9. Jahrtausends. Cf. L. K. Horwitz, 1993, S. 27; M. L. Ryder, 1993, S. 9; N. D. Munro, 2004, S. 170; I. Hodder, 2006, S. 34. In Kleinasien gab es offenbar im Neolithikum lediglich Schafe mit gebogenen Hörnern, die von den aus Kleinasien nach Kreta auswandernden Vorfahren der Minoer auf die Insel gebracht wurden. Cf. B. Brentjes, 1963, S. 12. Zackelschafe, die es noch heute auf Kreta und dem Balkan gibt, gelangten erst sehr viel später auf die Insel und kommen auf Bildern aus minoischer Zeit nicht vor. Da es in Afrika nie Wildschafe gab und die auf den Tassilifelsen dargestellten Mufflonschafe zu jener Zeit in Ägypten noch nicht existierten, hat man gelegentlich vermutet, das Fettschwanzschaf mit gebogenen Hörnern könnte von Kreta nach Nordafrika gelangt sein. Cf. F. E. Zeuner, 1967, S. 163; A. Gautier, 2002, S. 201; R. Blench, 1993, S. 78 f.; J. Clutton-Brock, 1993, S. 69; bzw. B. Brentjes, 1984, S. 386 f.

18 Die Tonfigurine eines Schafes mit gelocktem Vlies aus Tepe Sarab im östlichen Iran deutet darauf hin, daß es in dieser Gegend bereits im 6. Jahrtausend Wollschafe gab. Im 4. Jahrtausend war offenbar in Mesopotamien ein größerer Widder mit mächtigeren Hörnern Woll- und Fleischlieferant, während Schafsmilch relativ unwichtig gewesen zu sein scheint. In Mitteleuropa tauchen die Wollschafe wohl erst im Endneolithikum, also um die Mitte des 3. Jahrtausends, auf. Cf. S. Bökönyi, 1974, S. 159 f.; ders., 1987, S. 139 f.; S. J. M. Davis, 1993, S. 3; J. Duerr, 2006, S. 221; bzw. A. Lippert, 2006, S. 666. Die ersten Schafe, die gegen Ende des 8. Jahrtausends mit den Einwanderern nach Kreta kamen (cf. C. Becker, 1998, S. 24), waren vermutlich noch Haarschafe. Kastrierte männliche Tiere wurden größer, hatten mehr und bessere Wolle sowie schmackhafteres Fleisch, weshalb 69 % der ca. 100.000 Schafe, die offenbar dem Palast von Knossos gehörten, Hammel waren. Cf. J. T. Killen, 1969, S. 30; I. M. Shear, 2004, S. 56; bzw. P. Halstead, 1991, S. 343 f., ders., 1997, S. 187. Erst die Herstellung von Eisenscheren um 1000 v. Chr. ermöglichte das Scheren der Schafe, deren Wolle in den Jahrtausenden davor gerupft oder abgekämmt wurde, was die minoischen Schafhirten auf den Sommerweiden mit Hilfe von hölzernen Wollkämmen bewerkstelligten, wenn die Tiere sich in der Mauser befanden. Cf. M. I. Ryder, 1992, S. 135 f.; bzw. J. L. Melena, 1987, S. 410 ff.; A. M. Greaves, 2002, S. 31. Das sumerische Zeichen UR, das für gewöhnlich mit »Schur« übersetzt wird, ist bezeichnenderweise ein Kamm, und das älteste babylonische Wort für »Wolle«, *bakamu*, bedeutet »Gerupftes«. Cf. B. Hruška, 1995, S. 83; G. W. Davis, 1991, S. 125. Aber auch das idg. **péku*, »Schaf« (vgl. Linear B *po-ku*; gr. πόκος, »Vlies«; πέκειν, lat. *pectere*, »kämmen«) geht auf **pek̂-*, »rupfen«, zurück und bedeutet wörtlich »das, was gerupft wird.« Ein *po-ku-ta* (ποκύτᾱς) war entweder ein »Rupfer« oder ein Besitzer von Kleinvieh, während die *pe-ki-ti-ra* (πέκτριαι) wohl Wollkämmerinnen waren. Von der Bedeutung »Kleinvieh (Schafe und Ziegen)« leiten sich lat. *pecūnia*, got. *faihu*, »Besitz, Vermögen, Geld«; engl. *fee*, »Gebühr« ab. Cf. G. Ivănescu, 1975, S. 160; M. Gimbutas, 1985, S. 193; J. Knobloch, 1987, S. 477; W. Meid, 1989a, S. 15; Melena, a. a. O., S. 443 f.; C. J. Ruijgh, 1992, S. 543 f.; P. Anreiter, 1998, S. 583; M. Ofitsch, 1998, S. 662.

Wenn die Schafe bei der Mauser ihr Vlies abreiben, verfilzen die einzelnen Strähnen, was im Neolithikum vielleicht zur Idee des Wollspinnens führte.

19 Cf. J. Boessneck/A. v. d. Driesch, 1992, S. 28. E. Werth (1954, S. 321) und nach ihm andere Autoren sind der Auffassung, das Wollschaf mit dem Fettschwanz und den gebogenen Hörnern sei gegen Ende des Mittleren Reiches gemeinsam mit dem Kult des Sonnenwidders Amûn-Rê zunächst vom südwestlibyschen Fezzán in die Gegend südlich des 3. Kataraktes und von dort nach Ägypten gelangt. Cf. W. F. E. Resch, 1967, S. 17; Zeuner, a. a. O., S. 160; J. L. Haynes, 1992, S. 35; C. Onasch, 1993, S. 230; A. Lohwasser, 2006, S. 358 f.; K.-H. Priese, 1996, S. 267.

20 Cf. Zandee, a. a. O., S. 178; Kolta, a. a. O., S. 7, 14 f.; J. Assmann, 1983a, S. 255 f., 258; D. Wildung, 1980, S. 24; R. E. Freed, 1987, S. 137; P. Pamminger, 1996, S. 439 f.; G. Camps, 1994, S. 30. Der ramessidische Amûn ist derjenige, »welcher den Nil heraufführt, damit sie zu essen haben«, und auf einem wohl ebenfalls aus der 19. Dynastie stammenden Ostrakon heißt es, daß »Amûn in dem Wasser ist, das im Lande Kusch hervorkommt« (cf. L. Török, 2002, S. 12), denn in alter Zeit glaubten die Ägypter, der Nil entspringe im 1. Katarakt und fließe von dort nach Norden und nach Süden.

21 Cf. T. Kendall, 1996, S. 174 f. Im Neuen Reich und vielleicht schon in der 6. Dynastie trug die Göttin Hathor das Epitheton *ḏrt-nṯr*, »Gotteshand«, ein Name, der auch Aḥmose gegeben wurde, die man zudem *ḥmt-nṯr-Imn*, »Gottesfrau des Amûn« nannte. Als erster Pharao wurde Amenophis II. unter seinem Schutzgott Amûn-Rê als Widdersphinx dargestellt. Cf. J. Vandier, 1988, S. 65; G. Robins, 1988, S. 65; T. DuQuesne, 2005, S. 10; bzw. L. K. Sabbahy, 1985, S. 40; A. Radwan, 2005, S. 211 f.

22 Cf. B. Altenmüller, 1977, S. 1015; B. M. Bryan, 1992, S. 221; K. Sethe, 1930, IV 224; Herodot II. 46; bzw. V. Wessetzky, 1981, S. 182; M. Burchardt, 1910, S. 112. Der »Widder von Mendes« soll auch die Großmutter des Imhotep geschwängert haben, doch im Heiligtum des großen Heilers und Baumeisters auf der Insel Philae wird seine *Mutter* »die Geliebte des Widders, des Herrn von Mendes« genannt. Cf. D. Wildung, 1977, S. 52, 72. Auch andere Götter konnten den König zeugen. So wurde Min in Medinet Habu mit den Worten angesprochen: »Sei gegrüßt, Min, Begatter seiner Mutter!« Und Tatenen spricht auf einer Stele in Abu Simbel zu Ramses II: »Ich bin dein Vater. Ich zeugte dich, damit dein ganzer Leib göttlich ist, denn ich nahm die Gestalt des Widders, des Herrn von [Mendes] an und ich ergoß mein Sperma (*nnk*) in deine erhabene Mutter, um deine Gestalt als [unleserlich] zu formen, den Herrn der [beiden Länder].« Cf. G. Haeny, 1986, S. 34; bzw. J. H. Breasted, 1906, S. 176; G. Roeder, 1923, S. 159; W. F. Edgerton/J. A. Wilson, 1936, S. 120 f.

23 Cf. C. Bonnet/D. Valbelle, 2006, S. 110 f. Schon die früheren Pharaonen trugen bisweilen eine Krone mit Widderhörnern und um 700 v. Chr. nubische Könige wie Šabaka goldene Widderköpfe unmittelbar unterhalb der Kehle oder Halsketten mit Widderkopfanhängern. Noch im 1. Jahrhundert v. Chr. schmückten sich die Kandaken, die »schwarzen Königinnen« der meroitischen Dynastie von Kusch, z. B. Amanitore, mit goldenen Widderköpfen auf der Stirn. Cf. P.

Lacovara, 1988, S. 238 f.; bzw. J. Settgast, 1978, Abb. 252; J. Willeitner, 1997, S. 53; Y. J. Markowitz, 1995, S. 238; D. Wildung, 1996, S. 326.

24 Cf. A. E. Brehm, 1877, S. 339; E. Orth, 1921, Sp. 389 f.; bzw. J. G. Westenholz, 2004, S. 305; I. Seibert, 1969, S. 7, 13 f. Später ist auch Ištar »Hirtin« oder »die hehre Wildkuh, die allem voranschreitet« und die Rinderherde leitet, und der akkadische Gott Marduk ist der »Leitwidder« (*immar pāni*). Cf. M. P. Streck, 1999, S. 176. Phöniz. '*im*; arab. *kabš*; hebr. '*attūḏīm* (vgl. Jesaja 14.9: *kol-* '*attūḏē* '*eres*, »alle Führer der Welt«) bedeuten »Widder« und übertragen »Führer, Oberhaupt, Vorkämpfer«. Cf. A. H. Mustafa, 1983, S. 67 f.; T. Staubli, 1991, S. 149, 176; P. D. Miller, 1970, S. 181 f. Daß der Leitwidder der Prototyp des Hirten ist, geht aus der Anweisung des Kyklopen an das Leittier hervor: »Nun geh, mein kluges Tier, geh und hüte die Herde bis zum Abend und bringe sie dann wieder heim!« (Odyssee IX. 447 ff.; cf. J. Glenn, 1971, S. 169).

25 Cf. L. Frobenius, 1912, S. 247, 249; F. Lo Schiavo, 2005, S. 355 f.; Ovid: *Metamorphosen* XV. 565 ff.; Cicero: *Über die Wahrsagekunst* I. 44 f.; bzw. Vergil: *Bucolica* IV. 42 ff.; Macrobius: *Saturnalia* VII. 1 f. Das Sternbild des Widders, der den ξῳδιακὸς κύκλος, den Tierkreis, anführt, bedeutet eigentlich die Wiederkehr der Vegetation und Fruchtbarkeit im Frühling (cf. A. Drews, 1923, S. 24 ff.; H. G. Gundel, 1992, S. 18), aber die Farbänderung des Widders und die Veränderung des Sonnenlaufes kündigen den Anbruch eines neuen »Weltjahres« und ein erneutes Goldenes Zeitalter an. Cf. J. K. Newman, 2001, S. 315.

26 Artemidor v. Daldis: *Oneirokritikon* II. 12 ff.; Euripides: *Orestes* 995 ff.; Cicero: *De natura deorum* III. 68; Seneca: *Thyestes* 222 ff.; bzw. J. Pokorny; 1959, S. 618; M. Meier-Brügger, 1990, S. 28; O. Keller, 1909, S. 326; C. D. Buck, 1949, S. 84, 158; J. Pokorny, 1959, S. 80 f., 1182; A. Blok, 1981, S. 428. Vgl. idg. **u̯er*, »naß machen«; **ues̹*, »Frühling«; lit. *jáura*, »Sumpf«; altnord. *ūrr*, »Samenausspritzer« als Bezeichnung für den Auerochsen (Ur); altnord. *ūr*, »Regen«; sanskr. *vár*, »Wasser«. Cf. J. Pokorny/A. Walde, 1928, S. 268 f.; U. Linke, 1985, S. 344. In Argos befand sich laut Pausanias (II. 18.1) »das Grab des Thyestes. Auf ihm steht ein steinerner Widder (κριός), weil Thyestes das goldene Lamm erlangte, nachdem er seines Bruders Frau mißbraucht hatte.«

27 Cf. Ilias III. 196 ff.; XIII. 492 ff.; S. H. Lonsdale, 1990, S. 20 f; bzw. J. Haubold, 2000, S. 17. Darstellungen des Leitwidders werden später von denen des Widderträgers abgelöst. Die bislang älteste Bronzestatuette eines solchen Trägers scheint die des minoischen Hirten mit Schurz und Penisfutteral aus Phaistos zu sein, die vermutlich um 1300 v. Chr. hergestellt wurde – wahrscheinlich der Vorfahre des Widderträgers auf den 600 Jahre jüngeren Bronzeplättchen aus dem Heiligtum von Kato Syme. Cf. S. Alexiou, 1967, S. 47; H. Guanella, 1967, S. 199; M. Prent, 2005, Pl. 70.

28 Cf. W. Krenkel, 2006, S. 133; Blok, a. a. O., S. 431; M. Alinei, 1982, S. 771; C. R. Boettger, 1958, S. 77; E. Hartenstein, 1956, S. 40; bzw. J. W. Frembgen, 1996, S. 47. Selbst kastrierte Widder, also Hammel, sind so futterneidisch, daß man Menschen, die anderen nichts gönnen, »Neidhammel« nennt. Cf. K.

Bräutigam, 1989, S. 107. Ziegenböcke galten als mindestens ebenso libidinös wie Widder, und vom »Ziegenficker« Pan αἰγιβάτης hieß es, er bespringe alles, was weiblich sei und eine gewisse Größe habe. Wenn eine Frau sich gleichzeitig mit mehreren Männern einließ, sagte man, sie lasse sich »von Pan gebrauchen«, und Frauen oder Mädchen, die sich allein in die Wildnis wagten, liefen Gefahr, von den Panen oder Faunen vergewaltigt zu werden. »Silvanos et Panes« sowie »Faunos«, stellte der hl. Augustinus (*Civitas Dei* XV. 23) fest, »quos vulgo incubos vocant inprobos saepe extitisse mulieribus et earum appetisse ac peregrisse concubitum«. Cf. P. F. Dorcey, 1992, S. 36 f. Auch weibliche Ziegen galten als äußerst wollüstig. In der Hynðluljóð, einem Edda-Lied, sagt die Riesin Hynðla, die über ein bis in die Urzeit zurückreichendes Gedächtnis verfügt, der Freyja nach, diese laufe nachts wie eine brünstige Geiß auf der Suche nach kräftigen Böcken umher und habe nicht allein Óðr, sondern zahllose andere Männer »unter ihr Kleid kriechen« lassen. Cf. S. Schmidt, 1993, S. 341.

29 Cf. E. Imoto, 1976, S. 67 ff.; M. Schwartz, 1985, S. 659, 671 f.; Ammianus Marcellinus XIX. 1.3; bzw. D. Levit-Tawil, 1992, S. 215 f.; B. Goldman, 1997, 17; A. Daems, 1997, Fig. 206, 211; P. Gignoux/R. Gyselen, 1989, S. 882 f.; A. H. Krappe, 1928, S. 183; H. v. Gall, 1986, S. 370; W. K. Simpson, 1987, S. 102. Bekanntlich besiegt Indra den Vṛtra und befreit die Gewässer, weshalb er Vṛtrahán, »Schlächter des Vṛtra«, genannt wurde. »Vṛtra« entspricht dem ersten Teil des Namens Vrθragnas. Cf. E. Yarshater, 1983, S. 428.

30 Cf. A. S. Shahbazi, 1980, S. 139 f.; E. Porada, 1989, S. 538; H. Kleinknecht, 1966, S. 140; C. J. Brunner, 1978, S. 91 f.. Nachdem Daniel in dem im 2. Jahrhundert v. Chr. niedergeschriebenen alttestamentlichen Danielbuch (8.20) in einer Vision ein Widder erschienen war, spricht eine Stimme zu ihm: »Der Widder mit den zwei Hörnern, den du gesehen hast, sind die Könige von Medien und Persien.« Ein Widder war offenbar ursprünglich auch der von dem Strahlenkranz *X^varənah* umgebene mythische Sonnenkönig Yima, Besitzer wunderbarer Schafherden, dessen Thronbesteigung eine Dürre beendet und ein Goldenes Zeitalter einläutet. Cf. B. Lincoln, 1980, S. 159 f.

31 Cf. J. Duchesne-Guillemin, 1983, S. 135; G. Gnoli, 1996, S. 180; M. Mode, 2003, S. 162; F. Bader, 2004, S. 5; R. Lipp, 2009, S. 428 f. A. Lubotsky (1998, S. 483 ff.) führt das avestische *X^varənah* und das skythisch-altpersische *farnah* auf indoiran. *parttnas-*, sanskrit. *párīṇas*, »Fülle, Überfluß«, von protoidg. *pelff*, »füllen«, zurück. *Párīṇas* ist z. B. die Fähigkeit Indras, Heldentaten zu vollbringen. Bei den Tadschiken im Pamir ist ebenfalls das Schaf, und zwar vor allem der Widder, der Träger des Segens (*farn*), dessen Name mit »Glücksglanz« übersetzt wird und den man in anderen Gegenden Zentralasiens *baraka* nennt. An Neujahr buk man Widderfigürchen aus Teig und malte mit rotem Lehm Zeichen an die Wände, die »Zuchtwidder« und »Widderhörner« genannt wurden und Fruchtbarkeit und Reichtum bringen sollten. Cf. B. A. Litvinskij, 1983, S. 390; ders., 2003, S. 52 f.

32 Cf. Imoto, a. a. O., S. 68 ff.; J. Hertel, 1936, S. 39 f., 72 f.; E. Herzfeld, 1938, S. 86 ff.; *Yast* XIV. 41; G. Azarpay, 1972, S. 113; A. Ivantchik, 2007, S. 240; bzw. Herodot IV. 5; O. G. v. Wesendonk, 1933, S. 196 f.; Cicero: *De divina-*

tione I. 46; F. Bruschweiler, 1987, S. 119 f.; 188; C. Trever, 1967, Pl. XXV; J. Duchesne-Guillemin, 1962, S. 298; P. Briant, 1996, S. 265; A. S. Melikian-Chirvani, 1993, S. 27 f. Der iranische Herrscher verkörperte somit den Paredros VrΘragna und damit den Blitz, der die Natur regenerierte. Cf. G. Widengren, 1965, S. 43 f., 316.

33 Cf. B. Schweitzer, 1922, S. 213; H. Güntert, 1923, S. 279 f.; V. Henry, 1904, S. 110; M. Sharma, 2001, S. 36, 43 f.; K. Roy, 2002, S. 46.

34 Cf. W. Golther, 1895, S. 364; B. Pering, 1941, S. 219; J. de Vries, 1957a, S. 329; Å. V. Ström, 1975, S. 153, 160. Im 10. Jahrhundert wurde die jenseitige Klippe *vágasker*, »Wellenfels«, genannt. Cf. J. de Vries, 1933, S. 129.

35 Cf. Gylfaginning 36; Ynglingasaga 3; bzw. E. H. Meyer, 1891, S. 148, 301; G. Schütte, 1923, S. 68, 84. Im Mittelalter hatte sich aus der altnordischen Geschichte von Ǫrvanðil das mittelhochdeutsche Spielmannsepos vom Königssohn Ôrendel entwickelt, dessen Schiff in Sichtweite der Küste des Morgenlandes untergeht. Doch Ôrendel rettet sich ans Ufer und findet nach vielen Abenteuern, unter anderem im Bauch eines Walfisches, den ungenähten Rock Christi, den er nach Trier bringt und dort in einem Steinsarg deponiert. Cf. A. Masser, 2002, Sp. 359 f.

36 Cf. Strabon IV. 47.4; bzw. K. Müller, 1938, S. 14 f.; S. S. Weinberg, 1969, S. 3 ff.; H.-J. Weißhaar, 1986, S. 327 ff.; M. A. Guggisberg, 1996, S. 230; bzw. T. Özgüç, 2003, S. 213 ff. Schiffsförmig mit Widderkopfsteven sind auch die sogenannten »Feuerböcke« der Urnenfelderkultur. Cf. H.-E. Mandera, 1962, S. 289.

37 Cf. I. Mazarov, 1991, S. 69; E. Penkova, 2004, S. 210; bzw. B. Hänsel, 1969, S. 82. Bei den »Sonnen« auf dem Schiff, das auf dem bekannten mykenischen Krater aus Zypern dargestellt ist, handelt es sich offenbar um stilisierte Blüten (cf. E. Rystedt, 2006, S. 241) als Manifestation der heimkehrenden Fruchtbarkeit.

38 Cf. Assmann, a. a. O., S. 254; E. Hornung, 1979, S. 372; ders., 1963, S. 20 f.; ders., 1991, S. 19; ders., 1997, S. 64, 296; M. H. van Voss, 1986, S. 73; S. Schott, 1958, S. 358 f.; ders., 1965, S. 192; H. Frankfort, 1978, S. 387; M. J. Raven, 1990a, S. 48; bzw. E. Staehelin, 1982, S. 6 f.; dies./C. Ziegler, 1987, S. 211; W. Spiegelberg, 1927, S. 26; R. Ernst, 1995, S. 29; A. Radwan, 2005, S. 220 f.; C. A. Hope, 1989, S. 138 f.; Vernus/Yoyotte, a. a. O., S. 128 f.; 476; G. T. Martin, 2005, S. 135. Wie Kamutef, der »Stier seiner Mutter«, war auch der Widder in Chaït in der Nähe von Assiut der »Geliebte seiner Mutter«, der nach einer Version im Westen durch den Mund der Muttergöttin sich selber zeugte und im Osten geboren wurde. Cf. Bonnet, a. a. O., S. 868.

39 Cf. O. Jessen, 1896, Sp. 749; C. Klodt, 2004, S. 42; I. Huber, 2001, S. 23; bzw. Pausanias IX. 30.4; R. Kotansky, 2001, S. 252 f.

40 Cf. R. Böhme, 1981, S. 126; I. v. Bredow, 1986, S. 168; J. Best, 1989, S. 137; Apollonios v. Rhodos I. 23 ff.; Pausanias IX. 30.5 f.; bzw. C. M. Bowra, 1970, S. 222 ff.; Euripides: *Alkestis* 357 ff.; Diodoros IV. 25.2; H. Usener, 1896, S. 41 f.; O. Kern, 1927, S. 46; E. Robbins, 1982, S. 16; A. Darab, 1999, S. 81 f.; C. Robert, 1920, S. 411; J. E. Harrison, 1909, S. 41 f.; T. Köves-Zulauf, 2007, S. 13 f. Homer kennt Εὐρυδίκη als Gattin des Nestor (cf. Odyssee III. 452), der

mit den Sonnenrindern ebenfalls die Fruchtbarkeit aus dem Jenseits heimholt. Auf einem attischen Relief aus dem späten 5. Jahrhundert v. Chr. entschleiert Orpheus Eurydike, während Hermes mit der Linken ihre Hand
ergreift. Cf. Bowra, a.a.O., S. 226; Klodt, a.a.O., S. 51 f. Vielleicht stellt die
Szene nach dem Simultanprinzip das periodische Kommen und Gehen der
ursprünglichen Vegetationsgöttin dar, die – wie Kore – zur Unterweltsgöttin
wurde. Nach einer Überlieferung soll Orpheus sich nach seinem Tod in einen
Singschwan (κύκνος) verwandelt haben, der ja bekanntlich bei den Griechen
periodisch ins Jenseits und wieder zurück flog. Im rumänischen Volksglauben
brachte der Schwan noch bis in unsere Zeit von dort die kleinen Kinder. Cf. R.
Ciocan-Ivănescu, 1980, S. 237.

41 Cf. F. Graf, 1987, S. 92; J. E. Harrison, 1908, S. 459; D. Popov, 1984, S. 302;
bzw. V. Karageorghis, 1980, Pl. XIX; R. Böhme, 1956, S. 6. Eurydike wird
zwar erst im 5. Jahrhundert v. Chr. erwähnt und dargestellt, doch bereits
Robert (a.a.O., S. 400 f.) hat das Motiv für sehr alt gehalten.

42 Nach O. Kern (1926, S. 9) entstammt βαίτυλος einer Sprache der vorgriechischen Bevölkerung, vielleicht dem Minoischen, während P. Warren (1990,
S. 203) meint, der Begriff gehe auf aram. *bēṯ'el*, »Haus des Gottes«, zurück.
Bereits die babylonische Ištar wurde in Form eines Baityls verehrt. Der heilige
konische Stein in einem Tempel, der auf den Münzen von Byblos abgebildet
ist, war das anikonische »Bild« der ʿAštart, die auf Zypern in Form eines
grünschwarzen Baityls von über 1,2 m Durchmesser angebetet wurde, den
man wahrscheinlich bereits im Chalkolithikum verehrte. Später befand sich
dieser Stein – vermutlich ein Meteorit – im Allerheiligsten des Tempels der
Aphrodite in Paphos. Cf. L. B. Paton, 1909, S. 117; E. Vikela, 2003, S. 212;
U. Kron, 1992, S. 61; E. D. Vassiliou, 2002, S. 73.

43 Cf. L. Weniger, 1924, S. 20; S. Hood, 2000a, S. 608 f.; W.-D. Niemeier, 1989,
S. 175 f. Um 204 v. Chr. schickte der König von Pergamon Kybele in Form
eines Meteoriten nach Rom, wo man diesen fortan als »Mutter der Trojaner«
verehrte, von denen die Römer sich ja herleiteten. Auch die Osseten und
Tscherkessen verehrten die hl. Jungfrau als Baityl, und die jungen Mädchen baten sie dort um einen guten Ehemann und die Bräute um Schwangerschaft. Cf.
Livius XXIX. 11; M. W. de Visser, 1903, S. 57; bzw. G. Dumézil, 1986, S. 37.

44 Cf. Warren, a.a.O., S. 201; B. Rutkowski, 1984, S. 166; H. Hughes-Brock/
J. Boardman, 2009, S. 451; Pausanias I. 43.2; VIII. 15.1 ff.; Kron, a.a.O.,
S. 65 f.

45 Apollonios v. Rhodos I. 769 ff.; Diodoros IV. 41.2, 48.5; Roux, a.a.O., S. 142;
bzw. Hyginus: *Fabeln* XIV. 22; Valerius Flaccus: *Argonautica* 366; H. Usener,
1899, S. 66, 74 f., 233; ders., 1911, S. 263; J.-L. Perpillou, 1992, S. 530; Carnoy, a.a.O., S. 45. Auf einer schwarzfigurigen Vase aus Unteritalien ringt
Atalante bei den Leichenspielen für Pelias mit Peleus. Cf. J. Boardman, 1983,
S. 10. F. Bader (1986a, S. 482) führt δευκ- auf idg. **deik-*, »erscheinen, zeigen«, zurück, was bedeuten würde, daß auch der verschwindende und wiederkehrende Vegetationsgott Deukalion wie die Göttin (Diktynna, Eurydike)
seine Epiphanie auf dem Dikte hatte. Nach ihm, der bereits auf den ältesten
Teilnehmerlisten des Argonautenzuges verzeichnet ist (cf. O. Jessen, 1895,

Sp. 752), wurde sein Sohn Idomeneus, der Führer der Kreter vor Troja, Δευκαλίδης genannt. Der Name eines seiner anderen Söhne, Kandybos, ist ein Eponym der lykischen Stadt Kandyba. Cf. P. Chuvin, 1992, S. 136.

46 Cf. Apollodoros I. 140; Apollonios v. Rhodos IV. 1638 ff.; F. G. Welcker, 1860, S. 245; C. Robert, 1921, S. 848; P. Kretschmer, 1951, S. 17; R. A. Brown, 1985, S. 93; H.-G. Buchholz, 1979, S. 80; S. Hood, 2001, S. 16.

47 Cf. Hyginus: *Fabeln* XIV. 1; Pausanias V. 17.9; B. Scherer, 2006, S. 18, 43; M. Vojatzi, 1982, S. 103 f.; G. Mussies, 1990, S. 2432. Die Orphischen Argonautiká (162 f. u. 216) nennen Asterion und »Asterios, unerschütterlich im Kampf« und Valerius Flaccus (a. a. O., 355) den »schnellen Asterion von Argos«. Nach K. O. Müller (1844, S. 255 f.) gehören Asterion aus Thessalien und Asterios aus Achaia zum »Grundstock Minyeischer Helden«. Wahrscheinlich verband man Asterion mit der Argolis, weil es dort einen aus vorgriechischer Zeit stammenden stiergestaltigen Flußgott Asterion gab, der das befruchtende und heilsame Wasser heranführte und der offenbar der Paredros der Göttin war, aus der sich in griechischer Zeit Hera entwickelte. Seine drei Töchter namens Εὔβοια, Ἀκραία und Πρόσυμνα galten als deren Ammen, waren aber in Wirklichkeit verschiedene Erscheinungsformen der Göttin selber, die auf dem Gipfel des argivischen Ἀραχναῖον angefleht wurde. An den Ufern des aus der Kantharosquelle bei Nauplia fließenden Baches, in dem Hera jährlich badete, um wieder Jungfrau zu werden, wuchs ihre heilige Blume ἀστερίων, vermutlich eine Nelkensorte, aus der man der Göttin Kränze flocht und die man offenbar bei ihrem jährlichen Fest in Schiffchen steckte, die als »Blütenschiffchen«, auf denen die Vegetation zurückkehrte, in einer Prozession umhergetragen wurden. Cf. Pausanias II. 25.10; F. W. Hamdorf, 1964, S. 12 ff.; A. Frickenhaus, 1976, S. 121 ff.

48 Cf. Nonnos II. 694 f.; Apollodoros III. 3; W. R. Smith, 1899, S. 237; J. J. Bachofen, 1956, S. 135; P. Borgeaud, 1975, S. 7; ders., 2004, S. 48, 57; D. E. Gershenson, 1978, S. 162; N. Schlager, 1989, S. 236; L. V. Watrous, 1995, S. 400. Verschiedentlich hat man vermutet, »Asterion« gehe – wie in mykenischer Zeit »Minos« – auf einen Titel des bronzezeitlichen kretischen Priesterkönigs zurück. Cf. Roux, a. a. O., S. 216; B. Otto, 1997, S. 296 f. Auf einer schwarzfigurigen Amphore wird die auf dem Stier sitzende Europa bei ihrer Ankunft auf Kreta von einem ein Szepter haltenden Herrscher – gewiß Asterion – begrüßt. Cf. Verbruggen, a. a. O., S. 149 f. Nach Nonnos (a. a. O.) sagt Zeus dem Kadmos, er solle nicht länger die verschwundene Europa suchen: »Folge nicht weiter der wechselnden Spur des Rindes, durch Kypris' / Ehegebot vermähle sich eure Schwester mit dem Kreter / Asterion«, den Nonnos (XXXVII. 47) auch »den diktäischen Helden« nennt.

49 Cf. H. Schwabl, 1970, Sp. 1445; P. Faure, 1967a, S. 124 f.; bzw. R. Eisler, 1910, S. 77 ff.; J. G. v. Hahn, 1864, I, S. 70; P. Chuvin, 1992, S. 55; bzw. W. Burkert, 1974, S. 327; Lykophron: *Alexandra* 1297 ff.; F. Vian, 1995, S. 227. Wahrscheinlich schöpfte der aus dem oberägyptischen Panopolis, dem heutigen Aḫmīm, einem spätantiken Zentrum der griechischen Kultur, stammende Nonnos aus zahlreichen inzwischen verschollenen ostmediterranen Quellen, z. B. aus Gortyn auf der Messará-Ebene, der Hauptstadt des römischen Kreta.

So findet man nur bei ihm die Nachricht, daß die Mutter des Asterios Androgeneia hieß: »Kretas sprachenreiche Bewohner (cf. Odyssee XIX. 175) führte
der schöne / Glänzendgestaltete Held Asterios, war ihm doch beides: / Lieb-
lichkeit und Stärke in gleichem Maße. Ihn hatte / Androgeneia geboren aus
Phaistos, als sie für Minos / Bei der Hochzeit den züchtigen Gürtel geöffnet« (Nonnos XIII. 222f.). Cf. Vian, a.a.O., S. 590f.; Chuvin, a.a.O.,
S. 141; ders., 1994, S. 167; B. Abel-Wilmanns, 1977, S. 12f.; R. Shorrock,
2001, S.2.

50 Nonnos XIII. 242ff. »Statt in der Heimat / Ließ sich Asterios damals allein in
dem frostigen Lande / Nieder am Phasis-Strom« (a.a.O., XL. 283ff.). Und:
»Knossos, die Stadt, vermied er, die männliche Sippe des Vaters, / Voller
Abneigung gegen Pasiphaë und Minos; / Skythien zog er vor der eigenen Heimat« (289ff.). Hier ist nicht Androgeneia seine Mutter, sondern Pasiphaë, die
Mutter des Minotaurus, der denselben Namen trug wie er. Auch andere Jenseitsgänger und Besatzungsmitglieder der Argo wurden ἀστέρες genannt, so
die Dioskuren. Cf. Güntert, a.a.O., S.266f. Ἀστέριος war auch ein Epitheton des Dionysos. Cf. J.B. Wohlfeil, 1997, S. 129.

51 Nannten nach Nonnos die Kreter die »Barbaren« im »frostigen« Norden
Ἀστέριοι, so sollen nach anderen Quellen auch die ersten Siedler auf Tenedos
gegenüber der Küste der Troas so genannt worden sein, nach denen später ein
Ort auf der Insel Ἀστέριον hieß. Der Name einer der hyperboräischen Jung-
frauen, nämlich der Schwester Letos, lautete Asterie oder Ἀστερία, und der
Sage nach wurde sie in die heilige Insel Delos verwandelt. Auch Rhodos hieß
Ἀστερίη, und das südkretische Ἀστερουσία-Gebirge erhielt sicher ebenfalls
seinen Namen nach Asterios. Phönizische Kolonien im fernen Westen wur-
den nicht selten nach der Göttin Ἀštart Ἄστυρα genannt. Cf. W. Pape, 1870,
S.163; G. Karpe, 1943, S.31, 39; A. Laumonier, 1958, S.540; F.M. Ahl, 1982,
S.379f.; Gershenson, a.a.O., S. 168f., R. A. Brown, 1985, S. 36, 146; bzw.
L. Grasberger, 1888, S. 141f.

52 Cf. Smith, a.a.O., S. 237; Laumonier, a.a.O., S. 540f.; R. F. Willetts, 1960,
S. 19; ders., 1977, S. 199; Gershenson, a.a.O., S. 165ff.; M. L. West, 1997,
S. 451f. Die levantinische Ἀštart wurde von den Griechen entsprechend
Ἀστερία genannt. Cf. H. Gese, 1970, S. 194. Auf dem griechischen Festland
bezeichnete man den Argonauten Asterios als Sohn des Kretheus, in dessen
Namen »Kreta« steckt und der auf einem pylischen Linear-B-Täfelchen ke-
re-te-u geschrieben wird. Cf. L. Grasberger, 1888, S.42; M.C. Astour, 1967,
S. 342. Astour hat ke-re-te-u mit dem mythischen König Keret oder Krēt assoziiert, einer Art Menelaos, der in einer ugaritischen, aber aus Kreta entlehn-
ten Geschichte seine der Helena entsprechende künftige Gattin Ḫurray, die
von König Pebel (Pbl mlk) nach Udm [wahrscheinlich Edom] entführt wurde,
aus ihrem dortigen Gefängnis befreit. Cf. C.H. Gordon, 1955, S. 128f.; ders.,
1967, S. 100f.; C. Virolleaud, 1936, S. 19. Wie allerdings W. Burkert (1991a,
S. 168) betont, handelt es sich bei dieser Interpretation nur um eine Hypo-
these, die durch den Text nicht völlig gedeckt wird.

53 Cf. H. Ringgren, 1947, S.176; J. Gray, 1957, S.123; A. Caquot, 1958, S.55ff.;
Gese, a.a.O., S.72; F. Stolz, 1982, S.100; A. Waterston, 1988, S.359; P. Xella,

1995, S. 393 f.; ders., 1996, S. 399; B. Margalit, 1996, S. 200; N. Wyatt, 2002, S. 848; J. Retsö, 2003, S. 606. Andere ugaritische Epitheta des ʿAṯṯar, die auf seine ehemalige Bedeutung hinweisen, sind *mlk*, »König«, und ʿ*dr*, »der Majestätische«. Cf. J. Gray, 1949, S. 76. Ihm entsprechen der eblaitische Aštabil (*ᵈáš-tá-bíl*), der mariotische Aštabi-El und der hurritische Aṯṯabe. In einem Graffito auf einer phönizischen Keramikscherbe aus Byblos heißt er ʿAštar. Im judäischen Elyachin fand man in einem Heiligtum des 6. Jahrhunderts v. Chr. phönizische und aramäische Bronzevasen mit dem Namen des Gottes ʿAštarum (ʿ*štrm*), des obersten Gottes von Šaron. Cf. A. Lemaire, 2002, S. 219 f.; P. Xella, 1981, S. 316; A. Archi, 1993a, S. 10; F. Pomponio/ P. Xella, 1997, S. 75 f.; bzw. G. Garbini, 1960, S. 322.

54 Cf. Smith, a. a. O., S. 70 f.; L. B. Paton, 1909, S. 116; J. Plessis, 1921, S. 11; M. J. Dahood, 1958, S. 89; W. Caskel, 1958, S. 112; T. G. Gaster, 1961, S. 127; G. Ryckmans, 1962, S. 190; D. Cohen, 1970, S. 38; J. Henninger, 1976, S. 153; W. Daum, 1985, S. 23 f., 31; G. Leick, 1991a, S. 15; V. Blažek, 2003, S. 9; J. G. Westenholz, 2007, S. 345. ʿAṯṯar wurde auch »Herr des Fließens« und »Herr des *baḥr*«, des Grundwassers und der natürlichen Quellen, genannt, doch hieß es in der Spätbronzezeit eher, die Oasen seien »von Baʿal getränkt«, jenem Gott, mit dem ʿAṯṯar in Palmyra zu Bôl-ʿastor verschmolz. Cf. E. Lipiński, 2000. S. 612. Auf die Wurzel ʿ*ṯr* gehen auch palmyren. *ytyr*, »im Überfluß«, mandäisch *ɛtar*, »gewachsen sein, sich vermehrt habend«, syr. *yitar*, »üppig sein« (cf. D. Cohen, 1997, S. 654), ʿ*aštāróth*, »Nachwuchs, Lämmer«, wörtl. »das Gewässerte« im Sinne von »das durch Sperma erzeugte« (5. Mose 7.13) und nach F. Hommel (1904, S. 89) auch das altarab. *waṯar*, »Koitus«, zurück.

55 Cf. R. G. Stiegner, 1986, S. 85; I. Gerlach, 1998, S. 341; A. Grohmann, 1914, S. 23 f., 78; ders., 1963, S. 245; M. Höfner, 1970, S. 299, 312; E. Lipiński, 1999, S. 321. Das gängige Symbol des südarabischen ʿAṯṯar war ein Stierkopf mit zweizinkiger Blitzgabel. Cf. J. B. Pritchard, 1943, S. 75 f.; I. Fuhr, 1967, S. 88. Die thamūdischen Stämme in Zentralarabien opferten dem ʿAṯṯar Samīn (»ʿAṯṯar des Himmels«), damit er die Wüste »mit dem Herbst- und Frühlingsregen tränke zur Genüge«. Eine seiner Erscheinungsformen hieß *krwm*, ein Name, der mit *kəramt*, »Regenzeit«, verwandt ist. Neben dem Stier und der Antilope war auch der als besonders potent geltende Steinbock sein Symbol. In dem stark sabäisch beeinflußten Königreich *Dʿmt* in Äthiopien wurde nach Inschriften des 8. und 7. Jahrhunderts v. Chr. der Himmelsgott ʿ*str* oder ʿ*ttr* verehrt, den man später mit dem christlichen Gott identifizierte. Cf. M. Höfner, 1965, S. 427; E. Lipiński, 2000, S. 608 f.; C. Rathjens, 1955, S. 122; bzw. A. Sima, 2003, S. 387; S. Kaplan, 1992, S. 34.

56 Cf. Höfner, a. a. O., S. 497 f.; Fuhr, a. a. O., S. 113; A. Jeremias, 1913, S. 263; J. Knobloch, 1985, S. 8; J. Pirenne, 1989, S. 260. Wie Jason tötet auch Diomedes den »kolchischen« Drachen und wird von Athene, »der blonden Glanzäugigen«, die auch auf der Duris zugeschriebenen Trinkschale aus Caere neben dem Drachen steht, aus dessen Schlund Jason ragt, »unsterblich, zum Gott« gemacht (Pindar: *Nemeische Oden* X. 7). Nach Valerius Flaccus (I. 366) ist Diomedes einer der Argonauten, und sowohl in einem alten Scholion als auch

auf zwei Vasenbildern des 5. Jahrhunderts v. Chr. wird Jason »Diomedes« genannt. Cf. T. P. Howe, 1964, S. 159. Nach der Eroberung Trojas raubt Diomedes das Παλλάδιον, eine vom Himmel gefallene ›Statue‹ der Athene, vermutlich ein Meteorit, der als Baityl verehrt wurde. Er schützte die Stadt, und zu ihm flüchtete Kassandra, um der Vergewaltigung durch Aias zu entgehen (Abb. 195). Cf. Roux, a. a. O., S. 328; D. E. Gershenson, 1991, S. 81.

57 Cf. L. R. Farnell, 1911, S. 263 f.; D. Nielsen, 1927, S. 233 f.; Höfner, a. a. O., S. 547 ff.; J. Ryckmans, 1987, S. 111; ders., 1993, S. 361; W. W. Müller, 1993, S. 16 f., 24; ders., 1998, S. 205; ders., 2002, S. 180; bzw. Lipiński, a. a. O., S. 610 f.; D. O. Edzard, 1967, S. 53 f.; I. J. Gelb, 1992, S. 133; J. Bottéro, 1958, S. 41; J. B. Pritchard, 1943, S. 72; M. S. Smith, 1995, S. 631, 640; G. Theuer, 2000, S. 488; bzw. C. du Mesnil du Buisson, 1969, S. 526, 535 f.; R. Stadelmann, 1967, S. 96. In Axum war der äthiopische ʿAstar, der in einer griechischen Inschrift mit Zeus identifiziert wurde, Paredros der Erdgöttin Medr. Cf. Plessis, a. a. O., S. 152 f. In einem aramäischen Text des 7. Jahrhunderts v. Chr. aus dem transjordanischen Deir ʿAlla wird ʿAštar gemeinsam mit der kanaanitischen Fruchtbarkeitsgöttin Šagar genannt, die auch in punischen Texten vorkommt und die wohl mit der ʿAšerah identisch ist. Cf. F. O. Hvidberg-Hansen, 1985, S. 172; J. H. Boertien, 2007, S. 73. Mit Rešep war ʿAštart bereits auf einem ugaritischen Täfelchen verbunden. Cf. M. H. Pope, 1981, S. 173.

Anmerkungen zu § 20

1 Cf. Bottéro, a. a. O., S. 42 f.; S. N. Kramer, 1960, S. 274 f.; J. J. M. Roberts, 1972, S. 100; T. Abusch, 1995, Sp. 847 f.; Gese, a. a. O., S. 137. Auch in Ebla war ʿAštar der Name einer weiblichen Gottheit. Cf. W. v. Soden, 1988, S. 331. Im Altakkadischen werden eine Göttin »Eštar-pāliq und ihr Sohn« erwähnt, wobei letzterer wohl ihr jugendlicher Paredros Eštar, ursprünglich Aštar, ist. In den ersten Jahrhunderten des 2. Jahrtausends war Eštar-pāliq die Schutzgöttin der Könige von Ebla, und über Ibbit-Lim, den König von Mari, heißt es: »ᵈAŠ.DAR-*ra-at* liebte ihn und er errichtete vor [ihr], seiner Herrin, deren Statue.« Cf. A. Archi, 1993b, S. 71. W. Helck (1971, S. 154) ist der Meinung, man habe die sumerische Inanna wegen ihres aktiven und aggressiven Wesens Ištar und nicht Ištart genannt.

2 Cf. A. Deimel, 1914, S. 152, B. Groneberg, 1986, S. 44; dies., 2004, S. 157; N. H. Walls, 1992, S. 51; T. Frymer-Kensky, 1992, S. 47 f.; K. Waldner, 2000, S. 217 f. Während die griechischen Götter sich für gewöhnlich an den Göttinnen und sterblichen Frauen befriedigen, bringt Dumuzi die Inanna zum Orgasmus: »Die heilige Vulva, die Vulva der Inanna, habe ich ergötzt«. Inanna genießt seine »Üppigkeit«, d. h. seine stattlichen Genitalien, mit denen er ihren »üppigen Granatapfelgarten« reichlich »bewässert«. So trägt die Inanna/Ištar auch den Beinamen »Vulva des Himmels und der Erde« und sie verkündet stolz: »Meine Vagina ist naß!« Cf. M. A. Falkenstein, 1954, S. 55, 62; G. Leick, 2000, S. 80; N. Serwint, 2002, S. 332; Å. W. Sjöberg, 1988, S. 171. Als Zeichen ihrer Macht und sexuellen Aggressivität können ägypti-

sche Göttinnen wie Sechmet sogar mit einem erigierten Penis ausgestattet sein. Cf. J. Ogdon, 1986, S. 31 u. Fig. 6.

3 Cf. S. H. Langdon, 1913, S. 117; Jeremias, a. a. O., S. 260; Serwint, a. a. O., S. 333; M. Delcor, 1974, S. 12; P. Lapinkivi, 2004, S. 125 f.; Farnell, a. a. O., S. 166; A. Ungnad, 1921, S. 218; bzw. F. Bruschweiler, 1987, S. 183. »[Ohne] dein [Zutun] wird kein Bewässerungsgraben geöffnet […], der die Frucht[barkeit] bringt«, besang man Inanna, »die beste der Säugammen«, die überdies »alle Völker und die Schwarzköpfe [= Schafe] sich reichlich vermehren läßt«. Und gegenüber Ištar, deren Herz dem einer »schwangeren Mutter« gleicht, wird gesagt: »Die Brust, die Säuglinge, die Träume und die Freuden des Schlafzimmers, die sind dein, Ištar!« Höchstwahrscheinlich ist Inanna/Ištar das Amalgam verschiedener mesopotamischer Erd- und Fruchtbarkeitsgöttinnen, die sämtlich die *natura naturans* verkörperten, wie ^{d}*geštin*, vielleicht die ursprüngliche Paredra des Vegetationsgottes, oder *ki* (»Erde«), die Gattin des Himmelsgottes An. Cf. Bruschweiler, a. a. O., S. 166, 191; R. Mugnaioni, 2004, S. 77.

4 Cf. G. A. Barton, 1894, S. 47; A. Scherer, 1953, S. 23; I. J. Gelb, 1987, S. 55; D. R. Frayne, 1993, S. 40; bzw. J. Tischler, 2006, S. 1072; J. Friedrich, 1969, S. 116; bzw. J. Weisweiler, 1948, S. 112. Sanskr. *tārā*, lat. *stella*, gehen auf die idg. Wurzel **ās*-, »brennen, glühen« zurück. Cf. A. R. Bomhard, 1986a, S. 191 f. Nach rabbinischen Spekulationen stammt iran. *stāreh* von »Ištar« ab. Cf. Abusch, a. a. O., Sp. 854.

5 Cf. P. Haupt, 1907, S. 118 f.; T. R. Kämmerer/D. Schwiderski, 1998, S. 260, 364; I. M. Diakonoff, 1985, S. 122 f.; bzw. Plessis, a. a. O., S. 266; S. Moscati, 1958, S. 128; J. Henninger, 1981, S. 93, 325; P. Xella, 1995, S. 399; Daum, a. a. O., S. 23, 26; G. Garbini, 1974, S. 16; K.-H. Bernhardt, 1989, S. 279; bzw. Barton, a. a. O., S. 72; G. Ipsen, 1923, S. 180; Scherer, a. a. O.; H. Ringgren, 1947, S. 174; A. Pârvulescu, 1977, S. 42 f.; T. Abusch, 2000, S. 23 ff.; C. B. F. Walker, 2003, S. 252; G. Leick, 1991, S. 163. Als Dilbat war Ištar später »die Verkünderin« des Tageslichtes, so wie Jesus nach eigener Aussage »den hellen Morgenstern« (Johannesoffenbarung 22.16) darstellte, der die Erneuerung und das ewige Leben verkündete. Bei den Maya führte die Venus als Morgenstern die Sonne aus der Unterwelt und als Abendstern wieder in sie zurück, und bei den Burjaten brachte der Morgenstern ebenfalls das Sonnenlicht und die Fruchtbarkeit. Deshalb nannten die awestischen Stämme ihn den »Strahler« (*[u]rvāan*) oder den »Erreger«, weil er morgens die Lebewesen aktivierte, die Kranken heilte und im Mutterleib das Leben entstehen ließ. Cf. M. E. Miller, 1994, S. 355, 358; bzw. L. Mándoki, 1963, S. 529; J. Hertel, 1936, S. 34, 73.

6 Cf. Delcor, a. a. O., S. 14; M. Krebernik, 1983, S. 31; R. Patai, 1967, S. 56 f.; Paton, a. a. O., S. 115 f.; S. H. Langdon, 1931, S. 15; J. Henninger, 1954, S. 109; bzw. A. Deem, 1978, S. 30; N. Wyatt, 1986, S. 374; A. R. W. Green, 2003, S. 204. ʿAnāth war *btlt* im Sinne von »unverheirateter junger Frau« (wie hebr. *bĕtūlāh*), die durchaus Geschlechtsverkehr haben konnte, weshalb sie und ʿAštart in einem ägyptischen Text aus dem 13. Jahrhundert v. Chr. »die großen Göttinnen, die empfangen, aber nicht gebären« genannt werden. Cf. W. F. Albright, 1956, S. 90. ʿAnāth verkörpert trotzdem den mütterlichen Aspekt der ʿAštart, und ihr Epitheton *rḥm* bedeutet übertragen »Güte, Mitleid, Fürsorge«

833

(arab. ʿināǧa): »Wie das Herz der Kuh für ihr Kalb [schlägt], wie das Herz des Mutterschafes für ihr Lamm, so [schlägt] ʿAnāths Herz für Baʿal.« Cf. M.H. Pope/W. Röllig, 1965, S. 238; S.H. Langdon, 1959, S. 30; W. Damm, 1985, S. 186 f; W. Fauth, 1967, S. 409 f.; F.O. Hvidberg-Hansen, 1986, S. 176; S. Böhm, 1990, S. 128; S.A. Wiggins, 1991, S. 387; U. Winter, 1983, S. 88; B. Heller, 1993, S. 91. Auf einem Siegelabdruck des 17. Jahrhunderts v. Chr. ist ʿAnāth – dieses Mal als Paredra des »Donnerers« Ḥadād (à-da) – zu sehen, wie sie dem Sohn des letzten Königs von Ebla das Leben schenkt. Cf. P. Matthiae, 1984, S. 22 f.

7 Cf. E. Lipiński, 1970, S. 36, 40, 54 f.; E. Puech, 1993, S. 327 f.; D.E. Fleming, 1992, S. 54, 58 ff. Der Name der ʿAṭṭart wurde anscheinend an der syrischen Küste allgemein zur Bezeichnung einer Göttin benutzt. Cf. M. Dietrich/ O. Loretz, 1974, S. 60; S. Ribichini, 1988, S. 110 f. Melqart und Ešmun verschmolzen zu *einem* Gott, der wiederum mit Dionysos identifiziert wurde, und auf Zypern entwickelte die »Aštart von Paphos« (*štrt pp*) sich zur Αφροδίτη Παφία. Cf. W.W. Baudissin, 1911, S. 282; M. Yon, 2006a, S. 40. Auf ʿAštart und ʿAnāth hat man die palästinensische »Mutter des Regengusses« (*umm el-reṯ*) zurückgeführt, die noch vor hundert Jahren von den jungen Mädchen in einem Gesang dann, wenn der Regen ausblieb, dazu aufgefordert wurde, »den Donner zu holen«, und an die Stelle des Gewittergottes war bei den muslimischen Palästinensern Abraham und bei den christlichen der hl. Georg getreten. Cf. G. Dalman, 1928, S. 119 f., 137, 144 f. Als eine späte Nachfahrin der ʿAštart hat man auch die armenische Nymphe Astłik angesehen, die Paredra des periodisch sterbenden Vegetationsgottes Aray, des »Schönen«, die noch im Mittelalter die Männer in der Wildnis betörte und bei deren »Rosenfest« Vardavaṙ man sich gegenseitig mit regenerierendem Rosenwasser besprengte. Cf. I. Wegner, 1981, S. 220.

8 Cf. Smith, a.a.O., S. 237; 1. Mose 14.5; J.H. Stuckey, 2003, S. 139; bzw. 5. Mose 7.13; S. Ackerman, 2003, S. 462; B.A. Levine, 2002, S. 338. Hebr. *ʿaštā-rôt haṣ-ṣōn* bedeutet »Schafzucht«. Cf. M.J. Dahood, 1958, S. 79.

9 Cf. J.C. Van Leuven, 1979, S. 123 f.; C. Sugaya, 2000, S. 276 f.; H. Klengel, 1978, S. 20; A. Evans, 1921, S. 197 f.; M.A.V. Gill, 1967, S. 114 f.; bzw. V.I. Georgiev, 1983, S. 129; F.C. Woudhuizen, 2001, S. 609; N. Dimopoulou et al., 1993, S. 517 f. Kritisch zu dieser Übersetzung A.M. Davies, 1986, S. 115 f. Auch aus der Inschrift auf dem Diskos von Phaistos hat man die Formel *a-sa-sa-ra-me* herausgelesen. Cf. D. Schürr, 1973, S. 15 f. K.T. Witczak/D. Zawiasa (2003, S. 48 f.) sind der Auffassung, daß die Votivformel mit »allen Göttern« zu übersetzen sei.

10 Cf. N. Platon, 1958, S. 313; E. Grumach, 1968, S. 16; J. Best, 1980, S. 165 f.; ders., 1992, S. 11; G.A. Owens, 1999, S. 45; ders., 2000, S. 249; J.G. Younger/P. Rehak, 2008, S. 174. Best ist davon überzeugt, daß die minoischen Fernfahrer der Asasara, die vielleicht auch Ataipewaja genannt wurde (cf. G.A. Owens, 1996, S. 171), im Tempelpalast von Aghia Triada Opfer dargebracht haben, bevor sie von Kommos aus übers Meer fuhren oder dorthin glücklich heimgekehrt waren. Danach hatte die Göttin dieselbe Funktion wie die »Ašerah-des-Meeres« an der levantinischen Küste.

11 Die ursprünglich wohl vor allem im nordwestsyrisch-südostanatolisch/kilikischen Bereich verbreitete Išḫara (auch Ašḫara, Ešḫara und in Ugarit Ušḫara genannt), wurde sowohl mit Ištar als auch mit ʿAštart, z. B. mit der »ʿAštart von Mari« (ʿṯtrt mr), identifiziert und war Paredra zahlreicher Wettergötter wie des eblaitischen Tessop, des Ḫadād oder des Dagān, mit dem sie in Nippur einen gemeinsamen Tempel besaß. Im 14. Jahrhundert v. Chr. war sie die für die Regenerierung des gesamten Lebens zuständige Hauptgöttin Kilikiens, deren Heiligtum auf der Spitze eines Berges bei Tarsos lag. Als Paredra des ḫurritischen Wettergottes wurde sie *šiduri*, »Mädchen« genannt. In einem hethitischen Hymnus heißt sie »Spenderin des Lebens«, die mit Hilfe der *pi-pi*-Pflanze die Leiden heilt, weshalb ein Mann in einem assyrischen Text die Göttin bittet, daß »sich sein Penis wieder aufrichtet«. Cf. E. D. Van Buren, 1939, S. 2 f. 6; M. C. Astour, 1967, S. 301; G. Frantz-Szabó, 1980, S. 177; W. G. Lambert, 1980, S. 176 f.; G. Wilhelm, 1982, S. 78; V. Haas, 1994, S. 396 f.; ders., 2006, S. 178; M. Dietrich/W. Mayer, 1995, S. 24; D. Prechel, 1996, S. 155; B. Becking, 1995, Sp. 843; A. Archi, 1993, S. 73; ders., 2002, S. 29; P. Matthiae, 2003, S. 390 f.; M. Meyer, 2004, S 8 f. Die in einem ägyptischen magisch-medizinischen Papyrus genannte Göttin ʾá-ša-ḫa-rú ist nach W. Helck (1962, S. 503) wohl ebenfalls Išḫara.

12 Cf. L. R. Palmer, 1961, S. 233, 236; A. Kammenhuber, 1968, S. 104; H. Kronasser, 1966, S. 106; P. W. Brosmann, 1982, S. 65; J. Harmatta, 1988, S. 253; J. Puhvel, 1991, S. 389 f. Vgl. auch hethit. *ḫaššušara*, »Königin« (zu *ḫaššu-*, »König«), ein Wort, das sich allerdings von *ḫaš-*, »zeugen«, wörtl. »anzünden«, herzuleiten scheint (*ḫašša*, »Feuerstelle«; umbr. *asa*, »Kultherd«; idg. *ʾas-*, »brennen«; german. *asjo*, »Esse«) und somit »Gezeugter« im Sinne einer durch Blutsbande mit einem göttlichen Ahnen verbundenen Person bedeuten würde. Cf. Kluge, a. a. O., S. 175; G. Nagy, 1974, S. 71. T. G. Palaima (2006, S. 57) meint, das vorgriechische Wort *wa-na-ka* (ἄναξ) stamme eventuell von *ḫaššu-* ab und sei samt der Institution des Priesterkönigs von Kreta auf das griechische Festland gewandert. O. Carruba (2003, S. 23) hat den Linear-B-Namen der Göttin *A-ta-na po-ti-ni-ja* mit luw. *hattannas išḫaššaras* zusammengebracht.

13 Cf. N. Marinatos, 2007, S. 147; *Hymnus auf Apollon* 18, 117; bzw. T. Abusch, 2000, S. 23; Å. W. Sjöberg, 1988, S. 169; N. F. Miller, 1999, S. 29; bzw. H. Koch, 2006, S. 21 f.; M. Silver, 2006, S. 652; N. K. Sandars, 1979, S. 117. Wie Ina, Anna usw. ist auch Nina ein Lallwort, mit dem die stillende Brust und übertragen die Mutter bezeichnet werden. In Kentucky hießen die Brüste einer Frau und die Muttermilch *ninny* und die Amme wird im Englischen *nanny* genannt. Cf. J. Goody, 1962, S. 180. Offenbar übernahmen die Sumerer den Namen der Ištar von den nach Mesopotamien vorstoßenden Amurru, die eine nordwestsemitische Sprache besaßen, und gaben ihn ihrer *nin.annak* als Epitheton. Cf. S. N. Kramer, 1960, S. 274 f.; Bruschweiler, a. a. O. Im Niltal scheint es eine künstliche Bestäubung der Dattelpalme bereits um 7000 v. Chr. gegeben zu haben. Cf. R. Germer, 1985, S. 233; dies. et al., 1992, S. 8.

14 Cf. M. Beuchert, 2004, S. 254; V. Hehn, 1894, S. 270; bzw. C. E. Barrett, 2007, S. 26; Miller, a. a. O., S. 30; P. Albenda, 1994, S. 132 f.; P. Collins, 2006,

S. 99; J. H. Stuckey, 2002, S. 36; dies., 2003, S. 147 f.; O. Keel, 2008, Abb. 94;
Hoheslied 7.8; Popenoe, a. a. O., S. 13; bzw. H. F. Miller, 1982, S. 21 ff.; H.
Walter, 1971, S. 350; bzw. S. Allam, 1963, S. 104 f.; E. Hermsen, 1981, S. 121;
N. Baum, 1988, S. 102; O. Keel, 1992, Abb. 70 f.; H. Refai, 2006a, S. 287. Als
Ramses III. um den Tempel des Rê in Heliopolis einen Garten anlegen ließ,
sagte er zu dem Gott: »Ich mache dir Haine und Baumgärten mit Dattelpal-
men und Teiche mit Lotosblüten geschmückt«, denn sowohl die Dattelpalme
als auch der Blaue Lotos symbolisierten den Triumph des Lebens über den
Tod und den des Lichtes über die Dunkelheit, weshalb beide dem Sonnengott
heilig waren. Deshalb war die Dattelpalme später das christliche Symbol der
Auferstehung. Cf. I. Wallert, 1962, S. 111; A. Wilkinson, 1998, S. 107 f.; bzw.
M. Zohary, 1983, S. 60.

15 Cf. R. F. Willetts, 1977, S. 124; L. V. Watrous, 1996, S. 55; E. Küster, 1913,
S. 14 f.; F. Altheim, 1930, S. 22 f. Wie über das Meer konnte der Vegetationsgott offenbar auch durch die Höhle ins Jenseits entschwinden und aus diesem
zurückkehren. Ein solches Zentralheiligtum waren allem Anschein nach von
der Bronzezeit über das »Dunkle Zeitalter« hinweg bis ins Spätarchaikum,
als sie für viele Jahrhunderte in Vergessenheit geriet, die Grotte von Psychró,
aber auch die Höhle auf dem Juchtas oder die Eileithyia-Höhlen von Tsutsuros an der Südküste und die von Amnisos an der Nordküste Kretas, die Höhlen von Patsos und Kato Syme und wahrscheinlich auch die sogenannte Zeus-
Grotte auf dem Ida. Cf. Watrous, a. a. O., S. 100, 106 f.; B. Rutkowski/K.
Nowicki, 1996, S. 18 f., 40, 82 f. Auf einem Siegelabdruck aus Knossos ist die
in einer Höhle thronende Göttin zu sehen, der eine Votivgabe überreicht
wird. Während die von der Decke herabhängenden Stalaktiten den Kultraum
eindeutig als Höhle ausweisen (cf. H. P. Duerr, 1984, Abb. 75), befindet sich
die Frau im Volantrock, die auf einem Siegel aus Aghia Triada mit erhobenen
Händen vor einem Schrein steht, auf dem sich vier Stalagmiten befinden,
anscheinend in einem künstlichen Heiligtum (cf. N. Marinatos/R. Hägg,
1982, S. 185). Auf den Pfeilern der unterirdischen Räume des Palastes von
Knossos und anderer minoischer Paläste sind häufig Doppeläxte eingeritzt,
was dem Brauch entspricht, Votivdoppeläxte zwischen die Stalagmiten der
Kultgrotten zu klemmen. Cf. M. J. Kolb, 2005, S. 163. Jedenfalls hat man in
diesen Kulträumen – wie auch in den Megara der Paläste (cf. C. P. Kardara,
1972, S. 168) – die Nachfolger der natürlichen Kulthöhlen gesehen.

16 Cf. W. A. Ward, 1994, S. 187 f.; R. Laffineur, 1985a, S. 252 ff.; B. C. Dietrich,
1988a, S. 19; S. Dittrich/L. Dittrich, 2004, S. 457; N. Platon et al., 1998,
Nr. 83; bzw. S. Hiller, 1995, S. 568; N. Marinatos, 1993, S. 195; A. Nicgorski,
1999, S. 541.

17 Cf. L. Karali, 1999, S. 39 ff., 59, Fig. 31; J. Bourriau, 1988, S. 153 f.; D. Evely,
1984, S. 246; J. F. Cherry/C. Renfrew, 1985, S. 326 f.; M. Stanzel, 1991, S. 145,
151; F. Baltzinger, 1999, S. 71 f.; E. Hallager/B. P. Hallager, 2000, S. 83, 101.
Eine gelochte Gehäusehälfte fand man in einem Grab des 23. Jahrhunderts
auf der dem Isthmus von Ierapetra vorgelagerten Insel Pseira, und auch auf
Chios und in Makedonien wurden zur Zeit von Troja I und II Stachelaustern
verarbeitet und wohl gelegentlich über die Donau bis nach Mitteleuropa

exportiert. Cf. P. P. Betancourt et al., 2003, S. 66; bzw. S. Hood, 1982, S. 675 f.; Karali, a. a. O., S. 39. In der minoischen Neupalastzeit scheint man Intarsien von Möbeln und Holzkästen aus *Spondylus* hergestellt zu haben. Cf. R. Castleden, 1990, S. 95.

18 Cf. J. Milojković, 1990, S. 402; M. Gimbutas, 1991, S. 276; N. Kalicz/J. G. Szénászky, 2001, S. 50. Wohl ab dem 7. Jahrtausend bis in die Zeit um 4200 v. Chr., als die Stachelaustern degenerierten, wurden ihre Gehäuse nach Entfernung der Stacheln als Halbfabrikate aus der südlichen Ägäis und vermutlich auch aus dem Adriatischen Meer nach Thessalien, Makedonien und Thrakien und von dort höchstwahrscheinlich in den mit Tierhäuten bespannten Coracles, mit denen die Bandkeramiker neben ihren Familien auch ihre Haustiere und das Saatgetreide transportierten, über die Flüsse gefahren und schließlich von der Donau über die Wasserscheide zum Neckar, zum Rhein und zur Elbe getragen. Auf diesen Flüssen gelangten sie fast bis zum Ärmelkanal und in andere Gegenden des westlichen Mitteleuropa, wo sie offenbar zum Emblem der Führungsschicht wurden. Die neolithische Stachelauster gedieh im damals wärmeren Mittelmeer besser und war mehr als doppelt so groß und stark wie die heutige Muschel. Cf. D. Ellmers, 1986, S. 31 f.; I. Ivanov, 1988, S. 65; H. Todorova, 1995, S. 56; dies., 2000, S. 416 f.; M. L. Seferiades, 1995, S. 318 f.; ders., 2000, S. 424 ff.; B. Gaydarska et al., 2004, S. 13; V. Dimitrijević/B. Tripković, 2006, S. 246 f.; Kalicz/Szénászky, a. a. O., S. 48; E. Alram-Stern, 1996, S. 177 f.

19 Die Inka opferten die *Spondylus*-Muscheln, auch Panama-Stachelkammuscheln genannt, vor allem in Flüssen und Quellen, da sie ja, wie der Jesuit Bernabé Cobo berichtet, die »Töchter der Meeresgöttin« waren, zu der sämtliche Gewässer flossen. In Mesoamerika symbolisierten sie Reichtum und Fruchtbarkeit, weshalb man sie auch hochrangigen Verstorbenen in den Mund legte, bevor man diese bestattete. Ihre rote Farbe war bei den Azteken und Maya das Symbol des Blutes, aus dem Quetzalcóatl bzw. Kukulkán die Menschen schufen, die den Göttern den Lebenssaft in Form von Menschenopfern zurückgaben, da jene das Blut als Nahrung benötigten. Bei den Maya von Tikál war die als weiblich geltende Muschel die bevorzugte Opfergabe und so wertvoll wie Gold. Ein Kind, das man kaufte, um es im Cenote zu opfern, kostete im 16. Jahrhundert zwischen 5 und 10 Muscheln. Cf. J. E. S. Thompson, 1954, S. 246; E. Schmitt, 1986, S. 395; R. Pfeiffer, 1988, S. 363, 371 ff.; L. Hill, 1997, S. 234; H. Moholy-Nagy, 1995, S. 7 f.; K. M Prufer/P. S. Dunham, 2009, S. 304; Z. Zorich, 2009, S. 41 f. Vielleicht galt *Spondylus princeps* auch deshalb als Götterspeise, weil sie im Frühling und im Spätsommer durch den Konsum giftiger Geißelalgen Satitoxin enthält, das beim Menschen halluzinogene Wirkungen hervorrufen kann. Cf. M. Glowacki, 2005, S. 260 ff.

20 In der kalten Strömung vor der südamerikanischen Pazifikküste gedeihen keine *Spondylus*-Muscheln, weshalb man spätestens seit Beginn des 2. Jahrtausends v. Chr. eineinhalb Jahre dauernde Floßfahrten zur Küste von Jalisco unternahm, wo die Muscheln von erfahrenen Tauchern, die bis zu vier Minuten unter Wasser blieben, abgeerntet wurden. Das Königreich von Colima

entrichtete bei Ankunft der Spanier an Motecuçoma II. einen jährlichen Tribut von 1600 Exemplaren. Cf. J. F. Haslett/C. M. Smith, 2002, S. 49; P. R. Anawalt, 1997, S. 51 f.; S. F. de Borhegyi, 1969, S. 287 f.; R. T. Callaghan, 2003, S. 801 f. Im Jahre 1526 begegnete der von Pizarro ausgeschickte Navigator Bartolomé Ruiz de Estrada vor der Küste Ekuadors einem großen peruanischen Balsafloß, das mit einer Ladung *mullus*, die im fernen Norden gegen feingewebte farbige Textilien sowie Edelmetall eingetauscht worden waren, nach Süden fuhr. Einer der wichtigsten Umschlagplätze für die kostbaren Muscheln war seit Jahrtausenden die der ekuadorianischen Küste vorgelagerte Isla de la Plata. Cf. W. Krickeberg, 1956, S. 561 f.; U. Oberem/R. Hartmann, 1982, S. 147 f.; R. Hartmann, 1985, S. 47 f. Die roten Austern, aus denen die Trobriander vor allem Halsketten mit Kaurianhängern herstellten und die sie auf Expeditionen zu den Korallenriffen in den Lagunen sammelten, bildeten in diesem Teil Melanesiens das wichtigste Tauschgut. Cf. B. Malinowski, 1979, S. 120, 400.

21 Cf. K. Branigan, 1970a, S. 189; bzw. K. S. Kolta/D. Schwarzmann-Schafhauser, 2000, S. 70 f.; B. Johnson, 1988, S. 334; M. C. Root, 2005, S. 94; bzw. A. Wiedemann, 1919, S. 207; P. Behrens, 1984, S. 987; A. Mahmoud, 2002, S. 154; M. Stoof, 2002, S. 172 f. Auf einem Skarabäus der 18. Dynastie ist über einer säugenden Gazelle ein Skorpion abgebildet, und später ist es die Isis-Selqet oder Isis-Hededet (*Ḥdd.t*), die den Horusknaben stillt. Cf. C. Uehlinger, 1990, S. 82; H. Kees, 1941, S. 58 f.; G. E. Markoe, 1996, S. 128; Vernus/Yoyotte, a. a. O., S. 454 f. Selqet, »die Herrin des Lebens«, beschützte nicht nur Rê auf seiner Jenseitsfahrt, sondern auch die Verstorbenen, weshalb man schon im Alten Reich den Toten Selqet-Amulette mit ins Grab gab oder später im Reich von Kerma Skorpionsplaketten auf das Totenhemd nähte. Noch heute schützen die Fellachen die Eingänge zu ihren Häusern mit Skorpionen (*'agrabe*) aus mit gelben und blauen Perlen verziertem Draht. Cf. C. Andrews, 1994, S. 10, 24; A. H. Gardiner, 1917, S. 42; C. Bonnet, 1996, S. 101; bzw. A. Hermann, 1969, S. 37.

22 Cf. E. Thenius, 1971, S. 413; B. J. Collins, 2002a, S. 42 f.; A. Osigus, 2005, S. 256; K. Gallas, 1985, S. 279; bzw. A. Caubet/P. Pouysseur, 1998, S. 121; H. Koch, 2007, S. 70; D. Schmandt-Besserat, 2005, S. 367; E. Weeber, 2007, S. 43 f.; D. O. Edzard, 1965, S. 90; Asher-Greve, a. a. O., S. 33; J. S. Cooper, 1973, S. 267; Stoof, a. a. O., S. 65 f., 73; L. Battini, 2006, S. 7 f.; A. E. Zernecke, 2008, S. 107 ff.; bzw. B. Heller, 1993, S. 103; Herles, a. a. O., S. 224; J. W. Frembgen, 2004, S. 106, 108; B. Schaffer, 1981, S. 300. Auch in griechischer Zeit symbolisierte der Skorpion die Libido und den Überfluß und bei den Römern die fruchtbare Erde Afrikas. Cf. J. R. Hinnells, 1975, S. 299 f.; A. Cadotte, 2007, S. 144.

23 Cf. C. Delvoye, 1946, S 124; A. Evans, 1934, S. 25 f.; S. Marinatos, 1972, S. 98; S. Pfisterer-Haas, 2004, S. 411 f.; H. W. Parke, 1987, S. 180 ff.; Koch-Harnack, a. a. O., S. 88; J. Brosse, 1990, S. 103; W. Burkert, 1997, S. 267 f.; U. Kästner, 2007, S. 99; bzw. A. Nugteren, 2005, S. 109 ff., 336 ff.; A. Thornton, 1984, S. 298; H. Lavondès, 1996, S. 203, 207. Bei den Dayak im Norden Borneos setzten sich bis zu zwölf Männer auf eine Schaukel und baten die Geister

mit Gesängen um eine gute Sago- und Obsternte sowie um Erfolg beim Fischfang. Auf der melanesischen Insel Manam und auf Bali schaukelte man, damit die Nutzpflanzen in den Gärten gediehen. Cf. A. Riesenfeld, 1948, S. 742, 748; bzw. U. Ramseyer, 2009, S. 130. In Ingerman- und Estland wuchsen infolge des Schaukelns der Flachs und das Getreide. Cf. M. Sarmela, 2000, S. 118. Vor allem in der Rokokomalerei war bekanntlich die »Liebesschaukel« ein beliebtes Motiv. Cf. H. Wentzel, 1964, S. 208 f.; D. Posner, 1982, S. 78 f.

24 Cf. F. Matz, 1958, Abb. 21-23; bzw. C. Willms, 1986, S. 140 f.; A. Mahler, 1998, S. 18 f.; J. Makkay, 1988, S. 143; I. Hodder, 2006, S. 260 f. Bei dem älteren Fund in Tiryns handelt es sich um einen Schulterknochen. Löwenzähne aus dem SH II fand man in Aghia Irini auf Kea und Knochen aus dem SH III C in Kalapodi. Cf. I. Pini, 1985, S. 156. Löwenjagdszenen sind auf einem Dolch aus dem Schachtgrab IV in Mykene und der Kampf eines einzelnen Helden gegen Löwen auf einem Golddiadem aus einem Grab des 9. Jahrhunderts v. Chr. in Knossos dargestellt. Cf. M. Alden, 2005, S. 337. Die Arme der Tonfigur der fetten nackten und thronenden Frau mit den plumpen Brüsten und dem Hängebauch aus Çatal Hüyük ruhen auf den Köpfen zweier Löwinnen oder Leoparden. Cf. H. P. Duerr, 1984, Abb. 41.

25 Cf. M Ballintijn, 1995, S. 26; L. Morgan, 1995, S. 147; bzw. W. Fauth, 1981, S. 21 f.; D. Vieweger/J. Häser, 2007, S. 68; H. Bonnet, 1952, S. 429, 644; J. Yoyotte, 1960, S. 150, 224. Nach F. Matz (1962, S. 221) ist der den Stier reißende Löwe in der minoischen Ikonographie eine Allegorie des Absterbens der Vegetation. Bereits Inanna/Ištar galt als Löwin (*labbatu*), aber nicht so sehr als Kriegerin, sondern als Göttin der Geschlechtslust, galten doch die Löwinnen – im Gegensatz zum männlichen Löwen – als sexuell unersättlich. Cf. C. E. Watanabe, 2002, S. 104 f.

26 Cf. U. Franke-Vogt, 1991, S. 96; S. Caldwell, 1999, S. 148, 178; W. Sax, 1991, S. 32. Eine verfälschende Nachzeichnung findet man z. B. in J. P. Guha, 1967, Fig. 7. Aus der Vagina der Sonnen- und Vegetationsgöttin der ostindischen Meithei springt ein Tiger, doch scheint er dort keine destruktive Kraft zu symbolisieren. Cf. A. Stirn/P. van Ham, 2000, S. 161. In vielen Gegenden Indiens wird die mütterliche Vegetationsgöttin und Herrin der Tiere als Tigerin verehrt. Cf. N. N. Bhattacharyya, 1977, S. 51 f.

27 Cf. P. K. Agrawala, 1984, S. 33; S. Atre, 1986, S. 9; P. V. Pathak, 1991, S. 60; G. Chatterjee, 1996, S. 102 f.; A. K. Coomaraswamy, 1993, S. 83 f.; K. Fischer, 1979, S. 33, 52. Für gewöhnlich war der Banyan mit der Durgā verbunden, aber in Bengalen stellte er vor allem den Sitz der Fruchtbarkeitsgöttin Şaşthī dar, von der die Frauen Nachwuchs erflehten. Heute erbitten die Frauen oft von der im Pipal erscheinenden Lakṣmī einen Sohn. Cf. A. Parpola, 1992, S. 227 f.; E. Mackay, 1938, S. 58

28 Cf. D. P. Sharma, 2000, Fig. 13 A & B; R. B. Dikshit, 1988, S. 33; J. P. Joshi et al., 1987, K-49a, M-306 A, M-309 A; S. G. M. Shah, 1991, M-1185 A, M-1425 B, M-1431 A; bzw. A. Ardeleanu-Jansen, 1987, Abb. 154.

29 Cf. R. Kochhar, 1999, S. 266; C. Dimmitt, 1982, S. 212, 216; K. D. Sethna, 1981, S. 51; bzw. D. P. Agrawal/J. S. Kharakwal, 2003, S. 101 f.; A. Keilhauer/ P. Keilhauer, 1983, S. 200; S. Nagar, 2005, S. 122.

30 Cf. E. Fischer, 1996, S. 517 f.; H. Rodrigues, 2005, S. 73; C. Mallebrein, 1996, S. 492; H. Santiko, 1997, S. 213; A. Hiltebeitel, 1978, S. 777 f.; M. E. Rohe, 2001, S. 63; B. Srivastava, 1978, S. 70 f.; S. K. R. Rao, 1997, S. 9 f.; A. Parpola, 1994, S. 254 f; H. K. Sastri, 1986, S. 200 f., 205 f. In den Mārkaṇḍeya Purāṇa verdüstert sich das Gesicht der Durgā während des Kampfes mit dem Büffel, der Inkarnation des Todes, und aus ihrem Dritten Auge auf der Stirn springt Kālī, die Personifikation der Aggressivität und Kraft, mit der die Göttin schließlich den Todesdämon bezwingt. Cf. D. R. Kinsley, 2005, S. 25; R. K. Gupta, 2005, S. 130.

31 Cf. I. Puskás, 1984, S. 165; A. Parpola, 1999, S. 193; R. C. Dhanda, 2001, S. 77 f.; bzw. F. Brighenti, 2001, S. 48 f.; J. McDaniel, 2004, S. 211 ff.; S. Einoo, 1999, S. 45 f.; A. Bharati, 1980, S. 117. Als »Gebärerin« wurde vor allem in Uttar Pradeś die Durgā Sanjhi in Form eines Kochtopfes verehrt. Cf. T. Vatsal, 2006, S. 252 f.; B. Verma, 2006, S. 261. Wenn die Durgā Śakambharī im Baum erschien, sagte sie: »Als nächstes, o ihr Götter, werde ich die ganze Welt mit den lebenserhaltenden Pflanzen nähren, die beim nächsten Regen aus meinem Leib wachsen!« Cf. U. N. Dhal, 1978, S. 122.

Anmerkungen zu § 21

1 Cf. Pindar: *Pythische Oden* 70; Apollonios v. Rhodos I. 229 ff.; Lykophron: *Alexandra* 874 u. 1364; bzw. E. Simon, 2007, S. 171; F. Kluge, 1960, S. 200; A. Lesky, 1966, S. 473; P. Kretschmer, 1940, S. 269; F. Focke, 1954, S. 168; D. A. Hester, 1968, S. 230; F. Bader, 1999, S. 23 f.; C. Renfrew, 2003, S. 36; bzw. R. v. Lichtenberg, 1911, S. 28; P. W. Haider, 1988, S. 79. »Den göttergleichen Pelasgos«, dichtet im 7. Jahrhundert v. Chr. Asios, »schuf (ἀνέδακε) in den hohen Bergen / Die dunkle Erde, damit es ein Geschlecht sterblicher Menschen gäbe«. Cf. F. Lochner-Hüttenbach, 1960, S. 2. M. B. Sakellariou (1974, S. 370) hat den Namen dieses mutmaßlichen Vegetationsgottes auf idg. *bhel-*, »blühen, wachsen, sprießen«, und *osgho, »Knospe, Zweig«, zurückgeführt, doch hat sich diese Etymologie nicht durchgesetzt.

2 Cf. H. E. Stier, 1932, Sp. 2017 f.; T. Paslavsky, 2001, S. 25; A. Heubeck, 1961, S. 37; S. Marinatos, 1968, S. 293; Pausanias X. 28.7; bzw. H. D. Müller, 1892, S. 64; W. Helbig, 1897, Sp. 3003; H. Güntert, 1923, S. 382 f.; C. Picard, 1948, S. 208; A. Carnoy, 1957, S. 129; E. Schachermeyr, 1964, S. 301 f.; C. J. Ruijgh, 1967a, S. 48; bzw. Apollonios v. Rhodos II. 1162; Diodoros IV. 60.2; J. Driessen, 1999, S. 96 ff. Nach Diodoros (80.1) sind unter Tektamos neben den Griechen auch »verschiedenartige Barbaren« nach Kreta gekommen. Vielleicht bezieht sich indessen diese Nachricht auf einen weniger friedlichen Einwanderungsschub im SM III B/C. Als Wanax von Knossos war Tektamos oder Tektaphos wie seine rein minoischen Vorgänger Repräsentant oder Inkarnation des verschwindenden und wiederkehrenden Vegetationsgottes, was sich wohl noch in der von Nonnos (XXX. 147 ff.) aufbewahrten Überlieferung widerspiegelt, nach der ihn seine Tochter Eëria, die Schwester Asterions, aus einem Verlies rettet, hinter dem sicher die Unterwelt steht. Sie spricht ihn mit

»du Sohn deiner säugenden Tochter« an, während er sie »Mutter und Amme« nennt und sie bittet, ihm zu helfen, daß er »den Pforten des Hades entrinne«.

3 Cf. H. R. Hall, 1915, S. 88; Roux, a. a. O., S. 195, 298 f.; W. Brandenstein, 1951, S. 97; A. Toynbee, 1969, S. 13, 16 ff., 174 f.; W. Fauth, 1976, S. 482; A. Archontidou-Argyri, 2004, S. 61; A. Panatsi, 2004, S. 19 f.; bzw. Strabon XII. 8. 5, XIV. 1.6; Apollodoros 3.1.2 = 3.6; B. Otto, 1997, S. 222; V. Stürmer, 2005, S. 66. Nach J. Börker-Klähn (1993, S. 56 f.) war Sarpedon ein König der Lykier, d. h. der luwisch sprechenden Luqqa der »Seevölkerzeit«, denn Σαρπηδών – auf einem pylischen Täfelchen *Sa-ra-pe-do* – ist kein minoischer, sondern ein luwischer Name und bedeutet offenbar »der Erhabene« (*sarā-pedant-*, »hochstehend«). Cf. V. I. Georgiev, 1979, S. 199, 201; ders., 1980, S. 66; ders., 1983, S. 127 f.; J. des Courtils, 2001, S. 127.

4 Eustathios v. Sebaste (*Commentarii ad Homeri Iliadem pertinentes* 635. 39 f.) nennt Μιλύαι oder Μινύαι, Stephanos v. Byzanz (*Ethnicorvm quae supersunt* 454) Λέλεγες καὶ Μινύαι. Plutarch (*Griechische Fragen* 45) teilt mit, »Minyer und Leleger« hätten die Bevölkerung der karischen Stadt Tralles vertrieben und sich dort niedergelassen. Athenaios (XV. 672 b) beruft sich auf Menodotos v. Samos, der berichtet habe, »Leleger und Minyer« hätten einst auf seiner Heimatinsel das Heraion gegründet. In Milet gab es ein altes Geschlecht, die Neleïden, die von sich sagten, sie seien minyischer Abstammung. Cf. H. J. Rose, 1955, S. 196. Strabon (XIV. 1.6) referiert, der Ort, an dem Sarpedon und seine Leute Milet gegründet hätten, sei vorher von Lelegern bewohnt gewesen.

5 Herodot I. 173; VII. 92. Cf. J. Sundwall, 1913, S. 258. Das Ethnonym Trm̃mili und der Ortsname Termessos, den zwei Städte in den lykischen Bergen führten, gehen auf luw. *tarmi*- (hethit. *tarma*-), »Zapfen, Spitze«, zurück und bedeuten wohl soviel wie »Berggipfel[leute]«. Cf. E. Laroche, 1976, S. 19; R. Gusmani, 1968, S. 7 f. In der Nähe von Nippur, in sumerischer Zeit Hauptkultort des Gottes Enlil und in der spätbabylonischen Epoche ein bedeutendes Handelszentrum, fand man eine Quittung in Form eines Keilschrifttäfelchens, die im Jahre 422 v. Chr. von einem Mann ausgestellt worden war, der sich als *ta-ar-mi-la-a-a*, d. h. als Termile oder Lykier, bezeichnete. Auch Fremdarbeiter auf Täfelchen aus Persepolis werden *turmirliya* genannt. Cf. W. Eilers, 1940, S. 208 f.; P. H. ten Cate, 1965, S. 4; T. R. Bryce, 2003a, S. 113. Auf einem Linear-B-Täfelchen aus Knossos ist ein Ortsname verzeichnet, der *te-mi-ro* lautet, also Temilos oder Τέρμιλος. Cf. O. Landau, 1958, S. 273; S. Hiller, 1975, S. 405; W. Pape, 1870, S. 1510. Wenn sich dieser Name – was sehr wahrscheinlich ist – auf einen kretischen Ort bezieht, ist er vielleicht, ähnlich wie das ursprünglich minoische *mi-ra-to*, mit minoischen Kolonisten nach Kleinasien gelangt und dort als Lehnwort ins Luwische aufgenommen worden. Cf. Bryce, a. a. O., S. 113. Auf die enge Beziehung zwischen Minoern und Luwiern verweist auch ein minoischer Beschwörungstext, der offenbar im 15. Jahrhundert v. Chr. in einer ägyptischen Kanzlei ins Ägyptische übersetzt wurde und in dem ein luwischer Gott namens Šantaš und eine ursprünglich aus dem ḫurritischen Kargamiš stammende, aber auch in Kleinasien verehrte Göttin Kupapaš zur Vertreibung einer »Asienkrankheit« bemüht werden: »O Šantaš und Kupapaš! Kommt und behandelt [den Kranken]! Er soll [die Krankheit] überwinden!« Cf. J. Harmatta, 1988, S. 260 ff.

6 Cf. C. Mee, 1978, S. 149; J. L. Davis, 1982, S. 39 f.; H. Parzinger, 1989, S. 415 f.; P. A. Mountjoy, 1998, S. 33; W.-D. Niemeier, 2000, S. 130 f.; ders., 2003, S. 225 f.; J. Vanschoonwinkel, 2003, S. 249 f.; T. O. Alpözen, 1997, S. 112. Aus dieser Zeit stammen auch die ältesten in Milet gefundenen minoischen Siegel. Cf. I. Pini, 2005, S. 783. Die früheste in Milet gefundene minoische Keramik wurde im MM I hergestellt. Cf. A. M. Greaves, 2002, S. 46.

7 Cf. S. Marinatos, 1966a, S. 65 f.; M. Guzowska, 2002, S. 585 f.; J. Freu, 2004, S. 283 f. Während Trianda offenbar eine Neugründung war, siedelten sich die Minoer in Milet und Iasos in bereits vorhandenen Orten an. Cf. C. Mee, 1982, S. 80 f. Es gibt keine Anhaltspunkte dafür, daß die Minoer jemals, etwa wie die Ägypter, hegemoniale Bestrebungen hatten. Vielmehr suchten sie eher, wie später die Portugiesen, Handelsstützpunkte. Cf. F. Blakolmer, 2002, S. 94; T. Repellin, 2004, S. 106.

8 Cf. Pausanias I. 35.6; VII. 2.5 f.; Nonnos XIII. 546 f.; S. Eitrem, 1920, S. 158 f.; A. Laumonier, 1958, S. 540 f.

9 Mit Aḫḫiyawa (von gr. *Ἀχαία < idg. əku̯ā, »Wasser«; ahd. auwia, »Land am Wasser«; mnd. ouwe, »Aue«; germ. *ahwō, ahd. u. as. aha, mhd. ach, »fließendes Wasser«) bezeichneten die Hethiter wohl die Inseln und Küstengebiete der Ägäis und nicht nur das Königreich Mykene in der Argolis oder Theben. Cf. Kluge, a. a. O., S. 36; G. Gärtner, 1981, S. 54; D. Berger, 1999, S. 27; W. Laur, 2004, S. 210; bzw. S. Heinhold-Krahmer, 2003, S. 214; R. H. Simpson, 2003, S. 233 f.

10 Cf. J. Yakar, 2000, S. 337; S. Müller-Celka, 2005, S. 256 f.; Niemeier, a. a. O., S. 226. In dem nach einem Erdbeben und einem Großbrand wiederaufgebauten Milet des SM II fand man minoische und mykenische Keramik, wobei im SM III die letztere dominierte. Die auf pylischen Täfelchen des SH III B angeführten »Frauen aus Mīlatos (mi-ra-ti-ja)« stammten sicher aus dem kleinasiatischen Milet und nicht aus dem kretischen. Milet wurde um die Mitte des 12. Jahrhunderts v. Chr. zerstört, blieb aber bis zur Ankunft der ersten ionischen Kolonisten in der 2. Hälfte des 11. Jahrhunderts weiter besiedelt. Cf. Vanschoonwinkel, a. a. O., S. 248; Greaves, a. a. O., S. 55, 64, 77; P. A. Mountjoy, 2004, S. 199; A. Heubeck, 1985, S. 127 f.

11 Cf. Stesichoros 10; J. Vürtheim, 1919, S. 20; A. Keen, 1996, S. 241; Pape, a. a. O., S. 1348; bzw. Odyssee IV. 564; VII. 323 f.; Strabon XII. 8.5; XIV. 3.10. u. 5.23; Diodoros V. 84.2 f.; Apollodoros II. 70 = II. 4. 11.4; III.6 = III. 1.2; C. E. Morris, 1989, S. 367 f. »Rhadamanthys«, so Diodoros (V. 79.1) an anderer Stelle, »soll von allen Menschen die gerechtesten Urteile gefällt […] haben. Er brachte zudem nicht wenige Inseln und einen Großteil des asiatischen Küstengebiets in seinen Besitz, denn alle ergaben sich freiwillig seiner Gerechtigkeit«. Die Minoer unterhielten schon sehr früh enge Beziehungen zu Boiotien, vor allem zu Theben. Cf. F. Vian, 1963, S. 232 f.; N. Platon, 1981, S. 86, 116; M. Melas, 1988, S. 61. Auch die kretischen Telchinen wanderten nach Boiotien aus, und Minos soll auf Kea, wo er eine Reihe von Kretern zurückließ, Dexithea, die Tochter des Telchinen Damon, geschwängert haben. Cf. Marinatos, a. a. O. Nach einer von Nonnos aufbewahrten Tradition soll Rhadamanthys ans Rote Meer gelangt sein, wo der arabisierte

Stamm der Rhadamanen sich auf ihn zurückgeführt habe. Cf. P. Chuvin, 1994, S. 170 f.

12 Cf. Diodoros V. 77.3 u. 79.2; Ilias XIV. 230; S. Hiller, 1997, S. 194 ff.; H. Abramson, 1978, S. 185; L. Acheilara, 2000, S. 12. Nach Herodot (II. 51) war der Geheimkult der Kabiren »pelasgischen« Ursprungs und »pelasgische« Emigranten hätten von Samothrake »die Darstellung des Hermes mit aufrecht stehendem Gliede« nach Griechenland gebracht. Auf Münzen von Samothrake, Lemnos und Imbros ist häufig das Attribut des Fruchtbarkeitsgottes Hermes, der Widder, abgebildet. Im frühen 3. Jahrhundert teilt der römische Kirchenschriftsteller Hippolytos mit, ein gnostischer Autor habe berichtet, im samothrakischen Anaktoron seien die Statuen zweier nackter Männer aufgestellt, die »wie das Standbild des Hermes in Kyllene« erigierte Penisse besäßen. Cf. R. Werner, 1999, S. 91; W. Burkert, 2006, S. 142.

13 Cf. P. Dikaios, 1963, S. 51 f.; ders., 1971, S. 885 f.; K. Nicolaou, 1979, S. 252; V. Karageorghis, 1979a, S. 53; E. Masson, 1987, S. 59. Ganz in der Nähe stieß man auf das Grab eines ägäischen Kriegers mit Bronzehelm sowie einem Kurzschwert und einem längeren Schwert vom Naue-II-Typus, der in jener Zeit sowohl auf dem griechischen Festland als auch auf Kreta verbreitet war. Ob der Krieger zu jenen Mykenern gehörte, die ab dem frühen 13. Jahrhundert nach Enkomi auswanderten, oder zu einer späteren Einwanderungswelle aus der »Seevölkerzeit«, ist ungeklärt. Jedenfalls wurde Enkomi nach der Zerstörung durch »Seevölker«-Gruppen wieder aufgebaut, bis es um 1075 v. Chr. bei einem Erdbeben, dem auch viele andere zyprische Siedlungen zum Opfer fielen, erneut zerstört und nach der Versandung seines Hafens von den Bewohnern endgültig zugunsten von Salamis als neuem Wohnort verlassen wurde, das sich zur bedeutendsten antiken Stadt der Insel entwickelte. Cf. H. W. Catling, 1955, S. 21 ff.; C. F. A. Schaeffer, 1952, S. 339 ff.; V. Karageorghis, 1976, S. 152; H. W. Catling/A. C. Brown, 1986, S. 38; A. Demetriou, 1989, S. 92.

14 Cf. P. Dikaios, 1953, S. 103 f.; J. L. Myres, 1953, S. 105; C. F. A. Schaeffer, 1954a, S. 38 f.; bzw. E. Masson, 1973, S. 98 f.; dies., 1980, S. 134; dies., 1987, S. 60 f.; A. Heubeck, 1979, X 70; M. Iacovou, 2001, S. 90; dies., 2006, S. 320. Als älteste bislang gefundene kypro-minoische Inschrift gilt der Text auf dem Fragment eines um 1500 v. Chr. hergestellten Tontäfelchens. Cf. R. Janko, 1987, S. 311. Ab dem 10. Jahrhundert v. Chr. war auf Zypern eine Silbenschrift üblich, die sich aus der kypro-minoischen entwickelt haben muß und mit der das von den eingewanderten Mykenern benutzte arkadozyprische Griechisch, aber auch das von den Einheimischen gesprochene Eteozyprisch geschrieben wurde. Zwar war diese Schrift noch bis in hellenistische Zeit bei den Nachkommen der vorgriechischen Bevölkerung in Gebrauch, doch gingen die griechischen Zyprer spätestens im 8. Jahrhundert v. Chr. zum Alphabet über. Cf. Catling/Brown, a.a.O., S. 42; I. Morris, 1986, S. 122.

15 Cf. J. Chadwick/M. Ventris, 1973, S. 61 f.; V. Karageorghis, 1982, S. 66; J. D. Muhly, 1985b, S. 43; M. Iacovou, 1999, S. 340 f.; J. Chadwick, 1987, S. 50 f.; bzw. H. D. Ephron, 1961, S. 60. Skeptisch O. Masson, 1968a, S. 424; Y. L. Holmes, 1976, S. 234; J. C. Billigmeier, 1979, S. 419.

16 Cf. E. Kefalidou, 2008, S. 618. Auch im Namen von Medeias Mutter Idyia (Ἰδυῖα) steckt das Verb ἰδεῖν < idg. *wid-, »erscheinen, sehen«.

17 Cf. Diogenes Laertius I. 109 ff.; O. Kern, 1907, Sp. 176; D. M. Gaunt, 1972, S. 119 f.; U. Hölscher, 1953, S. 408; Diodoros 80.4; Plutarch: *Solon* 12.6 f.; T. Poljakov, 1987, S. 411; M. C. Leclerc, 1992, S. 231 f.; Albinus, a. a. O., S. 120. Diesen »besonderen Liebling der Götter«, so berichtete ein gewisser Myronianos laut Diogenes Laertius, hätten »die Kreter Kuros genannt« (a. a. O., S. 115). Nach einigen Autoren war die Höhle, in die sich Epimenides vor der Mittagshitze flüchtete, die Grotte des diktaiischen Zeus bei Psychró, und nach Alexander Polyhistor ging Epimenides gemeinsam mit Pythagoras, dessen ψυχή ebenfalls seinen Körper verlassen konnte, in die Ἰδαῖον ἄντρον. Cf. W. Hansen, 2002, S. 398 f. Den Abstieg des Pythagoras in die Zeus-Grotte schildert Porphyrios (*Leben des Pythagoras* 17).

18 Cf. C. Orru, 2002, S. 33; M. R. Lefkowitz, 2001, S. 56; D. P. Nelis, 2005, S. 353. Um das Jahr 390 wurden ca. 200.000 im alexandrinischen Serapeion aufbewahrte Schriftrollen während eines vom christlichen Patriarchen geschürten Aufstandes als »heidnisch« verbrannt. Den geretteten Rest verwendeten die arabischen Eroberer der Stadt im Jahre 642 als Brennmaterial.

19 Cf. E. Nikolidaki, 2003, S. 165; S. Thorne, 2000, S. 157; A. Chaniotis, 2001, S. 213 ff. Die im 1. Jahrhundert verfaßten *Argonautica* des Valerius Flaccus lehnen sich stark an eine alte griechische Version der Sage an (cf. H.-K. Lücke/ S. Lücke, 2002, S. 325), weshalb auch im Werk des römischen Epikers aller Wahrscheinlichkeit nach Überlieferungen aus früher Zeit verarbeitet sind.

20 Cf. W. Aly, 1937, S. 59 ff.; H. Wirth, 1921, S. 189; A. Lesky, 1947, S. 142; R. Beekes, 2009, S. 194 f.; bzw. P. Kretschmer, S. 253; Odyssee XIX. 180 f.; Sophokles: *Fragmente* 102; W. B. Stanford, 1963, S. 12, 248. Daß hinter Odysseus ein »minoischer Sindbad« steht, hat man schon seit langem vermutet. Cf. H. L. Lorimer, 1950, S. 93 f., 494; P. B. S. Andrews, 1962, S. 19; J. Latacz, 2003, S. 168. S. Sherratt (1996, S. 93) rechnet in Anlehnung an Faure eher mit einem ursprünglich subminoischen Odysseus, meint aber andererseits (dies., 2005, S. 120), daß wesentliche Elemente der Odyssee und vergleichbarer Epen schon im frühen 2. Jahrtausend vom Nahen Osten aus Kreta gelangt sein könnten. Daß Hermes auf der Insel der Kirke dem Odysseus offenbar eigenmächtig und nicht im Auftrag des Zeus hilft, indem er ihm das φάρμακον μῶλυ gibt, veranschaulicht seine intime Beziehung zum Urenkel. Cf. Odyssee X. 277 ff.; G. Finsler, 1908, S. 399.

21 Cf. A. Luther, 2006, S. 81; M. L. West, 1988, S. 170 ff.; E. Rohde, 1901, S. 290 f.; E. Schwartz, 1924, S. 335 f.; W. Burkert, 2001, S 136 f.; I. Malkin, 1998, S. 98 f., 117; bzw. Odyssee XIII. 367 ff.; J. N. Coldstream, 1976, S. 16 f.; H. Geißlinger, 2002, S. 229. Zu den späteren Opfergaben gehörten das Fragment einer hellenistischen Schauspielermaske mit einer Weiheinschrift für Odysseus und Keramik – die jüngste aus dem 1. Jahrhundert n. Chr.

22 Cf. P. Militello, 2003, S. 539; V. Hankey, 1982, S. 170 f. Zwar scheint im späten SM III B der minoische kulturelle Einfluß auf Zypern stärker gewesen zu sein als der mykenische (cf. V. Karageorghis, 1998, S. 361; R. Hägg, 1991, S. 82), aber zu dieser Einwanderungswelle gehörten auch Bewohner des grie-

chischen Festlandes und der kleineren ägäischen Inseln. Alles deutet darauf hin, daß die Immigration der ägäischen Flüchtlinge friedlich verlief und daß die Fremden, zu denen die auf knossischen Täfelchen *a-ra-si-jo* oder *ku-pi-ri-jo* genannten Zyprer ja schon vorher enge Handelsbeziehungen unterhalten hatten, rasch integriert wurden. Cf. N. Leriou, 2002, S. 175; S. Deger-Jalkotzy, 2004, S. 54; C. W. Shelmerdine, 1997, S. 562. Auch mykenische Traditionen hielten sich auf Zypern beharrlicher als in den meisten Gegenden des griechischen Festlandes: »It fell to Cyprus«, stellt H. W. Catling (1975, S. 213) fest, »to shelter the remains of Mycenaean civilization, including its political structure, aspects of its language, traces of its writing and much of its visual art, long after its complete disappearance from the Greek mainland.« Cf. auch V. Karageorghis, 2002, S. 170.

23 Cf. Karageorghis, a. a. O., S. 43 ff.; ders./M. Demas, 1984, S. 72 f.; A. Kanta, 2003, S. 32; I. Voskas/A. B. Knapp, 2008, S. 678 f.; bzw. V. Karageorghis, 1976a, S. 152; ders., 1988, S. 60; A. Karetsou, 2003, S. 266; P. Phlourentzos, 2003, S. 265; F. Vandenabeele, 1987, S. 233 f.; ders., 2001, S. 91; A. Demetriou, 1989, S. 84 f.; M. Yon, 1979, S. 246 f.; G. Cadogan, 1993, S. 93; A. L. D'Agata, 2005, S. 6 f. Auch die in den Heiligtümern von Kition und Hala Sultan Tekké gefundenen Tritonshörner gelangten offenbar kurz vor 1200 v. Chr. von Kreta nach Zypern, was auch für die Altäre mit den »Horns of Consecration« in Maa-Palaikstro, Kition, Paphos und Myrtu-Pighades gilt. Cf. J. M. Webb, 1999, S. 250; L. Steel, 2004, S. 204; bzw. V. Karageorghis, 1998a, S. 43 ff. Um diese Zeit flohen ebenfalls viele Mykener von der Peloponnes nach Kephallenia, aber mehr noch an die Ostküste Attikas, nach Kilikien und vor allem nach Zypern, wo sich im 12. Jahrhundert namentlich Enkomi und Kition zu kosmopolitischen Städten mit festlandgriechischen, minoischen, zyprischen und levantinischen Bevölkerungsanteilen entwickelten. Cf. V. R. d'A. Desborough, 1964, S. 222, 238 f.; H. W. Catling, 1980, S. 22.

24 Cf. N. C. Stampolidis, 2003, S. 42, 55; J. N. Coldstream, 1988, S. 23; V. Karageorghis, 1982, S. 114; M. R. Popham/L. H. Sackett, 1980, S. 7 f., 357 f.; K. Nicolaou, 1979, S. 249; R. Rollinger, 2003, S. 333 f.; Demetriou, a. a. O., S. 85; *Hymnus auf Apollon* 219; H. W. Catling, 1994, S. 137; ders., 1995, S. 128; H. Matthäus, 2000, S. 118; J. Boardman, 2002, S. 72; P. Blome, 1991, S. 45. Ab ca. 1100 v. Chr. gab es offenbar über die »Dunklen Jahrhunderte« hinweg direkte Handelsbeziehungen mit Kreta und Zypern, deren Spuren z. B. kretomykenische und kyproägäische Fibeln und Bronzegefäße sowie zyprischer Fayenceschmuck von höchster Qualität in Gräbern von Lefkandi und protogeometrische Keramik aus Euboia in zyprischen Gräbern darstellen. Cf. H. W. Catling/E. Catling, 1980, S. 237, 249; R. A. Higgins, 1980, S. 217 f.; A. Lebessi, 1996, S. 146; V. Karageorghis, 1982, S. 122. Die Bronzeamphore, in der im 10. Jahrhundert unter dem Tumba-Hügel der Leichenbrand des vornehmen Kriegers beigesetzt wurde, war auf Zypern im SC III A hergestellt worden und somit damals bereits über 200 Jahre alt. Cf. J. B. Carter, 1998, S. 176. Auch die Goldscheiben auf den Brüsten der neben ihm beigesetzten Frau waren etwa 100 Jahre vor der Beerdigung in Mesopotamien

gefertigt worden. Ob die Euboier zu jener Zeit in die Levante segelten oder ob es ausschließlich die Phönizier waren, die sämtliche Importwaren aus dem Nahen Osten und Ägypten nach Lefkandi oder Kommos brachten, ist nicht ganz klar (cf. J. P. Crielaard, 1992, S. 35 ff.), obwohl euboiische Fahrten zur phönizischen Handelsdrehscheibe al-Mina am Orontesdelta erst im späten 9. Jahrhundert als wahrscheinlich gelten. Cf. D. W. Tandy, 1997, S. 22 f.; J. C. Waldbaum, 1994, S. 54, 60 f. In einem Kriegergrab des ausgehenden 11. Jahrhunderts in Lefkandi fand man jedenfalls neben einem eisernen Kurzschwert eine levantinische Vase, und in einem etwas jüngeren Grab eine ebenfalls im Nahen Osten hergestellte Halskette aus Fayence- und eine weitere aus Karneolperlen. Etwas später scheinen die Lefkandioten Kupfer aus Zypern bezogen zu haben. Cf. M. R. Popham, 1987, S. 72; A. M. Snodgrass, 1971, S. 404. H. Matthäus (1998, S. 81 f.) vermutet, es habe in subminoisch/protogeometrischer Zeit Frauentausch und damit verwandtschaftliche Beziehungen zwischen den griechischsprachigen Adelsfamilien auf Zypern sowie denen in Lefkandi und in Knossos gegeben.

25 Cf. M. Iacovou, 2006, S. 326 f.; S. Deger-Jalkotzy, 2002, S. 69; V. Kassianidou, 2005 b, S. 397; A. Kanta, 2003, S. 27; bzw. B. P. Hallager, 1983, S. 114; L. Vagnetti/F. Lo Schiavo, 1989, S. 219 ff.; A. Cazzella/A. Sestieri/A. Schnapp, 2002, S. 423 f.; S. Forenbaher, 1995, S. 272; Stampolidis, a. a. O., S. 44; F. Lo Schiavo, 2003, S. 158; H. Matthäus, 1989, S. 251 f.; R. E. Jones/L. Vagnetti, 1991, S. 141 f. Auch luwische und aramäische Seefahrer scheinen ins zentrale Mittelmeer und vielleicht sogar darüber hinaus gefahren zu sein. Cf. A. M. Wuttke, 2004, S. 54; F. Prayon, 2004, S. 30.

26 Cf. P. M. Bikai, 1989, S. 204; R. H. Tykot, 1994, S. 67. In der Nuraghe Spiena di Chiramonti hat man die Bronzeskulptur eines phönizischen *golah*, d. h. eines Frachtschiffes, mit einem Hirschkopf als Bugsteven entdeckt, die aus dem frühen 10. Jahrhundert v. Chr. stammt. Cf. V. Santoni, 2003, S. 465. E. Lipiński (1993 a, S. 323 f.) ist der Auffassung, daß die Kenntnisse der frühen Phönizier über den fernen Westen auf die minoisch/mykenischen Seefahrer der Spätbronzezeit zurückgingen, deren Mitteilungen von Gruppierungen wie den Philistern nach Zypern und in die Levante weiterverbreitet worden seien, wo die Phönizier sie aufgegriffen hätten.

27 Cf. C. Giardino, 1995, S. 299; H. P. Duerr, 2005, S. 362 f.; E. Elat, 1982, S. 66; K. Mansel, 2002, S. 100; M. Marazzi, 1994, S. 497; H. B. Younes, 2003, S. 203; bzw. Odyssee XV. 403 ff. Als Gründungsdatum von Gadeira ist bekanntlich das Jahr 1103 v. Chr. überliefert, und es könnte durchaus sein, daß phönizische Pioniere dort ähnlich wie in Kommos einen Schrein des Melqart für die Atlantikfahrer errichteten. Cf. W. E. Mierse, 2004, S. 557.

28 Cf. Herodot II. 44; P. M. Bikai, 1978, S. 72; C. Burgess, 1991, S. 33; E. Lipiński, 1993, S. 322; M. Kochavi, 1992, S. 14; W. G. Dever, 1992, S. 108; J. D. Muhly, 1999 b, S. 522 f.; H.-G. Niemeyer, 2002, S. 180; M. Sommer, 2005, S. 69. Tyros, das wie Sidon schon lange vor dem Untergang von Ugarit eine blühende Handelsstadt war, erlebte zwar zwischen dem frühen 12. und der Mitte des 11. Jahrhunderts einen drastischen Rückgang des internationalen Handels, doch wurde in dieser Zeit der Güteraustausch zwischen Tyros

und der Nachfolgesiedlung Ugarits, die später Ra's Šamra hieß, auf der einen
und Zypern auf der anderen nie unterbrochen. Zu Beginn des 11. Jahrhunderts nahm Tiglatpileser I. die Tribute »von Byblos, Sidon und Arwad« entgegen, und ab ca. 1050 erlebte vor allem Tyros einen ungeheuren Aufschwung
und unternahm Fernfahrten nach Ägypten, Kreta und weit darüber hinaus.
Cf. P.M. Bikai, 1992, S. 133; C.H. Gordon, 1992, S. 192; Wuttke, a.a.O.,
S. 51; H. Klengel, 1997a, S. 293; S. Dalley/A. T. Reyes, 1998, S. 91; M. E.
Aubet, 2000, S. 78 f. Der Fund von minoischer, mykenischer und zyprischer
Keramik sowie von Psi-Figurinen des 14. und frühen 13. Jahrhunderts v. Chr.
in Sidon, Tell Abu Hawam, Arka und in Dor, das damals eine gut ausgebaute
Kaimauer aus rechteckigen Steinplatten besaß, lassen vermuten, daß es dort
ägäische Handelsposten gegeben hat. Cf. E. Stern, 1995, S. 82 f.; ders., 1997,
S. 130; A. Raban, 1998a, S. 429; ders., 2003, S. 184; M. Artzy, 1998, S. 440; R.
Saïdah, 2004, S. 141. Kosmopolitische Handelsstädte, die in jener Zeit mit
der Ägäis in engem Kontakt standen, waren weiter südlich auch Ekron,
Ašdod und Aškelon, das eine große Handelsflotte unterhielt. Zu Beginn des
12. Jahrhunderts wurden diese Städte wie auch Dor von »Seevölker«-Grup-
pen erobert und die internationalen Verbindungen weitgehend gekappt.
Schließlich zerstörten Phönizier aus Sidon und Tyros um die Mitte des 11.
Jahrhunderts das von den Tjekkern befestigte Dor und andere »Seevölker«-
Städte, die freilich bis zu diesem Zeitpunkt, wie aus dem Reisebericht des
Thebaners Wenamûn hervorgeht, der im Auftrage des »Wedelträgers zur
Rechten des Pharao« um 1075 v. Chr. Zedernholz aus Byblos besorgen sollte,
Handelskontakte mit dem Niltal und mit Zypern aufrechterhielten. Cf. E.
Stern, 1990, S. 32; O. Negbi, 1992, S. 603; A. B. Knapp/J. F. Cherry, 1994,
S. 134; T. Dothan, 1995, S. 82; M. Burdajewicz, 2003, S. 25.

29 Cf. J. Rutter, 1992, S. 70; S. E. Iakovidis, 1998, S. 318 f. Auch die im Vergleich
zur früheren Zeit sehr große regionale Differenzierung der Machart und des
Dekors der ägäischen Keramik läßt auf einen Rückgang des Fernhandels
schließen, d.h., man produzierte jetzt weniger für den Export als für den
Eigenbedarf. Cf. C. Podzuweit, 1982, S. 72 f. Schon F. Studniczka (1890,
S. 49, 66) hat eine Auswanderung von Thessaliern und Boiotiern zu jener Zeit
in die Gegenden von Lyktos und Gortyn vermutet, aber vor allem Mykener
von der Peloponnes scheinen das Hauptkontingent der Auswanderer nach
Kreta gestellt zu haben. Cf. Y. Duhoux, 1982, S. 20. Vielleicht gehörten zu
ihnen die von Homer genannten Kydonen (Κύδωνες vom Stammesnamen
ku-do), die sich in dem von Ἀχαιοί und Minoern besiedelten Khania festsetz-
ten und die Stadt zu ihrem Machtzentrum *ku-do-ni-ja* ausbauten. Cf. F.
Gschnitzer, 1971, S. 94; I. Hajnal, 1988, S. 81 f.

30 Cf. S. E. Iakovidis, 1996, S. 1048 f.; M. Thomatos, 2006, S. 258 f.; T. Mühlenbruch, 2006, S. 20; C. Sourvinou-Inwood, 1973a, S. 215 f.; I. v. Bredow,
1986a, S. 108 f.; Podzuweit, a.a.O., S. 71; P. M. Warren, 2005, S. 100; bzw.
K.-W. Welwei, 2002, S. 32; M. Popham, 1987, S. 75; A. Coucouzeli, 2004,
S. 464. Im 10. und im 9. Jahrhundert v. Chr. versiegte schließlich der Bern-
steinimport über den Brenner. Cf. N. Sgouritsa, 2005, S. 524.

31 Cf. R. Jung, 2005a, S. 476; R. Drews, 1993, S. 103, 195 f.; E. French, 2002,

S. 108 f.; K. Löcker, 2007, S. 264; P. W. Haider, 1989, S. 14; S. Deger-Jalkotzy, 1977, S. 75. Bereits H. Schaal (1931, S. 20 f.) war davon überzeugt, daß die weiterentwickelten Griffzungenschwerter von Angehörigen der frühen Urnenfelderkultur ins Mittelmeer gebracht worden seien, die später zu den sogenannten »Seevölkern« gehörten. Aber erst J. Spanuth (1965, S. 398) hat diese über den Brenner in die Po-Ebene einsickernden Gruppen dem »nordischen Kulturkreis« zugerechnet, den er mit einem »Königreich der Atlanter« identifiziert hat. Cf. H. Görgemanns, 1996, S. 114. Freilich scheint Spanuth zum einen nicht bedacht zu haben, daß »die Länder des Nordens auf ihren Inseln« (ḫ3swt mḥtt ntj m n3jj-sn ỉww), aus denen nach Auffassung der Ägypter die »Seevölker« kamen, im Mittelmeer gelegen haben müssen, da die Nordsee jenseits ihrer Vorstellungswelt lag. Und zum anderen deutet nichts darauf hin, daß die Immigranten, die über den Brenner nach Italien zogen, ausgerechnet von der Nordseeküste kamen. Zwar verbreiteten sich die Griffzungenschwerter auch nach Norden (cf. z. B. S. Haucke, 2009, S. 61), und es gab mit Sicherheit Handelsbeziehungen zwischen den Trägern der frühen mitteleuropäischen Urnenfelderkultur und den Nordseeanrainern der Periode III der Nordischen Bronzezeit (cf. R. Pittioni, 1970, S. 289 ff.), wie z. B. an der in einer Opfergrube auf einer Felskuppe über dem oberen Donautal gefundene Wellhornschnecke aus der Nordsee oder an dem von uns im Rungholtwatt ausgegrabenen oberdeutschen Bronzeknopf aus dem 13. Jahrhundert v. Chr. erkennbar ist. Cf. H. Reim, 2004, S. 63 f.; H. P. Duerr, 2005, S. 352. Und auch Bernstein gelangte zunächst weiterhin nach Süden. Cf. J. Hald, 2008, S. 20, 91. Aber das bedeutet nicht, daß im 14. bis 12. Jahrhundert v. Chr. Stammesgruppen aus dem Nordischen Kulturkreis bis nach Ägypten gewandert wären, auch wenn es denkbar ist, daß z. B. der durch den Ausbruch der Hekla um 1159 v. Chr. bedingte Klimawandel große Wanderungsbewegungen und die Entvölkerungen vieler Gegenden in Mitteleuropa verursacht hat. Cf. F. Falkenstein, 1997, S. 556 f. Schließlich gibt es außer dem Platobericht keine Hinweise auf die Existenz eines »Königreichs der Atlanter« in den Perioden II oder III der Nordischen Bronzezeit, und mit Recht hat R. Ellis (1998, S. 261) resümiert, daß der Atlantis-Mythos höchstwahrscheinlich kein Mythos der Antike, sondern einer des 19. und 20. Jahrhunderts ist. Dagegen neuerdings F. R. Paturi, 2007, S. 200 ff.

32 Cf. H. W. Catling, 1968, S. 103; L. Papazoglou-Manioudaki, 1999, S. 221 f. An den beiden Klingenrändern eines Naue-II-Schwertes des SH III C aus Achaia fand man deutliche Schlagspuren. Cf. E. Chatzipouliou, 1988a, S. 265. Auch die erstmalig in Peschiera am Südufer des Garda-Sees gefundenen sogenannten Peschiera-Dolche mit fischschwanzförmigen Griffenden, die später auf Melos und in der Psychró-Höhle auf Kreta auftauchen, wurden gewiß ursprünglich von auf die Poebene ausgewanderten Urnenfelderleuten – und später vielleicht wie die Langschwerter von Wanderschmieden – hergestellt. Cf. V. Milojčić, 1955, S. 157 f.; Desborough, a. a. O., S. 68 f.; C. Kardara, 1968, S. 223. Jedenfalls ist diese Schwertform typisch für die Übergangszeit zwischen der Hügelgräber- und der Urnenfelderkultur. Im Verlauf des 12. Jahrhunderts gelangte ein neuer Schwerttypus, Naue III, vor allem

nach Kreta, wo man ihn sogleich imitierte, aber auch weiter im Osten wurde der Naue-II-Typus modifiziert. Eine solche Weiterentwicklung stellt das Langschwert mit der Kartusche Seti II. aus Tell el-Far'aūn im Nildelta dar, das wohl in Ägypten nach einem Söldnerschwert hergestellt worden war (cf. V. Milojčić, 1952, S. 96 f.; M. Bietak/R. Jung, 2008, S. 212 f.), während das im »Haus des Bronzewaffenschmieds« in Ugarit gefundene Naue-II-Schwert mit der Kartusche Pharao Merneptahs vermutlich ein Produkt dieser Schmiede ist und für den Export nach Ägypten gedacht war. Cf. M. Yon, 2006, S. 169; Bietak/Jung, a. a. O., S. 215; L. Vagnetti, 2000, S. 317. Dagegen meint W. Helck (1995, S. 93), daß es aus ägyptischen Heeresbeständen stammte und als Kriegsmaterial nach Syrien geschickt wurde. Nach F. Y. Yurco (1999, S. 455) handelt es sich vielleicht um den ehemaligen Besitz eines Angehörigen der »Seevölker«, eine Waffe, die von den Ägyptern an ihre Alliierten gesandt worden war, denn aus der großen Inschrift im Tempel von Karnak aus dem späten 13. Jahrhundert geht hervor, daß der Pharao bei seinem Sieg über die »Seevölker«, Libyer und die aufständischen Nubier 9300 Waffen erbeutet hätte.

33 Neben geflammten Lanzenspitzen tauchten im SH/SM III B die relativ kleinen in Mittel-, West- und Nordeuropa verbreiteten Rundschilde zunächst auf dem griechischen Festland und dann auf Kreta auf und verdrängten die traditionellen Achtschilde, die den Hieben mit den neuen Schwertern nicht mehr gewachsen waren. Cf. J. Jensen, 1999, S. 96 f.; C. Derrix, 1997, S. 516 f. Mit Hörnerhelmen sind einerseits die sexuell erregten Männer auf den Felsbildern von Bohuslän ausgestattet, die wahrscheinlich den aus dem fernen Westen über das Meer zurückkehrenden Vegetationsgott darstellen (Abb. 140), aber auch die Krieger auf der bekannten »Kriegervase«, einem Krater des späten 13. oder frühen 12. Jahrhunderts aus der Burg von Mykene (cf. Abb. 300), wobei es sich bei diesen Kriegern um Söldner aus der Urnenfelderkultur handeln könnte. Cf. Drews, a. a. O., S. 162. Bereits auf einer Opferschale des frühen 14. Jahrhunderts aus Ḫattuša ist ein fremdländischer Krieger, der einen Hörnerhelm trägt, eingeritzt (cf. W.-D. Niemeier, 2003a, S. 105), und solche Helme tragen auch ägyptische Söldner auf der Darstellung der Schlacht von Qadeš – wahrscheinlich jene šꜣrꜣdꜣnꜣ, die schon im 14. Jahrhundert die Leibwache des Herrschers von Byblos gebildet haben und die auch im Dienste Echnatons standen. Cf. I. Weber-Hiden, 2006, S. 379, 386; G. A. Lehmann, 2005, S. 284. Gehörnte Bronzehelme gab es auch im nuraghischen Sardinien, weshalb gelegentlich vermutet wurde, die entsprechenden im östlichen Mittelmeer und im Niltal angeheuerten Reisläufer stammten von dort oder seien später dorthin ausgewandert. Cf. S. Frau, 2008, S. 257 f.

34 Cf. F. Schachermeyr, 1984, S. 161 f.; Deger-Jalkotzy, a. a. O., S. 62; L. Steel, 2004, S. 196; bzw. J. Bouzek, 1971, S. 441; S. Deger-Jalkotzy, 1983, S. 167; K. Reber, 1991, S. 166; M. Guggisberg, 1998, S. 82; B. Eder/R. Jung, 2005, S. 487; E. Alram-Stern/B. Eder, 2004, S. 15 f.; bzw. S. Brodbeck-Jucker, 1986, S. 76. Neben fünf Peschieradolchen des SM III B 2 wurden in der Psychró-Grotte wohl etwas später auch Violinbogenfibeln geopfert. Cf. L. V. Watrous, 1996, S. 53. In Mykene, Tiryns und Midea trat die »Barbarenkeramik« vereinzelt bereits vor den Zerstörungen auf, was vielleicht bedeutet, daß sie von

den Söldnerfamilien hergestellt wurde, da man eine so primitive und wenig haltbare Ware mit Sicherheit nicht als ausländisches Handelsgut bezog. Ein bedeutender Handelsort, an dem im 12. Jahrhundert die mitteleuropäische Urnenfelderkultur mit der des zentralen und östlichen Mittelmeeres zusammentraf und über den auch die Bernsteinperlen vom Tirynstypus gehandelt wurden, war Frattesina in der Poebene, wohin auch Straußeneier und Elfenbein aus Ägypten gelangten.

35 Cf. N. K. Sandars, 1985, S. 191; G. Dobesch, 1983, S. 203. Auch die Ptolemäer scheinen im 3. Jahrhundert v. Chr. nach Kleinasien vorgedrungene Kelten in Sold genommen zu haben. Cf. W. Kimmig, 1940, S. 109 f. Die im 13. Jahrhundert v. Chr. in Saqqara in Leinentücher gehüllten und mit Matten aus Palmblättern, Papyrus und anderen Wasserpflanzen umwickelten nicht-mumifizierten Leichen von im Sand vergrabenen Frauen, die mit Halsketten und Ohrringen aus Bernstein geschmückt waren, sind für die Überreste der weiblichen Angehörigen von Söldnern aus der Urnenfelderkultur gehalten worden, die den Pharaonen der 19. Dynastie dienten. Cf. S. Hood, 1993, S. 233. Die Fragmente von Eberhauerhelmen im Waffenmagazin des Palastes von Pi-Ramesse sind vielleicht Indizien für ägäische Söldner im Dienste Ramses II.

36 Cf. J. P. Crielaard, 2006, S. 280; O. Höckmann, 2006, S. 4; bzw. K. Baika/D. Kamarinou, 2006, S. 7; G. Bass, 1989, S. 96; C. Mee, 2008, S. 364; D. E. McCaslin, 1980, S. 101; S. Mark, 2003, S. 136; H. P. Duerr, 2005, S. 255. Vermutlich gehen auf diese Schiffe unmittelbar jene mykenischen Vogelkopfschiffe des ausgehenden SH III B und des C zurück, aus denen sich wiederum die »krummschnabeligen Schiffe« der Achäer entwickelten, auf denen Odysseus oder Idomeneus nach Troja fuhren (Ilias XVIII. 338; Odyssee XIX. 182, 193), leichte Segelgaleeren mit Seevogelschnäbeln, die sich an Bug und Heck nach innen bogen und die in homerischer Zeit auch ein phönizischer Schiffstyp besaß. Cf. S. Wachsmann, 1981, S. 213; ders., 1996, S. 541 ff.; ders., 1998, S. 178; ders., 2000a, S. 122, 133. Tonmodelle von Schiffen mit Seevogelsteven gab man den Toten in Ägypten noch in römischer Zeit mit ins Grab. Cf. I. Pekáry, 1982, S. 273. Schon lange vor Spanuth hat K. F. Wolff (1928, S. 461) in den »Seevölker«-Schiffen, die Ramses III. in seinem 8. Regierungsjahr an der Tempelwand von Medinet Habu anbringen ließ, »Schwanenstevenschiffe« aus der Deutschen Bucht gesehen. Freilich gibt es keinerlei Anhaltspunkte dafür, daß die Schiffe der Nordischen Kultur in der Bronze- oder der frühen Eisenzeit Segel hatten, und auch die Vogelbarken der Urnenfelderkultur besitzen keine Takelage. Aus diesem Grunde hat man das Järrestad-Schiff (cf. H. P. Duerr, 2005, Abb. 204) und einige andere Schiffe mit Masten und Stütztauen auf nordischen Felsbildern (cf. G. Burenhult, 1972, S. 157 ff.) für die Wiedergabe mediterraner Segelgaleeren gehalten, die in der Spätbronzezeit bis ins südliche Skandinavien gelangt sein könnten.

37 Cf. V. Milojčić, 1955, S. 169; J. Wiesner, 1963, S. 70 f.; S. Wachsmann, 1997, S. 352 f.; bzw.. S. Vogazianos, 1994, S. 26 f., 32 f.; A. Yasur-Landau, 2003, S. 590 f. Mykenische Flüchtlinge ließen sich damals unter anderem in der Messará nieder. Cf. M. R. Popham, 1994, S. 92. Offenbar betätigten sich Griechen noch sehr viel später als Seeräuber, denn im Jahre 715 v. Chr. läßt

Sargon II. vermerken, daß die »mitten im Meere des Sonnenuntergangs« lebenden Jamanu (Ionier), die offenbar Fernhändler von Tyros und aus dem Lande Que überfallen und umgebracht hatten, auf seine Veranlassung hin von Kriegsschiffen des Landes Ḫatti in einem Seegefecht vernichtet worden seien. Vermutlich handelt es sich bei Que, mit dem schon König Salomo Handel trieb, um das unter assyrischer Oberhoheit stehende Zypern. Cf. Wuttke, a.a.O., S. 56f. Mykenische Gruppen hat man auch in den *i₃q₃w₃š₃* (Aquaiwaša) gesehen, gegen die Pharao Merneptah in seinem 5. Regierungs- jahr, also um 1199 v. Chr., kämpfte und deren Name man mit dem der Leute von Aḫḫiyawa identifiziert hat, obgleich dem entgegensteht, daß jene Krieger beschnitten waren. Cf. W.-D. Niemeier, 1998a, S.46.

38 Cf. P. Kretschmar, 1943, S. 152f.; R. Stadelmann, 1969, S. 163; A. Mazar, 1992, S.265f.; W. Quintens, 1996, S. 1625; G.A. Lehmann, 1996, S.286; C. Schäfer-Lichtenberger, 2000, S. 91; F. M. Cross/L. E. Stager, 2006, S. 150; I. Shai et al., 2009, S. 164f.; bzw. Amos 9.7; 5. Mose 2. 23; T. Dothan/M. Dothan, 1992, S. 163ff.; Schäfer-Lichtenberger, a.a.O., S. 83; G.A. Rends- burg, 1998, S. 289ff. Es steht zu vermuten, daß die Philister oder die mit ihnen assoziierten Ägäer die kanaanitischen Zielgebiete bereits von Handelsfahrten her kannten. Cf. V. Hankey, 1993, S. 105. Offenbar bildeten die Philister in Kanaan nur eine dünne Herrscherschicht, die langfristig keine Chance hatte, ethnisch und kulturell zu überleben. Cf. M. Iacovou, 1999, S.337; C. Edens, 2003, S.82; I. Finkelstein, 2007, S. 521f.

39 Cf. P. Kretschmer, 1951a, S. 19; E. D. Oren, 1973, Fig. 80; Mazar, a.a.O., S.279ff.; G.A. Lehmann, 1985, S.59. Federkronen tragen auf Abbildungen des 13. Jahrhunderts ebenfalls ägyptische, offenbar aus dem ägäischen Raum stammende Söldner, aber auch Anukis, die Gattin Khnums, und solche Kro- nen sind auch auf levantinisch-ägyptischen Skarabäen und einem Siegel des 12. Jahrhunderts aus Enkomi abgebildet. Cf. P. W. Haider, 1988, S. 63; C. Uehlinger, 1990a, S. 16f. u. Abb. 4; A. Strobel, 1976, S.249. Die Šardānu (*š₃r₃d₃n₃*), die bereits als Söldner Amenophis III. erwähnt werden und die Ramses II. in der Schlacht von Qadeš einsetzte, in der sie den zu Boden gestürzten hethitischen Streitwagenfahrern und Bogenschützen die Hände abschlugen (cf. R. Drews, 1993, S. 153), trugen Hörnerhelme, und die Šekeleš (*š₃k₃l₃š*), die vermutlich mit den akkadischen Sikilayu und den griechischen Sikeloi identisch sind, trugen eine nach hinten gebogene Mütze. Cf. W. Wid- mer, 1975, S.74f.; R. Drews, 2000, S. 177ff.; B. J. Collins, 2008, S. 76.

40 Die Tjekker sind vielleicht die wohl ursprünglich kretischen Teuker oder Teukrer aus der Troas. Šardānu-Söldner gehörten auch zur Garnison von Byblos (cf. R. de Vaux, 1969, S. 482), und Bietak/Jung (a.a.O., S. 215, 219) vermuten, der Begleitschutzkrieger auf dem Uluburun-Schiff habe zu den Šar- dānu gehört, weil er dasselbe Schwert trug wie die *š₃r₃d₃n₃*, die gegen die Truppen Merneptahs kämpften. Der Name der Etrusker geht vielleicht auf den der *twrw₃š₃*, der Name Sardiniens auf den der Šardānu und der Siziliens auf den der Šekeleš zurück, die nach Abflauen der »Seevölker«-Zeit jeweils nach Westen abwanderten. Cf. B. Hrouda, 1964, S. 126f.; P. W Haider, 1990, S. 40; R. H. Tykot, 1994a, S. 60f., 75. Unklar bleibt die Identität der zum

zweiten »Seevölkersturm« gehörenden Wešeš (𓅱𓐠𓈙𓈙), doch weist vieles darauf hin, daß sich nach dem Zusammenbruch des Hethiterreiches hethitische Flüchtlinge in Syrien und in Tell es-Saʿidiyeh im Jordantal inmitten der einheimischen Bevölkerung ansiedelten. Die über tausend Urnengräber im syrischen Hama werden als ein hethitischer Friedhof angesehen. Cf. G. Gilmour, 1995, S. 168 f.; ders., 2002, S. 117 f.

41 Cf. D. Hertel, 1992, S. 179 f.; S. Iakovidis, 1999, S. 205; F. Schachermeyr, 1950, S. 195 ff.; ders., 1983, S. 36 f., 57 ff.; bzw. J. M. Hurwit, 1985, S. 49 f.; T. Bryce, 1991, S. 14; ders., 2002, S. 193. Aus hethitischen Keilschrifttexten geht hervor, daß Truppen von Aḫḫiyawa im 14. und 13. Jahrhundert wiederholt kleinasiatische Küstensiedlungen attackierten. Zu diesen mag auch der hethitische Vasallenstaat Wilusa gehört haben, was freilich nicht notwendigerweise bedeutet, daß sie diesen vernichtet haben. Einer der mykenischen Anführer hieß Tawagalawa, gr. Ἐτεόκλες, »der alten Ruhm besitzt«. Und in einem hethitischen Vertragstext aus der Zeit der Schlacht von Qadeš, also aus dem 1. Drittel des 13. Jahrhunderts, wird ein Herrscher von Wilusa namens Aleksandu genannt, der den Gott Apalliunas verehrte – vermutlich Ἀπόλλων, der ἄναξ mit den langen Haaren (ἀκερσεκόμης), der den Trojanern gegen die Achäer hilft (Ilias V. 508; XV. 255). Cf. N. Oettinger, 2002, S. 77 f.; H. Tadmor, 1979, S. 5; M. R. Bachvarova, 2005, S. 150 f. Erdbeben wurden meist als die Strafe Poseidons interpretiert. So war z. B. das große Erdbeben, das im Jahre 464 v. Chr. Sparta heimsuchte, eine Folge davon, daß die Lakedaimonier »das Heiligtum des Poseidon in Tainaron« entweiht hatten (Thukydides I. 9.2), und nachdem beim Ausbruch des Thera-Vulkans »eine aus glühenden Steinen bestehende Insel« aufgetaucht war, fuhren die Rhodier nach deren Abkühlung zu ihr hin und errichteten auf ihr zur Besänftigung des Gottes ein Heiligtum für Poseidon Asphalios. Cf. Strabon, I. 3.16; X. 4.22.

42 Cf. A. Horváth, 1997, S. 82 f.; H. Brand, 2000, S. 179; A. Kanta, 2003, S. 34; bzw. L. Godart, 1994, S. 87; S. Hiller, 2007, S. 27 f.; L. Papazoglou-Manioudaki, 1999, S. 219; B. Maslov, 2009, S. 6.

43 Cf. J. D. Evans, 1994, S. 5; J. Guilaine, 2007, S. 171. Höchstwahrscheinlich gibt es auf Kreta noch weitere, bislang unentdeckte Siedlungsreste aus dieser Zeit. Cf. N. Efstratiou, 2005, S. 150. Die Funde von *Triticum aestivum* im frühesten Knossos, also eines Getreides, das zu jener Zeit zwar in Çatal Hüyük, aber nicht auf dem griechischen Festland kultiviert wurde, sowie der Domestikationsgrad der Rinder, Schafe und Ziegen machen Kleinasien als Ursprungsland der Vorfahren der Minoer mehr als wahrscheinlich. Cf. C. Renfrew, 1996, S. 8 f.; A. Maquieira, 2004, S. 38 f. Zwar ist die kretische Küste vom kleinasiatischen Festland und von der Südspitze von Rhodos aus nicht sichtbar, doch man vermutet, bereits im ausgehenden Jungpaläolithikum und im Mesolithikum seien gelegentlich Jagdexpeditionen von Karpathos aus ins östliche Kreta unternommen worden, ähnlich wie im 10. Jahrtausend Zwergnilpferdjäger von der anatolischen Küste nach Zypern übergesetzt sind, wo sie auf der Akrotiri-Halbinsel auch Wasservögel jagten, Fische fingen und Muscheln sammelten. Cf. L. V. Watrous, 2001, S. 161; C. Broodbank, 2006, S. 212; bzw. A. H. Simmons/D. S. Reese, 1993, S. 43; D. N. Carlson, 2003,

S. 135; Guilaine, a.a.O., S. 106f. Knochenfunde und ein wohl von einem Mauermenschen (Homo heidelbergensis) benutzter Schaber von der Südwestküste beweisen, daß Kreta schon vor 50.000 bzw. 130.000 Jahren (cf. T.F. Strasser et al., 2010, S. 186f., J. Patroudakis, 2010, S. 9; B. Borrell, 2010, S. 9) von Menschen aufgesucht und im ausgehenden Jungpaläolithikum sogar zeitweise besiedelt worden war. Aber es gibt keine Hinweise darauf, daß Nachkommen dieser Menschen im 8. Jahrtausend noch dort gelebt hätten. Cf. R.G. Bednarik, 2003, S. 46; ders., 2008, S. 259.

44 Cf. C. Renfrew, 2001, S. 51f.; ders., 2003, S. 25ff.; Q.D. Atkinson/R.D. Gray, 2006, S. 102. Vor allem gemeinindogermanische Wörter für Tiere und Pflanzen sowie für Geräte, die im Zusammenhang mit Ackerbau und Viehzucht stehen, sprechen für das westliche und südliche Kleinasien als Urheimat des Indogermanischen, das sich wohl im Neolithikum über Thrakien und Makedonien nach Nordwesten, nach Südwesten und nach Vorderasien ausbreitete. Cf. C. Renfrew, 1990, S. 19; T.V. Gamkrelidze, 1987, S. 373f.; Ö. Bilgi, 2001, S. 37ff.

45 Cf. J.C. Billigmeier, 1969, S. 180f.; V.I. Georgiev, 1983, S. 127; R. Lebrun, 1990, S. 60; C. Renfrew, 1996, S. 18f.; G.A. Owens, 1996, S. 200; ders., 1999a, S. 120; M. Finkelberg, 2001, S. 96. Schon vor hundert Jahren hat P. Kretschmer (1920, S. 302) angenommen, lange vor den Vorfahren der Mykener seien indogermanische Gruppen nach Griechenland eingewandert, die später von den Griechen »Pelasger« genannt wurden, und das Minoische (Ortsnamen mit *nth-* und *ss-*Suffixen) sei ebenso wie das Luwische und Etruskische eine proto-indogermanische Sprache mit starken nicht-indogermanischen Einflüssen. Y. Duhoux (1998, S. 25f.) meint, es sei unklar, ob vor dem SM I B lediglich *eine* Sprache auf Kreta existiert hätte, und K. Nowicki (2002, S. 68f.) vermutet, es habe in der späten Kupferzeit, um die Mitte des 4. Jahrtausends, Einwanderungen von Bevölkerungsgruppen aus dem Nahen Osten über das südwestliche Anatolien gegeben, weshalb man die Kultur der Minoer nicht einfach als das Produkt einer kontinuierlichen Fortentwicklung der Kultur der neolithischen Immigranten aus Kleinasien ansehen könne.

46 Cf. J.F. Cherry, 1985, S. 23; J. Bennet, 1997, S. 526, 531; Plinius VII. 205; G.S. Kirk, 1964, S. 177; Horváth, a.a.O., S. 82f.; M.L. West, 1997a, S. 233f.; J. Latacz, 2003, S. 65; A.M. Jasink, 2005, S. 64ff.; bzw. Thomatos, a.a.O., S. 259f.; L. Godart, 2002, S. 135; F. Schachermeyr, 1983a, S. 43f.; A. Dalby, 1995, S. 272; E. Slenczka, 1974, S. 69 u. Tf. 9.1 d; S. Deger-Jalkotzy, 1998, S. 125; bzw. K. Kolotouru, 2002, S. 219; J.D. Muhly, 2003a, S. 25f. Von solchen verlorenen epischen Gedichten haben sich, wenn überhaupt, nur einzelne Segmente und Abbildungen auf Vasen erhalten, die heute nicht mehr sinnvoll gedeutet werden können. Cf. E. Vermeule, 1987, S. 131; S. Lowenstam, 1997, S. 66f. Kernthemen, die um Achilles, den Raub des Sonnenmädchens und ähnliches kreisen, werden sicher die Vorfahren der Mykener um 2200 v. Chr. aus dem Norden nach Griechenland mitgebracht haben. Cf. M.L. West, 1988, S. 151ff.; B. Patzek, 2003, S. 256; M. Meier-Brügger, 2003, S. 236. Andere homerische Themen und Beschreibungen gehen wohl eher auf die Schachtgräberzeit als auf die der stark minoisch beeinflußten mykeni-

schen Paläste zurück, wie auch die homerischen Basileis mehr den Schacht-
gräberfürsten ähneln als den mykenisch/minoischen Wanaktes der Zeit um
1300 v. Chr. Cf. S. P. Morris, 1989, S. 531; J. D. Muhly, 1992, S. 16; S. Deger-
Jalkotzy, 1996, S. 722.

47 Cf. B. Eder, 2006, S. 570 f.; P. Rehak/J. G. Younger, 2001, S. 441 f.; I. Morris,
1997, S. 555 ff.; R. Osborne, 1996, S. 49 ff.; B. C. Dietrich, 1974, S. 219; K.
Nowicki, 2000, S. 264; bzw. J. N. Coldstream, 1994, S. 108; H. Matthäus,
2001, S. 95 f.; P. M. Bikai, 1992, S. 132 f.; O. Dickinson, 2006, S. 207; A. L.
D'Agata, 1999a, S. 212. Infolge dieser Angriffe zog sich ein großer Teil der
Bevölkerung in Bergfesten zurück. Cf. K. Nowicki, 1998, S. 217. Eine Kultkontinuität läßt sich auch in zahlreichen kretischen Heiligtümern nachweisen, wobei viele minoische Gottheiten eine *interpretatio graeca* erhielten. Cf.
A. M. Ainian, 1997, S. 338 f. Zahlreiche Grabstätten wurden ebenfalls über
die »Dunklen Jahrhunderte« hinweg weiterbenutzt. Cf. z. B. G. C. Gesell et
al., 1990, S. 25.

48 Cf. Odyssee VII. 87; bzw. I. 330; XVIII. 207; E. Handschur, 1970, S. 160; J. V.
Luce, 1998, S. 63; G. Weiler, 2001, S. 26 ff.; I. M. Shear, 2004, S. 36; bzw. Ilias
XXIII. 826 ff.; IX. 366; X. 379; XI. 133; XXIII. 261; Odyssee XIV. 324; XXI.
10; 61; J. T. Hooker, 1988a, S. 58; T. R. Bryce, 2002, S. 187.

49 Cf. R. Drews, 1993, S. 118, 177; S. Iakovidis, 1999, S. 203; R. Osgood, 1998,
S. 29; Ilias XI. 24 ff. Entweder handelt es sich bei der Beschreibung des Schildes um eine poetische Übertreibung oder um die eines Zeremonialschildes
(cf. K. A. Raaflaub, 1999, S. 200), denn zum einen besaßen die bronzezeitlichen Turmschilde keinen bronzenen Überzug, und zum anderen waren die
aus diesem Metall gefertigten Rundschilde des SM/SH III B 2 wesentlich kleiner. So vermuten Waffenexperten, selbst der runde Bronzeschild von Sørup in
Himmerland, der lediglich einen Durchmesser von 61,5 cm hat, habe eher ein
Herrschaftssymbol dargestellt, weil er für den Kampf viel zu schwer sei. Cf. J.
Jensen, 1999, S. 96 f.

50 Cf. Pausanias II. 18.3; Plutarch: *Alexander* 15.4; bzw. S. Mark, 2005, S. 9;
O. T. Dickinson, 1998, S. 26; G. Wickert-Micknat, 1986, S. 343; S. Hiller,
1998, S. 156; C. M. Antonaccio, 1995, S. 19; J. Boardman, 2002, S. 182;
S. Sherratt, 2005, S. 124. Eberhauerhelme waren bereits um 1300 v. Chr. nicht
mehr ganz zeitgemäß, tauchten aber noch auf Abbildungen des SH III C und in
einem ägyptischen Waffenarsenal auf. Cf. C. W. Shelmerdine, 1996, S. 477;
bzw. Weiler, a. a. O., S. 25.

51 Cf. Ilias II. 500, 502; bzw. X. 260 ff.; P. F. Tschudin, 1986, S. 12; E. Visser,
1997, S. 263, 269; J. Latacz, 2001, S. 295; kritisch W. Kullmann, 2002, S. 123.
Daß diese Angabe aus mykenischer Zeit fast ein halbes Jahrtausend »kon-
textlos« weitergereicht worden sei, wie I. Hajnal (2003, S. 58) annimmt,
erscheint unplausibel. Denn warum sollte man eine Ortsliste zusammen-
hanglos über einen solch langen Zeitraum tradieren?

52 Cf. M. Schuol, 2006, S. 141; T. Bryce, 1991, S. 16; G. Danek, S. 62 f.; Mark,
a. a. O., S. 16; W. Burkert, 2001, I, S. 6; bzw. Michael Oppitz: Mündliche Mitteilung vom 6. Februar 2006; N. G. L. Hammond, 1976, S. 134; E. R. Hay-
mes/S. T. Samples, 1996, S. 45 ff.; R. Schott, 1968, S. 181 ff.

53 Cf. G. Dobesch, 1995, S. 12; bzw. M. Haslam, 1997, S. 81; L. H. Feldman, 1996, S. 16; K. Lewartowski, 1990, S. 241. Die vor allem ionisch, aber auch aiolisch, dorisch und arkado-kyprisch geprägte homerische Sprache, die dem Mykenischen näher steht als dem klassischen Griechischen, macht es wahrscheinlich, daß in den Epen verschiedene griechische, kretische und zyprische Überlieferungen miteinander verwoben wurden. Cf. M. Schuol, 2002, S. 344, 351 f.; G. Bonfante, 1996, S. 115 f.

54 Im Gegensatz zu Zypern, wo man offenbar literarische Texte in Terrakottatafeln einritzte, bevor man sie brannte, wird man auf Kreta zu diesem Zweck vergängliches Material, z. B. Pergament oder Papyrus, verwendet haben, das auf der Insel, etwa entgegen den Schriftstücken in Ägypten, längst verrottet ist. Indizien für solche Schriftträger sind z. B. die 1200 im Archiv des Palastes von Aghia Triada gefundenen Schnurplomben. Cf. S. Marinatos, 1951, S. 41; M. Pope, 1962, S. 311; J. T. Hooker, 1979, S. 33 f.; M. Perna, 2007, S. 227.

Anmerkungen zum Nachwort

1 Cf. P. Feyerabend, 1980, S. 158.

2 Ich erfuhr nur durch Zufall von diesem Schreiben, da mehrere amerikanische Ägäis-Spezialisten es mir zuschickten und mich um eine Stellungnahme baten. Wissenschaftspsychologen haben festgestellt, daß im akademischen Milieu Meinungen und Thesen, die von dem im Establishment verbreiteten und akzeptierten Gedankengut stark abweichen, stets durch »informelle Kommunikation« ausgeschaltet werden, von der die Opfer meist nie etwas erfahren. Cf. S. O. Murray, 1980, S. 200; ders., 1987, S. 58; ders./D. W. Magill/J. H. Rankin, 1981, S. 221 f.

3 Zu näheren Angaben cf. H. P. Duerr, 2008, S. 29 f.; ders., 2009, S. 271 f. Für andere vom Landesamt auf Kurs gebrachte Medien sind unsere Funde aus dem Rungholtwatt, die die herrschende Geschichtsschreibung in Frage stellen, schlicht nicht vorhanden. So werden sie z. B. in dem Terra-X-Rungholtfilm, der am 19. September 2010 im ZDF unter dem reißerischen Titel *Das Atlantis der Nordsee* ausgestrahlt wurde, mit keiner Silbe erwähnt.

4 Cf. *Spiegel* 49, 2006, S. 160. Natürlich waren die Vertreter des Archäologischen Landesamtes gleichzeitig bestrebt, der Öffentlichkeit weiszumachen, daß unsere Fundstellen ihnen bestens bekannt seien, sie aber merkwürdigerweise dort nie minoische Objekte gefunden hätten. Doch Kühn hatte mir bereits in einem Brief vom 13. Dezember 1993 mitgeteilt, daß die Wattengegend um Südfall von seinem Amt »noch nicht weiter untersucht« worden sei, was er anschließend offenbar völlig vergaß, denn am 23. November 1994 verlautete er in den *Husumer Nachrichten*: »Gerade dieses Gebiet ist sehr gut erforscht«, und zwar »seit etwa 20 Jahren.«. Auf meine Anfrage hin, wo denn die Ergebnisse dieser Forschungen publiziert seien, antwortete mir der damalige Landesarchäologe Reichstein, der wie sein Nachfolger v. Carnap-Bornheim das Rungholtwatt bestenfalls mit dem Finger auf der Landkarte erkundet hat, die Publikation stehe unmittelbar bevor, doch er könne sie mir nicht

zeigen, da es »im Fach« nicht üblich sei, »Dritten« den Einblick in Pläne von Fundstellen zu gewähren, wenn diese noch nicht veröffentlicht seien (Brief vom 2. Dezember 1994). Es verwundert kaum, daß diese angeblichen Forschungsergebnisse bis heute, also nach weiteren 17 Jahren, nirgendwo publiziert worden sind. Und wenn der seinerzeitige Archäologische Westküstendezernent H. J. Kühn (2007, S. 268) konstatiert, man könne heute im Rungholtgebiet keine Warftreste mehr auffinden, dann wirft dies ein bezeichnendes Licht auf die Behauptung: »Die Landesarchäologen kennen das Watt wie ihre Westentasche« (»Kulturjournal«, NDR, 14. 10. 2005). Denn allein in den Jahren 2000 und 2002 haben meine Mitarbeiter und ich nördlich von Südfall die Fundamentreste von sechs mittelalterlichen Warften gefunden und vermessen, die so deutlich sichtbar waren, daß selbst ein unkundiger Spaziergänger sie schon von weitem erkannt hätte. Cf. z. B. H. P. Duerr, 2005, Abb. 78.

5 *Holsteinischer Courier* vom 3. Februar 2007. Bereits einen Monat vor der Ausstrahlung eines von einem SWR-Team gedrehten ARD-Films, in dem einige meiner Mitarbeiterinnen interviewt wurden, erklärte das Landesamt auf der Titelseite der *Schleswig-Holsteinischen Landeszeitung* vom 25. Juni 2007, daß »der Wahrheitsgehalt dieses Streifens gegen Null« tendiere. Offen muß allerdings bleiben, ob die Landesarchäologen damit ihre eigenen Beiträge zu dem halbstündigen Fernsehfilm gemeint haben, da sie diesen zum Zeitpunkt ihrer Verlautbarung noch gar nicht gesehen haben konnten.

6 Hatte der Landesarchäologe Reichstein noch im *Weserkurier* vom 25. Februar 1995 meine Vermutung, Rungholt habe nördlich von Südfall gelegen, als »Quatsch« abgetan, werden heute bei den auf Nordstrand stattfindenden »Rungholt-Tagen« von »Experten« begleitete Exkursionen dorthin angeboten, »wo einst Rungholt unterging«, nämlich zu unseren Fundstellen aus den neunziger Jahren ca. 1,3 km nördlich der Halligkante. »Höhepunkt der [Nordstrander Rungholt-Tage 2008]«, verlauten die *Husumer Nachrichten* vom 9. September 2008, »war die Fahrt mit dem historischen Pfahlewer ›Ronja‹ zu den Fundstätten von Rungholt«. Immerhin bewahrheitet sich wieder einmal die auf Wilhelm v. Humboldt zurückgehende Feststellung, eine neue Idee werde zunächst verlacht, dann zum Zwecke einer *damnatio memoriae* totgeschwiegen, bis schließlich die lautesten Lacher behaupten, das hätten sie alles schon immer gewußt.

7 Spezialisten, die unser Siegel untersucht haben, fanden keinerlei Anzeichen dafür, daß es gefälscht sein könnte. Im allgemeinen stellen Fälscher keine Serpentin-, sondern Hartsteinsiegel her und benutzen für die Durchbohrung einen Laserstrahl, der einen glatten Kanal erzeugt, an dem Fälschungen von Fachleuten meist schnell erkannt werden. Im Gegensatz dazu bohrten die minoischen Steinschneider das Siegel von beiden Seiten an, was dazu führte, daß die beiden Kanäle in der Mitte des Steins nie exakt aufeinandertrafen. Da außerdem der Drillbohrer von jeder Seite aus mehrfach und in verschiedenen Winkeln angesetzt wurde, gibt es zahlreiche Furchen und Löcher, die nie vollkommen rund sind. Cf. I. Pini, 1981, S. 157; J. G. Younger, 1981, S. 38. Für ihre freundliche Hilfe bei der Bestimmung des Siegels danke ich Ingo Pini und Paul Yule.

8 Cf. J. Schüring, 2006, S. 13. »Getoppt« werden solche Feststellungen durch die des Psychoanalytikers B. Rieken (2005, S. 174), der – offenbar als Resultat einer Fernanalyse – konstatiert, meine Auffassungen seien von der »Fachwelt« auch deshalb nicht akzeptiert worden, weil ich so eine »schroffe Art« besäße. Sollte es wirklich meine typisch kurpfälzische grob-unnahbare Gemütsart gewesen sein, die von den liebenswürdig-verbindlichen nordfriesischen Platzhirschen (der »Fachwelt«) als narzißtische Kränkung erfahren wurde?

9 Die Ausführungen Schürings sind auf seltsame Weise widersprüchlich, denn einerseits konstatiert er, »die Herkunft« der Funde sei »unklar«, aber andererseits räumt er ein: »Daß Duerr Opfer eines Schabernacks wurde, man ihm die Objekte unterschob, ist schwer vorstellbar. An dem Komplott hätten zu viele beteiligt sein und zu lange schweigen müssen« (a.a.O.).

10 S. Zoeller, 2007, S. 40.

11 Cf. G.J. van Wijngaarden, 2002, S. 102; ders., 2005, S. 412; A. Yasur-Landau, 2004, S. 342; G. Owens, 1999b, S. 589f. In einem knossischen Grab des 9. Jahrhunderts fand man Fragmente einer über ein halbes Jahrtausend alten λάρναξ mit der Darstellung einer tanzenden Göttin, die in den erhobenen Händen je eine Blume hält (cf. J.N. Coldstream, 1984, S. 99f.), und in keltischen Gräbern stieß man auf neolithische bis urnenfelderzeitliche Keramik. Cf. L. Paul, 1975, S. 124. Cf. auch M. Popham, 1987, S. 74f.; N. Coldstream, 1999, S. 355; I. Morris, 1997, S. 543; H. Matthäus, 1998, S. 80; G. Otto, 2003, S. 41; R. Gebhard/A. Lorentzen, 1993, S. 338; A. Miron/A.V.B. Miron, 1996, S. 430; J. Hald, 2009, S. 48.

12 Cf. H.P. Duerr, 2006, S. 28ff.; ders., 2009, S. 273ff.

13 Cf. H.J. Kühn/T. Steensen, 2006, S. 26; bzw. H.J. Kühn, 2006, S. 31.

14 Später stellten Experten fest, daß unsere Terra sigillata aus den Töpfereien von La Graufesenque in Südgallien stammte und den ersten Fund dieser Glanztonkeramik an der Nordseeküste darstellt, da die wesentlich jüngere Terra sigillata, die bis zu den westfriesischen Warften und in die Elb- und Eidermarschen sowie nach Feddersen Wierde exportiert wurde, *ost*gallischer Herkunft ist. Cf. K. Waller, 1955, S. 418f.; P. Schmid, 1982, S. 100; T.B. Volkers, 1991, S. 177, 184; R. Stupperich, 1995, S. 83f. Ihren Höhepunkt erreichte die Keramikproduktion von La Graufesenque etwa zur Zeit des Untergangs von Pompeji, als jenes bedeutendste Töpfereizentrum Südgalliens das tiefrotbraune Geschirr nach Germania inferior, und zwar bis ins nördliche Brabant auslieferte. Ab dieser Zeit bis ins frühe 2. Jahrhundert wurde es offenbar von den Offizieren der Rheinflotte benutzt und gelangte vermutlich durch provinzialrömische Keramikfernhändler (*negatiores rei cretariae*) in die Gegend des späteren Rungholt. Cf. P.A.M. Zoetbrood, 1983, S. 44; P. Stüben, 1995, S. 96f.

15 Cf. H.-H. Henningsen, 1998, S. 104. Brauer hatte im Vorjahr von Südfall aus mit dem Fernglas unsere Grabung an der Norderhever und die Bergung der minoischen Funde beobachtet und später der Wasserschutzpolizei über Seefunk gemeldet. In einem danach angefertigten Protokoll, das dem Landrat zugeleitet wurde, verwechselte er indessen diese Grabung mit der einige hun-

dert Meter entfernten Freilegung des von uns entdeckten frühmittelalterlichen Hauses, was für einige Verwirrung sorgte.

16 Cf. D. Hoffmann, 1981, S. 197 f.; bzw. U. Staesche, 1994, S. 392.

17 Insgesamt gesehen nimmt das Watt flächenmäßig ab, wird aber durch Sedi-
mentation höher (cf. B. Higelke et al., 1979, S. 237), was wir beides im Rungholtwatt in der Zeit zwischen 1994 und 2008 beobachten konnten. Von
Norden her rückt der Fuhle Slot näher und von Westen her die Norderhever,
die möglicherweise unsere Fundstelle im Winter 1994/95 teilweise abgetragen hat, denn das Warftfundament war danach nur noch ein einziges Mal, im
Frühjahr 2000, sichtbar, wobei es einen sehr lädierten Eindruck machte
(Tf. I). Gleichzeitig ist vor allem nach dem Jahre 2002 die Möglichkeit,
bedeutsame Funde zu machen, immer geringer geworden, da sämtliche Priele
seither von einer dicken Sandschicht bedeckt sind. Das Rungholtwatt wird
zwar aufgrund der Nordost-Ausweitung des Dwarsloches, der Ostwande-
rung der Norderhever und der Südwanderung des Fuhlen Slots in den kommenden Jahrzehnten vermutlich abgetragen, aber an den Prallhängen werden
gewiß kurzfristig Fundstellen freigelegt, um anschließend für immer zu verschwinden. Cf. A. Taubert, 2007, S. 30. Für ihre Einschätzung der Situation
danke ich neben Taubert auch Reinhold Herpel und Ernst Levsen.

18 J. Sakellarakis, 1992, S. 256, 264 f.; bzw. K. Spindler, 2006, S. 735; N. Spivey,
1996, S. 135. Welches Ausmaß die Schikanen annehmen können, die sich solche Beamtenseelen ausdenken, demonstrierte im Jahre 2007 Maria Mpre-
thaki von der Archäologischen Verwaltung Zentralkretas, die mir trotz der
Erlaubnis des kanadischen Grabungsleiters Shaw den Zutritt zur Ruinenstätte Kommos verweigerte, und zwar, wie sie gegenüber der ARD ausführte,
weil meine These, Minoer hätten einst eine Fahrt in die Nordsee unternommen, »völlig abstrus« sei.

19 Vortrag vom 28. Juni 2006 im Nordfriesischen Institut in Bredstedt. Die mittelalterlichen Silbermünzen (Tf. IV in H. P. Duerr, 2005) wurden nicht *in situ*,
sondern einen Tag nach ihrer Auffindung in der Nähe des Fundortes von
einer Photographin des *Spiegel* aufgenommen. Zuvor hatten wir die Münzen
gereinigt, weil sie nach der Ausgrabung sehr schnell angelaufen waren und
sich verdunkelt hatten. Ein gleiches konnten wir 1998 nach der Entnahme
einer Ave-Maria-Schnalle aus dem Wattboden beobachten. Glänzte das Bunt-
metallobjekt (a. a. O., Abb. 31) zunächst wie Gold, wurde es binnen einer
Viertelstunde immer dunkler und matter. Im selben Vortrag warf Panten mir
vor, »aus innerhalb weniger Stunden gesammelten Funden weitreichende
Schlüsse« zu ziehen, was sein Seilschaftsmitglied Kühn (a. a. O., S. 26) später
fast wörtlich wiederholte – ein erstaunlicher Vorwurf, wenn man bedenkt,
daß sowohl Panten als auch Kühn wußten, daß wir bis dahin bereits 13 Jahre
lang intensive Forschungen im Rungholtwatt betrieben hatten.

20 Cf. A. Panten, 2006, S. 168; bzw. K. Hansen: Mündliche Mitteilung vom
24. August 2002; H. P. Duerr, 2005, S. 248. Hansen schrieb mir anschließend
in einem Brief vom 20. September 2002, er habe diesbezüglich noch einmal
bei einem der Söhne des inzwischen ertrunkenen Pellwormer Muschelfi-
schers nachgefragt. Der Sohn habe recherchiert und festgestellt, daß sein

Vater in dem fraglichen Monat bei gutem Wetter im Blaubarg-Ley südöstlich von Süderoogsand und bei weniger gutem Wetter in der Norderhever nördlich von Südfall gefischt habe. Da Hansen sich indessen daran erinnerte, daß v. Holdt seinerzeit eine Gegend in der Nähe von Südfall als Herkunftsort genannt hatte, spricht alles dafür, daß die Messingmünzen aus dem 2. Jahrhundert tatsächlich von dort stammen.

21 Cf. P. Feyerabend, 1983, S. 126; ders., 1989, S. 399.

22 Offenbar gibt es vor allem in Kluft- und Spaltzonen durch die Ablagerung gewisser Substanzen wie z. B. Tonsilikaten eine stark erhöhte Leitfähigkeit für Mikroschwingungen des Gesteins, die von Menschen mit einer ausgeprägten Sensibilität gegenüber elektromagnetischen Feldern niedriger Frequenzen aufgenommen werden können. Cf. H. Betz, 1990, S. 231 ff. Nachdem ich in einem Doppelblindversuch mit Hilfe eines Rutengängers einen mittelalterlichen Gang, der von der Heidelberger Altstadt zum Schloß führt (cf. H. P. Duerr, 2006a, S. 368; 2008, S. 47), gefunden hatte, versuchten wir – ohne Erfolg – mittels einer Wünschelrute eventuelle Hohlräume im Wattuntergrund zu finden, worüber Panten offensichtlich in der Presse gelesen hatte. Daß ich die Wünschelrute für ein magisches Instrument hielte, ist ein Hirngespinst Pantens oder einfach eine böswillige Unterstellung.

23 Cf. C. A. Christensen et al., 1969, Nr. 58. Jürgen Paul Schwindt, der Direktor des Instituts für Klassische Philologie der Universität Heidelberg, teilt mir in einem Brief vom 14. Dezember 2008 mit: »Beim dritten Wort [von ›in placi nostr communi‹] fehlt die Endung. Vielleicht ist eine Tilde verlorengegangen, die die Ligatur anzeigen sollte. Vermutlich sollte es ›nostro‹ heißen. Ich würde übersetzen ›nach unserem gemeinsamen Ratschluß‹; ›communi‹ ist jedenfalls Ablativattribut zu ›placito‹ Ihr Übersetzungsvorschlag trifft den Sinn mithin ganz gut.« Dieses Urteil wurde auch von dem Mittellateinexperten Reinhard Düchting (Universität Heidelberg) bestätigt.

24 M. al-Idrīsī, 1978, S. 949; bzw. Z. al-Qazwīnī, 1896, S. 33. Für die Übersetzungen danke ich Tawfiq Dawāni.

25 Cf. Panten, a. a. O., S. 167; bzw. H. P. Duerr, 2005, S. 144 ff.; H. Hinz, 1950, S. 48 f.; P. Hartmann, 1975, S. 16 f.; O. Oliefka/F. Wedekind, 2005, S. 78 ff.; K. Gößner, 2005, S. 160 ff.; E. Ring, 1991, S. 249 ff.

26 Cf. *Husumer Nachrichten* vom 10. Mai 2008; bzw. Axel Wagner (SWR): Mündliche Mitteilung vom 8. Juni 2007. K. Andrée (1951, S. 25) spricht nachgerade von einem »Bernsteinsegen« im nordfriesischen Wattenmeer, und im Jahre 1876 berichtete ein Beobachter über die »Hitzläufer« von Eiderstedt: »Die Bernsteinsucher auf dieser Sandbank […] machen hier nicht selten gute und beträchtliche Funde. In der Regel gehen sie aus, wenn nach längerem Nordwestwinde der Sturm sich mit Ostwind abstillt. Die Stellen, wo dann Bernstein liegt, gewahren sie schon aus der Ferne, da auch hier sich der Bernstein zum Holze gesellt, welches auf der Hitzbank meistens in gelblichbraunen Zweigbrocken und Schiffstrümmern besteht. Man findet viel Bernsteingrus, auch Gagatgrus dabei in braunen Streifen auf dem Sande.« (W. Weitschat, 1996, S. 81). Cf. auch C. Jensen, 1914, S. 14; J. Konietzko, 1930, S. 22; R. v. Bismarck, 1972, S. 17; H.-H. Henningsen, 2000, S. 94.

27 Albert Panten: Briefe vom 1. Oktober und vom 27. Dezember 1994; bzw. ders., 1996, S. 13. Wenn A. Panten/H. J. Kühn (2000, S. 152) die Meinung kundtun, Rungholt habe seinen Namen nach »dem kümmerlichen Gesträuch« erhalten, »das auf dem Moor in der Nähe wuchs«, so ist dies äußerst unwahrscheinlich, denn im Unterschied zu den Begriffen *kratt, busch, horst* und *ris* (von ahd. *ridan*, »winden, flechten«), die man für degenerierte Wälder oder Gestrüpp verwendete, aus denen das Material für Flechtwerk geholt wurde (cf. P. Dohm, 1908, S. 112 ff., 130 f.), und im Gegensatz zu *lund* und *schrupp*, womit auf der Geest lichte Gehölze benannt wurden, bezeichnete man sowohl in Nordfriesland als auch in England mit *holt* sowie in Flandern mit *hout* einen *dichten* Wald (cf. K. J. Clement, 1862, S. 163; T. Möller, 1915, S. 74; H. Wenzel, 1939, S. 12 f.) auf höheren Sandböden (cf. A. Quak, 2003, S. 280), während Bruchwälder nie *holt*, sondern altfries. *wald* und niederdeutsch *wold* genannt wurden. Cf. G. Siebels, 1995, S. 91 f. In England verbreitete sich der Name *holt* bereits durch die ersten »angelsächsischen« Einwanderer, weshalb die Wahrscheinlichkeit groß ist, daß bereits die spätvölkerwanderungszeitliche Siedlung, aus der sich das mittelalterliche Rungholt entwickelte, diesen Namen trug, der von den friesischen Einwanderern beibehalten wurde. Im südlichen Island erhielten Siedlungen auf natürlichen Anhöhen, die von Mooren umgeben waren, häufig *holt*-Namen (cf. G. Á. Grímsdóttir, 2005, S. 573), und auch in Nordfriesland wurden mit Ausnahme von Rungholt ausschließlich Orte auf der hohen Geest so genannt. Cf. F. Mager, 1930, S. 105, 109 f.; Wolfgang Laur: Brief vom 21. Mai 2003. Cf. auch J.-U. v. Rohden, 1989, S. 27. Bei unseren Erkundungen im Rungholtwatt sind wir ständig auf tonige Ablagerungen gestoßen, die dafür sprechen, daß auch Rungholt einst auf einem hohen, mit dichtem Wald bewachsenen Uferwall aus Sand und feinem Ton gebaut worden war.

28 Cf. Kühn/Steensen, a. a. O., bzw. H. P. Duerr, 2005, S. 63 ff. Bei den Tuffsteinen handelt es sich um Trachittuff aus dem verfestigten Basaltlavastrom des Nettetals in der Vordereifel. In Westfriesland ging man bereits in der 2. Hälfte des 12. Jahrhunderts vermehrt zum Gebrauch des Backsteins anstelle des *douwestien* über, doch zunächst gab es erhebliche Widerstände gegen das neue, von Menschen gemachte Material, denn für den Bau von Gotteshäusern sollte kein Kunststoff, sondern von Gott erschaffenes Vulkangestein verwendet werden. Ab der Mitte des 13. Jahrhunderts wurden die Kirchen fast nur noch aus gebackenen Ziegeln errichtet, doch bei vielen – und so offenbar auch bei der Kollegiatkirche von Rungholt – verwendete man zusätzlich Tuffsteine der Vorgängerkirche. Cf. A. Buursma, 2007, S. 20 f.; I. Nöldeke, 2002, S. 14; E. de Hartog, 2006, S. 87. Das mittelalterliche Blattgold zur Beschichtung von Skulpturen und Retabeln war – wie das aus römischer Zeit – wesentlich dicker als das heutige. Die von uns gefundenen Beschichtungsreste entsprechen genau der Glanzvergoldung der Heiligen-, Marien- und Christusfiguren des Lübecker Doms oder der dortigen Jacobikirche aus der 1. Hälfte des 14. Jahrhunderts. Cf. B. Bünsche, 2006, S. 26; H.-G. Bachmann/G. Bachmann, 1989, S. 46; U. Albrecht et al., 2005, S. 54, 70, 78. Auch die glasierten Bodenfliesen sind ein eindeutiges Indiz für eine Kirche, da selbst die

Stadthäuser jener Zeit gestampfte Lehmböden besaßen. Cf. H. L. Janssen, 1990, S. 418 f. Daß es sich bei der Kirche um die *von Rungholt* und nicht um die eines kleineren Ortes handeln muß, ergibt sich daraus, daß wir in der Gegend auf die Fragmente zahlreicher Importgefäße stießen, während Busch, wie aus einem unveröffentlichten Manuskript (S. 23) hervorgeht, westlich und südlich von Südfall meist nur einfache heimische Keramik (cf. R. Muuß, 1929, Tf. 2) und so gut wie keine Importkeramik fand, was auf Rungholt vorgelagerte Salzsiederwarften schließen läßt.

29 Auch der heutige Wattenstrom Rummelloch hieß noch in der 2. Hälfte des 17. Jahrhunderts »de Slut«, eine Bezeichnung, mit der man nur Wasserläufe auf dem festen Land, aber nie solche im Watt benannte. Cf. J. G. Kohl, 1846, S. 315; L. C. Peters, 1927, S. 64. So wird auch der Fuhle Slot im späten 16. Jahrhundert in der Gegend östlich des heutigen Rungholtwatts ein Inlandpriel gewesen sein, der, wie sein Name besagt, träge dahinfloß.

30 Cf. z. B. H. Löbert, 1980, S. 23 ff.; E. Först, 2006, S. 75; J. G. Hurst/D. Gaimster, 2005, S. 267 f.; V. Demuth, 1999, S. 137 f.; H.-G. Stephan, 1981, S. 54 ff. Nach indianischen Vorbildern entwickelte sich zu Beginn des letzten Drittels des 16. Jahrhunderts die Pfeifenbäckerei zunächst in England. Etwas später emigrierten mehrere Bäcker in die Niederlande, von wo aus sich das Pfeiferauchen vor allem durch die Soldaten im Dreißigjährigen Krieg in ganz Deutschland verbreitete. Da der erste norddeutsche Pfeifenbäcker erst 1641 in Glückstadt und unmittelbar darauf weitere in Wismar, Greifswald und anderen Städten in Mecklenburg und in Vorpommern nachweisbar sind, ist anzunehmen, daß die Pfeife aus der Nachfolgesiedlung Rungholts Importware ist, zumal man weiß, daß die ältesten Tonpfeifen, die man an der Nord- und Ostseeküste fand, im frühen 17. Jahrhundert in Holland hergestellt worden sind. Allerdings wurde in Hamburg bereits 1595 Pfeife geraucht. Cf. M. Weidner, 1999, S. 375 f.; M. Kügler, 2001, S. 213 f.; F. Biermann, 2005, S. 115 f.; A. Vince/A. Peacey, 2006, S. 13; J. Ekkel, 1990, S. 101; R. Articus, 2006, S. 86.

31 Ich danke Clarissa Gräfin Spee für die Bestimmung des Fragments (Brief vom 9. Dezember 2005). Die henkellosen Schalen, in Norddeutschland »Koppchen« genannt, wurden ab der zweiten Hälfte des 16. Jahrhunderts für den Export hergestellt und in Europa später meist als Kaffee-, Tee- oder Schokoladetassen benutzt. Mit der Gründung der niederländischen »Vereenigten Oost-Indischen Compagnie« im Jahre 1602 gelangten größere Mengen dieses Porzellan in die Niederlande, wo es nach portugies. *caracca* als *kraak*-Porzellan bezeichnet wurde, und von dort in die Nachbarländer. Zahlreiche Kapuzinerschalen barg man aus dem Wrack der 1752 südöstlich von Malakka gesunkenen »Geldermalsen« und aus dem eines Schiffes der britischen Ostindischen Kompanie namens »Griffin«, das neun Jahre danach in der Sulu-See auf ein Korallenriff gelaufen war. Dies ist auch die Zeit, in der die Preußische Ostasiatische Handelskompanie eine stattliche Anzahl von »Batavia-Koppchen« von Emden über Oldenburg ins dänische Herzogtum Schleswig einführte. Cf. B. M. Gordon, 2009, S. 59; P. Bitter, 2008, S. 161: E. Först, 2008, S. 236; H. Clevis/M. Smit, 1990, S. 25 f.; S. Krabath, 2008, S. 41; H. Schäfer, 2005, S. 327; B. Brand, 2003, S. 81; O. Gradel, 1998, S. 59; C. J. A.

Jörg, 1986, S. 66 f., 89; F. Goddio/H. Constanty, 2005, S. 60, 100 f. Das Muster auf unserer Schale wurde nach 1750 von den Herstellern der niederländischen Fayencekeramik übernommen. Im Jahre 1755 entstand auch in Schleswig eine Fayence-Manufaktur, die »unechtes Porcelain« herstellte, das sich bezüglich des Dekors an der chinesischen Feinkeramik orientierte. Cf. H. Kurz, 1998, S. 129; bzw. W. J. Müller, 1980, S. 10.

32 Cf. S. Frotscher, 2003, S. 125. Aufgrund der Nachfrage ihrer persischen und syrischen Kunden verwendeten die Chinesen ab ca. 1320 bei der Porzellanherstellung ein neues Pigment, nämlich das aus den Gebirgsminen von Kāshān im Iran importierte Kobaltblau, das in China selber nicht besonders geschätzt wurde. Dieses Exportporzellan gelangte offenbar gelegentlich über den ägyptischen Hauptmarkt in al-Fusṭāṭ nach Italien und Frankreich, in nennenswerten Mengen aber erst zwischen 1511 und 1514 zunächst nach Lissabon und von dort in den Norden, vor allem in die Niederlande. Verbürgt ist, daß der venezianische Doge Pasquale Malipiero im Jahre 1461 und der Florentiner Bankier Lorenzo de Medici 1487 in den Besitz von chinesischem Blau-auf-Weiß-Porzellan gelangt waren, worauf italienische Alchemisten erfolglos versuchten, hinter das Geheimnis der Herstellung dieser Feinkeramik aus einem Gemisch von Kaolin, Feldspat und Quarz zu kommen. Cf. B. Gray, 1963, S. 16; M. Medley, 1975, S. 31; f. F. Hufnagl, 1994, S. 153; T. Mikami, 1988, S. 12; L. Schnorr v. Carolsfeld, 1974, S. 20 f.; bzw. J. Carswell, 2000, S. 129; E. Trux, 2005, S. 11.

33 Das seit dem späten 16. Jahrhundert in Holland betriebene Sammeln exotischer Muscheln entwickelte sich bald zu einer regelrechten Manie. Cf. H. Bevers, 1991, S. 248; A. Goldgar, 2007, S. 81 ff.

34 Der Untergang kleinerer Orte wurde selten in den Quellen vermerkt. Cf. K. Niederhöfer, 2008, S. 81. Im 16. Jahrhundert verlor die östlich des untergegangenen Rungholt liegende Trindermarsch immer mehr an Fläche und schrumpfte von 2200 Demat im späten 14. Jahrhundert auf 650 Demat nach der Flut am Maitag 1580. Bereits 1574 waren in der Nacht vor Pauli Bekehrung der Deich des Stintebüllkoogs gebrochen und der gesamte Koog vollgelaufen. Cf. A. Heimreich, 1819, S. 265, 371; F. Müller, 1917, S. 198.

LITERATURVERZEICHNIS

Aalto, P.: »Indus Script and Dravidian«, *Studia Orientalia* 1984.

–: »Marginal Notes on the Meluhha Problem«, *Studia Orientalia* 1987.

Aamont, C.: »Priests and Priestesses in the Mycenaean Period« in *Cult and Death,* ed. D.-C. Naoum et al., Oxford 2004.

–: »Priestly Burials in Mycenaean Greece« in *The Archaeology of Cult and Death,* ed. M. Georgiadis/C. Gallou, Budapest 2006.

Aarne, A.: *Die magische Flucht,* Helsinki 1930.

Aarne, A./S. Thompson: *The Types of the Folktale,* Helsinki 1961.

Aartun, K.: »On Recent Discoveries of Pre-Islamic Inscriptions from Yemen« in *Landscapes,* ed. L. Milano et al., Bd. III, Padova 2000.

–: »Über die minoische Hochkultur Altkretas und ihre Expansion in Europa« in *Ägäis und Europa,* ed. E. Konstantinou, Frankfurt am Main 2005.

d'Abbadie, J. V.: »Les singes familiers dans l'Ancienne Égypte«, *Revue d'Égyptologie* 1966.

Abdalla, M. A.: »Bemerkungen zu Papyrus Turin Nr. 55001«, *Göttinger Miszellen* 2009.

Abel-Wilmanns, B.: *Der Erzählaufbau der Dionysiaka des Nonnos von Panopolis,* Frankfurt am Main 1977.

Abélès, M.: »›Sacred Kingship‹ and Formation of the State« in *The Study of the State,* ed. H. J. M. Claessen/P. Skalník, The Hague 1981.

Abels, B.-U.: »Die Ehrenbürg bei Forchheim« in *Frühkeltische Fürstensitze,* ed. J. Biel/D. Krausse, Esslingen 2005.

–: »Urnenfelderzeit: Trauer um ihre Toten« in *Archäologie in Bayern,* ed. C. S. Sommer, Regensburg 2006.

Abramson, H.: *Greek Hero-Shrines,* Ann Arbor 1978.

Abshire, D. M.: »Early History, European Discovery, and Colonization« in *Portuguese Africa,* ed. D. M. Abshire/M. A. Samuels, London 1969.

Abu Assaf, A.: »Ein Relief der kriegerischen Göttin Ischtar«, *Damaszener Mitteilungen* 1983.

Abubakr, A. M./A.Y. Mustafa: »The Funerary Boat of Khufu«, *Beiträge zur ägyptischen Bauforschung und Altertumskunde* 1971.

Abusch, T.: »Ishtar« in *Dictionary of Deities and Demons in the Bible,* ed. K. van der Toorn et al., Leiden 1995.

–: »Ishtar«, *Nin* 2000.

Acheilara, L.: »The Religion of the Lemnians« in *Smouldering Lemnos,* ed. E. Kypraiou, Athens 2000.

Ackerman, S.: »At Home with the Goddess« in *Symbiosis, Symbolism and the Power of the Past,* ed. W. G. Dever/S. Gitin, Winona Lake 2003.

Aðalsteinsson, J. H.: »Schmied, Schmiedehandwerk und Schmiedewerkzeuge« in *Reallexikon der Germanischen Altertumskunde,* ed. H. Beck et al., Bd. 27, Berlin 2004.

Adam, M. K.: »Die Glocke von Buphever«, *De Pellwormer* 2, 2004.

–: »Die römische Münze vom Ostersiel«, *De Pellwormer* 5, 2005.

Adams, A. B. et al.: »Analysis and Provenience of Minoan and Mycenaean Amber: Tiryns«, *Greek, Roman and Byzantine Studies* 1968.

Adams, D. Q.: »Sanskrit *púmān*, Latin *pūbēs*, and Related Words«, *Die Sprache* 1985.

–: »*Ἥρως* and *Ἥρā*«, *Glotta* 1987.

Adams, J. N.: *The Latin Sexual Vocabulary*, London 1982.

Adamson, P. B.: »The Possibility of Sea Trade between Mesopotamia and Egypt during the Late Pre-Dynastic Period«, *Aula Orientalis* 1992.

Adler, W.: *Der Halsring von Männern und Göttern*, Bonn 2003.

Adrados, F. R.: »Les institutions religieuses mycéniennes« in *Acta Mycenaea,* ed. M. S. Ruipérez, Bd. I, Salamanca 1972.

–: *Geschichte der griechischen Sprache*, Tübingen 2001.

Adrimi-Sismani, V.: »Η γκρίζα φενδομινύεια και η στιλβωμένη χειροποίητη κεραμική από τον μυκηναϊκό οικισμό Διμηνίον« in *Αρχαιολογικό Έργο Θεσσαλίας και Στερεάς Ελλάδας,* Bd. I, ed. A. Mazarakes-Ainian, Bolos 2006.

Äyräpää, A.: »Die Verbreitung des Bernsteins im kammkeramischen Gebiet« in *Sirena Archaeologica,* ed. E. Kivikoski, Helsinki 1945.

D'Agata, A. L.: »Incense and Perfume in the Late Bronze Age Aegean« in *Profumi d'Arabia,* ed. A. Avanzini, Roma 1997.

–: *Haghia Triada II*, Padova 1999.

–: »Defining a Pattern of Continuity during the Dark Age in Central-Western Crete«, *Studi Micenei ed Egeo-Anatolici* 1999.

–: »Crete at the Transition from the Late Bronze Age to the Iron Age« in *Identifying Change,* ed. B. Fischer et al., Istanbul 2003.

–: »Cult Activity on Crete and Cyprus at the End of the Late Bronze Age« in *Cyprus: Religion and Society,* ed. V. Karageorghis et al., Möhnesee-Wamel 2005.

–: »Central Southern Crete and Its Relations with the Greek Mainland in the Postpalatial Period« in *Ariadne's Threads,* ed. A. L. D'Agata et al., Athina 2005.

–: »Zeit der Töpfer« in *Zeit der Helden,* ed. C. Hattler, Darmstadt 2008.

Agius, D. A.: »Medieval Qalhat: Travellers, Dhows and Stone Anchors in South-East Oman« in *Archaeology of Seafaring,* ed. H. M. Ray, Delhi 1999.

Agouridis, C.: »The Late Bronze Age Shipwreck at Point Iria« in *Το Ναυάγιο του Ακρωτηρίου Ιρίων,* ed. W. Phelps et al., Athina 1999.

–: »Seafaring, Trade and Cultural Contacts in the Aegean during the Early Bronze Age« in *Schutz des Kulturerbes unter Wasser,* ed. H. v. Schmettow et al., Lübstorf 2000.

Agrawal, D. P./J. S. Kharakwal: *Bronze and Iron Ages in South Asia,* Delhi 2003.

Agrawala, P. K.: *Goddesses in Ancient India,* New Delhi 1984.

Agricola, G: *De Re Metallica Libri,* ed. G. Matschoss, Berlin 1928.

Ahl, F. M.: »Amber, Avallon, and Apollo's Singing Swan«, *American Journal of Philology* 1982.

Ahlberg-Cornell, G.: *Myth and Epos in Early Greek Art*, Jonsered 1992.

Ahrens, H. L.: »Zur griechischen Monatskunde«, *Rheinisches Museum für Philologie* 1862.

Ainian, A. M.: *From Rulers' Dwellings to Temples*, Jonsered 1997.

–: »The Archaeology of ›basileis‹« in *Ancient Greece*, ed. S. Deger-Jalkotzy/ I. S. Lemos, Edinburgh 2006.

Aistleitner, J.: »Götterzeugung in Ugarit und Dilmun«, *Acta Orientalia Academiae Scientiarum Hungaricae* 1953.

–: »Ein Opfertext aus Ugarit«, *Acta Orientalia Academiae Scientiarum Hungaricae* 1955.

Akkerman, F.: »Schluß mit lustig« in *Game over*, ed. R. Sörries, Kassel 2002.

Akoi, P.: »Divine Kingship and Its Participation in Ashanti« in *La regalità sacra*, ed. H. Widengren et al., Leiden 1954.

Albenda, P.: »Assyrian Sacred Trees in the Brooklyn Museum«, *Iraq* 1994.

Albert, M.: *Le culte de Castor et Pollux en Italie*, Paris 1883.

Albinus, L.: *The House of Hades*, Aarhus 2000.

Albrecht, M.: »Das bronzezeitliche Grab von Bredarør/Kivik« in *Bestattungswesen und Totenkult in ur- und frühgeschichtlicher Zeit*, ed. F. Horst/H. Keiling, Berlin 1991.

Albrecht, U. et al.: *Corpus der mittelalterlichen Holzskulptur und Tafelmalerei in Schleswig-Holstein*, Kiel 2005.

Albright, W. F.: *Die Religion Israels*, München 1956.

Alcock, S. E.: *Archaeologies of the Greek Past*, Cambridge 2002.

Alden, M.: »Lions in Paradise«, *Classical Quarterly* 2005.

Alexiou, M.: *The Ritual Lament in Greek Tradition*, Cambridge 1974.

Alexiou, S.: »Die Kunst der Nachpalastzeit im minoischen Kreta«, *du*, Januar 1967.

–: »Minoan Religion« in *Prehistory and Protohistory*, ed. G. A. Christopoulos, Athens 1974.

Alexiou, S./W. C. Brice: »A Silver Pin From Platanos With an Inscription in Linear A«, *Kadmos* 1976.

Alföldi, A.: *Die monarchische Repräsentation im römischen Kaiserreiche*, Darmstadt 1970.

Alinei, M.: »Rams and Billy-goats«, *Man* 1982.

Allam, S.: *Beiträge zum Hathorkult*, Berlin 1963.

Allen, A.: *The Fragments of Mimnermus*, Stuttgart 1993.

Allen, B./S. Frankel: »Across the Tari Furoro« in *Like People You See in a Dream*, ed. E. L. Schieffelin/R. Crittenden, Stanford 1991.

Allen, J. P.: »The Art of Medicine in Ancient Egypt«, *Kmt* 3, Fall 2005.

Allen, J. P./D. T. Mininberg: »Water Lily Vessels« in *The Art of Medicine in Ancient Egypt*, ed. J. P. Allen, New York 2005.

Allen, S. J.: »Cypriot Base Ring I Juglet« in *Hatshepsut*, ed. C. H. Roehrig et al., New York 2006.

Almagor, E.: »Who Is a Barbarian?« in *Strabo's Cultural Geography*, ed. D. Dueck et al., Cambridge 2005.

Almagro-Gorbea, M.: »Cyprus, Phoenicia and Iberia« in *Italy and Cyprus in Antiquity*, ed. L. Bonfante/V. Karageorghis, Nicosia 2001.

Almagro-Gorbea, M./F. Fontes: »The Introduction of Wheel-Made Pottery in the Iberian Peninsula«, *Oxford Journal of Archaeology* 1997.

Alp, S.: *Song, Music, and Dance of the Hittites*, Ankara 2000.

Alpözen, T. O.: »Maritime Trade in Anatolia: The Evidence of Wrecks«, *Palmet* 1997.

Alram-Stern, E.: *Die Ägäische Frühzeit*, Bd. I, Wien 1996.

Alram-Stern, E./B. Eder: »Wanderungen in der Urgeschichte Griechenlands« in *Ad fontes*, ed. H. Heftner/K. Tomaschitz, Wien 2004.

Alroth, B.: *Greek Gods and Figurines*, Uppsala 1989.

Alseikaitė-Gimbutienė, M.: *Die Bestattung in Litauen in der vorgeschichtlichen Zeit*, Tübingen 1946.

Alster, B.: »Marriage and Love in the Sumerian Love Songs« in *The Tablet and the Scroll*, ed. M. E. Cohen et al., Bethesda 1993.

Altenmüller, H.: *Die Apotropaia und die Götter Mittelägyptens*, Bd. I, München 1965.

–: »Harsaphes« in *Lexikon der Ägyptologie*, Bd. II, ed. W. Helck/W. Westendorf, Wiesbaden 1977.

–: »Papyrusdickicht und Wüste«, *Mitteilungen des Deutschen Archäologischen Instituts, Abt. Kairo* 1991.

–: »Die Fahrt der Hathor nach Edfu und die ›Heilige Hochzeit‹« in *Egyptian Religion*, ed. W. Clarysse et al., Bd. II, Leuven 1998.

–: Funerary Boats and Boat Pits of the Old Kingdom«, *Archiv Orientální* 2002.

Altheim, F.: *Griechische Götter im alten Rom*, Gießen 1930.

–: *Terra Mater*, Gießen 1931.

–: *Römische Religionsgeschichte*, Bd. I, Baden-Baden 1951.

Altman, A.: »Trade between the Aegean and the Levant in the Late Bronze Age« in *Society and Economy in the Eastern Mediterranean*, ed. M. Heltzer/E. Lipiński, Leuven 1988.

Alvar, J.: »Dynamique de la colonisation phénicienne et acculturation religieuse à Tartessos« in *Religions méditerranéennes de l'Antiquité*, ed. F. Labrique, Le Caïre 2002.

–: »L'appel prodigieux à Habis« in *Signes et destins d'élection dans l'Antiquité*, ed. M. Fartzoff et al., Besançon 2006.

Alvar, J./M. Romero Recio: »La vie religieuse en mer«, *Dialogues d'histoire ancienne* 2005.

Alvarez, O.: *The Celestial Brides*, Stockbridge 1978.

Alwine, A. T.: »The Non-Homeric Cyclops in the ›Odyssey‹«, *Greek, Roman and Byzantine Studies* 2009.

Aly, W.: »Faden« in *Handwörterbuch des deutschen Aberglaubens*, Bd. II, ed. E. Hoffmann-Krayer, Berlin 1929.

–: *Homer*, Frankfurt am Main 1937.

d'Ambrosio, A.: »Brocca« in *Pompeji wiederentdeckt*, ed. L. F. dell'Orto/A. Varone, Rom 1993.

Amelung, W.: *Die Sculpturen des Vaticanischen Museums*, Bd. II, Berlin 1908.

Amiet, P.: *Sumer, Assur, Babylone*, Paris 1981.

–: »Le dieu de l'orage dans l'iconographie des sceaux cylindres d'Ugarit« in *Natural Phenomena*, ed. D. J. W. Meijer, Amsterdam 1992.

Amiran, R.: »Observations on Chalcolithic and Early Bronze Age Sanctuaries« in *Temples and High Places in Biblical Times*, ed. A. Biran, Jerusalem 1981.

Ammerman, R. M.: »The Naked Standing Goddess«, *American Journal of Archaeology* 1991.

Amoros, V. A.: »Essences à brûler en Égypte ancienne« in *Parfums, onguents et cosmétiques dans l'Égypte ancienne*, ed. Z. Hawass, Le Caïre 2003.

Amory, A.: »The Gates of Horn and Ivory«, *Yale Classical Studies* 1966.

Anabolu, M.: »Two Altars Dedicated to Demeter« in *Archaeology and Fertility Cult in the Ancient Mediterranean*, ed. A. Bonanno, La Valetta 1986.

Anagnostou-Laoutides, E.: »The Death of Daphnis« in *Cult and Death*, ed. D.-C. Naoum et al., Oxford 2004.

Anawalt, P. R.: »Traders of the Ecuadorian Littoral«, *Archaeology*, December 1997.

Andelković, B./M. Panić-Štorh: *Staroegipatska zbirka Gradskog muzeja u Vršcu*, Vršac 2002.

Anders, F.: *Das Pantheon der Maya*, Graz 1963.

Anderson, D.: »Mycenaean Vessel Terms«, *Minos* 1995.

Anderson, G.: *Fairytale in the Ancient World*, London 2000.

Anderson, W. S.: »Calypso and Elysium«, *The Classical Journal* 1959.

Andersson, E.: *Messianic Popular Movements in the Lower Congo*, Uppsala 1958.

Andreadaki-Vlasaki, M.: »Ernährung und Therapeutik im minoischen Kreta« in *Im Labyrinth des Minos*, ed. H. Siebenmorgen, München 2000.

–: »Cultes et divinités dans la ville minoenne de la Canée« in *L'artisan crétois*, ed. I. Bradfer-Burdet et al., Liège 2005.

Andrée, K.: »Abalus, die Glaesarien oder Elektriden und der Eridanus der Alten«, *Petermanns Geographische Mitteilungen* 1942.

–: *Das Bernsteinland und sein Leben*, Stuttgart 1951.

Andreu, G.: »Ostraca figurés représentant le bélier d'Amon« in *Les artistes de Pharaon*, ed. G. Andreu, Paris 2002.

Andrews, A. C.: »The Bean and Indo-European Totemism«, *American Anthropologist* 1949.

Andrews, C. A. R.: *Catalogue of Egyptian Antiquities in the British Museum*, Bd. VI.1, London 1981.

–: *Egyptian Mummies*, London 1984.

–: *Amulets of Ancient Egypt*, London 1994.

Andrews, P. B. S.: »Was Corcyra the Original Ithaca?«, *Bulletin of the Institute of Classical Studies* 1962.

Andritzky, W.: *Schamanismus und rituelles Heilen im Alten Peru*, Berlin 1989.

Aner, E.: »Zur Bedeutung der Wende von der Periode II zur Periode III der nordischen Bronzezeit« in *Bericht über den V. Internationalen Kongress für Vor- und Frühgeschichte*, ed. G. Bersu, Berlin 1961.

Aner, E./K. Kersten: *Die Funde der älteren Bronzezeit des nordischen Kreises*, Bd. VIII, København 1986.

Angelieva, F.: »L'idéal de beauté féminine dans les chants populaires grecs« in *Studia in honorem Veselini Beševliev*, ed. V. Georgiev et al., Sofia 1978.

Angermeyer, K.: »Insel des ewigen Lebens«, *Antike Welt 6*, 2005.

Anghelina, C.: »On the Mythology of Okeanos«, *Journal of Ancient Near Eastern Religions* 2009.

Anreiter, P.: »Indogermanische Therionyme« in *Man and the Animal World,* ed. P. Anreiter et al., Budapest 1998.

Anthes, R.: *Die Büste der Nofret Ete,* Berlin 1954.

Antonaccio, C.: »The Bronze Age in the Cultic Topography of Early Greece« in *Placing the Gods,* ed. S. E. Alcock/R. Osborne, Oxford 1994.

–: »Lefkandi and Homer«, in *Homer's World,* ed. Ø. Andersen/M. Dickie, Bergen 1995.

Antoni, K.: »Zur Legitimation des japanischen Anspruchs auf die Ryûkyû-Inseln«, *Oriens Extremus* 1986.

Apakidze, J.: »Lapislazuli-Funde des 3. und 2. Jahrtausends v. Chr. in der Kaukasusregion«, *Studia Troica* 1999.

–: *Die Spätbronze- und Früheisenzeit in West- und Zentralkaukasien,* Rahden 2009.

Appel, M.: *Hajatan in Pekayon,* München 2001.

Arcas Campoy, M.: »Les îles ›Éternelles‹, ›du Bonheur‹, ›Fortunées‹ dans les sources arabes« in *Continuity and Change in the Realms of Islam,* ed. K. D'Hulster/J. Van Steenbergen, Leuven 2008.

Archi, A.: »Trade and Administrative Practice at Ebla«, *Altorientalische Forschungen* 1993.

–: »How a Pantheon Forms« in *Religionsgeschichtliche Beziehungen zwischen Kleinasien, Nordsyrien und dem Alten Testament,* ed. B. Janowski et al., Fribourg 1993.

–: »Divinités sémitiques et divinités de substrat«, *Mari* 1993.

–: »The Former History of Some Hurrian Gods« in *III. Uluslararasi Hititoloji Kongresi Bildirileri,* ed. S. Alp/A. Süel, Ankara 1998.

–: »Formation of the West Hurrian Pantheon« in *Recent Developments in Hittite Archaeology,* ed. K. A. Yener/H. A. Hoffner, Winona Lake 2002.

–: »The Soul Has to Leave the Land of the Living«, *Journal of Ancient Near Eastern Religions* 2007.

Archibald, Z. H.: »Mothers and Daughters in Cretan Cult« in *Periplous,* ed. G. R. Tsetskhladze et al., London 2000.

Archontidou-Argyri, A.: »Poliochni and the Islands of the Northeastern Aegean in the Bronze Age« in *Poliochni on Smoke-Shroud Lemnos,* ed. V. La Rosa et al., Athens 1997.

–: »Λήμνον εύκτίμενον πτολίεϑρον« in *Η Μύρινα της Πρώιμης εποχής του Χαλκου,* ed. A. Archontidou/M. Kokkinoforou, Lemnos 2004.

D'Arcy, P.: *The People of the Sea,* Honolulu 2006.

Ardeleanu-Jansen, A.: »Aspekte der plastischen Kunst der Harappa-Kultur« in *Vergessene Städte am Indus,* ed. G. Urban et al., Mainz 1987.

Ardzinba, V. G.: »The Birth of the Hittite King and the New Year«, *Oikumene* 1986.

Arenson, S.: »The Mystery of the Oriental Warship« in *4th International Symposium on Ship Construction in Antiquity,* ed. H. Tzalas, Athens 1996.

Argyrou-Brand, M.: *Die Siedlung von Akrotiri auf Thera,* Taunusstein 2009.

Arias, J. C.: »Die Kanaren, die Hesperiden, die Glücklichen Inseln«, *Almogaren* 2007.

Armstrong, D./E. A. Ratchford: »Iphigenia's Veil«, *Bulletin of the Institute of Classical Studies* 1985.

Armstrong, R.: *Cretan Women*, Oxford 2006.

Arndt, P.: *Religion auf Ostflores, Adonare und Solor*, Mödling 1951.

Arnold, D.: *Der Tempel des Königs Mentuhotep von Deir el-Bahari*, Bd. III, Mainz 1981.

Arnott, R.: »Opium« in *Minoans and Mycenaeans*, ed. Y. Tzedakis et al., Athens 1999.

–: »Before Machaón and Podalirius«, *Cretan Studies* 2002.

–: »Minoan and Mycenaean Medicine and Its Near Eastern Contacts« in *Magic and Rationality in Ancient Near Eastern and Graeco-Roman Medicine*, ed. H. Horstmanshoff/M. Stol, Leiden 2004.

Articus, R.: »Tonpfeifen« in *Der Hamburger Hafen*, ed. R.-M. Weiss, Hamburg 2006.

Artursson, M./F. Nicolis: »Cultural Relations between the Mediterranean and the Baltic Seas during the Bronze Age?« in *Between the Aegean and Baltic Seas*, ed. I. Galanaki et al., Liège 2007.

Artzy, M.: »Nami: A Second Millennium International Maritime Trading Center in the Mediterranean« in *Recent Excavations in Israel*, ed. S. Gitin, Dubuque 1995.

–: »Routes, Trade, Boats and ›Nomads of the Sea‹« in *Mediterranean Peoples in Transition*, ed. S. Gitin et al., Jerusalem 1998.

–: »Mariners and Their Boats at the End of the Late Bronze Age«, *Tel Aviv* 2003.

–: »The Carmel Coast during the 2nd Part of the Late Bronze Age«, *Bulletin of the American Schools of Oriental Research* 2006.

Arunachalam, B.: »Indian Traditions of Boat Building« in *The Portuguese, Indian Ocean and European Bridgeheads*, ed. P. Malekandathil/J. Mohammed, Kerala 2001.

Aruz, J.: »The Evidence of Stamp and Cylinder Seals« in *The Aegean and the Orient in the Second Millennium*, ed. E. H. Cline/D. Harris-Cline, Eupen 1988.

–: »Crete and Anatolia in the Middle Bronze Age« in *Nimet Özgüç'e Armağan*, ed. M. J. Mellink et al., Ankara 1993.

–: »Syrian Seals and the Evidence For Cultural Interaction between the Levant and Crete« in *Sceaux minoens et mycéniens*, ed. W. Müller, Berlin 1995.

–: »Unravelling the Mysteries of a Well-Travelled Seal« in *Emporia*, ed. R. Laffineur/E. Greco, Liège 2005.

–: »Central Anatolia and the Aegean (ca. 2650-1700 B. C.)« in *Hayat Erkanal'a Armağan*, ed. B. Avunç, Istanbul 2006.

–: *Marks of Distinction*, Mainz 2008.

–: »The Aegean or the Near East« in *The Aigina Treasure*, ed. J. L. Fitton, London 2009.

Aschwanden, H.: *Symbole des Lebens*, Zürich 1976.

Ásdísardóttir, I.: »Frigg and Freyja: One Great Goddess or Two?« in *13th International Saga Conference*, ed. J. McKinnell et al., Bd. I, Durham 2006.

Asensi-Amorós, M. V.: »Les bois de la collection du Musée Antoine Vivenel de

Compiègne« in *Actes du Neuvième Congrès International des Égyptologues*, Bd. I, ed. J.-C. Goyon/C. Cardin, Leuven 2007.

Ashar-Greve, J. M.: *Frauen in altsumerischer Zeit*, Malibu 1985.

Ashliman, D. L.: »Water Spirits« in *Archetypes and Motifs in Folklore and Literature*, ed. J. Garry/H. el-Shamry, Armonk 2005.

Assante, J.: »Sex Magic and the Liminal Body in the Erotic Art of the Old Babylonian Period« in *Sex and Gender in the Ancient Near East*, ed. S. Parpola/R. M. Whiting, Helsinki 2002.

–: »The Modern Prostituting of Ishtar, Her Clergy and Her Cults« in *Tempelprostitution im Altertum*, ed. T. S. Scheer/M. Lindner, Berlin 2009.

Assmann, J.: »Tod und Initiation im altägyptischen Totenglauben« in *Sehnsucht nach dem Ursprung*, ed. H. P. Duerr, Frankfurt am Main 1983.

–: *Re und Amun*, Fribourg 1983.

–: »Totenglauben und Menschenbild im Alten Ägypten«, *Altorientalische Forschungen* 2003.

Aston, D. A.: »Amphorae in New Kingdom Egypt«, *Ägypten und Levante* 2004.

Astour, M. C.: *Hellenosemitica*, Leiden 1967.

–: »Ugarit and the Aegean« in *Orient and Occident*, ed. H. A. Hoffner, Neukirchen-Vluyn 1973.

–: »The Nether World and Its Denizens at Ugarit« in *Death in Mesopotamia*, ed. B. Alster, København 1980.

–: »Rdmn/Rhadamanthys and the Motive of Selective Immortality« in *Und Mose schrieb dieses Lied auf*, ed. M. Dietrich et al., Münster 1998.

Åström, L.: *Arts and Crafts of the Late Cypriote Bronze Age*, Lund 1967.

Åström, P.: »Canaanite Jars from Hala Sultan Tekke» in *Bronze Age Trade in the Mediterranean*, ed. N. H. Gale, Jonsered 1991.

–: »Excavations in Midea« in *Atti e memorie del Secondo Congresso Internazionale di Micenologia*, ed. E. De Miro et al., Roma 1996.

Athanassakis, A.: »From the Phallic Cairn to Shepherd God and Divine Herald«, *Eranos* 1989.

Atkinson, J.: »Was Coronado's Golden Quivira a Semantic Delusion?« in *Actas del XXXVI Congreso Internacional de Americanistas*, Bd. 4, Sevilla 1966.

Atkinson, Q. D./R. D. Gray: »How Old Is the Indo-European Language Family?« in *Phylogenetic Methods and Prehistory of Languages*, ed. P. Forster/C. Renfrew, Cambridge 2006.

Atre, S.: »Lady of Beasts: The Harappan Goddess«, *Puratattva* 1986.

Atzeni, C.: »Aspects of Ancient Metallurgy« in *Archaeometallurgy in Sardinia*, ed. F. Lo Schiavo et al., Montagnac 2005.

Aubert, C.: »La diffusion de l'ambre à l'époque mycénienne« in *Atti e memorie del Secondo Congresso Internazionale di Micenologia*, ed. E. De Miro et al., Roma 1996.

Aubert, M.-F.: »Portraits en cartonnage« in *Portraits funéraires de l'Égypte romaine*, ed. V. Bouvet-Lanselle et al., Bd. II, Paris 2008.

Aubet, M. E.: »Aspects of Tyrian Trade and Colonization in the Eastern Mediterranean«, *Münstersche Beiträge zur antiken Handelsgeschichte* 2000.

Audouze, F./O. Büchsenschütz: *Towns, Villages and Countryside of Celtic Europe*, London 1992.

870

Auerbach, E.: »Heirloom Seals and Political Legitimacy in Late Bronze Age Syria«, *Akkadica* 1992.

Aufenanger, H.: »Mezauwe: ›Der große Mann dort oben‹«, *Zeitschrift für Missionswissenschaft* 1965.

Auffarth, C.: *Der drohende Untergang*, Berlin 1991.

Aufmesser, M.: *Etymologische Erläuterungen zu ›De materia medica‹ des Pedanius Dioscurides Anazarbeus*, Hildesheim 2000.

Aufrère, S.: *L'univers minéral dans la pensée égyptienne*, Bd. II, Le Caïre 1991.

–: »Un prolongement méditerranéen du Mythe de la Lointaine« in *Le commerce en Égypte ancienne*, ed. N. Grimal/B. Menu, Le Caïre 1998.

–: »Minéraux, coquillages, fossiles, météorites et plantes curieuses dans les mentalités des anciens Égyptiens« in *Encyclopédie religieuse de l'Univers végétal*, ed. S. H. Aufrère, Bd. I, Montpellier 1999.

Auger, D.: »A l'ombre des jeunes garçons en fleurs« in *Enfants et enfances dans les mythologies*, ed. D. Auger, Paris 1995.

Augustin, A.: »Der Schwanen-Leich«, *Germanien* 1943.

Auler, J.: »Klingentechnik der Spätbronzezeit«, *Archäologie in Deutschland* 4, 1997.

Aura Jorro, F./ F. R. Adrados: *Diccionario micénico*, Bd. I, Madrid 1985.

D'Auria, S.: »Mummification in Ancient Egypt« in *Mummies u. Magic*, ed. S. D'Auria et al., Boston 1988.

Avagianou, A.: *Sacred Marriage in the Rituals of Greek Religion*, Bern 1991.

Avé, J. B./V. T. King: *People of the Weeping Forest*, Leiden 1986.

Avigad, N.: »The Inscribed Pomegranate From the ›House of Lord‹«, *Biblical Archaeologist* 1990.

Avilia, F.: »Le rotte commerciali e la navigazione micenea« in *Atti e memorie del Secondo Congresso Internazionale di Micenologia*, ed. E. De Miro et al., Roma 1996.

Avram, A.: »Die griechischen Kolonien an der Schwarzmeerküste« in *Goldhelm, Schwert und Silberschätze*, ed. J. Roth, Frankfurt am Main 1994.

Awdijew, W. I.: »Die Entstehung von Handels- und Kulturbeziehungen zwischen den Ländern des Nahen Ostens vom 4. bis 3. Jahrtausend v. u. Z.« in *Sozialökonomische Verhältnisse im Alten Orient*, ed. R. Günther/G. Schrot, Berlin 1961.

Axboe, M.: »Fahle Sonne und Opfergold«, *Archäologie in Deutschland* 2, 2003.

Axtell, J.: *The European and the Indian*, Oxford 1981.

–: *Natives and Newcomers*, Oxford 2001.

Aydingün, Ş. G.: »Tunç Çaği Sonrasi« in *Tunç Çaği' nin Gizemli Kadinlari*, ed. Ş. Şentürk et al., Istanbul 2005.

Ayers, N.: »Egyptian Imitations of Mycenaean Pottery«, *Annual of the American Research Center in Egypt* 2008.

Aynard, J. M.: »Coquillages mésopotamiens«, *Syria* 1966.

Ayodeji, K.: »A Day in the Life of Cyrton the Fisherman« in *The Greek Islands and the Sea*, ed. J. Chrysostomides et al., Camberley 2004.

Azarpay, G.: »Crowns and Some Royal Insignia in Early Iran«, *Iranica Antiqua* 1972.

Bąbel, J.: »Krzemionki, Gde. Bałtów« in *5000 Jahre Feuersteinbergbau*, ed. G. Weisgerber et al., Bochum 1980.

–: »Die rituelle Bedeutung einiger nordeuropäischer Rasiermesser der Bronzezeit« in *Kultura symboliczna*, ed. B. Gediga/D. Piotrowska, Warszawa 2000.

Baboula, E.: »›Buried‹ Metal in Late Minoan Inheritance Customs« in *Metals Make the World Go Round*, ed. C. F. E. Pare, Oxford 2000.

Babraj, K./H. Szymańska: *Bogowie Starożytnego Egiptu*, Kraków 2000.

Babu, T. M.: »Advent of the Bronze Age in the Indian Subcontinent« in *Mining and Metal Production*, ed. P. T. Craddock/J. Lang, London 2003.

Bachhuber, C.: »Aegean Interest on the Uluburun Ship«, *American Journal of Archaeology* 2006.

Bachmann, H.-G.: »Frühgeschichtliche Metallurgie im Nahen und Mittleren Osten« in *Festschrift für Günter Smolla*, ed. F.-R. Herrmann, Wiesbaden 1999.

–: »Zinn: Das wichtigste Legierungsmetall der Bronzezeit in Mitteleuropa« in *Alpenkupfer*, ed. G. Weisgerber/G. Goldenberg, Bochum 2004.

–: *Mythos Gold*, München 2006.

Bachmann, H.-G./G. Bachmann: »Oberflächenvergoldung: Alte und neue Techniken«, *Chemie in unserer Zeit* 1989.

Bachofen, J. J.: *Gesammelte Werke*, Bd. II, Basel 1948.

Bachvarova, M. R.: »Aeschylus' *Suppliants* and Mesopotamian Birth Incantations«, *Nin* 2000.

–: »The Eastern Mediterranean Epic Tradition from *Bilgames* and *Akka* to the ›Song of Release‹ to Homer's *Iliad*«, *Greek, Roman u. Byzantine Studies* 2005.

Băčvarov, K.: »The Birth-Giving Pot« in *Prehistoric Thrace*, ed. V. Nikolov et al., Sofia 2004.

Badawi, A. M.: *Der Gott Chnum*, Glückstadt 1937.

Bader, F.: »Héraklès et les points cardinaux«, *Minos* 1983.

–: »Sémiologie des travaux d'Héraklès« in *Visages du destin dans les mythologies*, ed. F. Jouan, Paris 1983.

–: »Autour de Polyphème le Cyclope à l'œil brillant«, *Die Sprache* 1984.

–: »Les Travaux d'Héraklès« in *D'Héraklès à Poséidon*, ed. R. Bloch, Genève 1985.

–: »An Indo-European Myth of Immersion-Emergence«, *Journal of Indo-European Studies* 1986.

–: »De Pollux à Deukalion« in *o-o-pe-ro-si*, ed. A. Etter, Berlin 1986.

–: »Homère et le pélasge« in *Langues en contact dans l'Antiquité*, ed. A. Blanc/A. Christol, Paris 1999.

–: »Le Vieux de la Mer et ses phoques«, *General Linguistics* 2004.

Baer, G.: *Die Religion der Matsigenka*, Basel 1984.

Bär, J.: »Der Tempel der Göttin Ischtar« in *Wiedererstehendes Assur*, ed. J. Marzahn/B. Salje, Mainz 2003.

Bärtels, A.: *Mediterrane Pflanzen*, Hohenheim 1997.

Bahnsen, H./R. Bahnsen: *Spurensuche im Wattenmeer*, Pellworm 2005.

Bahrani, Z.: *Women of Babylon*, London 2001.

Baika, K./D. Kamarinou: »Homeric References to Aspects of Ancient Trade«, *Skyllis* 2006.

Bailey, J.: »The Production of Brass in Antiquity« in *2000 Years of Zinc and Brass*, ed. P. T. Craddock, London 1990.

Baillie, M. G. L.: »Evidence for Climatic Deterioration in the 12th and 17th Centuries BC« in *Mensch und Umwelt in der Bronzezeit Europas*, ed. B. Hänsel, Kiel 1998.

Bain, D.: »Low Words in High Places« in *Hesperos*, ed. P. J. Finglass et al., Oxford 2007.

Baitinger, H.: »Fürsten der späten Hallstattzeit« in *Das Rätsel der Kelten vom Glauberg*, ed. H. Baitinger/B. Pinsker, Stuttgart 2002.

Baker, H.: *Persephone's Cave*, Athens 1979.

Bakr, M. I./ A. Nibbi: »The Stone Anchors of Bates's Island« in *Proceedings of the 7th International Congress of Egyptologists*, ed. C. J. Eyre, Leuven 1998.

Balandier, G.: *La vie quotidienne au royaume de Congo du XVIᵉ au XVIIIᵉ siècle*, Monaco 1965.

Balensiefen, L.: »Stützfigur in Gestalt einer Kore« in *In den Gärten der Aphrodite*, ed. K. Stemmer, Berlin 2001.

Ballabriga, A.: *Le Soleil et le Tartare*, Paris 1986.

Ballard, R. D./T. Eugene: *Mystery of the Ancient Seafarers*, Washington 2004.

Ballintijn, M.: »Lions Depicted on Aegean Seals« in *Sceaux minoens et mycéniens*, ed. W. Müller, Berlin 1995.

Balme, C. B.: »Dressing the Hula«, *Paideuma* 1999.

–: *Pacific Performances*, Houndmills 2007.

Baltzinger, F.: »Chamalevri: The Sea-Shells« in *Minoans and Mycenaeans*, ed. Y. Tzedakis/H. Martlew, Athens 1999.

Bandelier, A. F.: »Traditions of Precolumbian Landings on the Western Coast of South America«, *American Anthropologist* 1905.

Bánffy, E.: *A Unique Prehistoric Figurine of the Near East*, Budapest 2001.

Banghard, K.: »Kaurischnecke« in *Reallexikon der Germanischen Altertumskunde*, ed. H. Beck et al., Bd. 16, Berlin 2000.

–: »Kauris im merowingerzeitlichen Europa«, *Münstersche Beiträge zur antiken Handelsgeschichte* 2001.

–: »Die Cypraea aus Grab 334« in *Das frühmittelalterliche Schleitheim*, ed. A. Burzler et al., Bd. I, Schaffhausen 2002.

Bankoff, H. A./F. A. Winter: »Northern Intruders in LH III C Greece«, *Journal of Indo-European Studies* 1984.

Bankus, M./ K. H. Rieder: »Bernstein: Eine Sternstunde«, *Archäologie in Deutschland* 3, 1997.

Bannikow, A. G./ W. G. Heptner: »Die kretische Wildziege« in *Grzimeks Tierleben*, ed. B. Grzimek, Bd. XIII, Zürich 1968.

Banou, E. S.: »The Pottery of Building AB« in *Pseira I*, ed. P. P. Betancourt/C. Davaras, Philadelphia 1995.

–: »Necklace, LM II, From Knossos, Royal Tomb of Isopata« in *Sea Routes From Sidon to Huelva*, ed. N. C. Stampolidis, Athens 2003.

–: »LM III Mokhlos Versus LM III Viannos« in *Ariadne's Threads*, ed. A. L. D'Agata et al., Athina 2005.

873

Bantelmann, A.: »Die jungsteinzeitlichen Funde im nordfriesischen Wattenmeer«, *Nachrichtenblatt für Deutsche Vorzeit* 1938.

–: »Bericht über Kulturspuren und Torfhorizont im nordfriesischen Wattenmeer«, Ms (ca. 1938).

–: »Ergebnisse der Marschenarchäologie in Schleswig Holstein«, *Offa* 1949.

–: »Funde der Steinbronzezeit und Bronzezeit aus Marschen und Nehrungen der
südöstlichen Nordseeküste« in *Atlantis enträtselt?,* ed. R. Weyl, Kiel 1953.

–: *Nordfriesland in vorgeschichtlicher Zeit,* Bredstedt 2003.

Bantelmann, A./D. Hoffmann/B. Menke: »Veränderungen des Küstenverlaufs:
Schleswig Holstein« in *Archäologische und naturwissenschaftliche Untersu-
chungen an Siedlungen im deutschen Küstengebiet,* ed. G. Kossack et al., Bd. I,
Weinheim 1984.

Banti, G./R. Contini: »Names of Aromata in Semitic and Cushitic Languages« in
Profumi d'Arabia, ed. A. Avanzini, Roma 1997.

Barakat, A. A.: »Attica Mines, Greece : A Possible 12th C. BCE Reference«, *The
Ostracon,* Fall 2009.

Barber, E. J. W.: *Prehistoric Textiles,* Princeton 1991.

–: »Minoan Women and the Challenges of Weaving« in *Τέχνη,* ed. R. Laffineur/
P. P. Betancourt, Eupen 1997.

–: »Colour in Early Cloth and Clothing«, *Cambridge Archaeological Journal*
1998.

–: »Half-Clad Minoan Women«, *Kadmos* 2005.

Barber, M.: *Bronze and the Bronze Age,* Brimscombe Port 2003.

Barber, R. L. N.: *The Cyclades in the Bronze Age,* London 1987.

Bardinet, T.: *Les papyrus médicaux de l'Égypte,* Paris 1995.

Barfield, L. H.: »Wessex With and Without Mycenae«, *Antiquity* 1991.

Barföd, J.: »Bernstein in Volksglauben und Volksmedizin« in *Bernstein: Tränen
der Götter,* ed. M. Ganzelewski/R. Slotta, Bochum 1996.

–: *Bernstein,* Husum 2005.

Barié, P.: »οὔτε ὁμόγλωσσον οὔτε ὁμοδίαιτον« in *Antike Texte in Forschung und
Schule,* ed. C. Neumeister, Frankfurt am Main 1993.

Barnes, R. H.: »Occasions of Sacrifice« in *For the Sake of Our Future,* ed.
S. Howell, Leiden 1996.

–: *Sea Hunters of Indonesia,* Oxford 1996.

Barnett, R. D.: »Ancient Oriental Influences on Archaic Greece« in *The Aegean
and the Near East,* ed. S. S. Weinberg, Locust Valley 1956.

–: »'Anath, Ba'al and Pasargadae« in *Mélanges offerts à Maurice Dunand,* Bd. I,
Beirut 1969.

–: *The Nimrud Ivories,* Bradford 1975.

–: »The Burgon Lebes and the Iranian Horned Lion« in *Insight Through Images,*
ed. M. Kelly-Buccellati, Malibu 1986.

Barrett, C. E.: »Was Dust Their Food and Clay Their Bread?«, *Journal of Ancient
Near Eastern Religion* 2007.

Barringer, J. M.: »Europa and the Nereids«, *American Journal of Archaeology*
1991.

–: *Divine Escorts,* Ann Arbor 1995.

Barta, W.: »Der Greif als bildhafter Ausdruck einer altägyptischen Religionsvorstellung«, *Jaarbericht van het Vooraziatisch-Egyptisch Genootschap* 1974.

–: »Re« in *Lexikon der Ägyptologie*, Bd. V, ed. W. Helck/W. Westendorf, Wiesbaden 1984.

Bartelheim, M.: *Die Rolle der Metallurgie in vorgeschichtlichen Gesellschaften*, Rahden 2007.

Bartelheim, M./E. Niederschlag: »Bronzezeitliche Metallurgie im Erzgebirgsraum«, *Das Altertum* 1999.

Bartholomäus, K.: »Odysseus kam bis Helgoland«, *Bild der Wissenschaft*, Januar 1977.

–: »Die Überprüfung antiker Erdbilder«, *Die Neue Hochschule* 4, 1980.

–: »Das Weltbild Homers«, *Mannus* 1982.

Barton, G.A.: »The Semitic Ištar Cult«, *Hebraica* 1894.

Bartoněk, A.: »Die eteokretischen Inschriften von Kreta« in *o-o-pe-ro-si*, ed. A. Etter, Berlin 1986.

–: »Schriftlich bezeugte nichtgriechische Sprachen im altägäischen Raum«, *Eirene* 1992.

–: *Handbuch des mykenischen Griechisch*, Heidelberg 2003.

Basch, L.: »Radeaux minoens«, *Cahiers d'archéologie subaquatique* 1976.

Bascom, W.: *Auch Rom liegt auf dem Meeresgrund*, Wien 1978.

Bass, G.F.: *Cape Gelidonya: A Bronze Age Shipwreck*, Philadelphia 1967.

–: »A Bronze Age Shipwreck at Ulu Burun«, *American Journal of Archaeology* 1986.

–: »Splendors of the Bronze Age«, *National Geographic* 1987.

–: »Das Wrack von Ulu Burun«, *Geo* 1, 1989.

–: »Nautical Archaeology and Biblical Archaeology«, *Biblical Archaeologist* 1990.

–: »Evidence of Trade From Bronze Age Shipwrecks« in *Bronze Age Trade in the Mediterranean*, ed. N.H. Gale, Jonsered 1991.

–: »Sea and River Craft in the Ancient Near East« in *Civilizations of the Ancient Near East*, ed. J.M. Sasson, Bd. III, New York 1995.

–: »Maritime Traffic in Raw Materials to the Aegean in the 14th and 13th Centuries B.C.« in *Τέχνη*, ed. R. Laffineur/P.P. Betancourt, Eupen 1997.

–: »The Hull and Anchor of the Cape Gelidonya Ship« in *Meletemata*, Bd. I, ed. P.P. Betancourt et al., Liège 1999.

–: »Fracht aus der Bronzezeit: Kap Gelidonya« in *Die Tiefe*, ed. G. Bass, München 2006.

Bass, G.F. et al.: »Ships' Hulls and Anchors as Revealed Along the Turkish Coast« in *Hayat Erkanal'a Armağan*, ed. B. Avunç, Istanbul 2006.

Bassi, C.: »Der Wasserweg der Etsch zwischen Pons Drusi und Verona« in *Über die Alpen*, ed. B. Hach et al., Stuttgart 2002.

Bátora, J.: »Fayence und Bernstein im nördlichen Karpatenraum während der Frühbronzezeit« in *Handel, Tausch und Verkehr im bronze- und früheisenzeitlichen Südosteuropa*, ed. B. Hänsel, München 1995.

Battini, L.: »Les sceaux Parrot, GM 39 et 29«, *Mesopotamia* 2006.

Baudissin, W.W.: *Adonis und Esmun*, Leipzig 1911.

Baudy, G. J.: *Adonisgärten*, Meisenheim 1986.

Bauer, G.: *Gesellschaft und Weltbild im baltischen Traditionsmilieu*, Heidelberg 1972.

Baum, N.: *Arbres et arbustes de l'Égypte Ancienne*, Leuven 1988.

–: »Sntr: Une révision«, *Revue d'Égyptologie* 1994.

–: »L'organisation du règne végétal dans l'Égypte ancienne« in *Encyclopédie religieuse de l'Univers végétal*, ed. S. H. Aufrère, Bd. I, Montpellier 1999.

Baum, W.: *Die Verwandlungen des Mythos vom Reich des Priesterkönigs Johannes*, Klagenfurt 1999.

Baumann, H.: *Schöpfung und Urzeit des Menschen im Mythus afrikanischer Völker*, Berlin 1936.

Baumann, H.: *Pflanzenbilder auf griechischen Münzen*, München 2000.

Baumann, O.: *Durch Massailand zur Nilquelle*, Berlin 1894.

Baumbach, J. D.: *The Significance of Votive Offerings in Hera Sanctuaries in the Peloponnese, Ionia and Western Greece*, Oxford 2004.

Baurain, C.: »Pour une autre interprétation des génies minoens« in *L'iconographie minoenne*, ed. P. Darcque/J.-C. Poursat, Paris 1985.

–: »ἔνθα τε Μίνως ἐννέωρος βασίλευε« in *L'artisan crétois*, ed. I. Bradfer-Burdet et al., Liège 2005.

Baus, K.: *Der Kranz in Antike und Christentum*, Bonn 1940.

Baxevani, K.: »A Minoan Larnax from Pigi Rethymnou« in *Klados*, ed. C. Morris, London 1995.

el-Baz, F.: »Geoarchaeological Evidence of the Relationship Between the Terminal Drought in North Africa and the Rise of Ancient Egypt« in *Egyptology at the Dawn of the 21st Century*, ed. Z. Hawass, Bd. I, Cairo 2003.

Bech, J.-H.: »Bronze Age Settlements on Raised Sea-Beds at Bjerre, Thy« in *Forschungen zur bronzezeitlichen Besiedlung in Nord- und Mitteleuropa*, ed. J. J. Assendorp, Espelkamp 1997.

Beck, C. W.: »Amber in Archaeology«, *Archaeology* 1970.

–: »Amber in the Mycenaean World«, *Annual of the British School at Athens* 1974.

–: »Analysis of the Pendant from Eshnunna«, *Journal of Near Eastern Studies* 1991.

–: »Spectroscopic Identification of ›Amber‹ and ›Black Resin‹ from Asine« in *Asine III*, ed. R. Hägg et al., Stockholm 1996.

–: »Chemical Studies of Amber« in *Atti del XIII Congresso delle Scienze preistoriche e protostoriche*, ed. C. Giunchi, Bd. 6.1, Forli 1998.

–: »Terebinth Resin from the Uluburun Shipwreck« in *Minoans and Mycenaeans*, ed. Y. Tzedakis/H. Martlew, Athens 1999.

Beck, C. W./H. E. Hartnett: »Sicilian Amber« in *Amber in Archaeology*, ed. C. W. Beck/J. Bouzek, Praha 1993.

Beck, C. W./S. Shennan: *Amber in Prehistoric Britain*, Oxford 1991.

Beck, C. W./G. C. Southard: »The Provenience of Mycenaean Amber« in *Atti e Memorie del 1° Congresso Internazionale di Micenologia*, ed. A. Archi et al., Roma 1968.

Beck, C. W. et al.: »Absorbed Organic Residues in Pottery From Pseira« in *Archaeology Meets Science*, ed. Y. Tzedakis et al., Oxford 2008.

Beck, H.: »Germanische Menschenopfer in der literarischen Überlieferung« in *Vorgeschichtliche Heiligtümer und Opferplätze in Mittel- und Nordeuropa*, ed. H. Jankuhn, Göttingen 1970.

–: »›Haugbrot‹ im Altnordischen« in *Zum Grabfrevel in vor- und frühgeschichtlicher Zeit*, ed. H. Jankuhn et al., Göttingen 1978.

–: »›Handwerk‹ und ›Handwerker‹ im Altnordischen« in *Das Handwerk in vor- und frühgeschichtlicher Zeit*, ed. H. Jankuhn, Göttingen 1983.

Becker, C.: »Die ersten Wirtschaftstiere«, *Archäologie in Deutschland* 4, 1998.

Becker, C. J.: »A Segmented Faience Bead From Jutland«, *Acta Archaeologica* 1954.

Becker, M.: *Helena*, Straßburg 1939.

Becker, M. J.: »Soft-Stone Sources on Crete«, *Journal of Field Archaeology* 1976.

–: »Sardinia and the Mediterranean Copper Trade«, *Anthropology* 1980.

Becking, B.: »Ishḫara and ›Breasts and Womb‹« in *Dictionary of Deities and Demons in the Bible*, ed. K. van der Toorn et al., Leiden 1995.

Beckman, G.: »Women's Role in Hittite Medicine and Magic«, *Journal of Ancient Civilizations* 1993.

–: »The Religion of the Hittites«, *Annual of the American School of Oriental Research* 2000.

–: »›My Sun-God‹« in *Ideologies as Intercultural Phenomena*, ed. A. Panaino/G. Pettinato, Milano 2002.

Beckmann, G. A./ E. Timm: *Wieland der Schmied in neuer Perspektive*, Frankfurt am Main 2004.

Becks, R.: »Troia VII« in *The Transition From Bronze to Iron Ages in Anatolia*, ed. B. Fischer et al., Istanbul 2003.

–: »Troja VI und Troja VIIa« in *Troia*, ed. M. O. Korfmann, Mainz 2006.

Beckwith, M.: *Hawaiian Mythology*, Honolulu 1970.

Bednarik, R. G.: »Seafaring in the Pleistocene«, *Cambridge Archaeological Journal* 2003.

–: »Zur Seefahrt im Paläolithikum«, *Ethnographisch-Archäologische Zeitschrift* 2008.

Beeching, A./ É. Thirault: »Les circulations alpines et la préhistoire récente du Bassin Rhodanien« in *Préhistoire de l'Europe*, ed. R. Desbrosse/A. Thévenin, Paris 2003.

Van Beek, G. W.: »Frankincense and Myrrh in Ancient South Arabia«, *Journal of the American Oriental Society* 1958.

–: »Ancient Frankincense-Producing Areas« in *Archaeological Discoveries in South Arabia*, ed. R. L. Bowen/F. P. Albright, Baltimore 1958.

Beekes, R. S. P.: »Aithiopes«, *Glotta* 1996.

–: »Kadmos and Europa, and the Phoenicians«, *Kadmos* 2004.

–: »The Origin of the Kabeiroi«, *Mnemosyne* 2004.

–: »Pre-Greek Names«, *Journal of Indo-European Studies* 2009.

Behm-Blancke, G.: *Die Kultstätte Oberdorla*, Bd. I, Stuttgart 2003.

Behre, K.-E.: »Prähistorische Umwelten und Wirtschaftsweisen an der Nordseeküste«, *Archäologie in Deutschland* 1, 1991.

Behrens, P.: »Skorpion« in *Lexikon der Ägyptologie*, Bd. V, ed. W. Helck/W. Westendorf, Wiesbaden 1984.

Beile-Bohn, M. et al.: »Neolithische Forschungen in Gürcütepe und Göbekli Tepe«, *Istanbuler Mitteilungen* 1998.

Beilke-Voigt, I.: *Das ›Opfer‹ im archäologischen Befund*, Rahden 2007.

Belgiorno, M.R.: »What Is the Link Between Ammon and the Golden Fleece?« in *La questione delle influenze vicino-orientali sulla religione greca*, ed. S. Ribichini et al., Roma 2001.

–: »Social Interactions on Cyprus in the Prehistoric Production of Metals« in *World Islands in Prehistory*, ed. W.H. Waldren/J.A. Ensenyat, Oxford 2002.

Bélis, M.: »The Use of Purple in Cooking, Medicine, and Magic« in *From Myth to Reason?*, ed. R. Buxton, Oxford 1999.

Bellec, F.: »La mer des Ténèbres dans les traditions chrétienne et islamique« in *La Violence et la Mer*, ed. M. Augeron/M. Tranchant, Rennes 2004.

Belli, O.: »Research on Tin Deposits in Anatolia«, *Istanbul University's Contributions to Archaeology in Turkey* 2001.

Bellintani, P.: »Bernsteinstraßen, Glasstraßen« in *Über die Alpen*, ed. B. Hach et al., Stuttgart 2002.

–: »Ambre del II millennio a.C. in Italia« in *Guerrieri, Principi ed Eroi*, ed. F. Marcatico/P. Gleirscher, Trento 2004.

Bellucci, G.: *Il feticismo primitivo in Italia*, Perugia 1907.

Bellucio, A.: »Le Phénix dans la Nubie chrétienne«, *Nubica* 1990.

Benecke, N.: *Der Mensch und seine Haustiere*, Stuttgart 1994.

Benko, S.: *The Virgin Goddess*, Leiden 1983.

Benkö, L.: *Etymologisches Wörterbuch des Ungarischen*, Bd. I, Budapest 1993.

Bennet, J.: »The Wild Country East of Dikte«, *Minos* 1987.

–: »Two New Marks on Bronze Age Pottery from Kommos«, *Kadmos* 1994.

–: »Homer and the Bronze Age« in *A New Companion to Homer*, ed. I. Morris, B.B. Powell, Leiden 1997.

–: »Words, People and Things in the Late Bronze Age Aegean« in *The Emergence of Civilization Revisited*, ed. J.C. Barrett/P. Halstead, Oxford 2004.

Bennett, C.G.: *The Cults of the Ancient Greek Cypriots*, Ann Arbor 1982.

Bennett, H.L.: *Africans in Colonial Mexico*, Bloomington 2005.

Benoît, F.: *L'héroïsation équestre*, Aix-en-Provence 1954.

–: *Mars et Mercure*, Aix-en-Provence 1959.

Benson, C.: »Hydria mit Medeia, die einen Widder verjüngt« in *Pandora*, ed. E.D. Reeder, Mainz 1996.

Benveniste, É.: »Expression indo-européenne du ›mariage‹« in *A Pedro Bosch-Gimpera*, ed. S. Genovés, México 1963.

Beretta, C.: *I nomi dei fiumi, dei monti, dei siti*, Milano 2003.

Berezanskaja, S.S./V.I. Kločko: *Das Gräberfeld von Hordeevka*, Rahden 1998.

Berg, E.: *Zwischen den Welten*, Berlin 1982.

Berg, G./F. Friedensburg: *Die Metallischen Rohstoffe: Kupfer*, Stuttgart 1941.

Berg, I.: »Aegean Bronze Age Seascapes« in *Mediterranean Crossroads*, ed. S. Antoniadou/A. Pace, Athens 2007.

Berg, W.: »Hekate: Greek or ›Anatolian‹?«, *Numen* 1974.

Bergendorff, S. et al.: »Mythopraxis and History«, *Journal of the Polynesian Society* 1988.

Berger, D.: *Geographische Namen in Deutschland*, Mannheim 1999.

Berggren, K.: »Why Embroider Pottery?«, *Journal of Prehistoric Religion* 1993.

Bermant, C./M. Weitzman: *Ebla*, Frankfurt am Main 1979.

Bernabé, A.: »Hittites and Greeks« in *Griechische Archaik*, ed. R. Rollinger/C. Ulf, Berlin 2004.

Bernal, M.: *Black Athena*, Bd. II, London 1991.

Bernard, P.: »Les mines de lapis lazuli du Badakhshan« in *Études de géographie historique sur la plaine d'Aï Khanoum*, ed. P. Bernard/H. P. Francfort, Paris 1978.

de Bernardo Stempel, P.: »Minima Celtica zwischen Sprach- und Kulturgeschichte« in *Man and the Animal World*, ed. P. Anreiter et al., Budapest 1998.

–: »Nehalen(n)ia, das Salz und das Meer«, *Anzeiger der philosophisch-historischen Klasse* 2004.

–: »Teonimia en las Aquitanias célticas« in *Auf den Spuren keltischer Götterverehrung*, ed. M. Hainzmann, Wien 2007.

Berndt, R. M.: »Badu: Island of the Spirits«, *Oceania* 1948.

–: »A Cargo Movement in the Eastern Central Highlands of New Guinea«, *Oceania* 1952.

–: *Djanggawul*, London 1952.

–: *Excess and Restraint*, Chicago 1962.

–: »Into the Unknown!«, in *Ethnographic Presents*, ed. T. E. Hays, Berkeley 1992.

Berndt-Ersöz, S.: »In Search of a Phrygian Male Superior God« in *Offizielle Religion, lokale Kulte und individuelle Religiosität*, ed. M. Hutter/S. Hutter-Braunsar, Münster 2004.

Bernhard, W.: »Die Ethnogenese der Germanen aus der Sicht der Anthropologie« in *Ethnogenese europäischer Völker*, ed. W. Bernhard/A. Kandler-Pálsson, Stuttgart 1986.

Bernhardt, K.-H.: »Ugaritische Religion und Literatur« in *Kulturgeschichte des alten Vorderasien,* ed. H. Klengel, Berlin 1989.

Bernstein, F. S.: »The Goddess of the Garden in Pompeii« in *From the Realm of the Ancestors*, ed. J. Marler, Manchester 1997.

Bertemes, F./K. Hornung-Bertemes: »Minoer in Didyma« in *Zurück zum Gegenstand*, ed. R. Einicke et al., Langenweißbach 2009.

Bertsch, K.: *Paläobotanische Monographie des Federseerieds*, Stuttgart 1931.

Bērziņš, V.: »The Conditions For Travel and Transport in the Stone Age« in *De temporibus antiquissimis*, ed. V. Lang/A. Kriiska, Tallinn 2000.

Best, J.: »Cretan Writing: Origins and Developments« in *Interaction and Acculturation in the Mediterranean*, ed. J. Best/N. de Vries, Amsterdam 1980.

–: »Thrakische Namen in mykenischer Schrift« in *Thracians and Mycenaeans*, ed. J. Best/N. De Vries, Leiden 1989.

–: »Linguistic Evidence For a Phoenician Pillar Cult in Crete«, *Journal of the Ancient Near Eastern Society* 1992.

Betancourt, P. P.: »The Middle Minoan Pottery of Southern Crete« in *The Minoan Thalassocracy*, ed. R. Hägg/N. Marinatos, Stockholm 1984.

–: *Kommos II*, Princeton 1990.

–: »Middle Minoan Objects in the Near East« in *The Aegean and the Orient in the Second Millennium*, ed. E. H. Cline/ D. Harris-Cline, Eupen 1998.

–: »The Aegean and the Origin of the Sea Peoples« in *The Sea Peoples and Their World*, ed. E. D. Oren, Philadelphia 2000.

–: »The Amnissos Cave: Poetry Meets Reality« in *Epos*, ed. S. P. Morris/R. Laffineur, Liège 2007.

–: »Minoan Trade« in *The Aegean Bronze Age*, ed. C. W. Shelmerdine, Cambridge 2008.

Betancourt, P. P. et al.: »Catalog of Objects From Tomb 7« in *Pseira VII*, ed. P. P. Betancourt/C. Davaras, Philadelphia 2003.

Betts, H.: *Corpus der minoischen und mykenischen Siegel*, Bd. X, Berlin 1980.

Betz, H.: *Geheimnis Wünschelrute*, Frankfurt am Main 1990.

Beuchelt, E.: »Die Fernreise als Initiation« in *George Devereux zum 75. Geburtstag*, ed. E. Schröder/D. H. Frießem, Braunschweig 1984.

Beuchert, M.: *Symbolik der Pflanzen*, Frankfurt am Main 2004.

Beuermann, A.: *Fernweidewirtschaft in Südosteuropa*, Braunschweig 1967.

Bevan, A.: »The Consumption and Imitation of Egyptian Stone Vessels in EM II-MM I Crete« in *The Emergence of Civilisation Revisited*, ed. J. C. Barrett/ P. Halstead, Oxford 2004.

–: *Stone Vessels and Values in the Bronze Age Mediterranean*, Cambridge 2007.

Bevan, E.: *Representations of Animals in Sanctuaries of Artemis*, Oxford 1986.

–: »Water-Birds and the Olympian Gods«, *Annual of the British School at Athens* 1989.

Bevers, H.: »Die Schnecke (*Conus marmoreus*)« in *Rembrandt*, ed. H. Bevers et al., München 1991.

Beyer, I.: »Der Palasttempel von Phaistos« in *The Function of the Minoan Palaces*, ed. R. Hägg/N. Marinatos, Stockholm 1987.

Beyneix, A.: »Les ors pré- et protohistoriques girondins«, *L'Archéologue 67*, 2003.

Bharati, A.: *The Ochre Robe*, Santa Barbara 1980.

Bhattacharyya, N. N.: *The Indian Mother Goddess*, New Delhi 1977.

Biale, D.: »The God with Breasts: El Shaddai in the Bible«, *History of Religions* 1982.

Bichler, R.: »Über die Bedeutung der Zimelien in der Welt der Odyssee« in *Keimelion*, ed. E. Alram-Stern/G. Nightingale, Wien 2007.

Bick, A.: »Werkzeuge der Götter«, *Abenteuer Archäologie 2*, 2007.

Bidmead, J.: *The Akītu Festival*, Piscataway 2002.

Bidou, P.: »Le travail du chamane«, *L'Homme* 1983.

Biedermann, G.: »Vom Wandel antiker Gesten im Mittelalter«, *Bruckmanns Pantheon* 1987.

Biedermann, H.: »Geistesgeschichtliche Grundlagen der Entdeckungsgeschichte der Kanaren«, *Almogaren* 1985.

Bierbrauer, V.: »Wandalen« in *Reallexikon der Germanischen Altertumskunde*, ed. H. Beck et al., Bd. 32, Berlin 2006.

Biermann, F.: »Tonpfeifen als Zeugen des Tabakkonsums im frühneuzeitlichen Mecklenburg-Vorpommern« in *Archäologie unter dem Straßenpflaster*, ed. H. Jöns et al., Schwerin 2005.

Biesantz, H.: *Kretisch-mykenische Siegelbilder,* Marburg 1954.

–: »Mykenische Schriftzeichen auf einer böotischen Schale des 5. Jahrhunderts v. Chr.« in *Minoica,* ed. E. Grumach, Berlin 1958.

Bieß, H.: *Rekonstruktionen ägyptischer Schiffe des Neuen Reiches,* Göttingen 1963.

Bietak, M.: »Die Archäologie von Auaris« in *Pharaonen und Fremde,* ed. M. Bietak et al., Wien 1994.

–: »Tell el-Dab'a/Avaris und die minoische Welt« in *Das Labyrinth des Minos,* ed. H. Siebenmorgen, München 2000.

–: »The Thutmoside Strongholds of Perunefer«, *Egyptian Archaeology,* Spring 2005.

–: »Egypt and the Aegean« in *Hatshepsut,* ed. C. H. Roehrig et al., New York 2006.

–: »Discussion of the Taureador Scenes from Avaris« in *Taureador Scenes,* ed. M. Bietak et al., Wien 2007.

Bietak, M./R. Jung: »Pharaohs, Swords and Sea Peoples«, *Archaeology u. History in the Lebanon* 2008.

Bietak, M./C. Palyvou: »A Large Griffon From a Royal Citadel of the Early 18th Dynasty at Tell el-Dab'a« in *Πεπραγμενα,* Bd. I, Herakleion 2000.

Biezais, H.: »Die vermeintlichen germanischen Zwillingsgötter«, *Temenos* 1969.

–: »Baltische Religion« in *Germanische und baltische Religion,* ed. Å. V. Ström/ H. Biezais, Stuttgart 1975.

–: *Lichtgott der alten Letten,* Uppsala 1976.

–: *Die baltische Ikonographie,* Leiden 1985.

–: »Die soziale Grundlage synkretistischer Prozesse« in *Tradition und Translation,* ed. C. Elsas et al., Berlin 1994.

Biezais, H./J. Balys: »Baltische Mythologie« in *Götter und Mythen im alten Europa,* ed. H. W. Haussig, Stuttgart 1973.

Biggs, R. D.: »The Babylonian Sexual Potency Texts« in *Sex and Gender in the Ancient Near East,* ed. S. Parpola/R. M. Whiting, Helsinki 2002.

Bignasca, A.: »La rivoluzione orientalizzante«, *archeo* 2, 2004.

Bikai, P. M.: *The Pottery of Tyre,* Warminster 1978.

–: »Cyprus and the Phoenicians«, *Biblical Archaeologist* 1989.

–: »The Phoenicians« in *The Crisis Years: The 12th Century B. C.,* ed. W. A. Ward/M. S. Joukowsky, Dubuque 1992.

Bilgi, Ö.: »Trade in Anatolia During the Pre-Classical Period«, *Palmet* 1997.

–: *Metallurgists of the Central Black Sea Region,* Istanbul 2001.

Bilgi, Ö. et al.: »Castings of Copper-Bronze« in *Anadolu: Dökümün Beşiği,* ed. Ö. Bilgi, Istanbul 2004.

Bill, J.: »Ships and Seamanship« in *History of the Vikings,* ed. P. Sawyer, Oxford 1997.

Billamboz, A.: »Waldentwicklung unter Klima- und Menscheneinwirkung in der Bronzezeit« in *Goldene Jahrhunderte,* ed. G. Kastl, Stuttgart 1997.

Billerbeck, J.: *Flora Classica,* Leipzig 1824.

Billigmeier, J. C.: »An Inquiry Into the Non-Greek Names on the Lin B Tablets from Knossos«, *Minos* 1969.

–: »Identification of the Language Contained in the Cypro-Minoan II Inscriptions From Enkomi« in *Colloquium Mycenaeum*, ed. E. Risch/H. Mühlestein, Neuchâtel 1979.

Binder, G.: *Die Aussetzung des Königskindes*, Meisenheim 1964.

Binsteiner, A.: *Der Fall Ötzi*, Linz 2007.

Birkhan, H.: »Laborintus – labor intus: Zum Symbolwert des Labyrinths im Mittelalter« in *Festschrift für Richard Pittioni*, ed. H. Mitscha-Märheim et al., Bd. II, Wien 1976.

Bischof, R.: *Heilige Hochzeit*, Wien 2006.

Bisi, A. M.: *Il grifone*, Milano 1965.

–: »Le terracotte figurate« in *I Fenici*, ed. S. Moscati, Milano 1988.

–: »›Smiting God‹« in *Dictionnaire de la civilisation phénicienne et punique*, ed. E. Lipiński, Turnhout 1992.

v. Bismarck, R.: *Bernstein, das Gold des Nordens*, Neumünster 1972.

Bisset, N. G. et al.: »Was Opium Known in 18th Dynasty Ancient Egypt?«, *Ägypten und Levante* 1996.

v. Bissing, F. W.: »Pyene und die Seefahrten der Ägypter«, *Die Welt des Orients* 1949.

Bitrakova-Grozdanova, V.: »Sur le culte de Déméter en Macédoine« in *Heros Hephaistos*, ed. T. Stoyanov et al., Sofia 2005.

Bittel, K.: »Einige Bemerkungen zu trojanischen Funden« in *Marburger Studien*, ed. E. Sprockhoff, Darmstadt 1938.

Bitter, P.: »Aspects of a Luxurious Lifestyle in Alkmaar« in *Lübecker Kolloquium zur Stadtarchäologie im Hanseraum VI*, ed. M. Gläser, Lübeck 2008.

Black, J./A. Green: *Gods, Demons and Symbols of Ancient Mesopotamia*, London 1992.

Black Elk: *The Sixth Grandfather*, ed. R. J. DeMallie, Lincoln 1984.

Blackburn, J.: *The White Men*, London 1979.

Blackman, A. M.: »The Significance of Incense and Libations in Funerary and Temple Ritual«, *Zeitschrift für ägyptische Sprache und Altertumskunde* 1913.

Blackman, D.: »Triremes and Shipsheds« in *2nd International Symposium on Ship Construction in Antiquity*, ed. H. Tzalas, Delphi 1987.

Blackman, D./M. C. Lentini: »The Shipsheds of Sicilian Naxos«, *Annual of the British School at Athens* 2003.

Blainey, G.: *Triumph of the Nomads*, Melbourne 1982.

Blakolmer, F.: »Afrikaner in der minoischen Ikonographie?«, *Ägypten und Levante* 2002.

v. Blankenburg, W.: *Heilige und dämonische Tiere*, Köln 1975.

Blažek, V.: »The Semitic Divine Name *ʿaṯtar (-at-) and Its Possible Afroasiatic Cognates«, in *Studies in Near Eastern Languages*, ed. P. Zemánek, Praha 1996.

–: »Semitic *Tⁱáwar-, ›Bull‹, and Its Relatives« in *Comparative-Historical Afrasian Linguistic Studies*, ed. M. L. Bender et al., München 2003.

Blázquez, J. M.: »Ivoires minoens et mycéniens«, *Minos* 1971.

–: »Die Mythologie der Althispanier« in *Götter und Mythen im alten Europa*, ed. H. W. Haussig, Stuttgart 1973.

882

Blázquez-Martínez, J. M./ M. P. García-Gelabert Perez: »Ägäische Einflüsse auf das Gebiet am oberen Guadalquivir« in *Orientalisch-ägäische Einflüsse in der europäischen Bronzezeit*, ed. P. Schauer, Bonn 1990.

Blech, M.: *Studien zum Kranz bei den Griechen*, Berlin 1982.

–: »Tartessos« in *Denkmäler der Frühzeit*, ed. M. Blech et al., Mainz 2001.

Bleeker, C. J.: »Der religiöse Gehalt einiger Hathor-Lieder«, *Zeitschrift für ägyptische Sprache und Altertumskunde* 1973.

Bleibtreu, E.: »Schminkpalette mit blauem Pigment aus Tepe Zaqeh« in *7000 Jahre persische Kunst*, ed. W. Seipel, Wien 2000.

Blench, R.: »Prehistory of African Ruminant Livestock« in *The Archaeology of Africa*, ed. T. Shaw et al., London 1993.

Blier, S. P.: »African Portrayals of the Portuguese ca. 1492«, *Art Bulletin* 1993.

Bliss, F./M. Weissenberger: »Das Schmuckwesen der Oase Siwa«, *Archiv für Völkerkunde* 1984.

Bliujienė, A.: »Lithuanian Amber Artifacts in the Middle of the First Millennium« in *Baltic Amber*, ed. A. Butrimas, Vilnius 2001.

–: »Lithuanian Amber Artifacts from the Roman Iron Age to Early Medieval Times« in *Amber in Archaeology*, ed. C. W. Beck et al., Riga 2003.

–: *Lietuvos priešistorės gintaras*, Klaipėda 2007.

Bloch, A. A.: »The Cedar and the Palm Tree« in *Solving Riddles and Untying Knots*, ed. Z. Zevit et al., Winona Lake 1995.

Bloch, J.: »›Voir‹ en indo-aryen« in *Festschrift Jacob Wackernagel*, ed. E. Abegg et al., Göttingen 1923.

Bloch, R.: »Héra, Uni, Junon en Italie centrale«, *Revue des Études Latines* 1973.

Bloedow, E. F.: »The ›Sanctuary Rhyton‹ from Zakros«, *Aegaeum* 1990.

–: »Evidence for an Early Date for the Cult of Cretan Zeus«, *Kernos* 1991.

–: »The Agrimi as a ποτνία θηρων Motif in Minoan Glyptic«, *Journal of Prehistoric Religion* 2001.

–: »The Significance of the Goat in Minoan Culture«, *Prähistorische Zeitschrift* 2003.

–: »What Was the Ultimate Destination of the Uluburun Ship?« in *Emporia*, ed. R. Laffineur/E. Greco, Eupen 2005.

Blok, A.: »Rams and Billy-Goats: A Key to the Mediterranean Code of Honour«, *Man* 1981.

Blok, J. H.: *The Early Amazons*, Leiden 1995.

Blomberg, M./G. Henriksson: »Minos Enneoros« in *Religion and Power in the Ancient Greek World*, ed. P. Hallström/B. Alroth, Uppsala 1996.

Blome, F.: *Die Opfermaterie in Babylonien und Israel*, Bd. I, Rom 1934.

Blome, P.: »Die dunklen Jahrhunderte – aufgehellt« in *200 Jahre Homer-Forschung*, ed. J. Latacz, Stuttgart 1991.

Blume, P.: *Die figürliche Bildwelt Kretas in der geometrischen und früharchaischen Periode*, Mainz 1982.

Boardman, J.: *The Cretan Collection in Oxford*, Oxford 1961.

–: »Bronze Age Greece and Libya«, *Annual of the British School at Athens* 1968.

–: »Crete and Cyprus in the 7th Century B. C.« in *The Relations between Cyprus and Crete*, ed. V. Karageorghis, Nicosia 1979.

–: »The Aegean Islands« in *The Cambridge Ancient History*, Bd. III.1, ed. J. Boardman et al., Cambridge 1982.

–: »Atalanta«, *Chicago Museum Studies* 1983.

–: »Cretan Seals after the Bronze Age« in Ειλαπινη, ed. L. Kastrinaki et al., Herakleion 1987.

–: *The Archaeology of Nostalgia*, London 2002.

Boardman, J. et al.: *Eros in Griechenland*, München 1975.

Boas, N. A.: »Settlements and Fields Covered by Sand Drift in the Bronze Age: Djursland« in *Forschungen zur bronzezeitlichen Besiedlung von Nord- und Mitteleuropa*, ed. J. H. Assendorp, Espelkamp 1997.

Bober, P. P.: »Cernunnos«, *American Journal of Archaeology* 1951.

Bock, S.: *Ova struthionis*, Heidelberg 2005.

Bockius, R.: *Schiffahrt und Schiffbau in der Antike*, Stuttgart 2007.

Bodson, L.: Ἱερα Ζωια, Bruxelles 1980.

Boedeker, D.: *Descent from Heaven*, Chico 1984.

Bøgh, B.: »The Phrygian Background of Kybele«, *Numen* 2007.

Böhl, F. M. T.: »Zum babylonischen Ursprung des Labyrinths« in *Miscellanea Orientalia*, Roma 1935.

Böhm, S.: *Die ›nackte Göttin‹*, Mainz 1990.

Böhme, C.: »Zur Frage der Härtung von Kupferwaffen und Geräten« in *Technische Beiträge zur Archäologie*, ed. H.-J. Hundt, Bd. II, Bonn 1965.

Böhme, R.: *Orpheus*, Berlin 1953.

–: »Orpheus in Thrakien und Phrygien«, *Annales Universitatis Saraviensis* 1956.

–: »Der Name Orpheus«, *Minos* 1981.

Boehmer, R. M.: »Einige ältere, in jüngeren Zeiten wiederbenutzte altorientalische Siegel« in *Ana šadî labnāni lū allik*, ed. B. Pongratz-Leisten et al., Neukirchen-Vluyn 1997.

Bökönyi, S.: *History of Domestic Mammals in Central and Eastern Europe*, Budapest 1974.

–: »Horses and Sheep in East Europe in the Copper and Bronze Ages« in *Proto-Indo-European*, ed. S. N. Skomal/E C. Polomé, Washington 1987.

Boëlle, C.: »*Po-ti-ni-ja* à Mycènes«, *Minos* 1993.

Boëls-Janssen, N.: »Les ›faiseuses de rois‹« in *Signes et destins d'élection dans l'Antiquité*, ed. M. Fartzoff et al., Besançon 2006.

Börker-Klähn, J.: »Greif« in *Lexikon der Assyriologie*, Bd. 3, ed. E. Weidner/W. v. Soden, Berlin 1971.

–: »Lykien zur Bronzezeit« in *Akten des II. Internationalen Lykien-Kongresses*, ed. J. Borchhardt/G. Dobesch, Bd. I, Wien 1993.

Boertien, J. H.: »Asherah and Textiles«, *Biblische Notizen* 2007.

Boessneck, J.: »Die Domestikation und ihre Folgen« in *Zur frühen Mensch-Tier-Symbiose*, ed. H. Müller-Karpe, München 1983.

–: *Die Tierwelt des Alten Ägypten*, München 1988.

Boessneck, J./A.v.d. Driesch: *Knochenabfall und Weihgaben aus dem Heraion von Samos*, München 1988.

–: *Tell el-Dab'a VII*, Wien 1992.

Boettcher, C.-H.: *Der Ursprung Europas*, St. Ingbert 2000.

Boettger, C.R.: *Die Haustiere Afrikas*, Jena 1958.
Bogucki P.: »Die Kupferzeit in Osteuropa«, in *Bildatlas der Hochkulturen*, ed. P.G. Bahn, Gütersloh 2003.
Boisacq, É.: *Dictionnaire étymologique de la langue grecque*, Heidelberg 1950.
Bojtár, E.: *Foreword to the Past*, Budapest 1999.
Boll, F.: *Die Sonne im Glauben und in der Weltanschauung der alten Völker*, Stuttgart 1921.
Bolohan, N.: »Trans-Balkan Relations During the Middle and Late Bronze Age« in *B' Διεθνές Διεπιστημονικό Συμπόσιο*, ed. N. Kyparisse-Apostolika/M. Papakonstantinou, Athina 2003.
Bolte, J./G. Polívka: *Anmerkungen zu den Kinder- und Hausmärchen der Brüder Grimm*, Bd. II, Leipzig 1915.
Bomhard, A.R.: »Common Indo-European/Afroasiatic Roots«, *General Linguistics* 1986.
–: »PIE * Ḫs-tér, ›Star‹«, *Journal of Indo-European Studies* 1986.
Bonatz, D.: »Fremde ›Künstler‹ in Ḫattuša« in *Brückenland Anatolien?*, ed. H. Blum et al., Tübingen 2002.
Bonev, A.: »Towards the Thracian-Aegean Contacts in the Pre-Colonization Period« in *Early Symbolic Systems for Communication in Southeast Europe*, ed. L. Nikolova, Bd. I, Oxford 2003.
Bonfante, L.: »Homer Text is Mycenaean«, *Journal of Indo-European Studies* 1996.
–: »Classical Nudity in Italy and Greece« in *Ancient Italy in Its Mediterranean Setting*, ed. D. Ridgway et al., London 2000.
–: »Etruscan Boundaries and Prophecy« in *Structure and Meaning in Human Settlements*, ed. T. Atkin/J. Rykwert, Philadelphia 2006.
Bonin, W.F.: *Die Götter Schwarzafrikas*, Graz 1979.
Bonn-Muller, E.: »First Minoan Shipwreck«, *Archaeology*, February 2010.
Bonnechère, P.: *Le sacrifice humain en Grèce ancienne*, Liège 1994.
Bonnemaison, J.: *L'arbre et la pirogue*, Bd. I, Paris 1986.
–: *The Tree and the Canoe*, Honolulu 1994.
Bonnet, C.: »Le culte de Melqart à Carthage« in *Religio Phoenicia*, ed. C. Bonnet et al., Namur 1986.
–: »Das Königreich von Kerma« in *Sudan*, ed. D. Wildung, München 1996.
Bonnet, C./D. Valbelle: *Pharaonen aus dem Schwarzen Afrika*, Mainz 2006.
Bonnet, H.: *Reallexikon der ägyptischen Religionsgeschichte*, Berlin 1952.
Bonnetain, Y.S.: »Riding the Tree« in *13th International Saga Conference*, ed. J. McKinnell et al., Bd. I, Durham 2006.
van den Boom, H.: »Die Pomerellische Gesichtsurnenkultur«, *Acta Praehistorica et Archaeologica* 1981.
Booth, C.: *The Role of Foreigners in Ancient Egypt*, Oxford 2005.
Borchard, H.-J.: *Pellworm, Pilworm, Peelwerrem*, Pellworm 2002.
Borchhardt, J./E. Bleibtreu: »Zur Genesis des Zepters« in *Italo, Tusco, Romana*, ed. P. Amann et al., Wien 2006.
Borgeaud, P.: »The Greek Labyrinth in Context«, *History of Religions* 1975.
–: *Recherches sur le dieu Pan*, Genève 1979.

–: *Exercices de mythologie*, Genève 2004.

Borgna, E.: »Observations on Deep Bowls and Kraters From the ›Acropoli mediana‹ at Phaistos« in *LM III Pottery*, ed. E. Hallager/B. P. Hallager, Athens 1997.

–: »The North Adriatic Regions Between Europe and the Aegean World« in *Eliten in der Bronzezeit*, ed. I. Kilian-Dirlmeier/M. Egg, Bd. I, Mainz 1999.

–: *Il complesso di ceramica tardominoico III dell' Acropoli Mediana di Festòs*, Padova 2003.

–: »Social Meanings of Food and Drink Consumption at LM III Phaistos« in *Food, Cuisine and Society in Prehistoric Greece*, ed. P. Halstead/J. C. Barrett, Oxford 2004.

–: »Aegean Feasting: A Minoan Perspective« in *The Mycenaean Feast*, ed. J. C. Wright, Princeton 2004.

Borgna, E./P. C. Guida: »Seafarers in the Bronze Age of the Northern Adriatic« in *A Connecting Sea*, ed. S. Forenbaher, Oxford 2009.

de Borhegyi, S. F.: »Stone, Bone, and Shell Objects From Lake Amatitlan in Guatemala«, *Baessler-Archiv* 1969.

Borhy, L.: »Ἱερός γάμος: Überlegungen zu einer griechischen Münze aus Brigetio, *Acta Archaeologica Academiae Scientiarum Hungaricae* 2006.

Borislavov, B.: »The Izvorovo Gold«, *Archaeologia Bulgarica* 2010.

Born, H.: »Verzinnte Schildbänder und –bügel aus Olympia«, *Das Altertum* 2007.

Boroffka, N. et al.: »Bronze Age Tin From Central Asia« in *Ancient Interactions*, ed. K. Boyle et al., Cambridge 2002.

Borofsky, R./A. Howard: »The Early Contact Period« in *Developments in Polynesian Ethnology*, ed. A. Howard, Honolulu 1989.

Borowka-Clausberg, B.: *Balthasar Sprenger*, München 1999.

Borrell, B.: »From the Trenches«, *Archaeology*, May 2010.

Bos, J. M.: *Archeologie van Friesland*, Den Haag 1995.

Bosch-Gimpera, P.: »Relations préhistoriques entre l'Irlande et l'ouest de la péninsule ibérique«, *Préhistoire* 1933.

–: »Transpazifische Parallelen der amerikanischen Hochkultur und ihre Chronologie«, *Saeculum* 1971.

Bosse-Griffiths, K.: *Amarna Studies*, Fribourg 2001.

Bossert, H. T.: *Alt Kreta*, Berlin 1921.

Botheroyd, S./ P. F. Botheroyd: *Lexikon der keltischen Mythologie*, München 1992.

Bottema, S.: »East Is East and West Is West?«, *Jaarbericht van het Vooraziatisch-Egyptisch Genootschap* 1994.

Bottéro, J.: »Les divinités sémitiques anciennes en Mésopotamie« in *Le antiche divinità semitiche*, ed. S. Moscati, Roma 1958.

–: »Love and Sex in Babylon« in *Everyday Life in Ancient Mesopotamia*, ed. J. Bottéro, Edinburgh 2001.

Bouché-Leclercq, A.: *L'astrologie grecque*, Paris 1899.

Boulogne, J.: »Espaces et peuples septentrionaux dans les représentations mythiques des Grecs de l'Antiquité«, *Revue du Nord* 2005.

Boulotis, C.: »Ein Gründungsdepositum im minoischen Palast von Kato Zakros«, *Archäologisches Korrespondenzblatt* 1982.

–: »La déesse minoenne à la rame-gouvernail« in *Proceedings of the 1st International Symposium on Ship Construction in Antiquity*, ed. H.E. Tzalas, Piräus 1985.

Bouloumié, B.: »Die Rolle der Etrusker beim Handel mit etruskischen und griechischen Erzeugnissen im 7. und 6. Jahrhundert v.Chr.« in *Hallstatt-Studien*, ed. F. Fischer et al., Weinheim 1987.

Bourriau, J.: *Pharaohs and Mortals*, Cambridge 1988.

–: »The Beginnings of Amphora Production in Egypt« in *Invention and Innovation*, ed. J. Bourriau/J. Phillips, Oxford 2004.

Bouzek, J.: »Die Beziehungen der neugefundenen Griffzungenschwerter von Enkomi-Alasia zum vorgeschichtlichen Europa« in *Alasia I*, ed. F.-A. Schaeffer, Paris 1971.

–: *The Aegean, Anatolia and Europe*, Praha 1985.

–: »The Shifts of the Amber Route« in *Amber in Archaeology*, ed. C.W. Beck/J. Bouzek, Praha 1993.

–: »Sea and River Transport in Antiquity and Its Cost« in *Trakija Pontika VI.1*, ed. M. Lazarov/C. Angelova, Sofia 1995.

–: »New Aspects of Amber Route Studies« in *Atti del XIII Congresso delle Scienze Preistoriche*, ed. C. Giunchi, Bd.6.1, Forli 1998.

–: »Thracians and Their Neighbours«, *Studia Hercynia* 2005.

–: »Die Ursprünge des Thrakischen Reiters« in *Pontos Euxeinos*, ed. S.Conrad et al., Langenweißbach 2006.

Bowen, R.L.: »Irrigation in Ancient Qatabân« in *Archaeological Discoveries in South Arabia*, ed. R.L. Bowen/F.P. Albright, Baltimore 1958.

Bowra, C.M.: *On Greek Margins*, Oxford 1970.

–: *Homer*, London 1972.

Boyer, R.: »Some Reflections on the Terra-Mater Motive in Old Scandinavian Sources« in *Germanische Religionsgeschichte*, ed. H. Beck et al., Berlin 1992.

Braarvig, J.: »Horses and Ships in Vedic and Old Greek Material«, *Journal of Indo-European Studies* 1997.

Braccesi, L.: »Indizi per una frequentazione micenea dell'Adriatico« in *Momenti precoloniali nel Mediterraneo antico*, ed. E. Acquaro et al., Roma 1988.

Bradač, M.M.: »The ›Horns of Consecration‹«, *Documenta Praehistorica* 2005.

Bradbury, L.: »*Kpn*-Boats, Punt Trade, and a Lost Emporium«, *Journal of the American Research Center of Egypt* 1996.

Bradley, R.: *An Archaeology of Natural Places*, London 2000.

Bräutigam, K.: *So werd bei uns geredd*, Mannheim 1989.

Brand, B.: »Ostasiatisches Porzellan des 17. Jahrhunderts aus Hirsau im Schwarzwald« in *Aspekte der Archäologie des Mittelalters und der Neuzeit*, ed. I. Ericsson/H. Losert, Bonn 2003.

Brand, C.: »Aus dem Nähkästchen«, *Kemet* 1, 2009.

Brand, H.: *Griechische Musikanten im Kult*, Dettelbach 2000.

Brandenstein, W.: *Atlantis*, Wien 1951.

–: »Der Name Labyrinth«, *Die Sprache* 1952.

Branigan, K.: »Further Light on Prehistoric Relations Between Crete and Byblos«, *American Journal of Archaeology* 1967.

–: *Copper and Bronze Working in Early Bronze Age Crete*, Lund 1968.

–: »Silver and Lead in Prepalatial Crete«, *American Journal of Archaeology* 1968.

–: *The Tombs of Mesara*, London 1970.

–: *The Foundations of Palatial Crete*, London 1970.

–: *Aegean Metalwork of the Early and Middle Bronze Age*, Oxford 1974.

–: »Minoan Metallurgy and Cypriot Copper« in *Early Metallurgy in Cyprus*, ed. J.D. Muhly et al., Nicosia 1982.

–: »Minoan Foreign Relations in Transition«, *Aegaeum* 1989.

–: *Dancing with Death*, Amsterdam 1993.

–: »Proximity and Distance in EM Funerary Landscapes« in *Cemetery and Society in the Aegean Bronze Age*, ed. K. Branigan, Sheffield 1998.

Braren, J.: *Die vorgeschichtlichen Altertümer der Insel Föhr*, Hamburg 1935.

Brather, S.: *Ethnische Interpretationen in der frühgeschichtlichen Archäologie*, Berlin 2004.

–: »Bestattungsrituale zur Merowingerzeit« in *Totenritual und Grabkult in frühen Gesellschaften*, ed. C. Kümmel et al., Münster 2008.

Braudel, F.: *Das Mittelmeer*, Bd.I, Frankfurt am Main 1990.

Braun-Holzinger, E.A.: »Altbabylonische Götter und ihre Symbole«, *Baghdader Mitteilungen* 1996.

Breasted, J.H.: *Ancient Records of Egypt*, Bd.II, Chicago 1906.

Brecoulaki, H. et al.: »An Archer from the Palace of Nestor«, *Hesperia* 2008.

v. Bredow, I.: »Die thrakischen Namen bei Homer« in *Acta Centri Historiae Terra Antiqua Balcanica*, Bd.I, ed. A. Fol et al., Trinovi 1986.

–: »Der Übergang von den mykenischen zu den frühgriechischen Produktionszentren« in *Acta Centri Historiae Terra Antiqua Balcanica*, ed. A. Fol et al., Bd.I, Trinovi 1986.

–: »Ethnonyme und geographische Bezeichnungen der Thraker bei Homer« in *Thracians and Mycenaeans*, ed. J. Best/N. de Vries, Leiden 1989.

–: »Frühe anatolisch-südthrakische Beziehungen nach Angaben aus der griechischen Mythologie« in *Actes du 2ᵉ Symposium International des Études Thraciennes*, ed. D. Trianaphyllos, Bd.I, Komotēnē 1997.

Brehm, A.E.: *Die Säugethiere*, Bd.III, Leipzig 1877.

Breitenberger, B.: *Aphrodite and Eros*, New York 2007.

Bremer, O.: *Ethnographie der germanischen Stämme*, Straßburg 1899.

Bremmer, J.N.: »Medon: The Case of the Bodily Blemished King« in *Perennitas*, ed. G. Picaluga, Roma 1980.

–: »›Effigies Dei‹ in Ancient Greece: Poseidon« in *Effigies Dei*, ed. D. van der Plas, Leiden 1987.

–: »Anaphe, Aeschrology and Apollo Aigletes« in *Beginning from Apollo*, ed. A. Harder/M. Cuypers, Leuven 2005.

–: *Greek Religion and Culture, the Bible and the Ancient Near East*, Leiden 2008.

v. Brenner, J.: *Besuch bei den Kannibalen Sumatras*, Würzburg 1894.

888

Brentjes, B.: »Studien zum Bewässerungsackerbau des Vorderen Orients«, *Altorientalische Forschungen* 1947.

–: »Die Schafzucht im Alten Orient«, *Ethnographisch-Archäologische Zeitschrift* 1963.

–: *Der Tierstil in Eurasien*, Leipzig 1982.

–: »Agriculture, Domestication and the Rock-Art« in *Origin of Food-Producing Cultures in North-Eastern Africa*, ed. L. Krzyżaniak/M. Kobusiewicz, Poznań 1984.

–: »Musikant, Schamane oder Befehlshaber?« in *Studien zur Musikarchäologie*, Bd. I, ed. E. Hickmann, Rahden 2000.

Brentjes, B./R. S. Vasilievsky: *Schamanenkrone und Weltenbaum*, Leipzig 1989.

Bresciani, E.: *An den Ufern des Nils*, Stuttgart 2002.

Bresson, A.: »Merchants and Politics in Ancient Greece« in *Mercanti e politica nel mondo antico*, ed. C. Zaccagnani, Roma 2003.

Brewer, D. J. et al.: *Domestic Plants and Animals*, Warminster 1994.

Breyer, G.: »Ad Volcanum deum Volcanalque« in *Italo, Tusco, Romana*, ed. P. Amann et al., Wien 2006.

Briant, P.: *Histoire de l'empire perse*, Paris 1996.

Briard, J.: »Wessex et Armorique« in *Actes du 22ème Congrès Préhistorique de France*, ed. J.-C. Blanchet, Amiens 1987.

–: »Les influences d'Égée et du Proche-Orient dans le Chalcolithique et l'Âge du Bronze de la Bretagne« in *Orientalisch-ägäische Einflüsse in der europäischen Bronzezeit*, ed. P. Schauer, Bonn 1990.

–: »L'Âge du Bronze ancien atlantique« in *Actes du 117ᵉ Congrès National des Sociétés Savantes*, ed. C. Mordant/O. Gaiffe, Paris 1996.

Bricault, L.: *Isis: Dame des flots*, Liège 2006.

Brice, W. C.: »Linear A Inscriptions from Archanes and Thera«, *Kadmos* 1971.

–: »Anthropological and Epigraphic Evidence for Culture Contact in the Early Aegean« in *Acta of the 2nd International Colloquium on Aegean Prehistory*, ed. G. Zitrides, Athens 1972.

–: »Peculiarities of the Linear Script A at Zakro and Elsewhere« in *Ειλαπινη*, ed. L. Kastrinaki et al., Herakleion 1987.

Brickell, C./W. Barthlott: *Die große Pflanzenenzyklopädie*, Bd. II, Starnberg 2004.

Bridgman, T. P.: *Hyperboreans*, New York 2005.

Brighenti, F.: *Śakti Cult in Orissa*, New Delhi 2001.

Brixhe, C.: »Le nom de Cybèle«, *Die Sprache* 1979.

Brize, P.: *Die Geryoneis des Stesichoros*, Würzburg 1980.

Brock, L. P.: »Art, Industry and the Aegeans in the Tomb of Amenmose«, *Ägypten und Levante* 2000.

Brock, T.: *Moorleichen*, Stuttgart 2009.

Brockmann, A.: »Handel im Zeichen der Federschlange«, *Ethnographisch-Archäologische Zeitschrift* 2000.

Brodbeck-Jucker, S.: *Mykenische Funde von Kephallenia*, Roma 1986.

Broderick, G.: »The Names for Britain and Ireland Revisited«, *Beiträge zur Namenforschung* 2009.

Brody, A. J.: *Each Man Cried Out to His God*, Atlanta 1998.

–: »From the Hills of Adonis Through the Pillars of Hercules«, *Near Eastern Archaeology* 2002.

Brøndsted, J.: »Haus und Hof der Germanen in Dänemark« in *Haus und Hof im nordischen Raum*, ed. H. Reinerth, Bd. I, Leipzig 1937.

–: *Nordische Vorzeit*, Bd. I, Neumünster 1960; Bd. II 1962; Bd. III 1963.

–: *Die große Zeit der Wikinger*, Neumünster 1964.

Brommer, F.: *Herakles II*, Darmstadt 1984.

Bron, C.: »Hélène sur les vases antiques«, *Kernos* 1996.

Broodbank, C.: *An Island Archaeology of the Early Cyclades*, Cambridge 2000.

–: »The Origins and Early Development of Mediterranean Maritime Activity«, *Journal of Mediterranean Archaeology* 2006.

Broome, R.: *Aboriginal Australians*, St. Leonards 1994.

Brosmann, P. W.: »Designation of Females in Hittite«, *Journal of Indo-European Studies* 1982.

Brosse, J.: *Mythologie der Bäume*, Solothurn 1990.

Brouwer, J.: »The Visvakarma Worldview« in *Prakṛti*, Bd. I, ed. B. Saraswati, New Delhi 1995.

Brown, A.: *Before Knossos*, Oxford 1993.

Brown, A./K. Bennett: *Arthur Evans's Travels in Crete 1894-99*, Oxford 2001.

Brown, A. S.: »From the Golden Age to the Isles of the Blest«, *Mnemosyne* 1998.

Brown, C.: »Dionysos and the Women of Elis«, *Greek, Roman, and Byzantine Studies* 1982.

Brown, L. M.: »The Ship Procession in the Miniature Fresco« in *Thera and the Aegean World*, Bd. I, ed. C. Doumas, London 1978.

Brown, P.: *Beyond a Mountain Valley*, Honolulu 1995.

Brown, R. A.: »The Eteocretan Inscription from Psychro«, *Kadmos* 1978.

–: *Evidence For Pre-Greek Speech on Crete*, Amsterdam 1985.

Brown, S. C.: »Lapis Lazuli and Its Sources in Ancient West Asia«, *Bulletin of the Canadian Society for Mesopotamian Studies* 22, 1991.

Brubaker, R. L.: *The Ambivalent Mistress*, Chicago 1978.

Brüch, J.: »Vulgärlat. **peltrum*, ›Zinn‹«, *Sitzungsberichte der Österreichischen Akademie der Wissenschaften, Philos.-hist. Kl.* 1959.

Brumfield, A. C.: *The Attic Festival of Demeter*, Salem 1981.

Brundage, B. C.: *Empire of the Inca*, Norman 1963.

–: *Lords of Cuzco*, Norman 1967.

Brun-Lundgren, M./I. Wiman: »Industrial Activities and Personal Adornments« in *The Greek-Swedish Excavations at the Agia Aikaterini Square Kastelli, Khania*, ed. E. Hallager/B. P. Hallager, Stockholm 2000.

Bruneau, P./J. Ducat: *Guide de Délos*, Paris 1983.

Brunet, S.: »Female and Dwarf Gladiators«, *Mouseion* 2004.

Brunner, C. J.: *Sasanian Stamp Seals*, New York 1978.

Brunner, L.: *Die gemeinsamen Wurzeln des semitischen und indogermanischen Wortschatzes*, Bern 1969.

Brunner, U./W. Herberg: »Die Suche nach den Gärten der Königin von Saba« in *Archäologische Entdeckungen*, ed. K. Rheidt et al., Mainz 2000.

Bruns, G.: *Archaeologia Homerica: Küchenwesen und Mahlzeiten*, Göttingen 1970.

Bruns, M.: *Das Rätsel Farbe*, Stuttgart 2006.

Brunsch, W.: *Und ich bin trunken auch ohne Bier*, Stolzalpe 2003.

Brunton, G.: *Matmar*, London 1948.

Bruschweiler, F.: *Inanna*, Leuven 1987.

Bryan, B. M.: »Monumental Ram of Amen Protecting the King« in *Egypt's Dazzling Sun*, ed. A. P. Kozloff/ B. M. Bryan, Cleveland 1992.

–: »Ushebti Box of Djedi-Maat-Iuesankh« in *The Quest for Immortality*, ed. E. Hornung/B. M. Bryan, Washington 2002.

Bryce, T.: »The Trojan War in Its Near Eastern Context«, *Journal of Ancient Civilizations* 1991.

–: *The Kingdom of the Hittites*, Oxford 1998.

–: »Trojan War: Is There Truth Behind the Legend?«, *Near Eastern Archaeology* 2002.

–: »Relations Between Hatti and Ahhiyawa in the Last Decades of the Bronze Age« in *Hittite Studies in Honor of Harry A. Hoffner*, ed. G. Beckman et al., Winona Lake 2003.

–: »History« in *The Luwians*, ed. H. C. Melchert, Leiden 2003.

Brysbaert, A.: »Common Craftmanship in the Aegean and East Mediterranean Bronze Age«, *Ägypten und Levante* 2002.

Buchanan, B.: »A Snake Goddess and Her Companions«, *Iraq* 1971.

Bucher, C.: *Christoph Columbus*, Darmstadt 2006.

Buchholz, E.: *Homerische Kosmographie und Geographie*, Leipzig 1871.

Buchholz, H.: *Bernstein, das Gold des Nordens*, Kiel 1961.

Buchholz, H.-G.: »Der Kupferhandel des 2. vorchristlichen Jahrtausends im Spiegel der Schriftforschung« in *Minoica*, ed. E. Grumach, Berlin 1958.

–: »Mörsersymbolik«, *Acta Praehistorica et Archaeologica* 1977.

–: »Prähistorischer Bronzeguß in Zypern und der Ägäis« in *The Relations Between Cyprus and Crete*, ed. V. Karageorghis, Nicosia 1979.

–: »Beobachtungen zum prähistorischen Bronzeguß in Zypern und der Ägäis« in *Acts of the International Archaeological Symposium*, ed. V. Karageorghis, Nicosia 1979.

–: »Some Observations Concerning Thera's Contacts Overseas during the Bronze Age« in *Thera and the Aegean World*, Bd. II, ed. C. Doumas, London 1980.

–: »Doppeläxte und die Frage der Balkanbeziehungen des Ägäischen Kulturkreises« in *Ancient Bulgaria*, ed. A. G. Poulter, Bd. I, Nottingham 1983.

–: »Thera und das östliche Mittelmeer« in *Ägäische Bronzezeit*, ed. H.-G. Buchholz, Darmstadt 1987.

–: »Der Metallhandel des 2. Jahrtausends im Mittelmeerraum« in *Society and Economy in the Eastern Mediterranean*, ed. M. Heltzer/E. Lipiński, Leuven 1988.

–: »Der Gott Hammon und Zeus Ammon auf Zypern«, *Mitteilungen des Deutschen Archäologischen Instituts, Athen. Abt.* 1991.

–: *Ugarit, Zypern und Ägäis*, Münster 1999.

–: »Furcht vor und Umgang mit Schlangen in Altsyrien, Altkypros und dem Umfeld«, *Ugarit-Forschungen* 2000.

Buck, C. D.: *Synonyms in the Principal Indo-European Languages*, Chicago 1949.

Buckel, I.: »Beigaben mit Kult- und Amulettcharakter in bronzezeitlichen Grabfunden Bayerns« in *40 Jahre Lehrstuhl für Vor- und Frühgeschichte*, ed. P. Schauer, Regensburg 2008.

Buckland, P. C./E. Panagiotakopulu: »Ramses II and the Tobacco Beetle«, *Antiquity* 2001.

Budd, P.: »Meet the Metal Makers«, *British Archaeology*, December 2000.

Budin, S. L.: »Creating a Goddess of Sex« in *Engendering Aphrodite*, ed. D. Bolger/N. Serwint, Boston 2002.

–: »A Reconsideration of the Aphrodite-Ashtart Syncretism«, *Numen* 2004.

–: »Minoan Ashera?« in *Transmission and Transformation of Culture in the Eastern Mediterranean*, ed. J. Clarke, Oxford 2005.

Budrys, R.: »Review of the Literature on Amber« in *Baltic Amber*, ed. A. Butrimas, Vilnius 2001.

Bünsche, B.: »Zur Technik der Vergoldung« in *Magischer Glanz*, ed. R. Bleile, Schleswig 2006.

Bürchner, Dr.: »Idaia (᾽Ιδαια)« in *Paulys Realencyclopädie der Classischen Altertumswissenschaft*, Bd. IX.1, ed. W. Kroll, Stuttgart 1914.

Büttner, A.: »Eine Prora aus der Mosel bei Trier«, *Germania* 1964.

Bulliet, R. W.: *The Camel and the Wheel*, Cambridge 1975.

Bumstead, J. M.: *The Peoples of Canada*, Don Mills 2003.

Burchardt, M.: »Ein saitischer Statuensockel in Stockholm«, *Zeitschrift für ägyptische Sprache und Altertumskunde* 1910.

Burdajewicz, M.: »Remarks on the History of the Region of Gaza during the Iron Age« in *The Orient and the Aegean*, ed. M. Stępniowski, Warszawa 2003.

Buren, E. D. van: »The Ear of Corn«, *Miscellanea Orientalia*, Roma 1935.

–: »The Scorpion in Mesopotamian Art and Religion«, *Archiv für Orientforschung* 1939.

Burenhult, G.: »Rock Carving Chronology and Rock Carving Ships With Sails«, *Meddelanden från Lunds Universitets Historiska Museum* 1972.

Burgess, C.: »Mediterranean Influence in the Atlantic World in the Later Bronze Age« in *L'Age du Bronze atlantique*, ed. C. Chevillot/A. Coffyn, Beynac-et-Cazenac 1991.

Burgess, J. S.: »Gilgamesh and Odysseus in the Otherworld«, *Classical Views* 1999.

–: *The Death and Afterlife of Achilles*, Baltimore 2009.

Burke, B.: »Purple and Aegean Textile Trade in the Early 2nd Millennium BC« in *Meletemata*, Bd. I, ed. P. P. Betancourt et al., Liège 1999.

Burkert, W.: »Γόης: Zum griechischen ›Schamanismus‹«, *Rheinisches Museum für Philologie* 1962.

–: »Elysion«, *Glotta* 1964.

–: »Jason, Hypsipyle, and New Fire at Lemnos«, *Classical Quarterly* 1970.

–: Rezension von Günther Zuntz' *Persephone, Gnomon* 1974.

–: »Rešep-Figuren, Apollon von Amyklai und die ›Erfindung‹ des Opfers auf Cypern«, *Grazer Beiträge* 1975.

–: *Griechische Religion der archaischen und klassischen Epoche*, Stuttgart 1977.

–: »Die betretene Wiese« in *Die wilde Seele*, ed. H. P. Duerr, Frankfurt am Main 1987.

–: »Katagógia-Anagógia and the Goddess of Knossos« in *Early Greek Cult Practice*, ed. R. Hägg et al., Stockholm 1988.

–: *Wilder Ursprung*, Berlin 1991.

–: »Homerstudien und Orient« in *Zweihundert Jahre Homer-Forschung*, ed. J. Latacz, Stuttgart 1991.

–: »Concordia Discors« in *Greek Sanctuaries*, ed. N. Marinatos/ R. Hägg, London 1993.

–: *Antike Mysterien*, München 1994.

–: »Euenios der Seher von Apollonia und Apollon Lykaios«, *Kernos* 1997.

–: *Homo Necans*, Berlin 1997.

–: *Kleine Schriften*, Bd. I, Göttingen 2001; Bd. III, 2006.

Burland, C. A.: *The Gods of Mexico*, London 1967.

–: *Montezuma*, London 1973.

Burn, A. R.: *Minoans, Philistines, and Greeks*, London 1930.

Burnet, A.: »Au pays de la toison d'or«, *Archéologia*, Octobre 1995.

Burton, J. W.:»The Moon Is a Sheep«, *Man* 1981.

Busch, A.: »Neue Gesichtspunkte zur Kartographie des mittelalterlichen Nordfriesland«, *Jahrbuch des Nordfriesischen Vereins* 1936.

–: »Zur Kartographie der einstigen Rungholter Bucht«, Ms. [1959].

Busch, A.: *Elfenbein im Alten Ägypten*, Saarbrücken 2008.

Busch, R.: »Das Ende der späten Bronzezeit auf Zypern« in *Kupfer für Europa*, ed. R. Busch, Neumünster 1999.

Buschan, G.: *Vorgeschichtliche Botanik*, Breslau 1895.

Buschor, E.: »Feldmäuse«, *Sitzungsberichte der Bayerischen Akademie der Wissenschaften, Philos.-hist. Kl.* 1937.

–: *Grab eines attischen Mädchens*, München 1939.

–: *Die Musen des Jenseits*, München 1944.

–: *Griechische Vasen*, München 1969.

Busse, P.: »Hydronymie und Urheimat« in *Kelten-Einfälle an der Donau*, ed. H. Birkhan, Wien 2007.

Busson, C.: *Essai impertinent sur l'Histoire de la Bretagne Méridionale*, Paris 2005.

Butler, J. J.: »Bronze Age Connections Across the North Sea«, *Palaeohistoria* 1963.

Butler, J. J./H. Fokkens: »From Stone to Bronze« in *The Prehistory of the Netherlands*, ed. L. P. L. Kooijmans et al., Bd. I, Amsterdam 2005.

Butterworth, E. A. S.: *Some Traces of the Pre-Olympian World in Greek Literature and Myth*, Berlin 1966.

Buursma, A.: *Kerken in Noordoost-Friesland*, Regensburg 2007.

Buxton, R.: *Imaginary Greece*, Cambridge 1994.

Cabeza de Vaca, A.N.: *Schiffbrüche*, ed. F. Termer, Haar 1963.

Cabrol, A.: »Les mouflons du dieu Amon-Rê« in *Egyptian Religion*, Bd. I, ed. W. Clarysse et al., Leuven 1998.

Cadogan, G.: »Mycenaean Trade«, *Bulletin of the Institute of Classical Studies* 1969.

–: »Patterns in the Distribution of Mycenaean Pottery in the East Mediterranean« in *The Mycenaeans in the East Mediterranean*, ed. V. Karageorghis, Nicosia 1973.

–: »Cyprus and Crete c. 2000-1400 B.C.« in *The Relations between Cyprus and Crete*, ed. V. Karageorghis, Nicosia 1979.

–: »Why Was Crete Different?« in *The End of the Early Bronze Age in the Aegean*, ed. G. Cadogan, Leiden 1986.

–: »Cyprus, Mycenaean Pottery, Trade and Colonisation« in *Wace and Blegen*, ed. C. Zerner et al., Amsterdam 1993.

Cadotte, A.: *La romanisation des dieux*, Leiden 2007.

Çağman, F.: »Catalogue: Seljuk-Ottoman Period« *Woman in Anatolia*, ed. G. Renda, Istanbul 1993.

Cain, C.D.: »Dancing in the Dark«, *American Journal of Archaeology* 2001.

Cain, H.: »Die marquesanischen Paradiesvorstellungen und die Haie«, *Baessler-Archiv* 1978.

–: »The Immigration and Early Seafaring of the Samoans as Reflected in Their Mythology«, *Anthropos* 1981.

–: »Tuiavi'is *Papalagi*« in *Authentizität und Betrug in der Ethnologie*, ed. H.P. Duerr, Frankfurt am Main 1987.

Calcagno, C.: »Sardinia's Evolving Role Along Maritime Trade Routes During the Italian Final Bronze Age« in *Schutz des Kulturerbes unter Wasser*, ed. H. v. Schmettow et al., Lübstorf 2000.

Caldwell, R.: *The Origin of the Gods*, Oxford 1989.

Caldwell, S.: *Oh Terrifying Mother*, Oxford 1999.

Çaliş-Sazci, D.: »Die Trojaner und das Meer« in *Troia*, ed. M. Korfmann, Mainz 2006.

Callaghan, R.T.: »Prehistoric Trade between Ecuador and West Mexico«, *Antiquity* 2003.

Calvet, Y.: »Ougarit: Les animaux symboliques du répertoire figuré au Bronze Récent«, *Topoi* 2000.

Camerer, J.F.: *Vermischte historisch-politische Nachrichten in Briefen von einigen merkwürdigen Gegenden der Herzogthümer Schleßwig und Hollstein*, Flensburg 1758.

Cameron, M.A.S.: »The Lady in Red«, *Archaeology* 1971.

–: »The ›Palatial‹ Thematic System in the Knossos Murals« in *The Function of the Minoan Palaces*, ed. R. Hägg/N. Marinatos, Stockholm 1987.

–: *Fresco*, Athens 1999.

Campbell, M.B.: *The Witness and the Other World*, Ithaca 1988.

Camps, G.: »Le bélier à sphéroïde« in *Studia di Paletnologia*, ed. M. Liverani et al., Roma 1985.

–: »Amon-Rê et les béliers à sphéroide de l'Atlas« in *Hommages à Jean Leclant*, ed. C. Berger et al., Le Caïre 1994.

Candolini, G.: *Das geheimnisvolle Labyrinth*, Augsburg 1999.

Capderou, M./ A. Verdet: *Gravures rupestres de l'Atlas saharien*, Toulouse 1977.

Capdeville, G.: »L'oracle de l'Ida crétois«, *Kernos* 1990.

–: *Volcanus*, Roma 1995.

–: »Mythes et cultes de la cité d'Aptera«, *Kernos* 1995.

Capel, A. K.: »Bronze Menat Counterpoise from Semna« in *Mistress of the House, Mistress of Heaven*, ed. A. K. Capel/G. E. Markoe, New York 1996.

Capelle, P.: »Elysium und die Inseln der Seligen«, *Archiv für Religionswissenschaft* 1928.

Capelle, T.: *Kunst und Kunsthandwerk im bronzezeitlichen Nordeuropa*, Neumünster 1974.

–: *Holzschnitzkunst vor der Wikingerzeit*, Neumünster 1980.

–: »Nah- und Ferntransporte im bronzezeitlichen Nord- und Nordwesteuropa« in *Durch die Zeiten*, ed. F. Verse et al., Rahden 2008.

–: *Bilderwelten der Bronzezeit*, Mainz 2008.

Capelle, W.: *Die Vorsokratiker*, Stuttgart 1968.

Caquot, A.: »Le dieu 'Athtar et les textes de Ras Shamra«, *Syria* 1958.

Carcopino, J.: »Encore la route marseillaise de l'étain« in *A Pedro Bosch-Gimpera*, ed. S. Genovés, México 1963.

Carinci, F. M.: »Western Messara and Egypt During the Protopalatial Period« in *Κρήτη-Αιγύπτος*, ed. A. Karetsou, Athina 2000.

Carinci, F. M./T. Fratini: »I materiali da Festòs e da Haghia Triada nel Museo Archeologico di Firenze« in *Egeo, Cipro, Siria e Mesopotamia*, ed. M. C. Guidotti et al., Livorno 2007.

Carlier, P.: »La femme dans la société mycénienne« in *La femme dans les sociétés antiques*, ed. E. Lévy, Strasbourg 1983.

–: »*Qa-si-re-u* et *Qa-si-re-wi-ja*« in *Politeia*, Bd. II, ed. R. Laffineur/W.-D. Niemeier, Liège 1995.

Carlisle, R. P./J. G. Golson: *Native America from Prehistory to First Contact*, Santa Barbara 2007.

Carlson, D. N.: »Nautical Archaeology in the Eastern Mediterranean« in *Near Eastern Archaeology*, ed. S. Richard, Winona Lake 2003.

–: »Ships' Eyes in Classical Greece«, *Hesperia* 2009.

Carnoy, A.: »Hiéronymie féminine grecque« in *Mélanges Isidore Lévy*, ed. H. Grégoire et al., Bruxelles 1955.

–: *Dictionnaire étymologique de la mythologie gréco-romaine*, Louvain 1957.

Caron, M./H. C. Jouve: *Heilpflanzen*, Stuttgart 1969.

Carpenter, E.: *Eskimo Realities*, New York 1973.

Carradice, I.: »Coinage« in *Ancient Cyprus*, ed. V. Tatton-Brown, London 1997.

Carruba, O.: »The Relations between Greece and Egypt in the 2nd Millennium BC« in *A Tribute to Excellence*, ed. T. A. Bács, Budapest 2002.

–: »Indoeuropäer, Anatolien und die Ägäis« in *Altertumswissenschaften im Dialog*, ed. R. Dittmann et al., Münster 2003.

Carswell, J.: *Blue u. White*, London 2000.

Carter, H.: *Tut-ench-Amun*, Bd. II, Leipzig 1927; Bd. III, 1934.

Carter J.B.: »Egyptian Bronze Jugs from Crete and Lefkandi«, *Journal of Hellenic Studies* 1998.

Carter, R.: »Boat Remains and Maritime Trade in the Persian Gulf during the 6th and 5th Millennia BC«, *Antiquity* 2006.

Cartier, M.: »La vision chinoise des étrangers« in *Asia maritima*, ed. D. Lombard/R. Ptak, Wiesbaden 1994.

Caruso, F.: »Sul Centauro di Lefkandi« in *Το Αιγαίο στην Πρώιμη του Εποχή Σιδήρου*, ed. N. Stampolidis, Athina 2004.

Casanova, M.: »Le lapis-lazuli dans l'Orient antique« in *Les pierres précieuses de l'orient ancien*, ed. F. Tallon, Paris 1995.

–: »Le lapis-lazuli de l'Asie centrale à la Syrie« in *Proceedings of the First International Congress on the Archaeology of the Ancient Near East*, ed. P. Matthiae et al., Roma 2000.

de las Casas, B.: *Umbstandige warhafftige Beschreibung Der Indianischen Ländern*, Wien 1665.

Casevitz, M.: »Temples et sanctuaires« in *Temples et sanctuaires*, ed. G. Roux, Lyon 1984.

Caskel, W.: »Die alten semitischen Gottheiten in Arabien« in *Le antiche divinitá semitiche*, ed. S. Moscati, Roma 1958.

Caskey, M.E.: *Keos*, Bd.II.1, Princeton 1986.

Cassar-Pullicino, J./M. Gallay: »Man and the Sea in Maltese Folk-Poetry«, *Acta Ethnographica Hungarica* 1994.

Cassel, P.: *Aus Literatur und Symbolik*, Leipzig 1884.

Casson, L.: »Rome's Trade With the East: The Sea Voyage to Africa and India«, *Transactions of the American Philological Association* 1980.

–: »South Arabia's Maritime Trade in the First Century A.D.« in *L'Arabie préislamique*, ed. T. Fahd, Strasbourg 1989.

–: »Bronze Age Trade in the Mediterranean« in *Bronze Age Trade in the Mediterranean*, ed. N.H. Gale, Jonsered 1991.

–: *Ships and Seafaring in Ancient Times*, London 1994.

Cassuto, U.: »Baal and Mot in the Ugaritic Texts«, *Israel Exploration Journal* 1962.

de Castañeda, P.: *The Journey of Coronado*, ed. G.P. Winship, New York 1922.

Castellana, G.: »The Earliest Contacts of the Akragas Area With the Aegean« in *Sea Routes from Sidon to Huelva*, ed. N.C. Stampolidis, Athens 2003.

Castle, E.W.: »Shipping and Trade in Ramesside Egypt«, *Journal of the Economic and Social History of the Orient* 1992.

ten Cate, P.H.: *The Luwian Population Groups of Lycia and Cilicia Aspera*, Leiden 1965.

–: »The Hittite Storm God« in *Natural Phenomena*, ed. D.J.W. Meijer, Amsterdam 1992.

Catling, H.W.: »A Bronze Greave from the 13th Century B.C. Tomb at Enkomi«, *Opuscula Atheniensa* 1955.

–: *Cypriot Bronzework in the Mycenaean World*, Oxford 1964.

–: »Late Minoan Vases and Bronzes in Oxford«, *Annual of the British School at Athens* 1968.

– : »A Cypriot Bronze Statuette in the Bomford Collection« in *Alasia I*, ed. C. F.-A. Schaeffer, Paris 1971.

–: »Cyprus in the Late Bronze Age« in *The Cambridge Ancient History*, ed. I. E. S. Edwards et al., Bd. II.2, Cambridge 1975.

–: »Copper in Cyprus, Bronze in Crete« in *The Relations Between Cyprus and Crete*, ed. V. Karageorghis, Nicosia 1979.

–: *Cyprus and the West, 1600-1050 BC*, Sheffield 1980.

–: »Cyprus in the 11th Century B. C.« in *Cyprus in the 11th Century*, ed. V. Karageorghis, Nicosia 1994.

–: »Heroes Returned? Subminoan Burials from Crete« in *The Ages of Homer*, ed. J. B. Carter/S. P. Morris, Austin 1995.

Catling, H. W./A. C. Brown: *Ancient Cyprus*, Oxford 1986.

Catling, H. W./E. C. Catling: »Objects of Bronze, Iron and Lead« in *Lefkandi I*, ed. M. R. Popham et al., London 1980.

Catling, H. W. et al.: »The Linear B Inscribed Stirrup Jars and West Crete«, *Annual of the British School at Athens* 1980.

Caubet, A.: »Ras Shamra – Ugarit Before the Sea Peoples« in *The Sea Peoples and Their World*, ed. E. D. Oren, Philadelphia 2000.

Caubet, A./V. Matoian: »Ougarit et l'Égée« in *Le Pays d'Ougarit autour de 1200 av. J.-C.*, ed. M. Yon et al., Paris 1995.

Caubet, A./P. Pouysseur: *Alter Orient*, Paderborn 1998.

Caubet, A. et al.: *Art antique de Chypre*, Paris 1992.

Cauvin, J.: »L'apparition des premières divinités«, *La Recherche* 1987.

–: *Naissance des divinités, naissance de l'agriculture*, Paris 1997.

Cazzella, A./A. Sestieri/A. Schnapp: »The Mediterranean« in *Archaeology*, ed. B. Cunliffe et al., Oxford 2002.

Cerinotti, A.: *Der Heilige Gral*, Berlin 2007.

Černych, E. N.: »Die ältesten Bergleute und Metallurgen Europas«, *Das Altertum* 1982.

Chadwick, J.: »Potnia«, *Minos* 1957.

–: *The Mycenaean World*, Cambridge 1976.

–: »Comment on Palmer« in *Res Mycenaeae*, ed. A. Heubeck/G. Neumann, Göttingen 1983.

–: *Linear B and Related Scripts*, London 1987.

–: »The Women of Pylos« in *Texts, Tablets and Scribes*, ed. J.-P. Olivier/T. G. Palaima, Salamanca 1988.

Chadwick, J./M. Ventris: *Documents in Mycenaean Greek*, Cambridge 1973.

Chalatianz, G.: *Armenische Märchen und Sagen*, Leipzig o. J.

Champion, T. et al.: *Prehistoric Europe*, London 1984.

Chang, K.-S.: »Africa and the Indian Ocean in Chinese Maps of the 14th and 15th Centuries«, *Imago Mundi* 1970.

Chaniotis, A.: »Ein alexandrinischer Dichter und Kreta« in *Ιδακι*, ed. S. Böhm/K.-V. v. Eickstedt, Würzburg 2001.

Chantraine, P.: *Dictionnaire étymologique de la langue grecque*, Bd. I, Paris 1968.

Chapman, J.: »The Creation of Social Arenas in the Neolithic and Copper Age of

South East Europe« in *Sacred and Profane*, ed. P. Garwood et al., Oxford 1991.

Chapman, R. W.: »Early Metallurgy in Iberia and the Western Mediterranean« in *The Deya Conference of Prehistory*, ed. W. H. Waldren et al., Bd. IV, Oxford 1984.

Chapouthier, F.: *Les Dioscures au service d'une déesse*, Paris 1935.

Chappell, D. A: *Double Ghosts*, Armonk 1997.

Charles, R.-P./J. Guilaine: »Une grotte sépulcrale du Bronze Moyen en Langue-doc«, *Gallia-Préhistoire* 1963.

Charpin, D.: »Die Sorge des Königs um sein Erscheinungsbild in der altbabyloni-schen Zeit« in *Der Wert der Dinge*, ed. B. Hildebrandt/C. Veit, München 2009.

Charvát, P.: »Seit wann kennt Mitteleuropa chinesische Seide?«, *Pravěk* 1995.

Chatterjee, G.: *Sacred Hindu Symbols*, New Delhi 1996.

Chatzipouliou, E.: »Bernsteinsiegel, SH II A« in *Das mykenische Hellas*, ed. K. Demakopoulou, Athen 1988.

Chebel, M.: *Die Welt der Liebe im Islam*, München 1997.

Chegodaev, M. A.: »The Great God 'Ilu and the Field of Ialu«, *Discussions in Egyptology* 1996.

Ch'en, J.: *China and the West*, London 1979.

Chermette, M.: »Les porteurs d'oliban et de styrax de la ›Donation Divine‹« in *Parfums, onguents et cosmétiques dans l'Égypte ancienne*, ed. Z. Hawass, Le Caïre 2003.

Cherry, J. F.: »Evolution, Revolution, and the Origins of Complex Society in Minoan Crete« in *Minoan Society*, ed. O. Krzyszkowska/L. Nixon, Bristol 1983.

–: »Islands Out of the Stream« in *Prehistoric Production and Exchange*, ed. A. B. Knapp/T. Stech, Los Angeles 1985.

–: »Island Origins: The Early Prehistoric Cyclades« in *Origins*, ed. B. Cunliffe, London 1987.

Cherry, J. F./C. Renfrew: »The Other Finds« in *The Sanctuary at Phylakopi*, ed. C. Renfrew, London 1985.

Chesi, G.: »Voodoo« in *Colon: Das schwarze Bild vom weißen Mann*, ed. J. Jahn, München 1983.

Chiotasso, L. et al.: »La parrucca di Merit« in *Sesto congresso Internazionale di Egittologia*, ed. G. Zaccone/T. R. di Netro, Bd. I, Torino 1992.

Chittenden, J.: »The Master of Animals«, *Hesperia* 1947.

–: »Some Methods of Research into the Origin of Greek Deities«, *Greece u. Rome* 1947.

Choksy, J. K.: »Sacral Kingship in Sasanian Iran«, *Bulletin of the Asia Institute* 1988.

Christ, K.: »Die Elbe in augusteischer und tiberianischer Zeit«, *Acta Classica* 1999.

Christ W.: »Avien und die ältesten Nachrichten über die Westküste Europas«, *Abhandlungen der Philosophisch-philologischen Classe der kgl. Bayerischen Akademie der Wissenschaften* 1868.

Christensen, C. A. et al.: *Diplomatarium Danicum*, Bd. III.6, København 1969.

Christensen, J.: *Aus Schleswigscher Ur- und Vorzeit*, Schleswig 1934.

Christensen, K. et al.: »Bronze Age Oak Coffins in Denmark and North Germany«, *Germania* 2007.

Chrysanthakopoulou, E.: »Η θεά του οπίου«, *Kretikó*, Oktober 2008.

Chryssikopoulou, E./S. Sotiropoulou: »Το ιώδες στην Παλέτα του Θηραίου ξωγράφου« in *Αργοναύτης*, ed. A. Blachopoulos/K.Mpirtacha, Athina 2003.

Chryssoulaki, S.: »The Imaginary Navy of Minoan Crete« in *Emporia*, ed. R. Laffineur/E. Greco, Eupen 2005.

Chugunov, K. et al.: »The Golden Grave from Arzhan«, *Minerva* 1, 2002.

Chuvin, P.: *Mythologie et géographie dionysiaques*, Saint-Étienne 1992.

–: »Local Traditions and Classical Mythology in the ›Dionysiaca‹« in *Studies in the ›Dionysiaca‹ of Nonnus*, ed. N. Hopkinson, Cambridge 1994.

Ciasca, A.: »Fenicia« in *I Fenici*, ed. S.Moscati, Milano 1988.

Cieslik, H.: *Publikationen über das Christentum in Japan*, Frankfurt am Main 2004.

Cintas, P.: »Tarsis, Tartessos, Gadès«, *Semitica* 1966.

Ciocan-Ivănescu, R.: »Sur la quête d'Orphée« in *Actes du IIe Congrès International de Thracologie*, ed. R. Vulpe, Bd. III, Bucureşti 1980.

Clader, L. L.: *Helen*, Leiden 1976.

Clairmont, C.: *Das Parisurteil in der antiken Kunst*, Zürich 1951.

Clare, R. J.: »The Sea and Seafaring in the *Odyssey* and the *Argonautica* of Apollonius Rhodius« in *The Sea in Antiquity*, ed. G. J. Oliver et al., Oxford 2000.

Claridge, W. W.: *A History of the Gold Coast and Ashanti*, Bd. I, London 1915.

Clark, I.: »The Gamos of Hera« in *The Sacred and the Feminine in Ancient Greece*, ed. S.Blundell/M. Williamson, London 1998.

Clark, J.: *Steel to Stone*, Oxford 2000.

Clark, J. G. D.: *Prehistoric Europe*, London 1952.

Clemen, C.: »Der Ursprung des Karnevals«, *Archiv für Religionswissenschaft* 1914.

–: *Religionsgeschichte Europas*, Bd. I, Heidelberg 1931.

–: »Die Religion der Kelten«, *Archiv für Religionswissenschaft* 1940.

Clement, K. J.: *Schleswig, das urheimische Land des nicht dänischen Volks der Angeln und Frisen und Englands Mutterland*, Hamburg 1862.

Clendinnen, I.: *Ambivalent Quests*, Cambridge 1987.

Cleuziou, S./T. Berthoud: »Early Tin in the Near East«, *Expedition* 1, 1982.

Cleuziou, S./M. Tosi: »Evidence for the Use of Aromatics in the Early Bronze Age of Oman« in *Profumi d'Arabia*, ed. A. Avanzini, Roma 1997.

Clevis, H./M. Smit: »Van poteerdt gemaakt« in *Verscholen in vuil*, ed. H. Clevis/M. Smit, Kampen 1990.

Clifford, R. J.: *The Cosmic Mountain in Canaan and the Old Testament*, Cambridge 1972.

Cline, E. H.: »Hittite Objects in the Bronze Age Aegean«, *Anatolian Studies* 1991.

–: »A Possible Hittite Embargo Against the Mycenaeans«, *Historia* 1991.

–: »Egypt and the Aegean in the 14th-13th Centuries BC«, *Minos* 1991.

–: »Monkey Business in the Bronze Age Aegean«, *Annual of the British School at Athens* 1991.

–: *Sailing the Wine-Dark Sea*, Oxford 1994.

–: »Tinker, Tailor, Soldier, Sailor«, *Aegaeum* 1995.

–: »The Economic Relations of Crete with Egypt and the Near East during the Late Bronze Age« in *From Minoan Farmers to Roman Traders*, ed. A. Chaniotis, Stuttgart 1999.

Cline, E. H./M. J. Cline: »Of Shoes and Ships and Sealing Wax«, *Expedition* 3, 1991.

Closs, A.: »Der Schamanismus bei den Indoeuropäern«, *Studien zur Sprachwissenschaft und Kulturkunde*, ed. M. Mayrhofer, Innsbruck 1968.

Clutton-Brock, J.: »The Spread of Domestic Animals in Africa« in *The Archaeology of Africa*, ed. T. Shaw et al., London 1993.

Coates, J. F.: »The Triere, Its Design and Construction« in *1st International Symposium on Ship Construction in Antiquity*, ed. H. Tzalas, Piräus 1985.

Coates, J. F./J. T. Shaw: »Hauling a Trireme Up a Slideway and Up a Beach« in *The Trireme Project*, ed. T. Shaw, Oxford 1993.

Coates, K. S.: *A Global History of Indigenous Peoples*, Houndmills 2004.

Coblenz, W.: *Kunst und Kunstgewerbe aus der Ur- und Frühgeschichte Sachsens*, Berlin 1975.

Coburn, C. S.: »Exotica and the Early Minoan Elite«, *American Journal of Archaeology* 2008.

Cochrane, G.: *Big Men and Cargo Cults*, Oxford 1970.

Cockburn, A. et al.: »A Classic Mummy: PUM II« in *Mummies, Disease, and Ancient Cultures*, ed. A. u. E. Cockburn, Cambridge 1980.

Codecasa, M. S.: »Glaukos«, *Annals of Anthropology u. Archaeology* 1997.

Codrington, R. H.: *The Melanesians*, Oxford 1891.

Coenarts, J./M. Samaes: »The Ram Throne«, *Report of the Department of Antiquities of Cyprus* 2006.

Coffyn, A.: *Le Bronze Final atlantique dans la péninsule ibérique*, Paris 1985.

Cohen, D.: *Dictionnaire des racines sémitiques*, Bd. I, Paris 1970; Bd. II, Leuven 1997.

Cohen, G. M.: »A Dedication to the Samothracian Gods«, *Studia Troica* 1996.

Cohen, A.: »The Indus ›Seal of Divine Adoration‹ and the Khasi Myth of Origin«, *Studia Orientalia* 2005.

–: »Was the Indus Civilization Matrilineal?«, *Acta Orientalia* 2006.

Colburn, C. S.: »The Symbolic Significance of Distance in the Homeric Epics and the Bronze Age Aegean« in *Epos*, ed. S. P. Morris/R. Laffineur, Liège 2007.

Coldstream, J. N.: »Hero-Cults in the Age of Homer«, *Journal of Hellenic Studies* 1976.

–: »A Protogeometric Nature Goddess from Knossos«, *Bulletin of the Institute of Classical Studies* 1984.

–: »Some Minoan Reflexions in Cretan Geometric Art« in *Studies in Honour* of *T. B. L. Webster*, ed. J. H. Betts et al., Bd. II, Bristol 1988.

–: »Urns with Lids: The Visible Face of the Knossian ›Dark Age‹« in *Knossos*, ed. D. Evely et al., Athens 1994.

–: »The First Exchanges Between Euboeans and Phoenicians« in *Mediterranean Peoples in Transition*, ed. S. Gitin et al., Jerusalem 1999.

–: »Knossos: Minoan Larnakes Found in Early Iron Age Contexts« in Πεπ-ραγμένα, Bd. A1, ed. A. Karetsou, Herakleion 2000.

Coldstream, J. N./R. A. Higgins: »The Cult of Demeter at Knossos« in *Knossos*, ed. J. N. Coldstream, Oxford 1973.

Cole, S. G.: »Demeter in the Ancient Greek City and Its Countryside« in *Placing the Gods*, ed. S. E. Alcock/R. Osborne, Oxford 1994.

Colless, B.: »Ba'al's Relations with Canaanite Goddesses« in *Religion in the Ancient World*, ed. M. Dillon, Amsterdam 1996.

Collett, D. P.: »Metaphors and Representations Associated with Precolonial Iron-Smelting in Eastern and Southern Africa« in *The Archaeology of Africa*, ed. T. Shaw et al., London 1993.

Collins, B. J.: »Animals in the Religions of Ancient Anatolia« in *A History of the Animal World in the Ancient Near East*, ed. B. J. Collins, Leiden 2002.

–: *The Hittites and Their World*, Leiden 2008.

Collins, P.: »Trees and Gender in Assyrian Art«, *Iraq* 2006.

Collon, D.: *Cylinder Seals in the Ancient Near East*, London 1987.

–: »Some Thoughts on Kassite Seals« in *52 reflexions sur le Proche-Orient*, ed. H. Gasche, Leuven 1994.

–: »How Seals Were Worn and Carried« in *Seals and Seal Impressions*, ed. W. W. Hallo/I. J. Winter, Bethesda 2001.

Combet-Farnoux, B.: *Mercure romain*, Roma 1980.

Conard, N. J./M. Malina: »Spektakuläre Funde aus dem unteren Aurignacien vom Hohle Fels bei Schelklingen«, *Archäologische Ausgrabungen in Baden-Württemberg* 2008.

Conlin, D. L.: *The Wind-Made World*, Ann Arbor 1999.

Connell, E. S.: *Francisco Goya*, Düsseldorf 2005.

Connolly, B.: »First Contact« in *Die Fremden sehen*, ed. M. Friedrich et al., München 1984.

Connolly, B./R. Anderson: *First Contact*, New York 1987.

Conrad, J. R.: *The Horn and the Sword*, New York 1957.

Constantinou, G.: »Der Kupferbergbau auf Zypern im Altertum« in *Kupfer für Europa*, ed. R. Busch, Neumünster 1999.

Conwell, D.: »On Ostrich Eggs and Libyans«, *Expedition* 3, 1987.

Cook, A. B.: *Zeus*, Bd. I, Cambridge 1914; Bd. II, 1925.

Cook, E.: »Near Eastern Sources For the Palace of Alkinoos«, *American Journal of Archaeology* 2004.

Cook, J.: *The Voyage of the ›Resolution‹ and ›Adventure‹, 1772-75*, ed. J. C. Beaglehole, Cambridge 1961.

Cook, J. M.: *The Greeks in Ionia and the East*, London 1962.

Coomaraswamy, A. K.: *Yakṣas*, New Delhi 1993.

Cooper, J. S.: »Heilige Hochzeit« in *Reallexikon der Assyriologie*, Bd. 4, ed. D. O. Edzard, Berlin 1973.

–: »Enki's Member: Eros and Irrigation in Sumerian Literature« in *Dumu-E2-Dub-Ba-A*, ed. H. Behrens et al., Philadelphia 1989.

–: »Sacred Marriage and Popular Cult in Early Mesopotamia« in *Official Cult and Popular Religion in Ancient Near East*, ed. E. Matsushima, Heidelberg 1993.

–: »Virginity in Ancient Mesopotamia« in *Sex and Gender in the Ancient Near East*, ed. S. Parpola/R. M. Whiting, Helsinki 2002.

–: »Prostitution« in *Reallexikon der Assyriologie*, Bd. 11, ed. M. P. Streck, Berlin 2006.

Corbelli, J. A.: *The Art of Death in Graeco-Roman Egypt*, Princes Risborough 2006.

Cornelius, I.: *The Iconography of the Canaanite Gods Reshef and Báal*, Fribourg 1994.

–: *The Many Faces of the Goddess*, Fribourg 2004.

Cornelius, I./H. Nier: »Die Götterwelt« in *Götter und Kulte in Ugarit*, ed. I. Cornelius/H. Nier, Mainz 2004.

Corsten, T.: »Zu den sog. Schwebenden Gottheiten« in *Das Ende der mykenischen Welt*, ed. E. Thomas, Köln 1987.

–: »Die Einführung des Anahita-Kultes in Lydien«, *Iranica Antiqua* 1991.

Cortés, H.: *Die Eroberung von Mexiko*, Leipzig 1918.

de la Cosa, J.: *Journal de bord*, ed. I. Olagué, Paris 1957.

Cotticelli-Kurras, P.: »Eine lexikalische Untersuchung« in *III. Uluslararasi Hititoloji Kongresi Bildirileri*, ed. S. Alp/A. Süel, Ankara 1998.

Coucouzeli, A.: »From Tribe to State in the Greek Early Iron Age« in *Το Αιγαίο στην Πρώιμη Εποχή του Σιδήρου*, ed. N. K. Stampolidis/A. Giannikoiri, Athina 2004.

Coulomb, J.: »La differenciation sexuelle somatique des figurines minoennes« in *Πεπραγμενα*, Bd. I. 1, Athina 1980.

Counts, D. B.: »Master of the Lion«, *American Journal of Archaeology* 2008.

des Courtils, J.: »L'archéologie du peuple lycien« in *Origines gentium*, ed. V. Fromentin/S. Gotteland, Bordeaux 2001.

Cox, G./E. Jones: *Arthurian Legends of the Middle Ages*, London 1871.

Cozzolino, C.: »The Land of Pwnt« in *Atti del Sesto Congresso Internazionale di Egittologia*, ed. G. M. Zaccone/T. R. di Netro, Bd. II, Torino 1993.

Craddock, P. T.: »Zinc in Classical Antiquity« in *2000 Years of Zinc and Brass*, ed. P. T. Craddock, London 1990.

–: *Early Metal Mining and Production*, Washington 1995.

Craddock, P. T./B. R. Craddock: »The Inception of Metallurgy in South-West Britain« in *Prehistoric Extractive Metallurgy in Cornwall*, ed. P. Budd/D. Gale, Truro 1997.

Craddock, P. T./K. Eckstein: »Production of Brass in Antiquity by Direct Reduction« in *Mining and Metal Production*, ed. P. T. Craddock/J. Lang, London 2003.

Craik, E. M.: »Cyprus and the Aegean Islands: Links in Myth«, *Report of the Department of Antiquities Cyprus* 1979.

–: »Euripides' *Hippolytos* and Cretan Cults«, *Cretan Studies* 2002.

Crane, E.: *The Archaeology of Beekeeping*, London 1983.

Crane, G.: »The Odyssey and Conventions of the Heroic Quest«, *Classical Antiquity* 1987.

–: *Calypso*, Frankfurt am Main 1988.

Crawford, H.: »The Site of Saar: Dilmun Reconsidered«, *Antiquity* 1997.

–: »Traces of Paradise«, *Minerva*, July 2000.

–: »Mesopotamia and the Gulf«, *Iraq*, Autumn 2005.

Crielaard, J. P.: »The Social Organization of Euboean Trade with the Eastern Mediterranean during the 10th and 8th Centuries BC«, *Hydra* 1992.

–: »Homer, History and Archaeology« in *Homeric Questions*, ed. J. P. Crielaard, Amsterdam 1995.

–: »Cypriot Long-Distance Communications during the 11th and 10th Centuries BC« in *Eastern Mediterranean*, ed. V. Karageorghis/N. Stampolidis, Athens 1998.

–: »›Basileis‹ at Sea« in *Ancient Greece*, ed. S. Deger-Jalkotzy/I. S.Lemos, Edinburgh 2006.

Croissant, D.: »Holländer und japanische Kurtisanen« in *Japan und Europa*, ed. D. Croissant et al., Berlin 1993.

Cromarty, R. J.: *Burning Bulls, Broken Bones*, Oxford 2008.

Croon, J. H.: *The Herdsman of the Dead*, Utrecht 1952.

Cross, F. M./L. E.Stager: »Cypro-Minoan Inscriptions Found in Ashkelon«, *Israel Exploration Journal* 2006.

Crowley, J. L.: *The Aegean and the East*, Jonsered 1989.

Crowther, C.: »Dikte« in *The Palaikastro Kouros*, ed. J. A. MacGillivray et al., London 2000.

Culican, W.: »Aspects of Phoenician Settlement in the West Mediterranean«, *Abr-Nahrain* 1960.

–: *The First Merchant Venturers*, London 1966.

–: »The Iconography of Some Phoenician Seals and Seal Impressions«, *Australian Journal of Biblical Archaeology* 1968.

Cultraro, M.: »Evidence of Amber in Bronze Age Sicily« in *Between the Aegean and Baltic Seas*, ed. I. Galanaki et al., Liège 2007.

Cumont, F.: *Die Mysterien des Mithra*, Stuttgart 1923.

Cunliffe, B.: »Maritime Traffic Between the Continent and Britain« in *The Celts*, ed. S. Moscati et al., Milano 1991.

–: »Core – Periphery Relationships: Iberia and the Mediterranean« in *Centre and Periphery in the Hellenistic World*, ed. P. Bilde et al., Aarhus 1996.

–: *Facing Ocean*, Oxford 2001.

–: *The Extraordinary Voyage of Pytheas the Greek*, London 2002.

Cunningham, M. L.: »Aeschylos, *Agamemnon* 231-47«, *Bulletin of the Institute of Classical Studies* 1984.

Cursaru, G.: »Entre l'Est et l'Ouest, à Midi«, *Les Études Classiques* 2008.

Curtis, A.: *Ugarit (Ras Shamra)*, Cambridge 1985.

Curtis, J. E./D. Collon: »Ladies of Easy Virtue« in *Collectanea Orientalia*, ed. H. Gasche/B. Hrouda, Neuchâtel 1996.

Curtius, G.: »νόστος«, *Leipziger Studien zur Classischen Philologie* 1878.

Cushing, F. H.: *Correspondence and Journals*, ed. J. Green, Albuquerque 1990.

Cuttler, C. D.: »Exotics in Post-Medieval European Art«, *Artibus et Historiae* 1991.

Czaya, E.: *Ströme der Erde*, Köln 1981.

Czebreszuk, J./P. Makarowicz: »The Problem of Amber Buttons With V-Shaped Perforation in the Bell Beaker Culture« in *Actes du XIIᵉ Congrès International des Sciences Préhistoriques*, ed. J. Pavúk, Bd. 2, Bratislava 1993.

Czoßek, J./L. Kunstmann: »Die Gewinnung von Kupfer und Zinn in der Bronzezeit in Deutschland« in *Die Lausitz vor 3000 Jahren*, ed. F. Koch, Kamenz 2007.

Czysz, W.: »Grab einer alamannischen Dame aus Günzburg«, *Archäologie in Deutschland* 5, 2008.

Dabney, M.K.: »Jewellery and Seals« in *Kommos I*, ed. J.W. Shaw/M.C. Shaw, Princeton 1996.

Dabrowski, K.: »Kalisia: A Trade Center on the Amber Route«, *Archaeology* 1971.

Daems, A.: »The Iconography of Pre-Islamic Women in Iran«, *Iranica Antiqua* 1997.

Dahood, M.J.: »Ancient Semitic Deities in Syria and Palestine« in *Le antiche divinità semitiche*, ed. S. Moscati, Roma 1958.

Dakoronia, F.: »LH III C Middle Pottery Repertoire of Kynos« in *LH III C Chronology and Synchronisms*, ed. S. Deger-Jalkotzy/M. Zavadil, Wien 2003.

–: »Mycenaean Pictorial Style at Kynos, East Lokris« in *Pictorial Pursuits*, ed. E. Rystedt/B. Wells, Stockholm 2006.

Dalby, A.: »The ›Iliad‹, the ›Odyssey‹, and Their Audiences«, *Classical Quarterly* 1995.

Dales, G.F.: »A Search for Ancient Seaports«, *Expedition* 2, 1962.

Dall'Aglio, M.C.: »Corredo della tomba XXXI di Campo Pianelli di Bismantova (Reggio Emilia)« in *Guerrieri, Principi ed Eroi*, ed. F. Marzatico/P. Gleirscher, Trento 2004.

Dalley, S.: »Near Eastern Patron Deities of Mining and Smelting«, *Report of the Department of Antiquities Cyprus* 1987.

Dalley, S./A.T. Reyes: »Mesopotamian Contact and Influence in the Greek World« in *The Legacy of Mesopotamia*, ed. S. Dalley, Oxford 1998.

Dalman, G.: *Arbeit und Sitte in Palästina*, Bd. I, Gütersloh 1928; Bd. VI, 1939.

Dalmia, Y.: »The Gods of the Warlis« in *Gods Beyond Temples*, ed. H.V. Dehejia, Delhi 2006.

Damm, H.: »Vom Wesen sog. Leibesübungen bei Naturvölkern«, *Studium Generale* 1960.

Danckert, W.: *Unehrliche Leute*, Bern 1963.

Danek, G.: *Epos und Zitat*, Wien 1998.

–: »Der Schiffskatalog der Ilias« in *Ad fontes*, ed. H. Heftner/K. Tomaschitz, Wien 2004.

Daniel, R.: »Nachtmeerfahrt« in *Höllenfahrten,* ed. M. Herzog, Stuttgart 2006.

Daniels, G.: »Eleusis«, *Mnemosyne* 1948.

Danka, I.R./K.T. Witczak: »I-E *kwn̥-Hos and Its Meanings in the Neolithic and Post-Neolithic Times«, *Journal of Indo-European Studies* 1997.

Darab, Á.: »Orpheus und Euridike«, *Acta Antiqua Academiae Scientiarum Hungaricae* 1999.

Daraki, M.: »La mer dionysiaque«, *Revue de l'Histoire des Religions* 1982.

Darby, W. J. et al.: *Food: The Gift of Osiris*, Bd. I, London 1977.

Dardaillon, E.: »L'importation du métal à Ougarit« in *Le royaume d'Ougarit*, ed. Y. Calvet/G. Galliano, Paris 2004.

Darga, A. M.: »Les figurines en terre cuite de Şemsiyetepe« in *Documentum Asiae Minoris Antiquae*, ed. E. Neu/C. Rüster, Wiesbaden 1988.

Darian, S. G.: »The Ganges and the Rivers of Eden«, *Asiatische Studien* 1977.

Daum, M.: »Fremde Personen: Mobilität in der Bronzezeit« in *Mykene, Nürnberg, Stonehenge*, ed. B. Mühldorfer/J. P. Zeitler, Nürnberg 2000.

Daum, W.: *Ursemitische Religion*, Stuttgart 1985.

Dautzenberg, N.: »Ägyptologische Bemerkungen zu Platons Atlantis-Erzählung«, *Göttinger Miszellen* 1988.

Davaras, C.: »Two New Linear A Inscriptions on Libation Vessels from Petsophas«, *Kadmos* 1972.

–: »Une ancre minoenne sacrée?«, *Bulletin de Correspondance Hellénique* 1980.

–: »The Clay Boat« in *Minoan and Greek Civilization*, ed. L. Marangou, Athina 1992.

–: »The Mochlos Ship Cup« in *Mochlos I C*, ed. J. S. Soles et al., Philadelphia 2004.

Davaras, C./E. Banou: »A Post-Palatial Tomb at Kalochoraphitis«, *Cretan Studies* 8, 2003.

Davenport-Hines, R.: *The Pursuit of Oblivion*, London 2001.

David, W.: »Zu den Beziehungen zwischen Donau-Karpatenraum, osteuropäischen Steppengebieten und ägäisch-anatolischem Raum«, *Anodos* 2001.

Davidson, B.: *Old Africa Rediscovered*, London 1965.

Davidson, H. R. E.: *Pagan Scandinavia*, London 1967.

Davies, A. M.: »The Linguistic Evidence: Is There Any?« in *The End of the Early Bronze Age in the Aegean*, ed. G. Cadogan, Leiden 1986.

Davies, M.: »Stesichorus' ›Geryoneis‹ and Its Folk-Tale Origins«, *Classical Quarterly* 1988.

–: »The Folk-Tale Origins of the Iliad and Odyssey«, *Wiener Studien* 2002.

Davies, N. de G.: *The Tomb of Rekh-mi-Rē at Thebes*, New York 1943.

–: *Scenes From Some Theban Tombs*, Oxford 1963.

Davies, O.: »Ὀρείχαλκος«, *Man* 1929.

Davies, W. V.: »Ancient Egyptian Timber Imports« in *Egypt, the Aegean and the Levant*, ed. W. V. Davies/L. Schofield, London 1995.

Davis, E. N.: »The Gold of the Shaft Graves«, *Temple University Aegean Symposium* 1983.

Davis, G. W.: »The Word *Sheep* in the West Germanic Languages«, *Indogermanische Forschungen* 1991.

Davis, J. L.: »The Earliest Minoans in the South-East Aegean«, *Anatolian Studies* 1982.

–: »Review of Aegean Prehistory I«, *American Journal of Archaeology* 1992.

Davis, S. J. M.: »The Zoo-Archaeology of Sheep and Goat in Mesopotamia«, *Bulletin on Sumerian Agriculture* 1993.

Davis-Kimball, J.: »Warriors and Priestesses of the Eurasian Nomads« in *The Archaeology of Cult and Religion*, ed. P. F. Biehl et al., Budapest 2001.

Day, P. L.: »'Anāt: Ugarit's ›Mistress of Animals‹«, *Journal of Near Eastern Studies* 1992.

Day, P. M.: »Coarseware Stirrup Jars and Central Crete«, *Bulletin of the Institute of Classical Studies* 1997.

–: »Petrographic Analysis of Ceramics from the Shipwreck at Point Iria« in *To Ναυάγιο του Ακρωτηρί ου Ιρίων*, ed. W. Phelps et al., Athina 1999.

–: »Response to Maran's ›Late Minoan Coarse Ware Stirrup Jars on the Greek Mainland‹« in *Ariadne's Threads*, ed. A. L. D'Agata et al., Athina 2005.

Day, P. M./H. W. Haskell: »Transport Stirrup Jars from Thebes as Evidence of Trade in Late Bronze Age Greece« in *Trade and Production in Premonetary Greece*, ed. C. Gillis et al., Jonsered 1995.

Day, P. M./L. Joyner: »Coarseware Stirrup Jars from Cannatello, Sicily«, *Studi Micenei ed Egeo-Anatolici* 2005.

Dayagi-Mendels, M.: »Ashdoda-Statuette, 12. Jh.v.Chr.« in *Land der Bibel*, ed. W. Seipel, Wien 1997.

Dayton, J.: »Geology, Archaeology and Trade« in *Interaction and Acculturation in the Mediterranean*, ed. J. Best/N. de Vries, Amsterdam 1982.

–: »Herodotus, Phoenicia, the Persian Gulf and India in the First Millennium B. C.« in *Arabie orientale, Mésopotamie et Iran méridional*, ed. R. Boucharlat/J.-F. Salles, Paris 1984.

–: *The Discovery of Glass*, Cambridge 1993.

–: »The Problem of Tin in the Ancient World« in *Le problème de l'étain à l'origine de la métallurgie*, ed. A. Giumlia-Mair/F. Lo Schiavo, Oxford 2003.

Dayton, J./A. Dayton: *Minerals, Metals, Glazing, and Man*, London 1978.

Deagan, K./J. M. Cruxent: *Columbus's Outpost among the Taínos*, New Haven 2002.

Deblauwe, F.: »Old South Arabian Trade Routes«, *Orientalia Lovanensia Periodica* 1991.

Decker, W.: »Zum Stand der Erforschung des ›Stierspiels‹ in der Alten Welt« in *Altertumswissenschaften im Dialog*, ed. R. Dittmann et al., Münster 2003.

Deem, A.: »The Goddess Anath and Some Biblical Hebrew Cruces«, *Journal of Semitic Studies* 1978.

Deforge, B.: »Le destin de Glaucos ou L'immortalité par les plantes« in *Visages du destin dans les mythologies*, ed. F. Jouan, Paris 1983.

Deger-Jalkotzy, S.: »Fremde Zuwanderer im spätmykenischen Griechenland«, *Sitzungsberichte der Österreichischen Akademie der Wissenschaften, Philos.-Hist. Kl.* 1977.

–: »Das Problem der ›Handmade Burnished Ware‹ von Myk. III C« in *Griechenland, die Ägäis und die Levante während der ›Dark Ages‹*, ed. S. Deger-Jalkotzy, Wien 1983.

–: »Die Erforschung des Zusammenbruchs der sog. mykenischen Kultur« in *200 Jahre Homer-Forschung*, ed. J. Latacz, Stuttgart 1991.

–: »Mykenische Herrschaftsformen ohne Paläste und die griechische Polis«, *Aegaeum* 1995.

–: »On the Negative Aspects of the Mycenaean Palace System« in *Atti e Memorie del Secondo Congresso Internazionale di Micenologia*, ed. E. De Miro et al., Bd. II, Roma 1996.

–: »The Last Mycenaeans and Their Successors Updated« in *Mediterranean Peoples in Transition*, ed. S. Gitin et al., Jerusalem 1998.

–: »Innerägäische Beziehungen und auswärtige Kontakte des mykenischen Griechenlands in nachpalatialer Zeit« in *Die nahöstlichen Kulturen und Griechenland an der Wende vom 2. zum 1. Jahrtausend v .Chr.*, ed. E. A. Braun-Holzinger/H. Matthäus, Möhnesee 2002.

–: »Das Ende der mykenischen Palastära« in *Ad fontes*, ed. H. Heftner/K. Tomaschitz, Wien 2004.

–: »Late Mycenaean Warrior Tombs« in *Ancient Greece*, ed. S. Deger-Jalkotzy/I. S. Lemos, Edinburgh 2006.

–: »Schwertkrieger und Speerträger im spätmykenischen Griechenland« in *Altertum und Mittelmeerraum*, ed. R. Rollinger/B. Truschnegg, Stuttgart 2006.

Degraeve, A.: »Je t'écris au sujet d'une pierre«, *Accadica* 1992.

De Graeve, M.-C.: *The Ships of the Ancient Near East*, Leuven 1981.

Dehn, W.: »Die Heuneburg an der oberen Donau und ihre Wehranlagen« in *Neue Ausgrabungen in Deutschland*, ed. F. Maier et al., Berlin 1958.

Deighton, H. J.: *The ›Weather-God‹ in Hittite Anatolia*, Oxford 1982.

Deimel, A.: *Pantheon Babylonicum*, Roma 1914.

v. Deines, H./H. Grapow: *Wörterbuch der ägyptischen Drogennamen*, Berlin 1959.

Deininger, J.: *Flumen Albis*, Hamburg 1997.

Delage, E.: *La géographie dans les Argonautiques d'Apollonios de Rhodes*, Bordeaux 1930.

Delaney, C.: »Columbus's Ultimate Goal: Jerusalem«, *Comparative Studies in Society and History* 2006.

Delano-Smith, C.: »Imago Mundi's Logo«, *Imago Mundi* 1996.

Delcor, M.: »Astarté et la fécondité des troupeaux en Deut. 7.13«, *Ugarit-Forschungen* 1974.

Delcourt, M.: *Pyrrhos et Pyrrha*, Paris 1965.

–: *Héphaistos où La Légende du magicien*, Paris 1982.

Delumeau, J.: *Une histoire du paradis*, Bd. I, Paris 1992.

Delvoye, C.: »Rites de fécondité dans les religions préhelléniques«, *Bulletin de Correspondance Hellénique* 1946.

Demakopoulou, K.: »A Mycenaean Terracotta Figurine from Midea in the Argolid« in *Meletemata*, Bd. I, ed. P. P. Betancourt et al., Liège 1999.

Demargne, P.: »Un prêtre oriental sur une gemme crétoise du MR I«, *Bulletin de Correspondance Hellénique* 1946.

–: *Die Geburt der griechischen Kunst*, München 1965.

DeMarrais, E. et al.: »Chiefdoms of Denmark« in *Bronze Age Economics*, ed. T. Earle, Boulder 2002.

Dembski, G.: »Der Handel auf der Weihrauchstraße« in *Weihrauch und Seide*, ed. W. Seipel, Milano 1996.

Demel, W.: *Als Fremde in China*, München 1992.

Demerliac, J.-G./J. Meirat: *Hannon et l'empire punique*, Paris 1983.

Demetriou, A.: *Cypro-Aegean Relations in the Early Iron Age*, Göteborg 1989.

Demian, M.: »Canoe, Mission Boat, Freighter«, *Paideuma* 2007.

Demisch, H.: *Erhobene Hände*, Stuttgart 1984.

Demuth, V.: »Von der Weser zu den Fjorden«, *Archäologie in Niedersachsen* 1999.

Deonna, W.: *Deux études de symbolisme religieux*, Bruxelles 1955.

Derchain-Urtel, M.-T.: »Die Schwangere im Ozean?« in *Studien zu Sprache und Religion Ägyptens*, ed. F. Junge, Bd. II, Göttingen 1984.

Dercksen, J. G.: »Die Stadt Assur als Wirtschaftsmacht« in *2000 v. Chr.*, ed. J.-W. Meyer/W. Sommerfeld, Saarbrücken 2004.

Dereser, C.: »Die Götterneunheit von Heliopolis«, *Kemet* 3, 2009.

Deroy, L.: »Kubaba, déesse crétoise«, *Minos* 1952.

Deroy, L./R. Halleux: »A propos du grec ἤλεκτρον, ›ambre‹ et ›or blanc‹«, *Glotta* 1974.

Derrix, C.: »Schilde und Fibeln« in *Χρόνος*, ed. C. Becker et al., Espelkamp 1997.

De Salvia, F.: »La magia egizia in Italia« in *La magia in Egitto*, ed. L. Kákosy et al., Modena 1985.

Desborough, V. R.d'A.: *The Last Mycenaeans and Their Successors*, Oxford 1964.

Descola, J.: *Daily Life in Colonial Peru*, London 1968.

Deshayes, J./A. Dessenne: *Fouilles exécutées à Mallia*, Bd. II, Paris 1959.

De Shong Meador, B.: *Inanna*, Austin 2000.

DeSmidt, D. B.: »Odyssey 19.559-81«, *Classical Quarterly* 2006.

Desroches-Noblecourt, C.: *Tut-ench-Amun*, Frankfurt am Main 1963.

Dethleffsen, E. A.: Mündliche Mitteilung vom 8. Juli 1992.

–: Mündliche Mitteilung vom 19. Oktober 1993.

Detlefsen, D.: »Die Entstehung und Entwicklung unserer Marschen«, *Die Heimat* 1905.

Detournay, B.: »Éléments de parure et de décoration« in *Le Quartier Mu*, Bd. II, ed. B. Detournay et al., Paris 1980.

Deubner, L.: »Lupercalia«, *Archiv für Religionswissenschaft* 1910.

–: *Attische Feste*, Darmstadt 1956.

–: »Καταχύσματα und Münzzauber«, *Rheinisches Museum für Philologie* 1978.

–: *Kleine Schriften zur klassischen Altertumskunde*, Königstein 1982.

Dever, W. G.: »The Zenith of the Urban Canaanite Era«, *Biblical Archaeologist* 1987.

–: »The Late Bronze – Early Iron I Horizon in Syria-Palestine« in *The Crisis Years: The 12th Century B. C.*, ed. W. A. Ward/M. S. Joukowsky, Dubuque 1992.

–: *Did God Have a Wife?*, Grand Rapids 2008.

Devereux, G.: »The Nursing of the Aged in Classical China«, *Journal of Psychological Anthropology* 1979.

–: *Baubo: Die mythische Vulva*, Frankfurt am Main 1981.

–: *Frau und Mythos*, Frankfurt am Main 1986.

–: »Nachwort« in *Die wilde Seele*, ed. H. P. Duerr, Frankfurt am Main 1987.

Dexter, M. R: *Whence the Goddesses*, New York 1990.

–: »Dawn-Maid and Sun-Maid« in *The Indo-Europeanization of Northern Europe*, ed. K. Jones-Bley/M. E. Huld, Washington 1996.

Deyts, S.: *Images des dieux de la Gaule*, Paris 1992.

Dhal, U. N.: *Goddess Lakṣmī*, New Delhi 1978.

Dhanda, R. C.: *The Harappan Origins of Hinduism*, Hyderabad 2001.

D'Henry, G.: »Ambre figurate dalla necropoli di Montesarchio« in *Atti del XIII Congresso delle Scienze preistoriche e protoistoriche*, ed. C. Giunchi, Bd. 6.1, Forli 1998.

Dhorme, É.: *Les religions de Babylonie et d'Assyrie*, Paris 1949.

–: *Études bibliques et orientales*, Paris 1951.

D'iakonoff, I. M.: »On the Original Home of the Speakers of Indo-European«, *Journal of Indo-European Studies* 1985.

–: »Women in Old Babylonia Not Under Patriarchal Authority«, *Journal of the Economic and Social History of the Orient* 1986.

Dialismas, A.: »Metal Artefacts as Recorded in the Linear B Tablets« in *Manufacture and Measurement*, ed. A. Michailidou, Athens 2001.

Diamantourou, I.: »A Double Relief of Limestone in the Cyprus Museum« in *The A. G. Leventis Foundation and the Cultural Heritage of Cyprus*, ed. Y. Karageorghis, Athens 1990.

Díaz Alayon, C.: »Ortsnamen und Religiosität auf den vorspanischen Kanaren«, *Almogaren* 1988.

Díaz del Castillo, B.: *Wahrhafte Geschichte der Entdeckung und Eroberung von Mexiko*, ed. G. A. Narziß, Frankfurt am Main 1982.

Dickers, A.: *Die spätmykenischen Siegel aus weichem Stein*, Rahden 2001.

Dickinson, O. T.: »The Shaft Graves and Mycenaean Origins«, *Bulletin of the Institute of Classical Studies* 1972.

–: »Cretan Contacts with the Mainland during the Period of the Shaft Graves« in *The Minoan Thalassocracy*, ed. R. Hägg/N. Marinatos, Stockholm 1984.

–: »Homer, the Poet of the Dark Age« in *Homer*, ed. I. McAuslan/P. Walcott, Oxford 1998.

–: *The Aegean from Bronze Age to Iron Age*, Abingdon 2006.

Dicks, D. R.: *Early Greek Astronomy to Aristotle*, Ithaca 1970.

Dierichs, A.: *Erotik in der römischen Kunst*, Mainz 1997.

–: »Wohlgerüche begleiten das Hochzeitszeremoniell« in *Duftnoten*, ed. A. Dierichs/A. V. Siebert, Hannover 2006.

Dieterich, A.: *Mutter Erde*, Leipzig 1925.

Dietrich, B. C.: »Demeter, Erinys, Artemis«, *Hermes* 1962.

–: »Some Light from the East on Cretan Cult Practice«, *Historia* 1967.

–: »Notes on the Linear B Tablets in the Context of Mycenaean and Greek Religion« in *Atti e Memorie del 1° Congresso Internazionale di Micenologia*, ed. A. Archi et al., Roma 1968.

–: »Peak Cults and Their Place in Minoan Religion«, *Historia* 1969.

–: »Some Evidence of Religious Continuity in the Greek Dark Age«, *Bulletin of the Institute of Classical Studies* 1970.

–: *The Origins of Greek Religion*, Berlin 1974.

–: »The Dorian Hyacinthia: A Survival from the Bronze Age«, *Kadmos* 1975.

–: »Reflections on the Origins of the Oracular Apollo«, *Bulletin of the Institute of Classical Studies* 1978.

–: »Minoan Religion in the Context of the Aegean« in *Minoan Society*, ed. O. Krzyszkowska/L. Nixon, Bristol 1983.

–: *Tradition in Greek Religion*, Berlin 1986.

–: »A Case for Minoan/Mycenaean Religion« in *Das Ende der mykenischen Welt*, ed. E. Thomas, Köln 1987.

–: »Die Kontinuität der Religion im ›Dunklen Zeitalter‹ Griechenlands« in *Ägäische Bronzezeit*, ed. H.-G. Buchholz, Darmstadt 1987.

–: »The Instrument of Sacrifice« in *Early Greek Cult Practice*, ed. R. Hägg et al., Stockholm 1988.

–: »A Minoan Symbol of Renewal«, *Journal of Prehistoric Religion* 1988.

–: »The Transmission of Symbolism in Aegean Religion« in *Studia Aegaea et Balcanica*, ed. W. Chmielewski et al., Warszawa 1992.

–: »Uniformity and Change in Minoan and Mycenaean Religion«, *Kernos* 1993.

–: »Theology and Theophany in Homer and Minoan Crete«, *Kernos* 1994.

–: »Transformations in Mycenaean Religion« in *Atti e memorie del Secondo Congresso Internazionale di Micenologia*, ed. E. De Miro et al., Roma 1996.

–: »Death and Afterlife in Minoan Religion«, *Kernos* 1997.

–: »Religion, culte et sacré dans la civilisation créto-mycénienne« in *Les civilisations méditerranéennes et le sacré*, ed. J. Ries, Turnhout 2004.

Dietrich, M./W. Dietrich: »Zwischen Gott und Volk« in *Und Mose schrieb dieses Lied auf*, ed. M. Dietrich et al., Münster 1998.

Dietrich, M./O. Loretz: »Ugaritisch, *ʾtr, atr, atryt* und *Atrt*«, *Ugarit-Forschungen* 1984.

–: »Amurru, Yaman und die ägäischen Inseln nach den ugaritischen Texten«, *Israel Oriental Studies* 1998.

–: »Ugarit und seine Beziehungen zu Zypern und zur ägäischen Inselwelt« in *Studien zu Ritual und Sozialgeschichte im Alten Orient*, ed. T. R. Kämmerer, Berlin 2007.

–: *Orbis Ugariticus*, Münster 2008.

Dietrich, M./W. Mayer: »Sprache und Kultur der Hurriter in Ugarit« in *Ugarit*, ed. M. Dietrich/O. Loretz, Münster 1995.

Dietz, G.: *Menschenwürde bei Homer*, Heidelberg 2000.

Dietz, S.: *The Argolid at the Transformation to the Mycenaean Age*, København 1991.

Dihle, A.: *Antike und Orient*, Heidelberg 1984.

Dijkstra, M.: »The Weather-God on Two Mountains«, *Ugarit-Forschungen* 1991.

–: »The Myth of Astarte, the Huntress (KTU 1.92)«, *Ugarit-Forschungen* 1994.

Dikaios, P.: »An Inscribed Tablet from Enkomi, Cyprus«, *Antiquity* 1953.

–: »The Context of the Enkomi Tablets«, *Kadmos* 1963.

–: *Enkomi*, Bd. II, Mainz 1971.

–: »El, Yhw and Their Asherah« in *Ugarit*, ed. M. Dietrich/O. Loretz, Münster 1995.

Dikshit, K. N.: »Late Harappa in Northern India« in *Frontiers of the Indus Civilization*, ed. B. B. Lal/S. P. Gupta, New Delhi 1984.

Dikshit, R. B.: *Prehistoric Civilization of the Indus Valley*, Karachi 1988.

Dikshit, S. K.: *The Mother Goddess*, New Delhi 1957.

Diller, H.: »Der Atlantisbericht als platonischer Mythos« in *Kleine Schriften zur antiken Literatur*, München 1971.

Dillery, J.: »Hecataeus of Abdera: Hyperboreans, Egypt, and the ›Interpretatio Graeca‹«, *Historia* 1998.

Dimitrijević, V./B. Tripković: »*Spondylus* and *Glycymeris* Bracelets: Trade Reflections at Neolithic Vinča-Belo Brdo«, *Documenta Praehistorica* 2006.

Dimmitt, C.: »Sītā: Fertility Goddess and Śakti« in *The Divine Consort*, ed. J. S. Hawley/D. M. Wulff, Berkeley 1982.

Dimopoulou, N./G. Rethemiotakis: »The ›Sacred Conversation‹ Ring From Poros« in *Minoisch-mykenische Glyptik*, ed. W. Müller, Berlin 2000.

–: *The Ring of Minos*, Athens 2004.

Dimopoulou, N. et al.: »Une statuette en argile avec inscription en linéaire A de Poros/Irakliou«, *Bulletin de Correspondance Hellénique* 1993.

Dinçol A./B. Dinçol: »Ein anatolisches Reich als Treffpunkt zweier Welten« in *Das Schiff von Uluburun*, ed. Ü. Yalçin et al., Bochum 2005.

Dineley, M.: »Finding Magic in Stone Age Real Ale«, *British Archaeology*, November 1996.

Dion, R.: »La notion d'Hyperboréens«, *Bulletin de l'Association Guillaume Budé* 1976.

Dirlmeier-Kilian, I.: »Orientalia in Griechenland vom 13.-9. Jahrhundert v. Chr.« in *Studien zur Religion und Kultur Kleinasiens und der Ägäis*, ed. C. Işik, Bonn 2000.

Disney, A.: »Portuguese Expansion, 1400-1800« in *Portuguese Oceanic Expansion*, ed. F. Bethencourt/D. R. Curto, Cambridge 2007.

Disselhoff, H. D.: *Das Imperium der Inka*, Berlin 1973.

Dittner, J.: *Blumen und Blumensträuße als Opfergaben im alten Ägypten*, Berlin 1986.

Dittrich, S./L. Dittrich: *Lexikon der Tiersymbole*, Petersberg 2004.

Divari-Valakou, N.: »Weibliches Idol, SH III A 2« in *Das mykenische Hellas*, ed. K. Demakopoulou, Berlin 1988.

–: »Fragment eines Freskos aus Mykene« in *Götter und Helden der Bronzezeit*, ed. K. Demakopoulou et al., Ostfildern 1999.

Di Vita, A.: »The Excavation of Poliochni« in *Poliochni on Smoke-Shroud Lemnos*, ed. V. La Rosa et al., Athina 1997.

Djahukian, G. B.: »Did Armenians Live in Asia Anterior Before the Twelfth Century B. C.?« in *When Worlds Collide*, ed. T. L. Markey et al., Ann Arbor 1990.

Dobesch, G.: »Historische Fragestellungen in der Urgeschichte« in *Griechenland, die Ägäer und die Levante während der ›Dark Ages‹*, ed. S. Deger-Jalkotzy, Wien 1983.

–: *Das europäische ›Barbaricum‹ und die Zone der Mediterrankultur*, Wien 1995.

Dockstader, F. J.: *The Kachina and the White Man*, Bloomfield Hills 1954.

Dodson, A./D. Hilton: *The Royal Families of Egypt*, London 2004.

Doe, B.: *Südarabien*, Bergisch Gladbach 1970.

Döhl, H.: »Iria« in *Tiryns VI*, Mainz 1973.

Dölger, F. J.: *Sol salutis*, Münster 1925.

Döpp, S.:»Μῆλον κυδώνιον (Malum Cydonium): Quitte oder Apfel?«, *Hermes* 1995.

Dörig, J./O. Gigon: *Der Kampf der Götter und Titanen*, Olten 1961.

Dörpfeld, W./H. Rüter: *Homers Odyssee*, Bd.I, München 1925.

Dohm, P.: *Holsteinische Ortsnamen*, Kiel 1908.

Dolatowska, A.: »Wolin as a Port-of-Trade«, *Offa* 2001.

Domański, G.: »Szlak czarnomorski« in *Comhlan*, ed. J. Andrzejowski, Warszawa 1999.

Domergue, C./C. Rico: »A propos de deux lingots de cuivre antiques trouvés en mer sur la côte languedocienne« in *Vivre, produire et échanger*, ed. L. Rivet/ M. Sciallano, Montagnac 2002.

Dorcey, P. F.: *The Cult of Silvanus*, Leiden 1992.

Doria, M.: *Avviamento allo studio del Miceneo*, Roma 1965.

Dornseiff, F.: *Antike und Alter Orient*, Leipzig 1956.

Dorsey, G. A.: *The Cheyenne*, Bd.II, Chicago 1905.

Dorsey, G. A./A. L. Kroeber: *Traditions of the Arapaho*, Chicago 1903.

Dossin, G.: »Aya: Parèdre de Šamaš«, *Oriens Antiquus* 1979.

Dothan, M.: »A Sign of Tanit from Tel 'Akko«, *Israel Exploration Journal* 1974.

Dothan, T.: »Tel Miqne-Ekron: The Aegean Affinities of the Sea Peoples« in *Recent Excavations in Israel*, ed. S. Gitin, Dubuque 1995.

Dothan, T./M. Dothan: *People of the Sea*, New York 1992.

Dothan, T. et al.: »Kamares Ware at Hazor«, *Israel Exploration Journal* 2000.

Dottin, G.: *Les Argonautiques d'Orphée*, Paris 1930.

Dougherty, C.: *The Raft of Odysseus*, Oxford 2001.

Doumas, C. G.: *Santorini*, Athens 1987.

–: »Les contacts entre la Mer Egée et la Mer Noir avant la colonisation grecque«, in *Actes de Symposium International Thracia Pontica IV*, Sozopol 1988.

–: »The Sea« in *Cycladic Culture*, ed. L. Marangou, Athens 1990.

–: »Thera and the East Mediterranean« in *The Civilizations of the Aegean and Their Diffusion*, ed. V. Karageorghis, Larnaka 1991.

–: »What Did the Argonauts Seek in Colchis?«, *Hermathena* 1991.

–: *The Wall-Paintings of Thera*, Athens 1992.

–: »Early Helladic III and the Coming of the Greeks«, *Cretan Studies* 1996.

–: »The Northeast Aegean Islands« in *Poliochni on Smoke-Shroud Lemnos*, ed. V. La Rosa et al., Athina 1997.

–: *Die aktuellsten archäologischen Funde in Akrotiri auf Thera*, Weilheim 2001.

–: »Aegeans on Smoke-Shrouded Lemnos« in *Emporia*, Bd.I, ed. R. Laffineur/ E. Greco, Liège 2005.

Doumet-Serhal, C.: »Sidon«, *Les Dossiers d'archéologie*, Novembre 2007.

Dova, A.: »Lemnos in Prehistoric Times« in *Poliochni on Smoke-Shroud Lemnos*, ed. V. La Rosa et al., Athina 1997.

Dowden, K.: *The Uses of Greek Mythology*, London 1992.

–: *European Paganism*, London 2000.

Downes, P.: »Die ›Entdeckung‹ Brasiliens und der Indígenas im 16. Jahrhundert«, *Zeitschrift für Missionswissenschaft* 2000.

Doxey, D. M.: »Cowrie Shell Beads from Abydos« in *Searching for Ancient Egypt*, ed. D. P. Silverman, Dallas 1997.

Draak, M.: »Some Aspects of Kingship in Pagan Ireland« in *La regalità sacra*, ed. U. Pestalozza et al., Leiden 1959.

Dräger, P.: *Stilistische Untersuchungen zu Pherekydes von Athen*, Stuttgart 1995.

–: *Die Argonautika des Apollonios Rhodios*, München 2001.

Draffkorn-Kilmer, A.: »An Ideal Animal Totem/Model For Inanna/Ištar?« in *Landscapes*, ed. L. Milano et al., Padova 2000.

Drauschke, J.: »Herkunft und Vermittlung byzantinischer Importe der Merowingerzeit in Nordwesteuropa« in *Zwischen Spätantike und Frühmittelalter*, ed. S. Brather, Berlin 2008.

Drenkhahn, R.: *Darstellungen von Negern in Ägypten*, Hamburg 1967.

Drenth, E./E. Lohof: »Funerary and Burial Ritual in Beaker Period, Early and Middle Bronze Age« in *The Prehistory of the Netherlands*, ed. L. P. L. Koojmans et al., Bd. I, Amsterdam 2005.

Drews, A.: *Der Sternhimmel*, Jena 1923.

Drews, R.: *The Coming of the Greeks*, Princeton 1988.

–: *The End of the Bronze Age*, Princeton 1993.

–: »Medinet Habu: Oxcarts, Ships, and Migration Theories«, *Journal of Near Eastern Studies* 2000.

–: »The Laurion Mines and a Bronze Age Name for the Greek Mainland«, *Journal of Indo-European Studies* 2005.

Drews, U.: »Aspekte des Totenkults in Haithabu« in *Wege ins Jenseits*, ed. H. Guratzsch/C.v. Carnap-Bornheim, Neumünster 2005.

Driessen, J.: »›Kretes‹ and ›Iawones‹«, *Minos* 1999.

–: »Preliminary Observations on the Settlement Pattern of Minoan Crete« in *Urbanism in the Aegean Bronze Age*, ed. K. Branigan, Sheffield 2001.

–: »On the Beginnings of Minoan Monument Building« in *Power and Architecture*, ed. J. Bretschneider et al., Leuven 2007.

Driessen, J./A. Farnoux: »Mycenaeans at Malia?«, *Aegean Archaeology* 1994.

Drioux, G.: *Cultes indigènes des Lingons*, Langres 1934.

Drostel, J.: *Lavendel, Zimt und Rosenholz*, Ostfildern 2006.

–: *Einhorn, Drache, Basilisk*, Ostfildern 2007.

Dubin, L. S.: *The History of Beads*, New York 1987.

Duchâteau, A.: »Das Bild des Weißen in frühen afrikanischen Mythen und Legenden« in *Europäisierung der Erde?*, ed. G. Klingenstein et al., Wien 1980.

Duchesne-Guillemin, J.: *La religion de l'Iran ancien*, Paris 1962.

–: »Sonnenkönigtum und Mazdareligion« in *Kunst, Kultur und Geschichte der Achämenidenzeit*, ed. H. Koch/D. N. MacKenzie, Berlin 1983.

Dübner-Manthey, B.: »Zum Amulettbrauchtum in frühmittelalterlichen Frauen- und Kindergräbern« in *Frauen in Spätantike und Frühmittelalter*, ed. W. Affeldt, Sigmaringen 1990.

Duemmler, F.: *Kleine Schriften*, Bd. II, Leipzig 1901.

Dürk, A.-M.: »Bronzezeitliche Arktoi? Zum Verständnis der Tonfiguren von Ayia Irini«, *Thetis* 1996.

Duerr, A.: *Die tamilische Wallfahrt zur Schwarzen Madonna von Einsiedeln*, Heidelberg 2010.

Duerr, H. P.: *Traumzeit*, Frankfurt am Main 1978.

–: »Tanzt Papa Legba in Afrika?« in *Spiegel und Gleichnis*, ed. N. W. Bolz/ W. Hübener, Würzburg 1983.

–: *Sedna oder Die Liebe zum Leben*, Frankfurt am Main 1984.

–: *Der Mythos vom Zivilisationsprozeß*, Bd. I, Frankfurt am Main 1988; Bd. II 1990; Bd. III 1993; Bd. IV 1997; Bd. V 2002.

–: »Neues vom alten Rungholt«, *Kulturnotizen*, Juni 1999.

–: *Gänge und Untergänge*, Frankfurt am Main 1999.

–: *Rungholt: Die Suche nach einer versunkenen Stadt*, Frankfurt am Main 2005.

–: »Verfluchtes Rungholt«, *Nordfriesland*, September 2006.

–: »Der Geheimgang zum Heidelberger Schloß« in *Bücher Gänge*, ed. A. Hoffmann et al., Heidelberg 2006.

–: *Tränen der Göttinnen*, Heidelberg 2008.

–: »Rungholt – und kein Ende« in *Zwischen Aneignung und Verfremdung*, ed. V. Gottowik et al., Frankfurt am Main 2009.

Duerr, J.: »Milchnutzung in der Alten Welt«, *Archäologische Informationen* 2006.

–: »Zum Beginn der Milchnutzung in Mitteleuropa«, *Ethnographisch-Archäologische Zeitschrift* 2007.

–: *Von Tierhütern und Tiertötern*, Bonn 2010.

–: »The Fear of the Lord« in *Hunting*, ed. N. Kowalsky, Malden 2010.

Dütting, D.: »In Search of Kawil and Chaac«, *Tribus* 1991.

Düwel, K.: »Germanische Opfer und Opferriten im Spiegel altgermanischer Kultorte« in *Vorgeschichtliche Heiligtümer und Opferplätze in Mittel- und Nordeuropa*, ed. H. Jankuhn, Göttingen 1970.

Düwel, K./P. Pieper: »Runen« in *Opferplatz und Heiligtum*, ed. R. Busch et al., Neumünster 2000.

Duff, W.: *The Indian History of British Columbia*, Victoria 1965.

v. Duhn, F.: »Der Sarkophag aus Hagia Triada«, *Archiv für Religionswissenschaft* 1909.

Duhoux, Y.: »Les Eteócrétois« in *Interaction and Acculturation in the Mediterranean*, Bd. I, ed. J. Best/N. de Vries, Amsterdam 1980.

–: *L'Etéocrétois*, Amsterdam 1982.

–: »La ›B Da-ma-te‹ = Déméter?«, *Minos* 1995.

–: »Pre-Hellenic Language(s) of Crete«, *Journal of Indo-European Studies* 1998.

–: *Des Minoens en Égypte?*, Louvain 2003.

–: »Un nom de ›bronze‹ en linéaire A?«, *Cretan Studies* 2003.

–: »Adieu au *ma-ka* cnossien«, *Kadmos* 2006.

Dumézil, G.: *La religion romaine archaique*, Paris 1966.

–: »Mythologie der kaukasischen Völker« in *Götter und Mythen der kaukasischen und iranischen Völker*, ed. H. W. Haussig, Stuttgart 1986.

Dunbabin, T. J.: *The Greeks and Their Eastern Neighbours*, London 1957.

Dunham, S.: »The Monkey in the Middle«, *Zeitschrift für Assyriologie* 1985.

Dunkel, G. E.: »Vater Himmels Gattin«, *Die Sprache* 1988.

Dupree, L.: »Notes on Shortugai« in *Indus Civilization*, ed. A. H. Dani, Islamabad 1981.

DuQuesne, T.: »Facing the Gods« in *The Quest For Immortality*, ed. E. Hornung/B. M. Bryan, Washington 2002.

–: »The Spiritual and the Sexual in Ancient Egypt«, *Discussions in Egyptology* 2005.

Durman, A.: »Simbol boga i kralja« in *Simbol Boga I Kralja*, ed. A. Durman, Zagreb 2006.

Duru, R./G. Umurtak: *Höyücek*, Ankara 2005.

Dussaud, R.: *Les civilisations préhelléniques*, Paris 1914.

–: »Rapports entre la Crète ancienne et la Babylonie«, *Iraq* 1939.

Duval, P.-M.: *Les dieux de la Gaule*, Paris 1957.

Duvel, A.: *L'imaginaire des épices*, Paris 2006.

Dyson, J./P. Christopher: *Columbus*, München 1991.

Dyson, R. H./M. M. Voigt: »The Location of Shells in the Hasanlu IV B Citadel«, *Expedition* 2, 1989.

Dzierzykrai-Rogalski, T.: »Natural Mummification in Egypt« in *Science in Egyptology*, ed. A. R. David, Manchester 1986.

Earle, T.: *Bronze Age Economics*, Boulder 2002.

East, R.: *Akiga's Story*, London 1939.

Ebberfeld, I.: *Blondinen bevorzugt*, Frankfurt am Main 2007.

Ebbesen, K.: »Die nordischen Bernsteinhorte der Trichterbecherkultur«, *Prähistorische Zeitschrift* 1995.

Ebeling, E.: *Liebeszauber im Alten Orient*, Leipzig 1925.

Ebers, G.: *Die Körpertheile im Altägyptischen*, München 1897.

Eck, B.: »Voyageurs grecs et exploration de la mer Noire« in *Voyageurs et Antiquité classique*, ed. H. Duchêne, Clamecy 2003.

Eckert, G.: *Totenkult und Lebensglaube im Caucatal*, Braunschweig 1948.

Eckstein, F.: »Backen« in *Handwörterbuch des deutschen Aberglaubens*, Bd. I, ed. E. Hoffmann-Krayer, Berlin 1927.

Ecsedy, I.: »The New Year's Tree and Other Traces of Ancient Shamanistic Cult in China« in *Shamanism in Eurasia*, ed. M. Hoppál, Göttingen 1984.

Edel, E./M. Görg: *Die Ortsnamenlisten im nördlichen Säulenhof des Totentempels Amenophis' III.*, Wiesbaden 2005.

Edelstein, E. J./L. Edelstein: *Asclepius*, Bd. II, Baltimore 1945.

Edens, C. M.: »Bahrain and the Arabian Gulf during the 2nd Millennium B. C.« in *Bahrain Through the Ages*, ed. S. H. al-Khalifa/M. Rice, London 1986.

–: »Philister und Israeliten« in *Bildatlas der Hochkulturen*, ed. P. G. Bahn, Gütersloh 2003.

Edens, C. M./P. L. Kohl: »Trade and World Systems in Early Bronze Age Western Asia« in *Trade and Exchange in Prehistoric Europe*, ed. C. Sarre/F. Healy, Oxford 1993.

Eder, B.: »Völkerwanderungen in der Spätbronzezeit« in *Das Schiff von UlZuburun*, ed. Ü. Yalçin et al., Bochum 2005.

–: »The World of Telemachus: Western Greece 1200-700 BC« in *Ancient Greece*, ed. S. Deger-Jalkotzy/I. S. Lemos, Edinburgh 2006.

–: »The Power of Seals« in *Between the Aegean and Baltic Seas*, ed. I. Galanaki et al., Liège 2007.

–: »Die nördlichen und westlichen Regionen Griechenlands im Spannungsfeld der mykenischen Paläste« in *Keimelion*, ed. E. Alram-Stern/G. Nightingale, Wien 2007.

–: »Im Spiegel der Siegel« in *Keimelion*, ed. E. Alram-Stern/G. Nightingale, Wien 2007.

Eder, B./R. Jung: »On the Character of Social Relations Between Greece and Italy in the 12th/11th Century BC« in *Emporia*, ed. R. Laffineur/E. Greco, Eupen 2005.

Eder, M.: »Figürliche Darstellungen in der japanischen Volksreligion«, *Folklore Studies of the Catholic University of Peking* 1951.

Edgerton, W. F./J. A. Wilson: *Historical Records of Ramses III*, Chicago 1936.

Edgeworth, R. J.: »›Saffron-Colored‹ Terms in Aeschylos«, *Glotta* 1988.

Edmunds, L.: »The Cult and the Legend of Oedipus«, *Harvard Studies in Classical Philology* 1981.

Edwards, C. R.: »New World Perspectives on Pre-European Voyaging in the Pacific« in *Early Chinese Art and Its Possible Influence in the Pacific Basin*, ed. N. Barnard, New York 1972.

Edwards, R. B.: *Kadmos the Phoenician*, Amsterdam 1979.

Edzard, D. O.: »Die Beziehungen Babyloniens und Ägyptens in der mittelbabylonischen Zeit und das Gold«, *Journal of the Economic and Social History of the Orient* 1960.

–: »Die Mythologie der Sumerer und Akkader« in *Götter und Mythen im Vorderen Orient*, ed. H. W. Haussig, Stuttgart 1965.

–: »Pantheon und Kult in Mari« in *XVe Rencontre Assyriologique Internationale*, Paris 1967.

–: »Sumer und Akkad« in *Der alte Orient*, ed. B. Hrouda, München 1991.

van Effenterre, H.: *Le palais de Mallia*, Roma 1980.

–: *Cretica selecta*, Amsterdam 1990.

Effinger, M.: *Minoischer Schmuck*, Oxford 1996.

Efstratiou, N.: »Tracing the Story of the First Farmers in Greece« in *How Did Farming Reach Europe?*, ed. C. Lichter, Istanbul 2005.

Egeler, M.: »Keltisch-mediterrane Perspektiven auf die altnordischen Walkürenvorstellungen« in *Analekta Septentrionalia*, ed. W. Heizmann et al., Berlin 2009.

Egg, M./C. Pare: *Die Metallzeiten in Europa und im Vorderen Orient*, Mainz 1995.

Ehrhardt, N.: »Zur Geschichte der griechischen Handels- und Kolonisationsfahrten im östlichen Mittelmeer« in *Orientalisch-ägäische Einflüsse in der europäischen Bronzezeit*, ed. P. Schauer, Bonn 1990.

Ehringhaus, H.: *Die Felsreliefs der hethitischen Großreichszeit in der Türkei*, Mainz 2005.

Eibner, A.: »Das Rollenbild der Frau in der Eisenzeit« in *Gott, weiblich*, ed. A. Schönweger, Meran 2010.

Eibner, C.: »Urzeitliche Bergbautechnik in den Ostalpen« in *Montanarchäologie in Europa*, ed. H. Steuer/U. Zimmermann, Sigmaringen 1993.

Eichfelder, T.: »Siegfriedmythen vor 1200« in *Siegfried: Schmied und Drachentöter*, ed. V. Gallé, Worms 2005.

Eichler, E.: »Alte Gewässernamen zwischen Ostsee und Erzgebirge«, *Beiträge zur Namenforschung* 1981.

Eichner, H.: »Die urindogermanische Wurzel *Hzreu, ›hellmachen‹«, *Die Sprache* 1978.

Eidinow, J. S. C.: »›Purpureo bibet ore nectar‹«, *Classical Quarterly* 2000.

Eiland, M.: »Women and Goddess Idols From the Ancient Near East«, *Minerva* 3, 2005.

Eilers, W.: »Kleinasiatisches«, *Zeitschrift der Deutschen Morgenländischen Gesellschaft* 1940.

Einoo, S.: »The Autumn Goddess Festival« in *Living with Sakti*, ed. M. Tanaka/ M. Tachikawa, Osaka 1999.

Eisenberg, J. M.: »Treasures from the Royal Tombs of Ur«, *Minerva* 2, 1999.

–: »The Caravan Kingdoms of Yemen«, *Minerva* 4, 2005.

Eisler, R. *Weltenmantel und Himmelszelt*, Bd. I, München 1910.

–: »Die ›Seevölker‹namen in den altorientalischen Quellen«, *Caucasica* 1928.

Eisner, R.: »The Temple at Ayia Irini«, *Greek, Roman u. Byzantine Studies* 1972.

Eissa, A.: »Eine metaphorische Geste der sexuellen Vereinigung«, *Göttinger Miszellen* 2001.

Eißfeldt, O.: »Zeus Ammon«, *Forschungen und Fortschritte* 1936.

–: »Kreter und Araber«, *Theologische Literaturzeitung* 1947.

–: *Kleine Schriften*, Bd. I, Tübingen 1962.

–: »Kanaanäisch-ugaritische Religion« in *Handbuch der Orientalistik*, ed. B. Spuler, Bd. 8.1, Leiden 1964.

–: »Adonis und Adonaj«, *Sitzungsberichte der Sächsischen Akademie der Wissenschaften zu Leipzig* 1970.

Eitrem, S.: »Die göttlichen Zwillinge bei den Griechen«, *Videnskabsselskabets Skrifter, Hist.-filos. Kl.* 1902.

–: *Der vordorische Widdergott*, Kristiania 1910.

–: »Hermes (Ἑρμείας)« in *Paulys Realencyklopädie der Classischen Altertumswissenschaft*, Bd. VIII.1, ed. W. Kroll, Stuttgart 1912.

–: *Opferritus und Voropfer der Griechen und Römer*, Kristiania 1915.

–: *Beiträge zur griechischen Religionsgeschichte*, Bd. II, Kristiania 1917; Bd. III, 1920.

–: »Leukothea (Λευκοδέα)« in *Paulys Real-Encyclopädie der Classischen Altertumswissenschaft*, Bd. XII, ed. W. Kroll, Stuttgart 1925.

–: »Phaiax« in *Paulys Real-Encyclopädie der Classischen Altertumswissenschaft*, Bd. XIX.2, ed. G. Wissowa, Stuttgart 1938.

Ekkel, J.: »Pijpen« in *Verscholen in vuil*, ed. H. Clevis/M. Smit, Kampen 1990.

Ekschmitt, W.: *Die Kontroverse um Linear B*, München 1969.

–: *Kunst und Kultur der Kykladen*, Bd. I, Mainz 1986.

Elat, M.: »Tarshish and the Problem of Phoenician Colonisation in the Western Mediterranean«, *Israel Oriental Studies* 1982.

Elbs-May, P.: »Vorderasien« in *Die Schiffahrt in außereuropäischen Kulturen*, ed. B. Spranz, Freiburg 1984.

Eliade, M.: *Schmiede und Alchemisten*, Stuttgart 1980.

Eliopoulos, T.: »The Discovery of a Temple Complex of the Dark Ages at

Kephala Vasilikis« in *Eastern Mediterranean*, ed. V. Karageorghis/N. Stampolidis, Athens 1998.

–: »Gournia, Vronda Kavousi, Kephala Vasilikis« in *Crete Beyond the Palaces*, ed. L. P. Day et al., Philadelphia 2004.

Ellis, P. B.: *Celt and Greek*, London 1997.

Ellis, R.: *Imagining Atlantis*, New York 1998.

Ellmers, D.: *Frühmittelalterliche Handelsschiffahrt in Mittel- und Nordeuropa*, Neumünster 1972.

–: »Frühe Schiffahrt in West- und Nordeuropa« in *Zur geschichtlichen Bedeutung der frühen Seefahrt*, ed. H. Müller-Karpe, München 1982.

–: »Fellboote, Einbäume, Schiffe«, *Archäologie in Deutschland* 2, 1986.

–: »Die Wikingerschiffe und ihre Mannschaften« in *Die Wikinger*, ed. U. Löber, Koblenz 1998.

–: »Seefahrt und Seewege« in *Reallexikon der Germanischen Altertumskunde*, ed. H. Beck et al., Bd. 28, Berlin 2005.

–: »Wasserstraßen« in *Reallexikon der Germanischen Altertumskunde*, ed. H. Beck et al., Bd. 32, Berlin 2006.

Elter, A.: »Das Altertum und die Entdeckung Amerikas«, *Rheinisches Museum für Philologie* 1926.

Emboden, W.: *Narcotic Plants*, New York 1980.

Emmerig, O.: »Don, Donez, Donau«, *Germanien* 1942.

Emmons, G. T.: »Native Account of the Meeting between La Pérouse and the Tlingit«, *American Anthropologist* 1911.

Enegren, H. L.: »Craft Production at Knossos« in *Acquisition and Distribution of Raw Materials and Finished Products*, ed. C. Gillis et al., Jonsered 2000.

Engedal, Ø.: *The Nordic Scimitar*, Oxford 2002.

Engels, R.: »Das Aithiopenbild der vorhellenistischen Literatur« in *Bonner Festgabe Johannes Straub*, ed. A. Lippold/N. Himmelmann, Bonn 1977.

Engnell, I.: »›Planted by the Stream of Water‹« in *Studia Orientalia Ioanni Pedersen*, ed. F. Hvidberg, København 1953.

Enright, M. J.: *Lady with a Mead Cup*, Dublin 1996.

Eörsi, A.: »Giovanni Arnolfini's ›Impalmamento‹«, *Oud Holland* 1996.

Eogan, G.: »Possible Connections between Britain and Ireland and the East Mediterranean Region During the Bronze Age« in *Orientalisch-ägäische Einflüsse in der europäischen Bronzezeit*, ed. P. Schauer, Bonn 1990.

–: »Ireland and the External World during the Later Bronze Age« in *Ireland in the Bronze Age*, ed. J. Waddell/E. S. Twohig, Dublin 1995.

–: »From Skåne to Scotstown« in *Experiment and Design*, ed. A. F. Harding, Oxford 1999.

Ephron, H. D.: »The ›Jēsŏn‹ Tablet of Enkomi«, *Harvard Studies in Classical Philology* 1961.

–: »Hygieia Tharso and Iaon«, *Harvard Studies in Classical Philology* 1962.

Erbelding, S.: »Tridacna-Muschel mit Gravur« in *Hannibal ad portas*, ed. H. Siebenmorgen, Stuttgart 2004.

Erdész, S.: »Drachentypen in der ungarischen Volksüberlieferung«, *Acta Ethnographica Hungarica* 1971.

Erdmann, W.: *Die Ehe im alten Griechenland*, München 1934.

Eriksson, K. O.: »New Evidence for Chronology of Egyptian New Kingdom *Mechak* Razors Found in LCI Tombs« in *Studies in Honour of Paul Åström*, ed. P. M. Fischer, Wien 2001.

Erlenmeyer, H.: »Hieroglyphisch-hethitische und ägäische Schriftsiegel«, *Kadmos* 1966.

Erlenmeyer, M.-L./H. Erlenmeyer: »Über Philister und Kreter«, *Orientalia* 1964.

Erman, A.: *Die ägyptische Religion*, Berlin 1909.

–: *Ägypten und ägyptisches Leben im Altertum*, Tübingen 1923.

Ermete, K.: »Gewürze und Gewürzhandel in den Nordwestprovinzen des Römischen Reiches« in *Chili, Teufelsdreck und Safran*, ed. M. Fansa et al., Oldenburg 2007.

Ernst, P./G. Fischer: *Die germanischen Sprachen im Kreis des Indogermanischen*, Wien 2001.

Ernst, R.: »Begegnung des urnenfelderzeitlichen Europa mit Ägypten«, *Hephaistos* 1995.

Ertl, R. F.: *Idole*, Wien 2003.

Ertman, E. L.: »The Search for the Significance and Origin of Nefertiti's Tall Blue Crown« in *Atti del Sesto Congresso Internazionale di Egittologia*, Bd. I, Torino 1992.

Escher, L.: »Eos ('Ηώς, Αὔως, ῎Εως)« in *Paulys Real-Encyklopädie der Classischen Altertumswissenschaft*, Bd. V.2, ed. G. Wissowa, Stuttgart 1905.

Eschmann, A.: *Das religiöse Geschichtsbild der Azteken*, Berlin 1976.

Esdaille, K.: »῾Ο ἀφ᾽ ἑστίας«, *Journal of Hellenic Studies* 1909.

Ettisch, E. E.: »Die Säge als Sonnensymbol im Alten Orient«, *Paideuma* 1961.

Euler, W.: »Das indogermanische Ethnos: Fiktion oder geschichtliche Realität?« in *Sprache und Kultur der Indogermanen*, ed. W. Meid, Innsbruck 1998.

Evans, A.: *The Prehistoric Tombs of Knossos*, London 1906.

–: *The Palace of Minos*, Bd. I, London 1921; Bd. II 1928; Bd. III 1928; Bd. IV 1936.

Evans, J. D.: »The Early Millennia« in *Knossos*, ed. D. Evely et al., Oxford 1994.

Evans, R.: »Searching for Paradise«, *Arethusa* 2003.

Evans-Pritchard, E. E.: *Nuer Religion*, Oxford 1956.

–: *Essays in Social Anthropology*, London 1962.

Evely, R. D. G.: »Finds of Stone, Clay, Ivory, Faience, Lead etc.« in *The Minoan Unexplored Mansion at Knossos*, ed. M. R. Popham, London 1984.

–: *Minoan Crafts*, Bd. I, Göteborg 1993.

van Eysinga, G. A.: *Indische Einflüsse auf evangelische Erzählungen*, Göttingen 1904.

Fabbricotti, E.: »Silphium in Ancient Art«, *Libyan Studies* 1993.

Fabian, K. D.: »Zum numinosen Ursprung der römischen Göttin Iuno« in *Beiträge zur altitalischen Geistesgeschichte*, ed. R. Altheim-Stiehl/M. Rosenbach, Münster 1986.

Fabre, D.: *Seafaring in Ancient Egypt*, London 2005.

Fabre, P.: »Étude sur Pytheas le Massaliote et l'époque de ses travaux«, *Les Études Classiques* 1975.

Facchetti, G. M.: »Qualche osservazione sulla lingua minoica«, *Kadmos* 2001.

Fagan, B.: *The Long Summer*, London 2004.

Faist, B. I.: *Der Fernhandel des assyrischen Reiches zwischen dem 14. und 11. Jahrhundert v. Chr.*, Münster 2001.

v. Falck, M.: »Der ›Schöne Westen‹« in *Schönheit im Alten Ägypten*, ed. K. Lembke/B. Schmitz, Hildesheim 2006.

Falkenstein, F.: »Eine Katastrophen-Theorie zum Beginn der Urnenfelderkultur« in Χρόνος, ed. C. Becker et al., Espelkamp 1997.

Falkenstein, M. A.: »Tammūz« in *IIIe Rencontre Assyriologique Internationale*, Leiden 1954.

Falsone, G.: »Anath or Astarte?« in *Religio Phoenicia*, ed. C. Bonnet et al., Namur 1986.

Fane, H.: »The Female Element in Indian Culture«, *Asian Folklore Studies* 1975.

Fansa, M.: »Brücken durchs Moor«, *Archäologie in Deutschland* 4, 2003.

Faraone, C. A.: »Aphrodite's Κεστὸς and Apples For Atalanta«, *Phoenix* 1990.

–: *Ancient Greek Love Magic*, Cambridge 1999.

Farber, W.: *Beschwörungsrituale an Ištar und Dumuzi*, Wiesbaden 1977.

Farid, S.: »New Discoveries at Çatalhöyük«, *Minerva* 4, 2006.

Farnell, L. R.: *Greece and Babylon*, Edinburgh 1911.

–: *Greek Hero Cults*, Oxford 1921.

Farout, D.: »Des expéditions en Mer Rouge au début de la XIIe dynastie«, *Égypte, Afrique u. Orient* 41, 2006.

Fattovich, R.: »The Problem of Punt in the Light of Recent Field Work in the Eastern Sudan« in *Akten des 4. Internationalen Ägyptologen-Kongresses*, ed. S. Schoske, Bd. 4, Hamburg 1991.

–: »Punt: The Archaeological Perspective« in *Atti del Sesto Congresso Internazionale di Egittologia*, ed. G. M. Zaccone/T. R. di Netro, Bd. II, Torino 1993.

–: »The Contacts between Southern Arabia and the Horn of Africa in Late Prehistoric Times« in *Profumi d'Arabia*, ed. A. Avanzini, Roma 1997.

Fattovich, R./K. Bard: »A la recherche de Pount«, *Égypte, Afrique u. Orient* 41, 2006.

Faulkner, R. O.: »From the Inception of the 19th Dynasty to the Death of Ramesses III« in *Cambridge Ancient History*, Bd. II.2, ed. I. Edward et al., Cambridge 1975.

Faure, P.: »La grotte de Léra (Kydonias) et la nymphe Akakallis« in Κρητικά Χρονικά 1962.

–: »Cultes populaires dans la Crète antique«, *Bulletin de Correspondance Hellénique* 1967.

–: »Nouvelles recherches sur trois sortes de sanctuaires crétois«, *Bulletin de Correspondance Hellénique* 1967.

–: »Les mines du roi Minos« in Πεπραγμενα, Bd. 1.1, Athina 1980.

–: »Pour une autre lecture des inscriptions minoennes et de KN Zc 6 et 7 en particulier«, *Cretan Studies* 1980.

–: *Ulysse, le Crétois (XIIIe siècle av. J.-C.)*, Paris 1980.

–: »Les divinités de la caverne de Skoteino« in Ειλαπινη, ed. L. Kastrinaki et al., Bd. I, Herakleion 1987.

–: *Recherches de toponymie crétoise*, Amsterdam 1989.

–: »Le pourpre: invention égéenne«, *Aegaeum* 1991.

–: »Atanu, Atanowo, Atanupi«, *Cretan Studies* 1992.

–: »Deux inscriptions en écriture Linéaire A découvertes à Troie par Schliemann«, *Cretan Studies* 1996.

Faust, M.: »Der ägäische Ortsname Mino(i)a«, *Zeitschrift für vergleichende Sprachforschung* 1969.

Fausto, C.: »The Bones Affair«, *Journal of the Royal Anthropological Institute* 2002.

Fauth, W.: »Hippolytos und Phaidra«, *Abhandlungen der Akademie der Wissenschaften und Literatur in Mainz, Geistes- und sozialwiss. Kl.* 1959.

–: »Aphrodite Parakyptusa«, *Abhandlungen der Akademie der Wissenschaften und der Literatur, Geistes- u. sozialwiss. Kl.* 1967.

–: »Der Traum des Tarquinius«, *Latomus* 1976.

–: »Fata Morgana« in *Beiträge zum romanischen Mittelalter*, ed. K. Baldinger, Tübingen 1978.

–: »Sonnengottheit (Dutu) und ›Königliche Sonne‹ (Dutuši)«, *Ugarit-Forschungen* 1979.

–: »Der königliche Gärtner und Jäger im Paradeisos«, *Persica* 1979.

–: »Ištar als Löwengöttin und die löwenköpfige Lamaštu«, *Die Welt des Orients* 1981.

–. »Diener der Götter, Liebling der Götter«, *Saeculum* 1988.

Fecht, G.: *Der Vorwurf an Gott in den ›Mahnworten des Ipu-wer‹*, Heidelberg 1972.

Fee, C. R./D. A. Leeming: *Gods, Heroes, u. Kings*, Oxford 2001.

Feest, C. F.: *Beseelte Welten*, Freiburg 1998.

Fehring, G. P.: *Stadtarchäologie in Deutschland*, Stuttgart 1996.

Fehrle, E.: *Die kultische Keuschheit im Altertum*, Naumburg 1908.

–: *Deutsche Feste und Volksbräuche*, Leipzig 1916.

Feinberg, R.: »Continuity and Change in Nukumanu Maritime Technology and Practice« in *Seafaring in the Contemporary Pacific Islands*, ed. R. Feinberg, DeKalb 1995.

Fejos, P.: *Ethnography of the Yagua*, New York 1943.

Feldhaus, F. M.: *Die Technik der Vorzeit*, Leipzig 1914.

Feldman, L. H.: »Homer and the Near East«, *Biblical Archaeologist* 1996.

Feldman, M. H.: *Diplomacy by Design*, Chicago 2006.

Feliu, L.: *The God Dagan in Bronze Age Syria*, Leiden 2003.

Fellows, C. A. et al.: »Analysis and Provenience of Minoan and Mycenaean Amber: Kakovatos«, *Greek, Roman u. Byzantine Studies* 1970.

Fernandez, J. W.: *Bwiti*, Princeton 1982.

Fernández Armesto, F.: *Columbus*, Oxford 1992.

Fernández Gomez, F.: »Tartessos« in *Sea Routes From Sidon to Huelva*, ed. N. C. Stampolidis, Athens 2003.

–: »Bemaltes Straußenei vom Anfang des 7. Jahrhunderts v. Chr. aus Gouraya« in *Hannibal ad portas*, ed. S. Peters, Karlsruhe 2004.

Ferrari, G.: »What Kind of Rite of Passage Was the Ancient Greek Wedding?« in

Initiation in Ancient Greek Rituals and Narratives, ed. D.B. Dodd/C.A. Faraone, London 2003.

Ferrasese-Ceruti, M.L. et al.: »Minoici, Micenei e Ciprioti in Sardegna«, *Nuragic Sardinia* 1987.

Ferro, M.: *Colonization*, London 1997.

Feucht, E.: *Vom Nil zum Neckar*, Heidelberg 1986.

–: »Kinder fremder Völker in Ägypten«, *Studien zur altägyptischen Kultur* 1990.

–: »Noch einmal zu '*m*' auf der Pianchistele« in *jn.t ḏr.w*, ed. G. Moers et al., Göttingen 2006.

Feuchtwanger, F.: »Olmekische Räuchergefäße«, *Baessler-Archiv* 1988.

Feugère, M.: »Premiers verres d'Occident«, *Archéologia*, Décembre 1989.

Fewkes, J.W.: »Hopi Katcinas«, *21st Annual Report of the Bureau of American Ethnology*, Washington 1903.

Feyerabend, B.: »Zur Wegmetaphorik beim Goldblättchen aus Hipponion«, *Rheinisches Museum für Philologie* 1984.

Feyerabend, P.: *Erkenntnis für freie Menschen,* Frankfurt am Main 1980.

–: »Die Frage, ob Theologie eine Wissenschaft sei, ist weder interessant noch gehaltvoll« in *Wissenschaft und Tradition*, ed. P. Feyerabend/C. Thomas, Zürich 1983.

–: *Irrwege der Vernunft*, Frankfurt am Main 1989.

–: *Naturphilosophie*, Frankfurt am Main 2009.

Fiandra, E./E. Mangani: *Neolitico a Festòs*, Roma 2009.

Fick, A.: *Vorgriechische Ortsnamen*, Göttingen 1905.

Fick, S.: »Gold als Ausdruck einer verwandtschaftlichen Beziehung zwischen der Herrscherfamilie und Himmelskörpern« in *Der orientalische Mensch und seine Umwelt*, ed. B. Scholz, Graz 1989.

–: »Goldmasken« in *Althistorische Studien*, ed. P.W. Haider/R. Rollinger, Stuttgart 2001.

Fiedermutz-Laun, A.: »Der anthropomorphe Herd bei den Kasena« in *Sprache, Symbole und Symbolverwendungen*, ed. W. Krawietz et al., Berlin 1993.

Fiedler, W.: *Antiker Wetterzauber*, Stuttgart 1931.

Filges, A.: »Hermes Plutodotes«, *Boreas* 1996.

Filgueiras, O.L.: »The ›Barco do Mar‹ and the Thera Boats Breed« in *2nd International Symposium on Ship Construction in Antiquity*, ed. H. Tzalas, Delphi 1987.

Filigheddu, P.: »Die Ortsnamen des Mittelmeerraums in der phönizischen und punischen Überlieferung«, *Ugarit-Forschungen* 2006.

Filipowiak, W.: »Die Bedeutung der Binnenschiffahrt im Oderbereich«, *Germania* 1995.

Findeisen, H.: *Schamanentum*, Stuttgart 1957.

Finkelberg, M.: »Royal Succession in Heroic Greece«, *Classical Quarterly* 1991.

–: »The Language of Linear A« in *Greater Anatolia and the Indo-Hittite Language Family*, ed. R. Drews, Washington 2001.

–: »The Eteocretan Inscription from Psychro and the Goddess of Thalamai«, *Minos* 2003.

Finkelstein, I.: »Is the Philistine Paradigm Still Viable?« in *The Synchronisation of Civilizations in the Eastern Mediterranean*, ed. M. Bietak/E. Czerny, Wien 2007.

Finlay, R.: »Portuguese and Chinese Maritime Imperialism«, *Comparative Studies in Society and History* 1992.

Finnen, D.: *Die kretisch-mykenische Kultur*, Leipzig 1921.

Finneran, N.: »Ethiopian Evil Eye Belief and the Magical Symbolism of Iron Working«, *Folklore* 2003.

Finsler, G.: *Homer*, Leipzig 1908.

Firsov, K./D. Žuravlev: »Fürstengräber zwischen Krim und Waldsteppe« in *Im Zeichen des goldenen Greifen*, ed. W. Menghin et al., München 2007.

Firth, R.J.: »Estimating the Population of Crete during LM III A/B«, *Minos* 1995.

Fischer, C.: »Woolley's ›Trial-Pieces‹«, *Archiv für Orientforschung* 1998.

Fischer, C.: »Zinnachweis auf Keramik der Spätbronzezeit«, *Archäologie der Schweiz* 16, 1993.

Fischer, E.: »Oṣākothi« in *Wild Goddesses in India and Nepal*, ed. A. Michaels et al., Bern 1996.

Fischer, F.: »Fernhandel und Kulturbeziehungen der frühen Kelten« in *Das keltische Jahrtausend*, ed. H. Dannheimer/R. Gebhard, Mainz 1993.

Fischer, J.: »Ernährung und Fischkonsum im spätbronzezeitlichen Griechenland« in *Keimelion*, ed. E. Alram-Stern/G. Nightingale, Wien 2007.

Fischer, K.: *Erotik und Askese in Kult und Kunst der Inder*, Köln 1979.

Fischer, M./R. Strelow: »Altperuanische Kulturen« in *Amerika*, ed. K. Helfrich et al., Bd.I, Braunschweig 1992.

Fischer, S.R.: *Island at the End of the World*, London 2005.

Fischer, U./B. Siegmund: *Borreliose*, Leipzig 2003.

Fischer, W.P.A.: *Alteuropa in neuer Sicht*, München 1986.

Fischer-Elfert, H.-W.: *Abseits von Ma'at*, Würzburg 2005.

Fitton, L. et al.: »Northeners at Lahun« in *Lahun Studies*, ed. S.Quirke, Reigate 1998.

Fittschen, K.: *Untersuchungen zu Beginn der Sagendarstellungen bei den Griechen*, Berlin 1969.

Fitzpatrick, A.: »The Amesbury Archer as a Metalworker« in *Bronze Age Connections*, ed. P. Clark, Oxford 2009.

Flagge, I.: *Untersuchungen zur Bedeutung des Greifen*, St. Augustin 1975.

Fleming, D. E.: »The Rituals from Emar« in *New Horizons in the Study of Ancient Syria*, ed. M.W. Chavalas/J.L. Hayes, Malibu 1992.

–: »The Storm God of Canaan at Emar«, *Ugarit-Forschungen* 1994.

Fletcher, A. C./F. La Flesche: *The Omaha Tribe*, Washington 1911.

Fletcher, J.: »Perücken und Haarschmuck« in *Die Kleider des Pharaos*, ed. G. Vogelsang-Eastwood, Hannover 1995.

Fliedner, S.: »Ein Jahrhundertfund in der Weser« in *Die Hanse-Kogge von 1380*, ed. K.-P. Kiedel/U. Schnall, Bremerhaven 1989.

Flood, J.: *Archaeology of the Dreamtime*, Sydney 1983.

Flores, J.: »The Strange and the Marvelous between Mughal India and Habsburg Iberia in the Early 17th Century«, *Comparative Studies in Society and History* 2007.

Flourentzos, P.: »Benachbarte Länder und ihr Einfluß auf die zypriotische Bronzearbeit« in *Kupfer für Europa*, ed. R. Busch, Neumünster 1999.

–: »The Pyxis of the Goddess with Uplifted Arms«, *Journal of Prehistoric Religion* 2004.

Floyd, C. R.: »Fragments from Two Pithoi with Linear A Inscriptions from Pseira«, *Kadmos* 1995.

Focke, F.: »Araber in Griechenland« in *Festschrift für Friedrich Zucker*, ed. K. Barwick et al., Berlin 1954.

Först, E.: »Zerbrochen und weggeworfen« in *Der Hamburger Hafen*, ed. R.-M. Weiss, Hamburg 2006.

–: »Archäologische Zeugnisse luxuriösen Lebensstils in Hamburg« in *Lübecker Kolloquium zur Stadtarchäologie im Hanseraum VI*, ed. M. Gläser, Lübeck 2008.

Förster, T.: »Keramiktransporte über See«, *Nachrichtenblatt Arbeitskreis Unterwasserarchäologie* 2005.

Fokos-Fuchs, D. R.: *Syrjänisches Wörterbuch*, Bd. I, Budapest 1959.

Fol, A./R. Schmitt: »A Linear A Text on a Red Clay Reel from Drama, South-East Bulgaria?«, *Prähistorische Zeitschrift* 2000.

Fontan, E.: »Stele to the God Adad« in *The Bull in the Mediterranean World,* ed. S. Athanassopoulou et al., Athens 2003.

Fontenrose, J.: *Python*, Berkeley 1959.

Forbes, H.: »The ›Thrice-Ploughed Field‹«, *Expedition* 1, 1976.

Forbes, R. J.: *Studies in Ancient Technology*, Bd. VIII, Leiden 1964; Bd. IX, 1964.

–: *Archaeologia Homerica: Bergbau, Steinbruchtätigkeit und Hüttenwesen*, Göttingen 1967.

Forenbaher, S.: »Trade and Exchange in Late Bronze and Early Iron Age Croatia« in *Handel, Tausch und Verkehr im bronze- und früheisenzeitlichen Südosteuropa*, ed. B. Hänsel, Berlin 1995.

Forman, S.: »Descent, Alliance, and Exchange Ideology among the Makassae of East Timor« in *The Flow of Life*, ed. J. J. Fox, Cambridge 1980.

Forrer, R.: *Reallexikon der prähistorischen, klassischen und frühchristlichen Altertümer*, Berlin 1908.

Forstenpointner, G. et al.: »Saitenspiel und Purpurschimmer« in *Keimelion*, ed. E. Alram-Stern/G. Nightingale, Wien 2007.

Forster, G.: *Reise um die Welt*, Berlin 1989.

Forsythe, G.: *A Critical History of Early Rome*, Berkeley 2005.

Forte, M.: »Verbreitung und Verarbeitung des Bernsteins« in *Die neue Archäologie,* ed. M. Forte/A. Siliotti, Bergisch Gladbach 1997.

Forth, G.: »Blood, Sacrifice, and Efficiency Among the Nage of Central Flores«, in *For the Sake of Our Future*, ed. S. Howell, Leiden 1996.

Foster, B. R.: »A Sumerian Merchant's Account of the Dilmun Trade«, *Acta Sumerologica* 1997.

Foster, E. D.: »*Po-ni-ki-jo* in the Knossos Tablets Reconsidered«, *Minos* 1977.

–: *The Manufacture and Trade of Mycenaean Perfumed Oil*, Ann Arbor 1979.

Foster, K. P.: *Aegean Faience of the Bronze Age*, New Haven 1979.

–: »Reconstructing Minoan Palatial Faience Workshops« in *The Function of the Minoan Palaces*, ed. R. Hägg/N. Marinatos, Stockholm 1987.

924

–: »A Flight of Swallows«, *American Journal of Archaeology* 1995.

Fourrier, S.: »Les vases du ›style d'Amathonte‹«, *Égypte, Afrique u. Orient*, Décembre 2004.

Fowden, E.: »The Early Minoan Goddess«, *Journal of Prehistoric Religion* 1990.

Fox, C.: *Pattern and Purpose*, Cardiff 1958.

Fox, N. S.: »The Striped Goddess from Gilat«, *Israel Exploration Journal* 1995.

Frame, D.: *The Myth of Return in Early Greek Epic*, New Haven 1978.

Francfort, H. P.:»Shortugai: Induskultur an den Ufern des Amudarja«, *Das Altertum* 1982.

–: »The Harappan Settlement of Shortugai« in *Frontiers of the Indus Civilization*, ed. B. B. Lal/S. P. Gupta, New Delhi 1984.

de Franciscis, A.: »Die Skulptur in Pompeji« in *Pompeji*, ed. B. Andreae et al., Recklinghausen 1973.

Frank, A. G.: »Bronze Age World System Cycles«, *Current Anthropology* 1993.

Franke, W.: *China und das Abendland*, Göttingen 1962.

Franke-Vogt, U.: *Die Glyptik aus Mohenjo-Daro*, Mainz 1991.

–: »Der Golfhandel im späten 3. und frühen 2. Jahrtausend v. Chr.« in *Zwischen Euphrat und Indus*, ed. K. Bartl et al., Hildesheim 1995.

Frankel, S.: *The Huli Response to Illness*, Cambridge 1986.

Frankenstein, S.: »The Phoenicians in the Far West«, *Mesopotamia* 1979.

Frankfort, H.: »Notes on the Cretan Griffin«, *Annual of the British School at Athens* 1937.

–: *Kingship of the Gods*, Chicago 1978.

Frantz-Szabó, G.: »Išḫara (Iš/Uš-ḫa [-a]-ra)« in *Reallexikon der Assyriologie*, Bd. 5, ed. D. O. Edzard, Berlin 1980.

–: »Muttergöttin in Anatolien« in *Reallexikon der Assyriologie*, Bd. 8, ed. D. O. Edzard, Berlin 1997.

Franz, L.: »Deutscher Bernstein vor 2000 Jahren«, *Germanien* 1940.

Frau, S.: *Atlantika*, Berlin 2008.

Frayne, D. R.: »Notes on the Sacred Marriage Rite«, *Bibliotheca Orientalis* 1985.

–: »Indo-Europeans and Sumerians: Evidence for Their Linguistic Contact«, *Bulletin of the Canadian Society for Mesopotamian Studies* 25, 1993.

Frazer, J. G.: *The Golden Bough*, Bd. I, London 1912; Bd. II, 1913.

Freed, R. E.: »Cosmetic Arts« in *Egypt's Golden Age*, ed. E. Broyarski et al., Boston 1982.

–: *Ramesses the Great*, Memphis 1987.

–: »Girdle of Mereret« in *The Quest for Immortality*, ed. E. Hornung/B. M. Bryan, Washington 2002.

Freedman, D. N.: »Yahweh of Samaria and His Asherah«, *Biblical Archaeologist* 1987.

Freedman, P.: *Out of the East*, New Haven 2008.

Freeman, D.: »Sacred Heads that Germinate« in *Fantasy and Symbol*, ed. R. H. Hook, London 1979.

Freeman, P.: »Homeric Κασσίτερος«, *Glotta* 1999.

Freise, F.: *Geschichte der Bergbau- und Hüttentechnik*, Bd. I, Berlin 1908.

Freitag, A.: *Dich preisen die Völker*, Kaldenkirchen 1954.

Freller, T.: *Die Geschichte Maltas*, Ostfildern 2008.

Frembgen, J. W.: »Serpentin-Gegenstände aus Pakistan und Afghanistan«, *Tribus* 1990.

–: »Ein uzbekischer Kampfwidder und seine Beschirrung«, *Tribus* 1996.

–: »The Scorpion in Muslim Folklore«, *Asian Folklore Studies* 2004.

French, E.: »The Figures and Figurines« in *The Sanctuary at Phylakopi*, ed. C. Renfrew, London 1985.

–: *Mycenae*, Briscombe Port 2002.

–: »LH III C Middle at Mycenae« in *LH III C Chronology and Synchronisms*, ed. S. Deger-Jalkotzy/M. Zavadil, Wien 2003.

Freu, J.: »Les îles de la mer Égée, Lazpa, le pays d'Aḫḫiyawa et les Hittites«, *Res Antiquae* 2004.

Freudenberg, M.: »Gold in Männergräbern der älteren Nordischen Bronzezeit« in *Magischer Glanz*, ed. R. Bleile, Schleswig 2006.

Frey, O.-H.: »Frühe keltische Kunst: Dämonen und Götter« in *Das Rätsel der Kelten vom Glauberg*, ed. H. Baitinger/B. Pinsker, Stuttgart 2002.

Frey, W./S. Radujkovic: »Puzzle aus Ziegelfragmenten«, *Antike Welt* 3, 2005.

Frey-Asche, L.: *Tonfiguren aus dem Altertum*, Hamburg 1997.

Frickenhaus, A.: »Die Hera von Tiryns« in *Tiryns I*, ed. W. Müller/F. Oelmann, Mainz 1976.

Fridh-Haneson, B. M.: »Hera's Wedding on Samos« in *Early Greek Cult Practice*, ed. R. Hägg et. al., Stockholm 1988.

Friederichs, H. F.: *Zur Kenntnis der frühgeschichtlichen Tierwelt Südwestasiens*, Leipzig 1933.

Friederici, G.: *Der Charakter der Entdeckung und Eroberung Amerikas durch die Europäer*, Bd. I, Stuttgart 1925.

Friedländer, P.: »Kritische Untersuchungen zur Geschichte der Heldensage«, *Rheinisches Museum für Philologie* 1914.

–: *Studien zur antiken Literatur und Kunst*, Berlin 1969.

Friedman, J. B.: *The Monstrous Races in Medieval Art and Thought*, Cambridge 1981.

–: »Monsters at the Earth's Imagined Corners« in *Monsters, Marvels and Miracles*, ed. L. Søndergaard/R. T. Hansen, Odense 2005.

Friedreich, J. B.: *Die Symbolik und Mythologie der Natur*, Würzburg 1859.

Friedrich, A.: *Afrikanische Priestertümer*, Stuttgart 1939.

Friedrich, J.: »Zu den hethitischen Wörtern für ›Stern‹ und ›Hand‹«, *Athenaeum* 1969.

Friedrich, T.: *Kabiren und Keilinschriften*, Leipzig 1894.

Friedrichsen, F.: »Einheimische Seefahrzeuge im westlichen Indischen Ozean« in *Tagungsberichte der Deutschen Anthropologischen Gesellschaft*, ed. W. Venn, Leipzig 1928.

Fries, J. E.: »Gekrönte Tote und gestapelte Bestattungen«, *Archäologie in Niedersachsen* 2009.

Frisk, H.: *Griechisches etymologisches Wörterbuch*, Bd. 1, Heidelberg 1954; Bd. 2, 1970.

v. Fritz, K.: »Die Entwicklung der Iason-Medea-Sage und die Medea des Euripides«, *Antike und Abendland* 1959.

Fritz, M. M.: *Die Götter Dumuzi-Ama' ušumgal' anna und Damu*, Münster 2003.

Frobenius, L.: *Das Zeitalter des Sonnengottes*, Berlin 1904.

–: *Und Afrika sprach*, Bd. I, Berlin 1912.

–: *Volksmärchen der Kabylen*, Bd. I, Jena 1921; Bd. II, 1922.

–: *Dichten und Denken im Sudan*, Jena 1925.

–: *Erythräa*, Berlin 1931.

–: *Kulturgeschichte Afrikas*, Zürich 1954.

Frontisi-Ducroux, F.: »The Minotaur or The Creation of the Hybrid« in *The Bull in the Mediterranean World*, ed. S. Athanassopoulou et al., Athens 2003.

Frost, F. J.: »Voyages of the Imagination«, *Archaeology*, April 1993.

Frost, H.: »The Stone-Anchors of Byblos« in *Mélanges offerts à Maurice Dumand*, ed. M. Girard, Bd. I, Beyrouth 1969.

–: »Stone Anchors as Clues to Bronze Age Trade Routes« in *Trakija Pontika I*, ed. I. Karayotov et al., Sofia 1982.

–: »On a Sacred Cypriot Anchor«, in *Archéologie au Levant*, ed. J. Starcky/ F. Hours, Lyon 1982.

–: »›Pyramidal‹ Stone Anchors« in *Proceedings of the 1st International Symposium on Ship Construction in Antiquity*, ed. H. Tzalas, Piräus 1985.

–: »Stone Anchors: Criteria for a Corpus« in *Trakija Pontika III*, ed. A. Fol et al., Sofia 1986.

–: »New Thoughts on Old Anchors« in *Thracia Pontica VI.1*, ed. M. Lazarov/ C. Angelova, Sozopol 1994.

–: »Where Did Bronze Age Ships Keep Their Stone Anchors?« in *3rd International Symposium on Ship Construction in Antiquity*, ed. H. Tzalas, Athens 1995.

–: »Two Cypriot Anchors« in *Italy and Cyprus in Antiquity*, ed. L. Bonfante/ V. Karageorghis, Nicosia 2001.

Frotscher, S.: *Keramik und Porzellan*, München 2003.

Frymer-Kensky, T.: *In the Wake of the Goddesses*, New York 1992.

–: »Lolita-Inanna«, *Nin* 2000.

Fruyt, M.: »L'emprunt du latin aurichalcum au grec ὀρείχαλκος«, *Zeitschrift für vergleichende Sprachforschung* 1980.

Fuchs, A.: *Die Kultur der keltischen Vogesensiedlungen*, Zabern 1914.

Fuglesang, S. H.: »Amulets as Evidence for the Transition from Viking to Medieval Scandinavia« in *The World of Ancient Magic*, ed. D. R. Jordan et al., Bergen 1999.

Fuhr, I.: *Ein altorientalisches Symbol*, Wiesbaden 1967.

Fuhrmann, K.: »Die georgische Goldschmiedekunst im Altertum«, *Vernissage* 2, 1995.

Fulco, W. J.: *The Canaanite God Rešep*, New Haven 1976.

Furmánek, V./V. Mitáš: »Argonauten, Iason und Kenotaphe aus der Urnenfelderzeit in der Slowakei«, *Anodos* 2007.

Furtwängler, W.: *Der reitende Charon*, Konstanz 1850.

Furumark, A.: *Studies in Aegean Decorative Art*, Stockholm 1939.

–: »Was There a Sacral Kingship in Minoan Crete?« in *La regalità sacra*, ed. U. Pestalozza et al., Leiden 1959.

Gabbert, W.: *Becoming Maya*, Tucson 2004.

Gabra, S.: »Papaver Species and Opium Through the Ages«, *Bulletin de l'Institut d'Égypte* 1955.

Gadon, E. W.: »The Hindu Goddess Shasthi« in *In the Realm of the Ancestors*, ed. J. Marler, Manchester 1997.

Gaerte, W.: »Die Bedeutung des kretisch-minoischen Horns of Consecration«, *Archiv für Religionswissenschaft* 1922.

Gärtner, G.: »Alte Waldbezeichnungen in Mecklenburg«, *Informationen des Bezirksarbeitskreises für Ur- und Frühgeschichte Schwerin* 1981.

Gaertner, K.: »Die Getränke der Germanen«, *Germanien* 1938.

Gagé, J.: *Matronalia*, Bruxelles 1963.

Gailey, C. W.: *Kinship to Kingship*, Austin 1987.

Galanakis, K.: »The ›Goddess from Beyond the Sea‹« in *XI Symposium on Mediterranean Archaeology*, ed. C. Ö. Aygün, Oxford 2009.

Galanopoulos, A. G./E. Bacon: *Atlantis*, Indianapolis 1969.

Galaty, M.: »The Bronze and Iron Ages in Northern Albania« in *Between Aegean and Baltic Seas*, ed. I. Galanaki et al., Liège 2007.

Gale, N. H.: »Copper Oxhide Ingots« in *Bronze Age Trade in the Mediterranean*, ed. N. H. Gale, Jonsered 1991.

–: »The Role of Kea in Metal Production and Trade in the Late Bronze Age« in *Kéa-Kύθνος*, ed L. G. Mendoni/A. I. Mazapakis-Ainian, Athens 1998.

Gale, N./Z. Stos-Gale: »The Minoan Thalassocracy and the Aegean Metal Trade« in *The Minoan Thalassocracy*, ed. R. Hägg/N. Marinatos, Stockholm 1984.

–: »Recent Evidence for a Possible Metal Trade Between Sardinia and the Aegean« in *Problems in Greek Prehistory*, ed. E. B. French/K. A. Wardle, Bristol 1986.

–: »Archaeometallurgical Research in the Aegean« in *Die Anfänge der Metallurgie in der Alten Welt*, ed. M. Bartelheim et al., Rahden 2002.

–: »Zur Herkunft der Kupferbarren aus dem Schiffswrack von Uluburun« in *Das Schiff von Uluburun*, ed. Ü. Yalçin et al., Bochum 2005.

Gale, R. et al.: »Wood« in *Ancient Egyptian Materials and Technology*, ed. P. T. Nicholson/I. Shaw, Cambridge 2000.

Galinsky, G. K.: *Aeneas, Sicily, and Rome*, Princeton 1969.

v. Gall, H.: »Hvarənah« in *Götter und Mythen der kaukasischen und iranischen Völker*, ed. H. W. Haussig, Stuttgart 1986.

Gallagher, W. R.: »A Reconstruction of *o-no* in Mycenaean Greek«, *Minos* 1988.

Gallas, K.: »Die Mythologie der Insel Rhodos«, *Antike Welt* 1, 1977.

–: *Kreta*, Köln 1985.

Gallet de Santerre, H.: »Héra et Léto à Délos«, *Bulletin de Correspondance Hellénique* 1946.

Galling, K.: »Der Weg der Phöniker nach Tarsis«, *Zeitschrift des Deutschen Palästina-Vereins* 1972.

–: »Gestus und Tracht kyprischer Frauenfiguren« in *Symbolae Biblicae et Mesopotamicae*, ed. M. A. Beek et al., Leiden 1973.

Gallou, C.: »The Mycenaean Sea Journey to the Underworld« in *The Seas of Antiquity*, ed. M. Georgiadis/G. M. Muskett, Liverpool 2002.

–: *The Mycenaean Cult of the Dead*, Oxford 2005.

Galvão, A.: *The Discoveries of the World from Their First Original vnto the Yeere of our Lord 1555*, London 1601.

Gamkrelidze, T. V.: »Neueres zum Problem der indogermanischen Ursprache und Urheimat«, *Zeitschrift für vergleichende Sprachforschung* 1987.

Gander, M.: »Zur Erotik in der altägyptischen Kunst«, *Kemet* 2, 2008.

Gansell, A. R.: »Identity and Adornment in Third-Millennium BC Mesopotamian ›Royal Cemetery‹ at Ur«, *Cambridge Archaeological Journal* 2007.

Gantz, T.: *Early Greek Myth*, Baltimore 1993.

Ganzelewski, M.: »Bernstein-Ersatzstoffe und Imitationen« in *Bernstein: Tränen der Götter*, ed. M. Ganzelewski/R. Slotta, Bochum 1996.

Garbini, G.: »The God 'Aštar in an Inscription From Byblos«, *Orientalia* 1960.

–: »Il dio sabeo Almaqah«, *Rivista degli Studi Orientali* 1974.

du Gardin, C.: »The Circulation of Amber in Prehistoric Europe« in *Trade and Exchange in Prehistoric Europe*, ed. C. Sarre/F. Healy, Oxford 1993.

–: »L'ambre au Néolithique et à l'Âge du Bronze en Europe septentrionale« in *Atti del XIII Congresso delle Scienze preistoriche e protoistoriche*, ed. C. Giunchi, Bd. 6.1, Forli 1998.

Gardiner, A. H.: »Professional Magicians in Ancient Egypt«, *Proceedings of the Society of Biblical Archaeology* 1917.

Garland, R.: *Introducing New Gods*, London 1992.

Gartziou-Tatti, A.: »L'oracle de Dodone«, *Kernos* 1990.

Garzaniti, M.: »Das Bild der Welt und die Suche nach dem irdischen Paradies in der Rus« in *Virtuelle Räume*, ed. E. Vavra, Berlin 2005.

Gascó, J.: »L'Age du Bronze Moyen et Récent en France méditerranéenne« in *La Sardegna nel Mediterraneo tra il Bronzo Medio e il Bronzo Recente*, ed. G. Lai et al., Cagliari 1992.

–: »L'Age du Bronze Ancien et Moyen« in *L'Aude préhistorique*, ed. J. Guilaine et al., Carcassonne 1994.

–: »Development and Decline in the Bronze Age of Southern France« in *Development and Decline in the Mediterranean Bronze Age*, ed. C. Mathers/S. Stoddart, Sheffield 1994.

Gasse, A: »Éléments d'un paysage de l'au-delà« in *Encyclopédie religieuse de l'Univers végétal*, Bd. II, ed. S. H. Aufrère, Montpellier 2001.

Gaster, T. H.: *Thespis*, Garden City 1961.

Gates, C.: »The Aegina Treasure«, *Aegaeum* 1989.

Gates, M.-H.: »Mycenaean Art For a Levantine Market« in *Εἰκόν*, ed. R. Laffineur/J. L. Crowley, Liège 1992.

Gatz, B.: *Weltalter, goldene Zeit und sinnverwandte Vorstellungen*, Hildesheim 1967.

Gauer, W.: »Das Ende der mykenischen Paläste und die politisch-patriarchalische Revolution der Griechen« in *Ιδακι*, ed. S. Böhm/K.-V. v. Eickstedt, Würzburg 2001.

Gaunt, D. M.: »Argo and the Gods in Apollonius Rhodius«, *Greece u. Rome* 1972.

Gautier, A.: »The Evidence for the Earliest Livestock in North Africa« in *Droughts, Food and Culture*, ed. F. A. Hassan, New York 2002.

Gaydarska, B. etal.: »Breaking, Making and Trading: The Omurtag Eneolithic Spondylus Hoard«, *Archaeologia Bulgarica* 2004.

Gebhard, R./A. Lorentzen: »Zauberbeutel vom Großen Knetzberg« in *Das keltische Jahrtausend*, ed. H. Dannheimer/R. Gebhard, Mainz 1993.

Gebhard, R./M. Moosauer: »Der Goldfund von Bernstorf«, *Bayerische Vorgeschichtsblätter* 1999.

Gebhard, R./K.H. Rieder: »Zwei gravierte Bernsteinobjekte aus Bernstorf«, *Das archäologische Jahr in Bayern* 2000.

Gebühr, M.: »Hügelgrab und Nydamboot« in *Schleswig-Holstein von den Ursprüngen bis zur Gegenwart*, ed. J.M. Witt/H. Vosgerau, Hamburg 2002.

Gechter-Jones, J.: »Wirtschaft und Handel in der Bronze- und Eisenzeit« in *Bronzestreif am Horizont*, ed. K. Striewe, Neuß 2007.

Geddes, H.: »Iacopo della Quercia scultore Sanese«, *Renaissance Studies* 2007.

Geerlings, W.: »Die Tränen der Schwestern des Phaethon« in *Bernstein: Tränen der Götter*, ed. M. Ganzelewski/R. Slotta, Bochum 1996.

Gehron, R.: *Sitten und Bräuche im Odenwald*, Birkenau 2005.

Gehrts, H.: »Schamanistische Elemente im Zaubermärchen« in *Schamanentum und Zaubermärchen*, ed. H. Gehrts/G. Lademann-Priemer, Kassel 1986.

Geiß, H.: »Die Bedeutung des Eisens und Wechselbeziehungen im postmykenischen östlichen Mittelmeer«, *Klio* 1987.

Geißlinger, H.: »Odysseus in der Höhle der Najaden«, *Das Altertum* 2002.

Geist, V.: »Die Bergschafe« in *Grzimeks Enzyklopädie*, ed. W. Keienburg, Bd. 2, München 1988.

Gelb, I.J.: »The Language of Ebla« in *Ebla 1975-85*, ed. I. Cagni, Napoli 1987.

–: »Mari and the Kish Civilization« in *Mari in Retrospect*, ed. G.D. Young, Winona Lake 1992.

Geller, M.J.: »The Landscape of the ›Netherworld‹« in *Landscapes*, ed. L. Milano etal., Bd.III, Padova 2000.

–: »Mesopotamian Love Magic« in *Sex and Gender in the Ancient Near East*, ed. S.Parpola/R.M. Whiting, Helsinki 2002.

Gelling, P./H.E. Davidson: *The Chariot of the Sun*, London 1969.

Gentner, W. etal.: *Blei und Silber im ägäischen Raum*, Mannheim 1980.

Genz, H.: »Überlegungen zu frühbronzezeitlichen Kulturkontakten zwischen der Levante und der Ägäis« in *Mauerschau*, ed. R. Aslan etal., Remshalden 2000.

–: »Griechische Lanzenspitzen in Mitteldeutschland?« in *Der geschmiedete Himmel*, ed. H. Meller, Stuttgart 2004.

Georgiev, V.: »Die altgriechischen Flußnamen« in *Studia in honorem D. Dečev*, Sofia 1958.

–: »L'état actuel du déchiffrement des textes en Linéaire A« in *Atti e Memorie del 1° Congresso Internazionale di Micenologia*, ed. A. Archi et al., Roma 1968.

–: »Rhadamanthys, Sarpedon und Minos« in *Studia Mediterranea*, ed. O. Carruba, Bd.I, Pavia 1979.

–: »Thraces, Pélasges, Achéens, Ioniens, Éoliens et Doriens«, *Actes du 2ᵉ Symposium International de Thracologie*, Milano 1980.

–: »L'état actuel des études des inscriptions minoennes« in *Res Mycenaeae*, ed. A. Heubeck/G. Neumann, Göttingen 1983.

Georgiou, H. S.: »Bronze Age Ships and Rigging« in *Thalassa*, ed. R. Laffineur/ L. Basch, Liège 1991.

–: »A Sea Approach to Trade in the Aegean Bronze Age« in *Wace and Blegen*, ed. C. Zerner et al., Amsterdam 1993.

Geppert, S.: *Castor und Pollux*, Münster 1996.

Gerber, D. E.: »The Female Breast in Greek Erotic Literature« in *Women in the Ancient World*, ed. J. Peradotto, Buffalo 1978.

Gerds, M.: »Worked and Unworked Amber from Early Medieval Trading Places in the South-West Baltic Region«, *Offa* 2001.

Gerhards, E.: *Mythen im Wandel*, Hohenschäftlarn 1981.

Gerken, J./J. Lüning: »Schmuckobjekte der Bandkeramiker« in *Die Bandkeramiker*, ed. J. Lüning, Rahden 2005.

Gerlach, I.: »Reliefierte mittelsabäische Grabplatte mit Inschrift« in *Jemen*, ed. W. Seipel, Wien 1998.

Gerland, G.: *Altgriechische Märchen in der Odyssee*, Magdeburg 1869.

Gerloff, S.: »Zu Fragen mittelmeerischer Kontakte und absoluter Chronologie der Frühbronzezeit in Mittel- und Westeuropa«, *Prähistorische Zeitschrift* 1993.

–: »Wessex, Mycenae and Related Matters« in *XIIIth International Congress of Prehistoric Sciences*, Bd. 11, ed. C. Belardelli/R. Peroni, Forli 1996.

–: »Goldkegel, Kappe und Axt« in *Gold und Kult der Bronzezeit*, ed. T. Springer, Nürnberg 2003.

German, S. C.: »The Human Form in the Late Bronze Age Aegean« in *Reading the Body*, ed. A. E. Rautman, Philadelphia 2000.

Germer, R.: *Untersuchung über Arzneimittelpflanzen im Alten Ägypten*, Hamburg 1979.

–: *Flora des pharaonischen Ägypten*, Mainz 1985.

–: »Zeder« in *Lexikon der Ägyptologie*, Bd. VI, ed. W. Helck/W. Westendorf, Wiesbaden 1986.

–: *Die Pflanzenmaterialien aus dem Grab des Tutanchamun*, Hildesheim 1989.

–: *Mumien*, Zürich 1991.

–: *Handbuch der altägyptischen Heilpflanzen*, Wiesbaden 2008.

Germer, R./C. Näser: »Das Schicksal der Mumien aus dem Grab des Sennedjem« in *Ägyptische Mumien*, ed. C. Ewigleben, Mainz 2007.

Germer, R. et al.: ›Anch‹: *Blumen für das Leben*, München 1992.

Germond, P.: *Egyptian Amulets*, Milano 2005.

Gernet, L.: »›Value‹ in Greek Myth« in *Myth, Religion u. Society*, ed. R. L. Gordon, Cambridge 1981.

Gershenson, D. E.: »Asterion – Asterios«, *Glotta* 1978.

–: *Apollo the Wolf-god*, McLean 1991.

Gertwagen, R.: »The Emergence of the Cult of the Virgin Mary as the Patron Saint of Seafarers«, *Journal of Mediterranean Studies* 2006.

Geschwendt, F.: *Der vor- und frühgeschichtliche Mensch und die Heilquelle*, Hildesheim 1972.

Gese, H.: »Die Religionen Altsyriens« in *Die Religionen Altsyriens, Altarabiens und der Mandäer*, ed. C. M. Schröder, Stuttgart 1970.

–: »Der bewachte Lebensbaum und die Heroen« in *Wort und Geschichte*, ed. H. Gese/H. P. Rüger, Neukirchen-Vluyn 1973.

Gesell, G. C.: »The Minoan Snake Tube«, *American Journal of Archaeology* 1976.

–: »The Place of the Goddess in Minoan Society« in *Minoan Society*, ed. O. Krzyszkowska/L. Nixon, Bristol 1983.

Gesell, G. C. et al.: »Tombs and Burial Practices in Early Iron Age Crete«, *Expedition* 3, 1990.

Getz-Preziosi, P.: *Sculptors of the Cyclades*, Ann Arbor 1987.

Geus, K.: »Utopie und Geographie: Zum Weltbild der Griechen in frühhellenistischer Zeit«, *Orbis Terrarum* 2000.

Geyer, G.: »Das wissenschaftliche Abenteuer«, *Mitteilungen der Anthropologischen Gesellschaft in Wien* 1970.

Giambelli, R. A.: »Reciprocity, Death, and the Regeneration of Life and Plants in Nusa Penida« in *The Potent Dead*, ed. H. Chambert-Loir/A. Reid, Singapore 2002.

Giannakis, G. K.: »Metaphors of Death and Dying in the Language of the Indo-Europeans« in *Sprache und Kultur der Indogermanen*, ed. W. Meid, Innsbruck 1998.

Giannouli, V.: »Implement in the Shape of a Poppy-Pistil« in *Sea Routes from Sidon to Huelva*, ed. N. C. Stampolidis, Athens 2003.

Giardino, C.: *Il Mediterraneo Occidentale fra XIV ed VIII secolo a.C.*, Oxford 1995.

Gibson, J. C. L.: »Death in Canaanite Thinking«, *Aula Orientalis* 2000.

Giesen, K.: »Die weibliche Kleidung in der kypro-geometrischen und in der kypro-archaischen Zeit«, *Thetis* 1999.

Giesler, J.: »Zur Interpretation der Stele von Niederdollendorf«, *Berichte aus dem Rheinischen Landesmuseum Bonn* 4, 2006.

Van Gijssel, K./B. van der Valk: »Shaped by Water, Ice and Wind« in *The Prehistory of the Netherlands*, ed. L. P. L. Kooijmans et al., Bd. I, Amsterdam 2005.

Gignoux, P./R. Gyselen: »Sceaux de femmes à l'époque sassanide« in *Archaeologia Iranica et Orientalis*, ed. L. de Meyer/E. Haerinck, Gent 1989.

Gilbert, E./J. T. Reynolds: *Africa In World History*, Upper Saddle River 2004.

Gilg-Ludwig, R.: »Elmsfeuer«, *Das Altertum* 1960.

Gill, M. A. V.: »The Minoan Dragon«, *Bulletin of the Institute of Classical Studies* 1963.

–: »The Knossos Sealings with Linear B Inscriptions«, *Kadmos* 1966.

–: »On the Authenticity of the Middle Minoan Half-Cylinder«, *Kadmos* 1967.

–: »Some Observations on Representations of Marine Animals in Minoan Art« in *L'iconographie minoenne*, ed. P. Darcque/J.-C. Poursat, Paris 1985.

–: »Antikenabteilung der Staatlichen Museen Berlin« in *Corpus der minoischen und mykenischen Siegel*, Bd. XI, ed. I. Pini, Berlin 1988.

Gill, M. A. V. et al.: *Corpus der minoischen und mykenischen Siegel*, Bd. II.8, Berlin 2002.

Gillis, C.: »Tin in the Aegean Bronze Age«, *Hydra* 1991.

–: »How I Discovered Gold and Solved the Alchemists' Dream«, *Hydra* 1992.

–: »Trade in the Late Bronze Age« in *Trade and Production in Premonetary Greece*, ed. C. Gillis et al., Jonsered 1995.

–: »The Asine Chamber Tombs: Graves of Kings?« in *Atti e memorie del Secondo Congresso Internazionale di Micenologia*, ed. E. De Miro et al., Roma 1996.

–: »Tin at Asine« in *Asine III*, ed. R. Hägg et al., Stockholm 1996.

–: »The Smith in the Late Bronze Age«, *Aegaeum* 1997.

–: »The Economic Value and Colour Symbolism of Tin« in *Metals in Antiquity*, ed. S.M. Young et al., Oxford 1999.

–: »Status and Prestige in the Aegean Late Bronze Age: The Smith« in Πεπραγμενα, Bd. I, Herakleion 2000.

Gillis, C. et al.: »Tin in the Aegean Bronze Age« in *Metron*, ed. K.P. Foster/R. Laffineur, Eupen 2003.

Gillmer, T.: »Theories on Ship Configuration in the Bronze Age Aegean« in *Proceedings of the 1st International Symposium on Ship Construction in Antiquity*, ed. H. Tzalas, Piräus 1985.

–: »The Thera Ships as Sailing Vessels«, *The Mariner's Mirror* 1985.

–: »Further Identification of Functional Parts of Thera Fresco's Ships« in *3rd International Symposium on Ship Construction in Antiquity*, ed. H. Tzalas, Athens 1995.

Gills, B.K./A.G. Frank: »World System Cycles, Crises, and Hegemonic Shifts« in *The World System*, ed. A.G. Frank/B.K. Gills, London 1993.

Gilmour, G.: »Aegean Influence in Late Bronze Age Funerary Practices in the Southern Levant« in *The Archaeology of Death in the Ancient Near East*, ed. S. Campbell/A. Green, Oxford 1995.

–: »Foreign Burials in Late Bronze Age Palestine«, *Near Eastern Archaeology* 2002.

Gimbutas, M.: *The Balts*, London 1963.

–: »Primary and Secondary Homeland of the Indo-Europeans«, *Journal of Indo-European Studies* 1985.

–: *The Language of the Goddess*, San Francisco 1989.

–: *The Civilization of the Goddess*, San Francisco 1991.

Gingrich, A.: »Kalender, Regenzeit und Stieropfer in Nordwest-Jemen« in *Der orientalische Mensch und seine Umwelt*, ed. B. Scholz, Graz 1989.

Gipper, H.: »Purpur«, *Glotta* 1964.

Girbal, C.: »Weiterleben des Telipinu-Mythos bei einem südkaukasischen Volk«, *Studi Micenei ed Egeo-Anatolici* 1980.

Gittlen, B.M.: »Response Concerning the Cessation of Late Bronze Age Trade« in *Biblical Archaeology Today*, ed. A. Biran/J. Aviram, Jerusalem 1993.

Giumlia-Mair, A.: »Handel und Rohstoffgewinnung im Italien der späten Bronzezeit« in *Das Schiff von Uluburun*, ed. Ü. Yalçin et al., Bochum 2005.

Giveon, R.: *The Impact of Egypt on Canaan*, Fribourg 1978.

Gjerstad, E.: »Das attische Fest der Skira«, *Archiv für Religionswissenschaft* 1929.

Gleirscher, P.: »Zum Bildprogramm der Himmelsscheibe von Nebra«, *Germania* 2007.

Glenn, J.: »The Polyphemus Folktale and Homer's ›Kyklôpeia‹«, *Transactions of the American Philological Association* 1971.

Glob, P. V.: »Kultbåde fra Danmarks Bronzealder«, *Kuml* 1961.

–: *Mosefolket*, København 1965.

–: *Danefae*, København 1980.

Glover, S. C.: »The Cults of Apollo in Cyprus« in *Studies in Cypriote Archaeology*, ed. J. C. Biers/D. Soren, Los Angeles 1981.

Glowacki, M.: »Hallucinogenic Spondylus and Its Interpretative Implications for Early Andean Society«, *Antiquity* 2005.

Glueck, N.: *Deities and Dolphins*, New York 1965.

Gnoli, G: »Über das iranische **huarnah*-«, *Altorientalische Forschungen* 1996.

Godart, L.: »Quelques aspects de la politique extérieure de la Crète minoenne et mycénienne« in *Res Mycenaeae*, ed. A. Heubeck/G. Neumann, Göttingen 1983.

–: *Le pouvoir de l'écrit*, Paris 1990.

–: »La mythologie grecque en question«, *L'Archéologue* 2, 1994.

–: *Popoli dell' Egeo*, Milano 2002.

–: »Le développement et la diffusion des écritures égéennes« in *L'artisan crétois*, ed. I. Bradfer-Burdet et al., Liège 2005.

Godart, L./J.-P. Olivier: *Recueil des inscriptions en linéaire A*, Bd. 2, Paris 1979; Bd. 4, 1982; Bd. 5, 1985.

Godart, L./Y. Tzedakis: *Témoignages archéologiques et épigraphiques en Crète Occidentale*, Roma 1992.

–: »La chute de Knossos, le royaume de Kydonia et le scribe 115«, *Bulletin de Correspondance Hellénique* 1995.

–: »The Bull in the Minoan-Mycenaean World« in *The Bull in the Mediterranean World,* ed. S. Athanassopoulou et al., Barcelona 2003.

Goddio, F./H. Constanty: *Versunkene Schätze*, Stuttgart 2005.

Goede, B.: »Haarpflege, Kosmetik und Körperpflege aus medizinischen Papyri«, *Göttinger Miszellen* 2006.

Görgemanns, H.: »Platon und die atlantische Insel« in *Hellenische Mythologie und Vorgeschichte*, ed. J. Schäfer et al., Altenburg 1996.

Görlich, J.: »The Transformation of Violence in the Colonial Encounter«, *Ethnology* 1999.

Görlitz, D.: *Die Anfänge der Seefahrt*, Oldenburg 2007.

Gößner, K.: »Katalog der Funde« in *Vom Dorf Gutingi zur Stadt*, ed. B. Arndt/A. Ströbl, Göttingen 2005.

Göttlicher, A.: »Zur sakralen Bedeutung des Schiffs-Stevens«, *Ethnologische Zeitschrift Zürich* 1972.

–: *Die Schiffe der Antike*, Berlin 1985.

–: *Kultschiffe und Schiffskulte im Altertum*, Berlin 1992.

–: *Seefahrt in der Antike*, Darmstadt 2006.

Goff, B. L.: *Symbols of Prehistoric Mesopotamia*, New Haven 1963.

Golan, A.: *Prehistoric Religion*, Jerusalem 2003.

Goldberger, W.: »Kraftausdrücke im Vulgärlatein«, *Glotta* 1930.

Goldgar, A.: *Tulipmania*, Chicago 2007.

Goldhahn, J.: »Bredarör on Kivik«, *Antiquity* 2009.

Goldman, B.: »Women's Robing in the Sasanian Era«, *Iranica Antiqua* 1997.

Goldmann, K.: »Troja und die bronzezeitliche Welt im nordalpinen Europa« in *Troja*, ed. G. Mahr, Berlin 1981.

–: »Die mitteleuropäische Schwertentwicklung und die Chronologie der Alt-bronzezeit Europas«, *Acta Praehistorica et Archaeologica* 1981.

–: »Ein Enkel Agamemnons auf Föhr«, RIAS, 11. Juli 1984.

Goldmann, Z.: »Das Symbol der Lilie«, *Archiv für Kulturgeschichte* 1975.

Golther, W.: *Handbuch der germanischen Mythologie*, Leipzig 1895.

Gomes de Brito, B.: *Historia tragico maritima*, ed. J. Pögl, Stuttgart 1983.

Gómez de Soto, J./J.-P. Pautreau: »Maisons, mythes, mort, métal en France Atlantique« in *Existe uma Idade do Bronze Atlântico?*, ed. S. Oliveira Jorge, Lisboa 1998.

Gonda, J.: *Die Religionen Indiens*, Bd. I, Stuttgart 1960.

González-Ruibal, A.: »Past the Last Outpost: Punic Merchants in the Atlantic Ocean«, *Journal of Mediterranean Archaeology* 2006.

Gonzenbach, L.: *Sicilianische Märchen aus dem Volksmund gesammelt*, Leipzig 1870.

Goodison, L./C. Morris: »Beyond the ›Great Mother‹« in *Ancient Goddesses*, ed. L. Goodison, London 1998.

Goodman, E.: *The Explorers of South America*, London 1972.

Goodnick-Westenholz, J.: *Dragons, Monsters and Fabulous Beasts*, Jerusalem 2004.

Goodrich, N. L.: *King Arthur*, New York 1986.

Goodwin, R.: *Crossing the Continent*, New York 2008.

Goody, J.: »Of Nannas and Nannies«, *Man* 1962.

Gordon, B. M.: »Chinese Chocolate, Ambergris, Emperors, and Export Ware« in *Chocolate*, ed. L. E. Grivetti/H.-Y. Shapiro, Hoboken 2009.

Gordon, C. H.: »Ugarit and Caphtor«, *Minos* 1955.

–: *Ugarit and Minoan Crete*, New York 1967.

–: »The Wine-Dark Sea«, *Journal of Near Eastern Studies* 1978.

–: »The Mediterranean Synthesis« in *The Crisis Years: The 12th Century B. C.*, ed. W. A. Ward/M. S. Joukowsky, Dubuque 1992.

Gorrochategui, J.: »Hacia el establecimiento del corpus de divinidades célticas de Aquitania« in *Auf den Spuren keltischer Götterverehrung*, ed. M. Hainz-mann, Wien 2007.

Gouchet, O.: »Sigurðr and the Women« in *From the Realm of the Ancestors*, ed. J. Marler, Manchester 1997.

Gould, R. A.: *Archaeology and the Social History of Ships*, Cambridge 2000.

Govi, C. M.: »Lacrime d'ambra«, *Archeo* 6, 1995.

Goyon, J.-C. »Räucherung« in *Lexikon der Ägyptologie*, Bd. V, ed. W. Helck/W. Westendorf, Wiesbaden 1984.

Grace, V. R.: *Amphoras and the Ancient Wine Trade*, Princeton 1961.

Gradel, O.: »Einfuhr, Verbreitung und Gebrauch von chinesischem Exportpor-zellan« in *Eten und Drinken*, ed. F. v. Hagel et al., Oldenburg 1998.

Graeff, J.-P.: »Kemet, Kemet über alles!« in *Diener des Horus*, ed. W. Waitkus, Gladbeck 2008.

935

Graf, F.: *Eleusis und die orphische Dichtung Athens in vorhellenistischer Zeit*, Berlin 1974.

–: *Nordionische Kulte*, Vevey 1985.

–: »Orpheus: A Poet Among Men« in *Interpretations of Greek Mythology*, ed. J. Bremmer, London 1987.

–: »Medea, the Enchantress from Afar« in *Medea*, ed. J. Clauss/S. I. Johnston, Princeton 1997.

Graffius, I.: »Die Bernsteinhexe« in *Märchenwelt des Preußenlandes*, ed. A. Cammann, Bleckede 1973.

Graham, P.: »Sacrifice and the Power of Outsiders in Lewolema« in *For the Sake of Our Future*, ed. S. Howell, Leiden 1996.

Grahn-Hoek, H.: *Roter Flint und Heiliges Land*, Neumünster 2009.

Grame, T. C.: »The Symbolism of Musical Instruments«, *Expedition* 1, 1973.

Grapow, H.: *Vergleiche und andere bildliche Ausdrücke im Ägyptischen*, Leipzig 1920.

Grasberger, L.: *Studien zu den griechischen Ortsnamen*, Würzburg 1888.

Gray, B.: »Persian Influence on Chinese Art From the 8th to the 15th Centuries«, *Iran* 1963.

Gray, J.: »The Desert God 'Aṯtr in the Literature and Religion of Canaan«, *Journal of Near Eastern Studies* 1949.

–: *The Legacy of Canaan*, Leiden 1957.

Grayson, A. K.: »The Empire of Sargon of Akkad«, *Archiv für Orientforschung* 1977.

Graziadio, G.: »The Process of Social Stratification at Mycenae in the Shaft Grave Period«, *American Journal of Archaeology* 1991.

–: »Trade Circuits and Trade Routes in the Shaft Grave Period«, *Studi Micenei ed Egeo-Anatolici* 1998.

Greaves, A. M.: »Miletos and the Sea: A Stormy Relationship« in *The Sea in Antiquity*, ed. G. J. Oliver et al., Oxford 2000.

–: *Miletos*, London 2002.

–: »The Cult of Aphrodite in Miletos and Its Colonies«, *Anatolian Studies* 2004.

Green, A. R. W.: *The Storm God in the Ancient Near East*, Winona Lake 2003.

Green, L.: »Seeing through Egyptian Clothes«, *Kmt*, Winter 1995.

Green, M.: *The Sun-Gods of Ancient Europe*, London 1991.

–: *Keltische Mythen*, Stuttgart 1994.

–: »The Celtic Goddess as Healer« in *The Concept of the Goddess*, ed. S. Billington/M. Green, London 1996.

Green, N.: »Ostrich Eggs and Peacock Feathers«, *Al-Masāq* 2006.

Green, P.: »Apollonios Rhodios and the Social Revalidation of Myth For a New Age« in *Hellenistic Constructs*, ed. P. Cartledge et al., Berkeley 1997.

Greene, E.: »Ein altes Schiff läuft endlich ein: Pabuç Burnu« in *Die Tiefe*, ed. G. Bass, München 2006.

Greenglass, M.: »Early Exploration« in *Atlas of Exploration*, ed. J. Hemming, London 2008.

Grenier, A.: *Les Gaulois*, Paris 1945.

Greppin, J. A. C.: »Gk. μαλλός, ›Fleece, Lock of Wool‹«, *Glotta* 1981.

Gresseth, G. K.: »The Homeric Sirens«, *Transactions of the American Philological Association* 1970.

Greßmann, H.: »Die Reliquien der kuhköpfigen Göttin in Byblos« in *Festschrift Eduard Hahn*, ed. H. Mötefindt et al., Stuttgart 1917.

–: *Die orientalischen Religionen im hellenistisch-römischen Zeitalter*, Berlin 1930.

Griaule, M.: *Conversations with Ogotemmêli*, Oxford 1965.

Griesa, I.: »Anthropomorphic Vessels, Troy II-V« in *Troy, Mycenae, Tiryns, Orchomenos,* ed. Y. Tzedakis et al., Athens 1990.

Grießmaier, V.: *Kunstschätze aus Iran*, Wien 1963.

Griffith, P. D.: »God's Blue Hair in Homer and in 18th-Dynasty Egypt«, *Classical Quarterly* 2005.

Griffith, R. D.: *Mummy Wheat*, Lanham 2008.

Griffiths, J. G.: »In Search of the Isles of the Blest«, *Greece u. Rome* 1947.

–: *The Divine Verdict*, Leiden 1991.

Grigson, C.: »Plough and Pasture in the Early Economy of the Southern Levant« in *The Archaeology of Society in the Holy Land*, ed. T. E. Levy, London 1995.

Grimm, A.: »Sonnenlauf und Vogelflug«, *Zeitschrift für ägyptische Sprache und Altertumskunde* 1989.

Grimm, A./S. Schoske: *Am Beginn der Zeit*, München 2000.

Grimm, J.: *Deutsche Mythologie*, Bd. I, Gütersloh 1877; Bd. II, 1877.

Grimmer-Dehn, B.: *Die Urnenfelderkultur im südöstlichen Oberrheingraben*, Stuttgart 1991.

Grímsdóttir, Á.: »Skálholt« in *Reallexikon der Germanischen Altertumskunde*, ed. H. Beck et al., Bd. 28, Berlin 2005.

Grinnell, G. B.: *The Cheyenne Indians*, Bd. II, New Haven 1923.

Grohmann, A.: *Göttersymbole und Symboltiere auf südarabischen Denkmälern*, Wien 1914.

–: *Arabien*, München 1963.

Groneberg, B.: »Die sumerisch-akkadische Inanna/Ištar: Hermaphroditos?«, *Die Welt des Orients* 1986.

–: *Lob der Ištar*, Groningen 1997.

–: »›Brust‹ *(irtum)*-Gesänge« in *Munuscula Mesopotamica*, ed. B. Böck et al., Münster 1999.

–: *Die Götter des Zweistromlandes*, Düsseldorf 2004.

Groom, N.: »Die Düfte Arabiens« in *Jemen*, ed. W. Seipel, Wien 1998.

Grootes, P. M.: Brief vom 21. Juni 2004.

–: Brief vom 6. Juni 2007.

Gruber, M. I.: »Breast-Feeding Practices in Biblical Israel and in Old Babylonian Mesopotamia«, *Journal of the Ancient Near Eastern Society* 1989.

Grumach, E.: »The Minoan Libation Formula Again«, *Kadmos* 1968.

Gruppe, O.: *Griechische Mythologie und Religionsgeschichte*, Bd. I, München 1906.

–: »Die eherne Schwelle und der Thorikische Stein«, *Archiv für Religionswissenschaft* 1912.

Gschnitzer, F.: »Βασιλεύς« in *Festschrift Leonhard Franz*, ed. O. Menghin/H. M. Ölberg, Innsbruck 1965.

–: »Stammesnamen in den mykenischen Texten« in *Donum Indogermanicum*, ed. R. Schmitt-Brandt, Heidelberg 1971.

Guanella, H.: »Der Palast von Phaistós und die Messará in *Das antike Kreta*, ed. S. Alexiou et al., Würzburg 1967.

Gubel, E.: »Godin of aanbidster« in *In de schaduw van Babel*, ed. E. Gubel, Brussel 1995.

De Gubernatis, A.: *Die Thiere in der indogermanischen Mythologie*, Leipzig 1874.

Gülçur, S.: »Das bronzezeitliche Wrack von Uluburun bei Kaş«, *Antike Welt* 1995.

Günel, S.: »Eine mykenische Figurine aus Liman Tepe, *Istanbuler Mitteilungen* 1998.

Güntert, H.: *Kalypso*, Halle 1919.

–: *Der arische Weltkönig und Heiland*, Halle 1923.

Guerrero Ayuso, V. M.: *Prehistoria de la navegación*, Oxford 2009.

Güterbock, H. G.: »Gedanken über das Wesen des Gottes Telipinu« in *Festschrift Johannes Friedrich*, ed. R. v. Kienle et al., Heidelberg 1959.

–: »Hethitische Götterbilder und Kultobjekte« in *Beiträge zur Altertumskunde Kleinasiens*, ed. R. M. Boehmer/H. Hauptmann, Mainz 1983.

–: »A Hurro-Hittite Hymn to Ishtar«, *Journal of the American Oriental Society* 1983.

Guggisberg, M. A.: *Frühgriechische Tierkeramik*, Mainz 1996.

–: »Vogelschwärme im Gefolge der Großen Göttin«, *Antike Kunst* 1998.

Guha, J. P.: *Seals and Statuettes of Kulli, Zhob, Mohenjo Daro, and Harappa*, New Delhi 1967.

Guidi, M.: »Miceneo *i-qo* = greco ἵππος«, *Minos* 1988.

Guilaine, J.: *L'Age du Bronze en Languedoc occidental*, Paris 1972.

–: *La mer partagée*, Paris 1994.

–: »Die Ausbreitung der neolithischen Lebensweise im Mittelmeerraum« in *Die ältesten Monumente der Menschheit*, ed. C. Lichter, Stuttgart 2007.

Guilaine, J./R.-P. Charles: »Découverte d'objets d'importation orientale dans une site du Bronze Moyen en Languedoc«, *Cahiers Ligures de Préhistoire et d'Archéologie* 1963.

Guillaume-Coirier, G.: »Chiron Phillyride«, *Kernos* 1995.

Guleri, V. S.: *Female Deities in Vedic and Epic Literature*, Delhi 1990.

Gulizio, J.: »Hermes and e-ma-a2«, *Živa Antika* 2000.

Gundel, H. G.: *Zodiakus*, Mainz 1992.

Gundel, W.: »Iasion« in *Realencyklopädie der Classischen Altertumswissenschaft*, Bd. IX.1, ed. G. Wissowa, Stuttgart 1914.

Gupta, R. K.: »Kālī Māyi« in *Encountering Kālī*, ed. R. F. McDermott/J. J. Kripal, Delhi 2005.

Gurney, O. R.: *Some Aspects of Hittite Religion*, Oxford 1977.

Gusmani, R.: »Zur Deutung einiger milyischer Wörter«, *Archiv Orientální* 1968.

Gutenbrunner, S.: »Namenkundliche Zeugnisse zur germanischen Urgeschichte« in *Germanen und Indogermanen*, ed. H. Arntz, Bd. II, Heidelberg 1936.

–: *Die germanischen Götternamen der antiken Inschriften*, Halle 1936.

Guthrie, W. K. C.: *The Greeks and Their Gods*, London 1950.

–: »The Religion and Mythology of the Greeks« in *The Cambridge Ancient History*, Bd. II.2, ed. I. E. S. Edwards et al., Cambridge 1975.

Guttandin, T.: »Vom Einbaum zum Plankenschiff«, *Skyllis* 2009.

Guzowska, M.: »Traces of Minoan Behavioural Patterns in the North-East Aegean« in *Mauerschau,* ed. R. Aslan et al., Remshalden 2002.

Guzowska, M. et al.: »On the Origin of Coarse Wares of Troia VII« in *Troia and the Troad*, ed. G. A. Wagner et al., Heidelberg 2003.

Haaland, G. et al.: »The Social Life of Iron«, *Anthropos* 2002.

Haarmann, H.: »Writing in the Ancient Mediterranean« in *From the Realm of the Ancestors*, ed. J. Marler, Manchester 1997.

–: »The Role of Cultural Memory for the Formative Process of Cretan Linear A in the Balkanic-Aegean Contact Area«, *Do-so-no* 2003.

Haarmann, U./B. Zantana: »Pilger und Fernhändler im Roten Meer vom 10. bis 16. Jahrhundert« in *Der Indische Ozean in historischer Perspektive*, ed. S. Conermann, Hamburg 1998.

Haarnagel, W.: *Das Alluvium an der deutschen Nordseeküste*, Hildesheim 1950.

–: »Das deutsche Küstengebiet der Nordsee im Wandel der letzten 10000 Jahre« in *Festschrift für Gustav Schwantes*, ed. K. Kersten, Neumünster 1951.

Haas, V.: »Jasons Raub des Goldenen Vließes im Lichte hethitischer Quellen«, *Ugarit-Forschungen* 1975.

–: *Magie und Mythen im Reich der Hethiter*, Hamburg 1977.

–: *Geschichte der hethitischen Religion*, Leiden 1994.

–: *Babylonischer Liebesgarten*, München 1999.

–: »Die hethitische Religion« in *Die Hethiter und ihr Reich*, ed. T. Özgüç et al., Stuttgart 2002.

–: *Die hethitische Literatur*, Berlin 2006.

Haas, V./D. Bawanypeck: *Materia Magica et Medica Hethitica*, Bd. I, Berlin 2003.

Haas, V./I. Wegner: »Die Axt der Ištar« in *Eski Yakin Doğu Kültürleri Üzerine Incelemeler*, ed. A. Erkanal et al., Istanbul 1995.

Haavio, M.: *Heilige Haine in Ingermanland*, Helsinki 1963.

Haberland, E.: *Galla Süd-Äthiopiens*, Stuttgart 1963.

–: »Mensch-Tier-Beziehungen bei den nordostafrikanischen Hirten« in *Zur frühen Mensch-Tier-Symbiose*, ed. H. Müller-Karpe, München 1983.

Hadingham, E.: *Early Man and the Cosmos*, New York 1984.

Hadjidaki, E.: »A Possible Minoan Harbor on South Crete« in *Crete beyond the Palaces*, ed. L. P. Day et al., Philadelphia 2004.

Hadjisavvas, S.: »Zypern, Kupfer und das Meer« in *Kupfer für Europa*, ed. R. Busch, Neumünster 1999.

–: »Cyprus and the Mediterranean World ca. 1600-600 BC« in *Sea Routes from Sidon to Huelva*, ed. N. C. Stampolidis, Athens 2003.

Hadzisteliou-Price, T.: »Double and Multiple Representations in Greek Art and Religious Thought«, *Journal of Hellenic Studies* 1971.

–: *Kourotrophos*, Leiden 1978.

Hägg, R.: »Epiphany in Minoan Ritual«, *Bulletin of the Institute of Classical Studies* 1983.

–: »Comment on the Myth and Reality of the Minoan Thalassocracy« in *The Minoan Thalassocracy*, ed. R. Hägg/N. Marinatos, Stockholm 1984.

–: »Sacred Horns and Naiskoi« in *The Civilizations of the Aegean and Their Diffusion*, ed. V. Karageorghis, Larnaka 1991.

–: »Sanctuaries and Workshops in the Bronze Age Aegean« in *Economics of Cult in the Ancient Greek World*, ed. T. Linders/B. Alroth, Uppsala 1992.

–: »The Religion of the Mycenaeans« in *Atti e Memorie del Secondo Congresso Internazionale di Micenologia*, ed. E. De Miro et al., Bd. II, Roma 1996.

–: »Religious Syncretism at Knossos and the Post-Palatial Crete?« in *La Crète mycénienne*, ed. J. Driessen/A. Farnoux, Paris 1997.

–: »Did the Middle Helladic People Have Any Religion?«, *Kernos* 1997.

Hägg, T.: »Hermes and the Invention of the Lyre«, *Symbolae Osloenses* 1989.

Haekel, J.: »Der ›Herr der Tiere‹ im Glauben der Indianer Mesoamerikas«, *Mitteilungen aus dem Museum für Völkerkunde in Hamburg* 1959.

Haenchen, H./H. Saure: *Blumen u. Garten*, Bd. VIII, Hamburg 1975.

Händel, A.: »Der Handel mit Drogen und Spezereien im Rom der Prinzipatszeit«, *Münstersche Beiträge zur antiken Handelsgeschichte* 1985.

Hänsel, B.: »Plastik der jüngeren Bronzezeit und der älteren Eisenzeit aus Bulgarien«, *Germania* 1969.

–: »Zur Bedeutung des Rohkupferfundes von Helgoland«, *Offa* 1978.

–: »Gaben an die Götter« in *Gaben an die Götter*, ed. A. Hänsel/B. Hänsel, Berlin 1997.

Hänsel, B./B. Teržan: »Ein bronzezeitliches Kuppelgrab außerhalb der mykenischen Welt im Norden der Adria«, *Prähistorische Zeitschrift* 2000.

Haeny, G.: »Zeus Kamutef«, *Göttinger Miszellen* 1986.

Häußler, R.: *Hera und Juno*, Stuttgart 1995.

Hagelberg, M.: »Die Vögel der Aphrodite« in *In den Gärten der Aphrodite*, ed. K. Stemmer, Berlin 2001.

Hahn, E.: *Die Haustiere*, Leipzig 1896.

v. Hahn, J. G.: *Griechische und albanische Märchen*, Leipzig 1864.

Haid, H.: *Mythen der Alpen*, Wien 2006.

Haider, P. W.: *Griechenland – Nordafrika*, Darmstadt 1988.

–: »Zu den ägyptisch-ägäischen Handelsbeziehungen zwischen ca. 1370 und 1200 v. Chr.«, *Münstersche Beiträge zur antiken Handelsgeschichte* 1989.

–: »Ägäer in ägyptischen Diensten zwischen ca. 1550 und 1200 v. Chr.«, *Laverna* 1990.

–: »Menschenhandel zwischen dem ägyptischen Hof und der minoisch-mykenischen Welt?«, *Ägypten und Levante* 1996.

–: »Minoan Deities in an Egyptian Medical Text« in *Potnia*, ed. R. Laffineur/R. Hägg, Liège 2001.

–: »Neues zur blauen Krone der Nofretete« in *Egyptian Museum Collections Around the World*, ed. M. Eldamaty/M. Trad, Bd. I, Cairo 2002.

–: »Minoische Volksreligion am Ende des 2. Jahrtausends v. Chr.« in *Offizielle*

Religion, lokale Kulte und individuelle Religiosität, ed. M. Hutter/S. Hutter-Braunsar, Münster 2004.

–: »Ägyptisierende Objekte im Ausland« in *Pharao siegt immer*, ed. S. Petschel et al., Bönen 2004.

–: »Von Baal Zaphon zu Zeus und Typhon« in *Von Sumer bis Homer*, ed. R. Rollinger, Münster 2004.

–: »Minoische Sprachdenkmäler in einem ägyptischen Papyrus medizinischen Inhalts« in *Das Ägyptische und die Sprachen Vorderasiens, Nordafrikas und der Ägäis*, ed. T. Schneider et al., Münster 2004.

–: »Der Kulturtransfer aus der phönizischen Welt in den westlichen Mittelmeerraum« in *Grenzen und Entgrenzungen*, ed. B. Burtscher-Bechter et al., Würzburg 2006.

–: »Existierte noch ein Handelskontakt zwischen den ägäischen Eliten der Nachpalastzeit und dem ägyptischen Hof?« in *Keimelion*, ed. E. Alram-Stern/G. Nightingale, Wien 2007.

Hajnal, I.: »Zur Sprache der ältesten kretischen Dialektinschriften«, *Indogermanische Forschungen* 1988.

–: *Mykenisches und homerisches Lexikon*, Innsbruck 1998.

–: *Troia aus sprachwissenschaftlicher Sicht*, Innsbruck 2003.

Halberstadt, M.: *Mater Matuta*, Frankfurt am Main 1934.

Hald, J.: »Bernstein fürs Jenseits«, *Archäologische Nachrichten aus Baden* 2008.

–: »Steinbeil und Steinkugel: Amulette eines bronzezeitlichen Kriegers«, *Archäologie in Deutschland* 5, 2009.

Haldane, C. W.: »Shipwrecked Plant Remains«, *Biblical Archaeologist* 1990.

Haldane, D.: »Anchors of Antiquity«, *Biblical Archaeologist* 1990.

Hall, H. R.: »Caphtor and Casluhim«, *Man* 1903.

–: *Aegean Archaeology*, London 1915.

–: *The Civilization of Greece in the Bronze Age*, London 1928.

Hall, L.: *Athena*, Reading 1997.

Hallager, B. P.: »A New Social Class in Late Bronze Age Crete: Foreign Traders in Khania« in *Minoan Society*, ed. O. Krzyszkowska/L. Nixon, Bristol 1983.

–: »Mycenaean Pottery in LM III A 1 Deposits at Khania« in *Problems in Greek Prehistory*, ed. E. B. French/K. A. Wardle, Bristol 1986.

–: »The LM III C Pottery« in *The Greek-Swedish Excavations at the Agia Aikaterini Square Kastelli, Khania*, ed. E. Hallager/B. P. Hallager, Stockholm 2000.

Hallager, B. P./P. J. P. McGeorge: *Late Minoan III Burials at Khania*, Göteborg 1992.

Hallager, E.: »Tablets and Roundels From Khania With Linear A Inscriptions«, *Kadmos* 1973.

–: *The Master Impression*, Göteborg 1985.

–: »The Use of Seals on the Minoan Roundel« in *Fragen und Probleme der bronzezeitlichen ägäischen Glyptik*, ed. W. Müller, Berlin 1989.

–: *The Minoan Roundel*, Bd. I, Liège 1996.

–: »The Uniformity in Seal Use and Sealing Practice during the LH/LM III Period« in *Ariadne's Threads*, ed. A. L. D'Agata et al., Athina 2005.

Hallager, E./B. P. Hallager: *The Greek-Swedish Excavations at the Agia Aikaterini Square Kastelli, Khania*, Bd. III.2, Stockholm 2003.

Hallager, E./M. Vlasakis: »Two New Roundels With Linear A from Khania«, *Kadmos* 1984.

Hallett, R.: *The Penetration of Africa*, Bd. I, London 1965.

Halleux, R.: »›Kuwano‹ et ›Kuwanowoko‹ dans les tablettes mycéniennes«, *Studi Micenei ed Egeo-Anatolici* 1969.

Hallmann, S.: *Die Tributszenen des Neuen Reiches*, Wiesbaden 2006.

Hallo, W. W.: »The Birth of Kings« in *Love u. Death in the Ancient Near East*, ed. J. H. Marks/R. M. Good, Guilford 1987.

–: »Trade and Traders in the Ancient Near East« in *Actes de la XXXVIIIᵉ Rencontre Assyriologique Internationale*, ed. D. Charpin/F. Joannès, Paris 1992.

–: »Albright and the Gods of Mesopotamia«, *Biblical Archaeologist* 1993.

Hallof, J.: »Die Weltschöpfung auf der Töpferscheibe«, *Antike Welt* 4, 2007.

Halm-Tisserant, M.: »Le *sparagmos*: un rite de magie fécondante«, *Kernos* 2004.

Halstead, P.: »On the Linear B Evidence for Breeding Flocks at Mycenaean Knossos and Pylos«, *Minos* 1991.

–: »Linear B Evidence for the Management of Sheep Breeding at Knossos«, *Minos* 1997.

Hamann, G.: *Der Eintritt der südlichen Hemisphäre in die europäische Geschichte*, Wien 1968.

Hamayon, R. N.: »Game and Games, Fortune and Dualism in Siberian Shamanism« in *Northern Religions and Shamanism*, ed. I. Hoppál/J. Pentikäinen, Budapest 1992.

Hamdorf, F. W.: *Griechische Kultpersonifikationen der vorhellenistischen Zeit*, Mainz 1964.

Hamilton, C.: *Ruf des Donnervogels*, Zürich 1960.

Hamilton-Paterson, J./C. Andrews: *Mummies*, London 1978.

Hamkens, F. H.: *Der Externstein*, Horn 2000.

Hamkens, H.: »Trojaburgen«, *Germanien* 1934.

Hammond, N.: »›Pom‹ for the Ancestors«, *Mexicón* 1981.

Hammond, N. G. L.: *Migrations and Invasions in Greece and Adjacent Areas*, Park Ridge 1976.

Hamoto, A.: *Der Affe in der altorientalischen Kunst*, Münster 1995.

Hamp, E. P.: »Tellus (›Earth‹)«, *Rheinisches Museum für Philologie* 1986.

–: »Fōns« in *Language, Literature, and History*, ed. F. Rochberg-Halton, New Haven 1987.

–: »Thule, Thyle«, *Živa Antika* 1989.

Hampe, R.: *Frühe griechische Sagenbilder in Böotien*, Athen 1936.

–: »Kult der Winde in Athen und Kreta«, *Sitzungsberichte der Heidelberger Akademie der Wissenschaften, Philos.-Hist. Kl.* 1967.

–: *Antikes und modernes Griechenland*, Mainz 1984.

Hampe, R./E. Simon: *Griechisches Leben im Spiegel der Kunst*, Mainz 1959.

Hančar, F.: »›Altai-Skythen‹ und Schamanismus« in *Ethnologica*, ed. R. Heine-Geldern et al., Wien 1956.

Handschur, E.: *Die Farb- und Glanzwörter bei Homer und Hesiod*, Wien 1970.

Handy, E. S. C.: *Cultural Revolution in Hawaii*, Honolulu 1931.

Hankey, V.: »Crete, Cyprus and the South-Eastern Mediterranean« in *The Relations Between Cyprus and Crete*, ed. V. Karageorghis, Nicosia 1979.

–: »Pottery and People of the Mycenaean III C Period in the Levant« in *Archéologie au Levant*, ed. J. Starcky/F. Hours, Lyon 1982.

–: »The Levant From the Mouth of the Orontes to the Egyptian Border« in *Wace and Blegen*, ed. C. Zerner et al., Amsterdam 1993.

Hansen, D. P.: »Through the Love of Ishtar« in *Of Pots and Plans*, ed. L. al-Gailani Werr et al., London 2002.

Hansen, K.: Mündliche Mitteilung vom 24. August 2002.

–: Brief vom 20. September 2002.

Hansen, K.: *Chronik von Pellworm*, Husum 1938.

Hansen, S.: »Aspekte des Gabentausches und Handels während der Urnenfelderzeit in Mittel- und Nordeuropa« in *Handel, Tausch und Verkehr im bronze- und früheisenzeitlichen Südost-Europa*, ed. B. Hänsel, Berlin 1995.

–: »Menschendarstellungen von Vorderasien bis in den Donauraum« in *Die ältesten Monumente der Menschheit*, ed. C. Lichter, Stuttgart 2007.

–: »Bronzezeitliche Horte als Indikatoren für ›andere Orte‹«, *Das Altertum* 2008.

Hansen, W.: *Ariadne's Thread*, Ithaca 2002.

Hansman, J.: »A Periplus of Magan and Meluḫḫa«, *Bulletin of the School of Oriental and African Studies* 1973.

–: »Gilgamesh, Humbaba and the Land of the Erin Tree«, *Iraq* 1976.

–: »The Question of Aratta«, *Journal of Near Eastern Studies* 1978.

Hanten, C. et al.: *Der Brockhaus Wein*, Mannheim 2005.

Harck, O.: »Landschaftsgeschichte und Archäologie an der Westküste der jütischen Halbinsel« in *Archsum auf Sylt*, Bd. I, ed. G. Kossack et al., Mainz 1980.

Harding, A. F.: »Amber in Bronze Age Greece« in *Actes du VIIIe Congrès International des Sciences Pré- et Protohistoriques*, ed. G. Novak, Bd. III, Beograd 1973.

–: *The Mycenaeans and Europe*, London 1984.

–: »The Wessex Connection« in *Orientalisch-ägäische Einflüsse in der europäischen Bronzezeit*, ed. P. Schauer, Bonn 1990.

–: Nord-südlicher Rohstoffaustausch» in *Götter und Helden der Bronzezeit*, ed. K. Demakopoulou et al., Kopenhagen 1999.

–: *European Societies in the Bronze Age*, Cambridge 2000.

–: »Horse-Harness and the Origins of Mycenaean Civilisation« in *Autochthon*, ed. A. Dakouri-Hild/S. Sherratt, Oxford 2005.

–: »Interconnections Between the Aegean and Continental Europe in the Bronze and Early Iron Ages« in *Between the Aegean and Baltic Seas*, ed. I. Galanaki et al., Liège 2007.

Harding, A. F./H. Hughes-Brock: »Amber in the Mycenaean World«, *Annual of the British School at Athens* 1974.

Hardmeyer, B.: *Prähistorisches Gold Europas im 3. und 2. Jahrtausend v. Chr.*, Wädenswil 1976.

Harer, W. B.: »Pharmacological and Biological Properties of the Egyptian Lotus«, *Journal of the American Research Center in Egypt* 1985.

943

Haring, D. G.: »Aspects of Chinese and Japanese Cultural Influences in the Northern Ryūkyū Islands«, *Sociologus* 1963.

Harmatta, J.: »Sur l'origine du mythe des Hyperboréens«, *Acta Academiae Scientiarum Hungaricae* 1955.

–: »Das Hethitisch-Luwische und die Kefti-Sprache«, *Acta Antiqua Academiae Scientiarum Hungaricae* 1988.

Harms, R. W.: *River of Wealth, River of Sorrow*, New Haven 1981.

Harrauer, H.: »Schönheit in den Papyrusquellen« in *Und will schön sein*, ed. H. Froschauer/H. Harrauer, Wien 2004.

Harrer, H.: *Die letzten Fünfhundert*, Berlin 1977.

Harris, J. R.: *The Cult of the Heavenly Twins*, Cambridge 1906.

Harrison, C. M.: »Triremes at Rest: On the Beach or in the Water?«, *Journal of Hellenic Studies* 1999.

Harrison, J. E.: *Prolegomena to the Study of Greek Religion*, Cambridge 1908.

–: »Dike or Eurydike«, *Archiv für Religionswissenschaft* 1909.

–: *Themis*, Cambridge 1912.

Harrison, R.: *Signs, Songs, and Memory in the Andes*, Austin 1989.

Harrison, T. P.: »Early Bronze Trade with Late Predynastic Egypt«, *Biblical Archaeologist* 1993.

Harsema, O. H.: »New Results in the Reconstruction of Bronze Age Buildings in the Province of Drenthe« in *Forschungen zur bronzezeitlichen Besiedlung in Nord- und Mitteleuropa*, ed. J. J. Assendorp, Espelkamp 1997.

Hart, H. H.: *Vasco da Gama und der Seeweg nach Indien*, Bremen 1950.

Hartenstein, E.: *Auf den Spuren unserer Haustiere*, Magdeburg 1956.

Hartmann, A.: *Untersuchungen über die Sagen vom Tod des Odysseus*, München 1917.

Hartmann, A.: *Prähistorische Goldfunde aus Europa*, Bd. I, Berlin 1970; Bd. II 1982.

Hartmann, P.: *Keramik des Mittelalters und der frühen Neuzeit aus Nordfriesland*, Neumünster 1975.

Hartmann, R.: »Frühe indianische Schiffahrt an der Pazifikküste Südamerikas«, *Mitteilungen der Berliner Gesellschaft für Anthropologie, Ethnologie und Urgeschichte* 1985.

Hartz, S.: »Lebensraum Meeresküste« in *Es war einmal ein Schiff*, ed. C. v. Carnap-Bornheim/C. Radtke, Hamburg 2007.

v. Hase, F.-W.: »Ägäische, griechische und vorderasiatische Einflüsse auf das tyrrhenische Mittelitalien« in *Beiträge zur Urnenfelderzeit nördlich und südlich der Alpen*, ed. P. Schauer, Bonn 1995.

Haskell, H. W.: *The Coarse Ware Stirrup Jars of Crete and the Cyclades*, Ann Arbor 1981.

–: »Pylos: Stirrup Jars and the International Oil Trade« in *Pylos Comes Alive*, ed. T. G. Palaima/C. W. Shelmerdine, New York 1984.

–: »Mycenaeans at Knossos« in *La Crète mycénienne*, ed. J. Driessen/A. Farnoux, Paris 1997.

–: »Aspects of the Nature and Control of Mycenaean Trade« in *Meletemata*, ed. P. P. Betancourt et al., Liège 1999.

–: »Region to Region Export of Transport Stirrup Jars from LM III A 2/B Crete« in *Ariadne's Threads*, ed. A. L. D'Agata et al., Athina 2005.

Haslam, M.: »Homeric Papyri and Transmission of the Text« in *A New Companion to Homer*, ed. I. Morris/B. B. Powell, Leiden 1997.

Haslett, J. F./C. M. Smith: »In the Wake of Ancient Mariners«, *Archaeology*, April 2002.

Hatt, J.-J.: »Die keltische Götterwelt und ihre bildliche Darstellung in vorrömischer Zeit« in *Die Kelten in Mitteleuropa*, ed. L. Pauli, Salzburg 1980.

Hattler, C.: »Weibliche Statuette aus Petsophas« in *Im Labyrinth des Minos*, ed. H. Siebenmorgen, München 2000.

Hatzaki, E.: »Postpalatial Knossos« in *Ariadne's Threads*, ed. A. L. D'Agata et al., Athina 2005.

–: *Knossos: The Little Palace*, London 2005.

Haubold, J.: *Homer's People*, Cambridge 2000.

Hauck, K.: *Wielands Hort*, Stockholm 1977.

–: »Germania-Texte im Spiegel von Bildzeugnissen des Nordens« in *Romanitas – Christianitas*, ed. G. Wirth, Berlin 1982.

–: »Dioskurendarstellungen des Nordens« in *Reallexikon der Germanischen Altertumskunde*, ed. H. Beck et al., Bd. 5, Berlin 1984.

Haucke, S.: »Archäologische Denkmäler im Kieswerk Bargstedt«, *Archäologische Nachrichten aus Schleswig-Holstein* 2009.

Haul, M.: *Das Etana-Epos*, Göttingen 2000.

–: »Der Mythos von Etana um 2000 v. Chr.« in *2000 v. Chr.*, ed. J.-W. Meyer/W. Sommerfeld, Saarbrücken 2004.

Haupt, P.: »Der Name Istar«, *Journal of the American Oriental Society* 1907.

Haupt, R.: »Vom Hengst und dem Hors«, *Die Heimat* 1931.

Hauptmann, A.: »Zinn« in *Reallexikon der Germanischen Altertumskunde*, ed. H. Beck et al., Bd. 34, Berlin 2007.

Hauptmann, R.: *Die sumerische Beterstatuette*, Frankfurt am Main 1989.

Hauschild, T.: *Magie und Macht in Italien*, Gifkendorf 2002.

Haussig, H. W.: »Die ältesten Nachrichten über die Routen der Seidenstraße nach Zentral- und Ostasien«, *Acta Antiqua Academiae Scientiarum Hungaricae* 1980.

Haverfield, F.: »Cornish Tin« in *Mélanges Boissier*, Paris 1903.

Havers, W.: »Geister- und Dämonenglaube«, *Die Sprache* 1958.

Hawass, Z.: *Das Tal der goldenen Mumien*, Bern 2000.

Hawkes, C.: »Gold Earrings of the Bronze Age, East and West«, *Folklore* 1961.

–: *Pytheas*, Oxford 1977.

Hawkins, J. D.: »What Does the Hittite Storm-God Hold?« in *Natural Phenomena*, ed. D. J. W. Meijer, Amsterdam 1982.

Hayes, W. C.: *The Scepter of Egypt*, Bd. I, Cambridge 1953.

Haymes, E. R./S. T. Samples: *Heroic Legends of the North*, New York 1996.

Haynes, J. L.: *Nubia*, Boston 1992.

Haysom, M.: »The Double-Axe«, *Oxford Journal of Archaeology* 2010.

Haywood, J.: *Historical Atlas of the Celtic World*, London 2001.

Hazzidakis, J.: *Tylissos à l'époque minoenne*, Paris 1921.

Healey, J. F.: »The ›Pantheon‹ of Ugarit«, *Studi epigrafici e linguistici sul Vicino Oriente antico* 1988.

–: »Between the Aegean and the Near East: Ugarit as Point of Contact« in ›*Schnittpunkt*‹ *Ugarit*, ed. M. Kropp/A. Wagner, Frankfurt am Main 1999.

Hecht, E.-D.: »Krankheit und Heilkunde bei den Somali«, *Saeculum* 1977.

Heckewelder, J.: »Indian Tradition of the First Arrival of the Dutch on Manhattan Island«, *Collections of the New York Historical Society* 1841.

–: *History, Manners, and Customs of the Indian Nations*, Philadelphia 1876.

Hehn, V.: *Kulturpflanzen und Hausthiere in ihrem Übergang aus Asien nach Griechenland und Italien*, Berlin 1894.

Heidel, A.: *The Gilgamesh Epic and Old Testament Parallels*, Chicago 1971.

Heilmeyer, M.: »Der Mythos von den Goldenen Früchten« in *Bittere und süße Orangen*, ed. M. Heilmeyer, Potsdam 2005.

Heimberg, U.: *Gewürze, Weihrauch, Seide*, Waiblingen 1981.

Heimpel, W.: »The Sun at Night and the Doors of Heaven in Babylonian Texts«, *Journal of Cuneiform Studies* 1986.

–: »Das Untere Meer«, *Zeitschrift für Assyriologie* 1987.

Heimreich, A.: *Nord-Fresische Chronick*, Schleswig 1666.

–: *Nordfresische Chronik*, ed. N. Falck, Bd. I, Tondern 1819.

Hein, I.: »Tell el-Yahudiya-Krüglein« in *Pharaonen und Fremde*, ed. M. Bietak et al., Wien 1994.

Heine-Geldern, R.v.: »The Problem of Transpacific Influences in Mesoamerica« in *Handbook of Middle American Indians*, Bd. 4, ed. G. F. Ekholm/G. R. Willey, Austin 1966.

Heinen, H.: »Antike am Rand der Steppe«, *Abhandlungen der Akademie der Wissenschaften und Literatur, Geistes- und sozialwiss. Kl.* 2006.

Heinhold-Krahmer, S.: »Aḫḫiyawa: Land der homerischen Achäer im Krieg mit Wiluša?« in *Der neue Streit um Troia*, ed. C. Ulf, München 2003.

Heinz, M.: »Bahrain als Handelsdrehscheibe im 3. und 2. Jahrtausend v. Chr.« in *Beiträge zur Kulturgeschichte Vorderasiens*, ed. U. Finkbeiner et al., Mainz 1995.

–: *Altsyrien und Libanon*, Darmstadt 2002.

Heizmann, W.: »Der Raub des Brísingamen« in *Analecta Septentrionalia*, ed. W. Heizmann et al., Berlin 2009.

Helbig, W.: *Das homerische Epos*, Leipzig 1884.

–: »Minos und Minotaurus« in *Lexikon der griechischen und römischen Mythologie*, ed. W. H. Roscher, Bd. II.2, Leipzig 1897.

Helck, W.: »Herkunft und Deutung einiger Züge des frühägyptischen Königsbildes«, *Anthropos* 1954.

–: *Die Beziehungen Ägyptens im 3. und 2. Jahrtausend v. Chr.*, Wiesbaden 1962.

–: »Die Ägypter und die Fremden«, *Saeculum* 1964.

–: *Materialien zur Wirtschaftsgeschichte des Neuen Reiches*, Bd. V, Wiesbaden 1965; Bd. VI, Mainz 1969.

–: »Die Mythologie der alten Ägypter« in *Götter und Mythen im Vorderen Orient*, ed. H. W. Haussig, Stuttgart 1965.

–: »Zum Auftreten fremder Götter in Ägypten«, *Oriens Antiquus* 1966.

–: »Ein Indiz früher Handelsfahrten syrischer Kaufleute«, *Ugarit-Forschungen* 1970.

–: *Betrachtungen zur Großen Göttin*, München 1971.

–: *Die Beziehungen Ägyptens und Vorderasiens zur Ägäis bis ins 7. Jahrhundert v. Chr.*, Darmstadt 1979.

–: »Zur Keftiu-, Alašia- und Ahhijawa-Frage« in *Ägäische Bronzezeit*, ed. H.-G. Buchholz, Darmstadt 1987.

–: »Die Beziehungen Ägypten-Ugarit« in *Ugarit*, ed. M. Dietrich/O. Loretz, Münster 1995.

Helfer, W.: »Die Tränen der Götter« in *Merianheft Jemen, Oman, V. A. Emirate*, ed. E. Kiderlen, Hamburg 1996.

Helfrich, K.: *Menschenopfer und Tötungsrituale im Kult der Maya*, Berlin 1973.

Heller, B.: »Die altorientalische Göttin«, *Kairos* 1993.

Heller, E.: *Wie Farben wirken*, Reinbek 2004.

Helm, K.: *Altgermanische Religionsgeschichte*, Bd. II.2, Heidelberg 1953.

Helms, M. W.: *Ulysses' Sail*, Princeton 1988.

–: »Long Distance Contacts, Elite Aspirations, and the Age of Discovery in Cosmological Context« in *Resources, Power, and Interregional Interaction*, ed. E. M. Schortman/P. A. Urban, New York 1992.

–: *Craft and the Kingly Ideal*, Austin 1993.

Heltzer, M.: »The Metal Trade of Ugarit«, *Iraq* 1977.

–: *Goods, Prizes and the Organization of Trade in Ugarit*, Wiesbaden 1978.

–: »Sinaranu, Son of Siginu, and the Trade Relations Between Ugarit and Crete«, *Minos* 1988.

–: »The Trade of Crete and Cyprus with Syria and Mesopotamia and Their Eastern Tin Sources in the XVIII-XVII Centuries BC«, *Minos* 1989.

–: »The ›Idol from Šernai‹ and the Question of Bronze Age Amber Provenance in the Eastern Mediterranean«, *Archaeologia Baltica* 1995.

–: »On the Origin of the Near Eastern Archaeological Amber« in *Languages and Cultures in Contact*, ed. K. Van Lerberghe/G. Voet, Leuven 1999.

Helwig, B.: »Frühe Städte im Iran« in *Persiens antike Pracht*, ed. T. Stöllner et al., Bd. I, Bochum 2004.

Hemberg, B.: *Die Kabiren*, Uppsala 1950.

–: »Die idaiischen Daktylen«, *Eranos* 1952.

Hempelmann, R.: ›*Gottschiff‹ und ›Zikkuratbau‹ auf vorderasiatischen Rollsiegeln des 3. Jahrtausends v. Chr.*, Münster 2004.

Henderson, J. C.: *The Atlantic Iron Age*, London 2007.

Hendrichs, U.: »Das Geheimnis des Grals« in *König Artus lebt!*, ed. S. Zimmer, Heidelberg 2005.

Henn, A.: *Reisen in vergangene Gegenwart*, Berlin 1988.

Henning, R.: *Von rätselhaften Ländern*, München 1925.

–: »Germaniens Anteil am vorgeschichtlichen Handel«, *Germanien* 1935.

–: *Terrae incognitae*, Bd. I, Leiden 1944; Bd. II 1950; Bd. IV 1956.

–: »War Helgoland die antike Bernsteininsel und das friesische Fositesland?«, *Die Heimat* 1949.

Henninger, J.: »Über Sternkunde und Sternkult in Nord- und Zentralarabien«, *Zeitschrift für Ethnologie* 1954.

–: »Zum Problem der Venussterngottheit bei den Semiten«, *Anthropos* 1976.

–: *Arabia Sacra*, Fribourg 1981.

Henningsen, H.-H.: *Rungholt*, Bd. I, Husum 1998; Bd. II, 2000.

Henry, V.: *La magie dans l'Inde antique*, Paris 1904.

Henseling, R.: *Werden und Wesen der Astrologie*, Stuttgart 1924.

Henze, D.: *Enzyklopädie der Entdecker und Erforscher der Erde*, Bd. 1, Graz 1978; Bd. 3, 1993.

Hepper, F. N.: »Arabian and African Frankincense Trees«, *Journal of Egyptian Archaeology* 1969.

–: *Pharaoh's Flowers*, London 1990.

Heraeus, W.: *Kleine Schriften*, Heidelberg 1937.

Herb, C.: »Geschichte in Stein«, *Archäologie in Deutschland* 6, 2006.

Herbert, E. W.: *Red Gold of Africa*, Madison 1984.

–: *Iron, Gender, and Power*, Bloomington 1993.

Herles, M.: *Götterdarstellungen Mesopotamiens in der 2. Hälfte des 2. Jahrtausends v. Chr.*, Münster 2006.

Hermann, A.: *Die Welt der Fellachen*, Hamburg 1969.

Hermary, A.: »Représentations de Zeus Ammon à Chypre«, *Cahiers du Centre d'Études Chypriotes* 18, 1992.

Herms, I.: *Wörterbuch Hausa-Deutsch*, Leipzig 1987.

Hermsen, E.: *Lebensbaumsymbolik im Alten Ägypten*, Köln 1981.

Heron, C.: Schriftliche Mitteilung vom 25. Mai 2007.

Herrmann, H.-V.: »Kreta: Archäologisch« in *Reallexikon der Assyriologie*, ed. D. O. Edzard, Bd. 6, Berlin 1981.

–: »Zum Problem des mykenischen Ursprungs griechischer Heiligtümer: Olympia und Delphi« in *Das Ende der mykenischen Welt*, ed. E. Thomas, Köln 1987.

–: »Prähistorisches Olympia« in *Ägäische Bronzezeit*, ed. H.-G. Buchholz, Darmstadt 1987.

Herrmann, J.: »Volksstämme und ›nördlicher Seeweg‹ in der älteren Eisenzeit«, *Zeitschrift für Archäologie* 1985.

Herrmann, W.: »Jahwes Triumph über Mot«, *Ugarit-Forschungen* 1979.

Hershkowitz, D.: *Valerius Flaccus' ›Argonautica‹*, Oxford 1998.

Hertel, D.: »Zum Problem der Historizität der Sage vom Trojanischen Krieg« in *Heinrich Schliemann*, ed. J. Herrmann, Berlin 1992.

–: »Die Gleichsetzung einer archäologischen Schicht von Troia mit dem homerischen Ilios« in *Der neue Streit um Troia*, ed. C. Ulf, München 2003.

Hertel, J.: *Der Planet Venus im Awesta*, Leipzig 1936.

Herter, H.: »De Mutino Titino«, *Rheinisches Museum für Philologie* 1927.

–: »Die Ursprünge des Aphroditekultes« in *Eléments orientaux dans la religion grecque ancienne*, Paris 1960.

–: »Hermes«, *Rheinisches Museum für Philologie* 1976.

den Hertog, E.: »On the Import of Tuff Stone From the Eifel Region« in *Innovationen in der Zeit der Kreuzzüge*, ed. V. Herzner/J. Krüger, Speyer 2006.

Herzfeld, E.: »Ušā-Eos« in *Mélanges Franz Cumont*, ed. R. Werner et al., Bruxelles 1936.

–: »Axvarta – xvarnah = Naphta«, *Archäologische Mitteilungen aus Iran* 1938.

Hester, D. A.: »Recent Developments in Mediterranean ›Substrate‹ Studies«, *Minos* 1968.

Heubeck, A.: *Praegraeca*, Erlangen 1961.

–: Myk. *a₃-ki-pa-ta*, ›Ziegenhirt‹«, *Indogermanische Forschungen* 1963.

–: *Aus der Welt der frühgriechischen Lineartafeln*, Göttingen 1966.

–: »Etymologische Vermutungen zu Eleusis und Eileithyia«, *Kadmos* 1972.

–: *Archaeologia Homerica: Schrift*, Göttingen 1979.

–: »Zu einigen kleinasiatischen Ortsnamen«, *Glotta* 1985.

–: »ἐρινύς in der archaischen Epik«, *Glotta* 1986.

–: »Zu den griechischen Verbalwurzeln *nes*- und *neu̯*« in *Studies in Mycenaean and Classical Greek*, ed. J. T. Killen et al., Salamanca 1987.

Heumüller, M./H. Schlichtherle: »Weitere Untersuchungen an den Bohlenwegen zwischen Bad Buchau und Kappel am Federsee«, *Archäologische Ausgrabungen in Baden-Württemberg* 1999.

–: »Wohnen am See«, in *Pfahlbauquartett*, ed. R. Baumeister et al., Frauenfeld 2004.

de Heusch, L.: »The Symbolic Mechanisms of Sacred Kingship«, *Journal of the Royal Anthropological Institute* 1997.

–: »Forms of Sacralized Power in Africa« in *The Character of Kingship*, ed. D. Quigley, Oxford 2005.

Hevers, J.: »Gewinnung und Verarbeitung von Harz und Kopal« in *Bernstein: Tränen der Götter*, ed. M. Ganzelewski/R. Slotta, Bochum 1996.

Heyerdahl, T.: *Indianer und Alt-Asiaten im Pazifik*, Wien 1966.

Hickerson, N. P.: »How Cabeza de Vaca Lived with, Worked Among, and Finally Left the Indians of Texas«, *Journal of Anthropological Research* 1998.

Hiebert, F. T.: »Black Sea Coastal Cultures«, *Expedition* 1, 2001.

Higbie, C.: *Heroes' Names, Homeric Identities*, New York 1995.

Higelke, B. et al.: »Geowissenschaftlich-Archäologische Untersuchungen zur Landschafts- und Siedlungsgeschichte von Nordfriesland«, *Archäologisches Korrespondenzblatt* 1979.

Higgins, M. D./R. Higgins: *A Geological Companion to Greece and the Aegean*, London 1996.

Higgins, R. A.: *Minoan and Mycenaean Art*, London 1967.

–: *The Aegina Treasure*, London 1979.

–: »The Jewellery« in *Lefkandi I*, ed. M. R. Popham et al., London 1980.

–: »Goldwork of the Extreme End of the Aegean Bronze Age«, *Temple University Aegean Symposium* 1983.

Highwater, J.: *Indian America*, New York 1975.

Hikade, T.: »Güteraustausch« in *Pharao siegt immer*, ed. S. Petschel et al., Bönen 2004.

Hildegard v. Bingen: *Naturkunde*, ed. P. Riethe, Salzburg 1959.

Hill, L.: *Muscheln*, Köln 1997.

Hiller, S.: »Fisch oder Schiff«, *Pantheon* 1972.

–: »Ra-mi-ni-ja«, *Živa Antika* 1975.

–: *Das minoische Kreta nach den Ausgrabungen der letzten Jahrzehnte*, Wien 1977.

949

–: »Zeus in den mykenischen Texten« in *Paulys Realencyclopädie der Classischen Altertumswissenschaft*, Bd. XV, ed. K. Ziegler, München 1978.

–: »Ka-ko na-wi-jo« in *Colloquium Mycenaeum*, ed. E. Risch/H. Mühlestein, Neuchâtel 1979.

–: »Amnisos und das Labyrinth«, *Živa Antika* 1981.

–: »The Mycenaeans and Their Northern Neighbors«, *Temple University Aegean Symposium* 1984.

–: »Pax Minoica Versus Minoan Thalassocracy« in *The Minoan Thalassocracy*, ed. R. Hägg/N. Marinatos, Stockholm 1984.

–: »The Mycenaeans and the Black Sea« in *Thalassa*, ed. R. Laffineur/L. Basch, Liège 1991.

–: »Der SM II-Palaststil« in *Politeia*, ed. R. Laffineur/W.-D. Niemeier, Bd. II, Liège 1995.

–: »Zur Rezeption ägyptischer Motive in der minoischen Freskenkunst«, *Ägypten und Levante* 1996.

–: »Spätbronzezeitliche Mythologie: Die Aussage der Linear B-Texte« in *Hellenische Mythologie und Vorgeschichte*, ed. N. Dimoudis/A. Kyriatsoulis, Altenburg 1996.

–: »Ägäis und Thrakien in der Späten Bronzezeit und den ›Dunklen Jahrhunderten‹« in *The Thracian World at the Crossroads of Civilizations*, ed. P. Roman, Bd. I, Constanta 1997.

–: »Kontinuität und Diskontinuität zwischen der mykenischen Epoche und dem Zeitalter Homers« in *Die Geschichte der hellenischen Sprache und Schrift*, ed. A. Kyriatsoulis/N. Dimoudis, Altenburg 1998.

–: »Egyptian Elements on the Hagia Triada Sarcophagus« in *Meletemata*, ed. P. P. Betancourt et al., Liège 1999.

–: »Die kretischen Schriftsysteme und die palatiale Administration« in *Im Labyrinth des Minos*, ed. H. Siebenmorgen, München 2000.

–: »Papyrus und Rosette« in *Österreichische Forschungen zur ägäischen Bronzezeit*, ed. F. Blakolmer, Wien 2000.

–: »Handwerk und Technologie in mykenischer Zeit« in *Althellenische Technologie und Technik*, ed. A. Kyriatsoulis, Weilheim 2004.

–: »ἔπεα πτερόεντα« in *Bezugsfelder*, ed. V. C. Oberparleiter et al., Salzburg 2007.

Hillers, D. R.: »The Bow of Aqhat« in *Orient and Occident*, ed. H. A. Hoffner, Neukirchen-Vluyn 1973.

Hillgruber, M.: »Medea, Jason und Thetis«, *Museum Helveticum* 2005.

Hilmarsson, J.: »A Tocharian-Greek Isogloss«, *Glotta* 1986.

Hiltbrunner, O.: *Gastfreundschaft in der Antike und im frühen Christentum*, Darmstadt 2005.

Hiltebeitel, A.: »The Indus Valley ›Proto-Śiva‹«, *Anthropos* 1978.

Himmelheber, H.: »Ethnographische Notizen von den Nunivak-Eskimo«, *Abhandlungen und Berichte des Staatlichen Museums für Völkerkunde Dresden* 1980.

Hines, J.: »Myth and Reality« in *Old Norse Myths, Literature and Society*, ed. M. C. Ross, Viborg 2003.

Hingley, R.: »Iron, Ironworking and Regeneration« in *Reconstructing Iron Age Societies*, ed. A. Gwilt/C. Haselgrove, Oxford 1997.

Hingst, H.: »Ur- und Frühgeschichte« in *Methodisches Handbuch der Heimatforschung*, ed. P. Ingwersen, Schleswig 1954.

–: »Ankersteine von der Nordseeinsel Amrum«, *Die Heimat* 1978.

Hinnells, J. R.: »Reflections on the Bull-Slaying Scene« in *Mithraic Studies*, ed. J. R. Hinnell, Bd. II, Manchester 1975.

Hinrichsen, C.: *Das Neolithikum auf den Nordfriesischen Inseln*, Bonn 2006.

Hinz, H. »Die mittelalterliche Irdenware in Nordfriesland«, *Jahrbuch des Nordfriesischen Vereins* 1950.

–: *Vorgeschichte des nordfriesischen Festlandes*, Neumünster 1954.

Hirsch, F.: *Der Sonnwendbogen*, Lahr 1965.

Hirschberg, W.: *Völkerkunde Afrikas*, Mannheim 1965.

Hirschberger, M.: *Gynaikōn Katalogos und Megalai Ehoiai*, Leipzig 2004.

Hissink, K.: »Motive der Mochica-Keramik«, *Paideuma* 1951.

Hitchcock, L. A.: »A Structural and Contextual Analysis of Minoan Neopalatial Bronze Figurines« in *Invisible People and Processes*, ed. J. Moore/E. Scott, London 1997.

Hnila, P.: »Symbolism of the Opium Poppy in Ancient Mediterranean, Near East and Prehistoric Egypt«, *Anodos* 2001.

–: »Some Remarks on the Opium Poppy in Ancient Anatolia« in *Mauerschau*, ed. R. Aslan et al., Remshalden 2002.

Hodder, I.: »The Lady and the Seed« in *Köyden Kente*, ed. M. Özdoğan et al., Istanbul 2003.

–: »Çatal Hüyük: Stadt der Frauen?«, *Spektrum der Wissenschaft* 2004.

–: »New Finds and New Interpretations at Çatalhöyük«, *Anatolian Archaeology* 2005.

–: *Çatalhöyük*, London 2006.

Hodge, A. T.: *Ancient Greek France*, London 1998.

Höber-Kamel, G.: »Hairstyling und Perückenmode der Alten Ägypter«, *Kemet*, Januar 2006.

Höckmann, O.: »Lanze und Speer« in *Archaeologia Homerica*, Bd. 1, E 2, ed. H.-G. Buchholz, Göttingen 1980.

–: »Lanze und Speer im spätminoischen und mykenischen Griechenland«, *Jahrbuch des Römisch-Germanischen Zentralmuseums Mainz* 1980.

–: »Speere und Lanzen der ägäischen Bronzezeit« in *Ägäische Bronzezeit*, ed. H.-G. Buchholz, Darmstadt 1987.

–: »Schiffahrt in der Steinzeit« in *Omaggio a Dinu Adamesteanu*, ed. M. Porumb, Cluj 1996.

–: Zu früher Schiffahrt in den Meerengen» *Studia Troica* 2003.

–: «Zum Seewesen der Karthager» in *Hannibal ad portas*, ed. S. Peters, Stuttgart 2004.

–: »Schiffahrt im östlichen Mittelmeer im 2. Jahrtausend v. Chr.« in *Das Schiff von Uluburun*, ed. Ü. Yalçin et al., Bochum 2005.

–: »Mittelmeerschiffahrt im 2. Jahrtausend v. Chr.«, *Laverna* 2006.

–: »Zu Lanzenspitzen ägäischer Art aus Bulgarien« in *Prae*, ed. M. Stefanovich/ C. Angelova, Sofia 2007.

Höfler, O.: »Der Sakralcharakter des germanischen Königtums« in *Das König-tum*, ed. T. Mayer, Konstanz 1956.

Höflmayer, F.: »Ägyptische Skarabäen auf Kreta und ihre Bedeutung für die absolute Chronologie der minoischen Altpalastzeit«, *Ägypten und Levante* 2007.

Höfner, M.: »Die Stammesgruppen Nord-, Zentral- und Südarabiens in vorisla-mischer Zeit« in *Götter und Mythen im Vorderen Orient*, ed. H. W. Haussig, Stuttgart 1965.

–: »Die vorislamischen Religionen Arabiens« in *Die Religionen Altsyriens, Alt-arabiens und der Mandäer*, ed. C. M. Schröder, Stuttgart 1970.

–: »Landwirtschaft im antiken Südarabien« in *Der orientalische Mensch und seine Umwelt*, ed. B. Scholz, Graz 1989.

Högemann, P.: »Ist der Mythos von Troja nur ein Mythos?« in *Mauerschau*, ed. R. Aslan et al., Remshalden 2002.

–: »Das ionische Griechentum und seine altanatolische Umwelt« in *Die Griechen und der Vordere Orient*, ed. M. Witte/S. Alkier, Fribourg 2009.

Höllmann, T. O.: »Tatala«, *Münchner Beiträge zur Völkerkunde* 2008.

Hölscher, U.: »Anaximander und die Anfänge der Philosophie«, *Hermes* 1953.

–: *Die Odyssee*, München 1988.

Hoenn, K.: *Artemis*, Zürich 1946.

Hörig, M.: *Dea Syria*, Neukirchen-Vluyn 1979.

Höver, O.: *Alt-Asiaten unter Segel*, Braunschweig 1961.

Hoffman, G. L.: *Imports and Immigrants*, Ann Arbor 1997.

Hoffmann, D.: »Über die Zerstörung der Kulturspuren im nordfriesischen Wat-tenmeer«, *Die Heimat* 1981.

–: Brief vom 23. Januar 2003.

–: Brief vom 31. Januar 2003.

Hoffmann, D. et al.: »Landschafts- und Siedlungsgeschichte im Bereich der heu-tigen Marscheninseln und Watten Nordfrieslands«, *Siedlungsforschung* 1984.

Hoffmann, H.: »Flying Through the Air«, *Hephaistos* 2000.

–: *Divergent Archaeology*, Ruhpolding 2007.

Hoffmann, H./P. F. Davidson: *Greek Gold*, Mainz 1965.

Hoffmann, I.: »Hethitisch *titiššalli*-, ›Säugling, Kleinkind‹«, *Zeitschrift für ver-gleichende Sprachforschung* 1985.

Hoffmann, R./Hu Quihua: *China*, Freiburg 2007.

Hoffmeier, J. K.: »The King as God's Son in Egypt and Israel«, *Journal of the Society for the Study of Egyptian Antiquities* 1994.

Hofmann, I.: *Die Kulturen des Niltals von Aswan bis Sennar*, Hamburg 1967.

Hofmann, J. B.: *Etymologisches Wörterbuch des Griechischen*, München 1949.

Hofrichter, R./K. Herzer-Schmidt: *Auwälder*, Steinfurt 2000.

Hofstetter, E.: *Sirenen im archaischen und klassischen Griechenland*, Würzburg 1990.

Hoika, J.: »Funde der Trichterbecherkultur aus Lehmbek, Kr. Rendsburg-Eckernförde«, *Offa* 1973.

Holas, B.: »Pour faire tomber la pluie au nord du Togo«, *Notes Africaines*, Janvier 1949.

Hole, C.: *British Folk Customs*, Oxford 1995.

Holmberg, E.J.: *A Mycenaean Chamber Tomb near Berbati in Argolis*, Göteborg 1983.

Holmberg-Lübeck, M.: *Iphigeneia*, Stockholm 1993.

Holmes, Y.L.: *The Foreign Relations of Cyprus during the Late Bronze Age*, Ann Arbor 1976.

Holste, F.: »Zwei Sammelfunde der Urnenfelderzeit aus Bayerisch-Schwaben«, *Germania* 1937.

Homès-Fredericq, D.: »Coquillage et glyptique araméenne« in *Insight Through Images*, ed. M. Kelly-Buccellati, Malibu 1986.

Hommel, F.: *Grundriß der Geographie und Geschichte des Alten Orients*, München 1904.

Hommel, H.: »Porzellan« in *Silvae*, ed. M.v. Albrecht/E. Heck, Tübingen 1970.

–: »Der Gott Achilles«, *Sitzungsberichte der Heidelberger Akademie der Wissenschaften, Philos.-Hist. Kl.* 1980.

–: *Sebasmata*, Bd.I, Tübingen 1983.

–: *Symbola*, Bd.II, Hildesheim 1988.

Hood, S.: *The Minoans*, London 1971.

–: »The Arrival of the First Non-Dorian Greeks in Southern Greece c. 1200 BC« in *Acta on the 3rd International Colloquium on Aegean Prehistory*, Athens 1972.

–: *The Arts of Prehistoric Greece*, Harmondsworth 1978.

–: *Excavations in Chios*, Bd.II, London 1982.

–: »Amber in Egypt« in *Amber in Archaeology*, ed. C.W. Beck/J. Bouzek, Praha 1993.

–: »Crete, Syria and Egypt« in *Κρήτη-Αιγύπτος*, ed. A. Karetsou, Athina 2000.

–: »Religion in Bronze Age Crete« in *Πεπραγμενα*, Bd.I, Herakleion 2000.

–: »A Crystal Eye from Knossos« in *Ιδακη*, ed. S.Böhm/K.-V. v. Eickstedt, Würzburg 2001.

–: »Eastern Origins of the Minoan Double Axe«, *Cretan Studies* 9, 2003.

van Hooff, J.A.R.: »Meerkatzenartige Altweltaffen« in *Grzimeks Enzyklopädie*, ed. W. Keienburg, Bd.2, München 1988.

Hooker, J.T.: *The Origin of the Linear B Script*, Salamanca 1979.

–: »A Note on ἄναξ«, *Živa Antika* 1979.

–: »Minoan Religion in the Late Palace Period« in *Minoan Society*, ed. O. Krzyszkowska/L. Nixon, Bristol 1983.

–: »The Varieties of Minoan Writing«, *Cretan Studies* 1988.

–: »From Mycenae to Homer« in *Studies in Honour of T.B.L. Webster*, ed. J.H. Betts et al., Bd.II, Bristol 1988.

Hoops, J.: *Waldbäume und Kulturpflanzen im germanischen Altertum*, Straßburg 1905.

van Hoorn, G.: »Dionysos et Ariadne«, *Mnemosyne* 1959.

Hope, C.A.: *Gold of the Pharaohs*, Melbourne 1989.

Hopf, L.: *Thierorakel und Orakelthiere in alter und neuer Zeit*, Stuttgart 1888.

Hopf, M.: *Vor- und frühgeschichtliche Kulturpflanzen aus dem nördlichen Deutschland*, Mainz 1982.

Hopkinson, N.: *Callimachus' Hymn to Demeter*, Cambridge 1984.

Hoppál, M.: *Das Buch der Schamanen*, Luzern 2002.

Horálek, K.: »Ein Beitrag zur volkskundlichen Balkanologie«, *Fabula* 1965.

Horn, H.-J./H. Walter: *Die Allegorese des antiken Mythos*, Wiesbaden 1997.

Horne, L.: »Ur and Its Treasures«, *Expedition* 2, 1998.

Horner, F.: *The French Reconnaissance*, Melbourne 1987.

Hornig, K.: *Leben mit dem Schiff*, Remshalden 2007.

Hornung, E.: *Das Amduat*, Bd. II, Wiesbaden 1963.

–: *Das Totenbuch der Ägypter*, Zürich 1979.

–: *Die Nachtfahrt der Sonne*, Zürich 1991.

–: *Die Unterweltsbücher der Ägypter*, Düsseldorf 1997.

–: *Der Eine und die Vielen*, Darmstadt 2005.

Horowitz, W.: »The Babylonian Map of the World«, *Iraq* 1988.

–: *Mesopotamian Cosmic Geography*, Winona Lake 1998.

Horváth, A.: »Mycenaea«, *Acta Antiqua Academiae Scientiarum Hungaricae* 1997.

Horváth, T.: »Contribution to the Study of Hungarian Amber-Finds«, *Savaria* 1999.

Horwitz, L. K.: »The Development of Ovicaprine Domestication during the PPNB of the Southern Levant« in *Archaeozoology of the Near East*, ed. H. Buitenhuis/A. T. Clason, Leiden 1993.

Houlihan, P. F.: *The Animal World of the Pharaohs*, Cairo 1996.

–: »Harvesters or Monkey Business?«, *Göttinger Miszellen* 1997.

Hourani, G. F.: *Arab Seafaring in the Indian Ocean*, Beirut 1963.

Howe, K. R.: *Where the Waves Fall*, Honolulu 1984.

Howe, T. P.: »The Primitive Presence in Pre-Classical Greece« in *Primitive Views of the World*, ed. S. Diamond, New York 1964.

Howell, S.: »Blood and Other Life-Promoting Substances in Northern Lio Moral Discourse« in *For the Sake of Our Future*, ed. S. Howell, Leiden 1996.

Hrouda, B.: »Die Einwanderung der Philister in Palästina« in *Vorderasiatische Archäologie*, ed. E. Heinrich et al., Berlin 1964.

Hruška, B.: »Herden für Götter und Könige«, *Altorientalische Forschungen* 1995.

Huber, I.: »Das Bild des Orpheus in der antiken Kunst«, *Thetis* 2001.

–: *Rituale der Seuchen- und Schadensabwehr im Vorderen Orient und Griechenland*, Wiesbaden 2005.

Hufnagel, F.: »Der westgermanische Schiffbau«, *Germania* 1940.

Hufnagel, F.: *Porzellan aus China*, München 1994.

Hughes, D. D.: *Human Sacrifice in Ancient Greece*, London 1991.

Hughes-Brock, H.: »Amber and the Mycenaeans«, *Journal of Baltic Studies* 1985.

–: »Amber in the Aegean in the Late Bronze Age« in *Amber in Archaeology*, ed. C. W. Beck/J. Bouzek, Praha 1993.

–: »Seals and Beads« in *Sceaux minoens et mycéniens*, ed. W. Müller, Berlin 1995.

–: »Mycenaean Amber Beads and Ornaments« in *Atti del XIII Congresso delle Scienze Preistoriche*, ed. C. Giunchi, Bd. 6.1, Forlì 1998.

–: »Mycenaean Beads: Gender and Social Contexts«, *Oxford Journal of Archaeology* 1999.

–: »Animal, Vegetable, Mineral« in *Κρήτη-Αιγυπτος*, ed. A. Karetsou, Athina 2000.

–: »Amber and Some Other Travellers in the Bronze Age Aegean and Europe« in *Autochthon*, ed. A. Dakouri-Hild/S. Sherratt, Oxford 2005.

Hughes-Brock, H./J. Boardman: *Corpus der minoischen und mykenischen Siegel*, Bd. VI.2, Mainz 2009.

Hugonot, J.-C.: »Ägyptische Gärten« in *Der Garten von der Antike bis zum Mittelalter*, ed. M. Carroll-Spillecke, Mainz 1992.

Hulin, L. C.: »The Identification of Cypriot Cult Figures through Cross-Cultural Comparison« in *Early Society in Cyprus*, ed. E. Peltenburg, Edinburgh 1989.

Hultgård, A.: »Phallusverehrung« in *Reallexikon der Germanischen Altertumskunde*, ed. H. Beck et al., Bd. 23, Berlin 2003.

Hummel, S.: »Der lamaistische Donnerkeil (Rdo-rje) und die Doppelaxt der Mittelmeerkultur«, *Anthropos* 1953.

Hurley, M. F.: »Archaeological Evidence for Trade in Cork from the 12th to the 17th Centuries« in *Lübecker Kolloquium zur Stadtarchäologie im Hanseraum*, ed. M. Gläser, Bd. II, Lübeck 1999.

Hurowitz, V.: »Response to Menahem Haran's Paper« in *Biblical Archaeology Today*, ed. A. Biran/J. Aviran, Jerusalem 1993.

Hurry, J. B.: *Imhotep*, Oxford 1926.

Hurst, J. G./D. Gaimster: »Werra Ware in Britain, Ireland and North America«, *Post-Medieval Archaeology* 2005.

Hurwit, J. M.: *The Art and Culture of Early Greece, 1100-480 B.C.*, Ithaca 1985.

el-Huseny, A.: *Fertilitäts- und Totenkult im Rahmen prähistorischen solaren Denkens im Alten Ägypten*, Berlin 2007.

Huss, W.: »Hannibal und die Religion« in *Religio Phoenicia*, ed. C. Bonnet et al., Namur 1986.

Hutchinson, R. W.: *Prehistoric Crete*, Harmondsworth 1962.

Huth, O.: *Janus*, Bonn 1932.

–: »Die Verehrung des Feuers bei Germanen und Indogermanen«, *Germanien* 1938.

–: »Der Feuerkult der Germanen«, *Archiv für Religionswissenschaft* 1939.

–: »Vom Blitzfeuer im germanischen Glauben«, *Germanien* 1942.

–: *Vesta*, Berlin 1943.

–: »Der Glasberg«, *Symbolon* 1961.

Hvidberg-Hansen, F. O.: »Uni-Ashtarte and Tanit-Iuno Caelestis« in *Archaeology and Fertility Cult in the Ancient Mediterranean*, ed. A. Bonanno, Amsterdam 1985.

–: »Two Phoenician Goddesses of Fertility« in *Archaeology and Fertility Cult*, ed. A. Bonanno, La Valetta 1986.

Hutter, M.: »Kultstelen und Baityloi« in *Religionsgeschichtliche Beziehungen zwischen Kleinasien, Nordsyrien und dem Alten Testament*, ed. B. Janowski et al., Fribourg 1993.

–: »Die Kontinuität des palaischen Sonnengottes Tiyaz in Phrygien« in *Altertum und Mittelmeerraum*, ed. R. Rollinger/B. Truschnegg, Stuttgart 2006.

Huxley, G.: »Cretan ›Paiawones‹«, *Greek, Roman and Byzantine Studies* 1975.

–: »Greek, Indo-Iranian, and the Rise of Mycenae«, *Bulletin of the Institute of Classical Studies* 1996.

Hvistendahl, M.: »Rebuilding a Treasure Ship«, *Archaeology*, April 2008.

Iacovou, M.: »Philistia and Cyprus in the 11th Century« in *Mediterranean Peoples in Transition*, ed. S. Gitin et al., Jerusalem 1999.

–: »Cyprus from ›Alashiya‹ to ›Iatnana‹, in *Ιδακι*, ed. S. Böhm/K.-V. v. Eickstedt, Würzburg 2001.

–: »From the Mycenaean ›Qa-si-re-u‹ to the Cypriote ›Pa-si-le-wo-se‹« in *Ancient Greece*, ed. S. Deger-Jalkotzky/I. S. Lemos, Edinburgh 2006.

Iakovidis, S.: »An Inscribed Mycenaean Amulet«, *Kadmos* 1964.

–: *Περατή*, Athina 1969.

–: »Mycenaean Art: 14th to 11th Centuries B. C.« in *Prehistory and Protohistory*, ed. G. A. Christopoulos, Athens 1974.

–: *Excavations of the Necropolis at Perati*, Los Angeles 1980.

–: »Perati, eine Nekropole der ausklingenden Bronzezeit in Attika« in *Ägäische Bronzezeit*, ed. H.-G. Buchholz, Darmstadt 1987.

–: »The Impact of Trade Disruption on the Mycenaean Economy in the 13th –12th Centuries B. C. E.« in *Biblical Archaeology Today*, ed. A. Biran/J. Aviram, Jerusalem 1993.

–: »Mycenae in the Light of Recent Discoveries« in *Atti e memorie del Secondo Congresso Internazionale di Micenologia*, ed. E. De Miro et al., Roma 1996.

–: »Homer, Troja und der Trojanische Krieg« in *Götter und Helden der Bronzezeit*, ed. K. Demakopoulou et al., Ostfildern 1999.

Ibn Baṭṭūṭa: *Travels in Asia and Africa*, ed. H. A. R. Gibb, London 1929.

Ibrahim, M./D. Rohl: »Apis and the Serapaeum«, *Journal of the Ancient Chronology Forum* 1988.

āl-Idrīsī, M.: *Opus geographicum*, ed. A. Bombaci et al., Napoli 1978.

–: *La première géographie de l'Occident*, ed. H. Bresc/A. Nef, Paris 1999.

Ikeda, Y.: »King Solomon and His Red Sea Trade«, *Bulletin of the Middle Eastern Culture Center in Japan* 1991.

Ikram, S./A. Dodson: *The Mummy in Ancient Egypt*, London 1998.

Ilievski, P. H.: »The Personal Names from the Knossos D Tablets« in *Mykenaïka*, ed. J.-P. Olivier, Paris 1992.

Immerwahr, S. A.: »The Pomegranate Vase«, *Hesperia* 1989.

–: *Aegean Painting in the Bronze Age*, University Park 1990.

Imoto, E.: »Avestic x ʷ*arənah-*«, *Orient* 1976.

Indelicato, S. D.: »Were Cretan Girls Playing at Bull-Leaping?«, *Cretan Studies* 1988.

Inglis, S.: »Divinity and Pots in South India« in *Gods Beyond Temples*, ed. H. V. Dehejia, Delhi 2006.

Invernizzi, A.: »Sfinge criocefala« in *La Terra tra i Due Fiumi*, ed. E. Quarantelli, Torino 1985.

Ipsen, G.: »Sumerisch-akkadische Lehnwörter im Indogermanischen«, *Indogermanische Forschungen* 1923.

Irion, H.: *Drogisten-Lexikon*, Bd. II, Heidelberg 1955.

Iskander, Z.: »Mummification in Ancient Egypt« in *An X-Ray Atlas of the Royal Mummies*, ed. J. E. Harris/E. F. Wente, Chicago 1980.

Ittzés, M.: »The Augment in Mycenaean Greek«, *Acta Antiqua Hungaricae* 2004.

Ivănescu, G.: »Sur le vocabulaire pastoral du grec et du latin« in *Actes de la XIIe Conférence Internationale d'Études Classiques*, ed. C. Daicoviciu et al., Bucureşti 1975.

Ivanov, I.: »Die Ausgrabungen des Gräberfeldes von Varna« in *Macht, Herrschaft und Gold*, ed. A. Fol/J. Lichardus, Saarbrücken 1988.

Ivanov, I./M. Abramova: *Varna Necropolis*, Sofia 2000.

Ivantchik, A.: »Zum Totenritual skythischer ›Könige‹« in *Im Zeichen des goldenen Greifen*, ed. W. Menghin et al., München 2007.

Jablonka, P./C. B. Rose: »Late Bronze Age Troy«, *American Journal of Archaeology* 2004.

Jackson, J. S.: »Metallic Ores in Irish Prehistory« in *The Origins of Metallurgy in Atlantic Europe*, ed. M. Ryan, Dublin 1978.

Jackson, P.: »Πότνια Αὔως«, *Glotta* 2005.

Jacobsen, T.: »Religious Drama in Ancient Mesopotamia« in *Unity and Diversity*, ed. H. Goedicke/J. M. Roberts, Baltimore 1975.

Jacobsthal, P.: *Der Blitz in der orientalischen und griechischen Kunst*, Berlin 1906.

Jacobsthal, P./J. Neuffer: »Gallia Graeca«, *Préhistoire* 1933.

Jacq, C.: *Nofretetes Schwestern*, Reinbek 2000.

Jahn, B.: *Bronzezeitliches Sitzmobiliar der griechischen Inseln und des griechischen Festlandes*, Frankfurt am Main 1990.

Jahn, O.: »Über den Aberglauben des bösen Blicks bei den Alten«, *Berichte der Königlichen Sächsischen Gesellschaft der Wissenschaften, Philol.-Hist. Cl.* 1855.

Jaisle, K.: *Die Dioskuren als Retter zur See*, Tübingen 1907.

Jakobsdóttir, S.: »Gunnlǫð and the Precious Mead« in *The Poetic Edda*, ed. P. Acker/C. Larrington, New York 2002.

Jaksch, H.: *Farbpigmente aus Wandmalereien ägyptischer Gräber und Tempel*, Heidelberg 1985.

Jakubke, H.-D./R. Karcher: *Lexikon der Chemie*, Bd. II, Heidelberg 1999.

James, P.: *Centuries of Darkness*, London 1991.

Jampel, S.: »Hanna« in *Jüdisches Lexikon*, ed. G. Herlitz/B. Kirschner, Bd. II, Berlin 1928.

Janda, M.: »Zur Deutung des Zeichens *47 von Lin B«, *Minos* 1988.

–: »War Minos ein Minoer?«, in *Novalis Indogermanica*, ed. M. Fritz/S. Zeilfelder, Graz 2002.

–: *Elysion*, Innsbruck 2005.

–: »Die indogermanische Göttin der Morgenröte als Namenspatronin«, *Beiträge zur Namenforschung* 2006.

Janda, M./A. Kamp: »Die germanischen Götter Nerthus und Njǫrðr«, *Die Sprache* 2003.

957

Jandesek, R.: »Der Umgang mit den ›Fremden‹ in den Berichten mittelalterlicher Chinareisender« in *Die Begegnung des Westens mit dem Osten*, ed. O. Engels/ P. Schreiner, Sigmaringen 1993.

Janke, K./B. P. Kremer: *Düne, Strand und Wattenmeer*, Stuttgart 2003.

Janko, R.: »Linear A and the Direction of the Earliest Cypro-Minoan Writing«, *Minos* 1987.

Jannot, J.-R.: »Etruscans and the Afterworld«, *Etruscan Studies* 2000.

Janssen, H. L.: »Medieval Material Culture« in *Mensch und Objekt im Mittel-alter*, ed. H. Appelt, Wien 1990.

Janssen, R.: »Ancient Egyptian Erotic Fishnet Dresses«, *kmt*, Winter 1995.

Janssens, E.: »Le Pélion, le Centaure Chiron et la sagesse archaique« in *Le monde grec*, ed. J. Bingen et al., Bruxelles 1975.

Jantaru, V./R. Středověku: »Amber: Its Significance in the Early Middle Ages«, *Památky Archeologické* 1992.

Jantzen, U.: *Ägyptische und orientalische Bronzen aus dem Heraion von Samos*, Bonn 1972.

Jarrige, C.: »Die Terrakottafigurinen aus Mehrgarh« in *Vergessene Städte am Indus*, ed. G. Urban et al., Mainz 1987.

Jasink, A. M.: »Mycenaean Means of Communication and Diplomatic Relations with Foreign Courts« in *Emporia*, ed. R. Laffineur/E. Greco, Bd. I, Liège 2005.

Jasmin, M.: »Les conditions d'émergence de la route de l'encens à la fin du IIᵉ mil-lénaire avant notre ère«, *Syria* 2005.

Jauering, M.: »Boote im magisch-religiösen Bereich« in *Die Schiffahrt in außer-europäischen Kulturen*, ed. B. Spranz, Freiburg 1984.

Jebens, H./K.-H. Kohl: »Konstruktionen von ›Cargo‹«, *Anthropos* 1999.

Jeffreys, D.: »Heirlooms in Ancient Egypt« in *Never Had the Like Occurred*, ed. J. Tait, London 2003.

Jenkins, I.: »Is There Life after Marriage?«, *Bulletin of the Institute of Classical Studies* 1983.

Jenness, D.: *The Life of the Copper Eskimos*, Ottawa 1922.

Jensen, A. E.: *Die drei Ströme*, Leipzig 1948.

–: *Die getötete Gottheit*, Stuttgart 1966.

Jensen, C.: *Vom Dünenstrand der Nordsee und vom Wattenmeer*, Schleswig 1900.

–: *Die nordfriesische Inselwelt*, Braunschweig 1914.

Jensen, J.: »Bernsteinfunde und Bernsteinhandel der jüngeren Bronzezeit Däne-marks«, *Acta Archaeologica* 1965.

–: *The Prehistory of Denmark*, London 1982.

–: »Die Helden: Leben und Tod« in *Götter und Helden der Bronzezeit*, ed. K. Demakopoulou et al., Ostfildern 1999.

–: »Spätbronzezeitlicher Schild aus Sørup« in *Götter und Helden der Bronzezeit*, ed. K. Demakopoulou et al., Ostfildern 1999.

Jensen, L. B.: »Royal Purple of Tyre«, *Journal of Near Eastern Studies* 1963.

Jensen, P.: »Die Insel Atlantis und ihre eherne Mauer«, *Zeitschrift der Deutschen Morgenländischen Gesellschaft* 1934.

Jeremias, A.: *Handbuch der altorientalischen Geisteskultur*, Leipzig 1913.

–: *Der Schleier von Sumer bis heute*, Leipzig 1931.

Jesch, J.: *Ships and Men in Late Viking Age*, Woodbridge 2001.

Jessen, O.: »Argo und Argonautai« in *Paulys Realencyclopädie der Classischen Altertumswissenschaft*, Bd. II.1, ed. G. Wissowa, Stuttgart 1895.

–: »Helios (Ἥλιος)« in *Paulys Realencyklopädie der Classischen Altertumswissenschaft*, Bd. VIII.1, ed. W. Kroll, Stuttgart 1912.

–: »Idaia (Ἰδαία)« in *Paulys Realencyclopädie der Classischen Altertumswissenschaft*, Bd. IX.1, ed. W. Kroll, Stuttgart 1914.

de Jesus, P. S.: »Metal Resources in Ancient Anatolia«, *Anatolian Studies* 1978.

Jilek, W. G./L. Jilek-Aall: »Schamanistische Symbolik in den wiederbelebten Zeremonien der Salish«, *Mitteilungen der Berliner Gesellschaft für Anthropologie, Ethnologie und Urgeschichte* 1990.

Joachim, H.-E.: »Ausstattung eines Fürstinnengrabs am Mittelrhein« in *Das Rätsel der Kelten vom Glauberg*, ed. H. Baitinger/B. Pinsker, Stuttgart 2002.

Jochens, J.: *Old Norse Images of Women*, Philadelphia 1996.

Jockenhövel, A: »Herd, Haus und Hof: Siedlungswesen« in *Bronzezeit in Deutschland,* ed. A. Jockenhövel/W. Kubach, Stuttgart 1994.

–: »Frühes Eisen« in *Bronzezeit in Deutschland*, ed. A. Jockenhövel/W. Kubach, Stuttgart 1994.

Jörg, C.J.A.: *The Geldermalsen*, Groningen 1986.

Joffe, A.H. et al.: »The ›Gilat Woman‹«, *Near Eastern Archaeology* 2001.

Johannsen, I.: *Landschaft und Bedeichung der Winsener Elbmarsch*, Hamburg 1992.

Johne, K.-P.: *Die Römer an der Elbe*, Berlin 2006.

Johns, C.: *Erotic Images of Greece and Rome*, London 1982.

Johnson, A.: *Families of the Forest*, Berkeley 2003.

Johnson, B.: *Lady of the Beasts*, San Francisco 1988.

Johnson, G.B.: »Queen Ankhesenamen u. the Hittite Prince«, *Kmt*, Spring 2000.

Johnson, F.: *Swahili-English Dictionary*, Oxford 1939.

Johnston, P. A.: »Cybele and Her Companion on the Northern Littoral of the Black Sea« in *Cybele, Attis and Related Cults*, ed. E. N. Lane, Leiden 1996.

Johnston, S.I.: *Hekate Soteira*, Atlanta 1990.

–: »Corinthian Medea and the Cult of Hera Akraia« in *Medea*, ed. J.J. Clauss/ S.I. Johnston, Princeton 1997.

Johnstone, J. D.: »Note on the Reincarnation Beliefs of the Gumini People«, *Oceania* 2003.

Johnstone, P.: *The Sea-Craft of Prehistory*, London 1980.

–: »Bronze Age Cycladic Ships«, *Temple University Aegean Symposium* 1982.

Jones, A.H.: *The Philistines and the Danites*, Washington 1975.

Jones, B.: »The Minoan ›Snake Goddess‹« in *Potnia*, ed. R. Laffineur/R. Hägg, Liège 2001.

–: »Imports and Exports of Aegean Cloth(es) and Iconography« in *Emporia,* ed. R. Laffineur/E. Greco, Eupen 2005.

–: »New Reconstructions of the ›Mykenaia‹ and a Seated Woman from Mycenae«, *American Journal of Archaeology* 2009.

959

Jones, D.: *Model Boats From the Tomb of Tut'ankhamūn*, Oxford 1990.

Jones, J.: »Towards Mummification: New Evidence for Early Developments«, *Egyptian Archaeology*, Autumn 2002.

Jones, P.: »Embracing Inana«, *Journal of the American Oriental Society* 2003.

Jones, R. E.: »Technical Studies and Replication Experiments« in *Fresco*, ed. D. Evely, Athina 1999.

Jones, R. E./L. Vagnetti: »Traders and Craftsmen in the Central Mediterranean« in *Bronze Age Trade in the Mediterranean*, ed. N. H. Gale, Jonsered 1991.

Jontes, L.: »Von Grubenmanndln, Schachtzwergen, Berggeistern und Kobolden« in *Die Zwerge kommen!*, ed. V. Hänsel/D. Kramer, Trautenfels 1993.

Josephides, L./M. Schiltz: »Through Kewa Country« in *Like People You See in a Dream*, ed. E. L. Schieffelin/R. Crittenden, Stanford 1991.

Joshi, J. P. et al.: *Corpus of Indus Seals and Inscriptions*, Bd. I, Helsinki 1987.

Jost, C. A.: »St. Aldegund: Spätrömisches Steinkammergrab« in *Cochem-Zell*, ed. A.v. Berg et al., Stuttgart 2005.

Jost, M.: *Sanctuaires et cultes d'Arcadie*, Paris 1985.

Jouanna, J.: »Soleil, toi qui vois tout« in *Études sur la vision dans l'Antiquité classique*, ed. L. Villard, Rouen 2005.

Jourdain-Annequin, C.: »Héraclès en Occident«, *Dialogues d'histoire ancienne* 1982.

Jourdain-Annequin, C./C. Bonnet: »Images et fonctions d'Héracles« in *La questione delle influenze vicino-orientali sulla religione greca*, ed. S. Ribichini et al., Roma 2001.

Jovaiša, E.: »The Balts and Amber« in *Baltic Amber*, ed. A. Butrimas, Vilnius 2001.

Joyner, L.: »Coarseware Stirrup Jars from Cannatello, Sicily«, *Studi Micenei ed Egeo-Anatolici* 2005.

Jucquois, G./B. Devlamminck: *Compléments aux dictionnaires étymologiques du Grec ancien*, Bd. I, Louvain 1977.

Jung, C. G./K. Kerényi: *Das Göttliche Mädchen*, Amsterdam 1941.

Jung, H.:»Methodisches zur Hermeneutik der minoischen und mykenischen Bilddenkmäler« in *Fragen und Probleme der bronzezeitlichen ägäischen Glyptik*, ed. W. Müller, Berlin 1989.

Jung, R.: »Aspekte des mykenischen Handels und Produktenaustauschs« in *Interpretationsraum Bronzezeit*, ed. B. Horejs et al., Bonn 2005.

–: »Translating Italo-Aegean Synchronisms« in *Emporia*, ed. R. Laffineur/E. Greco, Eupen 2005.

Junghans, S. et al.: *Kupfer und Bronze in der frühen Metallzeit Europas,* Berlin 1968.

Jursa, M.: »Räucherung und Rauchopfer« in *Reallexikon der Assyriologie*, Bd. 11, ed. M. P. Streck, Berlin 2007.

Justus, C. F.: »Indo-Europeanization of Myth and Syntax in Anatolian Hittite«, *Journal of Indo-European Studies* 1983.

Kacsó, C.: »Die späte Bronzezeit im Karpaten-Donau-Raum« in *Thraker und Kelten beidseits der Karpaten*, ed. M. Rotea/T. Bader, Eberdingen 2000.

Kaczmarczyk, A./R.E.M. Hedges: *Ancient Egyptian Fayence*, Warminster 1983.

Kaczmarek, M.: »Reconstruction of Lifelike Appearance« in *Mummy*, ed. H. Szymańska/K. Babraj, Kraków 2001.

Kaczyńska, E.: »Greek Ἴδα, ›Battle, Fight, Combat‹«, *Kadmos* 2002.

Kaegi, A.: *Benselers griechisch-deutsches Schulwörterbuch*, Leipzig 1911.

Kaelin, O.: »Produkte und Lehnwörter« in *Das Ägyptische und die Sprachen Vorderasiens, Nordafrikas und der Ägäis*, ed. T. Schneider, Münster 2004.

Kämmerer, T.R./D. Schwiderski: *Deutsch-Akkadisches Wörterbuch*, Münster 1998.

Kaempf-Dimitriadou, S.: *Die Liebe der Götter in der attischen Kunst des 5. Jahrhunderts v. Chr.*, Bern 1979.

Kaeser, M.-A.: *Die Pfahlbauer*, Zürich 2006.

Kästner, U.: »Trinkbecher mit Darstellung eines athenischen Festes« in *Die Antikensammlung*, ed. A. Scholl/G. Platz-Horster, Mainz 2007.

Kahananui, D.M.: *Ka Mōlelo Hawaiʻi*, Honolulu 1984.

Kahlo, G.: *Malayisch-deutsches Wörterbuch*, Berlin 1950.

Kahn, L.: *Hermès passe*, Paris 1978.

Kaibel, G.: »Δάκτυλοι Ἰδαῖοι«, *Nachrichten der Königlichen Gesellschaft der Wissenschaften zu Göttingen, Philol.-hist. Kl.* 1901.

Kaiser, O.: *Die mythische Bedeutung des Meeres in Ägypten, Ugarit und Israel*, Berlin 1959.

Kákosy, L.: »The Hippocampos in Egyptian Sepulchral Art«, *Orientalia Lovaniensia Periodica* 1991.

Kakovkin, A.: »Bronzene Weihrauchgefäße und Lampen aus den Sammlungen der Eremitage«, *Göttinger Miszellen* 159, 1997.

Kakridis, P.J.: »Synkretismus und Bipolarität in der frühgriechischen Mythologie« in *Hellenische Mythologie und Vorgeschichte*, ed. J. Schäfer et al., Altenburg 1996.

Kalicz, N./J.G. Szénászky: »Spondylus-Schmuck im Neolithikum des Komitats Békés«, *Prähistorische Zeitschrift* 2001.

Kallio, P.: »Languages in the Prehistoric Baltic Sea Region« in *Languages in Prehistoric Europe*, ed. A. Bammesberger/T. Vennemann, Heidelberg 2003.

Kalogeropoulos, K.: »Vier minoisierende Amphoren aus dem Palast von Pylos«, *Archäologisches Korrespondenzblatt* 2002.

–: »Miniature Clay Anthropomorphic Representations in Greece and Europe Through the Late Mycenaean Period« in *Between the Aegean and Baltic Seas*, ed. I. Galanaki et al., Liège 2007.

Kamakau, S.M.: *Ruling Chiefs of Hawaiʻi*, Honolulu 1992.

Kameʻeleihiwa, L.: *Native Land and Foreign Desires*, Honolulu 1992.

Kammenhuber, A.: *Die Arier im Vorderen Orient*, Heidelberg 1968.

–: »Inar« in *Reallexikon der Assyriologie*, Bd. V, ed. D.O. Edzard, Berlin 1980.

Kandeler, R.: »Das Silphion als Emblem der Aphrodite«, *Antike Welt* 1998.

Kaniuth, K.: »The Metallurgy of the Late Bronze Age Sapalli Culture«, *Iranica Antiqua* 2007.

Kanta, A.: *The Late Minoan III Period in Crete*, Göteborg 1980.

–: »Comment on Niemeier« in *Eastern Mediterranean*, ed. V. Kanta/N. Stampolidis, Athens 1998.

–: »Kreta nach den großen Palästen« in *Im Labyrinth des Minos*, ed. H. Sieben-morgen, München 2000.

–: »The Aegean World between East and West« in *Sea Routes From Sidon to Huelva*, ed. N. C. Stampolidis, Athens 2003.

–: »Response to Halford Haskell's Paper« in *Ariadne's Threads*, ed. A. L. D'Agata et al., Athina 2005.

Kanta, A./A. Karetsou: »From Arkadhes to Rytion« in *Eastern Mediterranean*, ed. V. Karageorghis/N. Stampolidis, Athens 1998.

Kapelrud, A. S.: *Die Ras-Schamra-Funde und das Alte Testament*, München 1967.

Kapitän, G.: »Archaeological Evidence for Rituals and Customs on Ancient Ships« in *Proceedings of the 1st International Symposium on Ship Construction in Antiquity*, ed. H. Tzalas, Piräus 1985.

–: »On the Origin of the Early Mediterranean Plank Boat« in *2nd International Symposium on Ship Construction in Antiquity*, ed. H. Tzalas, Delphi 1987.

–: »Flöße aus Punt« in *Trakija Pontika VI.2*, ed. H. Angelova, Sofia 2003.

Kapitza, P.: *Japan in Europa*, Bd. I, München 1990.

Kaplan, S.: *The Beta Israel in Ethiopia*, New York 1992.

Kaplony, P.: »Wasser« in *Lexikon der Ägyptologie*, Bd. VII, ed. W. Helck/W. Westendorf, Wiesbaden 1992.

Karageorghis, J.: *La Grande Déesse de Chypre*, Lyon 1977.

–: »Die große Göttin von Zypern« in *Aphrodites Schwestern*, ed. H. Ganslmayr/ A. Pistofidis, Bremen 1987.

–: »Les noms de la Grande Déesse dans les inscriptions syllabiques chypriotes«, *Cahiers du Centre d'Études Chypriotes* 1997.

Karageorghis, J./V. Karageorghis: »The Great Goddess of Cyprus or the Genesis of Aphrodite« in *Sex and Gender in the Ancient Near East*, ed. S. Parpola/ R. M. Whiting, Helsinki 2002.

Karageorghis, V.: »Notes on Some Cypriote Priests Wearing Bull-Masks«, *Harvard Theological Review* 1971.

–: »A Twelfth-Century BC Opium Pipe From Kition«, *Antiquity* 1976.

–: *The Civilization of Prehistoric Cyprus*, Athina 1976.

–: *The Goddess with Uplifted Arms in Cyprus*, Lund 1977.

–: »Relations between Cyprus and Crete During the LM III B Period« in *The Relations Between Cyprus and Crete*, ed. V. Karageorghis et al., Nicosia 1979.

–: »Terracotta Tablet With Cypro-Minoan Inscription« in *Cyprus B.C.*, ed. V. Tatton-Brown, London 1979.

–: »Kypriaca V«, *Report of the Department of Antiquities Cyprus* 1980.

–: *Cyprus From the Stone Age to the Romans*, London 1982.

–: »Das Ende der Späten Bronzezeit und die achäische Kolonisation in Zypern« in *Aphrodites Schwestern*, ed. H. Ganslmayr/A. Pistofidis, Frankfurt am Main 1987.

–: »Die Achäer auf Zypern« in *Das mykenische Hellas*, ed. K. Demakopoulou, Athen 1988.

–: »Some Aspects of the Maritime Trade of Cyprus« in *Cyprus and the Sea*, ed. V. Karageorghis/D. Michaelides, Nicosia 1995.

−: »The Use of Masks Again«, *Journal of Prehistoric Religion* 1996.

−: »Some Aspects of the Maritime Trade of Cyprus during the Late Bronze Age« in *The Development of the Cypriot Economy*, ed. V. Karageorghis/D. Michaelides, Nicosia 1996.

−: »Comment on the Crystallization of New Societies« in *Mediterranean Peoples in Transition*, ed. S. Gitin et al., Jerusalem 1998.

−: *Cypriote Archaeology Today*, Glasgow 1998.

−: »Cyprus and the Sea« in *Griechenland und das Meer*, ed. E. Chrysos et al., Mannheim 1999.

−: »Aspects of Trade Between Cyprus and the West During the 14th-13th Centuries BC« in *The Point Iria Wreck*, ed. W. Phelps et al., Athina 1999.

−: »Some Thoughts on the Late Bronze Age in Cyprus«, *Cahiers du Centre d'Études Chypriotes* 2000.

−: »Cyprus and Italy« in *Italy and Cyprus in Antiquity*, ed. L. Bonfante/V. Karageorghis, Nicosia 2001.

−: *Early Cyprus*, Los Angeles 2002.

−: »The Cult of Astarte in Cyprus« in *Symbiosis, Symbolism and the Power of the Past*, ed. W. G. Dever/S. Gitin, Winona Lake 2003.

−: »Some Aspects of Everyday Life in Archaic Cyprus« in *Cyprus: Religion and Society*, ed. V. Karageorghis et al., Möhnesee-Wamel 2005.

Karageorghis, V./M. Demas: *Pyla-Kokkinokremos*, Nicosia 1984.

Karagiorges, B.: *Κύπρος*, Milano 2002.

Karali, L.: »Sea Shells, Land Snails and Other Marine Remains from Akrotiri« in *Thera and the Aegean World*, Bd. III, ed. D. A. Hardy, London 1990.

−: »Two Pendants From Kitsos Cave« in *Neolithic Culture in Greece*, ed. G. A. Papathanassopoulos, Athens 1996.

−: *Shells in Aegean Prehistory*, Oxford 1999.

Karantzali, E.: *The Mycenaean Cemetery at Pylona on Rhodos*, Oxford 2001.

Karavites, P.: *Homer and the Bronze Age*, New Jersey 2008.

Karberg, T.: »Die Punt-Halle: Bildbericht aus dem Weihrauchland«, *Kemet,* April 2006.

Kardara, C. P.:»The Coming of the Indoeuropeans and the Twin Pillars« in *Acta on the 2nd International Colloquium on Aegean Prehistory*, Athens 1972.

Kardulias, P. N.:»Multiple Levels in the Aegean Bronze Age World System« in *World Systems Theory in Practice*, ed. P. N. Kardulias, Lanham 1999.

Karetsou, A.: »Oenochoe, LM III C« in *Sea Routes from Sidon to Huelva*, ed. N. C. Stampolidis, Athens 2003.

Karg, S.: »Nüsse mit dem Einbaum ernten«, *Archäologie in Deutschland* 2, 1996.

−: »The Water Chestnut as a Food Resource During the 4th to 1st Millennia BC at Lake Federsee«, *Environmental Archaeology* 2006.

Karg-Gasterstädt E./T. Frings: *Althochdeutsches Wörterbuch*, Bd. I, Berlin 1952.

Karle, Dr. »Aphrodisiaca« in *Handbuch des deutschen Aberglaubens*, Bd. I, ed. E. Hoffmann-Krayer, Berlin 1927.

Karo, G.: »Altkretische Kultstätten«, *Archiv für Religionswissenschaft* 1904.

–: »Archäologische Mitteilungen aus Griechenland«, *Archiv für Religionswissenschaft* 1913.

–: *Greifen am Thron*, Baden-Baden 1959.

Karow, O./I. Hilgers-Hesse: *Kamus bahasa Indonesia-Djerman*, Wiesbaden 1978.

Karpe, G.: Μετονομασίαι, Leipzig 1943.

Karttunen, K.: »India in Early Greek Literature«, *Studia Orientalia* 1989.

Karytinos, A.: »Sealstones and Cemeteries« in *Cemetery and Society in the Aegean Bronze Age,* ed. K. Branigan, Sheffield 1998.

Kasseroler, A.: *Das Urnenfeld von Volders*, Innsbruck 1959.

Kassianidou, V.: »Could Iron Have Been Produced in Cyprus?«, *Report of the Department of Antiquities Cyprus* 1994.

–: »Cypriot Copper in Sardinia?« in *Italy and Cyprus in Antiquity*, ed. L. Bonfante/V. Karageorghis, Nicosia 2001.

–: »The Trade of Tin and the Island of Copper« in *Le problème de l'étain à l'orgine de la métallurgie*, ed. A. Giumlia-Mair/F. Lo Schiavo, Oxford 2003.

–: »And at Tamassos There Are Important Mines of Copper«, *Cahiers du Centre d'Études Chypriotes* 2004.

–: »Was Copper Production under Divine Protection in Late Bronze Age Cyprus?« in *Cyprus*, ed. V. Karageorghis et al., Möhnesee 2005.

–: »Cypriot Copper in Sardinia« in *Archaeometallurgy in Sardinia,* ed. F. Lo Schiavo et al., Montagnac 2005.

–: »The Trade of Tin and the Island of Copper« in *Archaeometallurgy in Sardinia*, ed. F. Lo Schiavo et al., Montagnac 2005.

Kassianidou, V./A. B. Knapp: »Archaeometallurgy in the Mediterranean« in *The Archaeology of Mediterranean Prehistory*, ed. E. Blake/A. B. Knapp, Oxford 2005.

Katona, A. L.: »Proto-Greeks and the Kurgan Theory«, *Journal of Indo-European Studies* 2000.

Kauffmann-Samaras, A.: »Le lit d'Héra dans l'Héraion d'Argos«, *Ktema* 1990.

Kaufmann, S.: *Archäometrische Untersuchungen an bronzezeitlichen Metallartefakten*, Clausthal 1998.

Kaul, F.: »The Gundestrup Cauldron: Thracian, Celtic or Both?« in *Thracian Tales on the Grundestrup Cauldron*, ed. D. Edel, Amsterdam 1991.

–: *Ships on Bronzes*, København 1998.

–: »Der Mythos von der Reise der Sonne« in *Gold und Kult der Bronzezeit*, ed. T. Springer, Nürnberg 2003.

–: »Die Sonnenschiffe des Nordens« in *Der geschmiedete Himmel*, ed. H. Meller, Stuttgart 2004.

–: »Bronze Age Tripartite Cosmologies«, *Prähistorische Zeitschrift* 2005.

Kayafa, M.: »From Late Bronze Age to Early Iron Age Copper Metallurgy« in *Ancient Greece*, ed. S. Deger-Jalkotzy/I. S. Lemos, Edinburgh 2006.

Kaza-Papageorgiou, K.: »Naturalistic Terracotta Figurine from Aidonia« in *The Aidonia Treasure*, ed. K. Demakopoulou, Athens 1996.

Kazzazi, K.: »Of Brides and Goddesses«, *Journal of Indo-European Studies* 2004.

964

Kearney, M.: *The Indian Ocean in World History*, New York 2004.

Keefer, E.: *Rentierjäger und Pfahlbauern*, Stuttgart 1996.

Keel, O.: *Vögel als Boten*, Fribourg 1977.

–: *Das Recht der Bilder gesehen zu werden*, Fribourg 1992.

–: *Gott weiblich*, Gütersloh 2008.

Keel, O./H. Keel-Leu: »Die Sammlung altvorderasiatischer Stempel- und Roll-siegel« in *Altorientalische Miniaturkunst*, ed. O. Keel/C. Uehlinger, Mainz 1990.

Keel, O./C. Uehlinger: *Göttinnen, Götter und Gottessymbole*, Fribourg 1995.

Keen, A.: »The Identification of a Hero-Cult Centre in Lycia« in *Religion in the Ancient World*, ed. M. Dillon, Amsterdam 1996.

Keen, B.: *The Aztec Image in Western Thought*, New Brunswick 1971.

Kees, H.: *Kulturgeschichte des Alten Orients: Ägypten*, München 1933.

–: *Der Götterglaube im Alten Ägypten*, Leipzig 1941.

–: *Totenglauben und Jenseitsvorstellungen der alten Ägypter*, Berlin 1956.

Kefalidou, E.: »The Argonauts Krater in the Archaeological Museum of Thessa-loniki«, *American Journal of Archaeology* 2008.

Kehnscherper, G.: *Kreta, Mykene, Santorin*, Leipzig 1986.

Keilhauer, A./P. Keilhauer: *Die Bildsprache des Hinduismus*, Köln 1983.

Keimer, L.: *Die Gartenpflanzen im Alten Ägypten*, Hamburg 1924.

–: *Remarques sur le tatouage dans l'Égypte Ancienne*, Le Caïre 1948.

Kelder, J. M.: »Greece during the Late Bronze Age«, *Jaarbericht van het Voor-aziatisch-Egyptisch Genootschap* 2005.

–: »Royal Gift Exchange between Mycenae and Egypt«, *American Journal of Archaeology* 2009.

Kelder, J. M./S. Kelder: »Mycene rijk aan goud«, *Phœnix* 2009.

Keller, O.: *Die antike Tierwelt*, Bd. I, Leipzig 1909.

Kellermann, G.: »La déesse Ḫannaḫanna«, *Hethitica* 1987.

Kellermann, V.: »Der Hirsch«, *Germanien* 1940.

Kelley, J. E.: »Non-Mediterranean Influences that Shaped the Atlantic in the Early Portolan Charts«, *Imago Mundi* 1979.

Kelly, R. C.: *Etoro Social Structure*, Ann Arbor 1977.

Kemp, B. J./R. S. Merrillees: *Minoan Pottery in Second Millennium*, Mainz 1980.

Kempchen, M.: *Mythologische Themen in der Grabskulptur*, Münster 1995.

Kendall, T.: »Die Könige vom Heiligen Berg« in *Sudan*, ed. D. Wildung, Mün-chen 1996.

Kenna, M. C.: »Why Does Incense Smell Religious?«, *Journal of Mediterranean Studies* 2005.

Kenna, V. E. G.: *Cretan Seals*, Oxford 1960.

–: »Seals and Script with Special Reference to Ancient Crete«, *Kadmos* 1962.

–: »Seals and Script II«, *Kadmos* 1963.

–: »Cretan Seal Use and the Dating of Linear Script B«, *Kadmos* 1964.

–: *Corpus der minoischen und mykenischen Siegel*, Bd. VIII, Berlin 1966; Bd. VII, 1967; Bd. XII, 1972.

–: »The Minoan Seal Stones« in *Knossos: The Sanctuary of Demeter*, ed. J. N. Coldstream, Oxford 1973.

Kenna, V. E. G./E. Thomas: *Corpus der minoischen und mykenischen Siegel*, Bd. XIII, Berlin 1974.

Kennedy, D. I. D.: »Bella Coola« in *Handbook of North American Indians*, Bd. 7, ed. W. Suttler, Washington 1990.

Kennet, D.: »Bridging the Ancient Gulf«, *Minerva*, December 1990.

Kenney, E. J.: »Medea Meets Her Maker« in *A Companion to Apollonius Rhodius*, ed. T. D. Papanghelis/A. Rengakos, Leiden 2001.

Kenoyer, J. M.: »Stone Beads in Ancient South Asia« in *International Bead u. Beadwork Conference*, ed. J. Allen/V. Hector, Istanbul 2007.

Kenoyer, J. M./H. M.-L. Miller: »Metal Technologies of the Indus Valley Tradition in Pakistan and Western India«, *Masca Journal* 1999.

Kerényi, K.: »Der Sprung vom Leukasfelsen«, *Archiv für Religionswissenschaft* 1926.

–: »Labyrinthos« in *Lavreae Aqvincenses*, Bd. II, Budapest 1941.

–: *Töchter der Sonne*, Zürich 1944.

–: *Hermes der Seelenführer*, Zürich 1944.

–: »Zeus und Hera«, *Saeculum* 1950.

–: *Die Herkunft der Dionysosreligion*, Köln 1956.

–: *Der göttliche Arzt*, Darmstadt 1956.

–: *Die Heroen der Griechen*, Zürich 1958.

–: *Auf den Spuren des Mythos*, München 1967.

–: *Zeus und Hera*, Leiden 1972.

Kern, H.: *Labyrinthe*, München 1983.

Kern, O.: »Epimenides von Kreta« in *Paulys Real-Encyclopädie der Classischen Altertumswissenschaft*, Bd. VI.1, ed. G. Wissowa, Stuttgart 1907.

–: »Der Daktyl Iasos in Erythrai«, *Hermes* 1911.

–: *Die Religion der Griechen*, Bd. I, Berlin 1926.

–: *Die griechischen Mythen der klassischen Zeit*, Berlin 1927.

Kerschner, M.: »Zum Beginn und zu den Phasen der griechischen Kolonisation am Schwarzen Meer«, *Eurasia Antiqua* 2006.

Kersten, K.: »Zum Problem der ur- und frühgeschichtlichen Wege in Nordwestdeutschland« in *Festschrift für Gustav Schwantes*, ed. K. Kersten, Neumünster 1951.

Kersten, K./P. La Baume: *Vorgeschichte der nordfriesischen Inseln*, Neumünster 1958.

Kessler, D.: »Der satirisch-erotische Papyrus Turin 55001 und das ›Verbringen des Schönen Tages‹«, *Studien zur Altägyptischen Kultur* 1988.

Keyßner, K.: »Phrixos« in *Paulys Real-Encyklopädie der Classischen Altertumswissenschaft*, Bd. XX.1, ed. W. Kroll/K. Mittelhaus, Stuttgart 1941.

Khazai, K.: »L'évolution et la signification du griffon dans l'iconographie iranienne«, *Iranica Antiqua* 1978.

Kienitz, F.-K.: *Das Mittelmeer*, München 1976.

Kieseritzky, G.: »Iasios« in *Strena Helbigiana*, ed. W. Amelung et al., Leipzig 1900.

Kikuchi, I.: »Early Ainu Contacts with the Japanese« in *Ainu*, ed. W. W. Fitzhugh/C. O. Dubreuil, Washington 1999.

Kilian, K.: »Earthquakes and Archaeological Context at 13th Century B. C. Tiryns« in *Archaeoseismology*, ed. S. Stiros/R. E. Jones, Athens 1996.

Killen, J. T.: »Minoan Woolgathering«, *Kadmos* 1969.

–: »The Knossos Texts and the Geography of Mycenaean Crete« in *Mycenaean Geography*, ed. J. Bintliff, Cambridge 1977.

Kimmig, W.: »Ein Keltenschild aus Ägypten«, *Germania* 1940.

–: »Seevölkerbewegung und Urnenfelderkultur« in *Studien aus Alteuropa*, ed. R. v. Uslar/K. J. Narr, Bd. I, Köln 1964.

–: »Menschen, Götter und Dämonen« in *Das keltische Jahrtausend*, ed. H. Dannheimer/R. Gebhard, Mainz 1993.

King, A.: »The Importance of Imported Aromatics in Arabic Culture«, *Journal of Near Eastern Studies* 2008.

King, J. C. H.: *First Peoples, First Contacts*, London 1999.

King, M.: *Moriori*, Auckland 1989.

Kingsley, M. H.: *West African Studies*, London 1899.

Kingsley, S. A.: »Complex Commerce: Etruscans on the Sea«, *Minerva* 1, 2003.

Kinsley, D. R.: »Kālī« in *Encountering Kālī*, ed. R. F. McDermott/J. J. Kripal, Delhi 2005.

Kipp, G.: »Zum Hera-Kult auf Samos« in *Kritische und vergleichende Studien zur Alten Geschichte*, ed. F. Hampl/I. Weiler, Innsbruck 1974.

Kirch, P. V./R. C. Green: *Hawaiki*, Cambridge 2001.

Kirchner, H.: »Odin im Adlergewand auf einem gotländischen Bildstein« in *Schamanentum und Zaubermärchen*, ed. H. Gehrts/G. Lademann-Priemer, Kassel 1986.

Kirk, G. S.: »Objective Dating Criteria in Homer« in *The Language and Background of Homer*, ed. G. S. Kirk, Cambridge 1964.

Kirsch, P.: *Die Barbaren aus dem Süden*, Wien 2004.

Kirsten, E.: »Gebirgshirtentum und Seßhaftigkeit« in *Griechenland, die Ägäis und die Levante während der ›Dark Ages‹*, ed. S. Deger-Jalkotzy, Wien 1983.

Kirwan, L. P.: »A Pre-Islamic Settlement From al-Yaman on the Tanzanian Coast« in *L'Arabie préislamique*, ed. T. Fahd, Strasbourg 1989.

Kischkewitz, H.: »Eine Göttin stillt den jungen König« in *Nofret, die Schöne*, ed. B. Schmitz, Hildesheim 1985.

Kislev, M. E.: »*Pinus pinea* in Agriculture, Culture and Cult« in *Der prähistorische Mensch und seine Umwelt*, ed. H. Küster, Stuttgart 1988.

Kissel, T.: »Ugarit: ›Internationale‹ Handelsmetropole im Schnittpunkt des vorderasiatisch-ostmediterranen Verkehrsnetzes« in *›Schnittpunkt‹ Ugarit*, ed. M. Kropp/A. Wagner, Frankfurt am Main 1999.

Kitchell, K. F.: »The Mallia ›Wasp‹ Pendant Reconsidered«, *Antiquity* 1981.

Kitchen, K. A.: »Punt and how to get there«, *Orientalia* 1971.

–: »Punt, Ägypten und die Suche nach Räucherharzen« in *Jemen*, ed. W. Seipel, Wien 1998.

–: »Further Thoughts on Punt and Its Neighbours« in *Studies on Ancient Egypt*, ed. A. Leahy/J. Tait, London 1999.

Kjaerum, P./R. A. Olsen: *Oldtidens Ansigt*, Århus 1990.

Kladou, M.: »LMIB Ingots from Agia Triada« in *Sea Routes from Sidon to Huelva*, ed. N. C. Stampolidis, Athens 2003.

Kläy, E. J.: »Fischer im Paradies«, *Jahrbuch des Bernischen Historischen Museums* 1985.

Klassen, L.: *Frühes Kupfer im Norden*, Århus 2001.

Kledt, A.: *Die Entführung Kores*, Stuttgart 2004.

Kleihauer, M.: »Ostasien« in *Die Schiffahrt in außereuropäischen Kulturen*, ed. B. Spranz, Freiburg 1984.

Kleinknecht, H.: »Herodot und die makedonische Urgeschichte«, *Hermes* 1966.

Kleinpaul, R.: *Länder- und Völkernamen*, Leipzig 1910.

Kleywegt, A. J.: »Die ›anderen‹ Argonauten« in *Ratis omnia vincet*, ed. M. Korn/ H. J. Tschiedel, Hildesheim 1991.

Klemm, D. D.: »Goldproduktion im östlichen Mittelmeerraum um 1300 v. Chr.« in *Das Schiff von Uluburun*, ed. Ü. Yalçin, Bochum 2005.

Klengel, E./H. Klengel: *Die Hethiter*, Wien 1975.

Klengel, H.: »Vorderasien und Ägäis« in *Mitteleuropäische Bronzezeit*, ed. W. Coblenz/F. Horst, Berlin 1978.

–: *Handel und Händler im alten Orient*, Leipzig 1979.

–: »Zur Rolle des Eisens im vorhellenistischen Vorderasien« in *Produktivkräfte und Gesellschaftsformationen in vorkapitalistischer Zeit*, ed. J. Herrmann/ I. Sellnow, Berlin 1982.

–: »Near Eastern Trade and the Emergence of Interaction with Crete in the 3rd Millennium«, *Studi Micenei ed Egeo-Anatolici* 1984.

–: »Ḫalab, Mari, Babylon« in *De la Babylonie à la Syrie, en passant par Mari*, ed. O. Tunca, Liège 1990.

–: »Amurritische Dynastien in Mesopotamien« in *Anfänge der Menschheit und frühe Hochkulturen*, ed. M. Münter-Elfner, Mannheim 1997.

–: »Assyrer, Babylonier und Hethiter« in *Die Weltgeschichte*, ed. M. Münter-Elfner, Bd. I, Mannheim 1997.

Klengel-Brandt, E.: »Eine ungewöhnliche Wettergottdarstellung«, *Altorientalische Forschungen* 2002.

Klimová, D.: »Schlafkraut und Lebenskraut der Schlangen« in *Symbolae Biblicae et Mesopotamicae*, ed. M. A. Beek et al., Leiden 1973.

Klingenschmitt, G.: »Griechisch παρδένος« in *Antiquitates Indogermanicae*, ed. M. Mayrhofer et al., Innsbruck 1974.

Klinger, J.: »Reinigungsriten und Abwehrzauber« in *Die Hethiter und ihr Reich*, ed. T. Özgüç et al., Stuttgart 2002.

Klodt, C.: Der Orpheus-Mythos in der Antike« in *Der Orpheus-Mythos von der Antike bis zur Gegenwart*, ed. C. Maurer-Zenck, Frankfurt am Main 2004.

Kluge, F.: *Etymologisches Wörterbuch der deutschen Sprache*, Berlin 1960.

Klute, G.: »Le continent noir« in *Heinrich Barth et l'Afrique*, ed. M. Diawara et al., Köln 2006.

Klys, M. et al.: »Chemical and Physiochemical Investigations« in *Mummy*, ed. H. Szymańska/K. Babraj, Kraków 2001.

Knapp, A. B.: *Copper Production and Divine Protection*, Göteborg 1986.

–: »Cyprus, Crete, and Copper«, *Report of the Department of Antiquities Cyprus* 1990.

–: »Organic Goods in Bronze Age East Mediterranean Trade« in *Bronze Age Trade in the Mediterranean*, ed. N. H. Gale, Jonsered 1991.

–: »Bronze Age Mediterranean Island Cultures and the Ancient Near East«, *Biblical Archaeologist* 1992.

–: »Trade Patterns in the Eastern Mediterranean« in *Biblical Archaeology Today*, ed. A. Biran/J. Aviran, Jerusalem 1993.

Knapp, A. B./J. F. Cherry: *Provenience Studies in Bronze Age Cyprus*, Madison 1994.

Knauf, E. A.: »Südarabien, Nordarabien und die Hebräische Bibel« in *Arabia Felix*, ed. N. Nebes et al., Wiesbaden 1994.

Knaut, M.: »Die Alamannen«, *Archäologie in Deutschland* 1, 1990.

Knefelkamp, U.: »Das Indienbild in Reiseberichten des Spätmittelalters« in *Die Begegnung des Westens mit dem Osten*, ed. O. Engels/P. Schreiner, Sigmaringen 1993.

Knigge, C.: »Die Bekleidung der Ruderinnen in der Geschichte des Papyrus Westcar«, *Göttinger Miszellen* 1997.

–: *Das Lob der Schöpfung*, Fribourg 2006.

Knigge, U.: »Ὁ ἀστὴρ τῆς Ἀφροδίτης«, *Mitteilungen des Deutschen Archäologischen Instituts*, Athen. Abt. 1982.

Knobloch, J.: »Der Ursprung von nhd. Ostern, engl. Easter«, *Die Sprache* 1959.

–: *Sprache und Religion*, Bd. I, Heidelberg 1979.

–: »Der Drachentöter im Griechischen«, *Sprachwissenschaft* 1985.

–: »›Schaf‹: Das ungedeutete Wort«, *Sprachwissenschaft* 1987.

Kobishchanov, Y. M.: »On the Problem of Sea Voyages of Ancient Africans in the Indian Ocean«, *Journal of African History* 1965.

Kobyliński, Z.: »The Boat in the Early Medieval Culture of Northern Europe«, *Archaeologia Polona* 1988.

Koch, C.: *Gestirnverehrung im alten Italien*, Frankfurt am Main 1933.

–: *Der römische Juppiter*, Frankfurt am Main 1937.

Koch, E.: »Mead, Chiefs and Feasts in Later Prehistoric Europe« in *Food, Culture and Identity in the Neolithic and Early Bronze Age,* ed. M. P. Pearson, Oxford 2003.

Koch, H.: *Königreiche im alten Vorderen Orient*, Mainz 2006.

–: *Frauen und Schlangen*, Mainz 2007.

Koch, K.: »Zur Entstehung der Baʿal-Verehrung«, *Ugarit-Forschungen* 1979.

Koch, U.: »Die Bevölkerung eines fränkischen Weilers im 6. und 7. Jahrhundert« in *Mannheim vor der Stadtgründung*, ed. H. Probst, Bd. I.2, Regensburg 2007.

Kochavi, M.: »Connections Between the Aegean and the Levant in the 2nd Millennium BC« in *Greece between East and West*, ed. G. Kopcke/I. Tokumaru, Mainz 1992.

Kochhar, R.: »On the Identity and Chronology of the Ṛgvedic River Sarasvatī« in *Archaeology and Language*, Bd. III, ed. R. Blench/M. Spriggs, London 1999.

Koch-Harnack, G.: *Erotische Symbole*, Berlin 1989.

Kodisch, T.: *Fremdheitserfahrungen am Tisch des europäischen Märchens*, Frankfurt am Main 1997.

Koefoed, A.: »Gilgames, Enkidu and the Nether World«, *Acta Sumerologica* 1983.

Koehl, R. B.: »The Creto-Mycenaean Earrings of Queen Nofretari« in *Meletemata*, Bd. II, ed. P. P. Betancourt et al., Liège 1999.

–: »Ritual Context« in *The Palaikastro Kouros*, ed. A. MacGillivray et al., Athens 2000.

–: »The ›Sacred Marriage‹ in Minoan Religion and Ritual« in *Potnia*, ed. R. Laffineur/R. Hägg, Liège 2001.

–: »Mycenaean Pottery from Woolley's Dig-House at Tell Atchana (Ancient Alalakh)« in *Emporia*, ed. R. Laffineur/E. Greco, Eupen 2005.

Köhler, I.: *Zur Domestikation des Kamels*, Hannover 1981.

Koemoth, P.: *Osiris et les arbres*, Liège 1994.

König, D.: »Natur und Landschaft der Ästuare« in *Wattenmeer*, ed. J. Abrahamse et al., Neumünster 1976.

Körbs, W.: »Kultische Wurzel und frühe Entwicklung des Sports«, *Studium Generale* 1960.

Körner, O.: *Die homerische Tierwelt*, München 1930.

–: *Die Sinnesempfindungen in Ilias und Odyssee*, Jena 1932.

Körner, T.: *Totenkult und Lebensglaube bei den Völkern Ost-Indonesiens*, Leipzig 1936.

Köroğlu, K.: »The Northern Border of the Urartian Kingdom« in *Anatolian Iron Ages*, Bd. V, ed. A. Çilingiroğlu/G. Darbyshire, London 2005.

Kössler-Ilg, B.: *Indianermärchen aus den Kordilleren*, Düsseldorf 1956.

Köves-Zulauf, T.: »Orpheus und Euridike«, *Acta Classica Universitatis Scientiarum Debreceniensis* 2007.

Kohl, J. G.: *Die Marschen und Inseln der Herzogthümer Schleswig und Holstein*, Bd. I, Dresden 1846.

Kohl, K.-H.: *Der Tod der Reisjungfrau*, Stuttgart 1998.

–: *Die Macht der Dinge*, München 2003.

Kohl, P. L.: »Integrated Interaction at the Beginning of the Bronze Age« in *Archaeology in the Borderlands*, ed. A. T. Smith/K. S. Rubinson, Los Angeles 2003.

Kohler, A.: *Columbus und seine Zeit*, München 2006.

Kohlheim R./V. Kohlheim: *Lexikon der Vornamen*, Mannheim 2007.

Kohlmeyer, K.: »Auf der Suche nach dem Wettergott von Aleppo«, *Alter Orient*, Juni 2000.

Kohlus, J.: »Westküstenlandschaft« in *Umweltatlas Wattenmeer*, ed. J. Kohlus/H. Küpper, Stuttgart 1998.

Kokhavi, M.: *Aphek in Canaan*, Jerusalem 1990.

Kokkinidou, D./M. Nikolaidou: »Body Imagery in the Aegean Neolithic« in *Invisible People and Processes*, ed. J. Moore/E. Scott, London 1997.

Kolb, F.: »War Troja eine Stadt?« in *Der neue Streit um Troja*, ed. C. Ulf, München 2003.

Kolb, M. J.: »The Genesis of Monuments Among the Mediterranean Islands« in *The Archaeology of Mediterranean Prehistory*, ed. E. Blake/A. B. Knapp, Oxford 2005.

Kolla, K. S./D. Schwarzmann-Schafhauser: *Die Heilkunde im Alten Ägypten*, Stuttgart 2000.

Kollert, G.: *Der Gesang des Meeres*, Frankfurt am Main 2000.

Kolotourou, K.: »Music Performances and the Lyre Player Motif in Early Iron

Age Art« in *Symposium on Mediterranean Archaeology*, ed. G. Muskett et al., Oxford 2002.

–: »The Significance of Percussion and the Cypriote Connection« in *Cyprus*, ed. V. Karageorghis et al., Möhnesee 2005.

Kolta, K. S.: *Die Gleichsetzung ägyptischer und griechischer Götter bei Herodot*, Tübingen 1968.

Kolumbus, C.: *Schriften*, ed. E. G. Jacob, Bremen 1957.

–: *Bordbuch*, Frankfurt am Main 1981.

Konen, H. C.: *Classis Germanica*, St. Katharinen 2001.

Konietzko, J.: »Die volkstümliche Kultur der Halligbewohner«, *Niederdeutsche Zeitschrift für Volkskunde* 1930.

Konova, L.: »Thrakisch-griechische Synthesen« in *Die Thraker*, ed. A. Fol et al., Mainz 2004.

Konrad v. Megenburg: *Das ›Buch der Natur‹*, ed. R. Luff/G. Steer, Tübingen 2003.

Konstantinidi, E. M.: *Jewellery Revealed in the Burial Contexts of Greek Bronze Age*, Oxford 2001.

Kontomichali, M.: »Les plaquettes métalliques à décor figuré«, *Cahiers du Centre d'Études Chypriotes* 2002.

Kontorli-Papadopoulou, L.: *Aegean Frescoes of Religious Character*, Göteborg 1996.

Kontorli-Papadopoulou, L. et al.: »A Possible Linear Sign from Ithaki (AB 09 ›Se‹)?«, *Kadmos* 2005.

Kooijmans, L. L.: »Early Neolithic B and Middle Neolithic A« in *The Prehistory of the Netherlands*, ed. L. P. L. Kooijmans et al., Bd. I, Amsterdam 2005.

Koop, J. R.: »Küstenveränderungen an der Festlandküste vor Husum«, *Zeitschrift der Gesellschaft für Schleswig-Holsteinische Geschichte* 1923.

Koot, H./B. van der Have: *Gemeente Rijswijk*, Den Haag 2001.

Kopcke, G.: *Archaeologia Homerica: Handel*, Göttingen 1990.

–: »Handel und Kultur in Kreta und Mykene« in *Im Labyrinth des Minos*, ed. H. Siebenmorgen, München 2000.

–: »Mycenaean Kingship« in *Commerce and Monetary Systems in the Ancient World*, ed. R. Rollinger et al., Wiesbaden 2004.

Kopf-Wendling, U.: *Die Darstellungen der Sirene in der griechischen Vasenmalerei*, Freiburg 1989.

Korfmann, M.: »Troja in der Späten Bronzezeit« in *Das Schiff von Uluburun*, ed. Ü. Yalçin et al., Bochum 2005.

Kory, R. W./D. Steiniger: »Gedanken zur sasanidischen Binnen- und Hochseeschiffahrt« in *Studien in Memoriam Wilhelm Schüle*, ed. D. Büchner, Rahden 2001.

Koschel, K.: »Opium Alkaloids in a Cypriote Base Ring I Vessel (Bilbil) of the Middle Bronze Age from Egypt«, *Ägypten und Levante* 1996.

Kossack, G.: »Bronzezeitliches Kultgerät im europäischen Norden« in Χρόνος, ed. C. Becker et al., Espelkamp 1997.

Kossert, A.: *Ostpreußen*, München 2005.

Kotansky, R.: »Greek Exorcistic Amulets« in *Ancient Magic and Ritual Power*, ed. M. Meyer/P. Mirecki, Boston 2001.

Kothe, H.: »Apollons ethnokulturelle Herkunft«, *Klio* 1970.

Kotova, D.: »Aspekte der Verehrung der mittelländischen Muttergöttin« in *Trakija Pontika VI.1*, ed. M. Lazarov/C. Angelova, Sofia 1995.

Kotsonas, A.: »Wealth and Status in Iron Age Knossos«, *Oxford Journal of Archaeology* 2006.

Koura, B.: *Die ›7-Heiligen Öle‹ und andere Öl- und Fettnamen*, Aachen 1999.

Kourou, N.: »The Sacred Tree in Greek Art« in *La questione delle influenze vicino-orientali sulla religione greca*, ed. S. Ribichini et al., Roma 2001.

–: »Aegean and Cypriot Wheel-Made Terracotta Figures of the Early Iron Age« in *Die nahöstlichen Kulturen und Griechenland an der Wende vom 2. zum 1. Jahrtausend v. Chr.*, ed. E. A. Braun-Holzinger/H. Matthäus, Möhnesee 2002.

Koutroumpaki-Shaw, M.: »A Bronze Figurine of a Man From the Sanctuary of Kommos« in Ειλαπιvη, ed. L. Kastrinaki et al., Bd. I, Irakleion 1987.

Kozloff, A. P.: »Spoon with Luteplayer in Papyrus Skiff« in *Egypt's Dazzling Sun*, ed. A. P. Kozloff et al., Cleveland 1992.

Krabath, S.: »Frühe Porzellanfunde aus Stadtkerngrabungen«, *Archäologie in Sachsen* 2008.

Kraft, H.: »Das Hausschaf« in *Grzimeks Tierleben*, ed. B. Grzimek, Bd. XIII, Zürich 1968.

Kraft, J.: »Trojaburgen« in *Reallexikon der Germanischen Altertumskunde*, ed. H. Beck et al., Bd. 31, Berlin 2006.

Krahe, H.: »Völker- und Flußnamen« in *Festschrift für Friedrich Zucker*, ed. K. Barwick et al., Berlin 1954.

Kramer, F. W.: »Über afrikanische Darstellungen von Fremden«, *Unter dem Pflaster liegt der Strand* 14, 1984.

–: *Der rote Fes*, Frankfurt am Main 1987.

–: *Schriften zur Ethnologie*, Frankfurt am Main 2005.

Kramer, J.: »Der vulgärlateinische Wortschatz im Bereich der alpinen Wirtschaft« in *Actes de la XIIᵉ Conférence Internationale d'Études Classiques*, ed. C. Daicoviciu et al., Bucureşti 1975.

Kramer, S. N.: »Sumero-Akkadian Interconnections«, *Genava* 1960.

–: *The Sacred Marriage Rite*, Bloomington 1970.

–: »Poets and Psalmists« in *The Legacy of Sumer*, ed. D. Schmandt-Besserat, Malibu 1976.

Krappe, A. H.: »La légende d'Athamas et de Phrixos«, *Revue des Études Grecques* 1924.

–: »Atreus' Lamm«, *Rheinisches Museum für Philologie* 1928.

–: »The Karneia«, *Archiv für Religionswissenschaft* 1930.

–: »Helena«, *Rheinisches Museum für Philologie* 1931.

–: »Trophonios and Agamedes«, *Archiv für Religionswissenschaft* 1933.

–: »Ἀπόλλων κύκνος«, *Classical Philology* 1942.

–: »Avallon«, *Speculum* 1943.

Krasberg, U.: »Seelenvorstellungen im ländlichen Griechenland« in *Und was ist mit der Seele?*, ed. U. Krasberg/G. Kosack, Frankfurt am Main 2009.

Krattenmaker, K.: »Palace, Peak and Sceptre« in *The Role of the Ruler in the Prehistoric Aegean*, ed. P. Rehak, Liège 1995.

Krause, E.-D.: *Handwörterbuch Indonesisch*, Berlin 2000.

Krause, R.: *Studien zur Kupfer- und frühbronzezeitlichen Metallurgie zwischen Karpatenbecken und Ostsee*, Rahden 2003.

–: »Mediterrane Einflüsse in der Früh- und Mittelbronzezeit Mitteleuropas«, *Berichte der Bayerischen Bodendenkmalpflege* 2007.

–: »Besiedlung des Alpenraumes«, *Archäologie in Deutschland* 4, 2008.

Krauskopf, G.: *Maîtres et possédés*, Meudon 1989.

Krebernik, M.: »Zu Syllabar und Orthographie der lexikalischen Texte aus Ebla«, *Zeitschrift für Assyriologie* 1983.

–: »Muttergöttin in Mesopotamien« in *Reallexikon der Assyriologie*, Bd. 8, ed. D. O. Edzard, Berlin 1997.

Krebs, W.: »Die Königin von Saba«, *Das Altertum* 1971.

Kreilinger, U.: *Anständige Nacktheit*, Rahden 2007.

Krenkel, W.: *Naturalia non turpia*, Hildesheim 2006.

Kretschmer, P.: »Mythologische Namen: Nestor«, *Glotta* 1913.

–: »Mythische Namen: Herakles«, *Glotta* 1917.

–: »Die protoindogermanische Schicht«, *Glotta* 1920.

–: »Die vorgriechischen Sprach- und Volksschichten«, *Glotta* 1940 u. 1943.

–: »Die ältesten Sprachschichten auf Kreta«, *Glotta* 1951.

–: »Die antike Punktierung und der Diskus von Phaistos«, *Minos* 1951.

Kreuz, A.: »Landwirtschaft und Umwelt im keltischen Hessen« in *Das Rätsel der Kelten vom Glauberg*, ed. H. Baitinger/B. Pinsker, Stuttgart 2002.

Krickeberg, W.: *Altmexikanische Kulturen*, Berlin 1956.

Krige, E. J./J. D. Krige: *The Realm of the Rain Queen*, London 1943.

Krischer T.: »Phäaken und Odyssee«, *Hermes* 1985.

Kriss, R./H. Kriss-Heinrich: *Volksglaube im Bereich des Islam*, Bd. II, Wiesbaden 1962.

Kristiansen, K.: *Europe Before History*, Cambridge 1998.

–: »The Formation of Tribal Systems in Northern Europe« in *Social Transformations in Archaeology*, ed. K. Kristiansen/M. Rowlands, London 1998.

–: »Sea Faring Voyages and Rock Art Ships« in *The Dover Bronze Age Boat in Context*, ed. P. Clark, Oxford 2004.

Kristiansen, K./T. B. Larsson: *The Rise of Bronze Age Society*, Cambridge 2005.

Krogulska, M.: »Late Mycenaean Tradition in Boeotian Archaic Terracottas« in *Atti e Memorie del 1° Congresso Internazionale di Micenologia*, ed. A. Archi et al., Roma 1968.

Krohn, N.: »Volcanus: Gott der Schmiede?« in *Mensch und Bergbau*, ed. T. Stöllner et al., Bochum 2003.

Kromer, K.: *Die österreichischen Ausgrabungen in Sayala*, Innsbruck 1978.

Kron, U.: «Heilige Steine« in *Kotinos*, ed. H. Froning et al., Mainz 1992.

Kronasser, H.: *Etymologie der hethitischen Sprache*, Bd. I, Wiesbaden 1966.

Krone, S.: *Die altarabische Gottheit al-lāt*, Frankfurt am Main 1992.

Kronenberg, A.: »Die Sonnenquelle und Alexander der Große«, *Paideuma* 1989.

Kropp, A.: »Schutzzauber und Amulette« in *Studia Humanitatis ac Litterarum*, ed. A. Hornung et al., Heidelberg 2002.

Krüger, A.: ›Sportlicher Wettkampf‹ auf Hawaii, Göttingen 1986.

Krug, A.: *Römische Gemmen im Rheinischen Landesmuseum Trier*, Trier 1995.

Kruk, R.: »Traditional Islamic Views of Apes and Monkeys« in *Ape, Man, Apeman*, ed. R. Corbey/B. Theunissen, Leiden 1995.

Kruta, V.: *Die Anfänge Europas*, München 1993.

Krzak, Z.: »The Problem of Reconstructing an Afro-Iberian Ship From the Neolithic Age«, *Almogaren* 1972.

Krzyszkowska, O.: »Further Observations on Spoils of War«, *Bulletin of the Institute of Classical Studies* 1999.

–: *Aegean Seals*, London 2005.

Ktalay, I./O. Borowski: »Molluscs from Iron Age Tel Ḥalif«, *Tel Aviv* 2010.

Kubach, W.: »Bilder, Amulette, Kultgerät« in *Bronzezeit in Deutschland*, ed. A. Jockenhövel/W. Kubach, Stuttgart 1994.

Kučan, D.: »Zur Ernährung und dem Gebrauch von Pflanzen im Heraion von Samos im 7. Jahrhundert v. Chr.«, *Jahrbuch des Deutschen Archäologischen Instituts* 1995.

Kübel, P.: *Metamorphosen der Paradieserzählung*, Fribourg 2007.

Kügler, M.: »Ein Tonpfeifenmodell aus Heidelberg«, *Zeitschrift für Archäologie des Mittelalters* 2001.

Kühn, H.: »Die nordafrikanischen und ägyptischen Felsbilder der Eiszeit« in *Tagungsberichte der Deutschen Anthropologischen Gesellschaft*, ed. W. Venn, Leipzig 1928.

–: *Kunst und Kultur der Vorzeit Europas*, Bd. I, Berlin 1929.

Kühn, H. J.: Brief vom 13. Dezember 1993.

–: »Die Rote Karte für Professor Duerr«, *Nordfriesland*, September 2006.

–: »Jenseits der Deiche« in *Es war einmal ein Schiff*, ed. C.v. Carnap-Bornheim/C. Radtke, Hamburg 2007.

–: »Flintdolche im Schlick«, *Archäologische Nachrichten aus Schleswig-Holstein* 2009.

Kühn, H. J./T. Steensen: »Rungholt zwischen archäologischer Forschung und Sensations-Publizistik«, *Nordfriesland*, Juni 2006.

Kühnert-Eggebrecht, E.: *Die Axt als Waffe und Werkzeug im alten Ägypten*, Berlin 1969.

Kürbis, O.: »Das Vorkommen von Bernstein im Neolithikum des Mittelelbe-Saale-Gebietes« in *III. Internationale Archäologische Studentenkonferenz*, ed. J. Tamási/G. Vékony, Budapest 1983.

Küster, E.: *Die Schlange in der griechischen Kunst und Religion*, Gießen 1913.

Küster, H.: *Geschichte der Landschaft in Mitteleuropa*, München 1996.

Kulaçoğlu, B.: *Gods and Goddesses*, Ankara 1992.

Kullmann, W.: »Ergebnisse der motivgeschichtlichen Forschung zu Homer« in *200 Jahre Homer-Forschung*, ed. J. Latacz, Stuttgart 1991.

–: *Realität, Imagination und Theorie*, Stuttgart 2002.

–: »Poesie, Mythos und Realität im Schiffskatalog der *Ilias*«, *Hermes* 2009.

Kulmar, T.: »Zum Problem des Kulturheros in der Inka-Religion«, *Mitteilungen für Anthropologie und Religionsgeschichte* 1997.

Kunkel, H.-J.: »Wider den Zahn der Zeit«, *Archäologie in Deutschland* 3, 1997.

Kunst, M.: »Waren die ›Schmiede‹ in der portugiesischen Kupferzeit gleichzeitig die Elite?« in *Tradition und Innovation*, ed. B. Fritsch et al., Rahden 1998.

Kunter, K.: »Vorgeschichtliches Glas«, *Archäologie in Deutschland* 1, 1996.

Kunwald, G.: »Der Moorfund in Rappendam, Seeland« in *Vorgeschichtliche Heiligtümer und Opferplätze in Mittel- und Nordeuropa*, ed. H. Jankuhn, Göttingen 1970.

Kuo, H.-Y.: *China und die ›Barbaren‹*, Pfullingen 1967.

Kupperman, K. O.: *Major Problems in American Colonial History*, Lexington 1993.

Kurtz, D. C./J. Boardman: *Thanatos*, Mainz 1985.

Kurz, H.: *Fayencen im Landesmuseum Oldenburg*, Oldenburg 1998.

Kutscher, G.: »Sakrale Wettläufe bei den frühen Chimu (Nord-Peru)« in *Beiträge zur Gesellungs- und Völkerwissenschaft*, ed. I. Tönnies, Berlin 1950.

Kuzmina, E. E.: *The Prehistory of the Silk Road*, Philadelphia 2008.

Kyriakidis, E.: »Nudity in LM I Seal Iconography«, *Kadmos* 1997.

Kyrieleis, H.: »Offerings of ›the Common Man‹ in the Heraion at Samos« in *Early Greek Cult Practice*, ed. R. Hägg et al., Stockholm 1988.

Laager, J.: *Geburt und Kindheit des Gottes in der griechischen Mythologie*, Winterthur 1957.

La Baume, W.: »Die Bedeutung des Bernsteins im vorgeschichtlichen Volksglauben«, *Mitteilungen des Westpreußischen Geschichtsvereins* 1934.

Lacarrière, J.: »Die Sonne in der traditionellen französischen Kultur« in *Die Sonne*, ed. M. Singh, Berlin 1993.

Lacovara, P.: »Statuette of Osiris« in *Mummies u. Magic*, ed. S. D'Auria et al., Boston 1988.

Lägreid, A.: »Der Weg von den Warägern zu den Griechen«, *Mannheimer Berichte* 1988.

Laffineur, R.: »Fécondité et pratiques funéraires en Égée à l'Âge du Bronze« in *Archaeology and Fertility Cult in the Ancient Mediterranean*, ed. A. Bonanno, La Valetta 1985.

–: »Iconographie minoenne et mycénienne à l'époque des Tombes à Fosse« in *L'iconographie minoenne*, ed. P. Darque/J. C. Poursat, Paris 1985.

–: »Material and Craftmanship in the Mycenaean Shaft Graves«, *Minos* 1991.

–: »La mer et l'au-delà dans l'Égée préhistorique«, *Aegaeum* 1991.

–: »De Knossos à Mycènes«, *Kernos* 1994.

–: »Metal Supply and Metal Trade in Bronze Age Eastern Mediterranean« in *Materials Issues in Art u. Archaeology IV*, ed. P. B. Vandiver et al., Pittsburgh 1995.

–: »Les divinités féminines dans l'iconographie minoenne et mycénienne« in *I culti primordiali della Grecità*, ed. B. Gentili et al., Roma 2004.

Lagercrantz, S.: »The Sacral King in Africa«, *Ethnos* 1944.

Laistner, L.: *Das Rätsel der Sphinx*, Bd. I, Berlin 1889.

Lal, S. K.: *Female Divinities in Hindu Mythology*, Poona 1980.

Lalouette, C.: *Weisheit und Wissen des Vorderen Orients*, Düsseldorf 1999.

Lamana, G.: »Alterity and the Production of Sense in a Colonial Encounter«, *Comparative Studies in Society and History* 2005.

La Marle, H.: »Minoan Metallurgy and Linear A« in *The Aegean Bronze Age*, ed. C. W. Shelmerdine, Cambridge 2008.

Lamberg-Karlovsky, C. C.: »Dilmun: Gateway to Immortality«, *Journal of Near Eastern Studies* 1982.

–: »From the Euphrates to the Indus and the Oxus to the Indian Ocean«, *Oriens Antiquus* 1986.

–: »The Archaeological Evidence for International Commerce in Mesopotamia« in *Privatization in the Ancient Near East*, ed. M. Hudson/B. A. Levine, Cambridge 1996.

–: *Beyond the Tigris and Euphrates*, Jerusalem 1996.

Lambert, W. G.: »The Cult of Ištar of Babylon« in *Le temple et le culte*, ed. E. van Donzel et al., Leiden 1975.

–: »Išḫara« in *Reallexikon der Assyriologie*, Bd. 5, ed. D. O. Edzard, Berlin 1980.

–: »Trees, Snakes and Gods in Ancient Syria and Anatolia«, *Bulletin of the School of Oriental and African Studies* 1985.

–: »Devotion: The Languages of Religion and Love« in *Figurative Language in the Ancient Near East*, ed. M. Mindlin et al., London 1987.

–: »A New Babylonian Descent to the Netherworld« in *Lingering Over Words*, ed. T. Abusch et al., Atlanta 1990.

–: »The Apsû« in *Landscapes*, ed. L. Milano et al., Bd. III, Padova 2000.

–: »Ištar of Niniveh«, *Iraq* 2004.

Lambertz, M./K.-H. Schroeder: »Die Mythologie der Albaner« in *Götter und Mythen im alten Europa*, ed. H. W. Haussig, Stuttgart 1973.

Lambrechts, P.: *Contributions à l'étude des divinités celtiques*, Brugge 1942.

Lambrou-Phillipson, C.: *Hellenorientalia*, Göteborg 1990.

–: »Cypriot and Levantine Pottery from House AD Center at Pseira, Crete«, *Journal of Oriental and African Studies* 1990.

–: »Seafaring in the Bronze Age Mediterranean« in *Thalassa*, ed. R. Laffineur/L. Basch, Liège 1991.

–: »The Theran Miniature Marine Fresco« in *4th International Symposium on Ship Construction in Antiquity*, ed. H. Tzalas, Athens 1996.

Lampe, P.: *Pocahontas*, München 1995.

Lamphear, J.: »The Kamba and the Northern Mrima Coast« in *Pre-Colonial African Trade*, ed. R. Gray/D. Birmingham, London 1970.

Lanczkowski, G.: »Die religiöse Stellung der aztekischen Großkaufleute«, *Saeculum* 1962.

de Landa, D.: *Relación de las cosas de Yucatan*, ed. A. M. Tozzer, Cambridge 1941.

Landau, O.: *Mykenisch-griechische Personennamen*, Uppsala 1958.

v. Landau, W.: *Beiträge zur Altertumskunde des Orients*, Leipzig 1905.

Landenius-Enegren, H.: »Craft Production at Knossos« in *Acquisition u. Distribution of Raw Materials*, ed. C. Gillis, Göteborg 2000.

Landtmann, G.: *The Kiwai Papuans of British New Guinea*, London 1927.

Lang, A.: »Das Inntal als Route für Verkehr und Handel in der Eisenzeit« in *Über die Alpen*, ed. B. Hach et al., Stuttgart 2002.

Lang, F.: »Sitzmöbel auf minoisch-mykenischen Schiffen?« in *Temenos*, ed. B. Asamer et al., Wien 2002.

Lang, G.: *Quartäre Vegetationsgeschichte Europas*, Jena 1994.

Lang, M.L.: *The Palace of Nestor at Pylos*, Bd.II, Princeton 1969.

–: »Pylos Polytropos«, *Minos* 1987.

Langdon, S.: »The Male-Female Pair in Greek Geometric Art«, *American Journal of Archaeology* 1998.

–: »Maiden Voyage in Late Geometric Art« in *Pictorial Pursuit*, ed. E. Rystedt/ B. Wells, Stockholm 2006.

Langdon, S.: »The Sister of Tammuz« in *Actes du IVᵉ Congrès International d'Histoire des Religions*, ed. P.D. Chantepie de la Saussaye et al., Leiden 1913.

–: *Semitic Mythology*, Boston 1931.

–: *The Mythology of All Races: Semitic*, New York 1959.

Lange, D.: »Der Ursprung des westafrikanischen Wettergottes Schango«, *Saeculum* 1994.

–: »Die Egungun bei den Yoruba und in Ugarit« in *Bewegliche Horizonte*, ed. K. Geisenhainer/K. Lange, Leipzig 2005.

Langenheim, K.: »Vor- und frühgeschichtliche Importstücke aus dem Gebiet des Herzogtums Lauenburg«, *Die Heimat* 1971.

Lapinkivi, P.: *The Sumerian Sacred Marriage*, Helsinki 2004.

Laroche, E.: »Lyciens et Termiles«, *Revue Archéologique* 1976.

La Rosa, V.: »Preliminary Considerations on the Problem of the Relationship between Phaistos and Hagia Triadha« in *Proceedings of the Kommos Symposium*, ed. J.W. Shaw/M.C. Shaw, Toronto 1985.

–: »The Relationship between Phaistos and Hagia Triadha«, *Scripta Mediterranea* 1985.

–: »Per un quadro storico-politico di Creta fra il XVI. e il XIII. Sec.A.C.« in *La Sardegna nel Mediterraneo*, ed. G. Lai et al., Cagliari 1992.

–: »Haghia Triada à l'époque mycénienne« in *La Crète mycénienne*, ed. J. Driessen/A. Farnoux, Paris 1997.

–: »To Whom Did the Queen Tiyi Scarab Found at Hagia Triada Belong?« in *Κρήτη-Αιγύπτος*, ed. A. Karetsou, Athina 2000.

–: »Ayia Triada« in *The Bronze Age Aegean*, ed. E.H. Cline, Oxford 2010.

Larsen, M.T.: »Commercial Networks in the Ancient Near East« in *Centre and Periphery in the Ancient World*, ed. M. Rowlands et al., Cambridge 1987.

Larson, J.: »The Corycian Nymphs and the Bee Maidens of the Homeric ›Hymn to Hermes‹«, *Greek, Roman and Byzantine Studies* 1995.

–: *Greek Heroine Cults*, Madison 1995.

Larsson, L.: »Amber in the Mesolithic and Neolithic of Southern Scandinavia« in *Baltic Amber*, ed. A. Butrimas, Vilnius 2001.

Larsson, T.B.: »Symbols in a European Bronze Age Cosmology« in *Communication in Bronze Age Europe*, ed. C. Orrling, Stockholm 1999.

Lasch, R.: »Die Ursache und Bedeutung der Erdbeben im Volksbrauch«, *Archiv für Religionswissenschaft* 1902.

Laskaris, J.: »Nursing Mothers in Greek and Roman Medicine«, *American Journal of Archaeology* 2008.

Laskowska-Kusztal, E.: »Imhotep d'Elephantine« in *Akten des 4. Internationalen Ägyptologen-Kongresses*, ed. S. Schoske, Bd.3, Hamburg 1989.

Latacz, J.: *Troia und Homer*, München 2001.

–: *Homer*, Düsseldorf 2003.

Lattas, A.: *Cultures of Secrecy*, Madison 1998.

Lauer, J. F.: *Litterarischer Nachlass*, Berlin 1851.

Laumonier, A.: *Les cultes indigènes en Carie*, Paris 1958.

Laur, W.: »Fositesland und die Bernsteininsel«, *Zeitschrift der Gesellschaft für Schleswig-Holsteinische Geschichte* 1951.

–: Brief vom 21. Mai 2003.

–: »Die Herkunft des Germanischen im Spiegel der Orts- und Gewässernamen« in *Namenwelten*, ed. A. van Nahl et al., Berlin 2004.

Laux, F.: »Die bronzezeitlichen Gruppen der älteren und mittleren Bronzezeit beiderseits der unteren Elbe« in *Zur Bronzezeit in Norddeutschland*, ed. W. Budesheim/H. Keiling, Wentorf 2000.

–: »Bronzezeitliche Funde aus Mooren, fließenden Gewässern und auf festem Boden« in *Opferplatz und Heiligtum*, ed. R. Busch, Neumünster 2000.

Lavondès, H.: »A Polynesian Game of Swings«, *Journal of the Polynesian Society* 1996.

Lazongas, E. G.: »Σίδη: The Personification of the Pomegranate« in *Personification in the Greek World*, ed. E. Stafford/J. Herrin, Aldershot 2005.

Lazova, T.: »The Hyperborean Apollo« in *Thracia Pontica V*, ed. M. Lazarov/ C. Angelova, Varna 1994.

–: »The ›Hymn of the Kouretes‹ from Palaeokastro« in *Trakija Pontika VI. 1*, ed. M. Lazarov/C. Angelova, Sofia 1995.

–: »Ancient Southeastern Europe and the Classics« in *The Thracian World at the Crossroads of Civilizations*, ed. P. Roman, Bd. I, Constanta 1997.

Leahy, M. J.: *Explorations into Highland New Guinea 1930-35*, Tuscaloosa 1991.

Lebessi, A.: »A Sanctuary of Hermes and Aphrodite in Crete«, *Expedition* 3, 1976.

–: »The Relations of Crete and Euboea in the 10th and 9th Centuries B. C.« in *Minotaur and Centaur*, ed. D. Evely et al., Oxford 1996.

–: »The Erotic Goddess of the Syme Sanctuary«, *American Journal of Archaeology* 2009.

Lebessi, A./P. Muhly: »Ideology and Cultural Interaction: The Syme Sanctuary«, *Cretan Studies* 2003.

Lebessi, A./P. Muhly/G. Papasavvas: »The Runner's Ring«, *Mitteilungen des Deutschen Archäologischen Instituts, Athen Abt.* 2004.

Leblanc, C./A. Siliotti: *Nefertari*, Augsburg 1998.

Lebrun, R.: »Les langues anatoliennes, leur répartition et leur fonction de 2000 à 500 av. J.-C.« in *Le langage dans l'Antiquité*, ed. P. Swiggers/A. Wouters, Leuven 1990.

–: »Syncrétismes et cultes indigènes en Asie Mineure méridionale«, *Kernos* 1994.

Lechler, J.: *5000 Jahre Deutschland*, Leipzig 1936.

Lechtman, H.: »Traditions and Styles in Central Andean Metalworking« in *The Beginning of the Use of Metals and Alloys*, ed. R. Maddin, Cambridge 1988.

Leclant, J.: »Le rôle de l'allaitement dans le cérémoniel pharaonique du couronnement« in *Akten des 24. Internationalen Orientalisten-Kongresses*, ed. H. Franke, Wiesbaden 1959.

–: »Ägypten in Nubien« in *Sudan*, ed. D. Wildung, München 1996.

–: »L'Égypte et l'Égée au second millénaire« in *Atti e memorie del Secondo Congresso Internazionale di Micenologia*, ed. E. De Miro et al., Roma 1996.

Leclerc, M. C.: »Épiménide sans paradoxe«, *Kernos* 1992.

Lecoq, A.-M.: »Une peinture ›incorrecte‹ de Lorenzo Lippi?«, *Revue de l'Art* 4, 2000.

Lecouteux, C.: »Stratigraphische Untersuchungen zur Siegfriedsage« in *Sagen- und Märchenmotive im Nibelungenlied*, ed. G. Bönnen/V. Gallé, Worms 2002.

Ledyard, J.: *The Last Voyage of Captain Cook*, ed. J. Zug, Washington 2005.

Leduc, C.: »Hermès et le fondement sacral de la royauté des premiers âges« in *Signes et destins d'élection dans l'Antiquité*, ed. M. Fartzoff et al., Besançon 2006.

Leemans, W. F.: *Foreign Trade in the Old Babylonian Period*, Leiden 1960.

Leese, D.: »James Cook und das Ritual der Wiederkehr« in *Ritual, Macht, Natur*, ed. J. Paulmann et al., Bremen 2005.

Lefkowitz, M. R.: »Myth and History in the Biography of Apollonius« in *A Companion to Apollonius Rhodius*, ed. T. D. Papanghelis/A. Rengakos, Leiden 2001.

–: »›Predatory‹ Goddesses«, *Hesperia* 2002.

Lehmann, G. A.: »Die mykenisch-frühgriechische Welt und der östliche Mittelmeerraum«, *Berichte der Rheinisch-Westfälischen Akademie der Wissenschaften* 1985.

–: »Umbrüche und Zäsuren im östlichen Mittelmeerraum und Vorderasien zur Zeit der ›Seevölker‹-Invasionen« in *Hellenische Mythologie und Vorgeschichte*, ed. N. Dimoudis/A. Kyriatsoulis, Altenburg 1996.

–: »Das Auftreten der ›Seevölker‹« in *Das Schiff von Uluburun*, ed. Ü. Yalçin et al., Bochum 2005.

Lehmann, R. G.: »Beschriftete Siegelsteine aus der südlichen Levante« in *Edelsteine in der Bibel*, ed. W. Zwickel, Mainz 2002.

Lehmann, T. D.: »Verwendung von Ägyptisch Blau in Brill, Lkr. Wittmund, Niedersachsen«, *Germania* 2002.

Lehmann-Hartleben, K.: »Athena als Geburtsgöttin«, *Archiv für Religionswissenschaft* 1926.

Lehmkuhl, U./H.-H. Müller: »Werkzeug, Spielzeug, Waffen«, *Archäologie in Deutschland* 1, 1995.

Lehrs, K.: *Populäre Aufsätze aus dem Alterthum*, Leipzig 1875.

Leick, G.: *Dictionary of Ancient Near Eastern Mythology*, London 1991.

–: *Sex u. Eroticism in Mesopotamian Literature*, London 1994.

–: »The Erotisation of Landscape in Mesopotamian Literature« in *Landscapes*, Bd. III, ed. L. Milano et al., Padova 2000.

Lejdegård, H.: »The Function and Social Position of the Mycenaean *qa-si-re-u*«, *Minos* 1997.

Lemaire, A.: »Les Phéniciens et le commerce entre la Mer Rouge et la Mer Méditerranée« in *Phoenicia and the East Mediterranean*, ed. E. Lipiński, Leuven 1987.

–: »Das achämenidische Juda und seine Nachbarn im Lichte der Epigraphie« in *Religionskontakte im Zeitalter der Achämeniden*, ed. R. G. Kratz, Gütersloh 2002.

Lembke, K.: *Ägyptens späte Blüte*, Mainz 2004.

Lembke, K./B. Schmitz: »Katalog« in *Schönheit im Alten Ägypten*, ed. K. Lembke/B. Schmitz, Hildesheim 2006.

Lemos, I. S.: »Athens and Lefkandi« in *Ancient Greece*, ed. S. Deger-Jalkotzy/I. S. Lemos, Edinburgh 2006.

v. Lengerken, H.: *Ur, Hausrind und Mensch*, Berlin 1955.

Lennartz, A.: »Die Rolle Ägyptens im mediterranen Fernhandel vom Ende des 6. Jahrhunderts bis zu seiner arabischen Eroberung« in *Archäologisches Zellwerk*, ed. E. Pohl et al., Rahden 2001.

–: »Die Meeresschnecke Cypraea als Amulett im Frühen Mittelalter«, *Bonner Jahrbücher* 2004.

Lennox, P. G.: »Apollonius, Argonautica 3.1 ff. and Homer«, *Hermes* 1980.

Lenormant, F.: *Die Magie und Wahrsagekunst der Chaldäer*, Berlin 1920.

Lenz, H. O.: *Botanik der alten Griechen und Römer*, Gotha 1859.

Leonard, A.: »The Late Bronze Age«, *Biblical Archaeology* 1989.

–: *An Index to the Late Bronze Age Aegean Pottery from Syria-Palestine*, Jonsered 1994.

–: »›Canaanite Jars‹ and the Late Bronze Age Aegeo-Levantine Wine Trade« in *The Origins and Ancient History of Wine*, ed. P. E. McGovern et al., Amsterdam 1996.

Leonard, M. et al.: »›Amber Varnish‹ and Orazio Gentileschi's ›Lot and His Daughters‹«, *Burlington Magazine* 2001.

León-Portilla, M.: *Rückkehr der Götter*, Köln 1962.

–: »Die Religion im westlichen Mesoamerika« in *Das Alte Mexiko*, ed. H. J. Prem/U. Dyckerhoff, München 1986.

Leopold, J.: »Kultur- und religionsgeschichtliche Bemerkungen zu den Alsea«, *Tribus* 1997.

Leprohon, R. J.: »What Wenamun Could Have Bought« in *Egypt, Israel, and the Ancient Mediterranean World*, ed. G. N. Knoppers/A. Hirsch, Leiden 2004.

Leriou, N.: »The Mycenaean Colonisation of Cyprus Under the Magnifying Glass« in *Symposium on Mediterranean Archaeology*, ed. G. Muskett et al., Oxford 2002.

Le Roux, F. M.: »Les îles au nord du monde« in *Hommages à Albert Grenier*, ed. M. Renard, Bruxelles 1962.

Leshtakov, K.: »The Eastern Balkans in the Aegean Economic System During the LBA« in *Between the Aegean and Baltic Seas*, ed. I. Galanaki et al., Liège 2007.

Lesky, A.: »Zum Schiffskarren des Dionysos«, *Mitteilungen des Vereins für Klassische Philologie Wien* 1925.

–: *Thalatta*, Wien 1947.

–: »Aia«, *Wiener Studien* 1948.

–: *Gesammelte Schriften*, Bern 1966.

–: *Homeros*, Stuttgart 1967.

Lessing, O.: *Die Gestalt der Dioskuren und ihre Attribute*, München 1891.

Leukart, A.: »Autour de *ka-ko na-wi-jo*« in *Colloquium Mycenaeum*, ed. E. Fisch/H. Mühlestein, Neuchâtel 1979.

–: »Mykenisch *-eus* und *-ēwios*« in *Res Mycenaeae*, ed. A. Heubeck/G. Neumann, Göttingen 1983.

Leurquin, A.: *A World of Necklaces*, Milano 2003.

Van Leuven, J. C.: »Mycenaean Goddesses Called Potnia«, *Kadmos* 1979.

–: »The Religion of the Shaft Grave Folk« in *Transition*, ed. R. Laffineur, Liège 1989.

–: »Tombs and Religion at Mycenaean Prosymna«, *Journal of Prehistoric Religion* 1994.

Levi, D.: *The Recent Excavations at Phaistos*, Lund 1964.

–: *Festòs e la civiltà Minoica*, Bd. I.2, Roma 1976.

–: »Features and Continuity of Cretan Peaks Cults« in *Temples and High Places in Biblical Times*, ed. A. Biran, Jerusalem 1981.

Levine, B. A.: »›Seed‹ versus ›Womb‹« in *Sex and Gender in the Ancient Near East,* ed. S. Parpola/R. M. Whiting, Helsinki 2002.

Levit-Tawil, D.: »The Syncretistic Goddess Anahita in Light of the Bas Relief at Darabgird«, *Iranica Antiqua* 1992.

Lévy, E.: »›Anax‹ et ›Basileus‹ dans l'Iliade« in *Le système palatial en Orient, en Grèce et à Rome*, ed. E. Lévy, Strasbourg 1987.

Levy, J. E.: *Social and Religious Organization in Bronze Age Denmark*, Oxford 1982.

Levy, T. E.: »Cult, Metallurgy and Rank Societies: Chalcolithic Period« in *The Archaeology of Society in the Holy Land*, ed. T. E. Levy, London 1995.

Lewartowski, K.: *The Decline of the Mycenaean Civilization*, Wroclaw 1989.

–: »Mycene-Greece: Continuity or Discontinuity?«, *Études et Travaux* 1990.

Lewicki, T.: »Les sources arabes concernant l'ambre jaune de la Baltique«, *Archaeologia Polona* 1984.

Lewis, D.: »The Pacific Navigators' Debt to the Ancient Seafarers of Asia« in *The Changing Pacific*, ed. N. Gunson, Oxford 1978.

Lewuillon, S.: »Pour des ›Iles Cassitérides‹«, *Dialogues d'Histoire Ancienne* 1980.

Leyenaar, J. J./G. W. van Bussel: »Das Ballspiel der Maya« in *Die Welt der Maya*, ed. E. Eggebrecht et al., Hildesheim 1994.

Li, Y.-T.: »On the Function of Cowries in Shang and Western Zhou China«, *Journal of East Asian Archaeology* 2003.

de Liagre-Böhl, F. M. T.: *Opera Minora*, Groningen 1953.

Lichardus, J.: »Der westpontische Raum und die Anfänge der kupferzeitlichen Zivilisation« in *Macht, Herrschaft und Gold*, ed. A. Fol/J. Lichardus, Saarbrücken 1988.

Lichardus, J. et al.: »Die bulgarisch-deutschen Forschungen in der Mikroregion von Drama« in *Die Thraker*, ed. A. Fol et al., Mainz 2004.

v. Lichtenberg, R.: *Einflüsse der ägäischen Kultur auf Ägypten und Palästina*, Leipzig 1911.

Lichter, C.: »Figurine aus Çatal Höyük« in *Die ältesten Monumente der Menschheit*, ed. C. Lichter, Stuttgart 2007.

Li Donnici, L. R.: »Single-Stemmed Wormwood, Pinecones and Myrrh«, *Kernos* 2001.

Liebrecht, F.: *Zur Volkskunde*, Heilbronn 1879.

Linck, G.: »Die Menschen in den Vier Himmelsrichtungen« in *Das andere China*, ed. H. Schmidt-Glinzer, Wiesbaden 1995.

Lincoln, B.: »On the Imagery of Paradise«, *Indogermanische Forschungen* 1980.

Linde, M.: »Bernsteinketten in der Oesterten Tracht«, *Rheinisch-westfälische Zeitschrift für Volkskunde* 1977.

Lindemann, J.: »Ein Jenseitsboot der 1. Dynastie aus Abusir« in *Zeichen aus dem Sand*, ed. E.-M. Engel et al., Wiesbaden 2008.

Linder, E.: »Ugarit: A Canaanite Thalassocracy« in *Ugarit in Retrospect*, ed. G. D. Young, Winona Lake 1981.

Lindner, R. et al.: »Mischwesen der klassischen Antike« in *Pferdemann und Löwenfrau*, ed. G. Zahlhaas, Germering 2000.

Linke, U.: »Blood as Metaphor in Proto-Indo-European«, *Journal of Indo-European Studies* 1985.

Lipiński, E.: »La fête de l'ensevelissement et de la résurrection de Melqart« in *XVIIᵉ Rencontre Assyriologique Internationale*, ed. A. Finet, Ham-sur-Heure 1970.

–: »Fertility Cult in Ancient Ugarit« in *Archaeology and Fertility Cult in the Ancient Mediterranean*, ed. A. Bonanno, La Valetta 1986.

–: »Éa, Kothar et El«, *Ugarit-Forschungen* 1988.

–: »Tannit et Baʿal-Ḥamon«, *Hamburger Beiträge zur Archäologie* 1990.

–: »Les Phéniciens à Chypre et dans l'Égée«, *Orientalia Lovanensia Periodica* 1992.

–: »Périples: Voyage d'Himilcon« in *Dictionnaire de la civilisation phénicienne et punique*, ed. E. Lipiński, Turnhout 1992.

–: »Trade and Its Renewal in the Iron Age« in *Biblical Archaeology Today*, ed. A. Biran/J. Aviram, Jerusalem 1993.

–: »The Cult of 'Ashtarum in Achaemenidian Palestine« in *Biblica et Semitica*, ed. L. Cagni, Napoli 1999.

–: *The Aramaeans*, Leuven 2000.

Lipke, P.: »Retrospective on the Royal Ship of Cheops« in *Sewn Plank Boats*, ed. S. McGrail/E. Kentley, Oxford 1985.

Lipp, R.: *Die indogermanischen und einzelsprachlichen Palatiale im Indoiranischen*, Bd. II, Heidelberg 2009.

Lippert, A.: »Illyrer und Griechen zu Gast bei ihren nördlichen Nachbarn« in *Die Illyrer*, ed. A. Lippert, Asparn 2004.

–: »Ein neues Bild vom Mann im Eis« in *Altertum und Mittelmeerraum*, ed. R. Rollinger/B. Truschnegg, Stuttgart 2006.

Lips, J. E.: *The Savage Hits Back*, New Hyde Park 1966.

Liritzis, V. M.: *The Role and Development of Metallurgy in the Late Neolithic and Early Bronze Age of Greece*, Jonsered 1996.

Littleton, C. S.: »Poseidon as a Reflex of the Indo-European ›Source of Waters‹ God«, *Journal of Indo-European Studies* 1973.

Littlewood, A. R.: »The Symbolism of the Apple in Greek and Roman Literature«, *Harvard Studies in Classical Philology* 1967.

Littmann, E.: *Morgenländische Wörter im Deutschen*, Tübingen 1924.

Litvinskij, B.A.: »Schaf und Ziege in der Glaubenswelt der Pamir-Tadschiken« in *Ethnologie und Geschichte*, ed. P. Snoy, Wiesbaden 1983.

–: *Antike Grabhügel im westlichen Fergana-Becken*, München 1986.

–: »Relikte vorislamischer Religionsvorstellungen der Pamirbevölkerung« in *Die vorislamischen Religionen Mittelasiens*, ed. K. Jettmar/E. Kattner, Stuttgart 2003.

Liverani, M.: *Prestige and Interest*, Padova 1990.

–: »Early Caravan Trade Between South-Arabia and Mesopotamia«, *Yemen* 1992.

–: »Beyond Deserts, Beyond Oceans« in *Profumi d'Arabia*, ed. A. Avanzini, Roma 1997.

–: »The Influence of Political Institutions on Trade in the Ancient Near East« in *Mercanti e politica nel mondo antico*, ed. G. Zaccagnini, Roma 2003.

Liversidge, J.: *Britain in the Roman Empire*, London 1968.

Livieratou, A.: »Religious Continuity from the Late Bronze to the Early Iron Age« in *Symposium on Mediterranean Archaeology*, ed. A. Brysbaert et al., Oxford 2003.

Lloyd, C.: *The Voyages of Captain Cook*, London 1949.

Lloyd, S.: *Beycesultan*, Bd. III, London 1972.

Lloyd, S./J. Mellaart: *Beycesultan,* Bd. I, London 1962.

Lobban, R.: »The *Was* Scepter of Ancient Egypt u. Nubia«, *Kmt*, Fall 1999.

Lochner-Hüttenbach, F.: *Die Pelasger*, Wien 1960.

Lockwood, W.B.: »Sonne und Mond in der färöischen Sprache«, *Die Sprache* 1956.

Löbert, H.: »Das keramische Inventar einer Abfallgrube des 16. Jahrhunderts aus Göttingen«, *Zeitschrift für Archäologie des Mittelalters* 1980.

Löcker, K.: »Das Schwert bei den Kelten« in *Krieg in der antiken Welt*, ed. G.Mandl/I. Steffelbauer, Essen 2007.

Löffler, L.G.: »Das zeremonielle Ballspiel im Raum Hinterindiens«, *Paideuma* 1955.

–: »Ethnographical Notes on Dancing Among the Mru of the Chittagong Hill Tracts« in *Genauigkeit*, ed. W. Marschall et al., Bern 2008.

Löhmann, O.: »Die Entstehung der Tannhäusersage«, *Fabula* 1960.

Löhr, C.: »Griechische Familienweihungen« in *Kult und Funktion griechischer Heiligtümer in archaischer und klassischer Zeit*, ed. F. Bubenheimer et al., Mainz 1996.

Löw, U.: *Figürlich verzierte Metallgefäße aus Nord- und Nordwestiran*, Münster 1998.

Loewenstein, J.: »Evil Spirit Boats of Malaysia«, *Anthropos* 1958.

Lohwasser, A.: »Queenship in Kush«, *Journal of the American Research Center in Egypt* 2001.

–: »Tiere und deren Verehrung in Nubien« in *Ein Tempel der Tiere*, ed. V. Vaelske et al., Berlin 2006.

Lolos, Y.: »The Pottery from the Late Bronze Age Wreck at Point Iria«, *Enalia* 1991.

–: »Late Cypro-Mycenaean Seafaring« in *Cyprus and the Sea*, ed. V. Karageorghis/D. Michaelides, Nicosia 1995.

–: »The Three Groups of Pottery« in *Από την ενάλια Κύπρο στον μυχό του πολυδίψιου Άργους*, ed. Y. Lolos et al., Athina 1998.

–: »The Cargo of Pottery from the Point Iria Wreck« in *Το Ναυάγιο του Ακρωτηρίου Ιρίων*, ed. W. Phelps et al., Athina 1999.

Lolos, Y./C. Pennas/G. Vichos: »Der Schiffsfund von Kap Iria« in *In Poseidons Reich*, ed. B. Andreae, Mainz 1995.

Lomborg, E.: »Donauländische Kulturbeziehungen und die relative Chronologie der frühen Nordischen Bronzezeit«, *Acta Archaeologica* 1959.

–: »An Amber Spacer-Bead from Denmark«, *Antiquity* 1967.

–: »Vadgård: Ein Dorf mit Häusern und einer Kultstätte aus der älteren nordischen Bronzezeit« in *Festschrift für Richard Pittioni*, ed. H. Mitscha-Märheim et al., Bd. I, Wien 1976.

Lommel, H.: »Mithra und das Stieropfer«, *Paideuma* 1949.

Long, C. R.: *The Ayia Triadha Sarcophagus*, Göteborg 1974.

Lonsdale, S. H.: *Lion, Herding, and Hunting Similes in the Iliad*, Stuttgart 1990.

–: *Dance and Ritual Play in Greek Religion*, Baltimore 1993.

van Loon, M. N.: »Archaeological Evidence of Trade in Western Asia« in *Exhorreo*, ed. B. L. van Beek et al., Amsterdam 1977.

–: »The Drooping Lotos Flower« in *Insight through Images*, ed. M. Kelly-Buccellati, Malibu 1986.

–: »The Naked Rain Goddess« in *Resurrecting the Past*, ed. P. Matthiae et al., Istanbul 1990.

–: »The Rainbow in Ancient West Asian Iconography« in *Natural Phenomena*, ed. D. J. W. Meijer, Amsterdam 1992.

López-Bertran, M. et al.: »The Use and Significance of Mediterranean Ship Representations«, *Oxford Journal of Archaeology* 2008.

Loraux, N.: »Herakles: The Super-Male and the Feminine« in *Before Sexuality*, ed. D. M. Halperin et al., Princeton 1990.

Lordkipanidze, O.: »The Greco-Roman World and Ancient Georgia« in *Modes de contacts dans les sociétés anciennes*, Pisa 1983.

–: *Archäologie in Georgien*, Weinheim 1991.

–: *Das alte Georgien in Strabons Geographie*, Amsterdam 1996.

–: *Phasis*, Stuttgart 2000.

Lordkipanidze, O./T. Mikeladze: »Le Colchide aux VIIème-Vème siècles« in *Le Pont-Euxin vu par les Grecs*, ed. T. Khartchilava/E. Geny, Paris 1990.

Lorentzen, A.: »Frauen in keltischer Zeit« in *Das keltische Jahrtausend*, ed. H. Dannheimer/R. Gebhard, Mainz 1993.

Lorenzen, W.: *Helgoland und das früheste Kupfer des Nordens*, Otterndorf 1965.

Loretz, O.: »Vom Baal-Epitheton *adn* zu Adonis und Adonaj«, *Ugarit-Forschungen* 1980.

–: »Siegel als Amulette und Grabbeigaben«, *Ugarit-Forschungen* 1993.

–: »Die Rückkehr des Wettergottes und der königlichen Ahnen beim Neujahrsfest in Ugarit und Jerusalem« in ›*Schnittpunkt*‹ *Ugarit*, ed. M. Knopp/A. Wagner, Frankfurt am Main 1999.

984

–: »Die Einzigkeit eines Gottes im Polytheismus von Ugarit« in *Polytheismus und Monotheismus*, ed. M. Krebernik/J. van Oorschot, Münster 2002.

–: »Das Neujahrsfest im syrisch-palästinensischen Regenbaugebiet« in *Festtraditionen in Israel und im Alten Orient*, ed. E. Blum/R. Lux, Gütersloh 2006.

Lorimer, H.L.: *Homer and the Monuments*, London 1950.

Lo Schiavo, F.: »Ambra in Sardegna« in *Studi in onore di Ferrante Rittatore Vonwiller*, Bd. I, Como 1982.

–: »Cyprus and Sardinia in the Mediterranean Trade Routes toward the West« in *Cyprus and the Sea*, ed. V. Karageorghis/D. Michaelides, Nicosia 1995.

–: »Zur Herstellung und Distribution bronzezeitlicher Metallgegenstände im nuraghischen Sardinien« in *Mensch und Umwelt in der Bronzezeit Europas*, ed. B. Hänsel, Kiel 1998.

–: »Late Cypriote Bronzeworkers in Sardinia, Italy and Elsewhere in the West« in *Italy and Cyprus in Antiquity*, ed. L. Bonfante/V. Karageorghis, Nicosia 2001.

–: »Sardinia between East and West« in *Sea Routes from Sidon to Huelva*, ed. N.C. Stampolidis, Athens 2003.

–: »Metallhandel im zentralen Mittelmeer« in *Das Schiff von Uluburun*, ed. Ü. Yalçin et al., Bochum 2005.

–: »Cyprus and Sardinia« in *Archaeometallurgy in Sardinia*, ed. F. Lo Schiavo et al., Montagnac 2005.

Losi, M. et al.: »The Production of Amber Female Heads in the Pre-Roman Italy« in *Amber in Archaeology*, ed. C.W. Beck/J. Bouzek, Praha 1993.

Loth, M.: »Der Affe im Alten Ägypten« in *Ein Tempel der Tiere*, ed. V. Valeske et al., Berlin 2006.

–: »Erotik und Sexualität in der altägyptischen Götterwelt«, *Kemet* 2, 2008.

Louden, B.: »The Gods in Epic« in *A Companion to Ancient Epic*, ed. J.M. Foley, Oxford 2005.

Loughlin, E.: »Bronze Age Images of the Cow from Crete and the Eastern Mediterranean«, *Journal of Indo-European Studies* 2002.

Louis, H.: *Das natürliche Pflanzenkleid Anatoliens*, Stuttgart 1939.

Lowenstam, S.: »Talking Vases«, *Transactions of the American Philological Association* 1997.

Loze, I.: »Funerary Amber among the Stone Age Inhabitants of the Eastern Baltic Region« in *Atti del XIII Congresso delle Scienze preistoriche e protoistoriche*, ed. C. Giunchi, Bd. 6.1, Forli 1998.

Lubotsky, A.: »Avestan Xᵛarənah-: Etymology and Concept« in *Sprache und Kultur der Indogermanen*, ed. W. Meid, Innsbruck 1998.

Lucas, A.: »Notes on the Early History of Tin and Bronze«, *Journal of Egyptian Archaeology* 1928.

–: »›Cedar‹-Tree Products Employed in Mummification«, *Journal of Egyptian Archaeology* 1931.

Lucas, A./J.R. Harris: *Ancient Egyptian Materials and Industries*, London 1962.

Lucas, J.O.: *The Religion of the Yorubas*, Lagos 1948.

Luce, J.V.: »Late Bronze Age Trade and the Homeric Tradition«, *Report of the Department of Antiquities Cyprus* 1998.

Lucena Martin, A.M.: »First Contacts between Aegean and Central and West

Mediterranean« in *Import and Imitation in Archaeology*, ed. P. F. Biehl/Y. Y. Rassamakin, Langenweißbach 2008.

Lücke, H.-K./S. Lücke: *Helden und Gottheiten der Antike*, Reinbek 2002.

Lüning, J.: »Grundlagen seßhaften Lebens« in *Spuren der Jahrtausende*, ed. U. v. Freeden/S. v. Schnurbein, Stuttgart 2002.

Lukian: *Werke*, Bd. II, Berlin 1981.

Lund, J.: »Siedlungs-, Gehöft- und Hausformen in Dänemark« in *Reallexikon der Germanischen Altertumskunde*, ed. H. Beck et al., Bd. 28, Berlin 2005.

Lundström, S.: »Zur Aussagekraft schriftlicher Quellen hinsichtlich der Vorstellungen vom Leben nach dem Tode in Mesopotamien«, *Altorientalische Forschungen* 2003.

Lundt, H.: *Im Garten der Nymphen*, Düsseldorf 2006.

Lunz, R.: *Archäologische Streifzüge durch Südtirol*, Bd. I, Bozen 2005.

Lupack, A.: *Arthurian Literature and Legend*, Oxford 2005.

Luria, S.: »Vorgriechische Kulte in den griechischen Inschriften«, *Minos* 1957.

Luther, A.: »Die Phaiaken der Odyssee und die Insel Euboia« in *Geschichte und Fiktion in der homerischen ›Odyssee‹*, ed. A. Luther, München 2006.

Lynn-George, M.: »Homeric Dawn in the Parodos of Aeschylos' ›Agamemnon‹«, *Classical Quarterly* 1993.

Ma, H.: *Ying-Yai Sheng-Lan*, ed. J. V. G. Mills, Cambridge 1970.

MacGillivray, J. A.: »The Great Kouros in Cretan Art« in *The Palaikastro Kouros*, ed. J. A. MacGillivray et al., Athens 2000.

–: »Labyrinths and Bull-Leapers«, *Archaeology*, December 2000.

MacGillivray, J. A. et al.: »Excavations at Palaikastro«, *Annual of the British School at Athens* 1992.

Machule, D.: »Ekalte (Tall Munbāqa)« in *Zwischen Tigris und Nil*, ed. G. Wilhelm, Mainz 1988.

Mackay, E.: *Die Induskultur*, Leipzig 1938.

Mackie, C.: »Initiatory Journeys in Homer« in *Religion in the Ancient World*, ed. M. Dillon, Amsterdam 1996.

–: »Achilles in Fire«, *Classical Quarterly* 1998.

–: »The Earliest Jason«, *Greece u. Rome* 2001.

MacKnight, C. C.: »Macassans and Aborigines«, *Oceania* 1972.

–: *The Voyage to Marege'*, Melbourne 1976.

Macqueen, J. G.: *The Hittites and Their Contemporaries in Asia Minor*, London 1986.

Macurdy, G.: »Basilinna and Basilissa, the Alleged Title of the ›Queen-Archon‹ in Athens«, *American Journal of Philology* 1928.

el-Madani, A.: »Historical Links between India and the Gulf«, *Dilmun* 2002.

Maddin, R.: »The Copper and Tin Ingots from the Kaş Shipwreck« in *Archäometallurgie der Alten Welt*, ed. A. Hauptmann et al., Bochum 1989.

Maddin, R. et al.: »Tin in the Ancient Near East«, *Expedition* 2, 1977.

Madhloum, T.: »More Notes on the Near Eastern Griffin«, *Sumer* 1964.

Madsen, W.: »Shamanism in Mexico«, *Southwestern Journal of Anthropology* 1955.

Maeda, T.: »»King of Kish‹ in Presargonic Sumer«, *Orient* 1981.

Mager, F.: *Entwicklungsgeschichte der Kulturlandschaft des Herzogtums Schleswig in historischer Zeit*, Bd. I, Breslau 1930.

Magnus, B.: »The Importance of Amber in the Viking Period in the Nordic Countries« in *Amber in Archaeology*, ed. C. W. Beck et al., Riga 2003.

Mahdi, W.: »The Dispersal of Austronesian Boat Forms in the Indian Ocean« in *Archaeology and Language*, Bd. III, ed. R. Blench/M. Spriggs, London 1999.

Mahler, A.: *Herakles*, Eggingen 1998.

Mahmoud, A.: »Sarcophagus of Khonsu« in *The Quest for Immortality*, ed. E. Hornung/B. M. Bryan, Washington 2002.

Maier, B.: »Beasts from the Deep«, *Zeitschrift für celtische Philologie* 1999.

Maier, F. G.: »Alt-Paphos« in *Aphrodites Schwestern*, ed. H. Ganslmayr/A. Pistofidis, Bremen 1987.

Maier, U.: »Neue spätbronzezeitliche Paddelfunde aus dem Federseemoor«, *Archäologische Ausgrabungen in Baden-Württemberg* 1990.

Makkay, J.: »Weitere neolithische Felidendarstellungen aus Südosteuropa«, *Germania* 1988.

–: »The Mycenaean World, the Mycenaean Periphery and the Carpatian Basin« in *Η περιφέρεια του Μυκηναϊκού Κόσμου*, ed. P. Dakoronia et al., Lamia 1999.

Malamat, A.: *Mari and the Early Israelite Experience*, Oxford 1989.

–: *Mari and the Bible*, Leiden 1998.

–: »Mari and Its Relations with the Eastern Mediterranean« in *Boundaries of the Ancient Near Eastern World*, ed. M. Lubetski et al., Sheffield 1998.

Malinowski, B.: *Argonauten des westlichen Pazifik*, Frankfurt am Main 1979.

Malinowski, T.: »Kontakte polnischer Gebiete mit Mittelmeerküstenräumen in der Bronze- und Früheisenzeit«, *Münstersche Beiträge zur antiken Handelsgeschichte* 1984.

Malkin, I.: *The Returns of Odysseus*, Berkeley 1998.

Mallebrein, C.: »Danteśvarī, the Family Goddess (Kulsvāminī) of the Rājas of Bastar« in *Wild Goddesses in India and Nepal*, ed. A. Michaels et al., Bern 1996.

Mallowan, M. E. L.: »The Mechanics of Ancient Trade in Western Asia«, *Iran* 1965.

Malmer, M. P.: »How and Why Did Greece Communicate with Scandinavia in the Bronze Age?« in *Communication in Bronze Age Europe*, ed. C. Orrling, Stockholm 1999.

Malten, L.: »Der Raub der Kore«, *Archiv für Religionswissenschaft* 1909.

–: *Kyrene*, Berlin 1911.

–: »Halia (Ἁλίη)« in *Paulys Real-Encyclopädie der Classischen Altertumswissenschaft*, Bd. 7, ed. W. Kroll, Stuttgart 1912.

–: »Radamanthys (Ῥαδάμανδυς)« in *Paulys Realencyclopädie der Classischen Altertumswissenschaft*, Bd. I A.1, ed. G. Wissowa, Stuttgart 1914.

Malul, M.: »Woman-Earth Homology in Biblical ›Weltanschauung‹«, *Ugarit-Forschungen* 2000.

Man, E. H.: *The Nicobar Islands and Their People*, Guildford 1932.

Mandera, H.-E.: »Ein urnenfeldzeitlicher ›Feuerbock‹ mit Tierkopfende aus Wiesbaden-Erbenheim«, *Germania* 1962.

Mándoki, L.: »Asiatische Sternnamen« in *Glaubenswelt und Folklore der sibirischen Völker*, ed. V. Diószegi, Budapest 1963.

Manguel, A./G. Guadelupi: *Dictionary of Imaginary Places*, San Diego 2000.

Mannhardt, W.: *Germanische Mythen*, Berlin 1858.

–: *Der Baumkultus der Germanen*, Bd. I, Berlin 1875; Bd. II, 1877.

–: »Die lettischen Sonnenmythen«, *Zeitschrift für Ethnologie* 1875.

–: *Mythologische Forschungen*, Straßburg 1884.

Manniche, L.: *Sexual Life in Ancient Egypt*, London 1987.

–: *An Ancient Egyptian Herbal*, London 1989.

–: *Sacred Luxuries*, Ithaca 1999.

–: »Goddess and Woman in Ancient Egypt«, *Journal of the Society for the Study of Egyptian Antiquities* 2002.

–: »Ancient Scent« in *Parfums, onguents et cosmétiques dans l'Égypte ancienne*, ed. Z. Hawass, Le Caïre 2003.

Manning, S. W.: »Development and Decline on Bronze Age Crete and the Cyclades« in *Development and Decline in the Mediterranean Bronze Age*, ed. C. Mathers/S. Stoddart, Sheffield 1994.

–: »Protopalatial Crete: Formation of the Palaces« in *The Aegean Bronze Age*, ed. C. W. Shelmerdine, Cambridge 2008.

Manning, S. W./L. Hulin: »Maritime Commerce and Geographies of Mobility in the Late Bronze Age and the Eastern Mediterranean« in *The Archaeology of Mediterranean Prehistory*, ed. E. Blake/A. B. Knapp, Oxford 2005.

Mansel, K.: »Karthago: Forschungsergebnisse zur Frühphase des 8. und 7. Jahrhunderts v. Chr.«, *Mitteilungen der Berliner Gesellschaft für Anthropologie, Ethnologie und Urgeschichte* 2002.

Maquieira, A.: »Les rapports de la Crète et de l'Anatolie à l'époque néolithique« in *Studia Aegeo-Anatolica*, ed. O. Pelon, Lyon 2004.

Maran, J.: Mündliche Mitteilung vom 17. Mai 2002.

–: »Wessex und Mykene: Zur Deutung des Bernsteins in der Schachtgräberzeit Südgriechenlands« in *Zwischen Karpaten und Ägäis,* ed. B. Hänsel/E. Studeníková, Rahden 2004.

Marangou, C.: »Rowers Paddling Sailing Ships in the Bronze Age Aegean« in *2nd International Symposium on Ship Construction in Antiquity*, ed. H. Tzalas, Delphi 1987.

Marazzi, M.: »I Micenei nei mari d'Occidente« in *La Società Micenea*, ed. M. Marazzi, Roma 1994.

–: »The Mycenaeans in the Western Mediterranean« in *Sea Routes from Sidon to Huelva*, ed. N. C. Stampolidis, Athens 2003.

Marcus, E.: »The Southern Levant and Maritime Trade during the Middle Bronze II A Period« in *Aharon Kempinski Memorial Volume*, ed. S. Ahituv/E. D. Oren, Jerusalem 2002.

Marcus, M. I.: »Sex and the Politics of Female Adornment in Pre-Achaemenid Iran« in *Sexuality in Ancient Art*, ed. N. B. Kampen, Cambridge 1996.

–: *The Seals and Sealings from Hasanlu*, Philadelphia 1996.

Maréchal, J.-R.: *La préhistoire de la métallurgie*, Avignon 1983.

Marfoe, L.: »Cedar Forest to Silver Mountain« in *Centre and Periphery in the Ancient World*, ed. M. Rowlands et al., Cambridge 1987.

Margalit, B.: »Death and Dying in the Ugaritic Epics« in *Death in Mesopotamia*, ed. B. Alster, København 1980.

–: »Ugaritic *'ṯtr. 'rz* and DAPT (I 14) *šgr. w 'štr*« in *Ugarit: Religion and Culture*, ed. N. Wyatt et al., Münster 1996.

Marglin, F. A.: »Types of Sexual Union and Their Implicit Meanings« in *The Divine Consort*, ed. J. S. Hawley/D. M. Wulff, Berkeley 1982.

–: *Wives of the God-King*, Oxford 1985.

Margueron, J.-C.: »Mari au IIᵉ millénaire« in *52 reflexions sur le Proche-Orient Ancien*, ed. H. Gasche, Leuven 1994.

–: »De Mari à Delos«, *Ktema* 2000.

v. Margwelaschwili, T.: »Der Kaukasus und der alte Orient«, *Zeitschrift für Ethnologie* 1937.

Mařik, T.: »Sex, Religion and Antinomy«, *Wiener Zeitschrift für die Kunde des Morgenlandes* 2003.

Mariko, K.: »Croyances soudanaises relatives à la ›pierre de foudre‹«, *Notes Africaines*, Octobre 1948.

Marinatos, N.: *Art and Religion in Thera*, Athens 1984.

–: »Minoan Threskeiocracy on Thera« in *The Minoan Thalassocracy*, ed. R. Hägg/N. Marinatos, Stockholm 1984.

–: *Minoan Sacrificial Ritual*, Stockholm 1986.

–: »The Fresco Room 31 at Mykene« in *Problems in Greek Prehistory*, ed. E. B. French/K. A. Wardle, Bristol 1988.

–: »The Tree as a Focus of Ritual Action in Minoan Glyptic Art« in *Fragen und Probleme der bronzezeitlichen ägäischen Glyptik*, ed. W. Müller, Berlin 1989.

–: »The Minoan Harem«, *Dialogues d'histoire ancienne* 1989.

–: *Minoan Religion*, Columbia 1993.

–: »Divine Kingship in Minoan Crete« in *The Role of the Ruler in the Prehistoric Aegean,* ed. P. Rehak, Liège 1995.

–: »Cult By the Seashore: What Happened at Amnisos?« in *The Role of Religion in the Early Greek Polis*, ed. R. Hägg, Stockholm 1996.

–: »Minoan and Mycenaean Larnakes« in *La Crète Mycénienne*, ed. J. Driessen/A. Farnoux, Paris 1997.

–: *The Goddess and the Warrior*, London 2000.

–: »Die minoische Religion« in *Im Labyrinth des Minos*, ed. H. Siebenmorgen, München 2000.

–: »Minoische Kunst in Avaris« in *Die siebzig großen Geheimnisse des Alten Ägyptens*, ed. B. Manley, München 2003.

–: »The Minoan Mother Goddess and Her Son« in *Bilder als Quellen*, ed. S. Bickel et al., Fribourg 2007.

–: »Rosette and Palm on the Bull Frieze from Tell el-Dab'a« in *Taureador Scenes*, ed. M. Bietak et al., Wien 2007.

–: »The So-called Hell and Sinners in the Odyssey and Homeric Cosmology«, *Numen* 2009.

Marinatos, N./R. Hägg: »Anthropomorphic Cult Images in Minoan Crete?« in *Minoan Society*, ed. O. Krzyszkowska/L. Nixon, Bristol 1983.

Marinatos, S.: »Some General Notes on the Minoan Written Documents«, *Minos* 1951.

–: »Zur Entzifferung der mykenischen Schrift«, *Minos* 1956.

–: »Γραμμάτων διδασκάλια« in *Minoica*, ed. E. Grumach, Berlin 1958.

–: »The Minoan and Mycenaean Civilization and Its Influence on the Mediterranean and Europe« in *Atti del VI Congresso Internazionale delle scienze preistoriche e protoistoriche*, Bd. I, ed. M. Pallottino et al., Firenze 1962.

–: »Zur Frage der Grotte von Arkalochori«, *Kadmos* 1962.

–: »Πολυδίφιον Ἄργος« in *Proceedings of the Cambridge Colloquium on Mycenaean Studies*, ed. L. R. Palmer/J. Chadwick, Cambridge 1966.

–: »La ›Diaspora‹ créto-mycénienne« in *Actes du Ier Congrès International des Études Balkaniques*, ed. E. Condurachi, Sofia 1966.

–: *Archaeologia Homerica: Kleidung, Haar- und Barttracht*, Göttingen 1967.

–: »Mycenaean Culture within the Frame of Mediterranean Anthropology« in *Atti e Memorie del 1° Congresso Internazionale di Micenologia*, ed. A. Archi et al., Roma 1968.

–: *Excavations at Thera*, Bd. II, Athens 1969; Bd. V, 1974; Bd. VI, 1976.

–: »Comment on Marija Gimbutas« in *Acta on the 2nd International Colloquium on Aegean Prehistory*, Athens 1972.

Maringer, J.: »Menschenopfer im Bestattungsbrauch Alteuropas«, *Anthropos* 1943.

–: »Der Widder in Kunst und Kult des vorgeschichtlichen Menschen«, *Anthropos* 1980.

Marinow, W.: »Die Schafzucht der nomadisierenden Karakatschanen in Bulgarien« in *Viehzucht und Hirtenleben in Ostmitteleuropa*, ed. L. Földes et al., Budapest 1961.

Mariscotti de Görlitz, A. M.: »Der Kult der Pachamama«, *Zeitschrift für Missionswissenschaft* 1978.

Mark, S.: *From Egypt to Mesopotamia*, London 1997.

–: *Homeric Seafaring*, College Station 2005.

–: »The Construction of the Khufu I Vessel (c. 2566 BC)«, *International Journal of Nautical Archaeology* 2009.

Markale, J.: *La tradition celtique en Bretagne armoricaine*, Paris 1978.

Markoe, G.: »The Phoenicians on Crete« in *Eastern Mediterranean*, ed. V. Karageorghis/N. Stampolidis, Athens 1998.

Markoe, G. E.: »Isis-Scorpion Nursing Infant Horus« in *Mistress of the House, Mistress of Heaven*, ed. A. K. Capel/G. E. Markoe, New York 1996.

Marková, K./C. W. Beck: »Finds of Amber in the Bronze Age Carpathian Basin« in *Atti del XIII Congresso delle Scienze Preistoriche*, ed. C. Giunchi, Bd. 6.1, Forli 1998.

Markowitz, Y. J.: »Meroitic Jewelry« in *The American Discovery of Ancient Egypt*, ed. N. Thomas, Los Angeles 1995.

Marry, J. D.: *History, Society, and Religion in the Minoan-Mycenaean Era*, Ann Arbor 1982.

Marschall, W.: *Transpazifische Kulturbeziehungen*, München 1972.

Marschik, M.: »Die Suche nach San Borodón«, *Almogaren* 1986.

Marsden, P.: »Reconstructing the Dover Boat« in *The Dover Bronze Age Boat in Context*, ed. P. Clark, Oxford 2004.

Marsman, H. J.: *Women in Ugarit and Israel*, Leiden 2003.

v. Martens, E.: »Über verschiedene Verwendungen von Conchylien«, *Zeitschrift für Ethnologie* 1872.

Martens, J./A. Reinecke: »Archäologische Forschungen zwischen Gundestrup, Borremose und Hvolris«, *Das Altertum* 1991.

Marthari, M.: »Die mykenische Expansion auf den Kykladen« in *Das mykenische Hellas*, ed. K. Demakopoulou, Athen 1988.

Marti, R.: »Von der multikulturellen Gesellschaft zum staatstragenden Volk« in *Die Völkerwanderung*, ed. M. Knaut/D. Quast, Stuttgart 2005.

Martin, G.: »Golden Apples and Golden Boughs« in *Studies Presented to David Moore Robinson*, ed. G. E. Mylonas/D. Raymond, Bd. II, Saint Louis 1953.

Martin, G. T.: *Stelae from Egypt and Nubia*, Cambridge 2005.

Martin, M.: *Römermuseum und Römerhaus Augst*, Augst 1987.

Martín de la Cruz, J. C.: »Cerámicas micénicas en Andalucía?«, *Revista de Arqueologia*, Octubre 1987.

–: »Die erste mykenische Keramik von der iberischen Halbinsel«, *Prähistorische Zeitschrift* 1990.

Martín de la Cruz, J. C./M. Perlines: »La cerámica a torno de los contexts culturales de finales del II milenio en Andalucía«, *Trabalhos de Antropología y Etnología* 1993.

Martínez, J. M. B./M. P. G.-G. Pérez: »Ägäische Einflüsse auf das Gebiet am oberen Guadalquivir« in *Orientalisch-ägäische Einflüsse in der europäischen Bronzezeit*, ed. P. Schauer, Bonn 1990.

De Martino, S.: »Räucherung und Rauchopfer« in *Reallexikon der Assyriologie*, Bd. 11, ed. M. P. Streck, Berlin 2007.

Martinssen, S.: »›Ich gebe dir ganz Punt‹« in *Es werde niedergelegt als Schriftstück*, ed. N. Kloth et al., Hamburg 2003.

Martlew, H.: »Minoan and Mycenaean Drinking Habits« in *Minoans and Mycenaeans*, ed. Y. Tzedakis/H. Martlew, Athens 1999.

–: »Minoans and Mycenaeans: Flavours of Their Time«, *Minerva*, September 1999.

–: »Minoan and Mycenaean Technology as Revealed through Organic Residue Analysis« in *Invention and Innovation*, ed. J. Bourriau/J. Phillips, Oxford 2004.

Maryon, H.: »The Technical Methods of the Irish Smiths in the Bronze and Early Iron Ages«, *Proceedings of the Royal Irish Academy* 1938.

Marzell, H.: »Bohne (*Vicia faba* und *Phaseolus vulgaris*)« in *Handwörterbuch des deutschen Aberglaubens*, Bd. I, ed. E. Hoffmann-Krayer, Berlin 1927.

–: *Volksbotanik*, Berlin 1935.

–: »Weihrauch (Olibanum)« in *Handwörterbuch des deutschen Aberglaubens*, Bd. IX, ed. H. Bächtold-Stäubli, Berlin 1938.

–: *Wörterbuch der deutschen Pflanzennamen*, Bd. I, Leipzig 1943.

Marzolph, U./R. van Leeuwen: *Arabian Nights*, Bd. II, Santa Barbara 2004.

Maslov, B.: »The Semantics of ἀοιδός«, *Classical Antiquity* 2009.

Massa-Pairault, F.-H.: »Courètes italiques« in *Atti e Memorie del Secondo Congresso Internazionale di Micenologia*, ed. E. De Miro etal., Bd. II, Roma 1996.

Massari, A.: »L'ambra in Sardegna in età nuragica« in *Atti del XIII Congresso delle Scienze preistoriche e protoistoriche*, ed. C. Giunchi, Bd. 6.1, Forlì 1998.

Masser, A.: »Orendel« in *Encyclopädie des Märchens*, Bd. 10, ed. R. W. Brednich, Berlin 2002.

Masson, E.: »La diffusion de l'écriture à Chypre à la fin de l'Age du Bronze« in *Acts of the International Archaeological Symposium*, ed. V. Karageorghis et al., Nicosia 1973.

–: »Literacy in Cyprus during the Late Bronze Age«, *Bulletin of the Institute of Classical Studies* 1980.

–: »Die Schriften Zyperns« in *Aphrodites Schwestern*, ed. H. Ganslmayr/A. Pistofidis, Bremen 1987.

–: »Le Dieu Guerrier d'Enkomi: Est-il debout sur un lingot?« in *Studies in Honour of Vassos Karageorghis*, ed. G. C. Ioannides, Nicosia 1992.

Masson, O.: »Repértoire des inscriptions chypro-minoennes«, *Minos* 1957.

–: »Commentaire de certaines pièces inscrites de Chypre«, *Kadmos* 1968.

–: »Les écritures chypro-minoennes et les autres écritures chypriotes« in *Atti e Memorie del Iº Congresso Internazionale di Micenologia*, ed. A. Archi et al., Roma 1968.

–: »Deux petits lingots de cuivre inscrits d'Enkomi« in *Alasia I*, ed. C. F.-A. Schaeffer, Paris 1971.

Mastaller, M.: »Molluscs of the Red Sea« in *Red Sea*, ed. A. J. Edwards/S. M. Head, Oxford 1987.

Mathé, S.: »Les enfances chez Chiron« in *Enfants et enfances dans les mythologies*, ed. D. Auger, Paris 1995.

Mathews, J. J.: *The Osages*, Norman 1961.

Mathys, H.-P.: *Das Astarte-Quadrat*, Zürich 2008.

Matoïan, V./A. Bouquillon: »Vitreous Materials in Ugarit« in *Culture through Objects*, ed. T. Potts et al., Oxford 2003.

Matouschek, E.: »Anmerkungen zu Mumien und die Ergebnisse der Röntgenuntersuchungen« in *Sieben Münchner Mumien*, ed. E. Matouschek, Wessobrunn 2002.

Matsas, D.: »Samothrace and the Northeastern Aegean: The Minoan Connection«, *Studia Troica* 1991.

–: »Minoan Long-Distance Trade«, *Aegaeum* 1995.

–: »Aspects of Relationships between Crete and the Northeastern Aegean in the Middle Bronze Age«, *Cretan Studies* 1996.

Matsumae, T.: »Origin and Growth of the Worship of Amaterasu«, *Asian Folklore Studies* 1978.

Matsushima, E.: »Le ›Lit‹ de Šamaš et le Rituel du Mariage à l'Ebabbar«, *Acta Sumerologica* 1985.

Matthäus, H.: »Neues zur Bronzetasse aus Dohnsen«, *Die Kunde* 1978.

–: »Κύκνοι δὲ ἦσαν τὸ ἅρμα« in *Studien zur Bronzezeit*, ed. H. Lorenz, Mainz 1981.

–: »Minoische Kriegergräber« in *Minoan Society*, ed. O. Krzyszkowska/L. Nixon, Bristol 1983.

–: »Sifnos im Altertum« in *Silber, Blei und Gold auf Sifnos*, ed. G. A. Wagner et al., Bochum 1985.

–: »Cypern und Sardinien im frühen 1. Jahrtausend v. Chr.« in *Early Society in Cyprus*, ed. E. Peltenburg, Edinburgh 1989.

–: »Mykenai, der mittlere Donauraum und der Schatz von Vălčitrăn« in *Thracians and Mycenaeans*, ed. J. Best/N.de Vries, Leiden 1989.

–: »Representations of Keftiu in Egyptian Tombs and the Absolute Chronology of the Aegean Bronze Age«, *Bulletin of the Institute of Classical Studies* 1995.

–: »Zypern und das Mittelmeergebiet« in *Archäologische Studien in Kontaktzonen der antiken Welt*, ed. R. Rolle et al., Göttingen 1998.

–: «The Greek Symposion and the Near East» in *Proceedings of the XVth International Congress of Classical Archaeology*, ed. R. F. Docter/E. M. Moormann, Amsterdam 1999.

–: »Eine kosmopolitische Hochkultur« in *Zypern*, ed. S. Rogge, Münster 2000.

–: »Κρήτη τις χαῖ' ἔστι μέσῳ ἐνὶ οἴνοπι ηόντῳ« in *Ιδακι*, ed. S. Böhm/K. V. v. Eickstedt, Würzburg 2001.

–: »Griechisches und zyprisches Metallhandwerk an der Wende vom 2. zum 1. Jahrtausend v. Chr.« in *Althellenische Technologie und Technik*, ed. A. Kyriatsoulis, Weilheim 2004.

–: »Toreutik und Vasenmalerei im früheisenzeitlichen Kreta« in *Crafts and Images in Contact*, ed. C. E. Suter/C. Uehlinger, Fribourg 2005.

–: »Kulturaustausch, Handel und Seefahrt während der späten Bronzezeit« in *Das Schiff von Uluburun*, ed. Ü. Yalçın et al., Bochum 2005.

–: »Λαμπρὸς ἡλίου κύκλος« in *Cyprus: Religion and Society*, ed. V. Karageorghis et al., Möhnesee-Wamel 2005.

Matthee, R.: *The Pursuit of Pleasure*, Princeton 2005.

Matthée, U.: »Wie die Portugiesen den Indischen Ozean gewannen« in *Der Indische Ozean in historischer Perspektive*, ed. S. Conermann, Hamburg 1998.

Matthiae, P.: »New Discoveries at Ebla«, *Biblical Archaeology* 1984.

–: »Pieces of Unworked Lapislazuli from Tell Mardikh« in *Ebla to Damascus*, ed. H. Weiss, Washington 1985.

–: *Ebla retrouvée*, Paris 1996.

–: »Morceaux de lapis-lazuli brut d'Ebla (Tell Mardikh)« in *En Syrie*, ed. E. Gubel et al., Bruxelles 1998.

–: »ἀγνήν ὀδμήν λιβανωτὸς ἵησιν«, *Cahiers du Centre d'Études Chypriotes* 1999.

–: »Ishtar of Ebla and Hadad of Aleppo« in *Semitic and Assyriological Studies*, ed. P. Marrassini et al., Wiesbaden 2003.

Matz, F.: *Die frühkretischen Siegel*, Berlin 1928.

–: »Torsion«, *Abhandlungen der Akademie der Wissenschaften in Mainz, Geistes- und Sozialwiss. Kl.* 1951.

–: *Kreta, Mykene, Troja*, Stuttgart 1956.

–: »Göttererscheinung und Kultbild im minoischen Kreta«, *Abhandlungen der Akademie der Wissenschaften und Literatur* 1958.

–: »Minoischer Stiergott?«, *Κρητικά Χρονικά* 1962.

Maul, S. M.: »*Kurgarrû* und *assinnu* und ihr Stand in der babylonischen Gesellschaft« in *Außenseiter und Randgruppen*, ed. V. Haas, Konstanz 1992.

Mauny, R.: »Le Bélier dieu«, *Notes Africaines*, Janvier 1949.

Maura, J. F.: *Women in the Conquest of the Americas*, New York 1997.

Maurizio, A.: *Die Getreide-Nahrung im Wandel der Zeiten*, Zürich 1916.

Maus, H.: »Europas Mitte: Reich an Erzen« in *Alter Bergbau in Deutschland*, ed. H. Steuer/U. Zimmermann, Stuttgart 1993.

Mavriyannaki, C.: *Recherches sur les larnakes minoennes de la Crète occidentale*, Roma 1972.

Mawe, T.: »Religious Cults and Ritual Practice among the Mendi« in *The Meaning of Things*, ed. I. Hodder, London 1989.

Maxwell-Hyslop, K. R.: »Sources of Sumerian Gold« in *Trade in the Ancient Near East*, ed. W. G. Lambert, London 1977.

–: »Recent Discoveries of Western Asiatic Jewellery«, *Jewellery Studies* 1985.

Maxwell-Stuart, P. G.: »Interpretations of the Name Oedipus«, *Maia* 1975.

Mayer, E. F.: »Zur Nutzung und Bedeutung der Metalle im vorspanischen Andenraum«, *Beiträge zur Allgemeinen und Vergleichenden Archäologie* 1992.

–: »Vom Glanz des Goldes« in *Festschrift für Hermann Müller-Karpe*, ed. A. Jokkenhövel, Bonn 1995.

Mayer, M.: »Thetis (Θέτις)« in *Paulys Realencyclopädie der Classischen Altertumswissenschaft*, Bd. VI. A 1, ed. G. Wissowa, Stuttgart 1936.

Mayer, W.: »Grundzüge des assyrischen Außenhandels vom 16. bis zum 13. Jahrhundert v. Chr.«, *Ugarit-Forschungen* 1987.

–: »Zypern und Ägäis aus der Sicht der Staaten Vorderasiens in der 1. Hälfte des 1. Jahrtausends«, *Ugarit-Forschungen* 1996.

Mayer-Opificius, R.: »Die geflügelte Sonne«, *Ugarit-Forschungen* 1984.

–: »Götterreisen im Alten Orient« in *Religiöses Reisen*, ed. G. Ahn et al., Münster 2003.

Mazar, A.: »The Iron Age I« in *The Archaeology of Ancient Israel*, ed. A. Ben-Tor, New Haven 1992.

Mazarov, I.: »A Structural Iconographic Analysis of the Gundestrup Cauldron« in *Thracian Tales on the Gundestrup Cauldron*, ed. D. Edel, Amsterdam 1991.

–: »The Blacksmith as ›King‹ in the Necropolis of Varna« in *From the Realm of the Ancestors*, ed. J. Marler, Manchester 1997.

–: »Between Ares and Orpheus« in *Ancient Gold*, ed. I. Mazarov, New York 1998.

Mažeikis, G.: *Litauischer Bernstein*, Vilnius 2007.

Mazoyer, M.: *Télipinu,* Paris 2003.

Mazzoni, S.: »The Squatting Woman« in *Sex and Gender in the Ancient Near East*, ed. S. Parpola/R. M. Whiting, Helsinki 2002.

McArthur, J. K.: »The Textual Evidence for Location of Place-Names in the Knossos Tablets«, *Minos* 1981.

–: *Place-Names in the Knossos Tablets*, Salamanca 1993.

McBurney, C. B. M.: *The Stone Age in Northern Africa*, Harmondsworth 1960.

McCaslin, D. E.: *Stone Anchors in Antiquity*, Göteborg 1980.

McDaniel, J.: *Offering Flowers, Feeding Skulls*, Oxford 2004.

McDermott, R. F.: »The Western Kālī« in *Devī*, ed. J. S. Hawley/D. M. Wulff, Berkeley 1996.

–: »Popular Attitudes towards Kālī« in *Wild Goddesses in India and Nepal*, ed. A. Michaels et al., Bern 1996.

McGovern, P. E.: *Late Bronze Age Palestinian Pendants*, Sheffield 1985.

–: »Jewelry from a Canaanite Temple at Beth Shan«, *Expedition* 1, 1990.

–: »Retsina, Mixed Fermented Beverages and the Cuisine of Pre-Classical Greece« in *Minoans and Mycenaeans*, ed. Y. Tzedakis/H. Martlew, Athens 1999.

McGovern, P. E. et al.: »The Beginnings of Winemaking and Viniculture in the Ancient Near East and Egypt«, *Expedition* 1, 1997.

McGrail, S.: »The Bronze Age in Northwest Europe« in *The Earliest Ships*, ed. A. E. Christensen/R. Gardiner, London 1996.

–: *Boats of the World*, Oxford 2001.

McIntosh, J.: *Life in Prehistoric Europe*, New York 2006.

McKenzie, L.: »Ishtar or Tyche?« in *Religion in the Ancient World*, ed. M. Dillon, Amsterdam 1996.

McKillop, J.: *Celtic Mythology*, Oxford 1998.

McKinnon, S.: »Tanimbar Boats« in *Islands and Ancestors*, ed. J. P. Barbier/D. Newton, München 1988.

McNally, S.: »Ariadne and Others«, *Classical Antiquity* 1985.

McNeil, W. F.: *Visitors to Ancient America*, Jefferson 2005.

Meader, J./B. Demeter: »The Egyptian Blue Water Lily«, *Kmt*, Summer 2004.

Medley, M.: »Islam, Chinese Porcelain and Ardabīl«, *Iran* 1975.

Mee, C.: »Aegean Trade and Settlement in Anatolia in the Second Millennium B. C.«, *Anatolian Studies* 1978.

–: *Rhodes in the Bronze Age*, Warminster 1982.

–: »Mycenaean Greece, the Aegean, and beyond« in *The Aegean Bronze Age*, ed. C. W. Shelmerdine, Cambridge 2008.

Meek, C. K.: *Tribal Studies in Northern Nigeria*, Bd. II, London 1931.

Meekers, M.: »The Nippled Ewer on Theran Pottery« in *Studia Varia Bruxellensia*, ed. R. De Smet et al., Bd. II, Leuven 1990.

Meerdink, J.: *Ariadne*, Wageningen 1940.

v. Megenberg, K.: *Das ›Buch der Natur‹*, ed. R. Luff/G. Steer, Tübingen 2003.

Mehling, A.: *Archaika als Grabbeigaben*, Rahden 1998.

Meid, W.: »The Indo-Europeanization of Old European Concepts«, *Journal of Indo-European Studies* 1989.

–: *Archäologie und Sprachwissenschaft*, Innsbruck 1989.

–: »Der mythologische Hintergrund der irischen Sage« in *Varia on the Indo-European Past*, ed. M. R. Dexter/E. C. Polomé, Washington 1997.

–: »Über Tierbezeichnungen im Indogermanischen« in *Man and the Animal World*, ed. P. Anreiter et al., Budapest 1998.

Meier-Brügger, M.: »Zu gr. ἀρήν und κρῑός«, *Zeitschrift für vergleichende Sprachforschung* 1990.

–: »Die homerische Kunstsprache« in *Der neue Streit um Troia*, ed. C. Ulf, München 2003.

Meijer, D. J. W.: »Some Thoughts on Burial Interpretation«, *Altorientalische Forschungen* 2003.

Meijer, F.: *A History of Seafaring in the Classical World*, London 1986.

Meijer, L. C.: *Eine strukturelle Analyse der Hagia Triada-Tafeln*, Amsterdam 1982.

Meinhof, C.: *Die Sprache der Suaheli in Deutsch-Ostafrika*, Berlin 1941.

Meister, R.: »Der Name der Donau«, *Zeitschrift für vergleichende Sprachforschung* 1963.

Melas, M.: »Minoan Overseas«, *Aegaeum* 1988.

Meleisea, M./P. Schoeffel: »Discovering Outsiders« in *History of the Pacific Islanders*, ed. D. Denoon et al., Cambridge 1997.

Melena, J. L.: »*Po-ni-ki-jo* in the Knossos Ga Tablets«, *Minos* 1973.

–: »On the Linear B Ideogrammatic Syllabogram ZE«, *Minos* 1987.

Melikian-Chirvani, A. S.: »L'emblème de gloire solaire d'un roi iranien du Pont«, *Bulletin of the Asia Institute* 1993.

Melk-Koch, M.: *Auf der Suche nach der menschlichen Gesellschaft*, Berlin 1989.

Mellaart, J.: *Çatal Hüyük*, Bergisch Gladbach 1967.

Meller, H.: »Die Himmelsscheibe von Nebra«, *Nürnberger Blätter zur Archäologie* 2004.

Mellink, M. J.: *Hyakinthos*, Utrecht 1943.

–: »Rivers in Anatolian Art« in *Natural Phenomena*, ed. D. J. W. Meijer, Amsterdam 1992.

de Mendaña, A.: *Die Entdeckung der Inseln des Salomo*, ed. G. Friederici, Stuttgart 1925.

Merkelbach, R.: *Isisfeste in griechisch-römischer Zeit*, Meisenheim 1963.

–: »The Girl in the Rosebud«, *Harvard Studies in Classical Philology* 1978.

–: *Die Hirten des Dionysos*, Stuttgart 1988.

Merkevičius, A.: »Burial Patterns of Western and Eastern Balts in the Bronze and Early Iron Ages« in *The Indo-Europeanization of Northern Europe*, ed. K. Jones-Bley/M. E. Huld, Washington 1996.

Merousis, N.: »Changes in the Economic and Administrative Organization of Crete in LM II-III«, *Annual of the British School at Athens* 2002.

Merpert, N. I. et al.: »Investigations of the Soviet Expedition in Northern Iraq«, *Sumer* 1981.

Merrillees, R. S.: »Opium Trade in the Bronze Age Levant«, *Antiquity* 1962.

–: »Aegean Bronze Age Relations with Egypt«, *American Journal of Archaeology* 1972.

–: »Political Conditions in the Eastern Mediterranean during the Late Bronze Age«, *Biblical Archaeology* 1986.

–: »The First Appearances of Kamares Ware in the Levant«, *Ägypten und Levante* 2003.

Merrillees, R. S./J. Winter: »Minoan and Mycenaean Pottery from Egypt in the Brooklyn Museum«, *Miscellanea Wilbouriana* 1972.

van der Merwe, N. J./D. H. Avery: »Traditional Iron Smelting in Malawi« in

The Beginning of the Use of Metals and Alloys, ed. R. Maddin, Cambridge 1988.

du Mesnil du Buisson, C.: »Ashtart Cavalière et armée dans le mythe de la planète Vénus« in *Mélanges offerts à Maurice Dunand*, Bd. I, Beirut 1969.

Mettinger, T. N. D.: *The Riddle of Resurrection*, Stockholm 2001.

–: »The Dying and the Rising God« in *Ethnicity in Ancient Mesopotamia*, ed. W. H. van Soldt et al., Leiden 2005.

Metzger, M.: »Gottheit, Berg und Vegetation in der vorderorientalischen Bildtradition«, *Zeitschrift des Deutschen Palästina-Vereins* 1983.

Metzler, D.: *Kleine Schriften*, München 2004.

Metzner-Nebelsick, C.: »Pferde, Reiter und Streitwagenfahrer in der Bronzezeit Nordeuropas«, *Mitteilungen der Berliner Gesellschaft für Anthropologie, Ethnologie und Urgeschichte* 2003.

Meuli, K.: *Schweizer Masken*, Zürich 1943.

–: *Gesammelte Schriften*, Basel 1975.

Meyer, C./J. M. Todd/C. W. Beck: »From Zanzibar to Zagros: A Copal Pendant from Eshnunna«, *Journal of Near Eastern Studies* 1991.

Meyer, D.: »Zur Funktion geographischer Darstellungen bei Apollonios Rhodios und in der ›Perihegese an Nikomedes‹«, *Antike Naturwissenschaften und ihre Rezeption* 1998.

–: »Apollonius as a Hellenistic Geographer« in *A Companion to Apollonius Rhodius*, ed. T. D. Papanghelis/A. Rengakos, Leiden 2001.

Meyer, E. H.: *Germanische Mythologie*, Berlin 1891.

Meyer, H.: *Die Barundi*, Leipzig 1916.

Meyer, H.: *Medeia und die Peliaden*, Roma 1980.

Meyer, J.-W.: »Zur Bedeutung der Bootsmodelle aus dem Alten Orient« in *Kulturgeschichten*, ed. T. Richter et al., Saarbrücken 2001.

Meyer, K.-D.: »Bernstein-Vorkommen in Niedersachsen«, *Die Kunde* 2009.

Meyer, M.: »Die Ebene Kilikien bis zum Beginn der hellenistischen Zeit« in *Kulturbegegnung in einem Brückenland*, ed. M. Meyer/R. Ziegler, Bonn 2004.

de Meyer, M.: »Verjüngung im Glutofen«, *Zeitschrift für Volkskunde* 1964.

Meyer, R. M.: *Altgermanische Religionsgeschichte*, Leipzig 1910.

Meyerowitz, E. L. R.: *The Divine Kingship in Ghana*, London 1960.

Michaelides, D.: »The Case of *Pinctada Margaritifera*« in *Cyprus and the Sea*, ed. V. Karageorghis/D. Michaelides, Nicosia 1995.

–: »Food in Ancient Cyprus« in *Food and the Traveller*, ed. P. Lysaght, Nicosia 1998.

Michailidou, A.: »Indications of Literacy in Bronze Age Thera«, *Minos* 2001.

–: »Recording Quantities of Metal in Bronze Age Societies in the Aegean and the Near East« in *Manufacture and Measurement*, ed. A. Michailidou, Athens 2001.

Michailidou, A./K. Voutsa: »Humans as a Commodity in Aegean and Oriental Society« in *Emporia*, ed. R. Laffineur/E. Greco, Eupen 2005.

Michaux-Colombot, D.: »Magan and Meluḫḫa« in *Historiography in the Cuneiform World*, Bd. I, ed. T. Abusch et al., Bethesda 2001.

Michel, C.: »Le commerce dans les textes de Mari« in *Mari, Ébla et les Hourrites*, ed. J.-M. Durand, Bd. I, Paris 1996.

–: »Le lapis-lazuli des Assyriens au début du IIe millénaire av. J.-C.« in *Veenhof Anniversary Volume*, ed. W. H. van Soldt, Leiden 2001.

Michel, S.: *Der Fisch in der skythischen Kunst*, Frankfurt am Main 1995.

Middleton, D.: »Reconnaissance of Africa« in *Atlas of Exploration*, ed. J. Hemming, London 2008.

Mielsch, H.: *Griechische Tiergeschichten in der antiken Kunst*, Mainz 2005.

Mierse, W. E.: »The Architecture of the Lost Temple of Hercules Gaditanus«, *American Journal of Archaeology* 2004.

Mihovilić, K.: »Reichtum durch Handel in der Hallstattzeit Istriens« in *Handel, Tausch und Verkehr im bronze- und früheisenzeitlichen Südosteuropa*, ed. B. Hänsel, Berlin 1995.

Mikami, T.: »Chinese Ceramics from Medieval Sites in Egypt«, *Bulletin of the Middle Eastern Culture Center in Japan* 1988.

Miklucho-Maclay, N.: *Unter Südsee-Insulanern*, ed. D. Fischer, Leipzig 1956.

Milbrath, S.: »Representations of Carribean and Latin American Indians in 16th-Century European Art«, *Archiv für Völkerkunde* 1991.

Miles, D.: »If It Shines, It Is Gold«, *British Archaeology*, June 2001.

Militello, P.: »Crete and Cyprus in the Late Bronze Age« in *The Periphery of the Mycenaean World*, ed. N. Kyparissi-Apostolika, Athina 2003.

–: »Mycenaean Palaces and Western Trade« in *Emporia*, ed. R. Laffineur/ E. Greco, Eupen 2005.

Miller, C./G. R. Hamell: »A New Perspective on Indian-White Contact«, *Journal of American History* 1986.

Miller, D. G./P. Wheeler: »Mother Goddess and Consort as Literary Motif Sequence in the Gilgamesh Epic«, *Acta Antiqua Scientiarum Hungaricae* 1981.

Miller, H. F.: *The Iconography of the Palm in Greek Art*, Ann Arbor 1982.

Miller, J.: »Begegnung der Welten« in *Die Welt der Indianer*, ed. M. Thaler, München 1994.

Miller, M. E.: »Die Sonne in der Welt der Maya« in *Die Sonne*, ed. M. Singh, Tübingen 1994.

Miller, N. F.: »Date Sex in Mesopotamia«, *Expedition* 1, 1999.

Miller, P. D.: »Animal Names as Designations in Ugaritic and Hebrew«, *Ugarit-Forschungen* 1970.

Milojčić, V.: »Das Sethosschwert kein gemeineuropäisches Griffzungen-schwert«, *Germania* 1952.

–: »Einige ›mitteleuropäische‹ Fremdlinge auf Kreta«, *Jahrbuch des Römisch-Germanischen Zentralmuseums Mainz* 1955.

–: *Samos*, Bd. I, Bonn 1961.

Milojković, J.: »The Anthropomorphic and Zoomorphic Figurines« in *Selevac*, ed. R. Tringham/D. Krotić, Los Angeles 1990.

Miltner, F.: »Die erste milesische Kolonisation im Südpontus« in *Anatolian Studies*, ed. W. M. Calder/J. Keil, Manchester 1939.

Minault-Gout, A.: »Ostracon figurato satirico con scimmia musicante« in *Gli artisti del Faraone*, ed. G. Andreu/A. Roveri, Torino 2003.

Mire, S.: »Somaliland Archaeology«, *World Archaeology*, November 2010.

Mirié, S.: *Das Thronraumareal des Palastes von Knossos*, Bonn 1979.

Miron, A./A. V. B. Miron: »Bernsteinschmuck und -amulette aus einem keltischen Fürstinnengrab« in *Tränen der Götter*, ed. M. Ganzelewski/R. Slotta, Bochum 1996.

Mirón, D.: »The Heraia at Olympia«, *American Journal of Ancient History* 2007.

de Miroschedji, P.: »Cult and Religion in the Chalcolithic and Early Bronze Age« in *Biblical Archaeology Today*, ed. A. Biran/J. Aviram, Jerusalem 1993.

Misch-Brandl, O.: »Figuren aus dem Kultzentrum von Gilat« in *Land der Bibel*, ed. W. Seipel, Wien 1997.

Misra, V. N.: »Indus Civilization and the Ṛgvedic Sarasvatī« in *South Asian Archaeology 1993*, ed. A. Parpola/P. Koskikallio, Helsinki 1994.

Mitchell, L. G.: »Euboian Io«, *Classical Quarterly* 2001.

Mitchell, T. C.: »Indus and Gulf Type Seals from Ur« in *Bahrain through the Ages*, ed. S. H. A. al-Khalifa/M. Rice, Manama 1987.

Mitropoulou, E.: *Aphrodite auf der Ziege*, Athen 1975.

–: »The Goddess Cybele in Funerary Banquets« in *Cybele, Attis and Related Cults*, ed. E. N. Lane, Leiden 1996.

Mitsopoulos-León, V.: »Zum Halsschmuck oder Drogen für die Götter«, *Mitteilungen des Deutschen Archäologischen Instituts, Athen. Abt.* 2001.

Mittenhuber, F.: »Die Naturphänomene des hohen Nordens in den kleinen Schriften des Tacitus«, *Museum Helveticum* 2003.

Mittermeier, I.: »Grabbeigaben des Mittelalters und der Neuzeit«, *Rheinisches Jahrbuch für Volkskunde* 2002.

Mode, H.: *Das frühe Indien*, Stuttgart 1959.

Mode, M.: »Die Religion der Sogder im Spiegel ihrer Kunst« in *Die vorislamischen Religionen Mittelasiens*, ed. K. Jettmar/E. Kattner, Stuttgart 2003.

Möller, A.: *Naukratis*, Oxford 2000.

Møller, E.: »A Reevaluation of the Oriental Cylinder Seals Found in Crete« in *Interaction and Acculturation in the Mediterranean*, Bd. I, ed. J. G. P. Best/N. M. W. de Vries, Amsterdam 1980.

Möller, T.: *Das Gesicht der Heimat*, Kiel 1915.

Moeller, V.: »Die Mythologie der vedischen Religion« in *Götter und Mythen des indischen Subkontinents*, ed. H. W. Haussig, Stuttgart 1984.

Moftah, R.: *Die heiligen Bäume im Alten Ägypten*, Göttingen 1959.

–: »Die uralte Sykomore und andere Erscheinungsformen der Hathor«, *Zeitschrift für ägyptische Sprache und Altertumskunde* 1965.

Mogk, E.: *Germanische Mythologie*, Straßburg 1898.

Mohen, J.-P.: »La présence celtique de la Tène dans le sud-ouest de l'Europe« in *Les mouvements celtiques du Vᵉ au Iᵉʳ siècle avant notre ère*, ed. P.-M. Duval/V. Kruta, Paris 1979.

–: »La circulation des matières précieuses« in *Les princes celtes et la Méditerranée*, ed. J.-P. Mohen et al., Paris 1988.

–: *Métallurgie préhistorique*, Paris 1990.

–: »Abenteurer, Kunsthandwerker und Reisende« in *Götter und Helden der Bronzezeit*, ed. K. Demakopoulou et al., Ostfildern 1999.

999

Moholy-Nagy, H.: »Shells and Society at Tikal«, *Expedition* 2, 1995.

Moll, F.: »The History of the Anchor«, *The Mariner's Mirror* 1951.

Mollat, M.: *Les explorateurs du XIIIᵉ au XVIᵉ siècle*, Paris 1984.

Molter, T.: »Der Seeweg nach Indien aus dem Mittelländischen Meer und um Afrika«, *Tendenzen* 1995.

–: »Die Ausweitung des geographischen Weltbildes durch die Portugiesen während des 15./16. Jhs.«, *Tendenzen* 2000.

Mommsen, H.: »Eine mykenische Scherbe in Spanien«, *Prähistorische Zeitschrift* 1991.

–: »Physikalische Methoden in der archäologischen Forschung«, *Physik Journal* 12, 2005.

–: Brief vom 22. Oktober 2007.

Momrak, K.: »The Phoenicians in the Mediterranean«, *Altorientalische Forschungen* 2005.

Mondi, R.: »The Homeric Cyclopes«, *Transactions of the American Philological Association* 1978.

–: »Greek Mythic Thought in the Light of the Near East« in *Approaches to Greek Myth*, ed. L. Edmunds, Baltimore 1990.

Montag, M.: »Das Problem der süddeutschen Spiral- und Vogelornamentik« in *Mykene, Nürnberg, Stonehenge*, ed. B. Mühldorfer/J. P. Zeitler, Nürnberg 2000.

Montserrat, D.: *Sex and Society in Graeco-Roman Egypt*, London 1996.

Moody, J.: »Western Crete in the Bronze Age« in *Crete between the Palaces*, ed. L. P. Day et al., Philadelphia 2004.

–: »Climate Changes in the Late Bronze III Aegean« in *Ariadne's Threads*, ed. A. L. D'Agata et al., Athina 2005.

–: »Drought and the Decline of Mycenae Updated« in *Autochthon*, ed. A. Dakouri-Hild/S. Sherratt, Oxford 2005.

Moody, J./F. E. Lukermann: »Proto-History: The Reconstruction of Possible Worlds« in *Contributions to Aegean Archaeology*, ed. N. C. Wilkie/W. D. E. Coulson, Minneapolis 1985.

Mookerji, R.: *Indian Shipping*, New Delhi 1999.

Moon, J.: »Millennium Changes in Dilmun« in *2000 v. Chr.*, ed. J.-W. Meyer/W. Sommerfeld, Saarbrücken 2004.

de Moor, J. C.: *An Anthology of Religious Texts from Ugarit*, Leiden 1987.

Moore, C.: *New Guinea*, Honolulu 2003.

Moore, J. H.: *A Study of Religious Symbolism among the Cheyenne Indians*, Ann Arbor 1978.

Moorey, P. R. S.: »What Do We Know About the People Buried in the Royal Cemetery?«, *Expedition* 1, 1977.

–: »The Case of Egypt and Lower Mesopotamia in the Fourth Millennium B. C.« in *Centre and Periphery in the Ancient World*, ed. M. Rowlands et al., Cambridge 1987.

–: »Iran: A Sumerian El-Dorado?« in *Early Mesopotamia and Iran*, ed. J. Curtis, London 1993.

–: *Ancient Mesopotamian Materials and Industries*, Oxford 1994.

–: »Did Easterners Sail Round Arabia to Egypt in the Fourth Millennium B.C.?« in *Arabia and Its Neighbours*, ed. C.S. Phillips et al., Turnhout 1998.

–: »Novelty and Tradition in Achaemenid Syria«, *Iranica Antiqua* 2002.

Moorey, P.R.S./S.J. Fleming: »Re-Appraisal of a Syro-Palestinian Female Figurine«, *Masca Journal* 1979.

Van de Moortel, A.: »Un graffito de bateau de l'Âge du Bronze à Malia«, *Bulletin de Correspondance Hellénique* 1994.

–: *The Transition from the Protopalatial to the Neopalatial Society in South-Central Crete*, Ann Arbor 2003.

Van de Moortel, A./J.B. Rutter: »Minoan Pottery from the Southern Area« in *Kommos V*, ed. J.W. Shaw/M.C. Shaw, Princeton 2006.

Van de Moortel, A. et al.: »The History and Functions of the Monumental Minoan Buildings at Kommos« in *Kommos V*, ed. J.W. Shaw/M.C. Shaw, Princeton 2006.

Moortgat, A.: »Assyrische Glyptik des 12. Jahrhunderts«, *Zeitschrift für Assyriologie* 1944.

–: *Tammuz*, Berlin 1949.

Moortgat-Correns, U.: »Die Geburt des Sterns aus dem Geiste der Rosette«, *Altorientalische Forschungen* 1994.

Moosauer, M.: »Die befestigte Siedlung der Bronzezeit bei Bernstorf, Ldkr. Freising« in *Archäologische Forschungen in urgeschichtlichen Siedlungslandschaften*, ed. H. Küster et al., Regensburg 1998.

–: »Bernstorf: Kultplatz, Wirtschafts- und Handelszentrum der europäischen Bronzezeit«, *Mitteilungen der Berliner Gesellschaft für Anthropologie, Ethnologie und Urgeschichte* 2006.

–: »Das Bernsteingesicht von Bernstorf«, *Aviso* 2, 2006.

–: »Bernstorf«, *Amperland* 2007.

Moosauer, M./T. Bachmaier: *Bernstorf: Das Geheimnis der Bronzezeit*, Stuttgart 2005.

Morales Muñiz, L.C./A.M. Muñiz: »The Spanish Bullfight« in *The Symbolic Role of Animals in Archaeology*, ed. K. Ryan/P.J. Crabtree, Philadelphia 1995.

Morand, A.-F.: *Études sur les Hymnes Orphiques*, Leiden 2001.

Moreau, A.: »La figure ambigué de Sémiramis« in *Φιλολογία,* ed. P. Brillet-Dubois/É. Parmentier, Lyon 2006.

Moreno, P.: »Il sesso del cielo«, *archeo* 6, 2004.

Morenz, L.D.: »Mytho-Geographie der vier Himmelsrichtungen«, *Die Welt des Orients* 2002.

Morenz, S.: *Ägyptische Religion*, Stuttgart 1960.

Morenz, S./J. Schubert: *Der Gott auf der Blüte*, Ascona 1954.

Morgan, G.: »Aphrodite Cytherea«, *Transactions of the American Philological Association* 1978.

Morgan, J.D.: »Λευκάς πέτρη«, *The Classical Quarterly* 1985.

Morgan, L.: »The West House Paintings at Thera«, *Bulletin of the Institute of Classical Studies* 1981.

–: *The Miniature Wall Paintings of Thera*, Cambridge 1988.

–: »Frontal Face and the Symbolism of Death in Aegean Glyptic« in *Sceaux minoens et mycéniens*, ed. W. Müller, Berlin 1995.

–: »Form and Meaning in Figurative Painting« in *The Wall Paintings of Thera*, ed. S. Sherratt, Athens 2000.

Morison, S. E.: *Admiral of the Ocean Sea*, Boston 1942.

–: *The European Discovery of America*, Bd. I, New York 1971; Bd. II, 1974.

–: *Portuguese Voyages to America in the Fifteenth Century*, New York 1973.

Morkot, R. G.: »Punt und Gottes Land« in *Die 70 großen Geheimnisse Ägyptens*, ed. B. Manley, München 2003.

Morris, C. E.: *The Mycenaean Chariot Krater*, Bd. II, Boston 1989.

Morris, D.: *Die nackte Eva*, München 2004.

Morris, I.: »The Use and Abuse of Homer«, *Classical Antiquity* 1986.

–: »Homer and the Iron Age« in *A New Companion to Homer*, ed. I. Morris/ B. B. Powell, Leiden 1997.

Morris, M.: »The Harvesting of Frankincense in Dhofar« in *Profumi d'Arabia*, ed. A. Avanzini, Roma 1997.

Morris, S. P.: »The Miniature Frescoes from Thera and the Origins of Greek Poetry«, *American Journal of Archaeology* 1989.

–: »The Prehistoric Background of Artemis Ephesia« in *Der Kosmos der Artemis Ephesia*, ed. U. Muss, Wien 2001.

–: »Islands in the Sea« in *Symbiosis, Symbolism and the Power of the Past*, ed. W. G. Dever/S. Gitin, Winona Lake 2003.

Morton, J.: *The Role of the Physical Environment in Ancient Greek Seafaring*, Leiden 2001.

Moscati, S.: »Considerazioni conclusive« in *Le antiche divinità semitiche*, ed. S. Moscati, Roma 1958.

Moss, M. L.: »Two Minoan ›Goddess‹ Figures«, *Journal of Prehistoric Religion* 2003.

Mosso, A.: *Escursioni nel Mediterraneo e gli scavi di Creta*, Milano 1907.

Mott, L. V.: *Seapower in the Medieval Mediterranean*, Gainesville 2003.

Motz, L.: »The Goddess Freyja« in *Snorrastefna,* ed. Ú. Bragason, Reykjavík 1992.

–: *The Faces of the Goddess*, Oxford 1997.

–: »The Sky God of the Indo-Europeans«, *Indogermanische Forschungen* 1998.

Motzei-Chicideanu, I.: »Fremdgüter im Monteory-Kulturraum« in *Handel, Tausch und Verkehr im bronze- und früheisenzeitlichen Südosteuropa*, ed. B. Hänsel, Berlin 1995.

Mountjoy, P. A.: *Mycenaean Pottery*, Oxford 1993.

–: »Mycenaeans and the Kingdom of Ahhiyawa«, *Anatolian Studies* 1998.

–: »Miletos«, *Annual of the British School at Athens* 2004.

–: »Mycenaean Pictorial Pottery from Anatolia« in *Pictorial Pursuits*, ed. E. Rystedt/B. Wells, Stockholm 2006.

–: *The Mycenaean and Minoan Pottery*, Wiesbaden 2008.

Mouratidis, Y.: »The Mother Goddess of Mainland Greece and Her Associations with Dances and Games«, *Nikephoros* 2005.

Mudrak, E.: »Herr und Herrin der Tiere«, *Fabula* 1961.

Mühl, M.: »Des Herakles Himmelfahrt«, *Rheinisches Museum für Philologie* 1958.

Mühlenbruch, T.: «Untersuchungen zur Siedlungsstruktur in der Unterburg von Tiryns in der mykenischen Nachpalastzeit», *Archäologisches Nachrichtenblatt* 2006.

Mühlestein, H.: »Sirenen in Pylos«, *Glotta* 1958.

–: »Der homerische Phoinix und sein Name«, *Živa Antika* 1981.

–: *Homerische Namenstudien*, Frankfurt am Main 1987.

Mühlmann, W. E.: »Das Mythologem der verkehrten Welt«, *Kölner Zeitschrift für Soziologie und Sozialpsychologie* 1961.

–: »Kosmas und Damian in Sizilien«, *Österreichische Zeitschrift für Volkskunde* 1969.

Mührenberg, D.: »Kammacher und Bernsteindreher in der Lübecker Hundestraße«, *Die Heimat* 1990.

Müller, C.: »Das Monosandalos-Motiv in Ostasien«, *Baessler-Archiv* 1989.

Müller, D.: *Handwerk und Sprache*, Meisenheim 1974.

Müller, E.: »Die Herdenwanderungen im Mittelmeergebiet (Transhumance)«, *Petermanns geographische Mitteilungen* 1938.

Müller, F.: *Die antiken Odyssee-Illustrationen*, Berlin 1913.

Müller, F.: *Das Wasserwesen an der schleswig-holsteinischen Nordseeküste*, Bd. I, Berlin 1917.

Mueller, G. A. M.: »Die Kultur und Handelsbeziehungen der Balearen zur Bronzezeit«, *Zeitschrift für Ethnologie* 1959.

Müller, H. D.: *Historisch-mythologische Untersuchungen*, Göttingen 1892.

Müller, H.-P.: »Die Geschichte der phönizischen und punischen Religion«, *Journal of Semitic Studies* 1999.

–: »Eva und das Paradies« in *Ex Mesopotamia et Syria Lux*, ed. O. Loretz et al., Münster 2002.

–: »Der Gottesname *B'l* und seine Phraseologien im Hebräischen und Phönizisch-Punischen«, *Journal of Semitic Studies* 2005.

Müller, K.: »Die Urfirniskeramik« in *Tiryns IV*, München 1938.

Müller, K. O.: *Orchomenos und die Minyer*, Breslau 1844.

Müller, M.: *Athene als göttliche Helferin in der Odyssee*, Heidelberg 1966.

Müller, M.: »Die Göttin im Boot« in *Menschenbilder, Bildermenschen*, ed. T. Hofmann/A. Sturm, Norderstedt 2003.

Müller, M.: »Troia und Ägypten im Geflecht der internationalen Beziehungen« in *Troia*, ed. M. Korfmann, Mainz 2006.

Müller, P.: *Löwen und Mischwesen in der archaischen griechischen Kunst*, Zürich 1978.

Müller, R./D. Heinrich: »Muscheln: Archäologisches« in *Reallexikon der Germanischen Altertumskunde*, ed. H. Beck et al., Bd. 20, Berlin 2002.

Müller, W.: *Denken und Glauben der Sioux*, Berlin 1970.

–: *Geliebte Erde*, Bonn 1976.

Müller, W.: *Kretische Tongefäße mit Meeresdekor*, Berlin 1997.

Müller, W./I. Pini: *Corpus der minoischen und mykenischen Siegel*, Bd. II.6, Berlin 1999; Bd. II.7, 1998.

Müller, W. J.: *Schleswig-Holsteinische Fayencen des 18. Jahrhunderts*, Heide 1980.

Müller, W. M.: *Neue Darstellungen ›mykenischer‹ Gesandter und phönizischer Schiffe in altägyptischen Wandgemälden*, Berlin 1904.

–: *Egyptological Researches*, Bd. I, Washington 1906.

Müller, W. W.: »Zur Herkunft von λίβανος und λιβανωτός«, *Glotta* 1974.

–: »Weihrauch, gr. λίβανος und λιβανωτός« in *Paulys Realencyclopädie der Classischen Altertumswissenschaft*, Bd. XV, ed. K. Ziegler, Stuttgart 1978.

–: »Arabian Frankincense in Antiquity« in *Sources for the History of Arabia*, ed. A. M. Abdalla et al., Bd. I, Riyad 1979.

–: »Skizze der Geschichte Altsüdarabiens« in *Jemen,* ed. W. Daum, Innsbruck 1987.

–: »›Heilige Hochzeit‹ im antiken Südarabien« in *Studies in Oriental Culture and History*, ed. A. Gingrich et al., Frankfurt am Main 1993.

–: »Namen von Aromata im antiken Südarabien« in *Profumi d'Arabia*, ed. A. Avanzini, Roma 1997.

–: »Die heidnische Religion des antiken Südarabien« in *Jemen,* ed. W. Seipel, Wien 1998.

–: »Religion und Kult im antiken Südarabien« in *Polytheismus und Monotheismus,* ed. M. Krebernik/J. van Oorschot, Münster 2002.

Müller-Celka, S.: »Les personnages féminins des perles mycéniennes en verre bleu« in *Potnia,* ed. R. Laffineur/R. Hägg, Liège 2001.

–: »Évaluation de l'élément mycénien en Asie Mineure à travers les données funéraires« in *Emporia,* Bd. I, ed. R. Laffineur/E. Greco, Liège 2005.

Müller-Karpe, H.: »Vogelkopfmesser«, *Germania* 1963.

–: »Zur Seefahrt im 3. und 2. Jahrtausend v. Chr.« in *Zur geschichtlichen Bedeutung der frühen Seefahrt*, ed. H. Müller-Karpe, München 1982.

–: »Religionsgeschichtliche Komponente der mediterran-mitteleuropäischen Kontakte von der Bronzezeit bis zur Spätantike«, *Anodos* 2001.

–: »Himmel und Sonne als bronzezeitliche Gottheitssymbole«, *Germania* 2006.

Müller-Using, D.: »Die Wildschafe« in *Grzimeks Tierleben*, ed. B. Grzimek, Bd. XIII, Zürich 1968.

Münkler, M.: *Erfahrung des Fremden*, Berlin 2000.

Mugnaioni, R.: »Espérance de prospérité, pratiques hiérogamiques et descentes aux enfers« in *I culti primordiali della Grecità*, ed. B. Gentili et al., Roma 2004.

Muhly, J. D.: *Copper and Tin*, New Haven 1973.

–: »New Evidence for Sources of and Trade in Bronze Age Tin« in *The Search for Ancient Tin*, ed. A. D. Franklin et al., Washington 1978.

–: »Cypriote Copper« in *The Relations between Cyprus and Crete*, ed. V. Karageorghis, Nicosia 1979.

–: »On the Shaft Graves at Mycenae« in *Studies in Honor of Tom B. Jones*, ed. M. A. Powell/R. H. Sack, Neukirchen-Vluyn 1979.

–: »Possible Sources of Tin for the Bronze Age Aegean«, *Bulletin of the Institute of Classical Studies* 1979.

–: »Metals and Metallurgy in Crete and the Aegean at the Beginning of the Late Bronze Age«, *Temple University Aegean Symposium* 1980.

–: »The Bronze Age Setting« in *The Coming of the Age of Iron*, ed. T. A. Wertime/ J. D. Muhly, New Haven 1980.

–: »Aegean Metallurgy in Its Historical Context« in *Contributions to Aegean Archaeology*, ed. N. C. Wilkie/W. D. E. Coulson, Minneapolis 1985.

–: »Sources of Tin and the Beginnings of Bronze Metallurgy«, *American Journal of Archaeology* 1985.

–: »The Late Bronze Age in Cyprus« in *Archaeology in Cyprus*, ed. V. Karageorghis, Nicosia 1985.

–: »The Role of Cyprus in the Economy of the Eastern Mediterranean« in *Cyprus between the Orient and the Occident*, ed. V. Karageorghis, Nicosia 1986.

–: »Solomon, the Copper King«, *Expedition* 2, 1987.

–: »The Development of Copper Metallurgy in Late Bronze Age Cyprus« in *Bronze Age Trade in the Mediterranean*, ed. N. H. Gale, Jonsered 1991.

–: »The Crisis Years in the Mediterranean World« in *The Crisis Years: The 12th Century B. C.*, ed. W. A. Ward/M. S. Joukowsky, Dubuque 1992.

–: »Metals: Archaeological« in *Reallexikon der Assyriologie*, Bd. VIII, ed. D. O. Edzard, Berlin 1994.

–: »Mining and Metalwork in Ancient Western Asia« in *Civilizations of the Ancient Near East*, ed. J. M. Sasson, Bd. III, New York 1995.

–: »The Significance of Metals in the Late Bronze Age Economy of Cyprus« in *The Development of the Cypriot Economy*, ed. V. Karageorghis/D. Michaelides, Nicosia 1996.

–: »Metallic Ores as an Incentive for Foreign Expansion« in *Mediterranean Peoples in Transition*, ed. S. Gitin et al., Jerusalem 1998.

–: »Copper and Bronze in Cyprus and the Eastern Mediterranean« in *The Archaeometallurgy of the Asian Old World*, ed. V. C. Pigott, Philadelphia 1999.

–: »Copper, Tin, Silver and Iron« in *Mediterranean Peoples in Transition*, ed. S. Gitin et al., Jerusalem 1999.

–: »The Phoenicians in the Aegean« in *Meletemata*, ed. P. P. Betancourt et al., Bd. II, Liège 1999.

–: »Early Metallurgy in Greece and Cyprus« in *Anatolian Metal II*, ed. Ü. Yalçin, Bochum 2002.

–: »Metalworking/Mining in the Levant« in *Near Eastern Archaeology*, ed. S. Richard, Winona Lake 2003.

–: »Greece and Anatolia in the Early Iron Age« in *Symbiosis, Symbolism and the Power of the Past*, ed. W. G. Dever/S. Gitin, Winona Lake 2003.

–: »Chrysokamino and the Beginnings of Metal Technology on Crete« in *Crete beyond the Palaces*, ed. L. P. Day et al., Philadelphia 2004.

–: »Kupfer und Bronze in der spätbronzezeitlichen Ägäis« in *Das Schiff von Uluburun*, ed. Ü. Yalçin et al., Bochum 2005.

–: »Metal Deposits in the Aegean Region« in *Anatolian Metal IV*, ed. Ü. Yalçin, Bochum 2008.

Muhly, J. D./E. Pernicka: »Early Trojan Metallurgy and Metals Trade« in *Heinrich Schliemann*, ed. J. Herrmann, Berlin 1992.

Muhly, J. D. et al.: »Iron in Anatolia and the Nature of the Hittite Iron Industry«, *Anatolian Studies* 1985.

Mukherjee, A. J.: »The Qatna Lion«, *Antiquity* 2008.

Mulder, M. J.: »Der Gott Hadad im nordwestsemitischen Raum« in *Accultura-tion in the Mediterranean*, ed. J. Best/N. de Vries, Amsterdam 1980.

Muller, J.-C.: »›Divine Kingship‹ in Chiefdoms and States« in *The Study of the State*, ed. H. J. M. Claessen/P. Skalník, The Hague 1981.

Muller, F.: *Altitalisches Wörterbuch*, Göttingen 1926.

Munkácsi, B.: *Wogulisches Wörterbuch*, Budapest 1986.

Munn, M.: *The Mother of the Gods, Athens, and the Tyranny of Asia*, Berkeley 2006.

Munro, N. D.: »Small Game and the Transition to Agriculture in the Southern Levant« in *The Last Hunter-Gatherers in the Near East*, ed. C. Delage, Oxford 2004.

Muntingh, L. M.: »The Conception of Ancient Syro-Palestinian Kingship«, *Bulletin of the Middle Eastern Culture Center in Japan* 1984.

Murdock, G. P.: *Our Primitive Contemporaries*, New York 1934.

Murphy, S. B.: »Sorceresses and Serpents in Hittite Myths« in *Sex and Gender in the Ancient Near East*, ed. S. Parpola/R. M. Whiting, Helsinki 2002.

Murr, J.: *Die Pflanzenwelt in der griechischen Mythologie*, Innsbruck 1890.

Murray, C./P. Warren: »*Po-ni-ki-jo* among the Dye-Plants of Minoan Crete«, *Kadmos* 1976.

Murray, J.: »The Constructions of the Argo« in *Beginning from Apollo*, ed. A. Harder/M. Cuypers, Leuven 2005.

Murray, S. O.: »The Invisibility of Scientific Scorn« in *The Don Juan Papers*, ed. R. de Mille, Santa Barbara 1980.

–: »Ein homoerotisches Phantásien: Ethnographisch mißdeutet« in *Authentizität und Betrug in der Ethnologie*, ed. H. P. Duerr, Frankfurt am Main 1987.

Murray, S. O./D. W. Magill/J. H. Rankin: »Informelle Rationalität in wissen-schaftlichen Gemeinschaften« in *Der Wissenschaftler und das Irrationale*, Bd. II, ed. H. P. Duerr, Frankfurt am Main 1981.

Musche, B.: *Vorderasiatischer Schmuck von den Anfängen bis zur Zeit der Achaemeniden*, Leiden 1992.

–: *Die Liebe in der altorientalischen Dichtung*, Leiden 1999.

Muss, U.: »Ein bronzezeitlicher Kopf aus dem Artemision« in *Der Kosmos der Artemis Ephesia*, ed. U. Muss, Wien 2001.

Musshoff, F./B. Madea: »Chemisch-toxikologische Untersuchungen an Haar-proben« in *Mumien*, ed. A. Wieczorek et al., Mainz 2007.

Mussies, G.: »Marnas God of Gaza« in *Aufstieg und Niedergang der römischen Welt*, Bd. 18.4, ed. W. Haase, Berlin 1990.

Mustafa, A. H.: »Poetische Tiermetaphern in den westsemitischen Sprachen«, *Hallesche Beiträge zur Orientwissenschaft* 1983.

Muuß, R.: *Rungholt*, Lübeck 1929.

Muzzolini, A.: »Les premiers moutons sahariens d'après les figurations ru-pestres«, *Archaeozoologica* 1987.

–: »Les béliers sacrés dans l'art rupestre saharien« in *Hommages à Jean Leclant*, ed. C. Berger et al., Le Caïre 1994.

–: »Northern Africa: Some Advances in Rock Art Studies« in *Rock Art Studies*, ed. P. G. Bahn/A. Fossati, Bd. I, Oxford 1996.

Mylonas, G. E.: *Eleusis and the Eleusinian Mysteries*, Princeton 1961.

–: *Mycenae and the Mycenaean Age*, Princeton 1966.

–: *Ο Ταφικος Κύκλου Β τῶν Μυγηνῶν*, Athina 1972.

Mylonopoulos, J.: *Πελοπόννησος οἰκητήριον Ποσειδῶνος*, Liège 2003.

Myres, J. L.: »The Purpose and the Formulae of the Minoan Tablets from Hagia Triada«, *Minos* 1951.

–: »A Note on the Script of the Enkomi Tablet«, *Antiquity* 1953.

Myscofski, C. A.: »European Encounters with Native Brazilian Women«, *History of Religions* 2007.

Myśliwiec, K.: *Eros on the Nile*, London 2004.

Na'aman, N.:»Dispatching Canaanite Maidservants to the Pharaoh«, *Ancient Near Eastern Studies* 2002.

Nagar, S.: *Indian Gods and Goddesses*, Bd. III, Delhi 2005.

–: *Durgā*, Delhi 2006.

Nagel, W./C. Eder: »Altsyrien und Ägypten«, *Damaszener Mitteilungen* 1992.

Nagy, G.: »Phaethon, Sappho's Phaon, and the White Rock of Leukas«, *Harvard Studies in Classical Philology* 1973.

–: »Six Studies of Sacral Vocabulary Relating to the Fireplace«, *Harvard Studies in Classical Philology* 1974.

–: *Greek Mythology and Poetics*, Ithaca 1990.

–: »The Epic Hero« in *A Companion to Ancient Epic*, ed. J. M. Foley, Oxford 2005.

al-Najmi, R.: »A Sumerian Couple in the Iraq Museum«, *Mesopotamia* 1998.

Nakassis, D.: »East and West in the Mythical Geography of Archaic Greek Epic«, *Transactions of the American Philological Association* 2004.

Nakhai, B. A.: *Archaeology and the Religions of Canaan and Israel*, Boston 2001.

Napolskikh, V. V.: »Proto-Uralic World Picture« in *Northern Religions and Shamanism*, ed. M. Hoppál/J. Pentikäinen, Budapest 1992.

Narayanan, V.: »The Goddess Śrī: Blossoming Lotus and Breast Jewel of Viṣṇu« in *The Divine Consort*, ed. J. S. Hawley/D. M. Wulff, Berkeley 1982.

Nash, J.: »Aztec Women« in *Women and Colonization*, ed. M. Etienne/E. Leacock, New York 1980.

Naso, A.: »Etruscan and Italic Artefacts from the Aegean« in *Ancient Italy and Its Mediterranean Setting*, ed. D. Ridgway et al., London 2000.

Natzel, S. A.: *Κλέα γυναικῶν*, Trier 1992.

Naumann, Hans: »Die magische Seite des altgermanischen Königtums« in *Wirtschaft und Kultur*, ed. G. P. Bognetti et al., Baden 1938.

–: *Altdeutsches Volkskönigtum*, Stuttgart 1940.

Naumann, Helmut: »Die Platane von Gortyna« in *Studien zu Ritual und Sozialgeschichte im Alten Orient*, ed. T. R. Kämmerer, Berlin 2007.

Naumov, G.: »Burials Inside Houses and Vessels in the Neolithic Balkans« in *Cult in Context*, ed. D. A. Barrowclough/C. Malone, Oxford 2007.

Nava, M. L.: »Eleganze italiche«, *archeo* 11, 2003.

–: »Meravigliose ambre«, *Archeologia Viva*, Agosto 2007.

Nebelsiek, L. D.: »Ekstatische Elemente bronzezeitlicher Materialopfer« in *Gaben an die Götter*, ed. A. Hänsel/B. Hänsel, Berlin 1997.

Needham, S.: »Exchange, Object Biographies and the Shaping of Identities, 10.000-1000 B. C.« in *Prehistoric Britain*, ed. J. Pollard, Oxford 2008.

Needham, S./C. Giardino: »From Sicily to Salcombe: A Mediterranean Bronze Age Object from British Coastal Waters«, *Antiquity* 2008.

Negahban, E. O.: »The Treasure of Marlik«, *Archaeology* 1965.

Negbi, O.: »A Canaanite Figurine in LM Crete« in Πεπραγμενα, Bd. I.1, Athina 1980.

–: »Early Phoenician Presence in the Mediterranean Islands«, *American Journal of Archaeology* 1992.

Negbi, O./M. Negbi: »Stirrup-Jars versus Canaanite Jars« in *Wace and Blegen*, ed. C. Zerner et al., Amsterdam 1993.

–: »The Painted Plaster Floor of the Tel Kabri Palace« in *Aharon Kempinski Memorial Volume*, ed. S. Ahituv/E. D. Oren, Jerusalem 2002.

Nehring, A.: »Zum Namen der Quitte«, *Glotta* 1924.

Nelis, D. P.: »Apollonius of Rhodes« in *A Companion to Ancient Epic*, ed. J. M. Foley, Oxford 2005.

Nelson, J.: »The Fate of Christianity in 16th and 17th Century Japan«, *History and Anthropology* 2002.

Nemet-Nejat, K. R.: *Daily Life in Ancient Mesopotamia*, Peabody 1998.

Nesselrath, H.-G.: *Platon und die Erfindung von Atlantis*, Leipzig 2002.

–: »The Greeks and the Western Seas«, *Greece u. Rome* 2005.

Neu, E.: »Mythen der Hethiter« in *Mythos,* ed. G. Binder/B. Effe, Trier 1990.

–: »Zur Herkunft des Inselnamens Kypros«, *Glotta* 1996.

Neuhausen, K. A.: »Die Nordseeinsel Glaesaria = Austeravia bei Florus, Plinius Maior und Solinus«, *Acta Classica Universitatis Scientiarum Debreceniensis* 1991.

Neumann, G.: »Die Begleiter der phrygischen Muttergöttin von Boğazköy«, *Nachrichten der Akademie der Wissenschaften in Göttingen, Philol.-Hist.Kl.* 1959.

–: »Weitere mykenische und minoische Gefäßnamen«, *Glotta* 1961.

–: *Gesten und Gebärden in der griechischen Kunst*, Berlin 1965.

–: »Die homerischen Personennamen« in *Homer's World*, ed. Ø. Andersen/M. Dickie, Bergen 1995.

–: »Zur Vor- und Frühgeschichte der griechischen Sprache« in *Die Geschichte der hellenischen Sprache und Schrift*, ed. A. Kyriatsoulis/N. Dimoudis, Altenburg 1998.

–: »Lehnwörter als Indizien für Kulturkontakte« in *Die nahöstlichen Kulturen und Griechenland an der Wende vom 2. zum 1. Jahrtausend v. Chr.*, ed. E. A. Braun-Holzinger/H. Matthäus, Möhnesee 2002.

Neumann, J./S. Parpola: »Climatic Change and the 11th-10th-Century Eclipse of Assyria and Babylonia«, *Journal of Near Eastern Studies* 1987.

Nevermann, H.: *Götter der Südsee*, Stuttgart 1947.

Nevling-Porter, B.: »Sacred Trees, Date Palms, and the Royal Persona of Ashurnasirpal II«, *Journal of Near Eastern Studies* 1993.

–: »Ishtar of Niniveh and Her Collaborator, Ishtar of Arbela, in the Reign of Assurbanipal«, *Iraq* 2004.

Newman, J.K.: »The Golden Fleece: Imperial Dream« in *A Companion to Apollonius Rhodius*, ed. T.D. Papanghelis/A. Rengakos, Leiden 2001.

Nibbi, A.: *Ancient Egyptian Anchors and the Sea*, Oxford 2002.

–: »The Figure-of-Eight Shield Mould from Qantir«, *Discussions in Egyptology* 2002.

Nicgorski, A.M.: »Polypus and the Poppy« in *Meletemata*, ed. P.P. Betancourt et al., Bd.II, Liège 1999.

Nicolaou, K.: »Minoan Survivals in Geometric and Archaic Cyprus« in *The Relations between Cyprus and Crete*, ed. V. Karageorghis, Nicosia 1979.

Nicolakaki-Kentrou, M.: »Malkata, Site K: Aegean-Related Motifs in the Painted Decoration« in *Egyptology at the Dawn of the 21st Century*, ed. Z. Hawass, Bd.I, Cairo 2003.

Nicolis, F./S. Winghart: »Bronzezeitliche Höhensiedlungen an der Brenner-Route« in *Über die Alpen*, ed. B. Hach et al., Stuttgart 2002.

Niederhöfer, K.: »Rungholt gab es auch anderswo«, *Archäologie in Niedersachsen* 2008.

Niederschlag, E./M. Bartelheim: »Untersuchungen zur Buntmetallurgie im sächsisch-böhmischen Erzgebirge«, *Arbeits- und Forschungsberichte zur Sächsischen Bodendenkmalpflege* 1998.

Nielsen, D.: »Zur altarabischen Religion« in *Handbuch der altarabischen Altertumskunde*, ed. D. Nielsen, København 1927.

–: »Die altsemitische Muttergöttin«, *Zeitschrift der Deutschen Morgenländischen Gesellschaft* 1938.

Niemeier, W.-D.: »The End of the Minoan Thalassocracy« in *The Minoan Thalassocracy*, ed. R. Hägg/N. Marinatos, Stockholm 1984.

–: *Die Palaststilkeramik von Knossos*, Berlin 1985.

–: »Zur Ikonographie von Gottheiten und Adoranten in den Kultszenen auf minoischen und mykenischen Siegeln« in *Fragen und Probleme der bronzezeitlichen ägäischen Glyptik*, ed. W. Müller, Berlin 1989.

–: »Cult Scenes on Gold Rings from the Argolid« in *Celebrations of Death and Divinity in the Bronze Age Argolid*, ed. R. Hägg/G.C. Nordquist, Stockholm 1990.

–: »The Minoans in the South-Eastern Aegean and in Cyprus« in *Eastern Mediterranean*, ed. V. Karageorghis/N. Stampolidis, Athens 1998.

–: »The Mycenaeans in Western Anatolia and the Problem of the Origins of the Sea Peoples« in *Mediterranean Peoples in Transition*, ed. S. Gitin et al., Jerusalem 1998.

–: »Milet: Knotenpunkt im bronzezeitlichen Metallhandel zwischen Anatolien und der Ägäis?« in *Anatolian Metal I*, ed. Ü. Yalçın, Bochum 2000.

–: »Miletus in the Bronze Age«, *Bulletin of the Institute of Classical Studies* 2003.

–: »Greek Territories and the Hittite Empire« in *Sea Routes from Sidon to Huelva*, ed. N.C. Stampolidis, Athens 2003.

–: »Westkleinasien und die Ägäis in der mittleren bis späten Bronzezeit« in *Troia*, ed. M.O. Korfmann, Mainz 2006.

Niemeyer, H.G.: »Die Phönizier am Mittelmeer« in *Die nahöstlichen Kulturen und Griechenland an der Wende vom 2. zum 1. Jahrtausend v. Chr.*, ed. E. A. Braun-Holzinger/H. Matthäus, Möhnesee 2002.

Nier, H.: »Sprechen, Schriften und Literatur« in *Götter und Kulte in Ugarit*, ed. I. Cornelius/H. Nier, Mainz 2004.

Niess, F.: *Am Anfang war Kolumbus*, München 1991.

Nightingale, G.: »Mykenisches Glas« in *Althellenische Technologie und Technik*, ed. A. Kyriatsoulis, Weilheim 2004.

Nihill, M.: »Time and the Red Other», *Canberra Anthropologist* 1999.

Nikolaidou, M./D. Kokkinidou: »The Symbolism of Violence in Late Bronze Age Palatial Societies in the Aegean« in *Material Harm*, ed. J. Carman, Glasgow 1997.

Nikolidaki, E.: »Apollonius Rhodius and Crete«, *Cretan Studies* 2003.

Nikoloudis, S.: »Multiculturalism in the Mycenaean World« in *Anatolian Interfaces*, ed. B. J. Collins et al., Oxford 2008.

Nilius, I.: »Beziehungen des mecklenburgischen Neolithikums zu Skandinavien« in *Evolution und Revolution im Alten Orient und in Europa*, ed. F. Schlette, Berlin 1971.

Nilsson, M. P.: *Griechische Feste*, Leipzig 1906.

–: »Dionysos im Schiff«, *Archiv für Religionswissenschaft* 1908.

–: *A History of Greek Religion*, Oxford 1925.

–: *The Mycenaean Origin of Greek Mythology*, Berkeley 1932.

–: »Die eleusinischen Gottheiten«, *Archiv für Religionswissenschaft* 1935.

–: »Vater Zeus«, *Archiv für Religionswissenschaft* 1938.

–: *Minoan-Mycenaean Religion*, Lund 1950.

–: *Opuscula selecta*, Bd. I, Lund 1951; Bd. II, 1952; Bd. III, 1960.

–: *Geschichte der griechischen Religion*, Bd. I, München 1955.

Ninck, M.: *Die Bedeutung des Wassers in Kult und Leben der Alten*, Leipzig 1921.

–: *Die Entdeckung von Europa durch die Griechen*, Basel 1945.

Nissen, H. J.: »Frühe Hochkulturen im Nahen und Mittleren Osten« in *Vergessene Städte am Indus*, ed. A. Ardeleanu-Jansen, Aachen 1987.

Nissinen, M.: »Akkadian Rituals and Poetry of Divine Love« in *Mythology and Mythologies*, ed. R. M. Whiting, Helsinki 2001.

Nock, A. D.: *Essays on Religion and the Ancient World*, Cambridge 1972.

Nöldeke, I.: *850 Jahre St. Stephanuskirche in Schortens*, Jever 2002.

Noll, W.: *Alte Keramiken und ihre Pigmente*, Stuttgart 1991.

Van de Noort, R.: »The Humber, Its Sewn-Plank Boats, Their Contexts and the Significance of it All« in *The Dover Bronze Age Boat in Context*, ed. P. Clark, Oxford 2004.

Nordén A.: »Die Schiffbaukunst der nordischen Bronzezeit«, *Mitteilungen der Berliner Gesellschaft für Anthropologie, Ethnologie und Urgeschichte* 1939.

Norden, E.: *Kleine Schriften zum klassischen Altertum*, Berlin 1966.

Normand, D.: »Étude du sarcophage« in *La momie de Ramses II*, ed. L. Balout et al., Paris 1985.

Norris, E. G.: »Colon im Kontext« in *Colon*, ed. J. Jahn, München 1983.

Northrup, D.: *Africa's Discovery of Europe*, Oxford 2002.

Nosch, M.-L.: »Schafherden unter dem Namenspatronat von Potnia und Hermes in Knossos« in *Österreichische Forschungen zur ägäischen Bronzezeit*, ed. F. Blakolmer, Wien 2000.

–: »Center and Periphery in the Linear B Archives« in *The Periphery of the Mycenaean World*, ed. N. Kyparissi-Apostolika, Athina 2003.

van Nouhuys, J. W.: »The Anchor«, *The Mariner's Mirror* 1951.

Novák, M./A. Oettel: »Ein parthisch-römischer Friedhof in Tall Šēḫ Ḥamad«, *Antike Welt* 4, 1998.

Nowak, H.: »Der Regenkult der alten Herreños«, *Almogaren* 1985.

Nowakowski, W.: »Statuettes antiques d'origine oriental sur le littoral est de la Baltique« in *Aux pays d'Allat*, ed. P. Bieliński/F. M. Stępniowski, Warszawa 2005.

Nowicki, K.: »From Minoan to Dark Age Crete«, *Bulletin of the Institute of Classical Studies* 1998.

–: »Life in the Cretan Mountains at the Turn of the Bronze and Iron Ages« in *From Minoan Farmers to Roman Traders*, ed. A. Chaniotis, Stuttgart 1999.

–: *Defensible Sites in Crete*, Liège 2000.

–: »The End of the Neolithic in Crete«, *Aegean Archaeology* 2002.

Nützel, W.: *Geo-Archäologie des Vorderen Orients*, Wiesbaden 2004.

Nugteren, A.: *Belief, Bounty, and Beauty*, Leiden 2005.

Nunn, A.: *Alltag im alten Orient*, Mainz 2006.

Nunn, J. F.: *Ancient Egyptian Medicine*, London 1996.

Nuño, B. G.: »Sobre algunos grupos introductivos de Hagia Triada«, *Minos* 1951.

Nur, A.: »The End of the Bronze Age by Large Earthquakes?« in *Natural Catastrophes during Bronze Age Civilizations*, ed. B. J. Peiser et al., Oxford 1998.

–: *Apokalypse*, Princeton 2008.

Nur, A./E. H. Cline: »Poseidon's Horses«, *Journal of Archaeological Science* 2000.

Nylander, C.: »The Fall of Troy«, *Antiquity* 1963.

Oberem, U./R. Hartmann: »Zur Seefahrt in den Hochkulturen Alt-Amerikas« in *Zur geschichtlichen Bedeutung der frühen Seefahrt*, ed. H. Müller-Karpe, München 1982.

Oberhuber, K.: »Ein zentrales Problem der altmesopotamischen Religionsgeschichte« in *Studies in Greek, Italic and Indo-European Linguistics*, ed. A. M. Davies/W. Meid, Innsbruck 1976.

O'Bryhim, S.: »The Deities from the Kotchati Sanctuary Models«, *Journal of Prehistoric Religion* 1996.

Obsomer, C.: »Hérodote II 148 à l'origine du mot ›Labyrinthos‹«, *Cretan Studies* 9, 2003.

O'Connor, D.: »Boat Graves and Pyramid Origins«, *Expedition* 3, 1991.

–: »Egypt's Views of ›Others‹« in *Never Had the Like Occurred*, ed. J. Tait, London 2003.

O'Connor, D./A. Reid: »Locating Ancient Egypt in Africa« in *Ancient Egypt in Africa*, ed. D. O'Connor/A. Reid, London 2003.

Oda, K.: »Die Ainu«, *Kagami* 3, 1982.

O'Day, K.: »The Goldwork of Chimor« in *Precolumbian Gold*, ed. C. McEwan, London 2000.

Oderwald, J.: »Were the Egyptians Builders of Sea-Going Ships?«, *Jaarbericht van het Vooraziatisch-Egyptisch Gezelschap* 1939.

Odorich v. Pordenone: *Die Reise nach Indien und China*, ed. F. Reichert, Heidelberg 1987.

Oerstad, A. C.: »Beitrag zur Deutung der Silphium-Pflanze«, *Zeitschrift für Ethnologie* 1871.

Oertel, F.: *Kleine Schriften zur Wirtschafts- und Sozialgeschichte des Altertums*, Bonn 1975.

Østmo, E.: »Horses, Indo-Europeans and the Importance of Ships«, *Journal of Indo-European Studies* 1997.

Oettinger, N.: »Von der Einwanderung der Hethiter im 3. Jahrtausend v. Chr. bis zum Trojanischen Krieg«, *Nürnberger Blätter zur Archäologie* 2002.

Özdoğan, M.: »The Black Sea, the Sea of Marmara and Bronze Age Archaeology« in *Troia and the Troad*, ed. G. A. Wagner et al., Berlin 2003.

Özgüç, N.: »Götterprozessionen, Kriegs- und Jagdszenen« in *Die Hethiter und ihr Reich*, ed. N. Özgüç et al., Stuttgart 2002.

Özgüç, T.: *Kültepe Kaniš/Neša*, Istanbul 2003.

Ofitsch, M.: »Das Wort für ›Schaf‹ in den anatolischen Sprachen Altkleinasiens« in *Man and the Animal World*, ed. P. Anreiter et al., Budapest 1998.

O'Flaherty, W. D.: *Women, Androgynes, and Other Mythical Beasts*, Chicago 1980.

Ogdon, J.: »Notes on the Iconography of the God Min«, *Bulletin of the Egyptological Seminar* 1986.

Ogot, B. A.: »British Administration in the Central Nyanza District of Kenya«, *Journal of African History* 1963.

O'Higgins, D. M.: »Medea as Muse« in *Medea*, ed. J. J. Clauss/S. I. Johnston, Princeton 1997.

Ohlhaver, H.: *Der germanische Schmied und sein Werkzeug*, Leipzig 1939.

Ohshiro, M.: »Lapislazuli in the Formative Period of Egyptian Culture«, *Orient* 2000.

Ojennus, P.: »Holding Hands in the ›Argonautica‹«, *The Classical Journal* 2006.

Olaus Magnus: *Beschreibung der Völker des Nordens*, ed. E. Balzamo/R. Kaiser, Frankfurt am Main 2006.

Olbrich, Dr.: »Bernstein« in *Handwörterbuch des deutschen Aberglaubens*, Bd. I, ed. E. Hoffmann-Krayer, Berlin 1927.

Oldeberg, A.: *Die ältere Metallzeit in Schweden*, Bd. I, Stockholm 1974; Bd. II, 1976.

Oldenberg, H.: *Die Religion des Veda*, Berlin 1894.

Oliefka, O./F. Wedekind: »Scherben und Töpfe« in *Vom Dorf Gutingi zur Stadt*, ed. B. Arndt/A. Ströbl, Göttingen 2005.

Oliver, D.: *Polynesia in Early Historic Times*, Honolulu 2002.

Oliver, J. R.: »Gold Symbolism among Caribbean Chiefdoms« in *Precolumbian Gold*, ed. C. McEwan, London 2000.

Oliver, R./C. Oliver: *Africa in the Days of Exploration*, Englewood Cliffs 1965.

del Olmo, G.: »From Baal to Yahweh« in *The Bull in the Mediterranean World*, ed. S. Athanassopoulou et al., Athens 2003.

Olmsted, G. S.: *The Gundestrup Cauldron*, Bruxelles 1979.

–: »The Portrayal of a Celtic Goddess in an Elephant Biga on the Gundestrup Cauldron« in *Horizons and Styles*, ed. P. Åström, Jonsered 1993.

Olsen, F.: *On the Trail of the Arawaks*, Norman 1974.

Olshausen, O.: »Der alte Bernsteinhandel der cimbrischen Halbinsel«, *Zeitschrift für Ethnologie* 1890.

Olyan, S. M.: »The Identity of the Queen of Heaven«, *Ugarit-Forschungen* 1987.

Onasch, C.: »Die religiöse Bedeutung des Tempels« in *Musawwarat es-Sufra*, ed. F. Hintze, Bd. I.1, Berlin 1993.

Onassoglou, A.: *Die »Talismanischen« Siegel*, Berlin 1985.

O'Neill, J. P. et al.: *Greek Art of the Aegean Islands*, New York 1979.

Ongka: *A Self-Account By a New Guinea Big-Man*, ed. A. Strathern, London 1979.

Oppenheim, A. L.: »Mesopotamian Conchology«, *Orientalia* 1963.

–: »The Cuneiform Texts« in *Glass and Glassmaking in Ancient Mesopotamia*, ed. L. A. Oppenheim et al., Corning 1970.

v. Oppenheim, M.: *Der Tell Halaf*, Leipzig 1931.

Oppermann, M.: *Der Thrakische Reiter*, Langenweißbach 2006.

–: *Thraker, Griechen und Römer an der Westküste des Schwarzen Meeres*, Mainz 2007.

Oppitz, M.: *Schamanen im Blinden Land*, Frankfurt am Main 1981.

–: *Frau für Fron*, Frankfurt am Main 1988.

–: *Onkels Tochter, keine sonst*, Frankfurt am Main 1991.

–: »Cardinal Directions in Magar Mythology« in *Himalayan Space*, ed. B. Bickel/ M. Gaenszle, Zürich 1999.

–: Mündliche Mitteilung vom 6. Februar 2006.

Ordahl-Kupperman, K.: *Indians u. English*, Ithaca 2000.

Oren, E. D.: *The Northern Cemetery of Beth Shan*, Leiden 1973.

Ó Ríordáin, S. P.: »The Halberd in Bronze Age Europe«, *Archaeologia* 1936.

Ornan, T.: *A Man and His Land*, Jerusalem 1986.

–: *The Triumph of the Symbol*, Fribourg 2005.

Orrelle, E.: »Infant Jar Burials« in *Babies Reborn*, ed. K. Bacvarov, Oxford 2008.

Orru, C.: »Die königliche Bibliothek von Alexandria« in *Antike Bibliotheken*, ed. W. Hoepfner, Mainz 2002.

Orth, E.: »Schaf« in *Realencyklopädie der Classischen Altertumswissenschaft*, Bd. II A 1, ed. G. Wissowa, Stuttgart 1921.

Orthmann, W.: »Die säugende Göttin«, *Istanbuler Mitteilungen* 1970.

van Os, H.: *Der Weg zum Himmel*, Regensburg 2001.

Osborn, D. J./J. Osbornová: *The Mammals of Ancient Egypt*, Warminster 1998.

Osborne, R.: *Greece in the Making, 1200-479 BC*, London 1996.

Osgood, R.: *Warfare in the Late Bronze Age of North Europe*, Oxford 1998.

Osgood, R. et al.: *Bronze Age Warfare*, Stroud 2000.

Oshibkina, S. V.: »Amber in the Neolithic and Aeneolithic of European Russia« in *Baltic Amber*, ed. A. Butrimas, Vilnius 2001.

Osigus, A.: »Zum Bild des Skorpions in arabischen Quellen« in *Alltagsleben und materielle Kultur in der arabischen Sprache und Literatur*, ed. T. Bauer et al., Wiesbaden 2005.

Osing, J.: *Aspects de la culture pharaonique*, Paris 1992.

–: »Zu zwei geographischen Begriffen der Mittelmeerwelt« in *Gegengabe*, ed. I. Gamer-Wallert/W. Helck, Tübingen 1992.

Ossian, C.: »Water Lilies u. Lotuses in Ancient Egypt«, *Kmt,* Spring 1999.

v.d. Osten-Sacken, E.: »Überlegungen zur Göttin auf dem Burneyrelief« in *Sex and Gender in the Ancient Near East*, ed. S. Parpola/R. M. Whiting, Helsinki 2002.

Ott, N. H.: »Frauen aus der Anderen Welt« in *Rezeptions- und Wirkungsgeschichte der Volkserzählung*, ed. L. Petzoldt/O. Haid, Frankfurt am Main 2005.

Otto, A.: »Faunus« in *Realencyklopädie der Classischen Altertumswissenschaft*, Bd. VI.2, ed. G. Wissowa, Stuttgart 1909.

Otto, A.: »Ein Wettergott auf dem Stier«, *Damaszener Mitteilungen* 2002.

Otto, B.: »Minoische Bildsymbole« in *Kolloquium zur Ägäischen Vorgeschichte*, ed. W. Schiering, Mannheim 1987.

–: »Kultisches und Ikonographisches zum minoisch-mykenischen Dionysos«, *Mitteilungen der Anthropologischen Gesellschaft in Wien* 1994.

–: »Der Efeu und sein Symbolwert in der minoischen und mykenischen Kunst« in *Atti e memorie del Secondo Congresso Internazionale di Micenologia*, ed. E. De Miro et al., Roma 1996.

–: *König Minos und sein Volk*, Düsseldorf 1997.

–: »Der altkretische Jahresgott und seine Feste« in *Kreta u. Zypern*, ed. A. Kyriatsoulis, Altenburg 2001.

Otto, E.: »Dedun (*ddwn*)« in *Lexikon der Ägyptologie*, Bd. I, ed. W. Helck/ E. Otto, Wiesbaden 1975.

Otto, G.: »Tanis: Schatzfund ohne Widerhall«, *Kemet*, Oktober 2008.

Otto, W. F.: *Das Wort der Antike*, Stuttgart 1962.

–: *Aufsätze zur Römischen Religionsgeschichte*, Meisenheim 1975.

Oulié, M.: *Les animaux dans la peinture de la Crète préhellénique*, Paris 1928.

Owens, G. A.: »Minoan *di-ka-ta*«, *Kadmos* 1993.

–: »The Minoan Libation Formula«, *Cretan Studies* 1996.

–: »New Evidence for Minoan ›Demeter‹«, *Kadmos* 1996.

–: »The Structure of the Minoan Language«, *Journal of Indo-European Studies* 1999.

–: »Balkan Neolithic Scripts«, *Kadmos* 1999.

–: »Linear A in the Aegean« in *Meletemata*, ed. P. P. Betancourt et al., Bd. II, Liège 1999.

–: »Pre-Hellenic Language(s) of Crete«, *Journal of Indo-European Studies* 2000.

Owusu, H.: *Symbole Ägyptens*, Darmstadt 1998.

Padró, J.: »Les relations commerciales entre l'Égypte et le monde phénico-punique« in *Le commerce en Égypte ancienne*, ed. N. Grimal/B. Menu, Le Caïre 1998.

Pagden, A.: *European Encounters with the New World*, New Haven 1993.

Page, D.: *Folktales in Homer's Odyssey*, Cambridge 1973.

Page-Gasser, M.: »Figur einer Beischläferin« in *Augenblicke der Ewigkeit*, ed. M. Page-Gasser/A. B. Wiese, Mainz 1997.

Pahlow, M.: *Gold in der Bronzezeit in Schleswig-Holstein*, Bonn 2006.

Palaima, T. G.: »On the Painted Linear Sign from a Wall at Knossos«, *Kadmos* 1981.

–: »Mycenaean Seals and Sealings in Their Economic and Administrative Contexts« in *Tractata Mycenaea*, ed. P. H. Ilievski/L. Crepajac, Skopje 1987.

–: »Comments on Mycenaean Literacy« in *Studies in Mycenaean and Classical Greek*, ed. J. T. Killen et al., Salamanca 1987.

–: »The Purposes and Techniques of Administration in Minoan Society« in *Aegean Seals, Sealings and Administration*, ed. T. G. Palaima, Liège 1990.

–: »Maritime Matters in the Linear B Tablets«, *Aegaeum* 1991.

–: »The Nature of the Mycenaean Wanax« in *The Role of the Ruler in the Prehistoric Aegean*, ed. P. Rehak, Liège 1995.

–: »Linear B and the Origins of Hellenic Religion: *di-wo-nu-so*« in *Die Geschichte der hellenischen Sprache und Schrift*, ed. A. Kyriatsoulis/N. Dimoudis, Altenburg 1998.

–: »The Inscribed Bronze ›Kessel‹ from Shaft Grave IV and Cretan Heirlooms«, *Cretan Studies* 2003.

–: »›Wanaks‹ and Related Power Terms in Mycenaean and Later Greek« in *Ancient Greece*, ed. S. Deger-Jalkotzy/I. S. Lemos, Edinburgh 2006.

–: »Mycenaean Religion« in *The Aegean Bronze Age*, ed. C. W. Shelmerdine, Cambridge 2008.

Palaiologou, H.: »›Minoan Dragons‹ on a Sealstone from Mykene« in *Klados*, ed. C. Morris, London 1995.

Palanque, C.: *Le Nil à l'époque pharaonique*, Paris 1903.

Palavestra, A.: »Amber Beads of the Tiryns Type«, *Balcanica* 1992.

Palm, E. W.: *Heimkehr ins Exil*, Köln 1992.

Palmer, E.: »Land of the Rising Sun«, *Monumenta Nipponica* 1991.

Palmer, L. R.: *Mycenaeans and Minoans*, London 1961.

–: *The Interpretation of Mycenaean Greek Texts*, Oxford 1963.

–: »Mycenaean Inscribed Vases«, *Kadmos* 1973.

–: »Context and Geography: Crete« in *Colloquium Mycenaeum*, ed. E. Risch/ H. Mühlestein, Neuchâtel 1979.

–: »The Khyan Lid Deposit at Knossos«, *Kadmos* 1981.

–: »Mycenaean Religion: Methodological Choices« in *Res Mycenaeae*, ed. A. Heubeck/G. Neumann, Göttingen 1983.

–: »The Virgin She-Goat« in *Im Bannkreis des Alten Orients*, ed. W. Meid/ H. Trenkwalder, Innsbruck 1986.

–: *Die griechische Sprache*, Innsbruck 1986.

–: »Die letzten Riten im Thronraum von Knossos« in *Echo*, ed. B. Otto/F. Ehrl, Innsbruck 1990.

Palmer, L. R./J. Boardman: *On the Knossos Tablets*, Oxford 1963.

Palmer, R.: *Wine in the Mycenaean Palace Economy*, Eupen 1994.

–: »Linear A Commodities« in *Politeia*, ed. R. Laffineur/W.-D. Niemeier, Bd. I, Liège 1995.

–: »Perishable Goods in Mycenaean Texts« in *Floreant Studia Mycenaea*, ed. S. Deger-Jalkotzy et al., Wien 1999.

–: »The Continuity of Greek Agriculture from the Mycenaean to the Historical Period« in *Prehistory and History*, ed. D. W. Tandy, Montréal 2001.

Pålsson-Hallager, B.: »A New Social Class in Late Bronze Age Crete: Foreign Traders in Khania« in *Minoan Society*, ed. O. Krzyszkowska/L. Nixon, Bristol 1983.

Paluchowski, A.: »Note au sujet des ›Velchania‹ de Lyttos«, *Dialogues d'histoire ancienne* 2005.

Pamminger, P.: »Das Trinken von Überschwemmungswasser«, *Göttinger Miszellen* 1991.

–: »Amenophis III. und die Götter von Luxor«, *Antike Welt* 1996.

Panagiotaki, M.: *The Central Palace Sanctuary of Knossos*, Bd. I, London 1990.

–: »Cretan and Egyptian Contacts and Relationships Seen through Vitreous Materials« in *Κρήτη-Αιγύπτος*, ed. A. Karetsou, Athina 2000.

Panagiotakopulu, E.: »Butterflies, Flowers and Aegean Iconography« in *The Wall Paintings of Thera*, ed. S. Sherratt, Athens 2000.

–: *Archaeology and Entomology in the Eastern Mediterranean*, Oxford 2000.

Panagiotopoulos, D.: »Ägypten und die Ägäis in der Bronzezeit« in *Ägypten, Griechenland, Rom,* ed. H. Beck et al., Frankfurt am Main 2005.

Panagl, O.: »Mykenische Tontafeln und die Welt der Epen Homers« in *Keimelion*, ed. E. Alram-Stern/G. Nightingale, Wien 2007.

Panatsi, A.: »Ιστορικό σπηείωμα« in *Η Μύρινα της Πρώιμης εποχής του Χαλκού*, ed. A. Archontidou/M. Kokkinoforou, Lemnos 2004.

Panday, L. P.: *Sun Worship in Ancient India*, Delhi 1971.

Pandya, V.: Mündliche Mitteilung vom 24. Juni 2003.

Paner, H.: »Archaeological Evidence for Trade in Gdańsk from the 12th to the 17th Century« in *Lübecker Kolloquium zur Stadtarchäologie im Hanseraum*, ed. M. Gläser, Bd. II, Lübeck 1999.

Panten, A.: Briefe vom 1. Oktober 1994 und vom 27. Dezember 1994.

–: »Rungholt: Rätsel im Wattenmeer«, *Nordfriesland*, Dezember 1996.

–: Rezension von Hans Peter Duerrs *Rungholt*, *Nordfriesisches Jahrbuch* 2007.

Panten, A./H. J. Kühn: »Rungholt: Sage und Wirklichkeit« in *Das große Nordfriesland-Buch*, ed. T. Steensen, Hamburg 2000.

Papachatzis, M.: »L'origine de la déesse Athéna«, *Kernos* 1988.

Papadimitrou, G. D.: »The Metallurgy of Bronze in the Geometric Period in Greece« in *αργυρῖτις γῆ*, Athina 1998.

Papadopoulos, J. K./D. Ruscillo: »An Archaeology of Whales and Sea Monsters in the Greek World«, *American Journal of Archaeology* 2002.

Papadopoulou, E.: »Katalog« in *Kreta: Das Erwachen Europas*, ed. T. Bechert/ W. Pöhling, Duisburg 1990.

Papadopoulou, Z.: »Les origines cycladiques de la ›geranos‹«, *Kernos* 2004.

Papaefthymiou, E.: »Σφραγίδες – Σκαραβαίοι« in Χίος τ' ἔναλος πόλις οἰνο-πίωνος, ed. A. Archontidou/T. Kyriakopoulou, Mytilene 2000.

Papageorgiou, D.: »The Marine Environment and Its Influence on Seafaring and Maritime Routes in the Prehistoric Aegean«, *European Journal of Archaeology* 2008.

Papagiannopoulou, A.: »Middle Cycladic Figurative Art from Akrotiri« in *Horizon*, ed. N. Brodie et al., Cambridge 2008.

Papamanolu-Quest, A.: »Aegean Island Caves« in *World Islands in Prehistory*, ed. W. H. Waldren/J. A. Ensenyat, Oxford 2002.

Papasavvas, G.: »Der Fall der zyprischen Metallindustrie« in *Kreta u. Zypern*, ed. A. Kyriatsoulis, Altenburg 2001.

Papathanassopoulos, G. et al.: »Dokos: 1990 Campaign«, *Enalia* 2, 1990.

Papazoglou-Manioudaki, L.: »Mykenisches Griffzungenschwert, SH III C« in *Götter und Helden in der Bronzezeit*, ed. K. Demakopoulou et al., Ostfildern 1999.

Pape, W.: *Wörterbuch der griechischen Eigennamen*, Braunschweig 1870.

Papuaschwili, R.: »Metallfunde aus den spätbronzezeitlichen Gräberfeldern der Kolchis« in *Georgien*, ed. I. Gambaschidze et al., Bochum 2001.

Parada, C.: *Genealogical Guide to Greek Mythology*, Jonsered 1993.

Pare, C.: *Wagons and Wagon-Graves of the Early Iron Age in Central Europe*, Oxford 1992.

–: »Bronze and the Bronze Age« in *Metals Make the World Go Round*, ed. C. Pare, Oxford 2000.

Park, G. J.: »El's Member in KTU 1.23«, *Ugarit-Forschungen* 2007.

Parke, H. W.: *Athenische Feste*, Mainz 1987.

Parker, R.: *Athenian Religion*, Oxford 1996.

Parker, V.: »Zur Datierung der Dorischen Wanderung«, *Museum Helveticum* 1995.

Parlasca, K.: »Bedeutung und Problematik der Mumienporträts« in *Augenblicke*, ed. K. Parlasca/H. Seemann, Frankfurt am Main 1999.

–: »Die ägyptischen Mumienportraits« in *Paula Modersohn-Becker und die Mumienportraits*, ed. R. Stamm, München 2007.

Parmentier, R. J./H. Kopinina-Geyer: »Miklouho-Maclay in Palau, 1876«, *Journal of Micronesian Studies* 1996.

Parpola, A.: »The ›Fig Deity Seal‹ from Mohenjo-daro« in *South Asian Archaeology 1989*, ed. C. Jarrige, Madison 1992.

–: *Deciphering the Indus Script*, Cambridge 1994.

–: »The Formation of the Aryan Branch of Indo-European« in *Archaeology and Language*, Bd. III, ed. R. Blench/M. Spriggs, London 1999.

Parpola, A./S. Parpola: »On the Relation of the Sumerian Toponym Meluḫḫa and Sanskrit ›mleccha‹«, *Studia Orientalia* 1975.

Parpola, S. et al.: »The Meluḫḫa Village«, *Journal of the Economic and Social History of the Orient* 1977.

Partridge, R. B.: *Faces of Pharaohs*, London 1994.

–: *Transport in Ancient Egypt*, London 1996.

Partsch, J.: »Die Stromgabelungen der Argonautensage«, *Berichte über die Ver-*

handlungen der Sächsischen Akademie der Wissenschaften, Philol.-hist. Kl. 1919.

Pârvulescu, A.: »Le nom indo-européen de l'›étoile‹«, *Zeitschrift für vergleichende Sprachforschung* 1977.

Parzinger, H.: »Zur frühesten Besiedlung Milets«, *Istanbuler Mitteilungen* 1989.

–: »Zinn in der Bronzezeit Eurasiens« in *Das Zinn der Bronzezeit in Mittelasien*, ed. H. Parzinger/N. Boroffka, Bd. I, Mainz 2003.

–: *Die frühen Völker Eurasiens*, München 2006.

Paschalidis, C.: *The LM III Cemetery at Tourloti, Siteia*, Oxford 2009.

Paslavsky, T.: »Die Pelasger in der Geschichte Arkadiens«, *Do-so-mo* 2001.

Pasquali, G.: »Ἄμπωτις und die ältesten Beobachtungen der Gezeiten im Mittelmeer«, in *Festschrift Jacob Wackernagel*, ed. E. Abegg et al., Göttingen 1923.

Paßmann, F. A.: *Das Schicksal der Muttergöttinnen*, Siegburg 1994.

Paszthory, E.: »Salben, Schminken und Parfüme im Altertum«, *Antike Welt* 1990.

Pásztor, E.: »The Sun and the Rösaring Ceremonial Road«, *European Journal of Archaeology* 2000.

Patai, R.: *The Hebrew Goddess*, Detroit 1967.

–: *The Children of Noah*, Princeton 1998.

Pathak, P. V.: »The Lady of the Beasts or The Lord of the Beasts«, *Puratattva* 1991.

Paton, L. B.: »Ashtart (Ashtoreth), Astarte and Atargatis« in *Encyclopedia of Religion and Ethics*, ed. J. Hastings, Bd. II, Edinburgh 1909.

Patria, E.: »The Misunderstanding of Linear A«, *Minos* 1988.

Patroudakis, J.: »Ἄνθρωποι στην κρήτη πριν από 130.000 χρόνια«, *Kretikó*, März 2010.

Patterson, V.: »Transformations of Pomo Life«, *Expedition* 1, 1998.

Patton, M. A.: »Axes, Men and Women« in *Sacred and Profane*, ed. P. Garwood et al., Oxford 1991.

–: *Islands in Time*, London 1996.

Paturi, F. R.: *Die großen Rätsel der Vorzeit*, Frankfurt am Main 2007.

Patzek, B.: »Die homerischen Epen im Spiegel ihrer geschichtlichen Tradition« in *Der neue Streit um Troia*, ed. C. Ulf, München 2003.

Paul, S. M.: »The ›Plural of Ecstasy‹ in Mesopotamian and Biblical Love Poetry« in *Solving Riddles and Untying Knots*, ed. Z. Zevit et al., Winona Lake 1995.

–: »Euphemisms in Mesopotamian and Biblical Literature« in *Sex and Gender in the Ancient Near East*, ed. S. Parpola/R. M. Whiting, Helsinki 2002.

Pauli, L.: *Keltischer Volksglaube*, München 1975.

–: »Ausstattung eines Adelsgrabes am Alpenrand« in *Die Kelten in Mitteleuropa*, ed. L. Pauli, Salzburg 1980.

Paulsen, P.: *Axt und Kreuz bei den Nordgermanen*, Berlin 1939.

Pause, C.: »Die Franken und der Orient«, *Berichte aus dem Rheinischen Landesmuseum Bonn* 2, 1996.

Pavúk, P.: »Aegeans and Anatolians: A Trojan Perspective« in *Emporia*, ed. R. Laffineur/E. Greco, Bd. I, Liège 2005.

Payne, J. C.: *The Predynastic Egyptian Collection in the Ashmolean Museum*, Oxford 1993.

Payton, R.: »The Ulu Burun Writing-Board Set«, *Anatolian Studies* 1991.

Pearce, M.: »The Significance of Bronze« in *Ancient Europe*, ed. P. Bogucki/ P. J. Crabtree, Bd. II, New York 2004.

Pearson, M. N.: *Port Cities and Intruders*, Baltimore 1998.

Pease, A. S.: »Dictamnus« in *Mélanges de philologie, de littérature et d'histoire anciennes*, ed. J. Ernst et al., Paris 1948.

Peatfield, A.: »Minoan Symbols and Shrines beyond Palatial Collapse« in *Placing the Gods*, ed. S. E. Alcock/R. Osborne, Oxford 1994.

–: »Water, Fertility, and Purification in Minoan Religion« in *Klados*, ed. C. Morris, London 1995.

–: »The Dynamics of Ritual on Minoan Peak Sanctuaries« in *Cult in Context*, ed. D. A. Barrowclough/C. Malone, Oxford 2007.

–: »Minoische und mykenische Kriegsführung« in *Die Kriege des Altertums*, ed. P. de Souza, Leipzig 2008.

Pedersen, R. K.: »Traditional Arabian Watercraft and the Ark of the Gilgamesh Epic«, *Proceedings of the Seminar for Arabian Studies* 2004.

Pedrini, L./E. R. Massa: »Woman's Hair Dressing and Biological Analysis of Early Egyptian Hair« in *Anthropology of Symbols*, ed. O. P. Joshi, Jaipur 1992.

Pedrotti, A./M. V. Gambari: »La comparsa dell' agricoltora a sud delle Alpi« in *Guerrieri, Principi ed Eroi*, ed. F. Marzatico/P. Gleirscher, Trento 2004.

Pakáry, I.: »Cheniscus«, *Boreas* 1982.

Pellech, C.: *Die Argonauten*, Frankfurt am Main 1992.

Pelon, O.: *Fouilles exécutées à Mallia*, Bd. 16, Paris 1970.

–: »Une figurine en Bronze du Musée d'Iraklion« in *Ειλαπινη*, ed. L. Kastrinaki et al., Herakleion 1987.

–: »Royauté et iconographie royale dans la Crète minoenne« in *Politeia*, ed. R. Laffineur/W.-D. Niemeier, Eupen 1995.

Peltenburg, E.: »Kissonerga in Cyprus and the Appearance of Faience in the East Mediterranean« in *Trade in the Eastern Mediterranean*, ed. S. Bourke/J.-P. Descœudres, Sydney 1995.

Pendlebury, J. D. S.: *Aegyptiaca*, Cambridge 1930.

–: »Minoans and Their Religion« in *The World of the Past*, ed. J. Hawkes, Bd. II, New York 1963.

Penglase, C.: *Greek Myths and Mesopotamia*, London 1994.

–: »Mesopotamian Influence on the Homeric Hymn to Demeter« in *Assyrien im Wandel der Zeiten*, ed. H. Waetzold/H. Hauptmann, Heidelberg 1997.

Penhallurick, R. D.: *Tin in Antiquity*, London 1986.

–: »The Evidence for Prehistoric Mining in Cornwall« in *Prehistoric Extractive Metallurgy in Cornwall*, ed. P. Budd/D. Gale, Truro 1997.

Penkova, E.: »Der thrakische Heros« in *Die Thraker*, ed. A. Fol et al., Mainz 2004.

–: »Das mythische und das legendäre Thrakien« in *Die Thraker*, ed. B. Danailov/ G. Lazov, Mainz 2004.

Pennas, H. et al.: »The Point Iria Wreck (1994)«, *Enalia* 2000.

Penner, S.: *Schliemanns Schachtgräberrund und der europäische Nordosten*, Bonn 1998.

Pentikäinen, J.Y.: »Auf der Suche nach universellen Strukturen« in *Sehnsucht nach dem Ursprung,* ed. H. P. Duerr, Frankfurt am Main 1983.

Penzer, N. M.: *Poison-Damsels,* London 1952.

Perdrizet, P.: »Hermès criophore«, *Bulletin de Correspondance Hellénique* 1903.

Perera, V./R. D. Bruce: *The Last Lords of Palenque,* Boston 1982.

Pering, B.: *Heimdall,* Lund 1941.

Perna, M.: »Homer and the ›Folded Wooden Tablets‹« in *Epos,* ed. S. P. Morris/ R. Laffineur, Liège 2007.

Pernicka, E.: »Erzlagerstätten in der Ägäis und ihre Ausbeutung im Altertum«, *Jahrbuch des Römisch-Germanischen Zentralmuseums Mainz* 1987.

–: *Gewinnung und Verbreitung der Metalle in prähistorischer Zeit,* Mainz 1990.

–: »Bronze und Eisen als Werkstoffe und Handelsware« in *Troia,* ed. M. Korfmann, Mainz 2006.

Pernicka, E. et al.: »Early Metallurgy in the North-East Aegean« in *Troia and the Troad,* ed. G. A. Wagner et al., Berlin 2003.

Perpillou, J.-L.: »Pygmalion et Karpalion« in *Mykenaïka,* ed. J.-P. Olivier, Paris 1992.

Perraud, M.: »Les concubines du mort«, *Toutankhamon Magazine,* Juin 2006.

–: »Rites de beauté en Égypte pharaonique«, *Toutankhamon Magazine,* Novembre 2008.

Perrig, A.: »Erdrandsiedler oder Die schrecklichen Nachkommen Chams« in *Die andere Welt,* ed. T. Koebner/G. Pickerodt, Frankfurt am Main 1987.

Perrois, L.: *Fang,* Milano 2006.

Persson, A. W.: »Der Ursprung der eleusischen Mysterien«, *Archiv für Religionswissenschaft* 1922.

–: *The Royal Tombs at Dendra Near Midea,* Lund 1931.

–: »The Late Helladic Finds« in *Asine,* Bd. I, ed. O. Frödin/A. W. Persson, Stockholm 1938.

Peruzzi, E.: *Le iscrizioni minoiche,* Firenze 1960.

–: *Mycenaeans in Early Latium,* Roma 1980.

Peschel, O.: *Geschichte des Zeitalters der Entdeckungen,* Stuttgart 1858.

Petermann, W.: *Hundsköpfe und Amazonen,* Wuppertal 2007.

Peters, L. C.: »Ist Hooge immer eine Hallig gewesen?« in *Abhandlungen zur Meeres- und Heimatkunde der Insel Föhr und Nordfrieslands,* Wyk 1927.

–: »Entdeckungs- und Siedlungsgeschichte« in *Nordfriesland,* ed. L. C. Peters, Husum 1929.

–: »Neues vom schwindenden Rungholt«, *Die Heimat* 1932.

Petersmann, H.: »Persephone im Lichte des altorientalischen Mythos«, *Die Sprache* 1986.

–: »Altgriechischer Mütterkult« in *Matronen und verwandte Gottheiten,* ed. G. Bauchhenss/G. Neumann, Bonn 1987.

–: »Tithrone als Epiklese der Athene«, *Zeitschrift für vergleichende Sprachforschung* 1990.

–: »Springende und tanzende Götter beim antiken Fest« in *Das Fest und das Heilige,* ed. J. Assmann, Gütersloh 1991.

–: *Lingua et Religio*, Göttingen 2002.

Petridou, G.: »Adopted By Persephone« in *Cult and Death*, ed. D.-C. Naoum et al., Oxford 2004.

Petrie, W. M. F.: *Six Temples at Thebes*, London 1897.

–: *Amulets Illustrated by the Egyptian Collection in University College*, London 1914.

Petropoulou, A.: »Pausanias 1.34.5: Incubation on a Ram Skin« in *La Béotie antique*, ed. P. Roesch/G. Argoud, Paris 1985.

Petrovic, N.: »The ›Smiting God‹ and Religious Syncretism in the Late Bronze Age« in *The Archaeology of Cult and Religion*, ed. P. F. Biehl et al., Budapest 2001.

Petrullo, V.: »Among Friends«, *Expedition* 3, 1993.

Petschel, S.: »Zyprisches Opiumgefäß, ca. 1650-1450 v. Chr.« in *Pharao siegt immer*, ed. S. Petschel et al., Bönen 2004.

Pettersson, M.: *Cults of Apollo at Sparta*, Stockholm 1992.

Pettinato, G.: *Ebla*, Baltimore 1991.

Peuckert, W.-E.: *Ehe*, Hamburg 1955.

Pfälzner, P./E. Roßberger: »Das Gold des Nordens« in *Schätze des Alten Syrien*, ed. M. al-Maqdissi et al., Stuttgart 2009.

Pfeiffer, R.: »Schnecken und Muscheln als magisch-religiöse Symbole im meso-amerikanischen Kulturbereich«, *Baessler-Archiv* 1988.

Pfeiffer, S.: »Die Entsprechung ägyptischer Götter im griechischen Pantheon« in *Ägypten, Griechenland, Rom*, ed. H. Beck et al., Frankfurt am Main 2005.

Pfeiffer-Frohnert, U.: »Bronzezeitliche Schiffahrt in der Baltischen Koine« in *Υρόνος*, ed. C. Becker et al., Espelkamp 1997.

Pfiffig, A. J.: *Religio Etrusca*, Graz 1975.

Pfister, F.: *Der Reliquienkult im Altertum*, Gießen 1909.

–: »Rauchopfer« in *Paulys Realencyclopädie der Classischen Altertumswissenschaft*, Bd. I A.1, ed. W. Kroll/K. Witte, München 1914.

Pfisterer-Haas, S.: »Schaukeln im Frühling« in *Lockender Lorbeer*, ed. R. Wünsche, München 2004.

Phelps, M. T.: *A Re-Evaluation of the Mycenaean Pottery Sherds from Tell El-Amarna*, Ann Arbor 1982.

Philippson, A.: *Die griechischen Landschaften*, Bd. I.2, Frankfurt am Main 1951.

Philippson, P.: *Griechische Gottheiten in ihren Landschaften*, Oslo 1939.

–: *Thessalische Mythologie*, Zürich 1944.

Phillips, E. D.: »The Argonauts in Northern Europe«, *Classica et Mediaevalia* 1966.

Phillips, J.: »Egypt in the Aegean during the Middle Kingdom« in *Akten des 4. Internationalen Ägyptologen-Kongresses*, ed. S. Schoske, Bd. 4, Hamburg 1991.

–: »Tomb-Robbers and Their Booty in Ancient Egypt« in *Death and Taxes in the Ancient Near East*, ed. S. E. Orel, Lewiston 1992.

–: »Egypt, Nubia and Ethiopia« in *Egyptology at the Dawn of the Twenty-First Century*, ed. Z. Hawass, Bd. II, Cairo 2003.

–: »The Last Pharaohs on Crete« in *Emporia*, ed. R. Laffineur/E. Greco, Eupen 2005.

–: »Minoan Reception and Perceptions of Egyptian Influence« in *Timelines*, ed. E. Czerny et al., Bd. I, Leuven 2006.

–: »The Amenhotep III ›Plaques‹ From Mykene« in *The Synchronisation of Civilizations in the Eastern Mediterranean*, ed. M. Bietak/E. Czerny, Wien 2007.

Phillips, P.: *The Middle Neolithic in Southern France*, Oxford 1982.

Phillips, W. D./C. R. Phillips: »Columbus and the European Background« in *Maritime History*, ed. J. B. Hattendorf, Bd. I, Malabar 1996.

Phlourentzos, P.: »Miniaturbarren aus Enkomi (?)« in *Götter und Helden der Bronzezeit*, ed. K. Demakopoulou et al., Ostfildern 1999.

–: »Krater LM III C (1175-1125 BC)« in *Sea Routes from Sidon to Huelva*, ed. N. C. Stampolidis, Athens 2003.

Picard, C.: »Sur la patrie et les pérégrinations de Déméter«, *Revue des Études grecques* 1927.

–: »Die Große Mutter von Kreta bis Eleusis«, *Eranos-Jahrbuch* 1938.

–: *Les religions préhelléniques*, Paris 1948.

–: »La formation du polythéisme hellénique et les récents problèmes relatifs au Linéaire B« in *Éléments orientaux dans la religion grecque*, Paris 1960.

Pickles, S.: *Metallurgical Changes in Late Bronze Age Cyprus*, Edinburgh 1988.

Pickles, S./E. Peltenburg: »Metallurgy, Society and the Bronze/Iron Transition in the East Mediterranean and the Near East«, *Report of the Department of Antiquities Cyprus* 1998.

Pieniażek-Sikora, M.: »Northwest Pontic and North Aegean Settlement Architecture in the Last Quarter of the 2nd Millennium BC« in *The Transition from Bronze to Iron Ages in Anatolia*, ed. B. Fischer et al., Istanbul 2003.

Pientka, R.: »Aphrodisiaka und Liebeszauber im Alten Orient« in *Sex and Gender in the Ancient Near East*, ed. S. Parpola/R. M. Whiting, Helsinki 2002.

Pieper, P.: *Die Weser-Runenknochen*, Oldenburg 1989.

Pieper, W.: *Die Geschichte des O.*, Löhrbach 1998.

Pietsch, C.: *Die Argonautika des Apollonios von Rhodos*, Stuttgart 1999.

Pigafetta, A.: *Die erste Reise um die Erde*, ed. R. Grün, Tübingen 1968.

Piggott, C. M.: »A Late Bronze Age Hoard from Blackrock in Sussex«, *Proceedings of the Prehistoric Society* 1949.

Piggott, S.: »A Glance at Cornish Tin« in *Ancient Europe and the Mediterranean*, ed. V. Markotic, Warminster 1977.

Pigott, V. C.: »Near Eastern Archaeometallurgy« in *The Study of the Ancient Near East in the 21st Century*, ed. J. S. Cooper/G. M. Schwartz, Winona Lake 1996.

–: »The Archaeometallurgy of the Asian Old World«, *Masca Journal* 1999.

Pilali-Papasteriou, A.: »Idéologie et commerce: les cas des figurines mycéniennes«, *Bulletin de Correspondance Hellénique* 1998.

Piller, C. K.: »Das iranische Hochland im 2. und 1. Jahrtausend v. Chr.« in *Persiens antike Pracht*, ed. T. Stöllner et al., Bd. I, Bochum 2004.

Pinch, G.: *Votive Offerings to Hathor*, Oxford 1993.

–: *Magic in Ancient Egypt*, London 1994.

Pingiatoglou, S.: *Eileithyia*, Würzburg 1981.

Pinheiro, T.: *Aneignung und Erstarrung*, Stuttgart 2004.

Pini, I.: *Beiträge zur minoischen Gräberkunde*, Wiesbaden 1968.

–: »Archäologisches Museum Patras« in *Corpus der minoischen und mykenischen Siegel*, Bd. IV.2, ed. I. Pini, Berlin 1975.

–: »Echt oder falsch?« in *Studien zur minoischen oder helladischen Glyptik*, ed. W.-D. Niemeier, Berlin 1981.

–: »Minoische Siegel außerhalb Kretas« in *The Minoan Thalassocracy*, ed. R. Hägg/N. Marinatos, Stockholm 1984.

–: »Das Motiv des Löwenüberfalls in der spätminoischen und mykenischen Glyptik« in *L'iconographie minoenne*, ed. O. Picard, Athènes 1985.

–: *Corpus der minoischen und mykenischen Siegel*, Bd. XI, Berlin 1988; Bd. V, Suppl. 1 A 1992; Bd. V.3.1, Mainz 2004.

–: »Seals« in *Minoan and Greek Civilization*, ed. L. Marangou, Athens 1992.

–: »Spätbronzezeitliche ägäische Siegel von Zypern« in *Studies in Honour of Vassos Karageorghis*, ed. G. C. Ioannides, Nicosia 1992.

–: »Die minoisch-mykenische Glyptik« in *Atti e memorie del Secondo Congresso Internazionale di Micenologia*, ed. E. De Miro et al., Roma 1996.

–: »Minoische und mykenische Goldringe«, *Akademie-Journal* 1997.

–: »Further Research on Late Bronze Age Aegean Glass Seals« in *Η Περιφέρεια του Μυκηναϊκού Κόσμου*, ed. P. Dakoronia et al., Lamia 1999.

–: »Re-Engraved Minoan and Mycenaean Seals« in *Πεπραγμενα*, Bd. A3, ed. A. Karetsou, Herakleion 2000.

–: »Seals as an Indicator of Trade« in *Emporia*, ed. R. Laffineur/E. Greco, Liège 2005.

Pini, I./W. Müller: *Corpus der minoischen und mykenischen Siegel*, Bd. II.7, Berlin 1998.

Pinnock, F.: »The Lapis Lazuli Trade in the 3rd Millennium B. C. and the Evidence from the Royal Palace G of Ebla« in *Insight through Images*, ed. M. Kelly-Buccellati, Malibu 1986.

–: »Observations on the Trade of Lapis Lazuli in the IIIrd Millennium B. C.« in *Wirtschaft und Gesellschaft von Ebla*, ed. H. Waetzoldt/H. Hauptmann, Heidelberg 1988.

–: »Il commercio e i livelli di scambio nel Periodo Protosiriano« in *Ebla*, ed. P. Matthiae et al., Milano 1995.

–: »The Doves of the Goddess«, *Levant* 2000.

–: »Change and Continuity of Art in Syria Viewed from Ebla« in *2000 v. Chr.*, ed. J.-W. Meyer/W. Sommerfeld, Saarbrücken 2004.

Pirenne, J.: »Des Grecs à l'aurore de la culture monumentale sabéenne« in *L'Arabie préislamique*, ed. T. Fahd, Leiden 1989.

Pirenne-Delforge, V.: *L'Aphrodite grecque*, Liège 1994.

–: »La genèse de l'Aphrodite grecque: Le dossier crétois« in *La questione delle influenze vicino-orientali sulla religione greca*, ed. S. Ribichini et al., Roma 2001.

Pires de Lima, F.: »Le mythe de la sirène au Portugal« in *Mélanges André Varagnac*, ed. F. Braudel et al., Paris 1971.

Pittioni, R.: »Über die historische Bedeutung der Urnenfelderkultur Mitteleuropas«, *Anzeiger der phil.-hist. Kl. der Österreichischen Akademie der Wissenschaften* 1970.

–: »Über Handel im Neolithikum und in der Bronzezeit Europas« in *Handel und Verkehr der vor- und frühgeschichtlichen Zeit in Mittel- und Nordeuropa*, Bd. I, ed. K. Düwel et al., Göttingen 1985.

Plaßmann, J. O.: »Das Sinnbild im Märchen«, *Germanien* 1941.

Platon, N.: »Inscribed Libation Vessel from a Minoan House at Prassà, Heraklion« in *Minoica*, ed. E. Grumach, Berlin 1958.

–: *Zakros*, New York 1971.

–: »L'exportation du cuivre de l'île de Chypre en Crète« in *The Relations between Cyprus and Crete*, ed. V. Karageorghis, Nicosia 1979.

–: *La civilisation égéenne*, Bd. II, Paris 1981.

–: »The Minoan Thalassocracy and the Golden Ring of Minos« in *The Minoan Thalassocracy*, ed. R. Hägg/N. Marinatos, Stockholm 1984.

–: *Corpus der minoischen und mykenischen Siegel*, Bd. II.1, Berlin 1969; Bd. II.8, Mainz 2002.

Platon, N./I. Pini: *Corpus der minoischen und mykenischen Siegel*, Bd. II.3, Berlin 1984; Bd, II.4, 1985.

Platon, N./I. Pini/G. Salies: *Corpus der minoischen und mykenischen Siegel*, Bd. II.2, Berlin 1977; Bd. II.7, 1998.

Platt, E. E.: »Jewelry in the Levant« in *Near Eastern Archaeology*, ed. S. Richard, Winona Lake 2003.

Pleiner, R.: »Die Wege des Eisens nach Europa« in *Frühes Eisen in Europa*, ed. H. Haefner, Schaffhausen 1981.

Plesl, E.: »Zur Frage des Bernsteinvorkommens während der Urnenfelderperiode in der Tschechoslowakei« in *Amber in Archaeology*, ed. C. W. Beck/J. Bouzek, Praha 1993.

Plessis, J.: *Étude sur les textes concernant Ištar-Astarté*, Paris 1921.

Plischke, H.: »Der Ursprung des erdkundlichen Begriffs Salomonen« in *Beiträge zur Völkerforschung*, ed. D. Drost/W. König, Berlin 1961.

Ploeg, A.: »Revitalisation Movements among the Me, Damal and Western Dani«, *Zeitschrift für Ethnologie* 2007.

Ploug, M.: »Amber in Denmark« in *Baltic Amber*, ed. A. Butrimas, Vilnius 2001.

Plouin, S.: »Sépulture d'une jeune femme de haut rang à Nordhouse« in *Trésors Celtes et Gaulois*, ed. S. Plouin et al., Colmar 1996.

Podzuweit, C.: »Die mykenische Welt und Troja« in *Südeuropa zwischen 1600 und 1000 v. Chr.*, ed. B. Hänsel, Berlin 1982.

–: »Bemerkungen zur mykenischen Keramik von Llanete de los Moros«, *Prähistorische Zeitschrift* 1990.

–: »Bemerkungen zur mykenischen Keramik von Tell el-Amarna« in *Festschrift für Otto-Herman Frey*, ed. D. Vorlauf, Marburg 1994.

–: *Studien zur spätmykenischen Keramik: Tiryns*, Wiesbaden 2007.

Pökl, M./H. Schafler: »Ist ein schönes Gesicht Indikator für Gesundheit und Fruchtbarkeit?« in *Psychologie und Schönheit*, ed. A. Hergovich, Wien 2001.

Pötscher, W.: »Hera und Heros«, *Rheinisches Museum für Philologie* 1961.

–: »Athene«, *Gymnasium* 1963.

–: »Zeus Naios und Dione in Dodona«, *Mnemosyne* 1966.

–: *Hera*, Darmstadt 1987.

–: *Hellas und Rom*, Hildesheim 1988.

–: *Aspekte und Probleme der minoischen Religion*, Hildesheim 1990.

–: »Der Termin des Festes auf dem Sarkophag von Hagia Triada«, *Klio* 1994.

–: »Zum Sarkophag von Hagia Triada« in *Atti e Memorie del Secondo Congresso Internazionale di Micenologia*, ed. E. De Miro et al., Bd. II, Roma 1996.

–: »Triptolemos und die Wortbedeutung von πελεμίξειν«, *Acta Antiqua Academiae Scientarium Hungaricae* 1997.

–: »Io und ihr Verhältnis zu Hera«, *Grazer Beiträge* 1998.

–: »Γλαύκη, Γλαῦκος und die Bedeutung von γλαυκός«, *Rheinisches Museum für Philologie* 1998.

Pokorny, J.: *Indogermanisches etymologisches Wörterbuch*, Bd. I, Bern 1949.

Pokorny, J./A. Walde: *Vergleichendes Wörterbuch der indogermanischen Sprachen*, Bd. I, Berlin 1928.

Polimenakos, L. C.: »Thoughts on the Perception of the Earthquake in Greek Antiquity« in *Archaeoseismology*, ed. S. Stiros/R. E. Jones, Athens 1996.

Poljakov, T.: »The Nymph Balte, Mother of Epimenides«, *Rheinisches Museum für Philologie* 1987.

Pollard, J.: *Birds in Greek Life and Myth*, London 1977.

Pollenz, P.: »Changes in the Form and Function of Hawaiian Hulas«, *American Anthropologist* 1950.

Pollex, A.: »Die Totenhochzeit« in *Spuren und Botschaften*, ed. U. Veit et al., München 2003.

Pollock, S.: »The Dead in the Royal Cemetary of Ur«, *Cambridge Archaeological Journal* 1991.

Polo, M.: *Von Venedig nach China*, ed. T. A. Knust, Stuttgart 1983.

Polomé, E. C.: »Muttergottheiten im alten Westeuropa« in *Matronen und verwandte Gottheiten,* ed. G. Bauchhenss/G. Neumann, Bonn 1987.

–: »Types of Linguistic Evidence for Early Contact between Indo-Europeans and Non-Indo-Europeans« in *When Worlds Collide*, ed. T. L. Markey et al., Ann Arbor 1990.

–: »Das Pferd in der Religion der eurasischen Völker« in *Die Indogermanen und das Pferd,* ed. B. Hänsel/S. Zimmer, Budapest 1994.

–: »Animals in Indo-European Cult and Religion« in *Varia on the Indo-European Past*, ed. M. R. Dexter/E. C. Polomé, Washington 1997.

–: »Some Reflections on Indo-European Animal Names« in *Man and the Animal World*, ed. P. Anreiter et al., Budapest 1998.

Pomey, P.: »Mediterranean Sewn Boats in Antiquity« in *Sewn Plank Boats*, ed. S. McGrail/E. Kentley, Oxford 1985.

Pommerening, T.: »Mumien, Mumifizierungstechnik und Totenkult im Alten Ägypten« in *Mumien*, ed. A. Wieczorek et al., Mainz 2007.

Pomponio, A.: *Seagulls Don't Fly into the Bush*, Belmont 1992.

Pomponio, F./P. Xella: *Les dieux d'Ebla*, Münster 1997.

Pomsel, H.: »Bergleute unter Jägern und Sammlern«, *Archäologie in Deutschland* 4, 1999.

Pope, M.: »The Date of Linear B«, *Κρητικά Χρονικά* 1962.

–: *Aegean Writing and Linear A*, Lund 1964.

Pope, M./J. Raison: »Les variantes du signe L 100 du linéaire A«, *Kadmos* 1977.

Pope, M.H.: »The Cult of the Dead at Ugarit« in *Ugarit in Retrospect*, ed. G.D. Young, Winona Lake 1981.

Pope, M.H./W. Röllig: »Die Mythologie der Ugariter und Phönizier« in *Götter und Mythen im Vorderen Orient*, ed. H.W. Haussig, Stuttgart 1965.

Popenoe, P.: *The Date Palm*, Coconut Grove 1973.

Popham, M.R.: *The Destruction of the Palace at Knossos*, Göteborg 1970.

–: »Lefkandi and the Greek Dark Age« in *Origins*, ed. B. Cunliffe, London 1987.

–: »The Historical Implications of the Linear B Archive at Knossos Dating to either c. 1400 or 1200 BC«, *Cretan Studies* 1988.

–: »LM II to the End of the Bronze Age« in *Knossos*, ed. D. Evely et al., Oxford 1994.

Popham, M.R./L.H. Sackett: »Historical Conclusions« in *Lefkandi I*, ed. M.R. Popham et al., London 1980.

Popko, M.: »Zum hethitischen (KUŠ)*kurša*«, *Altorientalische Forschungen* 1975.

–: *Kultobjekte in der hethitischen Religion*, Warszawa 1978.

–: »Anatolische Schutzgottheiten in Gestalt von Vliesen« in *Wirtschaft und Gesellschaft im Alten Vorderasien*, ed. J. Harmatta/G. Komoróczy, Budapest 1976.

–: »Die Götter von Zippalanda« in *Šulmu*, ed. P. Vavrušek/V. Souček, Prag 1988.

–: *Religions of Asia Minor*, Warsaw 1995.

–: »Muršili II., der mächtige Wettergott und Katapa«, *Altorientalische Forschungen* 2001.

Popov, D.: »L'orphisme thrace en Magna Graecia« in *3. Internationaler Thrakologischer Kongreß*, ed. A. Fol et al., Sofia 1984.

Poppi, L.K.: »Verucchio sur la route de l'ambre«, *Archéologia*, Juillet 1996.

Porada, E.: »The Hasanlu Bowl«, *Expedition* 3, 1959.

–: *Alt-Iran*, Baden-Baden 1962.

–: »Facets of Iranian Art«, *Archaeology* 1964.

–: »Of Professional Seal Cutters and Nonprofessionally Made Seals« in *Seals and Sealing in the Ancient Near East*, ed. M. Gibson/R.D. Biggs, Malibu 1977.

–: »The Cylinder Seals Found at Thebes in Boeotia«, *Archiv für Orientforschung* 1982.

–: »Remarks on the Tôd Treasure in Egypt« in *Societies and Languages of the Ancient Near East*, ed. M.A. Dandamayev et al., Warminster 1982.

–: »The Cylinder Seal from Tell el-Dab'a«, *American Journal of Archaeology* 1984.

–: »A Ram's Head from Iran« in *Archaeologia Iranica et Orientalis*, ed. L. de Mayer/E. Haerinck, Gent 1989.

–: »A Cylinder with a Storm God and Problems« in *Natural Phenomena*, ed. D.J.W. Meijer, Amsterdam 1992.

Porožanov, K.: »Sur l'apparition du bateau à voile sur le littoral thrace de la Mer Noire« in *2nd International Symposium on Ship Construction in Antiquity*, ed. H. Tzalas, Delphi 1987.

–: »Ships in Thrace during the Bronze Age« in *3rd International Symposium on Ship Construction in Antiquity*, ed. H. Tzalas, Athens 1995.

–: »Thrakien und die Meere« in *Die Thraker*, ed. A. Fol et al., Mainz 2004.

Porte, D.: »Notes sur les ›Luperci nudi‹« in *L'Italie préromaine et la Rome républicaine*, ed. A. Balland et al., Bd. II, Roma 1976.

Porten, B.: *Archives from Elephantine*, Berkeley 1968.

Porter, B. N.: *Trees, Kings, and Politics*, Fribourg 2003.

Portugali, Y./A. B. Knapp: »Cyprus and the Aegean« in *Prehistoric Production and Exchange*, ed. A. B. Knapp/T. Stech, Los Angeles 1985.

Posener, G.: »L'or de Pount« in *Ägypten und Kusch*, ed. E. Endesfelder et al., Berlin 1977.

Posner, D.: »The Swinging Women of Watteau and Fragonard«, *Art Bulletin* 1982.

Posey, S.: *Yemeni Pottery*, London 1994.

Pospisil, L.: *The Kapauku Papuans of West New Guinea*, New York 1978.

Possehl, G. L.: »The Drying Up of the Sarasvatī« in *Environmental Disaster and the Archaeology of Human Response*, ed. G. Bawden/R. M. Raycraft, Albuquerque 2000.

–: *The Indus Civilization*, Walnut Creek 2002.

–: »Indus-Mesopotamian Trade«, *Iranica Antiqua* 2002.

Postgate, J. N.: *Early Mesopotamia*, London 1992.

Postlethwaite, N.: »The Death of Zeus Kretagenes«, *Kernos* 1999.

Potrebica, H.: »Greek Elements in the Religious Phenomena of the Eastern Hallstatt Circle« in *Âge du Fer en Europe*, ed. A. Cahen-Delhaye, Oxford 2005.

Potts, D. T.: »Watercraft of the Lower Sea« in *Beiträge zur Kulturgeschichte Vorderasiens*, ed. U. Finkbeiner et al., Mainz 1995.

–: *Mesopotamian Civilization*, London 1997.

–: »Babylonian Sources of Exotic Raw Materials« in *The Babylonian World*, ed. G. Leick, Abingdon 2007.

Poulaki-Pandermali, E.: »Bernsteinperlen aus Spathes, SH III B-C« in *Das mykenische Hellas*, ed. K. Demakopoulou, Athen 1988.

Poulianos, A. N.: »The Discovery of the First Known Victim of Thera's Bronze Age Eruption«, *Archaeology* 1972.

Powell, M. A.: »Aja = Eos« in *Dumu-E₂-Dub-B-A*, ed. H. Behrens et al., Philadelphia 1989.

Prakash, O.: »Long Distance Trade in Asia« in *Studies in Maritime History*, ed. K. S. Mathew, Pondicherry 1990.

Prayon, F.: »Der späthethitische Kulturraum im Westen« in *Die Außenwirkung des späthethitischen Kulturraumes*, ed. M. Novák et al., Münster 2004.

Prechel, D.: *Die Göttin Išḫara*, Münster 1996.

Prehn, B.: »Totenkrone und Eselsbegräbnis« in *Archäologie unter dem Straßenpflaster*, ed. H. Jöns et al., Schwerin 2005.

Preisendanz, K.: »Thyone (Θυώνη)« in *Paulys Real-Encyclopädie der Classischen Altertumswissenschaft*, Bd. 11, ed. W. Kroll/K. Mittelhaus, Stuttgart 1936.

Preller, L.: *Griechische Mythologie*, Bd. II, Berlin 1875.

Preller, L./C. Robert: *Griechische Mythologie*, Bd. I, Berlin 1894.

Prent, M.: *Cretan Sanctuaries and Cults*, Leiden 2005.

Prescher, H.: »›Bergmännlein‹ – Zwergentöpfe« in *Beiträge zur Ur- und Frühgeschichte*, ed. H. Kaufmann/K. Simon, Bd. II, Berlin 1982.

Prescott, W. H.: *History of the Conquest of Mexico*, New York 1998.

Presicce, C. P.: »La dea con il silfio e l'iconografia di Panakeia a Cirene«, *Libyan Studies* 1994.

Press, L.: »Contacts between Thrace and the Aegean in the Bronze Age« in *3. Internationaler Thrakologischer Kongreß*, ed. A. Fol et al., Bd. II, Sofia 1984.

Preston, L.: »A Mortuary Perspective on Political Changes in LM II-III B Crete«, *American Journal of Archaeology* 2004.

–: »Late Minoan II to III B Crete« in *The Aegean Bronze Age*, ed. C. W. Shelmerdine, Cambridge 2008.

Preys, R.: »Figure érotique avec singe« in *Les Empereurs du Nil*, ed. H. Willems/W. Clarysse, Tongeren 1999.

Price, N.: »Sexualität« in *Reallexikon der Germanischen Altertumskunde*, ed. H. Beck et al., Bd. 28, Berlin 2005.

Price, S./E. Kearns: *The Oxford Dictionary of Classical Myth and Religion*, Oxford 2003.

Priebe C.: *Gold und Weihrauch*, Zürich 2002.

Priese, K.-H.: »Das Reich von Napata und Meroë« in *Sudan*, ed. D. Wildung, München 1996.

Priglmeier, K.: »Bronzezeitlicher Transport mit Pferd und Wagen in Mitteleuropa« in *Mykene, Nürnberg, Stonehenge*, ed. B. Mühldorfer/J. P. Zeitler, Nürnberg 2000.

Primas, M.: »Tin Objects in Bronze Age Europe« in *Studi di Paletnologia*, ed. M. Liverani et al., Roma 1985.

–: »Early Tin Bronze in Central and Southern Europe« in *Die Anfänge der Metallurgie in der Alten Welt*, ed. M. Bartelheim et al., Rahden 2002.

–: »Ochsenhautbarren in Europa« in *Das Schiff von Uluburun*, ed. Ü. Yalçin et al., Bochum 2005.

–: »Innovationstransfer vor 5000 Jahren«, *Eurasia Antiqua* 2007.

Primas, M./E. Pernicka: »Der Depotfund von Oberwilfingen«, *Germania* 1998.

Prins, A. H. J.: »The *Mtepe* of Lamu, Mombasa and the Zanzibar Sea«, *Paideuma* 1982.

Pritchard, J. B.: *Palestinian Figures in Relation to Certain Goddesses*, New Haven 1943.

Privitera, S.: »Hephaestia on Lemnos and the Mycenaean Presence« in *Emporia*, Bd. I, ed. R. Laffineur/E. Greco, Liège 2005.

Probst, E.: *Deutschland in der Bronzezeit*, München 1999.

v. Prott, H.: »Μήτηρ«, *Archiv für Religionswissenschaft* 1906.

Prufer, K. M./P. S. Dunham: »A Shaman's Burial from an Early Classic Cave in the Maya Mountains of Belize«, *World Archaeology* 2009.

Pruss, A.: »The Use of Nude Female Figurines« in *Sex and Gender in the Ancient Near East*, ed. S. Parpola/R. M. Whiting, Helsinki 2002.

Pryor, F.: »The ›Seahenge‹ Phenomenon«, *Minerva*, October 2001.

Psota, T.: *Grabschätze aus Altägypten*, Bern 2001.

Ptak, R.: »Mazu: Anfänge und Geschichte eines Kults« in *Mazu: Chinesische Göttin der Seefahrt*, ed. C. Müller/R. Ptak, München 2009.

Puchner, W.: »Zur Typologie des balkanischen Regenmädchens«, *Schweizerisches Archiv für Volkskunde* 1982.

Puech, E.: »Le vocable d' *'Aṭṭart ḫurri* à Ugarit et en Phénicie«, *Ugarit-Forschungen* 1993.

Pugliese-Carratelli, G.: *Le epigrafi di Haghia Triada in Lineare A*, Salamanca 1963.

Puhvel, J.: »Helladic Kingship and the Gods« in *Minoica*, ed. E. Grumach, Berlin 1958.

–: »Eleuthér and Oinoâtis« in *Mycenaean Studies*, ed. E. L. Bennett, Madison 1964.

–: »›Meadow of the Otherworld‹ in Indo-European Tradition«, *Zeitschrift für vergleichende Sprachforschung* 1969.

–: »Mythological Reflections of Indo-European Medicine« in *Indo-European and Indo-Europeans*, ed. G. Cardona et al., Philadelphia 1970.

–: *Hittite Etymological Dictionary*, Bd. I, Berlin 1984; Bd. II, 1991.

–: *Comparative Mythology*, Baltimore 1987.

Pulak, C.: »Das Schiffswrack von Uluburun« in *In Poseidons Reich*, ed. B. Andreae, Mainz 1995.

–: »The Uluburun Shipwreck«, *International Journal of Nautical Archaeology* 1998.

–: »The Copper and Tin Ingots from the Shipwreck at Uluburun« in *Anatolian Metal I*, ed. Ü. Yalçin, Bochum 2000.

–: »Exponate aus dem Schiffswrack von Uluburun« in *Das Schiff von Uluburun*, ed. Ü. Yalçin et al., Bochum 2005.

–: »Who Were the Mycenaeans Aboard the Uluburun Ship?« in *Emporia*, ed. R. Laffineur/E. Greco, Eupen 2005.

–: »Ein Königsschiff aus der Zeit Tutanchamuns« in *Die Tiefe*, ed. G. F. Bass, München 2006.

–: »The Uluburun Shipwreck and Late Bronze Age Trade« in *Beyond Babylon*, ed. J. Aruz et al., New Haven 2008.

Puskás, I.: »Society and Religion in the Indus Valley Civilisation« in *South Asian Archaeology 1981*, ed. B. Allchin, Cambridge 1984.

–: »Indo-Mediterranica«, *Acta Classica Universitatis Scientiarum Debreceniensis* 1988.

al-Qazwīnī, Z.: *Āthār al-bilād*, ed. G. Jacob, Berlin 1896.

Quack, J. F.: »ϰft᷄ꝫꙍ und i᷄ꙅγ«, *Ägypten und Levante* 1996.

–: »Die Beziehungen zwischen Ḫattusa und Ägypten im Lichte ihrer diplomatischen Korrespondenz« in *Die Hethiter und ihr Reich*, ed. T. Özgüç, Stuttgart 2002.

Quak, A.: »Orts- und Hofnamen: Niederlande« in *Reallexikon der Germanischen Altertumskunde*, ed. H. Beck et al., Bd. 22, Berlin 2003.

Quast, D.: »Das Grab von Wolfsheim« in *Die Völkerwanderung*, ed. M. Knaut/ D. Quast, Stuttgart 2005.

Queyrel, F.: »Aphrodite et les marins« in *2nd International Symposium on Ship Construction in Antiquity*, ed. H. Tzalas, Delphi 1987.

Quesada, M. A. L.: »Reale und imaginäre Welten: John Mandeville« in *Legendäre Reisen im Mittelalter*, ed. F. N. Portela/F. J. V. Ruiz de Toledo, Stuttgart 2008.

Quimby, G. I.: »Japanese Wrecks, Iron Tools, and Prehistoric Indians of the Northwest Coast«, *Arctic Anthropology* 1985.

Quinn, D. B.: *New American World*, Bd. I, New York 1979.

Quintens, W.: »Les peuples de la mer dans la mémoire d'Israël« in *Atti e memorie del Secondo Congresso Internazionale di Micenologia*, ed. E. De Miro et al., Roma 1996.

Quiring, H.: »Die Lage des Gold- und Antimonlandes Punt und die erste Umfahrung Afrikas«, *Forschungen und Fortschritte* 1947.

–: *Geschichte des Goldes*, Stuttgart 1948.

Quirke, S.: *Lahun*, London 2005.

Quitta, H.: »Der Balkan als Mittler zwischen Vorderem Orient und Europa« in *Evolution und Revolution im Alten Orient und in Europa*, ed. F. Schlette, Berlin 1971.

Raaflaub, K. A.: »Homeric Society« in *A New Companion to Homer*, ed. I. Morris/B. B. Powell, Leiden 1997.

–: »Die Zeit des Odysseus« in *Götter und Helden der Bronzezeit*, ed. K. Demakopoulou et al., Ostfildern 1999.

–: »Die Bedeutung der Dark Ages« in *Der neue Streit um Troja*, ed. C. Ulf, München 2003.

Raats, J.: »Römisch-ägyptische Glasperlen im Ngada-Gebiet auf Flores«, *Anthropos* 1958.

Raban, A.: »Minoan and Canaanite Harbours« in *Thalassa*, ed. R. Laffineur/L. Basch, Liège 1991.

–: »Some Remarks on Shipbuilding Heritage and Ancient Peoples« in *Boundaries of the Ancient Near Eastern World*, ed. M. Lubetski et al., Sheffield 1998.

–: »Near Eastern Harbors« in *Mediterranean Peoples in Transition*, ed. S. Gitin et al., Jerusalem 1998.

–: »The Bronze Age Harbours of Cyprus and the Levant« in *Trakija Pontika VI.2*, ed. H. Angelova, Sofia 2003.

Rackham, O./J. Moody: *The Making of the Cretan Landscape*, Manchester 1996.

Raddatz, H./A. Seidel: *Die Suaheli-Sprache*, Dresden 1912.

Radermacher, L.: *Das Jenseits im Mythos der Hellenen*, Bonn 1903.

–: »St. Phokas«, *Archiv für Religionswissenschaft* 1904.

–: »Walfischmythen«, *Archiv für Religionswissenschaft* 1906.

–: *Die Erzählungen der Odyssee*, Wien 1915.

–: *Mythos und Sage bei den Griechen*, Baden 1938.

–: »Die Mädchen aus dem Hyperboreerland«, *Rheinisches Museum für Philologie* 1950.

Radford, R.: *Highlanders and Foreigners in the Upper Ramu*, Melbourne 1987.

Radin, P.: »The Sacred Chief among the American Indians« in *La regalità sacra*, ed. H. Widengren et al., Leiden 1959.

Radke, G.: *Die Götter Altitaliens*, Münster 1965.

Radke-Gerlach, T.: *Die Schatzkammer im Kaukasus*, Zwenkau 2001.

Radtke, C.: »Das Bootkammergrab von Haithabu« in *Es war einmal ein Schiff*, ed. C.v. Carnap-Bornheim/C. Radtke, Hamburg 2007.

Radwan, A.: »The Sacred Ram-Head of the Sun-God«, *Annales du Service des Antiquités de l'Egypte* 2005.

–: »Ein Jenseitsboot der 1. Dynastie aus Abusir« in *Zeichen aus dem Sand*, ed. E.-M. Engel et al., Wiesbaden 2008.

Rahmstorf, L.: »Mycenaean Influence in Northern Italy during the Late Bronze Age« in *Emporia*, ed. R. Laffineur/E. Greco, Eupen 2005.

–: »Zur Ausbreitung vorderasiatischer Innovationen in die frühbronzezeitliche Ägäis«, *Prähistorische Zeitschrift* 2006.

Rahner, H.: *Griechische Mythen in christlicher Deutung*, Darmstadt 1966.

Raison, J.: »Le tesson ›mycénien‹ de Cnossos Ir. 2632«, *Bulletin de Correspondance Hellénique* 1961.

Raison, J./M. Pope: *Index transnuméré du Linéaire A*, Louvain 1977.

Rakob, F.: »Karthago: 1500 Jahre Stadtgeschichte«, *Archäologie in Deutschland* 2, 1995.

Ralegh, W.: *The Discoverie of the Large, Rich, and Bevvtifvl Empyre of Gviana*, London 1596.

Rambach, J.: *Kykladen I*, Bonn 2000.

Ramseyer, U.: *Das Theater des Universums*, Basel 2009.

Randsborg, K.: »›Aegean‹ Bronzes in a Grave in Jutland«, *Acta Archaeologica* 1967.

–: »Resource Distribution and the Function of Copper in Early Neolithic Denmark« in *The Origins of Metallurgy in Atlantic Europe*, ed. M. Ryan, Dublin 1978.

–: »Kivik Powers of Communication« in *Communication in Bronze Age Europe*, ed. C. Orrling, Stockholm 1999.

–: »Opening the Oak-Coffins« in *Bronze Age Oak-Coffin Graves*, ed. K. Randsborg/K. Christensen, København 2006.

Ranke, K.: *Schleswig-Holsteinische Volksmärchen (ATh 300-402)*, Kiel 1955.

v. Ranke-Graves, R.: *Griechische Mythologie*, Reinbek 1960.

–: *Die weiße Göttin*, Berlin 1981.

Rao, S. K. R.: *Durgā-Kosha*, Bangalore 1997.

Rao, S. R.: »Shipping and Maritime Trade of the Indus People«, *Expedition* 3, 1965.

–: »Trade and Cultural Contacts between Bahrain and India in the 3rd and 2nd Millennium B. C.« in *Bahrain through the Ages*, ed. S. H. al-Khalifa/M. Rice, London 1986.

Raposso, B.: »Presence and Diffusion of Amber Artifacts in the Paleoveneto Territory« in *Atti del XIII Congresso delle Scienze preistoriche e protoistoriche*, ed. C. Giunchi, Bd. 6.1, Forli 1998.

Rappenglück, B.: »Mutterbauch und Kosmos«, *Kulturnachrichten*, Februar 1999.

Rasch, G.: *Antike geographische Namen nördlich der Alpen*, Berlin 2005.

Raschid, F.: »Einige Gedanken über Dumuzi« in *Gesellschaft und Kultur im alten Vorderasien*, ed. H. Klengel, Berlin 1982.

Rassmann, K.: »Kupfer, Bronze und Eliten«, *Archäologie in Deutschland* 5, 2003.

Rathjens, C.: *Sabaeica*, Bd. II, Hamburg 1955.

Ratnagar, S.: *The Westerly Trade of the Harappa Civilization*, Delhi 1981.

–: *The End of the Great Harappan Tradition*, New Delhi 2000.

–: »Harappan Trade in Its ›World‹ Context« in *Trade in Early India*, ed. R. Chakravarti, Oxford 2001.

Raulwing, P.: *Horses, Chariots and Indo-Europeans*, Budapest 2000.

Raven, M. J.: »Resin in Egyptian Magic and Symbolism«, *Oudheidkundige Mededelingen* 1990.

–: »A Criocephalous Crocodile«, *Oudheidkundige Mededelingen* 1990.

–: *Mummies onder het mes*, Amsterdam 1993.

Raven, M. J./W. K. Taconis: *Egyptian Mummies*, Turnhout 2005.

Rawling, L.: *The Ancient Greeks at War*, Manchester 2007.

Ray, H. P.: *The Archaeology of Seafaring in Ancient South Asia*, Cambridge 2003.

Raymond, P.: *L'Eau: Sa Vie et sa signification dans L'Ancien Testament*, Leiden 1958.

Rayor, D. J.: *The Homeric Hymns*, Berkeley 2004.

Reader, C.: »Pharaoh's Gold«, *Ancient Egypt*, November 2008.

Reay, M.: »An Innocent in the Garden of Eden« in *Ethnographic Presents*, ed. T. E. Hays, Berkeley 1992.

Reber, K.: *Untersuchungen zur handgemachten Keramik Griechenlands*, Jonsered 1991.

v. Recklinghausen, D.: »Mumie eines Mädchens aus Hawara« in *Ägyptische Mumien*, ed. C. Ewigleben, Mainz 2007.

Redford, D. B.: *Akhenaten*, Princeton 1984.

–: *The Wars in Syria and Palestine of Thutmose III*, Leiden 2003.

–: *From Slave to Pharaoh*, Baltimore 2004.

Redlich, C.: »Über die Herkunft figürlicher Darstellungen in der nordischen Bronzezeit« in *Studien zur europäischen Vor- und Frühgeschichte*, ed. M. Claus et al., Neumünster 1968.

Reece, S.: »Homer's Asphodel Meadow«, *Greek, Roman and Byzantine Studies* 2007.

Reed, J. D.: »The Sexuality of Adonis«, *Classical Antiquity* 1995.

Reed, N. B.: »Griffins in the Post-Minoan Cretan Art«, *Hesperia* 1976.

Reese, D. S.: »Palaikastro Shells and Bronze Age Purple-Dye Production«, *Annual of the British School at Athens* 1987.

–: »Shells and Shell Ornaments from Hasanlu IV B«, *Expedition* 2, 1989.

–: »The Fauna« in *Mochlos IC*, ed. J. S. Soles et al., Philadelphia 2004.

Reeves, N.: *The Complete Tutankhamun*, London 1990.

–: *Echnaton*, Mainz 2002.

Refai, H.: »Die Westgöttin nach dem Neuen Reich«, *Studien zur Altägyptischen Kultur* 2006.

–: »Hathor als gleichzeitige West- und Baumgöttin« in *Timelines*, ed. E. Czerny et al., Bd. I, Leuven 2006.

Rehak, P.: »The Aegean ›Priest‹ on CMS I. 223«, *Kadmos* 1994.

–: »Enthroned Figures in Aegean Art and the Function of the Mycenaean Megaron« in *The Role of the Ruler in Prehistoric Aegean*, ed. P. Rehak, Liège 1995.

–: »Aegean Breechcloths, Kilts, and the Keftiu Paintings«, *American Journal of Archaeology* 1996.

–: »The Monkey Frieze from Xeste 3, Room 4« in *Meletemata*, ed. P. P. Betancourt et al., Liège 1999.

–: »The Isopata Ring and the Question of Narrative in Neopalatial Glyptic« in *Minoisch-mykenische Glyptik*, Beiheft 6, ed. W. Müller, Berlin 2000.

Rehak, P./J. G. Younger: »Neopalatial, Final Palatial, and Postpalatial Crete« in *Aegean Prehistory*, ed. T. Cullen, Boston 2001.

Rehm, E.: *Der Schmuck der Achämeniden*, Münster 1992.

Reichel, M.: »Die homerische Helenagestalt« in *Euphrosyne*, ed. J. N. Kazazis/A. Rengakos, Stuttgart 1999.

Reichel-Dolmatoff, G.: *The Shaman and the Jaguar*, Philadelphia 1975.

–: »Desana Animal Categories, Food Restrictions, and the Concept of Color Energies«, *Journal of Latin American Lore* 1978.

Reichert, F.: »Columbus und Marco Polo«, *Zeitschrift für historische Forschung* 1988.

Reichmuth, S.: »Nachricht von den Inseln der Seligen« in *Alltagsleben und materielle Kultur in der arabischen Sprache und Literatur*, ed. T. Bauer et al., Wiesbaden 2005.

Reichstein, J.: Brief vom 2. Dezember 1994.

Reid, C.: »Bronze and Tin in Cornwall«, *Man* 1918.

Reid, J.: *Minoan Kato Zakro*, Oxford 2007.

Reim, H.: »Ein spätbronzezeitlicher Opferplatz über der Donau bei Inzigkofen«, *Archäologische Ausgrabungen in Baden-Württemberg* 2004.

Reimbold, E. T.: »Der Nachtweg der Sonne«, *Symbolon* 1993.

Reinach, S.: *Cultes, mythes et religions*, Bd. V, Paris 1923.

Reinecke, P.: »Eine rezente Meereskonchylie aus einer Jurahöhle an der unteren Altmühl«, *Germania* 1936.

Reinhold, M.: *History of Purple as a Status Symbol in Antiquity*, Bruxelles 1970.

Reinitzer, H.: »Zeder und Aloe«, *Archiv für Kulturgeschichte* 1976.

Reiser-Haslauer, E.: »Tell ed-Dabʿa« in *Funde aus Ägypten*, ed. M. Bietak et al., Wien 1979.

Reisinger, E.: *Kretische Vasenmalerei vom Kamares- bis zum Palaststil*, Berlin 1912.

Reiter, K.: *Die Metalle im Alten Orient*, Münster 1997.

Renard, M.: »La légende de Pero et de Micon sur les vases de la Graufesenque«, *Latomus* 1955.

–: »Hercule allaité par Junon« in *Hommages à Jean Bayet*, ed. M. Renard/R. Schilling, Bruxelles 1964.

Rendsburg, G. A.: »On the Potential Significance of the Linear A Inscriptions Recently Discovered in Israel«, *Aula Orientalis* 1998.

Renehan, R.: »Hera as Earth-Goddess«, *Rheinisches Museum für Philologie* 1974.

Renfrew, C.: »Crete and the Cyclades Before Rhadamanthus«, *Kretika Chroniká* 1964.

–: *The Neolithic and Early Bronze Age Cultures of the Cyclades*, Cambridge 1965.

–: *Problems in European Prehistory*, Edinburgh 1979.

–: »Questions of Minoan and Mycenaean Cult« in *Sanctuaries and Cults in the Aegean Bronze Age*, ed. R. Hägg/N. Marinatos, Stockholm 1981.

–: *The Sanctuary at Phylakopi*, London 1985.

–: »The Prehistoric Maltese Achievement« in *Archaeology and Fertility Cult in the Ancient Mediterranean*, ed. A. Bonanno, La Valetta 1986.

–: »Archaeology and Linguistics« in *When Worlds Collide*, ed. T. L. Markey et al., Ann Arbor 1990.

–: »Who Were the Minoans?«, *Cretan Studies* 1996.

–: »Word of Minos«, *Cambridge Archaeological Journal* 1998.

–: »The Anatolian Origins of Proto-Indo-European« in *Greater Anatolia and the Indo-Hittite Language Family*, ed. R. Drews, Washington 2001.

–: »Time Depth, Convergence Theory, and Innovation in Proto-Indo-European« in *Languages in Prehistoric Europe*, ed. A. Bammesberger/T. Vennemann, Heidelberg 2003.

Renger, J.: »Wirtschaft und Gesellschaft« in *Der Alte Orient*, ed. B. Hrouda, München 1991.

Rennebach, G./J.-P. Schmidt: »Archäologische Untersuchungen an bronzezeitlichen Hügelgräbern bei Promoisel«, *Bodendenkmalpflege in Mecklenburg-Vorpommern* 2006.

Renno, A. et al.: »Natürliche Verhältnisse«, *Archäologie in Deutschland* 1, 2007.

Repellin, T.: »Le rôle des Cyclades dans le monde égéen au début du Bronze Récent« in *Studia Aegeo-Anatolica*, ed. O. Pelon, Saint-Etienne 2004.

Resch, W. F. E.: *Das Rind in den Felsbilddarstellungen Nordafrikas*, Wiesbaden 1967.

Rethemiotake, G.: *Ανθρωπόμορφικη πηλοπλαστική στῆν Κρητη*, Athina 1998.

–: *Μινωικά Πήλινα εἰδώλια*, Athina 2001.

Rethemiotakis, G.: »Torso of an Early Neolithic Female Figurine« in *Neolithic Culture in Greece*, ed. G. A. Papathanassopulos, Athina 1996.

Retsö, J.: »The Domestication of the Camel and the Establishment of the Frankincense Road from South Arabia«, *Orientalia Suecana* 1991.

–: »Political Implications of Frankincense in Early Greece« in *Profumi d'Arabia*, ed. A. Avanzini, Roma 1997.

–: *The Arabs in Antiquity*, London 2003.

Reusch, H.: *Die zeichnerische Rekonstruktion des Frauenfrieses im böotischen Theben*, Berlin 1956.

–: »Zur Datierung des Thronraums von Knossos«, *Kadmos* 1964.

Reyes, A. T.: »Using Cypriote Stamp-Seals« in *Cyprus: Religion and Society*, ed. V. Karageorghis et al., Möhnesee-Wamel 2005.

Rhotert, H.: *Libysche Felsbilder*, Darmstadt 1952.

Ribichini, S.: »Beliefs and Religious Life« in *The Phoenicians*, ed. S. Moscati, Milano 1988.

Ricciardi, L.: »Necklace from the Cavalupo or the Osteria Necropolis at Vulci« in *Sea Routes from Sidon to Huelva*, ed. N. C. Stampolidis, Athens 2003.

Rice, M.: *Search for the Paradise Land*, London 1985.

–: *The Power of the Bull*, London 1998.

Richard de Silva, C.: »The Portuguese Encounter with the Peoples of South Asia« in *European and Non-European Societies*, ed. R. Forster, Aldershot 1997.

Richards, A. I.: »Keeping the King Divine«, *Proceedings of the Royal Anthropological Institute* 1968.

Richards, C.: »The Substance of Polynesian Voyaging«, *World Archaeology* 2008.

Richie, D./K. Ito: *The Erotic Gods*, Tōkyō 1967.

Richter, W.: *Archaeologia Homerica: Die Landwirtschaft im homerischen Zeitalter*, Göttingen 1968.

Richter-Ushanas, E.: *The Message of the Indus Seals and Tablets*, Bremen 2005.

Ridgway, D.: »The First Western Greeks Revisited« in *Ancient Italy and Its Mediterranean Setting*, ed. D. Ridgway et al., London 2000.

–: »Aspects of the ›Italian Connection‹« in *Ancient Greece*, ed. S. Deger-Jalkotzy/ I. S. Lemos, Edinburgh 2006.

Ridgway, D./F. R. Ridgway: »Sardinia and History« in *Sardinia in the Mediterranean*, ed. R. H. Tykot/T. K. Andrews, Sheffield 1992.

Ridout-Sharpe, J.: »Molluscan Evidence« in *The Chalcolithic Cemetery of Souskiou-Vathyrkakas*, ed. E. Peltenburg, Nicosia 2006.

Rieckhoff, S.: »Weinkanne aus dem Grab einer Priesterin (?)« in *Die Religion der Kelten*, ed. H.-U. Cain/S. Rieckhoff, Mainz 2002.

Rieckhoff, S./J. Biel: *Die Kelten in Deutschland*, Stuttgart 2001.

Riederer, J.: *Archäologie und Chemie*, Berlin 1987.

Riedhammer, K.: »Sternenkundler und Bergbauspezialisten«, *Antike Welt* 4, 2005.

Rieken, B.: ›*Nordsee ist Mordsee*‹, Münster 2005.

Riese, B.: »Die Maya und der Tod«, *Archiv für Religionsgeschichte* 2004.

Riesenfeld, A.: »The Swing in Melanesia and Some Other Regions«, *Anthropos* 1948.

Rieth, A.: *Die Eisentechnik der Hallstattzeit*, Leipzig 1942.

Riethmüller, J. W.: *Asklepios*, Bd. I, Heidelberg 2005.

Rigault, P.: »Collier avec amulettes, IVᵉ dynastie« in *L'art égyptien au temps des pyramides*, ed. A. de Margerie, Tours 1999.

Riggs, C.: *The Beautiful Burial in Roman Egypt*, Oxford 2005.

Rigoglioso, M.: *The Cult of Divine Birth in Ancient Greece*, New York 2009.

Rijal, S.: »Iron Smelting in Nepal« in *Combining the Past and the Present*, ed. T. Oestigaard et al., Oxford 2004.

Riley, C. L.: »Blacks in the Early Southwest«, *Ethnohistory* 1972.

Riley, F. R.: *The Role of the Mediterranean Diet in the Development of Minoan Crete*, Oxford 1999.

Rimantienė, R.: *Die Kurische Nehrung aus dem Blickwinkel des Archäologen*, Vilnius 1999.

–: *Die Steinzeitfischer an der Ostseelagune in Litauen*, Vilnius 2005.

Ring, E.: »Die Grauwaren des 8.-12. Jahrhunderts« in *Töpfereiforschung*, ed. H. Lüdtke/R. Vossen, Bonn 1991.

Ringgren, H.: *Word and Wisdom*, Lund 1947.

Ripinsky, M.: »The Camel in Dynastic Egypt«, *Journal of Egyptian Archaeology* 1985.

Robb, J. E./R. H. Farr: »Neolithic Mediterranean ›Trade‹« in *The Archaeology of Mediterranean Prehistory*, ed. E. Blake/A. B. Knapp, Oxford 2005.

Robbins, E.: »Famous Orpheus« in *Orpheus*, ed. J. Warden, Toronto 1982.

Robbins, J.: *Becoming Sinners*, Berkeley 2004.

Robbins, M.: »The Assimilation of Pre-Indo-European Goddesses Into Indo-European Society«, *Journal of Indo-European Studies* 1980.

Robert, C.: »Die Phaethonsage bei Hesiod«, *Hermes* 1883.

–: *Die griechische Heldensage*, Bd. I, Berlin 1894; Bd. II, 1921; Bd. III, 1926.

–: *Oidipus*, Bd. I, Berlin 1915.

Robert, C.: »Transhumance ovine dans l'Aurès depuis le Ve millénaire B. C.« in *Studia di paletnologia*, ed. M. Liverani et al., Roma 1985.

Roberts, J. J. M.: *The Earliest Semitic Pantheon*, Baltimore 1972.

Roberts, M.: »The Story of the Arrival of the Portuguese in Sri Lanka«, *Ethnos* 1989.

Robertson, N.: »Greek Ritual Begging in Aid of Women's Fertility and Child-birth«, *Transactions of the American Philological Association* 1983.

–: »Poseidon's Festival at the Winter Solstice«, *Classical Quarterly* 1984.

–: »The Ancient Mother of the Gods« in *Cybele, Attis and Related Cults*, ed. E. N. Lane, Leiden 1996.

–: »Athena as Weather Goddess« in *Athena in the Classical World*, ed. S. Deacy/A. Villing, Leiden 2001.

Robin, C. J.: »Arabie méridionale: l'état et les aromates« in *Profumi d'Arabia*, ed. A. Avanzini, Roma 1997.

Robin, K./C. Lorenz: »Novioregum: ville portuaire antique«, *Archéologia*, Février 2006.

Robins, G.: »Ancient Egyptian Sexuality«, *Discussions in Egyptology* 1988.

–: »Queens and Queenship in 18th Dynasty Egypt Before the Amarna Period«, *Bulletin of the Canadian Society for Mesopotamian Studies* 26, 1993.

–: »Dress, Undress, and the Representation of Fertility and Potency in New King-dom Egyptian Art« in *Sexuality in Ancient Art*, ed. N. B. Kampen et al., Cambridge 1996.

–: »The Decoration of Palace Floors at Amarna«, *Annual of the American Research Center in Egypt* 2008.

Rochna, O.: »Handelsbeziehungen während der jüngeren Steinzeit und der älte-sten Bronzezeit im westlichen Norddeutschland« in *Festschrift für Gustav Schwantes*, ed. K. Kersten, Neumünster 1951.

Roden, C.: »Montanarchäologische Quellen des ur- und frühgeschichtlichen Zinnerzbergbaus in Europa«, *Der Anschnitt* 1985.

Rodenwaldt, G.: »Die Fresken des Palastes« in *Tiryns II*, ed. W. Müller/F. Oelmann, Mainz 1976.

Rodrigues, H.: »Women in the Worship of the Great Goddess« in *Goddesses and Women in the Indic Religious Tradition*, ed. A. Sharma, Leiden 2005.

Roe, F. G.: *The Indian and the Horse*, Norman 1955.

Roebuck, C.: *Ionian Trade and Colonization*, New York 1959.

Roeder, G.: *Urkunden zur Religion des Alten Ägypten*, Jena 1923.

–: *Die ägyptische Götterwelt*, Zürich 1959.

Röhrborn, K.: *Uigurisches Wörterbuch*, Bd. 2, Wiesbaden 1979.

Röhrich, L.: »Europäische Wildgeistersagen«, *Rheinisches Jahrbuch für Volkskunde 1959*.

–: »Die mittelalterlichen Redaktionen des Polyphem-Märchens«, *Fabula* 1962.

Röllig, W.: »Muschel« in *Reallexikon der Assyriologie*, Bd. 8, ed. D. O. Edzard, Berlin 1997.

–: »Begegnungen mit Göttern und Dämonen der Levante« in *Gegenwelten*, ed. T. Hölscher, München 2000.

Römer, W. H. P.: »Eine sumerische Hymne mit Selbstlob Inannas«, *Orientalia* 1969.

Rösch, M.: »Wassernuß« in *Reallexikon der Germanischen Altertumskunde*, ed. H. Beck et al., Bd. 33, Berlin 2006.

Rössler, O.: *Gesammelte Schriften zur Semitohamitistik*, Münster 2001.

Röttger, G.: *Altgermanien nach antiker und heutiger Kenntnis*, Bd. II, Leipzig 1937.

Rohde, E.: *Psyche*, Bd. I, Freiburg 1898.

–: *Kleine Schriften*, Bd. II, Tübingen 1901.

v. Rohden, J.-U.: *Die Gewässernamen im Einzugsgebiet der Treene*, Neumünster 1989.

Rohe, M. E.: »The Greatness of Goddess Vaiṣṇo Devī« in *Seeking Mahādevī*, ed. T. Pintchman, Albany 2001.

Róheim, G.: *Psychoanalyse und Anthropologie*, Frankfurt am Main 1977.

Rolle, R.: »Der griechische Handel der Antike zu den osteuropäischen Reiternomaden« in *Untersuchungen zu Handel und Verkehr der vor- und frühgeschichtlichen Zeit in Mittel- und Nordeuropa*, ed. K. Düwel et al., Bd. I, Göttingen 1985.

Roller, D. W.: »The West African Voyage of Hanno the Carthaginian«, *The Ancient World* 2006.

Roller, L. E.: »Phrygian Myth and Cult«, *Source* 1988.

–: *In Search of God the Mother*, Berkeley 1999.

Rollinger R.: »Homer, Anatolien und die Levante« in *Der neue Streit um Troia*, ed. C. Ulf, München 2003.

–: »Das altorientalische Weltbild und der ferne Westen in neuassyrischer Zeit« in *Antike Lebenswelten*, ed. P. Mauritsch et al., Wiesbaden 2008.

Roman, D./Y. Roman: *La Gaule et ses mythes historiques*, Paris 1999.

Romano, D. G./M. E. Voyatzis: »Excavating at the Birthplace of Zeus«, *Expedition* 1, 2010.

Romey, K. M.: »Land of the Golden Fleece«, *Archaeology*, April 2001.

Romm, J. S.: *The Edges of the Earth in Ancient Thought*, Princeton 1992.

Roncalli, F.: »Mortals, Heroes and Demons in the Etruscan Underworld«, *Etruscan Studies* 1996.

Root, M. C.: »Fertility: Of Snakes, Displayed Females, Scorpions, Tortoises, Frogs« in *This Fertile Land*, ed. M. C. Root, Ann Arbor 2005.

Ropars, J.-M.: »Où était située L'île des Phéaciens?«, *Bulletin de l'Association Guillaume Budé* 2002.

Rosaldo, M. Z.: *Knowledge and Passion*, Cambridge 1980.

Rosaldo, R.: *Ilongot Headhunting*, Stanford 1980.

Roscher, W. H.: *Die Gorgonen und Verwandtes*, Leipzig 1879.

–: »Über die Bedeutung des Pan«, *Archiv für Religionswissenschaft* 1898.

Rose, C. B.: »Das westliche Kleinasien in griechischer und römischer Zeit« in *Troia*, ed. M. O. Korfmann, Mainz 2006.

Rose, H. J.: *Griechische Mythologie*, München 1955.

Rosenberg, S. G.: »The Jewish Temple at Elephantine«, *Near Eastern Archaeology* 2004.

Rosendahl, W. et al.: » Südamerikanische Mumien aus den Sammlungen der Reiss-Engelhorn-Museen« in *Mumien*, ed. A. Wieczorek et al., Mainz 2007.

Rosenfeld, H.: »Kultur der Germanen« in *Geschichte antiker Randkulturen*, ed. W.-D. v. Barloewen, München 1961.

–: »Die indogermanischen Dioskuren« in *Reallexikon der Germanischen Altertumskunde*, ed. H. Beck et al., Bd. 5, Berlin 1984.

Rosengarten, F.: *The Book of Spices*, Wynnewood 1969.

Rosenkranz, B.: »Fluß- und Gewässernamen in Anatolien«, *Beiträge zur Namenforschung* 1966.

Rosenzweig, R.: *Worshipping Aphrodite*, Ann Arbor 2004.

Rosól, R.: »Die Herkunft des Gottesnamens Apollon«, *Glotta* 2007.

Ross, A.: *Pagan Celtic Britain*, London 1967.

Rossi-Reder, A.: »India in Classical and Medieval Literature« in *Marvels, Monsters, and Miracles*, ed. T. S. Jones/D. A. Sprunger, Kalamazoo 2002.

Rostoker, W./B. Bronson: *Preindustrial Iron*, Philadelphia 1990.

Rotea, M.: »Die Mittlere Bronzezeit im Karpaten-Donau-Raum (19.-14. Jahrhundert v. Chr.)« in *Thraker und Kelten beidseits der Karpaten*, ed. M. Rotea/ T. Bader, Eberdingen 2000.

Roth, S.: *Gebieterin aller Länder*, Fribourg 2002.

Rothenberg, B./A. Blanco-Freijeiro: *Studies in Ancient Mining and Metallurgy in South-West Spain*, London 1981.

Rottländer, R. C. A.: »Der Bernstein und seine Bedeutung in der Ur- und Frühgeschichte«, *Acta praehistorica et archaeologica* 1973.

Rottloff, A.: *Lebensbilder römischer Frauen*, Mainz 2006.

Roubet, C./P. L. Carter: »La domestication au Maghreb« in *Origin of Food-Producing Cultures in North-Eastern Africa*, ed. L. Krzyżaniak/M. Kobusiewicz, Poznań 1984.

Roudil, J.-L.: *L'Âge du Bronze en Languedoc oriental*, Paris 1972.

Roussel, M.: *Biographie légendaire d'Achille*, Amsterdam 1991.

Roussot-Larroque, J.: »Les relations Aquitaine-Iles britanniques au Bronze ancien« in *Les relations entre le continent et les Iles britanniques à l'Age du Bronze*, ed. J.-C. Blanchet et al., Amiens 1987.

Roux, R.: *Le problème des Argonautes*, Paris 1949.

Rowe, T.-M.: *Cornwall in Prehistory*, Brimscombe Port 2005.

Rowlands, M./J.-P. Warnier: »The Magical Production of Iron in the Cameroon Grassfields« in *The Archaeology of Africa*, ed. T. Shaw et al., London 1993.

Roy, K.: »Goddesses in the Ṛgveda« in *Invoking Goddesses*, ed. N. Chitgopekar, New Delhi 2002.

Rudat, K.: *Bernstein*, Husum 1985.

Rudhardt, J.: *Le thème de l'Eau Primordiale dans la mythologie grecque*, Bern 1971.

v. Rudloff, R.: *Hekate in Ancient Greek Religion*, Victoria 1999.

Rudnitzky, G.: *Die Aussage über ›Das Auge des Horus‹*, København 1956.

Rühli, F./T. Böni: »Die Kunst der Mumifizierung im alten Ägypten« in *Unter dem Schutz der Himmelsgöttin*, ed. A. Küffer/R. Siegmann, Zürich 2007.

Ruijgh, C. J.: *Études sur la grammaire et le vocabulaire du Grec mycénien*, Amsterdam 1967.

–: »A propos de mycénien *po-ti-ni-ja we-jo*«, *Studi Micenei ed Egeo-Anatolici* 1967.

–: »*da-ma/du-ma*, δάμαρ/δύμαρ« in *Tractata Mycenaea*, ed. P. H. Ilievski/L. Crepajac, Skopje 1987.

–: »*Po-ku-ta* et *po-ku-te-ro*« in *Mykenaïka*, ed. J.-P. Olivier, Paris 1992.

–: »La ›déesse mère‹ dans les textes mycéniens« in *Atti e memorie del Secondo Congresso Internazionale di Micenologia*, ed. E. De Miro et al., Roma 1996.

–: »La Mère Terre dans les textes grecs classiques« in *I culti primordiali della Grecità*, ed. B. Gentili et al., Roma 2004.

Ruipérez, M. S.: »'Ηλὲκτωρ et ἤλεκτρον« in *Mélanges de linguistique et de philologie grecques*, ed. A. Ernout, Paris 1972.

–: »Mycenaean Oedipus« in *Atti e memorie del Secondo Congresso Internazionale di Micenologia*, ed. E. De Miro et al., Roma 1996.

Ruiz-Gálvez Priego, M.: »Die Reise als Initiation« in *Götter und Helden der Bronzezeit*, ed. K. Demakopoulou et al., Ostfildern 1999.

Rumpf, A.: *Die Religion der Griechen*, Leipzig 1928.

Ruoff, U.: »Die frühbronzezeitlichen Funde« in *Zürich ›Mozartstraße‹*, Bd. I, ed. E. Gross, Zürich 1987.

Ruppel, K. A.: »Das Kultsymbol der germanischen Göttin ›Isis‹«, *Germanien* 1940.

Ruscillo, D.: »Reconstructing Murex Royal Purple and Biblical Blue in the Aegean« in *Archaeomalacology*, ed. D. E. Bar-Yosef Mayer, Oxford 2005.

–: »Faunal Remains and *Murex* Dye Production« in *Kommos*, Bd. V, ed. J. W. Shaw/M. C. Shaw, Princeton 2006.

Ruscillo, D. et al.: »Catalogue of Miscellaneous Finds from the Southern Area« in *Kommos*, V, ed. J. W. Shaw/M. C. Shaw, Princeton 2006.

Russchen, A.: *Hyperborea*, Ljouwert 1974.

Russell, N./S. Meece: »Animal Representations and Animal Remains at Çatalhöyük« in *Çatalhöyük Perspectives*, ed. I. Hodder, Ankara 2005.

Russell, P. J.: »The Date of the Gournia Shrine«, *Temple University Aegean Symposium* 1979.

–: »A Middle Cypriot Jug from Kommos«, *Temple University Aegean Symposium* 1985.

Russo, J.: »Penelope's Gates of Horn(s) and Ivory« in *La mythologie et l'>Odys-sée‹*, ed. A. Hurst/F. Létoublon, Genève 2002.

Rutkowski, B.: »The Decline of the Minoan Peak Sanctuaries« in *Atti e Memorie del 1° Congresso Internazionale di Micenologia*, ed. A. Archi et al., Roma 1968.

–: »Minoan Cults and History«, *Historia* 1971.

–: »Minoan Sacred Emblems« in *Antichità Cretesi*, ed. C. P. Carratelli/G. Rizza, Bd. I, Catania 1973.

–: »Der Baumkult in der Ägäis«, *Visible Religion* 1984.

–: *The Cult Places of the Aegean*, New Haven 1986.

Rutkowski, B./K. Nowicki: *The Psychro Cave*, Warsaw 1996.

Rutter, J.: »Cultural Novelties in the Post-Palatial Aegean World« in *The Crisis Years: The 12th Century B.C.*, ed. W. A. Ward/M. S. Joukowsky, Dubuque 1992.

–: »Cretan External Relations during LM III A2-B« in *The Point Iria Wreck*, ed. W. Phelps et al., Athina 1999.

–: »Ceramic Sets in Context« in *Food, Cuisine and Society in Prehistoric Greece*, ed. P. Halstead/J. C. Barrett, Oxford 2004.

–: »Off Island Ceramic Imports to Kommos«, *Bulletin of the Institute of Classical Studies* 2004.

–: »Lakonia, Messenia, and Crete in the 14th-12th Centuries BC« in *Ariadne's Threads*, ed. A. L. D'Agata et al., Athina 2005.

–: »Ceramic Evidence for External Contact« in *Kommos*, Bd. V, ed. J. C. Shaw/ M. C. Shaw, Princeton 2006.

–: »Canaanite Jars in the Aegean«, Ms.

Ruzanov, V.: »Zum frühen Auftreten der Zinnbronze in Mittelasien« in *The Beginnings of Metallurgy*, ed. A. Hauptmann et al., Bochum 1999.

Ryan, A. N.: »Bristol, the Atlantic and North America, 1480-1509« in *Maritime History*, ed. J. B. Hattendorf, Bd. I, Malabar 1996.

Ryckmans, G.: »'Aṭṭar-Ištar: Nom sumérien ou sémitique?« in *Hermann v. Wissmann-Festschrift*, ed. A. Leidlmair, Tübingen 1962.

Ryckmans, J.: »Die altsüdarabische Religion« in *Jemen*, ed. W. Daum, Innsbruck 1987.

–: »Sacrifices, offrandes et rites connexes en Arabie du Sud pré-islamique« in *Ritual and Sacrifice in the Ancient Near East*, ed. J. Quaegebeur, Leuven 1993.

Ryder, M. L.: »The Development of Different Fleece Types in Sheep«, *Anthropozoologica* 1992.

–: »Sheep and Goat Husbandry«, *Bulletin on Sumerian Agriculture* 1993.

Rystedt, E.: »Pictorial Matter, Pictorial Form« in *Pictorial Pursuits*, ed. E. Rystedt/B. Wells, Stockholm 2006.

–: »Welche Verteilungsmechanismen verbanden Produzenten und Konsumenten in der mykenischen Welt?« in *Die Geschichte der Antike aktuell*, ed. K. Strobel, Ljubljana 2005.

Šabasevičius, H.: »The Legend of Amber in Lithuanian Theatre« in *Baltic Amber*, ed. A. Butrimas, Vilnius 2001.

Sabbahy, L. K.: »Statue of Ramses II as a Sphinx« in *Ramses II*, ed. C. W. Griggs, Montréal 1985.

Sackett, H./J. A. MacGillivray: »The Cretan God as a Young Man« in *The Palaikastro-Kouros*, ed. J. A. MacGillivray et al., Athens 2000.

Säflund, G.: »Cretan and Theran Questions« in *Sanctuaries and Cults in the Aegean Bronze Age*, ed. R. Hägg/N. Marinatos, Stockholm 1981.

–: »›Hieros Gamos‹-Motive in der etruskischen Sepulcralkunst« in *Italian Iron Age Artefacts*, ed. J. Swaddling, London 1986.

Säve-Söderbergh, T.: *Ägypten und Nubien*, Lund 1941.

–: *The Navy of the 18th Egyptian Dynasty*, Uppsala 1946.

Saggs, H. W. F.: *Civilization before Greece and Rome*, London 1989.

–: *Völker im Lande Babylon*, Stuttgart 2005.

de Sahagún, B.: *Codex Florentinus*, Bd. VIII, Santa Fe 1954.

Sahlins, M.: »Captain Cook at Hawai'i«, *Journal of the Polynesian Society* 1989.

–: *How ›Natives‹ Think*, Chicago 1995.

Sahrhage, D.: *Fischfang und Fischkult im alten Mesopotamien*, Frankfurt am Main 1999.

–: *Die Schätze Neptuns*, Frankfurt am Main 2002.

Saïdah, R.: *Sidon et la Phénicie méridionale au Bronze Récent*, Beyrouth 2004.

Saiko, M.: *Cura dabit faciem*, Trier 2005.

Sakamoto, M.: »Nanban-Stellschirme« in *Japan und Europa*, ed. D. Croissant et al., Berlin 1993.

Sakellarakis, E./J. Sakellarakis: »The Keftiu and the Minoan Thalassocracy« in *The Minoan Thalassocracy*, ed. R. Hägg/N. Marinatos, Stockholm 1984.

Sakellarakis, J.: »Report on the Excavations of Arkhanes«, *Kadmos* 1965.

–: »Minoan Cemeteries at Arkhanes«, *Archaeology* 1967.

–: »Über die Echtheit des sog. Nestorringes« in *Πεπραγμένα του Α ᾽Διεθνοῦς Κρητολογικοῦ Συνεδρίου*, ed. J. I. Kourmoules/M. I. Manousakas, Athina 1973.

–: *Corpus der minoischen und mykenischen Siegel*, Bd. I Suppl., Berlin 1982.

–: »Some Geometric and Archaic Votives from the Idaian Cave« in *Early Greek Cult Practice*, ed. R. Hägg et al., Stockholm 1988.

–: *Κρητομυκηναϊκά*, Herakleion 1992.

–: *Digging for the Past*, Athens 1996.

Sakellarakis, J./V. E. G. Kenna: *Corpus der minoischen und mykenischen Siegel*, Bd. IV.1, Berlin 1969.

Sakellarakis, J./E. Sapouna-Sakellaraki: »Archanes: Human Sacrifice in Minoan Crete«, *The Athenian*, March 1980.

–: »Mycenaean Archanes« in *Atti e memorie del Secondo Congresso Internazionale di Micenologia*, ed. E. De Miro et al., Roma 1996.

–: *Archanes*, Athina 1997.

Sakellariou, A.: *Corpus der minoischen und mykenischen Siegel*, Bd. I, Berlin 1964.

–: »Katalog« in *Die Tonplomben aus dem Nestorpalast von Pylos*, ed. I. Pini, Mainz 1997.

Sakellariou, M. B.: »Linguistic and Ethnic Groups in Prehistoric Greece« in *Prehistory and Protohistory*, ed. G. A. Christopoulos, Athens 1974.

–: *Peuples préhelléniques d'origine indo-européenne*, Athina 1977.

–: »Who Were the Immigrants?« in *The End of the Early Bronze Age in the Aegean*, ed. G. Cadogan, Leiden 1986.

–: *Ethne Grecs à l'Age du Bronze*, Bd. I, Athina 2009.

Salač, V.: »Die Bedeutung der Elbe für die böhmisch-sächsischen Kontakte in der Latènezeit«, *Germania* 1998.

Salentiny, F.: *Die Gewürzroute*, Köln 1991.

Sali, S. A.: »Late Harappan Settlement at Daimabad« in *Frontiers of the Indus Civilization*, ed. B. B. Lal/S. P. Gupta, New Delhi 1984.

v. Salis, A.: *Theseus und Ariadne*, Berlin 1930.

–: *Neue Darstellungen griechischer Sagen: Kreta*, Heidelberg 1936.

Salisbury, R. F.: *From Stone to Steel*, Melbourne 1962.

Salje, B.: »Zur Bedeutung von Siegeln im Leben und im Tode« in *Beiträge zur Kulturgeschichte Vorderasiens*, ed. U. Finkbeiner et al., Mainz 1995.

–: »Siegelverwendung im privaten Bereich« in *Mit sieben Siegeln versehen*, ed. E. Klengel-Brandt, Berlin 1997.

Salmond, A.: *Two Worlds*, Auckland 1991.

–: *Aphrodite's Island*, Berkeley 2010.

Salonen, A.: »Die Wasserfahrzeuge in Babylonien«, *Studia Orientalia* 1939.

–: »Nautica Babyloniaca«, *Studia Orientalia* 1942.

Samson, A. V. M.: »Offshore Finds from the Bronze Age in North-Western Europe«, *Oxford Journal of Archaeology* 2006.

Sandars, N. K.: »Amber Spacer-Beads Again«, *Antiquity* 1959.

–: »The Religious Development of Some Early Societies« in *The Origins of Civilization*, ed. P. R. S. Moorey, Oxford 1979.

–: *The Sea Peoples*, London 1985.

van der Sanden, W.: *Mumien aus dem Moor*, Amsterdam 1996.

Sander, A.: »Städtische Weinkeller in Norddeutschland im Mittelalter« in *Norddeutschland im Mittelalter*, ed. F. J. Felten, Stuttgart 2004.

Sanmartí-Grego, E.: »La présence grecque en péninsule Ibérique à l'époque archaïque« in *Les Grecs et l'Occident*, ed. G. Vallet, Roma 1995.

Santiko, H.: »The Goddess Durgā in the East-Javanese Period«, *Asian Folklore Studies* 1997.

Santoni, V.: »Model of a Ship from the Nouraghic Spiena di Chiramonti« in *Sea Routes from Sidon to Huelva*, ed. N. C. Stampolidis, Athens 2003.

Sargnon, O.: *Les bijoux préhelléniques*, Paris 1987.

Sarianidi, V. I.: »The Lapis Lazuli Road in the Ancient East«, *Archaeology* 1971.

Sarmela, M.: *Finnische Volksüberlieferung*, Münster 2000.

Sarpaki, A.: »Condiments, Perfumes and Dye Plants in Linear B« in *Manufacture and Measurement*, ed. A. Michailidou, Athens 2001.

Sartori, P.: »Die vorgeschichtlichen Graburnen im Volksglauben«, *Mitteilungen der Berliner Gesellschaft für Anthropologie, Ethnologie und Urgeschichte* 1928.

–: »Dreikönige« in *Handwörterbuch des deutschen Aberglaubens*, Bd. II, ed. H. Bächtold-Stäubli, Berlin 1929.

Sasaki, T.: »Who Is Oidipous?« in *40 Years of the Journal of Classical Studies*, ed. M. Oka, Tōkyō 1998.

Sastri, H. K.: *South-Indian Images of Gods and Goddesses*, New Delhi 1986.

Saunders, S.: »Middle Kingdom Female Figurines« in *Symposium on Mediterranean Archaeology*, ed. G. Muskett et al., Oxford 2002.

Sauren, H.: »Der Weg nach Aratta« in *Wirtschaft und Gesellschaft im Alten Vorderasien*, ed. J. Harmatta/G. Komoróczy, Budapest 1976.

–: »Götter am Eingang zum Totenreich« in *Death in Mesopotamia*, ed. B. Alster, København 1980.

Sausverde, Ē.: »›Seewörter‹ and Substratum in Germanic, Baltic and Finno-Ugric Languages« in *The Indo-Europeanization of Northern Europe*, ed. K. Jones-Bley/M. E. Huld, Washington 1996.

Sauvage, C.: »Trade and Exchange in the Late Bronze Age« in *Proceedings of the 4th International Congress of the Archaeology of the Ancient Near East*, ed. H. Kühne et al., Bd. I, Wiesbaden 2008.

Sauzeau, P.: »De la déesse Héra à la Panaghia«, *Revue de l'histoire des religions* 2007.

de Savignac, J.: »La rosée solaire de l'ancienne Égypte«, *La Nouvelle Clio* 1954.

Sax, W.: *Mountain Goddess*, New York 1991.

Sayce, A. H.: *Lectures on the Origin and Growth of Religion*, London 1887.

–: »Bull (Semitic)« in *Encyclopedia of Religion and Ethics*, ed. J. Hastings, Bd. II, Edinburgh 1909.

Sayed, A. M.: »Were There Direct Relationships between Pharaonic Egypt and Arabia?«, *Proceedings of the Seminar for Arabian Studies* 1989.

–: »The Land of Punt« in *Egyptology at the Dawn of the Twenty-First Century*, ed. Z. Hawass, Bd. II, Cairo 2003.

–: »On the Geographical Location of Punt«, *Aegyptus et Pannonia* 2005.

Sayers, W.: »Early Irish Attitudes toward Hair and Beards«, *Zeitschrift für celtische Philologie* 1991.

Sbonias, K.: *Frühkretische Siegel*, Oxford 1995.

Scafi, A.: *Mapping Paradise*, London 2006.

–: »The African Paradise of Cardinal Carvajal«, *Renaissance and Reformation* 2008.

Scarborough, J.: »Drugs and Medicines in the Roman World«, *Expedition* 2, 1996.

Scarr, D.: »Wondering Minds and Wandering Keels« in *The Pacific Islands*, ed. B. V. Lal/K. Fortune, Honolulu 2000.

Schaafsma, P.: »Head Trophies and Scalping« in *The Taking and Displaying of Human Body Parts as Trophies by Amerindians*, ed. R. J. Chacon/D. H. Dye, New York 2007.

Schaal, H.: *Vom Tauschhandel zum Welthandel*, Leipzig 1931.

Schachermeyr, F.: *Zur Rasse und Kultur im minoischen Kreta*, Heidelberg 1939.

–: *Poseidon und die Entstehung des griechischen Götterglaubens*, München 1950.

–: »Luwier auf Kreta?«, *Kadmos* 1962.

–: *Die minoische Kultur des alten Kreta*, Stuttgart 1964.

–: *Kreta zur Zeit der Wanderungen*, Wien 1979.

–: »Die Zeit der Wanderungen im Spiegel ihrer Keramik« in *Griechenland, die*

Ägäis und die Levante während der ›Dark Ages‹, ed. S. Deger-Jalkotzy, Wien 1983.

–: *Die griechische Rückerinnerung im Lichte neuer Forschungen*, Wien 1983.

–: *Griechische Frühgeschichte*, Wien 1984.

Schade, O.: *Altdeutsches Wörterbuch*, Bd. I, Hildesheim 1969.

Schaden, E.: »Kulturwandel und Messianismus bei Indianern Brasiliens«, *Staden-Jahrbuch* 1971.

Schäfer, D.: »Alpine Jagd- und Ferntransporte«, *Archäologie in Deutschland* 4, 1999.

Schäfer, H.: »Alltagskeramik für den Tisch und zur Lebensmittelherstellung« in *Archäologie unter dem Straßenpflaster*, ed. H. Jöns et al., Schwerin 2005.

Schäfer-Lichtenberger, C.: »The Goddess of Ekron and the Religious-Cultural Background of the Philistines«, *Israel Exploration Journal* 2000.

Schäfer-Schuchardt, H.: *Antike Metropolen*, Stuttgart 2001.

Schaeffer, C. F. A.: *Enkomi-Alasia*, Paris 1952.

–: »Les fouilles de Ras Shamra-Ugarit«, *Syria* 1954.

–: »More Tablets from Syria and Cyprus«, *Antiquity* 1954.

–: »Remarques sur les ancres en pierre d'Ugarit« in *Ugaritica*, Bd. VII, ed. I. Schaeffer/A. Schaeffer-Boehling, Leiden 1978.

Schaeffer, F. A.: *Les Tertres funéraires préhistoriques dans la Forêt de Haguenau*, Bd. II, Bruxelles 1979.

Schaffer, B.: »Tiernamen als Frauennamen im Altsüdarabischen und Frühnordarabischen« in *al-Hudhud*, ed. R. G. Stegner, Graz 1981.

Schaffner, S.: »Altengl. *nif(e)l*, ahd. *firnibulit*, aisl. *nifl-*, afries. *niuen* und die Etymologie des Nibelungen-Namens«, *Die Sprache* 1998.

Schallin, A.-L.: »The Nature of the Finds at Phylakopi«, *Hydra* 1990.

Scham, S.: »The Lost Goddess of Israel«, *Archaeology*, April 2005.

Schauenburg, K.: »Phrixos«, *Rheinisches Museum für Philologie* 1958.

–: »Herakles unter Göttern«, *Gymnasium* 1963.

Schauer, P.: »Goldener Zierrat, Goldblechkalotten und -kegel der Bronze- und Urnenfelderzeit Alteuropas« in *From Megaliths to Metals*, ed. H. Roche et al., Oxford 2004.

–: »Bronzezeitliche Mythenbilder« in *40 Jahre Lehrstuhl für Vor- und Frühgeschichte*, ed. P. Schauer, Regensburg 2008.

Schefold, K.: *Frühgriechische Sagenbilder*, München 1964.

–: »Das Diesseitige des griechischen Jenseitsglaubens«, *Zeitschrift für ägyptische Sprache und Altertumskunde* 1973.

Schefold, R.: *Lia*, Berlin 1988.

Schell, O.: »Der Volksglauben im Bergischen an die Fortdauer der Seele nach dem Tode«, *Archiv für Religionswissenschaft* 1901.

Schenkel, W.: »Überschwemmung« in *Lexikon der Ägyptologie*, Bd. VI, ed. W. Helck/W. Westendorf, Wiesbaden 1986.

–: »Warum die Gefährten des Odysseus nach dem Genuß von Lotos die Rückkehr vergaßen«, *Göttinger Miszellen* 163, 1998.

Scherer, A.: *Gestirnnamen bei den indogermanischen Völkern*, Heidelberg 1953.

Scherer, B.: *Mythos, Katalog und Prophezeiung*, Stuttgart 2006.

Scherling, K.: »Tethys (Τηδύς)« in *Paulys Realencyclopädie der Classischen Altertumswissenschaft*, Bd. V.A1, ed. W. Kroll/K. Mittelhaus, Stuttgart 1934.

–: »Tityos« in *Realencyclopädie der Classischen Altertumswissenschaft*, Bd. VI A 2, ed. G. Wissowa, Stuttgart 1937.

Scherping, R./J.-P. Schmidt: »Die Textilreste am älterbronzezeitlichen Halskragen von Thürkow, Lkr. Güstrow«, *Archäologisches Korrespondenzblatt* 2007.

Schickler, H.: »›Neolithische‹ Zinnbronzen« in *Studien zur Bronzezeit*, ed. H. Lorenz, Mainz 1981.

Schiechtl, H.M. et al.: *In anatolischen Gebirgen*, Klagenfurt 1965.

Schieffelin, E.L.: »The Great Papuan Plateau« in *Like People You See in a Dream*, ed. E.L. Schieffelin/R. Crittenden, Stanford 1991.

–: »Early Contact as Drama and Manipulation in the Southern Highlands of Papua New Guinea«, *Comparative Studies in Society and History* 1995.

Schieffelin, E.L./R. Crittenden: »Remembering First Contact« in *Remembrance of Pacific Pasts*, ed. R. Borofski, Honolulu 2000.

Schiek, S.: »Ein Brandgrab der frühen Urnenfelderkultur von Mengen, Kr. Saulgau«, *Germania* 1962.

Schier, W.: »Bemerkungen zur Wirtschaft und Gesellschaft der westlichen Hallstattkultur« in *Archäologische Forschungen in urgeschichtlichen Siedlungslandschaften*, ed. H. Küster et al., Regensburg 1998.

Schilardi, D.U.: »Paros and the Cyclades after the Fall of the Mycenaean Palaces« in *Mykenaïka*, ed. J.-P. Olivier, Paris 1992.

Schilder, F.A.: »Die ethnologische Bedeutung der Porzellanschnecken«, *Zeitschrift für Ethnologie* 1926.

Schiller F./J.W.v. Goethe: *Briefwechsel,* Bd. II, Leipzig o.J.

Schilling, R.: *Rites, cultes, dieux de Rome*, Paris 1979.

Schindler, H.: »Gold in Alt-Peru« in *Gold*, ed. L. Wamser/R. Gebhard, München 2001.

Schindler, R.: »Zwei vorchristliche Jahresteilungen im Deutschen Bauernkalender«, *Germanien* 1941.

Schipper, B.U.: *Die Erzählung des Wenamun*, Fribourg 2005.

Schlabow, K.: *Textilfunde der Eisenzeit in Norddeutschland*, Neumünster 1976.

Schlager, N.: »Minotaurus in der ägäischen Glyptik?« in *Fragen und Probleme der bronzezeitlichen ägäischen Glyptik*, ed. W. Müller, Berlin 1989.

Schlerath, B.: »Arədvī Sūrā Anāhitā« in *Götter und Mythen der kaukasischen und iranischen Völker*, ed. H.W. Haussig, Stuttgart 1986.

Schlichtherle, H.: »Pfahlbauten rund um die Alpen« in *Pfahlbauten rund um die Alpen*, ed. H. Schlichtherle, Stuttgart 1997.

–: »Bad Buchau-Bachwiesen I«, *Nachrichtenblatt Arbeitskreis Unterwasserarchäologie* 2005.

–: »Bachwiesen I«, *Archäologische Ausgrabungen in Baden-Württemberg* 2005.

Schlichting, R.: »Vom Entenvogel zum Entenvogelboot« in *Quaerentes Scientiam*, ed. H. Behlmer, Göttingen 1994.

Schlick-Nolte, B.: »Ägyptische und griechisch-römische Glaskunst« in *Ägypten, Griechenland und Rom*, ed. H. Beck et al., Frankfurt am Main 2005.

Schliemann, H.: *Tiryns*, Leipzig 1886.

Schlingloff, D.: »Indische Seefahrt in römischer Zeit« in *Zur geschichtlichen Bedeutung der frühen Seefahrt*, ed. H. Müller-Karpe, München 1982.

Schlögl, H. A.: *Der Gott Tatenen*, Fribourg 1980.

–: *Das Alte Ägypten*, München 2006.

Schmandt-Besserat, D.: »Images of Enship« in *Between the Rivers and Over the Mountains*, ed. M. Frangipane et al., Roma 1993.

–: »A Neolithic Female Revealing Her Breasts?« in *Written on Clay and Stone*, ed. J. Braun et al., Warsaw 1998.

–: »Art and the Human Figure« in *Studi in onore di Enrica Fiandra*, ed. M. Perna, Napoli 2005.

Schmeißer, F.: »Die Landschaft unserer Westküste« in *Nordfriesland*, ed. L. C. Peters, Husum 1929.

Schmelz, B.: »Volksreligiosität in Spanien« in *Drache, Stern, Wald und Gulasch*, ed. B. Schmelz, Bonn 1997.

Schmid, P.: »Zum Handel im niedersächsischen Küstengebiet während der ersten Jahrhunderte n. Chr.«, *Jahrbuch der Männer vom Morgenstern* 1982.

–: »Die vor- und frühgeschichtliche Marschbesiedlung«, *Archäologie in Deutschland* 1, 1991.

Schmid, W. P.: »Baltische Gewässernamen und das vorgeschichtliche Europa«, *Indogermanische Forschungen* 1972.

–: »Das sprachgeschichtliche Problem Alteuropa«, *Sprachwissenschaft* 1983.

–: »›Indo-European‹ – ›Old European‹« in *Proto-Indo-European*, ed. S. N. Skomal/E. C. Polomé, Washington 1987.

–: »Elbe: Philologisches« in *Reallexikon der Germanischen Altertumskunde*, ed. H. Beck et al., Bd. 7, Berlin 1989.

Schmidt, A.: *Drogen und Drogenhandel im Altertum*, Leipzig 1927.

Schmidt, B.: »Totengebräuche und Gräberkultus im heutigen Griechenland«, *Archiv für Religionswissenschaft* 1926.

Schmidt, B.: *Nomaden des Pazifiks*, Paderborn 1998.

Schmidt, C.: »Überregionale Austauschsymbole und Fernhandelswaren in der Ur III-Zeit«, *Baghdader Mitteilungen* 2005.

Schmidt, J.: »Skylla (Σκύλλη)« in *Paulys Realencyclopädie der Classischen Altertumswissenschaft*, Bd. III A 1, ed. G. Wissowa, München 1927.

Schmidt, K.: *Sie bauten die ersten Tempel*, München 2006.

Schmidt, K. H.: »Handwerk und Handwerker in altkeltischen Sprachdenkmälern« in *Das Handwerk in vor- und frühgeschichtlicher Zeit*, ed. H. Jankuhn, Göttingen 1983.

Schmidt, S.: »Freyja und Kybele« in *Religio Graeco-Romana*, ed. J. Dalfen et al., Graz 1993.

–: »Ammon« in *Ägypten, Griechenland, Rom*, ed. H. Beck et al., Frankfurt am Main 2005.

Schmidt, W.: »Tammuz« in *Paulys Realencyclopädie der Classischen Altertumswissenschaft*, Bd. IX, ed. K. Ziegler, Stuttgart 1962.

Schmiederer, W.: »Mit Rasierpinsel und Holzschatulle ins Jenseits«, *Archäologie in Deutschland* 3, 1996.

Schmitt, E.: *Dokumente zur Geschichte der europäischen Expansion*, Bd. 2, München 1984; Bd. 1, 1986; Bd. 7, Wiesbaden 2008.

–: »Die großen Entdeckungen im 15. und 16. Jahrhundert« in *Exotische Welten, europäische Phantasien*, ed. H. Pollig, Stuttgart 1987.

Schmitt, M.: »Hom. μῆλα und die antiken Erklärungen«, *Glotta* 1979.

Schmitt, R.: *Dichtung und Dichtersprache in indogermanischer Zeit*, Wiesbaden 1967.

Schmitt-Korte, K.: *Die Nabatäer*, Hannover 1976.

Schmitz, B.: »Sehnsucht nach Vollkommenheit« in *Schönheit im Alten Ägypten*, ed. K. Lembke/B. Schmitz, Hildesheim 2006.

Schmitz-Pillmann, P.: *Landschaftselemente in der minoisch-mykenischen Wandmalerei*, Berlin 2006.

Schmökel, H.: *Der Gott Dagan*, Borna 1928.

Schnapp-Gourbeillon, A.: *Aux origines de la Grèce*, Paris 2002.

Schnaufer, A.: *Frühgriechischer Totenglaube*, Hildesheim 1970.

Schneider, C./R. A. Stucky: »Der Gewürz- und Weihrauchhandel in der Antike« in *Petra und die Weihrauchstraße*, ed. R. A. Stucky et al., Zürich 1993.

Schneider, F.: *Mikloucho-Maclay und die heroische Ethnologie*, Heusweiler 1997.

Schneider, H.-C.: »Tiere, Tod und Jenseitsvorstellungen am Beispiel des *culex* der Appendix Vergiliana«, *Laverna* 1994.

Schneider, H. D.: »Schale mit Lautenspielerin« in *Nofret: Die Schöne*, ed. B. Schmitz, Hildesheim 1985.

Schneider, R. M.: »Der Satyrknabe im Schweinsfell« in *Die zweite Haut*, ed. A. Mogwitz, München 2005.

Schneider, T.: »Foreign Egypt«, *Ägypten und Levante* 2003.

–: »Texte über den syrischen Wettergott in Ägypten«, *Ugarit-Forschungen* 2003.

–: »Nichtsemitische Lehnwörter im Ägyptischen« in *Das Ägyptische und die Sprachen Vorderasiens, Nordafrikas und der Ägäis*, Münster 2004.

Schnepel, B.: *Twinned Beings*, Göteborg 1995.

Schnorr v. Carolsfeld, L.: *Porzellan der europäischen Fabriken*, Bd. I, Braunschweig 1974.

Schoch, W. H.: »Bemerkungen zu den Weihrauchfunden« in *Das frühmittelalterliche Schleitheim*, ed. A. Burzler et al., Bd. I, Schaffhausen 2002.

Schoembs, J.: *Aztekische Schriftsprache*, Heidelberg 1949.

Schönfeld, G.: »Im Tal des Verlorenen Baches«, *Archäologie in Deutschland* 5, 2005.

Schönfelder, P./I. Schönfelder: *Was blüht am Mittelmeer?*, Stuttgart 1987.

Schoep, I.: »Ritual, Politics and Script in Minoan Crete«, *Aegean Archaeology* 1994.

–: »Sealed Documents and Date Processing in Minoan Administration«, *Minos* 1997.

Schoep, I./J. Driessen: »An Inscribed Handle from Palaikastro (PK Zb 25)«, *Minos* 2003.

Schofield, E. V.: »Lefkandi in LH III C Middle« in *LH III C Chronology and Synchronisms*, ed. S. Deger-Jalkotzy/M. Zavadil, Wien 2007.

Scholz, P.: »Fürstin Iti: ›Schönheit‹ aus Punt«, *Studien zur Altägyptischen Kultur* 1984.

–: »Aithiopen und der Osten«, *Nubica* 1990.

–: *Nubien*, Stuttgart 2006.

Scholz, U. W.: *Studien zum altitalischen und altrömischen Marskult*, Heidelberg 1970.

Schoo, J.: »Herakles im fernen Westen der alten Welt«, *Mnemosyne* 1939.

Schoorl, J. W.: *Culture and Change among the Muyu*, Leiden 1993.

Schoppa, H.: *Das Mithraeum*, Wiesbaden 1959.

Schoske, S. et al.: *Schönheit: Abglanz der Göttlichkeit*, München 1990.

Schott, C.: *Die Westküste Schleswig-Holsteins*, Kiel 1950.

–: *Die Naturlandschaften Schleswig-Holsteins*, Neumünster 1956.

–: »Die Naturlandschaften« in *Die Urgeschichte Schleswig-Holsteins*, ed. G. Schwantes, Bd. I, Neumünster 1958.

Schott, R.: »Das Geschichtsbewußtsein schriftloser Völker«, *Archiv für Begriffsgeschichte* 1968.

Schott, S.: *Die Schrift der verborgenen Kammer in Königsgräbern der 18. Dynastie*, Göttingen 1958.

–: »Zum Weltbild der Jenseitsführer des neuen Reiches« in *Göttinger Vorträge*, ed. S. Schott, Göttingen 1965.

Schouten, J.: *The Rod and Serpent of Asklepios*, Amsterdam 1967.

Schrader, O.: *Totenhochzeit*, Jena 1904.

Schreiber, G.: »Der irische Seeroman des Brandan« in *Festschrift Franz Dornseiff*, ed. H. Kusch, Leipzig 1953.

Schreiber, H./G. Schreiber: *Versunkene Städte*, Wien 1955.

Schreiden, J.: »Les entreprises navales du roi Salomon« in *Mélanges Isidore Lévy*, ed. H. Grégoire et al., Bruxelles 1955.

Schroeder, A. H.: »Pueblos Abandoned in Historic Times« in *Handbook of North American Indians*, Bd. 9, ed. A. Ortiz, Washington 1979.

Schröder, F. R.: »Germanische Urmythen«, *Archiv für Religionswissenschaft* 1938.

–: »Hera«, *Gymnasium* 1956.

–: »Nerthus und die Nuithones«, *Die Sprache* 1960.

–: »Der Trunkene Dämon« in *Studien zur Sprachwissenschaft und Kulturkunde*, ed. M. Mayrhofer, Innsbruck 1968.

v. Schroeder, L.: *Griechische Götter und Heroen*, Berlin 1887.

Schroer, S.: »Die Göttin auf den Stempelsiegeln« in *Studien zu den Stempelsiegeln aus Palästina*, ed. O. Keel et al., Bd. II, Fribourg 1989.

Schroer, S./O. Keel: *Die Ikonographie Palästinas/Israels und der Alte Orient*, Bd. I, Fribourg 2005.

Schubart, H.: »Kulturen der Bronzezeit im Süden der Iberischen Halbinsel« in *Denkmäler der Frühzeit*, ed. M. Blech et al., Mainz 2001.

Schubart, H./V. Pingel: »Eine bronzezeitliche Höhensiedlung in Andalusien«, *Archäologie in Deutschland* 4, 1992.

Schubart, I.: »Frau Holle«, *Germanen-Erbe* 1939.

Schubert, C./N. Lockhoff: »Spurensuche im Scherbenhaufen«, *Archäologie in Deutschland* 2, 2008.

Schuchhardt, C.: *Alteuropa,* Berlin 1926.

–: »Die Indogermanisierung Griechenlands«, *Die Antike* 1933.

–: *Vorgeschichte von Deutschland,* München 1934.

–: »Die Urillyrier und ihre Indogermanisierung«, *Abhandlungen der Preußischen Akademie der Wissenschaften, Phil.-hist.Kl.* 1937.

Schüring, J.: »Eine unendliche Geschichte«, *Abenteuer Archäologie* 5, 2006.

Schürr, D.: »Der Diskos von Phaistos und Linear A«, *Kadmos* 1973.

Schütte, G.: *Dänisches Heidentum,* Heidelberg 1923.

Schütte, H.: »Nordfrieslands geologischer Werdegang« in *Nordfriesland,* ed. L. C. Peters, Husum 1929.

Schüz, E.: »Das Ei des Straußes (*Struthio camelus*) als Gebrauchs- und Kulturgegenstand«, *Tribus* 1970.

Schuhmacher, H./J. Hinterkircher: *Niedere Meerestiere,* München 1996.

v. Schuler, E.: »Die Mythologie der Hethiter und Hurriter« in *Götter und Mythen im Vorderen Orient,* ed. H. W. Haussig, Stuttgart 1965.

Schulten, A.: »Atlantis«, *Rheinisches Museum für Philologie* 1939.

Schultes, R. E./A. Hofmann: *Pflanzen der Götter,* Bern 1980.

Schultz, W.: »Die altgermanischen Zwillingsgötter«, *Mannus* 1931.

Schultze, M.: »Gleitsteine Norddeutschlands und ihre Beziehungen zu religiösen Anschauungen der Vorzeit«, *Mitteilungen der Berliner Gesellschaft für Anthropologie, Ethnologie und Urgeschichte* 1928.

Schulze-Thulin, A.: »Zur ethnologischen Grundlagenerforschung der Indianer des Christoph Kolumbus«, *Tribus* 2005.

Schumacher, L.: »Europa: Vom Mythos zur geographischen Vorstellung« in *Kreta,* ed. T. Bechert/W. Pöhling, Duisburg 1990.

Schumacher-Matthäus, G./H. Matthäus: »Zyprische Hortfunde« in *Gedenkschrift für Gero v. Merhart,* ed. O.-H. Frey, Marburg 1986.

Schumann, W.: *Steine und Mineralien,* München 1982.

Schuol, M.: »Zur Überlieferung homerischer Epen vor dem Hintergrund altanatolischer Traditionen« in *Grenzüberschreitungen,* ed. M. Schuol et al., Stuttgart 2002.

–: »Sänger und Gesang in der Odyssee« in *Geschichte und Fiktion in der homerischen ›Odyssee‹,* ed. A. Luther, München 2006.

Schuster, C./E. Carpenter: *Social Symbolism in Ancient u. Tribal Art,* Bd. I, New York 1986; Bd. III, 1988.

Schwabl, H.: »Frauen des Zeus« in *Paulys Realencyclopädie der Classischen Altertumswissenschaft,* Bd. XV, ed. K. Ziegler, München 1978.

–: »Zeus«, *Wiener Humanistische Blätter* 26, 1984.

Schwantes, G.: *Aus Deutschlands Urgeschichte,* Leipzig 1908.

–: *Die Vorgeschichte Schleswig-Holsteins,* Neumünster 1939.

–: »Die Urgeschichte« in *Geschichte Schleswig-Holsteins,* ed. V. Pauls, Neumünster 1958.

Schwartz, E.: *Die Odyssee,* München 1924.

Schwartz, M.: »The Old Eastern Iranian World View According to the Avesta« in *Cambridge History of Iran,* Bd. II, ed. I. Gershevitch, Cambridge 1985.

Schwarz, G.: *Triptolemos,* Horn 1987.

Schwarz, W.: »Jüngere Bronze- und Vorrömische Eisenzeit« in *Ostfriesland*, ed. R. Bärenfänger, Stuttgart 1999.

Schwarzmann, A.: *Neue römische Ausgrabungen in Baden-Württemberg*, Karlsruhe 1972.

Schweinfurth, G.: *Im Herzen von Afrika*, Leipzig 1918.

Schweitzer, B.: »Stiermenschen« in *Charites*, ed. K. Schauenburg, Bonn 1957.

Schweizer, B.: *Griechen und Phöniker am Tyrrhenischen Meer*, Münster 2006.

–: »Zwischen Naukratis und Gravisca« in *Das Heilige und die Ware*, ed. M. Fitzenreiter, London 2007.

Schweizer, F.: »Glas des 2. Jahrtausends v. Chr. im Ostmittelmeerraum« in *Mauerschau*, ed. R. Aslan et al., Remshalden 2002.

Schweizer, M.: »Bergbau, Metallurgie und Metallverarbeitung in der Bronzezeit« in *Mykene, Nürnberg, Stonehenge*, ed. B. Mühldorfer/J. P. Zeitler, Nürnberg 2000.

Schweizer, N.: »Kapitän Cook entdeckt Hawai'i«, *Georg-Forster-Studien* 2005.

Schwemer, D.: *Die Wettergottgestalten Mesopotamiens und Nordsyriens*, Wiesbaden 2001.

–: »The Storm-Gods of the Ancient Near East«, *Journal of Ancient Near Eastern Religions* 2007.

Schwerdtfeger, S./S. Simon: Brief vom 6. Oktober 2006.

Schwindt, J. P.: Brief vom 14. Dezember 2008.

Scott, N.: »The Daily Life of the Ancient Egyptians«, *The Metropolitan Museum of Art Bulletin* 1973.

Scranton, R. L.: »Of Myth and Santorin« in *Studies in Honor of George R. Hughes*, ed. J. H. Johnson/E. F. Wente, Chicago 1976.

Seaver, K. A.: *The Frozen Echo*, Stanford 1996.

Séchan, L.: »La légende de Médée«, *Revue des Études Grecques* 1927.

Séchan, L./P. Lévêque.: *Les grandes divinités de la Grèce*, Paris 1966.

v. See, K.: »Ultima Thule und Thule« in *Reallexikon der Germanischen Altertumskunde*, ed. H. Beck et al., Bd. 31, Berlin 2006.

Seel, O.: *Antike Entdeckerfahrten*, Zürich 1961.

Sefariades, M. L.: »La route néolithique des Spondyles de la Méditerranée à la Manche« in *Nature et culture*, ed. M. Otte, Bd. I, Liège 1995.

–: »*Spondylus Gaederopus*: The Earliest European Long Distance Exchange System« in *Karanovo*, ed. S. Hiller/V. Nikolov, Bd. III, Wien 2000.

Sefati, Y.: *Love Songs in Sumerian Literature*, Jerusalem 1998.

Segal, C.: *Orpheus*, Baltimore 1989.

Segall, B.: »The Lion-Riders from Timna« in *Archaeological Discoveries in South Arabia*, ed. R. L. Bowen/F. P. Albright, Baltimore 1958.

Seibert, I.: *Hirt, Herde, König*, Berlin 1969.

Seidel, M.: »Grabrelief einer Frau aus Oxyrhynchos (Benhasa)« in *Die Ägyptische Sammlung im Pelizaeus-Museum*, ed. A. Eggebrecht, Hildesheim 1993.

Seidel, S./F. Russo: »Kommentierter Katalog der Ausstellungsstücke« in *Schätze aus dem Picenum*, ed. P. Ettel/A. Naso, Jena 2004.

Seidel, U.: »Kultbau, Marktort oder Fluchtburg?«, *Archäologie in Deutschland* 3, 2010.

Seidensticker, B.: »Irrfahrten des Odysseus?« in *Umwege,* ed. B. Blaschke et al., Bielefeld 2008.

Seiterle, G.: »Artemis: Die Große Göttin von Ephesos«, *Antike Welt* 3, 1979.

Seligmann, S.: *Der böse Blick und Verwandtes,* Bd. I, Berlin 1910.

Selimchanow, I. R.: *Enträtselte Geheimnisse der alten Bronzen,* Berlin 1974.

Selz, G. J.: »Die Etana-Erzählung«, *Acta Sumerologica* 1998.

Sem, T.: »Schamanische Symbole und Rituale in Sibirien« in *Schamanen zwischen Mythos und Moderne,* ed. A. Rosenbohm, Leipzig 1999.

–: »Kosmologische Vorstellungen sibirischer Schamanen« in *Schamanen Sibiriens,* ed. E. Kasten, Berlin 2009.

Sens, U.: »Griechische Keramik und lokale Imitationen im Hinterland der östlichen Schwarzmeerküste« in *Griechische Keramik im kulturellen Kontext,* ed. B. Schmaltz/M. Söldner, Paderborn 2003.

Şenyurt, S. Y.: »Die hethitischen Jenseitsvorstellungen« in *III. Uluslararasi Hititoloji Kongresi Bildirileri,* ed. S. Alp/A. Süel, Ankara 1998.

Sergent, B.: »La liste de Kom el-Hetan et le Péloponèse«, *Minos* 1977.

–: »Les Phéaciens avant l'›Odyssée‹« in *La mythologie et l'›Odyssée‹,* ed. A. Hurst/F. Létoublon, Genève 2002.

Serpenti, L. M.: »Headhunting and Magic on Kolepom (Frederik-Hendrik Island, Irian Barat)«, *Tropical Man* 1968.

Serpico, M.: »New Kingdom Canaanite Amphorae Fragments from Buhen« in *Studies in Ancient Egypt,* ed. A. Leahy/J. Tait, London 1999.

–: »Natural Product Technology in New Kingdom Egypt« in *Invention and Innovation,* ed. J. Bourriau/J. Phillips, Oxford 2004.

Serpico, M./R. White: »Chemical Analysis of Coniferous Resins from Ancient Egypt« in *Proceedings of the 7th International Congress of Egyptologists,* ed. C. J. Eyre, Leuven 1998.

–: »Resins, Amber and Bitumen« in *Ancient Egyptian Materials and Technology,* ed. P. T. Nicholson/I. Shaw, Cambridge 2000.

Serwint, N.: »Aphrodite and Her Near Eastern Sisters« in *Engendering Aphrodite,* ed. D. Bolger/N. Serwint, Boston 2002.

Seth, S. K.: »The Desiccation of the Thar Desert« in *The Environmental History of the Near and Middle East,* ed. W. C. Brice, London 1978.

Sethe, K.: *Urgeschichte und älteste Religion der Ägypter,* Leipzig 1930.

–: *Urkunden der 18. Dynastie,* Bd. I, Leipzig 1930; Bd. IV, Berlin 1984.

Sethna, K. D.: *Karpāsa in Prehistoric India,* New Delhi 1981.

Settgast, J.: *Von Troja bis Amarna,* Mainz 1978.

Severin, T.: »Constructing the Omani Boom Sohar« in *Sewn Plank Boats,* ed. S. McGrail/E. Kentley, Oxford 1985.

Seyfried, K. J.: »Thebanisches Kaleidoskop« in *5000 Jahre Ägypten,* ed. J. Assmann/G. Burkhard, Nußloch 1984.

Sgouritsa, N.: »The Aegeans in the Central Mediterranean« in *Emporia,* ed. R. Laffineur/E. Greco, Eupen 2005.

Shackleton, N. J.: »The Shells« in *Myrtos,* ed. P. Warren, London 1972.

Shafer, R.: »Unmasking Ktesias' Dog-Headed People«, *Historia* 1964.

Shah, S. G. M.: *Corpus of Indus Seals and Inscriptions,* Bd. II, Helsinki 1991.

Shahbazi, A. S.: »An Achaemenid Symbol: Farnah, ›(God Given) Fortune‹«, *Archäologische Mitteilungen aus dem Iran* 1980.

Shai, I. et al.: »An Aegean Fire-Stand from Tel Nagila«, *Palestine Exploration Quarterly* 2009.

Sharer, R. J.: *The Ancient Maya*, Stanford 1994.

Sharma, D. P.: *Harappan Seals, Sealings and Copper Tablets*, New Delhi 2000.

Sharma, M.: *Fire Worship in Ancient India*, Jaipur 2001.

Sharp, L.: »Steel Axes for Stone-Age Australians« in *The Pleasures of Anthropology*, ed. M. Freilich, Scarborough 1983.

Shaw, J. W.: »A ›Palatial‹ Stoa at Kommos« in *The Function of Minoan Palaces*, ed. R. Hägg/N. Marinatos, Stockholm 1987.

–: »North American Archaeological Work in Crete«, *Expedition* 3, 1990.

–: »Domestic Economy and Site Development« in *Kommos I.2*, ed. J. W. Shaw/ M. C. Shaw, Princeton 1996.

–: »Kommos in Southern Crete: An Aegean Barometer for East-West Interconnections« in *Eastern Mediterranean*, ed. V. Karageorghis/N. Stampolidis, Athens 1998.

–: »The Minoan Palatial Establishment at Kommos« in *Monuments of Minos*, ed. J. Driessen et al., Liège 2002.

–: »Anchor from Kommos, LM III A: 2/B« in *Sea Routes from Sidon to Huelva*, ed. N. C. Stampolidis, Athens 2003.

–: »Kommos: The Sea-Gate to Southern Crete« in *Crete beyond the Palaces*, ed. L. P. Day et al., Philadelphia 2004.

–: »The Kommos Harbor« in *Kommos V*, ed. J. W. Shaw/M. C. Shaw, Princeton 2006.

–: *Kommos*, Athens 2006.

Shaw, J. W./M. C. Shaw: »Excavations at Kommos during 1986-92«, *Hesperia* 1993.

–: »›Mycenaean‹ Kommos« in *La Crète mycénienne*, ed. J. Driessen/A. Farnoux, Paris 1997.

–: »Kommos« in *The Bronze Age Aegean*, ed. E. H. Cline, Oxford 2010.

Shaw, J. W. et al.: »The Architecture and Stratigraphy of the Civic Buildings« in *Kommos V*, ed. J. W. Shaw/M. C. Shaw, Princeton 2006.

Shaw, M. C.: »Sir Arthur Evans at Kommos«, *Expedition* 3, 1981.

–: »A Bronze Figurine of a Man from the Sanctuary at Kommos« in *Ειλαπινη*, ed. L. Kastrinaki et al., Herakleion 1987.

–: »Bull Leaping Frescoes at Knossos and Their Influence on the Tell el-Dab'a Murals«, *Ägypten und Levante* 1995.

–: »Religion at Minoan Kommos« in *Crete beyond the Palaces*, ed. L. P. Day et al., Philadelphia 2004.

Shaw, M. C./L. F. Nixon: »The Hilltop Settlement at Kommos« in *Kommos I,* ed. J. W. Shaw/M. C. Shaw, Princeton 1996.

Shear, I. M.: »Bellerophon Tablets from the Mycenaean World?«, *Journal of Hellenic Studies* 1998.

–: *Tales of Heroes*, New York 2000.

–: *Kingship in the Mycenaean World*, Philadelphia 2004.

Shedid, A. G.: *Das Grab des Sennedjem*, Mainz 1994.

Shefton, B. J.: »Greeks and Greek Imports in the South of the Iberian Peninsula« in *Phönizier im Westen*, ed. H. G. Niemeyer, Mainz 1982.

Sheizaf, N.: »The Finds from the Underwater Site at Shavei-Zion«, *News of the Leon Recanati Institute for Maritime Studies* 2004.

Shelmerdine, C. W.: »Architectural Change and Economic Decline at Pylos«, *Minos* 1987.

–: »Historical and Economic Considerations in Interpreting Mycenaean Texts« in *Mykenaïka*, ed. J.-P. Olivier, Paris 1992.

–: »From Mycenae to Homer« in *Atti e Memorie del Secondo Congresso Internazionale di Micenologia*, ed. E. De Miro et al., Bd. I, Roma 1996.

–: »The Palatial Bronze Age of the Southern and Central Greek Mainland«, *American Journal of Archaeology* 1997.

–: »Pylian Polemics« in *Polemos*, ed. R. Laffineur, Bd. II, Liège 1999.

–: »Response to Anna Lucia D'Agata« in *Ariadne's Threads*, ed. A. L. D'Agata et al., Athina 2005.

Shennan, S.: »Exchange and Ranking« in *Ranking, Resource and Exchange*, ed. C. Renfrew/S. Shennan, Cambridge 1982.

–: »Amber and Its Value in the British Bronze Age« in *Amber in Archaeology*, ed. C. W. Beck/J. Bouzek, Praha 1993.

Shepherd, I. A. G.: »Jet and Amber« in *Symbols and Power at the Time of Stonehenge*, ed. D. V. Clarke et al., Edinburgh 1985.

Shepherd, R.: *Prehistoric Mining and Allied Industries*, London 1980.

Sheridan, A.: »Supernatural Power Dressing«, *British Archaeology*, May 2003.

Sherratt, A.: »What Would a Bronze-Age World System Look Like?«, *Journal of European Archaeology* 1994.

–: »Electric Gold: Re-Opening of the Amber Route«, *Antiquity* 1995.

Sherratt, S.: »The Role of Crete in Homeric Epic« in *Minotaur and Centaur*, ed. D. Evely et al., Oxford 1996.

–: »Archaeological Contexts« in *A Companion to Ancient Epic*, ed. J. M. Foley, Oxford 2005.

Sherwood, M./E. Mantz: *The Road to Cathay*, New York 1928.

Shinnie, P. L.: *Ancient Nubia*, London 1996.

Shoemaker, J. S.: »The Nature of the Goddess Qudshu in Conjunction with Min and Reshep«, *Bulletin of the Egyptological Seminar* 2001.

el-Shohoumi, N.: *Der Tod im Leben*, Wien 2004.

Shorrock, R.: *The Challenge of Epic*, Leiden 2001.

Showerman, G.: *The Great Mother of the Gods*, Chicago 1969.

Shtelig, H./H. Falk: *Scandinavian Archaeology*, Oxford 1937.

Sibeth, A.: *Batak*, Stuttgart 1990.

Sidrys, R. V.: »Funerary Amber among the West Balts of the Iron Age« in *Klaipėdos miesto ir regiono acheologijos ir istorijos problemos*, ed. A. Nikžentaitis/ V. Žulkus, Klaipėda 1994.

–: »Roman Imports among the West Balts« in *Baltic Amber*, ed. A. Butrimas, Vilnius 2001.

Siebels, G.: »Die Siedlungsnamen der Gastendörfer des Auricherlandes« in *Collectanea Frisica*, ed. H. van Lengen, Aurich 1995.

Siebert, G.: »Hermès« in *Lexicon Iconographicum Mythologiae Classicae*, ed. L. Kahil, Bd. V.1, Zürich 1990.

–: »Images insolites du dieu Hermès« in *Mélanges Pierre Lévêque*, ed. M.-M. Mactoux/E. Geny, Paris 1990.

Siebs, T.: *Zur Geschichte der englisch-friesischen Sprache*, Halle 1889.

Siemann, C.: *Flintdolche Norddeutschlands in ihrem grabrituellen Umfeld*, Bonn 2003.

Sigel, D.: »Achilleus ('Ἀχιλλεύς)« in *Der neue Pauly*, ed. H. Cancik/H. Schneider, Bd. 1, Stuttgart 1996.

Sikojev, A.: *Die Narten*, Köln 1985.

Silver, M.: *Taking Ancient Mythology Economically*, Leiden 1992.

–: »Temple/Sacred Prostitution in Ancient Mesopotamia Revisited«, *Ugarit-Forschungen* 2006.

Silverberg, R.: *The Realm of Prester John*, London 1972.

Sima, A.: »'Astär« in *Encyclopaedia Aethiopica*, Bd. I, ed. S. Uhlig, Wiesbaden 2003.

Simek, R.: *Erde und Kosmos im Mittelalter*, München 1992.

Simmons, A. H./D. S. Reese: »Hippo Hunters of Akrotiri«, *Archaeology*, October 1993.

Simon, C. G.: »The Archaeology of Cult in Geometric Greece« in *New Light on a Dark Age*, ed S. Langdon, Columbia 1997.

Simon, E.: *Die Geburt der Aphrodite*, Berlin 1959.

–: »Der frühe Zeus« in *Acta on the 2nd International Colloquium on Aegean Prehistory* 1972.

–: *Die Götter der Griechen*, München 1985.

–: »Griechische Muttergottheiten« in *Matronen und verwandte Gottheiten,* ed. G. Bauchhenss/G. Neumann, Bonn 1987.

–: »Doppelgöttinnen in Anatolien, Griechenland und Rom«, *Eirene* 1995.

–: »Archäologisches zu Spende und Gebet in Griechenland und Rom« in *Ansichten griechischer Rituale*, ed. F. Graf, Stuttgart 1998.

–: »Medea in der antiken Kunst« in *Medeas Wandlungen*, ed. A. Kämmerer et al., Heidelberg 1998.

–: »Die Hochzeit des Orpheus und der Eurydike« in *Bildergeschichte*, ed. J. Gebauer et al., Möhnesee 2004.

–: »Heilende Heroen«, *Archiv für Religionsgeschichte* 2004.

–: »Frühe Apollonbilder und das Problem früher Zeusbilder« in *Die Welt der Götterbilder*, ed. B. Groneberg et al., Berlin 2007.

Simón, F. M.: *Die Religion im keltischen Hispanien*, Budapest 1998.

Simon, L.: »Le lapis-lazuli, pierre des rois«, *L'Archéologue* 15, 1995.

de Simone, C.: »Nochmals zum Namen Ἑλένη«, *Glotta* 1978.

Simonsen, J.: »Strandet Hovedgaard: Children's Graves of the Late Single Grave Culture in North Jutland«, *Journal of Danish Archaeology* 2006.

Simpson, R. H.: »The Dodecanese and the Ahhiyawa Question«, *Annual of the British School at Athens* 2003.

Simpson, W. K.: »Excavations at Toshka and Arminna«, *Expedition* 4, 1962.

–: *A Tale of Offerings*, Boston 1987.

Singer, K.: »Cowrie and Baubo in Early Japan«, *Man* 1940.

Singer-Avitz, L.: »Beersheba: A Gateway Community in Southern Arabian Long-Distance Trade«, *Tel Aviv* 1999.

Sîrbu, V.: »The Symbolism of Some Representations in the Thracian Art« in *Festschrift für Florin Medelet*, ed. P. Rogozea/V. Cedică, Timişoara 2004.

Sittig, E.: »Zur Entzifferung der minoisch-kyprischen Tafeln von Enkomi«, *Minos* 1956.

Sittl, C.: *Die Gebärden der Griechen und Römer*, Leipzig 1890.

Sivakumar, R./V. Rajamanickam: »Oceanographic Knowledge among Tribes of Andaman and Nikobar Islands« in *Maritime Heritage of India*, ed. K. S. Behera, New Delhi 1999.

Sjöberg, Å. W.: »Die göttliche Abstammung der sumerisch-babylonischen Herrscher«, *Orientalia Suecana* 1972.

–: »A Hymn to Inanna and Her Self-Praise«, *Journal of Cuneiform Studies* 1988.

Skaarup, J.: »Burials, Votive Offerings and Social Structure in Early Neolithic Farmer Society of Denmark« in *Die Trichterbecherkultur*, ed. D. Jankowska, Bd. I, Poznán 1990.

Skoda, F.: *Médecine ancienne et métaphore*, Paris 1988.

Skoda, U.: »Goddess Lakṣmī and Her Symbolic Dimensions on a Tribal Frontier«, *Baessler-Archiv* 2003.

Skoglund, P.: »Stone Ships«, *World Archaeology* 2008.

Skutsch, O.: »Helen: Her Name and Nature«, *Journal of Hellenic Studies* 1987.

Sladek, M.: »Axis mundi u. axis hierosolymae« in *Östliches-Westliches*, ed. M. Sladek, Heidelberg 1995.

Sladek, W. R.: *Inanna's Descent to the Netherworld*, Ann Arbor 1974.

Slater, P. E.: *The Glory of Hera*, Princeton 1968.

Slenczka, E.: *Figürlich bemalte mykenische Keramik aus Tiryns*, Mainz 1974.

Ślusarska, K.: »Remarks on the Possibility of an ›Eastern Branch‹ in the System of Amber Routes« in *Between the Aegean and Baltic Seas*, ed. I. Galanaki et al., Liège 2007.

Small, T. E.: »A Possible ›Shield-Goddess‹ from Crete«, *Kadmos* 1966.

Smith, A. T.: »Iron Age Caucasia« in *Ancient Europe*, ed. P. Bogucki/P. J. Crabtree, Bd. II, New York 2004.

Smith, J. S.: »The Pylos In Series«, *Minos* 1993.

–: »Script and Seal Use on Cyprus in the Bronze Age« in *Script and Seal Use on Cyprus in the Bronze and Iron Ages*, ed. J. S. Smith, Boston 2002.

Smith, L. M. V. et al.: »The Provenance of Canaanite Amphorae Found at Memphis and Amarna« in *Invention and Innovation*, ed. J. Bourriau/J. Phillips, Oxford 2004.

Smith, M. S.: »The God Athtar in the Ancient Near East« in *Solving Riddles and Untying Knots*, ed. Z. Zevit et al., Winona Lake 1995.

Smith, R. H.: »Near Eastern Forerunners of the Striding Zeus«, *Archaeology* 1962.

Smith, T. R.: *Mycenaean Trade and Interaction in the West Central Mediterranean*, Oxford 1987.

Smith, W. R.: *Die Religion der Semiten*, Freiburg 1899.

Smith, W. S.: *Interconnections in the Ancient East*, New Haven 1965.

Snell, B.: *Gesammelte Schriften*, Göttingen 1966.

Snodgrass, A. M.: *The Dark Age of Greece*, Edinburgh 1971.

–: »Mycenae, Northern Europe and Radiocarbon Dates«, *Archaeologia Atlantica* 1975.

–: »Iron and Early Metallurgy in the Mediterranean« in *The Coming of the Age of Iron*, ed. T. A. Wertime/J. D. Muhly, New Haven 1980.

–: »The Coming of the Iron Age in Greece« in *The Bronze Age – Iron Age Transition in Europe*, ed. M. L. S. Sørensen/R. Thomas, Oxford 1989.

–: »Bronze Age Exchange« in *Bronze Age Trade in the Mediterranean*, ed. N. H. Gale, Jonsered 1991.

–: »Gains, Losses and Survivals« in *Cyprus in the 11th Century B.C.*, ed. V. Karageorghis, Nicosia 1994.

v. Soden, W.: »Ebla: Die früheste Schriftkultur Syriens« in *Wirtschaft und Gesellschaft von Ebla*, ed. H. Waetzoldt/H. Hauptmann, Heidelberg 1988.

–: *Aus Sprache, Geschichte und Religion Babyloniens*, Neapel 1989.

Söhnen, R.: »Indra and Women«, *Bulletin of the School of Oriental and African Studies* 1991.

Sölmsen, F.: »Zur Geschichte des Namens der Quitte«, *Glotta* 1912.

Sørensen, M. L. S.: »Period VI Reconsidered« in *The Bronze Age – Iron Age Transition in Europe*, ed. M. L. S. Sørensen/R. Thomas, Oxford 1989.

Sørensen, T. F./M. Bille: »Flames of Transformation«, *World Archaeology* 2008.

van Soesbergen, P. G.: »›Thracian‹ Onomastica in Mycenaean Linear B« in *Ancient Bulgaria*, ed. A. G. Poulter, Bd. I, Nottingham 1983.

Solders, S.: *Die außerstädtischen Kulte und die Einigung Attikas*, Lund 1931.

Soles, J. S.: »The Ritual ›Killing‹ of Pottery and the Discovery of a Mycenaean *Telestas* at Mochlos« in *Meletemata*, Bd. III, ed. P. P. Betancourt et al., Liège 1999.

–: »From Ugarit to Mochlos« in *Emporia*, ed. R. Laffineur/E. Greco, Bd. I, Liège 2005.

–: »Metal Hoards from LM I B Mochlos« in *The Aegean Bronze Age*, ed. C. W. Shelmerdine, Cambridge 2008.

Solomidou-Ieronymidou, M.: »The Ancient Religion of Cyprus through the Epigraphical Documents«, *Archaeologia Cypria* 1985.

Solomon, J.: »Apollo and the Lyre« in *Apollo*, ed. J. Solomon, Tucson 1994.

Sommer, M.: *Die Phönizier*, Stuttgart 2005.

Sommerfeld, C.: »Mythische Geschichten aus der Bronzezeit« in *Der geschmiedete Himmel*, ed. H. Meller, Stuttgart 2004.

Somville, P.: »Le dauphin dans la religion grecque«, *Revue de l'Histoire des Religions* 1984.

Sonnabend, H.: *Die Grenzen der Welt*, Darmstadt 2007.

Sorenson, J. L./C. L. Johannessen: »Biological Evidence for Pre-Columbian Transoceanic Voyages« in *Contact and Exchange in the Ancient World*, ed. V. H. Mair, Honolulu 2006.

Souchleris, L.: »Ιστορία« in *Η Μύρινα της πρώι μπς εποχής του χαλκου*, ed. A. Archontidou/M. Kokkinoforou, Lemnos 2004.

Sourouzian, H./R. Stadelmann: »Die ältesten Erwähnungen von Ioniern und Danaern«, *Antike Welt* 6, 2005.

Sourvinou-Inwood, C.: »On the Lost ›Boat‹ Ring from Mochlos«, *Kadmos* 1973.

–: »Movements of Populations in Attica at the End of the Mycenaean Period« in *Bronze Age Migrations in the Aegean*, ed. R. A. Crossland/A. Birchall, London 1973.

–: »Altars with Palm-Trees and Parthenoi«, *Bulletin of the Institute of Classical Studies* 1985.

–: »A Series of Erotic Pursuits«, *Journal of Hellenic Studies* 1987.

–: ›Reading‹ *Greek Culture*, Oxford 1991.

–: »Medea at a Shifting Distance« in *Medea*, ed. J. J. Clauss/S. I. Johnston, Princeton 1997.

Southard, G. C. et al.: »Analysis and Provenience of Minoan and Mycenaean Amber: Mycenae«, *Greek, Roman and Byzantine Studies* 1972.

Soysal, O.: »Das hethitische Wort für ›Zinn‹«, *Historische Sprachforschung* 2006.

Spaeth, B. S.: *The Roman Goddess Ceres*, Austin 1996.

Spanuth, J.: *... und doch Atlantis enträtselt!*, Stuttgart 1955.

–: *Atlantis*, Tübingen 1965.

–: *Die Phönizier*, Osnabrück 1985.

Spawforth, A. J. S.: »Jason and the Golden Fleece«, *Minerva*, September 1990.

v. Spee, C.: Brief vom 9. Dezember 2005.

Speiser, F.: *Ethnology of Vanuatu*, Honolulu 1996.

Spennemann, D. H. R.: »Bemerkungen zum Dong-So'n-Schiff vom Berg Dobo auf Flores«, *Tribus* 1985.

Sperber, L.: »Crises in Western European Metal Supply during the Late Bronze Age« in *Gods and Heroes of the European Bronze Age*, ed. K. Demakopoulou et al., London 1999.

–: »Zur Bedeutung des nördlichen Alpenraumes für die spätbronzezeitliche Kupferversorgung in Mitteleuropa« in *Alpenkupfer*, ed. G. Weisgerber/G. Goldenberg, Bochum 2004.

–: *Goldene Zeichen*, Speyer 2005.

–: »Woher stammt die Idee des kegelförmigen Zeremonialhutes?« in *Der Goldene Hut von Schifferstadt*, ed. A. Koch, Speyer 2008.

Spickermann, W.: »Gallo-römische Götterpaare in Germanien« in *Auf den Spuren keltischer Götterverehrung*, ed. M. Hainzmann, Wien 2007.

Spiegel, J.: *Die Götter von Abydos*, Wiesbaden 1973.

Spiegelberg, W.: »Der heilige Widderkopf des Amon«, *Zeitschrift für ägyptische Sprache und Altertumskunde* 1927.

Spier, L.: *Klamath Ethnography*, Berkeley 1930.

Spindler, K.: »Zur Herstellung der Zinnbronze in der frühen Metallurgie Europas«, *Acta Praehistorica et Archaeologica* 1971.

–: *Die frühen Kelten*, Stuttgart 1983.

–: »Mykene in Mitteleuropa« in *Altertum und Mittelmeerraum*, ed. R. Rollinger/B. Truschnegg, Stuttgart 2006.

Spivey, N.: »In Defense of Schliemann« in *The Golden Treasures of Troy*, ed. H. Duchêne, London 1996.

Spann, K.: »Apollon auf Kreta« in *Kult und Funktion griechischer Heiligtümer in archaischer und klassischer Zeit*, ed. F. Bubenheimer et al., Mainz 1996.

Spranz, B.: *Göttergestalten in den mexikanischen Bilderhandschriften der Codex Borgia-Gruppe*, Wiesbaden 1964.

Spronk, K.: *Beatific Afterlife in Ancient Israel and in the Ancient Near East*, Neukirchen-Vluyn 1986.

Spycket, A.: »Un naos à divinité bovine« in *Beiträge zur Altorientalischen Archäologie*, ed. P. Calmeyer et al., Wiesbaden 1994.

–: *The Human Form Divine*, Jerusalem 2000.

Srivastava, B.: *Iconography of Śakti*, Varanasi 1978.

Srivastava, K. M.: »The Myth of the Aryan Invasion of Harappan Towns« in *Frontiers of the Indus Civilization*, ed. B.B. Lal/S.P. Gupta, New Delhi 1984.

Stadelmann, R.: *Syrisch-palästinensische Gottheiten in Ägypten*, Leiden 1967.

–: »Die Abwehr der Seevölker unter Ramses III«, *Saeculum* 1969.

Stadler, M.A.: *Wege ins Jenseits*, Würzburg 2005.

Staehelin, E.: »Zur Hathorsymbolik in der ägyptischen Kleinkunst«, *Zeitschrift für ägyptische Sprache und Altertumskunde* 1978.

–: *Ägyptens heiliger Pillendreher*, Basel 1982.

Stähelin, F.: »Der Name Kanaan« in *Festschrift Jacob Wackernagel*, ed. E. Abegg et al., Göttingen 1923.

Staesche, U.: »Tierfunde aus versunkenen Siedlungen im ostfriesischen Wattenmeer« in *Beiträge zur Archäozoologie und Prähistorischen Anthropologie*, ed. M. Kokabi/J. Wahl, Stuttgart 1994.

Stahl, C.: *Mitteleuropäische Bernsteinfunde von der Frühbronze- zur Frühlatènezeit*, Dettelbach 2006.

Stakenborg-Hoogeveen, J.: »Mycenaean Thrace« in *Thracians and Mycenaeans*, ed. J. Best/N. de Vries, Leiden 1989.

Stamatatou, E.: *Gemstones in Mycenaean Greece*, Oxford 2004.

Stampolidis, N.C.: »A Summary Glance at the Mediterranean in the Early Iron Age« in *Sea Routes from Sidon to Huelva*, ed. N.C. Stampolidis, Athens 2003.

Stampolidis, N.C./A. Kotsonas: »Phoenicians in Crete« in *Ancient Greece*, ed. S. Deger-Jalkotzy/I.S. Lemos, Edinburgh 2006.

Stands in Timber, J./M. Liberty: *Cheyenne Memories*, New Haven 1967.

Stanford, W.B.: *The Ulysses Theme*, Oxford 1963.

Stannard, D.E.: *American Holocaust*, New York 1992.

Stanzel, M.: *Die Tierreste aus dem Artemis/Apollon-Heiligtum bei Kalapodi in Boiotien*, München 1991.

Staples, A.: *From Good Goddess to Vestal Virgins*, London 1988.

Starcky, J.: »Le dieu suprême à Palmyra« in *Petra and the Caravan Cities*, ed. F. Zayadine, Amman 1990.

Stark, C.: ›Kultprostitution‹ im Alten Testament, Fribourg 2006.

Starr, C.G.: »The Myth of the Minoan Thalassocracy«, *Historia* 1955.

Stary, P.F.: »Rohstoffe im früheisenzeitlichen Nord-Süd-Handel«, *Münstersche Beiträge zur antiken Handelsgeschichte* 1995.

Staubli, T.: *Das Image der Nomaden im Alten Israel*, Fribourg 1991.

Staude, W.: »Der Tod des *ayo* von Lurum«, *Mitteilungen der Anthropologischen Gesellschaft in Wien* 1969.

Stavrianopoulou, E.: *Untersuchungen zur Struktur des Reiches von Pylos*, Partille 1989.

Stead, M.: *Egyptian Life*, London 1986.

Stech, T.: »Copper and Society in Late Bronze Age Cyprus« in *Prehistoric Production and Exchange*, ed. A. B. Knapp/T. Stech, Los Angeles 1985.

–: »Aspects of Early Metallurgy in Mesopotamia and Anatolia«, *Masca Journal* 1999.

Steel, L.: *Cyprus before History*, London 2004.

–: »Women in Mycenaean Pictorial Vase Painting« in *Pictorial Pursuits*, ed. E. Rystedt/B. Wells, Stockholm 2006.

Steffgen, U.: »Gold in Early Bronze Age Graves from Denmark and Schleswig-Holstein« in *Prehistoric Gold in Europe*, ed. G. Morteani/J. P. Northover, Dordrecht 1993.

Stegemann, Dr.: »Blitz« in *Handwörterbuch des deutschen Aberglaubens*, Bd. I, ed. E. Hoffmann-Krayer/H. Bächtold-Stäubli, Berlin 1927.

Stein, D.: »Mythologische Inhalte der Nuzi-Glyptik« in *Hurriter und Hurritisch*, ed. V. Haas, Konstanz 1988.

Steinberg, L.: *The Sexuality of Christ in Renaissance Art and in Modern Oblivion*, New York 1983.

Steiner, D.: *Jenseitsreise und Unterwelt bei den Etruskern*, München 2004.

Steiner, G.: »Die Femme Fatale im Alten Orient« in *La femme dans le Proche-Orient antique*, ed. J.-M. Durand, Paris 1987.

Steinert, H.: »Zinnbronze in Europa erfunden?«, *Die Rheinpfalz*, 2. November 1990.

Steinhauser, W.: »Kultische Stammesnamen in Ostgermanien«, *Die Sprache* 1952.

Steinkeller, P.: »On Rulers, Priests and Sacred Marriage« in *Priests and Officials in the Ancient Near East*, ed. K. Watanabe, Heidelberg 1999.

Steinmann, B.: »Speerspitze aus Gastria-Alaas« in *Zeit der Helden*, ed. C. Hattler, Darmstadt 2008.

Stella, L. A.: *La civiltà micenea nei documenti contemporanei*, Roma 1965.

Stephan, H.-G.: *Coppengrave*, Hildesheim 1981.

Stephan, J.: »Die anatomischen, physiologischen und pathophysiologischen Grundlagen der ägyptischen Krankheitslehre« in *Marburger Treffen zur altägyptischen Medizin*, ed. R. Hannig et al., Göttingen 2007.

Stephen, A. M.: *Hopi Journal*, New York 1936.

Stergianopoulos, P.: *Die Lutra*, Athen 1922.

Stern, E.: »New Evidence from Dor for the First Appearance of the Phoenicians Along the Northern Coast of Israel«, *Bulletin of the American Schools of Oriental Research* 1990.

–: »Tel Dor: A Phoenician-Israelite Trading Center« in *Recent Excavations in Israel*, ed. S. Gitin, Dubuque 1995.

–: »Discoveries at Tel Dor« in *The Archaeology of Israel*, ed. N. A. Silberman/D. Small, Sheffield 1997.

v. Steuben, H.: *Frühe Sagendarstellungen in Korinth und Athen*, Berlin 1968.

Steuerwald, K.: *Türkçe-Almanca sözlük*, Wiesbaden 1988.

Stewart, C.: *Demons and the Devil*, Princeton 1991.

Stewart, R. B.: »Lotus and Lotus-Eaters« in *Light on the Top of the Black Hill*, ed. G. Arsebük et al., Istanbul 1998.

Stieglitz, R. R.: »The Letters of Kadmos« in Πεπραγμενα, Bd. 1.2, Athina 1981.

–: »Long-Distance Seafaring in the Ancient Near East«, *Biblical Archaeology* 1984.

–: »The Minoan Origin of Tyrian Purple«, *Biblical Archaeologist* 1994.

Stiegner, R. G.: »Altsüdarabien« in *Kulturkontakte*, ed. H. D. Galter, Graz 1986.

Stier, H. E.: »Minyes« in *Paulys Realencyclopädie der Classischen Altertumswissenschaft*, Bd. XV.2, ed. W. Kroll, Stuttgart 1932.

Stierlin, H./C. Ziegler: *Tanis*, München 1987.

Stiglitz, R.: *Die Großen Göttinnen Arkadiens*, Wien 1967.

Stirn, A./P. van Ham: *The Seven Sisters of India*, München 2000.

Stockfisch, D.: »Ugarit als Tor zur ostmediterranen Wirtschaftswelt« in ›Schnittpunkt‹ Ugarit, ed. M. Kropp/A. Wagner, Frankfurt/M. 1999.

Stockhammer, P.: »Bericht zur spätmykenischen Keramik aus Stadt Nordost (Tiryns)«, *Archäologischer Anzeiger* 2006.

Stöhr, W.: *Das Totenritual der Dajak*, Köln 1959.

Stöllner, T.: »Prähistorischer und antiker Erzbergbau in Iran« in *Persiens antike Pracht*, ed. T. Stöllner et al., Bd. I, Bochum 2004.

Stol, M.: *On Trees, Mountains, and Milestones in the Ancient Near East*, Leiden 1979.

–: »Wirtschaft und Gesellschaft in altbabylonischer Zeit« in *Mesopotamien: Die altbabylonische Zeit*, ed. D. Charpin et al., Göttingen 2004.

Stoltenberg, H. L.: *Etruskische Gottnamen*, Leverkusen 1957.

Stolz, F.: »Funktionen und Bedeutungsbereiche des ugaritischen Baʿalsmythos« in *Funktionen und Leistungen des Mythos*, ed. J. Assmann et al., Göttingen 1982.

Stoof, M.: »Kauroide und Skaraboide in Kindergräbern des Neuen Reiches«, *Altorientalische Forschungen* 1995.

–: »Kauroide und Skaraboide mit Göttinnenkopfdekor« in *Beiträge zur Vorderasiatischen Archäologie*, ed. J.-W. Mayer et al., Frankfurt am Main 2001.

–: *Skorpion und Skorpiongöttin im alten Ägypten*, Hamburg 2002.

–: »Frauendarstellungen auf ägyptischen Siegelamuletten« in *Morgenländische Altertümer*, ed. M. Mode, Halle 2004.

Stoop, M.: »Tarentines in the Tin Trade?«, *Études et Travaux* 1990.

Stos-Gale, Z.: »Lead Isotope Evidence for Trade in Copper from Cyprus during the Late Bronze Age« in *Problems in Greek Prehistory*, ed. E. B. French/K. A. Wardle, Bristol 1988.

Stos-Gale, Z./N. H. Gale: »New Light on the Provenience of the Copper Oxhide Ingots Found on Sardinia« in *Sardinia in the Mediterranean*, ed. R. H. Tykot/T. K. Andrews, Sheffield 1992.

Stothert, K. E.: »Shellfish Purple in Coastal Ecuador«, *Textile Museum Journal* 2004.

Straižys, V./L. Klimka: »The Cosmology of the Ancient Balts«, *Archaeoastronomy* 1997.

Strasser, K. T.: *Der Unsterblichkeitsglaube der Germanen*, Hamburg 1934.

Strasser, T. F. et al.: »Stone Age Seafaring in the Mediterranean«, *Hesperia* 2010.

Strataridaki, A.: »Epimenides: What Is in a Name?«, *Cretan Studies* 2003.

Strathern, A.: *A Line of Power*, London 1984.

Strazzulla, M. J.: »Attestazioni figurative dei Dioscuri nel mondo etrusce« in *Castores*, ed. L. Nista, Roma 1994.

Streck, B.: Brief vom 10. November 1983.

Streck, M. P.: *Die Bildersprache der akkadischen Epik*, Münster 1999.

Striedter, K. H.: *Felsbilder der Sahara*, München 1984.

Strobel, A.: *Der spätbronzezeitliche Seevölkersturm*, Berlin 1976.

Ström, Å. V.: »The King God and His Connection with Sacrifice in Old Norse Religion» in *La regalità sacra*, ed. U. Pestalozza et al., Leiden 1959.

–: »Germanische Religion« in *Germanische und baltische Religion*, ed. Å. V. Ström/H. Biezais, Stuttgart 1975.

Strøm, I.: »Middle Minoan Crete: Some of Its External Relations« in *Interaction and Acculturation in the Mediterranean*, Bd. I, ed. J. G. P. Best/N. M. W. de Vries, Amsterdam 1980.

Strohmeyer, A.: *Atlantis ist nicht Troja*, Bremen 1997.

Strommenger, E.: »Eine altmesopotamische Würdenträgerinnenstatuette der Farah/Ur I-Zeit« in *Hundert Jahre Berliner Gesellschaft für Anthropologie, Ethnologie und Urgeschichte*, ed. C. Pohle et al., Bd. II, Berlin 1969.

–: »Modell eines Bootes aus Eridu/Abu Schachrain« in *Der Garten Eden*, ed. E. Strommenger, Berlin 1978.

Stroomer, H.: »Rain Ceremonies at Imi n Tala, High Atlas«, *Almogaren* 2000.

Strouhal, E.: *Life in Ancient Egypt*, Cambridge 1992.

Struve, K. W.: »Zwei getriebene Bronzetassen der älteren Bronzezeit aus Schleswig-Holstein«, *Offa* 1983.

Stuckey, J. H.: »The Great Goddesses of the Levant«, *Bulletin of the Canadian Society for Mesopotamian Studies* 37, 2002 u. 38, 2003.

–: »Priestesses and ›Sacred Prostitutes‹ in the Ancient Near East«, *Journal of the Canadian Society for Mesopotamian Studies* 2006.

Studnicka, F.: *Kyrene*, Leipzig 1890.

Stüben, P.: *Gelduba*, Bd. II, Krefeld 1995.

Stürmer, V.: »Zur Entstehung der minoischen ›Stadt‹ im 3. Jahrtausend v. Chr.« in *Wege zur Stadt*, ed. H. Falk, Bremen 2005.

Stürzenhofegger, G.: *Times Enmeshed*, Stanford 1998.

Stumfohl, H.: »Sprache und Vorgeschichte in den Alpen und Pyrenäen«, *Almogaren* 1986.

–: »Die Wanderung des Herakles«, *Almogaren* 1991.

–: »Die Religion der Phönizier im Rahmen der Mediterranea«, *Almogaren* 1991.

Stupperich, R.: »Bemerkungen zum römischen Import im sog. Freien Germanien« in *Aspekte der römisch-germanischen Beziehungen in der Frühen Kaiserzeit*, ed. G. Frenzius, Espelkamp 1995.

–: »Beobachtungen zu Gräbern und Grabsitten in der Nekropole von Assos«, *Laverna* 2006.

Sturma, M.: »Dressing, Undressing, and Early Contact in Australia and Tahiti«, *Pacific Studies* 1998.

Šturms, E.: *Die ältere Bronzezeit im Ostbaltikum*, Berlin 1936.

–: »Der Bernsteinschmuck der östlichen Amphorenkultur« in *Documenta Archaeologica*, ed. O. Kleemann, Bonn 1956.

Sucharski, R. A.: »The Pylian Word *wa-na-so-i*«, *Eos* 1995.

Sürenhagen, D.: »The ›Royal Tombs‹ of Ur Revisited« in *Of Pots and Plans*, ed. L. al Gailani Werr et al., London 2002.

Sugaya, C.: »A Foreign Goddess in the Minoan World« in Πεπραγμενα, Bd. III, Herakleion 2000.

Suhr, D.: *Die Alchemisten*, Ostfildern 2006.

Sulimirski, T.: »Aegean Trade with Eastern Europe« in *Mélanges André Varagnac*, Paris 1971.

Sundqvist, O.: »Aspects of Rulership Ideology in Early Scandinavia« in *Das frühmittelalterliche Königtum*, ed. F.-R. Erkens, Berlin 2005.

Sundwall, J.: *Die einheimischen Namen der Lykier*, Leipzig 1913.

Suter, A.: *The Narcissus and the Pomegranate*, Ann Arbor 2002.

Suter, P. J.: »Das Eis gibt neue Schätze frei«, *Archäologie in Deutschland* 2, 2006.

–: »Lenk, Schnidejoch: Funde aus dem Eis«, *Das Altertum* 2007.

Suter, P. J. et al.: »Prähistorische und frühgeschichtliche Funde aus dem Eis«, *Archäologie der Schweiz* 4, 2005.

Svanberg, J.: »Die Himmelfahrt Alexander des Großen in mittelalterlichen Darstellungen« in *Festschrift für Götz Pochat*, ed. J. K. Eberlein, Wien 2007.

Svedja-Hirsch, L.: *Die indischen ›devadasis‹ im Wandel der Zeit*, Bern 1991.

Svoboda, W.: »Die Bewohner des Nikobaren Archipels«, *Internationales Archiv für Ethnographie* 1893.

Swan, L. M.: »Economic and Ideological Roles of Copper Ingots in Prehistoric Zimbabwe«, *Antiquity* 2007.

Swindler, M. H.: *Cretan Elements in the Cults and Rituals of Apollo*, Bryn Mawr 1913.

Syed, R.: »Devadasis, Dienerinnen der Götter« in *Tempelprostitution im Altertum*, ed. T. S. Scheer/M. Lindner, Berlin 2009.

Sylvest, A. B.: »Dolktidsgrav med ravsmykker«, *Kuml* 1970.

Symington, D.: »Late Bronze Age Writing Boards and Their Uses«, *Anatolian Studies* 1991.

Szabó, J.: »Cedrus aeternitatis hieroglyphicum«, *Acta Historia Artium* 1981.

Szarzyńska, K.: »The Cult of the Goddess Inana in Archaic Uruk«, *Nin* 2000.

Szu, A. et al.: »Reconstructing the Roman and Celtic Dress of Aquincum«, *Journal of Reconstruction and Experiment in Archaeology* 4, 2007.

Taborin, Y.: »La mer et les premiers hommes modernes« in *Échange et diffusion dans la Préhistoire méditerranéenne*, ed. B. Vandermeersch, Paris 2003.

Taconis, W. K.: »Mummification in Ancient Egypt« in *Egyptian Mummies*, ed. M. J. Raven/W. K. Taconis, Turnhout 2005.

Tadmor, H.: »The Decline of Empires in Western Asia ca. 1200 B. C. E.« in *Symposia*, ed. F. M. Cross, Cambridge 1979.

Takahashi, T.: »Japan und Deutschland im 17. und 18. Jahrhundert« in *Das Europa der Aufklärung und die außereuropäische koloniale Welt*, ed. H.-J. Lüsebrink, Göttingen 2006.

Tallqvist, K.: »Sumerisch-akkadische Namen der Totenwelt«, *Studia Orientalia* 1934.

Talon, P.: »Le mythe de la descente d'Ištar aux enfers«, *Akkadica* 1988.

Tamvaki, A.: »The Seals and Sealings from the Citadel House Area«, *Annual of the British School at Athens* 1974.

–: »On the Interpretation of Cycladic and Mycenaean Figurines« in *Actes du Valcamonica Symposium '72*, ed. E. Anati, Brescia 1975.

–: »The Human Figure in the Aegean Glyptic of the Late Bronze Age« in *Fragen und Probleme der bronzezeitlichen ägäischen Glyptik*, ed. W. Müller, Berlin 1989.

Tancke, K.: »Beobachtungen zum fränkischen Frauengrab von Wahlheim«, *Alzeyer Geschichtsblätter* 1991.

Tandy, D. W.: *Warriors into Traders*, Berkeley 1997.

Taniichi, T.: »Spacer Glass Beads in the 2nd Millennium B. C.«, *Orient* 1992.

Tarn, W. W.: *Hellenistic Civilization*, London 1930.

Tartaron, T. F.: »Glykys Limin: A Mycenaean Port of Trade in Southern Epirus?« in *Prehistory and History*, ed. D. W. Tandy, Montréal 2001.

Tatton-Brown, V.: *Ancient Cyprus*, London 1987.

–: »Terracotta Ram-Headed God from the Archaic Period« in *Aphrodites Schwestern*, ed. H. Ganslmayr/A. Pistofidis, Bremen 1987.

Taube, J.: »Geisterglaube bei Tadschiken und Usbeken« in *Die vorislamischen Religionen Mittelasiens*, ed. K. Jettmar/E. Kattner, Stuttgart 2003.

Taubert, A.: *Beeinflussen Sturmfluthäufigkeit sowie Meeresspiegelanstieg die Deichsicherheit Nordfrieslands?*, Cuxhaven 2007.

Taylor, J.: »Egypt and Africa at the British Museum«, *Egyptian Archaeology*, Summer 1991.

–: *Unwrapping a Mummy*, London 1995.

Taylor, W.: *The Mycenaeans*, London 1983.

Tcherkézoff, S.: ›First Contacts‹ *in Polynesia*, Canberra 2004.

Tedesco, P.: »Rigvedic *váṃsaga-*, ›bull‹« in *Studien zur Sprachwissenschaft und Kulturkunde*, ed. M. Mayrhofer et al., Innsbruck 1968.

Tedlock, D.: *Finding the Center*, Lincoln 1978.

Tennu, A.: »L'Assyrie au XIIIᵉ siècle avant J.-C.«, *Égypte, Afrique u. Orient*, Octobre 2005.

Terrell, J. U.: *Apache Chronicle*, New York 1972.

Teržan, B.: »Das Land der Medeia?« in *Beiträge zur Kulturgeschichte Vorderasiens*, ed. U. Finkbeiner et al., Mainz 1995.

Tessmann, G.: *Die Pangwe*, Berlin 1913.

Thapar, R.: »The Image of the Barbarian in Early India«, *Comparative Studies in Society and History* 1971.

Theis, C.: »Das dunkle Ende einer Königin«, *Kemet* 3, 2010.

Themelis, P.: »Cults on Mount Ithome«, *Kernos* 2004.

Thenius, E.: »Die Spinnentiere und ihre Verwandten« in *Grzimeks Tierleben*, ed. B. Grzimek, Bd. I, Zürich 1971.

Theodossiev, N.: »Further Notes on the Mountain Theonyms«, *Beiträge zur Namenforschung* 1997.

Theroux, A.: *Blau*, Hamburg 1998.

Theuer, G.: *Der Mondgott in den Religionen Syrien-Palästinas*, Fribourg 2000.

Thevenot, É.: *Sur les traces du Mars celtique*, Brugge 1955.

Thieme, P.: »Etymologische Vexierbilder«, *Zeitschrift für vergleichende Sprachforschung* 1951.

–: »Drei rigvedische Tierbezeichnungen«, *Zeitschrift für vergleichende Sprachforschung* 1963.

Thier, K.: »Das Paddel« in *Itinera Archaeologica*, ed. H. Eilbracht et al., Rahden 2005.

Thomas, C.: »Archaeology and Greek Linguistics at the End of the Late Bronze Age«, *Expedition* 3, 1978.

–: »The Knossos MC Series and Amaltheia«, *Acta Classica* 1979.

Thomas, E.: »Das Siegelbild als Mittel der Kommunikation in der minoischen Palastzeit« in *Medien in der Antike*, ed. H.v. Hesberg, Köln 2003.

Thomas, G.: »Customs and Belief of the Natives of Buka«, *Oceania* 1932.

Thomas, H.: *Conquest*, New York 1993.

Thomas, S.: »Imports at Zawiyet Umm al-Rakham« in *Egyptology at the Dawn of the 21st Century*, ed. Z. Hawass, Bd. I, Cairo 2003.

Thomason, A. K.: *Luxury and Legitimation*, Aldershot 2005.

Thomatos, M.: *The Final Revival of the Aegean Bronze Age*, Oxford 2006.

Thompson, J. E. S.: *The Rise and Fall of Maya Civilization*, Norman 1954.

–: *Maya History and Religion*, Norman 1970.

Thomson, G.: *Frühgeschichte Griechenlands und der Ägäis*, Berlin 1960.

Thorbjørnstrud, B.: »What Can the Gilgamesh Myth Tell Us About Religion in Mesopotamia?«, *Temenos* 1983.

Thorne, S.: »Diktaian Zeus in Later Greek Tradition« in *The Palaikastro Kouros*, ed. J. A. MacGillivray et al., London 2000.

Thornton, A.: »The Story of the Woman Brought Back from the Underworld«, *Journal of the Polynesian Society* 1984.

Thrane, H.: »The Mycenaean Fascination« in *Orientalisch-ägäische Einflüsse in der europäischen Bronzezeit*, ed. P. Schauer, Bonn 1990.

–: »Penultimate Thule« in *Ireland in the Bronze Age*, ed. J. Waddell/E. S. Twohig, Baile Átha Cliath 1995.

–: »Bronze Age Settlements in South Scandinavia« in *Experiment and Design*, ed. A. F. Harding, Oxford 1999.

–: »Bronzezeitliche Prunkgräber nördlich der Elbe« in *Herrschaft, Tod, Bestattung*, ed. C.v. Carnap-Bornheim et al., Bonn 2006.

Tiedemann, N.: *Haar-Kunst*, Köln 2007.

Tierney, P.: *Verrat am Paradies*, München 2002.

Tillmann, A.: »Zur Frage einer Süd-Nord-Verbindung zwischen Südbayern und Oberitalien im späten Jungneolithikum«, *Archäologisches Korrespondenzblatt* 1993.

Timm, T.: *Der Diskos von Phaistos*, Norderstedt 2005.

Tiné, S./A. Traverso: Πολιόχνη, Athina 2001.

Tischler, J.: *Kleinasiatische Hydronymie*, Wiesbaden 1977.

–: »Der indogermanische Anteil am Wortschatz des Hethitischen« in *Hethitisch und Indogermanisch*, ed. E. Neu/W. Meid, Innsbruck 1979.

–: *Hethitisches etymologisches Glossar*, Bd. I, Innsbruck 1983; Bd. II.2, 2006; Bd. III, 1994.

Todd, J. M.: »Baltic Amber in the Ancient Near East«, *Journal of Baltic Studies* 1985.

–: »The Continuity of Amber Artifacts in Ancient Palestine« in *Amber in Archaeology*, ed. C. W. Beck/J. Bouzek, Praha 1993.

–: »Archaeological Amber and the Illyrian Connexion« in *Atti del XIII Congresso delle Scienze preistoriche e protoistoriche*, ed. C. Giunchi, Bd. 6.1, Forli 1998.

Todorova, H.: »Früher Handelsverkehr während des Neolithikums und des Chalkolithikums im westlichen Schwarzmeerraum« in *Handel, Tausch und Verkehr im bronze- und früheisenzeitlichen Südosteuropa*, ed. B. Hänsel, Berlin 1995.

–: »Die Spondylus-Problematik heute« in *Karanovo*, ed. S. Hiller/V. Nikolov, Wien 2000.

Török, L.: *The Image of the Ordered World in Ancient Nubian Art*, Leiden 2002.

Tokhtas'ev, S.: »Die Kimmerier in der antiken Überlieferung«, *Hyperboreus* 1996.

Tomas, H.: »Who Were the Readers of Linear A Inscriptions?« in *Symposium on Mediterranean Archaeology*, ed. A. Brysbaert et al., Oxford 2003.

–: »Mycenaeans in Croatia ?« in *Emporia*, ed. R. Laffineur/E. Greco, Eupen 2005.

Tomaschek, W.: *Die alten Thraker*, Wien 1980.

Tomková, K.: »Bernstein im frühmittelalterlichen Böhmen«, *Památky Archeologické* 1998.

Tomlinson, J. E. et al.: »Mycenaean and Cypriote Late Bronze Age Ceramic Imports to Kommos«, *Hesperia* 2010.

Tondriau, J.: »Dionysos, dieu royal« in *Mélanges Henri Grégoire*, ed. J. Moreau, Bd. IV, Wetteren 1953.

van der Toorn, K.: »Funerary Rituals and Beatific Afterlife in Ugaritic Texts«, *Bibliotheca Orientalis* 1991.

–: *From Her Cradle to Her Grave*, Sheffield 1994.

Topping, P./M. Lynott: »Miners and Mines« in *The Cultural Landscape of Prehistoric Mines,* ed. P. Topping/M. Lynott, Oxford 2005.

Torbrügge, W.: »Die bayerischen Inn-Funde«, *Bayerische Vorgeschichtsblätter* 1960.

Torriani, L.: *Die Kanarischen Inseln und ihre Ureinwohner*, ed. D. Wölfel, Leipzig 1940.

Tosi, M.: »Gedanken über den Lasursteinhandel des 3. Jahrtausends v. u. Z. im iranischen Raum« in *Wirtschaft und Gesellschaft im alten Vorderasien*, ed. J. Harmatta/G. Komoróczy, Budapest 1976.

–: »Early Maritime Cultures of the Arabian Gulf and the Indian Ocean« in *Bahrain through the Ages*, ed. S. H. al-Khalifa/M. Rice, London 1986.

–: »Die Indus-Zivilisation jenseits des indischen Subkontinents« in *Vergessene Städte am Indus*, ed. A. Ardeleanu-Jansen, Aachen 1987.

–: »The Harappan Civilization beyond the Indian Subcontinent« in *Trade in Early India*, ed. R. Chakravarti, Oxford 2001.

Tosi, M./R. Biscione: *Conchiglie*, Roma 1981.

Touchais, G.: »Le passage du Bronze Moyen au Bronze Récent en Grèce continentale«, *Aegaeum* 1989.

Tournavitou, I.: »The Shaft Grave Phenomenon« in *Trade and Production in Premonetary Greece*, ed. C. Gillis et al., Jonsered 1995.

Tournavitou, I./M. Sugerman: »Metals to Metalworkers« in *Trade and Production in Premonetary Greece*, ed. C. Gillis et al., Jonsered 2000.

Toynbee, A.: *Some Problems of Greek History*, London 1969.

Toynbee, J. M. C.: *Animals in Roman Life and Art*, London 1973.

Traboulay, D. M.: »Christopher Columbus's ›Libro de Profecías‹«, *Zeitschrift für Missionswissenschaft* 1998.

Tracy, S. V.: »The Structure of the Odyssey« in *A New Companion to Homer*, ed. I. Morris/B. B. Powell, Leiden 1997.

Trčková-Flamee, A.: »Motif of the Snake and Its Meaning in the Minoan Iconography«, *Eirene* 2003.

Tréheux, J.: »La réalité historique des offrandes hyperboréennes« in *Studies Presented to David Moore Robinson*, ed. G. E. Mylonas/D. Raymond, Bd. II, Saint Louis 1953.

Treidler, H.: »Κρόνιον πέλαγος« in *Paulys Realencyclopädie der Classischen Altertumswissenschaft*, Suppl. X, ed. K. Ziegler, Stuttgart 1965.

Trenk, M.: »Kulturelle Aneignung und kulturelle Überläufer« in *Zwischen Aneignung und Verfremdung*, ed. V. Gottowik et al., Frankfurt am Main 2009.

Trever, C.: »À propos des temples de la déesse Anahita en Iran sassanide«, *Iranica Antiqua* 1967.

Trigger, B. G.: »Early Native North American Responses to European Contact«, *Journal of American History* 1991.

Trigger, B. G./W. R. Swagerty: »Entertaining Strangers« in *The Cambridge History of the Native Peoples of the Americas*, ed. B. G. Trigger/W. E. Washburn, Bd. I, Cambridge 1996.

Trigger, D. S.: *Whitefella Comin'*, Cambridge 1992.

Trimborn, H.: »Die Erotik in den Mythen von Huarochiri«, *Jahrbuch des Linden-Museums* 1951.

–: *Pascual de Andagoya*, Hamburg 1954.

Triomphe, R.: *Prométhée et Dionysos*, Strasbourg 1992.

Tripković, B.: »The Role of Obsidian in the Neolithic« in *L'âge du cuivre au Proche Orient et en Europe*, ed. I. Jadin et al., Oxford 2004.

Tristram, H. L. C.: »Kelten und Druiden im Spiegel des Selbstverständnisses antiker Autoren« in *Xenophobie – Philoxenie*, ed. U. Riemer/P. Riemer, Stuttgart 2005.

Tritsch, F. J.: »Bellerophon's Letter« in *Atti e memorie del 1° Congresso Internazionale di Micenologia*, ed. A. Archi et al., Roma 1968.

Trnka, E.: »Überlegungen zur ›Reizwirkung‹ der altägäischen Frauen- und Männertracht« in *Österreichische Forschungen zur ägäischen Bronzezeit*, ed. F. Blakolmer, Wien 2000.

–: »Zur archäologischen Evidenz der Textilproduktion in der ägäischen Bronzezeit« in *Timelines*, ed. E. Czerny et al., Bd. I, Leuven 2006.

Trotzig, G.: »Beads Made of Cowrie Shells from the Red Sea and the Indian Ocean Found on Gotland« in *Trade and Exchange in Prehistory*, ed. B. Hårdh et al., Lund 1988.

Troy, L.: »Painting the Eye of Horus« in *Hommage à Jean Leclant*, Bd. I, ed. C. Berger et al., Le Caïre 1994.

Trümpy, C.: *Untersuchungen zu den altgriechischen Monatsnamen und -folgen*, Heidelberg 1997.

–: »Die Thesmophoria, Brimo, Deo und das Anaktoron«, *Kernos* 2004.

Trux, E.: *Altes Porzellan*, Köln 2005.

Tryon, D. T.: *Comparative Austronesian Dictionary*, Bd. II, Berlin 1995.

Tsagarakis, O.: »*Odyssey* 11: The Question of the Sources« in *Homer's World*, ed. Ø. Andersen/M. Dickie, Bergen 1995.

Tschach, M.: »Der Bernstein« in *Die Bernsteinstraße*, ed. J. Tiefenbach/E. Fertl, Eisenstadt 2008.

Tschudin, P. F.: »Erz des Himmels«, *Ferrum* 1986.

Tsetskhaladze, G. R.: »Kolchis im System des antiken Handels«, *Münstersche Beiträge zur antiken Handelsgeschichte* 1992.

–: »Greek Colonization of the Eastern Black Sea Littoral«, *Dialogues d'histoire ancienne* 1992.

–: »Griechen in der Kolchis«, *Münstersche Beiträge zur antiken Handelsgeschichte* 1993.

–: »Argonautica, Colchis and the Black Sea« in *Thracia Pontica VI.1*, ed. M. Lazarov/C. Angelova, Sozopol 1994.

–: »Trade on the Black Sea in the Archaic and Classical Periods« in *Trade, Traders and the Ancient City*, ed. H. Parkins/C. Smith, London 1998.

–: »Anatolian Roots of Local Cultures of the Pontus« in *Ancient Greeks West and East*, ed. G. R. Tsetskhaladze, Leiden 1999.

Tsipopoulou, M.: »Ram Figurines, MM I-II« in *Minoan and Greek Civilization*, ed. L. Marangou, Athens 1992.

–: »LM III Reoccupation in the Area of the Palatial Building at Petras, Siteia« in *Late Minoan III Pottery*, ed. E. Hallager/B. P. Hallager, Athens 1997.

–: »›Mycenoans‹ at the Isthmus of Ierapetra« in *Ariadne's Threads*, ed. A. L. D'Agata et al., Athina 2005.

Tsumura, D. T.: »Kings and Cults in Ancient Ugarit« in *Priests and Officials in the Ancient East*, ed. K. Watanabe, Heidelberg 1999.

Tsuneki, A.: »The Manufacture of *Spondylus* Shell Objects at Neolithic Dimini«, *Orient* 1989.

Tubach, J.: *Im Schatten des Sonnengottes*, Wiesbaden 1986.

Tubb, J. N.: *Canaanites*, London 1998.

–: *Völker im Lande Kanaan*, Stuttgart 2005.

Tuczay, C.: »Drache und Greif«, *Mediaevistik* 2006.

Tuite, K.: »Lightning, Sacrifice and Possession in the Traditional Religions of the Caucasus«, *Anthropos* 2004.

Turfa, J. M.: »International Contacts« in *Etruscan Life and Afterlife*, ed. L. Bonfante, Warminster 1986.

Turk, P.: *Bilder aus Leben und Mythos*, Ljubljana 2005.

Turner, V. W.: *The Drums of Affliction*, Oxford 1968.

Turville-Petre, E. O. G.: *Myth and Religion of the North*, Westport 1964.

Tusa, V.: »Sicilia« in *L'espansione fenicia nel Mediterraneo*, ed. S. Moscati, Roma
1971.

Tuzin, D.: *The Cassowary's Revenge*, Chicago 1997.

Tykot, R. H.: »Italian Contacts with the Eastern Mediterranean in the Late
Bronze Age«, *Etruscan Studies* 1994.

–: »Sea Peoples in Etruria?«, *Etruscan Studies* 1994.

–: »Neolithic Exploitation and Trade of Obsidian in the Central Mediterranean«
in *L'âge du cuivre au Proche Orient et en Europe*, ed. I. Jadin et al., Oxford
2004.

Tyldesley, J.: *Ägyptens Sonnenkönigin*, München 1999.

–: *Die Königinnen des Alten Ägypten*, Leipzig 2008.

Tylecote, R. F.: *A History of Metallurgy*, London 1976.

–: *The Prehistory of Metallurgy in the British Isles*, London 1986.

–: *The Early History of Metallurgy in Europe*, London 1987.

Tyrrell, W. B.: *Amazons*, Baltimore 1984.

Tzachili, I.: »On Earrings, Swallows and Theran Ladies« in *Archaeology and
Fertility Cult in the Ancient Mediterranean*, ed. A. Bonanno, La Valetta 1986.

–: »The Making of Sails in the 2nd Millennium« in *Meletemata*, ed. P. P. Betancourt et al., Liège 1999.

Tzahou-Alexandri, O.: »Contribution to the Knowledge of the 8th Century Ship
Representations« in *2nd International Symposium on Ship Construction in
Antiquity*, ed. H. Tzalas, Delphi 1987.

Tzamtzis, A. I.: »›Ikria‹ on Minoan Seals« in *1st International Symposium on
Ship Construction in Antiquity*, ed. H. Tzalas, Piräus 1985.

Tzavellas-Bonnet, C.: »Melqart, Bès et Héraclès dactyle de Crète« in *Phoenicia
and Its Neighbours*, ed. E. Gubel/E. Lipiński, Leuven 1985.

Uberti, M. L.: »Gli avori e gli ossi« in *I Fenici*, ed. S. Moscati, Milano 1988.

Uchitel, A.: »Bronze-Smiths of Pylos and Silver-Smiths of Ur«, *Minos* 1991.

–: »Local Differences in Arrangements of Ration Lists on Minoan Crete« in
Ancient Archives and Archival Traditions, ed. M. Brosius, Oxford 2003.

Udolph, J.: »Zu einigen germanischen Flußnamen«, *Beiträge zur Namenforschung* 1981.

–: »Die Landnahme Englands durch germanische Stämme im Lichte der Ortsnamen« in *Nordwestgermanisch*, ed. E. Marold/C. Zimmermann, Berlin 1995.

Übleis, F.: »Marco Polo in Südasien (1293/94)«, *Archiv für Kulturgeschichte*
1978.

Uehlinger, C.: »Die Sammlung ägyptischer Siegelamulette« in *Altorientalische
Miniaturkunst*, ed. O. Keel/C. Uehlinger, Mainz 1990.

–: »Der Amun-Tempel Ramses' III. in P₃ – ḫn'n« in *Studien zu den Stempelsiegeln
aus Palästina*, Bd. III, ed. O. Keel et al., Fribourg 1990.

Ünal, A.: »The Power of Narrative in Hittite Literature«, *Annual of the American School of Oriental Research* 2000.

Uhsadel-Gülke, C.: *Knochen und Kessel*, Meisenheim 1972.

Ulbrich, A.: »The Worship of Anat and Astarte in Cypriot IA Sanctuaries« in *Transmission and Transformation of Culture in the Eastern Mediterranean*, ed. J. Clarke, Oxford 2005.

Ulf, C.: *Das römische Lupercalienfest*, Darmstadt 1982.

Undset, I.: »Die ältesten Schwertformen«, *Zeitschrift für Ethnologie* 1890.

Ungnad, A.: *Die Religion der Babylonier und Assyrer*, Jena 1921.

Uphill, E.: »User and His Place in Egypto-Minoan History«, *Bulletin of the Institute of Classical Studies* 1984.

Uphof, J. C. T.: *Dictionary of Economic Plants*, New York 1968.

Urban, K.: *Geographische Forschungen und Märchen aus griechischer Zeit*, Gütersloh 1892.

Uruschadse, A.: »Zur griechischen Bezeichnung für das Goldene Vlies« in *Griechenland und Rom*, ed. E. G. Schmidt et al., Tbilissi 1996.

Usačioraitė, E.: »Customs of the Old Prussians« in *The Indo-Europeanization of Northern Europe*, ed. K. Jones-Bley/M. E. Huld, Washington 1996.

Usener, H.: *Götternamen*, Bonn 1896.

–: *Die Sintfluthsagen*, Bonn 1899.

–: »Heilige Handlung: Ilions Fall«, *Archiv für Religionswissenschaft* 1904.

–: *Das Weihnachtsfest*, Bonn 1911.

–: *Kleine Schriften*, Leipzig 1913.

Ustinova, Y.: »Jason, the Shaman« in *Bildergeschichte*, ed. J. Gebauer et al., Möhnesee 2004.

Uzunoğlu, E.: »Catalogue: From Prehistoric Ages to the Iron Ages« in *Woman in Anatolia*, ed. G. Randa, Istanbul 1993.

v. Vacano, O. W.: »Vanth-Aphrodite« in *Hommages à Albert Grenier*, ed. M. Renard, Bruxelles 1962.

Vagnetti, L.: »L'insediamento neolitico di Festos«, *Annuario della Scuola Archeologica di Atene* 1973.

–: »Mycenaean Pottery in Italy« in *Wace and Blegen*, ed. C. Zerner et al., Amsterdam 1993.

–: »Peninsular Italy, Sicily and Sardinia at the Time of the Sea Peoples« in *The Sea Peoples and Their World*, ed. E. D. Oren, Philadelphia 2000.

–: »The Role of Crete in the Exchanges between the Aegean and the Central Mediterranean« in *Sea Routes*, ed. N. C. Stampolidis/V. Karageorghis, Athens 2003.

Vagnetti, L./F. Lo Schiavo: »Late Bronze Age Long Distance Trade in the Mediterranean« in *Early Society in Cyprus*, ed. E. Peltenburg, Edinburgh 1989.

Vajda, L.: »Der Monosandalos-Formenkreis«, *Baessler-Archiv* 1989.

–: *Ethnologica,* Wiesbaden 1999.

Vakarelski, C.: *Bulgarische Volkskunde*, Berlin 1969.

Valbelle, D./C. Bonnet: *Le sanctuaire d'Hathor, Maîtresse de la Turquoise*, Paris 1996.

Valdez, R.: »Riesenwildschaf oder Argali (*Ovis ammon*)« in *Grzimeks Enzyklo-pädie*, ed. W. Keienburg, Bd. 5, München 1988.

Valera, R. G./P. G. Valera: »Tin in the Mediterranean Area« in *Le problème de l'étain à l'orgine de la métallurgie*, ed. A. Giumlia-Mair/F. Lo Schiavo, Oxford 2003.

Valera, R. G. et al.: »Sardinia and Tin Circulation« in *Archaeometallurgy in Sardinia*, ed. F. Lo Schiavo et al., Montagnac 2005.

Valeri, V.: *Kingship and Sacrifice*, Chicago 1985.

Vandenabeele, F.: »L'influence égéenne dans les coutumes funéraires chypriotes«, *Aegaeum* 1987.

–: »Le monde marin dans les sanctuaires minoens«, *Aegaeum* 1991.

–: »Cypriote Terracottas Representing Gods« in *Contributions to the Archaeology and History of the Bronze and Iron Ages in the Eastern Mediterranean*, ed. P. M. Fischer, Wien 2001.

Van den Berghe, I.: »Thema's uit de oud-Iraanse mythologie op de gouden vaas van Hasanlu«, *Gentse bijdragen tot de Kunstgeschiedenis* 1960.

Vandervondelen, M.: »Singes accroupis« in *Studia Varia Bruxellensia*, Bd. III, ed. H. Melaerts et al., Leuven 1994.

Vandier, J.: «Iousâas et Hathor-Nébet-Hétépet«, *Revue d'Égyptologie* 1965.

Vandkilde, H.: »Denmark and Europe« in *L'Atelier du bronzier en Europe*, ed. C. Mordant, Bd. I, Paris 1998.

–: »Bronze Age Scandinavia« in *Ancient Europe*, ed. P. Bogucky/P. M. Crabtree, Bd. II, New York 2004.

Vanel, A.: *L'iconographie du Dieu de l'Orage*, Paris 1965.

Vanschoonwinkel, J.: *L'Égée de la Méditerranée orientale à la fin du IIᵉ millénaire*, Louvain 1991.

–: »La Crète minoenne et l'Anatolie«, *Cretan Studies* 2003.

–: »La double hache minoenne et l'Anatolie«, *Res Antiquae* 2004.

Vanstiphout, H. L. J.: »Inanna/Ishtar as a Figure of Controversy« in *Struggles of Gods*, ed. H. G. Kippenberg et al., Berlin 1984.

Varias García, C.: »The Palace of Mycenae in LH III B« in *Floreant Studia Mycenaea*, ed. S. Deger-Jalkotzy et al., Wien 1999.

Varndell, G./S. Needham: »The Ringlemere Gold Cup«, *Minerva* 4, 2002.

Varoufakis, G.: »Investigation of Some Minoan and Mycenaean Iron Objects« in *Frühes Eisen in Europa*, ed. H. Haefner, Schaffhausen 1981.

Vassileva, M.: »Further Considerations on the Cult of Kybele«, *Anatolian Studies* 2001.

Vassiliou, E. D.: »Reconstructing the Ritual Worship of Aphrodite at Her Sanctuary in Palaepaphos« in *Symposium on Mediterranean Archaeology*, ed. G. Muskett et al., Oxford 2002.

Vatsal, T.: »The Goddess as a Pot« in *Gods beyond Temples*, ed. H. V. Dehejia, Delhi 2006.

Vatter, E.: *Ata Kiwan*, Leipzig 1932.

Vaughan, A. C.: *The House of the Double Axe*, Garden City 1959.

Vaufrey, R.: *L'art rupestre nord-africain*, Paris 1939.

Vaughan, A. T.: *Transatlantic Encounters*, Cambridge 2006.

de Vaux, R.: »La Phénicie et les Peuples de la Mer« in *Mélanges offerts à M. Maurice Dunand*, ed. M. Girard, Bd. I, Beyrouth 1969.

Vecchi, I.: »Vetulonia on the Sea«, *Minerva*, February 2001.

de la Vega, G.: *Wahrhaftige Kommentare zum Reich der Inka*, ed. W. Plackmeyer, Berlin 1983.

Vegas Sansalvador, A.: »Χαμύνη: Ein Beiname der Demeter in Olympia«, *Glotta* 1992.

Velkov, V.: *Roman Cities in Bulgaria*, Amsterdam 1980.

Vella, H. C. R.: »Juno and Fertility at the Sanctuary of Tas-Silġ, Malta« in *Archaeology and Fertility Cult in the Ancient Mediterranean*, ed. A. Bonanno, La Valetta 1986.

Vellinga, M.: »The Nicobar Islands«, *Archiv für Völkerkunde* 1995.

Velten, H.: *Cow*, London 2007.

Verbovsek, A.: »›Ihre Finger sind wie Lotosblüten ...‹« in *Schönheit im Alten Ägypten*, ed. K. Lembke/B. Schmitz, Hildesheim 2006.

Verbruggen, H.: *Le Zeus crétois*, Paris 1981.

Vercoutter, J.: *Les relations entre Égyptiens et Préhellènes*, Paris 1954.

–: *L'Égypte et le Monde Égéen préhellénique*, Le Caïre 1956.

Vérilhac, A.-M./C. Vial: *Le mariage grec*, Paris 1998.

Verin, P.: *The History of Civilisation in North Madagascar*, Rotterdam 1986.

Verlaeckt, K.: »The Kivik Petrographs«, *Germania* 1993.

–: »Metalwork Consumption in Late Bronze Age Denmark« in *L'Atelier du bronzier en Europe*, ed. C. Mordant, Bd. I, Paris 1998.

Verlinden, C.: *Les statuettes anthropomorphes crétoises en bronze et en plomb*, Louvain 1984.

–: »Le décor incisé sur une double hache en bronze supposée provenir de Voros« in *L'iconographie minoenne*, ed. P. Darcque/J.-C. Poursat, Paris 1985.

Verma, B.: »Sanjhi: Goddess of Murals« in *Gods beyond Temples*, ed. H. V. Dehejia, Delhi 2006.

Vermaseren, M. J.: *Cybele and Attis*, London 1977.

–: *Der Kult der Kybele und des Attis im römischen Germanien*, Stuttgart 1979.

Vermeule, C. C.: *The Art of the Greek World*, Boston 1982.

Vermeule, E.: *Greece in the Bronze Age*, Chicago 1972.

–: *Archaeologia Homerica: Götterkult*, Göttingen 1974.

–: »Baby Aigisthos and the Bronze Age«, *Proceedings of the Cambridge Philological Society* 1987.

Vermeule, E./V. Karageorghis: *Mycenaean Pictorial Vase Painting*, Cambridge 1982.

Vermeule, E./J. Travlos: »Mycenaean Tomb beneath the Middle Stoa«, *Hesperia* 1966.

Vermeule, E./F. Z. Wolsky: »Small Terracotta Sculptures from Toumba to Skouru« in *Studies Presented in Memory of Porphyrios Dikaios*, ed. H. W. Catling et al., Nicosia 1979.

Vermot, R.-G./R. Hadorn: *Das war kein Bruder*, Basel 1982.

Vernet, J.: *Die spanisch-arabische Kultur in Orient und Okzident*, Zürich 1984.

Vernus, P./J. Yoyotte: *Bestiaire des pharaons*, Paris 2005.

Versnel, H. S.: *Transition and Reversal in Myth and Ritual*, Leiden 1993.

Vian, F.: *Les origines de Thèbes*, Paris 1963.

–: »La navigation des Argonautes«, *Bulletin de l'Association Guillaume Budé* 1982.

–: *Les Argonautiques orphiques*, Paris 1987.

–: *Les Dionysiaques de Nonnos de Panopolis*, Bd. V, Paris 1995.

–: *L'épopée posthomérique*, Alessandria 2005.

Vianello, A.: »Late Bronze Age Aegean Trade Routes in the Western Mediterranean« in *The Aegean Bronze Age in Relation to the Wider European Context*, ed. H. Whittaker, Oxford 2008.

Vichos, Y.: »Ancient Greek Ships and Shipbuilding« in *A Voyage Into Time and Legend*, ed. O. Tzahou-Alexandri et al., Athens 1987.

–: »Point Iria Wreck: The Stone Anchors«, *Enalia* 1996.

–: »The Nautical Dimension« in *Το Ναυάγιο του Ακρωτηρίου Ιρίων*, ed. W. Phelps et al., Athina 1999.

Victor, A. O.: »A Pre-Columbian Map of the World, circa 1489«, *Imago Mundi* 1963.

Vidal, J.: »The Sacred Landscape of the Kingdom of Ugarit«, *Journal of Ancient Near Eastern Religions* 2004.

Vidal de la Blache, P.: »Les Purpurariae du roi Juba« in *Mélanges Perrot*, Paris 1903.

Vidal-Naquet, P.: *Athen, Sparta, Atlantis*, München 1993.

–: *Atlantis*, München 2006.

Vidale, M.: »The ›Meluhha Villages‹ in Mesopotamia in the 3rd Millennium BC« in *Schools of Oriental Studies*, ed. A. Panaino et al., Milano 2004.

Vieweger, D./J. Häser: »›Sechzig große Städte ummauert und mit eisernen Riegeln‹«, *Antike Welt* 1, 2007.

Viglaki, M.: »Amber Beads from the Heraion at Samos« in *Sea Routes from Sidon to Huelva*, ed. N. C. Stampolidis, Athens 2003.

Vigneras, L.-A.: *The Discovery of South America*, Chicago 1976.

Vikela, E.: »Der Hymnus aus Palaikastro« in *Im Labyrinth des Minos*, ed. H. Siebenmorgen, München 2000.

–: »Continuity in Greek Religion: The Case of Zeus Kretagenes«, *Cretan Studies* 8, 2003.

–: »Healer Gods and Healing Sanctuaries in Attica«, *Archiv für Religionsgeschichte* 2006.

Villard, P.: »Un roi de Mari à Ugarit«, *Ugarit-Forschungen* 1986.

Villarino, C.: »La danse en Égypte ancienne«, *Égypte, Afrique u. Orient*, Décembre 2005.

Vince, A./A. Peacey: »Pipemakers and Their Workshops« in *Between Dirt and Discussion*, ed. S. N. Archer/K. M. Bartoy, New York 2006.

Vinci, F.: *The Baltic Origins of Homer's Epic Tales*, Rochester 2006.

Vincke, K.: *Tod und Jenseits in der Vorstellung der präkolumbischen Maya*, Frankfurt am Main 1997.

Vinogradov, Y. G.: »A Maiden's Golden Burial from Berezan«, *Expedition* 2, 1994.

Vinson, S.: »Ships in the Ancient Mediterranean«, *Biblical Archaeologist* 1990.

Virolleaud, C.: *La Légende de Keret*, Paris 1936.

Visser, E.: *Homers Katalog der Schiffe*, Stuttgart 1997.

de Visser, M. W.: *Die nicht-menschengestaltigen Götter der Griechen*, Leiden 1903.

Vlachopoulos, A. G.: »Cultural, Social and Political Organisation in the Cyclades during the LH III C Period« in *Eliten in der Bronzezeit*, ed. I. Kilian-Dirlmeier/M. Egg, Bd. I, Mainz 1999.

–: »The Late Helladic III C ›Grotta Phase‹ of Naxos« in *LH III C Chronology and Synchronisms*, ed. S. Deger-Jalkotzy/M. Zavadil, Wien 2003.

–: »Motifs of Early Greek Poetry in the Wall Paintings of Xeste 3 at Akrotiri, Thera« in *Epos*, ed. S. P. Morris/R. Laffineur, Liège 2007.

–: »A Late Mycenaean Journey from Thera to Naxos« in *Horizon*, ed. N. Brodie et al., Cambridge 2008.

Vlachos, T.: »Geister- und Dämonenvorstellungen im südosteuropäischen Raum«, *Österreichische Zeitschrift für Volkskunde* 1971.

Vlček, E./L. Hájek: »A Ritual Well and the Find of an Early Bronze Age Iron Dagger at Gánovce Near Poprad« in *A Pedro Bosch-Gimpera*, ed. S. Genovés, México 1963.

Völcker, K. H. W.: *Über Homerische Geographie und Weltkunde*, Hannover 1830.

Vogazianos, S.: »The Philistine Emergence«, *Archaeologia Cypria* 1994.

Vogt, B./A. V. Sedov: »Die Sabir-Kultur und die jemenitische Küstenebene in der 2. Hälfte des 2. Jahrtausends v. Chr.« in *Jemen*, ed. W. Seipel, Wien 1998.

Voigt, F. A.: »Beiträge zur Mythologie des Ares und der Athena«, *Leipziger Studien zur Classischen Philologie* 1881.

Vojatzi, M.: *Frühe Argonautenbilder*, Würzburg 1982.

Volker-Saad, K.: »Use of Incense« in *Encyclopedia Aethiopica,* Bd. III, ed. S. Uhlig, Wiesbaden 2007.

Volkers, T. B.: »Terra Sigillata aus den friesischen Wurten in den Niederlanden«, *Germania* 1991.

Vollgraff, W.: »Χρυσῷ παίξοιο᾽ Ἀφροδίτα« in *Mélanges offerts à Charles Picard*, ed. Y. Béguignon/P. Demargne, Paris 1949.

Vonderach, A.: *Anthropologie Europas*, Graz 2008.

Vorgrimler, H.: *Geschichte des Paradieses und des Himmels*, München 2008.

de Vorsey, L.: »Amerindian Contributions to the Mapping of North America«, *Imago Mundi* 1978.

Voskas, I./A. B. Knapp: »Cyprus at the End of the Late Bronze Age«, *American Journal of Archaeology* 2008.

van Voss, M. H.: *Ägypten: Die 21. Dynastie*, Leiden 1982.

–: »Zwei ungewöhnliche Darstellungen des ägyptischen Sonnengottes«, *Visible Religion* 1986.

Voss, R.: «Die Nutzung von Harz, Teer und Pech in ur- und frühgeschichtlicher Zeit» in *Selecta Praehistorica*, ed. H.-J. Beier/J. Beran, Wilkau-Haßlau 1995.

Voutsa, K.: »Mycenaean Craftsmen in Palace Archives« in *Manufacture and Measurement*, ed. A. Michailidou, Athens 2001.

Voyatzis, M. E.: »From Athena to Zeus« in *Ancient Goddesses*, ed. L. Goodison/ C. Morris, London 1998.

Voza, G.: »Das prähistorische Sizilien« in *Sizilien*, ed. C. Vitali, Berlin 2008.

de Vries, A.: *Dictionary of Symbols and Imagery*, Amsterdam 1974.

de Vries, J.: *Contributions to the Study of Othin*, Helsinki 1931.

–: *The Problem of Loki*, Helsinki 1933.

–: *Untersuchungen über das Hüpfspiel*, Helsinki 1957.

–: *Altgermanische Religionsgeschichte*, Bd. II, Berlin 1957.

–: *Keltische Religion*, Stuttgart 1961.

de Vries, P.: »Baltisches Gold aus Kauscha«, *Archäologie in Deutschland* 3, 1998.

–: »Bronzezeit im Braunkohletagebau«, *Archäologie in Deutschland* 1, 2007.

Vroklage, B. A. G.: »Das Schiff in den Megalithkulturen Südostasiens und der Südsee«, *Anthropos* 1936.

Vürtheim, J.: *Stesichoros' Fragmente und Biographie*, Leiden 1919.

Waarsenburg, D. J.: »Astarte and Monkey Representations in the Italian Orientalizing Period«, *Hamburger Beiträge zur Archäologie* 1993.

Wachsmann, S.: »The Ships of the Sea Peoples«, *International Journal of Nautical Archaeology and Underwater Exploration* 1981.

–: »Shfifons: Early Bronze Age Anchor Shaped Cult Stones from the Sea of Galilee Region« in *Thracia Pontica III*, ed. A. Fol et al., Sofia 1986.

–: *Aegeans in the Theban Tombs*, Leuven 1987.

–: »Bird-Head Devices on Mediterranean Ships« in *4th International Symposium on Ship Construction in Antiquity*, ed. H. Tzalas, Athens 1996.

–: »Were the Sea Peoples Mycenaeans?« in *Res Maritimae*, ed. S. Swiny, Atlanta 1997.

–: *Seagoing Ships u. Seamanship in the Bronze Age Levant*, London 1998.

–: »Mediterranean Seafaring during the Second Millennium« in *The Wall Paintings of Thera*, ed. S. Sherratt, Athens 2000.

–: »To the Sea of the Philistines« in *The Sea Peoples and Their World*, ed. E. D. Oren, Philadelphia 2000.

Wachsmuth, C.: *Das alte Griechenland im neuen,* Bonn 1864.

Wachtel, N.: *La vision des vaincus*, Paris 1971.

Wackernagel, J.: »Griechische Miszellen«, *Glotta* 1925.

Waetzoldt, H./H.-G. Bachmann: »Zinn und Arsenbronze in den Texten aus Ebla und aus dem Mesopotamien des 3. Jahrtausends«, *Oriens Antiquus* 1984.

Wagenvoort, H.: »La Toison d'Or« in *Mélanges offerts à André Piganiol*, ed. R. Chevallier, Paris 1966.

–: »Nehallenia and the Souls of the Dead«, *Mnemosyne* 1971.

–: *Pietas*, Leiden 1980.

Wagner, H.: »Studies in the Origins of Early Celtic Civilisation«, *Zeitschrift für celtische Philologie* 1970.

–: »Origins of Pagan Irish Religion«, *Zeitschrift für celtische Philologie* 1981.

Wagner, N.: »Dioskuren, Jungmannschaften und Doppelkönigtum«, *Zeitschrift für deutsche Philologie* 1960.

Walberg, G.: »Excavations on the Lower Terraces at Midea in the Argolid« in *Atti e memorie del Secondo Congresso Internazionale di Micenologia*, ed. E. De Miro et al., Roma 1996.

–: »Bridge-Spouted Jars from Midea, LH III B« in *Minoans and Mycenaeans*, ed. Y. Tzedakis/H. Martlew, Athens 1999.

Waldbaum, J. C.: *From Bronze to Iron*, Göteborg 1978.

–: »Early Greek Contacts with the Southern Levant, ca. 1000-600 B. C.«, *Bulletin of the American Schools of Oriental Research* 1994.

–: »The Coming of Iron in the Eastern Mediterranean« in *The Archaeometallurgy of the Asian Old World*, ed. V. C. Pigott, Philadelphia 1999.

Walde, A.: *Lateinisches etymologisches Wörterbuch*, Bd. 1, Heidelberg 1938.

Walde, A./J. Pokorny: *Wörterbuch der indogermanischen Sprachen*, Bd. I, Berlin 1930.

Waldherr, G. H.: *Erdbeben*, Stuttgart 1997.

Waldner, K.: *Geburt und Hochzeit des Kriegers*, Berlin 2000.

Walker, C. B. F.: »Wissenschaft und Technik« in *Der Alte Orient*, ed. B. Hrouda, München 2003.

Walker, J. R.: *Lakota Society*, Lincoln 1982.

Waller, K.: »Ein Sigillatenfund bei Cuxhaven«, *Germania* 1955.

Wallert, I.: *Die Palmen im Alten Ägypten*, Berlin 1962.

Walls, N. H.: *The Goddess Anat in Ugaritic Myth*, Atlanta 1992.

Walter, H.: *Vom Sinnwandel griechischer Mythen*, Waldsassen 1959.

–: *Griechische Götter*, München 1971.

–: *Pans Wiederkehr*, München 2001.

Walter, H.: »Die Säulen des Herkules« in *Die Allegorese des antiken Mythos*, ed. H.-J. Horn/H. Walter, Wiesbaden 1997.

Walterson, B.: *Women in Ancient Egypt*, New York 1991.

Walton, P.: »Piercebridge«, *Current Archaeology*, August 2008.

Wangu, M. B.: *Images of Indian Goddesses*, New Delhi 2003.

Wanke, L.: »Die Geschichte des ›Reiters‹ von Corvo«, *Wiener Völkerkundliche Mitteilungen* 1965.

Wanner, K. J.: »Off-Center: Considering Directional Valences in Norse Cosmography«, *Speculum* 2009.

Wanscher, O.: *Sella curulis*, København 1980.

Ward, C.: »The Sedana Island Shipwreck«, *World Archaeology* 2001.

–: »Das Insel-Sadana-Wrack« in *Die Tiefe*, ed. G. Bass, München 2006.

–: »Boat-Building and Its Social Context in Early Egypt«, *Antiquity* 2006.

Ward, C./C. Zazzaro: »Evidence for Pharaonic Seagoing Ships at Mersa/Wadi Gawasis«, *International Journal of Nautical Archaeology* 2010.

Ward, D. J.: »An Indo-European Mythological Theme in Germanic Tradition« in *Indo-European and Indo-Europeans*, ed. G. Cardona et al., Philadelphia 1970.

Ward, W. A.: »Egypt and the East Mediterranean from Predynastic Times to the End of the Old Kingdom«, *Journal of the Economic and Social History of the Orient* 1963.

–: »La déesse nourricière d'Ugarit«, *Syria* 1969.

–: »The Egyptian Scarab«, *Biblical Archaeologist* 1994.

Wardle, K. A.: »Mycenaean Trade and Influence in Northern Greece« in *Wace and Blegen*, ed. C. Zerner, Amsterdam 1993.

Warnecke, H.: »Die homerische Hafenstadt der Phaiaken« in ›*Trojaner sind wir gewesen*‹, ed. E. Olshausen/H. Sonnabend, Stuttgart 2006.

Warnemünde, G.: »Frühe Beziehungen Ägyptens zum Ausland«, *Kemet*, Januar 2008.

Warner, E. A.: »Death by Lightning in the Novosokol' niki Region«, *Folklore* 2002.

Warner, W. L.: »Malay Influence on the Aboriginal Culture of North-Eastern Arnhem Land«, *Oceania* 1982.

Warren, P.: *Minoan Stone Vases*, Cambridge 1969.

–: *Myrtos*, London 1972.

–: »Knossos: New Excavations and Discoveries«, *Archaeology* 1984.

–: »The Fresco of the Garlands from Knossos« in *L'iconographie minoenne*, ed. P. Darcque/J.-C. Poursat, Paris 1985.

–: »The Ring of Minos« in *Ειλαπινη*, ed. L. Kastrinaki et al., Bd. I, Irakleion 1987.

–: »The Minoans and Their Gods« in *Origins*, ed. B. Cunliffe, London 1987.

–: »Of Baetyls«, *Opuscula Atheniensia* 1990.

–: »Crete and Egypt« in *Κρήτη-Αιγύπτος*, ed. A. Karetsou, Athina 2000.

–: »Shield and Goddess in Minoan Crete and the Aegean«, in *Πεηραγμενα*, Bd. A 3, ed. A. Karetsou, Herakleion 2000.

–: »Cretan Food through Five Millennia«, *Cretan Studies* 9, 2003.

–: »Response to Eleni Hatzaki« in *Ariadne's Threads*, ed. A. L. D'Agata et al., Athina 2005.

Waser, O.: *Skylla und Charybdis*, Zürich 1894.

–: »Charon«, *Archiv für Religionswissenschaft* 1898.

Washbourne, R.: »Aphrodite Parakyptousa, ›the Woman at the Window‹«, *Report of the Department of Antiquities Cyprus* 1999.

Wassmann, J.: »›First Contact‹: Begegnungen im Yupnotal« in *Abschied von der Vergangenheit*, ed. J. Wassmann, Berlin 1992.

–: »The Experience of an Outside World in a Community of the Finisterre Range«, *Oceania* 1993.

Watanabe, C. E.: *Animal Symbolism in Mesopotamia*, Wien 2002.

Watanabe, K.: »Lebensspendende und todbringende Substanzen in Altmesopotamien«, *Baghdader Mitteilungen* 1994.

Waterbolk, H. T.: »Frühe Besiedlung im Wattenraum« in *Wattenmeer*, ed. J. Abrahamse et al., Neumünster 1976.

Waters, F.: *Masked Gods*, New York 1970.

Waterston, A.: »The Kingdom of 'Aṭṭar«, *Ugarit-Forschungen* 1988.

Wathelet, P.: »Le nom de Zeus chez Homère et dans les dialectes grecs«, *Minos* 1976.

–: »Mycénien et grec d'Homère ἄναξ et βασιλεύς«, *Živa Antika* 1979.

Watkin, D.: »Iungit Amor«, *Journal of the Warburg and Courtauld Institutes* 1991.

Watkins, C.: *How to Kill a Dragon*, Oxford 1995.

Watrous, L. V.: »Late Bronze Age Kommos: Imported Pottery«, *Scripta Mediterranea* 1985.

–: »The Origin and Iconography of the Late Minoan Painted Larnax«, *Hesperia* 1991.

–: *Kommos III*, Princeton 1992.

–: »Cretan Relations with the Aegean in the Late Bronze Age« in *Wace and Blegen*, ed. C. Zerner et al., Amsterdam 1993.

–: »Crete from the Earliest Prehistory through the Protopalatial Period«, *American Journal of Archaeology* 1994.

–: »Some Observations on Minoan Peak Sanctuaries«, *Aegaeum* 1995.

–: *The Cave Sanctuary of Zeus at Psychro*, Liège 1996.

–: »Comment on Borgna« in *LM III Pottery*, ed. E. Hallager/B. P. Hallager, Aarhus 1997.

–: »Egypt and Crete in the Early Middle Bronze Age« in *The Aegean and the Orient in the Second Millennium*, ed. E. H. Cline/D. Harris-Cline, Eupen 1998.

–: »Crete from Earliest Prehistory through the Protopalatial Period« in *Aegean Prehistory*, ed. T. Cullen, Boston 2001.

–: »New Pottery from the Psychro Cave«, *Annual of the British School at Athens* 2004.

Watrous, L. V./H. Blitzer: »Central Crete in LM II-III B1« in *La Crète mycénienne*, ed. J. Driessen/A. Farnoux, Paris 1997.

Watrous, L. V. et al.: »A Survey of the Western Mesara Plain«, *Hesperia* 1993.

–: »The Sardinian Pottery from Kommos« in *Sardinian and Aegean Chronology*, ed. M. S. Balmuth/R. H. Tykot, Oxford 1998.

Watson, W. G. E.: »An Antecedent to ›Aṯirat‹ and ›ʾAnat‹?« in *Ugarit, Religion and Culture*, ed. N. Wyatt et al., Münster 1996.

Watt, J. C. Y.: »The Giraffe as the Mythical ›Quilin‹ in Chinese Art«, *Metropolitan Museum Journal* 2008.

Webb, J. M. et al.: »Early Bronze Age Metal Trade in the Eastern Mediterranean«, *Oxford Journal of Archaeology* 2006.

Weber, C.: »Wachtberg-Fritzdorf« in *Reallexikon der Germanischen Altertumskunde*, ed. H. Beck et al., Bd. 33, Berlin 2006.

Weber-Hiden, I.: »Die Bedeutung der Streitwägen in der mykenischen Kunst« in *Akten des 6. Österreichischen Archäologentages*, ed. T. Lorenz et al., Graz 1996.

–: »Mykenische Söldner bei Kadesch?« in *Italo, Tusco, Romana*, ed. P. Amann et al., Wien 2006.

Weber-Lehmann, C.: »Die etruskische Grabmalerei« in *Die Etrusker*, ed. B. Andreae et al., München 2004.

Weckmann, L.: »The Middle Ages in the Conquest of America« in *History of Latin American Civilization*, ed. L. Hanke, Bd. I, London 1969.

Wedde, M.: »The ›Ring of Minos‹ and beyond«, *Hydra* 1990.

–: »Bronzezeitliche Schiffsdarstellungen in der Ägäis« in *Griechenland und das Meer*, ed. E. Chrysos et al., Mannheim 1999.

–: *Towards a Hermeneutics of Aegean Bronze Age Ship Imagery*, Mannheim 2000.

–: »The Boat Model from the LH III A-B Sanctuary at Agios Konstantinos« in *Αργοσαρονικος*, Bd. A, ed. E. Konsolake-Giannopoulou, Athina 2003.

–: »The Mycenaean Galley in Context« in *Emporia*, ed. R. Laffineur/E. Greco, Eupen 2005.

–: »On the Alleged Connection between the Early Greek Galley and the Water-craft of Nordic Rock Art« in *The Aegean Bronze Age in Relation to the Wider European Context*, ed. H. Whittaker, Oxford 2008.

Wedel, C.: *Nofretete und das Geheimnis von Amarna*, Mainz 2005.

Weeber, E.: *Das Hakenkreuz*, Frankfurt am Main 2007.

Weeks, L. R.: *Early Metallurgy of the Persian Gulf*, Boston 2003.

Wegewitz, W.: »Ein Klappstuhl aus der älteren Bronzezeit aus Daensen, Kr. Harburg« in *Urgeschichtsstudien beiderseits der Niederelbe*, ed. G. Schwantes, Hildesheim 1939.

–: *Rund um den Kiekeberg*, Neumünster 1988.

Wegner, I.: *Gestalt und Kult der Ištar-Šawuška in Kleinasien*, Neukirchen-Vluyn 1981.

Wehrli, F.: »Die Mysterien von Eleusis«, *Archiv für Religionswissenschaft* 1934.

–: »Die Rückfahrt der Argonauten«, *Museum Helveticum* 1955.

–: *Theoria und Humanitas*, Zürich 1972.

Weicker, G.: *Der Seelenvogel in der alten Literatur und Kunst*, Leipzig 1902.

Weidner, E.: »Das Reich Sargons von Akkad«, *Archiv für Orientforschung* 1953.

Weidner, M.: »Tonpfeifen aus der Elbe«, *Offa* 1999.

Weiershausen, P.: *Vorgeschichtliche Eisenhütten Deutschlands*, Leipzig 1939.

Weiler, G.: *Domos theiou basileos*, München 2001.

Weilhartner, J.: »Die Tierbezeichnungen auf den neuen Linear B-Texten aus Theben« in *Keimelion*, ed. E. Alram-Stern/G. Nightingale, Wien 2007.

Weinberg, S. S.: »A Gold Sauceboat in the Israel Museum«, *Antike Kunst* 1969.

Weiner, S.: »The Development and Chronology of the Art of the Indus Civilization« in *Frontiers of the Indus Civilization*, ed. B. B. Lal/S. P. Gupta, New Delhi 1984.

Weinfeld, M.: »Semiramis: Her Name and Her Origin« in *Ah, Assyria*, ed. M. Cogan/I. Eph'al, Jerusalem 1991.

Weingarten, J.: *The Zakro Master and His Place in Prehistory*, Göteborg 1983.

–: »Seal-Use at LM I B Ayia Triada«, *Kadmos* 1987.

–: »Palaikastro: The Noduli, a Sealing and a Seal«, *Annual of the British School at Athens* 1989.

–: »Late Bronze Age Trade within Crete« in *Bronze Age Trade in the Mediterranean*, ed. N. H. Gale, Jonsered 1991.

Weinhold, K.: *Die Verehrung der Quellen in Deutschland*, Berlin 1898.

Weinreich, O.: *Antike Heilungswunder*, Gießen 1909.

–: »Helios, Augen heilend«, *Hessische Blätter für Volkskunde* 1909.

–: *Ausgewählte Schriften*, Bd. I, Amsterdam 1969.

Weippert, H.: *Unter Olivenbäumen*, Münster 2006.

Weippert, M.: »Kreta: Philologisch« in *Reallexikon der Assyriologie*, Bd. 6, ed. D. O. Edzard, Berlin 1981.

Weisgerber, G.: »Dilmun: A Trading Entrepôt« in *Bahrain through the Ages*, ed. S. H. al-Khalifa/M. Rice, London 1986.

—: »Schmucksteine im Alten Orient« in *Persiens antike Pracht*, ed. T. Stöllner et al., Bd. I, Bochum 2004.

Weiss, B.: »The Decline of Late Bronze Age Civilization as a Possible Response to Climatic Change«, *Climatic Change* 1982.

Weiß, C.: »Spitzamphora des Syriskos« in *Mythen und Menschen*, ed. G. Güntner, Mainz 1997.

Weiss, H. et al.: »The Genesis and Collapse of Third Millennium North Mesopotamian Civilization«, *Science* 1993.

Weißhaar, H.-J.: »Frühhelladische Tierkopfgefäße« in *Gedenkschrift für Gero v. Merhart*, ed. O.-H. Frey et al., Marburg 1986.

Weisweiler, J.: »Das altorientalische Gottkönigtum und die Indogermanen«, *Paideuma* 1948.

Weitschat, W.: »Bernstein in der Deutschen Bucht und in Jütland« in *Bernstein: Tränen der Götter*, ed. M. Ganzelewski/R. Slotta, Bochum 1996.

Welcker, F. G.: *Kleine Schriften*, Bd. II, Bonn 1845.

—: *Griechische Götterlehre*, Bd. I, Göttingen 1857; Bd. II 1860.

Wells, L.: *The Greek Language of Healing*, Berlin 1998.

Wells, P. S.: *Culture Contact and Culture Change*, Cambridge 1980.

—: »Greek Colonies in the West« in *Ancient Europe*, ed. P. Bogucki/P. J. Crabtree, Bd. II, New York 2004.

Welwei, K.-W.: *Die griechische Frühzeit*, München 2002.

Wenig, S.: *Die Frau im Alten Ägypten*, Leipzig 1967.

Weniger, L.: »Olympische Forschungen«, *Klio* 1906.

—: »Theophanien: Altgriechische Götteradvente«, *Archiv für Religionswissenschaft* 1924.

Wensinck, A. J.: *The Ocean in the Literature of the Western Semites*, Amsterdam 1918.

Wentzel, H.: »Jean-Honoré Fragonards ›Schaukel‹«, *Wallraf-Richartz-Jahrbuch* 1964.

Wenzel, H.: *Landschaftsentwicklung im Spiegel der Flurnamen*, Kiel 1939.

Werner, O.: »Über das Vorkommen von Zink in antiken und mittelalterlichen Kupferlegierungen«, *Baessler-Archiv* 1968.

Werner, R.: »Zur Geschichte der vorderorientalisch-phönikischen und mykenisch-griechischen Handels- und Kolonisationsfahrten« in *Orientalisch-ägäische Einflüsse in der europäischen Bronzezeit*, ed. P. Schauer, Bonn 1990.

—: »Aspekte der thrakischen Kultur«, *Chiron* 1999.

Werner, W. M.: »Klappschemel in der Bronzezeit«, *Germania* 1987.

Werth, E.: »Die afrikanischen Schafrassen und die Herkunft des Ammonkultes«, *Zeitschrift für Ethnologie* 1941.

—: *Grabstock, Hacke und Pflug*, Ludwigsburg 1954.

Werth, E.: *Die Litorinasenkung und die steinzeitlichen Kulturen*, Wiesbaden 1955.

Werth, N.: *Hekate*, Hamburg 2006.

Wertime, T. A.: »Tin and the Egyptian Bronze Age« in *Immortal Egypt*, ed. D. Schmandt-Besserat, Malibu 1978.

v. Wesendonk, O. G.: *Das Weltbild der Iranier*, München 1933.

Wessetzky, V.: *Ausgewählte Schriften*, Budapest 1981.

West, D. R.: »The Semitic Origins of Ariadne and Atalanta«, *Ugarit-Forschungen* 1990.

–: »Some Minoan and Hellenic Goddesses of Semitic Origin«, *Ugarit-Forschungen* 1991.

West, M. L.: »The Rise of Greek Epic«, *Journal of Hellenic Studies* 1988.

–: *The East Face of Helicon*, Oxford 1997.

–: »Homer's Meter« in *A New Companion to Homer*, ed. I. Morris/B. B. Powell, Leiden 1997.

–: »The Name of Aphrodite«, *Glotta* 2000.

–: *Greek Epic Fragments*, London 2003.

–: »Die Sage von Troja«, *Studia Troica* 2004.

–: »*Odyssey* and *Argonautica*«, *The Classical Quarterly* 2005.

–: *Indo-European Poetry and Myth*, Oxford 2007.

–: »Phasis and Aia«, *Museum Helveticum* 2007.

West, S.: »The Greek Encounters with the Euxine«, *Greece u. Rome* 2003.

Westendorf, W.: »Vom Sonnentier zum Sonnenboot« in *Festschrift Elmar Edel,* ed. M. Görg et al., Bamberg 1979.

–: *Handbuch der altägyptischen Medizin*, Bd. I, Leiden 1999.

Westenholz, J. G.: »A Forgotten Love Song« in *Language, Literature and History*, ed. F. Rochberg-Halton, New Haven 1987.

–: »Metaphorical Language in the Poetry of Love in the Ancient Near East« in *Actes de la XXXVIIIᵉ Rencontre Assyriologique Internationale*, ed. D. Charpin/F. Joannès, Paris 1992.

–: »King by Love of Inanna«, *Nin* 2000.

–: »Great Goddesses in Mesopotamia«, *Bulletin of the Canadian Society for Mesopotamian Studies* 37, 2002.

–: »The Good Shepherd« in *Schools of Oriental Studies*, ed. A. Panaino et al., Milano 2004.

–: »The High Priestess in the Temple«, *Journal of the Canadian Society for Mesopotamian Studies*, Fall 2006.

–: »Inanna and Ishtar in the Babylonian World« in *The Babylonian World*, ed. G. Leick, Abington 2007.

Westerberg, K.: *Cypriote Ships from the Bronze Age to C. 500 BC*, Gothenburg 1983.

Westover, S. B.: »Smelting and Sacrifice« in *Metals in Antiquity*, ed. S. M. M. Young et al., Oxford 1999.

Westrem, S. D.: *Broader Horizons*, Cambridge 2001.

–: *The Hereford Map*, Turnhout 2001.

Westropp, T. J.: »Brasil and the Legendary Islands of the North Atlantic«, *Proceedings of the Royal Irish Academy* 1912.

Weyer, E. M.: *The Eskimos*, Hamden 1962.

Weyersberg, M./H. Lommel: »Regenkamm und Himmelsrind«, *Paideuma* 1938.

Wheeler, T. S.: »The Ancient Tin Trade in the Eastern Mediterranean and Near East«, *Temple University Aegean Symposium* 1977.

White, B. M.: »Encounters with Spirits«, *Ethnohistory* 1994.

White, D.: »Archaic Kyrene and the Cult of Demeter and Persephone«, *Expedition* 4, 1975.

–: »The Demeter and Persephone Sanctuary's History and Architecture«, *Expedition* 1, 1992.

White, D./A. P. White: »Coastal Sites of Northeast Africa«, *Journal of the American Research Center in Egypt* 1996.

White, R./M. Serpico: »Oil, Fat and Wax« in *Ancient Egyptian Materials and Technology*, ed. P. T. Nicholson/I. Shaw, Cambridge 2000.

Whitelaw, T.: »Beyond the Palace«, *Bulletin of the Institute of Classical Studies* 2000.

Whittaker, H.: »Contacts between the Aegean and the Levant in the Late Bronze Age«, *Hydra* 1992.

–: »Minoan Board Games«, *Aegean Archaeology* 2002.

Wickert-Micknat, G.: »Die Frage der Kontinuität: Mykene und Homer«, *Gymnasium* 1986.

Wide, S.: »Chthonische und himmlische Götter«, *Archiv für Religionswissenschaft* 1907.

Widell, M.: »Ship and Boat« in *Reallexikon der Assyriologie*, Bd. 12, ed. M. P. Streck, Berlin 2009.

Widengren, G.: »The Sacral Kingship of Iran« in *La regalità sacra*, ed. U. Pestalozza et al., Leiden 1959.

–: *Die Religionen Irans*, Stuttgart 1965.

zu Wied, M.: *Reisen in das Innere Nord-America in den Jahren 1832 bis 1834*, Bd. II, Coblenz 1841.

Wiedemann, A.: »Beiträge zur ägyptischen Religion«, *Archiv für Religionswissenschaft* 1919.

Widmer, W.: »Zur Darstellung der Seevölker am Großen Tempel von Medinet Habu«, *Zeitschrift für ägyptische Sprache und Altertumskunde* 1975.

Wieland, G.: »Die Bedeutung der Flußschiffahrt für die Verbreitung mediterraner Luxusgüter im spätkeltischen Südwestdeutschland« in *Schutz des Kulturerbes unter Wasser*, ed. H. v. Schmettow et al., Lübsdorf 2000.

Wielowiejski, P.: »Bernsteinstraße und Bernsteinweg während der römischen Kaiserzeit«, *Beiträge zur antiken Handelsgeschichte* 1984.

–: »Bernstein in der Przeworsk-Kultur«, *Berichte der Römisch-Germanischen Kommission* 1996.

Wiener, L.: *Africa and the Discovery of America*, Bd. I, Philadelphia 1920.

Wiener, M. H.: »The Minoan Thalassocracy Revisited« in *Thera and the Aegean World*, Bd. III.1, ed. D. A. Hardy et al., London 1990.

–: »The Nature and Control of Minoan Foreign Trade« in *Bronze Age Trade in the Mediterranean*, ed. N. H. Gale, Jonsered 1991.

Wiesner, J.: *Olympos*, Nieder-Ramstadt 1960.

–: *Die Thraker*, Stuttgart 1963.

Wiggins, S. A.: »The Myth of Asherah: Lion Lady and Serpent Goddess«, *Ugarit-Forschungen* 1991.

–: »The Weather under Baal: Meteorology in KTU 1. 1-6«, *Ugarit-Forschungen* 2000.

van Wijngaarden, G. J.: *Use and Appreciation of Mycenaean Pottery in the Levant, Cyprus and Italy*, Amsterdam 2002.

–: »Mycenaean Heirlooms, Antiques and Souvenirs in the Levant and Cyprus« in *Emporia*, ed. R. Laffineur/E. Greco, Bd. I, Liège 2005.

–: »Mycenaean-Type Pottery in the Mediterranean« in *Import and Imitation in Archaeology*, ed. P. F. Biehl/Y. Rassamakin, Langenweißbach 2008.

Wikén, E.: »Die Ansichten der Hellenen über den Nordrand der Oikumene vor Pytheas«, in *Δραγμα*, ed. K. Hanell et al., Lund 1939.

Wilamowitz-Moellendorf, W. v.: »Phaethon«, *Hermes* 1883.

–: *Griechische Tragödien*, Bd. III, Berlin 1906.

–: *Die Ilias und Homer*, Berlin 1916.

–: »Kronos und die Titanen«, *Sitzungsberichte der Preußischen Akademie der Wissenschaften* 1929.

–: *Der Glaube der Hellenen*, Bd. I, Berlin 1931.

–: *Kleine Schriften*, Bd. V.2, Berlin 1937.

Wilcke, C.: »Inanna und Ištar« in *Reallexikon der Assyriologie*, Bd. 5, ed. D. O. Edzard, Berlin 1980.

Wilde, H.: *Technologische Innovationen im 2. Jahrtausend v. Chr.*, Wiesbaden 2003.

–: »›Schau, sie ist wie der glänzende Neujahrsstein!‹« in *Schönheit im Alten Ägypten*, ed. K. Lembke/B. Schmitz, Hildesheim 2006.

Wilde, L. W.: *On the Trail of the Women Warriors*, London 1999.

Wildung, D.: *Egyptian Saints*, New York 1977.

–: *Fünf Jahre*, Mainz 1980.

–: »Das Gold von Meroë« in *Sudan*, ed. D. Wildung, München 1996.

Wilhelm, G.: *Grundzüge der Geschichte und Kultur der Hurriter*, Darmstadt 1982.

Wilke, G.: *Kulturbeziehungen zwischen Indien, Orient und Europa*, Leipzig 1923.

–: *Die Heilkunde in der europäischen Vorzeit*, Leipzig 1936.

Wilkinson, A.: *The Garden in Ancient Egypt*, London 1998.

Will, É.: *Korinthiaka*, Paris 1955.

Willeitner, J.: *Nubien*, München 1997.

Willetts, R. F.: »Europa«, *Eirene* 1960.

–: »Mycenaean Zeus in Central Crete« in *Atti e Memorie del 1° Congresso Internazionale di Micenologia*, ed. A. Archi et al., Roma 1968.

–: »Arcado-Cypriot Traces in the Ancient Cretan Dialect« in *Praktika*, Bd. A, Nicosia 1972.

–: *The Civilization of Ancient Crete*, London 1977.

–: »What's In a Name?« in *Acts of the International Archaeological Symposium*, ed. V. Karageorghis, Nicosia 1979.

–: *Selected Papers*, Bd. I, Amsterdam 1986.

–: »Hellotis Transformed«, *Kadmos* 1987.

–: *Everyday Life in Ancient Crete*, Amsterdam 1988.

Willi, A.: »Zur Verwendung und Etymologie von gr. ἐπι-«, *Zeitschrift für vergleichende Sprachwissenschaft* 1999.

Williams, F.E.: *The Natives of the Purari Delta*, Port Moresby 1924.

–: »Trading Voyages from the Gulf of Papua«, *Oceania* 1932.

–: *The Vailala Madness*, Honolulu 1977.

Williams, R.: *A Key into the Language of America*, Detroit 1973.

Williams-Forte, E.: »The Snake and the Tree in the Iconography of Syria during the Bronze Age« in *Ancient Seals and the Bible*, ed. L. Gorelick/E. Williams-Forte, Malibu 1983.

Willkomm, H.: »C 14-Datierung der Kupferfunde von Helgoland«, *Offa* 1978.

Willms, C.: »Äneolithische Löwenplastiken aus Bulgarien?«, *Germania* 1986.

Willroth, K.-H.: *Die Hortfunde der älteren Bronzezeit in Südschweden und auf den dänischen Inseln*, Neumünster 1985.

–: »Aspekte älterbronzezeitlicher Deponierungen im südlichen Skandinavien«, *Germania* 1985.

–: »Schleswig-Holstein während der älteren Bronzezeit« in *Beiträge zur Geschichte und Kultur der mitteleuropäischen Bronzezeit*, ed. V. Furmánek/ F. Horst, Bd. II, Berlin 1990.

–: »Krieger, Häuptlinge oder ›nur‹ freie Bauern?« in *Zur Bronzezeit in Norddeutschland*, ed. W. Budesheim/H. Keiling, Wentorf 2000.

–: »Variable Konstanten im Siedlungsgefüge der älteren nordischen Bronzezeit« in *Trans Albim Fluvium*, ed. M. Meyer, Rahden 2001.

Wilson, A.L.: »The Place-Names in the Linear B Tablets from Knossos«, *Minos* 1977.

Wilson, J.: *The Earth Shall Weep*, New York 1998.

Wilson, J.K.: »On the *ud-šu-bala* at Ur towards the End of the 3rd Millennium BC«, *Iraq* 2005.

Van Windekens, A.J.: »Les Hyperboréens«, *Rheinisches Museum für Philologie* 1957.

–: »Le taureau dans la pensée des Égéens«, *Minos* 1957.

–: »'Ραδάμανδυς« in *Studia in honorem D. Dečev*, Sofia 1958.

–: »Spuren einer mittelmeerischen Stierkultur im griechischen Wortschatz«, *Die Sprache* 1960.

–: »Réflexions sur la nature et l'origine du dieu Hermès«, *Rheinisches Museum für Philologie* 1961.

–: »Sur le nom de la divinité grecque Hermès«, *Beiträge zur Namenforschung* 1962.

–: *Dictionnaire étymologique complémentaire de la langue grecque*, Leuven 1986.

Winiarczyk, M.: »Das Werk ›Peri Hyperboreon‹ des Hekataios von Abdera«, *Eos* 2006.

Winkler, H.A.: *Bauern zwischen Wasser und Wüste*, Stuttgart 1934.

–: *Die reitenden Geister der Toten*, Stuttgart 1936.

–: *Ägyptische Volkskunde*, Stuttgart 1937.

Winter, E.: »Alexander der Große als Pharao in ägyptischen Tempeln« in *Ägypten, Griechenland, Rom*, ed. H. Beck et al., Frankfurt am Main 2005.

Winter, E./M. Blömer: »Iupiter Dolichenus: Der Gott auf dem Stier«, *Antike Welt* 4, 2005.

Winter, F. A.: »A Historically Derived Model for the Dorian Invasion« in *Symposium on the Dark Ages in Greece*, ed. E. N. Davis, New York 1977.

Winter, I. J.: »The ›Hasanlu Gold Bowl‹«, *Expedition* 2, 1989.

–: »Representing Abundance« in *Settlement and Society*, ed. E. C. Stone, Chicago 2007.

Winter, U.: *Frau und Göttin*, Göttingen 1983.

Winter, W.: »Some Widespread Indo-European Titles« in *Indo-European and Indo-Europeans*, ed. G. Cardona et al., Philadelphia 1970.

–: »Tocharian B *ñakte*, A *ñkät*, ›God‹«, *Journal of Indo-European Studies* 1987.

Wipf, K. A.: »Die Religion der Ureinwohner der Insel El Hierro«, *Almogaren* 1983.

Wirth, H.: *Homer und Babylon*, Freiburg 1921.

Wirth, S.: »Vogel-Sonnen-Barke« in *Reallexikon der Germanischen Altertumskunde*, ed. H. Beck et al., Bd. 32, Berlin 2006.

v. Wissmann, H.: »Ōphīr und Ḥawīla« in *Paulys Realencyclopädie der Classischen Altertumswissenschaft*, Suppl. XII, ed. K. Ziegler, Stuttgart 1970.

–: *Das Großreich der Sabäer bis zu seinem Ende im frühen 4. Jahrhundert v. Chr.*, Wien 1982.

Wissowa, G.: *Gesammelte Abhandlungen zur römischen Religions- und Stadtgeschichte*, München 1904.

Witczak, K. T.: »Greek Aphrodite and Her Indo-European Origin« in *Miscellanea Linguistica Graeco-Latina*, ed. L. Isebaert, Namur 1993.

Witczak, K. T./D. Zawiasa: »Studies in the Votive Sentences in Three Cretan Scripts«, *Do-so-mo* 2003.

–: »Palici: The Sicilian Twin Brothers«, *Živa Antika* 2004.

Withey, L.: *Voyages of Discovery*, New York 1987.

de Witte, H.: »Archaeological Indications for Trade in Brugge from the 12th to the 17th Centuries« in *Lübecker Kolloquium zur Stadtarchäologie im Hanseraum*, ed. M. Gläser, Bd. II, Lübeck 1999.

Witte, R.: »Neue Erkenntnisse über den Metallhandel in der 2. Hälfte des 2. Jahrtausends v. u. Z.«, *Ethnographisch-Archäologische Zeitschrift* 1980.

Witter, W.: *Die älteste Erzgewinnung im nordisch-germanischen Lebensraum*, Bd. I, Leipzig 1938.

–: »Über den Stand der Metallforschung im Dienst der Vorgeschichtswissenschaft«, *Nova Acta Leopoldina* 1943.

Wittke, A. M.: »Hafenorte und ihre Bedeutung für die Außenwirkung des späthethitischen Raumes« in *Die Außenwirkung des späthethitischen Kulturraumes*, ed. M. Novák et al., Münster 2004.

Witzel, M.: *Das Alte Indien*, München 2003.

Woebcken, C.: *Das Land der Friesen und seine Geschichte*, Oldenburg 1932.

Woenig, F.: *Die Pflanzen im Alten Ägypten*, Leipzig 1886.

Wogan, P.: »Perceptions of European Literacy in Early Contact Situations«, *Ethnohistory* 1994.

Wohlfeil, J. B.: *Die Bildsprache minoischer und mykenischer Siegel*, Oxford 1997.

Wolf, A./H. Wolf: *Die wirkliche Reise des Odysseus*, München 1983.

Wolff, K.-F.: »Zur Geistesgeschichte der Nordsee-Germanen«, *Die Tide* 1928.

Wolff-Windeck, P.: *Die Gekrönten*, Stuttgart 1958.

Wolfram, R.: »Tänze der Germanen«, *Germanien* 1938.

–: *Die Volkstänze in Österreich*, Salzburg 1951.

Wolfthal, D.: *Images of Rape*, Cambridge 1999.

Wolter, H.: *Heil-Öle im Alten Ägypten und Alten Mesopotamien*, Norderstedt 2007.

Woltermann, G.: »Früheste doppelaxtförmige Bernsteinperlen« in *Durch die Zeiten*, ed. F. Verse et al., Rahden 2008.

Wolters, J.: »Verzinnen« in *Reallexikon der Germanischen Altertumskunde*, ed. H. Beck et al., Bd. 32, Berlin 2006.

Wood, M.: »›White Skins‹, ›Real People‹ and Chinese«, *Oceania* 1995.

Woodard, R. D.: »The Disruption of Time in Myth and Epic«, *Arethusa* 2002.

–: »Language in Ancient Europe« in *The Ancient Languages of Europe*, ed. R. D. Woodard, Cambridge 2008.

Woodford, S.: *Images of Myths in Classical Antiquity*, Cambridge 2003.

Woodhead, A. G.: *The Greeks and the West*, London 1962.

Woodhouse, R.: »Greek αἶα, δεύω, and δεῖσα«, *Historische Sprachforschung* 1994.

Woods, C.: »At the Edge of the World«, *Journal of Ancient Near Eastern Religions* 2009.

Woudhuizen, F. C.: »Thracians, Luwians and Greeks in Bronze Age Central Greece« in *Thracians and Mycenaeans*, ed. J. Best/N. De Vries, Leiden 1989.

–: »Defining Atlantis in Space and Time«, *Ugarit-Forschungen* 2001.

Wright, J. C.: »The Archaeology of Mycenaean Religion« in *Placing the Gods*, ed. S. E. Alcock/R. Osborne, Oxford 1994.

–: »Mycenaean Drinking Services and Standards of Etiquette« in *Food, Cuisine and Society in Prehistoric Greece,* ed. P. Halstead/J. C. Barrett, Oxford 2004.

Wright, R. R.: »Negro Companions of the Spanish Explorers«, *American Anthropologist* 1902.

Wulsin, F. R.: *The Prehistoric Archaeology of Northwest Africa*, Cambridge 1941.

Wunderlich, E.: *Die Bedeutung der roten Farbe im Kultus der Griechen und Römer*, Gießen 1925.

Wundsam, K.: *Die politische und soziale Struktur in den mykenischen Residenzen nach den Linear B-Texten*, Wien 1968.

Wyatt, N.: »Possible Indo-European Influence in Ugaritic Thought«, *Ugarit-Forschungen* 1986.

–: »A Further Weapon for Baal?«, *Ugarit-Forschungen* 1990.

–: »The Titles of the Ugaritic Storm God«, *Ugarit-Forschungen* 1992.

–: »Asherah and Astarte« in *Dictionary of Deities and Demons in the Bible*, ed. K. van der Toorn et al., Leiden 1995.

–: »Ilimilku the Theologian« in *Ex Mesopotamia et Syria Lux*, ed. O. Loretz et al., Münster 2002.

–: »The Religious Role of the King in Ugarit«, *Ugarit-Forschungen* 2005.

van Wyk, B. E.: *Handbuch der Nahrungspflanzen*, Stuttgart 2005.

Wyss, R.: »Ein Netzbeutel zur Thematik des Fernhandels« in *Die ersten Bauern*, ed. M. Höneisen, Zürich 1990.

Xella, P.: *I testi rituali di Ugarit*, Bd. I, Roma 1981.
–: »Eschmun von Sidon« in *Mesopotamica, Ugaritica, Biblica*, ed. M. Dietrich/ O. Loretz, Neukirchen-Vluyn 1993.
–: »Les pouvoirs du dieu 'Attar« in *Ugarit*, ed. M. Dietrich/O. Loretz, Münster 1995.
Xenaki-Sakellariou, A.: *Les cachets minoens de la collection Giamalakis*, Paris 1958.
Xipotiris, N. I.: »Die Ethnogenese der Griechen aus der Sicht der Anthropologie« in *Ethnogenese europäischer Völker*, ed. W. Bernhard/A. Kandler-Pálsson, Stuttgart 1986.

Yakar, J.: *Ethnoarchaeology of Anatolia*, Tel Aviv 2000.
Yalouris, N.: *Athena als Herrin der Pferde*, Basel 1950.
Yamauchi, E. M.: »Cultic Prostitution« in *Orient und Occident*, ed. H. A. Hoffner, Neukirchen-Vluyn 1973.
Yanakieva, S.: »The Samothracian Myth About Axiokersa/Harmonia« in *Thracia Pontica VI.1*, ed. M. Lazarov/C. Angelova, Sozopol 1994.
Yarshater, E.: »Iranian National History« in *Cambridge History of Iran*, Bd. III, ed. E. Yarshater, Cambridge 1983.
Yasur-Landau, A.: »Why Can't We Find the Origin of the Philistines ?« in *B' Διεθνές Διεπιστημονικό Συμπόσιο*, ed. N. Kyparisse-Apostolika/M. Papakonstantinou, Athina 2003.
–: »The Chronological Use of Imported Mycenaean Pottery in the Levant«, *Ägypten und Levante* 2004.
Yates, C.: »Moor Sand«, *Current Archaeology*, June 2010.
Yiannakis, T.: »The Relationship between the Chthonian World and the Sacred Panhellenic Games«, *Nikephoros* 1990.
Yon, M.: »Chypre et la Crète au XIe siècle« in *Acts of the International Archaeological Symposium*, ed. V. Karageorghis, Nicosia 1979.
–: »Baal et le roi« in *De l'Indus aux Balkans*, ed. J.-L. Huot et al., Paris 1985.
–: »Cultes phéniciens à Chypre« in *Religio Phoenicia*, ed. C. Bonnet et al., Namur 1986.
–: »Šhr mt, la chaleur de Mot«, *Ugarit-Forschungen* 1989.
–: »Ougarit et ses dieux« in *Resurrecting the Past*, ed. P. Matthiae et al., Istanbul 1990.
–: *La cité d'Ougarit sur le tell de Ras Shamra*, Paris 1997.
–: »A Trading City: Ugarit and the West«, *Near Eastern Archaeology* 2000.
–: *The City of Ugarit at Tell Ras Shamra*, Winona Lake 2006.
–: »Sociétés cosmopolites à Chypre du IXe au IIIe siècles av. J.-C.« in *Identités croisées en un milieu méditerranéen*, ed. S. Fourrier/G. Grivaud, Rouen 2006.
Younes, H. B.: »Aspects of Early Carthaginian Trade« in *Sea Routes from Sidon to Huelva*, ed. N. C. Stampolidis, Athens 2003.
Young, D. W.: »With Snakes and Dates: A Sacred Marriage Drama at Ugarit«, *Ugarit-Forschungen* 1977.

Young, E. R.: *The Slaying of the Minotaur*, Ann Arbor 1980.

Young, M. W.: »The Divine Kingship of the Jukun«, *Africa* 1966.

Young, P. H.: »The Cypriot Aphrodite Cult«, *Journal of Near Eastern Studies* 2005.

Younger, J. G.: *Corpus der minoischen und mykenischen Siegel*, Bd. VII, Berlin 1967.

–: *Towards the Chronology of Aegean Glyptic in the Late Bronze Age*, Ann Arbor 1975.

–: »Non Sphragistic Uses of Minoan-Mycenaean Sealstones and Rings«, *Kadmos* 1977.

–: »Seals of Glass Paste« in *Lefkandi I*, ed. M. R. Popham et al., London 1980.

–: »Creating a Sealstone«, *Expedition* 4, 1981.

–: »Aegean Seals of the Late Bronze Age: Stylistic Groups«, *Kadmos* 1985.

–: *The Iconography of Late Minoan Sealstones*, Bristol 1988.

–: »Representations of Minoan-Mycenaean Jewelry« in *Εικον*, ed. R. Laffineur/ J. L. Crowley, Liège 1992.

–: *Bronze Age Aegean Seals in Their Middle Phase (ca. 1700-1550 B. C.)*, Jonsered 1993.

–: »The Iconography of Rulership« in *The Role of the Ruler in the Prehistoric Aegean*, ed. P. Rehak, Eupen 1995.

–: »Waist Compression in the Aegean Late Bronze Age«, *Archaeological News* 2001.

Younger, J. G./P. Rehak: »Minoan Culture: Religion, Burial Customs, and Administration« in *The Aegean Bronze Age*, ed. C. W. Shelmerdine, Cambridge 2008.

Yoyotte, J.: »Löwe und Sachmet« in *Lexikon der ägyptischen Kultur*, ed. G. Posener, München 1960.

Yule, P.: *Early Cretan Seals*, Mainz 1981.

–: »Zu den Beziehungen zwischen Mesopotamien und dem Indusgebiet« in *Allgemeine und vergleichende Archäologie*, ed. H. Müller-Karpe, München 1981.

–: »Die frühkretischen Siegel«, *Antike Welt* 1985.

–: »Early and Middle Minoan Foreign Relations«, *Studi Micenei ed Egeo-Anatolici* 1987.

Yupanki, T. K.: *Die Erschütterung der Welt*, ed. M. Lienhard, Olten 1985.

Yurco, F.Y.: »End of the Late Bronze Age and Other Crisis Periods: A Volcanic Cause?« in *Gold of Praise*, ed. E. Teeter/J. A. Larson, Chicago 1999.

Zaadnoordijk, R. W.: »Catalogue of Mummy Parts« in *Egyptian Mummies*, ed. M. J. Raven/W. K. Taconis, Turnhout 2005.

Žabkar, L. V.: »A Hymn to Incense in the Temple of Arensnuphis at Philae« in *Studies in Pharaonic Religion and Society*, ed. A. B. Lloyd, London 1992.

Zaccagnini, C.: »Aspects of Ceremonial Exchange in the Near East during the Late 2nd Millennium BC« in *Centre and Periphery in the Ancient World*, ed. M. Rowlands et al., Cambridge 1987.

Zacher, K.: »Rübezahl und seine Verwandtschaft«, *Mitteilungen der Schlesischen Gesellschaft für Volkskunde* 1903.

Zagorska, I.: »Amber Graves of Zvejnieki Burial Ground« in *Baltic Amber*, ed. A. Butrimas, Vilnius 2001.

–: »The ›Gold Coast‹ of the Gulf of Riga« in *Amber in Archaeology*, ed. C. W. Beck et al., Riga 2003.

Zahm, E.: *Europa und der Stier*, Würzburg 1983.

Zaki, J./A. Katamesh: »Quelques remarques sur les seins de beauté d'après les textes médicaux du Nouvel Empire« in *Parfums, onguents et cosmétiques dans l'Egypte ancienne*, ed. Z. Hawass, Le Caïre 2003.

Zakri, S.: »Bât et les routes de commerce de l'Âge du Bronze«, *Archéologia*, Novembre 1994.

Zandee, J.: »The Birth-Giving Creator-God in Ancient Egypt« in *Studies in Pharaonic Religion and Society*, ed. A. B. Lloyd, London 1992.

Zangger, E.: »Naturkatastrophen in der ägäischen Bronzezeit« in *Stuttgarter Kolloquium zur historischen Geographie des Altertums*, ed. E. Olshausen/ H. Sonnabend, Stuttgart 1998.

Zanker, P.: *Wandel der Hermesgestalt in der attischen Vasenmalerei*, Bonn 1965.

Zarins, J.: »Ancient Egypt and the Red Sea Trade« in *Essays in Ancient Civilization*, ed. A. Leonard/B. B. Williams, Chicago 1989.

–: »Mesopotamia and Frankincense« in *Profumi d'Arabia*, ed. A. Avanzini, Roma 1997.

Zavadil, M.: »Gold in der mykenischen Welt« in *Gold,* ed. S. Deger-Jalkotzy/ N. Schindel, Wien 2009.

Zeitler, J. P.: »Handel und Austausch in der Bronzezeit Süddeutschlands« in *Mykene, Nürnberg, Stonehenge*, ed. B. Mühldorfer/J. P. Zeitler, Nürnberg 2000.

Zeller, G.: »Zwei Frauengräber aus dem merowingerzeitlichen Friedhof von Langenlonsheim« in *Studia Antiquaria*, ed. H. Ament et al., Bonn 2000.

Zeller, K. W.: »Dürnberger Gräber als Spiegel der Fernbeziehungen« in *Über die Alpen*, ed. B. Hach et al., Stuttgart 2002.

Zelzer, K.: »Der goldene Zweig des Aeneas« in *Kelten-Einfälle an der Donau*, ed. H. Birkhan, Wien 2007.

Zemmrich, J.: »Toteninseln und verwandte geographische Mythen«, *Internationales Archiv für Ethnographie* 1891.

Zernecke, A. E.: »Warum sitzt der Skorpion unter dem Bett?«, *Zeitschrift des Deutschen Palästina-Vereins* 2008.

Zerries, O.: »Yanoama« in *Menschenbilder früher Gesellschaften*, ed. K. E. Müller, Frankfurt am Main 1983.

Zeuner, F. E.: *Geschichte der Haustiere*, München 1967.

Zeuske, M.: *Sklaven und Sklaverei in den Welten des Atlantiks*, München 2006.

Zgoll, A.: *Traum und Weiterleben im antiken Mesopotamien*, Münster 2006.

–: »Struktur und Deutung des babylonischen Neujahrsfests« in *Festtraditionen in Israel und im Alten Orient*, ed. E. Blum/R. Lux, Gütersloh 2006.

Zgusla, L.: »Weiteres zum Namen der Kybele«, *Die Sprache* 1982.

Zheng, Y.: *The Social Life of Opium in China*, Cambridge 2005.

Zich, B.: »Besuch aus Niedersachsen in Schleswig-Holstein«, *Archäologie in Deutschand* 3, 1992.

Zielinski, T.: »Achille et Jason« in *Mélanges Gustave Glotz*, Paris 1932.

Zimmermann, J.-L.: »La maîtrise égéenne du fer (XIIe-Xe siècle av. J.-C.)«, *Mediterranean Archaeology* 2002.

Zimmermann, K.: »Die Raumwahrnehmung bei den Karthagern« in *Wahrnehmung und Erfassung geographischer Räume in der Antike*, ed. M. Rathmann, Mainz 2007.

Zimmermann, U.: »Urgeschichtlicher Metallerzbergbau in Mitteleuropa« in *Alter Bergbau in Deutschland*, ed. H. Steuer/U. Zimmermann, Stuttgart 1993.

Zinko, C.: »Betrachtungen zum AN.TAH.ŠUM-Fest«, *Scientia* 1987.

Zippel, G.: »Das Taurobolium« in *Festschrift für Ludwig Friedlaender*, Leipzig 1895.

Żmudziński, M.: »Konnten die Argonauten vom Schwarzen Meer zur Adria durch die Donau fahren?«, *Eos* 1999.

Zoeller, S.: »Handelswege auf See«, *Abenteuer Archäologie* 5, 2007.

Zoetbrood, P. A. M.: »Ijzertijd en Romeinse tijd in 's-Hertogenbosch en omgeving« in *Van Bos tot Stad*, ed. H. L. Janssen, 's-Hertogenbosch 1983.

Zohary, M.: *Pflanzen der Bibel*, Stuttgart 1983.

Zorich, Z.: »The Man under the Jaguar Mountain«, *Archaeology*, October 2009.

Zschaler, F. E. W./R. K. Tredt: *ZinnZeit*, Regensburg 2004.

Zschweigert, H.: *Die Kupferinsel Helgoland*, Hohenpeißenberg 1997.

Zweierlein-Diehl, E.: »Das Lapislazuli-Köpfchen am Herimannkreuz« in *Kotinos*, ed. H. Froning et al., Mainz 1992.

–: *Magische Amulette und andere Gemmen des Instituts für Altertumskunde der Universität zu Köln*, Opladen 1992.

Zwernemann, J.: *Die Bedeutung von Himmels- und Erdgott in westafrikanischen Religionen*, Mainz 1953.

–: »Der Widder und seine Verbindung zu Sonne und Gewitter in Afrika«, *Anthropos* 1959.

–: »Gewitter und Regen im Glauben der Kasena (Burkina Faso)«, *Paideuma* 1989.

Zwickel, W.: »Die Edelsteine im Brustschild des Hohenpriesters und beim himmlischen Jerusalem« in *Edelsteine in der Bibel*, ed. W. Zwickel, Mainz 2002.

Zwicker, U.: »Zum Beginn der Verhüttung von Chalkopyrit in der Bronzezeit« in *Mensch und Umwelt in der Bronzezeit Europas*, ed. B. Hänsel, Kiel 1998.

Abalus 252, 707
Abaris 244, 704
Abfallgrube 71, 74, 576
Achäer 56, 507, 742, 750, 850, 852
Acheloos 337, 354, 750
Acheron 322, 750, 756
Achilles 31, 306, 343, 417, 430,
   434, 437, 565, 647, 650, 687,
   742, 785, 796, 798, 801, 853
Achtschild 66, 452, 460, 492, 804,
   807, 849
Admetos 245, 339, 755, 784
Adonis 174, 654, 754, 775, 779,
   785
Aeneas 357, 386, 456
Agamede 306, 340, 439, 456, 805
Agamemnon 101, 346, 356, 386,
   507, 566
Agesilaos 354
Aghia Irini 98, 188, 664, 754, 764,
   813, 839
Aghia Triada 22, 27, 34, 50, 53 f.,
   65 f., 81, 91 ff., 113, 124, 159 f.,
   172, 187, 189, 237, 297, 301, 307,
   331, 393, 403, 416, 482, 517, 528,
   535, 553, 562, 588, 590, 609,
   620 ff., 658, 664, 678, 680, 689,
   740, 773, 780, 793, 834, 836, 855
Agni 510 f.
Agrímia 50, 54, 307, 388 ff., 491,
   530, 651, 764, 773, 787, 799
Ägyptisch Blau 66, 676
Aḫḫiyawa 546, 841 f.
Aḥmose 36, 380, 503, 824
Ai 178
Aia 144, 147 f., 155, 329 f., 332 f.,
   350, 407, 433, 479, 519, 642, 644,
   647, 741, 813
Aiaia 157, 231, 322, 354, 647 f.
Aiakos 395, 550
Aietes 144, 153, 220, 332, 339, 343,
   468 f., 479, 703 f., 755, 805, 820
Aigis 487 f., 520

Aiolische Inseln 24, 102, 203, 205,
   236, 238, 543, 682
Aíolos 220, 332, 412
Aison 797
Aithalides 479
Aithiopen 151, 157, 330, 354, 399,
   639, 648
Akakallis 754
Akraios s. unter Zeus Akraios
Akrotiri 37, 40, 95, 308, 464, 622,
   651, 658, 674, 731, 754, 763 f.
Albion 677
Aleppokiefer 30 f., 592 ff.
Alkestis 121, 123, 357, 755
Alkinoos 66, 153 ff., 302, 565, 646,
   758, 801
Alkmene 32, 547
Alpenpässe 112, 235, 616
Alphabet 568, 843
al-Sīla 580
Amaltheia 487, 650, 755, 775
Amarna 590, 624 f., 681, 727 f.
Amaterasu 145, 642
Amathus 683, 754
Amazonen 130, 135, 361, 637, 758
Amberbaum 32
Ambra 693, 713
Ambrosia 31, 327, 342, 390, 437,
   458, 740, 755
Amenophis II. 141, 613, 623, 666,
   674, 824
Amenophis III. 211, 247, 300, 302 f.,
   416, 432, 554, 604, 669, 673, 851
Amesbury Archer 75
Amnisos 91, 208, 241, 338, 703,
   777, 836
Amorgós 308, 490, 818
Amphitrite 359
Amphore 22, 26 ff., 32 ff., 37, 81,
   106, 117, 212, 314, 332, 338, 530,
   545, 589 f., 595, 625, 643 f., 652,
   654, 673, 692, 699, 743, 757,
   770, 829